Seconde Partie.

NOTES ET DOCUMENTS
POUR SERVIR A L'HISTOIRE DE LA VILLE DE LYON:

Par A. P.

......Historia quoquo modo scripta delectat.
PLIN. JUN. *Epist.* V, 8.

« L'*Arar*, dit l'auteur d'un traité *sur les Fleuves et les Montagnes*, attribué
« à Plutarque, est un fleuve de la Gaule Celtique, ainsi nommé (1) parce qu'il
« se joint au Rhône près du pays des Allobroges. Il s'appelait anciennement
« *Brigulus*, et changea de nom à l'occasion que voici : Arar étant allé à la chasse
« dans les bois, y trouva son frère Celtiberus qui avait été déchiré par des bêtes
« féroces. Dans son excessive douleur, il se blessa mortellement, et se précipita
« dans le fleuve Brigulus, qui de son nom fut appelé Arar (2)... Auprès de ce
« fleuve est une montagne appelée *Lugdunus*, laquelle doit ce nom à la circons-
« tance que je vais rapporter : Momorus et Atépomarus, qui avaient été détrô-
« nés par Seséronéus, entreprirent, sur la réponse d'un oracle, de bâtir une
« ville sur cette montagne. Ils en avaient déjà jeté les fondements, lorsque
« des corbeaux, dirigeant leur vol de ce côté, couvrirent les arbres qui
« étaient autour. Momorus, qui était très-versé dans la science des augures,
« donna à la ville le nom de *Lugdunus* ; car *lugus*, dans la langue du pays,
« signifie corbeau, et *dunus*, montagne ou lieu éminent. » Traduction retouchée de Ricard, *OEuvres morales* de Plutarque, tom. XVII, pag. 17.

Dion Cassius, *Hist. rom.*, XLVI, 50, dit que notre ville, avant de s'appeler

---

(1) Voyez, sur l'étymologie de la *Saône*, ce nom dans le *Dictionnaire étymologique* de Ménage.
Le nom d'*Arar* fut conservé à la Saône jusqu'au temps d'Ammien Marcellin ; et c'est alors seulement qu'elle fut appelé *Sauconna* (XV, 11). Quant à l'étymologie du mot *Rhône* ou *Rosne*,
que l'on croit être d'origine celtique, et qui signifierait *rapide*, *impétueux*, voyez aussi ces
deux noms dans le *Dict. étym.* de Ménage. C'est par allusion aux deux fleuves qui la baignent
que Lyon a été appelé *Rhodanusia* par S. Irénée et par S. Sidonius, et *Araria* par l'auteur
anonyme d'une Vie de S. Loup.

(2) M. de Châteaubriand n'a pas dédaigné cette légende ; l'illustre écrivain fait dire à Eudore,
dans le v° livre de ses *Martyrs* : « .... Je sortis des Alpes à travers une espèce de portique
« creusé sous un énorme rocher ; je franchis cette partie de la Viennoise habitée par les Voconces
« (le Dauphiné), et je descendis à la colonie de Lucius (Lyon). Avec quel respect ne verrais-je
« pas aujourd'hui le siége de Pothin et d'Irénée, et les eaux du Rhône teintes du sang des martyrs !
« Je remontai l'Arar, rivière bordée de coteaux charmants ; sa fuite est si lente, que l'on ne
« saurait dire de quel côté coulent ses flots. Elle tient son nom d'un Gaulois qui s'y précipita de
« désespoir, après avoir perdu son frère. De là je passai chez les Treveri, etc. »

Lugdunum, se nommait *Luguḍunum*. L'inscription de Gaëte, que nous reproduirons plus tard, lui donne ce dernier nom, qui se retrouve dans d'autres inscriptions. Les écrivains arabes du VIII° siècle l'appellent *Loudoun* (Reinaud, *Invasions des Sarrazins*, pag. 30). Le P. de Colonia, *Hist. litt.*, XI, 247, dit qu'elle s'appelait *Leona* au XII° siècle, et que c'est pour cela que l'on donna le nom de *Léonistes* aux disciples de Valdo. Dans le siècle suivant, elle prit le nom de *Lyon*, et adopta un lion dans ses armoiries et sur ses monnaies. Au XVI° et même au XVII° siècle, on écrivait indifféremment *Lyon* ou *Lion*. L'usage d'écrire *Lyon* l'a enfin emporté, et depuis le commencement du XVIII° siècle on écrit ainsi.

Il faudrait plusieurs volumes pour recueillir toutes les dissertations qui ont été faites sur l'origine du mot *Lugdunum*. Jacob Spon dit avec raison, dans sa *Recherche des antiquités et curiosités de Lyon* (voyez pag. 6, 7, 32 et 160), que nous ne savons rien sur cette origine. Si quelque archéologue voulait se livrer à un nouveau travail sur cet objet, voici les principaux auteurs qu'il pourrait consulter : Hadrien de Valois, *Notitia Galliarum*, etc. (1) ; — Bachet de Meziriac, *Commentaires sur les Epistres d'Ovide*, etc., t. 1ᵉʳ ; — Le P. Menestrier, *Hist. cons.* ; — Brossette, *Eloge historiq.*, pag. 21 ; — Ménage, *Dict. étymologiq.* ; — Barbazan, *Dissertation sur la langue des Celtes*, en tête de l'édition du *Castoiement* qu'il a donnée en 1760 ; — le P. de Brosses, *Méchanisme du langage*, tom. II, pag. 16 ; — *Gallia christiana*, IV, 1 ; — Petrash, *Gallia hodierna*, Prague, 1774, in 8°, pag. 78 ; — du Tems, *Clergé de France*, IV, 350 ; — Clerjon, *Hist. de Lyon*, tom. I, pag. 43 ; — C. Breghot du Lut, *Mélanges biogr. et litt.*, pag. 20 et 24 ; *Nouveaux Mélanges*, pag. 92, 438 et 440 ; — *OEuvres de Lovise Labé*, édition de 1824, pag. 290 et suiv. ; — Maret, *Revue du Lyonnais*, tom. V, pag. 241.

Lucius Munatius Plancus, citoyen romain, né l'an de Rome 680, 73 ans avant J. C., est communément regardé comme le fondateur de la ville de Lyon. Il avait été désigné consul pour l'année 712, avec Décius Brutus. Ayant appris que son futur collègue était assiégé dans Modène par Antoine, il fit, après quelques hésitations, marcher des troupes au secours de Brutus, qui, pendant qu'elles étaient en route, fut délivré par celles d'Octave. Alors il se mit en chemin pour se réunir à Lépide, et aller ensemble combattre Antoine ; mais Lépide ayant traité avec Antoine, tous deux marchèrent contre Plancus, qui se retira devant eux. Le sénat, craignant la défection de ses légions, ordonna de les désarmer, et en même temps de bâtir une ville pour les Viennois, qui, chassés par les Allobroges, s'étaient réfugiés au confluent du Rhône et de la Saône. Plancus établit des habitations sur la rive droite de la Saône ; mais, dit un de ses biographes, Plancus n'ayant fait qu'obéir aux ordres du sénat, mérite-t-il le titre de *fondateur de Lyon*(2), que lui donnent quelques

---

(1) Hadrien de Valois n'a pas laissé sans réfutation Grégoire de Tours, qui a dit, l. 1, c. 17, de son *Histoire des Francs* : « Il résulte clairement de nos recherches que c'est à la 19.ᵉ année « du règne d'Auguste qu'il faut rapporter la fondation de Lyon, ville de la Gaule, qui plus tard, « illustrée par le sang des martyrs, a reçu le titre de très-noble (*nobilissima*). » Le savant critique observe avec raison que ces deux circonstances sont également fausses ; il adopte le témoignage de Dion Cassius, qui veut que Lyon ait été fondé par M. Plancus, et il pense que, si Lyon reçut le titre de *très-noble*, ce n'est point à cause du grand nombre de ses martyrs, mais à cause de sa splendeur et de sa puissance. Voyez la nouvelle traduction de l'*Hist. des Francs*, de Grégoire de Tours, par Guadet et Taranne, t. 1, p. 360.

(2) Feu M. l'avocat-général Monier disait ingénieusement que la ville de Lyon dut être fondée le jour où un nautonnier étranger attacha le premier sa barque au confluent du Rhône et de la Saône, et construisit une cabane sur son rivage. *Discours de réception à l'Académie de Lyon*, 1821.

auteurs et une inscription qui se lit à Gaète (1)? Ne doit-on pas se borner à dire que l'histoire de Lyon ne commence qu'au temps de Plancus, mais que son existence est plus ancienne? *Biographie universelle,* article *Plancus.* — Presque tous les historiens modernes placent, d'après Dion Cassius, liv. XLVI, c. 50, et d'après Sénèque, *Ep.* 91, à l'an de Rome 711, c'est-à-dire l'an 41 avant J. C., la fondation ou le rétablissement de Lyon par L. M. Plancus; mais les auteurs de l'*Histoire littéraire de la France,* tom. 1, pag 51 de la Ire partie, et pag. 455 de la IIe partie, pensent qu'à s'en tenir à la lettre du texte de S. Jérôme sur la chronique d'Eusèbe (pag. 42 et 43), il faudrait dire que Lyon ne fut fondé qu'en la 4e année de la 188e olympiade, vers l'an de Rome 729, environ 25 ans avant notre ère vulgaire.

Quoi qu'il en soit, Lyon fut bientôt une des villes les plus peuplées des Gaules après Narbonne; elle devint la capitale des Ségusiens, et le lieu de la résidence ordinaire des préfets que les Romains avaient dans les Gaules. Marc-Antoine, qui, après s'être réconcilié avec Octave, avait eu le gouvernement des Gaules dans le partage qu'ils firent avec Lépide des provinces de l'empire, paraît y avoir fait un assez long séjour; et c'est à ce triumvir (2) que l'on attribue la construction d'une partie de ces immenses aqueducs dont on voit encore des vestiges aux environs de notre ville. Leur longueur était de treize lieues, à cause des circuits que des obstacles insurmontables avaient nécessités. Ils amenaient l'eau de la rivière du Furens, près de Saint-Etienne en Forez, jusqu'aux portes de Lyon, d'où elle était distribuée dans les divers quartiers. Voyez les *Recherches sur les aqueducs de Lyon,* etc., par G. M. Delorme, Lyon, 1760, in-12; *Mélanges* de M. Breghot, pag. 13; *Archives du Rhône,* VII, 251 et suiv.

17 ANS AVANT J. C., Agrippa, gendre d'Auguste, envoyé dans les Gaules par ce prince pour réprimer les courses des Germains, établit sa résidence à Lyon, et y fait pratiquer trois grands chemins, l'un qui allait par les montagnes des Cevennes jusque dans le fond de l'Aquitaine, un autre qui conduisait au Rhin, et un troisième à la mer par le pays du Beauvoisis et de l'Amienois: commodités nécessaires pour le commerce, et qui contribuèrent à rendre Lyon une ville d'un très-grand abord. *Hist. litt. de la Fr.,* 1, 51.

15.—Auguste vient dans les Gaules, où les Sicambres et d'autres peuples du nord faisaient de grands ravages.—Il y reste environ deux ou trois ans. *Hist. des Emp.,* par le Nain de Tillemont, règne d'Auguste, art. VIII.

(1) Voici cette inscription, qui a été défigurée par la plupart de ceux qui l'ont rapportée, et dans laquelle il faut lire LVGDVNVM, et non LVGDVNVM; RAVRICAM, et non TAVRICAM, etc.., etc.

L. MVNATIVS. L. F. N. L. PRON.
PLANCVS. COS. CENS. IMP. ITER. VII. VIR.
EPVLON. TRIVMP. EX RAETIS. AEDEM SATVRNI
FECIT DE MANIBIS AGROS DIVISIT IN ITALIA.
BENEVENTI IN GALLIA COLONIAS DEDVXIT
LVGDVNVM ET RAVRICAM.

Voyez le *Bulletin de Lyon* des 30 novembre et 3 décembre 1808.

(2) « Il reste encore à Saint-Just, dit le P. Menestrier, une porte que l'on appelle la porte de *Trion,* du nom du triumvir; et tout ce canton se nommait Trion, du nom de la dignité de Marc-Antoine, etc. » *Les divers Caractères des ouvrages historiques,* p. 468.

Pendant son séjour dans les Gaules, Auguste reçoit de grandes plaintes contre l'intendant qu'il y avait établi. — « C'était un Licinius, gaulois de naissance, autrefois esclave de César, et qui, ayant été affranchi, s'était acquis la confiance d'Auguste son patron, jusqu'à en obtenir un emploi qui mettait toute la Gaule en quelque façon sous sa dépendance. Cet homme, conservant dans son nouvel état toute la bassesse des sentiments de sa première condition, et enivré d'une fortune pour laquelle il n'était pas né, abusa insolemment de son pouvoir. Il se fit un malin plaisir d'abaisser et d'écraser ceux devant lesquels il eût tremblé dans les temps précédents, et il fatigua les Gaulois en général par les vexations les plus criantes. Dion Cassius, *Hist.* LIV, 21, en cite un trait. Comme les tributs se levaient et se payaient par mois, ce misérable, profitant des nouveaux noms donnés à deux mois de l'année, *juillet* et *août*, fit une année de quatorze mois, afin de tirer quatorze contributions au lieu de douze. Auguste fut touché des plaintes qui s'élevèrent de toutes parts contre son intendant, et il eut honte de s'être servi d'un tel ministre. Déjà tout annonçait à Licinius une chute prochaine, et l'on croyait qu'il ne pouvait éviter le supplice. Mais ce tyrannique financier recourut à un moyen qui a été souvent et utilement employé par ses successeurs. Il introduisit le prince dans un trésor où il lui montra d'immenses amas d'or et d'argent : « Voilà, lui dit-il, ce que j'ai recueilli pour « vous, en m'exposant à devenir moi-même la victime de la haine publique. « J'ai cru qu'il était du bien de votre service de dépouiller les Gaulois de « leurs richesses, de peur qu'ils ne s'en aidassent pour se révolter contre « vous. Prenez cet or et cet argent : je ne l'ai point destiné à d'autre usage « qu'à passer entre vos mains. » Auguste eut la faiblesse de se laisser éblouir par l'avantage qui lui revenait d'une si riche proie. L'intérêt prévalut dans son esprit sur la justice, et le fruit des crimes de Licinius lui en procura l'absolution. » *Hist. des Emp.*, par Crévier, t. I, p. 97 de l'éd. in-4°. — Voyez aussi Thierry, *Hist. des Gaulois*, partie III, c. 1; et Colonia, *Hist. litt.*, t. I, partie I, p. 75.

Sénèque, dans son *Apocoloquintose*, dit que Licinius *régna* un grand nombre d'années à Lyon... *Lugduni...ubi Licinius multos annos regnavit.* Macrobe, *Saturnal.*, II, 4, nous apprend que lorsque Auguste faisait bâtir, Licinius lui avançait des sommes considérables. Suétone, *Vie d'Auguste*, 67, le cite parmi les affranchis que ce prince traita avec honneur et avec confiance, et il l'appelle, sans nous dire pourquoi, *Licinius Enceladus*. Les critiques veulent que Licinius soit le même personnage dont il est fait mention dans Juvénal, sat. I, v. 108; et sat. XIV, v. 306; et dans Perse, sat II, 36. Licinius serait mort sous Tibère, suivant l'ancien scholiaste de Perse, et Varron lui aurait fait cette épitaphe :

> Marmoreo Licinus tumulo jacet, at Cato parvo,
> Pompeius nullo : quis putet esse deos ?

Voyez, sur cette épitaphe, les commentaires de Burmann, t. I, p. 205, de son *Anthologie* latine.

Quelques historiens modernes veulent que le Mont-d'Or du Lyonnais doive son nom au palais que Licinius y aurait fait bâtir avec l'or des Gaulois et aux trésors qu'il y avait entassés; mais rien ne justifie cette allégation. Voyez la *Revue du Lyonnais*, IV, 395.

Le P. Menestrier, p. 469 de ses *Divers Caractères des ouvrages historiques*, nous apprend que le Mont-d'Or est appelé *Mons Auriacensis* dans les anciens titres de l'abbaye d'Ainay, du x° et xi° siècle. Il pense, page 538 du même livre, que ce mont fut appelé Mont-d'Or, « de la couleur de son terroir de « terre glaise, jaunâtre comme la pierre de Cozon, dont une partie de Lyon « est bâtie. C'est ainsi, ajoute-t-il, que la petite colline du Janicule fut appelée *Mons Aureus*, à cause de la couleur jaune de son terroir (1). » Enfin le savant jésuite, p. 467 du même ouvrage (2), croit que notre Mont-d'Or fut ainsi nommé par le triumvir Marc-Antoine, qui fit, comme nous l'avons vu, un assez long séjour dans nos contrées ; et il se fonde sur une pièce de Sidonius (*carm.* xvii), qui, suivant lui, a voulu parler des vins du Mont-d'Or ou de Cozon (3) dans ces deux vers :

> Pocula non hic sunt illustria nomine pagi
> Quem posuit nostris ipse triumvir agris.

14. — Germanicus, ce prince si chéri des Romains, naît à Lyon. *Hist. litt. de la Fr.*, t. i, p. 432 de la II° partie.

10. — *Aout* 1. Drusus fait la dédicace du temple élevé en l'honneur de Rome et d'Auguste, par les soixante peuples des Gaules, au confluent du Rhône et de la Saône. Chacun de ces peuples fournit une statue pour orner l'autel de ce prince, avec une inscription particulière. *Art de vérifier les dates*, tome ii, p. 466. — Ce jour est encore remarquable par la naissance du fils de ce même Drusus, Claude, qui fut empereur, et qui fit élever Lyon au rang des colonies romaines. — Voyez, sur l'autel de Rome et d'Auguste deux dissertations, l'une de Frédéric Walchius, insérée dans le t. iii des *Acta societatis latinæ Ienensis;* l'autre de Th. L. Münter, insérée dans ses *Parerga historico-philologica*, Gottingue, 1749, in-8°. Ces deux dissertations sont peut-être les seules sur ce sujet qui n'aient pas été connues de mon savant confrère, M. Artaud, à qui l'on doit un mémoire fort étendu, publié sous ce titre : *Discours sur les médailles d'Auguste et de Tibère au revers de l'autel de Lyon*, Lyon, 1820, in-4°. Voyez aussi *Arch. du Rhône*, v, 184 et suiv.; vii, 86.

39 depuis J. C. Hérode-Antipas, accusé d'avoir conspiré contre Caligula, est relégué à Lyon. Bientôt après, ennuyé de son exil, il se sauve, avec sa femme Hérodiade, en Espagne, où ils périrent tous deux misérablement, s'il faut en croire le faux Hégésippe, *de Excid. Hierosol.*, liv. ii, c. 2. Voy. Josèphe, *Antiq. Jud.*, liv. xviii, c. 9; Dion Cassius, *Hist. rom.*, liv. xlviii; Dom Calmet, *Dict. de la Bible*, art. *Antipas; l'Art de vérifier les dates*, t. i, p. 122. — Nous avons lieu de penser que, puisque l'empereur Caligula vint dans les Gaules vers ce temps-là, il ne faut attribuer qu'à cette circonstance la fuite d'Hérode en Espagne. — Un assez grand nombre d'auteurs font mourir Hérode et sa femme à Lyon; quelques-uns sont même allés jusqu'à prétendre, mais sans aucun fondement, que le monument antique démoli en 1707, et qu'on appelait le *Tombeau des deux Amants*, avait été élevé à la mémoire de ces fameux bannis. *Nouv. Mél.* de M. Breghot, p. 37; *Revue du Lyonnais*, 1, 193 et 405.

---

(1) C'est le lieu où S. Pierre fut crucifié, et que l'on nomme à présent *San Pietro in Montorio*.

(2) Voyez aussi son *Hist. cons.*, pag. 43-45, et pag. 62.

(3) Voyez les *Nouv. Mélanges* de M. Breghot, p. 432. Le vin dont parle Sidonius ne serait-il point celui que fournissaient les coteaux qui avoisinent la porte de *Trion*, si, comme la plupart de nos historiens le pensent, cette porte eût été appelée ainsi du nom du triumvir ?

40.—Pendant son séjour à Lyon, Caligula établit dans cette ville des jeux mêlés (*miscelli*), entr'autres un combat d'éloquence grecque et latine, où les vaincus étaient obligés de couronner eux-mêmes les vainqueurs, et de chanter leurs louanges; ceux dont les compositions étaient trop mauvaises devaient les effacer avec une éponge ou avec leur langue, sous peine de recevoir des coups de férule ou d'être jetés dans la rivière. Suétone, *Vie de Caligula*, c. 20, trad. de Laharpe. Voyez aussi Strabon, l. IV; Juvénal, sat. 1, v. 42-44, et la note de son ancien scholiaste; Tillemont, *Mém. pour servir à l'Hist. eccl.*, tom. III, p. 597; *Hist. litt. de la Fr.*, tome 1, 137; Crévier, *Hist. des Empereurs*, IV, 284, éd. in-4°; Sidon. *Epist.* IV, 8; et IX, 9.

47.—L'empereur Claude fait élever par le sénat, Lyon, sa ville natale, au rang de cité romaine, et ordonner que tous les Gaulois qui étaient citoyens romains pourraient être reçus sénateurs. *Hist. litt. de la Fr.*, tom 1, part II, pag. 435. —Le discours que prononça Claude à cette occasion fut gravé sur deux tables de bronze, qui, dans l'origine, n'en faisaient qu'une, et qui sont actuellement au musée de Lyon. Elles furent découvertes le 12 mars 1529, dans une vigne voisine de la côte St-Sébastien, et achetées par le consulat, sur la proposition de Claude Bellièvre. *Nouvelles Archives du Rhône*, tom. II, pag. 59-60. Voyez aussi Brossette, *Éloge hist.*, pag. 37.— M. Charles Zell a publié à Fribourg en Brisgaw, 1833, in-8°, une dissertation latine sur ce monument, analysée depuis par M. de Golbéry, dans la *Nouvelle Revue germanique*, t. XIV, pag. 59-63. Suivant M. Zell, il pourrait bien se faire que celle des deux tables qu'on a donnée jusqu'à présent pour la première, ne fût que la suite de l'autre.

59.—Embrasement de Lyon. « Il n'y eut, dit Sénèque, *Ep.* 91, qu'une nuit de distance entre une ville immense et le néant. » *Una nox interfuit inter urbem maximam et nullam.* « Cette colonie, dit-il encore, n'en était qu'à « la centième année de sa fondation, terme qui n'est pas même le plus long « pour la vie humaine. »...*Huic coloniæ ab origine sua centesimus annus est*, etc. Il résulterait de ce dernier passage que si la fondation de Lyon, d'après l'opinion la plus généralement adoptée, ne remonte qu'à l'an 41 av. J. C., son embrasement est réellement arrivé l'an 59 de notre ère. Toutefois les critiques varient sur cette date; le P. Menestrier, *Hist. cons.*, pag. 111, place cet événement à l'année 64, et cherche à prouver que Juste-Lipse s'est trompé en le plaçant à l'an 58 ou 59; d'autres écrivains, tels que les auteurs de l'*Hist. litt. de la Fr.*, tome 1, part. I, page 214, le reculent jusqu'à l'an 65. Voyez, sur les causes de cet embrasement, un *Mémoire* de M. de la Tourette, inséré dans les *Archives du Rhône*, t. VIII, p. 173 et suiv.; *Hist. des Gaulois*, par A. Thierry, III, 371.

65.— Néron soulage le désastre de Lyon par le don de quatre millions de sesterces qu'il fit à la ville pour la relever de ses ruines: les Lyonnais avaient eux-mêmes offert cette somme aux Romains dans des temps malheureux. Tacite, *Annal.*, XVI, 13.—La somme donnée par Néron est évaluée, par Juste-Lipse, à cent mille ducats, environ un million et cinquante mille livres; et par Dureau-Delamalle, à 778,315 livres. Voyez les *Nouveaux Mélanges* de M. Breghot, pag. 416.

68.—La guerre entre Néron et Galba réveille l'antique discorde des Lyonnais et des Viennois; ils s'attaquent tour à tour, et leurs combats sont bien plus fréquents et soutenus avec bien plus d'animosité que s'ils avaient songé seulement à la querelle des empereurs. Galba, demeuré vainqueur, confisque les revenus de Lugdunum, frappe cette ville de décrets humiliants, et comble les Viennois d'honneurs. — Lorsque l'empereur Othon succéda, l'année suivante, à Galba, les Lyonnais voulurent persuader à son lieutenant qu'il devait les venger sur les Viennois, et ceux-ci ne fléchirent les soldats qu'avec peine, en leur abandonnant leurs armes. Tacite, *Hist.*, 1, 64 et 65; Sismondi, *Hist. des Français*, 1, 64; A. Thierry, *Hist. des Gaulois*, tom. III, p. 307 et suiv.

69.—L'empereur Vitellius, après la mort d'Othon, vient à Lugdunum. Il y reste plusieurs jours, donnant et recevant des combats de gladiateurs. Dion, *Excerpt. ap. H. Vales*, p. 469; Thierry, *Hist. des Gaulois*, t. III, p. 409.

Domitien, qui fut ensuite empereur, voyant sa jeunesse méprisée par les hommes d'un âge mûr, renonce aux fonctions du gouvernement, même aux moindres de celles qu'il exerçait d'abord, et se retire à Lyon, où il affecte le goût des lettres et l'amour de la poésie. Tacite, *Hist.*, IV, 86.

80.— Sénèque dédie son *Traité des Bienfaits* à Æbutius Libéralis, philosophe natif de Lyon, qui résidait à Rome. C'est de ce même Lyonnais qu'il est question dans la lettre de Sénèque à Lucilius (la xci^e), sur l'incendie de Lyon.

98.—Construction du *Forum* de Trajan, nommé plus tard *Forum vetus*, d'où l'on croit qu'est venu le nom de Fourvières, que l'on a donné à la montagne sur laquelle il était situé. Menestrier, *Hist. cons.*, p. 119. Voyez sur l'étymologie du mot *Fourvières*, les *Mélanges* de M. Breghot, *passim*; et l'*Hist. de Notre-Dame de Fourvières*, par M. l'abbé Cahour. — Voyez ci-après, année 840.

100.—Des libraires sont établis à Lyon; ils y débitent les écrits de Pline-le-Jeune, qui entretient un commerce de lettres avec Géminius, savant gaulois, qui résidait à Lyon. *Hist. litt. de la Fr.*, tome I, partie IIe, page 436; *Lettres lyonnaises* de M. Breghot du Lut, pag. 1-5; *Hist. des Gaulois*, par A. Thierry, t. III, p. 360.

104.—Abascantus, médecin de Lyon, cité trois fois par Gallien, écrit sur des matières relatives à sa profession. *Hist. litt. de la Fr.*, tom. I, part. I, pag. 250, et part. II, pag. 436; Colonia, *Hist. litt.*, II, 706; *Archives du Rhône*, II, 364.

120.—Adrien, successeur de Trajan, vient dans les Gaules et s'y fait chérir par ses libéralités. Menestrier, *Hist. cons.*, 119.

138 (*circa*).—Les Lyonnais, en reconnaissance des bienfaits qu'ils avaient reçus d'Antonin, élèvent à cet empereur un temple sur la rive droite de la Saône. Ce temple fut appelé dans la suite l'Autel des Césars, *Ara Cæsarum*, lorsqu'il fut dédié à Marc-Aurèle et à Lucius Vérus, enfants adoptifs d'Antonin. Il n'est pas invraisemblable que plus tard, des débris qui en provenaient, on construisit l'église de St-Jean, dans les murs de laquelle on trouve encore quelques restes d'inscriptions qui justifieraient cette conjecture. Des auteurs ont même prétendu que l'enceinte actuelle de la place St-Jean était occupée par le temple d'Antonin, et d'autres, que c'est sur ses ruines mêmes que l'église a été bâtie. *Arch. du Rh.*, IV, 476; VII, 249, 482, 485 et suivantes.

152.—Tite Antonin écrit à tous les Grecs en faveur des chrétiens.—S. Pothin, grec d'origine et disciple de S. Polycarpe, vient dans les Gaules, et y jette les fondements de l'Eglise de Lyon. « Les premiers ouvriers de l'Evangile qui parurent dans les Gaules, disent les auteurs de l'*Histoire littéraire de la France*, particulièrement ceux qui s'arrêtèrent à Lyon, ne s'y trouvèrent pas tout-à-fait étrangers. On y parlait assez communément leur langue, qui était la grecque; c'est de quoi il ne paraît pas qu'on puisse douter pour ce qui regarde Lyon et les lieux circonvoisins. Leur proximité du pays qu'on a depuis nommé *Provence*, et où l'usage de cette langue était établi depuis long-temps; le commerce continuel de Lyon avec Marseille, où le grec était la langue naturelle du pays, les jeux publics et les combats littéraires qui se donnaient à Lyon en grec et en latin, depuis l'empereur Caligula;.... l'abord du grand monde de l'empire, que ces spectacles et la résidence des gouverneurs attiraient dans cette ville : tout cela, joint à ce que l'on sait que la langue grecque était alors fort connue dans tout l'empire romain, ne permet pas que l'on révoque en doute qu'elle ne fût très-commune dans cette partie de nos Gaules en particulier. Ce n'est pas encore tout, en voici d'autres preuves.

« La conduite qu'y tinrent ces hommes évangéliques, ajoute à tout ce que nous venons de dire un degré de force auquel il est difficile de se refuser. En effet, c'est une maxime ordinaire aux ouvriers de l'Evangile, lorsqu'ils vont annoncer la foi en quelque endroit, d'apprendre la langue qu'on y parle, s'ils ne la savent déjà, et de faire leurs instructions en cette même langue. Or, bien loin que non-seulement S. Pothin, S. Irénée, et les autres Grecs qui vinrent à Lyon prêcher l'Evangile, mais encore leurs disciples, qui étaient pour la plupart du pays, s'y servissent ou de la langue gauloise ou de la latine, nous voyons au contraire que dans tout ce qu'ils font, et dont il nous reste ou quelque monument ou quelque autre connaissance, ils n'emploient partout que la langue grecque. S'agit-il d'écrire l'histoire de ceux d'entre les fidèles que Dieu appelait à lui par le martyre? c'est en grec qu'on l'écrit; et cette histoire est autant pour l'instruction des Eglises de Lyon et de Vienne, que pour celle d'autres Eglises qui parlaient cette langue, et auxquelles elle est envoyée. Faut-il écrire ou au Pape ou à d'autres sur les affaires de l'Eglise? c'est encore la langue grecque qu'on emploie; et ceux qui écrivent sont des fidèles du lieu, qui le font au milieu des fers. S. Irénée se trouve-t-il obligé d'écrire contre les hérésies? il le fait aussi en grec; et son ouvrage n'est pas seulement pour réfuter les hérétiques, il est encore pour faire revenir de l'erreur jusqu'aux femmes qu'ils avaient séduites le long du Rhône.... Si donc la langue grecque n'eût pas été commune à Lyon et dans le voisinage lorsque S. Irénée y écrivit à la fin de ce siècle, les fidèles de cette Eglise, pour lesquels il composait particulièrement son ouvrage, auraient été frustrés du fruit de son travail. Eh! quelle difficulté, après tout, à croire que le grec était alors commun à Lyon, sachant qu'au IVe et même au VIe siècle il l'était encore à Arles? Car il faut bien que le peuple de cette ville l'entendît communément, puisqu'on lui fit en cette langue l'oraison funèbre de Constantin-le-Jeune, mort en 340, et que, sous S. Césaire, on employait la même langue dans les affaires de l'Eglise. Ignore-t-on que dans ces premiers siècles on se servait, dans les offices de l'Eglise, de la langue la plus connue en chaque pays? De ce que nous venons de dire il serait aisé de conclure que le grec étant la langue naturelle des premiers ouvriers de l'Evangile à Lyon, et cette même langue y étant entendue communément, on l'aurait employée dans les offices divins comme dans les affaires ecclésiastiques.... Pour ce qui est de la langue latine, elle était aussi commune dans les Gaules en ce siècle que le gaulois même...» *Hit. litt. de la Fr.*, t. I, part. I, pag. 228 et suiv.; 281 et 437. Voyez, sur la question de savoir si Lyon est la première ville de

France qui ait eu des évêques, une Requête présentée au roi en 1700, par M. de Saint-George, archevêque de Lyon, et analysée dans le *Journal des Savants*, année 1700, pag. 300. Nous en extrayons le passage suivant : « Aux preuves que les savants avaient déjà apportées pour montrer que Pothin est le premier qui ait fondé des Eglises dans les Gaules, M. de Saint-George ajoute deux considérations importantes. La première que, dans les temps de la persécution de Marc-Aurèle, il ne se trouva des martyrs dans les Gaules qu'à Lyon et à Vienne ; ce qui est une preuve convaincante qu'il n'y avait point encore ailleurs de chrétiens ; car s'il y en eût eu, il y eût eu des martyrs, et la mémoire de ces premiers défenseurs du nom de J. C. n'aurait pas été ensevelie dans un éternel oubli. La seconde est que, de toutes les Eglises de France, il n'y a que celle de Lyon et de Vienne dont l'origine soit illustre et certaine. La plupart des autres est obscure et fabuleuse, et leurs premiers évêques sont ou supposés, ou placés plus haut qu'ils ne doivent être, etc. » Voyez, sur l'établissement du christianisme dans les Gaules, et principalement à Lyon, les *Singularités historiques et littéraires* de dom Liron, tom. IV, *passim*.

160. — *Décembre* 9. Sacrifice d'un taureau *à la mère des dieux* pour la santé de l'empereur Antonin-le-Pieux, père de la patrie, pour la conservation de ses enfants et pour la prospérité de la colonie de Lyon. — L'autel en pierre qui servait à ce sacrifice, et auquel on a donné le nom de *taurobole*, est un des monuments les plus remarquables de notre musée ; il fut découvert le 12 décembre 1704, par des paysans qui fouillaient la terre dans la vigne d'un M. Bourgeat, sur la montagne de Fourvières. L'inscription gravée sur cet autel a été le sujet d'un grand nombre de dissertations dues à des savants du premier ordre, tels que le P. Daniel, le P. Bonanni, l'académicien Gros de Boze et le P. Hardouin. Ces dissertations ont été analysées par le P. de Colonia dans son *Hist. litt.*, t. I, part. I, p. 181 et suiv. Voy. la table du *Journal des Savants*, au mot *Taurobole* ; l'*Elog. hist. de Lyon*, par Brossette, pag. 49 ; les *Nouv. Mél.* de M. Breghot, pag. 17, etc. — Le sol où ce taurobole fut découvert dépendait peut-être du palais d'Antonin, qui couvrait tout le plateau de Fourvières. *Arch. du Rh.*, VII, 217.

177. — L'Eglise de Lyon n'avait point encore compté de martyrs ; elle florissait depuis long-temps sous la direction du pieux Pothin, son premier évêque (1). Tout-à-coup la plus violente persécution éclate dans les Gaules, sous le nom et l'autorité de Marc-Aurèle (2). Pothin, qui était plus que nonagénaire, ne fut pas épargné. Il est saisi et traîné au pied du tribunal par des soldats, suivis des magistrats de la ville et de toute une populace qui poussait

---

(1) « Sub Aurelio deinde Antonini filio, persecutio quinta agitata. Ac tum primum « intra Gallias martyria visa, serius trans Alpes Dei religione suscepta. » Sulpicii Severi *Sacra Historia*, lib. II. — « Marc-Aurèle, dit l'abbé Paul (traduction de Sulpice Sévère, p. 332), ne rendit aucun édit pour ordonner la persécution ; mais l'opposition publique contrariait ses dispositions particulières, et embarrassait sa religion, sa bonté, sa prudene. Il écrivit aux provinces de l'Asie-Mineure une lettre citée par Eusèbe, *Hist. eccles.*, IV, 12, et dans laquelle se trouve ce passage : « . . . . Plusieurs gouverneurs des provinces ayant écrit à « mon père touchant ceux de cette religion (les chrétiens), il défendit de les inquiéter, à « moins qu'ils n'entreprissent quelque chose contre le bien de l'Etat. Quand on m'a écrit sur « le même sujet, j'ai fait la même réponse. Que si, à l'avenir, on accuse quelqu'un d'être chré- « tien, je veux qu'il soit absous, et que l'accusateur soit puni. » Traduction du président Cousin, tom. I, pag. 159 de l'éd. in-4°.

(2) Le gouverneur (de Lyon) était absent lorsque le peuple se souleva contre les chrétiens. *Singularités* de dom Liron, IV, 113.

contre lui d'injurieuses clameurs. Le président lui ayant demandé quel est le dieu des chrétiens : « Si vous en êtes digne, lui répondit Pothin, vous le connaîtrez. » Soudain le vénérable pasteur est accablé de coups, puis jeté dans un cachot où il expira deux jours après. Quarante-sept fidèles répandirent, vers le même temps, leur sang pour la foi. Leurs cendres furent recueillies et mises plus tard sous l'autel de la basilique des Apôtres, remplacée depuis par l'église de St-Nizier. Ils sont honorés le 2 juin, jour de l'invention de leurs reliques, ou plutôt de la mort de S. Pothin : leur fête était fort célèbre, et S. Adon nous apprend qu'on la nommait le *jour des miracles*. La relation de leur martyre, écrite en grec et attribuée à S. Irénée, nous a été conservée par Eusèbe, *Hist. ecclés.*, v, 1; la traduction la plus fidèle qui en ait été faite se trouve dans les *Vies des Saints du diocèse de Lyon*, par M. Collombet. Voyez l'*Hist. litt. de la Fr.*, I, 1, 437; *Gallia christiana*, IV, 4; du Tems, *Clergé de Fr.*, IV, 339; *Histoire de l'hospice de l'Antiquaille*, par M. Achard-James, pag. 22. Voyez aussi le *Journal des Savants*, année 1700, pag. 296 et suiv., etc.

177 (*circa*).—Martyre de saint Alexandre et de saint Epipode. Voyez, sur ce dernier *saint*, dont Voltaire a fait une *sainte*, les *Lettres Lyonnaises* de M. Breghot, p. 141.

188.—*Août* 4. Naissance de Marcus-Aurélius-Sévérus Caracalla, fils aîné de l'empereur Sévère, auquel il succéda le 4 février 211.—Les Lyonnais n'eurent à se louer ni du père ni du fils : le premier mit leur ville à feu et à sang; le second ne leur fit aucun bien; cependant il faut lui en savoir quelque gré, puisqu'il se montra si cruel partout ailleurs. Caracalla mourut assassiné l'an 217, le 8 avril, et non le 18, comme on le dit dans la *Biogr. universelle*.

Rubys, *Hist. de Lyon*, liv. 1, c. 24, entre dans quelques détails sur le séjour de Sévère à Lyon. Il dit que Sévère, étant à Lyon après la mort de Martia sa première femme, fit venir de Syrie sa seconde femme, Julia, et qu'à l'occasion de ce *fatal* mariage, il construisit sur la montagne de Fourvières, *au-dessous de l'amphithéâtre et de la place de Vénus*, c'est-à-dire à l'endroit où est maintenant l'hospice de l'Antiquaille, un palais magnifique dans lequel Caracalla vit le jour. Voyez une dissertation sur ce sujet, par Breghot, *Ar. h. du Rh.*, VI, 139-145; VII, 142.

S. Irénée écrit contre Florin et Blaste.—Le même saint écrit, en 193, ses trois premiers livres contre les hérésies, et en 195 les deux derniers.—Caïus, depuis prêtre et évêque des nations, et saint Hippolyte, depuis évêque et martyr, se forment à Lyon, l'an 196, sous la discipline de S. Irénée. *Hist. litt. de la Fr.*, I, 1, 457.

196 *ou* 197.—Premier concile tenu à Lyon au sujet du jour auquel il fallait célébrer la fête de Pâque. *Art de vérifier les dates*, I, 137.

197.—*Février* 19. Bataille livrée dans les plaines de Trévoux, entre Septime-Sévère et Albin, qui se disputaient l'empire. Celui-ci vaincu, mis en fuite et poursuivi jusqu'à Lyon, s'y tue le même jour; sa tête est envoyée à Rome au bout d'une pique. Sévère fait jeter dans le Rhône la femme et les enfants d'Albin, extermine sans pitié sa famille et ses amis; il n'épargne pas même les principaux seigneurs des Gaules, etc. Voyez Hérodien, III, 22 et 23; Spartien, *in Alexandro Severo*; Dion Cassius (abrégé par Xiphilin); Muratori, *Annali d'Italia*; les *Variétés hist. et litt.* de Coupé, 2ᵉ année, pag. 340; l'*Art de vérifier les dates*; les *Arch. du Rhône*, tom. I, p. 91, et t. II, p. 81 et suiv., et tom. IV, p. 107 et suiv.; une *Dissertation* de M. Pic, insérée dans le tom. 1 de l'*Athénée* (Lyon, 1835); le *Bulletin de Lyon*, n. 26 et 27 de septembre 1826.

202.—*Juin* 28. Martyre de S. Irénée.—On assure que dix-neuf mille hommes périrent avec lui pour la foi; c'est sans doute ce qui a fait dire à saint Eucher, que Lyon avait un peuple de martyrs, et à Grégoire de Tours, qu'alors tant de chrétiens furent égorgés, que leur sang coulait comme des ruisseaux dans les places publiques. La tradition du martyre de S. Irénée, dit l'abbé du Tems, a pour garants les martyrologes d'Adon, d'Usuard, de Bède, etc.; elle est autorisée par S. Jérôme, par Grégoire de Tours, et par l'ancien auteur des *Questions orthodoxes*, qui se trouvent parmi les œuvres de saint Justin; mais cette vérité si bien établie est combattue non-seulement par les protestants tels que Cave et Dodwel, mais encore par Severt, Paradin, de Rubys et Bosquet. Plusieurs auteurs ne craignent pas de dire qu'Irénée fut mis à mort, avec les chrétiens de Lyon, par Sévère, pour avoir suivi le parti d'Albin. Pour réfuter cette erreur, qui travestit en rebelles les plus illustres confesseurs de J. C., il suffit de dire, ajoute l'abbé du Tems, qu'il ne se trouva pas un seul chrétien dans le parti d'Albin, non plus que dans celui de Pescennius Niger. Voy. Colonia, *Hist. litt.*, 1, 97.—Jusqu'à la fin du XV° siècle, S. Irénée a été appelé *Irigny*. Il y a près de Lyon, sur la rive droite du Rhône, un village qui conserve ce nom.

202 (*circa*).—Deux chrétiens, Stéphanus et Pérégrinus, fuyant la persécution, se retirent dans une petite île, un peu au-dessus de Lyon, et y bâtissent un oratoire. Les successeurs de ces anachorètes, aidés des libéralités d'un seigneur du pays, nommé Longin, construisirent dans cette île une petite église sous l'invocation de saint André, et formèrent entre eux une société d'ermites sous la conduite de saint Dorothée, qui passe pour être le fondateur de l'abbaye de l'Ile-Barbe, et qui florissait, à ce qu'on présume, vers le milieu de ce siècle, sous l'épiscopat d'Hélius, de Faustin et de Vérus. *Gallia christ.*, et du Tems, IV, 591.

203 (*circa*).—Zacharie succède à S. Irénée, dont il recueille les restes qu'il dépose dans une crypte. *OEuvres de Sidonius*, 1, 234.—On ignore la date de la mort de Zacharie, qui eut pour successeur Hélius ou Hélias, dont Grégoire de Tours fait mention, *de Gloria confessor.*, c. 62.

240.—Julius Titianus enseigne l'éloquence, tantôt à Lyon, tantôt à Besançon. *Hist. litt. de la Fr.*, I, 1, 438.

255 (*circa*).—Faustin, évêque de Lyon, successeur d'Hélius, écrit à saint Cyprien et au pape Etienne, contre Marcien, évêque d'Arles, qui était tombé dans les erreurs des Novatiens.—A S. Faustin succédèrent *Vérus*, *Julius* et *Ptolomée*, sur lesquels l'histoire ne nous apprend rien, et qui ne sont connus que parce qu'ils sont placés dans les Catalogues des évêques de Lyon.—Voyez ci-après, *année* 314.

280.—Titus-Ælius Proculus, natif d'Albenga, sur la côte de Gênes, officier distingué par ses services, mais non moins diffamé par ses débauches, est proclamé empereur par ses soldats, dans une partie de divertissement, à Lyon suivant les uns, à Cologne suivant les autres. Il veut soutenir ce titre, et prend la pourpre à l'instigation de Viturgie sa femme: poursuivi par Probus, défait et pris la même année, il subit le dernier supplice.—Poullin de Lumina s'est trompé en plaçant cet événement à l'année 260. Voyez l'*Art de vérifier les dates*, 1, 384. Voici comment ce fait a été rapporté par l'auteur d'une *Notice sur Proculus*, tirée principalement de Flavius Vopiscus, *Hist. Aug.*, et insérée dans les *Arch. du Rhône*, tom. vii, pag. 305-308, et tom. viii, pag. 51 :

« ..... Un jour Proculus avait assisté à un festin splendide qui se donnait, dans la ville de Lyon, à de nombreux convives; c'était en l'année 280; après le repas, il joua aux *petits soldats*, espèce de jeu de dames ou d'échecs, où, en vertu d'une règle, le hasard fit qu'il gagna dix parties de suite : tout-à-coup un homme de l'assemblée, qui avait quelque crédit, trouvant cette circonstance singulière, ou bien peut-être étant d'accord avec Proculus, s'écria, en s'adressant à lui : *Je te salue, Auguste*; puis apportant un manteau de pourpre, il le lui mit sur les épaules avec toutes les démonstrations du respect le plus religieux; enfin il lui rendit tous les honneurs dus au rang suprême. Il n'en fallut pas davantage pour déterminer les assistants, et ensuite la multitude, à imiter l'exemple de cet homme hardi (1). Au reste, la légèreté naturelle aux Gaulois contribua singulièrement à l'élévation de Proculus : il fut surtout secondé par la haine que ces peuples avaient vouée à l'empereur Probus, qui régnait alors, et qui se conduisait avec une excessive sévérité. Proculus, pour s'assurer l'empire, fit prendre sur-le-champ les armes à deux mille de ses esclaves; il parvint bientôt, à l'aide de ses complices, à gagner toute l'armée. Pendant son usurpation, il se rendit utile aux Gaulois; car, s'en tenant toujours à la petite guerre, il finit par triompher avec gloire des Allemands, qui portaient encore le nom de Germains, et qui avaient envahi une partie des Gaules. Cependant il ne sut pas se maintenir dans le rang que le hasard lui avait procuré : les débauches auxquelles il ne cessait de se livrer, devaient nécessairement précipiter sa chute. Dans son aveuglement, il s'était flatté de faire son collègue à l'empire, de son fils, qui se nommait Hérennianus, dès que cet enfant aurait atteint sa cinquième année. Probus ne lui donna pas le temps d'accomplir ce dessein; il lui livra bataille, et le vainquit. L'usurpateur ayant pris la fuite, chercha en vain une retraite chez les Francs, dont il prétendait tirer son origine, et sur lesquels il croyait devoir compter; mais ces peuples, pour qui trahir leur foi n'était alors qu'un badinage, le livrèrent à son ennemi qui le fit mettre à mort. Sous Dioclétien, les descendants de Proculus existaient encore, et disaient en plaisantant qu'ils n'auraient jamais la fantaisie de devenir pirates ou empereurs (*sibi non placere esse vel principes vel latrones*). Après la mort de Proculus, on fit à Lyon une médaille où la tête de cet aventurier est attachée à un croc; au-dessus est le buste de Probus devant une Victoire; on y voit encore les lettres P. T., qui signifient sans doute *Proculus tyrannus*; l'autre face de la médaille offre l'image du Génie de Lyon, tenant d'une main une corne d'abondance, et de l'autre un gouvernail. La gravure de cette médaille, dont le P. Menestrier possédait un exemplaire, se trouve dans l'*Hist. consulaire* de ce savant jésuite, p. 142. — Voyez Mionnet, *Rareté des médailles romaines*, t. ii, p. 125. — Rabelais, liv. iii, c. 6 de son *Pantagruel*, et Corneille Agrippa, *de Vanitate scientiar.*, c. 63, n'ont pas manqué de citer, d'après l'*Hist. d'Auguste*, Proculus parmi ceux qui ont été le plus renommés pour

---

(1) Eutrope, Aurélius-Victor et Vopiscus lui-même (Vie de Probus) donnent à entendre que l'élection de Proculus se fit à Cologne, et Crévier a adopté cette version. Cependant je persiste à croire que sa proclamation eut lieu à Lyon, ce qui me semble résulter incontestablement du texte de Vopiscus, où on lit (Vie de Proculus), *hortantibus Lugdunensibus*. Tillemont, *Histoire des Empereurs*, place à Lyon la scène du festin et de la partie du jeu d'échecs. Pour tout concilier, on pourrait admettre que c'est à Lyon que Proculus usurpa la pourpre, et que c'est à Cologne qu'il établit le siège de son empire.

leur vigueur. Il est bien étonnant qu'un personnage aussi fameux ait été omis dans la *Biographie universelle*. »

280 (*circa*).—Probus fait replanter par ses soldats les vignes que Domitien avait fait arracher dans les Gaules. *Art de vérifier les dates*, 1, 334.

300 (*circa*).— S. Badoul ou Badulphe, qui fut, à ce qu'on croit, le premier abbé d'Ainay, vient s'établir au confluent du Rhône et de la Saône, auprès d'une crypte dédiée à S. Pothin, Ste. Blandine, et autres martyrs de Lyon, dont les cendres avaient été déposées dans ce lieu. — Ce pieux solitaire, suivant la tradition, aurait fait élever une église sur cette crypte. *Arch. du Rh.*, VII, 82 et 87. Voyez ci-après, *années* 450 et 612.— Puisque nous parlons ici pour la première fois de l'abbaye d'*Ainay*, nous ferons observer que l'étymologie de ce nom est aussi incertaine que celle de *Lyon*. Voy. les *Mélanges* de M. Breghot, p. 93, 266, 350 et 463. — M. l'abbé Marduel, dans une dissertation qu'il a placée à la fin du tom. II de son ouvrage intitulé *de l'Autorité paternelle*, etc., Paris, imp, de Béthune, 1828, in-8°, s'efforce de prouver qu'Ainay vient du grec *athanatos*, immortel ; étymologie qui, suivant lui, serait d'accord avec les anciens titres de l'abbaye, où on lit tantôt *Athanatum*, tantôt *Athanacum*. M. Marduel prétend que Champier, qu'il appelle avec raison savant médecin, mais historien sans critique, est le premier qui ait dit que le nom d'Ainay dérivait du mot *Athénée*.

314. —Vocius, évêque de Lyon et successeur de Ptolémée, assiste ou se fait représenter au premier concile d'Arles. — Maxime succéda à Vocius, et Tétrade à Maxime.

347.— Vérissimus, successeur de Tétrade, souscrit au concile de Sardique (en Thrace).— S. Just, un des plus illustres prélats de l'Eglise de Lyon, fut le successeur de Vérissimus.

353.— *Août* 10 *ou* 11. Magnence, après la terrible bataille de Monsaléon, dans les Alpes-Cottiennes, où il fut vaincu pour la seconde fois par l'empereur Constance, s'était retiré à Lyon : là, réduit au désespoir, il fait périr sa mère et l'un de ses frères, après quoi il se donne la mort. *Zosimi Hist.*, II, 39 et 40 ; *Hist. miscell.* XI, 17 ; Picot, *Hist. des Gaulois*, II, 37 ; *Art de vérif. les dates*, 1, 392, etc.

— *Septembre* 6. Constance, qui était venu à Lyon après la mort de Magnence, donne en cette ville une loi par laquelle il accorde une amnistie générale pour les crimes commis sous la domination du tyran, à la réserve de cinq crimes atroces qui excluaient tout pardon. — L'empereur ne resta que peu de jours à Lyon et partit pour Arles, où il alla passer l'hiver. Lebeau, *Hist. du Bas-Empire*, p. 185 et 211, édition in-12.

357. — Les Lètes, peuplade germanique, pénètrent dans les Gaules ; ils passent furtivement entre les deux armées romaines que l'empereur Constance y avait envoyées pour repousser les Francs, les Allemands et les Saxons : l'une de ces armées était sous le commandement du césar Julien, l'autre sous celui de Barbation, un des généraux de Constance. Les Lètes se présentent devant Lyon ; mais n'ayant pu se rendre maîtres de cette ville, quoiqu'ils y fussent venus à l'improviste, ils dévastent toutes les campagnes voisines. A la première nouvelle de cette irruption, Julien détache de son armée trois corps qui se postent dans les défilés où il savait que ces barbares devaient passer pour se retirer.... Sa prévoyance ne fut pas trompée, tous furent taillés en pièces ; il n'échappa que ceux qui passèrent auprès du camp de Barbation, qui crut devoir favoriser leur fuite. Ammien Marcellin, XVI, 11; de Rubys, *Hist. de Lyon*; la Bletterie, *Vie de Julien*, pag. 102; Jondot, *Hist. de Julien*, tom 1, pag. 97; Tillemont, *Hist. des Emp.*; et Lebeau, *Hist. du Bas-Emp.*, année 357. — Poullin de Lumina (*Abrégé chron.*) a fait un singulier anachronisme en plaçant cet événement à l'année 364. M. Jal, dans son *Résumé de l'Hist. du Lyonnais*, l'a placé à l'année 359; mais il ne cite point ses garants. Quant à Barbation, Poullin de Lumina l'a nommé deux fois *Arbetio*; c'est encore une méprise, ou plutôt une bévue : Arbetio était aussi, en ce temps, un des généraux de Constance, et ce fut, sur sa dénonciation, que Barbation, prévenu d'avoir aspiré à l'empire, fut condamné à mort et décapité avec sa femme, l'an 359 (Lebeau, *Bas-Emp.*, l. x, c. 23). Barbation n'a point d'article dans la *Biogr. univ.*; mais on n'y a pas omis Arbetion, qui vivait encore sous le règne de Valens, en 365. J'ajouterai que toutes les éditions d'Ammien Marcellin que j'ai eues sous les yeux, portent *Barbatio*. Au reste, voici le passage de cet historien :

« ...... Læti barbari ad tempestiva furta solertes, inter utriusque exercitus « castra occulte transgressi, invasere Lugdunum incautam ; eamque popu-« latam nisu valido concremassent, ni clausis aditibus repercussi quidquid « extra oppidum potuit inveniri, vastassent. Qua clade cognita, agili studio « Cæsar (Julianus), missis cuneis tribus equitum expeditorum et fortium, tria « observavit itinera, sciens per ea erupturos procul dubio grassatores; nec « quod destinaverat, irritum fuit. Cunctis enim qui per eos tramites exiere « truncatis receptaque præda omni intacta, hi solum innoxii absoluti sunt « qui per vallum Barbationis transiere securi....»

374. — Just, évêque de Lyon, assiste au concile de Valence.

381. — Just, évêque de Lyon, assiste au concile d'Aquilée (en Italie). Vers le même temps, ce saint prélat quitta son siége et se retira dans les déserts d'Egypte pour expier une prétendue faute qu'il se reprochait. Un homme ayant blessé ou tué à Lyon quelques personnes, dans un accès de fureur, se réfugia dans l'église; le peuple l'y poursuivit, et ayant trouvé les portes fermées, il menaça d'y mettre le feu si on ne livrait le meurtrier. Just, s'étant fait promettre qu'on se contenterait d'emprisonner le coupable, le remit entre les mains des principaux citoyens ; mais aussitôt la populace mutinée le mit à mort. Le pieux prélat ne cessa de se reprocher le sang de ce malheureux, et ce fut surtout pour en faire pénitence qu'il se retira en Orient avec un jeune lecteur de son église, nommé Viator. Du Tems, IV, 343.

— S. Just eut pour successeur S. Albin ou Alpin, qui bâtit, à ce qu'on croit, l'église de St-Etienne. — A S. Albin succéda S. Martin, qui avait été disciple de S. Martin de Tours, et qui était abbé de l'Ile-Barbe lorsqu'il fut placé sur le siége de Lyon. — Après S. Martin, ce siége fut successivement occupé par S. Antiochus, S. Elpidius et S. Sicarius, qui eut pour successeur S. Eucher. Voyez ci-après, *année* 434.

383. — *Août* 25. L'empereur Gratien, qui s'était réfugié à Lyon, est pris dans cette ville, et mis à mort par un traître au sortir d'un festin où ce traître l'avait invité. *Art de vérif. les dates*, 1, 397. — Mellobaudès, un des rois francs, périt avec Gratien. Sismondi, *Hist. des Français*, 1, 41.

390 (*circa*). — Mort, en Egypte, de S. Just, évêque de Lyon. — Son corps

fut rapporté à Lyon, et on l'inhuma dans l'église des Machabées, qui fut ensuite rebâtie et dédiée au saint prélat. — Poullin de Lumina se trompe, lorsque, dans son *Histoire de l'Eglise de Lyon*, il dit que l'église des Machabées est aujourd'hui celle de St-Nizier : cette dernière église fut construite sur le sol de l'ancienne basilique des Apôtres. Voyez, sur S. Just, les *OEuvres de Sidonius*, I, 77, 235 ; II, 55 et 92. Cochard, *Notice hist. sur le bourg de Saint-Just*, p. IV.

397. — *Avril 4*. Mort de S. Ambroise, archevêque de Milan, né, suivant quelques auteurs, à Lyon, vers l'an 340. Voyez un *Mémoire* de Pierre Dugas, inséré par extrait dans les *Arch. du Rh.*, tome III, pag. 140 et suiv.

407. — Gondicaire passe le Rhin à la tête d'une armée de Bourguignons, et se rend maître de la première Germanie.

413 ou 414. — Les Bourguignons déférent la royauté à Gondicaire leur chef, pour récompense de ses services. — « C'est proprement à l'une de ces deux années, 413 ou 414, disent les Bénédictins de St-Maur, qu'on doit fixer l'époque du premier royaume des Bourguignons dans les Gaules. Gondicaire établit d'abord son trône à Genève ; mais il le transféra depuis à Vienne, qu'il soumit à ses lois, dès qu'il eut paru devant ses murs. Lyon, qu'il avait conquis auparavant, n'avait pas fait plus de résistance.» *Art de vérif. les dates*, II, 412.

434 (*circa*). — S. Eucher devient évêque de Lyon. — C'était un riche sénateur d'une maison illustre, qui, par le désir d'une plus grande perfection, quitta son épouse et vint ensuite se retirer avec ses deux fils dans l'abbaye de Lérins, où il fut un modèle de vertu pour les religieux de ce monastère. Ce fut sa grande réputation de sainteté et d'éloquence qui le plaça sur le siége de Lyon. Voyez ci-après, *année* 450.

436. — Gondioc ou Gondéric, deuxième roi de Bourgogne, succède à Gondicaire.

445. — Eusèbe, dont Sidonius loue le savoir et la sagesse (*Epist*. IV, 1), enseigne publiquement à Lyon la philosophie ; il a pour disciples des jeunes gens de la première distinction. Vers le même temps, Hoënius, que le même Sidonius qualifie homme vénérable, et Victor, qui fut ensuite questeur sous l'empereur Anthémius, professent à Lyon la poétique. *Hist. litt. de la Fr.*, XI, 40 et 699.

449. — Nicétius (Flavius), un des hommes les plus éloquents de son siècle, prononce le panégyrique du consul Astérius. *Hist. litt. de la Fr.*, XI, 501. — Vers le même temps florissaient à Lyon une foule d'hommes distingués : Probus, surnommé l'*Homme universel* ; Justus, médecin habile ; Secundinus, poète satyrique ; Siagrius, qui avait acquis une telle connaissance des langues et des lois des Barbares, qu'il passait, au milieu d'eux, pour un nouveau Solon, etc., etc.

450 (*circa*). — Mort de S. Eucher, évêque de Lyon, auteur de deux traités éloquents écrits en latin, l'un *sur la vie solitaire*, et l'autre *sur le mépris du monde*. On lui attribue plusieurs homélies faites pour le peuple et prononcées devant lui. Celle qui a pour sujet l'éloge de S. Eusèbe contient un passage curieux qui, suivant M. Fauriel (*Hist. de la Gaule mérid.*, I, 540), paraît avoir trait à l'occupation de Lyon par les Burgondes. «Tout le pays, dit le saint évêque, tremblait à l'approche d'une nation puissante, irritée ; et cependant voilà que celui

qu'on réputait barbare arrive avec un cœur tout romain. Enfermés de toutes parts, les Barbares au service des Romains, ne sachant ni soutenir le combat, ni recourir aux prières pour fléchir le plus fort, repoussent insolemment la paix que leur offrait le vainqueur. Quelle est donc la main par laquelle il se fait que le chef *des Barbares*, maître de faire ce qu'il veut, tourne à l'improviste à la clémence quand nous provoquons sa colère? Qui a rendu à tant de malheureux ce service que la fureur ne sache point s'irriter, et que, vainqueur d'une sorte nouvelle, le vainqueur sache s'attendrir sans en être prié?... »—
« Parler ainsi des Barbares, dit M. Fauriel, ranger ainsi solennellement leurs triomphes dans les plans de la Providence, c'était se déclarer hautement pour eux; c'était leur offrir les services et les conseils dont ils avaient besoin pour l'organisation de leurs conquêtes. Or, de la part du clergé gallo-romain, ces signes de dévouement, ces offres n'étaient pas à dédaigner. Ce clergé, à la tête des masses de la population, exerçait sur elle la double autorité de la religion et des magistratures civiles. Le fait était si évident, que les Barbares n'avaient pu tarder beaucoup à s'en apercevoir, ni s'en apercevoir sans concevoir une grande opinion du clergé, sans désirer l'avoir pour auxiliaire. »

On attribue à S. Eucher l'établissement des recluseries. « C'étaient, dit M. Cochard, de petits ermitages composés d'une chapelle et d'une cellule attenante, de dix pieds de long sur autant de large, dans lesquels des personnes de l'un ou de l'autre sexe se consacraient à la pénitence la plus austère. La cérémonie de la réclusion se faisait après une épreuve de quatre ans; l'évêque, accompagné de son clergé, conduisait le reclus dans sa cellule, et il en faisait aussitôt murer la porte, sur laquelle il apposait son sceau. Trois petites fenêtres, dont l'une avait vue sur la chapelle, éclairaient ce réduit étroit et permettaient d'y introduire des aumônes. Il y a eu à Lyon ou près de ses murs jusqu'à dix recluseries d'hommes, et quatre de filles. Cette clôture extraordinaire a cessé d'avoir lieu au commencement du xvie siècle. » *Arch. du Rh.*, I, 407-8; IV, 355. — M. l'abbé Pavy, professeur d'histoire et de discipline ecclésiastique à la Faculté de théologie de Lyon, prépare un travail sur les reclus et les recluseries, sujet curieux et qui n'a pas encore été traité. — S. Eucher eut, à ce qu'on croit, pour successeur immédiat, S. Patiens ou Patient, qui fut sacré vers l'an 451.

450 (*circa*). — L'église érigée vers le commencement du IVe siècle, par S. Baduiphe, sur la crypte de S. Pothin, Ste. Blandine et autres martyrs de Lyon, au confluent du Rhône et de la Saône, est restaurée et mise sous le vocable de St-Martin, par S. Salone, évêque de Gênes, lyonnais de naissance. *Arch. du Rh.*, VII, 87. Voyez ci-dessus, *année* 300, et ci-après, *année* 546.

451. — Quelques historiens, et entr'autres Nicolas Olahus, veulent que vers ce temps-là Lyon ait été mis à feu et à sang par les soldats d'Attila; mais le président Savaron, dans ses notes sur Sidonius, pag. 98, éd. de 1609, pense que ces auteurs se sont trompés, et qu'il n'est point vrai que notre ville ait été saccagée par les armées du roi des Huns. *Arch. du Rh*, II, 173 et 174; IV, 430-432.

455. — Philématius, avocat à Lyon, brille par son éloquence. *Hist. litt. de la Fr.*, II, 701.

456. — Une faction qui s'était chargée d'exploiter les ressentiments des Gaulois contre le sénat, après la catastrophe d'Avitus, se forme dans la colonie de Lyon; elle a pour chef un nommé Paonius ou Péonius, probablement lyonnais, et par conséquent compatriote d'Apollinaris Sidonius, qui nous en

à laissé un portrait peu flatteur, mais peut-être aussi un peu partial, *Epist.*
I, 11. Voyez l'*Hist. de la Gaule mérid.*, par M. Fauriel, tom. 1, pag. 257
et suiv., et pag. 266.

457.—Lyon, soulevé par Théodoric II, roi des Visigoths, avait refusé de
reconnaître l'empereur Majorien : cette ville est assiégée par les Romains et
forcée de se rendre; elle est dépouillée de ses priviléges, accablée d'impôts
et obligée de recevoir une garnison qui se livre aux plus grands excès. Apollinaris Sidonius, qui avait pris part à la capitulation, fait un panégyrique en
vers, de Majorien, qui, cédant aux instances du poète, ordonne que la ville
de Lyon sera restaurée, et veut qu'il n'y reste plus aucune trace des ravages
dont elle avait été la victime lors des différentes invasions des nations barbares dans les Gaules. *Œuvres de Sidonius*, traduction de 1836, tom. 1,
pag. 51; Fauriel, *Hist. de la Gaule mérid.*, tom 1, p. 265 et suiv.—Les Bourguignons, qui, depuis deux ans auparavant, avaient à Lyon des établissements
que peut-être ils tenaient d'Avitus, pour avoir favorisé sa promotion à l'empire, ou d'Aétius, pour lui avoir aidé à remporter la victoire sur Attila dans
les plaines de la Champagne, sont chassés de Lyon par Majorien. Fauriel,
loc. cit., tome 1, pag. 271; Cochard, *Arch. du Rh.*, tome 11, pag. 185. —
Ce sont *les Bourguignons*, disent les Bénédictins de St-Maur, qu'il faut entendre par ces barbares que l'empereur Majorien délogea de Lyon dont ils
s'étaient emparés. *Art de vérif. les dates*, 11, 422.

466 ou 467.—Chilpéric, 3ᵉ roi de Bourgogne, succède à Gondioc.

467.—Le poète Héron fleurit à Lyon. — Sidonius est appelé à Rome, où
il prononce, le premier janvier de l'année suivante (468), le panégyrique de
l'empereur Anthémius. *Hist. litt. de Fr.*, 11, 703.

467 (*circà*).—Anthémius, empereur d'Occident, voulant mettre dans ses
intérêts les Bourguignons, qui avaient secoué le joug des Romains, vient
lui-même au-devant de leurs désirs, par la cession qu'il leur fait de la ville
de Lyon et de toute la portion des Gaules qu'on nomma depuis la Lyonnaise germanique. *Art de vérif. les dates*, 11, 422.

474.—Sidonius vient à Lyon, où Chilpéric, roi de Bourgogne, tenait sa
cour, afin de réconcilier Apollinaris, son parent, avec ce prince contre lequel on l'avait indisposé. *Hist. ecclés.* de Tillemont, xvi, 230; *Art de vérif.
les dates*, 11, 422; Fauriel, *Hist. de la Gaule mérid.*, 1, 548.

—Vers le même temps, Catullinus, personnage consulaire, ayant demandé
à Sidonius un épithalame, l'illustre évêque, qui se trouvait à Lyon, entouré
de Burgondes, lui répondit par une pièce de vers, dans laquelle il lui dit :

« Qui? moi! quand même je le pourrais, composer un poème en l'honneur de Vénus fescennienne, alors que je suis entouré de hordes chevelues,
que je suis forcé d'entendre des paroles germaniques, et de louer, en me
faisant violence, ce que chante le vorace Burgonde qui oint sa chevelure de
beurre rance? Veux-tu savoir d'où vient que ma veine est de glace? Effrayée
par l'archet discordant des Barbares, Thalie néglige les vers de six pieds
depuis qu'elle a des patrons qui en ont sept. Heureux tes yeux et tes oreilles!
heureuses tes narines qui ne respirent pas, dix fois chaque matin, les fétides
renvois de l'ail et de l'oignon! heureux celui que n'envahissent pas, dès la
pointe du jour, sans plus de façon que l'on entre chez le vieux mari de la
nourrice de son père, tant et de si grands colosses que la cuisine d'Alcinoüs
les contiendrait à peine! Mais ma muse se tait et suspend sa course, après avoir

plaisanté un moment dans ce peu d'hendécasyllabes, de peur que quelqu'un ne les appelle une satire. »

Le trait qui termine sérieusement cette esquisse burlesque, dit M. Fauriel, mérite d'être remarqué comme indiquant que la poésie prenait parfois un ton plus courageux et plus mordant, pour parler des conquérants germains, pour en peindre le gouvernement et les mœurs. *Hist. de la Gaule mérid.*, 1, 552.

475.—Lyon se ressent de la cruelle famine et des malheurs qui affligeaient alors les Gaules. — Sidonius fait un grand éloge de la conduite de Patiens durant cette calamité; il compare l'évêque de Lyon au Triptolème de la fable, et plus convenablement au patriarche Joseph. *Epist.* VI, 12.

476.— Odoacre, roi des Hérules, prend Rome et chasse Augustule. Ici finit l'empire romain en Italie et dans les Gaules. Lyon passe sous la puissance des rois de Bourgogne, qui, depuis quelques années, en avaient déjà fait la capitale de leur royaume.

476 (*circa*).—Concile tenu à Lyon, et relatif, à ce qu'on croit, à des matières touchant la prédestination. *Art de vérif. les dates*, 1, 148.

488.— *Août* 21. Mort de Sidonius, évêque de Clermont, né à Lyon le 5 novembre 430, célèbre par ses *Lettres* et ses poésies. « Indépendamment de leur
« mérite propre, a dit un de nos meilleurs critiques, les écrits de Sidoine
« doivent être considérés comme un monument précieux de la littérature in-
« termédiaire; simple, vrai, pittoresque comme tous les poètes qui ont tou-
« ché à l'histoire, il abonde en détails qu'on ne trouverait pas ailleurs. C'est
« pour nos Gaulois *le César et le Tacite du moyen âge.* » Charles Nodier, *Bibliothèque sacrée*, page 252. — On doit à MM. Grégoire et Collombet une traduction complète des *Œuvres* de S. Sidonius, avec le texte en regard. Lyon, 1836, 3 vol. in-8°. Voyez, sur Sidonius, les *Arch. du Rh.*, II, 169-190; IV, 268-279.

488 (*circa*).—Mort de Constance, prêtre de l'église de Lyon, ami de Sidonius, le Mécène et l'Aristarque des gens de lettres de son temps, littérateur, poète, auteur d'une vie de S. Germain d'Auxerre. *Hist. litt. de la Fr.*, II, 543; *Œuvres de Sidonius*, 1, 73-78.

— En ce temps-là on appelait communément la ville de Lyon, l'école ou l'académie publique des sciences en deçà des mers : *Publicum citra-marini orbis gymnasium.* Les lettres et les beaux-arts y florissaient plus que dans aucune autre ville; la sagesse y avait comme fixé son domicile : *Sapientia Lugduni sibi aliquandiu familiare consistorium collocavit.* Enfin, pour pouvoir professer dans les autres villes, il fallait avoir étudié dans celle de Lyon... *Ea tempestate Lugdunensium civitas, prima ac præcipua Galliarum, professione quoque scientiæ, artiumque disciplina inter omnes extulerat caput.* Hericus Antiss., *d. Vita S. Germani*; Cofonia, *Hist. litt.*, 1, 143.

491 (*circa*).—Mort de S. Patiens, évêque de Lyon (le 11 septembre, suivant Baillet).— Non moins zélé pour le salut des âmes que charitable envers les pauvres, Patiens travailla sans relâche à la conversion des Bourguignons ariens. L'épouse de Chilpéric II, Agrippine, qui paraît être restée catholique, quoique son mari eût embrassé l'arianisme, fut très-affectionnée au vénérable évêque, dont elle encourageait, par ses applaudissements, la vie austère et l'admirable charité. Patiens jouissait aussi de l'estime et de l'amitié de Gondebaud. Ce prince lui faisait quelquefois l'honneur de manger à sa table; et

le saint prélat, en le traitant splendidement, était si sobre, qu'on ne savait lequel des deux admirer, ou de la magnificence de sa table, ou de la rigueur de son abstinence. La piété libérale de Patiens éclata dans la construction d'une des plus belles églises des Gaules. Le lambris de cette église, bâtie vers l'an 470, était orné de lames d'or; la voûte, le pavé, les fenêtres étaient revêtus de marbres de diverses couleurs ; elle avait trois portiques ornés d'un grand nombre de colonnes de marbre d'Aquitaine, c'est-à-dire des Pyrénées ; et comme elle était située entre la Saône et le grand chemin, on croit que c'était celle de St-Etienne, qui a été démolie par les Vandales de 1793. Du Tems, *Clergé de Fr.*, IV, 345 ; Fauriel, *Hist. de la Gaule mérid.*, I, 318 ; Cochard, *Notice hist. sur le bourg de St-Just*, p. v; *Œuvres de Sidonius*, I, 227-231. Voyez ci-dessus, année 475.—S. Patiens eut pour successeur S. Africain, dont Théophile Raynaud dit des choses merveilleuses ; d'autres veulent que ce soit S. Lupicin, qui mourut avant 494, et qui eut S. Rustique pour successeur. Voyez ci-après, année 499.

491 (*circa*).— Gondebaud, prince arien, un des fils de Gondioc, s'empare du royaume de Chilpéric, son frère, après l'avoir vaincu, détrôné et jeté vivant dans un puits. Les deux fils de Chilpéric sont massacrés ; sa femme est jetée avec une pierre au cou dans le Rhône ; ses deux filles, Chrone et Clotilde, d'abord condamnées à l'exil, sont réservées : l'aînée prend le voile ; Clotilde, élevée chez le meurtrier de son père, devient, en 493, l'épouse de Clovis. *Art de vérif. les dates*, II, 423.

494. —Gondebaud fait une irruption en Italie, d'où il emmène six mille captifs. Le roi Théodoric envoie S. Epiphane, évêque de Pavie, et Victor de Turin pour les redemander. Gondebaud consent à les rendre moyennant une modique somme, dont une partie est acquittée par S. Avitus, évêque de Vienne, et par une dame pieuse et riche de Lyon, nommée Syagria. *Art de vérif. les dates*, II, 423 ; *Hist. litt. de la Fr.*, II, 652.

Le poëte Ennodius, qui n'avait alors que vingt ans, accompagna S. Epiphane. Nos historiens lyonnais ont souvent cité un vers de ce poëte, mais avec des variantes dont aucune peut-être n'est justifiée. Le voici tel que nous le lisons dans les *Opera varia* du P. Sirmond, p. 1858 :

Sed natos Rhodani nix probitatis habet.

Voyez l'*Histoire du siége de Lyon*, par M. l'abbé Guillon, t. I, p. 5, édition de 1797.

499.— Avril 25. Mort de S. Rustique, évêque de Lyon ; Etienne lui succède. *Hist. litt. de la Fr.*, II, 707. Voyez ci-après, année 517.

499.—Septembre 2. Les évêques catholiques de Bourgogne avaient un grand zèle pour la conversion de Gondebaud ; s'étant assemblés à Lyon, de concert avec Etienne, évêque de cette ville, sous prétexte d'y célébrer *la fête de S. Just*, ils supplient ce monarque de vouloir bien permettre qu'on tînt une conférence devant lui avec les Ariens, sur le dogme catholique. Gondebaud y consent. Le saint évêque de Vienne, Avitus, y parle avec une éloquence qui le fait surnommer un autre Cicéron ; il confond, par la force de ses raisonnements, Boniface, l'athlète des Ariens. Le roi lui-même en est frappé ; mais la crainte de son peuple le retient et l'empêche de rendre hommage à la vérité. *Spicil.*, t. V ; *Art. de vérif. les dates*, II, 423 ; *Hist. litt. de la Fr.*, II, 678 ; III, 82.— Dom Bouquet place cette conférence à l'année 501, dans son *Index historicus*, tome II, p. 68 du *Recueil des hist. des Gaules*, etc.

502. — *Mars* 29. On publie à Lyon la fameuse ordonnance appelée, du nom du législateur, la loi *Gombette*. C'était à Ambérieux, dans le Bugey, que Gondebaud, quatrième roi de Bourgogne, l'avait fait rédiger, dans une assemblée des grands de son royaume. Trente-deux comtes la souscrivirent. Quoiqu'insuffisante et même vicieuse en quelques articles, elle est regardée par l'auteur de l'*Esprit des Lois* comme le meilleur code que les nations barbares eussent produit jusqu'alors. *Art de vérifier les dates*, tome II, page 424. — Poullin de Lumina, dans son *Hist. de Lyon*, place cet événement à l'année 501. — M. Peyré, juge au tribunal civil de Villefranche, auteur d'un excellent travail sur la *loi salique*, se propose de publier prochainement une traduction de la loi *Gombette*. — Les lois de Gondebaud sont le plus ancien des codes barbares dont on ait conservé le texte ; elles continuèrent à régir le royaume de Bourgogne jusqu'au temps de Louis-le-Débonnaire, qui les abrogea. Sismondi, *Hist. des Fr.*, 1, 208.

506. — *Septembre* 16. Mort de Carétène, veuve de Gonderic et mère de Gondebaud. — Cette princesse fut inhumée dans l'église qu'elle avait fait construire à Lyon en l'honneur de S. Michel Archange, église qui n'existe plus aujourd'hui, et qui a laissé son nom à la place St-Michel, entre la rue de l'Arsenal et la rue Vaubecour. — Voyez, dans le *Dict.* de Moreri, l'article de Carétène, omise dans la *Biog. univ.*

511. — Mort de Clovis.

516. — Mort de Gondebaud. — Ce prince, qui professait l'arianisme, comme nous l'avons déjà dit, avait fait de Lyon la capitale de son empire et le siège ordinaire de sa cour. — Il eut pour successeur Sigismond, son fils aîné. *Hist. litt. de la Fr.*, III, 81 ; *Art de vérifier les dates*, II, 424.

517. — Viventiole, évêque de Lyon (successeur de S. Etienne), qui avait assisté, la même année, au concile d'Epaone, ou d'Albon, loin d'être intimidé par les menaces du roi Sigismond, qui s'était opposé à l'adoption d'un canon proposé dans ce concile, assemble à Lyon un nouveau concile pour confirmer un canon qui avait irrité ce prince, et qui défendait de recevoir à la pénitence ceux qui auraient contracté des mariages incestueux, déclarant tel celui d'un homme avec sa belle-sœur. *Art de vérifier les dates*, 1, 150. — Voyez ci-après, année 538.

523. — Godomar ou Gondemar (6e roi de Bourgogne), second fils de Gondebaud, succède à Sigismond son frère, que Clodomir, roi d'Orléans, avait fait tuer avec sa femme et ses enfants.

532-34. — Clotaire et Childebert, deux des fils de Clovis, font une invasion en Bourgogne, s'emparent de ce royaume, et le partagent entre eux, après avoir mis en fuite Godomar, qui disparut alors et dont on n'entendit plus parler. — « En lui finit l'ancien royaume de Bourgogne, qui avait subsisté environ cent vingt ans. Depuis ce temps, il fut tantôt divisé entre plusieurs rois des Français, tantôt réuni entre les mains d'un seul, et enfin partagé en deux ou trois portions, dont chacune porta le titre de royaume de Bourgogne. Mais pendant les 27 ans qui suivirent le partage que les princes français firent entre eux des états de Godomar, c'est-à-dire depuis 534 jusqu'en 561, la Bourgogne fut sans titre de royaume et sans roi. » *Art de vérifier les dates*, II, 425.

532. — Quelques historiens pensent qu'on peut faire remonter à cette année l'origine des premiers comtes de Forez, dont la ville de Lyon fut le siège. Cette époque est celle de la ruine du premier royaume de Bourgogne, dans

lequel était compris le Lyonnais. Les plus connus des comtes amovibles de Forez sont Armentaire, Adalbert, Warnier, Sigonius, Annemond, Bertrand et Gérard, surnommé vulgairement de Roussillon. *Art de vérif. les dates*, II, 466. Voyez-ci après, *année* 870.

538. — S. Loup, qui paraît avoir succédé à S. Viventiole, préside au troisième concile d'Orléans, et y souscrit avec la qualité de métropolitain de l'Eglise de Lyon. — Ce prélat eut pour successeur Licontius ou Léonce, qui fut élu en 542, et qui siégea deux ans, suivant Severt. Après Licontius, le siège de Lyon fut occupé par Sacerdos ou Serdot.

546 (*circa*). — S. Anselme, qu'on croit avoir été le douzième abbé d'Aînay, fait construire, dans son monastère, une nouvelle église dédiée à S. Pierre. — L'ancienne église, sous le vocable de St-Martin, avait été détruite, suivant quelques historiens, vers la fin du v° siècle, par les Vandales, qui auraient alors ravagé la ville de Lyon. *Arch. du Rh.*, VIII, 87; *Gallia christiana*, IV, 233 et suivantes; *Alm. de Lyon* de 1755, p. 33. — Voyez ci-dessus, *année* 450, et ci-après, *année* 612.

549. — Fondation d'un hospice, pour les malades et pour les pèlerins, par le roi Childebert et la reine Ultrogotte. Voyez l'*Hist. du grand Hôtel-Dieu*, par M. Dagier. — Leblanc, *Traité des monnaies*, p. 31, rapporte une médaille de Childebert, effigie diadémée, légende *Doccio mo...* (Doccius monetarius); revers, croix; légende, *Lugduno fit*. — Il existe une autre médaille avec la légende *Victoria Aug.*, faite à l'occasion de la victoire remportée par Childebert contre les Bourguignons. *Note* de feu M. Cochard.

549 (*circa*). — S. Sacerdos fait bâtir l'église de St-Paul. *Description de Lyon*, par Cochard, p. 219.

551. — *Septembre* 12 (date incertaine). Mort de S. Sacerdos, évêque de Lyon. — Il avait succédé à Léonce, et il eut pour successeur S. Nizier.

561. — Gontran, un des quatre fils de Clotaire I, devenu, par son lot, roi d'Orléans et de Bourgogne, fait sa résidence tantôt à Châlons-sur-Saône, tantôt à Lyon. — Ses états étaient composés de l'ancien royaume d'Orléans, tel que Clodomir l'avait possédé, du royaume de Bourgogne, du Vivarais, et des pays situés entre le Rhône et la Durance. *Art de vérifier les dates*, I, 536; II, 425.

567. — Concile tenu à Lyon par S. Nizier. — Quatorze évêques, huit présents et six par députés, y firent six canons. — Ce concile est daté de la sixième année du roi Gontran, et de la huitième du pape Jean III. *Art de vérifier les dates*, I, 252.

571. — Une peste des plus terribles exerce ses ravages dans les Gaules. « La « mort, dit Grégoire de Tours, était subite; il naissait à l'aine ou à l'aisselle « une plaie semblable à un serpent, et le venin empoisonnait si promptement « les malades, que, le second ou le troisième jour, ils rendaient l'âme. En « outre, la force du poison ôtait le sentiment... Alors Lyon, Bourges, « Châlons et Dijon, furent extrêmement dépeuplées par cette maladie (1). » *Hist. des Fr.*, IV, 31. — Marius parle aussi, dans sa Chronique, année 571, de cette peste, qui paraît être la première qui ait affligé la ville de Lyon depuis

(1) « .... Erat enim et ipsa mors subita. Nam nascente in inguine aut in ascella vulnere in modum serpentis, ita inficiebantur homines illi a veneno ut die altera aut tertia spiritum exhalarent. Sed et sensum vis illa veneni auferebat ab homine... Tunc et Lugdunum, Biturix, Cavillonum atque Divionum ab hac infirmitate valde depopulata sunt... »

son origine. Nous avons cru devoir la placer avec dom Bouquet (*Recueil des hist. de Fr.*, II, 81 et 219) à l'année 571, et non, comme St-Aubin, *Hist. de Lyon*, p. 253, à l'année 594, et encore moins à l'année 597, comme l'a fait Delandine, *Alm. de Lyon pour l'an* VI, p. 28. Voy. ci-après, *années* 1348 et 1564.

573. — *Avril* 2. Mort de S. Nizier, évêque de Lyon, grand-oncle de Grégoire de Tours. Une *Notice* sur ce Saint, par A. P., a été publiée en 1830, Lyon, Barret, in-8°, et reproduite dans les *Vies des Saints du diocèse de Lyon*, par M. Collombet. — S. Nizier eut pour successeur Priscus, qui avait été son chapelain, et qui s'était d'abord engagé dans les liens du mariage, avec une fille appelée Suzanne, dont il avait eu plusieurs enfants. Grégoire de Tours, *Hist.* IV, 35.

580. — Le Rhône, uni à la Saône, se déborde, cause de grands dommages aux habitants, et renverse en partie les murs de Lyon. — Cette inondation eut lieu au mois de septembre, suivant Grégoire de Tours, *Hist. des Francs*, V, 34; et au mois d'octobre, selon la Chronique de Marius, an 580. — Les historiens lyonnais varient sur la date de cet événement, qui pourtant ne saurait être douteuse. Grégoire de Tours dit formellement que les inondations eurent lieu la cinquième année du règne de Childebert II; or, on sait que ce prince monta sur le trône l'an 575; c'est donc par erreur que ce désastre a été placé à l'an 592 par G. Paradin, p. 84 de son *Hist. de Lyon*; à l'an 593, par C. de Rubys, p. 211 de son *Hist.* de cette ville; et à l'année 583, par Poullin de Lumina, dans son *Abrégé chronologique*.

583. — *Mai*... Concile tenu à Lyon. — Huit évêques avec douze députés y firent six canons, dont le dernier ordonne qu'en chaque ville il y aura un logement séparé pour les lépreux, qui seront vêtus et nourris aux dépens de l'Eglise. La lèpre, disent les Bénédictins de St-Maur, régnait donc en France long-temps avant les Croisades. *Art de vérif. les dates*, I, 153.

585. — *Octobre* 23. Le deuxième concile de Mâcon, tenu par ordre de Gontran, roi de Bourgogne, s'ouvre sous la présidence de Priscus, archevêque de Lyon, ayant le titre de patriarche, titre qui se donnait alors aux principaux métropolitains: Lyon était la métropole la plus considérable du royaume de Gontran, qui résidait tantôt dans cette ville, et tantôt à Châlons-sur-Saône. Voyez, sur ce concile, un article de G. Peignot, inséré dans le tom. 1 des *Deux-Bourgognes*, p. 189 et suiv. — Quelques auteurs placent vers le même temps le troisième concile de Lyon, où Priscus se trouva aussi. « Ce concile, suivant l'abbé du Tems, avait pour objet de conférer avec Gontran sur la révolte du duc Mummole, et sur les autres troubles du royaume. Ce prince religieux consultait les évêques, pour s'assurer de la justice des guerres qu'il entreprenait, et les conciles étaient ses conseils-d'état. » IV, 349.

— Mort, à Lyon, de Félix, septième évêque de Belley.

586 (*circa*). — Mort de l'évêque Priscus. — Æthérius, un des conseillers de Gontran, lui succède. Vers la fin de ce siècle, ce prélat écrivit à Grégoire-le-Grand, pour le prier de renouveler les priviléges de son Eglise, et de lui envoyer les ouvrages de S. Irénée. Grégoire lui répondit qu'il n'avait rien trouvé dans les archives de l'Eglise romaine, touchant les priviléges qu'il assurait avoir été accordés à l'Eglise de Lyon; qu'ainsi il devait envoyer à Rome les actes qu'il devait en avoir; que, quant aux ouvrages de S. Irénée, il les avait fait chercher avec soin, sans avoir pu en rien retrouver. *Gallia christiana*.

593.—*Mars* 21. Gontran, roi d'Orléans et de Bourgogne, meurt sans enfants, et laisse ses états à Childebert (II), son neveu. Il paraît qu'il résida tantôt à Lyon, tantôt à Châlons-sur-Saône; c'est près de cette dernière ville, dans l'abbaye de St-Marcel, qu'il fut inhumé. *Art de vérif. les dates*, II, 426.

594.—Æthérius, évêque de Lyon et conseiller du roi Gontran, se rend à Paris par ordre de ce prince, et assiste au baptême de Clotaire, qui se fit à Nanterre.

596.—Childebert II, roi d'Austrasie et de Bourgogne, meurt, laissant la Bourgogne à Théodoric ou Thierri II, son second fils, et l'Austrasie à Théodebert, son fils aîné.

602 (*circa*).—Æthérius meurt; Secundinus lui succède.—L'histoire est muette sur ce dernier prélat, qui mourut vers l'an 603, et qui eut pour successeur le célèbre Aridius ou Arigius.

607.—*Mai* 22. Didier, évêque de Vienne, revenant de Lyon à son évêché, est attaqué au passage de la Chalaronne, et tué à coups de pierres. Voyez l'*Hist. de la sainte Église de Vienne*, par Charvet, et l'*Hist. des Français*, par Sismondi.—Les deux historiens varient sur les causes et sur la date de cet assassinat.

611.—Mort d'Aridius.—Ce prélat, dit l'abbé du Tems, *Clergé de Fr.*, IV, 350, fut, s'il faut en croire Frédegaire et Aymoin, un scélérat coupable de tous les crimes, et qui eut beaucoup de part à la mort de Didier, archevêque de Vienne. On lui reproche un second trait d'inhumanité, et l'on raconte que Romaric, étant venu à Metz implorer la clémence de Brunehaut, s'y jeta aux pieds d'Aridius, qui avait le plus de crédit sur l'esprit de cette princesse (1); mais que le prélat, joignant l'insulte au mépris, ne lui répondit qu'en lui donnant un coup de pied. D'un autre côté, le culte qu'on lui rend dans l'Église de Lyon semble réfuter les horreurs dont on charge la mémoire de cet évêque. Au reste, comme le dit fort bien le P. Longueval, il n'est pas nécessaire de n'avoir pas fait de fautes pour être mis au nombre des saints, il suffit de les avoir réparées; et, loin de se scandaliser de leur ancienne faiblesse, il faut admirer l'opération de la grâce, qui, trouvant des hommes si imparfaits, et souvent si vicieux, en a fait des modèles de toutes les vertus. Le P. Théophile Raynaud et le P. Lecointe croient qu'Aridius ne fut ni un vil courtisan, ni un ministre perfide des passions de Brunehaut. Ils regardent Frédegaire comme un calomniateur. Ce fut, disent-ils, pour faire sa cour aux rois de Bourgogne, ennemis déclarés de la mémoire de Brunehaut, qu'il a peint avec des couleurs si noires l'évêque Aridius, qui eut tant de part à l'affection de cette princesse. Or, l'autorité d'un semblable écrivain ne peut pas balancer cette nuée de témoins, de martyrologes, de liturgies, d'actes et de titres anciens qui tous déposent unanimement en faveur de la sainteté d'Aridius. On lui attribue la fondation ou le rétablissement du monastère de St-Just.

612 (*circa*).—La fameuse Brunehaut rétablit l'église et l'abbaye d'Aïnay, qui avaient été détruites par les Lombards, sous le règne de Gontran, roi de Bourgogne et de Lyon. Sudan, *Arch. du Rh.*, VII, 87.—Pierre de Saint-Romuald a placé, sans citer ses autorités, cet événement au 16 *juillet* 1612, dans

---

(1) « Brunehaut, dit M. Fauriel, que nous citons sans adopter son opinion, se ligua avec Aridius, qui en toute rencontre la servit de tous ses moyens; c'était, ajoute-t-il, un des plus puissants personnages du royaume. » *Hist. de la Gaule mérid.*, t. II, p. 339.

ses *Ephémérides* ; voici sa phrase : « Brunehaut, femme de Sigebert, roi d'Aus-
« trasie, *fonde* l'abbaye d'Esnay, en l'honneur de S. Martin, à Lyon, où
« était autrefois l'autel de *Minerve*. » Voyez ci-dessus, *années* 300, 450 et
546, et ci-après, *année* 859.

613. — Mort, à Metz, de Théodoric ou Thierri II, roi de Bourgogne,
« Après lui il n'y eut plus de rois de Bourgogne de la maison de France,
c'est-à-dire qu'aucun prince ne porta le titre (*isolé*) de roi de Bourgogne.
Le royaume de ce nom devint alors comme une province unie à la monarchie française, et fut même plusieurs fois démembré et divisé entre différents princes. » *Art de vérif. les dates*, II, 427. — Voyez ci-après, *année*
638.

625. — Théodoric ou Tétric, qui occupait le siège de Lyon depuis la mort
d'Aridius, assiste au concile de Reims.

628. — Mort de Clotaire II. Dagobert I, roi *unique*, lui succède.

638. — Dagobert I meurt, laissant deux fils, Sigebert II, qui fut roi d'Austrasie, et Clovis II, qui fut roi de Neustrie et de *Bourgogne*.

644. — Canderic, Ganderic ou Gauderic, qui avait succédé à Théodoric sur
le siège de Lyon, assiste au concile de Châlons-sur-Saône. — Viventius ou
Viventiolus lui succéda peu de temps après ce concile ; après lui vint Ennemond ou Annemond, vulgairement appelé S. Chaumond ou Chamont, fils
de Sigonius, préfet de Lyon, du temps de Dagobert et de Clovis II.

656. — Mort de Clovis II, roi de Neustrie et de Bourgogne ; son fils aîné,
Clotaire III, lui succède.

657. — *Septembre* 28. Ennemond, évêque de Lyon, est assassiné à Châlons-sur-Saône, par ordre d'Ebrouin, maire du palais. Voyez l'art. *Cha-
mond* (*S.*), dans le supplément de la *Biog. univ.*, et ci-après, *année* 678.

670. — Thierri III, 3ᵉ fils de Clovis, succède à son frère, Clovis II, comme
roi de Neustrie et de Bourgogne. Déposé presque aussitôt après son avène-
ment, il reste enfermé dans l'abbaye de St-Denis, et ne reprend le titre de
roi qu'en 673, à la mort de Childéric II, 2ᵉ fils de Clovis II, qui avait été
reconnu roi d'Austrasie en 656, et de toute la France en 670.

673. — Mort de Childéric II ; Thierri III, son frère, redevient roi de Neustrie et de Bourgogne, et règne jusqu'en 691.

674. — « Il y a apparence que dès le commencement de la seconde mairie
d'Ebrouin, par conséquent dès l'an 674, Lyon et tout le pays qui formait
le district de cette ville avaient cessé d'obéir aux maires et aux rois de Neustrie.
Un des biographes de S. Léger raconte que l'armée envoyée par Ebrouin en
Burgondie pour soumettre le pays et pour y prendre l'évêque, ayant terminé
cette première partie de ses opérations, continua vers Lyon, où elle allait
faire quelque chose de pareil. Elle avait reçu l'ordre de s'emparer de la personne de Genêt, évêque de Lyon, ami de S. Léger, et comme lui, sans doute,
partisan de l'indépendance des hommes puissants, ecclésiastiques ou laïques.
Aldaric, l'un des chefs de cette armée et des agents les plus dévoués d'Ebrouin,
avait été par celui-ci investi du comté, ou, comme on disait, du patriciat de
Lyon ; il ne lui restait plus qu'à s'y installer de force, mais l'armée neus-
trienne rencontra sur sa route des obstacles auxquels elle ne s'attendait pas.
Les habitants de Lyon et du pays environnant, organisés en milice, vinrent

bravement au-devant d'elle, l'arrêtèrent tout court dans sa marche, et l'obligèrent à s'en retourner comme elle était venue. Si le fait est vrai, comme on doit l'admettre, il en résulte clairement que la ville de Lyon et son territoire s'étaient constitués dès-lors en état indépendant, sous des chefs qui ne reconnaissaient plus la souveraineté des rois francs (1). Du reste, que l'événement date de 674 ou de quelques années plus tard, peu importe; toujours est-il certain que Lyon et son district ne reconnurent point la domination de Charles-Martel. Il en fut de même de toute la portion de l'ancien royaume de Burgondie située au midi de Lyon, entre le Rhône et les Alpes. Sous prétexte de résistance à l'usurpation de Charles-Martel, elle se détacha en effet de la monarchie franque. Du reste, il est impossible de dire en détail comment s'opéra cette espèce de dislocation; on ne sait point de quelle portion de territoire se composèrent les seigneuries indépendantes qui se formèrent alors; on ignore les noms des seigneurs, leurs titres et leurs relations entre eux.... » Fauriel, *Hist. de la Gaule mérid.*, t. iii, p. 39 et 40.

678.—*Novembre* 1. Mort de S. Genésius, vulgairement appelé S. Genis, successeur de S. Ennemond. — Clovis II, qui faisait le plus grand cas de Genésius, le chargea d'assister la reine Bathilde dans ses œuvres de charité. Voyez ci-dessus, *année* 657. — S. Lambert ou Lantbert, neveu de Robert, garde-du-sceau de Clotaire III, succéda à Genésius, et se comporta avec beaucoup de prudence pendant les troubles excités par Ebrouin. Il mourut vers l'an 689, le 14 avril; on lui donne pour successeur Godwin, Gudin ou Godin, qui reçut dans son palais, en 701, Bonet, évêque d'Auvergne, lors de son passage à Lyon, et le retint à son retour de Rome, jusqu'en 707, que Bonet mourut. Voyez ci-après, *année* 744.

691.—Mort de Thierri III, roi de Neustrie et de Bourgogne; son fils, Clovis III, lui succède.

695.—Mort de Clovis III, roi de Neustrie et de Bourgogne; son frère, Childebert III, lui succède.

711.—Mort de Childebert III, roi de Neustrie et de Bourgogne; son fils, Dagobert III, lui succède.

715.—Mort de Dagobert III, roi de Neustrie et de Bourgogne; Chilpéric II, fils de Childéric II, lui succède.

720.—Mort de Chilpéric II, roi de Neustrie et de Bourgogne; Thierri IV, fils de Dagobert III, lui succède et règne jusqu'en 737.

725 à 732.—Invasion des Sarrasins en Dauphiné, à Lyon et dans la Bourgogne. — Lyon, que les Arabes appellent *Loudoun* (2), eut à déplorer la dévastation de ses principales églises. — Fulcoade était alors archevêque de Lyon. *Gallia christiana*, iv, 50; *Invasions des Sarrasins en France*, par M. Reinaud, pag. 30; *Arch. du Rh.*, i, 90-91; ii, 246 et 250; vii, 256-7; *Hist. de Miribel*, par M. Théodore Laurent, p. 1 et suiv.

733.—Charles-Martel se met en campagne au printemps de 733, traverse la portion de la Burgondie qui lui était déjà soumise, descend jusqu'à Lyon, et commence par la conquête de cette ville celle qu'il voulait fair de toute cette partie du sud-est de la Gaule. — Les auteurs des Chroniques disent que

---

(1) Vita sancti Leodegarii, ap. Scriptor. rer. Francicar., 1, p. 616 et 619; Butler, *Vies des Saints*, 2 octobre.

(2) Les auteurs grecs appellent Lyon tantôt *Lougdounon*, tantôt *Lougoudounon*.

toutes les autres cités situées sur la rive gauche du Rhône, au-dessous de Lyon, furent de même soumises, l'une après l'autre; mais ils n'en donnent ni le nombre ni le nom. On voit seulement que Vienne et Valence durent être des principales. — Aussitôt qu'il eut reconquis la ville de Lyon, Charles-Martel en donna le commandement à ses fidèles, et c'est indubitablement ce qu'il fit dans toutes les autres. *Annal. Francor.* — *Annal. Fuld.*, ad ann. 733; *Scriptor. rer. Fr.*, II; *Hist. de la Gaule mérid.*, par M. Fauriel, III, 140. — Quelques historiens placent cet événement à l'année 736. Voyez Thierry, *Lettres sur l'Hist. de Fr.*, p. 25; et Sismondi, *Hist. des Français*, II, 134.

736. — Les Arabes, qui avaient envahi la Provence, continuent leur marche vers le nord, le long du Rhône, après avoir laissé garnison dans la forteresse d'Avignon. — Des écrivains arabes, dit M. Fauriel, affirment, de la manière la plus positive, que les troupes de l'émir de Narbonne (Ioussouf) parvinrent jusqu'à Lyon, s'y fortifièrent et s'y établirent; ce qui expliquerait que les fidèles de Charles-Martel furent aussi expulsés de cette ville, comme d'Avignon et de plusieurs autres places sur la rive gauche du Rhône. Si le fait est vrai, comme il est vraisemblable, il achève de démontrer que le plan de Ioussouf, et du parti provençal qui *s'était joint à lui*, était d'enlever à Charles et aux Francs tous les pays qu'ils avaient conquis en 733.... Il est impossible, ajoute M. Fauriel, d'attacher des dates précises au petit nombre d'incidents plus ou moins connus de cette expédition de l'émir de Narbonne; mais il est sûr que ces incidents se succédèrent avec rapidité, et il y a tout lieu de croire qu'avant la fin de l'année 736 les Arabes occupaient militairement la rive gauche du Rhône, depuis ses embouchures jusqu'à Lyon, etc. *Hist. de la Gaule mérid.*, III, 153-155.

737. — Mort de Thierri IV, roi de Neustrie et de Bourgogne. — Après un interrègne de 5 ans, Childéric III, fils de Childéric II, lui succède en 742.

— Charles-Martel, voulant chasser les Sarrasins qui avaient renouvelé leurs incursions dans le Dauphiné, fait partir pour Lyon une armée commandée par son frère Childebrand. *Invasions des Sarrasins en Fr.*, par M. Reinaud, p. 57.

— Charles-Martel part au printemps pour reprendre Lyon et les autres villes des bords du Rhône, qui venaient de lui être enlevées. La garnison arabe n'était pas en état de résister aux Francs; elle ne les attend pas, et se replie rapidement sur Avignon, où il est probable qu'elle s'arrêta pour renforcer les Musulmans chargés de la défense de cette ville. Fauriel, *Hist. de la Gaule mérid.*, III, 159.

744. — Mort de Fucoalde, évêque de Lyon. Le nom de ce prélat a été étrangement défiguré; il a été appelé Boald, Eoald, Frald, Foald et Fald. Il avait succédé à Godwin, et fut remplacé, après une vacance de dix ans, par Madalbert. Voyez ci-dessus, *année 678*, et ci-après, *année 769*.

751 ou 752. — Childéric III, roi de Neustrie et de Bourgogne, est déposé et enfermé dans le monastère de Sithin ou Saint-Bertin. Pepin-le-Bref est sacré roi des Français.

755. — Mort de Childéric III, roi de Neustrie et de Bourgogne. Son fils, confiné dans le monastère de Fontenelle ou Saint-Vandrille, meurt dans l'obscurité. Avec lui finit la dynastie Mérovingienne.

763. — Mort de Pepin-le-Bref. Ses deux fils, Charlemagne et Carloman, se partagent son royaume. Charlemagne eut la Neustrie, la Bourgogne et la

Provence; Carloman eut l'Austrasie. — Cette année fut remarquable par un hiver extrêmement rigoureux. Voyez ci-après, année 1333-1334.

769. — Adon ou Ason, qui occupait le siège de Lyon et qui avait succédé à Madalbert, assiste au concile de Latran. — Ce prélat eut pour successeur Leidrade. Voyez ci-après, année 798.

771. — Mort de Carloman, roi d'Austrasie; Charlemagne son frère devient maître de toute la monarchie.

775. — Le passage suivant est extrait d'une *Notice sur le château de Pierre-Scise*, publiée par M. Cochard en 1829 : « Pernetti, *Lyonn. dignes de mém.*, t. 1, p. 100, prétend que « Charlemagne ayant fait prisonnier, en l'année 775, « Didier, roi des Lombards, sa femme et ses enfants, en confia la garde à « l'archevêque de Lyon, Leydrade; que celui-ci les amena en France, et les « fit, dit-on, détenir à Pierre-Scise. » Il ajoute que « Didier, à cause de ses « crimes, y fut jugé, et y subit la peine de mort. » Mais cette opinion est dénuée de preuves; on sait seulement que Didier fut conduit dans cette ville; cette circonstance a suffi pour faire croire qu'il avait été emprisonné dans le palais du prélat. » P. 20-21. — M. Cochard, ordinairement si exact dans ses citations, fait dire à Pernetti ce qu'il n'a point dit; voici comment s'exprime cet auteur : « S. Barnard, qu'on croit issu du sang de Charlemagne, naquit « à Lyon en 760. Ses parents l'obligèrent à se marier, et à prendre le métier « des armes. Il aida à la victoire que Charlemagne remporta sur Didier, roi « des Lombards; on prétend que ce fut lui qui le fit prisonnier, et à qui cet « empereur confia le soin de le conduire à Lyon au château de Pierre-Scise, où « il acheva sa vie. » *Nouv. Mél.* de M. Breghot, p. 389. Voy. ci-après, année 842.

798. — Leidrade, bibliothécaire de Charlemagne, est élu évêque de Lyon. — Il ne reçut l'onction épiscopale que l'année suivante. Ce fut vers ce temps qu'il informa Alcuin des nouveautés qui s'insinuaient parmi les moines ou les clercs de son diocèse, afin que ce savant homme les en détrompât. Alcuin leur écrivit, en conséquence, une belle lettre dont l'adresse était *ad Fratres lugdunenses*. Il les précautionne surtout contre l'erreur des Espagnols touchant la prétendue adoption de J. C., et contre l'usage de mettre du sel au sacrifice du corps de J. C., etc. — Leidrade mourut le 28 décembre 816. Ce fut lui qui transféra le siège métropolitain de l'église de St-Nizier dans celle de St-Etienne. Il fonda plusieurs établissements utiles, et fit réparer et rebâtir un grand nombre d'églises qui avaient été détruites par les Sarrasins. On a de cet illustre prélat deux lettres imprimées à la suite des œuvres de S. Agobard. M. l'abbé Depery, dans ses *Archives saintes* de Belley, 1835, in-8°, a donné, d'après un manuscrit de la bibliothèque de Lyon, un nouveau texte d'une partie considérable de l'une de ces lettres adressée à Charlemagne. Il est à regretter qu'il n'ait pas saisi cette occasion pour publier cette lettre tout entière, afin de mettre les savants dans le cas d'en juger l'authenticité. Voy. les *Arch. du Rh.*, 1, 340-344. Voyez aussi, sur l'état des lettres et des arts à Lyon vers la fin du VIII° siècle, un discours du docteur Prunelle, publié sous ce titre : *De l'influence de la Médecine sur les lettres*, etc., p. 10 et suiv.

800. — Charlemagne, roi de France, est proclamé empereur d'Occident.

814. — *Janvier 28*. Mort de Charlemagne. — Leidrade se démet de son évêché, et se retire dans le monastère de St-Médard de Soissons. Agobard, son chorévêque, lui succède.

817. — L'abbaye de St-Martin de Sarigny, dans le diocèse de Lyon, est con-

prise parmi les monastères qui ne devaient au roi que des prières. Du Tems, iv, 398-401; *Alm. de Lyon pour* 1760, p. 172 de la II° partie.

818.—Louis-le-Débonnaire avait ordonné d'arracher les yeux à Bernard, roi d'Italie, et à Réginard, comte du palais; mais Hermengarde, femme de Louis, ne voulant point que Bernard pût survivre, a soin de faire exécuter ce supplice par Bertmond, comte de Lyon, d'une manière si barbare que Bernard et Réginard meurent tous deux, trois jours après. Sismondi, *Hist. des Fr.*, ii, 445.

822 *ou* 823.—Dispute entre Agobard, le chorévêque Amalaire, prêtre de l'église de Metz, et le diacre Florus, au sujet des rits ecclésiastiques. *Hist. litt. de la Fr.*, iv, 631.

824 *ou* 830.—*Juillet* 12. Louis-le-Débonnaire, pendant son séjour à Avenas en Beaujolais, fait raser et détruire de fond en comble le château de Ganelon, que Charlemagne avait poursuivi et atteint sur la montagne de Torvéon, où ce traître avait été vaincu. Severt, *Episcopi matisconenses*, p. 32 et 33. — Ganelon par sa félonie avait été cause, en 778, de la perte de la bataille de Roncevaux, où périt le brave Roland. Suivant les *Chroniques de S. Denis*, il aurait été arrêté quelques jours après et tiré à quatre chevaux. Nous laissons à M. de Terrebasse, qui publie en ce moment une nouvelle édition de ces *Chroniques*, le soin de rectifier ce qu'il y a d'inexact dans le récit de Severt.

829.—Concile provincial tenu à Lyon.—Il n'en reste qu'une lettre synodique d'Agobard et de plusieurs autres prélats à l'empereur Louis-le-Débonnaire, pour se plaindre de la protection que ses officiers accordaient aux Juifs, et des inconvénients qui en résultaient pour les chrétiens. *Art. de vérif. les dates*, i, 162; Sismondi, *Hist. des Franç.*, ii, 472; du Tems, iv, 353.

833.—Agobard écrit un apologétique où il justifie la révolte des enfants de Louis-le-Débonnaire.

834.—Il s'élève, entre le chorévêque Amalaire et Florus, diacre de l'Eglise de Lyon, une dispute encore plus vive que la première, au sujet de l'Eucharistie. *Hist. litt. de la Fr.*, iv, 635. Voyez ci-dessus, année 822.

835.—Les évêques de Lyon et de Vienne sont déposés dans une assemblée des Etats tenue à Thionville par Louis-le-Débonnaire, qui avait été rétabli sur son trône. Sismondi, iii, 36.

840.—*Juin* 7. Mort de S. Agobard, évêque de Lyon. *Recueil des hist. des Gaules et de la Fr.*, tome vi, p. 96 et 242. Voyez les *Tablettes chronologiq.* d'A. P., année 1661; *Revue du Lyonn.*, i, 503.

Nous pensons que l'on ne nous saura pas mauvais gré de placer ici un fragment du mémoire adressé par S. Agobard à Louis-le-Débonnaire pour l'abrogation de la loi des Bourguignons (*Adversus legem Gundobaldi*, c. iv, t. i, p. 3, ed. Baluz.):

« Je désire savoir de votre piété si ce n'est pas un obstacle à cette grande unité de l'opération divine (la réunion des peuples en J. C.), que cette prodigieuse diversité de lois qui règnent non-seulement dans chaque contrée ou dans chaque ville, mais encore dans beaucoup de maisons; car souvent il arrive que de cinq hommes qui vont ou qui siégent ensemble, on n'en trouve pas deux qui suivent extérieurement la même loi pour les choses du monde, quoiqu'ils soient tous soumis intérieurement à celle de J. C., lorsqu'il s'agit de l'éternité. Représentez-vous de vrais chrétiens, pleins d'amour pour la vraie foi, ayant confiance entre eux comme de bons frères, et témoignant tous de l'estime pour les paroles de chacun lorsqu'ils cherchent à s'édifier ensemble mutuellement par des entretiens honnêtes : s'il survient tout-à-coup à l'un d'eux une contestation devant les tribunaux, il ne pourra néanmoins prendre pour témoin aucun de ses meilleurs amis, au milieu desquels il se promenait; et la raison, c'est que (ceux-ci n'étant pas de la loi Gombette) il leur est interdit de porter témoignage pour ou contre un Bourguignon. Et le reste de même. » C'est-à-dire : « Il en serait de même s'il s'agissait d'une personne d'une autre loi. » (Traduction de Benjamin Guérard). Voyez le *Bulletin de la soc. de l'hist de Fr.*, tome II, page 286.

840. — *Septembre* 22. Le vieux marché (*Forum Vetus*), qui subsistait depuis le temps de l'empereur Trajan, tombe le premier jour de l'automne.... Memorabile et insigne opus quod Forum Vetus vocabatur, Lugduni corruit ipso die intrantis autumni, quod steterat a tempore Trajani imperatoris, per annos fere septingentos. *Ex Chronico sancti Benigni Divion.*, apud Labbæum, tome I, Mss. p. 293 ; *Recueil des hist. des Gaules et de la Fr.*, tome VI, p. 242 ; Brossette, *Eloge hist.*, p. 36. Voyez ci-dessus, *année 98*.

840 (*circa*). — Mort de Modoin, abbé de S. George, à Lyon, nommé évêque d'Autun, l'an 815. — C'est lui qui administra l'Eglise de Lyon après la déposition d'Agobard. Le diacre Florus, qui l'avait loué dans un poème qu'il lui avait adressé, changea ensuite de langage et le blâma de sa conduite à l'égard du prélat déposé ; il lui reprocha d'avoir déchiré le sein de l'Eglise de Lyon, dans lequel il avait été élevé. Du Tems, IV, 43 ; Clerjon, II, 343.

842. — *Janvier... Dimanche.* S. Barnard, évêque de Vienne, fondateur de l'abbaye d'Ambournai, en Bresse, meurt dans son monastère. — Pernetti, I, 100, dit que S. Barnard, « qu'on croit issu du sang de Charlemagne, naquit à « Lyon, en 760. » Suivant Godescard (23 janvier), il serait né vers 780, d'une des plus illustres familles du Lyonnais. « On croit, dit M. Depery, qu'il « naquit à Izernore, alors du diocèse de Lyon, l'an 778. » *Hist. hagiol. du diocèse de Belley*, I, 114. — Quelques auteurs et notamment le P. de Colonia, *Hist. litt.*, II, 125, se sont trompés quand ils ont dit que ce saint avait donné son nom à cette partie des Alpes appelée le *Mont-Saint-Bernard*; ils l'ont confondu avec Bernard de Menthon, fondateur de l'hospice du *Grand-Saint-Bernard*, né au château d'Annecy en Savoie, l'an 993. Voyez le *Gallia christiana*, IV, 270 ; du Tems, IV, 401 ; et ci-dessus, *année 775*.

844. — L'empereur Lothaire divise son royaume entre les trois fils qu'il avait eus de sa femme Hermengarde : il donne à *Louis* l'Italie avec le titre d'empereur ; à *Lothaire*, les pays entre la Meuse et le Rhin, qui perdirent alors leur nom depuis long-temps impropre d'Austrasie, pour prendre celui de Lotharingie (Lorraine), comme qui aurait dit le royaume de Lothaire ; à *Charles*, la Provence proprement dite, et quelques districts de l'ancienne Burgondie, situés au nord de l'Isère, et dont Vienne et *Lyon* faisaient partie. *Adon, Chronic.*, ann. 844 ; Fauriel, *Gaule mérid.*, IV, 268.

845. — « Charles, le chef donné aux Provençaux et le plus jeune des fils de Lothaire, n'était qu'un enfant infirme d'esprit et de corps, auquel il faut nécessairement supposer que son père donna des tuteurs pour tout faire en son nom et à sa place. On ignore quels furent ces tuteurs et ce qu'ils firent ; peut-être indisposèrent-ils les Provençaux par quelque acte oppressif d'autorité ; peut-être, au contraire, ne firent-ils autre chose que se montrer faibles et incapables de contenir l'opposition à la domination franque, qui renaissait de

toutes parts, partout où elle avait déjà existé. Ce qui est certain, c'est que les divers seigneurs locaux de la Provence, soit Francs, soit Gallo-Romains, se soulevèrent de concert contre Lothaire (père de Charles), en 845, moins d'un an après que celui-ci eut donné à son fils Charles le gouvernement de ce pays... Au bruit de ce soulèvement, Lothaire, qui résidait dans les parties septentrionales de la Gaule, descendit avec une armée en Provence, et la remit presque tout entière sous son pouvoir.... Ce soulèvement unanime de la Provence contre la domination Carlovingienne était de mauvais augure pour celle-ci ; mais tout ce que pouvait Lothaire pour tenir le pays en soumission, c'était d'y donner à son fils Charles un lieutenant ou un tuteur capable de faire face aux mécontents. *Il est présumable* que ce fut à cette occasion et dans cette vue que Lothaire nomma duc de Vienne ou de *Lyon* le fameux comte Gérard de Roussillon, qui fut dès-lors le véritable chef de la Provence... » Fauriel, *Gaule mérid.*, IV, 269-271 et 329; *Annal. Bertin.*, ann. 844 et 845 ; Clerjon, II, 348.

850.—Mort de Florus, religieux de St-Tron, surnommé *le Maître*, né à Lyon. *Biblioth. des écriv. de l'ordre de St-Benoît.*

852.—*Mars* 31. Mort d'Amolon ou Amulon, évêque de Lyon.—Ce prélat avait succédé au célèbre Agobard, dont il avait été le disciple et le diacre. Il eut à soutenir contre les Juifs les mêmes combats que son prédécesseur. Il fut aussi philosophe. Consulté par l'évêque de Langres sur de prétendues reliques apportées de Rome à Dijon, l'an 844, par deux individus qui se disaient moines, et sur de prétendues convulsions qu'éprouvaient des femmes auprès de ces reliques : « A-t-on jamais vu, lui répondit Amolon, dans les
« églises de Dieu, et dans celles qui sont consacrées aux bienheureux mar-
« tyrs, des miracles guérir ceux qui ne sont pas malades, et, qui plus est,
« ôter la raison à ceux dont la tête est saine ? » Il l'engage à mettre fin à ce scandale, en imitant Agobard qui faisait fustiger ceux qui se disaient possédés du démon, et les amenait à confesser que c'était la misère qui les avait portés à cette imposture. Il veut que l'évêque de Langres fasse fustiger, comme ils le méritent, les soi-disant convulsionnaires; enfin il l'engage à faire disparaître les prétendues reliques, et à les enfouir secrètement dans la terre, afin que si elles étaient de quelques saints, elles ne fussent pas exposées à être profanées.—Ce fut sous l'épiscopat d'Amolon que s'éleva, dans l'Eglise de France, cette fameuse dispute sur la prédestination gratuite et la grâce efficace, dont Gothescalc fut la déplorable victime ; la lettre qu'il écrivit à ce moine infortuné pour réfuter les erreurs qu'on lui imputait, est écrite avec beaucoup de modération. « Rien, dit un de ses biographes, n'eût été plus
« propre à le tirer de ses erreurs, s'il eût été coupable, que le ton de charité
« et l'adresse qu'emploie le respectable prélat. » — L'abbé du Tems, IV, 354, dit qu'Amolon fut ordonné évêque le 15 janvier 840. Nous ferons observer que si cette date est exacte, on n'aurait pas attendu la mort d'Agobard pour lui donner un successeur. — Ce fut S. Rémi, archi-chapelain de l'empereur Lothaire et du roi Charles, qui monta sur le siège de Lyon peu de temps après la mort d'Amolon. Voyez, sur Amolon, l'*Hist. litt. de la Fr.*, IV, 264; Fleury, *Hist. ecclés.*, liv. 48; la *Biogr. univ.*; les *Arch. du Rh.*, I, 355. — Poullin de Lumina, dit l'abbé du Tems, *loc. cit.*, montre à découvert, dans l'article qu'il a consacré à ce prélat, toute sa tendresse pour ceux qu'il qualifie de généreux défenseurs de la grâce de J. C.

857.—Adon, à son retour d'Italie, s'arrête à Lyon pour profiter des lumières des savants, et il y travaille à son Martyrologe. *Hist. litt. de la Fr.*, V, 705.

859. — Aurélien, abbé d'Ainay, rétablit l'église de *St-Pierre d'Ainay*, qui avait été, sous Charles-Martel, détruite par les Sarrasins. — Ce même abbé fit aussi venir douze religieux de l'abbaye de Bonneval, diocèse de Chartres, pour repeupler son monastère. *Arch. du Rh.*, VII, 87; du Tems, IV, 395. Voyez ci-dessus, *année* 612, et ci-après, *année* 957.

860 (*circa*). — Mort de Drepanius Florus, diacre de l'Eglise de Lyon, auteur de plusieurs ouvrages en prose et en vers. *Hist. litt. de la Fr.*, V, 213; Thierry, *Lettres sur l'hist. de Fr.*, p. 212.—Pernetti, I, 107, rapporte que l'on conservait à Clugny un *flabellum*, espèce d'éventail dont on se servait à l'autel pendant l'été, et sur lequel était inscrit ce vers de Florus :

Infestas abigit muscas et mitigat æstus.

863. — Charles, fils de l'empereur Lothaire, et premier roi de Provence, meurt (sans enfants) à Lyon, où il fut enseveli dans le couvent des religieuses de St-Pierre (1). — A la nouvelle de sa mort, ses deux frères, Lothaire et Louis, accoururent tous les deux, l'un de la Lorraine, l'autre de l'Italie, prétendant chacun à la totalité du royaume de Provence, et ayant chacun une faction dans le pays. Ils étaient sur le point de recourir à la décision des armes, lorsque, par l'entremise des seigneurs du pays, ils convinrent de s'arranger par un partage. Lothaire eut les diocèses de Lyon, de Vienne, de Viviers et d'Uzès; Louis eut la Provence, qui fut réduite à l'espace compris entre l'Isère et la mer. C'est le premier partage connu d'une portion de la Gaule, qui corresponde exactement aux limites de l'idiôme roman du Midi et de celui du Nord, dans les pays situés à la gauche du Rhône. Fauriel, *Gaule mérid.*, IV, 349; Don Vaissette, *Hist. de Languedoc*, I, 565.— L'année suivante (864), par une charte datée de Lyon, le 18 des calendes de juin, le roi Lothaire, « tant à cause de son amour pour Dieu, que de l'avantage qu'en « retireraient les âmes de son père et de sa mère, de Louis son frère, empe- « reur d'Allemagne, et de son frère Charles, roi de France, qui avait reçu la « sépulture dans le monastère de St-Pierre, » fit donation à ces religieuses, pour aider à leur entretien, de biens considérables dans le comté *Mauriensi*, que l'on a cru être Morancé, en Beaujolais. *Gallia christ.*, IV, 284; *Arch. du Rh.*, I, 186; Clerjon, II, 24.

869. — *Août* 8. Mort, en Italie, de Lothaire, fils de l'empereur Lothaire I. Son royaume est partagé, le 8 août de l'année suivante, entre Louis-le-Germanique et Charles-le-Chauve, qui devient maître du Dauphiné, du *Lyonnais*, de la plus grande partie de la Bourgogne, du pays de Liège et du Brabant. Sismondi, *Hist. des Fr.*, III, 181; *Art de vérif. les dates*, I, 559.

« L'on ne peut révoquer en doute que la souveraineté de la ville de Lion et du Lionnais n'ait appartenu de droit aux rois de France, comme successeurs des rois Charles-le-Chauve, Louis-le-Bègue, Charles-le-Simple, Louis-d'Outremer et Lothaire, fils dudit Louis; lesquels en ont tous été reconnus pour souverains, et même ledit Charles-le-Chauve, lorsqu'en l'année 870 les cités de Vienne, de Lion, de Besançon, avec une partie de la Lorraine, lui

---

(1) Suivant les auteurs de l'*Art de vérifier les dates*, II, 427, Charles faisait sa résidence ordinaire à Lyon; M. de Sismondi ne partage pas tout-à-fait ce sentiment : « On ne sait point, dit-il, quelle fut la résidence habituelle de ce premier roi de la Provence; le petit nombre de diplômes de lui qui ont été conservés sont datés de divers châteaux dans le voisinage de Lyon et de Vienne. » *Hist. des Francs*, III, 160.

échéurent en partage.» Dupuy, *Traitez touchant les droits du Roy*, etc., p. 806, édition de 1655.

870. — Gérard (de Roussillon), comte de Provence, ayant été dépouillé de ses états par Charles-le-Chauve, ce monarque nomme Guillaume I comte de Lyon et des provinces en deçà de la Saône, c'est-à-dire, du Lyonnais, du Forez et du Beaujolais. — Guillaume, profitant de la faiblesse et de l'éloignement des rois de France, occupés à diverses guerres, s'établit insensiblement, et fait d'un emploi qui n'était qu'une commission du prince, une espèce de fief héréditaire, qu'il étend sur la ville de Lyon; sous prétexte d'y conserver les droits et les prétentions de nos rois. *Art de vérif. les dates*, II, 433 et 466. Voyez ci-dessus, année 532, et ci-après, année 890.

875. — *Octobre* 28. Mort de saint Rémi, un des plus grands prélats qu'ait eus l'Eglise de Lyon. — Ce fut lui qui fit restituer à son église les biens dispersés depuis l'incursion des Sarrasins, ou usurpés par différents seigneurs. On lui attribue l'établissement des chanoines de St-Irénée. *Alm. de Lyon* pour 1755; *Gallia christ.*; l'*Hist. litt. de la Fr.*, V, 453; Clerjon, II, 350. — Saint Rémi eut pour successeur Aurélien, abbé d'Ainay, de St-Claude et de Nantua (voyez ci-après, année 895.) — Aurélien est le premier qui ait pris le titre d'*archevêque*; ses prédécesseurs n'avaient que celui d'évêque. *Arch. du Rhône*, VII, 321.

879. — *Octobre* 15 (*et non le* 5). Boson, fils de Théodoric I, comte d'Autun, ayant assemblé, au bourg de Mantaille, entre Vienne et Valence, vingt-trois évêques parmi lesquels se trouvait celui de Lyon, se fait reconnaître roi de Provence. — Suivant les souscriptions des pères de cette assemblée, le royaume de Boson s'étendit sur tous les pays situés entre le Rhône et les Alpes, depuis Lyon jusqu'à la mer, c'est-à-dire, la Provence proprement dite, le Dauphiné, la Savoie, et de plus sur le Lyonnais et la Franche-Comté, qui appartenaient à la haute Bourgogne-Cisjurane, et sur les diocèses de Mâcon et de Châlons, qui dépendaient de la basse, etc. — Un moderne se trompe en disant que Boson fut couronné à Lyon, par l'archevêque Aurélien, le jour même où nous plaçons, d'après les actes du concile de Mantaille, son élection. *Art de vérif. les dates*, II, 427 et 429; Sismondi, III, 239. — Cependant il paraît certain que Boson vint à Lyon peu de temps après son élection, et il est présumable qu'il y fut sacré. Il signa plusieurs diplômes datés de Lyon, le 8 novembre 879, et mentionnés dans le *Recueil des hist. des Gaules et de la Fr.*, t. IX, p. 669 et 670. Voyez l'*Essai hist. sur la souveraineté du Lyonnais au Xe siècle*, par M. de Gingins.

890 (*ou environ*). — Mort de Guillaume I, comte de Lyon. — Son fils aîné, Guillaume II, lui succède et prend le titre de comte de Lyonnais.

895. — Le siège épiscopal de Lyon est occupé par Alwalon ou Alwala, précepteur de Louis, fils de Boson. — Il avait succédé à Aurélien, qui, suivant Baluze, aurait été déposé par le pape Etienne, pour avoir ordonné Geilon évêque de Langres, sans le consentement du clergé et du peuple. — Alwalon eut pour successeur Bernard, qui siégea fort peu de temps, et qui ne fut peut-être que chorévêque. Vint ensuite Austérius ou Anstérius, qui assista, en 906, à une assemblée d'évêques, tenue dans l'église de Saint-Ouyan (*sic*), et au concile de Soissons, en 915. Après Austérius, vint Rémi II, qui souscrivit au testament d'Hervée, évêque d'Autun. Voyez ci-après, année 926.

920 (*ou environ*). — Mort de Guillaume II, comte de Lyonnais. Artaud I, comte de Forez, lui succède (et non pas son frère Bernard, ou Beraud, sire

de Beaujolais, comme quelques-uns le prétendent). *Art de vérifier les dates*, ii, 466.

924.—L'école de Lyon, autrefois si célèbre, acquiert une nouvelle réputation. Antoine, qui fut ensuite abbé de l'Ile-Barbe, y enseigne la philosophie avec beaucoup d'éclat. On voit au nombre de ses disciples le célèbre saint Maïeul, depuis abbé de Cluny; les Anglais mêmes viennent y étudier. Encore au commencement du xi° siècle, S. Odilon, dans la vie de l'impératrice Adèle, la qualifiait la *mère et la nourrice de la philosophie*. Elle n'était pas cependant moins célèbre pour la profession des arts libéraux. *Hist. litt. de la Fr.*, vi, 44 et 45. Voyez ci-dessus, *année* 488 (*circa*).

926.—Anscheric, archevêque de Lyon et successeur de Rémi II, assiste au concile de Charlieu.—Après Anscheric, le siège de Lyon fut occupé par Gui I, qui présida au concile de Tournus, vers l'an 948. L'année suivante, Gui fut remplacé par Burchard I, que plusieurs écrivains font fils de Rodolphe, roi de Bourgogne, et de Berthe; mais, dit l'abbé du Tems, le Burchard, fils de cette princesse, était évêque de Lausanne, et déjà décédé peu de temps après Rodolphe son père. Burchard assista, en 956, à l'élection de Gausmar, abbé de Savigny; ce fut Amblard qui lui succéda, la même année ou la suivante. Voyez ci-après, *année* 957.

952 (*circa*).—Les Français se rendent auprès de Lyon et descendent le Rhône jusqu'auprès de l'Isère; là, dirigeant leurs pas vers le nord-est, ils trouvent les Sarrasins postés dans une vallée nommée *Valprofonde*, et les taillent en pièces. *Invasions des Sarrasins en France*, par M. Reinaud, p. 185.

957 (*circa*).—Amblard, archevêque de Lyon, et auparavant abbé d'Ainay, entreprend la reconstruction du cloître et de l'église de St-Martin d'Ainay, qui étaient demeurés ensevelis sous les ruines, depuis environ cinq cents ans: c'est-à-dire, depuis sa destruction par les *Vandales*, suivant l'abbé Sudan, *Arch. du Rh.*, vii, 87, ou, suivant les auteurs du *Gallia christ.*, iv, 235, par les Huns et les Hongrois.—L'abbé du Tems, iv, 393, place la reconstruction de l'abbaye d'Ainay, par Amblard, à l'année 937; c'est une erreur ou plutôt une faute d'impression qui se trouve aussi dans le *Gallia christ.* Je pense, qu'au lieu de 937, il faut lire 957, ou 954, avec l'abbé Sudan; mais si l'on adopte cette dernière date, on ne doit pas oublier qu'Amblard était encore abbé d'Ainay, et n'occupait pas encore le siège de Lyon. Voyez ci-dessus, *année* 859, et ci-après, *année* 1106, au 27 janvier et au 7 octobre.

960 (*ou environ*).—Mort d'Artaud I, comte de Lyonnais et de Forez. Son fils Giraud I lui succède.

296 ou 297.—Mariage de Mathilde, sœur de Lothaire II, roi de France, avec Conrad-le-Pacifique, roi de Bourgogne. Quelques auteurs font remonter cet événement à l'année 955, et veulent que Lothaire II ait cédé la ville de Lyon pour dot à sa sœur Mathilde. Voyez l'*Essai historique sur la souveraineté du Lyonnais au X° siècle, et sur la prétendue cession de la cité de Lyon, comme dot de Mathilde, etc.*, par M. de Gingins-Lassara, Lyon, imp. de L. Boitel, 1835, in-8°. Voyez aussi, *Traitez touchant les droits du roy*, par Dupuy, pag. 866, édition de 1655. « .... Depuis que la ville de Lion et les Lionnois, dit ce dernier auteur, furent assignés en dot par le roi Lothaire à sa sœur Mahault (*sic*), quand elle épousa Conrad, roi de Bourgogne, fils de Raoul II, en l'année 967, les rois de Bourgogne et leurs successeurs les empereurs d'Allemagne s'en sont rendus souverains au préjudice de nos rois, qui est certes un fondement fort foible, s'estant toujours veu que tels assignats, quand ils sont en

fonds et héritage, n'emportent qu'un simple usufruit; la souveraineté et le ressort ne changent pas, mesme avec le droit de reversion, en défaut de masles....»

973 (*circa*). — L'impératrice Adélaïde, veuve d'Othon-le-Grand, fuyant la cour d'Othon II son fils, qui signalait le commencement de son règne par ses débauches, vient demander l'hospitalité à son frère Conrad-le-Pacifique, qui faisait alternativement sa résidence à Lyon et à Vienne, et qui célébra par des fêtes brillantes l'arrivée de l'impératrice dans ces deux villes, qu'on regardait alors comme les capitales du royaume de Bourgogne. Odilo, *in vita Adelheidæ imp.*, p. 267; Sismondi, *Hist. des Fr.*, III, 475.—Othon-le-Grand était mort le 7 mai 973.

976. — *Octobre 7*. Le roi Conrad donne à l'abbaye de Savigny, dont Gausmar était alors abbé, un *précepte*, par lequel il déclare qu'aucun archevêque de Lyon ne pourra diminuer injustement les possessions de ce monastère, ni y exiger aucun droit. — Les frères auront le droit de choisir leur abbé parmi eux; ils le conduiront, lorsqu'il sera élu, vers l'archevêque de Lyon, afin que celui-ci lui donne la bénédiction, etc. Aucun juge public ne doit exercer des droits royaux ou lever des impôts sur ce monastère. — Cet acte est daté de Lyon. *Nouv. arch. du Rh.*, 1, 46.

978. — Mort de l'archevêque Amblard; Burchard II, fils de Conrad-le-Pacifique et de Mathilde de France, lui succède l'année suivante.

984. — Un statut de l'archevêque Burchard II et du chapitre métropolitain de Lyon, offre une triste peinture de l'état déplorable où se trouve cette Eglise. ....Les chanoines sont réduits à manquer du nécessaire, par les pillages et les autres malheurs du temps. Les monastères qui avaient échappé aux flammes et aux déprédations des Barbares, se trouvent entre les mains d'abbés laïcs, à qui on les avait donnés en fief ou en bénéfice, ou qui s'en étaient emparés de leur propre autorité, et qui y vivaient avec leurs femmes, leurs enfants, leurs soldats et leurs chiens... Les moines, les chanoines et les religieuses, n'ayant plus de supérieurs légitimes, tombent dans le dérèglement des mœurs, partie par pauvreté, partie par la pente naturelle de leur cœur. *Hist. litt. de la Fr.*, VI, 8.

990 (*ou environ*).—Artaud II succède à Giraud I, son père, dans le comté de Lyon, et devient ensuite comte de Forez, on ne sait en quelle année, par la mort d'Etienne son frère, décédé sans enfants. Voyez ci-après, *année* 1030.

993.—*Octobre 19*. Mort de Conrad-le-Pacifique, roi de Bourgogne.—Voyez ci-dessus, *année* 966.

995.—*Juillet 4*. Mort de l'archevêque Aurélien; Alwalon ou Alwala, précepteur de Louis, fils de Boson, lui succède. — Vinrent ensuite plusieurs archevêques qui n'ont signalé leur épiscopat par aucun acte important; les historiens sont presque muets à leur égard.

996.—Concile à Anse, près de Lyon, dans lequel on condamne les enchantements, les augures et autres divinations, toutes filles de l'ignorance. *Hist. litt. de la Fr.*, VI, 10, 19 et 640.

1030. — Artaud III, fils aîné du comte Artaud II, et Giraud son frère, avaient succédé à leur père, le premier dans le Lyonnais, le second dans le Forez et le Roannais. Artaud III eut de grands démêlés avec Burchard II, archevêque de Lyon, touchant leur juridiction respective. Ce prélat, fils de Conrad-le-Pacifique et frère de Rodolfe III, rois de Bourgogne, regardant le comté de Lyon comme son apanage, en fait hommage, l'an 1030, à l'empereur Conrad-le-Salique. Artaud, appuyé par son frère et peut-être aussi par la cour de France, entre dans le Lyonnais, les armes à la main, et chasse l'archevêque de sa ville. Quelque temps après, on fit un concordat par lequel Artaud céda plusieurs de ses droits sur Lyon à l'archevêque, qui lui céda en échange les terres qu'il possédait dans le Forez. Artaud meurt sans laisser de postérité. Par sa mort, Giraud son frère réunit dans sa main le Lyonnais au Forez et au Roannais.

1031. — Burchard II étant mort vers ce temps-là, son siège fut envahi par un autre Burchard, son neveu, après l'expulsion duquel Giraud voulut faire élire pour archevêque un de ses fils, à peine en âge de puberté; mais Conrad-le-Salique envoie à Lyon des soldats qui chassent le père et le fils. *Art de vérif. les dates*, 11, 467. Voyez ci-après, année 1058.

« Ceux qui ont cherché, dit l'abbé du Tems, à appuyer par quelques monuments authentiques l'époque de la souveraineté des archevêques de Lyon, n'ont fait que des efforts inutiles : on la fixe communément à *Burchard II*, qui se l'appropria, suivant quelques-uns, comme étant le bien de sa mère Mathilde, qui avait reçu pour dot, du roi Lothaire son frère, la ville et le comté de Lyon; mais à quel titre son Eglise et ses successeurs en auraient-ils joui après sa mort? Il est bien plus naturel de penser que Burchard l'obtint par accommodement avec Conrad, et que, dans la suite, Frédéric I, voyant l'impossibilité de faire revivre des droits surannés, prit le parti de confirmer les archevêques dans leur possession, par une bulle expresse. Artaud, comte de Forez, prenait aussi la qualité de *comte du Lyonnais*, comme on le voit par une donation que ce seigneur fit à l'église de St-Irénée, où il avait choisi sa sépulture, donation à laquelle Burchard souscrivit en 999. Artaud prenait sans doute cette qualité à raison des districts qu'il possédait dans le territoire de cette ville, jusque sur les bords de la Saône et du Rhône où s'étendait son comté, et qui donnèrent, dans la suite, occasion à ses descendants de former des prétentions jusque sur la ville même. » *Clergé de Fr.*, IV, 358.

1032. — Mort de Raoul ou de Rodolfe III, dit le Fainéant, fils de Conrad-le-Pacifique, roi de Bourgogne, et de Mathilde. — Il paraît que ce Raoul, nommé par Othon de Frisinghen *Rex Galliæ Lugdunensis*, avait eu en dot le Lyonnais; n'ayant point eu d'enfants, il adopta avant de mourir Conrad-le-Salique, mari de sa nièce Gisèle. Ce Conrad fut roi de Bourgogne, et après lui Henri III son fils; ils firent don à l'archevêque et au chapitre de l'Eglise de Lyon, de la ville et comté de Lyon, de la seigneurie et juridiction de ladite ville et comté, prétendant sans doute que c'était un fief du royaume de Bourgogne. — C'est depuis cette époque que les archevêques de Lyon, ainsi que les prêtres du chapitre, prirent le nom de comtes, se qualifièrent de seigneurs temporels de la ville de Lyon et du pays Lyonnais, et qu'ils reconnurent l'empire. — Les auteurs de ce siècle disent simplement que les rois Robert et Henri I, son fils, se virent et traitèrent avec l'empereur, mais ils ne s'expliquent pas davantage. Ceux qui ont écrit l'histoire de Lyon veulent que ces princes aient dès-lors fait une séparation de leurs états, et qu'il fût dit que la Saône séparerait la France de l'empire, et que la ville et le comté de Lyon demeureraient sous la souveraineté de la couronne de France. Ils ajoutent aussi, sans autorité, que le roi Henri I approuva le don qu'avait fait l'empereur à l'archevêque et à l'Eglise de Lyon; et, pour confirmer leur dire, ils citent une clause des lettres du roi Philippe-le-Bel, appelées *Philippines*, qui porte ces mots : *Comitatum Lugdunensem ad Ecclesiam ex progenitorum nostrorum regia confirmatione devenisse.* Dupuy, *Traité touchant les droits du roy*, page 866. Voyez ci-dessus, année 966, et ci-après, année 1157.

1034 (*circa*). — Burchard, neveu de Burchard II, archevêque de Lyon, qui, après la mort de son oncle, avait quitté son siége d'Aouste, et s'était emparé de celui de Lyon, est arrêté par ordre de Conrad, et condamné à un exil perpétuel. Du Tems, IV, 358; Sismondi, *Hist. des Fr.*, IV, 224.

1039. — *Juin* 4. Mort, à Utrecht, de Conrad-le-Salique, roi de Bourgogne. — Henri dit le Noir ou le Franconien, son fils unique, avait été couronné roi de Bourgogne ou d'Arles, l'année précédente, à Soleure, en présence de son père, auquel il succéda pareillement dans l'empire sous le nom de Henri III. *Art de vérif. les dates*, II, 432; Sismondi, IV, 229.

1052. — *Août*... Halinard, archevêque de Lyon, et ensuite de Besançon, meurt à Rome, emprisonné. Il était bon philosophe, grand géomètre, et parlait les langues vulgaires avec autant de facilité que la sienne propre. Il eut pour successeur Philippe I, dont on ne trouve le nom que dans la chronique d'Albéric, et après lequel vint Geoffroy ou Godefroy de Vergy, qui se démit pour se retirer dans l'abbaye de Cluny, et qui fut remplacé par Humbert I. Quelques auteurs veulent que ce dernier prélat ait succédé immédiatement à Halinard.

1058. — Mort de Giraud II, comte de Lyonnais et de Forez; son fils, Artaud IV, lui succède.

1062. — Artaud IV, comte de Lyonnais et de Forez, qui avait eu plusieurs différends avec Humbert I, archevêque de Lyon, pour le temporel de cette ville, fait avec ce prélat un traité par lequel il les termine. — Depuis ce temps l'autorité des comtes de Forez déclina tellement dans la ville de Lyon, qu'ils cessèrent d'y résider, et se retirèrent dans leur comté de Forez, dont ils prirent plus ordinairement le titre. — Artaud mourut vers l'an 1076. *Art de vérif. les dates*, II, 467. Voyez ci-après, *année* 1158.

1076. — Humbert I, après avoir été déposé comme fauteur de simonie, se fait moine à St-Claude. Ce prélat, s'il faut en croire l'Obituaire de St-Jean, acquit le droit de faire battre monnaie, et en fit faire avec cette légende: *Lugdunum prima sedes Galliarum*. Ce fut lui qui fit bâtir le pont sur la Saône, aujourd'hui appelé pont du Change; la tradition qui appuie ce fait est autorisée par Champier, Paradin et Rubys: mais Humbert fut puissamment aidé par des personnes pieuses qui lui ouvrirent leur bourse. L'Obituaire de St-Jean témoigne que le grand custode *Tédin* fit bâtir une des arches, et que la mère d'un doyen auquel M. Cochard donne, peut-être par erreur, le nom de *Durannus*, en fit bâtir une autre. Quelques inscriptions antiques que l'on voit encore sur ce pont ou dans ses piles, nous autorisent à croire que les matériaux qui ont servi à sa construction proviennent en majeure partie de monuments romains. Spon, *Recherche des antiquités*, p. 126. Voyez ci-après au 28 *juillet* 1627. — Il y eut long-temps un corps-de-garde qui servait à protéger l'avenue de ce pont du côté de l'*Empire*, sur la rive gauche, comme le faisait, du côté du *Royaume*, le corps-de-garde du Change, sur la rive droite. *Arch. du Rh.*, VII, 97.

1077. — *Septembre* 17. Sacre de Gébuin ou Géboin, et par corruption Jubin, qui avait été placé sur le siége de Lyon par le concile d'Autun, après la déposition d'Humbert I.

1079. — Le pape Grégoire VII fait une grande innovation dans la discipline ecclésiastique des Eglises de France. Il soumet les provinces de Rouen, de Tours et de Sens à l'Eglise de Lyon, dont S. Jubin était alors archevêque. Ce privilége souffrit dès son origine de graves contradictions, et fit naître, à la fin du xviie siècle, un grand procès entre les archevêques de Lyon et de Rouen. Voyez ci-après; *année* 1700. — Voyez aussi dom Liron, *Singularités historiq.*, iv, 484; Poullin de Lumina, *Hist. eccl.*

1080 (*circa*). — L'archevêque Jubin établit les chanoines réguliers de St-Ruf dans l'église de Ste-Marie-aux-Bois, que Leidrade avait fait bâtir sur l'emplacement qu'occupait jadis une recluserie de filles fondée par S. Eucher, et qui avait été détruite par les Sarrasins. — L'église de Ste-Marie-aux-Bois devint alors paroissiale, et prit le nom de Notre-Dame de la Platière. Cochard, *Descrip. de Lyon*, p. 125. Voyez ci-après, *années* 1300 *et* 1371.

1082. — *Avril* 18. Mort de S. Jubin. — Ce prélat est le dernier des archevêques de Lyon qui, suivant La Mure, ait été reconnu publiquement pour saint. *Hist. eccl. de Lyon*, p. 175. — On a découvert, en 1824, en réparant l'église de St-Irénée, le tombeau de S. Jubin, que l'on croyait avoir été détruit, en 1562, par les Calvinistes. Cette découverte a donné lieu à une polémique suscitée par un article inséré dans le *Précurseur* du 19 janvier 1827.

1094. — Urbain II fait choix de Hugues, archevêque de Lyon, pour être son légat dans les Gaules, et dissoudre le mariage de Philippe I avec Bertrade. Yves de Chartres, en invitant Hugues à venir en France (car Lyon, appartenant au royaume de Bourgogne, était regardé comme ville de l'empire), lui écrit: «Quoique, dans le royaume d'Italie, on ait vu s'élever un autre Achab, et dans celui des Gaules une autre Jezabel, qui désirent renverser les autels et tuer les prophètes, vous ne devez point perdre courage, car c'est aux malades qu'on doit envoyer les médecins. *Ivonis ep.* 15; Sismondi, iv, 522.

1096. — Le même pape (Urbain II) confirme, dans un concile tenu à Clermont en Auvergne, la primatie accordée à l'Eglise de Lyon. *Gallia christ.*, iv; *Instrumenta*, p. 11.

1099. — *Mars* 29. Anselme, archevêque de Cantorbéry, après avoir séjourné trois mois à Lyon, quitte cette ville pour se rendre à Rome. *Rev. du Lyon.*, iv, 460.

— Hugues convoque un concile provincial dans le château de Pierre-Scise; il invite Daimbert, archevêque de Sens, à y assister. Yves de Chartres, pensant que Hugues n'avait pas le droit d'obliger Daimbert à s'y rendre, écrivit à Hugues des lettres mordantes, et, dans une de ces lettres, non-seulement il le blâme, mais encore il lui reproche sa trop grande facilité à lancer des excommunications et des interdits. *Gallia christ.*, iv, 107. — Voyez ci-après, *année* 1226.

1100. — Hugues assiste au concile d'Anse, et y demande un subside pour les frais du voyage qu'il devait faire à Jérusalem.

1106. — *Janvier* 27. Le pape Pascal II consacre l'église de St-Martin-d'Ainay. *Gallia christ.*, iv, 236; *Arch. du Rh.*, vii, 88.; Brossette, *Eloge hist.*, 91. — Cette consécration eut lieu, suivant M. Cochard, l'an 1107. *Descript. de Lyon*, p. 49. Voyez ci-dessus, *année* 957.

— *Octobre* 7. Mort, à Suze, de Hugues, archevêque de Lyon. — C'est sous son épiscopat que S. Anselme vint à Lyon. Il eut pour successeur Jauceran, ou Joceran, ou Gauceran, abbé d'Ainay, qui, pendant qu'il gouvernait ce monastère, avait fait achever la construction de l'église de St-Martin d'Ainay. *Arch. du Rh.*, vii, 88. Voyez ci-dessus, *année* 757.

1119.—*Octobre.* Humbauld, évêque de Lyon, qui s'était rendu au concile de Reims, présidé par le pape Calixte II, demande justice de l'abbé de Cluny. Sismondi, *Hist. des Fr.*, v, 154. — Suivant M. l'abbé Jacques, ce prélat aurait, à la suite d'une grande famine, établi des greniers d'abondance à Lyon, en 1123. *L'Eglise considérée*, etc., p. 100. — Humbauld mourut à Rome, au mois de novembre 1128. P. de Lumina, *Abr. chronol.*, p. 345.

1129.—*Août* 27. Mort de Raynaud de Semur, archevêque de Lyon, auteur d'une *Vie de S. Hugues*, etc. — Ce prélat, dont le Martyrologe français fait un bel éloge, avait fondé auprès du pont de la Guillotière un hospice appelé l'*Aumônerie*; c'était une espèce de succursale du grand Hôtel-Dieu. *Gallia christ.*; *Description de Lyon*, par Cochard, p. 67.

1139.—*Mai*...Pierre I, archevêque de Lyon, meurt de poison à St-Jean-d'Acre, en allant à Antioche.

1141.....—Mort de Falques ou Foulques, archevêque de Lyon. — C'est de son temps que S. Bernard écrivit aux chanoines de Lyon sa fameuse lettre sur la *Conception immaculée* de la Sainte Vierge. L'abbé de Clairvaux y marque sa surprise de ce que l'Eglise de Lyon, si ennemie des nouveautés, a pu démentir son caractère en introduisant une fête jusqu'alors inconnue aux fidèles, et qui, suivant ce docteur, n'a nul fondement dans la tradition. Voyez le *Gallia christ.*, IV, 119, et du Tems, IV, 331 et 363. — La réponse des chanoines de Lyon à cette lettre existe en manuscrit dans les archives de l'archevêché de Lyon, qui n'a pas cru, dit-on, devoir la publier, dans la crainte que l'on n'abusât de quelques expressions qui pourraient donner lieu à de nouvelles discussions sur des sujets déjà mille et une fois controversés.

1144.—Amédée, successeur de Falques, obtient de Célestin II la confirmation de la primatie de son siège. — L'année suivante, ce prélat fut fait légat apostolique par Eugène III. L'an 1146, il consacra l'église d'Ainay, et mourut l'année suivante.

1151.—Humbert II, de Bugey ou de Baugey, qui occupait le siège de Lyon depuis la mort d'Amédée, se démet de son archevêché pour embrasser la règle des Chartreux. — Ce prélat avait pour aïeul maternel Amédée, comte de Savoie et de Maurienne. On l'a plus d'une fois confondu avec Humbert I, et cette méprise lui a fait attribuer la construction du pont du Change. Voyez ci-dessus, *année* 1076.

1153.—Après une vacance d'environ deux ans, Héraclius de Montboisier, fils du comte Maurice, et frère de Pierre-le-Vénérable, est élu archevêque de Lyon. — L'année suivante, et par une bulle du 26 décembre, le pape Adrien confirma la primatie de cette église.

1157.—*Octobre....* Héraclius se rend à Besançon où Frédéric Barberousse tenait une diète, et lui prête serment de fidélité.—Cet empereur, en récompense de son attachement, lui donne, par diplôme daté d'Arbois, le 18 novembre (1) de la même année, l'investiture de la ville de Lyon et de toutes les régales établies au-dedans et au-dehors, dans l'étendue de l'archevêché, selon que l'Eglise de Lyon semblait en avoir joui autrefois, et s'y être maintenue jusques-là. Frédéric, par la même bulle, confère à Héraclius le titre d'*exarque* de la cour du royaume de Bourgogne; il lui accorde enfin le droit de

---

(1) Ou le 19, suivant l'*Art de vérifier les dates*, II, 468.

battre monnaie (1). Menestrier, *Hist. consulaire*, p. 275; Dupuy, *Traitez touch. les droits du roy*, p. 877. — Voyez ci-après, année 1167; Tobiésen Duby, *Traité des Monnaies*, t. 1, p. 19. — On ne sait trop quel pouvoir renfermait le titre d'*exarque*, inusité dans l'empire d'Occident, et il est probable que Frédéric ne savait pas trop lui-même quel sens il devait y attacher. Les uns pensent que cette dignité était la même que celle de grand-aumônier; d'autres croient qu'elle était équivalente à celle de lieutenant de l'empereur. Du Tems, *Clergé de Fr.*, IV, 364; Sismondi, *Hist. des Fr.*, V, 425; *Art de vérif. les dates*, tom. II, pag. 432.

1158. — Guigues III, comte de Forez, qui, dès l'année précédente, était revenu contre le traité qu'Artaud IV avait fait avec l'archevêque Humbert I, prétendait être seigneur de Lyon ou du moins y avoir l'autorité prépondérante, ne voulant reconnaître d'autre seigneur au-dessus de lui que le roi de France. Offensé au dernier point de ce que Frédéric avait donné à Héraclius de Montboisier l'exarchat du royaume de Bourgogne, il entre à main armée dans Lyon, maltraite les partisans du prélat et surtout les clercs, dont il pille les maisons, et force Héraclius d'aller chercher un asile dans la chartreuse des Portes, d'où il ne revient que l'année suivante, grâce à quelques serviteurs zélés qui l'avaient suivi et qui lui aident à chasser de Lyon les troupes du comte. Du Tems, *Clergé de Fr.*, IV, 365; *Art de vérif. les dates*, II, 468. Voyez ci-après, année 1162.

1160 (*circa*). — Pierre de Vaud ou le Vaudois, vulgairement appelé *Valdo*, riche marchand de Lyon, frappé de la mort subite d'un de ses amis qui expira à ses côtés, prend la résolution de mener une vie pénitente, vend ses biens et en distribue le prix aux pauvres. Il se met à catéchiser le peuple, et, usurpant bientôt le droit d'annoncer la parole de Dieu, comme s'il eût été prêtre, il prêche la nécessité d'une réforme dans l'Eglise, et devient le chef d'une secte qui subsiste encore dans les vallées du Piémont. Voyez ci-après, année 1184. — La rue où Valdo avait son domicile était voisine de l'église de St-Nizier; après l'expulsion des Vaudois, on l'appela rue *Maudite*; c'est aujourd'hui la rue de *Vandran*, nom d'une famille qui y demeurait au XIVe siècle. *Guide du voyageur à Lyon*, par Cochard, p. 610; *Mélanges* de C. Breghot, p. 84; *Arch. du Rh.*, IV, 357. Voyez, sur *Valdo*, son art. dans la *Biogr. univ.*; le *Dict. théologiq.* de Bergier, au mot *Vaudois*; du Tems, *Clergé de Fr.*, IV, 366; *Résumé du Lyonn.*, p. 171; etc., etc. — Papon, dans ses preuves de l'*Hist. de Provence*, rapporte un avis des jurisconsultes d'Avignon, relatif aux Vaudois ou *Pauvres de Lyon*, portant la date du 22 juillet 1235. — On lit dans les actes consulaires de la ville de Lyon, que le consulat, dans sa séance du 29 décembre 1455, chargea l'évêque de Viviers, qui se rendait à Rome, de supplier le pape « de faire abolir les malédictions que l'on dit qui se donnent le jeudi ou vendredi-saint, *contra pauperes de Lugduno*. »

Il ne faut pas confondre les Vaudois et les Albigeois; ceux-ci parurent un siècle et demi plus tôt que ceux-là.

---

(1) L'archevêque et le chapitre de Lyon faisaient frapper, dès le IXe siècle, des monnaies qui ont eu cours pendant cinq cents ans, avec la légende *Prima sedes Galliarum*. Il en existe encore dans les cabinets des curieux. Cette légende *Prima sedes Galliarum* a été mise au revers d'un médaillon frappé en 1734, à Lyon, l'occasion d'un jubilé célébré en cette ville à cause de la concurrence de la Fête-Dieu avec celle de saint Jean-Baptiste. Ce jubilé était le quatrième, attendu que, depuis l'institution de la Fête-Dieu, il n'y a eu que les années 1451, 1546, 1666, et 1734, où les deux fêtes soient tombées au même jour; ce qui n'arrivera plus qu'en 1886, 1943, etc. Mercier de Saint-Léger, *Journal général de France*, du 23 mars 1786.

L'Académie de Lyon possède parmi ses manuscrits une traduction en langue vulgaire du *Nouveau Testament,* qui paraît être du xive siècle. Ce manuscrit lui a été donné, en 1826, par un ses membres, feu M. Trélis, qui pensait que cette traduction pouvait bien être une copie de celle que Valdo avait fait faire pour son usage par un grammairien nommé Etienne d'Anse, lequel l'avait dictée à un jeune homme qui fut ensuite prêtre à Lyon, et qui s'appelait Bernard Ydros. Des détails assez curieux à ce sujet nous ont été conservés par un écrivain contemporain de Valdo, Etienne de Belleville, qui avait exercé, pendant 25 ans, les fonctions d'inquisiteur contre les disciples de ce fameux sectaire. Voyez les *Recherches historiq. sur la véritable origine des Vaudois*, etc. (par M. Rey, évêque de Pignerol); Paris et Lyon, 1836, in-8.

Martin Luther a eu un singulier trait de rapprochement avec Pierre Valdo :

En 1505, Luther, âgé de vingt ans, se promenant avec un de ses amis, le voit tué d'un coup de foudre à ses côtés; il pousse un cri, et ce cri fut un vœu de se faire moine. Il tint parole, se fit Augustin; mais, poussé par son mauvais génie, il oublia son serment, et, s'il échappa aux foudres du Ciel, il ne put échapper à celles du Vatican. *Mém. de Luther*, par Michelet.

Les Vaudois avaient entre eux des mots pour se reconnaître. L'un disait : « Je te prends par l'oreille. » L'autre répondait : « Bien venant soyez-vous; si grant desir con lia d'avoir le bonjour, plus grant desir ait l'ame d'avoir lon (*sic*). » Delandine, *Catal.* Histoire, I, 447 et suiv.

1163 (*circa*). — Héraclius meurt, et est inhumé dans l'église de Cluny. Drogon, archidiacre de Lyon, ayant été élu archevêque par le plus grand nombre des capitulants, se rend aussitôt auprès de Frédéric, et reçoit de l'antipape la confirmation de sa nomination. Les chanoines indignés procèdent à une nouvelle élection, et leur choix tombe sur Guichard, abbé de Pontigny. Le pape Alexandre III, sur la demande des partisans de Guichard, auxquels se joignent les évêques suffragants de la province, déclare nulle l'élection de Drogon, qui porte en vain ses doléances au roi de France. Guichard, après avoir lutté quelque temps avec Drogon, réunit enfin tous les suffrages, et se fait sacrer par Alexandre, vers 1165, 1166 ou 1167. Le pape et le roi lui fournissent tous les secours dont il avait besoin pour triompher de son compétiteur. Du Tems.

1164. — Le chancelier de l'empereur s'étant avisé de vouloir faire bâtir une citadelle dans le territoire de Lyon, Guigues s'oppose à cette entreprise, chasse les ouvriers les armes à la main, et les menace, s'ils reparaissent, de ne leur faire aucun quartier. Guigues ne cherchait par-là qu'à se rendre maître absolu dans le Lyonnais. Les conjonctures ne pouvaient lui être plus favorables. Deux concurrents depuis la mort d'Héraclius, munis chacun d'une partie des suffrages du chapitre, se disputaient le siège de Lyon. Guigues profite de ce schisme pour rentrer à Lyon; mais Drogon ayant mis dans ses intérêts Girard, comte de Mâcon, oppose une vigoureuse résistance au comte de Forez, le contraint d'abandonner la ville de Lyon, et le poursuit jusque dans le Forez. *Art de vérif. les dates*, II, 468.

1167. — Guichard, ayant enfin réuni tous les suffrages, est sacré par Alexandre III. Le roi et le pape lui fournissent les troupes dont il a besoin pour triompher de son compétiteur. L'archevêque de Tarentaise est commis par Alexandre pour examiner les prétentions sans cesse renouvelées de Guigues. Par un traité du 15 octobre, il est stipulé que la monnaie, les péages et d'autres droits, seraient communs entre l'archevêque et le comte, et qu'ils ne pourraient acquérir des fiefs l'un sans l'autre dans la ville et ses dépendances. Guichard entra en possession de son siége le jour de S. Martin ; 11 novembre. *Art de vérifier les dates*, 11, 468. — Voyez ci-après, années 1173 et 1180.

1168 (*circa*).—Passage et séjour de S. Thomas de Cantorbéry. Du Tems, IV, 365; *Hist. litt. de la Fr.*, XIV, 179; *Revue du Lyon.*, IV, 466; *Arch. du Rh.*, III, 490. — Voyez ci-après, année 1355.

1173.—Le traité fait entre Guigues III et Guichard n'avait servi qu'à fournir matière à de nouvelles disputes. Les parties consentent enfin à s'aboucher, et Guigues cède à Guichard tous ses droits sur le comté de Lyon, pour lui et son Eglise, à perpétuité, moyennant onze cents marcs d'argent et un certain nombre de terres dans le Forez, que le prélat et son chapitre lui abandonnent. — Cet acte établit l'archevêque et les chanoines de Lyon *comtes* de cette ville, aux mêmes droits que l'étaient les comtes de Forez. — Une bulle datée d'Agnani le 1er avril de la même année 1173, approuva cet échange, qu'une autre bulle du pape Lucius confirma en 1182. Voyez *Calendrier pour 1829*, par Cochard, p. 25; *Traitez concernant les droits du roy*, par Dupuy, p. 867; *Art de vérif. les dates*, 11, 468; *Hist. litt. de la Fr.*, XIV, 180. — Voyez ci-après, année 1183.

1180 (*circa*).—*Juillet* 28. Guichard meurt. — Son corps fut inhumé dans l'église de Riotier, puis transféré dans celle de Pontigny. On loue la pénétration et l'habileté de ce prélat à manier les esprits. Il eut pour successeur Jean de Belles-Mains ou de Bellesmes, évêque de Poitiers. — Les auteurs de l'*Hist. litt. de la Fr.*, t. XIV, p. 179 et suiv., ont consacré une notice à Guichard, que Severt appelle un *poëte excellent*, quoiqu'il ne nous reste de lui aucun ouvrage en vers; il l'a confondu avec Vichard ou Wichard, chanoine de Lyon, auteur d'une satire en vers latins contre certains moines de son temps, et qui a aussi un article dans la même *Hist.*, t. XII, p. 444.

1183.—Le roi Philippe-Auguste ratifie le traité fait l'an 1173 entre Guigues III et Guichard, toutefois après avoir reçu de Jean de Belles-Mains l'hommage pour la partie de Lyon située sur la rive droite de la Saône.

1184.—L'empereur Frédéric I confirme aussi ce même traité, comme suzerain de l'autre partie de la ville.

1184.—Concile de Vérone. Le pape Lucius y fait en présence de l'empereur une constitution contre les hérétiques, où l'on voit le concours des deux puissances pour l'extirpation des hérésies. L'Eglise y emploie les peines spirituelles, et l'empereur, les seigneurs et les magistrats, les peines temporelles. C'est qu'on voulait réprimer la fureur des Cathares, Patarins, *Vaudois* et autres hérétiques du temps; et les cruautés inouïes qu'ils exerçaient contre les ecclésiastiques exigeaient la même sévérité dont les empereurs romains avaient autrefois usé contre les Circoncellions. *Art de vérifier les dates*, F, 172. Voyez ci-dessus, année 1160.

1190.—*Juillet* 4. Philippe-Auguste et Richard-Cœur-de-Lion allant à la Croisade, quittent l'abbaye de Veselay pour se rendre à Lyon. — « Dès cette époque, dit M. de Sismondi, cette cité était l'une des plus grandes villes des Gaules; mais elle n'appartenait point au royaume de France, et les croisés devaient en quelque sorte faire là leur entrée en pays étranger. Lyon en effet s'était enrichi par le commerce et les manufactures, et la population s'y était accrue en raison même de ce que la ville, relevant de plusieurs maîtres, n'appartenait proprement à aucun..... » *Hist. des Fr.*, vi, 94. Voyez aussi Menestrier, *Hist. cons.*, p. 263 et 316.

1190.—*Juillet...* A peine Philippe et Richard furent-ils partis de Lyon et eurent-ils traversé le pont du Rhône avec une partie de leur armée, que ce pont qui était en bois s'écroula et submergea un grand nombre de personnes de l'un et de l'autre sexe.... *Pons ille corruit et multos utriusque sexus submersit*, Matth. Paris, *Hist. angl.* — Le pont du Rhône était alors en face de la partie du quai où aboutit maintenant la rue Ste-Hélène. On commença vers le même temps la construction d'un nouveau pont plus rapproché de l'Hôtel-Dieu, et dans l'endroit où il est actuellement. Paradin, l. ii, c. 43, et quelques autres anciens historiens qui ont écrit sur Lyon, rapportent une tradition populaire qui veut que ce pont soit l'œuvre d'un pauvre berger qui allait faire paître ses brebis sur le bord des fleuves et des rivières, où les habitants des cités et des hameaux désiraient qu'il y eût un pont. Là, dit-on, il s'asseyait les yeux tournés vers le ciel, et restait en cette posture jusqu'au moment où il sentait venir l'inspiration ; et quand l'inspiration lui était arrivée, il appelait bien vite les ouvriers, et faisait de telles merveilles, qu'on tenait à œuvre plus qu'humaine les ponts de ce mystérieux architecte (qui n'était autre qu'un *frère pontife*). Le véritable fondateur du pont de la Guillotière est bien certainement Innocent IV qui, durant le long séjour qu'il fit à Lyon, vers le milieu du xiiie siècle, donna des sommes considérables pour aider à sa construction ; c'est ce que prouvaient des vers latins gravés en son honneur sur une des tours du pont. Il est également certain que ce pape contribua à faire activer l'achèvement de cet édifice, en accordant des indulgences à tous ceux qui participeraient à sa construction. *Arch. du Rh.*, iv, 354 ; Cochard, *Descript. de Lyon*, p. 20 ; *Guide*, p. 73 ; *Courrier de Lyon*, du 22 juin 1836. — Voyez ci-après, années 1509, 1711, etc.

1192.—La chapelle de Fourvières, dont la construction avait été commencée vers l'année 1167, étant achevée, est érigée en église paroissiale et en chapitre, sous l'invocation de la bienheureuse Vierge Marie et de S. Thomas de Cantorbéry. L'acte de fondation a été inséré dans le tome iv du *Gallia christiana*, p. 23 et 24 des *Instrumenta*; en voici les premières lignes : « *Johannes, primæ Lugd. Eccl. sacerdos humilis, et Stephanus, ejusdem Eccl.* « *decanus, cum universo capitulo.... Capellam de Forverio ab Olivario bonæ me-* « *moriæ quondam decano in fundo nostro, in honorem B. M. V. et S. Thomæ* « *Cantuar., archiep. et martyris, inchoatam restituimus et ditavimus....* » — Voyez les *Deux chanceliers d'Angleterre, Bacon de Verulam et S. Thomas de Cantorbéry*, par A. F. Ozanam, Paris, 1836, in-8, pag. 230. — L'acte d'érection contient, en faveur de l'archevêque et du chapitre, don des blocs de marbre et des pierres de Choin qui seraient découverts dans le local dont ceux-ci se dépouillaient. Cette réserve, dit M. Cochard, n'avait d'autre but que de se procurer des matériaux pour la construction de l'église de St-Jean. *Description de Lyon*, p. 239 et 279.

1193 (*circa*).—Jean de Belles-Mains se démet de ses fonctions épiscopales, et se retire à l'abbaye de Clairvaux, où il mourut le 22 octobre 1226.—Ce fut ce prélat qui défendit aux Vaudois le ministère évangélique qu'ils avaient usurpé (voyez ci-dessus, *année* 1160 *circa*). — De son temps le pape Lucius défendit aux chanoines, à peine d'excommunication, de cesser l'office divin, lorsque le trésorier du chapitre manquerait de faire au réfectoire les distributions manuelles. Cette cessation de l'office, dit l'abbé du Tems, était un singulier abus qui régnait alors parmi les chanoines, et qui souvent occasionait du scandale. *Clergé de Fr.*, ii, 419, et iv, 366.

1193.—Raynaud, fils de Guy II, comte de Forez, est élu archevêque de Lyon. Il eut, dit le P. Menestrier, plutôt le faste d'un prince temporel que la régularité des mœurs d'un prélat. De grands événements eurent lieu sous son épiscopat.—L'Eglise avait mis tout récemment une imposition sur toutes les denrées et même sur les *victuailles* qui se vendaient et se débitaient au marché, en gros ou en détail. Pour se racheter de cette imposition, les habitants avaient été contraints de composer avec l'Eglise, et de payer une somme de vingt mille sols, monnaie de Lyon, environ dix mille francs. Toutefois l'archevêque et le chapitre s'étaient réservé de rétablir l'imposition quand bon leur semblerait, en rendant la somme reçue pour être employée aux affaires communes de la ville. Le traité, rapporté dans Paradin, l. II, c. 39 de son *Hist. de Lyon*, fut signé par Raynaud peu de temps après son élection, et avant qu'il eût reçu de Rome ses bulles et son pallium. Rubys, 260. (c.-à-d. 270).

1195 (*circa*).—Les officiers de l'Eglise, au mépris du traité fait entre les citoyens de Lyon et Raynaud de Forez, en 1193, continuaient à percevoir les droits supprimés par ce traité; l'archevêque et le chapitre ne tenaient aucun compte des plaintes qui leur étaient adressées. Les Lyonnais irrités se soulèvent, et, à l'imitation des Parisiens, qui, l'an 1190, avaient organisé un corps municipal, ils se décident à jeter aussi les premiers fondements de l'affranchissement de leur commune. Ils choisissent cinquante citoyens les plus notables pour veiller à leurs intérêts. Ils font provision d'armes; ils s'assurent de l'assistance d'un bon nombre de leurs voisins du Dauphiné et de la Bresse; ils se saisissent des deux tours qui étaient alors aux deux descentes du pont de Saône, et placent, sur une de ces tours, une cloche pour convoquer le peuple quand il en serait besoin. Ils font graver un sceau sur lequel on voyait un lion rampant et le pont de la Saône avec ses deux tours, le tout semé de fleurs de lis; autour de ce sceau étaient gravés ces mots: *Sigillum commune universitatis Lugdunensis*. Le contre-scel offrait un lion rampant entre deux tours, avec ces mots: *S. Secreti universitatis Lugdunensis*. Rubys, 270.

L'abbé Pernetti (1, 110) a placé ce mémorable événement à l'année 1185, sous l'épiscopat de Jean de Belles-Mains, sept ans environ avant le traité fait entre les habitants de Lyon et Robert de Forez. Si cette date était la vraie, les Lyonnais auraient devancé les Parisiens dans l'affranchissement de leur commune. Je serais porté à croire que Pernetti peut avoir raison, et qu'il y avait déjà eu un commencement d'organisation municipale avant le traité fait avec Raynaud, traité qui n'a pu être consenti que par des citoyens ayant mandat de leurs concitoyens. Pernetti a eu le grand tort d'être trop bref et de ne pas citer ses autorités. Il aurait dû nous dire où il avait lu que Matthieu de Fuers, seigneur de St-Jean de Panissière et de Pollionay, fut mis à la tête des cinquante conseillers de ville que les citoyens élurent, suivant lui, en 1185. Voyez Menestrier, *Hist. cons.*, p. 365, et ci-après, *année* 1222.

1197.—L'archevêque Raynaud de Forez cède au chapitre de Saint-Paul l'hôpital de Notre-Dame de la Saônerie, situé sur la rive droite de la Saône, dans l'endroit où est actuellement la place de la Douane. Cochard, *Description de Lyon*, p. 224.

1200 (*circa*).—Raynaud de Forez fait construire ou restaurer le château de Pierre-Scise. *Arch. du Rh.*, v, 424. Voyez ci-après, année 1364.

1208.—Traité entre l'archevêque, le chapitre et les citoyens de Lyon, portant que les clés de la ville seront remises au duc de Bourgogne, pour cinq gardes pendant le temps de Pâques, après qu'il aura fait serment de ne les garder que pour l'utilité de l'archevêque et de la ville ; qu'ensuite il les rendra à l'archevêque, puis au chapitre. Il est permis aux citoyens d'améliorer les fossés de Saint-Marcel, mais ils ne pourront faire aucune fortification sans le consentement de l'archevêque. *Registres de l'hôtel-de-ville, archev. et église,* p. 1 ; Mss. Sudan.

1208.—Philippe (Auguste), roi des Français, concède à son cousin et féal Raynaud, archevêque de Lyon, et, en sa personne, à l'Eglise de Lyon, en considération du dévouement et de la fidélité qu'il a toujours trouvés en eux, le péage de Givors, tant sur terre que sur eau, consistant, aux grandes charges, en douze deniers forts, et, aux petites charges, en six deniers forts. — Cet acte est daté de Compiègne. *Nouv. arch. du Rh.,* 1, 47.

1208 (*circa*).—*Septembre* 6. Mort de S. Etienne, chartreux, puis évêque de Die en Dauphiné, né à Lyon, l'an 1155, suivant Butler. — Pernetti se trompe en le faisant naître en 1213, et mourir âgé de 57 ans ; c'est-à-dire, en 1270. Voyez les *Acta sanctor.*, au 7 septembre, p. 183, col. 1.

1209. Arnaud-Almaric, abbé de Cîteaux, légat du pape et directeur en chef de la Croisade contre les Albigeois, rassemble à Lyon le plus grand nombre de ses combattants. Sismondi, VI, 279.—Cette réunion eut lieu aux environs de la Saint-Jean. D. Bouquet, *Hist. des Gaules et de la Fr.,* t. XIX, p. 19. Voyez aussi l'*Art de vérif. les dates*, 1, 293 ; II, 298.

1215.—*Avril* 19. Le prince Louis, fils de Philippe-Auguste, arrive à Lyon avec un corps d'armée, pour aller combattre les Albigeois. Sismondi, VI, 441.

1220.—Les Cordeliers de St-Bonaventure s'établissent à Lyon par les soins d'un riche seigneur, Grolée de Bresse, qui leur fait cession de son hôtel et de ses jardins sur la rive droite du Rhône. Voyez *les Grands-Cordeliers de Lyon,* par M. l'abbé Pavy, p. 11.

1222. — *Juin* 22. Gaspard de Chaponay et Clémence de Beauvoir, sa femme, sous l'autorité et avec le consentement de Raynaud de Forez, fondent la chapelle de St-Jacques-le-Majeur (construite sur la place de St-Nizier), avec l'obligation d'y faire célébrer à perpétuité 80 messes chaque année pour le salut de leurs âmes et de celles de leurs parents, et particulièrement pour remercier Dieu, la Sainte Vierge et S. Jacques-le-Majeur, d'avoir accordé à Gaspard de Chaponay, un des fondateurs, la guérison de blessures mortelles qu'il avait reçues en Angleterre, devant la ville de Winchester, assiégée par Louis, fils de Philippe-Auguste.— Il est fâcheux que Pernetti, qui a cité cet acte (II, 86), ne nous en ait donné qu'un extrait ; un pareil acte était trop important pour ne pas le rapporter tout entier, surtout après avoir dit que la découverte de cet acte venait, après plus de cinq siècles, nous apprendre quels étaient les véritables fondateurs d'une chapelle « sur laquelle on a fait *tant d'histoires incroyables.* »

La plupart des historiens qui ont précédé Pernetti veulent, en effet, que cette chapelle existât déjà lorsque les Lyonnais se soulevèrent pour proclamer l'affranchissement de leur commune ; d'autres disent que ce furent les cinquante premiers conseillers de ville qui la firent bâtir. Dans cette dernière hypothèse, la famille de Chaponay elle-même n'aurait point été étrangère à cette œuvre, puisque l'on voit figurer dans la liste des plus anciens conseillers, Bernard de Chaponay et Barthélemi de Chaponay, qui, suivant Pernetti, *loc. cit.*, était le père de Gaspard. Voyez Brossette, *Eloge hist.*, IIIe partie, p. 2 et 3.

Feu M. Cochard, dont l'autorité n'est pas sans quelque poids, veut que cette chapelle ait été fondée par les curés de St-Nizier, et que le corps de ville y ait tenu ses assemblées depuis l'organisation du gouvernement municipal. Nous ferons observer que les habitants de Lyon s'assemblaient encore, en 1290, dans l'église de St-Nizier. Voyez Rubys, p. 291 et 469.

1226.—*Mai* 28. Louis VIII (fils de Philippe-Auguste) arrive à Lyon, à la tête de son armée, pour aller à la Croisade. Le prince s'embarque sur le Rhône pour descendre vers Avignon. Sismondi, vi, 583.

1226.—*Octobre* 22. Mort de Raynaud de Forez. — Ce prélat fit un legs de cent marcs d'argent pour achever la construction de l'église de St-Jean.—Ce fut lui qui commença à séparer les biens possédés conjointement jusque-là par l'archevêque et le chapitre. On lui attribue généralement la construction du château de Pierre-Scise. « Nous avons lieu de croire, dit M. Cochard, qu'il « n'en fut que le restaurateur, et que sa fondation remonte aux Romains. — « Menestrier, *Hist. cons.*, p. 351, assure qu'il avait servi de demeure aux « anciens rois de Bourgogne; et Poullin de Lumina, *Hist. de l'Eglise de Lyon*, « prétend que l'archevêque Hugues avait assemblé, en 1099, dans ce même « château, un concile composé des évêques de sa province, auquel il avait « invité Daimbert, archevêque de Sens, à se trouver, etc. » *Calendrier pour* 1829, p. 25. Voyez ci-dessus, *année* 1099.

1228.—Robert de la Tour-d'Auvergne, qui avait succédé à Raynaud II, fait, par la médiation de Hugues IV, duc de Bourgogne, un accommodement qui suspend pour quelque temps les dissensions qui existaient entre les habitants de Lyon et les chanoines, au sujet de la levée des impôts. *Art. de vérif. les dates*, ii, 469. —Suivant Poullin de Lumina, cet accommodement aurait été fait par la médiation d'Eudes. *Hist. eccl.*, p. 256-258.

1229.—On comptait alors en France environ deux mille Léproseries. Lyon en avait quatre : celle de la Magdeleine, au-delà du Rhône; celle de la montée de Balmont, à Vaise; celle de St-Irénée ou du Griffol (Griffon); enfin celle de Sainte-Foy, près des aqueducs, dans une maison qui appartenait, en 1323, à Humbert de l'OEuvre, chapelain perpétuel de l'Eglise de Lyon. — M. Cochard, de qui nous empruntons cette note, a consigné dans les *Arch. du Rh.*, 1, 406-7, les cérémonies qui s'observaient lorsque l'on séquestrait un lépreux de la société, et qu'il a tirées d'un ancien rituel du diocèse de Vienne, imprimé vers 1478.

1234.—*Mai....* Promesse de mariage entre Louis, roi de France, et Marguerite, fille aînée de Raymond Bérenger, comte de Provence (*Actum Lugduni* mccxxxiv *mense maio*). Voyez les *Preuves de l'Hist. de Provence*, par Papon, t. ii, p. lxxii.

1236.—*Mars* 5. Mort de Raoul ou Rodulphe *de Pinis* ou Peyrinis, archevêque de Lyon. — Il avait succédé à Robert de la Tour-d'Auvergne, mort vers 1333, et il eut pour successeur Aymeric, Guerry ou Guerrat, appelé par quelques écrivains Arips ou Deripes. Rubys le nomme *Garnier*. Voyez ci-après, *année* 1246.

1239.—Le roi de Navarre arrive à Lyon, où il avait donné rendez-vous aux croisés de la Terre-Sainte. Le duc de Bourgogne, les comtes de Montfort, de Foy, de Mâcon s'y trouvaient déjà avec un grand nombre de chevaliers. Pierre Mauclerc, qu'on ne nomme plus que le chevalier de Braine, se joint à eux. Sismondi, vii, 207.

1240.—On trouve dans le tom. iv des *Opera Columbi*, décrits sous les n°' 119.

et 417 du Catalogue des manuscrits de la bibliothèque de la ville de Lyon, un opuscule ayant pour titre *Series, origo et situs omnium domorum sacri ordinis Chartusiensis*, lequel paraît avoir été composé en 1651 par le P. de Franqueville, prieur de la Chartreuse de Lyon. Nous en avons extrait ce qui suit :

« Domus cellæ beatæ Mariæ Poletensis in Sebusia et diœcesi Lugdunensi « duabus leucis ab oppido Montluel dissitam, juxta oppido sancti Andreæ « à fundamentis erexit illustrissima Marguarita de Baugy (*sic*) uxor domini « Humberti de Bellijoco, anno 1240, à monialibus nostris inhabita usque ad « annum 1608 quo, summi Pontifici authoritate, ad monachos est devoluta; « at anno 1621 domui Lugdunensi ad tempus concessa est. » Voyez la *Notice sur Marguerite de Duyn*, religieuse de la Chartreuse de Polletin, tom. VII de la *Revue du Lyonnais*.

1244.—*Juillet....* Guillaume, official de Lyon, déclare avoir vu des lettres d'Aymeric, archevêque de Lyon, dont il fait connaître le contenu : — Aymeric fait savoir que Jean de Genua, bourgeois de Lyon, a vendu, au prix de 50 livres fortes de Lyon, à Hugues de Rochetaillée, bourgeois de Lyon, la moitié de ses droits sur la monnaie de Lyon, et sur la gravure des coins; de plus toute la liberté et franchise de ladite monnaie de Lyon, ne s'y réservant aucun droit. Aymeric, après la démission de Jean, a investi Hugues des choses susdites, d'après la volonté et le mandat de Jean, lequel a juré sur les Évangiles, devant l'archevêque, de ne jamais revenir sur cette vente, dont il a reconnu avoir reçu le prix. L'archevêque, à qui appartient la seigneurie des choses vendues, reprenant son droit, les confirme audit Hugues, et, par le présent acte, autorise la vente. Il fait connaitre aussi les franchises et libertés que Hugues et ses enfants qui lui succèderont à la monnaie, auront en vertu de ladite vente. Ils sont exempts de tout ban, clameur, obligation de service dans les guerres privées (*feda*), péage, peine pour l'adultère, service de guerre ou chevauchée (*chavaugia*), garde (*gaitia*), et de tout usage et impôt, de toute charge communale ou collecte de la ville ou de la cité. Ils ne sont tenus de répondre sur aucun délit, forfait ou clameur, devant l'archevêque ou les juges de Lyon qui se plaindraient d'eux, à l'exception du cas d'homicide, de trahison ou de vol. S'il leur est dû quelque chose, ils ont le droit d'enlever eux-mêmes un nantissement au débiteur, et de retenir ce gage partout où ils l'auront trouvé, sans qu'il soit nécessaire d'avoir recours au seigneur. Lorsqu'on fera de la monnaie à Lyon, ledit Hugues ou les siens devront la faire fidèlement au titre légal, sans dol ni fraude; et, après que la monnaie aura été examinée par le mandataire choisi à cet effet par l'archevêque, ledit Hugues et les siens ne sont pas responsables des vices que l'on pourrait ultérieurement y découvrir. — Voici les franchises et libertés des monnayeurs de Lyon et de leurs serviteurs : Durant tout le temps que l'on fabriquera de la monnaie à Lyon, les ouvriers de la monnaie et leurs serviteurs des deux sexes seront libres de tout ban, obligations de servir dans les guerres privées, de tout péage ou autre usage ou impôt; ils ne sont pas tenus de répondre devant l'archevêque ou devant le juge de Lyon, ils ne doivent répondre et obéir qu'à leur prévôt ou maître de la monnaie; à l'exception du cas d'homicide, de trahison ou de vol : justice leur sera rendue sans retard et sans frais. — Le sceau sur cire verte, lacs blancs, existe, mais mutilé; il porte la figure d'un évêque, avec l'exergue : *Sigillvm cvrie Lvgdvnensis*. — Au revers, contre-scel, portant une crosse avec l'exergue : *Cvrie Lvgdvnensis officialis*. Extrait des *Nouv. Arch. du Rh.*, 1, 125.

1244.—*Décembre....* Le pape Innocent IV, fuyant l'empereur Frédéric II, qui cherchait à le surprendre, vient chercher un refuge à Lyon, et prend son logement dans le cloître de St-Just.— « Cette ville relevait *encore* de l'empire: mais l'autorité de l'empereur y était absolument nulle : le pouvoir y était partagé entre l'archevêque et ses chanoines d'une part, qui étaient tous dévoués à l'Eglise, et le gouvernement municipal de la commune de l'autre, qui était fort attaché à la liberté et aux cités lombardes liguées avec le Pape pour la défendre. La Saône seule séparait Lyon du royaume de France, et un quartier de la ville situé sur son bord occidental était français. D'après la combinaison de toutes ces circonstances, le Pape ne pouvait choisir une meilleure et plus sûre résidence. Sismondi, VIII, 310. — « Innocent était venu avec Thomas de Savoie, frère du comte de ce nom, qui l'avait escorté à la tête de quelques troupes. Il lui confia la garde de sa personne, et cet honneur fut encore partagé par les chevaliers de la milice du Temple et par ceux de l'hôpital de St-Jean-de-Jérusalem. » Cochard, *Notice hist. sur le bourg de St-Just*, p. 5.

1245.—*Juin* 28. Ouverture de la première session d'un concile général tenu à Lyon par Innocent IV dans l'église de St-Jean, en présence de Baudoin, empereur de Constantinople.—Il y eut 140 évêques, à la tête desquels étaient trois patriarches latins, etc., etc. — Frédéric II y fut excommunié et déposé de l'empire, le 17 juillet suivant. Ce fut pendant ce concile que le chapeau rouge fut donné aux cardinaux, etc. — Il n'est point vrai qu'en cette année-là il y eût dans l'église cathédrale de Lyon 74 chanoines, dont l'un était fils de l'empereur, 9 fils de rois, 14 fils de ducs, 30 fils de comtes, 20 fils de barons, et *tous licenciés aux lois et en décret*. C'est une fausseté remarquable qui a été avancée par de Rubys, Severt, St-Aubin et plusieurs autres de nos historiens, sur des fondements supposés. L'église cathédrale de Lyon est assez recommandable par elle-même, sans avoir besoin de se parer d'un faux éclat, ni d'emprunter des noms illustres qui lui seraient contestés. Brossette, *Eloge hist.*, p. 75; *Art de vérif. les dates*, 1, 298; Sismondi, *Hist. des Fr.*, VII, 314 et suiv. « Ce qu'il y a de certain, dit l'abbé du Tems, c'est que le chapitre de Lyon peut compter parmi ses membres six princes de la maison de France, huit de la maison de Savoie; les papes Grégoire X, Innocent IV, Boniface VIII, outre Robert de Genève, nommé, dans son obédience, Clément VII ; un nombre très-considérable de cardinaux, d'archevêques et d'évêques. » *Clergé de Fr.*, IV, 335.

— S'il faut en croire Matthieu Paris, *Hist.*, pag. 445, quelques prébendes étant venues à vaquer, en ce temps-là, dans l'Eglise de Lyon, Innocent voulut les donner à des étrangers qui étaient ses parents, sans la participation du chapitre; mais les chanoines lui résistèrent en face, et protestèrent avec serment que, si ces étrangers se montraient à Lyon, ils seraient jetés dans le Rhône, sans que l'archevêque ni eux pussent l'empêcher. Matthieu Paris ajoute que vers le même temps, un huissier du pape ayant repoussé rudement un citoyen de Lyon qui demandait honnêtement à entrer, ce citoyen lui coupa la main ; Philippe de Savoie, chargé de la police ecclésiastique, étant intervenu, sauva, par une satisfaction telle quelle, l'honneur du pape. Voyez *Hist. des Papes* (par Bruys), III, 265; Clerjon, III, 202.

1246.—Aymeric se démet, et se retire à l'abbaye de Grandmont où il mourut. — Rubys se trompe quand il dit que cet archevêque, qu'il nomme *Garnier*, se croisa avec S. Louis; c'est Garnier, évêque de Laon, *Garnerius Laudunensis*, suivant Guillaume de Nangis. Voyez ci-dessus, année 1236. — Après la démission d'Aymeric, le chapitre postula Hugues de Saint-Cher ; mais le Pape, ayant d'autresvues, promut Hugues au cardinalat, et donna l'archevêché à Philippe, fils de Thomas, comte de Savoie, qui ne se fit point sacrer, et qui choisit pour suffragant Guillaume Perrault, dominicain, qui remplit les fonctions épiscopales avec beaucoup de zèle et de dignité. Du Tems, IV, 369. Voyez ci-après, années 1287 et 1275.

1248.—*Juillet et Août.* Séjour de S. Louis à Lyon. « Li roys ala par la Bourgongne jusques à Lyons, et visita le pape Innocent qui encore estoit et seiournoit ilueques, et s'en parti assés brieuement quant il ot sa beniçon receue... » *Annales du règne de S. Louis*, par Guillaume de Nangis. Voyez Rouillard, *Hist. de Melun*, p. 422; et Cochard, *Notice sur le bourg de St-Just*, p. VI.

1251.—*Février* 14. Innocent IV, par une bulle en date de ce jour, voulant témoigner sa reconnaissance aux habitants de Lyon qui lui avaient donné l'hospitalité, déclare qu'il prend leurs personnes, leurs familles et leurs biens sous la protection de S. Pierre et sous la sienne.

1251.—*Avril* 19. *Mercredi après Pâques.* Innocent IV, après un séjour de six ans et quatre mois, part de Lyon pour retourner en Italie. — S'il faut en croire Matthieu Paris, ce pape, sur le point de partir, aurait dit dans son compliment d'adieu à ceux qui l'entouraient qu'il n'avait trouvé en arrivant que trois ou quatre lupanars, et qu'à présent il n'y en avait plus qu'un. Mais ce lupanar, ajouta-t-il, s'étend depuis la porte orientale jusqu'à la porte occidentale de la cité... *Amici, magnam fecimus, postquam in hanc urbem venimus, utilitatem et eleemosynam. Quando enim primo huc venimus, tria vel quatuor prostibula invenimus. Sed nunc recedentes unum solum relinquimus. Verum ipsum durat continuatum ab orientali porta civitatis, usque ad occidentalem.* Page 548, edit. *parisiensis*, 1644. — Suivant un écrivain protestant, Jacques-Paul Gundling, auteur des *Vies de Conrad IV et du roi Guillaume*, Berlin, 1719, in-8, ce serait le cardinal Hugues de St-Cher qui aurait été chargé de faire les adieux du pape aux habitants de Lyon, et de les remercier de leur accueil; le cardinal se serait acquitté de cette mission, et il n'aurait pas manqué de satisfaire les Lyonnais, sans un mot qui dans le fond n'aurait pas été plus honorable pour la cour de Rome que pour eux : car, après leur avoir dit que « lorsque le pape était arrivé à Lyon, il n'y avait trouvé que trois femmes « publiques, et qu'à son départ il n'y en avait qu'une, » il aurait ajouté en s'expliquant, que « cette *une* était toutes les femmes de Lyon. » Si ce mot, observe un critique, peint les mœurs du XIIIe siècle, n'est-ce pas le cas de répéter avec le Sage : « Ne dites pas que les premiers temps ont été meilleurs « que ceux d'aujourd'hui.... *Ne dicas.... quòd priora tempora meliora fuere* « *quam nunc sunt.* » Ecclésiaste, VII, 11. — *Nouv. Mél.* de M. Breghot du Lut, p. 52-4.

1252.—*Avril* 28. Innocent fait donation aux chanoines de St-Just des châteaux et baronnies de Brignais et de Valsonne, sous la condition de célébrer chaque année un service pour le repos de son âme et de celles de ses prédécesseurs et successeurs.—«.... Enfin, il les gratifia d'une rose d'or, enrichie d'une cornaline antique d'un grand prix, représentant une tête d'Hercule. Ce dernier présent était un témoignage authentique de la haute considération que Sa Sainteté portait au chapitre de cette église; car la rose d'or que les papes sont dans l'usage de bénir le dimanche de *Lætare*, est ordinairement envoyée en don à un grand potentat. Les chanoines de St-Just la montraient au peuple le dimanche de la Passion; elle a disparu durant les troubles de 1562...» Cochard, *Notice sur le bourg de St-Just*, p. VII.—Le Laboureur, *Ma-*

zùrès *de l'Isle Barbe*, 1, 131, dit que ce fut en 1244 que le pape donna la rose à l'église de St-Just. Voyez Théophile Reynaud, *de Rosa mediana*; tom. x de ses Œuvres; et Papire Masson, *de Episcopis urbis*, liv. v, art. *Innocent IV*. La rose d'or, bénite par Grégoire XVI en 1834, a été envoyée à la ville de Venise.

1253.—Les sectateurs de Pierre de Vaud brûlent l'église de St-Nizier. Cochard, *Descript. de Lyon*, p. 106.

1267.— L'archevêque Philippe de Savoie se démet de tous ses bénéfices, et épouse Alix, fille et héritière du comte de Bourgogne. — Clément IV, à qui le droit de nommer fut dévolu par le partage des suffrages entre le doyen de Lyon et l'évêque de Clermont, Gui de la Tour, nomma Gui, évêque d'Auxerre, qui ne voulut point accepter. Le siége resta vacant jusqu'en 1271, époque à laquelle Philippe fut enfin remplacé par Pierre de Tarentaise. Voyez ci-dessus, *année* 1246, et ci-après, *année* 1272.

1269.— De nouvelles brouilleries s'étaient élevées entre le chapitre de St-Jean et les citoyens. Ceux-ci, durant la vacance du siége épiscopal, après avoir chassé les chanoines-comtes de leur cloître, et les avoir obligés de se réfugier dans le cloître de St-Just, allèrent les y attaquer; ils avaient fait une forteresse de la recluserie de la Magdeleine, qui était située où est présentement l'ancien monastère du Verbe-Incarné, à la montée du Gourguillon, et ils s'étaient cantonnés dans l'église de Fourvière, d'où ils faisaient des courses et tenaient comme assiégé le cloître de St-Just.

— *Décembre* 1. Un concile provincial tenu à Belleville, et présidé par Girard, évêque d'Autun, jette l'interdit sur la ville de Lyon. Poullin de Lumina, *Hist. de l'Église de Lyon*, p. 266. — Girard ou Gérard avait été nommé administrateur de la ville de Lyon, après l'abdication de Philippe de Savoie. Du Tems, IV, 369 et 443; *Arch. du Rh.* v, 426 et suiv.

—C'est probablement ce même évêque qui débouta, par une sentence rapportée dans le *Tractatus de bellis et induciis* de Bellièvre, p. 11, à la suite de l'*Hist. consul.* de Menestrier, les citoyens de Lyon qui avaient demandé qu'on leur remît les clefs des portes de Trion et de St-Irénée. — En ce temps-là, le faubourg de St-Irénée et la rue de Trion étaient compris dans l'enclave de la justice et baronnie de St-Just. Tout ce canton, dans les XIIIe, XIVe et XVe siècles, s'appelait la ville de St-Just, *Villa sancti Justi*, et était dès-lors séparé de la ville de Lyon par la porte de la Magdeleine, placée à la montée du Gourguillon, près de l'ancien monastère du Verbe-Incarné. Cette petite ville de St-Just était fermée de murs par le fossé dont on voit les restes, d'une part, et de l'autre, par le cloître même de MM. de St-Just, qui était presque fortifié comme une citadelle. Les portes de Trion et de St-Irénée se fermaient exactement, et les clefs en étaient portées chez le chanoine préposé du chapitre, qui était chargé de la juridiction. Extrait d'un *Mémoire* de l'abbé J.-B. Greppo, lu à l'Académie de Lyon, en 1764, et inséré dans les *Arch. du Rh.*, v, 421-442. Voyez ci-après, *année* 1477.

1269 *ou* 1270.— S. Louis, sur les remontrances du peuple opprimé par la mauvaise justice de l'archevêque, envoie une commission au bailli de Mâcon, qui se rend à Lyon, met en la main du roi la juridiction temporelle de la ville, et y établit des juges pour l'exercer au nom du roi. — Le légat du pape eut part à cette action. — Environ ce temps, l'autorité de l'empereur commence à déchoir en ce pays, et sa prétendue souveraineté sur les royaumes de Bourgogne et d'Arles est comme anéantie. On en assigne la cause aux bulles fulminées contre l'empereur Frédéric II, qui portèrent les

7

comtes et les seigneurs qui dépendaient de ces royaumes, à ne plus obéir. Dupuy, *Traitez*, etc., p. 868. — Voyez ci-après, année 1271.

1270 (1269, v. s.). — *Janvier 22.* Compromis entre les chapitres de St-Jean et de St-Just, d'une part, et les citoyens, de l'autre, par lequel les parties soumettent leurs différends à Raoul ou Rodolphe de Chevrier, cardinal-légat, et au roi de France, S. Louis. — Une ancienne traduction en langue vulgaire de ce compromis a été insérée, par M. Breghot, dans le t. xi des *Arch. du Rh.*, p. 365-369, et reproduite par le même dans ses *Nouv. Mélanges*, pag. 262 et suiv.

1270. — *Mai 6.* Amédée, comte de Savoie, par lettres données le mardi après les fêtes de S. Philippe et de S. Jacques, prend sous sa garde les habitants de la ville de Lyon, leurs biens et leurs familles, pendant trois années, en considération de ce qu'ils lui ont toujours été fidèles, et de ce qu'ils ont subvenu à ses nécessités. — Un *vidimus* de ces lettres écrites en latin, sur parchemin, et portant la signature de Roland de St-Michel, est mentionné dans l'inventaire des archives de la ville de Lyon. — Voyez, sur le séjour que fit Amédée à Lyon, en 1257, l'*Histoire de Savoie*, par Guichenon, p. 348.

1271. — *Mars ou Mai...* S. Louis, comme on l'a vu ci-dessus, année 1269, avait mis en sa main la justice de Lyon; Philippe III, son fils, en donne main-levée, mais en même temps il prend en sa garde et protection les habitants de Lyon. Dupuy, *Traitez*, etc., p. 868; *Ordonn. des rois de Fr.*, tom. xi, p. 127. — Cette même année, les censures contre la ville de Lyon furent levées par Girard, qui parvint à rétablir la paix entre les citoyens et les chanoines. Du Tems, 443.

— *Avril ou Mai.* La châsse qui contenait les restes mortels de S. Louis, passe par Lyon. — Un des premiers miracles qui s'opérèrent par l'intercession du saint Roi, fut celui de Loys, sourd et muet, qui avait suivi le convoi depuis Lyon jusqu'à St-Denis. *Miracles de S. Louis.* — Jean de Brie, du diocèse de Sens, châtelain du châtel d'Aiguemorte, sur le point de périr dans le Rhône avec son neveu, fut sauvé par l'invocation de S. Louis. *Ibid.* — Un titre assez curieux, conservé dans les archives du chapitre de Lyon, nous apprend que l'évêque d'Autun, Girard, voulut bien, à la sollicitation des chanoines, suspendre, par son ordonnance du 30 avril, l'effet de l'interdit du premier décembre 1269, dans le cloître et l'église de la métropole seulement, pour le temps que le corps du feu roi et celui des autres princes resteraient déposés à St-Jean. Cochard, *Descript. de Lyon*, 344.

1272. — Pierre de Tarentaise, qui venait de monter sur le siége épiscopal de Lyon, déclare par un acte que le roi l'*a reçu à la foi* pour le temporel de son évêché, et ce, sans préjudice du différend qui existait entre Sa Majesté et lui, parce qu'il s'était mis en possession dudit temporel avant de *faire la foi*, comme avaient fait ses prédécesseurs, et entre autres Philippe de Savoie. « Ce sont, dit Jacq. Dupuy, les termes de l'acte. » *Traitez*, p. 868.

— Pierre de Tarentaise est nommé cardinal-évêque d'Ostie et de Velletri, grand-pénitencier de l'Église romaine. — Aymar ou Ademare de Roussillon, fils d'Arthaud IV, seigneur de Roussillon, fut le successeur de Pierre, qui, après la mort de Grégoire X, fut élu pape, à Arrezzo, le 21 janvier 1276, et qui prit le nom d'Innocent V.

1273. — *Novembre.* Grégoire X arrive à Lyon. Raynaldi, *Ann. ecclés.* 1273, § 40. — Ce pape, pendant son séjour à Lyon, voulut mettre un terme aux animosités sans cesse renaissantes des habitants de Lyon contre leur archevêque et ses chanoines, qui prétendaient représenter les anciens comtes de Lyon et qui en prenaient le titre. Le prélat, d'une part, et son chapitre, de l'autre, se disaient souverains de Lyon, tandis que les magistrats et la bourgeoisie exerçaient une souveraineté beaucoup plus réelle. Grégoire leur donna une constitution qui semblait devoir couper la source de ces dissensions; mais ce ne fut qu'une espèce de trève, et les hostilités ne tardèrent pas à recommencer. Dupuy, *Traitez*, p. 873; *Art de vérif. les dates*, II, 468; Sismondi, VIII, 260. — Grégoire X avait pris son logement à l'archevêché. *Arch. du Rh.*, VII, 525.

1274.— *Mai* 7. Grégoire X ouvre, dans l'église de St-Jean, la première session du second concile général de Lyon. Il s'y trouve 500 évêques ou archevêques, 70 abbés avec 1000 prêtres d'un rang inférieur. Les Grecs s'y réunissent aux Latins, abjurent le schisme et reconnaissent la primauté du pape; on y traite l'affaire de la Terre-Sainte et de la réformation des mœurs. Le pape dit que les prélats sont cause de la chute du monde entier, et exhorte les coupables à se corriger. *Art de vérif. les dates*, I, 200. — C'est par erreur que la *Biog. univ.*, article *Grégoire X*, a placé l'ouverture de ce concile au 2 mai. Voyez aussi Sismondi, *Hist. de Fr.*, VIII, 249 et suiv. — Jean-le-Gris, curé de St-Pierre et de St-Saturnin, qui avait rempli, à ce que l'on croit, les fonctions de promoteur à ce concile, éprouva une si grande joie de la réunion des Grecs et des Latins, qu'il fonda à perpétuité deux processions aux fêtes de Pentecôte, l'une à l'Ile-Barbe, l'autre à la chapelle du pont du Rhône. Ces pélerinages devaient être suivis d'une distribution de pain aux pauvres, et d'une danse qui, dans ces temps de simplicité, était ouverte, suivant quelques auteurs, par le curé et l'abbesse de St-Pierre. Le fondateur appliqua les revenus de ces deux maisons aux frais de ces réjouissances et de la construction d'une feuillée sur la place du Plâtre. La danse fut remplacée dans la suite par des illuminations et par un feu d'artifice, que la crainte des accidents obligea le consulat d'abolir, en 1730. Pernetti, I, 151; Cochard, *Descript. de Lyon*, 122; *Arch. du Rh.*, IV, 368, V, 49; *Traité hist. de la danse*, tome I, livre 2; Menestrier, *Des Ballets*, etc., p. 103. — Voyez ci-après, année 1565.

— *Juillet* 15. Mort de S. Bonaventure, évêque d'Albano, qui s'était rendu à Lyon pour assister au concile. — S. Thomas d'Aquin, qui devait également s'y rendre, mourut en chemin. — Pierre de Moron, qui fut ensuite pape, sous le nom de Célestin V, vient aussi à Lyon, et loge, pendant son séjour, dans la maison du *Temple*. Voyez ci-après, années 1294 et 1330.

— *Même mois* 17. Grégoire X tient une sixième et dernière session publique pour congédier le concile. Ce pape continue à rester à Lyon pour suivre de là ses négociations avec les divers souverains de l'Europe. Sismondi, VIII, 255.

1275.— *Mai* 14. Grégoire X part de Lyon pour se rendre à Avignon. — Ce fut dans une entrevue que ce pape eut à Lyon avec Philippe-le-Hardi, que ce prince fit donation aux Papes du comté Venaissin. Voyez le président Hénault, année 1348, et l'*Art de vérif. les dates*, I, 316.

— (*circa*). Mort de Guillaume Perault, en latin Peraldus ou de Petra-Alta, savant Dominicain, qui avait gouverné le diocèse de Lyon en qualité de suffragant, pendant que Philippe de Savoie occupait ce siège. Voyez sa notice dans les *Scriptores ord. Præd.*, I, 131 et seq.; II, p. 534; et dans la *Biog. univ.* Voyez aussi du Tems, IV, 369. — Pernetti, I, 129, place sa mort à l'année 1260 ou environ.

1276. — *Mai* 22 (le vendredi avant la Pentecôte). Rodolphe de la Tourette fait publier un acte de monition contre les *Cinquanteniers* de cette ville, qui s'étaient mis sous la garde du comte de Savoie. — Cet acte est daté du château de Pierre-Scise, *apud Petram-Scisam*. Menestrier, *Preuves de l'Hist. cons.*, p. 19; Cochard, *Calendrier* pour 1829, p. 26. — Voyez ci-après, *année* 1282.

1277. — *Août* 19. Déclaration par laquelle Aymar de Roussillon, archevêque de Lyon, reconnaît que si Etienne, abbé de Savigny, son très-cher compagnon (*charus socius noster frater Stephanus*), lui prête du secours contre le sieur de Villars avec lequel il avait guerre, c'est de grâce spéciale et par amitié. *Cartulaire de Savigny*, p. 151; *Notes* du P. Menestrier.

1279 ou 1280. — *Avril* 1. Par contrat, daté de la veille de Pâques, l'archevêque Aymar donne aux maître et frères de St-Antoine de Viennois l'hôpital de la *Contracterie*, le cimetière et l'église de St-André qui étaient contigus à cet hôpital, à la charge de recevoir l'aumône et de la faire aux pauvres malades. — Ce fut alors que les Antonins quittèrent l'établissement qu'ils avaient au port du *Sablet*, pour venir habiter celui qu'Aymar leur avait donné. Ces religieux avaient le singulier privilége de tenir dans la ville autant de porcs qu'ils en pouvaient nourrir, et même de les laisser vaguer, pourvu qu'ils eussent une clochette et la marque de S. Antoine. Louis XI les confirma dans ce droit par ses lettres du dernier février 1474. Cochard, *Descript. de Lyon*, p. 90.

1281. — Louis de Savoie et Aymar de Poitiers, comte de Valentinois, font un traité de ligue contre Aymar de Roussillon, archevêque de Lyon, Amédée de Roussillon, évêque de Valence et de Die, Artaud, seigneur de Roussillon, et tous ceux de cette maison, ecclésiastiques ou laïques. Guichenon, *Hist. de Savoie*, Ire partie, p. 635.

1282. — Jean, abbé d'Ambournay, pour la conservation des biens de son monastère, contre les violences de divers usurpateurs, se met sous la protection de Philippe, comte de Savoie, et fait avec lui un traité de confédération pour la garde de son abbaye, lui donnant divers droits dans les foires et marchés. Il fait autoriser cet acte par l'archevêque de Lyon. *Preuves de l'Hist. de Savoie*, par Guichenon, p. 85.

1282. — *Octobre* 7. Mort d'Aymar de Roussillon, archevêque de Lyon. — « Ce prélat, dit l'abbé du Tems, IV, 371, eut deux évêques suffragants, « dont l'un moine, nommé Jacques, et l'autre n'est connu que par la « lettre R. » — Le second suffragant, dont le nom est resté inconnu, pourrait bien être Rodulphe ou Raoul de la Torrette, qui fut le successeur immédiat d'Aymar. Voyez ci-dessus, *année* 1276.

1283. — Lettre écrite par les vicaires de l'archevêque Raoul de la Torrette, pour subroger au gouvernement de la ville Gaudemard de Jarez, qui ne faisait rien sans avoir appelé dix conseillers et habitants de Lyon. *Registres de l'hôtel-de-ville*, archev., égl., n° 10. *Notes* du P. Menestrier.

1284. — Rodolphe, roi des Romains, concède à Robert, duc de Bourgogne, tout ce qui pouvait lui appartenir dans le Dauphiné, qu'il nomme à l'allemande *Talfinatus*, etc. *Recueil de pièces curieuses pour servir à l'Hist. de Bourgogne*, par Pérard, p. 557.

— — Gaudemard de Jarez, écuyer, avoue tenir à foi et hommage-lige de Robert duc de Bourgogne, ce que ses prédécesseurs ont tenu du dauphin de Viennois, et nommément ce qu'il a entre Viricu et Malavant, et promet de l'aider contre tous, *sauve la féauté* qu'il doit à l'Eglise de Lyon. *Layette Bourgogne*, vi, n° 13. *Notes* du P. Menestrier.

1285.—Philippe-le-Bel, en vertu d'un compromis passé entre Robert, duc de Bourgogne, et Humbert de la Tour, dauphin, oblige celui-ci à payer au duc de Bourgogne ou à son mandement, dans Lyon, 20,000 liv. tournois. Pérard, p. 558.

1285.—*Août* 21 (9 des calendes de septembre). Raoul de la Torrette établit Gaudemard de Jarez, son vicaire, dans Lyon. Cochard, *Calendrier pour* 1829, p. 27.

1286.—Amédée, comte de Savoie, prend sous sa protection et sauvegarde les habitants de Lyon pour trois ans. *Chartr. du roy*, *layette Lyon*, n° 6.

1287, *et non* 1286.—*Mars*.... Raoul de la Torrette conclut avec l'Eglise d'Autun le célèbre accord touchant l'administration des Eglises de Lyon et d'Autun pendant leur vacance. — Ce prélat mourut le 7 avril 1287 à Paris, où il s'était rendu pour défendre les droits de son Eglise contre la ville. *Gallia christ.*, iv, 154; et du Tems, iv, 371 et 444.

1288 *ou* 1289. — Béraud ou Bérard de Goth, fils de Béraud, seigneur de Villandrault (et non pas de Villandran), est nommé archevêque de Lyon.

1289.—En ce temps-là Bertrand de Goth, qui fut depuis pape sous le nom de Clément V, était vicaire-général de l'Eglise de Lyon. Guichenon, *Hist. de Bresse*, p. 27.

1290.—Traité fait à Lyon entre Philippe-le-Bel et le roi de Castille. Sainte-Marthe, *Hist. gén.*, en S. Louis, p. 395.—Ce traité est au trésor de France, layette *Castille*, tit. 22. *Note* de l'abbé Sudan.

— *Octobre*...... Les habitants de Lyon s'assemblent, au son de la cloche, dans l'*église de St-Nizier*. Ils choisissent pour députés Guillaume Buyer et Rolet Cassan, deux de leurs concitoyens, qui, au sortir de l'assemblée, se rendent auprès de l'archevêque Béraud, en son château de Pierre-Scise, et lui remontrent le tort et le grief qu'on leur avait fait de les priver de la possession, en laquelle ils étaient, de n'avoir qu'un seul seigneur qui eût à lui seul l'exercice de la justice temporelle de Lyon, lequel seigneur était l'archevêque. C'était, disaient-ils, les remettre dans le désordre et la confusion où ils s'étaient trouvés pendant que le chapitre avait eu part à l'exercice de la justice. C'était, ajoutaient-ils, un mépris manifeste de l'autorité du St-Siège et de celle du roi. — Les députés se plaignent aussi de ce que l'archevêque et le chapitre, en établissant à Lyon une université de droit, avaient ordonné que nul ultramontain n'y pourrait *lire*, et que les docteurs régents seraient astreints à jurer qu'ils ne *consulteraient* point contre l'archevêque et le chapitre, ce qui était chose directement contraire aux franchises et libertés de a ville, etc. Rubys, p. 292 et 309.— « La démarche des députés, dit M. Cochard, produisit son effet; l'archevêque conserva l'entière juridiction dans ses mains. » *Calendrier pour* 1829, p. 27.

1290. — Lettres apostoliques adressées au doyen et chapitre pour suspendre l'interdit *laxé* contre le sénéchal de Lyon, bailli de Mâcon, et autres officiers. *Arch.*, n° 11. *Notes* du P. Menestrier.

1291. — *Septembre* 29. Gui, doyen du chapitre de Lyon, permet aux

Carmes de s'établir à Lyon. — Gui mourut la même année, et fut inhumé devant la porte de l'église de St-Irénée. *Notes* de l'abbé Sudan.

1292. — Le syndic de la ville de Lyon reconnaît que cette ville est du ressort du roi. *Chartr. du roy, layette Lyon*, n° 12.

— Philippe-le-Bel met sous sa sauvegarde les citoyens de Lyon. — L'acte est daté de l'abbaye du Lys, près de Melun. Du Tems.

— Le gardiateur de la ville institue plusieurs sergents pour lui, à cause de la garde de la ville. *Notes* du P. Menestrier.

— L'excômmunication laxée par l'archevêque de Lyon contre les citoyens de cette ville, parce qu'ils avaient *fait garde*, est suspendue. *Chartr. du roy*, n° 16.

— Acceptation de la sauvegarde du roi par les habitants de Lyon, qui promettent, à cette considération, donner au roi « par chacun an de chaque « feu 10 s. tournois petits des nobles, et des pauvres 12 deniers petits. » *Notes* du P. Menestrier. Voyez Dupuy, *Traitez*, p. 868.

— Acte de l'official de Lyon, adressé aux curés de la ville de Lyon, par lequel, sur ce qu'il a eu avis que les habitants de ladite ville, qui d'ancienneté dépendent et sont sujets de l'archevêque, se sont mis en la protection d'autrui, il leur enjoint de publier dans leurs églises, et admonester ceux de Lyon, nommément certains dénommés, de leurs fautes, et qu'ils ayent à se corriger sous peine d'excommunication. *Notes* du P. Menestrier.

— Appel au St-Siège par les habitants de Lyon, contre le monitoire donné par l'official, « sous prétexte des impositions mises sur la ville pour les ré- « parations et autres besoins d'icelle. » N° 1, *Fortifications*. *Notes* du P. Menestrier.

1293. — Le clergé et les religieux de Lyon, en l'absence de leur archevêque, se plaignent au roi de plusieurs mauvais traitements qui leur sont faits sous son nom, et le supplient d'y vouloir mettre ordre. — Leur plainte est scellée de 16 sceaux. *Notes* du P. Menestrier.

1293 (*circa*).—Mort de la bienheureuse Marguerite de Duyn, chartreuse du monastère de Polletin, dans le diocèse de Lyon. — Ses ouvrages mystiques, écrits en patois et restés inédits, forment un gros volume in-4°, qui se trouve dans la bibliothèque de Grenoble; en voici un fragment qui nous a été communiqué par M. Ducoin, conservateur de cet établissement :

« La via seinti Biatrix, virgina de Ornacin. — *Primum capitulum.* — Al honour de Deu et alloemos de son beneyt non, et a recognoytre sa grant misericordi, et regracier los glorious dons de sa bonta, y estre pluis fervens, a fayre lo servis de nostron Seignour Ihesu-Crit et de la sin gloriousa Virgina Mare; humilmènt et devotament voil escrire a vostron edifiment una partia de la honesta et saintta et discreta conversatione que citi espousa de Ihesu-Crit menet en terra entre ses sorors, deis lyajo de trese ans en sus. Nos entendins que al comenciment de sa sainctí conversation illi proposet de guerpio totes choses mundanes de bona voluntà de cor per la amour del douz Ihesu-Crit. Son bon propos illi gardiet mout enteriment. Illi eret tres humis de cuor et de cors. Illi eret mout cheritousa et pidousa et suivans devens de tota maneri de humilita quant potet necessita a ses compaignes. Illi fut de mout grans ieunos et abstinences, tant quant sa feybla complexions lo poet portar. Illi eret mout enteriment obediens et de mout grant oreyson assyduas, et de si grant devocion que pluisors veis illi cuidavet de tot perdre lo veyr per les laggremes que illi gitavet, et se eret mout benigna de paroles, humis et de grant exemplo.

« Illi eret mout curiousa et favens en metre tot son entendiment a fayre, y a dire, y a veir, y a oir totes les choses que li semblavont que puissant torner al edifiament de la arma et de les autres gens. En cita saincta conversation, nos entendin que nostri sires per sa grant misericordi li fit mout de graces.

« Al comenciment illi fut hun grant teins que a tos jors y en totes oures, y en qualque lua que illi fut, illi haveit si grant graci que oy lieret semblans que nostri sires fut ades aranda lye apertament. Après li creidit nostri sires tant sa graci que mout sovent en qualque lua que illi fut, illi sentivet si grant graci et si grant gloyri en son cuor de la amour de nostron Seignour, que a peynes que illi la poet sustinir. En cita graci oy li venit come una persona et la embraçavet forment et mout amiablament. En cela duçour que illi sembeyt del traz douz embraciment de son veray creatour. O ly eret viares que sos espirit defayllit. Guant illi ot mena ceta saincta via hun grant teins, ly dyablos se comenciet mout efforcier de ly travaillyer en totes maneres. Et quant illi vit qu'il la cuidavet si vilment deceyvre, se comencet mout grant penenci fayre : en la qual penensi fasait acunes choses per la grant pour del deceviment del dyablo, que erant acunes veys sens grant discretion. Mays eles ytiant totes per grant temour et per grant favour, et tote veys nostre Segnour o metivet tot en bon point. »

1294. — Le roi écrit au gardiateur de Lyon et à ses justiciers pour qu'ils fassent jouir les citoyens de leurs priviléges. *Notes* du P. Ménestrier.

— Béraud de Goth, archevêque de Lyon, est créé, par Célestin V, cardinal-évêque d'Albano. — « Après sa promotion, Célestin confia, dit-on, l'administration du siége de Lyon à Louis, fils de Charles, roi de Sicile, religieux de l'ordre des Frères Mineurs, quoiqu'il n'eût pas même reçu la tonsure, et Boniface la lui révoqua ; mais le silence de Wading et des historiens de l'Eglise de Lyon est bien suffisant pour faire douter de ce prétendu fait. » Du Tems, IV, 371.

1295. — Lettres-patentes du roi adressées au bailli de Mâcon et autres officiers du royaume, par lesquelles il déclare qu'il a permis aux citoyens de lever un denier par livre sur tout ce qui se vendra dans la ville, pour l'employer aux réparations des murailles et aux clôtures de la ville.

— Le roi adresse d'autres lettres au gardiateur de Lyon, pour lui reprocher sa négligence à faire réparer certains torts et injures faits aux citoyens. *Notes* du P. Menestrier.

— Jean Albi, procureur de la ville de Lyon, se plaint à l'archevêque de ce que M° Hugues Brun, official et obéancier de St-Just, a défendu à Humbert de Vaux, à Barthélemi Jo (sic) et à frère Barthélemi de Monteclair, religieux d'Ainay, de lire et enseigner sans le *su* et consentement dudit official, dans la ville et ses faubourgs, et a fait défenses aux écoliers de fréquenter leurs écoles. *Arch.*, n° 36. *Notes* du P. Menestrier.

1296. — Transaction entre le comte de Grolée, d'une part, et les habitants de Lyon, d'autre part, pour raison des injures faites à ces derniers par ledit comte de Grolée et ses adhérents. *Notes* de l'abbé Sudan.

1297. — Boniface VIII adresse au roi une bulle par laquelle il lui donne avis qu'il a suspendu, pour un certain temps, la sentence d'interdit donnée contre les habitants de Lyon, et qu'il a commis le ressort et la garde de cette ville à l'évêque d'Auxerre et au duc de Bourgogne. Il lui donne avis qu'il a nommé quelques *commissaires* pour travailler à cette affaire et citer, tant l'archevêque que les citoyens de Lyon, à comparaître à Rome, par-devant lui. Il engage le roi, ainsi que l'archevêque de Lyon et le chapitre, à y envoyer chacun des commissaires pour le fait du ressort.

— Ce même pape, par une bulle adressée à l'archevêque de Narbonne, à l'évêque d'Autun, et à l'archidiacre de Rouen, qu'il avait nommés pour travailler à l'affaire ci-dessus, leur ordonne d'ôter des mains du roi les biens de l'Eglise de Lyon, et de suspendre l'interdit pour un certain temps; il leur enjoint de se rendre à Rome, pour être par lui ordonné ce qu'il conviendra.

— Boniface adresse aussi une bulle à l'évêque d'Autun et au duc de Bourgogne, pour leur annoncer qu'il leur commet, pendant le différend, la garde de Lyon et le ressort de la ville. *Notes* du P. Menestrier.

— Les habitants de Lyon passent à trois de leurs concitoyens une procuration pour terminer leurs différends avec l'archevêque et le chapitre. *Notes* du P. Menestrier.

1298.—Guillaume Virieu, gardiateur de la ville de Lyon, ordonne de faire une collecte pour les affaires communes de la ville. *Notes* du P. Menestrier.

— Boniface VIII suspend les censures laxées contre les habitants de Lyon, à cause des différends qui existaient entr'eux, le roi et le chapitre. *Notes* du P. Menestrier.

1299.—Les habitants de Lyon interjettent appel par-devant l'archevêque et le duc de Bourgogne, à l'occasion des infractions faites par le doyen et le chapitre aux bulles du pape, en ce qui concerne la juridiction temporelle. *Notes* du P. Menestrier.

1300.—Humbert de Genay, prieur de N.-D. de la Platière, cède à la ville tous ses droits sur la place de la Platière, moyennant une somme de 3o liv. viennoises. Cochard, *Descript. de Lyon*, p. 125.

— Les habitants de Lyon passent à leurs députés une procuration générale pour terminer, en cour de Rome, les différends qu'ils avaient avec l'archevêque et le chapitre. *Notes* du P. Menestrier.

1301.—*Juillet* 18. Mort, à Anagny, d'Henri I de Villars, archevêque de Lyon. Guichenon, *Preuves de l'hist de Savoie*, p. 103; *Variétés* d'A. P., p. 113. — Ce prélat ne fit qu'augmenter les troubles qui existaient entre les bourgeois et les chanoines, en lançant des interdits pour empêcher les appellations à la justice du roi. Il eut pour successeur Louis I de Villars.

—Barthélemi, évêque d'Autun, cité à Rome avec les autres prélats de France, par Boniface VIII, pour procéder contre Philippe-le-Bel, refuse de s'y rendre, sous prétexte que la ville de Lyon, dont il administrait alors le siège, n'était pas du royaume de France. Du Tems, IV, 444.

1301 (circa.)— Les religieux Augustins s'établissent à Lyon, sur la rive gauche de la Saône. Ils font bâtir une maison sur un emplacement que leur donnent les sires de Beaujeu, dans le faubourg dit de *Chenevières*, qui alors était hors de l'enceinte de la ville, près du quartier des Terreaux. *Arch. du Rh.*, VII, 405.

— Lettres du roi au gardiateur de Lyon et au bailli de Mâcon, relatives aux privilèges, immunités et franchises des citoyens.

1301. — Lettres de Guy Chevrier, viguier (vicaire) de Lyon, qui se plaint des vexations exercées contre les citoyens. *Notes* du P. Menestrier.

1302. — Arrêt du parlement de Paris sur le différend entre l'archevêque et le clergé, d'une part, et les citoyens, d'autre part.

— Le pape Boniface VIII envoie à Philippe-le-Bel le cardinal Lemoine, Français, en qualité de légat, et lui donne ordre de mettre un terme aux débats qui existent entre le roi et l'archevêque de Lyon.

— En ce temps-là, Jean de Courpalais, chevalier, était bailli de Mâcon. *Notes* du P. Menestrier.

1303. — *Mars* 24 (*le dimanche de la Passion,* 1302, *v. s.*). Accord relatif à la juridiction de la terre de Rochefort. *Arch. du Rh.*, VI, 35. Voyez ci-après, au 15 mai 1391.

— Louis de Villars permet aux Carmes de s'établir à Lyon. — Du Tems s'est trompé en écrivant *Carmélites* au lieu de *Carmes*.

1304. — Blanche de Châlons, veuve de Guichard IV, sire de Beaujeu, donne à des religieuses de Ste-Claire un monastère qu'elle avait fait bâtir sur un emplacement qu'elle avait acquis, en 1296, de Jean Mallenc, et qui avait précédemment appartenu à une famille appelée *de Deserta*, ou *de la Déserte*; ce qui fit donner à ce monastère le nom d'abbaye de Notre-Dame de la Déserte. Du Tems, IV, 448; Cochard, *Descript. de Lyon*, p. 192; *Notes* du P. Menestrier. Voyez ci-après, année 1503.

— Traité entre le roi et l'archevêque de Lyon, sur le fait des monnaies. Paradin, p. 179.

— *Octobre* 22. Des lettres-patentes, adressées au bailli de Mâcon, défendent à ce magistrat, qui était alors sénéchal de Lyon, de troubler l'archevêque et le chapitre de l'Eglise de Lyon dans leur juridiction. *Arch. du Rh.*, IV, 390.

— L'archevêque de Lyon lève l'interdit lancé contre les citoyens de Lyon par son prédécesseur. — L'acte fut passé en présence d'Humbert, dauphin de Viennois, comte d'Albon et de la Tour, Jean et Guyot ses frères, et Humbert, seigneur de Villars. Layette *Lyon*, n° 19; *Notes* du P. Menestrier. Voyez Guichenon, *Hist. du Bugey*, p. 225.

1305. — *Novembre* 14. Clément V (Bertrand de Goth) est couronné dans l'église de St-Just, en présence de Philippe-le-Bel. — Après la cérémonie, le pape revenait à l'archevêché (où il logeait), par le chemin du Gourguillon; une muraille trop chargée de spectateurs s'écroule, blesse le roi, écrase Jean II, duc de Bretagne, renverse le pape, et lui fait tomber la tiare de dessus la tête. Cochard, *Descript. de Lyon*, p. 300. — *Arch. du Rh.* VII, 325 et 326. — Bruys, *Hist. des Papes*, III, 356. — Voyez aussi les *Notes inédites* du P. Menestrier. — Le 23 du même mois, le pape dînant au palais archiépiscopal, en grand comité, ses domestiques prennent querelle avec ceux des cardinaux, et l'un des frères du pontife, ayant voulu apaiser le tumulte, est tué sans qu'on puisse découvrir l'auteur du meurtre. — *Art de vérifier les dates*, I, 312; II, 903.

— Le 15 décembre suivant, le pape fait une promotion de cardinaux parmi lesquels se trouvait Pierre de Rufat ou d'Arrufat, chanoine de Lyon. Clément quitte Lyon au commencement de février 1306. P. de Lumina, *Abr. chron.*

S'il faut en croire M. Cochard, qui n'a pas cité ses garants, les fêtes qui eurent lieu à Lyon durant le séjour de Clément, devinrent l'occasion de beaucoup de désordres. « Un neveu du pape, dit cet historien, courait les rues pendant la nuit, *les bonnes filles décevant*.... Les bourgeois se présentèrent à l'archevêque Louis de Villars, pour demander justice. Le prélat, justement irrité, permit aux bourgeois de défendre l'honneur de leurs femmes et de leurs filles, et d'arrêter les compagnons de débauche du jeune seigneur, s'ils renouvelaient leurs déportements. Clément en fut instruit; il manda l'archevêque, et l'accabla de reproches. « Sire, lui dit Villars, quand j'emploie mes
« gens pour punir les malfaiteurs, je ne fais que le devoir d'un pasteur vi-
« gilant, d'un juge équitable et d'un noble chevalier, tel que je le suis par
« mon extraction, comme je le prouverai soit en guerre, soit en tournoi.
« J'ai juré de garder la ville, et si ferai-je, par S. Gilles! Je ne vous dirai pas
« que votre vie n'est pas en sûreté dans ce pays; ma surveillance s'étend
« partout. Si vous m'ôtez *l'annel et presterie*, je vous avertis que du moins
« votre pouvoir ne va pas jusqu'à m'ôter la chevalerie. Je ne vous en dis pas
« davantage; mais que vos Gascons se gardent du surplus. S'ils ont l'audace de
« méfaire à mes femmes, hommes ou sergents, je ne réponds pas qu'il ne
« leur en mésarrive. » — Cette noble assurance avec laquelle Villars parla au pape, produisit son effet. Le désordre cessa. *Calendrier pour* 1829, pag. 66-68.

1305.—L'église de St-Nizier est érigée en collégiale. Le curé, sous le titre de sacristain, devient le chef du chapitre de cette église. *Gallia christiana, Instrumenta*, p. 25; Cochard, *Descript. de Lyon*, p. 106.

1306.— « Le pape Clément V venait d'établir dans la chrétienté la fête de la Trinité, lorsque *Jean Peckan*, chanoine de Lyon, en composa l'office. Des citoyens de cette ville s'unirent alors, en 1306, pour le réciter, sous le titre de *Confrères de la Trinité*. Ceux-ci, bienfaisants et riches, avaient fait diverses acquisitions, entre autres celle d'une grange et d'un assez vaste territoire de vignes, s'étendant depuis l'église *St-Nizier* jusque sur les bords du Rhône... » *Catal. des Mss. de la Biblioth. de Lyon*, 1, 8-9.—Nous pensons qu'il y a erreur dans le passage qu'on vient de lire, en ce qui concerne la fête de la Trinité. Cette fête avait été instituée au concile d'Arles, en 1260, sous le pontificat d'Alexandre IV. La fête instituée, ou plutôt renouvelée par Clément V, fut celle du St-Sacrement; mais ce n'est qu'en 1312 que ce dernier pape en autorisa la célébration. A l'égard de Jean Peckan, Pernetti, 1; 374, l'appelle *Pekau*, et dit qu'il fut archevêque de Cantorbéry.

1307.—*Septembre*.... Philippe-le-Bel, par acte daté de Pontoise, accorde, comme souverain, à l'Eglise de Lyon, qu'il appelle le premier siége du royaume de France, le privilége de posséder à perpétuité, à titre de comté, non-seulement ce qu'elle a acquis du comté de Lyon, mais la cité même, les châteaux, villes, fiefs, arrière-fiefs, terres, possessions et droits quelconques qui sont de sa juridiction, etc. Il donne à l'archevêque et au chapitre amnistie pour les fautes passées, avec défense à ses officiers de contrevenir à ce règlement. Ce premier acte est appelé *Philippine*, ainsi qu'un second également signé à Pontoise dans le même temps, et contenant un traité entre le roi, d'une part, et l'archevêque et son chapitre, d'autre part. Le roi y est expressément reconnu pour souverain. La publication en fut pourtant suspendue par les instances que firent auprès du roi les habitants qui n'avaient point eu de part à ce concordat, et qui soutinrent que la justice de Lyon avait toujours appartenu au roi, par appel et droit de ressort, et la première instance à l'archevêque et non au chapitre, qui paraissait trop avantageusement traité dans ce concordat. Du Tems. — Menestrier, *Notes inédites*, années 1307 et suiv.

1308. — *Juillet* 4. Henri de Villars meurt. Pierre de Savoie lui succède au mois de décembre suivant. Le nouveau prélat refuse de prêter le serment de fidélité au roi, et désavoue le traité fait avec son prédécesseur. Non content de méconnaître la souveraineté du roi sur la ville, Pierre tâche d'aigrir les habitants, et de leur faire entendre qu'on voulait les mettre en servitude, *sous prétexte de la garde royale*. Il los entraîne dans sa révolte.

— « La-Mure s'est trompé lorsque, parlant de la relévation des corps de nos évêques faite en 1308 dans l'église de St-Nizier, il dit qu'elle fut faite par Hugues, évêque de Tarbes; l'acte de cette relévation nomme Hugues, évêque de Tabarie (*in partibus*), et non pas de Tarbes. » *Notes* du P. Menestrier.

1309. — Le consulat accorde à Henri d'Albon, chevalier, la permission de construire une maison sur l'arc merveilleux du pont de la Saône, du côté de St-Nizier. Cette concession, la plus ancienne que l'on connaisse, ne fut faite que sous la condition de maintenir la pile et l'arc, et de les relever en cas qu'ils vinssent à dépérir. Cochard, *Descript. de Lyon*, p. 228.

— Bernard d'Anguissel, chevalier, était alors capitaine-gardiateur de la ville de Lyon. — C'est le plus ancien de ces officiers dont le nom soit connu. Brossette, *Elog. hist.*, 131. Voyez ci-après, année 1312.

— Le roi commet Guillaume de Nogaret son chancelier, pour décider les difficultés qui se faisaient sur le traité conclu avec l'archevêque de Lyon, qu'il n'avait pu vaincre ni ranger à la raison. — Pierre de Belleperche, qui avait été chargé d'aplanir ces difficultés, venait de mourir. *Notes* du P. Menestrier.

1310. — *Juillet* 21. (Veille de Ste. Magdeleine). Philippe-le-Bel, pour punir Pierre de Savoie, avait chargé Louis, roi de Navarre, depuis Louis Hutin, son fils, d'assiéger Lyon. Pendant que Louis presse vivement le siége, Amédée, vicomte de Savoie, proche parent de Pierre, qui lui avait cédé ses prétentions, arrive avec ses troupes; mais ce n'est point pour défendre le prélat rebelle. Il se joint au roi de Navarre; toutefois il négocie avec Pierre, qui, comprenant enfin son imprudence, se remet entre les mains d'Amédée pour être conduit à Paris. La ville ouvre ses portes au roi de Navarre, et lui donne pour gage de sa soumission des ôtages que Philippe-le-Bel fit relâcher l'année suivante. Du Tems, *Art de vérifier les dates*, II, 469. — Voyez ci-après, au 10 avril 1312.

1311 *ou* 1312. — Acte fait en présence de Béraud, seigneur de Mercœur, Regnauld de Ste-Boue (*sic*) et autres commissaires députés du roi, par lequel plusieurs prélats, églises, religieux et barons, Jean, comte de Forez, Henri d'Albon, Gui d'Albon, sieur de St-Forgeux, Guillaume d'Albon et autres, déclarent que toute la ville de Lyon, baronnies et leurs terres sont, *ab œterno*, sises dans le royaume de France, et en la garde et supériorité dudit seigneur roi, et qu'ils sont sujets et obéissants au roi, et prêts à lui rendre service en personne et de leurs biens. *Notes* du P. Menestrier.

1312. — *Avril* 10. Traité entre Philippe-le-Bel et Pierre de Savoie, archevêque de Lyon, par lequel le comté de Lyon est réuni à la couronne de France. — Plusieurs historiens, et notamment les Bénédictins de St-Maur, donnent ce traité sous différentes dates; mais ils se sont évidemment trompés.

Voyez une dissertation sur ce sujet, insérée dans le tom. 11, part. I*ʳᵉ* du *Bulletin de la Société de l'Hist. de France*, et dans le tom. 111 de la *Revue du Lyonnais*, etc. On peut consulter, sur l'état politique de Lyon à cette époque, l'*Hist. des Français* de Sismondi, tom. 1x, p. 263 et suiv.—Pierre de Savoie, en cédant au roi de France tous les droits de juridiction dont il jouissait à Lyon, se réserva néanmoins ceux qui dépendaient du château de Pierre-Scise, dont les confins étaient ainsi désignés : depuis la Chana jusqu'à la Tourette, le long du chemin de la montagne, et depuis la Tourette, en suivant les murs de la ville, jusqu'au fossé de Pierre-Scise; de là jusqu'à la porte de Bourg-Neuf, qui était située près de St-Paul, et qui s'appelait porte de Confort. Pierre se réserva en outre le droit de battre monnaie, et l'inspection de la fête des *Merveilles*. P. de Lumina, *Abr. chron.* ; Cochard, *Calendrier pour 1829*, p. 29.

1312.—*Décembre* 28. Une ordonnance de Philippe-le-Bel, adressée au gardien de Lyon, prohibe les *tournoiemens, joustes, tupineiz et autres fuiz d'armes,.... jusqu'à la feste S. Remy prochaine venant*, etc.—Cette ordonnance a été insérée dans la 1v*ᵉ* Dissertation de du Cange, sur l'*Hist. de S. Louys*, par Joinville; Paris, 1668, in-fol. Voyez *Ordonnances des rois de Fr.*, 1, 509; Cochard, *Descript. de Lyon*, au mot *Rue Tupin*.—Béraud de Marcueil ou de Mercœur était alors gardien de Lyon. Brossette, *Elog. hist.*, p. 131. Voyez ci-après, *année* 1330.

— Le roi, par une déclaration, révoque et annule la transaction passée entre lui et le chapitre de Lyon, en ce qui concerne les citoyens. Paradin, p. 183.

— *Vidimus* d'une promesse faite par Pierre de Savoie, de tenir et avoir pour agréable tout ce que feront ceux qui sont nommés par le roi et lui, touchant l'échange fait entre eux; il donne au roi toute la justice temporelle qu'il avait, comme archevêque de Lyon, sur les châteaux de St-Just et de St-Irénée. *Notes* du P. Menestrier.

1313.—*Juin* 23. Philippe-le-Bel, par un édit daté de Pontoise, établit à Lyon une sénéchaussée royale ; il y annexe les terres les plus voisines de Lyon, et qui auparavant dépendaient soit du bailliage de Mâcon, soit de la sénéchaussée de Beaucaire, comme trop éloignées du siège de ces deux juridictions. P. de Lumina, *Abr. chron.*

— Guy, comte de Forez, était sur le point de faire un voyage à la Terre-Sainte. Il veut festoyer ses amis et ses sujets avant son départ, et les rassemble dans son château de Surieu. Le dîner fut suivi d'un bal; mais comme il y avait une grande multitude, il fallut danser en différents endroits ; les personnes les plus notables restèrent au château. Tout-à-coup la grande salle s'écroula sous les pas des danseurs, et presque tous furent étouffés sous les ruines. De là est venu le proverbe : *La danse de Forez.* Fodéré, *Narration hist.*, p. 235; Aug. Bernard, *Hist. du Forez*, 1, 281.

1315.—*Juillet* 23. (Le mercredi après la Magdeleine). Philippe de Mauclerc, sénéchal de Lyon, convoque les hommes du comte de Forez à se rendre à St-Symphorien-le-Château, pour s'organiser en compagnies, et, de là, aller servir le roi dans la guerre de Flandre. *Arch. du Rh.*, v, 136.

1315.—*Novembre* 28. Il résulte de la *Table alphabétique des matières des registres du Parlement*, que l'archevêque de Lyon avait, à cette époque, le droit de forger monnaie blanche. Voyez le *Traité des Monnoies* de Tobiésen-Duby, 1, 19.

1316.—*Juin* 28. Vingt-trois cardinaux, arrêtés par ordre de Philippe-le-Bel, sont enfermés dans le couvent des Jacobins, pour les forcer à procéder à l'élection d'un pape. Paradin, *Hist. de Lyon*, p. 203; *Arch. du Rh.*, v, 437. — Le siège pontifical était vacant depuis plus de deux ans; il avait été impossible au Sacré Collége de s'entendre sur le lieu où devait se faire l'élection. Grâce à la mesure de Philippe-le-Bel, il fallut en finir, et Jacques d'Euse ou d'Ossa, évêque de Porto, fut élu pape le 7 août suivant, et prit le nom de Jean XXII.—Le nouveau Pontife fut sacré dans l'église de St-Jean, le 5 ou le 8 septembre de la même année.—Le président Hénault dit, d'après Jean Villani, que les cardinaux assemblés à Lyon, se trouvant peu d'accord, déférèrent l'élection à Jacques d'Ossa qui se nomma lui-même (en s'écriant: *Ego sum papa*). Cette anecdote doit être mise au nombre des mille et une fables débitées contre les papes par les écrivains hétérodoxes. *Art de vérifier les dates*, 1, 314.—M. Cochard fait remonter au séjour de Jean XXII à Lyon, l'origine de l'ancien proverbe lyonnais : *Il l'a enlevé comme un Corsin*. Jean, nous dit-il, avait attiré auprès de lui, de Cahors, lieu de sa naissance, une foule d'usuriers auxquels il avait vendu le privilége d'exercer certains droits qu'il avait créés. On les appelait du nom de leur ville, les *Cahorsins* ou les *Corsins*. Les vexations qu'ils commirent les rendaient si odieux qu'on les chassait de partout; et lorsqu'ils repassaient, on les enlevait subitement, et sans forme de procès: ce qui donna lieu de dire, *enlevé comme un Corsin*. Ce mot de *Corsin* était synonyme de *Lombard*, de *prêteur sur gages*, etc. Il est fait mention, ajoute M. Cochard, de cette espèce d'*usuriers* dans les priviléges accordés par le sire de Beaujeu aux habitants de Villefranche.—Lorsque ce pape quitta Lyon pour se rendre à Avignon, il fit le trajet par eau. Bruys, *Hist. des Papes*, III, 398.

1316 (*circa*).—Pierre de Savoie fait donation de l'église de St-Maurice-de-Beynost, avec les dixmes et dépendances, au chapitre de St-Paul de Lyon, moyennant le cens ou servis de sept sols. *Inventaire de St-Paul*, pag. 57 (*Arch. du dép. du Rhône*).

1317.—*Avril* 8, Philippe-le-Long fait remise aux citoyens de Lyon du droit de garde dans la main du roi, et de la redevance qui lui était attachée. *Recueil des Chartes*, etc. Lyon, 1781, in-fol., p. 34.

1318.—Pierre de Savoie, archevêque, donne du secours au comte de Savoie pour assiéger Ambérieu. Guichenon, *Hist. de Savoie*, p. 363.

1319.—*Juin* 26. Ordonnance de Philippe-le-Long, qui nomme une commission composée de Pierre, prieur de la Charité, de maistre Jean de Fargère, archidiacre de Brie, dans l'Eglise de Paris, et de Thomas de Morfontaine, à l'effet de se transporter à Lyon pour informer secrètement sur les excès, dommages, injures, torts et extorsions dont se plaignent les citoyens et habitants de Lyon.— Ces commissaires rédigèrent, le dernier jour de juillet, les articles d'un réglement qui ne fut publié qu'en avril 1347.

1319.—Les religieux Augustins, qui étaient venus se fixer à Lyon au commencement de ce siècle dans le faubourg de *Seyne* ou de *Chenevières*, avec le consentement de l'archevêque Pierre de Savoie, obtiennent l'agrément du chapitre de Lyon.—Les Carmes voulurent s'opposer à la construction de ce nouveau monastère : ils prétendirent qu'on ne pouvait l'élever qu'à une distance de 140 cannes du leur. La contestation ne fut terminée qu'en 1343, par une transaction passée à Avignon. Cochard, *Descript. de Lyon*, p. 190.

1320.—*Avril*.... Traité entre le roi Philippe-le-Long et l'archevêque de

Lyon, Pierre de Savoie, et son chapitre.—Le roi transporte audit archevêque la juridiction haute, moyenne et basse de la ville de Lyon, pour la tenir du roi en souveraineté et ressort.—Le roi commettra ses juges hors de Lyon et des terres de leur Eglise, à la charge de l'hommage-lige qui sera fait par ledit archevêque, toutes les fois qu'il y aura un nouveau seigneur ou vassal, etc. *Inventaire des Chartes du trésor du roi*, etc.; Paradin, pag. 205.

— Les citoyens de Lyon, rassemblés, au son de la cloche, dans l'église de St-Nizier, nomment seize députés qui se rendent dans la maison de la grande sacristie de St-Jean, où ils prêtent, au nom des habitants de Lyon, serment entre les mains des commissaires envoyés par le roi, d'exécuter le traité ci-dessus. *Notes* de Menestrier; *Arch. du Rh.*, xii, 255.—Voyez ci-après, *année* 1563.

1320.—*Juin* 21. Pierre de Savoie, archevêque de Lyon, confirme, du consentement du roi, les priviléges dont les citoyens de Lyon avaient joui jusqu'alors. Une traduction de cet acte fait en forme de capitulaire, et signé dans le *château de Pierre-Scise*, a été insérée dans l'*Histoire consulaire de la ville de Lyon*, par le P. Menestrier, p. 466 et suiv., et dans l'*Abr. chron.* de P. de Lumina, p. 145 et suiv. Voyez Sismondi, *Hist. des Fr.*, vi, 95; la *Revue du Lyonn.*, i, 452. — Voyez ci-après, au 14 *décembre* 1336, et au 24 *avril* 1357.

1321.—*Novembre*.... Les canonicats sont réduits à 32.—Etienne de la Baume, alors doyen, fut le principal auteur de cette réduction. Du Tems, 332, 374 et 389.

1324.—Lettres du roi Charles adressées aux députés à la réforme du pays dans le bailliage de Mâcon, où il leur mande d'empêcher le garde-des-sceaux de Mâcon de prendre aucune chose pour le sceau des citoyens de Lyon. *Notes* du P. Menestrier.

1327.—*Mai* 4. Mort de Jacques de Grolée, sénéchal de Lyon. *Notes* du P. Menestrier; Fodéré, *Narrat. hist.*, p. 386.

1327.—*Juin* 10. Mort de Thibaud de Vassalieu, archidiacre de Lyon. — Il fut inhumé dans la chartreuse de Ste-Croix. Son épitaphe que voici nous a été conservée par le P. Menestrier : *Hic jacet vir venerabilis Theobaldus de Versaliaco quondam Lugdunensis et Cameracensis archidiaconus, Viennensisque et Diensis canonicus, qui obiit iv. Nonas junii anno millesimo trecentesimo vigesimo septimo.*

1328.—Les habitants de Lyon obtiennent de Philippe-de-Valois que les appels du siége de Lyon, qui se portaient anciennement à Mâcon, se porteraient au bourg de l'Ile-Barbe près de Lyon, qui est un lieu considérable dans le royaume.—Ce prince ordonne que le juge et les autres officiers, qui connaissaient à Mâcon des appels de Lyon, iront demeurer à l'Ile-Barbe. *Ord. des rois de France*, v, 110; Paradin, pag. 209. Voyez ci-après, *avril* 1368.

— Cette même année, les citoyens de Lyon ayant présenté au roi une requête dans laquelle ils se plaignaient, comme ils l'avaient déjà fait en 1290, « de ce que le chapitre et l'archevêché de Lyon contraignoient les docteurs « régents, qui lisoient en droit canon et civil à Lyon, de jurer qu'ils ne « *consulteroient* point contre eux, et avoient fait une ordonnance portan « que nul ultramontain ne seroit reçu au nombre des docteurs régents,

« toutes choses contraires à l'autorité du roi, leur souverain, et aux fran-
« chises et libertés de la ville. » — Le roi ordonne que commandement
sera fait à l'archevêque et au chapitre « de se désister de telles *nouvelletez*
« *indeues*. » — On voit par-là, observe Rubys, qu'en ce temps-là il y
avait une université de droit à Lyon : « Je ne sçay comment depuis, ajoute-
t-il, l'on a laissé perdre une si belle commodité et ornement de notre ville :
car je veux soutenir qu'il n'y a ville en France où une université fût mieux
qu'à Lyon, tant pour estre la ville grande, spatieuse et bien logeable, avec
toutes commodités de vivres, comme aussi, parce que les escoliers qui y
afflueroyent de toutes les parts de la chrétienté, auroyent ce bien d'estre visitez
par gens de leur païs quatre fois l'année, au moyen des quatre foires franches qui s'y tiennent fréquentées par gens de toutes nations, et auroyent
aussi moyen de recevoir leurs pensions, par lettres de change, ou par les
mains des marchands de leurs païs venants és foires; enfin pourroyent journellement avoir nouvelles de leurs parents, et leur donner des leurs, par le
moyen des ordinaires et autres courriers que l'on y depesche ordinairement
par toutes les parts du monde. » *Hist. de Lyon*, p. 310.

— Pierre de Savoie consacre l'église des Cordeliers, sous le vocable de
St-François-d'Assise. — Voyez ci-dessus, *année* 1220 ; et ci-après,
année 1484.

1330. — *Janvier* 19. Clément, pape, ayant appris que l'église de St-Jean
de Lyon, à laquelle Jean, duc de Berry, avait donné un os de la mâchoire
de S. Jean-Baptiste, et un précieux vase d'or pour le renfermer, a commencé des constructions tellement somptueuses, qu'elle ne peut les achever
sans les aumônes des fidèles, accorde à tous ceux qui, avec douleur et confession requises de leurs péchés, visiteront l'église de St-Jean de Lyon, depuis le midi de la St. Jean-Baptiste jusqu'au lendemain, et contribueront par
leurs aumônes à la *fabrique* de ladite église, les mêmes indulgences ci-
devant accordées à ceux qui visitent à Rome les églises de St-Jean-de-Latran
et de St-Pierre. — Donné à Avignon, le 13 avant les calendes de février,
l'an 15 du pontificat de Clément. *Nouv. Arch. du Rh.*, 1, 158.

— Lettres-patentes du roi qui veut que le gardiateur de Lyon, en
ce qui concerne son office, « ne soit sujet au bailli de Mâcon, ni à autre
« personne, sinon audit roi et à ses députés, en la connaissance du ressort
« dudit office. » *Notes* du P. Menestrier. — En ce temps-là, Barthélemi de
Chevriers, échanson du roi, était gardiateur de la ville de Lyon. Voyez ci-
dessus, *année* 1312, et ci-après, *année* 1333.

— La maison du *Temple* de Lyon est laissée à Blanche de Bourgogne,
veuve d'Edouard, comte de Savoie, pour partie de son douaire. Guichenon,
Hist. de Savoie, p. 387. Voyez ci-après, *année* 1407.

1331. — *Août* 9. Pétrarque arrive à Lyon, et y séjourne jusqu'à la fin du
mois. — L'amant de Laure y composa son 145ᵉ sonnet. *Nouv. Mél.* de
M. Breghot, p. 337 et suiv.

1332. — Un arrêt du parlement de Paris met le temporel de l'Eglise de Lyon
sous la main du roi, qui, en vertu de cet arrêt, crée deux sièges royaux de
châtellenie, l'un à St-Symphorien-le-Château, l'autre à Pouilly-le-Monial.
Arch. du Rh., IV, 390. — Voyez ci-après, *année* 1341.

1332. — Mort de Pierre de Savoie. — Ce prélat eut pour successeur Guillaume
de Sure, qui avait été chanoine, puis archidiacre de Lyon. — Voyez, sur
Pierre de Savoie, Guichenon, *Hist. de Savoie*, p. 514.

1333.—*Juillet* 24. Un arrêt du parlement saisit le temporel de l'archevêque de Lyon, jusqu'à ce que ce prélat ait révoqué l'interdit par lui mis sur les terres du comte de Forez. Voyez la table des *Ord. des rois de Fr.*, tom. II, au mot *Forez*.

1333.—*Août* 29. Philippe de Chavirey, par lettres de Philippe-de-Valois, en date de ce jour, est nommé *gardien* de Lyon, *s'il plaisait aux habitants* de cette ville, *autrement non*. Brossette, p. 132. Voyez ci-dessus, année 1330, et ci-après, année 1343.

1333-1334.—L'hiver le plus rigoureux en Europe, après celui de 763, fut ressenti de 1333 à 1334. En France toutes les rivières furent gelées. Le Rhône avait une glace de 5 pieds d'épaisseur; les voitures les plus chargées le passaient sans risques, et il resta trois mois pris ainsi. Briet dit (*Annales*, p. 716) que cet hiver fut suivi de l'apparition d'une multitude d'insectes venimeux et de la peste. Voyez aussi la *Chronique de Baker*, et l'*Essai chronol. sur les hivers les plus rigoureux*, etc., par G. Peignot, p. 44.

1336.—*Décembre* 14. Guillaume de Sure, par acte daté du château de Pierre-Scise, confirme les libertés et franchises accordées en 1320 aux habitants de Lyon, qui, depuis sa promotion, et dans les temps les plus orageux, lui avaient donné des preuves de fidélité et de dévouement. *Gallia christ.*, IV, 164.—Voyez ci-après, année 1357.

1337.—*Octobre* 18 (jour de S. Luc). Guillaume de Sure tient un synode à Lyon, et y publie plusieurs actes.

1340.—*Septembre* 20. Mort de Guillaume de Sure.—Ce prélat avait établi une garde autour de sa personne. Un titre de 1335, dit M. Cochard, annonce qu'il avait pour gouverneur de son château (Pierre-Scise) le seigneur d'Izeron, aux gages de cinquante sols viennois par semaine, et que ce dernier avait sous lui douze hommes d'armes, chacun à huit florins par mois. *Calendrier pour* 1829, p. 30.—Guillaume confia l'administration de l'hôpital du pont du Rhône à de notables citoyens, et le soin des malades aux religieux de la Chassagne. P. de Lumina, *Abr. chron.*, p. 350.

1341.—*Mars* 16. Maistre Barthélemi de Montbrison, docteur en loys, est établi gardiateur de la ville de Lyon. Voyez ci-dessus, année 1333, et ci-après, année 1345.

1341.—*Octobre* 6. Philippe-de-Valois, par lettres données à St-Mandé, ordonne que les deux sièges royaux de châtellenie créés en 1332, l'un à St-Symphorien-le-Château, et l'autre à Pouilly-le-Monial, sont supprimés, et que les causes dont ces deux sièges connaissaient seront portées, comme avant leur érection, à Mâcon et à Charlieu. Le roi enjoint de faire publier au plus tôt ces lettres, afin qu'on n'oblige plus les sujets de l'Eglise de relever leurs appellations devant ces châtelains.—Ces lettres furent accordées sur les plaintes souvent renouvelées de l'archevêque de Lyon et du chapitre qui soutenait que, d'après les traités, des officiers royaux ne pouvaient avoir leur résidence dans les terres de l'Eglise, à cause des conflits de juridiction qui pouvaient en résulter. *Arch. du Rh.*, IV, 390 et suiv.—Il paraît que ces lettres ne reçurent qu'une exécution momentanée. M. Cochard, *loc. cit.*, rapporte plusieurs faits qui prouvent que, pendant la durée de ce siècle, et jusqu'en 1512, il y a eu à diverses époques un châtelain royal à St-Symphorien-le-Château.

1342.—Il existait alors, suivant un inventaire fait en 1661, f° 62, un livre couvert en basane, avec cinq plaques de cuivre de chaque côté, contenant plusieurs priviléges, us et coutumes de la ville de Lyon, écrit en vélin, de l'an 1542, signé par collation en divers endroits, etc., etc. *Notes* de M. Sudan.

1343.—*Avril....* Après la cession du Dauphiné, faite à la France par Humbert II, dauphin de Viennois, Henri de Villars, archevêque de Lyon, fait, en qualité de gouverneur de la Provence, son entrée solennelle dans la ville de Grenoble. *Chambre des comptes de Dauphiné.* Voyez ci-après, *année* 1349.

1343.—*Juillet* 14. Jean Yvernat, riche négociant de Lyon, fait ses dispositions de dernière volonté : il ordonne à ses exécuteurs testamentaires de choisir six pauvres écoliers dans les deux grandes écoles de grammaire de Lyon (*in duabus scholis grammaticalibus majoribus Lugduni*); desquels enfants six seront tenus de réciter, pendant un an, chaque soir, les matines de la Sainte Vierge, et six autres les matines des morts, pour le repos de l'âme du fondateur, qui lègue, pour cette fin, à chacun des douze écoliers, six livres viennoises par an, ou dix sous viennois par mois ; et de plus à chacun des deux maîtres (*duorum magistrorum generalium dictarum duarum scholarum grammaticalium quarum dicti scholares fuerint*) dix sous viennois, afin qu'ils veillent à ce que les enfants s'acquittent de cette obligation. *Notes* de M. l'abbé Sudan, qui cite, sous la même date, différents actes du XIII° et du XIV° siècle, où figurent, comme témoins, des recteurs des écoles de Lyon, *rectores scholarum Lugduni inter duas aquas.* Un de ces maîtres ou recteurs, nommé Guillaume Prévôt, avait sa maison d'habitation dans la rue du bourg de *Seyne* (près du couvent des Augustins) ; il était marié.

1345.—*Juillet* 15. Messire de Villeneuve, *licencié en loys*, est nommé gardien de Lyon. Voyez ci-dessus, *année* 1341 ; et ci-après, *année* 1365.

1347.—*Avril* 13. Hugues de Marzen est nommé gardien de la ville de Lyon. Voyez ci-dessus, *année* 1341 ; et ci-après, *année* 1366.

1347.—*Avril....* Lettres de Philippe-de-Valois, contenant plusieurs réglements pour les officiers royaux de la justice de Lyon. *Ord. des rois de Fr.*, II, 257 à 260; du Cange, *Glossar.*, v° *Trottari.*—Le 20° article de ces lettres a été omis dans la traduction qu'en a donnée le P. Menestrier ; il est ainsi conçu : *Inhibemus ne aliqui cives Lugdunenses in adulterio deprehendantur, nam nudus cum nuda minarentur vel alias in ipso facto.... capientur.* » Comme on le voit, ceux qui avaient commis adultère ensemble à Lyon, devaient être conduits nus par la ville.—Ces lettres nous apprennent encore que les officiers du roi empêchaient qu'on ne fît sortir des laines de Lyon, quoiqu'elles fussent grasses et propres à faire de la bure. Un autre article porte que l'on ne fera des verres à Lyon que dans les lieux où l'on a coutume d'en fabriquer. Voyez ci-après, *année* 1391.

1347.—Henri de Villars, archevêque de Lyon, gouverneur général du Dauphiné, introduit les religieuses de Montfleury dans leur monastère. — Chorier, *Hist. du Dauphiné*, p. 295, se trompe en le qualifiant archevêque de Vienne ; il ne le fut jamais. *Notes* du P. Menestrier.

1348.—Il paraît que l'horrible contagion à laquelle on a donné le nom de *Peste noire*, et qui ravagea cette année presque toute l'Europe, atteignit aussi la ville de Lyon. Matthieu Villani, continuateur de Jean Villani, nous apprend, dans les premières pages de ses *Istorie*, que cette même année la peste commença à passer les monts, et à s'étendre en Provence, ensuite dans la Savoie, dans le Dauphiné et dans la Bourgogne. Il ajoute qu'elle fut ensuite communiquée des ports de Marseille et d'Aigues-Mortes à la Catalogne et au reste de l'Espagne. Quoiqu'il n'ait pas mentionné Lyon en particulier, non plus que Guy de Chauliac, qui y a résidé pendant plusieurs années, et qui a décrit la peste noire dans sa *Grande chirurgie*, il n'en est pas moins à croire que Lyon ne fut pas à l'abri du fléau. Nous en trouvons l'indice dans une inscription en langue vulgaire qui existe au Musée de Lyon (n° xiii), et dont voici les premières lignes : *L'an* mccclii *fit Micheles Pancsus, citiens de Lion , edifier ceta chapella , loutar et lo crvcifix , pro remeio des arma Mathev Achert, Marietan si mvlier et Guillermetan, leur fili, mvlier say en areces dudit Micheles, liquax mare et filli mvrirent el tems de la mortalita, l'an* mcccxlviii, etc. Voyez Cochard, *Descript. de Lyon*, p. 139 ; et F. Artaud, *Notice des Inscriptions*, etc., p. 21. Cette inscription a été trouvée dans le mur d'une terrasse qui dépendait du clos de M. Dutillieu, rue Masson, au-dessus du Jardin des Plantes. — L'Académie de Lyon possède, parmi ses manuscrits, un poème en langue romane sur la *Peste noire*, composé vers la fin du xive siècle. Feu M. Ozanam en a cité quelques fragments dans son *Histoire médicale des maladies épidémiques*, etc., tom. iv, p. 77-78.

1349. — *Juillet* 16. Humbert II confirme, dans le couvent des Jacobins de Lyon, la cession qu'il avait faite, en 1343, de tous ses états du Dauphiné, à Philippe-de-Valois ; en faveur de Charles de France, duc de Normandie, son fils ainé.—Le lendemain, Humbert prend, dans le même couvent, l'habit des Frères Prêcheurs. *Art de vérif. les dates*, ii, 459; Bourchenu de Valbonnais, *Hist. du Dauphiné*, ii, 681 et 625; Chorier, p. 336.— L'année précédente, Humbert, au retour du siége qu'il venait de faire de Miribel en Bresse, avait séjourné à Lyon depuis le 26 jusqu'au 29 avril ; et il avait logé chez l'archevêque, dans le château de Pierre-Scise. Cochard, *Calendrier pour* 1829, p. 31. Voyez ci-dessus, *avril* 1343.

Nota. Nous terminons ici la première partie de ces *Notes et Documents*. La seconde comprendra les événements arrivés depuis 1350 jusqu'à 1473, époque où l'art de l'imprimerie fut introduit à Lyon. Différentes circonstances nous forcent à ajourner la publication de cette seconde partie.

Seconde Partie.

NOTES ET DOCUMENTS
POUR SERVIR A L'HISTOIRE DE LA VILLE DE LYON,
DEPUIS L'ANNÉE 1350 (1);

Par Ant. P.

> Historia quoquo modo scripta delectat.
> Plin. Jun. *Epist.* v, 8.

1350-1364.

RÈGNE DE JEAN II, DIT LE BON (2).

1350. — Barthélemy, abbé d'Ainay, visite avec son official, par ordre d'Henry de Villars, le monastère de l'Ile-Barbe, pour faire information de la vie et mœurs de l'abbé Dego, qui gouvernait assez mollement son église au spirituel et au temporel. — Il fut trouvé que cet abbé ne suivait point la communauté, qu'il n'assistait point au chœur, ne célébrait point la messe aux grandes fêtes, ne tenait point de chapitre, ne corrigeait point les défauts des religieux, ne leur prêchait point la parole de Dieu, ne mangeait point au réfectoire, n'exerçait point d'hospitalité, etc., etc. *Mazures de l'Isle-Barbe*, 1, 209. — Le véritable nom de l'abbé *Dego* était Rigon de Brossane.

— Henry de Villars permet aux chanoines de Saint-Nizier de percevoir les dons et legs faits aux pauvres, et d'en appliquer le montant à réparer le sanctuaire de leur église, *attendu qu'il n'y avoit presque pas de pauvres*. Cochard, *Descript. de Lyon*, p. 106. — Voyez ci-dessus, *année* 1253.

---

(1) Ces *Notes et Documents* font suite à ceux que l'auteur a publiés dans l'*Annuaire de Lyon* de 1838, et qui remontent à l'origine de cette ville. Les articles signés d'une M. sont extraits des manuscrits du P. Menestrier; ceux signés d'une S. sont tirés des manuscrits de l'abbé Jean-Nicolas Sudan, mort à Lyon le 1ᵉʳ avril 1827.

(2) Ce prince, successeur de Philippe-de-Valois, parvint à la couronne le 23 août 1350.

— « Mandement de Bechevelin, appartenant à un moine d'Ainay, nommé l'*Agrillotier*, et cédé par celui-ci à son couvent. Peut-être est-ce l'origine du nom de la *Guillotière* que porte ce terrain. » Extrait du *Tableau Chronologique* de C. Beaulieu, Lyon 1837, in-4° obl.—Nous ignorons à quelle source M. Beaulieu a puisé un document aussi curieux; nous sommes persuadé qu'il serait lui-même dans l'impossibilité de le dire; toutefois nous ne pouvons penser qu'il l'ait inventé. Si donc ce document est certain, il n'y aurait plus de doute sur l'étymologie du nom de la *Guillotière*. Le P. Menestrier dit positivement, page 85 de son *Hist. cons.*, que ce faubourg est appelé dans les anciens titres la *Grillotière* et non la *Guillotière*. Paradin, *Hist. de Lyon*, page 388, veut qu'on dise *Grillotière* et non *Guillotière*; il prétend que ce faubourg fut nommé *Grillotière* « à cause des grillets et sonnettes des « mulets de voiture, desquels le fauxbourg n'est jamais desgarny. » Le P. Foderé, *Narration hist. et top. des convens de l'ordre de Saint-François*, p. 379, a donné une étymologie ridicule du nom de ce faubourg. Il croyait que son nom dérivait de deux mots français, *guy l'hostière* (*ab hospite visco*), dans l'opinion où il était que c'était là que les druides déposaient le gui du chêne qu'ils étaient allés cueillir dans les forêts du Dauphiné. Voyez le P. Menestrier, *loc. cit.*

— Réforme de l'abbaye de Savigny. — Cette réforme fut faite par Barthélemy, abbé d'Ainay, et Guillaume de Thurey, délégués de l'archevêque de Lyon, par acte du 21 mai. S.

— Aynard de Villeneuve et Henry Chevrier de Lyon s'étaient engagés, sans doute pour la ville, on ne dit pas jusqu'à quelle somme, envers un Juif nommé Jean de Vezon. *Notes* de l'abbé Sudan. — Puisque l'occasion se présente, nous placerons ici quelques lignes qui auraient dû être ajoutées à ce que nous avons dit de la *peste noire*, année 1348 : « ... Effrayé autant par l'apparition soudaine du fléau que par ses effets meurtriers, le peuple accusa d'une voix commune et simultanée, dans presque tous les pays, les Juifs d'avoir empoisonné les rivières et les fontaines, et même d'avoir empesté l'air par des conjurations et des opérations magiques. ... On prétendit qu'une conspiration générale avait été tramée dans l'ombre entre les Maures d'Espagne, les Juifs et les lépreux des pays chrétiens, pour faire périr toute la chrétienté. On conserve encore à l'ancien trésor des chartes, à Paris, les prétendues lettres que l'on produisit comme ayant été écrites par les rois maures de Tunis et de Grenade, pour engager les Juifs à ce complot redoutable ; mais ce n'est qu'une traduction faite par un docteur en théologie, signée de plusieurs témoins dont probablement aucun ne savait l'arabe, et scellée du sceau du bailliage de Mâcon. » *Les Juifs au moyen âge*, par G. B. Depping, p. 263.—On remarque parmi les témoins signataires de cette traduction François *de Aveneriis*, bailli de Mâcon, et Pierre Moreau, juge en dernier ressort à *Lyon*. Sauval, *Antiquités de Paris*, l. x. — Nos historiens ne nous disent pas si les Juifs furent alors égorgés à Lyon, comme ils le furent dans les différentes villes qui avaient été désolées par la peste. Voyez ci-après, année 1380.

1351. — *Février...* Le roi Jean, qui était venu à Lyon, nous ignorons pour quel motif, investit, durant son séjour en cette ville, Jean d'Artois de la comté d'Eu en Normandie, confisquée sur le connétable Raoul de Nesle. Voyez l'*Hist. généalogiq. de la Maison de France*, par Sainte-Marthe, tome II, p. 1085, édition de 1628. — Le roi était de retour à Paris le 30 mars. *Itinéraire des rois de Fr.* — Voyez ci-après au 11 mai 1363.

1351. — *Mars* 11. Le cardinal Guillaume de Montholon fonde pour le salut de son âme et de celles de ses parents, deux messes, l'une du St-Sacrement, et l'autre de la semaine, dans l'église de l'abbaye d'Ainay (*monasterii Athanatensis Lugduni*), qu'il veut être célébrées tous les mardis et samedis de l'année, à l'autel consacré en l'honneur de S. Benoît, pour l'entretien desquelles il donne tous les revenus d'un domaine qu'il avait acquis du seigneur de Lyserable, situé dans les paroisses *de Chasey* (sic), de Marcilly (*Marsiliaci*), Sivrieu (*Sivriaci*), Lozane (*Lozanæ*), Dommartin (*Domartini*) et lieux circonvoisins du diocèse de Lyon. — Le cardinal de Montholon est mort en 1354. — L'ancien château de Lyserable ou Liserable, dans la paroisse de Morancé, en Lyonnais, appartenait, en 1765, à M. de Chaponay. *Hist. des cardinaux françois*, par Duchesne, p. 520, *Preuves*, p. 341 ; *Alm. de Lyon* pour 1760, p. 125.

1351. — *Avril* 11. Des lettres patentes du roi Jean autorisent les citoyens de Lyon à percevoir un denier par livre sur toutes les marchandises qui s'achètent et se vendent dans la ville, pour fournir aux frais des fortifications de cette cité. *Inventaire de pièces sur Lyon*. Mss. de la Biblioth. de Lyon, n° 1464.

— Guillaume Farinier, général de l'ordre de Saint-François, convoque à Lyon un chapitre général dans lequel on fait quelques réformations et certaines ordonnances concernant le service divin. Foderé, p. 152.

— Henry de Villars, gouverneur de Dauphiné, nomme lieutenant au gouvernement Berenger de Montaut, archidiacre de Lodève. *Chambre des C. de Dauphiné*. M.

1352. — *Février* 7. Une bulle d'Innocent VI règle l'état du chapitre de l'église primatiale de Lyon. — Le premier doyen de ce chapitre est Aynard, qui paraît avoir vécu au commencement du x° siècle, et qui est mentionné dans une charte de Burchard de l'an 984. C'est donc au x° siècle que remonterait l'origine du chapitre de l'église primatiale de Lyon, qui avait le roi pour premier chanoine, et qui se composait de 32 chanoines qualifiés de *Comtes de Lyon*. (Voyez du Tems, *Clergé de Fr.*, iv, 355 et 386.) Le peuple de Lyon avait pour eux une grande vénération, moins à cause de leur nom et de leur dignité, que pour les bienfaits sans nombre qu'ils répandaient à pleines mains dans toutes les occasions. Il n'y avait pas de malheurs publics, pas une infortune qu'ils ne soulageassent. C'étaient eux qui se chargeaient de faire rentrer dans le devoir les ouvriers que la misère ou d'autres circonstances poussaient à la révolte ; c'étaient eux qui sollicitaient la grâce de ceux auxquels la justice infligeait des peines trop sévères : le xviii° siècle en offre plusieurs exemples. Voyez *années* 1745, 1786, etc. — L'auteur du *Moyen de parvenir*, qui paraît être venu à Lyon (1), parle deux fois, dans cet ouvrage, des comtes de Lyon. Voici ce qu'il fait dire à Erasme, t. ii, p. 3, édition de la Monnoye : « .... Jadis il n'y avoit que les ecclésiastiques qui touchassent aux secrets, et surtout de la *pierre philosophale* ; aussi tous les livres nouveaux qui ont été faits sont issus de couvents. Or est-il que les Orientaux ont eu les sciences les premiers : et cette-là (la *pierre philosophale*), Messieurs les comtes

---

(1) Voyez t. i, p. 25 ; t. ii, p. 56, 93, 155, 165 et 169. — Mon savant confrère Charles Nodier croit, peut-être avec raison, que le *Moyen de parvenir* n'est pas de Beroalde de Verville. Il possède un exemplaire de l'édition originale, sur la garde duquel on lisait : « Cet ouvrage est d'Henry Estienne. » Il y a, en effet, une certaine conformité entre l'*Apologie pour Hérodote* et le *Moyen de parvenir*. Ces deux livres peuvent être sortis de la même plume, et il serait très-possible qu'Henry Estienne eût composé le *Moyen de parvenir* à Lyon, où il a fini ses jours dans notre Hôtel-Dieu, en mars 1598.

de Lyon l'arrêtèrent, et s'entre-communiquèrent ce secret, si que tous s'y rendirent maîtres. En signe de quoi, pour témoigner leur gloire pour telle invention, ils ont depuis toujours porté des *soufflets* sur la tête. Ainsi sont-ils mitrés comme beaux petits évêques portatifs, p. 77. » Dans le second passage, p. 235, c'est le célèbre médecin Guillaume Rondelet (1) qui parle : « Tout beau, oyez notre ami, ce bon conseiller tourangeau qui est ordinairement monté sur un gros *chevau*, quand il va aux champs, comme ce gros comte de Lyon, dont ils disent de lui et de son cheval, que ce sont deux grosses bêtes... » Voyez ci-après, année, 1353.

1352. — *Avril* 18. Mort d'Hugues de Corgenon, chanoine et comte de Lyon. — Guichenon, *Hist. de Bresse*, partie III, p. 130, a consacré à ce chanoine une courte notice dans laquelle on aperçoit la trace d'un usage fort singulier. Il y est, en effet, question d'une transaction entre Guillaume, archevêque de Lyon, et le chapitre de l'église métropolitaine, où « il est parlé « du droit prétendu par cet Hugues de Corgenon, comme chanoine et vicaire « de ladite église, sur le *cheval* de l'archevêque au jour de son entrée. » Voy. les *Mélanges* de M. Breghot, p. 477.

1352. — *Août* 26 (7 des cal. de sept.). Mort de Ponce de Vaux (*Poncius de Vallibus*), custode de l'église de Ste-Croix, pénitencier de l'archevêque de Lyon. — Pernetti s'est trompé en plaçant sa mort à l'année 1307. Voyez Cochard, *Descript. de Lyon*, p. 140; et Artaud, *Notice des inscript. du Musée de Lyon*, p. 27.

1352. — *Décembre* 19. La pièce suivante contenant un fragment du procès-verbal de l'élection des consuls et échevins de la ville de Lyon, est extraite des *Documens pour servir à l'histoire de Lyon, tirés des archives de la ville*, par M. Godemard, p. 44-46 :

In nomine Domini, Amen. Lettres se feront del papa (2) du baillaio de Mascon del bourc de lila barbra, de l'official et de la cort secular de Lion, de celui ou de celos que li conseillars ci dessos escris voudrant una ou plusors ou de tos se il volent que li puebles de luniuersita de Lion assamblas en legliesi de Sant Nisies al son de la grossa campanna en la manieri acoustuma pour espubliar, nommar et establir los conseillars et pourueoir sus les faz de ladita uniuersita del conseil voluna et consentiment del mestros des mestiers de la dita cita et est assaueir :

Henri Cordier et Johan Pangut, *drappiers*.
Jehan de Durchi, *terriers*.
Humbert Barrals et Jaquemins Lumbs, *merciers*.
Matheu de la Mura et Hugonnon Grigneu, *sauners*.
. . . . *peletiers*.
Michelet Pantzut et Guillemon Fornier, *changeors*.
. . . . *espicers*.
Anthoyne de Sant Citairs, *tauerniers*.
Thomas Brunel et Guillet de Perey, *clercs*.
. . . . *escoffiers*.

(1) Guillaume Rondelet, né à Montpellier en 1507, fut le médecin du cardinal de Tournon. Il publia plusieurs de ses ouvrages à Lyon, où il séjourna à diverses reprises. Voyez ci-après, année 1551.

(2) *Papa.* J'ignore quelle est la signification de ce mot, qui ne se retrouve pas dans les autres *Syndicats* du même siècle qui sont rédigés à peu près dans les mêmes termes que celui dont nous donnons un extrait.

Pieros Pereton et Guillet de Piraux, *panetiers.*
Jehan Eynars et Jehan de Bourc, *tondors et coduriers.*
Martin de Bugau et Aquayra Dauenay, *chapuis.*
. . . . Molisnans, *herbergeors et berbiers.*
Guicherdet de la Conta Perronet Dorer, *meiseliers.*
Michelet Bonno Vincent Ginnar, *pescheors.*
Guille li potiers Pero li doriers, *potiers.*
Andreu Bonins Pero de Beligna autrament perero, *ferratiers.*

Li quauls mestros des mestiers ant ita esleus par los conseillars qui cetuy an ant gouerna segunt que comme leur est por le pueble de ladita uniuersita fant et ordenent conseillars de ladita cita, des le iour de chalendes qui sera mil ccc lij tant que le iour de chalendes qui sera mil ccc liij: Est assaueir Johan du Nyuro, Peronnin de Beleis, Johan de la Mura, Johan de Durchy le lono, Tienent Chastel viel, Hugonin de Vaux, Aquana Barral, Berthet de Villanoua, Lyonnart de Varey, Guillemon Fornier, Bernard de Varey et Johannin de Varey, quant li dis mestres des mestiers et li puebles assamblas yci comme dit est per elos et per tos les atros de ladicta uniuersita et communita, donant plenna puissanci et especial commandamant de elos assemblar ensamblo lan ou lour samblera bon per conseillier pourueir et ordenar es faz et es negocios del dict pueble toz los iours et tout les houres que leur plaira durant ledict tennen, el non de ladicta uniuersita en leur enioignant que il vignant tos los vendros et los atros iours que ay lour samblera bon et sera necessaro ou profitablo en la chapella de Sant Jacquemo, ou ailleurs lay ont il voudrant deuers matin et yqui itant ensi comme il est acoustuma et autres houres ensi comme les besoignes chairant por entendre parlar et ruminar sus los faz de ladicta uniuersita, pourueir conseillar et ordenar communalement et singulerment es dicts habitans fealment et legalment sans preiudicio dalcun segont que les besoignes requierent. *Item* donnent auxdicts conseillars ou a la maiour partia puissanci de demandar, retenir, deffendre per elos ou per aulcunsun ou plusors deputas on deputa per la maiour partia de ellos, ce qui appartiendra a ladicta uniuersita et qui leur sereit deu tant par le temps passa quant per cetuy an qui ores comence per quelque causa que ce seit, et de quittar composar et compromettre et fere acordies sur le faict de ladicta uniuersita sy comme bon leur semblera. Et de fere impositions una ou plusors per elos ou per ceuls que li maiours partia de elos ont deputa toutes les veis que leur semblera necessaro per ladicta uniuersita entre les habitans de ladicta cita en tal manieri et quantes veis comme leur semblera bon expedient necessaro ou profitablo por ladicta uniuersita, mais que il seit del conseil et de la volunta de la maiour partia des mestres des mestiers, etc. etc.

1352. — Traité de paix, conclu à Voiron, entre le comte de Savoie et le Dauphin; Henry de Villars, archevêque de Lyon, traitant pour le Dauphin, et Guichard, évêque de Sion, pour le comte de Savoie. Un des témoins est Louis de Villars, archidiacre de Lyon. Guichenon, *Hist. de Savoye*, Preuves, p. 187.

1353. — *Juillet* 14. Jean, roi des Français, écrit au parlement de Paris, sur la plainte du doyen et du chapitre de l'Eglise de Lyon : « Au temps où S. Thomas, archevêque de Cantorbéry, martyr, était en exil et demeurait à Lyon, les chanoines de cette ville lui donnèrent un canonicat et prébende de leur église, et une maison nommée *Cour de Quinzieux*, et la maison de *Licheron*, avec les appartenances. En considération de la piété du saint martyr, ils voulurent que lui et ses successeurs au siège de Cantorbéry conservassent toujours son canonicat, sa prébende, la cour et la maison susdites. Quoique l'archevêque actuel de Cantorbéry ait fait remise de ses droits aux suppléants, Guillaume de Savigny, clerc et notaire royal, a mis, sans motif raisonnable, obstacle à la prise de possession, par les chanoines de Lyon, desdites cour et maison, et les a fait remettre en la main du Roi. »—Jean ordonne au parlement de Paris d'appeler le bailli de Mâcon et tels autres qu'il sera besoin, afin de leur commander de ne rien innover et de faire bonne justice dans cette affaire. *Nouv. Arch. du Rh.*, I, 159. Voyez ci-dessus, *année* 1168, et ci-après, *année* 1419. — En 1353, le doyen du chapitre de Lyon était Guillaume de Thurey, qui fut ensuite évêque d'Autun, puis archevêque de Lyon.

1353. — *Décembre*... Le bailli de Mâcon renvoie les clefs des portes de la ville de Lyon aux conseillers et échevins de cette ville. M.

— Bulle du pape Innocent VI adressée aux abbés d'Ainay, de Savigny et de l'Ile-Barbe, pour l'exécution des statuts du chapitre (*pro executoria statutorum capituli*). *Codex pergam*, fol. 251. M.

— Thomas de Savoye, chanoine et comte de l'Eglise de Lyon, est élu évêque de Turin. — Ce prélat fut le premier chancelier de l'ordre du Collier. Guichenon, *Hist. de Savoye*, p. 524.

— « Ce fut cette même année que les chanoines comtes de Lyon rassemblèrent en un même corps tous leurs anciens statuts et règlements, et les présentèrent au pape Innocent VI, qui les confirma. L'acte capitulaire qui approuve cette collection est daté du 7 février 1352, c'est-à-dire, 1353. » Poullin de Lumina, *Hist. de l'Eglise de Lyon*, p. 335.—Voyez ci-après au 2 *novembre* 1361.

— On lit dans Pernetti, *Lyonn. dignes de mém.*, I, 142 : « Gui de Chauliac, communément dit Cauliac, vivait à Lyon, sa patrie, en 1353..... Clément V l'appela à Avignon, le fit son médecin, etc. » Pernetti se trompe. Gui de Chauliac n'eut pas Lyon pour patrie : il naquit dans le village dont il portait le nom et qui est situé dans le Gévaudan; il ne fut pas médecin de Clément V, mais il le fut de Clément VI; or, comme il est constant que ce pape mourut le 6 décembre 1352, et que Gui de Chauliac fut aussi le médecin du successeur de Clément VI, il est très-probable que cet illustre médecin ne vivait point à Lyon en 1353; toutefois il est très-certain que Gui de Chauliac, comme il nous l'apprend lui-même dans sa *Grande Chirurgie*, exerça longtemps la médecine à Lyon, avant de se rendre à Avignon où il se trouvait en 1348 pendant la *peste noire*. Gui, dans le *Chapitre singulier* de sa *Grande Chirurgie*, cite parmi les plus illustres chirurgiens de son siècle Pierre de Bonant, de Lyon. Voyez le *Dictionnaire* d'Eloy et la *Biogr. univ.*

1354. — *Novembre* 25. Mort d'Henry II de Villars, archevêque de Lyon. — Ce prélat fut inhumé dans la chapelle de Ste-Marie-Magdeleine qu'il avait fondée dans l'église primatiale, pour douze chapelains perpétuels, auxquels il avait acheté douze maisons dans le cloître. Henry eut pour successeur Raymond Saquet, qui mourut en 1358, et qui fut remplacé par Guillaume II de Thurey, et non pas *Thury*, comme le dit le P. Berthier.

— Hommage de l'abbé de Savigny à l'archevêque de Lyon. M.

1355. — *Avril* 8. Raymond, archevêque de Lyon, prête serment en qualité d'abbé de St-Just. S.

1356. — *Août* 8. Jean Alleman, seigneur de la Rochechinard, qui servait le roi sous le comte de Valentinois, passe la *montre* à Lyon, lui et sept écuyers de sa compagnie. *Mazures de l'Isle-Barbe*, t. II, p. 196.

— Messire Raymond Saquet, archevêque de Lyon, se trouve au conseil du roi avec messire Jean de Craon, archevêque de Rheims, et l'évêque de Laon, messire Robert le Cocq, pour le clergé. Sauval, *Antiquités de Paris*, l. VI, p. 89.

— Les Parisiens, ayant Etienne Marcel, prévôt des marchands, à leur tête, s'étaient révoltés contre le Dauphin, à l'imitation des paysans qui, dans plusieurs provinces, s'étaient soulevés contre la noblesse. Marcel, qui tâchait d'attirer à sa faction toutes les principales villes du royaume, avait envoyé à Lyon un des chefs de cette révolte, nommé Guillaume Caillet. Arrivé à Lyon, ce séditieux sollicite les habitants de faire cause commune avec les Parisiens, et de prendre leur livrée, un chaperon mi-parti de vert et de rouge; mais le sage et très-prudent seigneur Imbert de Grolée, sénéchal et gouverneur de Lyon, avait tellement gagné le cœur de ses concitoyens, qu'il les retint dans le devoir tant que durèrent les troubles excités par la faction des *Chaperons* et par celle de la *Jacquerie*. Fodéré, *Narration historiq.*, p. 381.

1356 ou 1357. — L'empereur Charles IV, prétendant avoir le droit de nommer un chanoine de Lyon le jour de son sacre, élève à cette dignité Guillaume de Poleins, gentilhomme de Bresse, par lettres patentes données à Metz en Lorraine, au mois de janvier. — Le chapitre, soutenant que ce droit de nomination n'appartenait pas à l'empereur, ne voulut pas recevoir Guillaume de Poleins. Guichenon, *Hist. de Bresse*, III° partie, p. 317; Poullin de Lumina, *Hist. de l'Egl. de Lyon*, p. 336.

1357. — *Avril* 24. Raymond Saquet, par une ordonnance datée du château de Pierre-Scise, confirme les priviléges accordés aux habitants de Lyon, en 1320. Il défend, entre autres choses, aux bedeaux ou huissiers de la cour séculière de traduire en prison, dépouiller ou maltraiter, sous prétexte de résistance, aucun citoyen, pour quelque cas que ce soit, si son emprisonnement n'a été auparavant ordonné par le juge en la forme de droit. Menestrier, *Hist. cons.*, Preuves, p. 121; *Gallia christ.*, IV, 168; P. de Lumina, *Hist. de l'Egl. de Lyon*, p. 336; Cochard, *Calendrier pour 1829*, p. 29.

— Les trois états de la langue de France, qui avaient été assemblés à Paris, ayant accordé au Dauphin un subside de quatre mois pour subvenir aux dépenses que nécessitait le fâcheux état du royaume, élisent, pour lever cet impôt dans le diocèse de Lyon, le prieur de St-Irénée, Berard Delavieu, chevalier, et Humbert Bairant, bourgeois de Lyon. Tous trois étaient sans doute députés de la province à ces mêmes états. L'exercice de leur mandat donna lieu à de vives contestations : les habitants refusèrent de payer, parce que le comte de Forez ni eux n'avaient accordé ce subside. Les commissaires, pour punir cette désobéissance, condamnèrent Pierre de Bergisac, chevalier, bailli, et Pierre de Vernay, chanoine de Mâcon, juge de Forez, chacun en cent cinquante marcs d'argent d'amende envers le roi. Le procureur du comte et un grand nombre d'autres personnes furent aussi condamnés, chacun en cinquante marcs d'argent d'amende. Les élus mirent encore les juridiction, cens, redevances et rentes dudit comte sous la main du roi. Le comte, ses officiers et les autres personnes atteintes par ce jugement, en appelèrent au roi; mais les élus continuèrent leurs poursuites, et de concert avec le bailli de Mâcon, envoyèrent des sergents et des commissaires à Montbrison pour exiger le subside; ils firent même mettre en prison quelques-uns des redevables. Aussi les habitants firent corner à cor et sonner le tocsin, s'assemblèrent en armes, vinrent dans les maisons où étaient les commissaires et sergents du roi, et en enfoncèrent les portes. Quelques-uns s'enfuirent par dessus les toits, les autres furent maltraités et battus, et leurs effets pillés. Le lieutenant du bailli de Mâcon fit informer sur cette rebellion, et saisir les biens des prévenus. Il y eut de semblables révoltes dans plusieurs villes et lieux du comté. *Arch. du Rh.*, VIII, 28. — La bibliothèque de la ville de Lyon possède un ms. in-fol. sur papier qui lui a été donné par M. Fulchiron, député du Rhône, le 2 mai 1838, ayant pour titre : *Assemblées des trois estats tenus soubs le roy Jean, es années 1355, 1356, 1357 et 1358,* etc. On lit sur la première page de ce ms. : *Ex. Bibl. Thuanea.* Nous n'y avons rien trouvé qui ait trait à ces révoltes. Voyez la *Biblioth. hist.* du P. Lelong, n° 27413.

— Vidimus de l'octroi du 20ᵉ du vin, du 3ᵉ du blé, concédé par Charles, dauphin et régent de France, pour les fortifications de la ville. *Inventaire de pièces sur Lyon.* Mss. de la biblioth. de Lyon, n° 1464.

1358. — *Juin* 5. Guillaume de Thurey, archevêque de Lyon, successeur de Raymond Saquet, prête serment en qualité d'abbé de St-Just. M.

1359. — *Décembre* 6. Jean de France, fils du roi Jean, ayant été investi du comté de Mâcon, prétendait que, parce que Philippe de Valois, son aïeul, avait joint à l'office de bailli de Mâcon celui de sénéchal de Lyon et de gardiateur de la ville, le droit de garde lui appartenait comme une dépendance de sa pairie; mais le régent, depuis Charles V, par ses lettres datées de Melun, fit défense au comte de Mâcon de rien innover à cet égard. *Notes* de l'abbé Sudan; Clerjon, *Hist.*, III, 381. — Le Mâconnais avait été érigé en pairie par lettres du mois de septembre précédent. *Art de vérif. les dates*, II, 491.

— Le régent fait la paix avec le roi de Navarre par l'entremise de l'archevêque de Lyon, que le pape avait envoyé à Paris. *Antiquités de Paris*, l. IV, p. 100.

— Guillaume de Thurey rend, sur les plaintes réunies de tous les reclus de la ville de Lyon, une ordonnance portant qu'on rétablira en leur faveur l'ancienne aumône de trois ânées de seigle par an, et de dix deniers par semaine, que leur faisait son prédécesseur S. Eucher. Paradin, *Hist. de Lyon*, p. 211; Poullin de Lumina, *Hist. de l'Eglise de Lyon*, p. 63.

1360. — La ville de Lyon fournit deux otages aux Anglais pour la délivrance du roi Jean. — Ces deux otages furent Aynard de Villeneuve et Humbert de Bletterans, qui furent nommés par les principaux bourgeois de la ville auxquels le consulat avait délégué cette élection. *Chroniques* de Froissart, année 1360. — Lyon fournit également une somme considérable pour la rançon du roi. Clerjon, III, 583.

— Lettres patentes du roi Jean et du duc de Normandie, dauphin de France, son fils, qui autorisent les habitants de Lyon à faire clore la ville du côté de St-Just. *Privilèges et dons*, n° 121. M.

— Jean de la Roquetaillade, cordelier du couvent de Villefranche, en Beaujolais, né à Rochetaillée près Lyon, séjourne à Avignon où résidait la cour de Rome, et prêche contre le luxe et la vanité des prélats. Voyez les *Arch. du Rh.* XIII, 109, et les *Variétés d'A. P.*, p. 78. — Il ne faut pas confondre ce cordelier avec Jean de la Rochetaillée, fils d'un pêcheur, né aussi à Rochetaillée, et qui fut évêque, patriarche, cardinal, etc. Voyez ci-après, *année* 1437.

— Mort de Guigues VIII, comte de Forez. — Le 16 juillet 1349, ce comte avait rendu hommage, dans le couvent des frères prêcheurs de Lyon, au dauphin Charles, fils aîné de France, en présence de Henry de Villars, archevêque de Lyon, et d'autres personnes qualifiées, de la même manière que le comte Jean, son père, l'avait rendu au dauphin Humbert. *Rec. de Fontanieu*, vol. 77; *Art. de vérif. les dates*, II, 471.

1361. — *Août* 15. Mort de Berthet de Villeneuve qui avait été échevin et conseiller de ville, en 1352. — Son frère Aynard fit faire et bâtir, des biens de ce frère, la façade occidentale du cloître des dominicains, sur laquelle on lisait cette inscription en caractères gothiques :

« L'an 1361, le xv iour du mois de aoust morut Berthet fils sire Estienne
« de Villanoua et de ses biens et esmones Ainart ses frere a fait faire et ac-
« complir cest quart pan de cloistre pourquoi sont tenus et obligiez ly frères
« et couent de ceans de chanter perpetualement vne messe alte tous les
« iours au grand hautel heure de prime alor cloche sonnant. Et le dit iour de
« sa mort faire uns aüniuersaire pour lame de lui et quicunques vient oïr la-
« dite messe il y a vi.ᶜ iours de pardon si priez pour lame de lui en disant
« Pater noster Aue Maria. » M.

1361. — *Novembre* 2. Le premier livre des *Actes capitul.* de l'Eglise de Lyon commence sous cette date. Les registres étaient tenus par Alexandre Milet. *Notes* de Menestrier; — Du Tems, *Clergé de France*, IV, 354. Voyez ci-dessus, année 1352 (7 février).

— En ce temps-là le duc de Berri était *lieutenant du roi* dans le Lyonnais. *Ord. des Rois de Fr.*, V, 218: *Notes* du P. Menestrier (année 1364). — Suivant Belleforest, *Annales*, livre V, XXXIX, il faudrait peut-être faire dater du règne de Charles V, l'époque à laquelle les sénéchaux et les baillis furent remplacés par des gouverneurs ou des lieutenants du roi. Toutefois il est à présumer que le duc de Berri ne fut que temporairement lieutenant du roi dans le Lyonnais, vers 1361, et que le Lyonnais n'eut des gouverneurs que depuis Louis XI. On croit que le premier qui commença à y exercer cette charge (vers 1462) fut Tanneguy du Chastel. Voyez Charles Loyseau, *Du droit des offices*, l. IV, c. IV.

— Mort de Barthélemy de Civens, abbé d'Ainay. — C'est lui qui avait fait arranger en 1341 le précieux *Cartulaire* de son abbaye, dans lequel on trouve quelques diplômes des rois de France, et des chartes antérieures au 12ᵉ siècle. D. Jean Mabillon, *Ouvrages posth.*, t. II, p. 26. — Voyez ci-après, année 1682. — Ce *Cartulaire* est actuellement dans la belle bibliothèque de M. le conseiller Coste.

1362. — *Avril* 2 *ou* 6. Le connétable Jacques de Bourbon livre bataille dans la plaine de Brignais, à 3 lieues au-dessous de Lyon, à une armée de brigands, nommés les *Grandes compagnies* et les *Tard-venus*. Les troupes royales sont mises en déroute; le connétable et son fils sont mortellement blessés; Louis I, comte de Forez, est tué, et Renaud, son oncle et son tuteur, est fait prisonnier avec quantité d'autres seigneurs. Voyez le tome IV des *Chroniques* de Froissart, pages 129 et suiv., édition de 1824; l'*Art. de vérif. les dates*, I, 600, et II, 471; les *Archives du Rhône*, III, 415 et suiv.; Sismondi, *Hist. de Fr.*, X, 493; M. de Barante, *Ducs de Bourgogne*; Michelet, *Hist. de Fr.* III, 437, etc.

N. Les historiens varient sur la date de cet événement; ils ne s'accordent ni sur le jour, ni sur l'année. Les raisons que nous donne l'annotateur du Froissart de 1824 (page 135) pour la placer *au 6 avril* 1362, me paraissent assez concluantes; cependant il serait très-possible que la bataille eût été livrée le 2, comme le disent les auteurs de l'*Art de vérifier les dates*, ainsi que M. de Sismondi, et que le six fût le jour de la mort de Jacques de Bourbon qui fut inhumé dans l'église des dominicains de Lyon, et sur le tombeau duquel on lisait :

> Cy gist messire Jacques de Bourbon
> Comte de la Marche qui mourut à
> Lion de la bataille de Brignes :
> Qui fut l'an mil trois cens
> Soixante deux le mercredi deuant
> Les Rampos (*les Rameaux*). Item.
> Cy gist messire Pierre de Bourbon
> Comte de la Marche son fils qui
> Mourut à Lyon de cesté mesme
> bataille l'an dessusdict.

Il nous semble que ces mots qu'on lit dans l'épitaphe de Jacques, *qui fut l'an mil trois cens soixante-deux, le mercredi deuant les rampos...*, peuvent tout aussi bien se rapporter au jour de la bataille qu'au jour du trépas de Jacques de Bourbon. Si l'on eût ajouté à l'épitaphe du fils le jour de son décès, j'ai lieu de croire qu'il n'y aurait plus d'équivoque.—Voyez, sur les ravages exercés dans le Lyonnais par les *Tard-venus*, les *Archives du Rhône*, v, 136.

1362. — *Juin* 21. La fête des *Merveilles* est célébrée seulement quant à la messe et la procession, à cause du danger auquel la ville se trouvait exposée par la présence des ennemis qui l'environnaient de tous côtés.—L'année suivante, cette fête fut également omise par les mêmes motifs. *Notes* du P. Menestrier. Ces ennemis étaient sans doute les restes de l'armée des *Grandes compagnies*. — Voyez ci-après, année 1364.

1362.—*Juillet* 27. « On voit par un acte portant cette date, que Jean de la Mure le jeune, citoyen de Lyon, avait, par son testament, fondé l'institution d'une lampe d'huile ardente toutes les nuits devant l'image précieuse de la Vierge Marie, dépeinte au coin (*in quadrivio*) de la rue Neuve de Lyon (*vici novi seu de rota nova*), pour quoi il assigna une pension de 30 florins; plus ayant fondé l'offrande d'un cierge devant l'autel de la Ste-Vierge tous les samedis de l'année, pour quoi il donna un capital de 60 florins; en conséquence Nicolas Chereteau, clerc et notaire, exécuteur dud. défunt fondateur, impose à Jean Chamossier citoyen de Lyon, et à Catherine sa femme, l'obligation d'entretenir cette lampe devant ladite image, et d'offrir tous les samedis un cierge à l'autel de N.-D. de St-Nizier, moyennant le capital de 160 florins que ledit Chamossier hypothéqua sur sa maison appelée de Chantay, située à Lyon devant le plat et cimetière de St-Nizier, s'étendant par le derrière jusque dans la rue Longue. » S.

1362.—*Août.* Lettres du roi Jean qui permettent aux habitants de Lyon de prendre, en payant, de la chaux et du sable dans les lieux les plus commodes, et sans que personne puisse s'y opposer, pour achever le fort, appelé la *Retraite*, qu'ils faisaient construire entre la ville et le bourg de St-Just. *Notes* de M. Sudan, qui mentionne plusieurs autres actes relatifs à la construction de ce fort.

1362.—*Décembre* 9. Des lettres-patentes en forme de commission sont adressées par le roi Jean au prévôt de Mâcon pour informer si la clé de la porte de Pierre-Scise appartient à la ville ou à l'archevêque, et si celle de Trion appartient à la ville ou au chapitre de St-Just ; et cependant il lui enjoint de garder lesdites clés ou de les mettre en sequestre es mains de gens dignes. *Notes* de l'abbé Sudan ; *Inventaire de pièces sur Lyon*, mentionné sous le n° 1464 du *Catalogue des mss. de la biblioth. de Lyon.*

— Le chapitre de St-Jean assigne une *Livraison* perpétuelle à Pierre Desarques, peintre de l'église. M. Voyez ci-après, *année* 1376.

— Le chapitre donne grâce à un homme qui avait tué. M.

1363. — *Mai* 11. Arrêt du conseil du roi, donné à Villeneuve près Avignon, sur la plainte des habitants de la ville de Lyon de ce que l'archevêque et le chapitre avoient mis cès (*sic*) et fermé les églises à l'occasion de ce que par faute d'avoir voulu contribuer aux réparations, les officiers du roi avoient mis sous sa main le temporel de l'église. Sur quoi les ecclésiastiques ouïs, le roi ordonne qu'étant à Lyon où il sera bientôt, il fera droit aux parties, et cependant que les ecclésiastiques seront contraints au payement de leurs cotes par prise de leur temporel. Est notable que ladite prise avoit été faite par le capitaine de la ville. Le chapitre se plaignoit aussi de ce que les habitans ruinoient un mur qui étoit pour cloture de la ville et de l'église, et prenoient les pierres pour réparer les murs de la ville, etc. » S.

1363.—*Juin* 26. Un différend s'était élevé entre l'archevêque et le chapitre au sujet de la dépouille des prêtres de l'église primatiale que le prélat prétendait lui appartenir en entier. Par une transaction en date de ce jour, il fut convenu qu'au décès d'un chanoine titulaire, l'archevêque aurait pour son lit et sa dépouille, 15 florins de bon or, pour celle d'un simple chanoine 10 florins, et 6 pour celle des chapelains perpétuels. *Gallia christ.*, IV.

1363.—*Septembre* 9. On voit par une ordonnance du chapitre, en date de ce jour, que l'Eglise de Lyon jouissait alors du droit de battre monnaie. Menestrier pense que cette ordonnance qui établissait des officiers pour la monnaie, ne fut pas exécutée, n'ayant jamais vu, dit-il, de monnaies fabriquées au coin de l'Eglise, de ce temps-là ; mais, observe Poullin de Lumina, son sentiment à cet égard ne doit pas être une preuve décisive, puisque, sous l'épiscopat de Charles d'Alençon, douze ans après cette ordonnance, le chapitre en rendit encore d'autres sur cette matière. *Hist. de l'Eglise de Lyon*, p. 339.

— Le chapitre autorise les mansionnaires à établir des foires aux lieux de leurs mansions. — Il s'oppose et fait opposer les gens de ses terres à l'impôt mis sur le sel par le dauphin. *Act. capit.*, l. 1, fol. 248 ; *Notes* de Menestrier.

— Un corps d'*Anglais* s'étant arrêté à Savigny d'où il ravageait les campagnes, le chapitre promet cent florins à un maréchal qui avait offert de les chasser ; mais pour trouver cette somme les chandeliers d'argent de la cathédrale furent mis en gage. « Le chapitre, ajoute l'abbé Jacques auquel nous empruntons ce fait, fit ruiner le *château* de Thezé, de peur que l'ennemi ne vînt à s'en saisir. Humbert d'Albon fut nommé capitaine pour défendre Albigny et Couzon. » *Eglise primatiale de St-Jean*, p. 106-107. Voyez ci-après, *année* 1367.

1364—1380.

RÈGNE DE CHARLES V, DIT LE SAGE OU LE RICHE (1).

1364. — *Août* 13. Charles V, par lettres-patentes datées de Cressy en Brie, supprime, à la demande des citoyens de Lyon, la fête des *Merveilles*.

— Cette fête se célébrait chaque année à Lyon de temps immémorial, le mardi avant la St-Jean-Baptiste; on croit qu'elle avait été instituée pour perpétuer la mémoire de quelque miracle dont on ignore l'occasion. Adon nous apprend qu'on nommait *Jour des miracles* la fête où l'on célébrait à Lyon, le 2 juin de chaque année, la mémoire de St. Pothin et des chrétiens qui souffrirent avec lui le martyre, l'an 177. — Tout le clergé de la ville se rendait à l'église de St-Pierre, à Vaise; tout près de là, sur la rive droite de la Saône, on avait préparé à grands frais, plusieurs jours à l'avance, un immense bateau orné de feuillage et de banderoles. Le clergé, en sortant de l'église de Vaise, entrait dans ce bateau avec différents acteurs déguisés et revêtus de symboles analogues à l'événement qui avait donné lieu à la fête. On descendait la Saône au son des instruments, et en chantant des litanies et des antiennes, jusqu'au port d'Ainay. De là, le cortége se rendait processionnellement à l'église de St-Nizier où l'on disait la messe. Après l'office, on accompagnait l'archevêque jusqu'à la cathédrale où se terminait la fête. — Paradin, *Hist. de Lyon*, page 201, rapporte qu'il y avait sur le pont de Saône, au-dessus de l'*Arc merveilleux*, ainsi appelé, sans doute par allusion à cette fête, une porte par laquelle on faisait sauter des taureaux dans la rivière, lorsque le bateau où se trouvait le cortége allait passer. Ces taureaux étaient ensuite écorchés dans la petite rue du *Temple*, nommée à cause de cette circonstance, rue *Ecorche-Bœuf*; et la chair de ces taureaux se mangeait aux repas que l'on donnait à la suite de la cérémonie. Paradin ajoute qu'il a vu, dans un manuscrit fort ancien, la donation faite à l'église de St-Just, d'un *mas*, valant de revenu un quartal de froment, une hémine de seigle, un septier d'avoine, un mouton, un demi-lard et un septier de vin pour faire bonne chère à la fête des Miracles. Le chapitre de St-Jean, dit M. Cochard, avait aussi destiné les quatre marcs d'argent que lui devait chaque année l'abbé de Belleville, à payer le superbe bateau dont on se servait dans cette circonstance. — Peut-être est-ce pour diminuer les regrets que le peuple dut éprouver lors de la suppression de cette fête qui ne cessa entièrement que vers la fin du xive siècle, que l'on imagina de tirer chaque année un feu d'artifice, le jour de St-Jean, sur le pont de Saône. Voyez ci-après, *année* 1402. — Paradin, *Hist. de Lyon*, p. 200; du Cange, *Glossarium*, v° *Festum Mirabilium*; *Alm. de Lyon* pour 1789, p. 301; *Descript. de Lyon*, par Cochard, p. 204.

M. Michelet, *Hist. de Fr.*, 1, 77, après avoir parlé des *jeux* burlesques et terribles que Caligula avait institués à l'autel d'Auguste, s'exprime ainsi: « Sans doute ces *jeux* étaient renouvelés de quelque rite antique. Nous savons que c'était l'usage des Gaulois et des Germains de précipiter les vaincus, comme victimes, hommes et chevaux. On observait la manière dont ils tourbillonnaient, pour en tirer des présages de l'avenir... Aujourd'hui encore la tradition désigne le *pont du Rhône* d'où les *taureaux* étaient précipités. » — Ce

---

(1) Ce prince, successeur de Jean II, dit le Bon, parvint à la couronne le 8 avril 1364.

n'est pas du pont du Rhône, mais de celui de la Saône, que l'on précipitait les taureaux. M. Michelet revient encore sur ce sujet, t. II, p. 85.

1364.—*Septembre* 21. Lettres de Charles V, portant que les Juifs étant alors dans la ville de Lyon, contribueront à toutes les charges. *Revue du Lyonn.*, VII, 323. Voyez ci-dessus, *années* 829 et 852; ci-après, *années* 1379-80-86-94-95 et 1548.

— *Circa.* « Les troubles qui se manifestèrent en France après la paix de Bretigny, par suite du licenciement des armées, déterminèrent le roi, en l'année 1364, à fortifier Lyon, afin d'opposer une barrière aux ravages qu'exerçaient les grandes bandes répandues autour de la cité. Dans cette circonstance le château de Pierre-Scise fut enclavé dans la nouvelle enceinte. Alors il existait, non loin de ce château, un étang très-vaste et très-empoissonné qui en dépendait. En creusant un fossé trop près de la chaussée de l'étang, les eaux filtrèrent à travers et s'écoulèrent dans la Saône. Le consulat promit de faire revêtir la chaussée en maçonnerie; le malheur des temps ne lui permit pas de remplir ses obligations, et cette négligence occasionna le desséchement total de l'étang. » Cochard, *Descript. de Lyon*, p. 215, et Calendrier pour 1829, p. 31. Voyez aussi Paradin, *Hist. de Lyon*, p. 217 et 273; *Arch. du Rh.* v, 423-424. — Les plaintes de l'archevêque de Lyon contre le consulat, au sujet des dégradations qui détruisirent cet étang, sont mentionnées dans un manuscrit de la bibliothèque du roi qui porte le n° 9876, et qui paraît avoir appartenu à Jean Sala, de Lyon. *Note* de M. Godemard. Voyez ci-après, *années* 1369 et 1476.

— Le roi tenait alors le temporel de l'archevêque de Lyon, « comme il « conste par un registre de la bibliothèque royale, n° 9875. » M. Voyez aussi les *Notes* de l'abbé Sudan, *année* 1363.

— Patentes de Charles V, portant que tous les habitants de Lyon, même tous les ecclésiastiques, doivent faire la garde. *Inventaire de pièces sur Lyon*, mss. de la Biblioth. de Lyon, n° 1464.

— Le pape Urbain V avait excommunié tous ceux qui prêteraient secours aux soldats débandés des *Grandes compagnies*.... Un nommé Jacques Blanchi demande l'absolution, pour leur avoir vendu un bœuf et un âne, au prix de 8 florins d'or. — Un homme et une femme de Villefranche qui avaient également vendu différentes choses aux soldats débandés qui tenaient Anse, se firent absoudre en vertu d'un bref du cardinal du titre de St. Laurent *in Lucina.* M.

— Le chapitre se saisit de la régale de l'archevêque, et la remet à l'évêque d'Autun. L. 1, *Act. capit.*, fol. 42.

— Le reclus de la Madeleine enseigne la grammaire aux clergeons de St-Jean. M. —Voilà qui est édifiant, un reclus, sortant de sa cellule pour se faire professeur de grammaire! celui-là eût été bien certainement béatifié par St.-Foix. Chacun sait que l'auteur des *Essais sur Paris* n'aimait pas ces moines oisifs. C'est lui qui, parlant de la *belle Agnès* du Rochier, fille d'un riche marchand de la rue Thibautodé, qui, en 1403, se fit recluse à l'âge de dix-huit ans, et mourut presque centenaire, s'est écrié : «... Elle était née riche; « elle aurait pu, en visitant les prisonniers et les malades, contribuer pen- « dant quatre-vingts ans au soulagement de bien des malheureux; elle voulut « gagner le ciel sans sortir de sa chambre. » *OEuvres*, III, 310. Voyez ci-dessus, *années* 450 *circa*, et ci-après, *année* 1468.

1365. — *Mai* 12. Mort de Guillaume II de Thurey.—Sous son épiscopat, l'empereur Charles IV tenta inutilement de faire valoir le droit de nommer à un canonicat dans l'Eglise primatiale, et d'obliger l'archevêque à la prestation de l'hommage pour les terres de son siége, situées dans les limites de l'ancien royaume de Bourgogne. *Notes* du P. Menestrier; Guichenon, *Hist. de Savoie*, Preuves, p. 208.— En ce temps-là, l'Eglise de Lyon jouissait encore du droit de battre monnaie. *Gallia christ.* et du Tems.

1365. — *Juillet* 13. Charles d'Alençon, prince du sang royal, qui était fils aîné du comte d'Alençon, et qui avait fait profession dans l'ordre de Saint-Dominique, malgré Marie d'Espagne, sa mère, est sacré archevêque de Lyon. —Le capitaine Seguin de Badefau, qui était alors capitaine d'Anse pour le roi de Navarre, donna un sauf-conduit aux vicaires de Charles d'Alençon. M.

1366. — André de Borneville, damoiseau, était alors capitaine ou gardiateur de la ville de Lyon. — Brossette, qui se trompe peut-être, dit que cet officier fut excommunié par Charles d'Alençon. *Elog. hist.*, 132. Voyez ci-après, *année* 1371, et ci-dessus, *année* 1347.

1366 *ou* 1367. — « On vivait alors dans des alarmes continuelles; on disait que le prince de Galles arrivait dans le pays, et le 5 *février*, on crut que la ville allait être prise. Il fallut ordonner aux châtelains de retirer toutes les provisions et tous les habitants dans les châteaux, et donner asile, dans Tassins, aux habitants de St-Genis-les-Ollières, qui n'avaient plus de toits. » L'abbé Jacques, *Eglise de St-Jean*, p. 107. Voyez ci-dessus, *année* 1363.

1367. — Le chapitre donne au maréchal *de Odonat* (sic) 15 florins pour la garde de la ville. *Act. cap.*, l. 1, fol. 72. M. Voyez ci-dessus, *année* 1363.

— Charles d'Alençon nomme Martin de Lorme, sacristain de St-Nizier, son official général à la cour de Lyon. M. Voyez ci-après, *année* 1369.

1368. — *Avril*. Lettres de Charles V, confirmatives de celles de Philippe-le-Bel, de 1328, portant que le ressort du siége de la ville de Lyon sera transféré de la ville de Mâcon au bourg de l'Ile-Barbe. *Ord. des R. de Fr.*, v, 110. Voyez ci-après, au 28 *août* 1387.

1368. — *Juin*... Le chapitre ordonne, sur la réquisition du courrier de la ville, que la fête des *Merveilles* se fera le mardi *devant* la St-Jean. *Act. cap.*, l. 1, fol. 97. M. Voyez ci-après, *année* 1415.

1368.—*Octobre* 20. Archaimbaud de Comborn, bailli de St-Gengoul, proteste contre l'archevêque et le chapitre qui n'avaient pas voulu faire sortir les habitants en armes, pour la défense du pays. M.

— Patentes du Dauphin, relatives au rétablissement des fortifications de la ville, que l'archevêque avait fait démolir. M.

1369. — *Mars* 18. Un arrêt du parlement assujettit les ecclésiastiques à contribuer *pour un sixième* aux dépenses qui se feront pendant deux ans pour les fortifications. Paradin, *Hist. de Lyon*, p. 273; *Arch. du Rh.*, v, 425. Voyez ci-dessus, *année* 1364, et ci-après, *année* 1476.

1369. — *Septembre*... Antoine, seigneur de Beaujeu, fait son testament et déclare que, dans le cas où ses héritiers n'exécuteraient pas toutes ses dispositions, il donne au roi sa ville de Villefranche. *Chartes du roi*, tit. Testam. des rois et grands seigneurs. M. Voyez ci-après, *année* 1400.

— Martin de Lorme, official de Lyon, approuve et atteste les anciens priviléges de Villefranche en Beaujolais.—Voici quelques articles extraits de ces privilèges écrits en latin; j'emprunte la traduction qu'en a donnée M. Fleury Durieu, dans les *Nouvelles Archives du Rhône*, 1, 146-147 :

« On ne peut jamais saisir, au préjudice d'un habitant de Villefranche, les habits qu'il porte sur lui.

« Si un gentilhomme doit quelque chose à un bourgeois, le bourgeois ne peut pas saisir son cheval pendant qu'il est dessus.

« On ne peut saisir pour dette et faire vendre les immeubles qu'après avoir préalablement épuisé les valeurs mobilières.

« Le débiteur, quel qu'il soit, se rend au marché de Villefranche; le magistrat l'avertit de payer; s'il ne paye pas, le magistrat lui interdit le marché de Villefranche; s'il méprise cet ordre, il peut être arrêté.

« Si un seigneur bat un bourgeois de Villefranche, avec sang et tumeur, il est condamné à soixante sous. Un coup de poing coûte trois sous; un soufflet, moins dangereux, mais plus humiliant, en coûte sept.

« Un mari peut battre sa femme tout à son aise, sans que le magistrat y ait rien à voir, à moins qu'elle ne succombe sous les coups. » *Si burgensis uxorem suam percusserit, seu verberaverit, dominus non debet indè recipere clamorem, nec emendam petere, nec levare, nisi illa ex hác verberaturâ moriatur.* Voyez *Mém. contenant ce qu'il y a de plus remarquable dans Villefranche*, par le P. de Bussières, p. 109 et suiv.; *Ordonn. des Rois de Fr.*, t. XII, p. 13 de la *Préface*.

1371. — *Mai* 31. Procès-verbal fait en suite des lettres de commission de Jean, fils du roi de France, contre noble Jean-Antoine de la Tour, seigneur de Vinay en Dauphiné, pour raison des extorsions et malversations qu'il faisait aux habitants de Lyon; signé Cordier, notaire royal. *Inventaire de pièces sur Lyon.* Mss. de la Biblioth. de Lyon, n° 1464.

1371. — *Juin* 20. Lettres de Charles V, portant que dans la suite on lèvera des droits de sel sur la rivière de l'Isère en Dauphiné. — On y voit que les habitants des diocèses de Lyon, de Châlons et de Mâcon, au lieu de prendre du sel dans le grenier de Lyon, en prenaient secrètement dans les comtés de Savoie et de Bourgogne, dont ils n'étaient séparés que par le Rhône et par la Saône; ce qui diminuait le commerce de Lyon, dont le sel faisait la principale partie. *Ord. des Rois de Fr.*, v, 404.

— Charles d'Alençon, enhardi par la confusion qui régnait alors en France, veut retirer des mains des officiers du roi le palais de Roanne, qu'il disait lui appartenir en vertu de l'échange fait entre Guichard et le comte Guy II. Il tente d'en faire sortir Archaimbaud de Comborn, bailli de St-Gengoul, qui y faisait sa résidence en qualité de sénéchal de Lyon, et y tenait le siège de la justice. Pour parvenir à ses fins, il croit devoir donner des dégoûts au bailli; il fait emprisonner un sergent royal qui allait arrêter un citoyen, par ordre du sénéchal; il fait chasser, par le ministère de ses huissiers, tous les officiers royaux qui résidaient au palais de Roanne. Le bailli, poussé à bout, fait saisir le temporel de l'archevêque dans la main du roi. On ferme aussitôt les portes de la ville pour que l'archevêque, qui demeurait au château de Pierre-Scise, ne pût y rentrer. L'archevêque, poussé à bout à son tour, appelle au roi des procédures du bailli, et met toutes les églises de la ville en interdit, tant que le bailli y demeurerait. — Les chanoines de la Platière, ayant refusé de cesser le service divin, furent excommuniés par Charles, et ne purent obtenir l'absolution qu'après que trois d'entre eux eurent fait amende honorable, à genoux, et une torche à la main, dans la basilique de Saint-Jean. *Gallia christ.*, IV, 170; du Tems, IV, 576; Poullin de Lumina, *Abr. chron.*, 153; Cochard, *Descript. de Lyon*, p. 125, et *Calendrier pour* 1829, p. 53.

1371. — *Juin 25.* Les doyen et chapitre de Lyon interjettent appel au St-Siége des ordonnances de Charles d'Alençon qui, après avoir levé l'interdit qu'il avait mis, de leur consentement, sur les églises et sur la ville de Lyon, avait ensuite renouvelé cet interdit, sans leur participation et à leur insu. Cet acte d'appel, dont l'original existe dans les archives de l'Hôtel-de-Ville de Lyon, est trop important pour ne pas trouver sa place ici; en voici une traduction que nous extrayons du tome 1er des *Nouvelles archives du Rhône*, p. 215-218:

« Appel par les doyen et chapitre de l'Eglise de Lyon de l'interdit mis sur la ville par Charles d'Alençon, archevêque de Lyon, en date du 25 juin 1372, l'an 11 du pontificat du pape Grégoire XI, par lequel, en présence de Pierre Chevalier, notaire impérial et des cours de Lyon, et des témoins soussignés, par-devant Charles d'Alençon, archevêque, en son château de Pierre-Scise, s'est constitué Reynaud *de Piscibus*, procureur général et fondé de pouvoir des doyen et chapitre de Lyon, et a appelé dudit seigneur archevêque audit Siége apostolique par écrit, a demandé les Apôtres, comme il est contenu dans le libelle d'appel qu'il a intimé et exhibé audit archevêque, et dont la teneur suit:

« Ayant ordonné par vos lettres, révérend père Charles d'Alençon, archevêque de Lyon, depuis un an environ, aux doyen et chapitre de Lyon, et aux autres personnes bénéficiées en la ville de Lyon, de cesser toutes fonctions et service divin, à quoi vous avez procédé de leur consentement et après avoir requis ledit chapitre, et ce à cause de quelques injures et violences qui nous avaient été faites par noble seigneur Archaimbaud de Comborn, chevalier, bailli de St-Gengoulphe; depuis ayant reçu satisfaction dudit bailli, vous avez fait cesser ledit interdit, relevé la sentence d'excommunication portée contre ledit bailli, et remis les choses en leur état précédent. Mais dernièrement et depuis dix jours, il est venu à la connaissance desdits seigneurs, sans qu'ils en connaissent la cause, et sans avoir consulté lesdits seigneurs et autres que cela peut intéresser et sans leur consentement, ce qui est contre la coutume établie par le droit et par une possession paisible et immémoriale; se trouvant que de tout temps les seigneurs archevêques n'ont mis un interdit général sur les églises et sur la ville, sans le conseil et consentement préalable des doyen et chapitre de l'Eglise de Lyon, et après les avoir requis. Cependant, en attaquant ce droit incontestable, vous avez, sans avoir consulté ledit chapitre et autres non exempts, s'il y en a, et sans une raison suffisante qui nous soit connue, remis ledit interdit et ordonné auxdits seigneurs et autres et enjoint sous peine d'excommunication contre ceux qui n'observeraient pas ledit interdit jusqu'à ce qu'il ait été levé par vous ou votre supérieur; quoique vous n'ayez aucun pouvoir ou juridiction sur lesdits seigneurs qui sont exempts et privilégiés de toute espèce de juridiction archiépiscopale, mais devant procéder dans ce cas de leur assentiment et conseil, comme il a été dit, et quoique vous ayez suspendu depuis ledit interdit et le tenez encore suspendu jusqu'à la fête de Sainte Magdeleine prochaine, à moins d'un nouvel ordre que vous donneriez, disposition que vous entendez faire observer selon votre bon plaisir, ce qui pourrait durer très-longtemps, du moins tant que vous seriez archevêque, ainsi que le portent vos lettres, en dépouillant lesdits seigneurs de leurs possessions et droits. C'est pourquoi je, Reynaud *de Piscibus*, procureur desdits sieurs Doyen et Chapitre et de leur adhérens, appelle à Notre Saint-Père le Pape et au St-Siége de tous ces torts et autres qui pourront être produits par l'exécution de vos lettres, et je demande les Apôtres, en soumettant moi et lesdits seigneurs, et leurs adhérens, à toute juridiction et protection dudit pape et du Saint-Siége, se réservant d'ajouter à ladite appellation ce qui conviendra en temps et lieu, et de le faire signifier tant audit archevêque qu'à d'autres. A laquelle appellation ledit archevêque la recevant, a assigné le lundi après la fête de S. Pierre et S. Paul, pour y répondre ainsi qu'il avisera. De tout quoi ledit procureur a requis lui être donné acte. Donné au château de Pierre-Scize, le 25 juin; présents: MM. Simon de Lay, prêtre, et Jean Fabry, sous-diacre de Lyon; et ledit lundi 5 juillet, ledit Raynaud, procureur, comparaissant, ledit archevêque lui a assigné le mardi suivant pour répondre audit appel. Présents: MM. Mathieu de Varey, chamarier de l'église de St-Paul, Philippe de Balma du Chancel, et Guillaume Canabi, clercs, témoins. Et ledit mardi 6 juillet, ledit procureur comparaissant, l'archevêque a répondu audit appel, ainsi qu'il suit, en lui livrant une cédule qui la renfermait: M. Reynaud *de Piscibus*, qui vous dites procureur de mon église de Lyon, quoique vous ne justifiiez point de cette qualité, pour appeler de la suspension de l'interdit que j'ai mis contre Archaimbaud de Comborn, chevalier, se disant bailli royal de St-Gengoul; nous répondons que nous n'avons point cru devoir déférer à cette appellation frivole, vaine, et ne signifiant aucun grief: *pro apostolis refutatoriis, cum dimissoriis non sit iocus*. De laquelle réponse et de tout ce dessus, ledit Mᵉ Reynaud *de Piscibus*, procureur, a requis ledit notaire de lui donner acte, et invoqué les témoins présents. Donné au château de Pierre-Scize, ledit jour 6 juillet, au syndic; présents: vénérable M. Jean Formier, licencié en droit, Pierre de Chauppée et Guillaume Canabi, clercs, et plusieurs autres.

« Ledit acte souscrit par ledit Pierre Chevallier, notaire impérial et de la cour de Lyon, qui y a inséré son seing ordinaire. »

— Le chapitre prie l'archevêque de ne point aliéner le temporel de Lyon, ni au roi, ni à l'empereur, ni à aucun autre prince, ce que l'archevêque promet.
— Vers ce temps, l'archevêque Charles d'Alençon était absent. Plusieurs lettres de ses grands-vicaires portent: *in remotis agentes*. Il était à Paris, d'où il envoya des lettres de grand-vicaire au doyen Jean de Talaru. M. et S.

1373. (1372, v. s.). —*Février.* Louis II, duc de Bourbon, obtient des lettres patentes portant union immédiate du comté de Forez et de la baronnie de Roannais à la couronne de France, quant à l'hommage et au ressort; en sorte qu'au lieu de relever, comme auparavant, des comtés de Lyon et de Mâcon, et de ressortir aux baillis, sénéchaux et autres juges de ces comtés, les vassaux et sujets du Forez et du Roannais portaient immédiatement leurs causes par appel au parlement de Paris. Le motif de cette attribution, exprimé dans ces lettres, était le voisinage du Forez et du Roannais, comme une suite du duché de Bourbonnais, auquel ils étaient contigus. *Art de vérif. les dates*, II, 471. Voyez ci-après au 18 *février* 1382 et *juillet* 1466.

1374.— *Août* 10. « Claude Blanchard, de la paroisse de St-Julien, diocèse de Lyon, et Jean Marietti, de Hauteville, diocèse de Genève, de leur propre mouvement et pure volonté, pour la gloire de Dieu et de sa mère, ainsi que pour leur utilité commune, déclarent qu'à compter de ce jour ils veulent se regarder comme frères, issus de mêmes père et mère, aux conditions suivantes:

« Savoir: qu'ils s'aimeront et chériront comme véritables frères, qu'ils auront toujours même habitation, même table, même foyer; que leurs biens, meubles et immeubles, tant ceux de la campagne que ceux de la ville, les instruments du labourage, tonneaux, ustensiles, or, argent; en un mot, tout ce qu'ils possèdent à présent ou qu'ils pourront avoir à l'avenir, soit par droit d'héritage ou autrement, leur sera désormais commun; que leurs dépenses, tant celles qu'ils feront en santé que pour cause de maladie ou autrement, seront également supportées par la communauté, ainsi que les frais de noces s'ils viennent à se marier. »

Après avoir rédigé cet acte, les frères adoptifs s'envoyaient des chapeaux de fleurs et des cœurs d'or. Du reste, de semblables associations et beaucoup d'autres usitées alors, n'étaient guère pratiquées qu'entre les individus qui, n'ayant ni enfants ni frères véritables, évitaient l'isolement et l'égoïsme, à la faveur d'une fiction où les relations de la famille étaient loyalement simulées. *Arch. du Rh.*, IV, 351.

— Humbert d'Albon, seigneur de Pollionay, capitaine de Couzon et d'Albigny pour le chapitre, est nommé bailli de l'église pour un an. M.

1375. — *Juillet* 5. Charles d'Alençon meurt au château de Pierre-Scise. — Sa mort met fin aux déplorables démêlés qui existaient entre lui et le bailli de St-Gengoul. — Voyez, sur une monnaie qui paraît avoir été frappée sous l'épiscopat de Charles d'Alençon, le *Courrier de Lyon* du 9 janvier 1838, et la *Revue du Lyonn.*, VII, 123-125. — Jean de Talaru, doyen du chapitre de St-Jean, fut le successeur de Charles. *Gallia christ.* Voyez ci-dessus, *années* 1076 et 1157, et ci-après, *année* 1394.

— Le nouveau doyen, Jean de Saint-Amour, ne pouvant aller faire l'hommage au roi pour le chapitre, celui-ci commet le custode. M.

1376. — *Mars* 5. Jean de Talaru célèbre un concile provincial, dans lequel il fixe le droit des curés pour les sépultures, et veut qu'il n'excède pas la somme de dix livres. *Severt*, p. 430.

1376. — *Mai....* Des lettres patentes de Charles V approuvent une transaction faite entre l'archevêque et le chapitre sur le tiers de juridiction appartenant au chapitre et dont l'indemnité avait été fixée à 500 livres par an, etc. Cochard, *Calendrier pour* 1829, p. 34.

1376. — *Août.* Le juge du ressort avait fait publier des ordonnances du roi, portant défenses d'exposer d'autres monnaies et espèces que celles que S. M. ferait battre; l'archevêque, le chapitre et les conseillers de la ville, conjointement, interjettent appel de cette décision. Ils soutiennent que, de tout temps, l'archevêque et le chapitre avaient le droit de faire battre une monnaie appelée *monnaie de Lyon;* que les habitants de cette ville avaient le droit d'en user, et que même les bourgeois de Mâcon se payaient en monnaie de Lyon. S.

— Pierre de Villette, abbé de l'Ile-Barbe, vend le fief de Rochetaillée au comte de Savoie. — Occasion de brouillerie avec le chapitre de Lyon. *Mazures*, p. 215.

— Le chapitre accorde à Pierre Desargues, peintre de l'église, deux ânées de seigle annuellement, ainsi que de coutume, pour nettoyer, quatre fois par an, les images et peintures dans le presbytère, dans le chœur et au dehors. *Act. cap.* l. II, p. 11. Voyez ci-dessus, *année* 1362.

1377. — *Août* 23. Lettres de Charles V qui ordonnent au bailli de Mâcon de faire défense aux juges du chapitre de Lyon, de connaître des affaires réelles et mixtes. *Ord. des R. de Fr.*, VI, 295. Voyez aussi le mot *Lion* dans la *Table* du tome VI de ce recueil, et les *Notes* de l'abbé Sudan, et ci-après, *année* 1387.

— Guillaume de Sens, premier président du parlement de Paris, que

Charles V avait envoyé à Grégoire X pour terminer quelques différends, meurt à Lyon. M.

1378. — L'auteur de l'Inventaire du chapitre de l'Eglise de Lyon rapporte que, dans le mois de janvier de cette année, trois habitants de Socieu-en-Jarret (village situé au-dessus de Brignais), s'étaient ligués contre un bourgeois de Lyon qui avait épousé en secondes noces une femme de Socieu, qu'ils avaient insulté et battu les époux, exigé des vivres, et fait pendant dix nuits charivari; que ces excès donnèrent lieu à une procédure criminelle; ce qui, ajoute naïvement l'auteur, prouve que les paysans de *Socieu* n'étaient pas très-sociables. Cochard, *Arch. du Rh.*, II, 341. Voyez ci-après, *année* 1758. — Boniface, dans ses *Arrêts notables de la cour du parlement de Provence*, tome II, p. 299 de l'édition de Lyon, 1708, in-fol., raconte qu'en 1640, Gilibert Dalmas et autres, ayant fait le charivari, furent condamnés par la cour à répondre sur les charges et informations par-devant le commissaire, « conformément « aux conclusions de l'avocat-général qui dit que par les conciles, l'un tenu « à Lyon en 1421, et l'autre à Trèves en 1453, ceux qui excitaient des chari- « varis, *in odium secundarum vel tertianarum nuptiarum*, avaient été condam- « nés comme hérétiques. » — Je ferai observer qu'il n'y a pas eu de concile à Lyon en 1421, ni à Trèves en 1453. C'est au concile de Nantes, en 1431, et au concile d'Angers, en 1448, que l'on défendit les bruits et *charivaris* qu'on fait lorsqu'une personne se marie pour la seconde ou la troisième fois. Voyez *Hist. du Charivari*, par le docteur Calybariat (G. Peignot), p. 135.

1379. — Ordonnance de l'Eglise de Lyon, portant que les Juifs seront chassés de la rue qu'ils habitent à Lyon (aujourd'hui la rue *Dorée*), et qu'ils seront tenus de se réunir dans une autre rue. *Notes* du P. Menestrier; *Descript. de Lyon*, par Cochard, p. 250. Voyez ci-dessus, *année* 1364, et ci-après, *années* 1380, 1409, 1476, etc. — En ce temps-là, ce n'est pas seulement à Lyon que les Juifs étaient persécutés : on lit dans l'Histoire *de Charles VI*, par Le Laboureur, l. 1, c. VII, que, durant une émeute, arrivée à Paris, vers 1380, « le peuple fondit avec furie dans une rue où il y avait quarante maisons de Juifs qui les habitaient sous la permission et sauve garde du roi; que chacun y butina à discrétion ; ... qu'il s'en trouva d'assez cruels pour faire main basse sur tous les Juifs qu'ils rencontrèrent, et que le massacre eût été beaucoup plus grand s'ils ne se fussent sauvés dans le Châtelet; ..... que leurs femmes éplorées ne savaient que devenir pendant cet horrible désastre, et que si quelques-unes gagnèrent le même asile avec leurs enfants, les autres, poursuivies de près, se rendirent toutes chargées à la merci de ces brutaux, qui, non contents de les détrousser, leur arrachèrent leurs enfants qu'ils menaient à l'église pour les faire baptiser... » — Ce dernier fait nous en rappelle un autre qui est rapporté par Saint-Julien de Baleure (*Antiq. de Mâcon*). « C'étoit, dit cet historien, l'usage dans l'église de Mâcon, de baptiser un enfant le samedi-saint, à la bénédiction des fonts. Une année personne n'ayant présenté d'enfant à la cérémonie, le comte Geoffroi, qui étoit présent, sort de l'église avec quelques-uns de ses nobles, court au *Pont des Hébreux*, et se saisit d'un enfant juif qu'il amène à l'église, où sur-le-champ il reçut le baptême. La comtesse Béatrix, femme de Geoffroi, fut la marraine, et donna le nom de son époux à l'enfant, lequel ayant persisté dans la religion chrétienne, se fit moine de Cluny, et donna ses biens aux apôtres S. Pierre et S. Paul, desquels, dit l'historien, il se glorifioit de descendre (Severt, *in Episc. Matiscon*. p. 91). » *Art de vérif. les dates*, II, 487. — Geoffroi, qui avait succédé à son père Otton, dans le comté de Mâcon, mourut au plus tard en 1065.

— Clément VI adresse au chapitre de Lyon ses lettres, attestant que Nicolas, cardinal de Sainte-Marie, pourvu d'un canonicat, est noble de quatre races. Le pape, en conférant ce canonicat, voulait aussi pourvoir le cardinal Nicolas des biens que le chanoine vivant possédait. Le procureur du chapitre, pour repousser cette prétention, adresse aux commissaires apostoliques envoyés par le pape pour demander au chapitre les revenus d'une année, des remontrances qui nous apprennent comment se gouvernaient alors les biens de l'Eglise. On voit par ces remontrances que le chapitre seul est maître de tous les biens de l'Eglise, et que les chanoines, comme vicaires du chapitre, ne jouissent, sous son bon plaisir, que de certaines portions de terre et revenus dites dons de l'Eglise, pendant leur vie seulement, et dont ils ne peuvent disposer en mourant; que les jeunes chanoines, avant qu'ils soient *in sacris* et avant leur première résidence, ne jouissent d'aucune portion desdites terres, mais ont seulement leurs distributions et livraisons quotidiennes, que l'on paye aux présents aux heures de l'office de chœur; et quand il vaque une *chanoinie* par mort ou cession, la portion des terres du cédant ou décédé est partagée entre les autres chanoines habiles, à condition de payer et contribuer aux charges de l'Eglise, qui sont si grandes qu'à peine y a-t-il pour se nourrir et entretenir; tellement que les places sont plutôt recherchées à cause de la dignité et prééminence de l'Eglise que pour les revenus, qui ne vont au plus qu'à dix mille florins : sur quoi il faut payer en deux termes le *pay* qui est destiné pour l'entretien des custodes, chevaliers, et douze perpétuels, qui se paye aussi à certains desserviteurs de quelques chapelles de l'église, à certaines prieurés religieuses et plusieurs autres. Ledit pay se paye en argent et monte environ à 1500 livres annuelles; plus faut payer des livraisons et contributions quotidiennes des fêtes du Réfectoire, et des Anniversaires, où prennent les chanoines, custodes, chevaliers, perpétuels, le lecteur de théologie, la fabrique, le maître de l'œuvre, les officiants, candélabres et chapes, et le *tire-corde*, etc. : le tout monte environ à 1900 livres viennois. Plus la grande aumône aux hôpitaux, léproseries, pauvres vieillards de la ville et des terres, aux frères Prêcheurs, Mineurs, Carmes, Augustins, la Déserte, Brienne; pour cela 200 ânées seigle valant environ 200 livres viennois. Plus, la petite aumône pour les mêmes, qui se paye en argent toutes les semaines, en tout 300 livres. Plus, pour le pain, vin, toile, argent et bateaux, aux Rogations et fête des *Miracles*, jeudi-saint, à la cène et au mandat, et aumônes en carême-prenant, en plusieurs terres de l'église, 50 livres et plus. Plus, il y a des décimes papales, 240 livres. Dépenses des envoyés à Rome, 30 livres. Salaire des baillis, châtelains, portiers des châteaux, juge ordinaire, juge des appeaux, procureurs et autres officiers, 200 livres. Deux notaires qui écrivent les actes du chapitre, portier du chapitre, barbier de l'église, habits des serviteurs et courriers du chapitre, 60 florins. Pension à certains qui défendent l'église, 400 florins. Plus, autres frais extraordinaires pour messagers, procès, étrennes, réparations, plus de 1500 florins. De plus, les *Dignités* sont obligées de nourrir et entretenir chacun six prêtres, ou clercs, qui doivent servir à l'église, sans aucune autre récompense, et outre à six pauvres, et faire encore d'autres aumônes à leur porte, toutes les semaines; les hôteliers doivent nourrir trois prêtres ou clercs, autant de pauvres, outre les aumônes. A quoi ils ne pourraient parvenir s'ils n'avaient d'autres revenus que ceux de l'Eglise. M.

1380—1422.

RÈGNE DE CHARLES VI (1).

1380. — Ce prince, successeur de Charles V, parvint à la couronne le 16 septembre 1380.

1380 *circa*.—On lit dans des procédures relatives aux réclamations de la ville contre le clergé, et faites vers ce temps-là, que les gens d'église perçoivent 20 deniers tournois sur tous les Juifs qui entrent à Lyon, ce qui est un grand profit, notamment depuis environ dix à douze années que les Juifs sont venus demeurer au royaume, « dont il y en a déjà grande quantité, et chacun « jour y en vient dont la rente des gens d'église croît chaque jour..(2) »

— On lit dans les mêmes procédures qu'il n'y avait pas de charrettes à Lyon, comme aux autres lieux de France, et que tout s'y apportait « à chevaux et bêtes. » *Notes* de l'abbé Sudan. Voyez ci-dessus, *années* 829, 1350, 1364 et 1379, et ci-après, *années* 1386-94-95, et 154.

— Perrin, t. 1, p. 113 de son *Histoire des Vaudois*, édition de 1619, cite le *Forest* parmi les provinces où il y avait alors des Vaudois. — Nous avons parlé ci-dessus, *année* 1160, à l'occasion de Pierre Valdo, d'un *Nouveau Testament* en langue *vulgaire* que possède l'Académie royale de Lyon, et dont l'écriture paraît être de la première moitié du xive siècle. Nous avons communiqué ce précieux manuscrit à M. Chelle, archiviste de la préfecture du Rhône, et nous croyons devoir consigner ici les notes qu'il a eu l'extrême obligeance de nous transmettre. Cette traduction a été faite d'après le texte et suivant l'ordre de la Vulgate ; elle est terminée par un *rituel* vaudois ou albigeois dont voici quelques extraits :

I.

E si deu esser cossolatz ades fasa so milhoirer e prega lo libre de la ma de lancia e lancia deu le amonestar e prezicar ab testimonis convinentz e ab aitals paraulas cos coveno a cossolament e diga en aisi. En paire voletz recebre lo habtisme esperital per loqual es datz san esperit en la gleisa de Deu abla santa oracio abl empausament de las mas dels *bos homes*. . . . .

II.

. . . .
Si crestias als quals le menestre de la gleisa es comandatz sian message de

---

(1) Ce prince, successeur de Charles V, parvint à la couronne le 16 septembre 1380.

(2) Vers le même temps, à St-Symphorien-d'Ozon, en Dauphiné, et tout au plus à trois lieues de Lyon, un Juif à pied payait quatre deniers ; un Juif à cheval et une Juive enceinte étaient taxés au double. G. P. Depping, *Les Juifs au moyen âge*, p. 256.—Ce n'est que par un édit de Louis XVI, du mois de janvier 1784, que les Juifs ont été affranchis des droits de péage corporels qu'ils payaient encore à cette époque dans quelques parties du royaume, notamment en Alsace, et à l'entrée de la ville de Strasbourg, suivant plusieurs tarifs et pancartes, par lesquels ils étaient assujettis à une taxe corporelle qui les assimilait aux animaux. Cette imposition, qui avilissait l'humanité, répugnait trop aux sentiments que Louis XVI étendait sur tous ses sujets pour qu'il la laissât subsister plus longtemps.

crezentz malaute anar i devo, e devo li demandar en cossellı coses menatz vais la gleisa depuis que receup la fe ni sies dere en deutalz vas la gleisa ni en colpatz e si deu lunda re e o pod pagar far o deu e si far no o vol no deu esser receubutz. . . . . . .

III.

. . . .

E puis devo li demandar si vol recebre la oracio e si ditz quo vescan lo de camisa e de bragas si far se pod e fascan le estar e sezentz si pod lavar lasmas e metan tovala o autra drap devant lui sers le leit e sus aqual drap metan le libre e digan una vetz benadisite, etc.

La dénomination de *Bons Hommes*, donnée dans le premier fragment à ceux qui font *l'imposition des mains*, nous porterait à croire que le rituel en question était à l'usage des Albigeois; car, divisés en divers ordres, quelques-uns d'entre eux se faisaient nommer les *Bons hommes* ou *les Parfaits*; d'autres étaient appelés les *Croyants*. Les *Parfaits* portaient des habits noirs; ils se piquaient de chasteté, de tempérance, et avaient le mensonge en horreur. Ceux qu'on nommait *Croyants* menaient une vie déplorable, parce que, mêlant avec les plus énormes crimes une austérité apparente, ils se flattaient pourtant d'être sauvés par la seule foi, ne doutant pas de leur salut, pourvu qu'avant de mourir ils pussent recevoir *l'imposition des mains* de quelqu'un de leurs *Bons hommes*. Benoist, *Hist. des Albigeois*, etc., t. 1, p. 28. — Voyez aussi du Cange ou Adelung, *Glossarium*, v° *Boni homines*.

Il y a de grands rapports entre le style du manuscrit de l'Académie de Lyon, et le style de l'Apologie des *Vaudois* ou pauvres de Bohême dont Paul Perrin a parlé plusieurs fois dans son *Hist. des Vaudois*; voyez surtout t. 1, p. 13, et p. 224, édition de 1619. Cette *Apologie* a pour titre : *Al serenissimo Princi-Rey Lancelao. Ali duc barons et a li plus veil del regne. Lo petit tropel de li Chrestians appela per fals nom falsament* Pauvres o Valdes. *Gratia sia en Dio lo Paire et en Jesus lo filli de luy.* Dans le même volume où se trouve cette *Apologie*, est un traité intitulé : *Aiço es la causa del nostre despartiment de la Gleisa romana*; c'est-à-dire : « Ceci est la cause de notre séparation de l'Eglise romaine. » Au reste, pour faciliter ceux qui voudraient pousser plus loin cet examen, nous reproduisons *textuellement*, d'après le manuscrit de Lyon, le *Pater* selon S. Matthieu et selon S. Luc; on pourra conférer chacun de ces *Pater* avec les fragments du *Pater* vaudois ou *albigeois* cités par Perrin, t. 11, p. 204 et suiv. de son *Histoire des Vaudois*(1), et qu'il a extraits du livre des Vaudois, intitulé le *Tresor de la Foy*.

---

(1) Voici ces fragments : .... Lo teo nom sia sanctifica. Lo teo regne vegne. La toa volunta sia faita, enximi es festa en cel sia faita en terra. Dona nos le nostre pan quotidian enchoi. Pardonna a nos li nostre debit o pecca, coma nos pardonnen a li nostre debitor o offendadors. Non nos amenar en tentation, mas desliora no (*sic*) del mal. — Je ne sais si je me fais illusion, mais il me semble qu'il reste encore des traces de ce patois dans l'idiome des Vaudois qui peuplent aujourd'hui les vallées du Piémont. Voici leur *Pater* extrait de la traduction en *langue vaudoise*, par Pierre Bert, de l'*Evangile selon S. Luc*, Londres, 1832, in-8 : « Nostre Père qu'è ar ciel, que toun nom sia sanctifia. Toun régné vegna. Toua voulentà sia faïta sù la terra com ar ciel. Douna-noû ogni di nost pan quotidien per enqueuï. E perdon-noû neusti pecà; perqué noû quitten decò li debi à tui quili que noû diven. E laisse noû pas toumba ent la tentatioun ; mas deslibra noû dar mal. »

Pater *extrait de S. Mathieu.*

Le nostre paire que es els cels sanctificatz sia lo teus noms avenga lo teus regnens e sia faita la tua volontaz sica el cel e e la terra. E dona a nos oi lo nostre pa qui es sobre tota causa. E perdonna a nos les nostres devtes aisi co nos perdonan als nostres devtors e no nos amenes en tentatio mais delivra nos de mal.

Pater *selon S. Luc.*

Nostre paire sanctificatz sia lo teus noms avenga lo teus regnens. Lo nostre pa cotidia dina nos cada dia. E sia faita la tua volontaz sico el cel e en terra. E perdona a nos los nostres pecatz acertas en aisi cum nos perdonam a totz cels qe devo a nos. E no nos menes en temptacio.

1381. — *Février* 19. Louis de France, duc d'Anjou, fils adoptif de Jeanne, reine de Sicile, donne à son cousin, le comte de Savoie, par acte passé à Lyon, le comté de Pymont, etc. Guichenon, *Hist. de Savoie*, preuves, p. 214.

— *Novembre* 12. Charles VI, par lettres patentes données à Paris, accorde aux conseillers de la ville de Lyon, la permission de faire reconstruire une tour sur le pont de Saône avec une horloge. — Cette tour avait été construite durant les guerres civiles qui eurent lieu pendant le xiii° siècle entre le clergé et les habitants de Lyon. Ceux-ci l'avaient fait élever pour leur défense, et elle avait été renversée lorsque la tranquillité fut rétablie. D'autres lettres de Charles VI, du 20 août 1386, prouvent que cette tour fut rebâtie; ces lettres enjoignent aux citoyens de payer 800 écus d'or pour la dépense qu'elle avait occasionnée; mais elle ne tarda pas à être de nouveau détruite. *Arch. du Rh.*, xiii, 18. Voyez ci-après, au 23 *juin* 1465.

1382. — *Février* 18. Jeanne de Bourbon fait cession du comté de Forez à la duchesse Anne, sa petite-fille. *Art de vérif. les dates*, ii, 415. Voyez ci-dessus, *février* 1373.

— Sentence et commission du sénéchal de Lyon, signée Currely, pour contraindre ceux qui avaient été élevés au consulat par les maîtres des métiers d'accepter la charge d'échevin. *Inventaire de pièces sur Lyon*. Mss. de la Bibliothèque de Lyon, n° 1464.

1383. — *Septembre* 2. Des lettres du roi Charles VI font défense de *ne molester* les habitants pour raison du ressort ailleurs qu'à l'Ile-Barbe. S.

1383. — *Septembre* 19. Jean de Talaru nomme pour son official Mathieu de Marcilly, doyen de l'Eglise de Montbrison. M.

— Jean de La Grange, lyonnais, évêque d'Amiens et cardinal, vient à Lyon et reçoit des présents du chapitre. M. Voy. Ciacon. *Hist. pontif.*, ii, 609.

1384. — *Février* 4. Jean Boville, bailli de Mâcon et sénéchal de Lyon, suspend les poursuites commencées contre les citoyens de Lyon, au sujet de la transgression des ordonnances sur les monnaies. S.

1384. — *Novembre* 5. Sur les remontrances du consulat, qui avait exposé au pape Clément VII que le pont du Rhône, à Lyon, avait besoin de réparations pour lesquelles le concours des fidèles était nécessaire, ce pape, par une bulle datée de Villeneuve-lès-Avignon, le 15 des calendes de novembre, l'an 6° de son pontificat, avait autorisé l'abbé d'Ainay à accorder une grande faveur aux personnes qui, dans un certain temps, entreraient dans la confrérie du St-Esprit que les consuls et la commune de Lyon se proposaient de fonder, et qui auraient contribué aux réparations. Leur confesseur pourra leur accorder une seule fois, et seulement à l'article de la mort, l'absolution de tous leurs péchés, etc. — En conséquence, l'abbé Adam (Dumont), assisté de Jean (de Talaru), archevêque et comte de Lyon, primat des Gaules, de notables ecclésiastiques, des professeurs de théologie, de droit civil et canon, et des consuls représentant la commune de Lyon, considérant la pauvreté qui, par le malheur du temps, accable beaucoup de fidèles, arrête que celui qui sera reçu dans la confrérie en question, payera, chacune des quatre années qui suivront sa réception, six gros d'argent tournois, monnoie courante en France, desquels seize valent un franc d'or, etc. *Nouvelles Arch. du Rh.*, 1, 159; *Variétés* d'A. P., p. 94.

— Jean de Talaru fait, dans l'église de Ste-Croix, la solennité du mariage d'Antoine de Talaru, son petit-neveu, qui avait à peine atteint l'âge de puberté, avec Alix d'Albon, fille de Guillaume, seigneur de St-Forgeux. *Mazures*, t. II, p. 141 et 572.

1385. — Le doyen de Lyon et Guillaume Dulac, prévôt de l'église de Gênes, sont délégués par Clément VII pour régler les différends survenus entre les chanoines et les chapelains perpétuels de l'église de Gênes. Le doyen s'en excuse et laisse ce soin au prévôt. Chorier, *Hist. du Dauphiné*, II, 381.

— On lit dans Guichenon, *Hist. de Bresse*, II⁰ partie, p. 23, que l'église de St-Antoine, à Bourg, ayant été rebâtie, l'autel et le cimetière furent bénits par Clément, évêque de Damas, le jeudi après la *Nativité de J. C.* (26 décembre). « Or il fallait que ce Clément, évêque de Damas, fût suffragant ou chorévêque de Jean de Talaru; il l'avait été de Charles d'Alençon. » M.

1386. — *Octobre* 5. Lettres de Jean de Talaru qui permet de lever le 20ᵉ sur la vente du vin pour les nécessités et réparations de la ville. *Inventaire de pièces sur Lyon*, Mss. de la biblioth. de Lyon, n° 1464.

— Patentes de Charles VI portant que les Juifs, habitants de Lyon, contribueront aux réparations de cette ville. *Inventaire de pièces sur Lyon*. Mss. de la biblioth. de Lyon, n° 1464. Voyez ci-dessus, année 1364. — Voyez aussi la *Revue du Lyonnais*, VII, 324.

— Charles VI envoie des commissaires dans la sénéchaussée de Lyon, pour réformer les abus qui s'y étaient introduits par rapport au domaine et aux monnaies. *Ord. des R. de Fr.*, VII, 157.

1387. — *Février* 5. Transaction entre Jean de Talaru, archevêque, agissant en qualité d'abbé de St-Just, d'une part, et le chapitre de cette collégiale d'autre part, au sujet de la juridiction de St-Just. Cochard, *Calendrier pour 1829*, p. 35.

1387. — *Mars* 13. Charles VI fait défenses aux prélats de son royaume de tirer en procès les habitants de Lyon en cour de Rome ou autre part, soit par excommunication ou autrement, pour causes réelles et concernant le temporel, attendu qu'il n'appartient qu'à lui d'en connaître. *Notes* de l'abbé Sudan. Voyez ci-dessus, année 1377.

1387. — *Juin* 18. Guichard de St-Priest, chevalier, seigneur de St-Chamond, est nommé capitaine gardiateur de la ville de Lyon. Il paraît avoir succédé à Henri de Viégo Museton, qui avait eu pour prédécesseur le fameux Archaimbaud

Comborn. — « Cette dignité, dit Brossette, fut ensuite réunie à celle de bailli de Mâcon, sénéchal de Lyon, et les officiers qui possédaient cette dernière charge ajoutaient à leurs qualités celle de capitaines de la ville. » *Elog. hist.* 133. Voyez ci-après, *année 1389*, et ci-dessus, *année 1371*.

1387. — *Juillet 20*. Charles VI adresse au juge royal de Lyon des lettres par lesquelles il lui enjoint de supprimer les sergents créés par le maître des ports et passages, au-delà du nombre fixé par le bailliage de Mâcon et la sénéchaussée de Lyon. *Ord. des R. de Fr.*, XII, 152.

1387. — *Août 28*. Lettres de Charles VI, portant que les habitants de Lyon, qui avaient depuis peu le siége de leur ressort à l'Ile-Barbe, n'y ressortiront plus à l'avenir, mais seront du ressort de Mâcon comme autrefois. — Le 2 mars suivant, il y eut surséance à l'exécution de ces lettres. *Ord. des R. de Fr.*, t. X, p. 153 et 157. — Voyez ci-dessus, *avril 1368*.

1387... — Lettres de Charles VI, portant que les monnaies du Dauphiné auront cours dans la ville de Lyon, etc. *Ord. des R. de Fr.*, VII, 182. Voir aussi la table du même volume, au mot *Lyon*.

1388. — *Février 28*. Les prêtres de l'église de St-Nizier ayant refusé de faire un enterrement, parce que l'on n'avait pas voulu leur donner le lit du trépassé, procès-verbal en fut rédigé. Le temporel de l'église fut mis, le même jour, sous la main du roi, et les prêtres de St-Nizier furent assignés devant les officiers royaux à Roanne. Le 6 mars suivant, il y eut transaction entre la ville et les chapitre et curé, pour fixer les droits de casuel. — Une autre transaction pour le même objet eut lieu le 23 février 1389. S. Voyez ci-après, *année 1391*.

1389. — *Octobre 14*. Entrée solennelle de Charles VI par la porte de Vaise. — Cinq cents hommes à cheval, vêtus de rouge aux dépens de la ville, et précédés de deux trompettes et de trois hautbois, allèrent au-devant du roi. Un aussi grand nombre d'enfants furent vêtus de tuniques bleues fleurdelisées ; ils tenaient chacun à la main un guidon aux armes du roi, et, marchant deux à deux, ils s'arrêtèrent devant le palais de l'archevêque, où, s'étant rangés en haie, ils criaient *Mont-Joye Saint Denis, vive le Roi !* Vingt-cinq dames vêtues de bleu se trouvèrent à la porte de Bourgneuf lorsque le roi arriva ; quatre d'entre elles lui présentèrent le dais qui devait être porté sur lui le long de la marche. Ce dais était de drap d'or ; les battants ou campanes, de satin bleu à fleur-de-lis d'or, relevées en broderie, avec des franges vertes en soie mêlées d'or. On avait élevé sur la place de la *Draperie* (aujourd'hui la place du Change), une fontaine qui pendant toute la marche du cortége jetait par divers canaux du vin blanc et du vin clairet pour rafraîchir les passants et surtout la garde du roi. Cette fontaine avait pour sentinelles les deux plus beaux hommes qu'on eût trouvés à Lyon, et qui étaient travestis et vêtus en sauvages. Le jour commençant à faillir lorsque le roi arriva devant la place de la Draperie, soixante hommes vêtus de rouge prirent des torches allumées et escortèrent le roi jusqu'au palais de l'archevêque, où il fut logé. *Hist. consulaire* du P. Menestrier ; *Description de Lyon*, par Cochard, p. 214. — Voici en quels termes Juvenal des Ursins a parlé de cette entrée, *Hist. de Charles VI*, p. 76, édition de 1653 : « Et *le Roy* s'en vint à Lyon, et les habitans furent moult joyeux de sa venue, et parerent les rues. Et à l'entrée de la ville, joignant la porte, y avoit un bien riche poille sur quatre bastons que tenoient quatre belles jeunes filles, et se mit le Roy dessous. Et en certains lieux de la ville y avoit jusques à mille enfans vestus de robes royales, jouans et chantans diverses chansons sur la venue du Roy. Cheres se faisoient, feux et tables furent mises par les rues, et ne cesserent, pendant quatre jours, de ce faire jour et nuit. Jeux et esbatemens se faisoient, et tous signes qu'ils pouvoient faire de joyeuseté, de la venue du Roy leur souverain seigneur, et de le voir en bonne santé et prospérité. De la ville de Lyon, après qu'il y eust esté par aucun temps, se partit, et s'en vint à Rocquemeure, etc. »

— Charles VI, reconnaissant du zèle que les Lyonnais lui témoignèrent pendant qu'il était au milieu d'eux, et de ce qu'ils n'avaient pris aucune part à la révolte des *Maillotins*, transfère à Lyon la fabrication des monnaies établie à Mâcon. *Notes* de feu Delandine.

1389. — *Novembre.* Ordonnance de Charles VI portant, art.º 12, que le blé se vendra dans le marché d'Eyrieu (Dauphiné), à la mesure de Lyon, et le vin à celle de Vienne. *Ord. des Rois de Fr.*, VII, 307.

— Jean de Talaru, ayant été nommé cardinal par Clément VIII, qui avait été précenteur de l'Eglise de Lyon, Philippe de Thurey est élu archevêque de Lyon. — On ignore la date de la mort de Jean de Talaru qui, par son testament du 23 septembre 1392, légua à la chapelle de St-Michel du château de Pierre-Scise, un missel, une chasuble et quelques autres ornements d'église. — Ce testament est daté du château de Pierre-Scise. Cochard, *Calendrier pour 1829*, p. 35. — L'origine de la famille de Talaru se perd dans la nuit des temps ; mais elle paraît avoir commencé dans le Lyonnais. Voy. Le Laboureur, *Mazures de l'Ile-Barbe*, tome II, page 560 et suiv., et le Dictionnaire de Moréri, art. *Talaru*. Cette famille qui subsiste encore dans la personne de M. le marquis de Talaru, pair de France, a fourni plusieurs personnages distingués. L'Eglise de Lyon lui a dû trois archevêques dont deux, Jean et Amédée, furent cardinaux, et environ vingt chanoines, comtes de St-Jean. On voit par une pièce de Gilbert Ducher, insérée à la page 29 de son recueil, imprimé en 1538 par Sébastien Gryphe, que l'un de ces comtes, qui portait le prénom de Jean, possédait une maison près de l'église de Fourvières, où il cultivait avec succès la poésie et les lettres, et où il réunissait probablement une société choisie de personnes qui partageaient ses goûts. Voici une traduction de cette pièce :

> Mon livre, va te rendre au Forum de Vénus,
> Ce sommet élevé d'où le soleil contemple
> De ses derniers regards la cité de Plancus ;
> Talaru, dans ces lieux, réside près du temple
> Où du peuple chrétien Thomas est révéré.
> On ne l'y voit pas seul ; il y coule sa vie
> Dans une douce paix, des Muses entouré,
> Si jamais toutefois un poète sacré
> Reconnut l'ascendant des nymphes d'Aonie.
> Ce prêtre vertueux dont s'honore Lyon,
> Te fera, sois-en sûr, un accueil favorable :
> De tous ceux qui sont chers au dieu de l'Hélicon,
> Il est le protecteur et l'ami véritable.

Voyez *Mél.* de M. Breghot du Lut, p. 408-9 ; *Arch. du Rh.*, XIV, 214.

— Jean de Fontaines remplissait alors les fonctions de bailli de Mâcon, sénéchal de Lyon et capitaine de cette ville. — Il paraît être le premier qui ait réuni ces différents titres. Brossette, 133. Voyez ci-dessus, *année 1387*, et ci-après, *année 1416*.

1391. — *Mai* 15. Une sentence du juge ordinaire de la terre de Rochefort condamne un homme et une femme convaincus d'adultère à courir et trotter nus, depuis la prison jusqu'aux confins de la juridiction... *Ordinamus fere currendos et trotandos nudos à dictis carceribus Rupis fortis, in quibus detinebantur prisonarii, usque ad finem jurisdictionis*, etc. — L'obéancier commua la peine en une amende de 60 sous, dont les condamnés souscrivirent, le 19 du même mois, une obligation. — La terre de Rochefort, située près de St-Martin-en-Haut, ou des Anneaux, dans le Lyonnais, avait été acquise par le chapitre de l'Eglise de Lyon, en 1173. *Arch. du Rh.*, vi, 35. Voyez ci-dessus, *années* 1302 ou 1303, et 1347.

— *Mai* 16. Lettres patentes de Charles VI, relatives à l'exécution du traité fait (en 1388) avec les ecclésiastiques de la ville de Lyon, pour les sépultures, épousailles, sonneries de cloches, etc. *Arch. égl.*, n° 92. M.

— Le cardinal Amédée de Saluces, archidiacre, fait construire à ses dépens la voûte ou plutôt l'arcade de la voûte la plus proche du frontispice de l'église de St-Jean. *Mss. de la Bibl. de Lyon*, n° 1383. Voyez ci-après, *année* 1399.

1392. — *Juillet* 29. « Hault et puissant prince, Jean de France, duc de Berry
« et d'Auvergne, etc., meu de deuotion, prend l'habit de comte, en l'église
« de Lyon, et est receu, sa preuue accomplie jusqu'au quatrième degré, *ad
« instar ducis Burgundiæ fundatoris;* mais elle est égarée et ne se trouue. Té-
« moins examinez pour la preuue....: Messire Jehan, comte de Sancerre,
« Louis, comte d'Estampes. » M.

— Charles VI permet à des Lombards de s'établir dans la ville de Lyon pendant quinze ans, pour y faire le commerce, et pour y prêter de l'argent. *Ord. des Rois de Fr.*, vii, 789.

1393 (1392, v. s.) — *Avril* 3. L'archevêque de Lyon obtient des lettres datées de Paris, par lesquelles le roi déclare « qu'il n'entendoit plus que les juges
« tinssent le siége de la justice à Lyon, ni au dedans de la baronnie de Lyon,
« moins d'y avoir des prisons qu'il entendoit être à Mâcon. » — Ces lettres, dit Pierre Dupuy, furent exécutées avec violence par un conseiller de la cour; à quoi s'opposèrent tous les officiers du roi demeurant dans Lyon, principalement son procureur, qui appela à Sa Majesté de toute cette exécution. Enfin toutes les parties furent ouïes au conseil privé du roi, tenu en son hôtel de St-Paul, où intervint arrêt du 5 octobre 1394, par lequel il fut dit qu'il avait été mal exécuté par le commissaire, les officiers du roi rétablis en leurs charges, et le traité de l'an 1307 cassé et annulé. *Traitez touchant les droits du Roy*, p. 872. Voyez ci-après, *année* 1416.

1393. — *Avril* 3. Jean de Thurey obtient de Charles VI des lettres patentes qui confirment les traités passés avec Philippe-le-Bel, en 1307, et par lesquels il est défendu au sénéchal, à son lieutenant, et au procureur du roi de tenir leur siége de justice dans *son hôtel de Roanne*. Rubys, p. 329. Voyez ci-après au *5 octobre 1394*.

— Les officiers royaux de Lyon, prétendant que les châteaux de Rochetaillée et de St-Bernard dépendaient de la couronne de France, y avaient fait mettre, à l'instance du *chantre* de Lyon, les armes et monceaux du roi; mais le comte de Savoie, prétendant que ces châteaux étaient de sa souveraineté, et lui devaient hommage, envoya Jean de la Baume pour en avoir raison; n'ayant pu l'obtenir, il se saisit par armés du château de Benost et de Genay, en Lyonnais, appartenant au chapitre de Lyon qui, pour en obtenir la restitution, fit sommer, le 9 novembre, messire Odo de Villars, Jean, seigneur de Corgenon, et Pierre de Colomb, prieur de St-Pierre de Mâcon, conseiller ordinaire du comte : à quoi il fut répondu que Jean de la Baume n'avait rien fait que par bon ordre, et qu'on rendrait Benost et Genay quand on aurait ôté de Rochetaillée et de St-Bernard les armes du roi. — Jean de Gorrevod était alors châtelain de Genay et de Benost (aujourd'hui Beynost, dép. de l'Ain). *Titres de l'Eglise de Lyon*, extrait des *Notes* du P. Menestrier. — Le domaine dans lequel était le château de *Benost* appartient aujourd'hui à M. Breghot du Lut, ancien juge de paix du canton de Montluel.

— L'archevêque prétendait avoir le droit de lever tous les ans, depuis la fête de S. Jean-Baptiste (24 juin), jusqu'à la fête de S. Julien (28 août), un péage nommé le Péage du pont du Rhône « assavoir pour chacune beste « chargée de bled ou de fruits qui entroit en la cité, un *copon* desdits grains « ou fruits, du plus le plus, et du peu le peu. » Un arrêt de la cour de Paris, de l'an 1493, supprima ce péage. Mais, dit Paradin, feu M. le président Bellièvre, qui l'avait extrait des archives de la ville, l'annota de ces mots en marge : « Cest arrêt n'est pas à fond de cuve, *et credo quod aliter fuit judicatum :* « *nam audio quod hoc pedagium levatur.* » M. de Bellièvre écrivit à la page suivante : « Sont exempts les citoyens du péage de *Becheveillain*, mais des au- « tres non. » Paradin ajoute : « Du péage qui se lève à la porte du pont du Rhône et ès autres portes et entrées de la ville de Lyon ne sont exempts lesdits citoyens, sauf du vin de leur crû ou *de celui* qu'ils achètent pour leur usage ; le tout par accord fait, en l'an 1395, au traité de deux conseillers qui furent envoyés à Lyon pour faire enqueste sur les différends qui lors estoyent entre l'archevesque, le chapitre et certains autres d'une part, et la ville d'autre part. » *Hist. de Lyon*, p. 177.

1394. — *Juillet* 29. Lettres de Charles VI, portant que les Juifs seront contraints de contribuer aux fortifications et réparations de la ville. — Par d'autres lettres du roi, de la même année, défenses furent faites d'emprisonner les citoyens de Lyon pour les dettes des Juifs. — Les comptes relatifs aux démarches faites à cette occasion, par le consulat, nous apprennent que l'archevêque fit faire cette même année une crie de la fête des *Merveilles*, et que la ville paya 7 sous parisis pour la copie de ladite crie. S. *Revue du Lyonn.*, VII, 325 et suiv. Voyez ci-dessus, *septembre* 1364, et ci-après au 6 *mars* 1395.

1394. — *Septembre* 7. Audience du parlement de Paris, tenue en présence de M. de Berry, M. d'Orléans, etc., « devant lesquels fut plaidée la cause d'entre le procureur-général de S. M., et l'archevêque de Lyon, auquel ledit procureur-général soutenoit que, bien qu'en l'année 1320 le roi eût transféré audit archevêque de Lyon la justice dudit lieu, il s'étoit pourtant réservé la souveraineté et le ressort, et tous les droits royaux, foi et hommage, et que même ledit seigneur y avoit ses sergents, officiers et tabellions, et en outre y avoit un juge, des exempts et des monnoies ; et par ainsi soutenoit ledit procureur-général la cause d'appel faite par le procureur du roi à Lyon, en cas d'excès et d'attentats : laquelle plaidoirie est au long étendue dans les registres du parlement dudit temps. » Germain Constans, *Traité de la cour des monnoyes*, p. 83, éd. de 1658.

1394. — *Septembre* 22. La nouvelle de la mort du pape arrive au roi comme il était à la messe pour entrer dans le conseil qu'il avait convoqué pour juger le différend qu'il avait avec l'archevêque de Lyon pour la seigneurie de la ville, qu'il prétendait. — Cela fit remettre l'affaire à une autre fois, et il renvoya les gens du parlement. Le Laboureur, *Histoire de Charles VI*, p. 268.

1394. — *Octobre* 5. Le parlement casse les lettres patentes du 3 avril 1393 qui avaient autorisé Philippe de Thurey, et non Jean de Talaru, comme l'ont dit quelques historiens, à chasser de la ville et de l'hôtel de Roanne les officiers du roi. L'archevêque avait fait mettre ces lettres à exécution par un nommé Givry. Celui-ci, précédé de plusieurs ecclésiastiques portant des falots, s'était rendu à l'hôtel de Roanne, en avait expulsé le sénéchal. Il avait ouvert les prisons à deux criminels, enlevé de la salle des plaidoiries le tableau des ordonnances, et permis au nommé *Cartula* de monter à reculons sur un âne, et de traîner dans les rues, en criant *Tout est gagné, nous n'avons plus de roi*, un panonceau où étaient peintes les armes du roi. L'arrêt du parlement réprima ces excès, punit Givry et Cartula, et condamna l'archevêque à payer des dommages-intérêts aux officiers du roi. Rubys, p. 229; Menestrier, *Hist. cons.*, p. 515 et 519; *Alm. de Lyon* pour 1789, p. 303; C. Breghot, *Nouv. Mélanges*, p. 243.

— Le pape Clément VII accorde dix ans d'indulgence à ceux qui contribueront aux frais de la restauration du sanctuaire de St-Nizier. Cochard, *Descript. de Lyon*, p. 106. Voyez ci-dessus, *années* 1253 et 1350, et ci-après, *année* 1456. — Le 14 novembre de cette année 1394, le même pape donne aux habitants de la ville de Lyon, de quelque sexe qu'ils soient, la faculté de pouvoir élire un confesseur en temps de peste.

— Les juges royaux qui avaient été troublés par l'archevêque Philippe de Thurey dans l'exercice de leurs fonctions, sont solennellement rétablis au palais de Roanne.

1395. — *Mars* 6. Lettres du roi Charles VI, contenant défenses de prendre au corps les débiteurs des Juifs. *Inventaire de pièces sur Lyon.* Mss. de la biblioth. de Lyon, n° 1464. Voyez ci-dessus, *année* 1394, et ci-après, *année* 1429.

— En ce temps-là les Juifs de Lyon étaient allés chercher un refuge à Trévoux et dans d'autres petits états du Midi; car ils avaient tous été bannis de France par un édit de Charles VI, du 17 septembre 1394. Ceux qui s'établirent à Trévoux y apportèrent une branche d'industrie qui s'y est longtemps conservée; c'était l'affinage et l'étirage de l'or (1). On ne sait si les réfugiés y apportèrent cet art dans toute sa perfection, mais il est certain que dans la suite l'étirage de l'or fut exercé à Trévoux avec une habileté telle que l'on parvint à étirer ce métal précieux jusqu'à la ténuité du cheveu. Les deux grandes villes manufacturières de France, Paris et Lyon, ne cédèrent point sous ce rapport à l'orfèvrerie de Trévoux, et lui enlevèrent même sa réputation; mais outre l'or, les orfèvres de Trévoux surent aussi étirer en perfection l'argent, et dans cette partie ils n'eurent point de rivaux. — Les Lombards ne manquèrent pas de profiter de l'expulsion des Juifs, leurs compétiteurs, pour se mettre à leur place et faire seuls des affaires d'argent... A Lyon ils avaient, depuis un siècle, éclipsé les Juifs par leurs richesses et l'étendue de leurs spéculations. Les Florentins, les Lucquois, les Génois, les Piémontais, etc., y formaient des corporations, et plus que les Juifs ils ont marqué leur séjour en embellissant Lyon et les environs d'édifices grands et magnifiques... Depping, *Les Juifs dans le moyen âge*, p. 315.

---

(1) Il existait à Trévoux, vers le milieu du xviii° siècle, un tireur d'or nommé Balmont, qui s'enrichit, dit-on, en faisant entrer à Lyon, par contrebande, des lingots dans des dindes, d'où lui vint le surnom de *Balmont-la-Dinde*. C'est lui qui fit construire la belle villa du Vernay, qui appartient aujourd'hui au collège royal. Voyez *Lettres à ma Fille*, etc., par Mazade d'Avèze, tom. II, p. 10.

1395.—*Mai* 2-17. Passage et séjour à Lyon de Messeigneurs de France, se rendant à Avignon auprès du *soi-disant* pape Benoît XIII, pour mettre en état les affaires de l'Eglise.— La ville leur fit des présents de citronnet, de confitures, etc. S.

— Pierre de Thurey, cardinal-légat *à latere* en France, fait, dans l'église de St-Just, la levée des corps de S. Irénée, de S. Epipode et de S. Alexandre. Le cardinal était assisté de l'archevêque de Lyon et des abbés de Savigny, de St-Ruf, de Valence, de l'Ile-Barbe, d'Ainay et d'Ambournay. M. — Poullin de Lumina met cet événement à 1409 ou 1410. *Hist. eccl.* 355.

1396. — Deux conseillers de Paris viennent à Lyon pour faire une enquête sur les différends qui existaient entre l'archevêque de Lyon, le chapitre et certains autres d'une part, et la ville d'autre part. Paradin, p. 177.—Dans un procès mû entre l'archevêque et la ville, en 1454, au sujet des poids et mesures, et sur lequel fut rendu un arrêt en faveur de la ville, on rappelle un règlement donné en 1396, par Philippe de Thurey, après un conseil tenu dans son palais avec les plus notables de la ville, et dans lequel il fut résolu qu'on ne se servirait à l'avenir que de poids à deux balances; que le poids de Lyon serait d'un quintal, et le quintal de 102 livres, et la livre de 14 onces; qu'à l'avenir et incessamment tous les marchands feraient régler leurs poids sur ce pied-là, et que les anciens poids seraient cassés et annulés. S.

— Le roi écrit au chapitre pour l'assoupissement du schisme, et pour faire savoir qu'il ne voulait point que l'on conférât, en son royaume, les prélatures sans sa licence. *Notes* du P. Menestrier. — Il y avait alors deux papes, Boniface IX et Benoît XIII. Voyez ci-dessus, *année* 1393.

— Philippe de Thurey, disputant avec l'archevêque de Rouen pour la primatie, écrit au chapitre et le prie de lui prêter les titres qui sont au trésor, afin de prouver que son Eglise est *prima sedes Galliarum*. M.

1397. — *Février*. La ville de Lyon est imposée à 800 livres pour les secours de la chrétienté et la poursuite de la paix et union de l'Eglise. — Vers ce temps, il y eut plusieurs démêlés entre la ville de Lyon et certains gentilshommes du pays de Savoie. S.

1397.—*Juin* 7. Guillaume Buyer, élu chamarier de St-Paul, prête serment au chapitre, sur les saints Evangiles et sur les reliques placées sur l'autel, en cette forme : *Audite, Canonici, et juro, ego Guillermus camerarius*, etc. — Il résulte de ce fait que les serments à la face des autels étaient encore en usage à la fin du XIVe siècle. C. Breghot, *Lettres lyon.*, p. 18.

— On lit dans les Actes capitulaires de St-Jean, l. v, fol. 146 : *Jubet Capitulum ad requestam stultorum celebrantium festum stultorum illis tribui scuta auri sex*, anno 1397. Voyez ci-après, *année* 1405.

1398. — Amé de Talaru, chantre, Guillaume de l'Aubépin et Raymond de la Faye, chanoines, sont députés par le chapitre à l'assemblée que le roi avait convoquée pour apaiser le schisme universel. M.

1399. — *Novembre* 26. Mort de Guichard de l'Espinasse, d'abord prévôt, et ensuite doyen du chapitre. — Ce prélat, par son testament, voulut que tous ses biens fussent employés à la construction de la cathédrale. Voyez ci-dessus, *année* 1391.

— Tristan du Bois, Jean de Norry et Raymond de la Faye, jeunes chanoines, sont envoyés au roi pour faire hommage à S. M., au nom de l'Eglise. — Tristan du Bois, qualifié de comte de Lyon dans l'ancien registre des preuves, fut premier maître des requêtes de Charles VI et son ambassadeur en Allemagne, où il mourut en 1401. M.

1400. — *Juin* 23. Edouard II cède à Louis de Bourbon ses terres de Beaujolais et de Dombes. — Voici quelle fut la cause de cette cession : Edouard ayant enlevé une fille de Villefranche, fut ajourné au parlement de Paris pour répondre sur ce rapt. Il était alors dans son château de Perreux, et, se croyant tout permis, il fit jeter par les fenêtres l'huissier qui vint lui faire la citation. On envoya des troupes qui l'arrêtèrent et le conduisirent en prison à Paris ; il y courait risque de perdre la tête ; mais ayant imploré le secours de Louis de Bourbon qui l'avait autrefois défendu contre le comte de Savoie, il fut délivré par son crédit, moyennant la cession qu'il fit à ce prince de ses terres de Beaujolais et de Dombes, au cas qu'il n'eût point d'enfants légitimes. Edouard ne jouit de sa liberté que six semaines, étant mort sans lignée le 11 août 1400. *Art de vérifier les dates*, II, 479.

Paradin dit que de son temps on chantait encore, dans le Beaujolais, une chanson dans laquelle se trouvaient ces vers, cités par l'auteur des *Mémoires sur le Beaujolais*, t. II, p. 393 ; n° 1482 des *Mss.* de la bibliothèque de Lyon :

> Sire roy, sire roy, faites-nous justice
> De ce larron Edouard qui nous prend nos filles.
> Edouard, Edouard, laisse-nous nos filles.

— Le duc de Berry étant entré dans l'église de St-Jean avec des éperons, donne six francs aux enfants de chœur. M.

— Le chapitre élit un *roi du cloître*, qui fait son serment, et nomme douze personnes qui ont le soin de porter devers la Saône à ceux du cloître, le blé, la paille, le vin, le bois, le foin, etc. — Ces douze personnes, qui s'appelaient *coponiers* ou du *copon*, devaient faire une loge devant l'église, la veille de St-Jean. *Notes* du P. Menestrier. — Voyez, sur le roi du cloître, qu'on appelait vulgairement le roi des ribauds, *Lyon tel qu'il étoit*, etc., par M. l'abbé Guillon ; les *Arch. du Rh.*, IV, 350 ; *le Roi des Ribauds, histoire du temps de Louis XII*, par le bibliophile Jacob (Paul Lacroix), etc.

— La fête des *Merveilles* ne fut pas célébrée parce que les habitants n'avaient pas requis Messieurs du chapitre de la faire, ainsi qu'ils le devaient. M.

— Il y eut cette année une espèce de mortalité. S.

1401. — En ce temps-là les Lyonnais allaient en pèlerinage à St-Claude. Vers le mois d'*avril* le seigneur de Dortan, son frère Bussicaud et quelques autres avaient insulté et maltraité plusieurs citoyens de Lyon, qui portèrent plainte. On fit des informations, on les renvoya à M. de Villars ; le bailli de Mâcon s'interposa. On requit M. de Villars, qui était à Rossillon, de faire justice du seigneur de Dortan et autres, de l'outrage par eux fait aux bonnes gens de Lyon qui allaient en pèlerinage à Monsieur St-Claude. S.

1402. — *Avril* 24. Mort, à Avignon, du cardinal Jean de la Grange, évêque d'Amiens, ministre d'Etat et surintendant des finances sous Charles V, etc., né à Lyon, suivant quelques auteurs, en Beaujolais, suivant d'autres. Pernetti, I, 145 ; Moréri ; Le Laboureur, *Introduction à l'Hist. de Charles VI* ; *Hist. de l'église cathédrale de Rouen*, p. 212.

— Un arrêt du parlement autorise la ville de Lyon à conserver des professeurs en droit civil et canonique. *Alm. de Lyon* pour 1764, p. 135; *Biog. univ.*, suppl., art. *Dantoine;* Clerjon (J. Morin), *Hist. de Lyon*, VI, 387.

1403. — *Fêtes de Pentecôte.* Emeute populaire, dite *la Sédition de Lyon*, et en mémoire de laquelle on institua la confrérie du St-Esprit et la *fête du Cheval fou.* Rubys, *Hist. de Lyon*, liv. III, ch. 47, et liv. IV, ch. 10; *Variétés* d'A. P., p. 92 et suiv. — Cette émeute pourrait bien être la même que celle arrivée, suivant Paradin, en 1400. Cependant cet historien cite un arrêt du parlement, qui aurait été rendu en 1402, et par lequel les citoyens de Lyon, postérieurement à la sédition, auraient été « maintenuz en droit de pouvoir « imposer et lever collectes et tailles pour les nécessitez de la cité, et causes « souvent emergentes. » *Hist. de Lyon*, p. 235.

1404. — *Janvier* 30. Par lettres patentes données à Paris, le roi avait imposé une aide pour s'opposer à l'entreprise de Henry de Lancastre qui se disait roi d'Angleterre. La portion de la ville de Lyon dans cette aide fut de 1800 livres, et celle des villes et pays du diocèse de Lyon pour cette première taille, de 6,250 livres, non compris 333 livres 5 s. tournois, pour les frais. *Notes manuscrites* du P. Menestrier qui mentionne d'autres lettres patentes de la même année, à l'effet d'exiger de nouvelles tailles pour résister à la même entreprise. Nous rappellerons que ce fut alors que commença la fameuse querelle entre les maisons d'Yorck et de Lancastre, sous la devise de la *rose blanche* et de la *rose rouge.*

1404. — *Septembre.* Séjour et prédications de S. Vincent Ferrier. — Le 25 du même mois la ville fit payer 1° aux frères Prêcheurs, 16 livres tournois pour la dépense faite par cet illustre missionnaire durant les 16 jours qu'il avait demeuré et prêché à Lyon; 2° à Jean Maignet, recteur de la chapelle de la Madeleine, près Lyon, à la partie de l'empire (Dauphiné), 10 livres pour indemnité des torts et dommages qui lui avaient été faits par le peuple dans sa grange et dans son pré, pendant que Vincent Ferrier prêchait dans ce pré qui dépendait de la chapelle de la Madeleine. — Ce fut maître Jean Goutel, lecteur de la grande église de Lyon, qui avait été envoyé à Genève pour prier Vincent Ferrier de venir à Lyon. S. — Voyez ci-après, *années* 1408, 1415, 1417 et 1445. — Nous croyons devoir reproduire ici, et nous pensons que nos lecteurs nous en sauront gré, un passage vraiment remarquable sur les prédications de S. Vincent Ferrier, que nous avons extrait du savant ouvrage de M. Depping, *Les Juifs au moyen âge*, p. 396 et 397 :

« Un des plus célèbres missionnaires de ce temps fut Vincent Ferrier, homme tout dévoué à la prédication, et dont la carrière religieuse ne consista, pour ainsi dire, qu'en un sermon perpétuel. Vincent avait toutes les qualités d'un prédicateur : une éloquence entraînante, une ardeur infatigable, un dévouement sans bornes pour l'Eglise, une énergie extraordinaire, une austérité de mœurs capable de résister à toutes les séductions, enfin une abnégation complète à l'égard des biens de la vie : voilà ce qui frappait le peuple en lui, voilà ce qui donnait à Vincent une autorité toute-puissante pour balancer celle des grands de la terre. Les rois l'appelaient auprès d'eux, le consultaient et l'employaient pour les affaires d'Etat; les peuples se félicitaient de sa présence. Il passait de l'Espagne en France, de la France en Italie.

« Partout où il passait, on l'accueillait comme un saint; une foule de monde l'accompagnait; la population entière des villes, suspendant tous ses travaux, courait à sa rencontre. Quand on voyait le pauvre missionnaire sur une mule ou sur un âne au milieu de la cavalcade brillante qui voulait lui servir d'escorte, et suivi de cette foule qui avait tout abandonné pour l'entendre chaque jour, un profond sentiment de respect s'emparait des chrétiens; mais quand, arrivé dans une plaine ou dans une place publique, il commençait à tonner contre les pécheurs; quand il peignait en couleurs vives et animées la passion de Jésus-Christ, et la persécution du juste par les Pharisiens; quand, pour l'amour de celui qui a versé son sang sur la croix, il commandait à la multitude de se découvrir les épaules et de se meurtrir la chair, comme Jésus-Christ avait été flagellé par les Juifs; quand les chants, accompagnés des orgues portées à sa suite, succédaient à cet acte de pénitence; puis quand il retraçait le jugement dernier, les peines de l'enfer, les joies des justes, les remords des pécheurs endurcis; enfin quand il fondait en larmes, comme suffoqué par ses sentiments pieux, des milliers d'auditeurs versaient des pleurs avec lui; les riches quittaient leurs biens pour vivre dans l'austérité; des femmes de grandes familles se retiraient dans les cloîtres. Les confesseurs ne pouvaient suffire pour entendre tous les aveux qu'on avait à leur faire : on voyait des criminels, des fripons, des courtisanes s'accuser hautement du scandale de leur vie passée; les notaires qui accompagnaient le dominicain dressaient acte des restitutions de biens injustement acquis, ou des réconciliations qui s'opéraient entre les familles, les partis ou les villes. » Voyez P. Ranzar, *Vie de S. Vincent Ferrier*, dans les *Acta sanctorum*, 5 avril. — L. Heller, *Vincent Ferrier nach seinem Leben und Wirken dargestellt*. Berlin, 1830, in-8.

1405.—*Février* 10. Le consulat fait payer cent livres tournois à frère Pierre Robin, maître provincial des frères Augustins, pour lui aider à faire la fête de son *magistrement*; lequel fait, il viendra en la ville faire sa résidence, et la servir de la parole de Notre-Seigneur. M.

1405.—*Août* 13. Arrêt entre le roi, sa ville de Lyon, d'une part, et le sieur archevêque et chapitre de Lyon, d'autre part; par lequel il est dit qu'avant de prononcer où se tiendrait le siège des ressorts (au bourg de l'Ile-Barbe ou à Mâcon), il sera informé de la commodité ou incommodité de part et d'autre. M.

— Le chapitre de St-Jean accorde huit écus d'or pour la célébration de la fête des Fous... *Decernit octo scuta auri pro festo Stultorum*. Actes capitul., l. VII. Voyez ci-dessus, *année* 1397.

— Le roi de Navarre passe à Lyon. La ville lui offre 24 torches et 24 livres de confitures. — Ce prince repassa à Lyon le 15 septembre 1408; la ville lui fit les mêmes présents. S. Voyez ci-après au 4 *décembre* 1410.

— Jean de Hangest, grand-maître des arbalestriers de France, s'avance jusqu'à Lyon, et y fait un gros d'armée pour le conduire au comte de Valentinois. Chorier, *Hist. du Dauphiné*, p. 397.

1406.—*Mars*. On paye 1293 livres 12 sols, somme à laquelle la ville a été imposée pour l'aide mise au mois de septembre précédent, pour le voyage de Guienne et le renforcement des frontières du royaume. S.

1406.—*Septembre*. Les citoyens forment une appellation pour le soutènement de la juridiction royale dans la ville de Lyon. S.

1406.—*Octobre* ou *décembre* 12. La ville présente au roi Louis et à la reine de Sicile 24 torches et 24 livres de confitures. — Voyez ci-après, au 24 *septembre* 1408 et au 4 *décembre* 1410.

1407.—*Février* 25. Le duc de Savoie, Amédée-le-Pacifique, établit à Lyon, dans le palais qu'il y possédait, et qui avait d'abord appartenu aux Templiers, les religieux Célestins. *Art de vérif. les dates*, III, 621; *Notice sur les Célestins de Lyon*, par A. P., lue à l'Académie de Lyon, le 28 novembre 1837.

1407.—*Octobre* 12. Lettres de Charles VI portant commission au sénéchal pour informer, à la requête des conseillers, contre Humbert Merlet, à raison des injures par lui proférées contre la ville, et pour avoir dit que les habitants de Lyon étaient traîtres à Sa Majesté. M.

— « Pierre de Cuysel avait été ajourné à comparaître par-devant le roi personnellement au mois de novembre 1404, pour répondre à Jean de Courronbrot, écuyer *d'empire, en gage de bataille* et autrement induement (sic) contre l'honneur et liberté de la ville *selon notre avis*. On députe en *France* Humbert de Varey avec des lettres de recommandation à M. le duc d'Orléans, au chancelier de France, au chancelier d'Orléans et autres seigneurs. » M.

1408.—*Avril* 1. Lettres d'octroi du roi Charles VI, dans l'exposé desquelles on lit que les villes de Bourg, de Montluel et de Châtillon s'étaient faites riches, grandes et bien peuplées de la dépopulation de Lyon, et que la marchandise s'en était distraite, à cause des grandes levées, aides, emprunts, gabelles mis pour le fait de la guerre; que depuis Noël en ça les rivières du Rhône et de la Saône avaient été tellement grandes, que tous les ponts en étaient ébranlés et cassés; que l'eau n'avait été, de mémoire d'homme, si grande et si haute (jusqu'à la hauteur d'un homme), même qu'elle avait été presque par toute la ville, du côté de l'empire...; enfin, que plus de 200 maisons y étaient tombées. Le roi accorde le quart de toutes ses aides pour le fait de guerre, pendant quatre ans; lequel quart sera employé à la réparation des ponts et des murailles de la ville. — Ce quart pouvait monter à 1000 livres. Ennemond de Sivrieu avait été député au roi pour obtenir ce don. S. Voyez la *Revue du Lyonn.*, V, 3.

— « Maistre Michel de Jalongnes fut en ce temps moult expert en la science des étoiles. Cestui predit à Lion les innundations que fist le Rosne qui fut sans comparaison moult grant... » *Catalogue des principaux astrologues qui ont eu de la réputation en France sous le règne de Charles V*, inséré dans les notes de l'abbé Lebœuf sur l'*Hist. de Charles V*, écrite par Christine de Pisan, t. III, p. 449 de ses *Dissertations*.

1408.—*Avril* 30. La ville fait payer à M⁰ Jean Aynard, *lystre* (lecteur) des frères Prêcheurs, qui fit le sermon chez lesdits frères pour annoncer la *monition* de la ville ledit jour 30, savoir, un gros; *item* autant à Pierre Robin, frère Augustin, qui fit le sermon à la Chana pour annoncer ladite *monition*. S.

— Saint Vincent Ferrier, qui était déjà venu à Lyon en 1404, y revient et y séjourne quelque temps; il se rend ensuite à Avignon auprès de Benoît XIII, et de là à Aix en Provence, où il se trouve avant la fin d'octobre. *Acta sanctor.*, 5 avril, p. 481. Voyez ci-après, années 1515 et 1517.

1408.—*Septembre* 24. Louis, roi de Jérusalem et de Sicile, duc d'Anjou, comte de Provence, etc., déclare, par lettres datées de Lyon, qu'il passe par Lyon accompagné des gens de son hôtel et aucuns autres armés et garnis de harnois; qu'après lui doit passer un écuyer nommé Guillaume d'Anthon, et 40 hommes d'armes en sa compagnie. Il déclare enfin qu'il se rend à Paris, suivant ses ordres, etc. La ville lui fait offrir 24 torches et 24 livres de confitures. M.

1409. — « Le comte de Savoye commença guerre au duc Louis de Bourbon, oncle du roi, en ses pays de Bresse et Beaujolois : disant que ledit duc de Bourbon étoit son homme, à cause de certaines places qu'il tenoit en Bresse;

et fit passer ledit comte de Savoye la rivière de la Saône à plusieurs grands nombres de gens d'armes et de trait, et en estoit conduiseur un gentilhomme de son pays nommé Amé de Viry, etc. » Alain Chartier, *Hist. du roy Charles VII*.—.... Fut donnée la charge de mener lesdits gens d'armes au sire de Gaucourt, à Lyon. *Ibid.*, p. 15.

« En *janvier* 1408, avant Pâques, M. de Savoie avait envoyé aux conseillers de la ville de Lyon une lettre contenant ordre au sire d'Entremont et à ses gens d'armes, qui étaient alors aux environs de Lyon, de ne faire aucun dommage à ceux de Lyon, et qu'ils eussent à se départir du pays lyonnais.

« En *mai* 1409, le seigneur de Gaucourt, chevalier, lieutenant du connétable, fait publier à Lyon l'ordre que les gens d'armes qui étoient de présent à Lyon, de quelque condition qu'ils fussent, ne soient si hardis de faire insulte ni offense à aucun de la ville de Lyon. — C'était pendant la guerre du duc de Bourbon et du comte de Savoie.—On avoit pris cependant quelques précautions pour la garde de la ville. On fit refaire la porte du portail vieil, et réparer celles de Vienne, de St-Marcel, etc...—Le roi écrit pour que nul ne porte faveur à Amé de Viry, au temps de la guerre de M. de Bourbon. » S.

1409.—*Mai* 15. Lettres de Charles VI, qui commet le sénéchal de Lyon pour informer contre l'archevêque, qui s'était approprié une juridiction à Bechevelin, au préjudice de la sienne à St-Saphorin. *Chambre des comptes du Dauphiné.*

—Philippe de Thurey assiste au concile de Pise.—Il y siégea le second des archevêques après celui de Narbonne, *devant* ceux de Bourges, de Tours, de Toulouse et de Vienne. Le chapitre de Lyon et de la province y envoya ses députés. S.

—Le doyen adresse au chapitre copie de la sentence donnée au concile de Pise contre les deux antipapes Benoît XIII et Grégoire XII (Pierre de Luna et Ange Corrario). S.

— On publie à Lyon des lettres du roi, qui prescrivent aux Juifs de porter des signes à leurs habits. — L'année suivante, on fit une nouvelle publication pour que les Juifs eussent à porter lesdites marques quand ils iront par la ville. S. Voyez ci-dessus, *année* 1379; et ci-après, *année* 1548.

1410.—*Mars* 15. Le roi ayant demandé qu'on lui envoyât deux ou trois des plus notables de la ville, on lui envoie Humbert de Varey et Pierre de Cuysel. S.

1410.—*Mars* (*circa*). On fait publier dans la ville que tous ceux à qui appartenaient les maisons où sont attachées les chaînes de fer communes de la ville, eussent à les faire apprêter et fermer sur grosses peines.—En avril 1410 et 1411, la chaîne fut tendue sur la Saône, vers Pierre-Scise, pendant 19 jours. S.

1410.—*Avril...* Le roi avait demandé à la ville de lui prêter 3,000 livres. On députe Humbert de Varey en cour pour excuser la ville. S.

1410.—*Mai...* Pierre de Thurey, légat apostolique, et l'archevêque de Lyon, Philippe de Thurey, son frère, résidant alors à Avignon, exposent dans leurs lettres au consulat qu'ils ont un besoin pressant de grosses pierres pour engins et pour bombardes, afin de recouvrer le palais d'Avignon qu'ils disent être occupé indûment par les ennemis de l'Eglise romaine, et prient d'en envoyer, attendu que le roi y donne aide, et y a envoyé des gens d'armes..... Le consulat, considérant le plaisir que le cardinal a fait à la ville en donnan certaines grandes indulgences aux bienfaiteurs du pont du Rhône, fait apprêter, du consentement des notables et avec l'autorisation des officiers du roi, environ 60 quartiers de pierres appelées *choings* que l'on envoie à Avignon (ce qui coûta d'apprêter 30 livres 15 s. 10 d. tournois).—On avait fait tailler de la pierre de la chaux de pierre blanche qui est au-dessus de Vaise.... « pour faire pierres rondes pour traire à l'engin et à la bombarde... »

1410.—*Septembre 4.* Mort de Jean de Boissy, évêque d'Amiens, neveu du cardinal de La Grange.—Adrien de la Morlière nous a conservé l'épitaphe de ce prélat ; la voici :

Hic jacet reverendus in Christo Pater et Dominus D. Johannes de Boissiaco legum professor eximius Lugdunensis diæcesis, miseratione divina primo Matisconensis, et post Ambianensis, episcopus, nepos domini cardinalis Ambianensis hic supra jacentis, qui præfuit ecclesiæ Ambianensi XXII annis mensibus sex et diebus septem. Obiit anno Domini MCCCCX *die quarta mensis septembris. Orate Deum pro eo.*—Ce prélat portait cinq points d'argent équipollés à quatre de gueules. *Gallia christ.*, II, 104. S. Voyez ci-dessus, au 24 *avril* 1402.

1410.—*Décembre 4.* La reine de Sicile et son fils, revenant de France, passent à Lyon. Voyez ci-dessus, *année* 1406.

— Kœrados des Quesnes avait cessé d'être bailli de Mâcon vers novembre 1409, et Jean de Chastellux, seigneur de Vivaux, chambellan du roi Charles, l'avait remplacé et avait été nommé en même temps sénéchal et capitaine de Lyon. Le 14 mai 1410, la ville, considérant les services qu'elle peut en attendre, lui fait payer 100 livres pour les gages de la *capitainerie* pendant une année. Le 9 avril 1411, on lui compte pareille somme pour les gages de l'année qui écherront au mois de mai. S.

— Les preuves de noblesse commencent à se faire par titres jusqu'au bisaïeul et à la bisaïeule *inclusivè*, par Pierre de Trezettes. M.

— *Relevation* des corps de SS. Irénée, Epipode et Alexandre. *Hist. de Tournus*, Preuves, p. 485 ; Le Laboureur, *Masures*, p. 218 ; Severt, etc.

— M⁰ Robert Magier, président du parlement, refuse d'accepter six lapereaux et six perdreaux que la ville de Lyon lui avait fait présenter, et qui avaient coûté 26 gros. S.

— Mort à Paris du cardinal Pierre de Thurey, lyonnais, suivant les uns, bourguignon, suivant les autres. *Hist. d'Avegnone*, lib. 3, p. 297 ; Moréri, etc. Voyez ci-dessus, *mai* 1410.

1411.—Le chapitre écrit à l'archevêque et au chapitre de Cantorbie (Cantorbéry) pour le fact de la maison de la sale de Quincieu, laquelle anciennement avoit été donnée à S. Thomas de Cantorbie quand il eut été chassé d'Angleterre. *Note* du P. Menestrier, qui ajoute : « J'ay copie de la lettre. » Voyez ci-dessus, *année* 1168 et 1353, et ci-après, *année* 1424.

1412.—*Avril 25.* Traité fait entre le bailli de Mâcon pour S. M., et le sieur de Fougerolles pour dame Anne Dalphine, duchesse de Bourbonnais, comtesse de Forez et baronne de Beaujeu, portant que paix demeurerait entre S. M. et ladite dame, sous la reconnaissance et offre de ladite dame de ne *retraire* aucun ennemi de la couronne. M.

— Jean, patriarche de Constantinople, légat du Saint-Siége aux royaumes de Castille, Léon, Aragon, etc., demande au chapitre un lieu de sépulture en leur église, ce qu'on lui accorde. M.

— En ce temps-là, Jean Baro était peintre de Lyon. S.

1413.—*Juin* 7. Mandement de Charles VI, qui ordonne une nouvelle fabrication d'espèces à la monnaie de Lyon. *Ord. des Rois de Fr.*, x, 151.

1413.—*Août* 28. L'hôtel de la monnaie, qui était à Mâcon, est transféré à Lyon. *Ord. des Rois de Fr.*, x, 161; *Lettres de M. Cochard à M. de Lamartine*, t. iv, p. 43-57 des *Arch. du Rh.*; *Variétés* d'A. P., p. 10; *Essai hist. sur l'art monétaire*, etc., par M. Foulques.—L'atelier monétaire fut placé dans le palais de Roanne.

1414.—*Octobre* 29. Lettres et procédures relatives à la querelle qui existait entre les habitants de Lyon et les Dauphinois, et qu'on appelait la *querelle de la Serpe*. *Inventaire de pièces sur Lyon*, mss. de la Bibliothèque de Lyon, n° 1464.

—Lettres du roi, portant sauvegarde pour les habitants de Lyon contre ceux de Vienne en Dauphiné. M.

1415.—*Juillet* 31. L'empereur Sigismond arrive à Lyon avec le comte Amé, duc de Savoie, qui était allé le recevoir à Seyssel, où ils s'embarquèrent sur le Rhône. De Lyon, Sigismond se rendit sur le Rhône pour prendre le chemin d'Aigueperse et de Perpignan. Le comte prit congé du monarque, et ayant obtenu de Philippe de Thurey son consentement pour la fondation d'un couvent de Jacobins à Bourg en Bresse, il alla en jeter les fondements. Guichenon, *Hist. de Bresse*, p. 19; *Hist. de Savoye*, p. 455 et 456.

1415.—*Septembre* 9. Mort, à Avignon, du cardinal Pierre Girard, né à Saint-Symphorien-le-Château, dans le Lyonnais, vers l'année 1330.—L'Eglise de Lyon, dans laquelle ce cardinal avait reçu les premiers principes d'éducation, et dans laquelle il avait été bénéficier, ne fut point oubliée dans ses dispositions testamentaires; il lui légua sa mitre en or frisé, enrichie de pierres précieuses, de perles et de rubis, qui lui avait été donnée par le duc de Berri; un calice en argent, du poids de trois marcs, et deux ornements, l'un pour les dimanches et fêtes, et l'autre pour les morts. Il n'appose à sa libéralité d'autre charge que celle d'une messe qui sera célébrée chaque jour à son intention. L'église de St-Paul de Lyon obtint aussi des marques de souvenir du cardinal; il lui donna un pluvial de drap de soie de Lucques; celle de Lodève, dont il avait été évêque, fut gratifiée d'une belle chapelle avec un poêle en broderie d'or, qu'il avait eu des funérailles du pape Clément VII; enfin tous les prieurés, tous les bénéfices dont il était pourvu se ressentirent également de ses largesses : il leur fit des legs aux uns et aux autres. *Archives du Rhône*, v, 205.

1415.—*Novembre* 28. Mort de Philippe de Thurey.—On lit dans le *Gallia christiana* que ce fut ce prélat qui abolit la *Fête des Merveilles*. Voyez ci-dessus, au 13 *août* 1364.—Suivant M. Cochard, *Descript. de Lyon*, p. 205, cette fête cessa en 1400; et voici la raison qu'il en donne : « Le prévôt et le chancelier de la cour séculière, accompagnés des conseillers de ville et des maîtres des métiers, venaient ordinairement prendre les ordres du chapitre pour cette solennité; ils négligèrent en l'an 1400 de remplir ce devoir, dès lors la fête cessa. »—Suivant M. l'abbé Jacques, la *Fête des Merveilles* se fit encore l'an 1459; elle n'aurait manqué en 1400 que par l'effet d'une mésintelligence passagère. *Eglise de St-Jean*, p. 117.—Philippe de Thurey eut pour successeur Amé ou Amédée de Talaru, doyen du chapitre, qui se trouvait alors au concile de Constance où il avait été député par son Eglise. Henri d'Albon, chanoine et chantre de l'Eglise de Lyon, fut envoyé au concile de Constance pour demander la confirmation de cette élection. — Geoffroi de Monchenu ayant été élu doyen du chapitre, demanda un mois pour accepter. On écrivit en ces termes au concile de Constance, pour obtenir sa confirmation : *Ut Deo authore nobis et toto collegio velut pastor idoneus præesse valeat et prodesse, nosque et alii ejus subditi sub ipsius regimini felici possimus coram Deo salubriter militare.* M.

— Saint Vincent Ferrier, qui avait déjà séjourné à Lyon, en 1404 et en 1408, revient en cette ville. Le célèbre jurisconsulte Guy Pape nous apprend, dans sa 84ᵉ *Question*, qu'il se trouvait alors à Lyon, et qu'il y entendit cette grande lumière de la théologie. « Vidi duo luminaria sacræ theologiæ, actu prædicantia per mundum. Primo videlicet sanctum Vincentium Ferrariæ.... quem vidi prædicare in civitate Lugdun. de anno Domini currente 1415.... Secundo etiam vidi sanctum Bernardinum de Senis (*S. Bernardin de Sienne*)... prædicare in patria Pedemontium, anno Dom. 1429.... »

— Guillaume d'Albon, prieur de Montrotier, est nommé abbé de Savigny. Severt.

1416. — *Janvier* 21. Les consuls de Lyon arrêtent que l'on offrira, le dimanche suivant 24 (jour de son sacre), à M. l'élu archevêque de Lyon, 24 torches de cire, 24 livres épices confites et deux queues de vin, chacune de six ânées, l'une de vin blanc, et l'autre vin claret du meilleur que trouver se pourra. — Le tout coûta 30 livres 10 s. S.

1416. — *Novembre* 3. Charles VI ordonne aux propriétaires des mines qui sont voisines de la ville de Lyon, et aux marchands et changeurs, de porter les matières d'or et d'argent qu'ils auront, à la monnaie établie en cette ville. *Ord. des Rois de Fr.*, x, 419.

1417. — *Février* 2. « L'empereur Sigismond étant à Lyon, à son retour de Paris, veut ériger en duché la Savoie, à la demande d'Amédée, qui l'était venu trouver en cette ville ; *mais les gens du roi*, dit un manuscrit du temps, *prévenus de son dessein, allèrent lui remontrer que tel acte d'érection étoit acte de souveraineté, et que le roi ne vouloit et ne devoit reconnoître autre supérieur que Dieu ; quoi voyant, l'empereur repartit de Lyon grandement indigné, et passant en la ville de Montluel, y fit l'érection ducale*, par un diplôme daté du 19 février 1416, v. s. *Art. de vérif. les dates*, III, 621 ; Dupuy, *Traitez*, etc., p. 872. Voyez ci-dessus, année 1392, et ci-après, année 1531.

1417. — *Mars* 28. Les conseillers de la ville arrêtent que l'un d'eux, Aynard de Chaponay, portera de leur part à frère Vincent Ferrier, qui est à Courzieu, une lettre dans laquelle ils lui annoncent que les habitants de Lyon sont tous joyeux de savoir qu'il doit venir prêcher en cette ville. — Le 6 *avril* suivant, les conseillers réunis dans la *chapelle de St-George*, autorisent le sieur Nantuas, receveur et trésorier de la ville, à payer chaque jour 22 sols 6 deniers tournois au frère Vincent, pour sa dépense, pendant qu'il prêchera à Lyon. Ils autorisent en outre le même trésorier à payer aux *chapuis* (charpentiers) qui avaient fait le *chaffal* (l'échafaud) du frère Vincent au pré d'*Enay* : 1° six livres tournois ; 2° vingt sols tournois pour *aussier* ledit chaffal qui était trop bas. Ils allouent encore au sieur Nantuas quarante-un sols trois deniers qu'il avait payés pour la dépense du conseiller Jean Leviste qui, accompagné d'un procureur, de son chapelain et de son *varlet*, avait été envoyé de Lyon à l'Arbresle vers frère Vincent. — Le 17 dudit mois d'avril, les conseillers ordonnent que l'on payera aux gens de frère Vincent, outre seize écus qu'on lui a donnés pour la dépense de sa chambre, pendant les seize jours qu'il a demeuré à Lyon, huit écus qui seront comptés au *régidour* de sa compagnie. Ce mandement, qui s'élevait à vingt-quatre écus, fût refait comme il suit : « Mandement de 40 liv. 13 s. 4 d., savoir : pour la dépense de maistre Vincent qui demeura à Lyon 16 jours, pour chacun jour 22 sols 6 d., monte 18 liv. ; —*item* qu'on donna à ses compagnons, 9 liv. ; —*item* que reçut Jean Leviste pour 4 chevaux pendant deux jours, 2 liv. ; — *item* pour abattre et refaire le mur d'*Enay*, par où l'on passait au pré, 4 liv. 10 s. ; —*item* pour faire une chapelle audit pré, et pour rapporter une partie du bois de ladite chapelle en la grange de la ville, et pour crosses, clous, etc., 6 liv. 3 s. 4 d. ; —*item* que l'on a donné à Guillaume Laperrieres pour cierges et torches qu'il a fournies, et pour messes dudit maistre Vincent, 20 s. tournois. » *Actes-cons.* S.

1417.—*Avril* 27. Le consulat ordonne que Mᵉ Jean Leviste, Claude de Pompière et Eynard de Chaponay parleront demain, devers matin, à M. de Lyon et à ceux du chapitre, pour adviser qui ira en France pour le fait du roi des Romains que l'on dit qu'il veut *guerrier* la ville et le Dauphiné, et s'ils voudront contribuer à la dépense qui pourra se faire. S.

1417.—*Août* 1. Le pape Martin V confirme la primatie de Lyon. Du Tems, IV, 377.

1417.—*Novembre* 27 *et* 28. Charles VI écrit aux consuls, bourgeois et habitants de la ville de Lyon, relativement aux faicts et entreprinses du duc de Bourgongne.—Les deux lettres de ce roi, ainsi qu'une troisième non moins intéressante, et portant la date du 29 *juin* 1418, ont été insérées dans les *Documents* publiés par M. Godemard, ancien archiviste de la ville de Lyon, nᵒˢ 45, 46 et 47.

—André Chevrier, citoyen de Lyon, commissaire délégué par le bailli de Mâcon, visite les forteresses du Lyonnais, pour les faire réparer sans délai, en exécution des lettres patentes de Charles VI, du 31 août précédent. —« Cette mesure, dit M. Cochard, était occasionnée par la triste situation où se trouvait la France. La réunion qui eut lieu cette année entre la reine Isabeau de Bavière et le duc de Bourgogne, donna naissance à différents partis. Le roi des Romains, Sigismond, menaçait Lyon ; l'anarchie la plus complète désolait le royaume. La fidélité des Lyonnais envers Charles VI et Charles VII ne se démentit point, et cette persévérance fut utile à la province. » *Arch. du Rh.*, VI, 37.

— Kœrados des Quesnes, bailli de Mâcon, écrit à Guichard d'Albon, chevalier, seigneur de St-Forgeux et de Curis, et lui envoie ordre de la part du roi de fortifier les châteaux de Sain-Bel, de Vindry et de Montrotier, et d'y mettre garnison suffisante pour réprimer les courses des Anglais et des Bourguignons, et pour leur fermer les entrées de ces places dont ils voulaient se saisir pour étendre leurs quartiers et favoriser leurs pilleries. Jean de l'Espinasse, frère de Guichard d'Albon, tenait la campagne avec ses amis pour écarter ces coureurs, mais il tomba entre leurs mains, et n'en sortit qu'en payant sa rançon. *Mazures de l'Ile-Barbe*, IIᵉ partie, p. 140; La Chenaye-Desbois, *Dict. de la noblesse.*

—Le prince d'Orange passe par le Lyonnais pour aller le long du Rhône jusqu'au St-Esprit, afin de conquérir le Languedoc pour le duc de Bourgogne. Alain Chartier, p. 41. Voyez ci-après, *année* 1429.

— Philippe de Bourg ou de Bonnay, chevalier, était alors bailli de Mâcon, sénéchal de Lyon et capitaine de cette ville.—Il paraît avoir succédé à Kœrados des Quesnes, qui avait peut-être succédé à Jean de Fontaines. Voyez ci-dessus, *année* 1389, et ci-après, *juin* 1418.

—En ce temps-là, le consulat ou la ville avait un *perrier* ou *carrier* à Curis, d'où l'on tirait des pierres pour les réparations du pont du Rhône. Les seigneur de Curis prétendaient avoir un droit sur cette carrière. L'Eglise de Lyon avait aussi la sienne vers Anse ou Lucenay. S.

1417 et 1418.—Plusieurs habitants de St-Didier, Jacquemet et Thevenet Besson, François de Pierre, Jean Gouteron, Matthieu Bertholier, Pierre de Precia, et Jean de la Chaux quittèrent leur village, à cause des guerres qui régnaient en ce royaume, et se retirèrent à Lyon. On les reconnut habitants de cette ville; ils promirent d'y résider et de supporter les mêmes charges que les autres citoyens. M. et S.

— Il y eut vers ce temps-là une guerre qu'on appela la guerre de *Vimies* (Vimy, aujourd'hui Neuville). On lit dans un cahier des *Etablies* de la ville, que diverses pièces d'artillerie furent gâtées à la guerre de *Vimies*. S.

1418.—*Février* 1. Le consulat refuse de laisser la garde des clefs de Saint-George à Jacquemet le Brodeur, parce qu'il est suspect, comme l'on dit; que son fils va et vient à Montluel et autre part, par devers les *Bannés*.—Ces *Bannés* étaient vraisemblablement les Lyonnais tenant au parti du duc de Bourgogne, et qui avaient été obligés de se retirer à Montluel. S.

1418.—*Avril* 10, *lundi-saint*. L'alarme est générale. Le consulat requiert le sieur du Cuysel de faire la garde en personne, et de commander les petits corps de garde. S.

1418.—*Juin*. Me Imbert ou Humbert de Groslée est nommé bailli de Mâcon, sénéchal et capitaine de Lyon.—Me de Bourg, son prédécesseur, fut payé jusqu'à cette époque. *Notes* de M. S.—Ce Me de Bourg, qui avait succédé à Kœrados des Quesnes, est probablement le même dont Brossette a parlé dans son *Eloge hist.*, p. 133, et qu'il appelle Philippe de *Bonnay*. Voyez ci-dessus, *année* 1417.

— **1418.**—*Juillet*. Il y eut pendant ce mois une grande mortalité. Etienne Gisele et *autres physiciens* de Lyon s'étaient enfuis de la ville, au lieu de secourir les malades. On arrêta de ne les pas tenir exempts des charges et impositions de la ville.—On arrêta aussi de prier Me Imbert de Groslée, capitaine de Lyon, de mettre chez chacun des gros bourgeois de la ville et autres qui s'en sont allés de Lyon, un homme d'armes pour la défense de la ville au besoin. S.

1418.—*Octobre* 3. Pierre Pape, official de l'archevêque de Lyon, ratifie la donation de la recluserie de St-Marcel faite à Jean Ponteillet, prêtre, par Antoine Vassal, prieur de la Platière. Colonia, II, 360.—Pierre Pape était l'oncle du célèbre jurisconsulte Guy Pape, né à Lyon vers 1402, mort, à Grenoble, après 1475.

1418.—*Décembre*. Le consulat envoie un député vers le dauphin pour solliciter l'établissement à Lyon d'un parlement de droit écrit, d'une université et d'une *draperie* (manufacture de draps).

1419.—*Janvier*.... Le chapitre ordonne que quand le dauphin sera à Lyon, le doyen lui fera le fief au nom du chapitre, et que le dauphin, comme dauphin, rendra celui qu'il doit à l'Eglise. M.

1419.—*Janvier* 19. Isabeau de Harcourt, veuve d'Humbert de Villars, rend hommage (à Lyon) au dauphin Charles pour les terres de Rossillon et d'Annonay. Chorier, p. 358.

1419.—*Février* 9. Les conseillers et habitants de la ville de Lyon ayant représenté au dauphin Charles, que le moyen le plus facile de repeupler cette ville, qui était en partie inhabitée à cause des guerres, mortalités et disettes qu'elle avait éprouvées, serait de lui accorder deux foires franches par an; le dauphin, après s'être transporté lui-même à Lyon, considérant que les habitants de Lyon sont *les hommes du roi et les siens*, pourquoi ils renouvellent, tous les dix ans, le serment de loyauté et féauté, leur accorde lesdites deux foires franches chaque année. *Ord. des Rois de Fr.*, xi, 45; *Arch. du Rh.*, iii, 486; vii, 146; *Conf. des ordonn.*, p. 664; Rubys, p. 333.—Voyez ci-après, année 1443.—Quelques auteurs ont fait remonter à l'année 1349 l'établissement des foires à Lyon; mais nous avons lieu de croire qu'ils se sont trompés. Les lettres patentes de Philippe-de-Valois, du 6 août 1349, sur lesquelles ils se sont appuyés, ne font aucune mention de la ville de Lyon. Voyez les *Ord. des Rois de Fr.*; le III⁰ livre des *Offices de France*, par Girard, titre xv, *de la Juridiction des Juges et Consuls*; et le *Mémoire sur l'état du commerce*, etc., par Clicquot de Blervache, p. 158.

1419.—*Septembre.* L'archevêque, le bailli, le clergé, les gens de justice et les conseillers de ville écrivent à ceux de Mâcon pour se mettre en l'obéissance de M. le régent. S.

1419.—*Novembre* 8. Charles VI, irrité contre son fils, le dauphin Charles, qui s'était déclaré régent du royaume, après la mort du duc de Bourgogne, tué à Montereau, nomme Jacques de la Baume son lieutenant général en Velay, Gévaudan, Vivarais, sénéchaussée de Lyon et de Valentinois, avec pouvoir d'y lever gens de guerre, assiéger les villes rebelles, les démolir, les fortifier, prendre prisonniers, recevoir les villes et communautés en l'obéissance du roi, leur octroyer pardon, confirmer leurs priviléges, démettre les officiers et en substituer d'autres.—Cette commission est datée de Troyes. Guichenon, *Hist. de Bresse*, p. 30.

— Un des plus illustres chanceliers de l'Eglise et de l'université de Paris, Jean Gerson, qui, pour échapper à la fureur de ses ennemis, s'était d'abord réfugié en Allemagne, quitte l'Autriche, et, passant par les endroits les plus déserts de la Suisse, s'achemine vers la ville de Lyon, laquelle, tenant le parti du dauphin contre la faction bourguignonne, lui offre un asile assuré. Gerson y est d'ailleurs attiré par son honorable ami l'archevêque de Lyon, et par un de ses frères, célestin et prieur du monastère de cet ordre, chez lequel il reste quelque temps caché avant d'aller se loger dans le cloître de l'église collégiale de St-Paul. *Essai sur la vie de J. Gerson*, par l'Ecuy, p. 242 et suiv.—Voyez ci-après, *année* 1429.—Gerson vécut dix ans à Lyon; il ne s'y borna pas à prier, à méditer, à prêcher et à faire le catéchisme aux petits enfants; divers ouvrages y furent le fruit de ses loisirs. Quelques critiques veulent qu'il y ait composé les deux derniers livres de l'Imitation de J. C.; mais ce n'est pas ici le lieu d'examiner la question si souvent agitée de savoir s'il est ou non l'auteur de ce divin traité. Nous renverrons nos lecteurs aux savantes dissertations qui ont été faites dans ces derniers temps par M. de Grégori et par M. Gence, et surtout aux Prolégomènes de l'*Imitation polyglotte* publiée à Lyon en 1837. Gerson a consigné dans un appendice à son traité *de Examinatione doctrinarum* (*Opera*, 1, 19 et 20), composé à Lyon, quelques détails qui lui furent racontés dans cette ville sur une femme de Bourg en Bresse, traduite comme affronteuse devant les magistrats, en 1424: cette femme, se couvrant du manteau de la dévotion, faisait accroire qu'elle était une des cinq femmes envoyées de Dieu pour racheter un grand nombre d'âmes de l'enfer. Elle avait à l'un de ses pieds deux ulcères, qui la faisaient cruellement souffrir toutes les fois qu'une âme descendait en enfer ; elle avait de fréquentes extases, durant lesquelles elle apprenait par la révélation des choses admirables. Enfin elle pratiquait une abstinence extraordinaire, et sa vie était très-exemplaire. Emprisonnée et mise à la question, elle avoua que c'était la misère qui l'avait poussée à ces impostures. On reconnut en outre qu'elle était épileptique. Son repentir toucha ses juges, qui l'admirent à faire pénitence et qui lui rendirent sa liberté. L'histoire de Lyon pourrait fournir plusieurs exemples d'une pareille jonglerie. — Voyez ci-dessus, *année* 852, et le *Dict. de jurisprudence* de Prost de Royer, art. *Affronteuse.*

1420. — *Septembre* 15. La mortalité régnant alors à Lyon, le chapitre de Saint-Paul permet à Barthélemy Chevrier, chanoine, de sortir de la ville ou de résider à St-Just, sans qu'il pût être tenu pour absent. S.

— La guerre continue dans le pays voisin. Humbert de Grolée, bailli, obtient de la ville 40 hommes d'armes qu'il mène à Belleville. S.

— Le chapitre de St-Jean faisait reconstruire la porte de Porte-Froc, et voulait en refaire et accroître les fortifications « à ce temps de guerre où de « toutes parts on se fortifiait; » le consulat s'y oppose, craignant que le chapitre ne voulût en faire « une *grande bastille* que l'on doutoit qui ne fût au « temps à venir au préjudice de la ville. » S.

1421. — *Mars* 8. Le prieur de St-Irénée revient de Savoie avec des lettres du duc. Sa personne paraît suspecte. On en laisse le jugement aux officiers du roi. S.

1421. — *Mars* 17. La ville est informée que le duc de Bourgogne doit être dans peu de jours à Genève. L'alarme devient générale : on met des gardes partout ; on fait fermer toutes les ouvertures des portes de la ville, etc., etc. On envoie vers le dauphin demander les trèves de cinq ans que sollicitent ceux du Mâconnais, etc. S.

1421. — *Mars* 27 et *avril* 15. Quelques citoyens se plaignent au consulat du *Prince d'Amour* qui est vers St-Vincent. S. — Le *Prince d'Amour* figure assez souvent au XVe et au XVIe siècle dans les fêtes populaires, et surtout dans les *chevauchées de l'asne.* Voyez l'*Hist. et Chronique de Provence*, par César de Nostredame, p. 681 et 689; l'*Hist. de la mise en scène*, par Maurice, p. 206, etc., etc. Voyez aussi ci-après, *années* 1566 et 1578.

1421. — *Avril* 4. Le consulat déclare que la ville de Lyon ne peut, en ce moment, contribuer à la rançon de M. de Bourbon, prisonnier en Angleterre.

— *Même jour.* On reçoit des lettres du dauphin, adressées au clergé et à la ville, annonçant une défaite des Anglais près de Beaufort en Anjou, *en la lande Charles.* S.

1421. — *Novembre* 3. Le consulat fait écrire au dauphin au sujet d'Humbert de Grolée, que l'on disait devoir être désappointé de son office; on se concerte avec M. l'archevêque et le chapitre qui doivent écrire aussi ; mais on écrira de sorte que, s'il était désappointé, son successeur bailli n'en fût point mécontent. On envoie un double de la lettre du consulat à M. H. de Grolée, qui était vers M. le régent. S.

1421. — *Novembre* 14. On fait chez les frères Prêcheurs de Lyon le *serelissement* du seigneur de Beauchâtel. Le consulat y assiste. S.

1421. — *Décembre* 11. Le consulat désigne Jean Leviste, et à son défaut Jean Paterin, pour faire le *syndicat*, aux gages accoutumés. — Jean Leviste le fit, et le 22 du même mois on lui fit payer, pour le *syndicat* qu'il avait *prêché hier*, un écu d'or qui coûta 13 liv. tournois. — La monnaie était faible alors ; l'écu d'or valait 12 francs. — Ce fut aussi Jean Leviste qui prêcha le *syndicat* en 1425 et 1426. Chaque fois on lui fit payer un écu d'or. S.

— L'abbé et l'économe de Haute-Combe cèdent à l'abbé de la Chassagne les droits et les revenus qu'ils avaient au pont et à l'hôpital de Lyon. M.

1422. — *Mai* 27. Le consulat fait faire une enquête solennelle pour prouver que de temps immémorial les citoyens de Lyon sont payés des louages de leurs maisons sur les biens qu'ils trouvent dedans, avant tous autres créanciers. S.

— Bernard d'Armagnac, comte de Perdriac, ayant réuni ses forces à celles d'Humbert de Grolée, livre bataille, à Serverette, près du Puy en Velay, à un seigneur du Forez, nommé le sire de Rochebaron, qui, tenant le parti du duc de Bourgogne, et ayant en sa compagnie 800 hommes d'armes de diverses nations, parcourait en les saccageant les provinces de l'Auvergne, du Forez, du Lyonnais et du Beaujolais. Le sire de Rochebaron, mis en déroute, alla rejoindre le duc de Bourgogne. Rubys, pag. 334 ; Alain Chartier, pag. 54 ; Fodéré, pag. 581 ; Guichenon, *Hist. de Savoie*, p. 460. — Voyez ci-après, 11 *juin* 1430.

1422—1461.

Règne de Charles VII, dit le Victorieux (1).

1422. — L'archevêque Amédée de Talaru, à son retour de Constance, avait fait ôter les armoiries de la ville de la porte St-Marcel ; elles sont remises par arrêt du parlement. M.

— Le pape Martin V voulut interdire la ville de Lyon ; mais le parlement cassa l'interdit et ordonna qu'il ne serait point gardé. M.

1423. — Pendant que les Anglais et les Bourguignons faisaient trembler la France, Charles VII obtient un renfort de 500 lances et de 1000 archers du duc de Milan. « En arrivant à Lyon, cette troupe, conduite par le bailli Imbert de Grolée, s'était portée en diligence au château de la Bussière, près de Mâcon, le jour même où le sire de Toulongeon, maréchal de Bourgogne, devait y entrer ; car le gouverneur devait rendre la place pour ce terme, s'il ne lui arrivait pas secours. Selon l'usage, le maréchal, au jour prescrit, mit sa troupe en bataille pour tenir journée et attendre ceux qui se présenteraient au secours de la forteresse ; tout à coup les Lombards et les Lyonnais tombèrent sur sa troupe ; elle fut taillée en pièces, et il fut fait prisonnier. » M. de Barante, *Ducs de Bourgogne*, v, 160, édit. de 1825 ; M. l'abbé Pavy, *Grands Cordeliers*, pag. 29. — Voyez ci-après, *année* 1430.

1424. — Depuis plusieurs années la ville était en proie à de continuelles alarmes, à cause des troupes que rassemblait le duc de Bourgogne, et qui portaient partout où elles passaient le trouble et la dévastation. Il y eut

---

(1) Ce prince, successeur de Charles VI, parvint à la couronne le 20 octobre 1422. — On ne reçut à Lyon la nouvelle de la mort du feu roi que le 11 novembre.

cette année deux terreurs paniques à Lyon, l'une au mois d'*avril*, et l'autre au mois de *septembre*. A cette dernière époque, le bailli pressait la ville de payer les aides royales; le consulat le pria de surseoir, attendu les circonstances qui obligeraient peut-être d'employer les deniers pour les fortifications de la ville, sauf ensuite, si le roi l'exigeait, à mettre une autre taille. Le consulat ajoutait : « . . . . Car plus bel service ne peut-on faire que de garder sa ville. » —Cette même année, le Bâtard de Chalamont fut employé à veiller aux fortifications. On fit *rompre* le pré du bourg de St-Vincent, et on le fit clore; mais on prit l'engagement de réparer les dommages qui pourraient être faits par ces barrages, etc. S.

— Le consulat achète, pour en faire l'hôtel de ville, une maison traversant de la rue Longue à la place de la Fromagerie; mais, dit M. Cochard, il ne put en obtenir l'investiture de l'archevêque et du chapitre qu'en 1461, etc. *Description de Lyon*, pag. 104. — Cette maison appartenait à Aimarde, femme de Léonard Molon. Menestrier, *parchemin*, pag. 82.

1425. — *Janvier* 3. Une assemblée générale des notables avait été convoquée dans le réfectoire des Grands Cordeliers de Lyon; quarante-cinq députés des villes et villages du Lyonnais y assistent.... D'une commune voix, on élit le doyen de Lyon, Godefroy de Montchenu, et Guichard d'Abon, députés, tant pour la ville que pour le plat pays, afin d'aller vers le roi, obtenir de lui le rabais de l'aide dernièrement octroyée à Poitiers (20,000 livres). —Cette démarche fut inutile, car on reçut presque aussitôt des lettres du roi qui convoquait à Poitiers les trois états du royaume. L'abbé Pavy, *Grands Cordeliers*, pag. 71.

1425.— *Mars* 21. Les chanoines de la cathédrale de Lyon consentent que Jean Gerson, chancelier de l'université de Paris, et Gérard Machet (que Severt appelle *Mathet*, et Cochard, *Macheti*), confesseur du roi, tous deux lecteurs et professeurs en théologie, jouissent, leur vie durant, du château de la Salle de Quincieu, situé dans le comté de l'Eglise de Lyon, et des appartenances et dépendances d'icelui, dont saint Thomas, évêque de Cantorbéry, exilé d'Angleterre et demeurant à Lyon, avait joui autrefois. *Actes capitulaires* de l'année 1424, cités par Severt, *Chronologia historica... Lugdunensis archiepiscopatus*, etc., édit. in-4° de 1607, pag. 154; G. du Peyrat, *Hist. ecclésiastiq. de la Cour*, etc., pag. 328; l'abbé Oroux, *Hist. ecclésiastiq. de la Cour de France*, 1, 552; *Arch. du Rh.*, III, 490; Grégoire, *Hist. des Confesseurs des Rois*, pag. 279; *Notre-Dame de Fourvière*, par M. Cabour, pag. 404. —Voyez ci-dessus, *années* 1168, 1353 et 1411.

1425. — *Juin* 8. Séance consulaire, dans laquelle on conclut « de vivre et mourir à la vraye obeissance du roy et tenir le party du roy, qui qu'il le vouldra tenir. » S.

1425.—*Septembre* 11. Le consulat tient une assemblée où se trouvèrent plusieurs habitants des bonnes villes du pays de Lyonnais. On y conclut d'aller ensemble à l'assemblée des trois états à Poitiers, et de se gouverner tous de la même manière. S.

1426. — *Avril* 2. Maistre Jean Jarson (Gerson) reçoit dix francs que la ville lui fait payer par M° Guillaume Le Tur. S.

1426. —*Juin* 19. Le consulat arrête que la ville fera une aumône de 10 liv. aux malades de Vaise et à ceux d'outre-Rhône. Au moyen de cette aumône et de celles que leur feront aussi MM. de Lyon et des églises, défense leur sera faite d'entrer en ville « pour éviter les moûvements. » Voyez ci-après, 7 *Juillet* 1499.

1426. — *Juillet* 24. Le consulat conclut de signifier à Mgr. de Lyon, et à M. le bailli ou son lieutenant, *la fête de la Nativité de la Ste. Vierge*, que l'on veut faire en cette ville, ce qui pourra être d'une grande charge à la ville, et d'en consulter avec ceux qu'il conviendra, afin d'obvier à tous inconvénients. Voyez ci-après, au 15 *Mai* 1483, et les *années* 1507, 1607, etc.

1426. — *Décembre* 27. Défi du prince d'Orange à la ville de Lyon pour quatre chevaux que le bailli avait fait saisir. *Notes de M. Sudan* qui mentionne deux autres défis du même prince, l'un du 6 avril et l'autre du 9 août 1429.

1427. — *Juillet* 24. On arrête de faire un *scel* d'argent notable aux armes de la ville, et ce avec une *courroie* d'argent qui avait appartenu à Pierre de Gex, et qui était en *l'arche* pour quatre écus que le dit P. de Gex avait reçus des absolutions du Rhône, attendu que celui dont on scelle est trop petit selon la noblesse de la ville. *Actes consul.* — On paya 4 francs pour la façon de ce sceau. S.

1427. — *Octobre* 19. Lettres du roi pour mander les états à Poitiers. Pierre de Nyèvre et Bernard de Varey sont nommés députés de la ville.

1427. — *Novembre* 9. La ville fait chanter aux Carmes une messe du St-Esprit, pour que Dieu veuille avoir les affaires de la ville pour recommandées. — La ville en usait ainsi dans les circonstances difficiles.

1427. — *Décembre* 1. M.ᵉ Jean Merlin avait obtenu des lettres pour s'exempter d'être conseiller; la ville s'y opposa et procéda à ce sujet. S. — Jean Merlin ou *Mulin*, licencié ès-loys, avait été conseiller de ville en 1420 et en 1425.

1428. — *Février* 14 et 20. *Séances consulaires*. On avait obtenu depuis peu des lettres d'octroi ou entrées à mettre en la ville sur les marchandises. On veut les établir, quelques conseillers s'y opposent.

1428. — *Juin* 16. Alarme. Dispositions pour la garde de la ville. — Guerre d'Anthon, etc. On obtient par le duc de Savoie prolongation de trèves pendant trois ans.

1428. — *Août* 14. Le consulat casse deux conseillers, Guillaume de Bannes (ou de Bermes) et Pierre Bullioud, parce que, comme conseils de l'archevêque et du chapitre, ils avaient plaidé contre la ville dans l'affaire des bancs du pont. Il ôte aussi à Guillaume de Bannes le pennon de St-George. — On convoque les maîtres des métiers, qui nomment en effet trois nouveaux conseillers; le troisième à la place de Jean Sala, dit *Bastier*, qui était prisonnier et qui était accusé avec son frère d'avoir reçu dans leur hôtel certains ennemis du roi : cependant quelques conseillers s'étaient opposés à ces destitutions. S.

1428. — *Octobre* 16. Diverses compagnies de gens d'armes sous les capitaines Valette, Rodrigue, etc., soi-disant être au comte de Perdriac, se disposent à s'approcher de la ville. On avise au moyen de les éloigner. On traite avec les capitaines par l'entremise du bailli et de Gilet Richard, sieur de St-Pierre, etc. Mais ces capitaines voulant faire composer trop chèrement, on convient avec le bailli, le clergé et ceux du plat pays, d'employer plutôt la somme demandée à repousser ces gens d'armes par des hommes d'armes que l'on amènera tant de la ville que du pays. La ville, le clergé et autres fournissent leur contingent. S.

1428. — *Octobre* 21. Le chapitre de l'église de St-Paul concède à Jean Gerson l'autorisation de fonder un anniversaire qui sera célébré le 14 décembre, jour de sa naissance. Cochard, *Arch. du Rh.*, III, 490. — L'Écuy nous a donné, dans son *Essai sur la vie de J. Gerson*, II, 245, une traduction de cet acte auquel il a mis par erreur la date du 1ᵉʳ octobre.

1428. — *Décembre* 3. Le consulat reçoit des lettres de Charles VII, qui demande que l'on aide ceux d'Orléans assiégés par les Anglais. — Le 13, on délivre au porteur des lettres du roi deux quintaux de salpêtre, six ballots d'acier, trois quintaux de soufre, etc. Le tout montant à 235 livres 15 sols 5 deniers tournois.

1429. — *Mai.* Alarme. La ville fait barrer les ouvertures et les passages des arches du pont du Rhône avec de grosses poutres mises en travers, afin que personne ne pût passer sans le su et consentement des conseillers. S.

1429. — *Juillet* 12. Mort de Jean Gerson. Le pieux chancelier est inhumé dans l'église de St-Laurent, qui n'existe plus, et qui était située à côté de celle de St-Paul. Les miracles opérés sur sa tombe, dit M. Cochard (*Arch. du Rh.*, III, 490), donnèrent occasion au roi Charles VII d'établir un autel en son honneur, à la sollicitation de Laurent Bureau, son confesseur, de l'ordre des Carmes, depuis évêque de Sisteron; mais cet autel ayant été renversé par les calvinistes pendant les troubles de 1562, fut rétabli dans la suite par les soins d'un apothicaire, nommé Laurent Catagne. Spon nous a conservé, dans sa *Recherche des Antiquités de Lyon*, p. 53, l'inscription qui avait été mise sur le tombeau de Gerson (voyez ci-dessus, *année* 1419; et ci-après, *année* 1643). — Amédée de Talaru, archevêque de Lyon, dans la lettre de condoléance qu'il écrit au prieur des Célestins, après la mort de celui-ci, dit que sa doctrine était apostolique, son génie sublime, et qu'il n'avait connu personne qui l'égalât. Il ajoute que Gerson a subi un long exil pour la vérité, et qu'il en fut le martyr. Il compare l'éclat de sa doctrine et de ses vertus à la clarté resplendissante de l'astre du matin.

Le P. Théophile Raynaud a consacré à Jean Gerson une notice dans sa *Mantissa ad indiculum Sanctorum lugd.* Si Poullin de Lumina eût connu cette apologie, il se serait bien gardé d'accuser les disciples de S. Ignace d'avoir influé sur l'oubli dans lequel est tombé, vers la fin du xvııe siècle, l'espèce de culte que l'on rendait à Gerson dans l'église où il avait été inhumé. *Hist. de l'Église de Lyon*, p. 359. — Rubys s'est trompé en plaçant en 1430 la mort de Gerson, mais il n'a point erré quand il a dit, en parlant de ce *tant renommé docteur* : « Ce sont à telles gens que l'on devroit donner les prébendes théologales or- « données ès églises collégiales, et non pas à des pédants plus secs que verts, « comme l'on faict de present pour en avoir meilleur marché. » *Hist. de Lyon*, p. 337.

1429 (*circa*). — Pierre Charpin, official de Marie de Berry, duchesse de Bourbonnais, princesse de Dombes, est commis par cette princesse pour prendre connaissance des différentes *hérésies* dont les Juifs de Trévoux s'étaient rendus coupables. Charpin les interrogea, instruisit une procédure contre eux, et déposa ensuite le résultat de ses recherches dans les mains du conseil de la duchesse. Par une décision de ce conseil, les accusés furent condamnés à sortir de la ville de Trévoux. Leur expulsion suivit de près le jugement. » Cochard, *Arch. du Rh.*, V, 254; Paradin, 245-247. — Suivant Guichenon, les Juifs qui furent expulsés de Trévoux étaient venus s'y réfugier avec la permission des sieurs de Thoire et de Villars; il nous apprend qu'Amé de Talaru, alors archevêque de Lyon, s'était joint à la duchesse de Berry pour faire le procès aux Juifs de Trévoux. *Hist. de Bresse*, ii*e* partie, p. 38. — On trouvera de longs détails à ce sujet dans un article de M. F. Laserve, inséré t. vii de la *Revue du Lyonnais*. Voyez ci-dessus, années 1350-79-80-86-94 -95; et ci-après, année 1548.

— Pierre Charpin eut un neveu qui portait aussi le prénom de Pierre. Cette homonymie a fait commettre une erreur à Paradin, qui attribue à l'un et à l'autre Pierre l'expulsion des Juifs de Trévoux. Voyez son *Hist. de Lyon*, p. 245 et p. 255. Nous parlerons de Pierre Charpin, deuxième du nom, *années* 1465 et 1476.

1430. — *Mars* 7. Le roi dauphin donne à Etienne de Villemorand le château de Pusignan, confisqué sur la dame Alix de Varax, épouse de Guillaume de la Baulme, pour avoir réfugié Jean de Châlon, prince d'Orange. *Chambre des comptes de Dauphiné*.

1430. — *Mai*. La ville donne une torche à Notre-Dame de St-Nizier pour les bonnes nouvelles que l'on reçut contre M° Jean de Lysembours. S.

— On fait mettre sur la tour du pont du Rhône, que l'on faisait reconstruire, au-devant de la trappe du pont, les armes du roi et de la ville. — L'arche qui était au-devant de cette trappe était tombée cette année ou la précédente. S.

1430. — *Juin* 8. Le bailli Humbert de Grolée écrit de St-Jean de Pannetière (Pannissières), aux conseillers de la ville, qu'il a examiné le capitaine principal des brigands, « lequel dit qu'ils étoient d'intention de détruire toute « noblesse; après les *prestres*, excepté un en chacune paroisse, et puis après « tous bourgeois, marchands, gens de conseil et autres notables des bonnes « villes. » S. —Cette lettre n'a pas de millésime; peut-être a-t-elle été écrite l'année précédente.

1430. — *Juin* 11. Le sire Louis ou Raoul de Gaucourt venait d'être choisi pour gouverner le Dauphiné, dont Louis de Châlon, prince d'Orange, était sur le point de s'emparer. Ce brave seigneur, qui avait si vaillamment défendu Orléans, s'accorde avec le sire Imbert de Grolée, bailli du Lyonnais et maréchal du Dauphiné, qui depuis plusieurs années avait fait très-bonne guerre aux Bourguignons. Ils vont chercher dans le Velay un capitaine espagnol, nommé Rodrigue de Villandrada, qui s'y trouvait avec une compagnie de gens de toutes nations, qu'il amenait au roi de France. On rassemble aussi des hommes de bonne volonté à Lyon et dans le Mâconnais. Un emprunt est mis sur les plus riches de ces contrées, sauf à le leur rembourser par une taille. Chacun est porté à faire de son mieux, et à ne se point laisser conquérir ni opprimer par le prince d'Orange, qui depuis plusieurs années entretenait la guerre dans la province. On se hâte de commencer avant qu'il arrive, et le sire Gaucourt s'empare d'abord de la forteresse de Colombiers. Le prince d'Orange est surpris de voir qu'on avait eu l'audace d'attaquer, quand il ne croyait pas qu'on pût essayer de se défendre. Il s'empresse de venir offrir la bataille. C'était pour les Français une chose grave que de l'accepter. Ils étaient moins nombreux; le sire de Villandrada n'était pas sûr de tous les étrangers qui formaient sa compagnie. Si la bataille était perdue, c'en était fait du Lyonnais, du Dauphiné et même du Languedoc; le roi pouvait, de cette affaire, perdre son royaume. D'un autre côté, le prince allait ravager tout le pays; ses forces devaient chaque jour s'augmenter. Ceux qui sont venus combattre sous le sieur de Gaucourt, et qu'a amenés le sieur de Grolée, ont grande volonté de bien guerroyer, et bonne idée de la justice de leur cause. Le capitaine espagnol demande qu'on lui donne l'avant-garde, afin qu'on pût mieux s'assurer si ses gens se conduiraient bien....On célèbre la messe, et le sire de Grolée se jette à genoux et fait sa prière à haute voix. Cependant le prince d'Orange ne faisait pas grand cas de cette armée, si petite en comparaison de la sienne..: il ne doutait pas de la voir s'enfuir au premier choc; mais il en fut tout autrement. Avant que les Bourguignons eussent débouché d'un bois qu'ils traversaient et se fussent rangés dans la plaine, le sire de Villandrada et sa troupe se jettent si vivement sur eux qu'ils les ébranlent. Bientôt l'attaque des Français devient tellement rude, que les ennemis sont rompus et mis en déroute... Le prince d'Orange combattit bravement et fut blessé. Plutôt que d'être pris, il se jette à cheval et tout armé dans le Rhône; son cheval, malgré le poids des armures, traverse le fleuve à la nage et le conduit dans le Bugey... Par cette victoire, tout le midi du royaume se trouva délivré des Bourguignons. Chorier, *Hist. du Dauphiné*, II, 427; M. de Barante, *Ducs de Bourgogne*, VI, 95 et suiv., édit. de 1825; P. de Lumina, *Abr. chron.*, année 1430; *Arch. du Rh.*, III, 486, XI, 25. — Pernetti place à l'année 1429 la bataille d'Anthon; il est en cela d'accord avec les auteurs de l'*Art de vérifier les dates*, II, 451; toutefois j'ai pensé que Chorier et M. de Barante devaient être mieux informés, et je la mets, comme eux, à 1430. Voyez ci-dessus, *année* 1423.— Anthon, ou Anton, village du canton de Crémieu, est à cinq lieues au-dessus de Lyon. Le champ de bataille fut la plaine qui est entre Colombier et Anthon. Chorier, *loc. cit.*

— Le consulat fit donner deux torches à Notre-Dame de St-Nizier quand les bonnes nouvelles vinrent de la bataille d'Anthon. S.

1430. — *Juillet* 9. Humbert de Grolée écrit de Vinzelles, du côté de Mâcon, aux conseillers de ville, que lui et le gouverneur ont reçu l'obéissance de plusieurs lieux et villages, comme Germolle, Chastrye-de-Vinzelles où sont logés ses gens; que le lendemain il a l'espérance d'avoir les Tours, Chavigny, etc.; que Morellet de Salornay est en traité de faire pareillement de lui et de sa place. Et, Dieu merci! l'on peut venir de Lyon à Mâcon sans trouver forteresse qui ne soit de l'obéissance de M. le régent; mais éprouvant disette de pain et blé, il demande que la ville lui fasse parvenir à Germolle, tous les deux jours, une ou deux battelées, chargées de pain, promettant de bien payer, etc., autrement il faudrait se retirer avec sa troupe au pays de Lyonnais, ce qui serait grand dommage, etc. S. — Voyez ci-dessus, au 8 *juin*.

1430. —Fin *juillet*. La ville fait des présents au gouverneur du Dauphiné, qui était venu à Lyon avec le bailli et Rodrigue (de Villandrada). S.

1431. — *Mai* 18. — Assemblée de seigneurs, tenue à Lyon pour terminer des différends entre les ducs de Bourgogne et de Savoie, relativement à la ville de Trévoux. Guichenon, *Hist. de Bresse*, p. 293.

1431. — *Juin*... Guillaume de Durche est envoyé par la ville à Poitiers.— Vers le même temps, le consulat avait envoyé Jean Colas, spinolier, natif de Loraine, demeurant à Lyon, porter ses lettres closes et rapporter réponse par-devers M. le duc de Bar, au sujet de certaines paroles qui avaient couru à Lyon, que cette ville devait être remise (que Dieu ne veuille!) aux ennemis du roi. S.

1431. — *Juillet* 17. Lettres du roi Charles, données à Poitiers, défendant aux officiers de l'archevêché de mettre *par* amende les habitants de Lyon, à cause de ce qu'ils chantaient des chansons de réjouissance sur la défaite du prince d'Orange. S.

— L'ancienne confrérie du Jeu de l'Arc est érigée par Charles VII en compagnie royale. *Arch. du Rh.*, VII, 94.

— Les Bourguignons ayant pillé Belleville, le chapitre relâche, pour deux ans seulement, les quatre marcs d'argent que l'abbé lui devait. S.

1432. — *Janvier* 27. Lahire écrit *à ses très chiers et grands amis les gens d'esglise, bourgeois, manans et habitans de la cité de Lion*, afin de les engager à le *secourir de la plus grande somme que possible* leur sera, *pour* lui *aider à payer sa rançon*. Mélanges de C. B., p. 473.

1432. — *Avril* 27. Les conseillers de ville étaient détenus depuis deux jours, à Roanne, à la suite des contraintes pour le payement de l'aide mise dernièrement à Poitiers pour la portion de la ville, fixée à 1,200 royaux. Guillaume Morel, député du roi à cette recette, tient quitte la ville pour 600 royaux; les royaux comptés à raison de 42 s. 6 d. tournois la pièce. S.

— Passage à Lyon d'un religieux de l'ordre des Carmes, nommé frère Thomas Conette, natif de Bretaigne, que le vulgaire appelait *le saint homme*: « lequel alloit sur un asne, et estoit suivi de quelques religieux et de plusieurs simples gens, plus pour sa vie exemplaire que pour grand doctrine qui fût en lui: et par son zèle, il attiroit les gens à pénitence : mesmes preschant à Lyon, il fit poser aux dames leurs affiquets et grands bobances : il fit cesser tous les jeux de cartes, dez et autres jeux d'azard, et les faisoit brusler en sa présence : et s'estimoyent bien-heureux ceux qui pouvoient avoir du poil de son asne, ou le mener par la bride, luy estant dessus. Il disoit qu'il alloit à Rome pour réformer le pape et les cardinaux : mais arrivé qu'il fut à Rome, comme il parla trop librement contre le pape et le consistoire, on lui fit croire qu'il estoit hérétique, et on le fit brusler pour tel. » De Rubys, p. 337. — Le pape qui siégeait alors était Eugène IV, qui lui-même fut déclaré hérétique et déposé par le concile de Bâle, en 1439.

1433. — *Septembre* 6. Alarmes occasionnées par l'approche des troupes du duc de Bourgogne. S.

— 25. Siége de Belleville. — Ordre du roi d'obéir à M. de Bourbon qui commandait les troupes royales en Beaujolais. — Divisions dans la ville. — Garde des tours et des portes par les habitants et ceux du clergé ensemble. — On fait planter des pilotis à travers la Saône. S.

1433. — *Octobre* 19 *et* 26. On se prépare à recevoir le roi à Lyon, à lui faire la plus notable et la meilleure entrée, ayant égard à ce qui fut fait à la venue de son père *que Dieu pardonne*, etc.; et si le dauphin vient avec lui, on le servira de vaisselle d'argent jusqu'à 25 marcs.

— Vers le même temps on donne des ordres pour la défense et la garde de la ville, les ennemis du roi ayant naguère gagné la ville d'Avalon, et étant d'intention de descendre, comme l'on dit, en ce pays de Lyonnais. — On travaille aux fossés de la Lanterne. — Le bailli prête à la ville cent royaux pour l'ouvrage des fortifications. S.

1433. — *Novembre* 19. On parle encore de la prochaine arrivée du roi. On veut lui faire présent d'une *nauf* (nef) de cent marcs d'argent, dorée et bien faite. S.

1433. — *Décembre* 7. Me Jean Chapuis est envoyé vers le roi par l'archevêque, le chapitre et la ville pour lui exposer les pilleries que font les *Rodi-*

goys en ce pays de Lyonnais.—Le roi vint à Vienne, mais il ne paraît pas qu'il vint à Lyon. S.

— Humbert de Grolée, bailli de Mâcon, était en procès avec la dame de Tournon (*Turnionis*), pour le château d'Illins. Guy Pape, qui n'était alors qu'avocat à Grenoble, est appelé pour être du nombre des juges, quoiqu'il ne fût pas encore reçu conseiller. *Quæst.* 350. *Decis. gratianop.* M.

1434.—*Juin....* Marie de Berry, duchesse de Bourbon, meurt à Lyon. Sainte-Marthe, *Hist. de la maison de Fr.*, l. VIII, p. 560. Guy Coquille met 1435, *Hist. du Nivernois*, p. 305. M.

— Charles VII, accompagné des ducs de Bourbon, d'Alençon, du comte de Vendôme, du connétable de Richemont, et d'autres grands seigneurs, en bon nombre, fait son entrée à Lyon, où il est reçu avec toutes sortes de réjouissances.—Lorsqu'il entra dans l'église de St-Jean, il prit la chape et l'aumusse qu'il porta jusqu'à l'autel. S. De Rubys, p. 337.

1434.—*Novembre* 21. Le duc de Bourbon demande deux ou trois des habitants pour délibérer avec lui s'il fera trève avec les Bourguignons. Le consulat arrête de n'en point faire sans le consentement du roi.—Il n'y eut des trèves que vers la fin de *décembre*. S.—Voyez ci-après, au 17 *octobre* 1435.

1434.—*Novembre* 27. Le consulat prend différentes mesures pour préserver la ville de l'invasion des Bourguignons qui ont déjà pris d'assaut St-Genis, Ste-Foy et Tassin. Les portes de la ville ne seront ouvertes que demi-heure par jour. *Ducs de Bourgogne*, par M. de Barante, tom. VI, pag. 264 et suiv.

1434. — *Décembre* 23. Le bailli Humbert de Grolée meurt à Lyon. — La ville nomme pour le remplacer par *intérim* le sieur Pierre de Chandieu, seigneur de Chandieu. — Au mois de mars suivant, Théode (ou Théodore) de Valpergue fut pourvu par le roi. *Notes* de M. S.; Brossette, *Eloge hist.*, pag. 133. Voyez ci-après, au 19 *mars* 1435, et à l'*année* 1442.

— Denis de Quercu (du Chesne) argentier du roi, avait joué dans un jardin près de St-Paul, avec Mᵉ Robert de Frécon, chevalier, une partie de boules (*imprisia cum scopho*), à un écu ou un réal d'or par partie. Pour cela les deux joueurs avaient déposé entre les mains de Mᵉ Jacques Meyret, prêtre de St-Paul, des gages, savoir : Denis du Chesne, une courroie (*corrigiam*) d'argent, et R. de Frécon, son collier d'or. Jacques Meyret ayant refusé de livrer le collier à du Chesne qui avait gagné la partie, celui-ci fut obligé de se pourvoir devant l'official. S.

1435. — *Janvier* 13. La paix d'Arras entre Charles VII et Philippe-le-Bon, est publiée à Lyon par M. Théodore de Valpergue, sénéchal de cette ville. Solennités et réjouissances, jeux de personnages à ce sujet, pendant deux jours, devant St-Jean, aux Jacobins, etc. La ville fait faire les échafauds nécessaires. S.

— 21. Un des frères du bailli était prisonnier des Anglais. Le bailli fait descendre des blés pour aider à sa rançon. — D'autres blés passent franchement pour messire Tanneguy du Chastel, prévôt de Paris. S.

1435. — *Mars* 19. Service solennel pour le bailli de Grolée, fait aux Cordeliers. Le consulat y assiste, attendu le notable gouvernement dudit feu bailli. On y porte douze torches pour les conseillers. *Notes* de M. S; M. l'abbé Pavy, *Gr. Cordeliers.*—Voyez ci-dessus, au 23 *décembre* 1434.

1435.—*Juin* 11. La reine de Sicile, duchesse de Bar et de Lorraine, passe à Lyon, et reçoit les présents d'usage. — On apprend par une lettre du bailli, écrite à la ville, et datée du 8 *mai*, la détrousse des Anglais devant Gerberoy, où ont été faits prisonniers le comte d'Arondel et autres. S.

1435.—*Juillet* 19. On exempte des tailles les héritiers de Claude Tieulier qui a bien servi pendant sa vie au *capitainage* de St-Vincent, et mêmement quand Belleville fut prise. *Actes consul.*

—24. On députe au roi et on s'adresse à Me de Gaucourt pour obtenir rabais de l'aide demandée à la ville et au pays. Les députés *jurent aux Saints* d'y aller au plus tôt. *Actes consul.*

1435.—*Octobre* 17. Par suite des trèves faites à Nérac par M. de Bourbon avec les Bourguignons, des garnisons avaient été mises à Charly et à Châteauneuf. La ville et le pays de Lyonnais furent taxés à 300 francs pour le soudoyement de ces garnisons. *Notes* de M. Sudan, qui observe que « déjà la paix générale avait été signée à Arras. » —Voyez ci-dessus, au 15 *janvier*.

—23. Depuis longtemps le consulat avait obtenu du roi des lettres pour établir à Lyon des gabelles au lieu des tailles et subsides que l'on mettait si souvent; mais les habitants de Lyon y avaient en général tant de répugnance qu'on n'osait les établir. — Plusieurs des conseillers craignaient d'être *maudits*. — Me Jean Leviste, un des trois commissaires réformateurs envoyés à Lyon, porte plainte contre eux. — Dans sa séance du 11 *novembre* suivant, le consulat déclare qu'il se pourvoira au roi contre les commissaires. S.

1435.—*Novembre* 16. On députe au roi l'official pour demander entr'autres choses la translation à Lyon du *concile de Basle*. — Le roi chargea M. de Vienne et messire Symond Charles, de prier que le concile fût mis à Lyon. S. —Voyez ci-après, au 30 *avril* 1436.

1436. — « Celuy an fut le Roy à Lyon et au Dauphiné pour aller en Languedoc, et vint à Montpellier, et là fit ses Pasques. » *Alain Chartier*, p. 102.

— « Après la bataille de Morat où les Bourguignons furent défaits, le roi partit de Lyon où il avoit séjourné six mois pour demesler les entreprises du duc de Bourgogne sans rompre la tresve. A bien connoistre l'estat des affaires, le roi faisoit plus de guerre en laissant faire au Bourguignon tout ce qu'il vouloit, et en lui sollicitant des ennemis en secret, que s'il se fust ouvertement déclaré contre lui. » *Chronique de Hollande*, de Jean Petit, liv. VI, pag. 506 (citation extraite des *Notes* du P. M.).

— « Le roi et le dauphin durent venir à Lyon vers le mois de *janvier* 1436. A cette époque la ville imposa une taille d'une maille. Sur cette taille on leva la somme de 500 francs qui fut donnée au dauphin par la ville. *Notes* de M. Sudan, qui fait observer que « les *Actes consulaires* ont une lacune de dix ans, de 1436 à 1446. »

— « Le syndicat de la nomination des conseillers de ville pour 1436 ne fut ouvert et rétabli que le jour de S. Antoine 17 *janvier*, parce que le roi, le dauphin, Charles d'Anjou et quantité d'autres princes et seigneurs se trouvaient à Lyon le jour de S. Thomas (21 *décembre* précédent). Brossette, *Eloge hist.*, 3e partie, pag. 38.

1436.—*Avril* 18. Le consulat fait payer 6 réaux d'or à Rozier le Lion, poursuivant (courrier) de Me Théode de Valpergue, bailli, pour les joyeuses nouvelles qu'il a apportées de la bonne ville de Paris, qui fut réduite *vendredi dernier passé*, en l'obéissance du roi notre sire, par le moyen de M. le comte de Richemont, connétable de France.

— *Même mois.* Les conseillers font faire la *bandière* de la trompette. — Pour cela on acheta chez Michelet Bastier trois quartiers d'aune de *taffatin roge*, et un quartier d'aune de *taffatin pers*, à 20 gros l'un, plus un quarteron d'or 6 gros, et un cent d'argent battu 4 gros; enfin trois aunes de frange *bordé* pesant une once et quart, à 10 gros l'once. S.

1436. — *Avril 30.* Les conseillers font payer à messire Simon Charles, chevalier de l'hôtel du roi, la somme de 22 ducats d'or employés en 4 aunes d'esquarlate (écarlate), donnée à Lyon, en l'église de St-Alban, audit messire Simon Charles, afin que plus diligemment et de meilleur cœur il procure que le saint concile qui est à *Basle*, quand il s'en départira, *s'en tiengne lougier en ceste ville de Lyon*, comme le roi notre sire de ce a chargé expressément, entr'autres choses, Mgr. l'archevêque de Vienne et ledit messire Simon Charles, qui pour cette cause et plusieurs autres vont au dit concile de par le roi notredit sire. S. — Voy. ci-dessus, au 16 *novembre* 1435.

1436. — *Mai 4.* Le consulat fait donner un réal d'or à messire Jean de Vaux, chevalier, *pour Dieu*, et pour lui aider à payer sa rançon aux Anglais dont il est prisonnier depuis la bataille de Verneuil. S.

1436. — *Mai 19 et 20.* Fêtes de Pentecôte. « Le peuple de Lyon, dit Paradin, se leva en armes, et y eust grande rebeine et désordre.... » *Hist. de Lyon*, pag. 235. — Suivant le même auteur, cette révolte eut pour cause de nouvelles tailles et gabelles introduites en vertu de l'arrêt du parlement de 1402, dont nous avons parlé ci-dessus, *année* 1403. — On rappelle encore dans les actes consulaires de 1446, 1447 et 1452, la *rebeine de 1436.* — Dans la séance du 23 novembre 1446, on arrête de rendre à ses héritiers les *gages* pris chez feu Mᵉ Jean Paterin, au sujet de ses tailles; — dans celle du 11 janvier 1447, on prend la même décision à l'égard de ceux pris chez Antoine Aygue, notaire; — enfin dans celle du 1ᵉʳ juin 1452, Pierre Fournier et André Chevrier, gendres de feu Jean Paterin, demandent qu'il leur soit délivré par la veuve du sieur Gontier, receveur, certaines robes, manteaux et autres gages pris sur ledit feu Jean Paterin, *au temps de la rybaine*, ce dernier étant à l'article de la mort (en effet il mourut en mai 1436), lesquels furent donnés en garde à Pierre Gontier. A quoi les conseillers répondent : *Qu'ils ne sont point d'intention d'approuver rien qui ayt esté faict du temps de ladicte rybaine*, ni par les auditeurs à ce commis, mais qu'ils ne mettront aucuns empêchements à ce qu'on leur remette lesdits gages. S.

1436. — *Mai.* Depuis le 8 jusqu'au 29 de ce mois, les conseillers de ville furent tenus aux arrêts à Roanne, à cause du retard du payement d'une taille mise sur la ville (manière de contraindre assez fréquente à cette époque). On voit par un compte de la dépense faite pour la nourriture des conseillers, que les repas montaient à environ 20 gros. Cette dépense pour tout le temps s'éleva à 18 francs 10 gros. — A 24 gros moins un quart, poids royal, monte 13 réaux, 2 gros, 9 deniers. — On trouve encore dans ce compte que le 29 mai (probablement jour de la cessation de leurs arrêts), les conseillers firent chanter à St-Arbrin (Alban) une messe qui fut payée un gros. S.

1436. — *Juin 20.* Le consulat fait payer à Chasteauvillain le poursuivant onze réaux d'or qui lui étaient dus pour un voyage qu'il a fait pardevers le roi notre sire, pour lui porter « *lettres d'excusations* d'aucuns blâmes et

« reproches que aucuns avoient mis en avant pardevers le roi contre les
« habitans de la ville de Lyon, à cause de *certaines assemblées naguères faites*
« *aux Cordeliers*, combien que lesdites assemblées aient été faites en toute
« vraye obeissance envers ledit seigneur roi. » S.

— L'archevêque Amédée de Talaru présente requête au concile de
Bâle pour contraindre le duc de Bourbon, baron de Beaujeu, prince de
Dombes, à reconnaître et faire fief et hommage à l'Eglise de Lyon pour les
châteaux, terres et dépendances de Trévoux, Chalamont, Beauregard, etc.,
sous peine d'excommunication et d'interdit. Le concile commet pour cela
Albert de Valentrapp, chantre de Liége, avec plein pouvoir au nom du
concile. — Le verbal de cette affaire est à la bibliothèque royale, avec les
exécutoires, au cartulaire marqué n° 8974. *Notes* du P. Menestrier. Voyez
du Tems, *Clergé de Fr.*, IV, 377.

— « Le prince de Valachie, chassé de ses états par les Sarrasins, se retire
à Lyon où le chapitre l'assiste. » M.

1437. — Mort de Jean de Rochetaillée, fils d'un pêcheur, né à Rochetaillée près Lyon, et qui d'enfant de chœur dans l'église de St-Jean parvint
aux plus grandes dignités, et fut évêque, patriarche, cardinal, etc. Pernetti, I, 157. — Il ne faut pas le confondre avec Jean de Rochetaillée ou
de la Roquetaillade, fameux prédicateur du XIV° siècle.—Voyez ci-dessus,
année 1360.

1438.—L'an 1653, en réparant l'église de St-Paul, on enleva l'inscription suivante qui était sur une pierre élevée à dix pieds de terre, appliquée
et cimentée dans la muraille du chœur, à la droite du maître-autel :

« L'an de N. S. 1458, le 13° jour du mois de *may*, noble et puissante
dame Isabeau d'Harcourt délaissée de feu bonne mémoire Monseigneur
Humbert de Thoire et de Villars, dame des baronnies de Rossillon et de
Rivirie, a fondé en cette église de St-Paul de Lyon pour le salut de son ame
et des ames de sondit feu seigneur et mary et autres ses bons parens et
amis 12 anniversaires generaux avec vigiles, oraisons et suffrages des morts,
que le collège de ladite église, avec la sonnerie des cloches, feront annuellement en ladite église, comme il est accoutumé de faire pour grand seigneur
et dame, et pour ce a donné ladite dame et fait délivrer au chamarrier et
chapitre de ladite église, la somme de six cens escus d'or bons et vieux
poids de 64 au march, et lesdits chamarrier et chapitre seront tenus et
obligez de dire et celebrer par eux et leur collège lesdits anniversaires doresnavant tous les ans. C'est à sçavoir le premier jour d'un chascun mois de
l'an, un d'iceux avec les vigiles et oraisons, suffrages, procession et sonnerie
de cloches. Et outre leur a donné une belle croix d'argent doré, où il y a
du bois de la vraye croix et l'annel de S. Bernard de Thoire orné de bonnes
pierres precieuses. Priez Dieu pour le salut de ladite Dame. » M.

1438. — *Juillet* 24. Dans la fondation faite sous cette date, par laquelle
M° Barthélemi *Berchier*, custode de Ste-Croix, prévôt de St-Jean de Lyon,
et collateur (ou collecteur) apostolique pour la fête de S. Pothin, veut qu'il
soit célébré la veille et le jour, et à la grand'messe, par le chapitre et le
clergé de l'Eglise de Lyon, *unam perpetuam commemorationem loco mirabilium
quæ fieri solebant*, il paraît que la fête de S. Pothin se célébrait alors toujours un mardi ; car il est dit que le lundi veille de S. Pothin, le clergé de
Lyon ira dire les primes (ou la première messe), et que, après la procession
faite à Saint-Jean, selon l'usage, en la chapelle dudit saint Pothin à la

grand'messe, *D. Præcentor dictæ ecclesiæ Lugd. incipiet magnam missam et officiabunt ebdomadarii magnæ missæ evangeliis et epistolæ sicut fieri solebat* DIE MIRABILIUM, *ob reverentiam Dei, B. M. Virg., Sti. Pothini et 48 martyrum...et casu quo tempore futuro fierent mirabilia ut fieri solebant, dictus D. Bartholomæus vult et est contentus quod dicta missa sic per eum ordinata, sit computata pro missa dictorum mirabilium.* Il donne pour dotation cent bons écus d'or anciens valant un marc et demi, et 12 deniers d'or pour acquérir une rente de 6 écus d'or. — Le chapitre, en donnant son consentement à cette fondation, met cette réserve : *Sine tamen præjudicio litispendentis in parlamenti curia Parisiis inter D. Archiepiscopum, Decanum et Capitulum Lugd. ex una parte, et consules civitatis Lugduni ex altera et nihil contra..... ipsam litem innovando vel attenuando.* Note de M. Sudan, dans un Recueil in-4° Ms., ayant pour titre : *Divers Extraits sur les églises et le clergé de Lyon* (Archives de la mairie de Lyon).

1439. — *Janvier* 21. Guillaume de Chauvirey, chanoine et précenteur de l'église de St-Jean, obtient la permission de sortir *à pied* du cloître, pour conduire à l'église la fille de Guichard Bastier, juge du comté, qui se mariait. — Alors les chanoines ne pouvaient sortir du cloître qu'à *cheval*, comme s'ils allaient en voyage, à moins d'une dispense du chapitre. Guillaume de Chauvirey, dit M. Cochard, ne l'obtint qu'en considération de ce que l'Eglise devait, dans de pareilles circonstances, honorer ses serviteurs. *Descript. de Lyon*, 248. — Voyez ci-dessus, *année* 1352, et ci-après, *année* 1477.

1439. — *Mars* 4. Sur la plainte des conseillers que les boulangers et plusieurs marchands de Lyon font des monopoles de blé, en sorte qu'il est devenu très-cher, le courrier de la cour séculière ordonne à noble Girard de Varey, prévôt, de défendre aux boulangers, sous peine de 10 livres tournois d'amende, d'acheter le blé à la Grenette, si ce n'est entre onze heures et midi. S.

1439. — *Avril* 7. *Le mardi après Pâques.* « Le roy se partit de Riom, et de là vint à Lyon, et trouva sur le pays de Beaujolois les gens d'armes qui estoient plusieurs, malades, à pié et desarmez, tellement que c'estoit grant hideur de les voir. » *Alain Chartier*, pag. 112.

— Charles VII étant à Lyon en son conseil avec les ducs de Bourbon et Charles d'Anjou, comte du Mans, etc., concède des lettres patentes à l'abbaye de Tournus. St-Julien de Baleurre, *Antiq. de Tournus*, pag. 512.

1440. — *Novembre.* Amédée de Talaru est créé cardinal par l'antipape Félix V. — Rainaud d'Albon élu archevêque de Lyon, ayant été rejeté à cause de sa grande jeunesse, et Jean de Bourbon ayant renoncé à son élection, le siège épiscopal de Lyon reste vacant. — Voyez ci-après, *année* 1444.

1442. — Théode de Valpergue, sénéchal de Lyon, qu'Alain Chartier (pag. 146) nomme *bailly de Lyon*, se trouva au siège d'Acqs (Dax) avec le roi ; — et au siège de la Réole (pag. 148). Il fut fait gouverneur ou commandant d'Armagnac (pag. 153). Il se trouva à l'entrée solennelle de Charles VII à Rouen, et commandait 600 archers avec le sire de Prully et le sire de Clerc. M. Voyez aussi les *Chroniques de Monstrelet*, *passim*, et ci-dessus au 23 *décembre* 1434; ci-après, *année* 1450.

1443. — *Février....* Lettres de Charles VII qui accorde à la ville de Lyon une troisième foire franche chaque année, avec permission d'y user de toutes monnaies étrangères. *Ord. des R. de Fr.*, XIII, 399; *Arch. du Rh.*, VII, 146. Voyez ci-dessus, au 9 *février* 1419. — Le 25 août de cette année 1443,

Théode, comte de Valpergue, chevalier, bailli de Mâcon, sénéchal et gouverneur de Lyon, rendit une ordonnance pour faire publier les *lettres* du roi; il annonça que la première foire aurait lieu le premier mercredi après Pâques; la seconde, le lendemain de S Jacques et S. Christophle; la troisième, le premier janvier. — Ces *lettres* furent vérifiées au conseil delphinal le 19 *mars* 1445. M.

1443. — *Août* 6. Le roi donne des lettres patentes pour parfaire les criées par les généraux des monnoies, des héritages d'Etienne de Villeneuve, qui, ayant été condamné à tenir prison fermée jusqu'à pleine satisfaction de certaines amendes, avait rompu prison, et s'était rendu fugitif.—Etienne de Villeneuve était frère d'Ainard, et l'un et l'autre avaient été plusieurs fois échevins. — Les lettres du roi sont rapportées dans les *Preuves du Traité* 2 *de la ch. des Monnoyes*, pag. 57. M.

— « On va quérir au couvent de S. Donat du diocèse de Vienne, la relique du bras de S. Vincent Ferrier, donnée au chapitre par le cardinal de Saluces. » M. —Voyez ci-dessus, *année* 1404.

1444. — *Février* 11. Mort du cardinal Amédée de Talaru, ancien archevêque de Lyon. — Quelques auteurs le font mourir le 19 juillet 1443, mais ils se trompent. Ce jour est celui du testament, et non de la mort d'Amédée. Du Tems. — Un acte capitulaire du 10 février 1443 (avant Pâques) nous apprend, dit M. Cochard, que Jean d'Amanzé, chanoine, était venu avec le sous-maître de l'église, annoncer au chapitre que la maladie grave dont l'archevêque était atteint, les avait déterminés à faire apporter du château de Pierre-Scise quantité de lettres et de titres relatifs soit au siége archiépiscopal, soit à l'église, et à les déposer au trésor du chapitre. *Calendrier pour* 1829, pag. 36.

1444.—*Avril* 20. Le pape Eugène IV nomme archevêque de Lyon Gauffridius ou Geoffroy de Vassali, ancien président du parlement de Paris, ensuite archevêque de Vienne.—M. Cochard, dans une dissertation restée inédite (Mss. de l'Acad. de Lyon, n° 247), soutient que Geoffroy de Vassali n'ayant point pris possession de son siége, parce que le chapitre de Lyon s'y était opposé sous prétexte que sa nomination par le pape était contraire aux droits de son Eglise et à l'observation de la pragmatique dans le royaume, ce prélat ne doit pas être placé au nombre des archevêques de Lyon. Geoffroy de Vassali mourut à Tours le 18 octobre 1446. La Mure et quelques autres historiens ont cru qu'il était mort à Vienne, et qu'il avait été inhumé dans sa cathédrale; ils ont été conduits à commettre cette erreur par une inscription latine qu'on lisait autrefois devant la chapelle de Ste-Croix dans l'église de St-Maurice; cette inscription, qui n'a pas été inconnue au P. Menestrier, *ne lui a paru être qu'une fondation d'un anniversaire* (Notes inédites). On la trouvera pag. 639 de l'*Histoire de l'Eglise de Vienne*, par Charvet (Bourson de Richebourg). Les auteurs du *Gallia christiana*, qui ont placé Geoffroy de Vassali parmi les archevêques de Lyon entre Amédée de Talaru et Charles de Bourbon, disent qu'il eut pour grand-vicaire Antoine du Terrail, abbé d'Ainay (oncle du chevalier Bayart). Voyez ci-après, *année* 1505, *mai* 6.

— Le chapitre met en gage les joyaux du trésor pour 432 livres montant de la cotte à sa charge dans les 2000 livres que le clergé devait donner au dauphin. M.

1445. — Jacques de la Beaume, lieutenant-général et bailli de Bresse, est député par Louis duc de Savoie pour faire rendre le château de Genay en

Lyonnais à l'Eglise de Lyon, sur laquelle il avait été occupé par le seigneur de Châteauvieux. Guichenon, *Hist. de Bresse*, pag. 30.

— Les grandes chroniques de Saint-Denis rapportent que, en cette année 1445, Jean de La Gardette, chevalier, sieur de Fontenelle, prévôt de l'hôtel, arrêta sur le pont de Lyon, le roi y étant, Otho Castillan, Florentin, argentier de Sa Majesté.

1446. — *Février* 7. Il n'y avait pas longtemps que le dauphin était venu à Lyon. La ville, au lieu de deux queues de vin qu'elle voulait lui offrir, paya à Mᵉ Jean Bouchetel, contrôleur des finances, 20 écus d'or neufs. Les poissons qui furent présentés au dauphin furent payés 10 écus et demi d'or neufs. S.

1446. — *Mai* 4, et *juin* 17. Noble Jacques Cœur, argentier du roi, est rayé du rôle des tailles pour les maisons qu'il tient en cette ville, « vu qu'il pour-
« roit plus nuire à la ville que *qui que ce soit.* » S.

1446. — *Juillet* 7. L'archevêque de Reims et l'évêque de Carcassonne, conseillers du roi et ses commissaires à Lyon, vont en roméage à St-Antoine de Viennois. On leur demande assistance pour les franchises des foires et contre les vexations des maîtres des ports. S.

1446. — *Décembre* (le 18 des *Calendes*). Charles de Bourbon, fils de Charles, duc de Bourbon et d'Agnès de Bourgogne, est nommé archevêque de Lyon par le pape Eugène IV ; — mais il posséda cet archevêché en commande jusqu'à ce qu'il fût en état de gouverner, ayant à peine onze ans lorsqu'il en fut pourvu. Jean de Bourbon, son oncle, administra pour lui l'Eglise de Lyon conjointement avec l'abbé de Belleville, qui exerça les fonctions épiscopales en qualité de suffragant. *Gall. christ.*, et du Tems ; *Maz. de l'Ile-Barbe*, 1, 247.—Voyez ci-dessus, au 20 *avril* 1444 ; et ci-après, au 21 *septembre* 1466.
—Le P. Menestrier rapporte, dans ses Notes inédites, que Charles de Bourbon, après avoir été élu archevêque, donna à l'archevêque de Vienne mille ducats de pension pour qu'il se désistât de ses prétentions sur l'archevêché de Lyon.

— Philibert de Grolée, chevalier, seigneur d'Illins, chambellan de Louis XI, était alors capitaine de la ville de Lyon.—Il paraît avoir succédé à Théode de Valpergue. *Brossette*, 133. — Voyez ci-dessus, *année* 1424 ; et ci-après, *année* 1460.

1447. —*Mars* 13. Le grand nombre de tailles que le consulat était obligé de mettre pour fournir aux charges, réparations et aides du roi, faisait déserter la ville à plusieurs des plus riches et des plus anciennes familles.—Pierre de Nièvre et Jean de Chaponay étaient allés résider en Dauphiné.—Jean Leviste avait aussi quitté Lyon. (*Act. cons.* du 13 février 1447).— On apprend encore par les *Act. cons.* du 10 juillet 1448, que Jean de Varey, sieur de Rontalon, se voulait retirer avec sa famille à Rontalon, et aller au service du roi. S.

1447. — *Juillet* 9. Commencement des longs démêlés du consulat avec Charles de Bourbon pour la police de la ville, que l'archevêque et le doyen de l'église s'étaient attribuée. S. et M., *années* 1447 et 1448.

1447.—*Octobre* 15 ou 16. Le cardinal de Bourbon arrive à Lyon. La ville lui fait offrir deux douzaines de torches pour le défrayer, et deux autres douzaines à titre de présent. S.

1447.—*Décembre* 4. Règlement pour la nomination et la durée du service des conseillers échevins. Ils serviront deux ans, et on réélira, chaque année, les six derniers, comme on le pratiquait autrefois, etc., etc. Les six anciens auront l'honoraire de 20 liv. S.

1448.—*Février* 9. La maison de Philippe Oydel, située rue des Hébergeries, et ayant pour enseigne un *heaume*, avait été brûlée pendant que les gens d'armes du roi y étaient logés. Oydel s'était adressé au roi qui lui avait accordé un don de 1,500 livres à recevoir tant de la ville que du plat pays. La ville s'était pourvue en opposition; mais par égard pour les services qu'Oydel avait rendus, elle lui accorde 50 livres. *Act. cons.*

1448.—*Juillet* 27. Le cardinal d'Arles, l'archevêque de Trèves et l'archevêque de Reims étaient venus à Lyon pour traiter de l'union de l'Eglise; on leur fait offrir des torches et des confitures. L'archevêque de Reims reçut en outre six ânées et demie de vin clairet. Ce dernier prélat et messire Elie de Pompadour, archidiacre de Carcassonne, conseillers du roi et lieutenants en la ville pour le roi, logeaient en l'hôtel de noble Jacques Cœur, argentier du roi.—Le 1er octobre, le consulat fut se plaindre à eux de ce que M. le duc de Bourbon, devant venir à Lyon, faisait marquer, par ses fourriers, ses logis dans la ville, privilège qui n'appartient qu'au roi. S. Voyez ci-après, au 9 *avril* 1449.

1448.—*Juillet*.... Les grands Cordeliers font représenter dans leur maison le jeu de *la passion de J. C.* « Ce fut sans doute, dit M. Cochard, pour récréer les prélats alors assemblés à Lyon afin de mettre fin au schisme de l'Eglise, que ces bons religieux donnèrent ce divertissement (voyez ci-après, au 9 *avril* 1449). Ces sortes de spectacles étaient très-usités; l'Eglise ne voyait dans la représentation des Mystères qu'un moyen pour attacher le peuple à sa religion et lui en faire aimer les préceptes : aussi les clercs, les prêtres même y prenaient une part très-active. » *Descript. de Lyon*, p. 100. Voyez ci-dessus, année 1426; et ci-après, années 1483, 1507, 1607, etc.

1448.—*Août* 8. La ville est obligée de fournir les frais et d'équiper huit arbalestriers pour la portion à sa charge dans la création des francs arbalestriers faite par le roi. S. Voyez ci-après, au 6 *juin* 1452.

— *Même jour.* Les *médecins* seront taxés aux tailles comme les autres citoyens. *Act. cons.*

— *Même jour.* Le consulat fait élever un nouvel incident dans le procès de la ville avec l'archevêque; il prétend le droit (*sic*) des habitants de vendre le vin tourné pendant le ban d'août, etc.—On trouve en ce même temps, qu'un chef de ce procès était pendant au siège de St-Just (le bailliage). S. Voyez ci-après, au 19 *août* 1455.

— Le consulat fait paver, pour servir de voie publique, une partie du cimetière dépendant de l'église de *N. D. de la Saonerie.*—Cette opération donna lieu à quelques débats. On lit dans l'enquête faite à cette occasion « que plusieurs fois on a vu diverses personnes s'y réfugier comme en un lieu d'asile; qu'en arrivant elles criaient : *Franchise!* et qu'alors ceux qui les poursuivaient ne passaient pas outre; que cependant un nommé Pelisson en ayant été arraché par des sergents de la cour séculière, le chapitre de St-Paul intervint, et, sur sa plainte, le prisonnier fut ramené dans le lieu de l'immunité. » L'ordonnance d'Orléans fit cesser ces franchises, qui ne servaient absolument qu'à favoriser le crime. Cochard, *Descript. de Lyon*, p. 224.

1449.—*Avril* 9. Amédée VIII, dit le Pacifique, comte de Savoie, qui avait été élu pape en 1440, et qui avait pris le nom de Félix V, abdique le pontificat dans le couvent des Dominicains. — L'année précédente, Charles VII avait fait tenir à Lyon une assemblée dans laquelle on avait dressé les articles de l'accommodement projeté entre les deux pontifes qui se disputaient la tiare, Félix et Nicolas. Charles avait été favorable à Nicolas, qui, par reconnaissance, fit peindre dans le palais du Vatican, par Pietro della Francesca, florentin, le roi de France et plusieurs autres personnages de marque, qui furent depuis ôtés par Jules II, qui fit peindre à leur place, par Raphaël, le miracle du Saint-Sacrement arrivé à Bolsène, et S. Pierre dans sa prison. M. — Le P. Colonia, *Hist. litt.*, II, 389, rapporte qu'après l'abdication de Félix, on chantait publiquement à *Lyon* et partout ce vers assez bon pour ce temps-là :

<blockquote>Fulsit lux mundo ; cessit Felix Nicolao.</blockquote>

1449. — *Mai* 16. Le consulat députe auprès du roi Me Gui Flamosset, maître en théologie de l'ordre des Prêcheurs, et Me Pierre Thomassin, conseiller, pour solliciter la rémission de l'aide ou portion à laquelle la ville avait été taxée dans l'aide de 200,000 liv. accordée au roi en la ville de Montargis. — Les deux députés se rendirent à Chinon auprès du roi ; ils restèrent 52 jours en voyage. Le Jacobin, qui avait un valet pour compagnon, reçut une indemnité de 40 écus. S.

1449. — *Août* 19. Le consulat assiste au service du grand-maître de l'ordre des Prêcheurs, enseveli aux Jacobins de Lyon, en considération du défunt, et aussi de Me Gui Flamosset, vicaire-général dudit ordre. S.

1449. — *Décembre* 31. Le consulat veut s'opposer aux efforts de l'archevêque et du chapitre pour faire transférer le siége de la sénéchaussée de cette ville à Mâcon. S.

— L'archevêque Charles de Bourbon fonde, dans l'église de St-Jean, une chapelle qui passe, à juste titre, pour un chef-d'œuvre de sculpture. Cochard, *Descript. de Lyon*, p. 242.

1450. — *Juin* 30. Pierre de Bourbon, sire de Beaujeu, frère de Charles, vient à Lyon et s'établit, durant son séjour en cette ville, dans le château de Pierre-Scise. Cochard, *Calendrier pour* 1829, p. 37.

1450. — *Septembre* 6. Mort de Louis Alleman, d'abord chanoine et comte de Lyon, puis évêque de Maguelone, archevêque d'Arles, et enfin cardinal. M.

1450. — *Novembre* 20. Le consulat arrête que l'on ne tiendra plus de séances les dimanches, « attendu qu'un chacun se doit occuper au service divin. » S.

— « La veuve et la fille d'Ennemond Lambert, Sr de Lissieu, demandent au chapitre l'absolution pour ledit S^r qui avoit été excommunié de l'autorité du glaive pour n'avoir payé ce qu'il devait ; et, comme on refusoit de l'enterrer en terre sainte, *elles* s'obligèrent pour lui de payer les arrérages qu'il devait au chapitre. » M.

— Maistre Louis Langre, espagnol, médecin et astrologue à Lyon, prédit à Charles VII sa victoire de Formigny (Fromigny), l'an 1450, et la grande peste qui fut à Lyon l'année *d'après*; pour raison de quoi le roi lui donna 400 livres de pension. P. Matthieu, *Hist. de Louis XI*, p. 728. — L'astrologue ou l'historien se sont trompés ; ce n'est pas l'*année d'après* que la peste fut à Lyon ; cette ville n'en fut affligée que sept ans après la bataille de Formigny. Voyez ci-après, *année* 1457.

1451.—*Janvier* 17. Le cardinal d'Estouteville, légat du pape, venait de passer à Lyon ; on lui avait fait des présents. S.

— *Même jour.* Le consulat fait payer aux courriers de la confrérie de Saint-Sébastien 20 s. pour leur aider à payer la bannière de cette confrérie. S.

1451.—*Février* 5. Les officiers de la cour séculière demandent au consulat l'exhibition de l'*échandil*, ou étalon des *aunes crues* des tisserands, pour les *échandiller*, et autres dont on se sert. On arrête d'en faire exhibition auxdits officiers, à St-Jacques, et non dehors. S.

— *Février.....* Le chapitre avait appelé au parlement, au sujet des lettres obtenues par la ville, de l'imposition d'un gros par quarte de sel. S.

1451.—*Juin* 24. Jubilé à l'occasion de la rencontre de la fête du Saint-Sacrement avec la fête de S. Jean-Baptiste. — C'est pour la première fois que cette rencontre avait lieu depuis l'institution de la Fête-Dieu ; la seconde rencontre eut lieu en 1546 ; la troisième en 1666 ; la quatrième en 1754 ; elle reviendra en 1886.

1451.—*Juin* 30. M. de Beaujeu, frère du duc de Bourbon, vient à Lyon pour la première fois. S.

1451.—*Août* 25. Le consulat obtient avec peine le renouvellement des entrées pour le barrage du pont et pour le dixième du vin, à cause de l'imposition royale du 4ᵉ du vin, mise par le roi à Lyon et au pays lyonnais. S.

1451.—*Octobre* 4. Le consulat sollicite auprès des élus pour que les pauvres et les mendiants soient exempts des *fouages*. S.

— Il y avait eu bruit de mortalité vers le pont du Rhône, ce qui avait empêché les pèlerins qui étaient allés à Rome de revenir par ce pont. S.

1451.—*Décembre* 14. Entrée, par la porte de la Lanterne, du cardinal d'Estouteville, légat du pape.—Pierre de Bourbon, sire de Beaujeu, qui résidait au château de Pierre-Scise, depuis le 30 juin 1450, se rendit au-devant de ce cardinal. Cochard, *Cal. pour* 1829, p. 37.

— Époque présumée de l'achèvement de la cathédrale dont la construction avait été commencée vers les premières années du xiiᵉ siècle. L'abbé Jacques, *Hist. de l'église de St-Jean.*

1452.—*Janvier* 31. Le seigneur de la Palice (*sic*) était venu à Lyon pour faire augmenter la garde de la ville. S.

1452.—*Février* 5. Le seigneur du Château-Villars fait une sommation à la ville au nom du dauphin. S.

1452.—*Juin* 6. Les francs arbalestriers fournis et soldés par la ville, au nombre de huit, reviennent de leur expédition de Guienne ; on fait leur *monstre* (inspection, parade, revue). Ils étaient tenus exempts de la taille. S. Voyez ci-dessus, au 8 *août* 1448.

1452.—*Août* 12. Les conseillers se rendent au chapitre où étaient les officiers du roi, et leur signifient que le dauphin veut aller au-devant du roi qu'on disait devoir venir dans le pays et passer par Lyon, accompagné de 5 à 600 chevaliers ou écuyers ; ils déclarent que si le roi n'y est pas, ils s'opposeront au passage des troupes du roi, afin qu'elles ne se rendent pas en Dauphiné. —On met des gardes aux portes de la ville, etc.—En effet les troupes du dauphin s'étaient approchées de Lyon.—Mᵉ Jean Dolon, chevalier, maître d'autel du roi, était depuis trois jours en cette ville comme commissaire. S.

1452.—*Octobre* 19. Le roi fait savoir à la ville qu'il va se retirer en Bourbonnais ou Berri, pour y tenir conseil au sujet du dauphin. Il fait offrir à la ville une garnison. Le consulat et le chapitre y consentent sous différentes conditions.—Le 25 de ce mois, le roi était encore dans le Lyonnais. On espérait qu'il viendrait à Lyon, mais il ne voulut pas y venir. La ville lui envoya des députés pour obtenir une grâce sur les aides, au nom de l'église et de la ville. S.

1452.—*Novembre* 9. Le duc de Savoie, de retour de vers le roi, avait passé à Lyon, où on lui avait fait des présents. S. Voyez Monstrelet, 3ᵉ vol., p. 41; et ci-après, *octobre* 1453.

— 14. Le roi voulait mettre à Lyon 100 ou 125 lances pour sa sûreté et celle du pays; la ville n'en demande que 25. S.

—...... M. de Chabanne, grand-maître de l'hôtel du roi, requiert Ainard de Beaujeu, gardiateur du château de Pierre-Scise, de lui remettre les clefs de ce château, pour les conserver jusqu'à nouvel ordre.—Le courrier de l'archevêque protesta contre cette mesure qui lui paraissait attenter aux droits du prélat; mais le château n'en fut pas moins occupé par les officiers du roi. Cochard, *Cat.* pour 1829, p. 57. Voyez ci-après, *année* 1466.

—Le chapitre permet à ceux de St-Nizier de prendre de grosses pierres de Choin à Fourvière pour bâtir leur chœur. M.

—La ville fait des propositions au roi pour avoir une université. *Actes cons.* du 11 mars. S.

1453.—*Janvier* 6. Le fermier du péage de St-Symphorien-d'Ozon déclare que les habitants de Lyon sont exempts de ce péage pour les fruits de leur cru et possessions. S.

— 10. Chaque année les élus, en vertu des lettres du roi, faisaient le département de l'aide des vivres des gens d'armes, montant annuellement, pour la portion de la ville, à 5,085 livres ou environ. Le consulat, du consentement des maîtres des métiers et notables, accordait chaque fois ladite aide. S.

1453.—*Avril* 4. Le consulat fait une aumône de 20 s. à un pauvre gentilhomme exilé de Constantinople.—On fit une pareille aumône, le 29 juillet suivant, à trois autres exclus de la même ville. S.—Tous les historiens s'accordent aujourd'hui à mettre la prise de Constantinople par Mahomet II au 29 mai 1453. Ces gentilshommes, le premier surtout, auraient donc été exilés avant le sac de cette ville. Il est fâcheux que les actes consulaires ne nous aient pas conservé leurs noms.

1453.—*Avril* 10. Druet Forlin, beau-père de Mayre de Beauvois, drapier, étant mort suspect d'exercer des usures, les officiers de l'archevêque défendent de l'enterrer en terre *benoyte* (sainte).—Les héritiers se pourvurent et engagèrent le consulat de s'adjoindre à eux. Celui-ci fit consulter l'affaire. S.

1453.—*Juillet* 2. Les députés de la ville n'ont rien pu obtenir du roi pour la franchise des foires, ni pour l'établissement d'une université à Lyon.—Les foires de Lyon avaient des adversaires à la cour. S.

— 5. Défense de par les commissaires du roi de porter des armes dans la ville. S.

1453.—*Octobre*. Le duc de Savoie vient à Lyon pour aller à Paris voir le roi, à l'occasion d'un démêlé de plusieurs seigneurs et gentilshommes de

Savoie. Guichenon, *Hist. de Bresse*, p. 18, et les *Preuves*, p. 26, 27 et 28. —Voyez ci-dessus, au *9 novembre* 1452.

1453.—*Octobre* 29. Odon, abbé de Clugny, passe à trois chanoines de Lyon un bail à vie d'une maison qu'il possédait entre la rue Tramassac et la rue du Bœuf, moyennant huit florins d'or par année. On y remarque cette disposition : « Dans le cas où le pape, ou quelques légats de sa part, viendraient à « Lyon, Vienne et trois lieues à la ronde ; et dans le cas aussi où il se tien- « drait quelque concile général ou national, l'abbé, ou celui qui le représen- « terait, pourrait venir se loger, ainsi que ses gens, dans la maison tout le « temps qu'ils seraient tenus de séjourner. »

1453.—*Novembre* 8. Nouvelle députation au roi au sujet des foires. — Le roi diffère.—Déjà des informations avaient été faites à ce sujet. S.

— On fait une procession générale pour la prospérité des chevaliers de St-Jean-de-Jérusalem, qui allaient combattre les Turcs. M.

— On rebâtit l'église de Sainte-Croix ; 290 écus d'or dus à cette église sont employés à cette œuvre par les custodes. Le chapitre y contribue. M.

— Les religieuses du monastère de St-Pierre se plaignent de ce que leur abbesse les traite trop durement ; et, d'un commun accord, elles s'adressent au chapitre de l'Eglise de Lyon, qui en écrit au duc de Bourbon, père de l'archevêque de Lyon, et à Jean de Bourbon, évêque d'Annecy, et administrateur de l'archevêché de Lyon. Ces deux prélats parvinrent à réconcilier les religieuses avec leur abbesse. *Actes capitul.*, l. xix, fol. 193, ann. 1453.

—Cette abbesse était Alix de Vassail ou de Vassalieu, la même qui, peu de temps avant sa mort, en 1456, disputa vivement aux chanoines de St-Nizier les reliques de S. Ennemond. Du Tems, iv, 407. Voy. ci-après, *année* 1456.

1454.—*Février* 18. Deux conseillers, André Chevrier et Jean Brunicard, lassés de ce que l'on n'avait pas voulu statuer sur leurs réclamations en surtaxes, s'étaient modérés eux-mêmes *selon leur conscience*. Le consulat exige qu'ils se remettent sur l'ancien pied. S.

—*Même jour*. Messire Jean Dolon, chevalier, maître d'hôtel du roi, était alors capitaine de Pierre-Scise. S.

1454.—*Mai* 2. Sur la requête faite par les Augustins, le consulat arrête que par honneur de Dieu, et vu qu'un religieux dudit couvent a prêché tout le carême à St-Nizier, et a pris grand peine d'instruire et émouvoir le peuple à dévotion, il leur sera donné quarante septiers de chaux pour leur aider à édifier l'église qu'ils ont commencé à faire construire. S.

1454.—*Mai* 22. Le consulat députe à Paris Pierre Thomassin pour obtenir la prolongation des foires.—On obtient les lettres et franchises des foires le 5 juillet, non telles qu'on les avait désirées, mais on résolut de les accepter telles quelles. S.

1454.—*Mai* 31. Les *cordoaniers* de la ville présentent les ordonnances qu'ils veulent être faites touchant l'exercice de leur métier. On consent d'admettre les deux articles suivants, savoir : de ne mêler en souliers veau avec mouton ou *cordouan*, mais les faire tous d'un cuir brun tanné et bien *adobé*; le second, que les cuirs seront marqués par les tanneurs et *cuyratiers*. S.

1454.—*Juin* 3. On veut requérir lettres du roi pour obliger tous les habitants de la ville, et autres ayant bien en icelle, de donner la déclaration ou *nommée* de tout leur vaillant, tant meubles qu'immeubles dedans et hors la ville, etc., sous peine de confiscation de choses omises.—En septembre et octobre on réforma les *nommées*. S.

1454.—*Juillet* 30. Le roi René, qui était à Lyon depuis quelque temps où il fréquentait l'église de St-Paul, fait don à cette église d'un riche reliquaire. *Act. capitul. de St-Paul.* S.—Ce reliquaire, suivant Cochard, contenait des reliques de saintes Jacobé et Salomé. *Arch. du Rh.*, p. 486. Voyez ci-après au 13 *avril* 1457.

1454.—*Août* 1. Le dauphin avait déclaré la guerre au duc de Savoie; l'alarme devient générale; le consulat ordonne à Jean Dupré, *gayte* ou trompette (1) de Fourvière, de redoubler de vigilance, d'avoir l'œil au guet jour et nuit; des chaînes sont tendues devant Pierre-Scise et à Saint-George. Toute l'artillerie est recueillie, et des commissaires sont nommés pour mettre en bon état canons et bombardes. Les apothicaires de la ville reçoivent ordre de livrer tout ce qu'ils ont de poudre et de salpêtre. — On achète (le 26 *août*) de Pierre Ponchon, arbalestrier de St-Rambert, en Forez, 12 arbalètes d'acier et une vuglayre. Le roi fait offrir à la ville des troupes pour sa garde; la ville demande à se garder elle-même, cependant elle se soumet aux volontés du roi. Les inquiétudes ne finissent qu'au mois de novembre suivant, quoiqu'un traité eût été fait entre le dauphin et son beau-père le duc de Savoie. *Act. cons.*, extrait de M. S.; *Notre-Dame de Fourvière*, par M. Cahour, p. 104.—Pendant cette guerre, Montluel et une autre ville que Guy-Pape appelle *villa Genesii Augustæ* furent détruites et dépeuplées. *Decis. quæst.* LXXVIII.

— Les armes du roi sont apposées par ordre du *Siège* aux châteaux de Rochetaillée, de Genay et de St-Bernard. M.

— Les lettres de change s'appelaient alors *police de change*. S. Voy. ci-après au 8 *mars* 1462, et à 1479.

— Mort de Henri de Saconay, doyen du chapitre de St-Jean, fils de Guichard, seigneur de Saconay. Il avait succédé en 1450 à Geoffroi (Gaufridius) de Montchenu. Il aurait eu pour successeur, suivant le *Gallia christ.*, Daninus Gasco, nom que l'abbé du Tems traduit par Danin, Gascon. (Je n'ajoute pas la virgule; elle y est.) Mais n'est-ce point une erreur? Ce Daninus Gasco ne serait-il pas le même que le Claude Gaste qui vient immédiatement après? N'aurait-on pas fait du mot *Dominus*, abrégé par le copiste, *Daninus*, et du mot *Gaste* mal écrit *Gascon*? Voyez ci-après, année 1484.

1455.—*Janvier* 11. *Séance consulaire.* On propose d'imposer les tailles *par rues*, comme dans les autres villes, etc. S.

1455.—*Mars* 11. Les monnaies du roi sont les seules qui sont reçues à Lyon par les receveurs du roi. S.

1455.—*Avril* 24. Cosme de Médicis avait banque de commerce à Lyon. S. Voyez ci-après, *année* 1479.

1455.—*Mai* 17. D'après l'avis de M. l'évêque de Viviers et de M. Delon, officiers du roi à Lyon, le consulat ordonne de faire la garde extraordinaire. S.

---

(1) Voyez, sur les *gaytes* ou *guyetes* de Fourvière, la *Notre-Dame de Fourvière*, par M. Cahour, p. 103 et 420 et suiv.

1455.—*Juin* 8. Ordonnance des gens et consuls du roi à Lyon, concernant les recours, exécutions de jugements, etc.—Le consulat s'y oppose; le 19 septembre suivant, elles sont maintenues. S.

1455.—*Août* 19. Le consulat interjette appel d'une sentence rendue par le sénéchal dans le procès de la ville avec l'archevêque. Voyez ci-dessus, *année* 1447 et 1448.—Le 7 septembre suivant, la ville eut procès contre l'archevêque et le chapitre, au sujet de la Grenette. S.

1455.—*Août* 26. On dit que le connétable M. de Dunois et le comte de Dommartin viendront à Lyon.—Ils y vinrent en effet, et on leur fit des présents. S. Voyez les *Remarques sur l'hist. de Charles VII*, p. 789.

1455.—*Septembre* 19. Prolongation des priviléges des foires pour quatre ans. S.

1455.—*Septembre* 21. Le roi demande le nombre des feux et les noms des habitants de la ville, etc. — Cette demande fut renouvelée le 6 et le 9 *juin* 1458. S.

1455.—*Octobre* 5. Le duc de Savoie et sa famille sont à Lyon; la ville leur fait des présents. S.

1455.—*Octobre* 15. M⁰ Jean Symon, avocat du roi, vient à Lyon. On lui fait des présents.

1455. — *Novembre* 25. Les conseillers de ville chargent l'évêque de Viviers et le juge de Beaujolais, qui se rendent à Rome, de solliciter auprès du pape la confirmation des priviléges ci-devant accordés par le Saint-Siége aux habitants de Lyon, surtout de ne pouvoir être appelés en jugement hors de la ville en vertu de lettres apostoliques. Ils les chargent en outre de supplier le pape de faire abolir les malédictions que l'on dit être lancées tous les jeudis ou vendredis de la semaine-sainte *contra pauperes de Lugduno*. Le consulat affecte pour les frais de sceaux et d'écritures des bulles de confirmation et des actes d'abolition jusqu'à 50 ou 60 ducats. Voyez ci-dessus, *année* 1160; et ci-après, *novembre* 1494.

— Charles VII fait un long séjour à Lyon, du moins aux environs, prenant le déduit de la chasse, pour la commodité de laquelle il se tenait souvent au château de St-Priest, en Dauphiné, distant seulement d'une bonne lieue de la ville de Lyon.—Rubys, qui rapporte ce fait, p. 339 de son *Hist. de Lyon*, se loue de l'hospitalité qu'il reçut dans ce château, lorsqu'il se retira hors de Lyon en 1594.—Le même historien nous apprend, p. 340, que « pendant que le dauphin faisoit sa résidence en Haynaut, qui fut par l'espace d'environ cinq ans, les consuls et citoyens de Lyon, pour acquérir de bonne heure sa bonne grâce, faisoient tous les ans le plus secrètement qu'ils pouvoient une levée de la somme de trois mille écus sur eux, qu'ils lui envoyoient par un messager secret pour aider à l'entretenement de son train, d'où il leur sut puis très-bon gré quand il fut roi.... »

1456.—*Février*... Charles VII signe à Lyon, sur le Rhosne, une ordonnance relative à la ville de Rouen.

1456.—*Avril* 5. C'était l'usage de donner la recette des deniers communs et biens de la ville et communauté, par forme de bail à ferme. On la donne à un sieur Guerin qui l'avait eue déjà auparavant. S

— Jean Matthieu était alors procureur de la ville. On augmente ses gages. S.

1456.—*Avril* 29. On défend aux ladres de venir dans la ville.—On renouvelle cette défense le 21 juin suivant.

1456.—*Septembre* 1. Le pape Calixte III accorde indulgence perpétuelle à ceux qui contribueront au parachèvement de l'église de St-Nizier, *laquelle était*, dit la bulle, *d'une construction somptueuse.*— Le cardinal de Bourbon renouvela cette indulgence en 1482. Le clocher avait été commencé en 1463 et terminé en 1471, époque à laquelle les cloches y furent placées. Le chapitre de St-Jean avait permis à celui de St-Nizier de faire tirer des pierres de Choin de l'ancien Forum à Fourvière pour les employer à la construction du clocher. Cochard, *Descript. de Lyon*, p. 107. Voyez ci-dessus, *année* 1452.

— Le roi passe l'hiver à Lyon. Guichenon, *Hist. de Bresse*, p. 82.—Il devait aller demeurer à Tassins; il entend la messe à St-Jean, et donne deux écus d'or, l'un avant et l'autre après la messe. M.

— En ce temps-là les jeunes gens de Lyon allaient étudier le droit à Toulouse, à Avignon ou à Orléans. S.

— Le chapitre députe pour l'information et la confirmation de Marie d'Amanzé de Chauffailles, élue abbesse de St-Pierre. *Act. capit.*, liv. LXXXVII, p. 8, 9. — Il y avait alors dans le monastère de St-Pierre 17 religieuses qui n'avaient pas encore pris le voile, et qui n'avaient pas été bénites; elles obtinrent de prendre le voile avec plus de solennité dans l'église de St-Jean. M. Voyez ci-dessus, *année* 1453.

1456.—Jean Forichon et Pierre Jaquet font bâtir la sacristie de St-Paul.

« *Anno Domini* 1456 *viri discreti domini Joannes Forichonis et Petrus Jaqueti hujus sacratissimæ ecclesiæ sancti Pauli Capellani perpetui, de bonis sibi à Deo collatis fieri fecerunt hoc præsens revestitorium, pro quorum beneficio domini istius Ecclesiæ non ingrati ordinaverunt, quod omnes, qui postquam in magno Altari celebraverint, dum se in hoc loco devestiunt pro animabus eorum et benefactorum suorum preces ad Dominum dicendo* DE PROFUNDIS, DA NOBIS *et* FIDELIUM. M.

1457.—*Mars* 2. Louis, archevêque de Sens, qui n'avait pas voulu reconnaître la primatie de Lyon, perd, par arrêt du parlement, le procès qu'il avait eu à ce sujet. Du Tems, *Clergé de Fr.*, IV, 378. Voyez ci-après, au 15 *juin* et au 11 *juillet* 1458.

1457.—*Mars* 3. Les frères Prêcheurs et le frère Carme qui prêchait le carême à St-Nizier, prétendaient chacun de leur côté avoir droit de faire le sermon qui devait se faire le dimanche suivant d'*Oculi* au-delà du pont du Rhône. Les conseillers, pour plusieurs raisons alléguées audit frère Carme, décident que les frères Prêcheurs feront le sermon. S.

1457.—*Avril* 13. Le chapitre de St-Paul arrête que l'on chantera *ténèbres* dans l'église, « en considération du roi (René) et de la reine de Sicile qui doi-
« vent y assister.... »—Ordinairement on chantait *ténèbres* dans la chapelle de St-Laurent, voisine de l'église de St-Paul. Cochard, *Arch. du Rh.*, III, 487. Voyez ci-dessus, *juillet* 1454; et ci-après 1476.

1457.—*Mai* 25. *Séance consulaire* tenue à St-Jacquème. Présents Henri de Sivrieu, Benoist Chanal, Matthieu Audebert, Jacquème Tourvéon, Jean de Villars, etc., conseillers de ville.—Sur la requeste à eux faite par ledit Jean de Villars disant que combien lui, ses frères et sœurs et autres parents et amis soyent natifs de cette ville, et qu'en cette ville eux et leurs prédécesseurs ayent tousjours vescu honnestement et honorablement, sans tache ou macule de blâme, etc., néanmoins dimanche dernier passé aucuns des clercs de la chancellerie du roi notre sire avoient fait et joué farces et jeux en public et à *pleyn de rue*, esquelles farces et jeux ils avaient grandement moqué et blasmé les femmes de ladite ville, mesmement Sybille sa sœur, femme de Michelet Lambert, et icelle Sybille nommant par son nom par plusieurs fois, en la diffamant et disant paroles diffamatrices et non véritables d'elle, et en icelle Sybille tous ses parents et amys injuriant très grièvement. Requérant pour ce ledit de Villars desdits conseillers conseil, confort et aide, en ce cas offrant de fournir à ses dépens ce qui sera nécessaire. Lesdits conseillers, ledit de Villars s'étant retiré, ont conclu par l'avis aussi de *Girard* de Varey, Pierre Thomassin, etc. Considérans l'outrage grand et conséquent, et l'inconvénient qui pourroit en survenir mesmement pour ce que lesdits clercs de ladite chancellerie soy sont vantés et fait ouyr de faire autres farces et jeux, et en iceux faire et dire encore pis, que sur la requeste dudit de Villars ils donnent volontiers toute aide, faveur et confort qu'ils pourront à ses dépens, et que sur le tout ils feront enqueste de bouche et par écrit au roi, afin d'avoir la meilleure provision et réparation que faire se pourra S. (1).

— Le roi avait demeuré pendant ce temps à St-Priest et à Ivor. S.

— « Vindrent à Lyon les ambassadeurs du roy d'Espagne devant le roy (Charles VII) pour confermer les alliances des roys de France et d'Espagne, et aussi y vindrent les ambassadeurs du roy de Hongrie et de Bouesme, pour demander madame Magdeleine, fille du roy, par mariage pour ledit roi de Hongrie.... En ce temps se partit le roy desdits pays de Dauphiné et de Lyonnois, et s'en vint en Bourbonnois, et de là en Berry. » Alain Chartier, p. 242.

1457.—*Juin* 11. *Séance consulaire.* Pour que les ladres de la Madelaine et de Balmont n'entrent pas en la ville, on fera donner à chacun *maladier* 30 s. pour leur aider à acheter un âne ou un petit cheval. Ils seront obligés à chercher quelqu'uns chargés de *quérir* pour eux. On donnera chaque année à celui qui quêtera pour ceux de la Madelaine un manteau ou *tabart* à l'image de la Madelaine et 100 s. tournois; autant à celui de Balmont, et son manteau aura l'image de S. Pierre, comme a déjà été fait esdites maladières. S.

— Depuis cette séance il n'y eut point de consulat ni assemblée de ville jusqu'au 25 *septembre*, jour auquel il y eut une assemblée pour la ferme du barrage; cinq conseillers seulement y assistèrent, Henri de Sivrieu, Matthieu Audebert, Gilles de Chaveyrie, Jean Formond et Pierre Guillart; les sept autres étaient absents à cause de l'épidémie qui régnait à Lyon.—De même point d'assemblée du 29 *septembre* au 4 *décembre*, jour auquel il en eut une où figurent les conseillers nommés ci-dessus, à l'exception de Henri de Sivrieu absent, qui fut remplacé par Jacques Caille survenu. Malgré leur petit nombre,

---

(1) Nous ignorons quelles suites eut cette affaire; les Actes consulaires ne nous le disent pas: elle n'en eut sans doute aucune, à cause de la peste qui éclata bientôt à Lyon. Cette farce nous en rappelle une autre qui fit aussi grand scandale en 1627, c'est l'*Entrée magnifique de Bacchus avec madame Dimanche grasse, sa femme, faite en la ville de Lyon le 4 février*. C'était une parodie des entrées solennelles dont nos échevins étaient alors si prodigues. L'année suivante, de même qu'en 1457, Lyon fut aussi ravagé par la peste, mais bien plus cruellement. — L'*Entrée magnifique* avait été imprimée; une nouvelle édition en a été donnée par M. Léon Boitel. Lyon, 1837, in-8.

ils firent une élection des maîtres des métiers; et le 8 du même mois, Jean de Villars vint avec un autre conseiller, et ils ratifièrent tout ce qu'avaient fait leurs confrères. S.

— La peste se fit sentir à Lyon tout l'été jusqu'à la St-Martin. *Act. capit. de St Paul.*

1458. — *Janvier* 19. « Jean Chaperon, fermier du dixième du vin, l'année passée, expose que du temps que le roy (Charles VII) et toute sa cour étoient logés en ladite ville, il avoit doublé la ferme du 10ᵉ, dans l'espérance que led. seigneur et sa cour dussent demeurer, comme bruit en étoit, le long de lad. année en lad. ville, encores qu'il dût recevoir led. droit sur les marchands regratiers et vendeurs de vin en détail étrangers et suivant ladite cour; en quoy il avoit été grandement déçu pour ce que obstant la mortalité et épidémie, laquelle en ladite ville pour lors commença à regner led. roy et toute sa cour s'étoient départis vers le milieu ou peu moins de lad. année ; de mesme la pluspart des habitans de la ville avoient absenté et étoient allé demeurer hors la ville. » — Les conseillers bien informez de la perte faite sur sa ferme par ledit Chaperon, lui font rabais de 50 liv. tourn. sur ce qu'il peut devoir encore. *Actes consulaires.*

1458. — *Février* 14. *Séance consulaire.* Mᵉ Claude Viste, barbier (chirurgien), expose que l'année passée, durant le temps de la pestilence, il avoit par plusieurs fois visité les hôpitaux de la ville, et donné plusieurs secours aux malades et patients d'iceux temps de lad. pestilence que autres, dont requerroit ledit Claude aucun guerdon. — On lui fait donner la somme de 40 sols tournois.

D'ailleurs informés que Mᵉ Courras, médecin, et Peronnet du Chastel, barbier, qui estoyent depuis longtemps retenus pour visiter les hôpitaux et donner remèdes aux malades et patients d'iceux, et pour cela estoient tenus quittes de leur taille, n'ont pas fait, et ne font pas leur devoir, et mesmement que durant ledit temps de pestilence, ils n'ont visité lesdits hôpitaux, et n'y sont allés ni venus; et s'ils y vont, ils ne donnent remède ni confort auxdits malades, sinon tant que ceux-ci baillent argent. En conséquence lesd. conseillers cassent ladite retenue et ladite exemption. Ce qui leur a esté intimé.

Le 24 *avril* de la même année, le sieur Courras fut imposé en taille à 10 s. pour taille d'un denier. Le 13 *juillet* suivant, on le tint quitte de partie de sa taille pour services par lui rendus.

1458. — *Juin* 15. *Séance consulaire.* On arrête au sujet de ce que le *Papa* a innové *de novel*, comme l'on dit, au siége primatial, et a prononcé les archevêques de Rouen, évêques de Paris, Sens et certains autres, non être sujets comme ils souloient, mais être exempts du siége (primatial), ce qui est à la énervation des prérogatives de la cité de Lyon; et l'on en fait écrire, au nom de ladite ville, au roi, au parlement, et partout ailleurs où il sera nécessaire. S. Voyez ci-dessus, au 2 *mars* 1457.

1458. — *Juillet* 11. Bulle du pape Calixte III qui soustrait l'archevêché de Rouen de la primatie de Lyon. — Ce fut le cardinal d'Estouville, carmelingue et archevêque de Rouen, qui l'obtint pendant la maladie de ce pape, qui mourut le 6 juillet suivant. « On regarde, dit le P. Ménestrier dans ses *Notes inédites*, cette bulle comme subreptice et obreptice, pour avoir été donnée *pro-*

prio motu dans une matière contentieuse contre l'Église de Lyon dont le siége était vacant. Le pape casse des arrêts obtenus par l'administrateur de l'archevêché de Lyon, par lesquels on défendoit à l'archevêque de Rouen de se pourvoir à Rome, et qui déclaroient abusif ce qui s'obtiendroit au préjudice d'une Eglise qui était sans pasteur; que l'archevêque de Lyon ne pouvoit faire juger une question qui avait été jugée dans un concile général il y avait 400 ans; et que le cardinal de Ste-Croix, commis par le pape pour l'examiner et pour donner sa sentence, ne pouvoit être juge compétent dans une matière déjà jugée en un concile général. »

— La fête de la Transfiguration, instituée par le commandement du pape, est *insinuée* au chapitre par le grand vicaire de l'archevêque. M.— Cette fête se faisait dès le milieu du ixe siècle; mais le pape Calixte III la rendit plus solennelle en 1456, en mémoire de la grande victoire que les chrétiens remportèrent la même année sur les Turcs devant Belgrade.

— Jean de Grolée, custode, fonde, par son testament, six prébendes dans la chapelle de St-Michel qu'il avait fait construire; il donne mille écus d'or au sacristain de St-Etienne pour leur dotation, règle les messes à trois blancs, fonde la lampe qui doit éclairer jour et nuit l'image de la Vierge au-dessus du portail de St-Etienne, entre les deux églises, et donne trois florins au marguillier pour en avoir soin. *Act. capit.*, fol. 158, v. 179, 197 *et seq.*

1459. —Andronic de Lascaris, de la maison des Paléologues, parent de l'empereur de Constantinople, passe par Lyon et reçoit quelques secours du chapitre. M. Voyez ci-dessus, année 1453.

— La fête de S. Pothin se célébrera désormais le 2 juin et non le mardi avant la St-Jean, suivant l'ancien usage, attendu que la *fête des Miracles* ne se faisait plus. Voyez ci-dessus, année 1415.

—L'archevêque crée un courrier et capitaine de la ville, que le chapitre confirme, et qui fait serment au chapitre. M.

1460.—*Septembre* 16. Mort, à Salon, du cardinal Louis Alleman, né à Arbent (Bugey), lequel avait été chanoine-comte de Lyon, et avait succédé dans cette dignité à Galois Alleman, son frère. Colonia, II, 585-389.

— Tanneguy, vicomte de Joyeuse, était alors, suivant Brossette, *Eloge hist.*, p. 133, bailli de Mâcon, sénéchal et capitaine de Lyon. — Il paraît avoir succédé à Philibert de Grolée. Voyez ci-dessus, *année* 1446; et ci-après, *année* 1462, *et conférez.*

— François Garin, marchand de Lyon, compose un opuscule en vers intitulé : *Complainte et enseignemens*, remarquable par la hardiesse des idées et par le ton d'amertume avec lequel il signale et décrit les abus de la religion et les dérèglemens du clergé.—Cet opuscule, qui a été imprimé pour la première fois vers 1480, et probablement à Lyon, a eu plusieurs éditions; la dernière est celle qui a été publiée par les soins de M. Durand de Lançon; Paris, 1832, in-4. en a rendu compte M. C B. dans les *Nouv. arch. du Rh.*, II, 44-48.

Règne de Louis XI (1).

1461.—*Juillet* 24. La ville donne, pour les causes énoncées dans l'acte, 4 livres à M° Etienne George, recteur des écoles de la ville. S.

— Le dernier jour de ce mois, fut célébré en l'église des Frères mineurs le *seveliment* du roi notre sire que Dieu *absoille* ; ce qui coûta 24 livres 16 s. 6 d. S.

1461.—*Août.* Monseigneur de la Tour fut envoyé à Lyon de par le roi pour prendre, au nom dudit seigneur, possession de cette ville et du pays de Lyonnais. La ville fit payer toute la dépense dudit sieur de la Tour, montant à 23 l. 1 s., par mandement du 18 *août*. S.

— Le consulat obtient de l'archevêque et du chapitre l'investiture d'une maison qu'il avait achetée en 1424, pour en faire un hôtel de ville. — Jusqu'alors le consulat avait tenu ses assemblées d'abord dans l'église de St-Nizier, ensuite dans la chapelle de St-Jacquême, et plusieurs fois dans le monastère des Célestins. Cochard, *Descript.*, p. 104 et 105. Voyez ci-après, *année* 1491.

— Le chapitre nomme l'archidiacre pour présenter et rendre le fief au roi, *ratione recompensationis*, de la tierce partie de la justice de Lyon, et pour tous les autres droits et revenus temporels. M.

— Humbert de Grolée, nommé sacristain par l'archevêque, est institué par le chapitre. M.

1462.—*Mars* 8. Lettres de Louis XI, qui autorisent l'établissement d'une quatrième foire à Lyon. *Ord. des rois de Fr.*, t. xv, p. 644 ; *Conf. des ord.*, p. 660, et 665 à 667; Spon, *Hist. de Genève*, p. 119 et 169. — « Cette ordonnance est, suivant les auteurs du *Nouveau dictionnaire des Origines*, « la première qui fasse mention véritablement de lettres de change, c'est-à-« dire, de lettres tirées de place en place. » — On attribue assez généralement aux Juifs l'invention des lettres de change. Savary, dans son *Parfait Négociant*, en fait remonter l'origine à l'année 640, époque à laquelle Dagobert II aurait chassé les Juifs de son royaume ; mais est-il bien constant que ce prince, qui ne vivait plus en 640, puisqu'il est mort en 638, ait chassé les Juifs de son royaume ? MM. Noël et Carpentier, qui font aussi aux Juifs l'honneur de cette invention, n'en font remonter l'origine qu'à l'année 1318, époque à laquelle, bannis de France par Philippe-le-Long, ils se réfugièrent en Lombardie. Nous pensons avec un académicien de Lyon, J. M. Bruyset, que la lettre de change n'est point une invention moderne et qu'elle a été connue des anciens. Nous renvoyons le lecteur à la savante dissertation qu'a publiée cet académicien sous ce titre : *Essai sur le contrat collybistique des anciens, et particulièrement des Romains*; Lyon, 1786, in-4°. M. Bruyset justifie son opinion par un assez grand nombre d'autorités, et surtout par deux passages de Cicéron tirés de ses *Lettres à Atticus*, xii, 24, et xv, 15. — Voyez ci-dessus, *années* 1443 et 1454. Voyez aussi les *Arch. du Rh.*, iii, 403, et VII, 147.

1462.—*Octobre* 20. Louis XI permet à tous les marchands soit nationaux,

---

(1) Ce prince, successeur de Charles VII, parvint à la couronne le 22 juillet 1461. — L'archevêque de Lyon, Charles de Bourbon, qui n'avait pas encore été sacré, assista au sacre du nouveau roi.

soit étrangers, excepté les Anglais, *nos anciens ennemis,* d'aller aux foires établies à Lyon. par Charles VI, etc. *Ord. des rois de Fr.*, xv. Voyez ci-dessus, au 8 *mars.*

1462. — La ville plaide pour les fossés de la Lanterne où elle avait droit de pêche, contre le cardinal de Bourbon qui lui disputait ce droit. *Parchemin* du P. Menestrier, p. 82.

— Suivant Brossette, François Royer était alors sénéchal et capitaine de Lyon. *Eloge hist.*, p. 133. — Ce François Royer ou Royet est qualifié de bailli de Lyon, par J. F. Le Petit dans sa *Chroniq. anc. et mod. de Hollande*, l. v., p. 468. Il était, en 1467, ambassadeur du roi de France près des Liégeois. M. — Voyez ci-dessus, *année* 1460.

1462 *ou* 1463. — Tanneguy du Chastel, grand écuyer de France, arrive à Lyon en qualité de gouverneur du Lyonnais, et reçoit des présents du chapitre de St-Jean. *Actes capitul. de St-Jean*, liv. II, fol. 284, ou liv. XXI, fol. 254; Brossette, *Eloge hist.*, p. 133; *Catalogue des Mss. de la biblioth. de Lyon*, t. III, p. 278. — Tanneguy du Chastel paraît être le premier officier de la couronne qui ait commandé dans le Lyonnais avec le titre de *gouverneur.* Il eut pour successeur, en 1498, le vicomte de Valentinois.

1463 (1462, v. s.) — Mort d'Hugonin Clavel, notaire, ancien échevin (en 1442). — Il fut inhumé à St-Paul, dans la chapelle de l'Annonciade, avec cette épitaphe : « *Hic jacent discretus vir Hugon Clavelli Notarius regius et Antonia ejus uxor, qui fundaverunt unum anniversarium generale unoquoque anno in ecclesia sancti Pauli, qui dictus Hugo obiit die 1ª mensis februarii anno Dñi* 1462. » M.

1463. — *Décembre* 14. Le chapitre de St-Jean nomme Geoffroy de Pompadour, prévôt, et Claude Gaste, chanoine, pour assister aux états à Montferrand. Il paraît, dit M. Cochard, que ces états eurent lieu, *quoiqu'aucun auteur n'en parle ;* car le 24 janvier 1464, Claude Gaste obtint un mandat de cent écus d'or, principalement motivé sur son voyage à Montferrand. *Actes capitul. de St-Jean; Arch. du Rh.* VIII, 29. — Voyez ci-après, au 5 juillet 1495.

1464. — *Avril* 21. Déclaration de Louis XI, qui autorise la nomination de prud'hommes notables à Lyon, « pour les différends entre les marchands y fréquentant les foires, et aussi pour la visite des marchandises, etc. » *Ord. des rois de Fr.*, XVI, 192.

1464. — *Juin* 19. Etablissement de la poste aux lettres par ordonnance de Louis XI, datée de Luxies près de Doulens, et non de Lyon, comme l'ont dit quelques historiens. — Suivant M. Cochard, la poste aux lettres n'aurait été établie à Lyon qu'en 1611, et la petite poste, qu'en 1777 (*Guide du voyageur,* p. 528). Très-probablement il a voulu parler de l'établissement d'un hôtel des postes. — Avant 1814, le courrier de Lyon à Paris mettait environ 116 heures, c'est-à-dire, 2 heures par poste, à faire le trajet qui sépare ces deux villes ; mais, à partir de 1814, on n'en mit plus que 68 pour faire ce trajet, que l'on parvint à faire en 47 heures en 1829, et en 39 heures depuis 1836. *Journal des Débats* du 31 mai 1837.

1464. — *Août* 10. Papon, dans ses *Preuves de l'Hist. de Provence*, III, LXXIV, a inséré le texte latin d'une *Fraternité* contractée entre *Claude* Trothe, natif de la paroisse de Sainte-Julie, diocèse de Lyon, et *Pierre Maygetti*, natif d'Hauteville, diocèse de Genève. Cette *Fraternité* est probablement la même que celle dont nous avons donné une traduction abrégée, extraite du *Tristan* de Marchangy, t. v, p. 522, et qui avait été reproduite dans les *Archives du Rhône*, IV, 351. Voyez ci-dessus, au 10 *août* 1374.

— Etablissement des penonages. *Registres de la ville, tit. des comptes des receveurs*, n° 5; Menestrier, *Parchemin*, p. 56; Rubys, p. 451 et 485; Colonia, II, 389. Voyez ci-après, au 20 *avril* 1507.

1465. — *Janvier* 29. Louis I, duc de Savoie, sollicité, par les princes mécontents de Louis XI, à se joindre à eux dans la *ligue du bien public*, se rend à Lyon, pour informer le roi, son gendre, de l'orage dont il était menacé. De là il devait aller à Moulins où le roi était attendu ; mais un redoublement de goutte le retient à Lyon, et il meurt dans la maison qui faisait l'angle de la place et de la rue St-Jean, et qui appartenait alors à Sibylle Cadière, veuve d'un riche négociant. — Le cœur et les entrailles du prince furent déposées dans l'église des Célestins ; son corps fut porté à Genève. *Art de vérifier les dates*, III. 622 ; Rubys, p. 341 ; Guichenon, *Hist. de Savoye*, p. 519; Matthieu, *Hist. de Louis XI*, p. 81 ; *Arch. du Rh.*, IX, 82 ; Cochard, *Descript. de Lyon*, p. 267.

1465. — *Juin* 23. On fait part au consulat de l'offre d'un particulier, de fonder, sur l'une des piles du pont de Saône, une chapelle qu'il voudrait faire belle et notable ; sur icelle il ferait élever à ses dépens une tournelle pour y placer un gros *reloge*. On accepte son offre, et on le remercie. — Dans une requête présentée au roi l'année suivante, au sujet des foires, on expose que, sur le bruit de changement auxdites foires, plusieurs marchands étrangers murmuraient de partir, et qu'aucuns avaient entrepris de faire plusieurs notables fondations et édifices en certaines églises de Lyon, et aussi certaine belle tour et horloge sur le pont de Saône, et qu'ils se sont refroidis à cause de ce bruit. S.—Voyez ci-dessus, au 12 *novembre* 1381.

1465.—*Même jour* (23 *Juin*). « Le bailli demandoit argent à la ville ou à quelques citoyens, par manière d'emprunt, pour soudoyer les nobles du pays, afin de faire guerre à ceux de Beaujolois, Forez et Bourbonnois, comme le roi le lui mandoit. Il demandoit encore un certain nombre d'habitants pour les joindre à sa troupe. — On lui fit répondre que la ville faisoit déjà de grands frais pour sa garde, comme le roi l'avoit mandé, et qu'il n'avoit pas commandé autre chose ; qu'il ne fut jamais accoutumé ainsi le faire ni demandé par les baillis ses prédécesseurs ; cependant si quelques particuliers le vouloient suivre de leur bon gré, que la ville en seroit contente. » S.

1465.—*Juillet* 14. La charte de mariage que l'on va lire a été insérée dans un opuscule de Nicolas Catherinot, et nous la reproduisons d'après une copie du P. Menestrier : « *In nomine sanctæ et individuæ Trinitatis Patris et Filii et Spiritus sancti, Ego Ludovicus Pererii nobilis, accipio te in uxorem meam nomine Annam, filiam nobilis Cotini Tese, nobilis Lugdunensis, et commendo tibi eleemosynas meas, sicut Deus dixit, Paulus scripsit et lex romana confirmavit, Quod Deus conjunxit, homo non separet. Datum Lugduni, die XIV mensis Julii anno Domini MCCCCLXV.* »

1465. — *Novembre* 10. Déclaration du roi pour le grabelage des épiceries qui se vendent aux foires de Lyon. *Ord. des rois de Fr.*, XVI, 458.

— Sentence arbitrale relative aux difficultés qui subsistaient entre le cardinal de Bourbon, archevêque de Lyon, et le chapitre de St-Just, à raison de la juridiction temporelle du faubourg de St-Just. — Au nombre des arbitres qui prononcèrent cette sentence, se trouve Pierre Charpin, licencié en tous les droits, doyen de l'Eglise de Vienne, qui, à quelque temps de là, interjeta appel, au nom du clergé, de l'exécution des *lettres royaux*, obtenues par les conseillers de la ville pour faire contribuer les personnes ecclésiastiques aux frais des réparations des murailles et des fossés de la ville. Paradin, p. 255; *Arch. du Rh.*, v. 255-6. Voyez ci-dessus, année 1429; et ci-après, *année* 1476.

1465.— Sur la demande de Jean de Chenevoux, prieur de St-Irénée, qui expose qu'il y a danger de faire l'office dans l'église basse, à cause du froid et de l'humidité du lieu, le chapitre ordonne que l'office se fera dans l'église haute, et qu'après sexte, on chantera seulement une antienne et l'oraison dans l'église basse. M.

— Prise du château de St-Bernard par le bailli et les gens d'armes de Beaujeu. M.

1466.—*Mai*...Charles de Bourbon fait sommer le lieutenant du sénéchal de Lyon de lui restituer les clefs du château de Pierre-Scise, attendu qu'il avait été autorisé à y rentrer par lettres datées d'Orléans le 17 avril précédent.— Cette remise eut lieu, et Charles occupa le château. Cochard, *Calendrier* pour 1829, p. 58.

1466.—*Juillet*. Les lettres patentes obtenues en février 1373 (1372, v. s.), par le duc Louis II, pour soumettre immédiatement le Forez au parlement de Paris, quoique enregistrées en cette cour, avaient souffert de grandes contradictions au parlement de Toulouse; le duc de Bourbon, Jean IV, dit le-Bon, comte de Forez, obtient de nouvelles lettres confirmatives des premières, et encore plus amples, en ce qu'elles étendaient au Beaujolais le même privilége.—Le parlement de Paris enregistra ces nouvelles lettres le 15 mai 1467, avec réserve des droits et cas privilégiés au bailli de Mâcon et *sénéchal de Lyon;* et le parlement de Toulouse en fit autant le 15 décembre suivant, avec semblables réserves au sénéchal de Beaucaire et aux baillis de Velai et Vivarais. *Art de vérif. les dates*, II, 471. Voyez ci-après, *année* 1475.

1466.—*Septembre* 21, *Dimanche*. Charles de Bourbon sort à huit heures du matin du château de Pierre-Scise, pour faire son entrée solennelle à Lyon; il se rend à l'église cathédrale, accompagné d'un brillant cortège où l'on remarque l'archevêque de Bourges, les évêques du Puy, d'Alais et d'Usez, Louis de Bourbon, comte de Montpensier, Bertrand de la Tour, comte de Bologne, Godefroy de la Tour, seigneur de Montgascon, le chevalier Jean du Chastel, Reynaud de Bourbon, comte de Montverdun, etc., etc. Cochard, *Calendrier* pour 1829, p. 58.—La veille, le chapitre avait offert à Charles de Bourbon un St. Jean d'argent pesant onze marcs. Il était allé au-devant de lui jusqu'à la Maladerie de Balmont, et le lendemain on le reçut avec la procession *in capis*, à Porte-Froc. *Act. capit.*, liv. XXII, fol. 194-196.

1466.—*Novembre* 24. Louis XI, par lettres patentes en date de ce jour, donne *ordre* que « l'art et ouvrage de faire des draps d'or et de soye, soit « commancé et introduit en sa vile de Lyon, *en laquelle, comme l'on dit, en* « *y a ja aucun commancement.* » Ces lettres patentes ont été publiées pour la première fois dans les *Archives du Rhône*, t. VIII, p. 130-132, et insérées dans les *Mélanges* de M. Breghot du Lut, page 492-494. Elles ne se trouvent point dans la collection des *Ordonnances des rois de France*, du moins nous les y avons vainement cherchées. Voyez aussi sur ces lettres patentes les *Nouvelles Archives du Rhône*, t. II, p. 133 et suiv.— « Le consulat, dans une requête qu'il présenta cette même année au roi pour le maintien des foires, fit des remontrances contre ces lettres patentes; il y expose qu'il n'y a personne dans la ville qui veuille fournir argent ni soies, ni autres matières nécessaires pour faire ouvrer les draps d'or et de soye; car les marchands experts ont reconnu que l'on ne pourroit faire de tels draps en cette ville pour le prix que les font les Transmontains qui ont plusieurs manières de faire, moyens et pratiques qu'ils n'ont pas par-deçà. Ainsi quand ceux-ci donneroient un drap de soye pour trois écus l'aune, ceux de par-deçà ne le pourroient donner à moins de trois écus et demi sans y perdre. Il faut nécessairement sept maîtres principaux pour faire les draps de soye : savoir un filateur, un teinturier, deux appareilleurs et assortisseurs de soye, un faiseur de veloux, un faiseur de draps de dames et satins figurés. Et si l'on vouloit faire des draps d'or ou d'argent, il faudroit avoir d'autres maîtres pour faire les fils d'or et d'argent, et des femmes expertes pour les savoir filer. La grande raison que l'on allègue est que les maîtres et ouvriers étrangers sont pauvres, car des riches ne s'exposeroient pas à perdre leurs biens et leurs vies, attendu les défenses de laisser venir ledit art par-deçà, et aux pauvres on n'oseroit pas confier des matières précieuses. » S.

— Il paraît que le consulat ne tarda pas à reconnaître qu'il s'était trompé en faisant des remontrances contre les lettres patentes du 24 novembre 1466; quelque temps après, et dans une nouvelle requête présentée à Louis XI, au sujet des foires qui se tenaient à Lyon, il expose que plusieurs ouvriers et gens qui se mêlent de faire des draps de soye et autres marchandises sont venus à l'occasion des foires demeurer en cette ville où ils exercent leur industrie, que, grâces à eux, de grandes sommes d'or et d'argent qui sortaient auparavant du royaume y restaient à son grand avantage. Le consulat ajoute que plusieurs marchands étrangers de diverses nations établissent leur domicile en cette ville, etc. S. Voyez ci-après, au 13 *avril* 1467.
— Une chose digne de remarque, c'est que *l'art de la soie* et *l'art de l'imprimerie* datent pour la ville de Lyon de la même époque. Voyez ci-après, au 15 *octobre* 1473.

— Jean d'Estain, qui était entré en religion, voulant revenir à l'église et au chapitre avec l'habit de chanoine, est refusé. M.

1467.—Construction du couvent des Cordeliers de Châlons-sur-Saône, au faubourg de St-Laurent. L'église est consacrée par l'évêque de Bethléem, suffragant du cardinal Rollin, évêque d'Autun. Ce prélat y mit des reliques de S. Just, évêque de Lyon, de S. Irénée et des 18,000 martyrs de Lyon. Fodéré, p. 750.

1467.—*Février* 26. Des lettres de convocation, datées de Montil-lès-Tours, sont adressées aux *gens d'église, bourgeois, manants et habitants* de la ville de Lyon, pour l'assemblée des états généraux qui doit être tenue à Tours le premier avril suivant. Le roi s'excuse de ce délai rapproché, sur ce que la trève entre lui et aucuns seigneurs et leurs alliés ne dure que jusqu'au premier mai, et qu'il est nécessaire de prendre un parti auparavant.—La nomination des députés eut lieu le 26 *mars* 1467; on promit à l'un d'eux, M. Grand, docteur ès-lois, deux écus de gage par jour, et 40 sous, aussi par jour, à chacun des deux autres. *Arch. du Rh.*, VIII, 30.

1467.—*Avril* 18. Lettres patentes de Louis XI, relatives à l'introduction dans la ville de Lyon, « de l'art et artifice de faire les draps d'or et de soye, « etc. » — Ces lettres ont été insérées dans les *Documents* publiés par M. Godemard, n° 38. Voyez ci-dessus, au 24 *novembre* 1466.

—Vers ce même temps, Jehan Grant, docteur en droit canon, était lieutenant du bailli de Mâcon, sénéchal de Lyon. *Documents* de M. Godemard, p. 100.

1467. — Le doyen qui avait été député aux états de Tours, rend compte de ce qu'il a fait. Le clergé de Lyon lui accorde 200 l., qui lui furent payées par le chapitre, par les églises collégiales, par l'abbé d'Ainay, l'abbesse de St-Pierre et les prieurs de St-Irénée et de la Platière. Quant à l'abbé de l'Ile-Barbe, il s'excusa sur ce qu'il n'était ni de la ville ni des faubourgs. M.

—Guillaume de Chavigny, archidiacre, permute, entre les mains du chapitre, l'archidiaconé avec Jean de Montmartin, son neveu, maître de chœur. M.

1467. — « En ce temps changèrent les dames et demoiselles leurs atours, et se mirent à porter bonnets sur leurs testes et couvrechefs si longs que tels y avoient qui touchoient la terre par derrière leurs dos, et elles prirent des ceintures plus larges et de plus riches ferrures que oncques, mais *elles* laissèrent leurs *queues* à porter, et au lieu de cela elles prirent grandes et riches bordures. *Abrégé de l'hist. chronol. de Philippe-le-Bon, duc de Bourgogne,* jointe à *l'hist. de Charles VII,* édition du Louvre.—Le P. Menestrier aurait pu citer le passage qu'on vient de lire dans sa *Dissertation sur l'usage de se faire porter la queue;* Paris, 1704, in-12, et Lyon, 1829, in-8°. Il aurait pu également citer le chapitre *de Caudis mulierum,* qui se trouve dans la *Somme des Vertus et des Vices,* d'un Dominicain lyonnais, Guillaume Perauld. Voici les premières lignes de ce chapitre : « Hoc vitio laborant dominæ quæ longas caudas trahunt post se, terram pretiosis vestibus induentes, et de nuditate Christi in pauperibus non curantes. Caudis suis pulices colligunt, et pulverem movent hominibus : Christum vero quem in tot pauperibus nudis respiciunt, et non operiunt, timendum est eis ne in caudis earum diabolus quiescat. Unde legitur de quodam Sancto, qui vidit diabolum quemdam ridentem ; et quærens ab eo causam risus, dixit : *Vidi socium meum equitantem super caudam cujusdam mulieris, quæ dum retraheret caudam, cecidit socius meus in lutum, et inde risi....* » Tom. II, p. 261, édit. de Lyon, 1667, in 4°. Voyez ci-après, *année* 1475.

1468.—*Janvier.* Le chapitre avait fait élever des fourches près de la Duchère, au territoire de Balmont, jurisdiction d'Écully. Maître Alexandre, exécuteur de la justice de l'archevêque, y fut pendu vers ce même temps, pour ses démérites. On avait fait venir les sujets de l'église pour accompagner les officiers de justice lors de cette exécution. Des inconnus ayant détaché le corps d'Alexandre des fourches patibulaires, on ordonna que son corps serait enterré par un autre bourreau, auquel on fit payer 8 gros. S.

1468. — Louis XI ordonne à François Royer, bailli de Mâcon, de se saisir du château de Pierre-Scise, et d'en ôter le gouvernement à Odille des Estoyes, officier de l'archevêque, qui avait été de la ligue du bien public. — Cet ordre fut exécuté, et le château de Pierre-Scise devint bientôt une prison d'état. Charles de Bourbon alla résider au palais attenant à la cathédrale, et le fit restaurer et décorer avec grande magnificence. Cochard, *Cal.* p. 1829, p. 59. Voyez ci-dessus, *année* 1462 ; et ci-après, *années* 1480 et 1635.

— La guerre menaçait toujours dans les contrées circonvoisines. Les religieuses de Poleteins étaient réfugiées à Lyon : les gens d'armes répandus dans le pays avaient enlevé leurs biens. Le chapitre de Lyon leur fit donner deux ânées de blé et deux florins. On leur avait fait une semblable aumône dans le temps de la ligue du bien public. S. Voyez, sur le monastère des Chartreuses de Poleteins, les *Variétés* d'A. P., p. 112.

— Le comte de Comminges, gouverneur du Dauphiné, ayant visité les fortifications de la ville, ne les trouva pas suffisantes. Il voulait qu'on fermât la ville du côté du bourg de St-Vincent, et qu'on fermât aussi ce bourg par des murs et des fossés en dehors depuis le Rhône jusqu'à la Saône. *Actes cap. et consul. de juillet et août* 1468. S.

1468. — Passage et réception de la duchesse de Milan, sœur de la reine de France (Charlotte de Savoie). S.

— Injonction est faite à l'archevêque de Milan de quitter Lyon. M.

— En ce temps l'archevêque de Lyon était à la suite du roi. *Additions* à la *Chroniq.* de Monstrelet, fol. 28, 29 et 32.

1468. — Députation de Henry, lyonnais, conseiller au parlement de Paris, vers le roi à Tours, pour lui représenter l'intérêt de la conservation de la pragmatique sanction. *Mazures de l'Isle-Barbe*, 11, 367.

— L'abbé d'Ainay a le *spolio* du reclus de S. Sébastien, nommé *Petrus non timet*. M. Voyez ci-dessus, *années* 450 et 1364.

1468. — L'intendant des finances Doriole, écrivant à Louis XI, se plaint de ce que, « malgré la parole qu'on lui avoit donnée, on écoutât encore, dans « le conseil, un *certain docteur de Lyon* envoyé pour faire lever la défense de « faire tirer de l'Italie des épiceries qui se débitoient dans le royaume. » — Louis XI, ayant égard à ces remontrances, défend « de laisser entrer en « France aucunes épiceries ni autres marchandises du Levant, si elles ne sont « importées sur des vaisseaux françois. » *Note* de C. B.

— Jean de Saint-Priest est inhumé dans la chapelle de S. Michel. Les processions des églises collégiales assistent à cette cérémonie. M.

1469. — *Mars* 29. Lettres de cachet pour l'établissement de la manufacture des draps de soie à Lyon. *Privilèges, dons*, n° 101. M. Voyez ci-dessus, 24 novembre 1466.

— Le duc de Bourbon prétendait alors, comme grand chambrier de France, cinq sols parisis sur les habitants de Lyon vendant à poids et mesures. *Arch., égl.*, n° 131. M.

1469. — Les pelletiers de la ville présentent au chapitre une requête dans laquelle ils exposent que, de toute ancienneté, ils avaient coutume de venir le jour de S. Jean avec leur bannière dans la cathédrale; qu'ils passaient derrière le grand autel, et qu'ils faisaient ensuite leurs dévotions devant les reliques de S. Jean, pendant lequel temps on sonnait une double qu'ils payaient. Cependant, comme on a demeuré quelque temps sans faire cette procession, ils demandent qu'on leur accorde la même grâce; ce que le chapitre fit à condition qu'ils n'entreraient point avec leur bannière, et qu'ils y viendraient à une heure qui ne serait pas incommode. *Act. capitul.*, l. XXIII. M.

1469. — Guillaume de Laye, fils d'un notaire de l'Arbresle, était entré, en 1460, chez les Jacobins de Lyon. N'y trouvant pas sans doute la paix qu'il avait recherchée, il résolut d'en sortir, et fit part de son projet à un de ses camarades, qui se hâta d'en prévenir le prieur. Guillaume fut aussitôt renfermé dans la prison du couvent; toutefois il ne tarda pas à s'évader, et il se retira chez les Cordeliers de St-Bonaventure, qui l'accueillirent avec empressement; car il leur raconta qu'ayant invoqué la Vierge dont ils possédaient l'image dans leur cloître, il avait été miraculeusement délivré par son intercession. Les Jacobins, instruits de la retraite du transfuge, le réclamèrent avec instance, et demandaient aussi qu'on leur rendît ses fers dont il avait fait hommage à sa protectrice. Il y eut à ce sujet, entre les deux monastères, de grands et longs débats qui se terminèrent enfin, d'après l'avis de deux notables docteurs ès-lois, par une transaction du 28 *juin* 1469. Une des principales dispositions de cet acte portait que les parties garderaient le plus profond silence sur cette affaire, et que, si, à l'avenir, un religieux s'échappait de son couvent et se réfugiait dans un autre monastère, il serait immédiatement renvoyé à ses supérieurs. Quant aux fers, il fut convenu que les deux notables docteurs les feraient réduire en masse ou en barre, et en disposeraient à leur gré. Cochard, *Calendrier* de 1828, p. 70-72.

1469. — Le pape Paul II écrit à l'archevêque de Lyon de faire publier dans son diocèse, et d'ordonner à ses suffragants de faire publier dans les leurs, la sentence d'excommunication contre Georges Poggebrach, protecteur des Hussites en Hongrie. *Spicilegium*, IV, p. 417; Moréri.

1470. — *Novembre*. Débordements des rivières. L'Azergue fait de grands ravages. *Act. capitul.*, nov. 1470 et juillet 1471. S.

— Charles de Bourbon est sacré par Jean Cœur, archevêque de Bourges. — Vers le même temps Louis XI le choisit pour être parrain du dauphin son fils, qui fut depuis roi sous le nom de Charles VIII, et le chargea de négocier sa paix avec les ducs de Bourgogne et de Bretagne. *Gallia christ.* et du Tems.

— Le chapitre de Lyon faisait des feux de joie aux divers événements qui survenaient : ainsi il en fit un, c'est-à-dire brûler des fagots, de la paille, etc., devant l'église de St-Jean. On distribuait au peuple en même temps du pain, du vin et des fruits. — En octobre 1458, on en avait fait un pour la paix entre le roi et le duc de Bourgogne. On dépensa du pain et du vin pour 4 gros. S.

1471. — Arrêt du parlement de Paris, portant que les habitants de Lyon « peuvent user du droit et coustume de vendre leurs vins nouveaux nouvellement cueillis au mois d'aoust; et aussi au mois d'aoust vendre leurs vins tournez, en quelque temps de l'an que ce soit, sans en obtenir, demander ou attendre licence de monsieur l'archevesque, ou d'aucuns de ses officiers ou banniers. » Paradin, *Hist. de Lyon*, p. 177.

1472. — *Juin 6*. Arrêt du parlement de Paris portant que les habitants de Lyon peuvent vendre et acheter, en quelque lieu que ce soit de la cité, « froment, seigle, orge, chenefves, pois, febves et tous autres blez quelconques et tramois, noix, chastaignes et autres fruicts, et ce, tant entr'eux comme des estrangers (pour lesquelles denrées monsieur l'archevesque et messieurs de l'église prétendoient avoir le coponage). » Paradin, *Hist. de Lyon*. 176.

— Cette année « passa par Lyon ce vray mirouer et exemplaire de saincteté, S. François de Paule, fondateur de la religion des frères minimes, que le Roy faisoit venir de Calabre, pour le renom de sa saincteté et des miracles que Dieu opéroit journellement par luy..... Il fut fort honoré à Lyon, et ne l'appeloit-on point autrement que le saint homme, et s'estimoyent bien heureux hommes, femmes, petits enfants qui pouvoyent toucher ses habits ou quelque chose du sien. » Rubys, p. 344.

— Louis XI demande au pape d'assembler un concile à Lyon pour régler les affaires de l'Eglise. Ciaconius, III, 26-29.

1473.—*Octobre* 15. Publication du premier livre imprimé à Lyon *avec date*, sous ce titre : *Reverendissimi Lotharii dyaconi cardinalis sanctorum Sergi et Bacchi q'postea Innocentius* (III) *papa apellatus e' compendiu breue feliciter icipit quinque cotines libros*, etc.—Ce livre fut imprimé par Guillaume Régis ou Le Roy, dans la maison de Barthélemi Buyer, voisine du couvent des Augustins. Longtemps avant sa découverte et jusqu'au xixe siècle, on avait cru que le plus ancien ouvrage imprimé à Lyon *avec date* était une traduction de la *Légende dorée* de Jacques de Voragine, portant pour date le 18 avril 1476, qui sortait aussi des presses de Guillaume Régis, et dont un Dominicain de Lyon, Jean Bathalier ou Battalier, avait été l'éditeur. Maintenant on tient pour certain que Barthélemi Buyer est le premier qui a introduit à Lyon l'art de l'imprimerie, et que Guillaume Régis est notre plus ancien typographe. Toutefois on ne peut se dispenser de considérer Buyer lui-même comme imprimeur, puisqu'il est sorti de sa maison ou de son atelier plusieurs livres, entr'autres la *Légende dorée* de 1476, le *Nouveau Testament* de l'édition à 2 col., et le *Miroir de la vie humaine* de 1477, dont la souscription est ainsi conçue : *imprimé en ladicte ville de Lion par Bartholomieu Buyer, citoien dudict Lion*. Voyez les *Osservazioni bibliografiche*, etc., de M. Costanzo Gazzera, Turin, 1823, in-4°; la seconde des *Lettres lyonnaises* de M. Breghot du Lut, Lyon, 1827, in-8°; le *Manuel du libraire* de M. Brunet, 1, 377, et ses *Nouvelles recherches*, II, 214 et 414; III, 45; l'*Histoire de Lyon* par Clerjon, IV, 37; l'article *Buyer* par M. Weiss, dans le Supplément de la *Biogr. univ.*, etc. — Nous allons donner, d'après les *Annal. typogr.* de Panzer, V, 477-8, et XI, 378-9, la liste chronologique des imprimeurs lyonnais du xve siècle (1) :

Barthélemy Buyer (1473), 1476-78, *sine anno*;
Guillaume Régis ou Le Roy (1473), 1477, 1483, 1485-86, 1488;
Nicolas Philippe (Pistoris) de Bensheim, 1477-1480, 1482;
Marc Reinhard ou Reinart, de Strasbourg (*de Argentina*), 1477-1480, 1482
Martin Husz ou Hus, de Botward, allemand, 1478, 1480-81;
Jean Faber (*Johannes Fabri*), 1478 (1481), 1485, 1490, 1492, 1494;
Jean Cleyn, 1478 (1481), 1489 (1490), 1498-99;
Perrin Lathomi (Perrinus Lahtomi de Lotharingis), 1479, 1493;
Pierre Hongre (Petrus Hungarus), 1482 (1483), 1500;
Matthias ou Matthieu Hus ou Husz, 1482-87, 1489-1491, 1493-1494, 1498, 1500, *sine anno*;
Jean Sibert, Cyber ou Syber, allemand, 1482, 1498, *sine anno*;
Jean Schabeler, 1483;
Jean Battenschne, allemand, 1484;

---

(1) Les années qui sont entre parenthèses ont été ajoutées d'après d'autres bibliographes.

Jean Dupré (de Prato), 1487-90, 1493, 1495;
Michelet Topie de Pymont, 1488, 1490 (1491);
Jacques Heremberck, allemand, 1488, 1490;
Jean Trechsel, allemand, 1488-98, *sine anno*;
Jean de La Fontaine, 1488, 1490;
Janon (*Johannes*) Carcaigni, Carchagni ou Carcan, 1488, 1495;
Lazare David Groshofer, 1489;
Jacques Maillet (*Malieti*), 1490-91, 1494, 1497, 1499, 1500;
Pierre Mareschal, 1490, 1496 (1497 et 1500 *circa*);
Engelhartus Schultis, allemand, 1491;
Antoine Lambillon, 1491;
Marin Sarazin, 1491;
Jean Marechal, 1493;
Jean de Vingle (1494), 1495-1500;
Jacques Arnollet, 1495;
Barnabé Chaussard, 1496 (1500 *circa*);
Nicolaus de Benedictis, 1496-97; 1500;
Jacobinus de Suigo de S. Germano, 1496-97;
Estienne Gueynart, 1496, 1498, 1500;
Josse Bade, d'Asche (*Jodocus Badius Ascensius*), 1497;
Jean Bachelier, 1497, 1500;
Pierre Barthelot, 1497;
Guillaume Balsarin, 1498;
Jacobus Buerus (1), 1498;
Claude Gibolet, 1498;
Jacques Sachon (*Jacobus Zachoni*), 1498, 1500;
Nicolas Wolff, allemand, 1498-1500;
Aymon de La Porte (*de Porta*), 1498;
Jean Dyamantier (1482), 1500;
Barthelemy Trot (libraire), 1500;
Caspar Ortuin, 1500;
Pierre Schenck, 1500;
François Fradin, 1500;
Claude de Huschin, *sine anno*;
Pierre Bouttelier, *sine anno*.

(1) Ce nom doit peut-être se traduire par Jacques Buyer. Panzer l'a compris dans sa table des imprimeurs (v, 514), quoiqu'il ne soit pas certain qu'il l'ait été. J'ai sous les yeux le *Tractactus corporis Christi*, etc., dont la souscription est ainsi conçue: *anno millesimo quadragintesimo octuagesimo in vigilia natiuitatis beate Marie Virginis date fuere vacationes studentibus valetie. Et finita fuit presens repetitio super decretali cum marthe de cele. mis. sub egregio patre dozoli decretoru comite per me Jacobum Buerii de Lugduno*. Petit in-4° goth., de 3 feuillets non chiffrés. — Voyez ci-après, année 1498.

Peut-être faut-il ajouter à cette liste : 1° *Jo. Allemannus*, de Mayence, qui a imprimé à Lyon, en 1487, le *Missale sub ritu et usu ecclesie lugdunensis*, in-fol. goth., à 2 col., publié par ordre du cardinal de Bourbon, à moins que ce *Jo. Allemannus* ne soit *Jean Trechsel;* 2° *Boninus de Boninis*, aux dépens duquel a été imprimé l'*Officium diuine.... Virginis secundum consuetudinem romane curie*; Lugduni, 1499 (1500, n. s.) *die 20 martii,* in-8° fig., décrit par M. Brunet; 3° *Sixtus Glogkengieser*, de Nordlingen, qui a imprimé à Lyon le *Tractatus de laudibus virginis Marie* d'Augustinus de Ancona, pet. in-4° goth. de 78 feuillets non paginés, à 2 col. sans signatures ni réclames, à moins que cet imprimeur n'appartienne au commencement du xvi° siècle. (Voyez Moréri, art. *Triumphus*); etc., etc.

1473.—Etienne Coral, natif de Lyon, publia à Parme, où il avait introduit l'art typographique, une édition fort estimée des poésies de Catulle et des Sylves de Stace. Voyez Panzer, *Annales typogr.*, 1, 83 ; C. B., *Lettres lyonnaises*, p. 19. — Un des chefs-d'œuvre de Coral est son *Pline l'ancien*, 1476, in-fol. max. Un bibliophile lyonnais, M. Léon Cailhava, en possède un exemplaire de la plus belle conservation.

1474.—Une ordonnance rendue cette année défend aux ladres d'aller par la ville, sous peine d'être privés de leurs maladeries. — Il fut aussi défendu à ceux qui étaient préposés à la garde des portes de les laisser entrer dans la ville. Paradin, 192.

— Jacques Caille et Huguette Balarin sa femme achètent du prieur de St-Irénée la chapelle de St-Laurent-des-Vignes, avec les bâtiments et les terres qui en dépendaient. Après y avoir fait construire un hospice pour les pestiférés, ils font la remise du tout au consulat, afin que réunion en soit faite à l'hôpital général. Pernetti, 1, 174; Cochard, *Descript. de Lyon*, p. 254; *Biogr. univ.* supplém., art. *Gadagne*. Voyez ci-après, *année 1482*.

— Le P. Menestrier a consigné sous cette date un fait qui n'est pas exact. « René d'Anjou, dit-il, vint à Lyon, et comme il aimoit les édifices, les peintures et les pierreries, le roi (Louis XI) lui fit voir et considérer les singularités des édifices de Lyon et des peintures qui y sont, et lui fit présent de plusieurs belles pierreries. René fit donation au roi du comté de Provence; le contrat en fut passé aux Cordeliers; il l'écrivit de sa propre main, en lettres d'or, sur parchemin, et l'enlumina d'or, d'argent et de diverses couleurs, car il étoit excellent peintre et enlumineur. Girard du Haillan, *Sommaire de l'histoire d'Anjou*. » Il est possible que René soit venu à Lyon en 1474; mais à supposer qu'il y ait fait donation à Louis XI de son comté de Provence, cette donation n'eut pas un effet immédiat. C'est à son neveu Charles d'Anjou, comte du Maine, que René donna la Provence, et c'est Charles d'Anjou, mort le 11 décembre 1481, qui, par son testament, la laissa à Louis XI.

1475.— Louis XI donne un nouveau gage d'estime et de confiance à Jean II, dit le Bon, comte de Forez et duc de Bourbon, en l'établissant lieutenant-général dans plusieurs des provinces méridionales, depuis le *Lyonnais* jusqu'au Poitou. *Art de vérif. les dates*, 11, 419. Voyez ci-après, *juillet 1476*.

— Le gibier est taxé « comme s'ensuit : la chair des conils à un gros, et non plus ; les conils avec la peau à quatre blancs ; les perdrix rouges à cinq blancs. En une autre taxe se trouvent les blanches taxées à cinq blancs, et les rouges à six blancs ; les canards et canes au plus haut à quatre blancs, et les petits à deux ; les lièvres à six blancs, et non point plus haut. » Paradin, 190.

1475.—Règlement de police pour les femmes publiques. On leur ordonne de vider les bonnes et honorables rues et de se retirer au bourdeau. On leur défend « de porter vestemens, ornemens et paremens de leurs corps, de draps de soye, ni corroyes garnies d'argent blanc, ny doré, ny porter fourrures de robbes, de pennes de gris, menu-vers, laitisses, penne noire, ou blanche d'aigneaux, excepté tant seulement un pelisson, de noir, ou de blanc : aussi par mesme moyen de ne porter chaperon de femme de bien et honneste, sur peine de confiscation d'iceux habits et ornemens. Et afin qu'elles fussent moins cogneues et remerquées, fut ordonné qu'elles porteroyent continuellement chacune au bras senestre sur la manche de leurs robbes, trois doigts au-dessoubs de la jointure de l'espaule, une esguillette rouge, pendant en double du long du bras, demy pied, sur peine de prison et de 60 sols d'amende; et qu'icelles femmes publiques se tiendroyent serrées en deux maisons, desquelles chacune n'auroit qu'une issue seulement, et esquelles fut défendu de jouer à jeu de sort. » Paradin, p. 192. Voyez ci-dessus, 1467.

1476.—*Mars* 23. Entrée de Louis XI.—Voyez, sur le long séjour que ce monarque fit à Lyon, *Notre-Dame de Fourvière*, par M. l'abbé Cahour, p. 113 et suiv.; Chantereau, *Consid. hist.*, l. 1, p. 37; les *Ducs de Bourgogne*, par M. de Barante, xi, 56, 60, 110, 128.

—.... Le seigneur de Comtay vient à Lyon pour informer le roi de la défaite de Charles-le-Téméraire par les Suisses, près de Granson. — Le roi ordonna que l'on fît faire bonne chère à ce seigneur, «qui ne faisait pas semblant d'ouïr le peuple de Lyon chantant par les rues la honte et la ruine de cette journée, le courage des Suisses et la témérité des Bourguignons; car en ce temps-là il n'y avait point de bataille qui tout aussitôt n'eût sa chanson et son *vers de ville.*» *Hist. de Louis XI*, par Matthieu, p. 270.

1476.—*Avril* 17. Furent mandés en l'hostel et logis du roi (1)...... les conseillers de ville, sçauoir : Me François Buclet, Pierre de Villars, etc., auxquels le roy dit qu'il s'en alloit un peu dehors, et qu'il avoit et tenoit pour prisonnier au chasteau de Pierre-Scize le duc de Nemours, lequel il vouloit estre bien gardé; que plus facilement on pourroit suborner deux ou trois personnes, que l'on feroit un corps de ville. Il vouloit et entendoit que ledit duc fût bien gardé par les habitants de lad. ville, et le leur bailloit en garde sur leurs vies, comme avoit fait le duc de Bourgogne à ceux de Mons au sujet du connetable, et qu'ils y avisassent et s'y missent ensemble pour deliberer et adviser sur lad. garde : et vendredi prochain avant son partement lui en fissent reponse. Après quoy lesd. conseillers et avec eux noble Ymbert de Varey (2), maistre d'hostel dud. seigneur, et Jean de Villeneuve, courrier de la ville, se tirerent à part et arresterent que pour bien deliberer en une affaire de cette importance, il falloit convoquer demain matin tous les notables de la ville jusqu'à deux cents. En effet, le lendemain se trouverent lesd. notables en grand nombre à l'hostel de ville, et il y fut deliberé de repondre aud. seigneur roy que un chacun étoit pret d'exposer corps et biens au bon plaisir et commandement dud. seigneur, et que pour sûrement garder led. Sr de Nemours, la geve ou gabie qu'il a plu ordonner pour lui fût apportée en

---

(1) Le roi était logé rue St-Jean, dans l'hôtel de Jacques Caille, un des conseillers de ville.

(2) Imbert de Varey fut chargé de faire faire une double porte au château de Pierre-Scize, en la chambre où fut mis le duc de Nemours par ordre du roi, le 26 mars 1476; ou lui fit payer pour cela 40 sols tournois. *Notes* de l'abbé Sudan.

l'hostel de la ville, dedans laquelle quand il seroit mis, avec la garde que l'on y fera en bon nombre de gens, tant de jour que de nuit, il y seroit plus sûrement gardé que autre part: la raison qui plus les mouvoit est pour ce que ledit hostel de la ville est au milieu d'icelle, et ne pourroit estre transporté autre part, que on forceroit toute lad. ville qui seroit chose difficile à faire. Jaçoit ce que vu le bon plaisir dud. seigneur seroit d'autrement en ordonner pour en bailler la charge de lad. garde. Et attendu que les habitants de la ville sont presque gens de telle condition qu'ils ne peuvent vivre sans gagner leur vie de jour à autre, et aussi les autres charges de la ville, etc., le déchargement de lad. garde dud. Sr de Nemours leur seroit plus avantageux, offrant toujours d'estre prests, etc.

— Le consulat, par mandement du 20 juin suivant, fit payer 52 l. 11 s. 9 d. tournois à M. Pierre de Villars, conseiller, prix du fer par lui livré pour la *quache* du duc de Nemours, y compris la façon et forge d'icelui fer. S.

— Le 26 *mars* précédent, la ville avait fait payer à François Tourveon, marchand, citoyen de Lyon, pour plusieurs menues *parcelles* employées à la même *quache*, 26 livres tournois. S. Voyez Paradin, *Hist. de Lyon*, p. 269.

— Les mémoires du temps nous apprennent qu'on donnait à ces cages le nom de *fillettes*, à cause de leur forme qui les faisait ressembler à des tonneaux ou demi-muids connus alors sous ce même nom. Comines, *Mém.*, VI, 12; Bayle, art. *Louis XI*, rem. Q, etc. — « Dans mon article de la *Bastille*, dit A.-L. Millin, j'ai attribué, d'après Mézerai, à un évêque de Verdun l'invention des cages de fer; mais.... cette invention est plus ancienne, et il faut la rendre à son auteur: on lit dans Senèque que Lysimachus, un des successeurs d'Alexandre, fit mutiler Thélesphore de Rhodes, son ami, et après lui avoir fait couper le nez et les oreilles, il le nourrit dans une cage, comme un animal rare et singulier de son espèce (*de Ira*, III, 17). Lysimachus n'est pas cependant encore le premier inventeur de cette atrocité; Alexandre lui-même fit subir le même traitement à Callisthène, et il le traînait ainsi mutilé à sa suite, dans une cage de fer. Lysimachus, disciple de ce philosophe, le délivra de ces tourments, en lui procurant du poison. » *Antiquités nat.*, art. *Vincennes*, X, 19. — Voyez Sainte-Croix, *Examen critiq. des hist. d'Alexandre*, p. 365.

1476. — *Avril* 18. Publication de la *Légende dorée dicte la vie des Saincts en françois*, etc. Voyez Brunet, *Manuel*, III, 579; et ci-dessus, au 15 *octobre* 1473.

1476. — *Mai* 15. Mort de Claude de Fossatis, religieux du monastère de St-Irénée. Son inscription tumulaire, sur laquelle il est représenté mitré, est au bas de l'église; la voici:

Sub hujus sacri cœnobii obedientia sancti Irenæi Lugdunensis religiosus frater Claudius de Fossatis LX *annis Domino in divinis inservivit, unde sit meritus* (sic) *dignus claustralis prior et de Neytiers extitit, cui facta fuit ultima dies* XV *mensis maii anno Domini* MCCCCLXXVI. *Ejus anima in pace Dei pietate requiescat.* (C. B.)

1476. — *Mai...* Le roi René vient à Lyon. Louis XI, son neveu, lui mène voir la foire et les belles bourgeoises et dames de Lyon. *Nouv. Chron. addit. à Monstrelet*, p. 57. — Le 5 de ce mois, René acheta à Lyon trois tableaux qu'il paya trois florins (environ 30 fr. de notre monnaie). Un de ces tableaux représentait un homme qui *estrille* une femme, et avait pour pendant une femme qui *estrille* un homme. On ne dit pas quel était le sujet du troisième. *Arch. du Rh.*, III, 491. — Voyez, sur le séjour de René à Lyon, Colonia, II,

399-401; G. B. *Mélanges*, p. 205; Papon; *Hist. de Provence*, etc. — Voyez aussi ci-dessus, *avril* 1457 et *année* 1474.

1476. — *Juillet* 9. Un nommé Fortune, porteur de fausses lettres, tenu prisonnier, s'était échappé et réfugié dans l'immunité de l'église de Lyon ; le chapitre refusait de le livrer. M. de Châteauneuf, lieutenant général du roi au pays de Dauphiné, l'avait vainement réclamé, et Jean d'Amanzé, chamarier et grand vicaire de l'archevêque, lui avait à ce sujet remis une requête au nom du chapitre, et en la lui remettant dans l'église de St-Antoine, il lui avait, disait M. de Châteauneuf, tenu des propos injurieux et outrageants et lui poignant bien au cœur. Celui-ci lui dit qu'il en avertirait le roi, ensemble des mauvais services dudit vicaire et de trois autres de cette église, desquels il avait bonnes informations faites durant les divisions dernièrement passées ; car ils avaient été, ajoutait-il, traîtres audit seigneur, et rebelles de tout leur pouvoir, etc. Mais il s'était répandu que ces propos, tenus par M. de Châteauneuf, s'adressaient non-seulement à ces *chanoines*, mais qu'il y avait compris les conseillers et les bourgeois de la ville. Informé de cela, il manda les conseillers de ville en son hôtel, qui était celui d'Humbert de Varey, maître d'hôtel du roi ; et, en présence de M. le comte de Malortie, de M. de La Grange, du président et du juge des ressorts de Grenoble, etc., il désavoua avoir tenu des propos contre la ville : *Chose*, dit-il, *dont il ne voudroit pas être chargé vilainement, affirmant sur la damnation de son âme, et s'en rapportant à ceux qui étoient présents, mais disant le contraire jusqu'à mourir.* Enfin il pria les conseillers d'assembler bon nombre de notables pour leur communiquer cette matière, et l'en décharger envers la ville. — Il est à remarquer que M. de Châteauneuf qualifia Jean d'Amanzé *chanoine et comte de l'église de Lyon*. S — Humbert de Varey, dont on parle dans cette anecdote, était probablement de la même famille qu'Humbert de Varey qui, suivant Pernetti, 1, 149, était abbé d'Ainay, vers 1403, mais qu'on ne trouve pas dans le catalogue des abbés d'Ainay du *Gallia christiana*.

— *Juillet* 10. Louis XI part de Lyon pour se rendre au Puy. M. l'abbé Cahour, *N.-D. de Fourvière*, p. 130.

— Nicolas de Montfort, comte de Campobasso, passant à Lyon pour aller en Italie, offre au roi de lui livrer le duc de Bourgogne, son maître, ou prisonnier, ou en vie..... Il fait part de ce projet à *Simon de Pavie*, médecin de Lyon, et à *Sainct-Pry*, ambassadeur du roi en Piémont. Le roi, détestant avec horreur une telle méchanceté, en fait donner avis au duc de Bourgogne. Comines, *Mém.*, liv. IV, c. 13, et l. V, c. 6 ; Matthieu, *Hist. de Louis XI*, l. VII, année 1476 ; *Art de vérif. les dates*, 11, 123. — Suivant Pernetti, qui se trompe sans doute, Simon Pavie serait mort en 1472. *Lyonn. dignes de mém.*, 1, 171.

— ..... Les conseillers de la ville de Lyon, considérant que le royaume est en combustion par les guerres civiles et par les dissensions entre les princes du sang et le roi, et notamment que le prince Charles de Bourgogne est un voisin redoutable, résolvent de fortifier leur ville ; et pour subvenir aux frais nécessaires, ils obtiennent de mettre un impôt sur les denrées. — Cet impôt occasionna, entre le clergé et le consulat, un différend qui fut porté au parlement, qui donna acte de l'appel. Paradin, *Hist. de Lyon*, p. 273 ; *Arch. du Rh.*, V, 424. Voyez ci-dessus, *année* 1369.

— Le doyen présente au chapitre la bulle par laquelle Sixte IV confirme les indulgences accordées par ses prédécesseurs à l'Église de Lyon. On ordonné que ces indulgences seront publiées à la suite d'une procession générale qui se faisait jadis le dimanche avant la St-Jean. Le chapitre, en reconnaissance, fit sculpter en marbre les armes de Sixte, qui furent placées au-dessus du portail de l'église. M.

— Charles de Bourbon est nommé, par Sixte IV, cardinal, administrateur de l'église de Clermont et légat d'Avignon.

— Le consulat présente à l'archevêque une requête pour se plaindre des assemblées et monopoles des artisans, sous prétexte de confrérie. — Vers le même temps, des lettres patentes de Louis XI défendirent de s'assembler sans la permission du consulat. *Arch. Egl.*, n° 140. M.

— Pierre Charpin, chamarier de St-Paul, personnage de grand sens, vertu et savoir, fait élever à ses frais l'aiguille du clocher de St-Paul. Paradin, 255; *Arch. du Rh.*, v., 256. — Voyez ci-dessus, *années* 1429 et 1465.

1476 ou 1477. — Les consuls et syndics de la ville de St-Just, ayant demandé au sénéchal de Lyon que remise leur fût faite des clefs des portes de Trion et de St-Irénée, échouent dans cette prétention, et sont condamnés aux dépens. — Vers le milieu du xII° siècle, les citoyens de Lyon, ayant demandé qu'on leur remit les mêmes clefs, furent également déboutés de leur demande par sentence de l'évêque d'Autun. *Arch. du Rh.*, v, 437. Voyez ci-dessus, *année* 1269.

1477. — *Juillet 8.* Barthélemy Buyer publie une traduction faite par frère Julien Macho du *Miroir de la vie humaine*, composé en latin par Rodriguez, évêque de Zamora, décrite par M. Brunet, *Manuel et Nouv. recherches*, art. *Rodericus*. L'édition donnée par Buyer du texte latin de ce livre ne fut publiée que l'année suivante, quoiqu'elle porte la date du 7 janvier 1477; car l'année ne commençait alors qu'à Pâques. — C'est à frère Julien Macho que l'on doit aussi la première version publiée en notre langue, et vers le même temps, du *Nouveau Testament*; du moins les bibliographes n'en citent pas de plus ancienne. Mais il paraît que frère Julien eut pour collaborateur Pierre Farget ou Sarget, qui était aussi docteur en théologie. Tous deux étaient Augustins dans le couvent de Lyon, voisin de la maison de Buyer, où étaient les presses de Guillaume Régis. Ils composèrent ou traduisirent, pour plusieurs imprimeurs ou libraires de notre ville, différents ouvrages qui sont aujourd'hui d'une extrême rareté. Pour donner un échantillon du style de ces doctes et zélés religieux, nous allons reproduire ici l'*Oraison dominicale* d'après S. Mathieu et d'après S. Luc, extraite de leur *Nouveau Testament* :

PATER SELON S. MATTHIEU.

Nostre pere qui es au ciel ton nom soit sanctifie ton regne aduiengne ta voulente soit faicte en terre si comme elle est au ciel. Sire donne nous auiourdhuy nostre pain de chascun iour et nous pardonnes nos peches ainsi comme pardonnons à ceulx qui nous meffont et ne nous maine mie en temptacion... mais deliures nous de mal...

PATER SELON S. LUC.

Nostre pere qui es es cieulz ton nom soit sanctifie ton royaume aduiengne ta voulente soit faicte en terre comme elle est faicte au ciel Donne nous chascun iour nostre vie que tu nous as acoustume a donner Pardonnes nous nos pechies ainsi comme nous pardonnons a tous ceulx qui nous doiuent et ne nous maine mie en temptacion Mais deliure nous de mal...

Voyez *Quelques recherches sur d'anciennes traductions françaises de l'Oraison dominicale*, etc., par G. Peignot, Dijon, 1839, in-8°.

— On doit encore à frère Julien *La vraye exposicion et declaracion de la Bible tant du vieil que du nouuel Testament selon Delira et aultres docteurs*, etc., sans date et sans nom de ville ni d'imprimeur, petit in-fol. goth., à 2 col., dont le caractère paraît être le même que celui qu'a employé Buyer pour l'édition à 2 col. de son *Nouveau Testament*, que l'on croit avoir été publié en 1477. Voyez ci-dessus, année 1380.

1477. — *Août* 20. Publication de *la Legende des Sainctz nouueaulx.... imprimée par Barth. Buyer....veue et corrigée par maistre Iullian.... et Iehan Bathalier....*, petit in-fol.

— Barthélemy Buyer publie une édition de l'*Arbre des batailles* (par Honoré Bonnet ou de Bonnor). — M. Van Praet regarde cette édition comme la première de cet ouvrage ; c'est probablement la même que celle qui a été décrite par M. Brunet, *suppl.* à son *Manuel*, 1, 71. Ce bibliographe mentionne deux autres éditions de l'*Arbre des batailles*, publiées à Lyon, l'une de 1481, *sans nom d'imprimeur*, mais faite sur papier à la *roue dentée*; l'autre *sans date* imprimée, par Olivier Arnoullet. Voyez, sur cet ouvrage, les *Lettres lyonnaises*. — Nous citerons encore, parmi les publications de cette année : MATTHOEI SILVATICI *Opus pandectarum medicinæ. Per Martinum Husz et Johannem Faber, millesimo ccccxxviij, aprilis xxvij, in Lugduno*, etc., in-fol. — Gabriel Naudé, dans ses additions à l'hist. de Louis XI, cite cette édition comme le plus ancien livre imprimé à Lyon. Voyez ci-dessus, au 15 *octobre* 1473.

1478. — *Janvier* 16. Le chapitre accorde permission à M° Martin (sans doute Martin Husz), et sur sa requête, d'imprimer les *Missels* à l'usage de l'Eglise de Lyon, selon l'exemplaire qui lui sera remis par le chapitre. S.

— *Juillet* 12. Mort de Marie d'Amanzé de Chaufailles, abbesse de St-Pierre. M. ; *Gallia christ.*

— *Août* 26. Publication du premier livre français orné de figures ou vignettes sur bois au simple trait : *le Mirouer de la redempcion de lumain lygnage translate de latin en francoys....* par frère Julyen (Macho) des Augustins de Lyon, gr. in-fol. goth., à 2 col. — C'est plutôt une imitation qu'une traduction du *Speculum humanæ salvationis*. Cette édition, la plus ancienne que l'on connaisse, a, selon toute apparence, été imprimée par Guillaume Le Roy. Brunet, *Man.* suppl. ; art. *Julien* (frère) ; L. Dussieux, *l'Art considéré comme le symbole de l'état social*, etc., p. 33. — Voyez ci-après, au 28 *novembre* 1488.

— Le consulat plaide contre les Florentins et les Lucquois habitants de Lyon, qui refusent de contribuer aux charges de la ville. M.

— Le roi ayant mis sous sa main la temporalité de Lyon, le chapitre députe le doyen pour en obtenir la mainlevée. M.

— Louis XI écrit à MM. du chapitre de Fourvière pour leur demander une prébende dans leur église, en faveur de Charlot de Molesme, neveu de Rousselet, son valet de chambre et maitre des ports de Lyon. *Mas. de l'Isle-Barbe*, II, 439.

— Barthélemy Buyer publie le *Livre de Baudoyn, comte de Flandres*, etc., in-fol. goth. — Quelques bibliographes ayant indiqué une édition imprimée à *Lyon sur le Rosne*, en 1574, et qui probablement n'existe pa

Prosper Marchand voulait que ce livre fût le premier qui eût été imprimé à Lyon. *Lettres lyonn.* — Voyez ci-dessus, au 15 *octobre* 1473, et les *publications* de 1477.

1479. — Le chapitre de l'Eglise de Lyon avait pris sur la banque des Médicis à Lyon une lettre de change de cent écus pour l'envoyer à Paris. S. — Voyez ci-dessus, *années* 1454, 1455 et 1462; et ci-après, 1543.

— Durand Maurès, chapelain perpétuel, prébendier de l'Eglise de Lyon, notaire en la cour de l'officialité, reçoit le testament de Jean d'Amanzé, chanoine et ci-devant chamarier de l'Eglise de Lyon, vicaire-général du cardinal de Bourbon, comme il l'avait été d'Amédée de Talaru et de Geoffroy de Vassali. M. — Jean d'Amanzé obtint du chapitre, en 1477, la permission d'aller à pied par la ville pour se rendre au grand palais, à cause des affaires qu'il avait avec le duc de Bourbon qui logeait alors dans ce palais (lequel était confiné par la rue St-Jean de matin, et par la rue Tramassac de soir). Cochard, *Descript. de Lyon*, p. 261. — Voyez ci-dessus, *année* 1439 et 9 *juillet* 1476.

— Perrin Lathome (*Perrinus Lathomi*) publie une édition de la *Bible*, en latin, in-fol. goth., à 2 col. — Cette édition est, je crois, la première qui ait été donnée à Lyon de la *Sainte Bible*. La seconde doit être celle que donnèrent, en 1482, Marc Reinhart et Nic. Philippe de Bensheym, 1482, in-fol. goth., sur deux col. (1). — Il existe, dans plusieurs bibliothèques de notre ville, une *Bible* latine in-8° goth., sur deux col., dont *l'explicit* se termine ainsi : *Lugduni, in officina Jacobi Mareschal, anno Dni decimo quarto supra millesimum, duodecimo Kalendas aprilis*. En supposant cette date exacte, cette Bible se trouverait avoir été imprimée en 1014, ce qui ne peut pas être. Jacques Mareschal était sans doute le fils de Pierre ou de Jean Mareschal qui imprimèrent tous deux à Lyon vers la fin du xve siècle, et alors la date se rectifie très-aisément, en changeant le second chiffre o en 5, ce qui donne 1514, véritable date de l'impression de la Bible de Jacques Mareschal. — Voyez le *Bulletin du Bibliophile*, juillet 1835.

— Nicolas Philippe de Bensheim et Marc Reinhart publient l'*Opus quadragesimale* de Robert Caraccioli (*Robertus de Liteo* ou *de Litio*), in-fol., à 2 col.

1480. — *Août* 4. Il paraît qu'en ce temps l'archevêque de Lyon conservait encore une ombre de pouvoir dans le château de Pierre-Scise, puisqu'il y tenait un châtelain. Cochard cite, sous cette date, une quittance des gages que l'on payait à ce châtelain. Les actes consulaires de 1576 nous apprennent que l'archevêque fit alors de nouvelles tentatives pour rentrer en possession de ce château, dont Louis XI s'était emparé en 1468. — Voyez ci-après, *année* 1635.

1480. — *Août* 16. Le chapitre de l'Eglise de Lyon assemblé extraordinairement, et considérant que, vu la peste qui ravage la ville, tous les chanoines

---

(1) La souscription de cette seconde Bible est précédée de deux pièces en vers latins ; voici la dernière, que nous reproduisons sans abréviations :

        Fontibus ex grecis hebreorum quoque libris
           Emendata satis et decorata simul.
        Biblia sum presens superos ego testor et astra.
           Est impressa nec in orbe mihi similis.
        Singula queque loca cum concordantibus extant.
           Orthographia simul que bene pressa manet.

et beaucoup d'autres allaient se retirer et s'absenter de Lyon, autorise les custodes de Ste-Croix, le sacristain de St-Etienne, le trésorier et les chapelains perpétuels, à dire les offices des chanoines, en l'absence de ceux-ci, et fixe le prix qui leur sera payé, suivant la nature des offices. — Chacun d'eux aura six blancs pour une messe et le commencement des matines, et quatre blancs pour les autres offices. *Nouv. arch. du Rh.*, 1, 50.

— Du Verdier cite sous cette date une édition in-8° qui aurait été publiée par Pierre Mareschal, d'un opuscule de Jacques de Bugnin, ayant pour titre : *Congie* (congé) *prins du siècle seculier*. Mais il se trompe très-probablement ; il n'existe, à la connaissance des bibliographes, que deux éditions de cet opuscule : l'une *sans lieu ni date*, pet. in-8° goth. de 22 f. non chiffrés, y compris le titre ; l'autre imprimée à Lyon *par Pierre Mareschal et Barnabé Chaussard*, 1503, in-4° goth. de 19 f. — Jacques de Bugnin était natif de Lozane, en Lyonnais ; il fut curé de la paroisse de St-Martin, à Vaux-sur-Villefranche, et depuis religieux de l'ordre des Bernardins. Voici quelques vers de son *Congie*, que je rapporte d'après Du Verdier :

Belle chose n'a point de mise,
Si elle n'est de droict acquise.
En gré faut prendre le labeur
Pour parvenir à quelque honneur.
Il n'est rien de plus decepuable
Que la femme ou bien le diable.
L'un s'abuse à trop penser,
Et l'autre à trop despenser.

Ne plaide point à tort
Bien que sois le plus fort.
Où Justice n'a que le nom,
Le prince a bien peu de renom.
Où les princes sont négligents,
Les pays en sont indigents.
Que faut-il pour estre prudent ?
De trois temps estre recordant.

— Publication : *Practica Valesci de Tharanta*, etc.... *Impressum Lugd. per Johanem Cleyn alemanum. Anno nostre salutis quadragintesimo primo, decimo octavo Kal. decembris* ; in-4° à 2 col., de 360 feuillets. — Réimprimé par Matth. Husz, *Lugd.*, 1490, in-fol. de 272 feuillets.

1481. — *Février 8.* Publication du livre appelé *Mandeuille*, etc., *Imprime a Lyon sur le Rosne l'an* M. CCCC. LXXX (v. s.), *le viij iour de feurier a la requeste de maistre Bartholomieu Buyer bourgeoys dudict Lyon*, petit in-fol. goth.

1481. — *Août 14.* Publication du *Rationale divinorum officiorum. Editum per dom. Duranti Mimoensis epi. qui composuit juris et patrum pontificale.* In-fol. — On lit à la fin : *Impressum Lugduni per Martinum Husz de Botvar anno Dom. miles. quadragent. octuages. primo die vero decima quarta Augusti.* — Je cite d'après Laire, qui ajoute : *In hac editione observandus est titulus.* Tom. II, p. 45.

1481. — *Novembre 8.* Publication du *Proces de Belial a lencontre de Ihesus* (par Jacq. de Theramo) *translate de latin en francoys par* .... frere Pierre Ferget, docteur en theologie de l'ordre des Augustins ; in-fol. goth. — Première édition de ce livre, qui a été probablement imprimé à Lyon. Voyez le *Manuel* de M. Brunet, art. *Theramo*, et son *Supplément* où il décrit, entr'autres éditions du même livre publiées à Lyon, celles de *Mathis Husz*, 1484; de *Johannes Fabri*, 1490 ; de *Johan de Vingle*, 1494.

— Cette année « durant le voyage du roi à St-Claude, fut le bled moult chier universellement par tout le royaume de France et mesmement au pays de Lyonnois, Auvergne, Bourbonnois et autres pays voisins. Et à cette cause y mourut quantité de peuple tant de maladie que de famine, qui fut merveilleusement grande par toutes contrées. » *Chroniq. scandal.*

— Le chapitre refuse de recevoir par procureur le serment d'Etienne Morel, nouveau chanoine, quoiqu'il fût auprès du pape occupé à son service comme *dataire* et pour le service du roi. On dit que c'était une nouveauté. M.

1482. — *Avril* 22. Philibert I, duc de Savoie, qui était à Lyon depuis le 11 mars, meurt en cette ville, où il avait fait des excès à la chasse et aux courses de bagues. Guichenon, *Hist. de Bresse*, 89 et 305; *Hist. de Savoie;* Moréri.

1482. — *Août* 20. Publication du *Miroir de la vie humaine* translaté du latin de Rodorique, etc. *Imprimé par Nicolas Philippi et Marc Reinhardi de Strasbourc.* In-fol. goth. Voyez ci-dessus, au 8 *juillet* 1477.

1482.—*Novembre* 12. Matthieu Husz publie une traduction du *Propriétaire des choses* de Glanvilla, faite en 1372 par frère Jean Corbichon, reuisite par.... frère Pierre Ferget.... du couvent des Augustins de Lyon; in-fol. goth. — M. Brunet, *Manuel* et *Nouv. recherches*, art. *Glanvilla*, décrit deux autres éditions du même livre faites par le même imprimeur, en 1487 et 1491. Il mentionne aussi celle de *Lyon*, *Jehan Dyamantier*, 1500, in-fol. goth., et celle de *Ihean Cyber*, même format, sans date, décrite d'après M. Gazzera et d'après l'auteur des *Lettres lyonnaises*.—La plus ancienne édition avec date du texte de cet ouvrage est sortie des presses de Nicolas-Philippe Pistoris de Bensheim et Marc Reinhard; elle porte la date du 29 juillet 1480, et est in-fol. goth. à 2 col.

— Le consulat défend « de ne tenir *porceaux* en la ville, excepté deux ou trois de ceux qu'on nomme *porceaux de sainct Antoine*. » Paradin, *Hist. de Lyon*, p. 192.

— Le roi vient à Lyon. Guichenon, *Hist. de Bresse*, p. 88.

— Une ordonnance de Claude Gaste, doyen et vicaire-général de l'archevêque et cardinal d'Amboise, accorde de nouvelles indulgences à ceux qui contribueront à la reconstruction de l'église de St-Nizier, « qui se fait avec somptuosité, et qui est plus de moitié avancée. » — A cette *note* de M. Sudan sont jointes celles que voici, et qui ont trait à la même église : — 1307. Antoine Daiter, riche citoyen de Lyon, possédait une maison située devant l'autel de saint Sicaire, *ante capellam sancti Sicarii*. Antoinette sa fille fut mariée à Etienne de La Mure. — Vers 1343, Jacquème Brunel, citoyen de Lyon, fit un legs pour aider à la construction des chapelles qu'on voulait faire derrière l'église, *retro ecclesiam*. François de St-Paul était alors sacristain de St-Nizier. — En 1348, le haut de l'église avait une grande crevasse. Barthélemi de Montbrison légua par son testament 20 livres pour aider à sa réparation.—On voit par une bulle accordée par le pape Clément VII (d'Avignon), vers 1380 à 1390, que la voûte du sanctuaire de l'église était tombée depuis quelques années par vétusté; ce pape donne des indulgences pour contribuer à sa réparation.

— Le chapitre prête mille écus au roi sous son obligation, et le roi envoie 145 écus pour les offrir aux reliques de S. Jean et à la *coupe de la Vierge* qui était dans le trésor. M.

— L'office de la Visitation, composé par ordre du pape Sixte IV, est présenté au chapitre, qui le donne au sous-maître pour être revu et faire ensuite son rapport. M.

— Nicolas de Ronzière, custode de Ste-Croix et secrétaire du chapitre, fait bâtir la chapelle de la petite Magdeleine proche celle des Paterins. M.

— Maistre Claude de La Roche, notaire public, remet entre les mains des échevins un hôpital fondé en l'honneur de S. Jean, auprès de la porte de St-George, dont il était recteur. — Cet hôpital fut réuni au grand Hôpital le 15 *juillet* de la même année. M. — Voyez ci-dessus, *année* 1474.

— Publication du *Vocabularius breviloquus triplici alphabeto diversis ex autoribus*, etc. *Impressus per magistrum Petrum Vngarum. Anno Dnni* 1482. In-fol. à 2 col. — M. l'abbé Chouvy possédait un exemplaire de ce livre qui a passé, je crois, dans la bibliothèque de M. le conseiller Coste. — Voyez ci-après, *année* 1500.

1483. — *Janvier* 21. Publication du *Proces de Belial a lencontre de Ihesus*, etc., translaté de latin en françoys par frère Pierre Ferget, etc. *Imprime* (à Lyon) *l'an de grace* mil cccc lxxxij. (v. s.), etc., in-fol. goth. —Voyez, sur les autres éditions de ce livre, le *Manuel* de M. Brunet et ses *Nouv. recherches*, art. *Theramo*. — L'édition imprimée par Mathis Husz, sous la date du 20 mars 1484 (v. s.), appartient à l'année 1485. Voyez La Croix du Maine, *Biblioth.* II, 278.

1483. — *Mai* 15. On devait jouer à Lyon, pendant les trois jours de Pentecôte (18, 19 et 20 mai), la *Vie de Ste. Catherine* ; le consulat, prévoyant que le peuple abandonnerait les rues et les maisons pour aller voir ce jeu, et voulant prévenir toute entreprise qui pourrait avoir lieu au préjudice de la ville, ordonne que les portes de la ville seront gardées, savoir : celle de Bourgneuf, par quatre hommes ; celle des Farges et de St-Georges, chacune par deux ; le pont du Rhône, par quatre ; la porte de St-Marcel, par six, tous armés et embastonnés de salades, gantelets, voulge ou hache ; et au-dessus des grands fossés, vers la recluserie de St-Sébastien, deux écoutes : les portes de la Roche, de St-Vincent et du Griffon seront fermées, et le guet fait de nuit sur les portes. S. — Voyez ci-dessus, 26 *juillet* 1426, *année* 1447, et ci-après, 1500, 1507, 1540, 1607, etc.

1483. — *Juillet*... Louis XI fonde la chapelle des Innocents dans l'église de St-Just, et charge le chapitre de cette collégiale d'y faire dire deux messes chaque semaine. Il assigne pour cet objet le greffe de la châtellenie de St-Symphorien-le-Château, ainsi que les droits et émoluments qui y étaient attachés. *Arch. du Rh.*, V, 138.

1583. — *Août* 4. Mort de Barthélemi I Bellièvre, conseil et homme de confiance du cardinal de Bourbon. C'est lui qui commença l'illustration de sa famille. Il fut inhumé dans l'église de St-Pierre-le-Vieux. — Son fils, Barthélemi II, fut le père du chancelier Pompone de Bellièvre. — Voyez ci-après, au 2 *octobre* 1577, au 5 *septembre* 1607 et au 26 *janv.* 1683.

— Charles de Bourbon réunit à l'église de St-Paul le monastère ou prieuré de *la Chana* fondé par Jean de Talaru, à condition que ceux de St-Paul y mettront un recteur ou un prêtre qui prêtera entre les mains du chapitre le serment qu'on avait coutume d'exiger de la prieure de ce monastère, et qu'au changement de chaque recteur, le chapitre de St-Paul paiera *mylaod* des fonds en dépendant qui sont de la rente de l'Eglise de Lyon. —Messieurs de St-Paul promirent aussi de faire réparer le monastère et d'y dire trois messes par semaine, le dimanche, le mercredi et le samedi. Il fut en outre convenu que le reste du revenu serait employé à l'entretien de six clergeons et d'un maître, et aux distributions quotidiennes du chœur. — Il y avait une maison, un jardin, un pré, des vignes et des terres qui dépendaient de ce prieuré, où l'on comptait d'abord huit religieuses qui alors se trouvaient réduites à deux par le décès des autres. M.

— Règlement de police qui contient les dispositions suivantes : « Et parce que par les rues adviennent souvent inconvénients par les charriots et par la négligence des charretiers qui ne prennent garde à la conduite de leurs chevaux, dont souvent advient que les enfans et autres personnes sont offensez : à cette cause fut ordonné que les charretiers ne monteroyent sur leurs chevaux par les rues, ains les conduiroyent discretement, à ce qu'il n'en advînt faute. — Semblablement fut proclamé à cry public que l'on faisoit défense aux habitants de Lyon de mettre par cy-après leurs hauvents et boutiques sur les rues, outre la mesure et longueur qui avoit esté auparavant baillée et limitée par les conseillers et échevins de la ville, qui est d'un tour de main..... Il fut ordonné aux fourbisseurs de retirer leurs bancs la nuit en leurs boutiques, à peine de prison et amande arbitraire. Finalement fut défendu ne mettre sur le pont de Saône, table, bancs ou autre chose empeschant le chemin des passants. » — Cette même année, le quintal de foin fut taxé à six blancs, et non point plus haut. Paradin, p. 190 et 192.

1483. — Publication: *Le Mirouer de la rédempcion de lumain lignaige*, translate de latin en francoys selon l'intencion de la saincte escriture...par...frere Iulien des augustins de Lyon. Imprimé par maistre Mathis Huz, lan de grace mil. cccc. lxxxiij. In-fol. goth. à 2 col., fig. dans le texte.

— *La vie des Sainctz dicte Legende doree et aussi des Sainctz nouueaulx*, extraicte et translatee de latin en francois au plus pres du latin selon le vray sens de la lectre, comme il peut apparoir a ceulx qui diligemment regarderont et entenderont le latin. Imprime a Lion par les maistres Matthieu (*sic*) Hus et Pierre Hongre l'an de grace mil quatre cens quatre vingz et trois. In-fol. goth. à 2 col., fig. dans le texte.

— *Jehan Boccace, de la ruyne des nobles hommes et femmes*. A Lion, par Mathis Husz et Iehan Schabeler. In-fol. goth. à 2 col.

— *Le petit fardelet des faitz ou fardelet de temps*, translate de latin en francoys par venerable et discrete personne maistre Pierre Farget..... de l'ordre des Augustins du convent de Lion et imprime audit Lyon l'an mil cccc. lxxxiij... In-fol. goth. — Ce volume, que M. Brunet a décrit d'après l'exemplaire de la bibliothèque de Ste-Geneviève, ne porte pas le nom de l'imprimeur. — La bibliothèque de la ville de Lyon possède deux éditions du *Fardelet de temps* : celle de Genève, 1495, qui paraît avoir été faite d'après celle de Lyon, 1483; et celle de Paris, 1513, in-fol. goth. Voyez le *Manuel* de M. Brunet, art. *Fasciculus temporum*.

Nous terminons ici la seconde partie de ces *Notes et Documents*. L'année prochaine nous publierons la troisième, qui commencera avec le règne de Charles VIII.

Seconde Partie.

NOTES ET DOCUMENTS

POUR SERVIR A L'HISTOIRE DE LA VILLE DE LYON,

DEPUIS L'ANNÉE 1483 (1).

Historia quoquo modo scripta delectat.
Plin. Jun. *Epist.* v, 8.

RÈGNE DE CHARLES VIII, DIT L'AFFABLE (2).

1483-1498.

1484. — Des lettres de convocation pour les états-généraux du royaume sont adressées au sénéchal de Lyon. — L'assemblée des trois ordres se tint dans l'église de St-Jean; les députés élus furent : Claude Gaste, doyen de l'église primatiale (nommé par erreur *Gascon* dans le *Recueil* de Quinet. Voyez ci-dessus, *année* 1454); Guichard d'Albon, seigneur de St-André; Jean Palmier, docteur ès lois, juge-mage de Lyon; Bertrand de Sallefranque, prévôt de Lyon; Antoine Dupont, clerc, notaire royal et procureur général de la ville. *Arch. du Rh.*, VIII, 30.

1484. — *Février* 7. La cour de parlement autorise Jean du Peyrat l'aîné

---

(1) *Ces Notes et Documents* font suite à ceux que l'auteur a publiés dans les *Annuaires de Lyon* de 1838 et de 1839. Les articles signés d'une M. sont extraits des manuscrits du P. Menestrier; ceux signés d'une S. sont tirés des manuscrits de l'abbé J.-N. Sudan.

(2) Ce prince, successeur de Louis XI, parvint à la couronne le 30 août 1483.

et Jean du Peyrat le jeune, marchands de Lyon, à faire entrer dans cette ville les marchandises d'épiceries qu'ils ont fait venir du Levant, et qui sont en Savoie, en Dauphiné et ailleurs, nonobstant les défenses faites depuis peu par les trois états de Languedoc, et le tout « par manière de provision. » *Registres du Parlement de Paris.* M.

1484. — L'évêque d'Utique dédie, par ordre de Charles de Bourbon, l'église des Cordeliers sous le vocable de St-Bonaventure qui avait été canonisé deux ans auparavant, et qui fut alors déclaré le patron des enfants de la ville. L'abbé Pavy, *Grands Cordeliers.* Voyez ci-dessus, *année* 1328.

1484. — On trouve dans un acte *d'appellation* par les procureurs du roi et de la ville de Lyon, interjetée du *décriment* qui a été fait à Montpellier des foires de Lyon en 1484, les traits suivants :

« Lyon d'ancienneté étoit une ville bien peuplée de beaucoup de riches gens et étoit une des clés du royaume; et, depuis 160 ans en ça, a été cause par deux fois du bien et recouvrement dudit royaume; la première pour le reboutement que se aida à faire contre les Anglois (en 136..), à la journée de Brignais, qui est à deux lieues de Lyon; la seconde, à la journée d'Anton, en Dauphiné, aussi près dudit Lyon, contre les Bourguignons et autres leurs alliés, qui fut il y a environ 54 ans (1430), en quoi les habitans dudit Lyon firent grands frais, et employèrent leurs personnes et biens, tellement que, à Dieu mercy, la journée fut pour le roi.

« Ils disent que aucuns particuliers du Languedoc voudroient parvenir à un damnable propos savoir faire tant par moyens subtils qu'il ne sortira hors du royaume, et n'y entrera aucune marchandise, sinon par les ports ou havres du pays de Languedoc par le moyen des gallées et galléasses d'iceux particuliers, ainsi que feuz Jacques Cuer (*Cœur*) et Guillaume de Varye (peut-être de *Varey*) s'étoient parforcés de faire, et firent chacun en son endroit, par certains petits espaces de temps, contre le profit de la chose publique. Mais Dieu y pourvut, tant par la mort qui les surprit que autrement. Cela seroit la plus grande plaie que l'on pourroit faire au royaume, et feroit renchérir les marchandises du Levant surtout, etc. » S.

— L'écu d'or valait alors 28 gros.

1485. — Le roi transporte à Bourges deux foires de Lyon, celle de la quinzaine de Pâques et celle de la mi-août..... Mais ces foires n'y subsistèrent que deux ans, à cause d'un grand incendie arrivé le jour de la Magdeleine, 22 *juillet* 1487, environ le temps de Vêpres. M.

1485. — Claude de Feugères ou de Fougères ayant été élu doyen par le chapitre, tout le clergé assiste à sa prise de possession en chantant le *Te Deum* et l'oraison de S. Jean. *Maz. de l'Isle-B.*, II, 345; M. Voyez ci-après, *année* 1492.

1485. — Jean Palmier, docteur ès droits, et Bertrand de Sallefranque, prévôt de la ville de Lyon, députés aux états-généraux convoqués à Tours. M.

— Jean de Varey était alors courrier de Lyon.

1485. — Les traits que l'on va lire sont tirés d'un mémoire adressé aux commissaires du roi, au sujet des foires de Lyon, au nom du cardinal de Bourbon, du chapitre et des conseillers et habitants de Lyon, à eux joint le procureur du roi en cette ville :

« La ville de Lyon fut fondée par Munatius Plancus, disciple de Cicéron, lequel Munatius gouvernoit une partie des Gaules, et depuis sa fondation elle a été réputée une des principales villes du royaume.

« L'empereur Auguste divisa les Gaules en quatre parties, *scilicet in Aquitanos, Belgas, Celtas et Lugdunenses*; que par l'inspection de la clôture de cette ville, des édifices qui sont autour et dans icelle, il est bon à voir que ça été autrefois moult grand'chose.

« En icelle, anciennement, et il y a passé mille ans, ainsi que récite Strabon, y souloit avoir de grandes et belles foires; que, à l'occasion des guerres et pour ce que ladite ville fut détruite par les Vandales, lesdites foires furent interrompues.

« Lorsque le feu roi Charles (VII) alla de vie à trépas, il n'y avoit pas plus de 1000 à 1200 feux à Lyon; ce qui étoit bien peu de chose eu égard à son grand circuit.

« Lorsque les foires se tenoient à Genève, on y vendoit de grandes quantités de draps de laine venant de Flandres, Angleterre, Fribourg et autres pays étrangers, montant à plus de 400,000 fr.; que de ce royaume, la draperie qui se vendoit audit Genève, soit de Normandie ou d'autre part, ne montoit pas à 100,000 fr.; que depuis que lesdites foires ont été établies à Lyon, on n'y vend sinon les draps de ce royaume qui montent à plus de 800,000 fr.; ce qui a fait que dans le Berry, Poitou, etc., se sont tirées plusieurs draperies pour envoyer à Lyon.

« De même auxdites foires de Genève se vendoient des toiles de Constance, d'Allemagne et autres montant à de grandes sommes, et aussi quantité de blancherie, cuirs tannés et grosse pelleterie, et que de ce royaume il n'en venoit que très-peu; mais quand les habitans du pays de Bourbonnois, Forez, Lyonnois, Rouergue, Vivarez, Dauphiné, etc., ont vu la grande distribution qui se faisoit en ladite ville, ils se sont efforcés faire toiles, cuirs, pelleteries; que toutes ces choses se vendent audit lieu de Lyon, où on les échange pour marchandises étrangères comme draps de soie et épiceries; que la draperie qui se vend à Lyon et venant de ce royaume, monte tous les ans à plus de 8 à 900,000 fr., et auparavant il ne s'en vendoit pas à Genève pour 100,000 fr.

« Les pays de Forez, Beaujolois, Roannois, Charolois et Bresse se sont mis à faire grosses toiles qui se vendent tous les ans à Lyon, et montent à plus de 250,000 fr., et on n'y en menoit point à Genève.

« La grosse pelleterie venant d'Auvergne, Limosin, blancherie, cuirs tannés qui se vendent à Lyon, montent par an à plus de 200,000 fr.

« Il se vend aux foires de Lyon plus de 60 charges de safran qui montent par an à plus de 80,000 fr., qui vient du pays Roannois, Forez, Lyonnois, Vivarez, Gévaudan, où l'on s'est mis à le cultiver depuis l'introduction des foires. Auparavant on ne recueilloit pas 15 charges. Il s'y vend aussi environ 70 charges de safran pris en Quercy, Albigeois et autres pays voisins. Auparavant la pluspart du safran qui se vendoit en ce royaume venoit de Catalogne, de la Marche d'Ancône, la Romagne, le royaume de Naples et les autres pays d'Italie, qui en fournissoient autrefois plus de 80 charges, et à présent pas 25 charges.

« Les marchands d'Allemagne apportent auxdites foires d'Allemagne chaque année grande quantité d'argent blanc, et telle année plus de 50,000, de 60,000 marcs qu'ils échangent en marchandises et denrées qui viennent de ce royaume. Ces marchands ne vendroient pas si les foires étoient portées plus loin dans l'intérieur du royaume.

« La ville de Paris amène à Lyon grande quantité de bonnets, et de plus des épingles pour plus de 30,000 fr.

« Le roi tire grand profit desdites foires ; car les gabelles et impositions foraines, qui ne montoient qu'à 3,000 fr., valent de présent plus de 8,000 fr. Quand le roi a besoin de quelque grande somme, il la trouve aisément à Lyon. Jadis, quand le roi faisoit faire des achats de harnois de guerre, il falloit aller à Milan et hors du royaume ; à présent il en trouve tant qu'il en veut au moyen desdites foires.

« Si l'on ôtoit les foires de Lyon, on feroit dommage au royaume de 2 millions d'or et plus par an; car auparavant il falloit acheter les marchandises nécessaires, hors du royaume, à deniers comptants, et aux foires de Lyon on ne fait qu'échanger. Il s'y vend bien plus de marchandises du royaume que l'on n'en amène des pays étrangers.

« Avant que lesdites foires fussent à Lyon, il n'y avoit pas une bonne foire en ce royaume, parce qu'elles n'étoient pas aux extrémités, mais au milieu du royaume. Toutes les grandes délivrances se faisoient à Genève pour les marchandises qui venoient d'Allemagne, d'Italie, Savoye et Arragon, cette ville étant en pays de limites. Les autres grandes délivrances se faisoient à Anvers. La foire du *Lendit* qui est foire franche, établie d'ancienneté, ne voit point de marchands étrangers et seulement ceux de Rouen et de Paris. De même celle de St-Denys, quoique franche.

« Si l'on objecte que toutes monnoies étrangères s'y mettent, et qu'on y met tel prix qu'on veut, ce ne sont pas ceux de Lyon qui y mettent le prix, mais ceux de Paris ou de Languedoc, qui vont en Flandre et autre part hors du royaume acheter monnoies foibles, les font porter à Lyon pour leur donner cours à la grande foule du royaume, etc., etc. »

On peut bien regarder ces appréciations comme un peu exagérées, suivant l'usage dans les procédures. On n'a pu trouver l'enquête qui fut faite en 1485 à Lyon sur tous ces points ; les dépositions auraient fourni d'autres détails. S.

1485 (*circa*). — Mort, à Grenoble, de Guy-Pape, célèbre jurisconsulte, né à Lyon, et non à St-Symphorien-d'Ozon. *Biogr. lyonn.*, p. 214. Voyez ci-dessus, au 3 *octobre* 1418.

1486. — *Octobre* 2. Antoine Basqui, fils d'Edouard Basqui, échevin à Lyon en 1476, est nommé recteur de l'Université de Bourges. Il portait d'azur, un bâton de pèlerin de gueules en bande, brisé d'une coquille d'argent en abyme. Devise : *Labor improbus omnia vincit.* M.

1486. — Les artisans et gens de métier, par voie indirecte et sous prétexte de régler certaines confréries, avaient entrepris « de rompre l'an-
« cienne liberté et franchise de la ville, et rendre leurs métiers jurés. Et à
« ce leur tenoit la main le juge ordinaire de l'archevêque, qui faisoit état de
« tirer grosse somme de deniers des serments que feroient par-devant lui
« ces prétendus maîtres jurés...; » mais le consulat eut recours au roi qui, par ses lettres patentes datées de Tours le 14 *décembre* 1486, débouta les artisans de leurs prétentions. Rubys, 346.

1486. — *Florenus monetæ regiæ valebat decem octo albos magnos regios sine sole.* (*Ex* INSTRUMENTO *pensionis annuæ debitæ dominis religiosis monasterii Athanacensis per Philippotum Montagnat mercatorem, recepto coram Antonio Bertrandi officiali lugdun. Per Joannem Chandon, notarium.* M.

1488. — *Septembre 13.* Mort de Charles de Bourbon. — « Son corps fut placé dans la chapelle archiépiscopale, sur un marbre blanc où il reposa un an ; puis il fut transporté au couvent des Pères Célestins de Paris, pour être inhumé dans la chapelle de St-Louis qu'il avait fait bâtir, située à côté de la chapelle des dix mille Martyrs dont il avait posé la première pierre (le 22 juin 1482). Ses armes, accompagnées de deux épées flamboyantes, se voient encore en ladite chapelle. » *Antiquités des Célestins de Paris*, p. 385; *Mazures de l'Isle-Barbe*, 1,236. — Les historiens varient sur la date de la mort de ce prélat. Nous croyons devoir la placer au 13 septembre avec le P. Menestrier qui paraît avoir pris cette date dans un ancien registre de l'Eglise de Lyon, intitulé *Magnus Liber obituum ecclesiæ Sti-Johannis lugdunensis*. Poullin de Lumina et l'abbé du Tems la mettent au 14; les auteurs du *Gallia christiana* au 17. Ces derniers ont pris pour la date de la mort de Charles celle de l'élection de Hugues de Talaru par le chapitre. *Biogr. lyonn.*, p. 46.

1488. — Le chapitre, après la mort de Charles de Bourbon, destitue tous les officiers et en nomme de nouveaux. M.

— Charles de Savoie, qui était à Lyon, est reçu chanoine d'honneur comme comte de Villars. M.

1489. — Charles VIII, qui était allé à Notre-Dame d'Embrun pour faire ses dévotions, revint par Arras à Lyon où il séjourna jusqu'aux fêtes de Noël. Chorier, *Hist. du Dauphiné*, p. 493, § IV.

1490. — Le chapitre de l'Eglise de Lyon emprunte 100 écus d'or de Laurent de Médicis, banquier de Florence, tenant banque à Lyon avec François Sachetti et compagnons. M. — Cochard, dans sa *Descript. de Lyon*, p. 168-9, cite un semblable prêt fait en 1493 par Laurent de Médicis au même chapitre. Laurent, dit-il, était un des descendants de Jean de Médicis qui, en 1353, était négociant à Lyon où il possédait un emplacement voisin du Grand-Théâtre et sur lequel a été construit l'hôtel du Nord. Voyez ci-dessus, *année 1479*, et ci-après, *années 1543 et 1570*, et la *Biogr. lyonn.*, art. MÉDICIS.

1491. — *Juin 2.* « Pour aucunement recompenser Gilbert du Gué, chambellan et sénéchal de Lyon, Claude de Lenoncourt, échanson et bailli de Vitry, et Jacques de Betz, son valet tranchant, des grands, louables et recommandables services par eux rendus tant à l'entour de sa personne qu'autrement, le roi leur concède et accorde la moitié des amendes et confiscations faites sur les faux-monnoyeurs desd. sénéchaussées. » M.

1491. — *Mars 13.* M° Barthelemy Bellièvre, notaire royal, et Françoise Fournier sa femme acquièrent du consulat le vieil hôtel-de-ville, du côté de rue Longue, place de la Fromagerie. Menestrier, *Parchemin*, p. 82. Voyez ci-dessus, *année 1461*.

1491. — *Juillet...* Dans le courant de ce mois, et un lundi, s'ouvrit le tournoi où Bayard, à peine âgé de 18 ans, donna pour la première fois des preuves de sa valeur. A. de Terrebasse, *Hist. de Bayard*; *Arch. du Rh.*, XI, 19. Voyez ci-après, au *7 novembre 1495*.

1491. — *Décembre 13.* A l'occasion du mariage de Charles VIII avec

Anne de Bretagne, on frappe à Lyon la première monnaie qui offre le buste de nos rois. Bizot, *Hist. métalliq. de la république de Hollande*, p. 2 de l'*Avertissement; Art. de vérif. les dates*, 11, 668; *Mém. de Trévoux*, mai 1757, p. 1202-1204; *Variétés* d'A. P., p. 13. Voyez ci-après, *27 juillet* 1498.

— Josse Bade vient s'établir à Lyon, où il professe les humanités. Il y épouse Thalie Trechsel, fille d'un de nos plus célèbres typographes. Il ne quitte Lyon que vers le commencement du xvie siècle pour aller se fixer à Paris. *Biogr. lyonn.*, p. 21.

1492. — *Janvier* 31. Le consulat fait payer à Jean de Paris, pour la peinture par lui faite tant à l'escu et armes du roi, posées au-devant de la porte de Bourg-Neuf, ensemble au lion posé sur la pile dernièrement refaite au pont de Saône auprès des maisons sur ledit pont, 12 livres tournois. S. Voyez, sur *Jean* de Paris, la *Biogr. lyonn.*, art. Perréal (Jean).

1492. — *Décembre* 27. Suivant une délibération qui avait été prise lors de la venue du roi à Lyon, le consulat fait payer à chacun des conseillers *vieux et nouveaux*, 10 livres tournois, pour les aider à s'habiller d'écarlate. S.

1492. — La ville fait payer à M^e de St-Magrin, frère de feu M. de la Barde, jadis capitaine et sénéchal de Lyon, 300 livres, par accord pour ses appointements de six ans, échus lors de la première venue du roi, suivant l'arrangement fait avec Antoine Fournier, écuyer, jadis serviteur de la Barde. S.

1492. — Les archers et arbalestriers, habitants de la ville, qui depuis plusieurs années s'assemblaient au mois de mai pour leurs exercices, demandaient la concession des mêmes priviléges qu'ils ont dans les autres villes, et surtout que celui qui serait élu pour avoir frappé le *papegault*, fût exempt de toutes charges de la ville. Après une délibération prise avec les notables, le consulat leur accorde ces priviléges. S.

1492. — Le commandeur Eugène de Beauvoir fait restaurer l'église de St-George. — C'est ce même commandeur qui fit construire l'hôtel de la Commanderie de St-George qui appartient aujourd'hui à M. Layat, ancien magistrat. Cochard, *Descript. lyonn.*, 2523. Voyez ci-après, *année* 1498.

1492. — On trouve, cette année, dans les registres du parlement, un *Louis Bellièvre*, sommelier ordinaire de panneterie du roi. M.

1492. — Claude de Feugères, doyen, ayant résigné sa dignité entre les mains du Pape, le chapitre veut en élire un autre. De Feugères s'y oppose, avec deux de ses adhérents. Toutefois on élit Claude de St-Marcel; mais Claude de Feugères préside comme auparavant. M. Voyez ci-dessus, *année* 1485.

1493. — *Mars* 21. Charles VIII, par ses lettres données à Lyon, veut et ordonne que toutes personnes de quelque qualité qu'elles soient, résidant à Dijon, soient tenues de faire guet et garde, etc. Pérard, p. 392. M.

1493. — *Mars* 25. Pose de la première pierre du couvent de l'Observance, fondé par frère Jean Bourgeois. — Jean de Rely, évêque d'Angers, bénit cette première pierre. Jean Baile, archevêque d'Embrun, se trouva à cette cérémonie. *Gallia christ.*, in *Arch. Ebrod.*, p. 68; Rubys, p. 348; M. l'abbé Pavy, *Cord. de l'Observ.*, p. 53-59. Voyez ci-après, au *19 août* 1494.

1493. — *Juillet* 11. Le cardinal de Lyon assiste au lit de justice tenu par le roi, en cet ordre : le roi, le duc de Bourbon, le cardinal de Lyon, le comte d'Angoulesme, le comte de Montpensier, etc. M.

1493. — Simon de Pharès, établi à Lyon où il avait fait bâtir une maison avec un grand cabinet contenant 200 volumes de livres singuliers, y enseignait publiquement l'astrologie judiciaire. Il fut pour cela interdit cette année par l'archevêque de Lyon, et arrêté par l'official. Dom Liron, *Singularités hist.*, 1, 514 et 315. C. B. Voyez ci-après, 1595.

1493. — Il y avait alors une imprimerie à Mâcon. Van-Praët (*Vélins de la B. du roi*, 1,148). décrit un *Diurnale matisconense*, Matisconæ, *Michael Vensler*, 1493, in-18. Ce bel exemplaire, dit le savant bibliographe, a été acquis dans une vente faite à Lyon en 1812; figure sous le n° 117 du Catal. des livres de M. Rast.

1494. — « ..... Certain temps après, le roi eut propos d'aller à Lyon, et y mena la royne, et tousiours Monseigneur d'Orleans en leur compagnie. Audit Lyon se commencèrent à faire de mêrveilleuses chères : car pour le temps ceuls de la ville, dames et autres se mettoient sur le bon bout : car il leur étoit tout de nouveau de voir grande seigneurie ; mais depuis ils s'y sont bien appris. En la saison que le roi Charles fut premièrement à Lyon, il pouvoit avoir 24 ou 25 ans, et avoit avec luy un nombre de jeunes gentilshommes tout pleins de bonne volonté, lesquels ne désiroient que s'employer en toutes choses plaisantes et agréables, ainsi que jeunesse desire.... Il se fit durant ce temps audit Lyon plus largement de joustes et tournois, combats à la barrière et autres entreprises d'armes à plaisance, qu'il ne s'étoit fait auparavant longtemps.... Les behourdis se faisoient parmi les rues de la ville..... et le plus souvent les grandes chevaleries se faisoient en la rue de *la juiferie* : car là les chevaliers de la queste trouvoient les plus belles et bonnes avantures selon ce qu'ils desiroient. Les grandes et bonnes chères qui se faisoient pour l'heure, exercèrent et élevèrent la cour du roi qui étoit en sa fleur de jeunesse, de faire de hautes entreprises : car communement jeunes gens veulent voir choses nouvelles.... et luy fut mis en propos le voyage de Naples où il entendit volontiers.... » *Extrait d'une Hist. msste de France finissant en* 1510, citée dans les notes des *Mém. de Commines*, tome XII, p. 479 de la *Collection des Mém. sur l'Hist. de Fr.*, édit. de 1785.

1494. — *Mai* 13. Charles VIII arrive à Lyon, lieu du rendez-vous de l'armée qui devait aller faire la conquête de Naples. *Itinéraire des rois de Fr.*; St-Gelais, *Vergier d'honneur*.

1494. — *Juin*... Par ses lettres patentes datées d'Auxonne, Charles VIII confirme et rétablit les quatre foires de Lyon. *Conf. des Ord.*, p. 665, § 29; *Priviléges des foires de Lyon*, p. 61.

1494. — *Juillet* 17. Lettres patentes de Charles VIII, datées de Lyon et par lesquelles il est enjoint de marquer les étoffes de soie du sceau de la ville où elles ont été fabriquées; il est en outre fait défense de porter des draps d'or, d'argent, de soie qui n'auraient pas été fabriqués en France, etc. *Nouv. arch. du Rh.*, 11,133.

1494. — *Août* 1. Charles VIII part de Lyon avec son armée; ce qu'ayant appris Alexandre VI, ce pape envoie aussitôt vers Bajazet II, à Constantinople, afin d'en obtenir secours contre le roi de France. *Ephémérides* de P. de St-Romuald. — Charles était arrivé le 13 mai précédent à Lyon, où il menait joyeuse vie.... Il abrégeait les jours par des repas, et les nuits se prolongaient pour les voluptés. — Arnauld du Ferron cité par Sismondi, *Hist. de Fr.*, XV, 156. — Charles avait été sur le point de renoncer à son expédition; mais le cardinal Jules de la Rovère, neveu du pape Sixte IV, le vint voir à Lyon, et l'engagea à partir. Sponde, *ad ann.* 1494. Voyez aussi la Vie du duc de Valentinois, écrite en italien par Tomaso Tomasi, p. 26 de l'édition in-4°. M.—Charles VIII, après avoir quitté Lyon, s'arrêta à Vienne en Dauphiné, d'où il partit pour l'Italie le 23 août. Avant son départ il emprunta d'un marchand de Milan, résidant à Lyon, cinquante mille ducats, « moyennant pleiges qui s'obligèrent vers ledit marchand; et y fus, pour « ma part, dit Philippe de Commines, pour six mille ducats. » L. VII, c. 4. Voyez aussi le *Mascurat* de Naudé, p. 548, 2° édit.

1494. — *Août* 19. Mort de Frère Jean Bourgeois, célèbre prédicateur, né à St-Trivier de Courte, fondateur, en 1493, du monastère des Cordeliers de l'Observance. Le P. Théophile Raynaud, qui lui a consacré une notice dans son *Hagiologium*, n'a pas cru devoir rejeter un fait miraculeux qui avait déjà été rapporté par Foderé dans sa *Narration topographique*. Frère Jean Bourgeois voulait passer la Loire pour aller de Feurs à Montbrison. Le patron refuse de le prendre dans sa barque, parce qu'il n'avait pas de quoi payer le prix du passage. Etendant alors sur les eaux son manteau, après y avoir fait la croix avec la main, il s'y assied avec son compagnon, et tous deux parvinrent fort heureusement à la rive opposée. Frère Jean, dans cette circonstance, s'était sans doute rappelé que S. Gildas et S. Raimond de Pegnafort avaient eu recours au même expédient. Voyez sur *Frère Jean Bourgeois* la *Biogr. lyonn.*, p. 47, et sur *S. Gildas*, l'*Université catholique*, VIII, 145.

1494. — *Novembre*. Mort à Lyon d'Adam Fumée, chancelier de France. — Sa seconde femme, Thomine Ruzé, mourut quinze jours après lui, et voulut être inhumée dans l'église de Ste-Croix. Elle avait fait son testament devant Etienne Martin, prêtre custode de cette église, le 29 septembre précédent. — Pendant son séjour à Lyon, « Adam Fumée avait fait arrêter en cette ville « Jean Baile et son secrétaire jusqu'à ce qu'il eût les originaux des procès « faits aux *Vaudois* dans le diocèse d'Embrun. Il y en eut une charge de « mulet. » Perrin, *Hist. des Vaudois*, p. 191. — Jean Baile, archevêque d'Embrun, était mort, suivant du Tems, au mois de septembre précédent. *Clergé de Fr.*, IV, 268. Voyez ci-dessus, au 25 mars 1493, et pour les *Vaudois*, années 1160 et 1455 (au 25 *novembre*).

1494. — M. Depping, p. 321 des *Juifs au moyen âge*, cite sous ce millésime un contrat par lequel Salomon de Nevers, marchand juif de Tarascon, et Jean Napolon, négociant à Marseille, fournissent à l'Eglise de Lyon quatre pièces d'étoffes en soie et or, moyennant cent florins. Voyez ci-dessus, *année* 1395.

1494 (*circa*). — Galeotto Marzio, un des plus savants hommes de son temps, avait quitté la cour de Hongrie pour venir en France, à la prière de Louis XI. Il rencontre le roi aux portes de Lyon, et veut descendre de son cheval pour le saluer; mais comme il était fort gros, il tombe rudement, se casse la tête, et meurt aux pieds du roi. Colonia, II, 390; Moreri, *Biogr. univ.*, etc. — Les historiens varient sur la date de cet événement qui, suivant Tiraboschi, ne serait rien moins que fabuleux. L. II, c. xxx, t. VI, p. 388 de l'édit. de Florence, in-8°.

1495. — *Juillet* 5. Mort de Claude Gaste, doyen du chapitre de St-Jean depuis 1468. Il avait été ambassadeur de Louis XI auprès du Pape; il fut député aux Etats de Blois en 1484, et à ceux de Tours en 1485. Du Tems, IV, 389. Voyez ci-dessus, année 1484.

1495. — *Septembre* 25. Guillaume Mignart publie à Paris *les Complaintes et enseignements de François Garin, marchant de Lyon*, etc. In-4°.—Il existait déjà une édition de cet opuscule sans date et sans nom d'imprimeur, mais comme le papier offre la fameuse marque de la *roue dentée*, il est vraisemblable qu'elle sort des presses lyonnaises, et qu'elle a été faite vers 1480. M. Durand de Lançon en a donné une nouvelle édition ; Paris, impr. de Crapelet, 1832, pet. in-8°, tiré à 100 exempl., dont un sur vélin. Voyez ci-dessus, *année* 1460.

1495. — *Novembre* 7. Entrée solennelle de Charles VIII à Lyon. Paradin, p. 276; Ph. de Commines, *Mém.*, p. 273, éd. de 1649; *Cérémonial françois*, 1,685; Colonia, II, 415; *Relation des entrées solennelles*, p. 76; *Itinéraire des rois de France*; (à la suite de la 1re partie du T. 1 des *Pièces fugitives pour servir à l'Hist. de Fr.*); Cochard, *Descript. de Lyon*, p. 77; Sismondi, *Hist. des Français*, XV, 24. — Les historiens s'accordent pour mettre cette nouvelle entrée de Charles VIII à Lyon à l'année 1495 ; cependant on lit dans un *Précis des événements arrivés à Lyon depuis sa fondation jusqu'en l'année* 1500, et inséré dans l'*Almanach* de cette ville pour 1745 : « Charles VIII ayant « conquis le royaume de Naples, revint à Lyon et y fit une seconde entrée « magnifique le 7 novembre 1494, comme roi de Naples, de Sicile et de « Jérusalem. Il ordonna des réjouissances, des fêtes de courses, de joûtes « et de tournois qui se firent dans les rues de la Grenette, de la Juiverie et « de St-Jean. Le chevalier *Bayard*, Pierre du Terrail, s'y signala par-des-« sus les autres, etc. » L'auteur de ce *Précis*, que nous croyons être le bibliothécaire D. Thomas, à qui sont dus les *Mémoires sur la Ligue* que nous avons publiés dans la *Revue du Lyonnais*, se trompe bien certainement sur la date de l'année, puisque Charles VIII se trouvait en Italie au mois de novembre 1494; il se trompe aussi en mettant le tournoi dans lequel se distingua *Bayard*, après la conquête du royaume de Naples. Nous pensons avec M. Alfred de Terrebasse que ce mémorable tournoi eut lieu en 1491, comme il l'a marqué dans son intéressante *Histoire du Chevalier sans peur et sans reproche*. Au reste, il paraît que D. Thomas avait sous les yeux, en écrivant le passage que nous avons reproduit, la page où Rubys parle du même événement; or, à la septième ligne de cette page, la 349e de son *Histoire*, on lit 27 *d'octobre* 1494, au lieu de 27 *d'octobre* 1495, jour auquel Charles, revenant en France, arriva à Grenoble.

1495. — *Décembre*.... Edit de Charles VIII, roi de France et de Sicile, qui donne la noblesse aux conseillers de la ville de Lyon et à leur postérité. —Cet édit, daté de Lyon, accorde plusieurs priviléges aux citoyens de cette ville. — Rubys et Poullin de Lumina ont reproduit cet édit, le premier dans ses *Priviléges*, le second dans son *Abrégé chronologique*.

1495. — Charles VIII visite le cabinet de Simon de Pharès, et entend pendant plusieurs jours ses leçons d'astrologie. Dom Liron, *Singularités hist.*, 1, 315. —Voyez ci-dessus, 1493.

1495. —Jean du Peyrat, marchand, citoyen de Lyon, et Claude Garniere sa femme, avaient fait édifier dans l'église de St-Paul une chapelle (dite du *Crucifix*) à l'honneur de Dieu et de la glorieuse Vierge Marie. Ils y fondent à perpétuité des messes *eucharistiales* à notes, des messes de trépassés, etc. Le P. Menestrier nous a conservé dans ses *Notes manuscrites* l'inscription qui contenait cette fondation.

1495 (*circa*). — L'étrange frénésie qui, suivant le récit de Plutarque (*De mulierum virtutibus*), s'empara autrefois des filles de Milet, saisit tout à coup les filles de Lyon ; elles prennent un tel dégoût de la vie que les unes se précipitent dans les puits, les autres s'étranglent ou se poignardent. Voyez, sur ce singulier événement dont le souvenir ne nous a été conservé que par des écrivains étrangers à notre ville, les *Arch. du Rh.*, v, 461, et les *Mélanges* de C. B., p. 260-63.

1496. — *Mai*... Lettres patentes de Charles VIII, données à Lyon, contenant des priviléges accordés à la faculté de médecine de Montpellier. Astruc, *Mém. pour servir à l'hist.* de cette *faculté*, p. 110-114. C. B.— Voyez, sur le séjour de *Charles* VIII à Lyon, en 1496, les *Mém. de Commines*, t. XIII, p. 199-207 de la *Collection des Mém. pour servir à l'Hist. de Fr.* ; les *Additions* à Monstrelet; *Revue du Dauphiné*, II, 205.

1496. — *Juin* 26. M⁰ Antoine Dupont, procureur-général de la ville de Lyon et secrétaire du consulat, expose au consulat qu'il est important de diviser ces deux charges. On lui laisse celle de procureur-général de la ville, et on donne celle de secrétaire et clerc du consulat à M⁰ Georges de la Noyerie, clerc notaire royal. On ordonne que ce dernier fera inventaire de tous les papiers qui sont dans les archives de l'Hôtel-de-Ville et dans l'église de S. Jacqueme ; enfin on arrête que tous les mandements seront expédiés et signés par le secrétaire, et au lieu de contrôle, signés par un des conseillers présent à la passation de ces actes.

— Le consulat, attendu le décès d'Humbert de Varey et de Guillaume Baronnat qui avaient la conduite des deux bannières de la ville servant au fait de la guerre, ordonne que M. le visiteur noble, Pierre Palmier, aura la charge de la bannière du côté du Royaume, et M. le visiteur, sieur Louis du Perrier, comme tuteur d'Antoine de Varey, celle du côté de l'Empire. M.

1496. — *Juillet* 19. Antoine de Villars, conseiller syndic, annonce au consulat qu'il a fait enregistrer au parlement de Dauphiné les lettres d'anoblissement, dons et octrois accordés à la ville par le roi. M.

1496. — Le chapitre refuse pour doyen Antoine de Feurs, nonobstant sa résignation, parce qu'il n'était pas chanoine.—Ant. de Feurs avait été reçu conseiller clerc au parlement de Paris, le 8 janvier 1494. M.

1497. — *Août* 12. L'ordonnance que nous allons reproduire est extraite des *Documents* publiés par M. Godemard, ancien archiviste de l'Hôtel-de-Ville de Lyon : « L'on faict commandement de par le Roy a tous et chascuns malades, entaches de la grosse veyrolle et aultres maladies, demandans l'aumosne, que auiourd'huy par tout le iour ils ayent a sortir de ceste ville, et ce sur peyne d'estre bannis et foytes. — *Item*. L'on faict commandement de la part que dessus que s'il y a aulcune personne, qui depuis dix iours en ca ayt eu maladie quelconque, qui le vieigne dire aux officiers ou aultres qui a ce seront depputes, et ce sur peyne de confiscation de corps et de biens et auec inionction que si aulcun est trouue faisant le contraire, l'on prendra tous ses biens meubles et ustensils de sa maison, lesquels publiquement seront brusles.— *Item*. L'on faict commandement comme dessus a toutes manieres de gens de la ville qu'ils ayent a lauer tous leurs estables, rues, boucheries, tripperies et tous aultres lieux infaicts une foys la sepmaine, chascun en son endroict, pareillement que l'on ne iecte eaux infaictes et corrompues, comme eaux de araus, merlus et trippes es dictes rues, et ce sur peyne de cent sols pour la premiere fois et aultres peynes qu'ils pourront encourir en faisant le contraire. — *Item*. Que tous aultres deffenses faictes par cy deuant touchant la police de lacdite ville soyent gardees et obseruees sur les peynes en icelles declarees. —L'an mil quatre cens quatre vingt et dix-sept et le samedy xii° iour du moys d'aoust, par le commandement des officiers du Roy nostre sire, a Lyon, les articles cy dessus escriptes ont este leus et publies a voy de crie et son de trompe es deux bouts du pont de Sosne et aultres carrefours de ladicte ville de Lyon, lieux accoustumes a faire cris et publications en la maniere accoustumee, et ce en la presence de plusieurs personnes illec estans et assembles en grand nombre. — Soit faict Vidimus extraict du papier du Roy, couuert de peau, commençant feuillet 261 et finissant au feuillet 269. Auiourduy 12° de ianuier mil cinq cens et troys. *Signé* : RAMEL, FRACDUY. » — Cette ordonnance a cela de curieux qu'il y est fait mention d'une maladie dont l'introduction en France était toute récente. A ce sujet nous ferons observer que, suivant Dom Calmet (*Biblioth. Lorraine*, p. 263), notre illustre médecin Symphorien Champier « est le second « de la nation française qui ait fait mention des maladies vénériennes, et « qu'il est le premier qui en ait traité dogmatiquement. (Voyez son *Aggre-* « *gator Lugdunensis*, 1515, et un petit chapitre *de curâ pudendagræ* qu'il a « mis à la fin de son *Miroir*, 1510). Cependant, ajoute le savant abbé de « Senones, Astruc l'a oublié dans sa Bibliothèque des auteurs aphrodi- « siaques. » — Le premier de la nation française qui ait fait mention des maladies vénériennes est probablement l'auteur anonyme du REGIMEN SANITATIS *en françois*, imprimé à Lyon en 1501.

1497. — Mort de M° Jacques Berziau, notaire et secrétaire des guerres du roi. Plusieurs cardinaux et autres grands seigneurs de la cour assistent à ses funérailles. Son corps fut porté à la sépulture par douze Ecossais, archers de la garde du roi. L'Hermite, *Noblesse de Touraine*, p. 462.

1498. — *Janvier* 15. Le consulat ordonne que Barthélemi Bellièvre et François Tourvéon, conseillers, vaqueront à ranger et mettre en ordre les papiers des archives. M.

RÈGNE DE LOUIS XII, DIT LE PÈRE DU PEUPLE (1)

1498—1515.

1498. — *Juillet* 27. Les conseillers généraux de la chambre des monnaies donnent aux conseillers de la ville de Lyon la permission qui leur avait été demandée de forger en la Monnaie de cette ville des pièces d'or et d'argent en forme de médailles avec les portraits et effigies du roi et de la reine, pour en faire présent à leurs majestés, ainsi qu'aux seigneurs et dames de leur suite, lors de leur entrée à Lyon. M. — L'année suivante, la ville de Lyon fit frapper une grande médaille avec cette légende : FELICE LUDOVICO REGNANTE DUODECIMO CESARE (sic) ALTERO GAUDET OMNIS NATIO. Papon, *Hist. de Provence*, III, 575 ; *Mém. de Trévoux*, mai 1757, p. 1202-4. Voyez ci-dessus, 13 décembre 1491.

1498. — *Juillet*.... Louis XII confirme, par des lettres patentes datées de Paris, les priviléges des quatre foires de Lyon, et met au néant « les appel-

(1) Ce prince, successeur de Charles VIII, parvint à la couronne le 7 avril 1498.

« lations, procez et procedures qui depuis auroient esté meues et intentées,
« à cause de la.... translation desdites foires à Bourges, etc. » *Priviléges des
foires de Lyon*, p. 82.

'1498. — Le P. Menestrier nous a conservé dans ses *Notes manuscrites* l'inscription suivante qui fut gravée cette année sur la porte du bâtiment de la Commanderie de St-George, en lettres gothiques : « C'est l'entrée de la
« maison Monsieur St-Jean-Baptiste et du bon chevalier St-George, laquelle
« maison a esté faicte et accomplie par Messire Humbert de Beauvoir, che-
« valier de l'ordre dudit Monsieur St-Jean-Baptiste de Jerusalem et com-
« mandeur de céans. Fait le 1er jour d'octobre, l'an 1498. » Colonia l'a reproduite dans son *Hist. litt.*, II, 420. Voyez ci-dessus, *année* 1493.

1498. — *Octobre* 18. Le vicomte de Valentinois, César Borgia, qui avait été nommé gouverneur de Lyon, arrive en cette ville, venant de Rome d'où il était parti le 1er de ce mois pour apporter le chapeau de cardinal à George d'Amboise, archevêque de Rouen. — A son arrivée à Lyon, le chapitre lui offrit des présents et lui donna la comédie à *Portefrau* sur un théâtre public découvert, suivant l'usage de ce temps-là. *Vicecomiti Valentinensi gubernatori regio urbem ingredienti solemniter Capitulum obtulit munera, et ad Portam Fratrum eidem ex theatro drama exhibuit.* Act. capitul. l. 30, fol. 227. M. Voyez les *Additions* à Monstrelet, fol. 98 v°; Aubery, *Hist. du card.*, (éloge du card. d'Amboise); Brossette, *Éloge hist.*, p. 133. — Le vicomte de Valentinois eut pour successeur, comme gouverneur de Lyon, le marquis de Vigève. Voyez ci-après, *année* 1507.

1498. — Quelques citoyens de Lyon, qui s'exerçaient au jeu de l'arbalète, s'organisent en confrérie et prennent saint Sébastien pour patron. Rubys, p. 364. — Voyez ci-après, *années* 1500 et 1502.

1498. — Le poëte Guillaume Dubois, plus connu sous le nom de *Cretin*, passant à Villefranche en Beaujolais, fait connaissance avec Jean le Maire de Belges, qui y résidait, et qui était clerc des finances au service du roi et de Monseigneur le bon duc Pierre de Bourbon. Cretin l'engage à cultiver les lettres et à faire usage de ses talents. Moréri. Voyez ci-après, *année* 1509.

1499. — *Janvier* 28. Le consulat autorise M. le conservateur Thomassin à ouvrir, sur ses fonds, une rue à ligne droite près Notre-Dame de Confort, traversant jusqu'à la rue de la *Blancherie*. C'est la rue que l'on nomme encore aujourd'hui de son nom, rue *Thomassin*. M.; Colonia, II, 367; Pernetti, I, 170.

1499. — *Juin* 25. Le consulat arrête que les conseillers feront faire une robe de camelot tanné pour l'entrée du roi, et qu'il sera alloué pour cela à chacun dix écus qui leur seront payés par la ville. M.

1499. — *Juillet* 7. Défenses sont faites aux lépreux des maladeries de Belmont et de la Magdeleine qui étaient en grand nombre, d'entrer dans la ville, tant que le roi y sera. Le consulat arrête que, durant ce temps, on leur donnera dix sous par semaine. M. — Voyez ci-dessus, 19 *juillet* 1426.

1499. — *Juillet* 10. Entrée de Louis XII. — La reine Anne sa femme ne s'y trouva pas, parce qu'elle était enceinte (Rubys, p. 353); elle ne vint à Lyon que l'année suivante, le 19 mars. *Nouv. addit.* de Monstrelet, fol. 98 v°. — Voyez ci-après, 30 *juin* 1500.

1499. — *Juillet* 17. Le consulat se proposait d'offrir au chancelier Guy de

Rochefort deux flacons d'argent, et à Madame la chancelière six tasses et deux aiguières d'argent : l'un et l'autre refusent ces présents. M.

1499. —*Décembre* 23. Hugues de Talaru, qui avait été élu archevêque de Lyon en 1488 par le chapitre, se démet de son siége en faveur d'André d'Espinay son compétiteur. Voyez ci-après, au 10 *novembre* 1500.

1499 - 1500. — *Conseillers échevins* : Claude Guerrier, Louis These, Guillaume Dublé, François Tourvéon, Claude Laurencin, Jean de Bourges, Pierre Burbenon, Pierre Palmier, Jacques Baronnat, Jean Rochefort, Benoît Buatier, Pierre Renouart. — Ces douze conseillers sont les premiers qui aient joui du privilége de noblesse accordé aux échevins de Lyon par les lettres patentes de Charles VIII du mois de décembre 1495.

1500. —*Mars* 30. Sur la nouvelle que les Français allaient livrer bataille à Ludovic, duc de Milan, plusieurs gentilshommes de la cour partent de Lyon. Le lendemain, le roi, qui se trouvait à la Tour-du-Pin, apprend que Ludovic est assiégé à Ferrare.— Le 11 *avril* (vigile de Pâques fleuries), le roi, étant aux champs, entre Lyon et le village de St-Laurent (de Mure), reçoit une lettre du cardinal d'Amboise qui lui apprend que Ludovic Sforce a été fait prisonnier. Il ordonne aussitôt de faire des feux de joie et des processions solennelles. Lui-même va en personne à Notre-Dame de Confort et dans plusieurs autres églises de Lyon, rendre grâces à Dieu. M. et S. Monstrelet, fol. 99 v° ; Rubys, p. 353 ; *Pièces fugit. pour servir à l'Hist. de Fr.*, III, 205.

1500. — *Avril* 1er. Mort d'Antoine Dupont, procureur-général de la ville. —Le consulat, « en considération de ce qu'il avoit bien et longuement servi, » envoie 12 torches à ses obsèques. M.

1500.—*Avril* 23, *jour de Saint-George*. La reine part de Lyon pour aller à St-Claude « à moult belle compagnie ; mais auant qu'elle reuint, elle fut « commere du prince d'Orange, car sa femme estoit accouchée en ce temps « d'un fils. » *Nouv. addit.* de Monstrelet. Voyez ci-dessus, 10 *juillet* 1499.

1500. — *Avril*... François de Paule (St.), étant à Lyon, le roi lui donne la chapelle de St-Roch *de Tolose* pour bâtir un monastère de son ordre. Catel, *Hist. du Languedoc*, p. 220 ; d'Auton, p. 262. — Ces deux auteurs placent ce fait à l'année 1501 ; mais en avril 1501 le roi n'était pas à Lyon. Peut-être faut-il le mettre à 1503, car Louis XII se trouvait également à Lyon au mois d'avril de cette dernière année.

1500.—*Mai* 2. Le seigneur Ludovic (Sforce) est amené à Lyon.— « Il avoit « une robe de camelot noir à la mode de Lombardie, et étoit monté sur un « petit mulet. » Le prévôt de l'hôtel et le sénéchal de Lyon furent au-devant de lui, et le firent prisonnier de par le roi, puis on le mit au château de Pierre-Scize : « et pour veoir ledit Ludovic, y auoit grand nombre de gens « par les rues par où il passa : et estoit le roi à Lyon. » *Mer des hystoires.*— Le 14 du même mois, le seigneur Ludovic fut, par le vouloir du roi et du conseil, mis hors du château de Pierre-Scize, et conduit au château de Loches, près de Bourges.—Le 17 juin suivant, le cardinal Ascaigne, frère de Ludovic, fut amené à Lyon prisonnier du roi, et renfermé à Pierre-Scize ; mais il fit tant qu'il fut en la grâce du roi, et eut la France pour prison. *Nouv. addit.* de Monstrelet, fol. 102 v°.; Rubys, p. 353 ; P. Matthieu, *Hist. de Louis XII*, p. 123 ; Cochard, *Calendrier pour 1829*, p. 40.

1500.—*Mai* 12. Ce jour « fut fait à Lyon le mariage de Mgr. de la Roche,

baron de Bretaigne, et de la princesse de Tarente, fille de Don Frederich de
Naples : pourquoy furent faictes joustes et esbattemens presens la Royne,
dames et damoiselles ; et avec la reine estoit la femme du comte Galiache,
et en aucuns lieux de la ville furent faictes joustes et tournois. Ledit seigneur
de la Roche espousa le xviiie jour de may à Ste-Croix près St-Jean de Lyon,
dont de rechief on fict jouste en la Grenette. Les gentilshommes ious-
toient à cheual de bois, et lisses de cordes couuertes de drap de soye, qui
estoit une chose si mignonnement faicte que merveille et tres ioyeuse à
veoir. » *Mer des hystoires; Nouv. addit.* de Monstrelet, fol. 102 v°.

1500. — *Mai* 22. Tournoi à outrance entre sept gentilshommes de la reine
Anne, et sept autres de Louis XII. Vulson, *Théâtre d'honneur*, l. 1, c. xviii;
Preuves de l'histoire de Coligny ; *Vie de Louis XII*, p. 125.

1500. — *Juin* 21. Mgr. le cardinal d'Amboise et Mgr. de La Trémoille
venant de Lombardie arrivent à Lyon. Avec eux était le seigneur Jean-
Jacques (Trivulce, marquis de Vigève), lequel amena sa femme en France.
Nouv. addit. de Monstrelet, fol. 102 v°.

1500 — *Juin* 30. Le consulat autorise Clément Trie à seconder de tout son
pouvoir les *joueurs* qui se proposent de donner une représentation de la
Vie de sainte Magdeleine; il leur prête les costumes et tout ce qui avait servi
pour la représentation donnée en 1494, lors de l'entrée de Charles VIII et
d'Anne de Bretagne. M. ; *Arch. du Rh.* vii, 407. — Voyez ci-dessus, *année*
1483, et ci-après, *année* 1540.

1500. — *Juillet.* La duchesse de Lorraine, qui était allée avec son fils à
St-Claude, vient à Lyon. Le roi retient son fils à sa cour, et la reine fait
présent à la mère qui retourne en Lorraine « d'une haquenée blanche très-
« richement accoustrée de brodure, c'est assavoir de velours cramoisy
« semé de cordelieres. » *Mer des hyst.*, ii, clxxxiiij, édit. de Davost.

1500. — *Juillet* 21. Le roi et la reine partent de Lyon pour aller à Troyes
en Champagne, « à cause que l'ambassade d'Allemagne y devait venir. »
Mer des hyst.; Addit. de Monstrelet, 102 v°. ; *Pièces fugitives pour servir à
l'Hist. de Fr.*, iii, 205. — Durant son séjour à Lyon, la reine qui logeait à
l'archevêché, ne pouvant dormir à cause du bruit des cloches, le chapitre
ordonna qu'on ne sonnerait que la troisième. M.

1500. — *Juillet* 26. Nicolas Machiavel et François della Casa, chargés
par la république de Florence d'une mission à la cour de France, arrivent
à Lyon où ils croyaient trouver le roi. Trompés dans leur attente, les deux
illustres Florentins quittent Lyon le 30, après y avoir acheté des habits et
des chevaux, et s'être procuré des serviteurs, parce que, dans la rapidité de
leur voyage, ils n'avaient songé qu'à obéir et à se rendre en toute hâte auprès du roi. *Machiavel, son génie et ses erreurs*, par A. F. Artaud, tome i,
p. 46, 49, 50, 64, 125 et 183. Voyez ci-après, *janvier* 1504 et *juillet* 1510.

1500. — *Juillet* 26. Mort à Lyon du *roi d'Yvetot.* — Il fut inhumé dans
l'église de Ste-Croix. *Nouv. addit.* de Monstrelet. — Ce *roi d'Yvetot* ne serait-
il point *Jean Beaucher*, qualifié de *chevalier roi d'Yvetot* dans un rôle des
gages de cent gentilshommes de l'hôtel du roi ? Voyez l'*Hist. de Charles VIII*
par Godefroi, et une brochure intitulée : *Du royaume d'Yvetot*, etc., Rouen,
1835, in-8°, p. 25.

1500. — *Juillet* 28 (dimanche matin). Chute de la pénultième arche du
pont du Rhône, vers Bechevelain. *Mer des hyst.; Nouv. addit.* de Monstrelet,
fol. 102 v°.

1500. — *Novembre* 10. André d'Espinay, archevêque de Lyon, meurt à Paris dans l'hôtel qu'il possédait sur le quai des Célestins. — Il fut inhumé dans l'église de ces religieux de Paris, avec cette épitaphe : *Cy gist Reverend Père en Dieu, André d'Espinay, cardinal archeyesque de Lyon et de Bordeaux, primat de France et d'Aquitaine, zélateur et bienfaiteur de l'Ordre des Célestins, qui trespassa à Paris aux Tournelles le 20ᵉ jour de novembre, l'an de grace 1500. Priez Dieu pour luy.* M.—Cet illustre prélat, chargé de bénéfices, était doué d'un courage héroïque. « On le vit, suivant un historien moderne, « à la bataille de Fornoue, couvert de son surplis, fortifié par un morceau « de bois de la vraie Croix, combattre vaillamment à coté du roi Charles « VIII. » *Biogr. lyonn.* — Voyez ci-dessus, 25 *décembre* 1499, et ci-après, au 13 *février* 1501.

1500. — Il existait alors à Lyon des confréries ou compagnies d'arbalétriers, de francs-archers et de coulevriniers qui avaient obtenu divers priviléges, et dont les statuts avaient été approuvés. On voit dans le préambule d'un recueil qui va de 1503 à 1506 « que ceux de ces compagnies qui abattaient le *Papegeai* qu'ils avaient accoutumé de tirer au premier du mois de mai de chaque année, étaient obligés de prêter serment entre les mains du procureur et du secrétaire de la ville, au-devant de l'hôtel commun, en faisant montre de leurs bandes, de s'assembler toutes les fois qu'ils seraient commandés par les conseillers de ville, pour la garde, défense et affaires de la ville. On donnait aux rois et à leurs bandes un déjeuner, par forme de banquet, au-devant dudit hôtel commun. » *Arch. du Rh.* VIII, 410-411. — Voyez ci-dessus, *année* 1498, et ci-après, *année* 1502.

1500 (*circa*). — Pierre Sala, d'une des familles de Lyon les plus distinguées dans la magistrature, fait élever sur les ruines du palais des préfets du prétoire une maison somptueusement bâtie, et dans laquelle il réunit les monuments de l'antiquité que ce quartier offrait en abondance. — Ce fut cette destination donnée à cette maison qui la fit nommer l'*Antiquaille*, dénomination que l'on ne trouve nulle part avant cette époque, et qui lui fut dès lors consacrée. Pierre Sala était en 1483 conseiller et président aux enquêtes du parlement de Paris, chevalier de St-Jean. *Notes chronol.* de Menestrier; *Biogr. lyon.*, art. SALA ; *Arch. du Rh.* VII, 343; *Histoire de l'hospice de l'Antiquaille*, par M. Achard-James.—Voyez ci-après, *année* 1660.

1500. — Mort à Paris de Jean Le Viste, seigneur d'Arcy, conseiller du roi Louis XII, chevalier, président des états-généraux, etc., inhumé aux Célestins de Paris. *Antiquités des Célestins de Paris*, p. 416; *Biogr. lyonn.*, art. VISTE (LE).

1500.— « En cestuy an deuant Noël la rivière de Sone fut gelée jusques à Mascon, dont, à cause qu'il ne venoit à Lyon bled ny autre chose, le pain y fut chier. Et le jour de St-Thomas après, le Rosne creut si fort jusques environ le disner, que c'estoit merueilles, et ne le veit-on jamais en demy jour croistre si fort. » *Mer des hyst.; Nouv. addit.* de Monstrelet, fol. 102 vᵒ.

1500. — Le P. de Colonia, *Hist. litt.*, II, 420, cite parmi les écrivains du XVᵉ siècle, un *Jean de Cucharmois* ou *de Cuchermois* « dont le nom « se trouve, dit-il, assez souvent dans nos fastes consulaires à côté des « noms de Bellièvre, de Maurice Sève, de du Peyrat et de nos autres vé- « ritables savants.... » Il y a dans ces lignes plus d'une méprise. Il n'existe aucun Jean de Cucharmois ou de Cuchermois dans nos fastes consulaires ; l'échevin ou conseiller de ville du nom de Cuchermois se nommait *Jacques*, et siégea au consulat en 1515 et 1516. Avant lui un Henry de Cuchermois avait été conseiller de ville en 1492. Cet Henry est probablement le même personnage qui avait fait un voyage dans la Terre-Sainte, qui est nommé dans les *Sainctes Peregrinations de Iherusalem* de frere Nicole le Huen, publiées à Lyon en 1488. 2° Le Maurice Sève ou Scève, qui fut échevin en 1504 et en 1509, ne doit pas être le même que le Maurice Scève, poëte, au plus tôt vers 1539, et qui était encore vivant en 1562. *Notes inédit.* de L. Josse le Clerc, sur Colonia ; C. B., *Nouv. Mél.*, p. 445-47 ; *Biogr. lyonn.*, art. CUCHERMOIS et SÈVE.

1501. — *Janvier* 20. M. Jean Cottereau, secrétaire et conseiller du roi en la chambre des comptes de Paris, donne cent écus à MM. les conseillers pour créer une pension de 10 livres 10 s. pour faire sonner les clochettes et faire l'éveil tous les lundis et veilles des trépassés, au long des rues par toute la ville, pour avoir souvenance de prier Dieu pour les trépassés. — Jean Cottereau était marié à Marie Turin, fille d'André Turin, seigneur de Jarnosse. S. — Voyez les *Nouv. Mél.* de C. B., p. 442.

1501. — *Février* 13. Le chapitre élit pour archevêque François de Rohan. — Voyez ci-dessus, au 10 *novembre* 1500, et ci-après, au 24 *août* 1506.

1501. — *Avril* 29. M⁰ Jean de Chaponay, président de la chambre des comptes du Dauphiné, remontre au consulat qu'il est noble et doit jouir de l'exemption, n'étant tenu qu'aux réparations et fortifications ; mais pour que cette exemption ne soit pas à la charge du pauvre peuple, il demande seulement quelque rabais sur sa *nommée*. Les conseillers le cotisent à deux livres par denier ; il s'en contente. S.

1501. — *Juin* 2. Louis XII arrive à Lyon, accompagné de La Trémoille, de Trivulce et des principaux capitaines qui avaient pris part à la glorieuse campagne d'Italie. — Le roi, pendant son séjour à Lyon, ayant reçu la nouvelle de la prise de Capoue et de Fabrice Colonna, alla en rendre grâces à Dieu dans la chapelle de N.-D. de Confort, et fit faire des feux de joie. *Nouv. addit.* de Monstrelet, t. III, fol. 102 v° ; Jean d'Auton, C. XXXVIII, p. 128 ; *Hist. du XVIᵉ siècle*, par P.-L. Jacob, 1, 386. — Le roi, par lettres patentes du 10 *juillet* suivant, établit le parlement d'Aix ; il partit de Lyon le 21 juillet suivant pour se rendre à Blois. Sept jours après son départ, une arche du pont de Lyon s'écroula dans le Rhône « qui, impatient à voir s'éloi- « gner le roi, signala sa douleur par la chute d'un pont. » Claude de Seyssel, p. 104 ; *Additions* de Monstrelet, fol. 102 v°. ; *Pièces fugit. pour servir à l'Hist. de Fr.*, III, 205 ; *Hist. du XVIᵉ siècle*, par P.-L. Jacob, 1, 399. — Voyez ci-après, année 1511.

1501. — « Le bastard René de Savoie qui, par les intrigues de ses ennemis, avait été chassé de Savoie, s'était retiré vers le roi qui l'avait pris sous sa protection. Il le suivit dans son voyage, et vit le duc de Savoie à Grenoble où ils se dirent quelques aigres paroles ; le duc menaça le bastard, mais le roi prit son parti, ce qui fâcha le duc qui se retira à Chambéry. » M.

1501. — *Août* 10. Mariage à Lyon de Claude de France avec le fils de l'archiduc. *Pièces fugit. pour servir à l'Hist. de Fr.*, III, 205.

1501. — *Septembre* 8. Incendie du couvent des Célestins. — Le roi était alors à Lyon ; il y était revenu vers le milieu du mois précédent, et il n'en repartit que vers la fin d'octobre. D'Auton, C. VI ; Paradin, p. 280 ; *Lyon anc. et mod.*, 1, art. CÉLESTINS.

1501.—*Septembre.*18. Le roi sort de Lyon pour aller chasser en Dauphiné. *Pièces fugit. pour servir à l'Hist. de Fr.*, III, 205.

1501.—*Septembre* 25. Philibert, duc de Savoie, règle avec François de Rohan, archevêque de Lyon, les droits et prétentions des archevêques de Lyon dans les paroisses de la Bresse et du Bugey du ressort de son diocèse. Guichenon, *Hist. de Bresse*, p. 218.

1501.—*Septembre* 27. Le roi nomme par lettres, en date de ce jour, Claude de la Baume, sieur d'Albergement, pour son chambellan ordinaire. Guichenon, *Hist. de Bresse*, p. 36. — Le duc Pierre de Bourbon et Madame Anne de France, sa femme, vinrent à Lyon pendant le séjour du roi. D'Auton, p. 125 et 126.

1501.—*Octobre* 12. Lettre du roi, datée de Lyon, relative à la restitution des biens des habitants de la Frayssinière, accusés d'être *Vaudois*. Perrin, p. 140 et 145 ; d'Auton, c. 46, p. 159.

— Vers la fin de ce mois, Louis XII partit de Lyon pour Blois. *Pièces fugit. pour servir à l'Hist. de Fr.*, III, 205.

1501.—*Octobre* 17 (*Dimanche*). Mgr. le cardinal d'Amboise fait son entrée à Lyon « à cause qu'il fût fait légat de France. Ladite entrée fut très-belle et somptueuse, les rues tendues de très-riches tapis ; et furent joués plusieurs beaux mystères par les rues où il passa ; et étoit le peuple très-joyeux de sa venue à cause que fut fait le traité et appointement de paix entre les princes chrestiens, laquelle paix fut criée le samedi devant Noël, dont furent faits feux de joie par les habitants de ladite ville.» *Mer des hyst.*

1501. — Trithème rapporte que « en ce temps là il y avait à Lyon un Italien nommé Jean, et qui aima mieux se faire appeler *Mercure*, parce qu'il enseignait toutes les sciences qui avaient été enseignées par tous les anciens, Hébreux, Grecs et Latins ; qu'il se vantait de surpasser en sagesse et en érudition. Il menait avec lui sa femme et ses enfants qui étaient vêtus de lin, et qui, à l'exemple d'Apollonius de Tyane, portaient au cou une chaîne de fer. Affectant une gravité extraordinaire, il se donnait aussi pour prophète, mais c'était un imposteur ; car il se flattait de connaître la véritable transmutation des métaux, et il professait la magie naturelle que l'on sait avoir été si appréciée des anciens rois et des sages. Favorablement accueilli par le roi de France, on dit qu'il fit à ce monarque deux présents magnifiques, à savoir une épée contenant 180 petits glaives, et un bouclier enrichi d'un superbe miroir.—Il racontait dans certain petit livre, qu'il avait fabriqué cette épée et ce bouclier sous certaine constellation, et il indiquait l'effet secret qu'ils devaient produire par la force de la nature. Le roi, voulant enfin éprouver la science de cet homme, ordonna aux médecins de disputer avec lui. Ceux-ci rapportèrent qu'il avait un savoir surhumain et qu'il surpassait en intelligence tous les mortels. L'or que le roi lui avait donné, il le distribua aux pauvres, et, content de sa pauvreté, il ne se réserva absolument rien.» Tel est le récit de Trithème. Sponde, qui en a consigné le texte dans ses *Annales ecclésiastiques* (ad ann. 1501, n° XII), s'étonne avec raison de la négligence des écrivains français qui n'ont rien dit de ce Jean Mercure. Toutefois, depuis Sponde, plusieurs auteurs, tels que Gabriel Naudé, le P. de Colonia et Dom Liron, en ont parlé. Ce dernier nous apprend dans ses *Singularités historiques*, III, 481, que « Jean Mercure paraît avoir offert à Lyon, au roi Louis XII, cette année (1501), son livre intitulé : *Exhortationes in Bar-*

baros, Turcos, Scithas Johannis Mercurii Corigiensis perornatæ, imprimé sans doute à Lyon, et qui l'a depuis été à Anvers, en 1502. »

1501. — Astruc, *de Morbis venereis*, II, 558, décrit un opuscule dont la souscription est ainsi conçue : *Cy-finist le Regimen sanitatis en francois : Le remede contre la peste : ung petit traité des urines; Et ung remede contre la grosse verolle.* Imprime à Lyon le ix. iour de iuing l'an mil cinq cens et ung. In-8°. — (Voyez aussi Brunet, *Man.*, art. RÉGIME DE SANTÉ, et ci-dessus, 12 *août* 1497.) — L'auteur anonyme du *Regimen sanitatis en françois*, qui pourrait bien être Symphorien Champier, a dû bien certainement connaître plusieurs ouvrages où il est traité de l'une des maladies qui figurent sur le titre de son livre, et qui ont été publiés en Allemagne vers la fin du xv° siècle, notamment par Joseph Grüenbeck ou Grüenpeck. Un de ces ouvrages a pour titre : *De* MENTULAGRA *alius morbo gallico*, sans date et sans nom d'imprimeur; un autre : *Tractatus de pestilenti scoria sive mala de Franzos originem remediaque eiusdem continens*, etc. *Auguste* (Vienne en Autriche), in-4° goth. A la fin de ce dernier traité est une pièce de vers intitulée : *Querimonia mentagrici.* Hain, n° 8089 et seq.

1502. — Le chapitre de St-Jean fait enlever de l'église de St-Paul un tableau d'argent, parce que la procession de cette collégiale s'était faite avant celle de St-Jean. — « Lorsque le chapitre de St-Jean passait en procession devant une autre église, et que le clergé de celle-ci oubliait de faire sonner, il y avait lieu à une amende qui était également encourue chaque fois qu'un autre chapitre manquait à ses devoirs vis-à-vis de la grande église. Alors le chapitre de St-Jean donnait ordre à un de ses serviteurs d'aller prendre, dans l'église en défaut, des gages que l'on ne restituait qu'après l'acquittement de l'amende. » Cochard, *Descript. de Lyon*, p. 247.

1502. — Les échevins obtiennent du sénéchal de Lyon ou de son lieutenant, qui alors leur tenait lieu de gouverneur, de faire de la confrairie de l'arbalète (instituée en 1498), une compagnie de 200 arquebusiers qui seraient « tenus de s'assembler et marcher quand et la part où leur seroit commandé pour le service du roy. Et pour les assembler et conduire, leur fut donné celuy qu'ils appellent le Roy, qui est celui qui gaigne le prix du *Papegay*, qu'ils souloyent tirer tous les ans à la Pentecoste. » Rubys, p. 364. — Voyez ci-dessus, *année* 1500.

1502. — Mort de Benoît Mellier, maître des requêtes sous Charles VIII. — Son fils qui se nommait aussi Benoît, et qui fut procureur du roi et conseiller de la ville (en 1516), fit mettre l'inscription suivante sur le tombeau de son père et de sa mère, inhumés dans l'église de St-Nizier :

> Nobilis hac tegitur urna Benedictus avara
> Mellier, edoctus jura paterni fori,
> Jungitur huic conjux Francisca, semper honesta
> Quæ prior officio reddidit ossa solo.
> Hinc animæ cœlo referentes sumpta sub illo
> Vivant felices conditione pari.
> *Quos conjunxit unum conjugium*
> *Conjungat unum sepulcrum*, 1502.

Nous n'avons pas besoin de faire observer que les deux dernières lignes de cette inscription, que nous reproduisons d'après Pernetti, I, 319, sont en prose, quoiqu'elles soient disposées comme les vers qui les précèdent. Pernetti cite plusieurs Lyonnais dignes de mémoire qui portaient le nom de Mellier ; le plus célèbre est Guillaume, jurisconsulte du xvi° siècle, à qui l'on doit plusieurs ouvrages mentionnés dans la *Bibliothèque* de du Verdier, et qui fut l'ami de Ducher, de Voulté et de Charles Fontaine. Nous avons vainement cherché son article dans l'*Histoire littéraire* du P. de Colonia, qui lui devait au moins une courte mention. Voyez la *Biogr. lyonn.*, p. 187.

1503.— *Janvier* 11. Geoffroy de Pompadour, évêque du Puy, chanoine-comte de Lyon, fonde une distribution *d'une livre de pain* et *d'un liard* en argent à tous les chanoines et incorporés à l'église cathédrale qui assisteront à matines, depuis le commencement jusqu'à *Laudate Dominum*, et à la grand' messe, jusqu'à l'*Agnus Dei*. Il donna pour cette fondation, qui fut acceptée par le chapitre, 1200 livres. *Hist. de S. Martial de Limoges*, III, 740.

1503.— *Février* 1. Les conseillers arrêtent d'aller le lendemain auprès de M. le légat (le cardinal d'Amboise), pour le supplier 1° de permettre aux habitants de Lyon de manger de la viande le lundi et le mardi de la première semaine de carême, en donnant des aumônes pour l'hôpital du Pont du Rhône ; 2° d'accorder à tous ceux du diocèse dispense pour manger lait et fromage pendant tout le carême, en donnant l'aumône pour réparer l'hôpital de St-Laurent-des-Vignes. — C'est ainsi que le cardinal d'Estouteville obtint permission pour tous les fidèles du diocèse de Rouen et d'Evreux d'user de lait et de beurre durant le carême, en faisant des aumônes pour réparer l'église de Rouen, et ce fut de ces aumônes que fut bâtie une tour que l'on nomme encore aujourd'hui la *Tour du Beurre*, et dont l'archevêque Robert de Croismart avait posé la première pierre le 10 novembre 1485. M.

1503. — *Mars* 22 (*Mercredi*). L'archiduc Philippe, qui était venu pour traiter de la paix entre la France et l'Espagne, fait son entrée solennelle à Lyon. —Il prit « gîte à l'abbaye d'Ainay, lieu très-beau en belles prairies, « entre les rivières de Ronne et de Sonne qui là se joignent ensemble.» — Le lendemain il entendit, à St-Jean, la messe qui fut chantée par ses chantres. M.; *Arch. du Rh.*, VII, 83.

—29. Le roi arrive à Lyon, et va loger à l'Archevêché. —La reine arrive le surlendemain.

—*Avril* 2 (*Dimanche*). Le roi, la reine et l'archiduc assistent à la messe qui fut chantée à St-Jean par les chantres du roi et par ceux de l'archiduc, en présence du cardinal d'Amboise et d'autres cardinaux et prélats. —Après la messe, la paix qui avait été conclue entre le roi de France et Ferdinand-le-Catholique par l'archiduc (gendre de Ferdinand) fut publiée à Lyon.

— 9 (*Dimanche des Rameaux*). Le roi, la reine et l'archiduc assistent dans la cathédrale au sermon, à vêpres et à complies. D'Auton, c, 25 et 32 ; Sponde, n° 2 ; Champier, *Trophæi Gallor.*, tract. 2.

1503. — *Avril* 21. « Le roi estant à Lyon fait une abolition des peages, « treuz, imposts et aultres nouueaulx subsides mis sus depuis cent ans.... Il « octroye *differents privileges* aux marchans frequentans les riuieres du Rosne « et de la Saonne.... » Il ordonne de « oster de dessus lesdictes riuieres les « escluses, pescheries, nassiers.... et autres choses empeschans le cours « desdictes riuieres.... » *Mer des hyst.*, fol. clxxxiv, v°, édit de 1506.

1503. — *Juin* 10. Mort de Guillemette d'Albon, abbesse de St-Pierre. — Voici son épitaphe telle que le P. Menestrier l'a consignée dans ses notes inédites : « Cy gist venerable et religieuse dame Guillemette d'Albon en son vivant Abesse de ceans, Prioresse de St-Symphorien et de Pouilly, laquelle trespassa le dixiesme Iuin M. DIII. » — Sur la même tombe on lisait encore: « Icy repose F. Robinet d'Albon en son vivant hostellier de Savigny, prieur de Mornan et de Rendans, frere germain de ladite dame, lequel trespassa le deuxieme septembre M. DII. » — Ces deux inscriptions se retrouvent dans le *Gallia christ.*, IV, 287, mais avec des variantes dans les mots et dans les dates.

1503. — *Juin* 15 (jour de la *Fête-Dieu*). Le roi, accompagné de *grande noblesse*, assiste à la procession de St-Jean et suit le St-Sacrement qui était couvert d'un drap d'or que portaient quatre sieurs de son ordre et de son sang. — Vers les premiers jours de ce mois, l'archiduc d'Autriche, qui était allé à Bourg visiter Marguerite d'Autriche, sa sœur, femme de Philibert duc de Savoie, était revenu à Lyon; il en repartit le 17, encore malade, pour retourner en Bresse auprès de sa sœur. — Il avait pour secrétaire maître Pierre Anchemant, natif de Cuyzeaux, en Bourgogne, «personnage de grand « sçavoir et fort exercité aux affaires des princes. » Paradin, qui nous apprend cette circonstance, était probablement petit-fils ou petit-neveu de Pierre Anchemant; car la mère de cet historien se nommait Catherine Anchemant, ou Anchemand. *Chroniq. de Savoye*, l. III, c. 94; M. d'Aigueperse, *Variétés* d'A. P., p. 140.

— Pendant le séjour du roi furent célébrées à Lyon avec toutes sortes de magnificence et réjouissances les noces de Ladislas, roi de Hongrie, avec Anne de Foix. Rubys, 354.

— René de Brosse, dit de Bretagne, vient à Lyon pour suivre auprès du roi la réintégrande du comté de Penthièvre. Augustin de Pas, p. 69.

1503. — *Décembre* 2. Louis XII, par lettres patentes données à Lyon, exempte du logement des gens d'armes, les docteurs et régents en l'université de médecine de Montpellier. — Astruc a donné le texte de ces lettres dans ses *Mém. pour servir à l'Hist. de la faculté de méd. de Montpellier*, p. 114-115.

1503. — *Décembre* 31. Mort, à Lyon, de Louis de Luxembourg, comte de Ligny. — Le roi, les gentilshommes de cour, les manants et habitants de Lyon furent bien marris de cette mort, et non sans cause, car c'estoit un seigneur bien aymé de chacun. *Nouvelles additions* de Monstrelet; Dreux du Radier, *Biblioth. du Poitou*, II, 59; Moréri, article LUXEMBOURG, n° XIV.

— 1503. — Les religieuses de N.-D. de la Déserte quittent l'habit de Ste-Claire, et reçoivent de Jules II l'autorisation de passer sous la règle de St-Benoît. Du Tems, IV, 408; Cochard, *Descript. de Lyon*, p. 193. — « L'archevêque de Lyon, François de Rohan, ayant voulu faire la visite du monastère de la Déserte, l'abbesse, dame Antoinette de Saint-Amour de Foncraine et ses religieuses se dirent de l'ordre de St-François, et exemptes de la juridiction de l'archevêque; les religieux de St-François s'étant présentés pour faire la visite, elles répondirent qu'elles étaient de l'ordre de St-Benoît, et sous l'Ordinaire qui enfin les obligea de le reconnaître pour leur Supérieur, et leur donna des règlements. » Le P. Menestrier, à qui nous avons emprunté cette anecdote, l'a placée, sans doute par erreur, dans ses *Notes inédites*, à l'année 1511; Antoinette de Saint-Amour ne fut abbesse qu'en 1521. Voyez le *Gallia christiana*, IV, 290. Voyez aussi *suprà*, année 1304, et *infrà*, 12 juin 1675.

1503 ou 1504. — Cosme Pazzi, noble florentin, neveu de Léon X, homme très-versé dans les lettres grecques et latines, vient demander au roi que Pise soit rendue aux Florentins. Il fait un nouveau voyage accompagné de Pierre Soderino, et conclut à Lyon avec Louis XII un traité par lequel les Florentins promettent de ne pas se joindre à ceux qui se proposeraient de recouvrer Milan. Ughelli, *in Aretinis Episc.* 1, 489. Le P. Menestrier, après avoir consigné cet article dans ses *Notes*, sous l'année 1504, ajoute : *Tempus legationis diligentius inquirendum.*

1504. — *Janvier* 28. Nicolas Machiavel, chargé par la république de Florence d'une mission auprès de Louis XII, vient à Lyon et y séjourne jusqu'à la fin de février avec Nicolas Valery et Ugolin Martelli qui faisaient partie de la même légation. *OEuvres de Machiavel*, trad. par Periès, t. VII, *passim*.
— Voyez ci-dessus, *juillet* 1500, et ci-après, *juillet* 1510.

1504, n. s. — Alde l'Ancien publie son *Monitum in Lugdunenses typographos*; Venetiis, XVI martii M. D. III (1504, n. s.), sur un feuillet in-fol.

« Les petites éditions in-8°, imaginées par Alde, dit M. Renouard (1), étaient une imagination trop heureuse pour ne pas être promptement remarquées par les Lyonnais qui, de tout temps habiles spéculateurs, durent considérer cette nouvelle sorte d'éditions comme une branche de fabrication très-lucrative, qu'il était à propos de naturaliser dans leur ville. Est-il cependant bien vrai que ce fut aux Lyonnais que vint l'idée d'entrer ainsi en partage de profit avec le savant éditeur vénitien, ou furent-ils mis en œuvre par des étrangers, des Vénitiens venus exprès à Lyon pour y ordonner ces in-8° de contrebande qu'ils n'auraient pu décemment, ni même sans risque, exécuter à Venise, à côté de l'imprimerie aldine ? C'est un problème historico-typographique qui ne peut se résoudre que par induction, bien que toutes les probabilités soient contre les Giunti de Venise, ainsi qu'on le verra dans le cours de ces notices. Quoi qu'il en soit, Alde eut à peine publié ses premiers in-8° à Venise, qu'ils furent réimprimés à Lyon dans le même format, avec un italique assez bon pour ces temps-là, et sur un papier passable. Jusque-là il n'y avait ni contrefaction, ni le moindre manque de délicatesse ; car, malgré les priviléges du souverain pontife et du sénat de Venise, il n'était ni de droit public, ni de droit divin qu'Alde approvisionnât exclusivement l'Europe entière de ses impressions. Mais ce qui fut véritablement répréhensible, et en quoi ceux qui ordonnèrent et exécutèrent ces in-8° méritent le nom de contrefacteurs, c'est qu'au lieu de chercher légalement à faire de bonnes éditions pour rivaliser, surpasser même celles d'Alde, ou tout au moins les remplacer pour les lecteurs peu difficiles, ils ne firent autre chose que les copier servilement ; et ne mettant ni date, ni nom de lieu et d'imprimeur à leurs livres, dont le premier feuillet porte la préface d'Alde avec son nom, ils disposèrent tout pour faire passer ces éditions lyonnaises comme étant d'Alde et imprimées à Venise. La fabrication de ces livres étant une spéculation purement mercantile, elle se fit sans doute avec autant de parcimonie que de précipitation ; car tous ces premiers volumes sont remplis des fautes les plus grossières, ce qu'Alde ne manqua pas de faire remarquer. Désolé de se voir si promptement contrefait au mépris des priviléges et des anathèmes du souverain pontife, et malgré les difficultés qu'il croyait exister dans la gravure, la fonte et l'emploi d'aussi petits caractères, il

---

(1) *Annales de l'imprimerie des Alde*, édit. de 1834, p. 301 et suiv.

publia cet avis dont j'ai déjà parlé, et dans lequel, après avoir exposé ses
griefs et ses chagrins, il signale quelques-unes des énormes bévues de ses
contrefacteurs. Mais s'il se plaint avec raison de la fraude des Lyonnais,
s'il est fondé à faire connaître l'inexactitude de leurs réimpressions, il
devient injuste lorsque, pour dire du mal des caractères qu'il trouve,
comme de raison, fort inférieurs aux siens, il leur reproche comme un
défaut capital d'avoir l'air français, *gallicitatem quamdam sapiunt*. Il est
difficile de comprendre en quoi des caractères d'imprimerie peuvent avoir
ou ne pas avoir l'air français, et en quoi ils pourraient être pour cette
raison ou meilleurs ou plus mauvais; toujours est-il vrai qu'Alde s'est permis
une injure gratuite, et surtout aussi inutile que mal amenée..... Alde ajoute
ensuite dans son *Avis* que les lettres capitales des Lyonnais sont très-mau-
vaises : *Grandiusculae item sunt perquam deformes*. Il a raison; mais les
siennes sont-elles beaucoup plus belles? Un autre reproche dont on aper-
cevra aisément le peu de justesse, est celui de n'avoir point de lettres
liées deux à deux, ou trois à trois : *Adde quod vocalibus consonantes non
connectuntur, sed separatæ sunt. In nostris plerasque omnes invicem connexas,
manumque mentientes, operæ pretium est videre*. On a abandonné avec raison
cette bizarre méthode de lier ensemble plusieurs lettres; idée qui avait pu
venir à un imprimeur dont le but était de donner un caractère imitant les
manuscrits, mais qui, dans la pratique, ne peut avoir d'autre effet que de
rendre les fontes infiniment plus dispendieuses pour les imprimeurs, et la
composition bien plus embarrassante, quoique cette complication de lettres
ait pour but de la rendre plus expéditive.... Pour en revenir à nos Lyonnais
ou à ceux qui les faisaient agir, il paraît qu'ils mirent à profit les reproches
de l'habile homme dont ils avaient négligemment copié les mauvaises
éditions. Ce fut pour eux un avertissement d'apporter plus de soin à la
correction des impressions ultérieures; mais d'abord pour donner le change
aux acheteurs, et tirer profit de ce qui aurait pu au contraire ruiner leur
entreprise, ils se hâtèrent d'imprimer plusieurs feuillets ou cartons ayant
pour objet de faire disparaître du Juvénal et de quelques autres volumes
une partie des fautes signalées par Alde dans son *Monitum;* de sorte que,
cet *Avis* à la main, les acheteurs pouvaient n'en être que mieux trompés.
L'activité de la fabrique lyonnaise de ces in-8° latins et italiens ne fut donc
nullement ralentie; et ce qui ne se réalisa que trop souvent, ils réussirent
à débiter trois et quatre éditions de la plupart des ouvrages par eux copiés,
avant qu'Alde en eût écoulé ses éditions premières : la peine fut pour
l'imprimeur-homme-de-lettres, et le profit pour les imprimeurs-négociants
et un peu pirates. Après les deux éditions sans date que, vers 1503, les
Lyonnais avaient faites du *Valère Maxime*, ils le réimprimèrent encore en
1508 et en 1512, tandis qu'Alde ne réimprima qu'en 1514 son édition de
1502. Il en fut de même de Virgile, Juvénal et Perse; Pétrarque (1),
Catulle, Lucain, Ovide, etc., dont ils firent presque coup sur coup deux
et même trois éditions sans date, qui peuvent se distinguer en ce que la
plupart des secondes ont seules les feuillets chiffrés. De leurs autres éditions
de ce genre, ils firent sans doute aussi plus d'une réimpression sans date,
ce que j'ai déjà en partie vérifié. — Ces contrefacteurs ont complètement
atteint leur but; ils voulaient que leurs volumes sans correction, imprimés
sur un papier assez commun, fussent confondus avec les élégantes et

---

(1) Voyez, sur une édition de Pétrarque qui paraît être une contrefaçon aldine, les *Archives
du Rhône*, XII, 233 et suiv.

correctes éditions des Alde et des Giunti ; et, malgré le peu de probabilité d'une telle méprise, la confusion a eu lieu, et complétement, pendant trois siècles. Ce n'est que depuis la découverte d'un exemplaire de l'Avis d'Alde, par lui imprimé en 1503 (1504, n. s.), qu'enfin on a cherché à distinguer ces éditions lyonnaises que jusque alors même les bibliographes les plus instruits avaient presque toujours annoncées comme imprimées par les Alde ou par les Giunti. Feu l'abbé (Mercier) de Saint-Léger m'ayant rendu le service de me faire connaître cette pièce vraiment précieuse pour l'histoire littéraire des Alde, je m'appliquai dès lors à rassembler les éditions lyonnaises, afin de découvrir à quels imprimeurs il fallait les attribuer. Je vis bien pour 1519 sur un César, pour 1521 sur un Lucain, et sur un Virgile, le nom de Guil. Huyon *calchographus* ; ce qui constituait Guil. Huyon, imprimeur en ces années, mais sans rien éclaircir pour les éditions les plus importantes, celles qui n'ont point de date, et appartiennent aux premières années du XVIe siècle. J'ai depuis découvert un Balthasar (de Gabiano), ayant en 1508, et en la même année un Barthélemy Troth, dont on trouve encore un Juvénal en 1525; mais ce Troth, libraire, qui a publié beaucoup de livres en tout genre, n'a rien imprimé; et toutes ses éditions sont marquées *impensis B. Troth* ou *Trot*, quelquefois avec le nom de l'imprimerie. En 1510, je trouve Jacques Myt, qui paraît avoir remplacé l'imprimeur Balthasar dont il n'est plus question; mais de ce Jacq. Myt je n'ai vu, des petites éditions imitant les Aldines, que le seul Martial de 1518: s'il en a imprimé d'autres, on n'y voit pas son nom. Il travaillait encore plusieurs années après, et cependant son italique est bien le même qu'employa Guil. Huyon *chalcographus* en 1519 et en 1521. Probablement pour ces petits volumes qui, avec un in-4° sans date, sont tout ce que l'on connaît des impressions de G. Huyon, celui-ci aura acquis une fonte de cet italique chez le fondeur auprès duquel Myt s'approvisionnait. On connaît encore un *Valerius Maximus* de Jacques Mareschal, 1513, in-8°; mais je ne sais si ce volume est italique. — Il résulte de tout cela que jusqu'en 1508 l'imprimeur de ces éditions in-8°, tantôt contrefactions, tantôt simples imitations des Aldines, demeure encore inconnu ; qu'en 1508 elles étaient faites par un nommé Balthasar; en 1510, et jusqu'en 1518, par Jacques Myt, et peut-être aussi par Jacq. Mareschal; enfin à dater de 1519, par Guill. Huyon, et que de 1508 à 1525 Barth. Troth a fait faire à ses dépens chez ces différents imprimeurs un certain nombre d'éditions de ce genre..... Peut-être se découvrira-t-il de ces in-8° avec date de 1502 à 1506, et portant un nom d'imprimeur, ce qui achèvera d'éclaircir l'histoire de ces éditions.... Quel fut d'abord, ajoute M. Renouard dans une note de cette dissertation, quel fut d'abord le véritable entrepreneur de cette fabrication interlope ? Les apparences sont contre les Lyonnais ; mais M. Pinkerton, d'après l'examen d'un volume in-8°, imprimé à Lyon par Jacq. Myt, pour Jacq. Franc. Giunta (le premier livre de St. Thomas d'Aquin sur les Sentences de Pierre Lombard), se croit fondé à assurer que ces livres se firent pour le compte de lui Ant. Giunta de Venise. Il en déduit avec sagacité les raisons dans une dissertation qu'il a pris la peine de m'adresser et dont je donne ci-dessous la traduction française, à la suite des éditions lyonnaises, et du *Monitum* d'Alde... » — Voici, sauf quelques retranchements, cette dissertation ou plutôt cette lettre:

« Je pense que vous sourirez en voyant que vous avez blâmé les pauvres imprimeurs allemands établis à Lyon pour des travaux dont le seul but était de leur procurer ouvrage et subsistance, tandis que votre blâme devait tomber sur une grande et opulente maison de Venise, véritable et seul auteur de cette fabrication déloyale. Les Allemands, en ce temps-là, étaient des gens simples et honnêtes, se livrant de bonne foi à l'exercice de leur profession, et demeurant étrangers à toute fraude et artifice. — Mais, dira-t-on, quel motif, quelle circonstance pouvaient induire une maison de commerce établie à Venise à ordonner à Lyon des fabrications dont l'effet était de frustrer le respectable Aldus des justes profits que méritaient ses talents, son goût et son industrie? Il y en avait plus d'un : d'abord la fraude exécutée à Venise eût été trop facile à découvrir, et trop évidente pour échapper à la rigueur des lois; mais voici les deux principaux motifs : — 1° les priviléges pontificaux et impériaux accordés à Aldus rendaient l'Italie et même l'Allemagne des pays très-peu sûrs pour des fabrications rivales, qui ne pouvaient s'exécuter qu'en violation formelle de ces solennelles concessions. La France, au contraire, jouissant alors des libertés de l'Eglise gallicane confirmées par la Pragmatique-Sanction, n'était aucunement tenue de respecter les priviléges pontificaux ni ceux du chef de l'Empire. 2° La grande foire de Lyon était alors ce que devint ensuite celle de Francfort-sur-le-Mein, et ce qu'est depuis un certain temps celle de Leipsick, le centre du commerce des livres et de beaucoup d'autres sortes de marchandises de l'Italie, de l'Allemagne, de la France et des Pays-Bas. L'Angleterre même, malgré son éloignement, était quelquefois représentée à cet immense marché. Aussi voyons-nous que les libraires et les imprimeurs de Lyon, favorisés par ces débouchés commerciaux, étaient beaucoup plus nombreux que ceux de Paris, dont le débit paraît avoir été plus local et plus circonscrit. Après ces explications préliminaires, je crois pouvoir vous assurer d'une manière positive que les seuls ordonnateurs et propriétaires de la grande fabrication qui contrefit à Lyon les volumes d'Aldus, pendant un certain nombre d'années, furent les opulents, les renommés, les nobles Giunti, ou Giunta, de Venise. — Je ne pense pas que Philippe Giunta de Florence ou ses héritiers aient en rien participé à cette frauduleuse fabrication. Philippe fut un savant et habile imprimeur, et jamais il n'a parlé d'Aldus qu'avec une sorte de respect. Il a, à la vérité, fait emploi du petit italique, dès l'année 1503, dans son *Petrarcha* in-8°, et dans plusieurs autres volumes latins et italiens de ce même format; mais cet emploi, qu'il a ensuite continué sans interruption, prouverait presque seul qu'il n'aurait pas eu recours à une imprimerie étrangère. Il n'a point adopté le lis pour sa marque typographique avant 1512, année dans laquelle on le voit sur un *Apuleius* in-8°, et ce n'est que vers 1515 qu'il en a fait plus habituellement usage. Cette marque a pour supports deux enfants, et je ne vois rien qui en indique la couleur; au contraire Luca-Antonio Junta ou Giunta employa le lis dès 1490; on le voit en rouge sur le *Ditta mundi* de 1501 (1). Plusieurs de ces contrefactions lyonnaises portent le lis rouge; et dans un volume de 1520 auquel je dois ma découverte, et qui est l'occasion de ce Mémoire, les supports sont deux lions que l'on sait faire partie des armes vénitiennes. — Bandini a donné une liste des publications de Luc-Antonio Giunta qui commencent en 1482 et finissent en 1538, année où l'on voit ses héritiers paraître. Dans la souscription du *Tito Livio*, 1497, in-fol., et dans beaucoup d'autres, il est qualifié *nobilis* ou noble (titre qui n'était pas sans impor-

---

(1) Ce lis est noir dans l'exemplaire de notre Biblioth. royale; il est rouge sur le titre d'un Breviarium romanum, 1497, in-4°..... *Note de M. Renouard.*

tance à Venise); et cette maison était si opulente, qu'un de ses descendants, Tommaso, mariant ses deux filles en 1626 et 1628, leur donna à chacune une dot immense (suivant Bandini, 100,000 scudi faisant plus de 600,000 fr., monnaie actuelle). — Il est aussi à remarquer que, quoique domiciliés à Venise, les héritiers de Luc-Antonio Giunta continuèrent à y employer des imprimeurs allemands. On voit que l'Allemand Pierre Scoeffer leur a imprimé *le Opere di L. Alamanni*, 1542, in-8°, et plusieurs autres ouvrages ; préférence qui probablement était motivée sur le bon marché qu'ils trouvaient auprès des ouvriers de cette nation. — Au reste, l'avarice bien connue de Luc-Antonio a flétri sa réputation, et les contrefactions lyonnaises ne serviront pas à la réhabiliter. — Une édition in-8°, en lettres gothiques, du premier livre de S. Thomas d'Aquin sur les fameuses Sentences de Pierre Lombard, le père de la théologie scolastique, donne sur cette piraterie bibliopolique des éclaircissements que confirment plusieurs autres circonstances de détails. Cette édition est imprimée à Lyon, en 1520 ; elle porte sur le titre la figure de Thomas d'Aquin, gravée en bois avec les initiales ainsi doublées : I Z F I Z F. Le Z est l'initiale du nom de Giunta ; en patois vénitien (Zonta): au-dessous est le lis rouge, marque ou armoiries des Junte... Voici donc le lis rouge que nous avons déjà vu sur plusieurs contrefactions. L'imprimeur est précisément Jacques Myt, dont on a le nom sur une de ces éditions in-8° *Aldinas mentientes*; et probablement il a été aussi l'imprimeur de celles qui ont été faites de 1510 à 1518. Ajoutez les deux souscriptions de ce curieux et intéressant volume, et l'évidence devient complète. A la fin de l'ouvrage, verso du folio 374, est celle-ci : *Explicit primum scriptum sententiarum Divi Thome Aquinatis..... Impressum Lugduni, impensis honorati viri Jacobiq. Francisci de Giunta et sociorum florentini : in ædibus Jacobi Myt chalcographi anno*, etc. — Sur un feuillet détaché, à la fin de la table et du volume, on voit encore le lis rouge avec les deux lions et les trois lettres I Z F, et au-dessous la souscription suivante : *Expressa Lugduni, patrono honorato viro Iacoboq. Francisco de Giunta et socior.* (sic). *Florentino : chalcographo Iacobo Mit* (sic): *Recognitore*, etc. — Il paraît que *Iacobus* (q. *qui et*) et *Franciscus* sont les noms de la même personne, comme nous dirions aujourd'hui Jacques-François. Bandini, qui est beaucoup trop pauvre au sujet des éditions lyonnaises des Junte, et qui ne s'est pas même douté des contrefactions, suppose que q. est là pour *quondam*, et il ne peut trouver aucun Jacques, excepté celui qu'il marque dans sa généalogie des Junte, comme fils de François (lequel François était né en 1448). Ces fabrications ayant commencé à Lyon de 1501 à 1503, on peut croire avec Bandini que Jacques-François était fils de François frère aîné de Philippe et Luc-Antonio, et que, par conséquent, il était le neveu de ces deux imprimeurs.... Quoi qu'il en soit, ce *patron*, cet *honorable* des deux souscriptions ci-dessus, ayant des associés (*socii*), ces associés ne pouvaient être d'autres que ses parents, chefs de la grande maison de Venise (1) : car les Allemands qui imprimaient pour lui et à ses frais étaient dans une position commerciale infiniment au-dessous de celle de leur honoré patron. Il est

---

(1) Ces associés ne seraient-ils point les mêmes que ceux qui firent imprimer à leurs frais en 1520 et 1521, par différents typographes, plusieurs traités de Nicolas Tudeschi et de Paul de Castro ? On lit à la fin du vol. qui contient les traités de Nic. Tudeschi : *Lugduni, impensis* NOTABILIUM *mercatorum Lugdunensium, anno 1520 mense Augusto* ; et à la fin des différents traités de Paul de Castro : *Lugduni, impensis* NOBILIUM *mercatorum Lugdunens.*, 1521. Voyez Panzer, *Annal.*, VII, 329 et 331. A. P.

vrai que Trot, et peut-être les autres imprimeurs employés à Lyon par les Junte, ont fait aussi plusieurs volumes pour leur propre compte; mais il ne s'ensuit pas qu'ils aient été intéressés dans les contrefactions, ni qu'ils aient eu le droit de faire usage du lis rouge qui était une propriété particulière, ainsi qu'il est prouvé par le procès dont je parlerai plus bas. On ne dira pas que Jacques-François établi à Lyon, était le seul auteur de ces contrefactions. Nous venons de voir qu'il se donne des associés : voici comment je prouve que ces associés étaient les Giunti de Venise. Les armes formées du lis rouge avec les lions étaient spécialement celles de Luc-Antonio, sans la permission duquel son neveu même n'aurait pu en faire usage. — Le savoir et les talents d'Aldus étaient employés à reproduire les chefs-d'œuvre de la littérature, et les publications de Luc-Antonio étaient presque toutes de livres ecclésiastiques; mais comme celui-ci vit le profit et la réputation qu'acquérait Aldus par l'emploi du caractère cursif et italique, dans ses éditions de petites formes qui se débitaient à grand nombre, il envoya son neveu à Lyon pour y fabriquer des éditions semblables, ce qui n'aurait pu se faire sans risques à Venise. Si déjà Jacques-François eût été établi à Lyon, et dans une situation indépendante, il n'y aurait pas lieu à lui reprocher, comme contrefaction, des livres qu'il aurait imprimés en France en lettres italiques sous son propre nom, et nonobstant les priviléges qu'aurait obtenus Aldus. Mais les publications de Jacques-François semblent calculées pour la consommation de l'Italie, où les éditions aldines in-8° avaient dû mettre en vogue les livres de ce format portatif. — On ne peut savoir si Jacques-François, qui mourut à Lyon avant 1556, y aura été établi définitivement avant 1538, année de la mort de son oncle Luc-Antonio. Ses héritiers, que l'on voit paraître dans cette année 1556, furent deux filles, Jeanne et Jacqueline, ainsi qu'il résulte d'un procès que Jeanne, l'une des deux, intenta, en l'année 1578, à un florentin Philippe Tinghy qui, à Lyon, avait pareillement pris pour enseigne et marque de ses impressions la fleur de lis florentine, conservée par Jeanne, comme héritière de l'établissement des Giunti ou Joncty. Les détails de ce procès, intéressant pour la jurisprudence de la librairie, se trouvent conservés dans un volume assez rare imprimé à Paris en 1612, in-8°, sous ce titre : *Recueil de plaidoyez notables de plusieurs anciens et fameux advocats de la cour de parlement*, etc. (1)..... Tinghy, condamné à Lyon en première instance, succomba aussi dans son appel au parlement de Paris; et par arrêt de la Cour du 21 juin 1579, la demoiselle Joncty conserva l'emploi exclusif de sa marque et enseigne, comme l'ayant premièrement occupée. » — M. Renouard revient encore sur les contrefacteurs des éditions aldines, p. xiv de sa *Notice sur les Junte*, publiée à la suite de sa dernière édition des *Annal. de l'imp. des Alde.* Nous y renvoyons nos lecteurs.

1504.—*Juin* 10. Messire de St-Graire, assisté d'un docteur en droit, arrive à Lyon, et, le lendemain, il est conduit à l'abbaye d'Ainay où le *roi* et son conseil se transportent aussi. *Hist. du* xvie *siècle*, par P.-L. Jacob, ii, 318.

1504.— « L'an 1504 furent premièrement vues ces dévotes et pitoyables processions qui furent appelées les *Processions blanches*, à cause que les pauvres gens de village, hommes, femmes et petits enfants, passoient par la ville conduits par les curés et vicaires de leurs paroisses, et la croix devant,

---

(1) Voyez aussi Guenois, *Conférence des Ordonnances*, t. ii, p. 1085, édit. de 1678, et A. C. Renouard, *Traité des droits d'auteur*, t. i, p. 111. A. P.

allants en procession à Nostre-Dame de l'Isle et autres lieux de dévotion, tous nuds et affublés d'un linceul blanc, criants avec une voix si pitoyable, qu'il n'y avoit cœur si endurci qu'il n'en fût meu à compassion : *Sire Dieu, miséricorde!* ou bien : *Sainte Marie, mère de Dieu, priez pour nous.* Ce qui excita ce pauvre peuple à telle dévotion, fut une grande famine et disette de tous fruits, lors survenue, et de laquelle moururent plusieurs milliers d'ames tant à la ville qu'aux champs, et qui fut causée par une sécheresse qui commença dès le mois de mars, à l'occasion de laquelle l'on ne put semer les petits blés ; les autres demeurèrent en terre sans venir à maturité : et furent les rivières, fontaines et ruisseaux tellement taris que les bestes mouroient de soif par les champs, et les chiens enrageoient. » Rubys, p. 354. Voyez aussi la *Mer des hystoires*, t. 2, fol. CLXXXVI, v°. On y trouvera quelques circonstances que Rubys a négligées, telles que la suivante : « Environ le mois de septembre y auoit à Lyon en la riuiere de Saone « nombre de petits anguillons gros comme ung petit doigt et nen osoit on « mangier. » *Loc. cit.*— « La mauvaise et dure saison dura tout un an, dit Paradin, p. 282, et valoit alors à Lyon le bichet de blé de vingt et six à vingt et sept sols. » —Voyez ci-après, *années* 1531, 1534 et 1573.

1504. — Christophe d'Uttenheim, évêque de Bâle, écrit aux chanoines de Lyon pour leur demander s'ils ont ouï dire que Jean Gerson ait fait des miracles, et s'il est vrai que Laurent Bureau, confesseur du roi, ait ressenti les effets de la colère céleste pour avoir méprisé ce serviteur de Dieu. — Les chanoines, dans leur réponse, font l'éloge de Gerson, et disent que le confesseur du roi, loin d'être son détracteur, a toujours été son panégyriste ; que frère Laurent, docteur en théologie de Paris, de l'ordre des Carmes, a composé à la louange de Gerson quelques vers qui ont été mis sur son autel à St-Paul. Ils ajoutent que frère Laurent, maintenant évêque de Sisteron, confesseur du roi, a prêché à Lyon, pendant six carêmes, devant les rois, le clergé et le peuple. Colombi, *in Opusc.* L. IV, *de Gestis episc. sistaric.*, p. 167 et 168 ; du Tems, 1, 130; Spon, *Antiquit. de Lyon*, p. 33; Colonia, II, 376. — Voyez ci-dessus, *années* 1429, et ci-après 1643.

1504. — Ouverture de la rue Sala, par la famille Sala de Montjustin, sur une partie du ténement du Plat qui lui appartenait. C. B., *Dict. des rues de Lyon*; *Biogr. lyonn.*, art. SALA.

1505. — *Mai* 6. Mort d'Antoine du Terrail, abbé d'Aînay, oncle du chevalier Bayart. — Il avait succédé, vers 1458, à Antoine II du Terrail, fils de Pierre, seigneur de Bayart, tué à la bataille d'Azincourt. *Gallia christ.*, IV, 340. *Biogr. lyonn.*, p. 335.

1505. — Jean Drouin ou Droyn, d'Amiens, qui a *translaté* de vers en prose la *Vie des trois Maries*, composée par Jean Venette, poëte français du XIV° siècle, lance cette apostrophe aux *femmes de Lyon :*.... « Votre désir ne « est que en beaux habillemens et riches bagues. Vostre cueur est de tout « à danser, rire, railler et gaudir à tors et à travers. Vos grands monda-« nitez, vos testes accoustrées de perles, chaisnes et pierreries seront-elles « cause de vostre saulvement ? Certes, je croy que non. Vos obstinations et « vouloir de faire pis seront-ils cause d'amander vostre vie ? Certes, je croy que « non. » — M. C. B. qui a reproduit, d'après M. Cochard, ce passage dans ses *Mélanges*, p. 253, observe que Venette, dans son apostrophe, s'adressait aux femmes en général, et ajoute que l'on ne voit pas pourquoi Jean Droyn l'a dirigée contre les femmes de Lyon en particulier. (Voyez les *Mém.* de l'abbé d'Artigny, IV, 237). —Toutefois il est certain que Jean Venette vint à Lyon et qu'il assista au chapitre général que les Carmes tinrent dans cette ville, en 1341. Voyez la *Biblioth. carmelitana*, II, 132 ; Brunet, *Man. du Libr.*, art. BADIUS ASCENSIUS ; la *Revue du Lyonn.*, II, 150.

1506. — *Avril* 25. Claude Gravier, notaire royal, est nommé secrétaire de la ville, en remplacement de George de la Noyerie, décédé. M.

1506. — *Avril* 27. Le consulat promet à M. Le Charron, élu député aux états-généraux du royaume, 3 livres tournois par jour, pour ses frais, et 5o sous aussi par jour, à chacun des deux autres députés. — On leur donna 30 écus d'or à compte, prêtés par Guillaume Andrevet. Les députés furent de retour le 10 juin, et, le 16 du même mois, le consulat approuva ce qui avait été conclu à Tours. Chacun des conseillers se soumit, par serment sur les saints Evangiles, à procurer l'entier accomplissement du mariage de Madame *Claude* de France avec M. de Valois, et dans le cas où le roi décéderait sans laisser d'enfants mâles, à reconnaître le même M. de Valois pour roi et souverain seigneur. Un double de cet acte fut envoyé à Louis XII. Un des députés, M. de Laurencin, ne voulut rien exiger de ses frais. *Arch. du Rh.*, VIII, 31.

1506. — *Juin* 4. L'évêque suffragant de Lyon, Guichard de Lessart, appuye auprès du consulat la requête de deux religieux du couvent des Augustins qui demandaient qu'on leur prêtât une place aux Terreaux, dans les fossés de la Lanterne, pour y jouer le *jeu de S. Nicolas de Tolentin*, que ces religieux voulaient faire représenter.—Les conseillers y consentirent pourvu qu'on ne touchât pas aux murailles de la ville, et qu'on remît les Terreaux en leur premier état, et sous la condition encore « que lesdits religieux bailleraient bonne caution civile.» *Arch. du Rh.*, VII, 407; M. Victor de la Prade, art. AUGUSTINS, t. 1 de *Lyon ancien et mod.* — Ce mystère fut représenté, suivant M. Cochard, en 1507, en présence du roi, de la reine et de toute la cour. *Descript. de Lyon*, p. 101. — Voyez ci-dessus, *années* 1426, 1447, 1483, 1500, et ci-après, *années* 1540, 1607, etc.

1506.—*Août* 14. Révérend père en Dieu, Mgr. François de Rohan, fils du maréchal de Gyé, archevêque de Lyon et d'Angers, fait son entrée à Lyon « *moult triumphalement*, » à laquelle entrée furent faits plusieurs mystères par les rues où il passa, que l'on avait tendues de tapisseries. Le jour suivant, fête de l'*Assumption Nostre-Dame*, il chanta la grand' messe en l'église de St-Jean, *en grant pontificat*. *Mer des hystoires*, fol. CLXXXV, édit. des Angeliers; *Addit.* de Monstrelet, fol. 107 v°; *Act. capitul.*, l. XXXII, fol. 94 et seq. (Voyez ci-dessus, 13 *février* 1501, et au 10 *novembre* 1500). François de Rohan eut pour suffragant Guichard de Lessart, sous le titre d'évêque d'Hiéropolis : Guichard était religieux de l'ordre des Augustins, docteur de la faculté de Paris, et professeur au couvent de Lyon. Il y a une lettre de lui à la tête des ouvrages de médecine de Symphorien Champier. *Notes inédit.* du P. Menestrier.

1506. — Procès contre les Frères prêcheurs, appelants d'une commission de l'archevêque de Lyon, relative aux pestiférés. M.

1506. — Vers ce temps-là il existait à Lyon une société littéraire à laquelle on a donné le nom d'*Académie de Fourvières*, et qui tenait ses assemblées dans la maison de l'*Angélique*, ainsi appelée du nom de Nicolas de Langes, un de ses membres (1). Le seul monument authentique qui nous ait

(1) Voyez, sur cette maison, *Notre-Dame de Fourvières*, par M. l'abbé Cahour, p. 162 et

été conservé de cette Académie, est, suivant M. Breghot du Lut (1), une lettre d'Humbert Fournier, datée de 1506, adressée à son ami Symphorien Champier, insérée à la suite d'un recueil d'opuscules latins de ce même Champier, imprimé à Lyon l'année suivante (2), et que le P. Menestrier a presque entièrement traduite dans sa *Bibliothèque curieuse*, Trévoux, 1704, tome II, p. 120-126 (3). Voici cette traduction, qui ne nous a pas paru indigne d'être reproduite :

« Vous désirez de sçavoir ce que nous faisons sur cette fameuse montagne de Fourvières consacrée à la sainte Vierge Mère de Dieu. Nous y vivons dans le célibat et dans un parfait repos, appliquez uniquement aux lettres, et embrassant de jour et de nuit les beaux-arts que nous ne quittons point. C'est ainsi que nous tâchons à réparer les pertes de notre jeunesse, n'ayant point d'autre déplaisir que celui d'avoir laissé échapper tant d'heures et tant d'années, qui se sont écoulées dans une molle oisiveté et dans la bagatelle, dont nous portons la peine maintenant, comme nous en pleurons la perte, que nous nous'efforçons d'adoucir, et, s'il se peut, de réparer par un meilleur usage du temps. Toutes nos occupations sont honnêtes et relevées. Nous traitons de la religion, de la mort, de la manière de régler les mœurs, et de polir et perfectionner l'esprit par les sciences utiles. C'est de quoi nous parlons souvent sous notre grand *Socrate*, André Victon (4), homme d'une rare vertu et dont je ne sçaurois assez vous faire connoître le mérite dans la brièveté d'une lettre, puisqu'un volume entier auroit peine à vous l'exprimer. Vous seriez charmé de son esprit, de ses talents, de sa candeur et de l'innocence de ses mœurs qui répond parfaitement à sa profonde pénétration dans les mystères de la théologie. Nos amis nous viennent souvent visiter, quoiqu'en petit nombre : car il est difficile dans la foule d'en trouver beaucoup de parfaits, et du caractère que nous les pourrions souhaiter. L'un des principaux est le sieur Gonsalve de Tolède (5), que je puis appeler l'autre œil de notre Académie. Il en est l'Apollon et le Praxitèle, puisqu'il n'excelle pas moins en la connoissance et en la pratique des Arts libéraux, qu'ami des plus habiles maîtres en toutes ces professions, et si distingué d'ailleurs parmi les sçavants (6).

suiv. — Nicolas de Langes mourut en novembre 1525 ; il ne faut pas le confondre avec son fils qui portait le même prénom, et qui tint une si belle conduite, en 1572, lors des *Vêpres lyonnaises*.

(1) *Mélanges biogr.*, p. 406; *Arch. du Rh.*, V, 256 ; VI, 325, 329-330 ; VII, 214.

(2) *Arch. du Rh.*, III, 400.

(3) Cet ouvrage parut sous le voile de l'anonyme : son auteur mourut à Paris, le 21 janvier 1705 ; il était né à Lyon, le 10 mars 1631.

(4) *André Victon*. Nous avons vainement cherché dans les Biographies le nom de ce théologien.

(5) Médecin, originaire d'Espagne, auteur de plusieurs ouvrages oubliés aujourd'hui. M. le comte de Fortis, par une singulière inadvertance, l'a nommé Gonsalve *de Cordoue* : tout ce qu'il a dit dans son *Voyage pittoresque*, en parlant de l'Académie de Fourvières, manque d'exactitude ; il a été trompé par Poullin de Lumina et par ceux qui, après lui, ont fait de l'histoire avec leur imagination et sans se donner la peine de recourir aux sources. C. B.

(6) Par une autre lettre également insérée dans le recueil des opuscules de Champier, et datée aussi de 1506, Humbert Fournier nous apprend que Jean le Maire de Belges, poëte et historien, dont Clément Marot fut le disciple, avait assisté quelque temps auparavant aux exercices académiques de Fourvières. On ne connait donc que trois personnages qui aient réellement assisté à ces exercices, Gonsalve de Tolède, André Victon et Jean le Maire. On doit regarder comme apocryphes et faites à plaisir les listes que le P. de Colonia et Poullin de Lu-

« Après que nous avons donné une juste mesure de temps à nos muses et à nos conférences académiques et réglées, nous nous relâchons un peu de ce travail sérieux, et nous nous divertissons à faire de petits contes et à des plaisanteries, où il n'entre rien de mordant, ni de malin, mais cette agréable urbanité que Cicéron a si bien décrite en ses dialogues de l'*Orateur*, lorsque Crassus, Scevola, Cesar, Camille et Sulpitius s'entretenoient ensemble dans leurs jardins de Tuscule, au temps des vacations du sénat. Quelques-uns débitent des nouvelles, tantôt de la guerre des Turcs contre les chrétiens, et d'autres pareilles choses. Je me fais quelquefois dans cette assemblée le singe de Pétrarque, et je leur chante des sonnets en rimes toscanes ; un autre déclame en orateur sur quelque sujet d'éloquence ; d'autres y font les personnages de charlatans, de magiciens et de bouffons, par des récits de comédies qui réjouissent la compagnie : on représente quelquefois les transformations de Circé, les erreurs de Méduse, et les scènes tragiques de Sénèque. Notre *Socrate* (André Victon) ne s'amuse pas à nous raconter les fables de Midas, ni les inventions ou les songes des poëtes, mais, toujours également grave et sérieux, il nous entretient de l'incertitude de la vie et de la pensée de la mort, qui est la vraie philosophie de l'âme, et nous apprend à mépriser les plaisirs caducs de cette vie et les faux biens qui l'accompagnent et qui l'abandonneront bientôt sans nulle espérance de retour.—Après ces solides instructions, nos Orphées prennent leurs instruments et chatouillent agréablement nos oreilles, jusqu'à donner de la jalousie aux oiseaux du voisinage, qui accourent en foule pour entendre leurs concerts, qu'ils s'efforcent en vain d'imiter par leur gazouillement.— Votre beau-frère joint sa flûte à ces doux accords de luths et de guitares, et nous enchante comme une sirène. — Nous quittons ces doux amusements pour des passe-temps moins sedentaires, et, sortant des chambres et des salles pour aller sur des terrasses et dans des allées de jardins, nous y faisons des parties de jeu aux palets, aux boules et aux quilles, afin que le corps ait, aussi bien que l'esprit, sa part à nos exercices ; nous allons ensuite nous reposer sur des terrasses, d'où nous voyons agréablement toute la ville sous nos pieds ; nous voyons la fumée qui s'élève de ce grand nombre de cheminées de toutes les maisons, si fort au-dessous de nous, que cette fumée se dissipe avant que de pouvoir s'élever jusqu'au lieu où nous respirons un air pur ; nous entendons le son des cloches, le bruit et le murmure de ceux qui naviguent sur la Saône, ou qui trafiquent dans la ville. Les échos des montagnes voisines nous répètent ce bruit d'une manière encore plus douce ; mais le plus beau spectacle est la vue de la campagne et de cette vaste plaine à qui les montagnes de Dauphiné et de Savoye font une enceinte de théâtre de plus de dix-huit lieues en hémicycle, où nous voyons des forêts, des vignes, des jardins, des prez et des collines où rien de vuide et de stérile ne choque les yeux. Mais c'est assez badiner, en voulant vous représenter l'application de nos études et de nos divertissements..... » *Sed jam satis jocatum et abunde, ut arbitror, successus studiorum nostrorum, fata, fortunasque presenti charta descripsimus.... Vale diù felix. Lugduni, anno Domini* MCCCCVI. »

1507. —*Mars* 9. Le consulat ordonne la construction du *Port du Temple*. M.

1507. — *Avril* 20. Quelques auteurs modernes ont mis sous cette date

mina nous ont données des hommes et même des femmes de lettres qu'ils supposent avoir été membres de cette Académie, qui n'en fut pas moins le berceau des muses lyonnaises, à la renaissance des lettres. C. Breghot et l'abbé Cahour, *loc. cit.*

l'établissement à Lyon des penons. Nous ignorons sur quoi ils se sont fondés. — Voyez ci-dessus, *année* 1464.

1507. — *Juillet* 15. Symphorien Champier dédie au cardinal d'Amboise son *Trophæum Gallorum*. Il prend, dans cette dédicace, le titre de *physicus lugdunensis*. M.

1507. — *Juillet* 17 (*samedi*). Louis XII, revenant de son voyage de la conquête et réduction de Gênes, fait son entrée à Lyon, accompagné de plusieurs princes et seigneurs, précédé de son grand écuyer, au-devant duquel étaient les trompettes et les clairons. — Sa réception fut extrêmement brillante; le procès-verbal qui en fut dressé a été inséré dans la *Relation des entrées solennelles*, Lyon, 1752, in-4°. Voyez aussi la *Vie de Louis XII*, par d'Auton, p. 333, et les *Nouvelles arch. du Rh.*, II, 152, et ci-dessus, *année* 1501. — Pendant le séjour du roi à Lyon, Georges d'Amboise reçut, dans l'église des Jacobins, le chapeau de cardinal qui lui fut remis par Réné de Prie, cardinal de Bayeux. *Gallia christ.*, II, 3419, et *in Massil.*, p. 665. M.

1507. — Le marquis de Vigève, de la famille des Trivulce, était alors gouverneur du Lyonnais. — Voyez ci-après, *année* 1515, et ci-dessus, *année* 1492.

1508 (1507, v. s.). — *Février* 20. François de Rohan, archevêque de Lyon, fait publier un volume intitulé : *L'instruction des curez pour instruire le simple peuple.* — *Il est enioinct a tous les curez, maistres des escolles, d'hospitaulx, et aultres par tout larcheuesché de lyon et dangiers dauoir auec eulx ce présent liure : et en lire souvent. Et y a grans pardons en ce faisans.* In-4° de XIII f. goth. *sans nom de ville ni d'imprimeur*; terminé par ces vers disposés ainsi au bas du dernier fol. verso :

Quiconque icy estudiera Ung grant moyen trouuer pourra
Diligemment et de bon cueur, Pour plaire à Dieu son créateur.

Ce volume contient : *Le livre des trois parties... composé par vénérable docteur Maistre Jehan de Gerson, jadis chancellier de leglise de Paris : pour l'instruction de tous simples chrestiens* (en latin et français), et *Le liure de Jesus qui est sommaire du liure dessus d.* Les commandements de Dieu et de l'Eglise, mis en vers français, qui sont au fol. XII (et tels que nous les disons aujourd'hui, sauf quelques légères variantes), ne seraient-ils pas, ainsi que la traduction de l'ouvrage entier, l'œuvre de quelque religieux de notre ville où ce petit livre avait déjà été imprimé en 1490 ? S'il fallait s'en rapporter à la Mure, (*Hist. eccl. de Lyon*, p. 204), ce serait en 1521 que François de Rohan aurait fait imprimer, à l'usage des curés de son diocèse, le *Prône et les Instructions populaires du pieux docteur Jean Gerson* ; mais il se trompe, car le mandement qui est à la tête du livre porte la date de 1507 (v. s.), et l'impression a dû suivre immédiatement. Toutefois il ne serait point étonnant qu'il en existât d'autres éditions. M. Van-Praet en décrit une, publiée à Paris, 1541, in-8°, et imprimée par le commandement de l'archevêque de Rheims. *Livres sur vélin des Biblioth. publiq.*, I, 199.

1509. — *Mars* 19. Le roi écrit au consulat, en faveur de l'évêque du Puy, une lettre que celui-ci rendit lui-même au consulat : « Chers et bien amez, nous avons sceu que combien que les chanoines et chapitre de l'église Monsieur St-Jean de Lyon ayent élu doyen de ladite église nostre amé et féal conseiller l'évesque du Puy, tant en faveur et contemplation de nous que pour

les grands sens et vertus qui sont en la personne dudit évesque, néanmoins aucuns s'efforcent par moyens indirects lui donner empeschement en sondit doyenné dont vous auons bien voulu escrire à ce que de vostre part faites audit evesque du Puy, en faveur de nous et de son bon droit, tout le port et faveur que possible vous sera à obvier aux troubles et empeschements que ses parties adverses s'efforcent injustement lui donner, et nous ferez plaisir et service très-agréable, car tel est notre plaisir. Donné à Blois, le 22 février 1509. *Signé* Louis, et *plus bas* Cottereau. — A nos chers et bien amez les consuls de nostre bonne ville et cité de Lyon. » — Il y avait eu opposition de la part du précenteur, fondée sur l'incompatibilité de deux bénéfices. M.
— Cet évêque du Puy était Godefroy de Pompadour qui mourut en 1514, et qui eut pour successeur Antoine d'Estaing, évêque d'Angoulême.

1509. — *Août* 16. Le roi part de Lyon pour aller à Blois. D'Auton, p. 339. **M.**

1509. — *Août* 27. Départ de la reine Anne de Bretagne.—Le lendemain, Jean Perréal de Paris, peintre et valet de chambre du roi, écrit au consulat « que la royne avant son partement de Lyon lui a dit qu'elle estoit très-con-
« tente de la ville et de ce qu'elle y avoit demeuré ; qu'elle a trouvé ladite
« ville et les habitants en icelle si bons et de si bonne sorte qu'elle en aura
« longtemps mémoire, et que, quand ceux de Lyon voudront quelque chose
« de vers le roi, elle sera contente que l'on s'adresse à elle à cause du vou-
« loir qu'elle a à faire plaisir à ladite ville, etc. » — Jean le Maire de Belges, qui était alors à Lyon, nous apprend dans sa *Legende des Vénitiens* que messire Symphorien Champier avait tiré Jean de Paris « des machoires de
« la mort, esquelles il s'était engouffré par trop grand labeur, abstinence
« et vigilance... : parquoy, ajoute-t-il, ledit messire Symphorian... a merité
« la couronne civicque, *quia civem servavit.* »

1509. — Jean le Maire de Belges ayant obtenu, le 30 *juillet*, un privilège du roi pour faire imprimer ses *Illustrations des Gaules*, messire Claude le Charron, docteur ès-droits, lieutenant général de Gilbert du Gué, chevalier, bailli de Mâcon et sénéchal de Lyon, député en cette partie, lui donne ses lettres d'attache le 20 *août*. M.—Voyez ci-dessus, *année* 1498. Voyez aussi les *Mélanges* de C. B., p. 204 et 407.

1509.—*Août* 24. Le roi (Louis XII), venant de Valence, arrive à Lyon et va loger à l'Archevêché.—Le même jour au soir, la reine (Anne de Bretagne) arrive aussi à Lyon, venant également de Valence par eau. Au sortir du bateau, les conseillers lui font la révérence, et Claude Thomassin, l'un d'eux, lui adresse une harangue.—Le lendemain 25, les conseillers se rendent auprès du roi qui est pareillement harangué par Claude Thomassin. Le seigneur roi leur fait bon accueil et bonne réponse : il leur dit que s'ils veulent quelque chose pour la ville, « qu'ils viennent à lui, et qu'il fera
« ce qui sera besoin et nécessaire. » *Actes consulaires.* — On lit dans la *Description de Lyon*, par Cochard, p. 21 : « Louis XII, à son retour d'Italie, en 1509, fit élever sur le pont de la Guillotière, à la limite de la séparation du Lyonnais et du Dauphiné (alors la Guillotière dépendait de cette dernière province), une colonne qui rappelait la victoire qu'il venait de remporter (le 14 *mai*) sur les Vénitiens. »—Cette colonne, sur laquelle on lisait : Lvdovicvs XII Franciæ Rex Ex Venetiis victoriam reportans. P. C. Ann. MDIX, fut abattue en 1562 par les protestants. Rubys, p. 355. — Un des amis de Corneille Agrippa lui écrivit, à l'occasion de cette victoire : *Nova quæ cir-*

cumferuntur hic sunt hæc, l. 1, p. 19. — Il paraît, par les lettres d'Agrippa et de ses amis, qu'ils avaient fait une espèce de société pour escroquer de l'argent, sous prétexte d'avoir le secret d'en faire, et surtout de l'or. Il y avait dans cette société des Flamands, des Lorrains et des Français. Agrippa en était le chef; et comme il avait de l'esprit et du savoir, et qu'il parlait facilement latin et assez bien, il enseignait, il haranguait et pratiquait la médecine. Landulphe, un de ses collègues, et qui était italien, se trouvait alors à Lyon où il l'invitait à venir (l. 1, ep. 12). Il cite un Estienne qu'il avait envoyé à Dôle, pour faire venir Brixianus et Antoine Xantus de Nevers. M. — Voyez ci-après, *années* 1524 *et* 1527.

— Pendant son séjour à Lyon, Louis XII envoya vers le roi des Romains un docteur chapelain du cardinal d'Amboise, que celui-ci ne voulut pas ouïr et retint prisonnier. Dès que Louis en fut instruit, il fit arrêter quelques Allemands qui étaient venus auprès de lui, et les fit mettre à Pierre-Scise où ils restèrent jusqu'à ce que le chapelain du cardinal d'Amboise eût été mis en liberté. D'Auton, *Hist. de Louis XII*, p. 333.

1509. — Le duc Charles de Bourbon, qui avait suivi le roi dans son voyage de Gênes, vient à Lyon, après avoir été régalé à Chambéry par le duc de Savoie. Marillac, p. 245. M.

1510. — *Mai* 25. Le cardinal d'Amboise meurt à Lyon, dans le couvent des Célestins. — Le noble prélat avait été atteint de la maladie populaire qui courait alors, et à laquelle on avait donné le nom de *coqueluche*. Cette maladie inconnue aux médecins prenait, au dire de Rubys, p. 355, les gens par la tête et les rendait comme insensés.

1510. — *Juin*... Ordonnances de Louis XII, datées de Lyon, « touchant « les bénéfices pour les gradués. » *Code Henry*, l. 1, p. 36.

1510. — *Juillet* 7. Nicolas Machiavel passe à Lyon pour se rendre à Blois. — Voyez ci-dessus, *juillet* 1500 *et janvier* 1504.

1510. — Louis XII réunit à Lyon une assemblée d'hommes d'état, dans l'objet d'aviser aux moyens d'abréger les procès. — L'ordonnance à laquelle ils concoururent ne fut publiée que le 7 avril 1512. Cochard, *Arch. du Rh.*, VI, 328.

1510. — François de Rohan préside le concile national qui avait été convoqué à Tours, par ordre de Louis XII. Ce fut dans ce concile que le clergé de France ordonna que l'on chanterait dans toutes les églises du royaume, à l'élévation de la messe, ces quatre vers :

> O salutaris hostia
> Quæ cœli pandis ostium,
> Bella premunt hostilia;
> Da robur, fer auxilium.

Les chantres de la chapelle du roi substituèrent d'abord aux mots *fer auxilium*, ceux-ci : *serva lilium*; plus tard les deux derniers vers furent changés ainsi :

> In te confidit Francia,
> Da pacem, serva lilium.

C'est avec cette dernière variante que l'Eglise de Lyon chanta cette strophe jusqu'en 1790, dans les prières solennelles qu'elle faisait pour le roi et la famille royale. Colonia, II, 442; Pernetti, I, 259.

1511. — *Janvier* 21. Le consulat délibère d'écrire à M. le trésorier Robertet, afin d'avoir permission du roi de laisser prêcher un cordelier de la *grand' manche*, nommé frère de Nery, « qui est grand clerc et très-bon prescheur, nonobstant qu'il ne soit réformé, et quoique le roi en eût écrit au chapitre pour ne le laisser prêcher. » *Act. cons.* (1510, v. s.) S.

— *Le même jour.* L'archevêque de Lyon ayant reçu des lettres du roi qui lui mandait qu'il avait prolongé l'assemblée du concile général de tout le clergé de France, assigné au 1ᵉʳ mars prochain, jusqu'au 15 du même mois, exhibe ces lettres aux conseillers, afin qu'ils s'aident « à donner ordre tou-« chant les vivres, et pour tenir la ville en santé et propreté, en quoi les « conseillers ont offert de faire leur devoir. » S.

1511. — *Mars* 19. Bazoche, courrier du roi, remet aux conseillers une lettre ainsi conçue : « De par le Roy, tres-chers et bien-amez, nous envoyons par de là Bazoche pour faire le logis de nous et de nostre train et compagnie et des prélats qu'avons mandés audit lieu pour le faict du concile de l'Eglise gallicane. Et pour ce faites-le obéir et accompagner, en manière que tout soit bien accoustré à nostre arrivée : et sur ce, le croyez de ce qu'il vous dira de par nous. Donné à Blois, le 12 de mars. *Signé* Louis, *et plus bas* Robertet. »

— *Mars* 21. Le consulat convient avec Bazoche et l'archevêque que le roi logera aux Augustins. S.

1511. — *Avril* 11. Louis XII se rend à Lyon, où il avait convoqué le concile de l'Eglise gallicane. Sismondi, *Hist. des Franç.*, xv, 588 ; *Hist. du* xvɪᵉ *siècle*, par P. L. Jacob, ɪv, 226 et suiv. ; *Revue du Dauphiné*, ɪɪ, 208. — L'assemblée se tint dans le réfectoire du monastère des Augustins qui avaient fait ouvrir une grande porte sur les fossés de la Lanterne, afin de procurer une entrée plus commode à la salle du concile. Cochard, *Descript. de Lyon*, p. 191 ; *Lyon anc. et mod.*, art. Augustins. — L'archevêque de Lyon ordonna que, pendant la durée du concile, le logement dans les hôtelleries serait fixé à 9 sous par jour pour un homme et son cheval ; la *disnée* à 3 s. 6 d., le souper à 5 s. 6 d., la journée du cheval 3 s. 6 d., le pot de vin 6 deniers, etc. *Arch. du Rh.*, vɪɪ, 406. — Voyez, sur le séjour du roi à Lyon, en 1511, le *Journal de Louise de Savoye* (Collection Petitot, tome xvɪ, 1ʳᵉ série, p. 392) ; la *Revue du Dauphiné*, ɪɪ, 206.

1511. — *Août* 21. Louis XII donne à Lyon des lettres patentes pour l'érection du parlement de Provence. M. — (Ce parlement avait déjà été établi par lettres patentes du même roi, données à Lyon le 10 juillet 1501). Geoffroy Sala, lyonnais, y fut conseiller clerc en 1521, tandis que l'un de ses frères était maître d'hôtel chez le roi, et un autre chevalier de l'ordre et capitaine de la ville. M.

1511. — De violents débats s'étaient élevés entre Antoinette d'Armagnac, abbesse de St-Pierre, et François de Rohan, archevêque de Lyon, qui, voulant ramener les religieuses de St-Pierre à une vie plus régulière, leur avait défendu d'assister aux processions et de sortir de leur couvent, sous peine d'encourir les censures ecclésiastiques. L'abbesse et les nonnains soutenaient qu'elles étaient exemptes de la juridiction de l'archevêque, et, refusant de lui obéir, elles s'étaient pourvues au pape qui nomma un commissaire pour connaître de ce différend. Celui-ci excommunia l'archevêque. Le roi et le parlement intervinrent ; l'excommunication fut levée, la paix fut rétablie, et la réforme s'effectua bon gré mal gré. Cochard, *Descript. de Lyon*, p. 131. — Voyez ci-dessus, *année* 1453, et ci-après, *années* 1515, 1516 et 1527.

1511. — Un maçon nommé Didier, en travaillant à la Châmarrerie, fut accablé sous les ruines d'une muraille, où il demeura plus de deux heures et demie avant qu'on eût pu enlever environ cinquante charretées de *marrain* sous lesquelles il fut trouvé sain et sauf, à cause d'un vœu qu'il dit avoir fait à la *Croix*. Sur sa demande, le chapitre lui permit de faire dire une grand' messe à la tribune, et de sonner la grosse cloche. M.

1511. — Le P. Menestrier a consigné, sous cette année, l'article suivant dans ses Notes inédites : « Ce fut à son retour d'Italie que Louis XII mit dans ses drapeaux la devise VLTVS AVOS TROIÆ, non pas pour en faire l'âme de sa devise du porc-épic, avec lequel ces paroles n'ont nul rapport, mais pour marquer par ces mots qu'il avoit vengé les Français, que nos romanciers ont fait descendre des Troyens chassés de leur pays. Cependant il faut avouer que ces mots n'étoient par fort beaux pour les victoires que le roi avoit remportées, et que les deux mots *cominus et eminus* de sa devise du porc-épic étoient incomparablement plus justes et plus nobles, puisque plusieurs savants l'ont considérée comme le modèle d'une devise parfaite. » — Le P. de Colonia s'est emparé de cette note, qu'il a retouchée et insérée dans son *Hist. litt.*, II, 440 ; mais il s'est bien gardé de citer la source où il l'avait puisée. Au reste, ce n'est pas le seul emprunt qu'il ait fait au P. Menestrier, dont il avait tous les manuscrits sous la main.

1512. — *Juin*... Louis XII accorde au consulat la levée de plusieurs droits sur les marchandises pour subvenir aux frais de construction des fortifications du côté de Bresse, entre le Rhône et la Saône ; il laisse, par les mêmes lettres patentes, le soin au consulat de faire ces travaux de la manière qu'il croira la plus profitable à la défense et à la sûreté de la ville de Lyon. *Archives consul.*, tome V^e.

1512. — *Juillet* 20. Louis XII écrit aux Lyonnais qu'il leur envoie le sieur de la Voulte, son conseiller et chambellan, pour adviser aux réparations qui sont nécessaires en la ville de Lyon, etc. *Documents* de M. Godemard, n° 49.

1512. — *Juillet* 21. Jules II, qui « de berger était devenu loup, » frappe d'interdit le royaume de France, et en particulier la ville de Lyon où devait se continuer le concile de Pise, devant lequel il avait été cité par Louis XII. — Ce pape avait entrepris « de casser, annuler et révoquer les foires franches de Lyon, et de les transférer à Genève, en défendant à toutes personnes, sous peine d'excommunication, de ne plus aller commercer ou trafiquer aux foires de Lyon. » Rubys, p. 355 ; Châteaubriand, *Etud. hist.*, IV, 239, éd. originale. Voyez le diplôme pour l'interdiction de Lyon dans la 3e session du concile de Latran. — Quand Jules II eut déclaré la guerre à la France, le poëte Gilbert Ducher, que nous retrouverons plus tard à Lyon, fit contre ce pape, qui commandait son armée en personne, une épigramme latine dont voici la traduction :

> Pour aller disputer la victoire à Louis,
> Jule avait fait sortir ses guerriers asservis
> Des murs où triompha jadis le grand Pompée.
> Dans le Tibre soudain jetant alors ses clés,
> Il dit à ses soldats, en ceignant son épée :
> « Dans les combats auxquels nous sommes appelés,
> « De quel secours pourraient être les clés de Pierre ?
> « Le glaive qu'avait Paul doit suffire à la guerre. »

1512. — *Octobre* 8. Guillaume Guerrier, courrier de Lyon, apporte au consulat l'un des placards en grosses lettres, mis dans les carrefours de Lyon, portant ces mots:

> Marrauz, vuidez, vuidez!
> Car si vous ne vuidez,
> Le bois encherir ferez,
> Et vous gardez de Tholose approcher;
> Car si vous y allez,
> Bruslés serez,
> Ainsi qu'a esté de *Molyna*,
> Docteur *in medicina*.

Au sujet desquels placards plusieurs marchands de Montpellier et d'Espagne fréquentant les foires, craignant qu'on n'ait voulu les désigner, ou que le peuple ne le présumât ainsi, pourraient s'éloigner, etc., on ordonne une recherche exacte des semeurs de ces placards, pour en être fait punition. S. De Rozoi, *Annal. de la ville de Toulouse*, III, 263. — Voyez ci-après, au 5 *janvier* 1519, et au 3 *mars* 1533.

1512. — *Octobre* 31. Pierre Chavet est désigné pour faire le sermon de la S. Thomas. — Il le fit en effet, et, suivant l'usage, on le lui paya 30 sous. S.

1512. — Le chapitre de Lyon députe, pour assister au concile de Lyon, le chantre et le custode avec deux autres chanoines. M. *Act. capit. de St-Jean*, l. XXXIII.

1512. — Cette année courut par Lyon un certain bruit sourd que la ville devait périr dans peu de jours, et ne savait-on qui avait été le premier auteur de ce bruit, ni d'où il était venu, et en était néanmoins le peuple en grand effroi; les prédicateurs exhortaient les habitants à pénitence, jeûnes et bonnes œuvres pour apaiser l'ire de Dieu. Par ordre de l'archevêque, on fit un jour de dimanche une belle et dévote procession générale, où l'on vit 70 bannières tant des églises que des confréries des métiers. Un bon père cordelier, nommé frère Muleti ou Mulet (Claude), prêcha avec tant de zèle, de larmes et de sanglots, que toute l'assistance, hommes, femmes et petits enfants, se prosternèrent par trois fois en terre, criant à haute voix, et la larme à l'œil: *Sire Dieu, miséricorde!* Rubys, 355; Foderé, 813.

1512. — Le chapitre de St-Jean, le clergé et le consulat font un compromis par suite duquel le clergé doit être tenu à faire 116 cannes et demie de muraille pour les fortifications de la ville, « depuis la Saône tendant vers « le Rhône. » La taxe du clergé fut de 1500 livres. Il fut convenu que l'archevêque donnerait 300 liv.; le chapitre 600; l'abbé d'Ainay 200; St-Paul 250; St-Pierre 50; St-Nizier 50; Fourvières 10; la Platière 20; St-Antoine 13; la Commanderie de St-Georges 30; le curé 10; St-Michel 5; St-Vincent 3; St-Saturnin 6; l'Hôpital du Rhône 5; l'Hôpital Ste-Catherine 5; le chapelain de St-Cosme 5, les Célestins 15; les Jacobins 10; St-Bonaventure 5; les Carmes 5, et les Augustins 5. — L'année suivante, le clergé fit une seconde imposition de 1500 livres pour continuer les fortifications. M. Voyez les *Arch. du Rh.*, V, 430 et suiv. —Voyez ci-après, année 1543.

1513. — *Février....* Les cardinaux de Caravajal et de St-Séverin qui étaient au concile de Lyon, ayant appris la mort de Jules II (décédé le 21 de ce mois), partent aussitôt de Lyon pour aller à Rome. Arrivés à Livourne, ils y apprennent que Léon X avait été élu pape le 11 mars. Ciacoconius, III, 323. M.

1513. — Les Suisses ayant assiégé Dijon « firent une belle peur à ceux de Lyon qui craignoient, s'ils prenoient Dijon, qu'ils ne vinssent puis assiéger leur ville ; mais cet orage s'évanouit par un pont d'or que leur fit le sieur de la Tremouille, lors gouverneur de Bourgogne. Cet effroi qu'eurent lors les Lyonnois donna sujet *plus tard* à maistre Barthélemy Aneau, principal du collége de la Trinité, de représenter par gausserie, en des jeux publics, une grosse brayette qui faisoit peur à un *lion.* » Rubys, p. 356 ; C. B., *Mélanges*, p. 278. — Voyez ci-après, *année* 1542.

1514. — *Janvier...* François de Rohan officie, comme diacre, aux obsèques d'Anne de Bretagne, morte le 9 de ce mois. *Gallia christ.*, IV, 181. — Rubys, qui met par erreur la date de la mort de cette vertueuse princesse, au 2 janvier, ajoute que « ... le roy porta tel dueil qu'il en cuida mourir de « regret, et fut-on contrainct pour le resjouir de le faire monter sur cette « jeune hacquenée d'Angleterre qui le mena au bout de l'an en paradis.... » *Hist. de Lyon*, 356. — Louis mourut en effet un an moins neuf jours après Anne de Bretagne. — On trouvera dans le *Secret des finances de France*, par N. Froumenteau, 1580, pet. in-8°, l'*Estat des deniers leuez au diocèse et ressort de Lyon, du temps du roi Loys douzieme*, livre second, p. 409 à 416 : « C'est le propre du lyon, dit l'auteur, p. 411, de deuorer ; aussi Lyon a autant déuoré d'hommes durant le temps de cest estat, que les subsides, imposts, surcharges et insolences des gens d'armes y ont détruit de familles. La postérité, comme je croy, ne croira iamais la centiesme part de ce qui en est. » Les détails que Froumenteau nous donne sont extrêmement curieux pour l'histoire financière et politique de Lyon, sous Louis XII et Henri III.

1514. — *Septembre* 26. *Séance consulaire.* Les maîtres imprimeurs, savoir : Jacques Sacon, François Fradin, et Jean de Cambray ; maître Richard Gentilhomme et Laurent Yffaire, compagnons imprimeurs, demandent que le consulat se joigne à eux pour obtenir punition et justice contre quelques aventuriers qui courent sur les compagnons de leur métier, et en ont blessé quatre ou cinq jusqu'à la mort. On leur répond et objecte les insolences faites par lesdits imprimeurs, même depuis huit jours qu'ils ont voulu outrager le guet de la ville et blessé le lieutenant du capitaine. Cependant, comme ils offrent de remettre aux mains de la justice ceux des imprimeurs qui ont méfait, les conseillers les somment de remettre ceux qui ont insulté le guet. Ils répondent que lesdits accusés sont absents, mais que, quand ils pourront les avoir, ils les livreront volontiers. — Le consulat arrête de faire prendre les délinquants par autorité de justice, et d'y envoyer main-forte des archers et arbalestiers. — Quatre furent saisis et condamnés à être bannis, après avoir été fustigés par les carrefours de la ville par l'exécuteur de la haute-justice : ce qui fût exécuté pour trois ; le quatrième, nommé *Roboam*, se porta appelant. S. — Voyez ci-après, *année* 1535.

1514. — *Octobre* 3. Le consulat reçoit des lettres du roi, relatives à l'exécution des arrêts rendus au parlement pour la réformation de l'abbaye de St-Pierre. S. — Voyez ci-dessus, *année* 1511.

1514. — *Octobre* 31. Un riverain de St-George, qui avait volé du bois dans les Brotteaux de la ville, est condamné par le maître des ports à porter une torche allumée, en criant *merci à Dieu*, depuis la prison jusqu'à l'hôtel commun, où il demandera pardon aux conseillers, etc. S.

Règne de François Ier, le Père des lettres (1).

1515-1547.

1515. — *Juin* 30. Entrée de Mgr. Charles de Bourbon, connétable de France. — Les rues furent tapissées depuis St-Jean jusqu'à la porte de Bourgneuf. Il y eut une *Ystoire* sur la place du Change : c'est à savoir une fille signifiant *Force royale*, tenant une épée nue en sa main dextre, et de l'autre un fourreau semé de fleurs de lys ; sur sa ceinture était écrit *Espérance*, devise dudit seigneur connétable ; les autres filles étaient deux *Vertus* exhaussant l'honneur dudit seigneur : il y avait encore un personnage signifiant ledit connétable, vêtu d'une huque aux armes dudit seigneur, et deux anges tenant un écriteau sur lequel on lisait : *Praeibis ante faciem Domini parare vias ejus* (mots qui faisaient allusion à la prochaine arrivée du roi). — Les maréchaux de Lautrec, de la Palisse et Jean-Jacques Trivulce vinrent aussi à Lyon vers le même temps. Marillac, fol. 261 v°.

1515. — *Juillet* 12. François Ier, se rendant en Italie, fait son entrée à Lyon, accompagné de la reine Claude, son épouse, et de la duchesse d'Angoulême, sa mère. Ces deux princesses, pendant tout le temps du voyage du roi, restent à Lyon et logent au cloître de St-Just. — C'est dans ce même cloître que la reine mère reçut dix ans plus tard cette fameuse lettre dans laquelle François Ier lui disait, en lui apprenant la perte de la bataille de Pavie : *Madame...., de toutes choses ne m'est demouré que* L'HONNEUR ET LA VIE QUI EST SAUVE., phrase que l'on a traduite par ce mot si célèbre : *Tout est perdu, fors l'honneur.* Voyez le *Bayle* de M. Beuchot, art. François Ier. Le savant bibliothécaire de la Chambre des députés y donne le texte pur de la lettre de François Ier, citée, mais légèrement altérée dans l'*Histoire de Paris* de Dulaure. — Les membres du consulat allèrent au-devant du roi : ils étaient habillés de robes de damas tanney, et de pourpoints de satin cramoisi ; ils étaient accompagnés des Lucquois habillés de robes de damas noir, des Florentins habillés de robes de velours ; venaient ensuite les enfants de la ville habillés d'accoutrements blancs, comme de draps d'argent, velours et satin blancs. *Nouvelles Arch. du Rh.*, II, 130.

1515. — Le marquis de Vigève, gouverneur de Lyon, demande au chapitre de l'argent pour achever les murailles de la ville. *Act. cap.*, XXXIV. — Voyez ci-dessus, *année* 1512.

1516 — *Mars* 12. Le roi est à Lyon. — Il y était le 14, le 20 et le 26 de ce mois, le 2, le 12, le 17 et le 28 avril. Le dernier jour d'avril, il était à Colombiers. M.

1516. — *Mars* 14. François Ier octroie, par lettres patentes, différents pri-

---

(1) Ce prince, successeur de Louis XII, parvint à la couronne le 1er janvier 1515.

vilèges aux marchands des villes impériales d'Allemagne qui fréquentent les foires de Lyon. Rubys, 359.

1516. — *Mai* 10. Le roi, la reine et Madame vont visiter la roche de la Balme ou de la Baume, en Dauphiné. M.

1516. — *Mai* 28. Environ 5 h. après midi, François Ier part de Lyon pour aller à pied au St-Suaire à Chambéry. *Preuves de Savoye*, 457. — Il s'y était voué l'année précédente, à la journée de Marignan, et rendit son vœu, lui vingtième. M. — (Le départ du roi de Lyon pour Chambéry est mis, par erreur, au 25 novembre dans les *Ephémérides* du P. de St-Romuald.) — Le 7 *juin* le roi était à la Tour-du-Pin, et le 8 *juillet* à Lyon. M.

1516. — *Août* 11. Les artisans s'étaient ligués pour faire changer la forme des élections municipales ; ils voulaient que les échevins ne se mêlassent plus de nommer les maîtres des métiers chaque fois qu'il y avait lieu à procéder à une nouvelle élection d'échevins, et qu'aucun terrier ne pût y assister.... ; qu'à eux seuls appartînt à l'avenir la nomination des maîtres des métiers et l'élection des échevins. Ils voulaient, en outre, que cette élection ne se fît plus en l'Hôtel-de-Ville, mais dans la chapelle de *St-Jacquême*, comme elle se faisait anciennement, avant l'acquisition de l'Hôtel-de-Ville. Ils s'étaient pourvus au parlement, où la cause fut plaidée solennellement pendant deux audiences, et terminée dans celle du 11 août par un arrêt qui débouta les artisans de toutes leurs demandes. Rubys, p. 359 et suiv. ; Paradin, 267. — Voyez ci-dessus, *année* 1486.

1516. — Le monastère de St-Pierre est uni à la congrégation de Chezal-Benoît. — Cette union a duré jusqu'en 1635. Du Tems, IV, 407.

1516. — Révocation de l'évêché de Bourg. — L'abbé d'Ainay est commis par le pape pour faire exécuter cette révocation. Guichenon, *Preuv.* 81. M. — Voyez ci-après, *année* 1521.

1517. — *Juillet* 13. Un sacristain de St-Paul, nommé *Machard*, fait un testament qui contient des détails curieux sur les usages de cette époque. L'abbé Pernetti, *Lyonn. dign. de mém.*, I, 297-301, nous en a donné le sommaire.

1517. — *Décembre* 22. Mort d'Hugues de Talaru qui avait été élu archevêque de Lyon en 1488, et qui, ayant eu pour compétiteur André d'Espinay, céda ses droits à ce dernier le 23 décembre de l'année suivante.

1518. — *Avril* 16 (*lundi*). Les conseillers de ville assistent à une procession générale faite par ordre de l'archevêque, ensuite d'une lettre datée de Caen, que le roi lui avait écrite pour lui annoncer qu'il avait reçu du pape un bref par lequel S. S. lui donnait sa bénédiction, ainsi qu'à la reine, au dauphin, aux princes alliés du roi et à tous ses sujets. S.

1518. — *Octobre*... Mort, à l'hôpital de Gênes, de Jean Collin, célestin de Lyon. *Biogr. lyonn. Catal.*

1519. — *Janvier* 5. Le consulat donne audience à frère Valentin Levin, religieux de l'ordre de St-Dominique, inquisiteur de la foi catholique, qui exhibe certaines lettres closes et missives que le roi sire écrit à MM. les gouverneurs de cette ville, par lesquelles il mande donner audit inquisiteur aide, port, conseil et faveur, en procédant pour lui à l'exécution de certaines lettres patentes que ledit seigneur lui a envoyées et adressées pour procéder à l'inquisition des *marraus* et hérétiques. Les conseillers, après avoir vu ces lettres, lui répondent «que, ainsi qu'il plaît audit seigneur man-

« der et commander, ils obéiront et feront tout ce qui leur sera possible,
« quand besoin sera, et requis en seront. » — On trouve une lettre latine
qui semble plus ancienne, adressée de Genève le 13 *avril*, sans millésime,
par frère Pierre, prieur provincial de France, de l'ordre des Prêcheurs,
en réponse à celle que ceux-ci lui avaient écrite pour que le frère Raphaël
restât à Lyon, où il serait très-utile par sa doctrine et sa prédication ; à quoi
frère Pierre répond 1° que son intention est de l'y laisser, tant qu'il sera jugé
utile, et qu'il plaira aux vénérables seigneurs de l'église de St-Just de lui continuer l'office de lecteur (de l'Eglise de Lyon); 2° quant à l'office d'inquisition,
il consent, en faveur de ladite ville et l'utilité du peuple, que le frère Raphaël
l'obtienne et l'exerce à la louange de Dieu et augmentation de la foi ; et ce
dès que frère Nicolas de Sagiaco aura quitté ledit office ou y aura renoncé ;
et il lui écrit pour qu'il s'en démette. Mais comme frère Raphaël n'a pas
encore 40 ans requis par le droit, il faudra avoir dispense du souverain
Pontife, pour l'obtention de laquelle lesdits conseillers, ou messieurs de
l'église de St-Jean, voudront bien solliciter. S. — Voyez ci-dessus, au
8 *novembre* 1512.

1519. — Une commission est adressée au premier président de Dijon
(c'était Hugues Fournier), pour informer sur la rébellion de quelques habitants de Lyon. *Div. off.*, n° 200. — Voyez ci-après, au 7 *mars* 1520.

1519. — Transaction entre Antoinette d'Armagnac, abbesse de St-Pierre
de Lyon, et MM. de St-Just pour les limites du dixme de Myons et de
Venissieu. M.

1519 *et* 1520. — La ville est atteinte de la peste. On fait des quêtes, et
on exige des contributions des confréries. S.

1520. — *Mars* 7. Commission du roi François Ier au sieur Adam Fumée,
sieur des Roches, et au seigneur de Chevrières, garde du corps, pour aller
faire informer à Lyon de certains monopoles et mouvements du peuple
contre les conseillers de la ville. *Div. off.*, n° 202. — Voyez ci-dessus, année 1519.

1520. — *Mai* 21. Le consulat visite la chapelle de St-Jacques, et ordonne
que l'on ôte certaines armes (armoiries) nouvellement faites dans cette chapelle, « tant es verrières qu'ailleurs, et qu'on y mette celles de la ville. » S.
—Ces armes étaient probablement celles de Jean de Chaponay. — Voyez ci-
après, au 8 *septembre*, et ci-dessus, au 22 *juin* 1222.

1520. — *Juin* 19. Me Pierre Chausson, chevalier, et Claude Chausson,
perpétuel de l'Eglise de Lyon, fondent, en faveur des pauvres de l'Hôtel-
Dieu, intitulé *N.-D. de Pitié*, 12 dîners pour les 12 premiers lundis de
chaque mois, comme il sera ordonné par les conseillers recteurs de l'hôpital. Ils veulent que la veille de chacun de ces lundis soient dites vigiles des
morts, et le lundi une grand' messe des trépassés. Ils donnent pour cette
fondation 1200 livres en capital, ou une pension de 66 livres tourn.—P. Bernod, citoyen de Lyon, fonde aussi un dîner le jour de St-Joseph, et y affecte
une rente de 100 liv. tourn. S.

— *Même jour.* Jean Dodieu, seigneur de Vély, demande que le consulat
veuille nommer et intituler la rue *Chana*, rue *des Dodieux*, parce que cette
rue a été faite, et le fonds baillé par feu Me Jacques Dodieu son père, et se
meut de sa directe. On y délibérera. S. — Voyez ci-après, année 1558.

1520. — *Août* 22. M. Matthieu de Vauzelles, *juge-mage* de Lyon, agissant tant en son nom qu'en celui de son frère (Jean) de Vauzelles, prieur

de Montrotier, expose au consulat qu'il a fourni et donné, tant pour acheter la Grange-Blanche en faveur de l'hôpital du pont du Rhône que pour les bâtiments et les lots, jusqu'à 1700 l. tourn. Aujourd'hui il remet de plus 400 l. pour racheter une pension due sur cette grange à St-Just, à St-Paul, etc., faisant en tout 2100 l. t. Il demande que les conseillers s'engagent à faire chaque année, sur le revenu de ladite grange, un repas pour les jours qu'il nommera. Il veut que cette grange ne soit jamais aliénée ni appensionnée; autrement il veut qu'elle soit substituée à MM. de St-Jean, etc. S. Pernetti, 1, 322 et suiv.; C. B. *Mélanges*, 536.

1520. — *Septembre* 8. M. le président Jean de Chaponay ayant été prié par les conseillers de se rendre à l'hôtel commun, Symphorien Champier, président, lui dit « que d'ancienneté la chapelle de St-Jacquême étant près sa « maison, appartenoit à la ville; que d'ancienneté cette chapelle étoit libre « par son entrée et issue; que cependant il a construit contre les murs de « ladite chapelle plusieurs bâtiments et fait fenêtres, clôtures et autres édi- « fices préjudiciables à ladite chapelle; que même il occupe une chambre « étant au fond et au-dessus de ladite chapelle, où continuellement se sou- « loient tenir les titres de la ville, le requérant de remettre lesdits bâtiments « et chapelle au premier état. » — A quoi ledit sieur de Chaponay a répondu qu'il n'a rien fait, ni voudrait faire au préjudice de la chose publique; qu'il n'a fait aucun bâtiment de nouveau, ni chose préjudiciable à ladite chapelle, laquelle chapelle il ne veut pas dire qu'elle ne soit à la communauté, ne aussi le confesser; et ce qu'il a fait, ce a été *justo titulo*, car il a abenevisé de Messieurs de St-Nizier les lieux et places où il a bâti : néanmoins il requiert que la chose soit vue avec ses titres, et par vision d'iceux il se trouvera qu'il n'a rien fait qu'il n'ait dû faire. S. — Voyez ci-dessus, au 22 *juin* 1222.

1520. — *Septembre* 8. Le consulat ordonne de faire une prison de la chambre où était la recluse à l'hôpital, pour y mettre les repenties quand elles l'auront mérité. S.

1521. — Charles-Quint s'était emparé de l'abbaye de Longchamp, au diocèse de Tournay, dont le cardinal Louis de Bourbon était abbé. Pour le dédommager de cette perte, François Ier, par lettres du 13 *février*, lui donna l'abbaye d'Ainay qu'il ôta à Philibert Naturel de la Plainne qui s'était jeté dans le parti de l'empereur. M. — Le *Gallia christiana* ne met Louis de Bourbon abbé d'Ainay qu'en 1532.

1521. — *Juin* 1. Jean de Calluault, évêque de Senlis, meurt à Lyon, en revenant de Rome. M.

— *Juin* 10. Geoffroy Sala, né à Lyon, est reçu conseiller au parlement de Provence. C. B.

1521. — *Décembre* 6. Les conseillers vont faire la révérence à Monseigneur de Bayard, logé en l'hostel M. l'eslu de Vinolx, et ledit sieur de Bayard leur présente une lettre du roy dont voici la teneur : — « A nos très-chers et bien-amez les conseillers de notre bonne ville de Lyon. — De par le Roy. — Très-chers et bien-amez, nous envoyons présentement par delà notre amé et feal conseiller, chambellan et chevalier de notre ordre, le seigneur de Bayard, pour les causes et raisons qu'il vous déclarera. Si voulons et mandons que vous le croyez de ce qu'il vous en dira, tout ainsi que vous feriez notre propre personne. Et, au demeurant, ferez ce qu'il vous ordonnera pour notre service, et qu'il n'y ait faulte. Donné à Compiègne, le 24ᵉ jour de novembre. Signé : François ; et plus bas : Robertet. » — Ensuite ledit seigneur de Bayard pour sa créance a dit que le roi entend de rechef venir en cette ville, pourquoi il lui a donné charge d'en advertir lesdits conseillers, afin qu'ils donnent ordre à raccoustrer et préparer son logis, aussy tenir ladite ville nette, faire vuider toutes immondicités et gens infects si aucuns en y a, au mieux qu'il sera possible. Pareillement donner ordre que l'on n'enchérisse les viures. A quoy les sieurs conseillers ont dit et répondu qu'ils y feront tout leur possible, et y mettront la plus grande diligence qu'ils pourront, offrant en tout et partout obéir audit seigneur, etc.

Et là lesdits conseillers ont requis M. le courrier, juge ordinaire sur la politique de la ville, qu'il veuille donner ordre auxdits officiers, et faire obéir les refusants : ce qu'il a offert faire, et ordonné une crie estre faite par la ville sur ce que dessus. — On fit présent à Monseigneur Bayard, pendant son séjour en cette ville, de 32 simaises vin blanc et clairet de 16 deniers la simaise, dont le prix montant à 2 livres 2 sols 8 deniers fut payé le 17 du même mois de décembre. Voyez sur *Bayart* (car c'est ainsi que ce nom doit s'écrire) et sur ses différents séjours à Lyon, l'*Histoire* de ce grand capitaine publiée par M. de Terrebasse, Lyon, Laurent ; 1835, in-12.

1521. — Rétablissement de l'évêché de Bourg en Bresse. Guichenon, *Preuves*, 83. Voyez ci-dessus, année 1516, et ci-après, année 1534.

1522. — *Avril* 5, à 7 h. du m. Le roi arrive à Lyon par la rivière de Saône, accompagné du cardinal de Lorraine, de l'amiral Bonnivet, et d'un petit nombre d'autres personnages. Il entend la messe à St-Paul, dans la chapelle de N.-D., et va loger en la maison du capitaine Jean Sala. — Le lendemain *Dimanche*, les conseillers se rendent à l'Archevêché pour haranguer le roi, qui leur répondit qu'il était *venu faire bonne chère en ceste sa ville pour quelque temps avec ceux de sadite ville*. M. et S. — Le roi aurait pu ajouter qu'il était aussi venu pour demander à sadite ville des hommes, et surtout de l'argent. C'est ce que témoignent les actes consulaires de l'époque. — Henri III, qui vint au mois d'août 1582 visiter les Lyonnais qui ne l'attendaient pas, se souvenait probablement de la réponse de François Iᵉʳ quand il dit aux échevins, qui s'excusaient sur le défaut de réception, qu'il était venu les voir pour manger des melons. D. Thomas, *Mém. sur la Ligue*, p. 16.

1522. — *Mai* 19. «... Environ 2 h. après midi, en la maison de l'archevêque, le hérault d'Angleterre, Clarence, défia mon fils, et en après qu'en tremblant de peur il eut déclaré que son maître étoit notre ennemy mortel, mon fils lui répondit froidement et si à point, que tous les présents étoient joyeux et néanmoins ébahys de sa claire éloquence. » Louise de Savoye, *Journal*. — Voyez aussi *Preuv. de l'Hist. de Savoye*, 459.

1522. — Le P. Menestrier a consigné à la fin de cette année, dans ses Notes inédites, une liste de quelques personnes qui occupaient alors des emplois ou exerçaient leur profession à Lyon; en voici un extrait : — Noble et puissant seigneur Messire Louis Mitte, chevalier, seigneur de Chevrières, sénéchal de Lyon, bailli de Mâcon et capitaine de la garde du roi notre sire; — Jean du Peyrat, lieutenant général du bailli de Mâcon, sénéchal de Lyon; — Néry Mazy, conservateur des priviléges des foires; — Claude Laurencin le jeune, receveur des tailles pour le roi au pays de Lyonnois; — noble et religieuse personne frère Guillaume le Groin, commandeur de St-Georges de Lyon et receveur du prieuré d'Auvergne; — Robert Albizzi, marchand et citoyen de Florence; — Antoine de Gondi, florentin, bourgeois et marchand; — Olivier Simon de Gadagne et Pierre Olivier Simon de Gadagne, son fils, citoyens et marchands de Florence; — Nicolas d'Elbène, marchand florentin, etc., etc.

1522. — Mort de Pierre Sève; — de *Maurice Sève*, docteur en droit, citoyen de Lyon; — de Jean, Michel et Barthélemi Sève, frères de Maurice. M. Voyez, sur les principaux membres de cette famille, leur art. dans la *Biographie lyonnaise*, 1839, in-8°.

1523. — *Septembre* 6. François Ier, étant à Lyon, donne à Jean Brinon, commandant au parlement de Rouen pour la garde du petit scel près sa personne, commission d'interroger l'évêque du Puy et autres complices du connétable de Bourbon, qui *étoit* au bourg de Tarare. Labbé, *Eloge hist. de François Ier*, p. 314. — Antoine de Chabannes, évêque du Puy, avait été arrêté à Lyon pendant que le roi y était, et il devait être conduit à Paris. M.

1523. — *Septembre* 25. Lettres patentes de François Ier données à Lyon, contre les aventuriers qui désolent le *bonhomme* (le peuple). — Ces lettres patentes, dont l'original existe aux archives du royaume, ont été insérées dans le *Bulletin universel* de M. de Férussac, *sciences hist.*, année 1830, p. 354-360. C'est un document fort curieux pour l'histoire, et qui tend à faire considérer les troubles qui agitaient la France en 1523, comme ayant été un peu plus sérieux qu'on ne pourrait le penser d'après les relations de cette époque. Les excès des bandes armées dont la France était alors infestée, y sont détaillés et dépeints sous les plus fortes couleurs. Les individus qui composaient ces bandes, et leurs chefs y sont déclarés ennemis du souverain et de l'Etat, et mis, comme nous le dirions maintenant, *hors la loi*. C. B.

1523. — *Novembre* 11. François Ier, qui séjournait à Lyon depuis le 21 août précédent, confirme les anciens priviléges des habitants de Dombes, etc. M. *Nouv. Mélanges* de M. C. B., page 413.

1523. — *Décembre* 10. François Ier, par une charte datée de Lyon, déclare qu'il se départ de tous les droits qu'il pouvait avoir contre la maison de Savoie. Guichenon, *Hist. de Savoye*, Pr., 493.

1523. — François Ier, ayant conquis la principauté de Dombes, établit à Lyon, pour l'administration de la justice de cette principauté, un conseil souverain, qui prit le nom de parlement de Dombes dès 1558. En 1560, le pays de Dombes rentra entre les mains de ses anciens maîtres, qui maintinrent le parlement, lequel continua à siéger à Lyon jusqu'en 1596, époque à laquelle il fut rendu sédentaire à Trévoux. En 1762, Louis XV acquit, par échange du comté d'Eu, la principauté de Dombes. Le parlement fut confirmé et commença dès lors à rendre la justice au nom du roi de France, qui le supprima par un édit du mois d'octobre 1771, et créa en la ville de Trévoux, par un édit du mois de janvier 1772, une sénéchaussée et siège d'élection réuni qui tint ses séances dans le palais ci-devant occupé par le parlement. Du Cange, *Glossarium*, v° *Parlamentum*; *Alm. de Lyon* pour 1789, p. 161; *Annuaire historiq.* pour 1839, p. 165. — Voyez ci-après, 18 avril 1544.

1524. — *Février* 24. Mort, à Lyon, d'Etienne Poncher, garde des sceaux de France sous Louis XII, archevêque de Sens, etc. Chalmel, *Hist. de Touraine*, II, 393. — Son corps fut transporté à Sens. Moréri.

1524. —Février. Henri-Corneille Agrippa de Nettesheim, si connu par ses ouvrages et par sa vie aventureuse, vient à Lyon. Charmé de son vaste savoir, Symphorien Bullioud, un de nos plus célèbres Lyonnais, le présente à la cour qui le comble de faveurs. Sa femme étant accouchée d'un fils, le cardinal de Lorraine et la marquise de Saint-Priest le tiennent sur les fonts (Colonia, *Hist. litt.*, 11, 711). — Il nous reste d'Agrippa un certain nombre de lettres datées de Lyon, où il avait de nombreux partisans; il comptait parmi eux le père Jean de la Grene, gardien du couvent de saint Bonaventure, et André Briau, médecin du roi (*Epist.*, III, 54). Il fit un nouveau séjour à Lyon en 1526 et 1527. (Voyez ses *Œuvres* publiées par les frères Bering, t. II, p. 681 et suiv.) Il quitta Lyon le 6 décembre 1527, pour se rendre à Anvers. Il arriva à Paris le 20 du même mois, et y resta jusqu'au 13 juillet suivant (*Notes inédit.* du père Menestrier, année 1538). M. Cochard, *Descript. de Lyon*, p. 189, rapporte qu'Agrippa, durant ses divers séjours dans nos murs, logeait chez les Carmes. Suivant ce même écrivain, il aurait été renfermé à Pierre-Scise pour avoir fait un libelle contre Louise de Savoie, mère de François Ier (*Calendrier* de 1829, p. 41). — S'il fallait s'en rapporter à Paul Jove, Agrippa serait mort à Lyon en 1534, et, la veille de sa mort, il aurait maudit son chien qui serait allé se noyer dans la Saône; mais ce fait a été contesté, et il paraît avéré qu'Agrippa mourut à Grenoble, en 1535. Joly, *Rem. sur Bayle;* Pernetti, 1, 233; C. B. *Mél.*, p. 316; *Journal de l'instr. publiq.*, août et sept. 1839.

1524. — Le capitaine Franget avait rendu aux Espagnols Fontarabie, dont il était le gouverneur; ayant été arrêté au sortir de la place par Lautrec, et conduit à Lyon, il fut traduit devant un conseil de guerre. Condamné comme lâche et traître, il subit la plus honteuse dégradation sur un échafaud dressé dans la grande place publique de cette ville (probablement au lieu de la Grenette où se faisaient alors les exécutions). *Art de vérif. les dates*, 1, 634. — Cet événement a été placé par erreur dans la *Biogr. lyonn.*, art. Franget, à l'année 1523.

1524. — Le chapitre de Lyon, se fondant sur la morale, sur le texte des Apôtres et des Pères de l'Eglise,..... ordonne aux habitués et prêtres de son église de renvoyer dans les six jours, de chez eux, leurs gouvernantes (*focarias*), et toutes les femmes suspectes d'incontinence. Ceux qui, dans le délai indiqué, n'auront pas obtempéré à cet ordre, perdront le titre d'habitués de l'église et les émoluments, sans préjudice des autres peines. On finit par rappeler, d'après un texte de saint Grégoire, que ceux qui ont l'autorité en main doivent s'en servir pour corriger les mœurs de leurs subordonnés. *Nouvelles Arch. du Rh.*, 1, 90.

1525. — Le *mardi* 28, dernier jour de *février*, M. de Montpezat, l'un des gentilshommes de la maison du roi, et le vicomte Adrian, secrétaire de Madame la duchesse d'Alençon, venant en poste de l'armée et siége du roi qu'il tenait devant Pavie, vinrent heurter à la porte du pont du Rhône, environ la minuit, pour entrer en la ville, auxquels fut ouverte ladite porte par Humbert Gimbre, l'un des conseillers de ladite ville, et Benoist Chastillon, ayant en garde les clés de ladite ville de la part de mesdits sieurs les conseillers; lesquels de Montpezat et vicomte, incontinent qu'ils furent entrés, dirent et affirmèrent auxdits Gimbre et Chastillon que vendredi dernier passé, fête de saint Mathias, 24 février, les Espagnols avaient levé ledit siége et rompu l'armée dudit seigneur, et que ledit seigneur et plusieurs autres grands seigneurs de son royaume étoient prisonniers, et grand nombre de gens dudit seigneur morts.

<blockquote>Haec fuit atra dies nigro scalpenda lapillo.</blockquote>

(Ce vers est dans le registre des actes consulaires.)

Le lendemain de bonne heure, les conseillers et quelques notables remirent les clés des principales portes à gens apparents et de confiance. Ils arrêtèrent de faire visiter l'artillerie et les munitions de la ville, demander tous les pennoniers, quarteniers et dixeniers pour qu'ils se préparassent, chacun en sa charge, de faire savoir à tous leurs gens qu'ils se tinssent accoustrés et prêts pour se trouver quand ils seront mandés; commettre six personnes dont deux seront des personnages apparents pour garder chaque porte, pour ne laisser entrer ni sortir gens qui ne soient de bonne connaissance; en chaque quartier de la ville faire guet de dix hommes de nuit qui seront reconnus par deux conseillers, chacun à son tour. On chargera les pennoniers et quarteniers de savoir quels vivres il y a en la ville; faire tendre les chaines traversant la Saône, même celles de devant Ainay. Les portes du Rhône et de St-Marcel ne s'ouvriront de nuit sans la permission de deux conseillers qui les feront ouvrir, s'ils voyent qu'il soit besoin ; — de même à la porte de Pierre-Scise. On avertira le sénéchal qu'il prenne garde au Château de Pierre-Scise, advenant le cas d'éminent péril qui est à présent, etc., etc.

— *2 Mars.* On charge le capitaine Jean Sala d'ordonner six bateliers au port de Roanne, et autres six au port St-Paul des plus prudhommes et loyaux pour passer et repasser les gens, depuis six heures du matin jusqu'à cinq ou six heures du soir, et le soir leurs bateaux seront enchaînés pour la nuit. Ils ne pourront non plus descendre plus bas que la maison de Monseigneur de Lyon, ni monter plus haut que Pierre-Scise. Tous les autres bateaux seront enchaînés, avec défense aux autres bateliers de passer jusqu'à nouvel ordre.

— *3 Mars.* Les conseillers ont été avertis de quelques nouvelles par un maître d'hôtel de Mons. d'Embrun, venant du camp, lequel est arrivé cette nuit en diligence, et a annoncé que le roi a été fait prisonnier de guerre devant Pavie, vendredi dernier. Sur quoi les conseillers ayant délibéré, arrêtent de se transporter vers Madame la régente et M. le chancelier logés à St-Just, etc.; et de suite lesdits conseillers se sont transportés au logis de ladite dame, auquel lieu M. le sénéchal de cette ville leur est venu demander pourquoy ils étoient illec, mêmement que *Madame s'en ebahissoit;* qu'ils s'en retournassent, et que pour l'heure ils ne pouvoient parler à Madame. Néanmoins l'on lui avoit dit qu'ils venoyent obeyr aux commandements de madite dame et à son conseil, lequel leur a fait réponse qu'ils s'en pouvoient retourner, et que, quand il sera besoin de s'y trouver, il leur fera assavoir. S.

— *5 Mars.* Précautions pour la défense de la ville, etc.

— *7 Mars.* Madame la régente pourvoit Charles Alleman, seigneur de Laval, de la charge de lieutenant général par commission du gouvernement du Dauphiné, par lettres datées de St-Just sur Lyon. — Charles Alleman était cousin du chevalier Bayart dont la mère était sœur du père de Charles.

— *Même jour.* La régente donne le gouvernement du Dauphiné au marquis de Saluces. M.

— *9 Mars.* Les conseillers sont mandés par le chancelier pour se trouver au conseil étroit, et à trois heures après midi s'y étant rendus, le chancelier leur dit qu'ils étoient assez advertis des piteuses nouvelles qu'ils avoyent eues du roy; que jeudi passé ils étoient venus au logis de Madame la régente, faisant leur devoir envers elle; et pour ce qu'elle étoit si troublée desdites nouvelles, elle n'a pu leur parler; qu'elle leur sçait bon gré de ce qu'ils étoient venus leur offrir ce que de bons loyaux sujets doivent faire à leurs princes et gouverneurs du royaume, et que, en temps et lieu, leur bonne volonté seroit reconnue. Il les engage à prendre bonne et soigneuse garde de la ville, et à la réparer au mieux et le plus diligemment, etc. S.

1525. — *Avril* 11. Mort de Charles d'Alençon, époux de Marguerite de Valois, lequel avait fui à la bataille de Pavie, et était venu se réfugier à Lyon, où il avait pris son logement dans la maison de l'obéancier de St-Just. « .... Il décéda moins de la douleur de la défaite de Pavie, comme le dit le vulgaire des historiens, et après eux l'abbé Goujet, que de honte de l'avoir occasionnée par une retraite inexcusable.... » Dreux du Radier, *Bibliothèq. du Poitou*, v, 123. Les funérailles du duc d'Alençon, qui fut enterré à St-Just, se firent avec une grande pompe, le premier mai suivant. Rubys, p. 36.

1525. — *Août* 8. Louise de Savoie part de Lyon pour accompagner sa fille la duchesse d'Alençon, qui avait épousé le roi de Navarre, Henri d'Albret... *Hodiè recedit princeps mea*, comitaturque *filiam ituram in Hispaniam*. Corn. Agrippa, *Ep.* 79, L. III. M.

1525. — Louise de Savoie accorde à Constantin Fradin, libraire et citoyen de Lyon, la permission d'imprimer certains livres. Elle prend les qualités suivantes : « Louise, mère du roy, duchesse d'Angoumois et d'Anjou, comtesse de Maine et de Gien, régente en France. » Cette permission se termine ainsi : *Donné à St-Just sur Lyon, le* XVIIe *iour de nouembre* 1525. M.

1526. — Le P. Menestrier donne, sous cette année, une liste de différents personnages; voici les principaux :

Noble Pierre de Bourgogne, chevaucheur d'écurie et tenant la poste pour le roi. — Vénérable et egrege personne Me Matthieu de Vauzelles, docteur ès droits, juge-mage de Lyon. — Noble homme François Dupré, sieur de Champagnieu et de Bourgoing, et honorable homme Philibert de Villars, bourgeois de Lyon, fermiers du tirage du sel de la part du royaume. — Me Aymar de Beaujeu, licencié ès loix, bourgeois de Lyon, juge des terres et châteaux de l'Eglise de Lyon. — Philibert de Villars, tuteur de François Turin, seigneur de Charly. — Jean Sala, capitaine de Lyon, garde des munitions de guerre du roi à Lyon. — M. François Fournier, procureur général de la ville et commune de Lyon. — Barthélemy Bellièvre, grand-vicaire de François de Rohan. — Jacques Fenoil le jeune et Jean Bellièvre, marchands de Lyon. — Guillaume Dodieu, courrier de Lyon. — Chanoines de St-Paul : Matthieu Bellièvre, chantre, Claude Builloud, sacristain, Claude Dublet, Catherin Bellièvre, Ant. de Mondesert, Jean de Pierrevive, Humbert Maistre et Philippe Le Charron, chanoines. — R. P. en Dieu Maistre Théode de St-Chamond, abbé de St-Antoine, commandeur de la Commanderie de Lyon.

1526. — Réception du cardinal Salviati, légat.

— Cette année, on propose de faire un parlement à Lyon. M.

1526. — Le général Boyer est nommé sénéchal de Lyon. — Ce général alors était en grand crédit; mais depuis il tomba en disgrâce. Quand il vint prendre possession de la charge de sénéchal, le consulat lui fit don de l'état et office de capitaine de la ville de Lyon. Rubys, p. 362.—Voyez ci-après, *année* 1530.

1527.— *Février* 17, *jour de la Septuagésime.* Exorcisme de sœur Antoinette Grolée, religieuse de l'abbaye de saint Pierre, qui se disait possédée par l'esprit de la sœur Alix de Tesieux, religieuse de la même abbaye. — Un procès-verbal de cet exorcisme fut rédigé par Adrien de Montalembert, aumônier de François I", qui le publia sous ce titre: *La merveilleuse histoire de l'esprit qui depuis naguères s'est apparu au monastère des religieuses de Saint-Pierre de Lyon;* Paris, 1528, in-4° goth. Henri-Corneille Agrippa traite de sornette le récit de Montalembert, et le qualifie d'imposteur et d'homme sans conscience. « Je n'ai garde, dit l'abbé d'Artigny, d'en porter le même jugement; c'est bien assez de penser qu'un zèle ardent, mais peu éclairé, a conduit la plume de Montalembert, dont il paraît que le but principal a été de fournir un préservatif contre les luthériens qui, déjà répandus en France, combattaient ouvertement la doctrine de l'Eglise sur le purgatoire. » *Mém.* VII, 179. Voyez aussi Pernetti, 1, 373; Cochard, *Descript. de Lyon*, p. 131, etc.; ci-dessus, *années* 1453 et 1511, et ci-après, *année* 1653.

1527.— *Juillet* 21. Le consulat, sur la proposition de Symphorien Champier, de Claude Bellièvre et de François de Rohan, archevêque de Lyon, acquiert des courriers de la confrérie de *la sainte Trinité* une partie des granges que cette confrérie possédait sur les bords du Rhône, pour y fonder un collége. — Il fut stipulé que ce collége porterait le nom de *Collége de la Trinité.* Le premier principal fut Guillaume Durand, lyonnais, et le second Claude de Cublize, qui fut destitué par le consulat, et remplacé, en 1540, par le célèbre Barthélemi Aneau qui était déjà un des professeurs de l'établissement. Cochard, *Descript. de Lyon*, p. 112; *Arch. du Rh.*, XI, 82 et suiv.; C. B., *Nouv. mél.*, p. 199.

1527.— *Décembre* 16. « Au parlement, attendant que le roy y arrivât, les archevêques de Lyon, Bourges et Rouen eurent entre eux différend vuidé pour ce jour, sans préjudice de leurs droits pour l'avenir, que celui de Lyon auroit le premier, Bourges le deuxième, Rouen le tiers. » Du Tillet, *Rec. des Rois*, art. PRÉLATS DE FR.— Ce fut le chancelier du Prat qui adjugea la préséance à l'archevêque de Lyon, par un arrêt provisionnel, après avoir pris l'avis des présidents au mortier et conseillers des parlements, députés aux états convoqués à Cognac en Angoumois. M.

1528.— *Mars* 21. Ouverture d'un concile provincial tenu à Lyon. — L'évêque de Mâcon y présida, en l'absence de l'archevêque de Lyon, et exposa les motifs qui avaient fait assembler le concile; savoir: le danger de la religion attaquée par les hérétiques; la nécessité de pourvoir à la réformation des mœurs, et la levée des subsides que demandait le roi pour la délivrance des deux princes ses enfants. On y lit ensuite six décrets, dont les quatre premiers contenaient des anathèmes contre la doctrine de Luther et contre ses ouvrages; les deux autres regardaient plus particulièrement la réformation des mœurs. *Gallia christ.* et du Tems, IV. — François de Rohan était probablement auprès du roi; ce fut lui qui alla, cette année, au-devant du cardinal d'Yorck, ambassadeur de Henri VIII, roi d'Angleterre, lorsque cet ambassadeur fut reçu à Amiens par François I". La Morlière, *Antiquités d'Amiens*, p. 23.

1528.— *Avril* 15. Le consulat donne les instructions suivantes à Hugues

Dupuy, docteur, et à Claude Gravier, notaire royal et secrétaire de la ville de Lyon, députés par cette ville *pour aller en cour devers le roy :* « pour ce qui est du bruict que le roy nostre sire veult requérir et faire demander à ladicte ville de Lyon une grosse somme d'argent en forme d'octroy, qui seroit chose impossible. Quant ils seront en cour, feront les remontrances des grans charges et affaires de ladicte ville, qu'elle a supportees et supporte chacun iour, et de la paoureté du populaire et habitants d'icelle mesmement qui s'en suyuent.

Premierement les grans despenses qu'ils ont faictes pour clourre ladicte ville du costé de la Bresse et Savoye, qui estoit declose depuys le Rosne iusques à la Sosne, au-dessubs la montaigne Sainct-Sebastien, distant d'une demye lieue francoyse, depuis sept ou huict ans en ça à cause du doubte de guerre que l'on auoit, pour faire de grans tranchees, boulleuarts, remparts de boys et de terre, aux propres cousts et despens desdicts habitants, lesquels la pluspart, et faulte d'auoir argent pour y fournyr, y alloient besongner en propres personnes iour et nuyct, pour obeyr au commandement du Roy, de ses gouuerneurs et de ses commissaires qu'il y desputoit.

Item, pour ce que lesdicts remparts, boulleuarts de boys et de terre, venoient à deccader depuys troys ou quatre ans en ça, le Roy et Madame sa mere régente leur ont commandé, tant en leurs propres personnes qu'en leurs gouuerneurs et commissaires, de faire lesdictes closures, murailles et boulleuarts de muraille, chaulx et pierre, pour estre à perpétuité deffensables ; ce qu'ils ont faict et font iournellement, comme bons et obeyssans subiects, tellement qu'ils ont faict et continué ladicte muraille depuys le boulleuart qui est au-deuant de Pierre-Scize, sur Sosne, iusques au dict Sainct-Sebastien, ou il y a plus de soixante mil toises de grosse muraille, de la largeur de quinze à seize pieds, et ladicte muraille fournye de terre de son haulteur au-dedans de la ville, tellement qu'elle est de ce costé imprenable et telle que par artillerye ny aultrement on ne la pourrait rompre ny esbrecher.

Item, on faict ledict boulleuart mesmement celluy de Sainct-Sebastien, qui est l'entree et est sy beau et si deffensable que au royaulme de France ne à cent lieues à l'entour rien n'a paru de pareil.

Item, ne reste que de continuer ladicte muraille depuys ledict boulleuart Sainct-Sebastien iusqu'au boulleuart qui est le Rosne, à quoy ils vacquent et besongnent iournellement à la plus grand diligence que faire se peult.

Item, pour faire et continuer lesdictes closures, murailles et boulleuarts, ils ont tout prins sur eulx. Car fault entendre que ladicte ville de Lyon est la plus pauure ville de deniers de ce royaulme, qui n'a pas troys cens francs de reuenus par an, qui n'est pas pour paier les officiers ordinaires. Ains leur a conuenu leuer tous ces deniers sur eulx en forme de collecte et sur leurs vins entrant en ladicte ville, prix des fermes dont tellement ont esté et sont chargés que plus ne peuuent.

Item, sont fort chargés de la reparation du pont du Rosne, tant de pierre que de boys, qu'ils auoient iournellement à reparer et entretenir, aultrement il deccaderait à cause de l'antiquité d'icelle et de l'impetuosité dudict Rosne qui couste chacung an d'entretenir, aussi entretenir les arches et pessieres faictes au-dessubs dudict pont pour obuier que le Rosne ne laisse son cours près de la ville, de trois à quatre mille liures qu'ils se leuent sur eulx.

Item, depuis deux ans en ça ou environ, depuis la prinse du Roy nostre Sire par commandement de madicte Dame sa mère regente et des capitaines, leur convint de faire de grans boulleuarts et ramparts de boys et de terre audessoubs la montaigne Sainct-Just pres de Trion qui cousteront grans deniers prins sur eulx, et que bien que Messieurs de l'Esglise tiennent la pluspart des biens et terres nobles, neantmoings ils en furent soullagés et n'en paierent rien, et est le tout tumbé sur le populaire et habitans de ladicte ville.

Item, remonstreront la paoureté desdicts habitans lesquels depuis sept ou huit ans en ça ont esté, ainsi qu'il a pleu à Dieu, atteints de peste; et, pour y obuier et suruenir en cors commun à porter de grans fraitz, le populaire la pluspart long-temps a esté fugitif; au moyen de quoy et de la sterilité du pays qui est estroict et les viures si chers qui ont eu grant poine a viure, car ladicte ville n'a aulcune magnifacture soit de drapperye de laine, de soye, de mercerye, bonneterye, quinquanerye, tapisserye, ni aultres que ont les aultres bonnes villes et pays de ce royaulme comme Paris, Rouan, Bourges, Tours, Anjou, Champaigne, Languedoc, Prouence et aultres.

Item, si ladicte ville a quelque bruict ou apparence, c'est au moyen des marchans et marchandises que l'on y amene d'Italye, d'Allemaigne et aultres quartiers de ce royaulme, que l'on y amene pour y vendre et traficquer au moyen des foyres, et apres que les ont vendues et eschangees, ils les emmenent et emportent leurs gains, et après ladicte ville demeure en son premier estat et paoureté.

Item, ils ont supporté les passaiges des gens de guerre allans de la les monts. La pluspart de ladicte ville ont esté et sont appaouris tant au moien des guerres que des banques roustes faictes par les estrangers qui y frequentent, font les profficts et gains, tellement s'il y a ung escu de gain les estrangers en emportent xxxv s. (35 sous).

Item, feront toutes aultres remontrances necessaires pour avoir exemption dudict octroy s'il est possible, et s'il n'est possible du tout, à tout le moing qu'il soit de quatre mil ou six mil liures qui est le taux et octroy que ladicte ville a accoustumé faire au Roy en ses grans et urgens affaires.

Item, remonstreront que ladicte ville a octroyé et fourny audict Sire qui desia les a faict requerir pour ces tres urgens affaires six mil liures tournois, cette présente année qu'il leur a convenu la pluspart prendre et emprunter à interest qui leur conuient rendre, et si en doiuent encore à M. Ambroys de Noyt commis de M. le tresorier des partyes casuelles d'Apestigny mil liures qui n'ont pas encore esté payees.

Touchant les bleds:

Remonstreront que ce pays de Lyonnois est estroict et sterile, et n'y croist de bled pour nourrir les habitans et passans trois mois de l'année, sinon qu'il en vieigne de Bourgongne qui est leur mere nourrice, dont la traicte est fermee, et ce peu qu'il en est venu la pluspart a passe pour mener en Prouence par mandement du Roy et de Monseigneur le gouverneur de Bourgongne, tellement que ladicte ville est en doubte de tumber en grosse famine et necessité sy n'y est pourueu, par quoy tascherons obtenir lettres, pour ne laisser passer aulcuns grains, si n'est par expres mandement du Roy, et encore s'il y a expres mandement qu'ils en laisseront la moictyé pour la prouision de ladicte ville.

Pour les draps de soye :

Item, feront diligence de recouurer le procès intenté au grant conseil entre lesdicts conseillers demandeurs d'une part et les fermiers des draps de soye d'autre, pour raison de cinq mil et cinq cens liures que lesdicts fermiers doiuent chascung an à ladicte ville par les moyens deduits audict proces, qui sont prouués par les enquestes que lesdicts depputés porteront et surtout fairont faire consultation pour aduiser le meilleur moyen de faire expédier ledict procès ou auoir prouision pour estre payés des arreraiges et continuation pour l'aduenir.

Item, remonstreront que seroit impossible fournir à ladicte aide et réparation sans estre payés desdicts fermiers, ioinct qu'ils ont desia prins à interest xx mil liures pour fournyr au Roy pour aduance sur les aides et gabelles, ainsi que a esté ordonné par Monseigneur le lieutenant-général de Languedoc, commissaire estant présentement à Lion.

Item, obtiendront continuation du dixieme du vin et barrage du pont du Rosne pour dix ans, avec déclaration du Roy que les nobles soient tenus paier ledict barrage, attendu qu'il est question de reparation dudict pont.

Données et accordées en l'église des *Jacobins* par Messieurs Claude Bellieure doct., Claude Paquelet, Jean Sala, Symon Caille, Ant. Sanneton, Guyot Henry, Lyonard Montaignat, Guillaume Juge et Rolin Faure, conseillers de ladicte ville et communauté de Lyon. Le xxv° auril mdxxviij.

1528.—*Septembre* 10. François Ier reçoit, dans la grand' salle du palais, le défi de Charles-Quint, en présence des princes, cardinaux, prélats et grands officiers de la couronne. — L'archevêque de Lyon, primat des Gaules, était au-dessus de l'archevêque de Bourges, primat d'Aquitaine, et des archevêques d'Aix et de Rouen. M.

1528.—Mort de Pierre Renouard, négociant, ancien conseiller de ville (en 1500), un de ceux qui ont le plus contribué au rétablissement de l'église de St-Nizier. — C'est lui qui entreprit de refaire l'ancienne crypte où l'on déposa cette même année, 1528, les *reliques* de St-Ennemond. Ses héritiers, pour accomplir les intentions de ce pieux citoyen, élevèrent un autel magnifique à la place de l'ancien qui fut démoli. Pernetti, 1, 229; Cochard, *Descript. de Lyon*, 107.

1529 (1528, v. s.). *Mars* 12.—*Séance consulaire*. Messire Claude Bellievre a exposé que depuis quatre ans en ça, un nommé Roland Gerbaud, habitant de ceste ville, faisant miner une sienne vigne en la coste St-Sebastien a trouvé deux grandes tables de cuivre ou d'*areyn* antiques et toutes escriptes, lesquelles sont en vente, et sont enviees par plusieurs personnes qui ont pouvoir de largement despendre ; a dit aussy qu'il les a vues, et qu'à son jugement ce sont antiquailles aussy belles que gueres se treuvent, et qui sont dignes d'estre par la ville retirees pour estre affigees en quelque lieu à perpetuelle memoire : mesmement qu'en icelles lames et tables y a paroles servant à cognoistre l'ancienne dignité de cette ville de Lion, et que pour ces causes il a traité avec led. Roland pour avoir lesd. tables, feignant toutes fois que c'estoit pour luy-mesme, à ce que iceluy Roland ne tint le prix plus roide s'il sentoit que la ville eust desir les auoir : et tant a faict, avec le moyen et aide du sieur Hugues de la Porte, que iceluy Roland s'est joué à les bailler 58 escus au soleil (1), qui ne seroit grande despense à la ville, vu que le

---

(1) L'écu au soleil valait 40 sols. Le Blanc, *Traité des monnoyes*, pag. 326, édit. de 1693.

metal qui pese six quintaux 30 liures vaut à fondre 32 ou 34 escus : et auroit la ville, non sans cause, grand regret si lesd. pieces estoient transportees ailleurs, ou si elles tomboient en main de quelqu'un qui, par faute d'entendre ce que c'est, les mit en fonte : et que si elles demeurent ici et sont affigées en lieu où les gens sçauans en puissent avoir la lecture, ce sera grande consolation aux gens de la ville quand ils verront un certain tesmoignage de la dignité de leurs maieurs, et seruira d'aiguillon es vertus par imitation desdicts maieurs, et d'avantage grand honneur à toute la ville pour ce que quand les bons seigneurs et sçavans personnages par cy passant verront que lad. ville tient bon compte de l'antiquité qui est à venerer..... — Auront iceux passans presomption vehemente que icelle ville est munie de gens de bien. Quoy oui, Messieurs les conseillers ont aduisé d'aller ensemble voir lesdictes lames, lesquelles ils ont veues en mesme instant, et avoir entendu et sceu que ledit Roland ne veut rabattre aucune chose de ladicte somme de 58 escus sol., ont pour la ville retenu lesd. tables pour les causes susdictes, lesquelles sur le champ ils ont fait apporter en l'Hostel commun où elles seront affigées au lieu ainsy que par eulx sera cy-après aduisé, et pour ce ont ordonné estre baillé audit Roland ladite somme, avec acte que iceluy Roland promettra par serment que s'il recouvre les pieces en tout ou en partie qui par rupture sont distraites d'icelles tables, il les deliurera incontinent à la ville, en receuant tant seulement la valeur du metal à l'estime commune, auec aussy acte que si mesd. seigneurs les conseillers veulent faire chercher lesd. tables, faire le pourront a leurs depens, et en dedommager led. Roland, si aulcun dommage il supportoit pour ladicte cherche. S.—Voyez ci-dessus, *année* 47.

1529.—*Avril* 25. (*Dimanche, jour de St-Marc.*) Emeute populaire dite la *Rubayne*, parce qu'elle se convertit en *rober* et piller : car, en effet, cette même populace (*fœx populi*), prenant son prétexte sur ce que le bichet de bled était monté jusqu'à 35 sols ;... criant tout haut que les riches avoient arrisqué les bleds, et les laissoient pourrir en leurs greniers plustost que de les vendre aux pauvres gens à prix raisonnable,... se mit par troupe et courant la ville se rua par force dans les maisons de ceux qui avoient bruit d'être riches, et, sous ombre de chercher des bleds, se mit à rober, piller et saccager, meubles, habits, vaisselle d'argent, etc. Les séditieux sortoient les tonneaux de vin hors des caves, et les défonçoient en pleine rue, contraignant les passans de boire, voulussent-ils ou non. — Les maisons qu'ils maltraitèrent le plus furent celles de Symphorien Champier, médecin, et d'Imbert Gimbre, riche épicier, tous deux échevins. L'abbaye de l'Isle-Barbe eut aussi leur visite, et ne fut pas plus épargnée que les lieux prophanes. Il fallut que le *Magistrat* filât doux à l'endroit de ces troupes de voleurs, jusqu'à ce que le gouverneur, Pompone Trivulce, auquel la ville soudoya, pour un mois, une compagnie de trois cents hommes de pied, sous la charge de noble Antoine de Varey, et le sieur de Boutieres que le roy y envoya, ayant mis leurs forces ensemble, firent pendre autant de ces robeurs et pillards qu'ils en rencontrèrent, et par cette danse finit la fête. Rubys, p. 365. —Voyez une Relation de cette émeute par Symphorien Champier, (décrite par M. Brunet, *Suppl.* II, 305), réimprimée dans le *Censeur* du 13 mars 1835 ; *Les Grands Cordeliers* de M. l'abbé Pavy ; les *Arch. du Rh.*, IX, 251 et suiv. Voyez aussi Paradin, p. 282 ; Menestrier, *Div. caract.*, p. 162 ; Colonia, II, 485 ; F.-Z. Collombet, *Etudes sur les Hist. du Lyonn.*, I, 12. — Nous croyons que Pernetti s'est trompé lorsqu'il a dit, I, 257, que « c'est cet événement qui décida le consulat à demander à nos rois la

« permission d'entretenir à ses frais, pour sa sûreté, une garde de 140 hom-
« mes qu'on appelle arquebusiers, etc. » L'établissement de la compagnie
des arquebusiers doit dater, comme on l'a déjà vu, de 1502. Rubys, 364-5.

1529. — *Mai* 1. Les imprimeurs plantent un pin devant l'hôtel de Théodore Trivulce, maréchal de France, gouverneur de Lyon ; Clément Marot
et Etienne Dolet firent, à cette occasion, le premier, des vers français que
l'on trouvera, tome III, p. 36 de ses *OEuvres*, édition de 1731, in-12 ; le
second, des vers latins que nous croyons devoir reproduire parce qu'ils sont
moins connus.

TYPOGRAPHI LUGDUNI.

Fuerit Tityro ille Deus ei qui permisit
Quæ vellet agresti calamo ludere, et agnos
Bovesque ducere liberè per florentes
Campos ; eris nobis Deus qui permittis
Solita frui nos lætitia et libertate ;
Ob id viridem pinum consecratam
Accipe vultu atque animo tibi quo consecrata est.

Louis Tolozan, prévôt des marchands et commandant de la ville de Lyon,
est le dernier magistrat à qui on ait fait l'honneur de la plantation du Mai,
en 1786. Voyez sa *Notice* par M. Passeron ; Lyon, L. Boitel, 1837, in-8°.

1529. — *Juillet* 13. Henri Heintzellius (Patricius Augustanus) est tué à
Lyon (*Lugduni in Galliis*). Junctin, *Speculum*, I, 457.

1529. — *Novembre* 1. Mort, à Rhodez, de François d'Estaing, comte
et chamarrier de Lyon, puis évêque de Rhodez. — C'est lui qui avait fait
rebâtir la Chamarrerie qui était à côté de l'église de St-Etienne. Ces deux
monuments ont été démolis au commencement de la révolution. Colonia,
II, 423 ; du Tems, 182.

1529. — Philibert de Fougères requiert le chapitre, en vertu de ses degrés,
de lui conférer le canonicat et dignité de chamarrier qu'avait tenu François
d'Estaing, décédé au mois d'octobre. Le chapitre répond avoir déjà fait ce
qu'il devait faire. Il s'oppose à la prise de possession du nouveau chamarrier
avec d'autres gradués.

1529. — Pierre Tourvéon, bourgeois de Lyon, fait bâtir la maison des
Tournelles près Choulans. — L'année suivante il obtint du chapitre de St-Just
la permission de recueillir les eaux fluentes dans le chemin, pour les conduire
dans ses fonds.

1530. — Le roi nomme Jean d'Albon, sieur de St-André, bailli de Mâcon
et sénéchal de Lyon, et presqu'en même temps il le pourvoit du gouvernement du Lyonnois, Forez, Beaujolois, Dombes, Bourbonnois, etc. M. — Voy.
ci-dessus, année 1526.

1530. — Passage et séjour à Lyon de Clément Marot. *Arch. du Rh.*
IV, 523 ; C. B., *Mél. et Nouv. mél.*, passim. — Voyez ci-après, 1536.

1530. — Catherine de Médicis passe à Lyon, et prend à son service
Marie-Catherine de Pierre-Vive, femme d'Antoine II de Gondi, alors banquier en cette ville. M. de Courcelles, *Hist. généal. des pairs de France*, V,
art. GONDI.

1531. — *Août* 31. Mort, à Lyon, de Claude de Haussonville, évêque
de Sisteron. *Columbi in Sistarc. episcop.*, p. 169 ; *Gallia christ.*, p. 1035. M.

1531. — « Le roi François Ier, sur ce que les officiers de la justice ordinaire de l'archevêque de Lyon avoient fait de grandes traverses au gouverneur par lui envoyé à Lyon, et qu'ils prétendoient que les biens confisqués sur les Génois, déclarés ennemis du roi, estant lors demeurans, leur appartenoient, il autorisa les actions du gouverneur, et évoqua à sa personne tous les différends survenus pour le fait des Génois, et donna commission au sénéchal de Lyon d'informer des concussions et malversations commises par les officiers de la justice ordinaire dudit archevêque ; et cependant ordonna par provision la suspension de ladite juridiction ordinaire ; défendit aux juges, sur grandes peines, d'en faire aucun exercice, et commit pendant cette suspension le sénéchal de Lyon ou son lieutenant pour exercer ladite justice ordinaire. — Cette justice ainsi exercée quelque temps, l'archevêché de Lyon tomba entre les mains de personnes de grande autorité près du roi, qui eurent assez de crédit de se faire rendre cette justice, qui fut exercée comme auparavant... » Dupuy, *Traitez touchant les droits du Roy*, p. 872. Voyez ci-dessus, année 1116, et ci-après, 1551.—Le P. Menestrier (*Notes inédit.*, année 1531) nous apprend que ce fut Jean du Peyrat, lieutenant général en la sénéchaussée, qui exécuta l'arrêt par lequel le roi avait interdit les officiers de justice de l'archevêque et du chapitre.

1531. — Une famine affreuse désole notre contrée, et fait affluer à Lyon un grand nombre de malheureux. On recourt à des quêtes pour fournir à leur subsistance. — La générosité des citoyens fut telle qu'après la cessation du fléau il y eut un reliquat de 396 livres, 2 sous 6 deniers, qui servit de base à l'établissement de l'*Aumône générale*, établissement qui subsiste encore sous le titre d'*Hospice de la Charité*. Rubys, 366; *Arch. du Rh.*, v, 298 et 401, vi, 8, x, 7 ; *Lyon ancien et mod.*, tome 1, p. 45 et suiv.; *Biographie lyonn.*, art. CLÉBERG.

1531. — Lazare Baïf, à son retour de Venise où il avait été trois ans ambassadeur, passe par Lyon d'où il écrit à Pierre Bruneau, qu'il avait tenu quelque temps auprès de soi pour lire avec lui Démosthène que l'un et l'autre traduisaient : « Lazarus quidem Baïfius, cujus incredibilis eruditio cum summâ jucunditate conjuncta nunquam satis laudari potest, nuper Lugduno litteras ad me dedit, perbreves quidem illas, sed amoris valde significantes. » *Epist. Raynaldo Chandonio.* M.

1532. — *Avril* 11. Frère Sanctès (c'est ainsi qu'on appelait le savant orientaliste Sante-Pagnino), prescheur jacopin, vient remonstrer au Consulat qu'il seroit necessaire de faire l'aumosne generale aux pauvres comme l'année precedente, et que ce seroit grosse charité. Il dit que combien que Mgr. l'archevesque et Messieurs de l'esglise veulent faire et fournir autant comme l'année passée, pour cela ne faut cesser, et que chascun doit faire son debvoir. On lui respond que le Consulat, en ce qu'il pourra des deniers communs, y subviendra. Pareillement lesdicts seigneurs conseillers, comme particuliers, feront leur debvoir et parleront aux commis qui regissoient l'aumosne l'année passée, et les prieront d'en prendre la charge, et de donner leur advis. *Extrait des actes consulaires.* — Voyez ci-après, 24 août 1536.

1532. — *Juin* 3. François Rabelais écrit de Lyon à André Tiraqueau, le même qui donnait chaque année à l'État un livre et un enfant, une lettre latine que l'on trouve, ainsi que trois autres adressées à diverses personnes et aussi datées de Lyon, dans le tome viii du Rabelais de MM. Esmangart et Johanneau. — Au mois de novembre de cette année,

Rabelais entra comme médecin à l'Hôpital de Lyon, à la place de M. Pierre Roland. Le 15 février suivant, il fut payé pour les trois mois de novembre, décembre et janvier, à raison de 40 livres par an. Il resta à l'Hôpital jusqu'à la fin de février 1534, avant Pâques. M. Pierre Castel, médecin, lui succéda. *Actes consulaires.* — Dans un rôle de pennonage de 1535, on trouve dans une des dizaines du quartier de la rue du Boys, rappelé en marge, M. François *Rabelais* comme faisant partie d'une des dizaines de ce pennonage. *Notes* de l'abbé Sudan. — Rabelais mourut à Paris le 9 avril 1553, sur la paroisse de St-Paul où il fut inhumé. —*Ephémérides* de Pierre de St-Romuald. — Voyez, sur le séjour à Lyon de l'auteur de Gargantua, la *Biogr. lyonn.*, art. RABELAIS.

1532. — *Octobre.* Mort de Théodore Trivulce, maréchal de France, gouverneur de Lyon.—Il fut enterré dans l'église des Jacobins. Il avait succédé, en 1529, au marquis de Vigève qui était aussi un Trivulce, et fut remplacé par son neveu Pompone Trivulce. *Biogr. lyonn.*

1532. — Clément VII confirme aux comtes de Saint-Jean le privilège de ne recevoir que des gentilshommes de quatre races, et cite une semblable bulle du pape Martin V.

— Barthélemi de Luco, suffragant de Lyon, est reçu par le chapitre au nombre des vingt surnuméraires qui reçoivent la livraison. M.

— Le reclus de la recluserie Saint-Pipoy était alors M° Antoine Tissot. M.

1533. — *Janvier* 5. Mort de Symphorien Builloud, évêque de Soissons, né à Lyon en 1480. — Il avait été gouverneur du duché de Milan, ambassadeur de Louis XII auprès de Jules II, etc., etc. *Biogr. univ.* C. Dormay, *Hist. de Soissons*, p. 518. — Pernetti, 1, 235, a mis par erreur la date de la mort de ce prélat au 15 janvier.

1533.—*Mars* 3. Le lieutenant du roi, Jean du Peyrat, fait publier une ordonnance dont voici le texte : « De par le Roy, l'on fait commandement à tous *maraulx* (voyez ci-dessus, 8 *octobre* 1512, et au 5 *janvier* 1519), bellitres et bellitresses, coquins valides et vacabons qui vont mendier leurs vies, qu'ilz aient à vuider la ville dans aujourd'hui : ou sinon que demain au matin ils se rendent aux foussez de Sainct-Sebastien pour illec travailler et porter les terres, sans mendier aulcunement par la ville, et là ilz seront nourris : et ce sur peine du fouet et du bannissement.—*Item*, l'on fait commandement à tous pauvres, lesquelz ont accoustumé « mendier parmy la ville et par les « eglises, qui sont enrollés et qui ont brevetz pour avoir aulmosne, d'aller « prendre leur aulmosne es lieux pour ce ordonnez, qui leur ont esté baillez, « en leur faisant inhibition et deffense à peyne du fouet, de ne plus deman- « der ne mendier par les esglises, ne aux maisons et portes des habitans. « Et s'il y a aulcun qu'il ne soit enrollé, ilz se retirent par devers les commis, « lesquelz au résidu auront la charge de la justice, de faire exécuter tout « ce qu'il appartiendra pour l'entretenement de ladicte aulmosne.

« *Item*, l'on fait commandement à ung chacun qui sçaura quelcun de ses « voysins ou autre qui aura mandement d'aulmosne ou n'y aura pitié, qu'il « le vienne reveller au Commis de ladicte aulmosne pour y pourveoir.

Item, aux pauvres passagiers estrangiers a esté ordonné qu'ilz se retireront aux Cordeliers Sainct-Bonaventure, la ou ilz auront une aulmosne pour un jour, et pour une foys : et icelle receue, ne pourront mendier par les rues de la ville, sur la peyne susdicte.

Item, l'on fait inhibition et deffense à ceulx qui prendront l'aulmosne pour eulx ou leurs enfans de non se trouver aux tavernes, ne à jeux ou berlans, à peyne d'estre privez de ladicte aulmosne, et du fouet.

Item, l'on fait inhibition et deffense à toute maniere de gens de non tenir jeux de dez, cartes, quilles et autres jeux et berlans, à peyne du fouet, à ceulx qui se trouveront joyans et permettront joyer en leurs jardins.

Item, pareillement est deffendu aux habitans de ceste ville, de quelque estat qu'ilz soient, de ne bailler aulcune aulmosne publiquement. Signé du Peyrat. *Arch. du Rh.*, x, 20.

1533.— *Mai* 26. Entrée de la reine Eléonore d'Autriche, seconde femme de François Ier. Rubys, p. 366. — « La Reine partit de l'Isle-Barbe et vint de bonne heure au bourg de Veize où, sur un beau théâtre, accompagnée des plus grands seigneurs et dames de la Cour, elle vit passer toutes les compagnies qui étoient allées au devant d'elle pour la recevoir : MM. les Comtes et Chanoines de l'Eglise de Lyon s'y rendirent avec tous les officiers de l'Archevêque; ils furent suivis du Lieutenant-général de la Sénéchaussée de Lyon, accompagné des conseillers du parlement des Dombes, du Juge-mage, du Prévôt de la marche, du Procureur et Advocat du Roy et autres officiers royaux, devant lesquels marchoient à cheval les sergens et officiers de la Sénéchaussée, portant des casaques à une manche de satin bleu semé de fleurs de lys d'or, et tenoient chacun en main un bâton bleu semé aussi de fleurs de lys. Le Gouverneur marchoit ensuite avec plusieurs seigneurs; la compagnie des Arquebusiers de la ville au nombre de six vingts, commandée par ses trois officiers : capitaine, lieutenant et enseigne ; 70 Florentins en pourpoints de velours noir et hauts de chausse de satin cramoisy dechiquetez et relevez de broderies marchoient après leur capitaine, suivi du lieutenant et de l'enseigne. Le capitaine du Bourchanin avoit 350 hommes en bel ordre ; le capitaine des Bouchers, 400; le capitaine des Massons, sept vingts et dix; le capitaine des Blanchiers, six vingts; le capitaine de la place du Bois, 500 hommes, tous habillez de blanc; le capitaine des Couturiers, 300 hommes; les Cordonniers, 400; les Selliers, 90; les Teinturiers, 500; le Puy-Pelu, 250; Epingliers, 90 ; Tissotiers, 400 ; 450 de St-Vincent ; le St-Esprit, 160 ; rue Neufve, 100; les Pelletiers, 150 vestus de noir avec la devise de la Reine en leurs manches; les Imprimeurs, 200 vestus de tafetas cramoisy et de satin vert, avec la devise de la Reine sur la manche droite ; le capitaine des enfants de la ville vestu de toile d'or et d'argent, et sa compagnie de rouge et de blanc de drap de soie avec la devise de la Reine en broderie : leur enseigne blanche avec un lion rouge. Après eux marchoient les Lucquois, suivis des Florentins avec leur consul vestu d'une robe de velours cramoisy violet doublé de satin. Les Allemands marchoient après. Successivement parurent les notables de la ville et une troupe d'enfants de la ville à cheval vestus de drap d'or et d'argent, velours et satin cramoisy, ayant chacun un laquais devant eux vestu de leurs livrées. Douze trompettes vestus des livrées de la ville en précédoient les Conseillers, devant lesquels estoient leurs mandeurs portant verges et leurs manches rouges avec un lion en broderie : les Conseillers vestus de robes de satin doublées de velours. La Reine est *entrée* accompagnée des enfants de France, princes et princesses. » — Le récit qu'on vient de lire est extrait des *Notes inédites* du P. Menestrier qui renvoie à une *Description de l'entrée de la Reine Alienor*, par Gilbert du Plaix, imprimée par Jehan Crespin dit du Quarre. Elle est, ajoute Menestrier qui n'en donne pas le format, au tome du *Cérémonial François Ier*, par Théod. Godefroy, p. 804-816.

1533. — *Mai 27.* Entrée de François, dauphin et premier fils de France. — Le lendemain on fit aussi une entrée au chancelier du Prat qui se rendit à Marseille bientôt après avec le roi et toute la cour, à la rencontre du pape Clément VII qui y vint avec tout le sacré consistoire. Rubys, p. 366.

1534. — *Janvier 4.* Une bulle de Paul III réunit à l'archevêché de Lyon l'évêché de Bourg que le pape Léon en avait démembré, et supprime cet évêché. Guichenon, *Hist. de Bresse*, 21, Preuves, 85. — Voyez ci-dessus, année 1521.

1534. — *Juin 19.* Un des plus gracieux poëtes latins qu'ait produits la Hollande, le jeune et aimable Jean Second, arrive à Lyon où sa bonne fortune lui fait rencontrer deux de ses amis, le poëte Hilaire et le peintre Corneille. — Le chantre des *Baisers* fut admis dans le palais que la cour occupait, et assista à une fête brillante que présidaient le roi et la reine. C. B., *Nouv. mél.*, p. 189. — Jean Second mourut à Tournay, le 11 octobre 1536. — La première édition de ses *Baisers* est probablement celle qui parut à Lyon sous ce titre:

Joannis Secundi hagiensis Basia et alia quædam (Annibalis Cruceii *Mopsus*, Molossi *Monomachia* et Fracastoris *Carpus*). Lugduni, apud Seb. Gryphium, 1539, in-4° de 61 pages. — L'exemplaire que nous avons eu sous les yeux porte sur le titre: Ex libris Joannis Huguetani Lugd. J.-C. — Niceron, *Mém.* XVI, 242, cite une édition du même format, publiée aussi à Lyon, en 1536; mais cette date doit être fautive, puisque l'édition de 1539 est précédée d'une lettre de Michel *Nerius* à L. Annibal *Cruccius*, ainsi datée: *Ruri* XIII Calen. Maias. M. D. XXXVIII. *Nerius* jette dans cette lettre quelques fleurs sur la tombe du jeune poëte, et pense qu'il lui payera un tribut digne de sa mémoire en publiant des vers dont il tenait une copie de l'auteur lui-même. La *Biographie universelle* ne mentionne pas cette édition, et indique comme la première, celle qui parut à Utrecht en 1541. Cependant, d'après Niceron, *loc. cit.*, il en aurait été fait une à Paris en 1538 dont celle de Gryphe ne serait peut-être qu'une réimpression. Elle ne contient que dix-huit *Baisers*, suivis de quatre pièces en vers latins à la louange de Jean Second, la première d'André *Alciat*, la seconde de L. Annibal *Cruceius*, et les deux autres de Jérôme *Montius*.

1534. — « Sécheresse extraordinaire. — Les processions blanches furent si fréquentes que l'on ne voyoit soir et matin autres que ces pauvres gens de village, hommes, femmes et petits enfants, tout nus et seulement affublés d'un linge blanc, qui alloient criants avec voix pitoyable, et la larme à l'œil, en leur gavot: *Sancta Maria! d'ayguy, d'ayguy, d'ayguy!...* » Rubys, p. 366. — Voyez ci-dessus, année 1504.

1534. — Passage et séjour à Lyon du comte de Pitigliano et d'Ortensio Landi, un des écrivains les plus spirituels et les plus extravagants de cette époque. Jean Angel Odone qui se trouvait alors à Lyon, et qui avait été le compagnon d'études de Landi, écrivait de Strasbourg, le 29 octobre, à Gilbert Cousin, qu'il avait entendu Landi, pendant son séjour à Lyon, dire qu'il n'estimait que J.-C. et Cicéron. *Lugduni verò hoc nobis repetebat apophthegma: Alii alios legunt; mihi solus Christus et Tullius placet, Christus et Tullius solus satis est.* Pendant son séjour à Lyon, Landi fit imprimer chez Séb. Gryphe deux dialogues latins: *Cicero relegatus*, et *Cicero revocatus*, etc., qu'il dédia à Pompone Trivulce, gouverneur de cette ville. Ces dialogues furent réimprimés la même année à Venise (Panzer, XI, 534). Landi revint à

Lyon vers la fin de 1543, et y publia ses *Paradossi*, livre impie et scandaleux. *Mém.* de Niceron, xxi, 115; *Biogr. univ.*, art. LANDI; Tiraboschi, libro III, c. vi; Bayle, art. LANDO (sic); Argelati; *Scriptor. mediol.*, 781.

1535. — *Mai* 8. Le parlement de Paris ordonne que l'archevêque de Lyon, François de Rohan, sera interrogé par deux commissaires de la cour sur les excès à lui imputés. *Mss. de la Biblioth. de Lyon*, n° 1025.

1535. — *Novembre* 16. Lorsque les réformés se furent emparés de Genève et en eurent chassé les ecclésiastiques et les religieux, ils sollicitèrent pour s'y maintenir des secours, non-seulement en Suisse, mais encore en France. Il leur vint un secours d'environ 600 hommes, qui étaient sortis de Lyon et qui trouvèrent les passages fermés par les Savoisiens à Salleneuve. Cette levée, dit Spon, était la plupart de gens originaires de Genève, imprimeurs et autres artisans commandés par un imprimeur nommé *Robohan* avec un autre capitaine, Français de Montbel, sieur de Veray. *Hist. de Genève*, 1, 263. — Le sieur *de Veray* ne serait-il pas le même personnage qu'un sieur *de Virieux* qui fut à cette époque député de Lyon à une réunion de francs-maçons en Allemagne? (Lettre du docteur L... du 4 sept. 1838). — Voyez ci-dessus, *Septembre* 1514.

1535. — *Décembre* 10. Lettre de François Ier qui pourvoit le cardinal de Tournon de la lieutenance du gouvernement de Lyonnois, Auvergne, Forez, Beaujolois, Dombes, Bugey, Valromey, Dauphiné, Provence, etc. *Chambre des comptes du Dauphiné*. Menestrier, *Notes inédit.* — Fleury donne ces lettres sous la date du 10 octobre 1536, et il en rapporte le texte, p. 146 de son *Hist. du card. de Tournon*.

1536. — *Février* 17. François Ier arrive à Lyon. — Suivant l'*Itinéraire des rois de Fr.*, ce prince était à Lyon le 26 du même mois, le 19 avril, le 9 mai, le 14 juillet et le 10 octobre de cette année.

1536. — *Juillet* 7. « Ledict jour a esté faicte procession depuis le convent des Celestins jusques au convent des Jacobins, où estoyent le Roy, la Royne, MM. les Enfans de France; et estoit bien tapissé d'un costé et d'autre : et a esté porté le *Corpus Domini* pour ce que 3 ou 4 jours auparavant la saincte et sacrée hostie (placée) sur l'autel principal desdicts Jacobins, estant en une custode d'yvoire, avoit esté dérobée; à laquelle procession assistoyent toutes les processions des églises de Lyon sans marcher, ains tenant chœur d'un costé et d'autre de ladicte rue ; et y estoyent Messieurs les conseillers tenans à leurs mains une chandelle de cire blanche ardente : et marchoyent au devant les trompettes, après les chantres et les archers de la garde; MM. les chanoines de St-Jean, après MM. les cardinaux et évesques, après un cardinal portant Nostre-Seigneur soubs un poêle de velours noir semé de fleurs de lys d'or, après le Roy tenant une torche ardente, et la Royne et Mesdames filles de France avec la Royne de Navarre; après princes, princesses suyvant et dames de la Court, qu'il faisoit beau voir. » S.

1536. — *Août* 24. Mort de Sante-Pagnino, dominicain, savant orientaliste et habile prédicateur, né à Lucques vers 1470. — Le P. Esprit Rotier, inquisiteur de la foi à Toulouse, qui se trouvait alors à Lyon, s'exprime ainsi dans sa réponse à une lettre des citoyens de la nouvelle Babylone : « J'ai été témoin de la solemnité des obsèques de ce grand homme; la piété et la reconnaissance des Lyonnais y ont paru avec tant d'éclat, qu'on eût dit que ce n'était pas la mort d'un particulier qu'on pleurait, mais celle du

père commun du peuple. On voyait à la suite de son cercueil un grand
nombre des premiers citoyens en habits de deuil; plus de trois cents des plus
distingués avaient un flambeau à la main, et la douleur paraissait générale.
Ayant demandé quel était donc le sujet de ces honneurs extraordinaires, on
me répondit que toute la ville de Lyon se reconnaissait redevable de la conservation de sa foi au zèle de Pagnino et à sa vigilance; car, si ce saint
religieux n'eût élevé la voix comme une trompette, pour avertir le peuple
du danger qui le menaçait de près, toute la ville se trouverait aujourd'hui
luthérienne. » Touron, *Hommes illustres de l'ordre de St-Dominiq.*, IV,
90. — François Ier avait fait don à Sante-Pagnino d'une somme de cent
écus, à prendre chaque année pendant cinq ans sur la recette générale du roi
à Lyon. Le 21 août 1536, trois jours avant sa mort, Frère Sanctès (c'est
ainsi qu'on le nommait à Lyon) passa quittance, dans sa chambre, des
deux tiers d'une année de cette rente à Antoine Gondy. Le 28 du même
mois, Frère Matthieu (*Leonardus Matthœi Darceris Lucensis*), sous-courrier
du couvent des Frères prêcheurs de Lyon, reçut dudit sieur Gondy « quarante
écus d'or que *défunt* vénérable Sanctès Pagninus avait ordonné de payer audit frère Matthieu. » Tous ces documents joints à plusieurs autres que nous
pourrions citer prouvent que Sante-Pagnino est mort en 1536 et non en 1541,
comme l'ont écrit plusieurs biographes. — Frère Sanctès fut inhumé à la
porte du chœur de l'église des Jacobins. *Biogr. lyon.* Voyez ci-dessus, 11 avril
1532. — La Bibliothèque de Lyon possède quelques volumes qui ont appartenu à Sante-Pagnino : l'édition *princeps* d'*Homère*, Florence, 1488;
l'édition aldine des *Rhetores græci*, Venise, 1508; l'ouvrage de Jean Reuch-
lin *de Rudimentis hebraicis, libri* III, Pfortzheim, 1506, in-fol., etc. — On
lit tome I, page 472 de la traduction de l'*Hist. de la Litt. de l'Europe*, etc.,
de Henri Hallam, que *Pagnino* imprima à Venise, en 1530, une édition du
Koran qui fut aussitôt saisie. Il ne s'agit point ici, comme on pourrait le
croire, de Sante-Pagnino, mais d'un imprimeur qui se nommait Alexandre
Paganini, et en latin Paganinus; l'erreur que nous relevons est probablement le résultat d'une faute d'impression. — Voyez Brunet, *Man.*, II,
406; et ci-dessus, 11 *avril* 1552.

— Ce fut à l'instigation de Sante-Pagnino, que Thomas de Gadagne,
riche banquier de Florence, établi à Lyon, fit bâtir vers ce temps-là, dans
le quartier de la Quarantaine, un hôpital destiné aux pestiférés. Nicolas Bourbon
l'Ancien, qui, dans ses *Nugæ*, a rendu plusieurs fois hommage à la
piété et à la bienfaisance de Thomas de Gadagne, lui adressa ces vers
(lib. VIII, carm. XII) :

> Pestilitas magna si quandò sævit in urbe,
> Quò fugient tanto corpora tacta malo?
> Quò fugient? at certè aliò portentur oportet :
> Ne simul et reliquos opprimat atra lues.
> Tu, pie Gadagni, communeis natus ad usus,
> Ingentem ædificas egregiamque domum :
> Quò migrent, ubi curentur, qui peste laborant :
> Vidi ego, quâ Rhodanum pigrior intrat Arar.
> Perge, vir, imò heros : quisquis reclamet et obstet :
> Perge, insta, ut sanctum perficiatur opus.

1536. — *Août.* Le roi quitte Lyon pour aller au secours de la Provence,
envahie par les troupes de Charles-Quint. Une pièce de Nicolas Bourbon

témoigne de la belle conduite de Jean du Peyrat, lieutenant du roi au gouvernement de Lyon. Voici cette pièce, qui se trouve dans le viii° livre des *Nugæ* de ce poëte qui résidait alors dans nos murs :

> Debet tibi Lugdunum civitas potens,
> Debet, quis hoc negaverit ?
> Vidi ipse, vidi nuper, qua prudentia,
> Modestia, arte, gratia,
> Compresseris Germanici impetum agminis,
> Portas volentis ingredi :
> Adeo nihil tam barbarum est usquam, tua
> Quod non domet facundia.
> Quid multa ? te vigilante, civibus licet
> Dormire in aurem utramlibet.

— Voyez Rubys, *Hist. de Lyon*, p. 369.

1536. — *Octobre.* François Ier se trouvant à Lyon, à son retour de la campagne de Provence, octroie, sur la demande des conseillers de ville, des lettres patentes en forme de charte, par lesquelles il veut, pour attirer en France les ouvriers en velours, Génois et tous autres étrangers, que ces ouvriers puissent acquérir à Lyon, et dans tout le royaume, des biens meubles et immeubles, et en disposer comme bon leur semblera, sans être tenus de prendre lettres de naturalité ou d'aubaine, etc., etc. — Ces lettres furent enregistrées au parlement de Paris, le dernier jour du mois d'août de l'année suivante. Rubys, p. 370 ; *Nouv. arch. du Rh.*, II, 129 ; *Arch. du Rh.*, VIII, 129. Voyez ci-dessus, au 24 novembre 1466. — Les premiers étrangers qui paraissent avoir profité du bénéfice de ces lettres patentes, furent Etienne Turquetti ou Turquet et Barthélemi Nariz, manufacturiers de Quiers, qui vinrent s'établir avec leurs compagnons ouvriers dans le quartier St-George, qui était alors, avec celui de la Juiverie, le centre du commerce de Lyon. Pernetti, 1,238 ; Cochard, *Description de Lyon*, p. 187.

1536. — *Octobre 7.* Un arrêt du grand conseil, convoqué extraordinairement à Lyon, condamne à la peine de mort Sébastien Montécuculli, accusé d'avoir empoisonné le Dauphin. — Plusieurs historiens et notamment M. de Sismondi (*Hist. des Français*, XVI, 527.) se sont trompés lorsqu'ils ont dit que c'est à *Tournon* que le Dauphin but l'eau glacée qui fut la cause de sa mort. On lit dans l'arrêt du 7 octobre qu'il fut empoisonné à *Lyon*, dans la maison *du Plat*. Ce qui a donné lieu à l'erreur de ceux qui ont placé la scène du prétendu empoisonnement à Tournon, c'est que le jeune prince, quoiqu'il eût été incommodé sur-le-champ du verre d'eau qu'il avait bu à Lyon, ne partit pas moins pour Tournon où il mourut quatre jours après. *Arch. du Rh.*, x, 397 ; *Alm. de Lyon* pour 1746, 2° partie, p. xxxij. — Montécuculli fut exécuté dans la grande rue de la Grenette. — Le poëte Ronsard pouvait se trouver à Lyon à cette époque ; car il était entré au service du Dauphin trois jours avant la mort de ce prince, qu'il a déplorée en vers. Le Laboureur, *Tombeaux des personnes illustres*, p. 30.

— *Octobre* 10. Sur le point de quitter Lyon pour se rendre en Picardie, le roi fait publier la patente dont voici la teneur : « François, par la grâce de

Dieu, roi de France : Comme l'empereur notre adversaire, repoussé et chassé de Provence par la force de nos armes, se seroit de présent retiré en Italie, pour derechef cuider nous endommager, avons délibéré de lui resister; pour à quoi parvenir, voulons etablir un lieutenant general, representant notre personne, avec la direction, conduite, regard et superintendance de nos affaires en nos pays de Lionnois, Forez, Auvergne, Beaujolois, Dombes, Bresse, Bugey, Veronnets (Valromey), Dauphiné, Provence et les frontières du Languedoc, Bourgogne, marquizat de Saluces et pays de Piedmont : Et comme voulons qu'il soit personnage d'authorité, dignité et prudence congrue au gouvernement de telles affaires, sçavoir faisons que les choses que dessus considérées, mêmement la grande et singuliere amour, vouloir et affection que dès long temps notre très-cher et féal Cousin et grand ami le C. de Tournon demontre chaque jour au bien, utilité et commodité de notre royaume, nous confiant fermement sur la prudence, loyauté, intégrité, diligence et grande conduite d'icelui; pour ces causes l'établissons par ces présentes lieutenant general representant notre personne audit pays de Lionnois, etc. A Lion, le 10 octobre, de notre règne le 22. » Ch. Fleury, *Hist. du Card. de Tournon*, p. 146. — Voyez ci-dessus, au 10 décembre 1535.

1536. — Passage et séjour de Clément Marot à Lyon. Voyez la 53⁰ *Epître* de ce poëte au cardinal de Tournon, et la 54⁰ intitulée : Adieu à la ville de Lyon. — On retrouve encore l'année suivante Marot à Lyon. Notes des commentateurs sur sa 46⁰ *épigramme*; C. B., *Mélanges*, passim. — Voyez ci-dessus, *mai* 1529, et ci-après, *mai* 1538.

1536. — Ce fut environ vers ce temps que Jean Calvin, ayant été soupçonné d'avoir embrassé le parti des luthériens, quitta Paris et amena à Lyon quelques-uns de ses disciples; entr'autres Louis du Tillet, Pierre et Bertrand de la Place, qu'il mena ensuite à Genève. Le frère de Papire Masson le dit dans une addition au chap. IV de la *Vie de Calvin* écrite par son frère. M. —Voyez ci-dessus, 16 *novembre* 1535.

1536. — Philibert De l'Orme, qui était allé en Italie pour se perfectionner dans l'art où il s'est illustré, revient à Lyon où il préside à la construction de plusieurs édifices. On admire encore, dans la maison, rue Juiverie, n° 8, une galerie qu'il exécuta pour Antoine Builloud, receveur général des finances de Bretagne. Cochard, *Descript. de Lyon*, p. 223; *Revue du Lyonn.*, II, 325.

1536. — Etablissement de l'Arsenal. *Description de Lyon*, par Cochard, p. 60; *Arch. du Rh.*, VII, 351.

1536. — Mort à Paris de François de Rohan, archevêque de Lyon. — Le parlement, ayant été invité à ses obsèques, répondit qu'il lui déférait volontiers cet honneur, quoiqu'il n'eût coutume de le décerner qu'aux princes du sang et aux premiers magistrats. Son corps fut ensuite transporté à Lyon, et inhumé dans le milieu de la nef de l'église primatiale. La Mure rapporte que ce prélat fit imprimer, pour l'usage de son diocèse, les *Instructions populaires* de Jean Gerson. Du Tems, *Clergé de Fr.*, IV, 380. — Peu de temps après la mort de cet archevêque, François Iᵉʳ fut reçu avec le rochet et l'aumusse, à l'entrée de l'église primatiale de Lyon, en qualité de chanoine honoraire. Du Tems, *loc. cit.*

1537. — *Janvier* 22. Le roi remercie très-affectueusement le cardinal de Tournon, gouverneur de Lyon, d'avoir fait un emprunt de 40,000 livres, chez les banquiers de Lyon, à trois pour cent par mois. C. Fleury, *Hist. du Card. de Tournon*, p. 146. — Il est à remarquer que les banquiers de Lyon exigèrent l'engagement personnel du cardinal de Tournon, et ne voulurent traiter qu'avec lui.

— Le cardinal Polus, légat de Paul III en France et en Flandre, passe quelques jours à Lyon.

— *Février*. L'évêque de Lausanne, chassé de son diocèse par les Luthériens, vient chercher un refuge à Lyon. *Hist. du Card. de Tournon*, p. 165.

1537. — *Septembre ou Octobre*. Hans Ludovic de Landeberg, capitaine des lansquenets, un des principaux colonels du duc de Wittemberg, est arrêté prisonnier à Lyon, « où, après son procès fait, il eut la tête coupée sur un « eschaffault, au lieu de la Grenette. » *Mém.* de Martin du Bellay, tome XXI, p. 273, Collection de Petitot.

1537. — *Octobre, environ le* 6. Le roi, qui faisait marcher son armée en toute diligence contre les lansquenets qui s'étaient approchés de Pignerol, arrive à Lyon. *Mém.* de Martin du Bellay, t. XIX, p. 273 de la Collection Petitot.

— *Octobre, environ le* 10. Le Dauphin part de Lyon, prenant le chemin de Grenoble. *Ibid.*, p. 275.

1537... — Jacques V, qui allait se marier à Magdelaine fille de France, vient à Lyon où il rencontre son futur beau-père. Anquetil, *Hist. de Fr.*, tome V, p. 379, éd. de 1822.

1538. — *Janvier* 24. Des lettres patentes de François Ier autorisent la construction d'une boucherie sur les fossés de la Lanterne, pour remplacer celle de l'Herberie dont S. M. avait ordonné la démolition, à cause de la mauvaise odeur qu'elle répandait. — Les bâtiments de cette boucherie, dite des *Terreaux*, furent incendiés en 1614 et en 1734. L'emplacement qu'elle occupait, et qui contenait 14,880 pieds de terrain, fut cédé par le consulat à l'Hospice de l'Aumône générale, par acte du 2 juin 1735. C'est alors que l'on rebâtit les deux grands corps de bâtiments parallèles, tels qu'ils sont encore aujourd'hui. Cochard, *Guide*, p. 197.

1538. — *Mai* 15. Clément Marot, qui se trouvait alors à Lyon, dédie à messire Nicolas de Neufville, seigneur de Villeroy, *le Temple de Cupido*, inséré dans l'édition de ses *OEuvres*, imprimée à Lyon par Jehan Barbou, 1539, in-16, et qui se vendait chez *Françoys Iuste*. — En tête de cette édition est un avis de Marot à ceux qui par cy-devant ont imprimé ses OEuvres, lequel avis est daté de Lyon, ce dernier jour *de juillet* 1538. Ce même avis a été reproduit avec quelques changements, et en forme d'épître à Estienne Dolet, dans l'édition donnée par cet illustre imprimeur, des OEuvres de Marot; Lyon, 1543, in-8°. La dédicace à Nicolas de Neufville, dont nous avons parlé tout à l'heure, est au *verso* du feuillet 10; elle se retrouve au feuillet 9 *recto* dans l'édition de Dolet, Lyon, 1543; elle n'a pas été reproduite dans l'édition publiée à Lyon (par Sulpice Sabon), *à l'enseigne du Rocher*, 1545, in-8°.

1538. — *Juillet* 30. François Ier, voulant faciliter les abords du Palais de Justice, donne le jardin de ce Palais à la ville, pour être converti en place. — Telle est l'origine de la place de Roanne, où l'on construisit un port à la même époque. — Le Palais avait été acheté vers les premières années du XIVe siècle, et c'est depuis cette époque que la justice s'y rendit. *Arch. du Rh.*, XIII, 20; Cochard, *Descript.*, p. 229.

1538. — Antoine de Gouvéa, né à Bejà en Portugal, vers 1505, vient à Lyon. Il y fait la connaissance d'Emile Ferret, professeur de droit à Avignon, qui l'engage à reprendre l'étude de la jurisprudence à laquelle il paraissait avoir renoncé pour la littérature. Après être resté environ deux ans avec Ferret, il se rendit à Paris et revint à Lyon vers le commencement de 1541 ; il y publia un Virgile, un Térence et une version latine de l'*Isagoge* de Porphyre. Il fit aussi imprimer, chez Sébastien Gryphe, le recueil de ses poésies latines, *Epigrammatum libri duo et Epistolæ quatuor*, in-8°. Ce volume parut avec la date de 1540, mais il est de 1541, nouv. st. L'épître dédicatoire (*Ant. Goveanus Jacob. Belnaeo*) est datée de Lyon, x. Calend. Febru. Gouvéa devint un grand jurisconsulte, et fut le rival de Cujas. Il mourut à Turin, en 1565.

1538. — Gilbert Ducher, d'Aigueperse en Auvergne, qui a fait un assez long séjour à Lyon, publie ses poésies latines, sous ce titre : *Gilberti Ducherii Vultonis Aquapersani Epigrammatum libri duo*. Apud *Seb. Gryphium*, Lugduni, 1538, in-8°. Voyez son art. dans le *Suppl.* de la *Biogr. univ.*, et dans la *Biogr. lyonn.* — Nic. Bourbon l'Ancien, *Nugarum* lib. 1, carm. ccxx, qualifie Ducher d'orateur et de poëte ; ce qui annoncerait que s'il a réellement été professeur au collége de la Trinité, comme le dit Colonia, *Hist. litt.*, 11, 667, il a pu y professer les humanités. — François Juste, imprimeur-libraire à Lyon, publie une nouvelle édition de la traduction du *Courtisan* de Balthasar de Castillon, revue par Estienne Dolet, petit in-8°. A la fin du volume est une lettre de François Juste à M. du Peirat (Jean du Peyrat), lieutenant général pour le roi à Lyon. Barbier, *Anonym.*, 3,155. — On trouve aussi dans les *Nugæ* de Nic. Bourbon, Lyon, Gryphe, 1538, in-8°, plusieurs pièces adressées à Jean du Peyrat, *ad Joan. Duperatium, Lugdun. suppræfectum*.

1539. — *Février* 26. Hippolyte d'Est prend possession de l'archevêché par son procureur Jean Faye. M.

1539. — *Septembre*... Publication de l'édit rendu par François Ier à Villers-Cotteret, portant qu'à l'avenir les arrêts et les actes seront rédigés en français.

1539. — Mort de Symphorien Champier, écrivain polygraphe, né à St-Symphorien-le-Château, en Lyonnais, vers 1472. *Arch. du Rh.*, x, 249; D. Calmet, *Biblioth. Lorraine*, art. Champier et Dumas ; F.-Z. Collombet, *Etudes sur les hist. lyonn.*, 1; *Biogr. lyonn.*

1539. — Bonaventure des Periers, qui a fait un assez long séjour à Lyon, y compose plusieurs pièces de vers dont la plus remarquable a pour sujet l'ancienne fête de l'Ile-Barbe. — C'est aussi dans nos murs que des Periers a fait son *Cymbalum mundi*. Michel Parmentier, imprimeur-libraire à Lyon, donna une édition de cet ouvrage et prit le masque de *Benoist Bonyn*, qui avait été aussi imprimeur à Lyon, mais qui très-probablement avait alors quitté cette ville. *Biogr. lyonn.*; Barbier, *Anonym.*, 3,562. — Un autre littérateur, Nicolas Bourbon l'Ancien, de Vandeuvre, florissait aussi à Lyon en ce temps-là, et très-certainement il faisait partie de la société des savants qui s'y trouvaient alors réunis, comme on le voit par les vers qu'il adressa à Jean du Peyrat, à Ant. Perard, à Voulté, aux trois Scève (Maurice, Jean et Guillaume), au médecin Louis Chesneau (*Querculo*), à P. Saliat, à Gilbert Ducher, à Charles Fontaine, à Jacques Caille, à Aymar de Beaujeu (il qualifie ces deux derniers de Lyonnais), à Jean Raynier ou Raynier (*Raenerio*), etc., etc. Voyez *Nicolai Borbonii.. Nugarum libri octo; apud* Seb. Gryphium, Lugduni, 1538, in-8°. Outre ce volume, N. Bourbon a encore publié à Lyon : 1° *Paedagogia, sive de puerorum moribus,* 1536, in-4°, cité par Niceron, xxvi, 51 ; 2° *Tabellæ elementariæ, pueris ingenuis pernecessariæ* ; apud Joann. et Franc. Frellaeos (sic) fratres ; 1539, in-8°, réimprimé à Paris, la même année. On trouve à la fin de ce livre une lettre de Nic. Bourbon (*D. L. Rubellæ, puellæ lectissimæ*), datée de Lyon *Tertio Calen. Decembris, anno...* M. D. XXXVIII. L'auteur nous y apprend qu'il est reconcilié avec le poëte Voulté, et maudit les bavards qui les avaient brouillés. Nous voyons, par une pièce du même recueil (viii, cli), que Nicolas Bourbon emprunte le nom de *Rubella* pour solliciter contre ses envieux l'appui de Guillaume Paradin.

1540. — *Février* 2. Trois jeunes seigneurs, Jacques Bouton de St-Burry, seigneur de Corberon, Claude de Beauffremont, baron de Senecey, et Philibert de Sercy, étaient venus à Lyon « pour acheter des joyaux et des draps de soye destinés à leurs fiancées ; ils avoient pris leur logement dans l'hostellerie du Porcellet, près St-Eloy, et là, après avoir fait très-joyeuse chere, ils voulurent coucher tous trois dans le même lit. L'un d'eux, ayant un livre en rithme françoise entre les mains avec une chandelle de cyre, lisoit pour augmenter l'aise et la joie de ses compagnons... quand tout à coup, et vers la minuit, le plancher de leur chambre tombe sur eux et les ensevelit sous ses ruines. » Barthélemi Aneau et quelques autres poëtes firent à cette occasion des vers que l'on trouvera, page 326 de *l'Hist. généalogiq. de la maison de Bouton*, par Pierre Palliot, Paris, 1671, in-fol. Voyez aussi Paradin, *Hist. de Lyon*, p. 309. — Quelques historiens ont placé par erreur cet événement au 22 *mars*.

1540. — *Mai* 17. Entrée du maréchal de Ferrare. *Alm. de Lyon* de 1746, p. xxxiii.

1540. — *Juillet* 29. Règlement qui fixe les droits d'entrée dans le royaume, des draps d'or et d'argent, de soie, crêpes, etc. *Nouv. arch. du Rh.*, i, 14-20.

1540. — *Novembre* 11. *Séance consulaire*. On apprend que les *Maistres imprimeurs* veulent s'en aller à Vienne en Dauphiné, à cause d'un article de l'arrêt rendu à Moulins sur la poursuite des compagnons imprimeurs. — Le consulat déclare qu'il fera ses efforts pour conserver cette belle portion du commerce de Lyon ; car on a fait jadis de grands frais pour attirer l'imprimerie à Lyon. — Le fils du secrétaire de la ville est délégué et envoyé pour obtenir la réforme de l'arrêt, aux gages accoutumés de 35 sols par jour. — Voyez les séances consulaires du 30 décembre 1540, et du 10 septembre 1542. — Les débats entre les maîtres imprimeurs et les compagnons se terminèrent, après plusieurs scènes tumultueuses, par un accord qui porte la date du 1er mai 1543. S.

1540. — Cette année fut nommée l'année des vins rôtis, à cause de sa grande sécheresse. M.

1540. — Charles de Sainte-Marthe est appelé à Lyon pour y professer les langues française, latine, grecque et hébraïque. — Il y publia la même année ses *Poésies françoises* chez Claude *Nourry*, dit le Prince, et les dédia à la duchesse d'Etampes, ainsi que son *Livre des Amis*, dédié au secrétaire d'Avanson. Dreux du Radier, *Biblioth. de Poitou*, v, 116-118; C. B., *Mélanges sur Lyon*, p. 351. — Charles de Sainte-Marthe était encore à Lyon le 15 juin 1542. Dreux du Radier, *loc. cit.*, p. 108.

1540 (*circa*). — Jean Neyron, lyonnais, qui avait assisté à la représentation du *Jeu de saint Nicolas de Tolentin* et à celles de quelques autres *Mystères* données à Lyon par les Augustins, mû de dévotion envers la passion du Fils de Dieu, employa les grands biens que son père lui avait laissés à acheter des granges voisines du jardin des Augustins et du couvent des Dames de la Déserte. Possesseur de ce vaste emplacement, il y fit bâtir un grand théâtre avec le paradis au-dessus et l'enfer au-dessous, environné tout autour d'échafauds en forme de galeries pour recevoir les plus apparents de la ville. Ces galeries avaient trois étages l'un sur l'autre, et il y avait au-dessous une place grande et spacieuse avec des bancs pour le menu peuple; le tout bien clos et couvert contre l'injure du temps. Là, par l'espace de trois ou quatre ans, les jours de dimanches et les fêtes, après dîner, furent représentées la plupart des histoires du vieil et nouveau Testament, avec la *farce* au bout, pour récréer les assistants. « Le peuple, dit Rubys, avait son esprit tendu les jours de festes ;... de présent, privé de cette manière d'esbattement, *ils* passent les festes aux berlands et aux tavernes, où, après avoir bien bu, ils se mettent après à *déchiffrer* le roy, l'estat, le magistrat, qui sont semences de sédition. » *Hist. de Lyon*, p. 370; *Notes* du P. Menestrier; *Arch. du Rh.*, vii, 407; M. Victor de la Prade, *Lyon anc. et mod.*, art. AUGUSTINS. — Le P. de Colonia, *Hist. litt.*, ii, 430, et, d'après lui, l'abbé Pernetti, *Lyonn. dignes de mém.*, i, 148, rapportent que l'on fit un recueil des pièces qui avaient été données sur le théâtre de J. Neyron, et que l'on imprima en 1542, sous ce titre: *Le très-excellent et saint Mystère du viel Testament représenté par personnages, auquel sont contenues les histoires de la Bible.* Ce livre, ajoutent-ils, imprimé en deux tomes in-fol., est aujourd'hui extrêmement rare. Ni l'un ni l'autre ne donnent le lieu de l'impression, et il est à croire que l'édition dont ils parlent est celle de Paris, Jehan Real, décrite par M. Brunet, *Man.*, ii, 545. Le P. Colonia, qui a cité une cinquantaine de vers de ce *drame*, l'attribue au *fameux poëte Choquet;* mais il est fort douteux qu'il soit de lui. Choquet ne serait auteur que du *Mystère de l'Apocalypse*, qui complétait les différents mystères tirés de l'Ancien et du Nouveau Testament. Au reste, le P. Colonia se trompe quand il fait entendre que lesdeux volumes de 1542 contiennent un recueil des pièces jouées sur le théâtre de J. Neyron. Ce théâtre n'avait été ouvert que depuis deux années environ, lorsqu'on publia le *Mystère du viel Testament*, etc. Tant qu'il subsista, on dut représenter bien d'autres *histoires*, avec la *farce* au bout. (Voyez ci-après, année 1542.) Ce théâtre fut probablement fermé, comme tous ceux du même genre, en 1548 : car un arrêt du 17 novembre de cette année abolit ou supprima la représentation des mystères et toutes sortes de spectacles. — C'est probablement à cette époque que doit remonter l'origine du théâtre de la *Crèche*, où l'on représente encore aujourd'hui de petites pièces dont le sujet est tiré de l'Ancien et du Nouveau Testament.

1540 (*circa*). — Mort de Pierre Grosnet, poëte français, né à Toucy, diocèse d'Auxerre, auteur d'un *Blason et louenge de la noble ville et cité de Lyon*, C. B., *Nouv. mél.*, p. 81.

1541. —*Juillet 28. Séance consulaire.* Le juge ordinaire de la ville avait ordonné qu'il serait fait un *mole* pour vendre bois à brûler, dont la grandeur et la largeur devront être déterminées par justice. — Le consulat arrête que le *mole* sera de 4 pieds de longueur sur 4 de largeur, et le bois de 4 pieds de long. S.

1541. —*Septembre* 5. Les conseillers vont faire la révérence au roi de Navarre, logé en la maison du greffier Fontville; le prince leur fait bon accueil, et offre faire « tous les plaisirs qu'il pourra. » *Actes cons.*

1541. —*Septembre* 23 ou 27. Entrée du roi, de la reine et du dauphin. — Le roi loge à Ainay. S.

1541. —*Décembre* 28. Edit (de François Ier), contenant *règlement* de l'imprimerie pour la ville de Lyon, et défense d'imprimer aucun livre sans permission du grand scel. — On lit dans le préambule de cet édit que les compagnons imprimeurs s'étaient « bandez ensemble pour contraindre les « maistres imprimeurs de leur fournir plus gros gages et nourriture plus « opulente que par la coustume ancienne ils n'ont jamais eu... » *Recueil* de Fontanon, tom. IV, pag. 467. —Voyez aussi les lettres patentes du 19 *juillet* 1542, même recueil, page 469; l'arrêt du conseil du 11 *septembre* 1544, page 470; l'édit du roi du mois de *mars* 1571, page 473, suivi de plusieurs autres édits relatifs à l'imprimerie; G. A. Crapelet, *Etudes sur la typogr.*, tom. 1, p. 53 et suiv.; le P. de Colonia, *Hist. litt.*, II, 621.

Le procès entre les maîtres imprimeurs et leurs compagnons avait éclaté vers 1538. *Procès d'Estienne Dolet* (Paris, Techener, 1836, in-12), page 7. Voyez ci-dessus, 11 *novembre* 1540.

1541. — On représente au collége de la Trinité un drame en vers de Barthélemi Aneau, intitulé : *Lyon marchant. Arch. du Rh.*, VII, 342 ; C. B., *Nouv. mél.*, p. 191.—Vers ce même temps on publia, probablement à Lyon, un dialogue intitulé : *La Farce des théologastres à six personnages*, petit in-4°, format *d'agenda*, s. d., sans nom de ville ni d'imprimeur. — Cet opuscule pourrait bien être de l'auteur du *Cymbalum mundi*, Bonaventure des Periers, qui a fait un assez long séjour à Lyon. C'est de lui que se servit Dolet, en 1534, pour mettre au net le premier tome de ses Commentaires sur la langue latine. Il assista, le 15 mai 1539, à la fête de Notre-Dame, à l'Ile-Barbe, et fit une description en vers de cette fête. Des Periers mourut vers 1544, et, peu de temps après sa mort, le *Recueil* d'une partie *de ses œuvres* fut publié à Lyon, chez Jean de Tournes, par les soins d'Antoine du Moulin, Mâconnais, qui annonce dans un avis placé au dernier feuillet de ce recueil qu'il se proposait de faire imprimer plusieurs autres pièces qu'il avait recouvrées depuis, et qui paraissent être restées inédites. Des Periers était à moitié huguenot; et quoiqu'il n'eût pas abjuré le catholicisme, il avait embrassé les opinions des novateurs. C. B., *Nouv. mél.*, p. 353 et suiv. — On ne connaît qu'un seul exemplaire de *la Farce des théologastres;* c'est celui que possède M. le conseiller Coste, et sur lequel M. Duplessis a fait faire la réimpression qu'il a publiée en 1830, et qui n'a été tirée qu'à 64 exemplaires. Voyez les *Etudes sur les Mystères*, etc., par Onésime Le Roy, p. 408 et suiv.

1541. — Guillaume Paradin vient à Lyon et présente son ouvrage *de antiquo statu Burgundiæ* à Estienne Dolet qui, le voyant bien écrit, l'accepte et le dédie, tant en son nom qu'en celui de Paradin, au chancelier de Montholon. M.

1542.—*Juillet* 19. Lettres patentes du roi François Ier, portant commission au sénéchal de Lyon ou à son lieutenant, pour l'observation et entretenement de l'édit du 28 décembre 1541, contenant règlement de l'imprimerie pour la ville de Lyon, etc. G. A. Crapelet, *Etudes sur la typogr.* 1, 56.

1542. — *Novembre* 11. On lit dans un acte consulaire sous cette date, qu'avant l'établissement des foires, Lyon était une petite et pauvre ville, mais que depuis cet établissement et le passage ouvert en Italie, grand nombre d'artisans et gens de tout métier s'y rendent pour tenir boutique et y *besoigner*; que depuis l'édit de Louis XII, la ville s'est accrue, non-seulement de la moitié, mais des quatre cinquièmes tant en nombre de gens de métier que par les maisons que l'on y a élevées, et qu'on y élève journellement au grand profit du roi et de la ville. — La première création de deux foires franches à Lyon fut autorisée par lettres patentes du 9 février 1419. — L'édit de Louis XII est de juillet 1498; il porte que les quatre foires par année, établies à Lyon par des édits antérieurs, sont confirmées et de *nouuel establies en tant que mestier est.*

1542. — *Décembre* 12. *Séance consulaire.* On projette d'éloigner les fours à chaux qui sont entre la porte de Bourgneuf et Vaise, afin d'obvier à la puanteur et *fâcherie* des habitants et des passants... On propose de les placer au-dessus du château de Cuire, du côté du matin et de Bresse. — Comme on le voit, les fours à chaux de Vaise ont une assez belle antiquité, puisqu'ils ont une existence qui date d'environ trois siècles. En 1829, les voisins de cette usine incommode renouvelèrent leurs plaintes et les consignèrent dans un journal. Le propriétaire du four déclara qu'il se défendrait si on l'attaquait sérieusement, et qu'il opposerait la prescription. Ce débat, qui ne paraît pas avoir eu de suite, n'échappa point aux rédacteurs des *Archives du Rhône*; l'un d'eux, M. Breghot du Lut (voyez *Nouv. mél.*, p. 100), saisit cette occasion pour rappeler qu'un poëte lyonnais, Maurice Scève, dont la célébrité fut presque égale à celle de Ronsard, avait parlé de ces fours à chaux dans sa *Délie* dont la première édition fut publiée en 1544, à Lyon, chez Sulpice Sabon, petit in-8°. Voici quelques-uns des vers de notre poëte :

. . . .
Comme au faulxbourg les fumantes fornaises
Rendent obscurs les circonvoisins lieux,
Le feu ardent de mes si grandz mesaises
Par mes soupirs obtenebre les cieulx.

. . . .
En ce faulxbourg celle ardente fornaise
N'esleue point si hault sa forte alaine,
Que mes soupirs respandent à leur aise
Leur grand' fumée en l'air qui se pourmeine.
. . . .

1542. — Le cardinal Nicolas de Gaddi, florentin, abbé d'Ainay, reçoit le roi dans son abbaye. Rubys, p. 361. — Lors du sac de Rome par le connétable de Bourbon, en 1527, Nicolas de Gaddi vint se retirer en France auprès de François Ier qui lui donna plusieurs bénéfices. Il paraît qu'il se conduisit assez mal à Lyon : car on exposa au consulat, dans sa séance du 23 juin 1547, «que l'on avoit discontinué, depuis cinq ans en ça, le service divin dans son abbaye, parce qu'il en avoit chassé les moines et les officiers ;.... qu'il avoit supprimé les aumônes fondées par les feus abbés et officiers ;... qu'il avoit fait lever par ses commis et députés tout le revenu de l'abbaye, et l'avoit fait transporter hors du royaume, etc., etc.» Il fut ordonné « par bonne et mûre délibération qu'aux dépens et adjonction de la ville, on poursuivra et contraindra ledit abbé à entretenir en ladite abbaye tel nombre de moines et officiers qu'il y souloit avoir par le passé pour y célébrer le service divin et continuer les aumônes générales comme de toute ancienneté, et que, pour ce, l'on fera, tant envers le roi que son conseil, toutes poursuites, requêtes et adjonctions avec les officiers destitués. » S. — Nous ignorons quelle fut l'issue du procès intenté par le consulat à l'abbé d'Ainay; mais il est bien constant qu'il fut obligé de se retirer, et qu'il alla rejoindre sa famille à Florence où il mourut le 27 février 1552 ou 53. Il fut aussi évêque de Sarlat depuis 1533 jusqu'à sa mort. Voyez sa notice dans le *Gallia christiana*.

1542. — *Décembre* 30. Mort de Jean Voulté, poëte latin, qui a séjourné de 1536 à 1538 à Lyon, où il a composé la majeure partie de ses poésies. *Biograph. lyonn.* Voyez aussi le *Bulletin du Bibliophile*, septembre 1838, p. 319.

— Le cardinal François de Tournon se démet de ses fonctions de gouverneur de Lyon; il est remplacé par Jean d'Albon (fils de Guichard), seigneur de Saint-André.

1542. — Imbert de Tournon se fait recevoir chanoine de St-Just. — Paradin, cité par Cochard, *Descript. de Lyon*, p. 293, rapporte qu'Imbert portait un surplis sur une courte robe de damas, une aumusse sur le bras, et l'épée au côté; et que Jacques, son frère, évêque de Valence, l'ayant vu dans cet équipage, s'écria : « Voilà mon frère qui représente bien les trois états! »

1543. — *Janvier* 9. Guillaume du Bellay, seigneur de Langey, vice-roi de Piémont, qui était parti malade de Turin pour venir donner au roi quelques avis importants, « trépasse à Saint-Saphorin sur le mont Tarare (St-Symphorien-de-Lay). » *Mémoires de Martin du Bellay*, t. xix, p. 392, de la *Collection Petitot*. Joachim du Bellay, un des bons poëtes de cette époque, passant, après la mort de François Iᵉʳ, à St-Symphorien, pour se rendre en Italie, fit, à la louange du seigneur de Langey, deux sonnets que l'on trouvera fol. 206 et 207 de ses *OEuvres françoises*, Lyon, 1575, in-8°. Ce fut sans doute alors que, s'arrêtant à Lyon, il adressa des vers au chantre de *Délie*, notre célèbre Maurice Scève (fol. 337); mais ce ne doit être qu'à son retour d'Italie que le poëte angevin fit ce sonnet sur Lyon (fol. 383), qui est aussi adressé à Maurice Scève :

> Scève, je me trouvay comme le fils d'Anchise
> Entrant dans l'Elisée, et sortant des enfers,
> Quant, après tant de monts de neige tout couverts,
> Je vy ce beau Lyon, Lyon que tant je prise.
> Son étroite longueur que la Saône divise,
> Nourrit mille artisans et peuples tous divers :
> Et n'en déplaise à Londre, à Venise, à Anvers,
> Car Lyon n'est pas moindre en fait de marchandise.
> Je m'étonnay d'y voir passer tant de courriers,
> D'y voir tant de banquiers, d'imprimeurs, d'armuriers,
> Plus dru que l'on ne voit les fleurs par les prairies.
> Mais je m'étonnay plus de la force des ponts
> Dessus lesquels on passe, allant de là les monts,
> Tant de belles maisons, et tant de métairies.

1543. — Bodin met à cette année l'origine de la banque de Lyon. L. vɪ,

c. 2 de sa *République*. — Ce publiciste blâme cet établissement, et attribue en partie les engagements énormes contractés par François Ier à la facilité que ce prince avait eue d'y trouver des fonds.—Voyez ci-dessus, *année* 1479.

1544. — *Avril* 18. Le parlement de Dombes, séant à Lyon, enregistre un édit de François Ier, du mois d'avril de l'année précédente, qui confirme les priviléges des habitants de Dombes, établit à Lyon la chancellerie de Dombes, et commet à la garde du scel de Dombes M. Jean du Peyrat, lieutenant général en la sénéchaussée de Lyon.—Voyez ci-dessus, *année* 1533.

1544. — *Août* 3 et 10. Jean d'Albon, sénéchal et gouverneur de Lyon, passe une revue générale des citoyens de cette ville.—Il s'y trouva dix-huit mille hommes en état de porter les armes. — Cette même année, ce gouverneur, à l'occasion de l'irruption de Charles-Quint en Champagne, avait fait élever des remparts au confluent du Rhône et de la Saône, pour défendre la ville de ce côté. — Sous Henri IV, ces remparts furent ornés de plusieurs rangs d'arbres dont le premier, suivant l'auteur d'un article inséré dans les *Arch. du Rh.*, VII, 93, aurait été planté par Sully; mais cette circonstance nous paraît douteuse; car nous lisons dans le même recueil, même volume, p. 277 : « On voit encore dans quelques villages de nos provinces de vieux ormes appelés *Sully*, parce que ce ministre renouvela l'ordonnance qui enjoignait de planter dans chaque commune un orme sur la place publique où se tenaient les fêtes baladoires et les marchés. » Voyez ci-dessus, 3 août 1475. — C'est par erreur que dans les *Arch. du Rh.*, loc. cit., on a donné à Jean d'Albon le prénom d'*André*. Voyez Rubys, p. 372-73.

1545. — *Février* 27. Le consulat ordonne de fermer le collége de la Trinité, « pour le regard des *martinets* qui vont et reviennent audit collége; et quant aux pensionnaires, on les tiendra serrés audit collége jusqu'à la fête de Pâques, et jusqu'à nouvel ordre. » *Actes cons.* —Suivant Ducange, on donnait alors le nom de *martinets* aux écoliers vagabonds, c'est-à-dire aux externes.

1545. — *Juillet* 17. Mort de gentille et vertueuse dame Pernette du Guillet, Lyonnaise, célèbre par ses *Poésies* dont M. Breghot du Lut a donné une nouvelle édition avec des notes et un glossaire, Lyon, imp. de Louis Perrin, 1830, in-8°. *Biogr. univ.*, suppl. — Nous devions déjà à M. Breghot une édition des *Poésies de Louise Labbé*, sorties des mêmes presses, 1824, in-8°. Tout récemment il a publié un poëme latin inédit de Philibert Girinet, *Le Roi de la Basoche*, avec la traduction française en regard et des notes, Lyon, impr. d'Ant. Perisse, 1838, in-8°. Ce Philibert Girinet, chevalier de l'église de Lyon, et trésorier de l'église de St-Etienne, était né à St-Just-en-Chevalet. Son poëme a dû être écrit vers le milieu du xvie siècle, mais avant 1550.

1546.— *Juin* 24. Jubilé à l'occasion du concours de la St-Jean-Baptiste avec la Fête-Dieu.

1546.— *Août* 3. Supplice d'Etienne Dolet, pendu et brûlé à Paris, sur la place Maubert. Voyez son art. dans la *Biogr. lyonn.*, et le *Journal des Savants*, Paris, 1836, p. 249.

1546.—Pierre Fournelet, de Louan en Normandie, commence à prêcher la réforme, dans une maison particulière, à quatorze ou quinze personnes seulement, tous bons marchands et hommes d'apparence. Ayant été découvert et contraint de se retirer, Jean Fabri, depuis ministre de Genève, lui succéda et continua jusqu'à la Noël 1547 ses prédications dans une réunion qui s'était accrue de 85 personnes; mais ayant été découvert à son tour, il fut obligé de fuir. Pierre Fournelet revint pour le remplacer, et on lui adjoignit Claude Monier qui fut brûlé à Lyon en 1551. Bèze, *Hist. eccl.*, 1, 56, 77; III, 215.

1546. — *Septembre 6*. Mort de Jean Cléberg, surnommé le *Bon Allemand*, né à Berne ou à Nuremberg, vers 1485. — On ne sait rien de positif sur les premières années de ce personnage, dont le nom vivra longtemps dans la mémoire du peuple. Toutefois il est certain qu'il avait embrassé la profession de marchand, et que sa fortune le mit dans le cas de se livrer à de grandes opérations financières. S'il était de Nuremberg, il est probable qu'il fut du petit nombre de ceux qui s'expatrièrent, lorsqu'en 1530 les habitants de cette ville arborèrent l'étendard de la réforme et signèrent, les premiers, la Confession d'Augsbourg. Quoi qu'il en soit, Cléberg se trouvait à Lyon en 1533, époque à laquelle le consulat fonda, sous le titre d'*Aumône générale*, un établissement destiné à soulager les pauvres pendant les temps de disette ou de contagion. Cléberg fut un des premiers souscripteurs de cette œuvre, et donna, dans l'intervalle de 1533 à 1546, année de sa mort, 8,545 livres. Peu de temps après s'être fixé à Lyon, Cléberg avait épousé Pelonne de Bonzin, native de Tournay en Flandre, veuve de Jean de la Forge, dont elle avait un fils encore en bas âge, Etienne, seigneur d'Ars. Une ancienne tradition veut qu'elle ait fait bâtir la jolie *villa* de *Champ*, sur la rive gauche de la Saône, entre l'île-Barbe et Lyon, où l'on voit encore un pavillon que l'on appelle la *tour de la Belle Allemande*. Cléberg, à la bourse duquel François Ier avait eu recours, fut nommé, par lettres patentes du dernier mars 1543, son valet de chambre ordinaire. Peu de temps après, les commissaires, chargés par le roi de l'aliénation des biens du connétable de Bourbon, lui vendirent les terres de Chastelard et de Villeneuve en Dombes. Cette acquisition le porta sans doute à ajouter à son nom celui de sieur de *Chastelard*; car c'est ainsi qu'il est appelé dans une lettre que François Ier lui écrivit le 11 décembre de la même année, pour le remercier de l'avoir «secouru en prest d'une bonne « somme d'argent. » Ce monarque lui écrivit encore, le 11 mars 1545 (1546, n. s.), la lettre que voici : « Seigneur Jehan Cleberg, i'ai receu vostre lettre du 5° de ce mois, et par icelle veu le debvoir et diligence que vous avez faict et faictes des empruns que ie veulx faire à Lyon, dont ie vous sais tres bon gré: et voyant, ainsi que vous me mandez, que les marchands n'y veulent entendre que mon filz le dauphin ne s'y oblige comme moy, i'en seray content, et desià mondict filz l'a ainsy accordé, dont vous pouvez advertir les marchands, afin qu'ils tiennent leur argent prest, ainsy que me le mandez, et sur ce, seigneur Jehan Cleberg, ie prie Dieu qu'il vous ayt en sa garde. Escript à Paris, le 11e iour de mars 1545. Signé François, et plus bas, Bochetel. » — Cléberg avait encore acquis, le 17 mars 1544 (1545, n. s.), un ténement qui avait appartenu aux anciens comtes d'Angers, situé à l'angle de la Grand' Côte et de la rue Neyret, réuni depuis un an au monastère de N. D. de la Déserte. Cette même année 1544, il fut invité par les administrateurs de l'Aumône générale à assister aux délibérations du bureau, quoiqu'il n'en fût pas membre, et vers le même temps il fut nommé, par les terriers de la ville, membre du consulat. Mais il refusa ces honorables fonctions, donnant pour motif de ce refus son grand âge, les soins qu'exigeaient l'éducation d'un fils unique valétudinaire et âgé de cinq ou six ans, enfin les affaires dont le roi l'avait chargé; toutefois il paraît que sa démission ne fut pas acceptée, puisque son nom figure dans la liste des conseillers de ville. Quoi qu'il en soit, le *Bon Allemand* ne vit pas la fin de son consulat; car il mourut le 6 septembre 1546. Le 25 août précédent, il avait fait son testament devant M° Pierre Dorlin, notaire à Lyon : il légua 4000 livres à l'*Aumône générale*, et disposa de sa fortune en faveur de sa femme et de son fils David Cléberg. *Quant à ses armures, espées, hacquebutes, et autres bastons et instruments de guerre*, il les légua à Etienne de la Forge, fils du premier lit de Pelonne de Bonzin. Jean Cléberg demeurait alors place du Plâtre, dans la maison appelée de *St-Ambroise*, dont l'emplacement est aujourd'hui occupé par la belle maison des héritiers de Louis Tolozan de Monfort. Un siècle après la mort du *Bon Allemand*, sa postérité était éteinte; mais la presque totalité de sa fortune ayant passé entre les mains de l'avocat Jacques Moyron, celui-ci la transmit, par son testament du 12 octobre 1651, à l'*Aumône générale*. Quelques écrivains veulent qu'une statue en bois placée sur un rocher, dans le quartier de Bourgneuf, et sur une place publique, appelée dans les anciens plans de Lyon, place de *M. de la Roche*, ait été élevée par les Lyonnais à la mémoire de Cléberg; mais cette allégation n'est justifiée par aucun document authentique, ni par aucun historien antérieur à 1750. Tout porte à croire que cette statue existait de temps immémorial, et qu'elle avait primitivement été érigée en l'honneur de quelque divinité gauloise ou romaine. C. B., *Mélanges*, p. 229-257; *Dict. des rues de Lyon*, p. 50.

Nous terminons ici la troisième partie de ces *Notes et Documents*. L'année prochaine, nous publierons la quatrième partie, qui commencera avec le règne de Henri II.

BIBLIOGRAPHIE LYONNAISE

DU XVe SIÈCLE (1).

> Quæ se æquare tuis, Lugdunum, mœnibus ausint,
> Serica si nitidæ pandis miracula telæ ?
> Quæ superemineant, si nobilis illa typorum
> Ars modo spectatur gnavique industria præli ?
>   P. R.

Livres Latins.

I. *Reverendissimi Lotharii dyaconi cardinalis sanctorum Sergi et Bacchi q' postea Innocentius (III) papa appellatus è compendium breue feliciter icipit quinque cotinens libros*, etc. — ... Lugduni p. magistr. *Guillermum Regis* hujus artis ipressorie expertum : Honorabilis viri Bartholomei Buyerii dicte ciuitatis ciuis jussu sumptibus ipressus anno Verbi incarnati M. CCCC. LXXIII, quinto decio Kal. octobris. Pet. in-4° goth., sans signatures ni chiffres, et sans réclames ni registre. — Ce livre est le plus ancien qui ait été publié avec date à Lyon. La Serna Santander est le premier qui en ait signalé l'existence, d'après un exemplaire que lui avait communiqué M. Van Praët ; mais il se borne à en donner l'intitulé dans son *Dict. bibliogr.*, t. III, p. 497, et à l'inscrire dans le *Tableau chronologique* annexé à la page 520, même tome. Depuis, et en 1817, il a été décrit par M. Dibdin, t. II, p. 215 de son *Bibliographical Decameron*, et M. Brunet l'a enregistré dans la 3e édition de son *Manuel* publiée en 1820. Un savant de Turin, M. Costanzo Gazzera, en a donné une nouvelle description dans ses *Osservazioni bibliografiche*, Torino, 1823, in-4°, analysées par M. Breghot du Lut, dans la seconde de ses *Lettres lyonnaises*, Lyon, 1827, in-8°.

II. *Johannis Petri de Ferrariis Practica noua.* — M. CCCC. LXXVII. Lugduno Francie urbe prestentissima..... viris a celeberrimis, ingenioque capacissimis *Nicolao Philippi de Bensheim, Marco Reinhart de Argentina*... impressum est. In fol. goth. à 2 col. — Décrit par Panzer, 1, 530.

III. *Liber Pandectarum medicine* (Matthæi Silvatici). Explicit singulare

---

(1) Quoique ce travail soit le fruit de longues et pénibles recherches, nous ne le donnons que comme un essai qui doit laisser à désirer beaucoup, et dans lequel, nous ne nous le dissimulons pas, on trouvera bien des erreurs. A. P.

Pandectarum opus... cujusque fideles impressores fuere magister *Martinus Huz et Io. Siber.* anno incarnati Verbi, M. cccc. lxxxiii, aprilis luce xxviij. In Lugduno, et anno regni Ludouici undecimi Francorum regis xvij. Gr. in-fol. goth. à 2 col. Hain qui a décrit ce livre n° 15197 de son *Repertorium*, et qui parait l'avoir eu sous les yeux, écrit *Io. Siber;* Maittaire, *Annal. typogr.*, 1, 386, écrit *Io. Fiber;* Panzer, *ann.* 1478, écrit *Joannem Faber;* et M. Brunet, *Man.* iii, 342, *Johannem Faber*. Nous présumons qu'il faut lire *Faber*, parce que Siber ou Ciber qui portait, comme Faber, le prénom de Jean, parait être venu plus tard à Lyon. Gabriel Naude, p. 314 de son *Addition à l'hist. de Louis XI*, dit: « ... Le plus « vieux liure que j'ay veu imprimé à Lyon sont les Pandectes en mede- « cine de Matthæus Syluaticus de l'an 1478, regnante Ludouico Rege « per Germanos (sic). » C'est maintenant le 3ᵉ avec date.

IV. *Jacobi de Alpharottis opus super Feudis.* —.. impressum... per *Nicolaum Philippi ac Marcum Reinart*... anno Incarnationis xpi. m. cccc. lxxviii die vero mensis aprilis antepenultimo. In-fol. maj. goth. à 2 col. Panzer, 1, 531; Moréri, art. Alvarot; Tiraboschi, *Storia della letter.*, libr. ii, c. xxi.

V. *Rubricæ Institutionum.* — ... *Lectura Baldi* (de Ubaldis) *super Instituta.* — ..... Impressa per me *Martinum Hus de Botvar*.... anno Dni m. cccc. lxxviii. *sine loco*. In-fol. goth. à 2 col. Panz., 1, 532; Hain, 2272.

VI. *Practica Valesci de Tharanta*. Lugduni per *Johannem Cleyn* alemanum, 1478, in-4°. Panzer, ix, 247.

VII. *Biblia* impressa Lugduni per *Perrinum Lathomi de Lotharingia*. m. cccc. lxxix. In-fol. goth. à 2 col. (B. de Lyon).

VIII. *Sacre Theologie magistri fratris Roberti de Liteo* (Roberti Caraccioli) *ordinis minorum, opus quadragesimale*... Impressum Lugduni per *Nicolaum Philippi de Bensheim et Marcum Reinhart de argentina*, sub anno.. millesimo quadringentesimo septuagesimo nono. In-fol. goth. à 2 col., (B. de Lyon).

IX. *Odofredi lectura super Codice Justiniani*. Impress. per *Martinum Husz*, anno millesimo quadringentesimo octuagesimo ad kalendas xij aprilis. Gr. in-fol. goth. à 2 col. — Titre abrégé de ce livre dont la description occupe près de 2 col. dans le *Repertorium* d'Hain, n° 11964.

X. *Bartholomæi Anglici de Proprietatibus rerum*. Impressus per *Nicolaum Pistoris de Bensheym et Marcum Reinhardi de argentina* socios. Sub anno Domini millesimo quadringentesimo octogesimo, die vero julii xxix. In-fol. goth. à 2 col. Panzer, 1, 533.

XI. *Breuiarium Dni Jo. Fabri super Codice, permultum utile in utriusque iuris facultate*.... Finit feliciter sub anno... millesimo quadringentesimo octuagesimo die xxiii mensis novembris. Per *Nicolaum Pistoris de Benssheim et Marcum Reinardi de argentina* socios. In-fol. goth. à 2 col. Hain, 6846; Panzer, 1, 533.

XII. *Guidonis de monte Rocherii manipulus curatorum*. Per *Marcum Reynhardum de argentina et Nicolaum Philippi de Bensshcim*. 1480. In-4°. Panzer, 1, 533; Hain, n° 8183.

XIII. *Tractatus corporis Christi quomodo sacerdotes se debeant habere ergᵃ Eucaristiam consecrandam*. In-4.° goth. à longues lignes de 34 feuillets non chiffrés, y compris le dernier feuillet qui est blanc. Sign. A — D iii. On lit au verso du 33ᵉ f. : *Anno millesimo quadringentesimo octuagesimo in vigilia Natiuitatis beate Marie Virginis date fuere vacationes studentibus valetie, et finita fuit presens repetitio super decretali cum Marthe de Cele. mis. sub egregio patre Domino Dozoli, decretorum comite, per me Jacobum Buerij de Lugduno.* — La bibliothèque de Lyon possède un exemplaire de ce traité, qui a été relié avec le suivant : — *Incipit tractatus catholici doctoris fratris Augustini de Ancona ordinis patrum heremitarum sancti Aug. De laudibus Virginis gloriose super euangelium Missus est*, etc. — Impressus vero Lugduni per magistrum *Sixtum Glogkengieser* almanum de Noerdlingen Retic. Petit in-4° goth., à 2 col., sans chiffres ni signatures.

XIV. *Petri brixiensis Repertorium utriusque juris*. Impressum per *Nicolaum Philippi de Benssheim et Marcum Reinhardi de argentina socios*. Anno Domini M. CCCC. LXXX. (1481, n. s.), die vero xv mensis aprilis. 3 vol. in-fol. goth. Panzer, 1, 533.

XV. *Rationale diuinorum Officiorum*. Editum per Dom. Duranti mimatensis epi qui composuit speculum juris et patrum pontificale. In-fol. — On lit à la fin : *Impressum Lugduni per Martinum Huz de Botvar anno Dom. miles. quadragent. octuages. primo. die vero decima quarta augusti*. In-fol. goth. décrit par Laire qui ajoute : *In hac editione observandus est titulus*. Tom. II, p. 45. — Panzer, 1, 534; Hain, n° 6484.

XVI. *Biblia sacra*. Per *Marcum Reinhardi de argentina* ac *Nicolaum Philippi de Bensheym sotios*, sub anno Dom. M. CCCC. LXXXII. In-fol. goth., sur 2 col. (B. de Lyon.)

XVII. *Tractatus de Proprietatibus rerum editus a fratre Bartholomeo Anglico...* Impressus per *Petrum Ungarum*, sub anno Domini millesimo quadringentesimo secundo, die vero nouembris xxi. In-fol. goth. Panzer, IX, 247.

XVIII. *Guarini Veronensis Ars diphtongandi, punctandi et accentuandi cum Vocabulario breuiloquio*. Impressus Lugduni per *magistrum Petrum Vngarum*. Anno Domini 1482. In-fol. goth., à 2 col. Panzer, 1, 534.

XIX. *Digestorum seu Pandectarum juris ciuilis tomi III*. — Impressum per *Johannem Syber alemanum*. M. CCCC. LXXXII. In-fol. Panzer, 1, 534. — Probablement le même livre décrit par Hain, art. JUSTINIANUS, n° 9603.

XX. — *Liber sextus Decretalium cum glossa D. Jo. Andreae*. — Impressus impendio magistri *Joannis Syber alemanni*.... M. CCCC. LXXXII. pridie kal. maji (sic). Gr. in-fol. Panzer, 1, 535.

XXI. *Laudabilis Expositio* (Johannis de Turrecremata (Torquemada) super psalterium.... per egregium magistrum *Johannem Fabri lingonensem*, de anno Domini millesimo CCCC. LXXXII (1483, n. s.), die xxix marcii. In-fol. sur 2 col., non gothique. — C'est par erreur que plusieurs bibliographes malavisés ont cru que ce livre, sans nom de lieu, avait été imprimé à Lyon. Le Jean Fabri, de Langres, exerçait son art à Turin, en Piémont; celui qui imprimait à Lyon, vers la même époque, était allemand. Voyez *infrà*, n° LXXVII.

XXII. *Manipulus curatorum* compositus a Guidone de monte Rocherii.... — Impress. Lugdun. per prudentem opificem *Guilhermu Regis*. Anno Dni M. LXXXIII. In-4° à 2 col. (Biblioth. de Besançon). C. Weiss.

XXIII. *Decretorum breviarium....* impressum per *Mathiam Huss et Johannem Baltenschne de Allemania.* M. CCCC. LXXXIV. die VI jul. In-fol. — Panzer, 1, 535.

XXIV. *Ordo missalis secundum usum romane Ecclesie.* Impressus Lugduni per.... *Mathiam Huz...* anno Dom. millesimo quadringentesimo octogesimo quinto, die 23 septembris. In-fol. Panzer, 1, 536.

XXIV bis. *Pascalia secundum usum ecclesie lugdunensis.* Lugd. per *G. Regis.* 1485. In-4° *Bibliothèque de L. P.* (Louis Perrichon), n° 46.

XXV. *Jacobi de Voragine Legenda aurea siue flores Sanctorum,* impressa Lugduni per.. *Mathiam Husz.* Anno Domini M. CCCC. LXXXVI, die vero vicesimo mensis julii... In-fol. goth. Panzer, 1, 537. — M. Brunet, *Suppl.,* III, 431, ne se serait-il point trompé en datant cette édition de 1485 ? Les bibliographes auxquels Panzer nous renvoie, la donnent avec le millésime de 1486.

XXVI. *Aristotelis textus abbreviatus* super octo libris physicorum et tota naturali philosophia à Thoma Bricot compilatus et cum Georgii Noialium interpretatione ejusdem sex libri metaphysices cum explanatione. Lugduni anno.... LXXXVI post mille quadragentos idibus aprilis. Pet. in-fol. à 2 col., fig. La 1re partie a CII f. chiffrés, et la 2me CLXXX. (Biblioth. de Besançon). C. Weiss. Voyez Panzer, IV, 349, et Hain, n° 3974.

XXVII. *Guilhermi parisiensis postilla epistolarum et euangeliorum dominicalium et solenitatum.* — Impress. Lugduni per *Iohanem de Prato.* Anno Domini M. CCCC. LXXXVIJ. die ultia nouembris. In-4° goth. (B. de Besançon).

XXVIII. *Missale sub ritu et usu ecclesie lugdunensis.* Impressum per magistrum *Io. Allemanum de Magontia.* M. CCCC. LXXXVIJ. In-fol. goth. sur 2 col. — La bibliothèque de Lyon possède un exemplaire sur vélin de ce Missel, qui fut publié par ordre du cardinal Charles de Bourbon. — Il en existe un exemplaire également sur vélin, à la bibliothèque royale, décrit par Van Praët, *Catalogue des livres sur vélin, de la B. du roi,* 1, 147.

XXIX. *Johannis Baguyon tractatus potestatum dominorum et libertatum subditorum.* 1487, in-4°, sans nom de ville. Hain, 2246. — Voyez sur ce livre, que M. Gazzera croit avoir été imprimé à Lyon, parce qu'il est sur papier à la *roue dentée,* les *Lettres lyonn.* de M. Breghot, p. 29.

XXX. *P. Ovidii de Arte amandi..* Lugd. 1487. In-4°. Hain, 12217.

XXXI. *Boetius de consolatione philosophie necnon de disciplina scholarium cometo sancti Thome,* etc. Impressus Lugduni per *Johannem de Prato.* Anno Domini millesimo CCCC. LXXXVIJ. (1488, n.'s.), die VIII februarij. In-4°. Hain, n° 3403.

XXXII. *Stultifera nauis....* per *Sebastianum Brant* (Brandt) vulgari sermone theutonico quondam fabricata atque jam pridem per Jacobum Locher.... in latinum traducta. — Impress. per *Jacobum Zachoni de Romano.* Anno Domini M. CCCC. LXXXVIII, die XXVIII mensis junii. In-4° rom. (Biblioth. de M. Coste). Cette édition a longtemps été regardée comme la première, parce que l'on n'y avait pas remarqué l'épître de Locher datée de 1497. On a tout lieu de croire qu'il y a *un x de moins* dans la souscription. Tel est l'avis de Panzer, 1, 554; de M. Brunet, *Man.,* 1, 270, et *Suppl.,* 1, 216; d'Hain, n° 3752. Mais ne pourrait-on soutenir qu'il y a *un x de trop* dans la souscription de l'épître ?

XXXIII. *Decreta basiliensia necnon bituricensia que Pragmatica Sancti ointitulant*, glossata p. magistrum Cosma Guymier...... *p. Nicolaum Philippi alemanu* : Anno Dni M. cccc. lxxxviij, die vero sexta septebris feliciter sunt consummata. In-4° goth. (B. de Lyon, n° 390). — Panzer, 1, 538, a donné, d'après Maittaire et Simler, une description inexacte de ce volume, et tout annonce qu'il se méfiait de ce qu'en avaient dit ses devanciers. Voyez Hain, art. Carolus VIII, n°⁸ 4550, 31 et 32.

XXXIV. *P. Terentii Afri comœdiæ* vi, *cum commentario Donati iuxta calphurnianæ castigationis exemplar*. Lugduni, per *Johannem de Prato*. Anno M. cccc. lxxxviii, die iv novembris. In-4°. Panzer, 1, 538; Hain, n° 15416.

XXXV. *Auctores cum glossa octo libros subscriptos continentes videlicet* Cathonis, Theodoli, Faceti, cartulas alias de contemptu mundi Thobiadis, parabolarum Alani, fabularum Æsopi, Floreti. Impressum Lugduni per *Johannem de Prato* anno Domini M. cccc. lxxxviii, die ultima decembris. In-4°. — Première édit. de ce recueil avec date. Hain, 1944; Brunet, *Man.* et *Suppl.*, art. Auctores VIII; le Duchat, sur Rabelais, l. 1, c. 14.

XXXVI. *Quodlibetum de veritate fraternitatis Rosarii seu psalterii B. V. Mariæ per fr. Michaelem de Insulis*. Lugduni per *Joann. Carcaigni*, 1488. In-4°. Panzer, 1, 538; Hain, n° 7344.

XXXVII. *Epistolarum proponendarum imitationes Louanii in collegio lilii editæ ac emendatæ a Carolo Viruli*. Lugduni per mgrm *Guilelmum Regis*. Die primo julii, millesimo cccc. octuagesimo octauo. In-fol. Maitt., p. 496; Panzer, 1, 537; Hain, n° 10673, art. Maneken.

XXXVIII. *Roberti de Licio quadragesimale aureum de Peccatis...* Impressum Lugduni per *Johannem Trechsel alemanum*. Anno.. 1488. (1489, n. s.), die vero nono februarii... In-8° goth. Panzer, 1, 585.

XXXIX. *Liber qui compotus inscribitur....* Lugduni per *Johannem de Prato*. 1488 (1489, n. s.), die x. februarii. In-4° goth. Hain, 5594. — Edit. sur papier à la roue dentée, et probablement la première de ce livre publiée à Lyon. C. B., *Lettr. lyonn.*, p. 25.

XL. *Guillermi de Vorrilong ordin. minor. opus super quatuor libros Sententiarum*. Lugduni (*Joh. Trechsel*), die xxiiii augusti M. cccc. lxxxix. In-fol. Edit. sur papier à la roue dentée. Panzer, 1, 540; C. B., *Lettres lyonn.*, p. 25.

XLI. *Tractatus de Imitatione Christi et de meditatione cordis* (1). Lugduni per *Johanem Trechsel*. M. ccccLXXXIX. die vero xi mensis octobris. In-4° goth. de lxvi f. chiffrés. Hain, 9101; Panzer, 1, 539. — M. Monfalcon cite, sans en désigner le format, une édition qui aurait été publiée à Lyon en 1488, *apud Dupré* (sic). Voyez p. xliij de sa *Notice bibliographique*, en tête d'une *Imitation polyglotte* dont l'impression commencée à Lyon en 1835 sera probablement terminée en 1840. — Une des plus anciennes éditions lyonnaises de l'*Imitation* est peut-être celle qui parut sous le nom de saint Bernard, et qui est portée sous le n° 724 du *Cat. la Vallière*; elle est sans date et sans aucune

---

(1) « La réunion de ces deux traités, dont le second est incontestablement de Gerson, ne confirme-t-elle pas l'opinion qui attribue l'*Imitation* au vénérable chancelier de l'Université de Paris ? » Note de M. C. Weiss.

espèce d'indication de ville ni d'imprimeur ; elle est de format petit in-8°, et commence ainsi : *Incipit opus beati Bernardi saluberrimum de Imitatione xpi et contemptu mundi qd Johanni Gerson.... attribuitur...* (Brunet, *Suppl.*, II, 214). Plusieurs bibliographes pensent qu'elle pourrait être de l'an 1480 environ (Hain, n° 9080); mais M. Gazzera la croit plus récente de dix ans, parce que le papier porte une *roue dentée*, marque évidente d'une papeterie lyonnaise du XVe siècle, puisqu'on la retrouve dans le papier d'un grand nombre d'éditions sorties de nos presses à cette époque. — Quant aux éditions des versions françaises de l'*Imitation*, elles ont du être aussi nombreuses à Lyon que partout ailleurs. Une des plus rares est celle qu'on attribue au Jésuite Emond Auger, publiée par Michel Jove et Jean Pillehotte, 1577 (et non 1578), in-16, sous le nom de Gerson dont le portrait gravé se trouve au verso du titre. — Moi aussi, j'avais été tenté d'examiner la question si souvent controversée de savoir si Gerson ne serait point le véritable auteur de l'*Imitation*, mais j'ai pensé qu'il valait mieux employer le temps qu'exigerait une pareille étude, à relire et à méditer cet admirable traité où les infortunés trouvent des consolations que ne leur offre aucun autre moraliste. « Faut-il du reste, ajouterai-je avec M. Villemain, se donner tant de peine pour découvrir et préconiser l'auteur de ce beau livre sur l'humilité chrétienne ? N'est-il pas digne de lui de rester inconnu comme il a voulu l'être, et n'est-il pas bon de laisser cette différence entre ce pieux anonyme et les philosophes cités par Cicéron (*Pro Archia poeta*), qui ne manquaient pas d'inscrire leurs noms à la tête des livres qu'ils imprimaient sur le mépris de la gloire ? » (*Journal des Savants*, 1838, p. 218). Un jeune Lyonnais, M. Émile Dupré-Lasale, exprime à peu près la même pensée que M. Villemain : « Il convenait, dit-il, qu'un auteur qui parle si bien de l'humilité nous en fournît le premier l'exemple, en n'attachant pas son nom à son œuvre. Cette obscurité donne à son livre quelque chose de sacré : il semble qu'émané du ciel dans un jour de miséricorde, il ne doive porter avec lui rien de ce qui annonce la main des hommes... » (*Eloge de Gerson*, discours qui a remporté le prix d'éloquence décerné par l'Acad. franç., dans sa séance du 11 août 1838). — Un des conservateurs de la Bibliothèque royale, M. Paulin Paris, après avoir dit que le livre de l'*Imitation* n'est pas plus de Gerson que de Gersen, ajoute : « Je donne mon opinion avec effroi, et je me garderai bien de la développer, dans la crainte de m'attirer les plus mauvaises affaires du monde de la part de M. Gence, l'avocat de Gerson, et de M. le président Grégori, l'avocat de Gersen. *Tros Rutulusve...* » (*Manuscrits français de la B. du roi*, II, 117). — Nicolas Catherinot a fait sur l'*Imitation*, qu'il a qualifiée quelque part et à juste titre de *cinquième Evangile*, des vers latins peu connus et qui méritent de l'être ; les voici :

DE IMITATIONE CHRISTI.

Non est Bernardi, non est Campensis opella ;
Non est Gersonis, Gerseniique liber.
Qui mundum vitare, sequi vestigia Christi,
Qui portare crucem præcipit atque docet.
Non est mortalis, non est terrestris origo :
Hunc digito scripsit Spiritus ipse suo.

Epigrammat. Lib. VI, p. 1.

L'auteur des *Matanasiennes* pense avec raison que la question de savoir quel est l'auteur de l'*Imitation* est insoluble ; il paraît persuadé que cette énigme ne trouvera pas un OEdipe, et que l'on dira longtemps encore : *Grammatici certant*. Après s'être livré à un examen philologique du texte, il a consigné, p. 87 et suiv. de son livre, de nouvelles et curieuses recherches sur les traductions en vers latins de l'*Imitation*, traductions dont il avait déjà donné une notice dans les prolégomènes de l'édition *polyglotte* de M. Monfalcon.

XLII. *Liber qui Compotus dicitur...* Lugduni per *Johan. de Prato*. Anno Dni M. CCCC. LXXXIX. die xij octobris. In-4°. Panzer, IV, 349 ; Hain, 5595 ; Brunet, *Suppl.*, 1, 361. — Seconde édit. de ce livre donnée à Lyon.

XLIII. *De Passione Christi sermo sacræ Theologiæ doctoris Guilliermi de Aquisgrano*. Lugd. per *Joh. Trechsel...* M. CCCC. LXXXIX. die vero XII nouembris... In-4° goth. Panzer, 1539 ; Moréri, art. GUILLAUME *dit* D'AIX (La-Chapelle). — Hain devait probablement décrire ce livre à l'art. *Textor*, auquel il avait renvoyé (vol. 1, part. 11, pag. 561), mais l'art. *Textor* a été omis par son continuateur qui a fait des omissions bien plus importantes, ne fût-ce que celle de l'art. *Virgile*.

XLIV. *Johannis de Janua Catholicon*. — Littere ut precium Johannis surgat *de Prato* Catholicon impressit arte sua anno milleno bis ducento octuageno quater vigenti numero addito nono, decima decembris bona peruenta die. Det cui felices vite componere cursus Jupiter omnipotens nutu qui cuncta gubernat. Amen. In-fol. goth. Panzer, 1,539 ; Hain, 2260.

XLV. *Biblia Latina*. Lugduni per *Lazarum Grosshofer*, 1489. In-fol. (Editio valdè suspecta). Panzer, 1,440 ; Hain, n° 3102.

XLVI. *Breviarium Viennense*. Lugd. 1489. In-8°. Panzer, 1, 540 ; Hain, 3948.

XLVII. *Grammatica Nicolai Perotti...* Lugduni per *Johannem de Prato...* M. CCCC. LXXXIX, quarta maii. In-4°. — Hain, 12681.

XLVIII. *Johannis Versoris... in diui Aristotelis philosophie libros glosule exactissime....* (Lugduni per *Jo. Trechsel*, 1489), in-4° goth. à 2 col. Hain, 16022.

XLIX. *Phisica Versoris*. Impresse Lugdun. per... magistrum *Husz* alemanum anno Domini M. CCCC. LXXXIX. In-4° goth. à 2 col. Hain, n° 16023.

L. *Pauli Aeginetæ opera*. Lugduni, 1489. In-8°. Panzer, 1, 550 ; Hain, n° 145.

LI. *Pomerium sermonum de beata Virgine... per fratrem Pelbartum de Themeswar, ordinis minorum de Observantia....* Impressum Lugduni per... *Johannem Cleyn* (1489). In-4° goth. Panzer, 1, 540 ; Hain, n° 12564.

LII. *Pomerium sermonum de Sanctis, Pars estiualis; Pomerium sermonum de Sanctis, Pars hyemalis, Pelbarti de Themeswar.* (Lugduni, *Joh. Cleyn*, 1489). In-4°. Panzer, 1, 540 ; Hain, n° 12554.

LIII. *Discipuli* (Joan. Herolt) *sermones de tempore, de Sanctis*, etc. Impress. per... *Matthiam Huss*. Anno... octuagesimo nono supra millesimum quaterque centesimum In-4° goth. Panzer, 1, 539 Hain, n° 8498.

LIV. *Boëtius de consolatione philosophie necnon de disciplina scholarium cum commento sancti Thome*. Impressus Lugduni per *Johannem de Prato*. Anno millesimo CCCC LXXXIX (1490, n. s.) die xv aprilis. In-4°. (B. de Lyon). —

Panzer et Hain ne citent pas cette édition, mais ils en décrivent une autre publiée la même année, par le même imprimeur, sous la date du xviii décembre, gr. in-4°.

LV. *Practica Valesci de Tharanta*.... Lugduni per *Joannem Trechsel*... Anno... millesimo quadringentesimo nonagesimo die vero decimo nono mensis maii. In-4°. Panzer, 1, 541.

LVI. *Vocabularius Iuris*. Lugd. per magistrum *Mathiam Huss*. Anno Dni m. cccc. xc. xii Kl. junii. In-4° goth. Panzer, 1, 541.

LVII. *Biblia*.—... impressa per *Jacobum Malieti* anno Domini millesimo ccccLxxxx die nono mensis junii... In-fol. goth. Panzer, 1, 542; Hain, n° 3106.

LVIII. *Opus seu Clarificatorium Johannis de Tornamira*.... *super nono Almanzoris cum textu ipsius Rasis*. —Lugduni per *Joannem Trechsel*... Anno... millesimo quadringentesimo nonagesimo die vero decima septima mensis junii... In-4° goth. à 2 col. Panzer, 1, 541; Hain, 15551.

LIX. *Guidonis de Monte Rocherii manipulus curatorum*. —Impressus Lugduni per *Johann. de Prato*. Anno Salutis m. cccc. Lxxxx. die mensis octobris. In-4° goth. à longues lignes (B. de Besançon).

LX. *Practica Valesci de Tharanta que alias Philonium dicitur*. Impressum Lugduni per *Mathiam Husz* alemanum, anno nostre Salutis millesimo quadragentesimo nonagesimo die vero xx nouembris. Amen. In-fol. de 272 feuillets, sur 2 col. gothiq. — La biblioth. de Lyon possède un exemplaire (1) de cette édition ; elle possède aussi l'édition in-4° sur 2 col. gothiq. publiée par Jean Cleyn, et dont la souscription est ainsi conçue :... *Impressum Lugd. p. Johem Cleyn alemanum. Anno millesimo quadringentesimo pmo* (sic). *Decimo octauo Kal. Decembris*. Ce dernier volume doit être de 1501, et non de 1478 ou de 1488, comme l'ont écrit quelques bibliographes. C'est par erreur que, dans la souscription, l'imprimeur, ayant pour copie une édition antérieure, a mis *quadragentesimo*, au lieu de *quingentesimo*. — Hain, art. Tarenta (sic), cite l'édition de Cleyn avec la date de 1478, puis il ajoute : *Legendum est sine dubio* 1488 ; mais il n'a pas connu la souscription qui l'aurait mis à même de donner la véritable date de cette édition. Nous ajouterons avec Panzer, 1, 532, que le nom de Cleyn ne se trouve pas dans les annales de l'imprimerie avant 1488. — Orlandi, p. 181, cite une édition de Valescus qui aurait été donnée par Trechsel, en 1490. Hain l'a enregistrée sous le n° 15250 de son Répertoire. — Valescus n'a d'article ni dans Moréri, ni dans la *Biogr. univ.*, mais il en a un dans les *Mémoires* d'Astruc, dans le *Dict.* d'Eloy et dans la *Biogr. médicale* de Panckoucke. Il paraît que l'auteur était réellement portugais, et non français. Dans la préface de la *Practica*, Valescus nous apprend qu'il se nommait en *français* Balescon ; mais cette mention n'est pas dans la préface qui se trouve en tête de l'édition de Matth. Husz ; elle est dans la préface de l'édition de Cleyn. Valescus mérite une place dans la *Biogr. univ.*, mais nous engageons celui qui fera sa Notice à lire avec précaution ce qu'on a dit de lui et des diverses

---

(1) Cet exemplaire appartenait, en 1639, à Claude Galien, étudiant en médecine, lequel a écrit sur le titre le distique suivant, précédé de ces mots contenant l'anagramme de son nom, l'*Ange du Ciel :*

        Angelus es, bonus anne malus, Galene? salutis
        Humanæ custos angelus; ergo bonus.

éditions de son ouvrage dans les auteurs que nous avons cités. On regardera, en ce qui nous concerne, comme non écrite, la mention que nous avons faite de sa *Practica* dans nos *Notes et Docum.*, année 1480.

LXI. *Auctores cum glossa octo libros subscriptos continentes*, videlicet : Cathonis, Theodoli, Faceti, cartulæ alias de contemptu mundi. Thobiadis parabolarum Alani. Fabularum Aesopi, Floreti. Lugduni per *Johannem Fabri*, 1490. In-4°. Panzer, ix, 248 ; Hain, n° 1915.

LXII. *Eberhardi bethuniensis Græcismus cum expositionibus Joannis Vincentii metulini : cum Alexandri de Villa Dei Grammatica Latina.* Lugduni, 1490, in-4°. Panzer, 1, 543.

LXIII. *Præpositus siue Cardinalis Alexander Præpositus S. Ambrosii dictus super Decreti et Decretal.* Lugduni, 1490. In-fol. Panzer, 1, 542 ; Hain, n° 660.

LXIV. *Disputatio Heremitæ et Raymundi Lullii* (sic) *super aliquibus dubiis Magistri sententiarum.* Lugduni, 1490. In-8°. Panzer, 1, 542 ; Hain, n° 6277.

LXV. *Sermones de tempore et de Sanctis* Discipuli *nuncupati* (Joannis Herolt). *Promptuarium exemplorum et de miraculis B. V. M.* Impress. Lugduni per *Matthiam Husz*. 1490. Petit in-fol. Panzer, iv, 349 ; Hain, n° 8500.

LXV bis. *Sermones S. Vincentii ferrariensis.* Lugduni, 1490. In-4°. Panzer, 1, 543 ; Hain, n° 7006.

LXVI. *Luc. Ann. Senecæ Tragœdiæ cum commento* (Bernardini Marmitæ). Impressum Lugduni per *Anthonium Lambillon et Marinum Sarazin* socios, die novembris xxviii. Anno millesimo cccc. lxxxxi. In-4°, semi-goth. — (B. de Lyon.) ; Panzer, 1, 544 ; Hain, 14665.

LXVII. *Raymundi Lullii Liber quæstionum super IV Libros sententiarum : et quæstiones magistri Thomæ atrebatensis solutæ secundùm artem.* Lugduni, 1491. In-4° Panzer 1, 544 ; Hain, 10324.

LXVIII. *Sermones Dormi secure dominicales et de Sanctis.* Lugd. per *Johan. Trechsel.* 1491. In-4°. Panzer, 1, 543. — Le collecteur de ces Sermons est un théologien de Louvain, dont on ignore le nom. M. Ch. Labitte en a donné quelques fragments dans la *Revue de Paris*, février 1839, p. 55-61.

LXIX. *Practica... medicine.... Bernardi de Gordonio dicta Lilium medicine...* Impressa Lugduni per *Anthonium Lambillionis et Martinum* (sic) *Saracenum. consociorum...* 1491. die 2 Maii... In-fol. goth. Panzer, 1, 543 ; Hain, 7797.

LXX. *Disertissimi iuris utriusq, monarche Domini Bartholomei veronensis cepolle... cautele iuris.* Impresse p...... *Matthiam Hus* Lugduni. Anno m. ccccLxxxxi. Ad Id. nouembrias. In-4° goth. de lxxii feuillets (B. de Lyon).

LXXI. *Nicolai de Orbellis* (S. D. P.) *quadragesimale super epistolas* Impress. Lugd. per *Engelhartum Schultis.....* Anno millesimo quadringentesimo primo. xxiiii nouembr. In-4°. Panzer, 1, 543 ; Hain, 13627.

LXXII. *Quadragesimale Gritsch* (Johannis)... Lugduni per *Johannem Trechsel....* m. cccc. xcii. die vero xv *Julii...* In-4°. Hain, n° 8076 ; Panzer, v, 349.

LXXIII. *Speculum finalis retributionis...* compositus per... Petrum Regina-
delti.... — Impressum Lugduni per... Johan. Trechsel.... Anno millesimo
quadrintesimo nonagesimo secundo. die vero tertia augusti. In-4° goth.
à 2 col. — Après les insignes de l'imprimeur sont ces deux vers :

    Edua Lugdunum regalis vox facit unum :
    Nam tenet antistes morientis iura superstes.

Panzer, 1, 544 ; Hain, 13767 ; *Biblioth. franciscana.*

LXXIV. *Orationes Philippi Beroaldi...* Lugdini (sic). Anno M. CCCC. XCII.
IIII septebris. In-4°. Hain, n° 2952. — Cette édition est probablement sortie
des presses de *J. Trechsel*. On y trouve une lettre de Josse Bade à Laurent
Bureau (confesseur de Charles VIII), datée de Lyon, *ad* VII. *Kalendas
augusti.* Hain, 2952 ; Panzer, IV, 349.—Hain, n°ˢ 2950 et 2952, et Panzer, 1, 543, citent deux autres éditions in-4° du même livre, publiées
à Lyon, l'une de 1490, sans nom d'imprimeur ; l'autre de 1492, *per Johann. Trechsel.*

LXXV. *Siluæ morales cum interpretatione Ascensii in* XII *libellos diuisæ*.....
Impressum... cura atq. ; industria *Joan. Trechsel...* Lugdun. Anno M. CCCC.
XCII. XVIII calendas decembris. In-4° rom. — Ce volume dédié par Josse
Bade à Jacques et Pierre de Semur (*de Sine muro*), chanoines comtes de
Lyon, contient des extraits de Virgile, d'Horace, de Perse, d'Ennius, de
Juvénal, de Mantouan, de Caton et d'Alain de l'Isle (B. de Lyon). Panzer,
1, 544 ; Hain, 15191.

LXXVI. *Auctores cum glossa octo...* Lugduni per *Antonium Lambillon*, 1492.
In-4°. Brunet, *Suppl.*, 1, 106.

LXXVII. *Compotus cum commento.* Impress. Lugduni per magistrum
Johanem Fabri alemanum. Anno Domini M. CCCC. XCII. die vero XXIIIJ mensis ianuarii. In-8° goth. Titre gravé représentant deux sauvages soutenant
un écusson sur lequel est la marque de l'imprimeur (B. de Lyon). — Panzer, 1, 544, et Hain, n° 2196, citent d'après le P. Laire (*Index Libror.*,
II, 171), une édition du même imprimeur dont le titre serait ainsi conçu :
Aviani Liber qui dicitur Compostus cum commento.... Anno 1492. die vero 13
mensis februarii. In-4° goth., fig. — Nous ignorons sur quoi s'est fondé le
P. Laire pour attribuer, p. 314 de la table de son *Index*, le Livre du Compost à Sextus Rufus Avienus, poëte latin du IV° ou du V° siècle. Nous avons
quelques raisons de croire que le nom d'*Avianus* n'est pas dans le titre de
l'édition qu'il a citée. Brunet, *Man.*, 1, 445.

LXXVIII. *Aurea practica Libellorum celeberrimi iuris ciuilis doctoris domini
Petri Jacobi de Aurelianio gallici cum additionibus,* etc. Impressum Lugduni
per *Antonium Lambillon* et *Marinum Sarrazin* socios.... die XV mensis
februarii.... MCCCCLXXXXII (1493, n. s.). In-4°. Panzer, IX, 248 ; Hain,
n° 2128.

LXXIX. *Guilliermi parisiensis Postilla epistolarum et euangeliorum dominicalium et de sanctis.* Lugduni per *Matthiam Husz.* die 28 augusti 1493, in-
fol. Panzer, IV, 349 ; Hain, n° 8282.

LXXX. *Guidonis Iuuenalis natione cenomani in Terentium familiarissima
interpretatio cum figuris unicuiq; scenæ præpositis* (Icon. xyl.).— Impressum
est hoc opus cura atq; impensis magistri Johannis Trechsel in ciuitate Lug-

dunensi, anno M. CCC. XCIII. ad quartum Kalendas septembrias. In-4°. Hain, n° 15424. — Les gravures en bois qui décorent cette édition lui donnent quelque prix aux yeux des amateurs de ces sortes d'éditions. Brunet, *Man.* III, 425.

LXXXI. *Nicolai de Lyra Postilla super Psalterium et Cantica Canticorum.* Lugd. per *Matthiam Huss.* 1493. d. 17 julii. In-fol. Panzer, 1, 545; Hain, n° 10583.

LXXXII. *Boetius de consolatione philosophie*, etc. *Lugduni* per *Johannem Dupré.* 1493, in-8°. Hain, n° 3406.

LXXXIII. *Eberhardi bethunensis Græcismus cum expositionibus Johannis Vincentii metulini...* Lugd. per *Johan. Dupré.* 1493. In-4°. Panzer, 1, 545; Hain, 3015.

LXXXIV. *Caroli* (Maneken, seu Viruli) *Epistolarum formule.* Lugduni, 1493. In 4°. Hain., n° 10681.

LXXXV. *Terentius.* — Lugduni per *Petrum Latomi* et socios. In-fol. Panzer, IV, 349, et IX, 248 ; Hain, 15425.

LXXXVI.... *Bartholomei veronensis Cepolle... Cautele juris...* Impresse Lugd. per *Matthiam Hus* (sic). Anno M. CCCCLXXXXIIIJ (1494, n. s.). die quarto mensis februarii. In-4° goth. Panzer, 1, 544; Hain, 4867. — Ce dernier bibliographe décrit, sous le n° 4878, une édition sans date du même livre, qui paraît être sortie des presses de *J. Trechsel.*

LXXXVII. *Sermones quadragesimales de Legibus...... fratris Leonardi de Utino.* Impressi (per *Joann. Treschel*). *Lugduni*, anno Domini M. CCCCXCIIII. Nonis junii. In-4°. — La souscription est précédée de 16 vers latins. Les deux derniers ne laissent pas de doute sur le nom de l'imprimeur.

Non ere (sic) exiguo nec sollicitudine parua
Obtinet impressum tam bene *Trechsel* opus.

Panzer, IX, 248 ; Hain, n° 16137.

LXXXVIII. *Auctores octo opusculorum cum commentariis diligentiss. emendati:* videlicet Cathonis ; Theoduli : Faceti ; Cartule alias de contemptu mundi ; Thobiadis ; parabolarum Alani ; fabularum Esopi : necnon Floreti. — Impress. Lugduni p. magist. *Matthiam Huss* alemanum. Anno Dni M. CCCC lxxxxiiij, die nona mensis Iunii. In-4° goth. (B. de Besançon).

LXXXIX. *Sexti libri Decretalium compilatio illustrata commentariis Hyeronimi Clarii Brixiani.* — Lugduni per magist. *Michael de Basilea.* die 1 Aprilis M. CCCC. XCIIII. In-fol. de CIIII f. chiffrés (B. de Besançon). — Quel est ce *Michel de Bâle ?* Serait-ce *Michel Furter* qui a imprimé dans cette ville de 1490 à 1517 ? Panzer n'a pas inscrit son nom dans sa liste des imprimeurs lyonnais. Nous ne connaissons d'autres livres imprimés par lui à Lyon que celui dont nous venons de donner le titre, et celui que nous mentionnerons sous le n° XCIX. Nous en devons l'indication à notre excellent ami, M. C. Weiss.

XC. *Floretus in quo flores omnium virtutum et detestaciones viciorum metrice continentur ; una cum commento Johan. Jarson* (Gerson).... Lugduni per magistrum *Johan. Fabri* alemanum. Anno Dni M. CCCC. xciiij. die vero xxi Iunii. In-4° goth. (B. de Besançon). Panzer, 1, 543 ; Hain, 7183. —Sur le frontispice de cette édition se trouve le chiffre de l'imprimeur, formé des trois lettres I. M. F. liées ensemble ; ce qui a donné lieu d'attribuer faussement à Jean Fust, de Mayence, un exemplaire dans lequel manquait le feuillet où se lit la souscription. (Voyez *Bibl. instr.*, n° 571, et le 1er *Cat. de la Vallière*, n° 531). Brunet, *Suppl.*, II, 30. — Il y a eu en différentes villes, au xve siècle, plusieurs imprimeurs du nom de *Jean Fabri*. Comme on le voit, le nôtre était *allemand;* il faut bien se garder de le confondre, ainsi que l'ont fait plusieurs bibliographes, avec le Jean Fabri qui imprimait à Turin et qui était de *Langres.* Mercier de St-Léger, *Suppl.* à Prosper Marchand, p. 74. Voyez *suprà*, n° xxi.

XCI. *Biblia sacra cum concordantiis veteris et noui Testamenti.* — Impressum per magistrum *Mathiam Hus* (sic)..... Anno legis noue millesimo quadringentesimo nonagesimo quarto. In-fol. sur 2 col. goth. Après le registre viennent les *Interpretationes nominum hebraycorum*, sur 4 col. (B. de Lyon). Panzer, I, 545.

XCII. *Summa que vocatur Catholicon edita a fratre Iohanne de Ianua....* Anno Domini millesimo quadringentesimo nonagesimo tertio (1494, n. s.). Duodecima die martii.... Impressum Lugduni per magistrum *Matthiam Hus* (sic). In-fol. goth., à 2 col. (B. de Lyon).

XCIII. *Angeli de Clauasio summa angelica de casibus conscientiæ :* cum additionibus nouiter additis. — Impress. Lugduni anno 1494. In-fol. goth. à 2 col. (B. de Besançon). — « Cette édition est sans nom d'imprimeur, mais au frontispice est un écusson surmonté d'une croix et supporté par deux lions, avec les initiales A. L. (*Antoine Lambillon*). » C. Weiss.

XCIV. *Guilhelmi de Ockam Centiloquium theologicum.* Lugd. per *Johan. Trechsel.* 1494. In-fol. Panzer, I, 546.

XCV. *Thomæ Bricot Textus suppositionum logicæ Petri Hispani*, etc. Lugd. 1494. In-4°. Panzer, I, 546 ; Hain, 3968.

XCVI. *Constitutiones synodales Ecclesiæ et dioces. Lausannensis.* Lugd. 1494. In-4°. Hain, 5662.

XCVII. *Speculum finalis retributionis* (Petri Reginaldeti)... Lugd. per *Johan. Trechsel.* Anno... millesimo quadringentesimo nonagesimo quarto. (1495, n. s). Die vero xij. martii. In-4° goth. Panzer, I, 546 ; Hain, 13768.

XCVIII. *Quadragesimale Gritsch vna cum registro sermonum de Tempore et de Sanctis per circulum anni.* — Lugduni.... per *Johannem Trechsel.* Anno Domini M. CCCCXCV. die vero xxvi mensis aprilis. In-4° goth. sur 2 col. Panzer, IV, 349 ; Hain, n° 8076.

XCIX. *Clementis pape quinti Constitutiones cum apparatu Johannis Andree.* Impress. Lugduni per *Michaelem de Basilea*. Anno Dni M. CCCCXCV. die vero XIII maij. In-fol. goth. de LVII f. chiffr. (B. de Besançon).

C. *Habentur in hoc volumine* JUVENALIS (Decii Junii) *Hec. Domitii Calderini veronensis commentarium*, etc. Lugduni... per *Johann. de Vingle.* Anno Dni M. CCCC. XCV..die XVIII maii. In-fol. goth. Panzer, IV, 350 ; Hain, n° 9708.

CI. *Cautele Dni Bartholomei Cepole in practica utilissime.* — Impress. per venerabilem *Edmondum David.* Lugduni, anno M. CCCC. LXXXXV die x mensis julii. In-4° de LVI f. chiffr. (B. de Besançon). Nous ne connaissons pas d'autre livre sorti des presses de cet imprimeur, qui ne figure pas dans la table de Panzer. C'est à M. Weiss que nous sommes redevables de cette découverte.

CII. *Sumaria seu epitomata* cxxiiii *Capitulorum opis* xc *dierum M. Guilhelmi de Ockam diligeter collecta....p. magistrum Johan. Trechsel...* Lugduni... M. CCCC. XCV. Die xvj Julij. In-fol. goth. sur 2 col. (B. de Lyon, 187, 188 et 371). Dans un des exemplaires qui sont sous nos yeux, les *Summaria* sont précédés de ces deux opuscules : *Dialogus Magistri Guillermi* (sic) *de Ockam doctoris famosissimi.*—*Compendium errorum* (Johannis Vicesimi secundi). Au verso du titre du *Diologue* est une lettre de Josse Bade à Jean de Trittenhem, datée de Lyon, *pridie ydus septembrias ; hujus anni.* M. CCCC. XCIIIJ. Hain, art. OCKAM, et Panzer, 1, 547, 548 et 549, décrivent plusieurs autres ouvrages d'Ockam, impr. par J. Trechsel, en 1495 et 1496.

CIII. *Jacobi Magni Sophologium...* Lugd. per *Johann. de Vingle.* M. CCCC. XCV. die mensis julii. In-fol. Panzer, 1, 548.—Hain décrit, sous le n° 10476, une édition sans date de ce livre, impr. *per Nicolaum Philippi de Benssheim et Marcum Reinhart de Argentina.* In-fol. goth.

CIV. *Thomæ Bricot Textus abbreviatus super octo Libris Physicorum Aristotelis.* Lugduni per *Johannem Ianonem* (sic) *Carcan* 1495. 23 octobr. In-fol. goth. Hain, n° 3973 ; Panzer, 1, 547.

CV. *Gregorii* IX *Decretales cum summariis suis,* etc., Lugd. cura et arte M. *Iohannis de Prato.* A. D. M. CCCC. LXXXXV. die xxi nouembris. In-fol. Panzer, 1, 547 ; Hain, 8033.

CVI. *Caroli Viruli epistolarum Formule.* Lugd. 1495. In-4°. Panzer, 1, 548 ; Hain, 10683, art. *Maneken.* — Nous avons déjà enregistré deux éditions lyonnaises, publiées en 1488 et 1493, de ce Manuel épistolaire fait à l'aide des lettres d'Æneas Silvius (Pie II). Il en existe une de Paris qui paraît avoir échappé aux investigations de Panzer et d'Hain. Elle est sortie des belles presses de Pierre Cesaris, 1478, in-4° goth. La souscription nous offre cette phrase qui mérite d'être remarquée : « Id nam satis facies hujus libelli « demonstrat quem multiplicatum magni numeri globo sub placidis attra- « menti lituris spreto calamo inchoavit. » La bibliothèque de Lyon en possède un exemplaire, que lui a donné, en décembre 1839, M. Georges-Philippe Richard, qui a plus d'une fois enrichi l'établissement confié à nos soins de livres qui lui manquaient. Qu'il nous soit permis de lui en témoigner ici toute notre reconnaissance.

CVII. *Sermones dormi secure de Sanctis.*—Impressi Lugduni per *Johannem Trechsel...* Anno Domini M. CCCCXCV (1496, n. s.), die vero quinta mensis februarii. In-4° goth. à 2 col. (B. de Besançon). — Nous avons déjà enregistré une édition de ces Sermons donnée par le même imprimeur en 1491 ; il en existe une autre sortie des presses de *Matth. Huss,* 1492, petit in-4° goth. *Catal.* Merlin, décembre 1839.

CVIII. *Sermones aurei de Sanctis fratris Leonardi de Utino.* — Impressi Lugduni per magistrum *Johannem Trechsel...* Anno Dni M. CCCC. XCV (1496, n. s.) die xiiij martii. In-4° goth. Hain, n° 16138 ; Panzer, 1, 546 (B. de Lyon).

CIX. — Ejusdem *Sermones floridi de dominicis et quibusdam festis....* Impressit.... *Johannes Trechsel...* Anno Dni M. CCCCXCVI. die vero XV julii. In-4° goth. Panzer, 1, 548 ; Hain, 16139.

CX. — Ejusdem *Sermones quadragesimales de legibus animæ fidelis ac deuotæ*. Lugd. per *Jo. Trechsel*. 1496. In-4°. Panzer, 1, 550.

CXI. *Johannis Gritsch quadragesimale*. Per *Johannem Bachelier* et *Petrum Barthelot*. 1496. ultimo Iulii. In-4°. Panzer, 1, 553 ; Hain, n° 8081.

CXII. *Georgii Bruxellensis interpretatio in summulas Petri Hispani cum magistr iBricot quæstionibus*, etc. Lugd. per *Jo. de Vingle*, Picardiæ nationis. 1496. 20 august. In-fol. Panzer, 1, 550 ; Hain, n° 7603.

CXIII. *Sume de Ecclesia Domini Johannis de Turrecremata : cardinalis sancti Sixti vulgo nuncupati repertorium seu tabula alphabetica.* — ... per M. *Johannem Trechsel*.... Anno M. CCCC. XCVI. die vero XX mensis septembris.... In-fol. goth. sur 2 col. — Au verso du titre est une lettre de Josse Bade à Louis Pot, évêque de Tournai, datée de Lyon le 20 septembre 1496. — (B. de Lyon). Hain, n° 15732 ; Panzer, IV, 550. — On a joint à l'exemplaire de la B. de Lyon (n° 367) :

1° *Flores sententiarum beati Thome de Aquino de auctoritate summi pontificis collecti per magistrum Johannem de Turrecremata in concilio basilien*..... Lugduni p. magistrum *Trechsel*. Anno M. CCCCXCVJ. die vero XX mensis septembris. Goth. sur 2 col.

2° *Magistri Guilhelmi de Ockam sup. potestate summi pontificis octo questionum decisiones.* — Impressum.... diligentia M. *Johannis Trechsel*.... Anno M. CCCC XCVI. die vero octavo octobris. Goth. sur 2 col.

3° *Defensiones curatorum contra eos qui se dicunt priuilegiatos, composite ab episco. armachano. Et priuilegiatorum seu mendicantium et contra Armachanum à magistro Rogerio Chonoe.* — Impresse... à *Johanne Trechsel*.... Anno... M. CCCCXCVI, die vero XX octobris. Goth. sur 2 col. Panzer, 1, 548 et 549.

CXIV. *Amicus medicorum magistri Johannis Ganiueti*, etc. Lugduni, *Johan. Trechsel*, 1496. die vero 14 octobris. In-4° sur 2 col. goth. (B. de Lyon). Panzer, 1, 549 ; Hain, 7467. — Cet ouvrage eut pour éditeur Antoine de Tolède dit *Gondisalvo*, ami de Jean Ganivet, capucin à Vienne en Dauphiné. — Ce religieux est appelé par erreur *Gavinetus* dans la *Bibliotheca franciscana*. On a de lui plusieurs opuscules d'astrologie. L'édition de son *Amicus medicorum*, donnée par *Jean Cleyn*, contient une pièce de vers latins à sa louange par Guillaume Rameze ; elle est précédée d'une *Epistola Astrologie defensiva* d'Antoine de Tolède, datée de Lyon le 1er nov. 1508. Nous y avons remarqué cette phrase : *Medicus astrologus multa mala prohibere potest quæ per stellas ventura sunt*. Voyez Lalande, *Bibliogr. astron*.

CXV. *Valesci de Tharenta*.... Lugd., *J. Trechsel*. Anno.... 1496, die vero 14 octobris. In-4°. Panzer, 1, 549.

CXVI. *Defensiones curatorum contra eos qui se dicunt priuilegiatos composite ab archiepiscopo ærmachano* (Richardo Philoradulphi). — *Et priuilegiatorum seu mendicantium contra Armachanum* a magistro Rogerio Chonoe. — Impress. Lugduni à *Joanne Trechsel*....Anno....M.CCCCXCVI. die vero XX. octobris. In-fol. à 2 col. de 28 f. non chiffrés. — Au revers du frontispice est l'épitre dédicatoire de Josse Bade à Marc-Alexandre de Bénévent. On y apprend que cette édition est la première de ces deux opuscules (Biblioth. de Besançon) : C. Weiss. — Voyez Fabricius, *Biblioth. med. et inf. Latinit*., 1, 409, art. CONOVITIUS.

CXVII. *Auctores cum glosa* (sic) *octo libros subscriptos continentes :* videlicet Cathonis, Theodoli. Faceti. Cartule : alias de contemptu mundi. Thobiadis. Parabolarum Alani. Fabularum Esopi. Floretus Bernardi. *Lugduni per Petrum Marescallum* et *Barnab. Claussardum* (sic). 1496. In-4° goth. Hain, n° 1918; Panzer, 1, 550 ; Brunet, *Suppl.*, 1, 106.

CXVIII. *M. T. Ciceronis Epistolarum familiarium Libri sexdecim.* Lugduni per *Iohannem de Vingle.* 1496. In-fol. goth. Hain, n° 5206 ; Panzer, 1, 550.

CXIX. *Epistolæ Pii secundi ad diversos*, etc. Lugd. ad *Stephan. Gueynard alias Pinet.* 1496. In-fol. Panzer, 1, 550 ; Hain, 155.

CXX. *S. Bonaventuræ Sermones de tempore et de Sanctis.* Lugd. 1496. In-fol. Panzer, 1, 551; Hain, 3521.

CXXI. *Jacobi de Voragine Legenda aurea.* Lugd. 1496. In-4°. Panzer, 1, 550.

CXXII. *Jacobi de Partibus medici Caroli VII Francorum regis et Philippi Burgundiæ ducis opera quædam in re medica.* Lugduni per Johann. Trechsel. 1496. (sans indication de format). Panzer, 1, 549; Hain, n° 12425. — Ce *Jacobus de Partibus*, en français *Jacques Despars*, était natif de Tournay. — Voyez le *Cat. des Mss. de la B. de Cambrai*, n° 801 à 804, et celui des *Mss. de la ville de Lille*, n° 11 à 14 (sciences et arts).

CXXIII. *Oratio a.* 1496 *nona Iunii habita. Oratio Domini Petri Care I. V, doctoris et comitis habita anno* M. CCCC. XCVI *nona Iunii......* Impressum *Lugduni.* (sine anno). In-4°.

CXXIV. —*Oratio.... Petri Care.... habita Vigleuani in arce ducali a. natal^c christiano* M. CCCC. LXXXVI. *die* XIII *septembris.* Impressa *Lugduni* per *Iacobinum de Suigo de sancto Germano et Nicolaum de Benedictis* socios, regnante Carolo octauo Francorum rege inuictissimo. (sine anno). In-4°. Hain, n° 4415 et 4416 ; Panzer, 1, 550, et IV, 350.

CXXV. *Johannis Januensis Catholicon.* Lugd. anno.... 1496 (1497, n. s). die VII Ianuarii. In-fol. goth. Panzer, 1, 551 ; Hain, 2265.

CXXVI. (*H*)*oc in volumine hec continentur : Pomponii Epistole ad Augustinu Mapheum. C. Crispi Salustii bellum Catilinarium,..... bellum iugurthinum,* etc. —Impressum Lugduni. Per magistrum *Johannem de Vingle....* Anno.... milleno quadringenteno. xcvi. (1497, n. s)*....* septima die mensis januarii In-4° goth. Hain, n° 14227 ; Panzer, 1, 550.

CXXVII. *Magistri Roberti Holkot. super quatuor libros sententiarum questiones....* Impress. Lugduni per *Johan. Trechsel....* M.CCCCXCVIJ. ad nonas aprilis. In-fol. goth. Hain, n° 8763 ; Panzer, IV, 551 et 553.

CXXVIII. *Decreta Basiliensia necnon Bituricensia : que pragmatica sanctio intitulantur glossata per magistrum Cosmam Guymier...*Lugduni per *Johannem de Vingle....* Anno Domini. M. CCCC. XCVIJ. die vero septima aprilis (post Pascha). In-4° goth. sur 2 col. (B. de Lyon,). —Hain, n° 4531, cite une édition publiée la même année *per Jacobum Mallicti*, in-4°.

CXXIX. *Opus questionum diui Augustini.*— Impressum... Lugduni... impensis M. *Johannis Trechsel....* Anno.... millesimo quadragintesimo nonagesimo septimo. vij Kalen. Maias. In-fol. goth. sur 2 col. (B. de Lyon). — Au verso du titre est une lettre de Josse Bade à Pierre Gérard, professeur de théologie, datée de Lyon, vij *Kalendas maias* M. CCCC. XCVIJ. — Panzer, 1, 551 ; Hain, 1965.

CXXX. (R)*hetorices novæ* (ad Herennium). (F)*hrancisci Maturancii Perusini viri eruditissimi* M. T. *Ciceronis.* (in) *rhetoricorum libros* (IV) *interpretatio.* — *Rhetorices Veteris* (M. T. Ciceronis Libri II). — On lit à la fin du 3ᵐᵉ feuillet verso de la signature M. iii (qui précède le feuillet sur lequel se trouve le registre) : M. T. Rhetoricorum cum commentariis eruditissimorum Fabii Victorini Francisci Maturantii et Antonii Mancinelli : finis. Impressum per *Iacobinum Suigum et Nicholaum de Benedictis Socios.* Anno Dni M. CCCCXCVII die xiii maii. In-4°. — La dédicace d'*Ant. Mancinelli* à un patrice vénitien, placée en tête du volume, se termine ainsi : *Datum Venetiis Octavo idus novembres* M. CCCC. XCIII. — Ce volume, sans nom de ville, aurait été imprimé à Lyon, s'il fallait en croire Delandine qui ajoute que, l'année suivante (1498), *Jacobin Suigus* et *Nicolas de Benedictis* allèrent s'établir à Venise. Hayn, *Repertor.*, n° 5084, mentionne cette édition comme ayant été imprimée à Lyon ou à Turin; *Lugduni vel Taurini.* Voyez aussi Panzer, IV, 351, et l'*Onomasticon tullianum* d'Orelli et Baiter, 1, 219.

CXXXI. *Roberti Gaguini.... de origine et gestis Francorum perquam utile compendium....* Impress. Lugduni impensis M. *Johannis Trechsel..* et diligenti accuratione *Jodoci Badii ascensii.* Anno.... millesimo quadringentesimo nonagesimo septimo : ad viii Kalendas julii, in-fol. — David Clément, *Biblioth.*, IX, 9, Panzer, 1, 551 ; Hain, 7413 ; Brunet, *Suppl.*, II, 60. — La première édition de ce livre est de Paris, 1495 ; mais Robert Gaguin en fut si mécontent qu'il aurait voulu avoir dans sa chambre les 500 *copies* qui en avaient été tirées pour les jeter au feu, tant elles étaient remplies de fautes. Il fut obligé de recourir à un imprimeur de Lyon pour y publier la seconde. Chevillier, *Origine de l'imp. de Paris*, p. 156.

CXXXII. *Terentius cum comment. Guidon. Juvenalis.* Lugd. per *Johan. de Vingle.* 1497. die XIIII julii. In-4°. Panzer, 1, 552; Hain, 15426.

CXXXIII. *Opus Baldi de Perusia sup. feudis.* — Impressum per *Iacobinum Suigum et Nicolaum de Benedictis* socios. Anno Dni M. CCCC. XCVII, die XXVIII mensis Augusti. Gr. in-fol. goth. Hain, n° 2324; Panzer, 1, 552.—Il résulte d'une épitre dédicatoire de ce livre que *Suigus* demeurait alors à Lyon.

CXXXIV. *Sermones sancti Vincentii* (Ferrerii).... Anno M. CCCC. XCVII. tertio nonas octobs. In-4° goth. de 151 f. à 2 col. — Cette date est précédée des vers suivants qui sont parodiés de Martial, et que nous reproduisons sans abréviations :

> Nunc tua Vincenti sacri monumenta laboris
> In paruo poterunt codice magna legi.
> Hoc siquidem pacto cunctas volitabis in oras
> Et poteris cuivis non gravis esse comes.
> Teque solerti curâ : *Hus* (sic) es emendata
> Edua Lugduni decussaque sceptra tulit.

Les deux derniers vers, où se trouve le nom du typographe (*Matth. Hus*) n'ont certainement pas pour auteur celui qui a fait les quatre premiers. Peut-être ont-ils été mal copiés par Hain qui a décrit ce volume, n° 7011. Voyez aussi Panzer, 1, 553. — Il existe plusieurs autres éditions des sermons de Vincent Ferrier, faites à Lyon au xvᵉ siècle. Maittaire en indique une traduction française (p. 384) ; mais il en donne le titre en latin, et ne dit point de quelles presses elle est sortie. Voyez, sur le séjour de Vincent Ferrier à Lyon, *Not. et Doc.* d'A. P., année 1417.

CXXXV. *Epistole et varii tractatus Pij secundi pontificis Maximi; ad diuersos in quadruplici vite eius statu transmisse.*—Impress. Lugduni per *Johannem de Vingle*. Anno Domini M. CCCC. LXXXVII, die octaua Novembris. In-4° goth. (B. de Lyon, n° 411). Hain, n° 158; Panzer, 1, 552.

CXXXVI. *Ovidius de Arte amandi et de remedio amoris cum commento* (Bartholomæi Merulæ).—Impressum Lugduni per *Petrum Mareschal* et *Barnabam Chaussard*. Anno salutis M. CCCC. XCVII. In-4° goth. — Le titre offre, dans un cartouche, le monogramme des deux imprimeurs (B. de Lyon, n° 405). Hain, 12236.

CXXXVII. *Guilhelmi de Ockam quæstiones in quatuor Libros sententiarum. Ejusdem Centiloquium theologicum*. Lugd. per. *Johan. Trechsel.* 1497. In-fol. Panzer, 1, 552; Hain, 11944.

CXXXVIII. *Poggii florentini opera.* Lugduni, 1497. In-fol. Maitt. p. 637; Panzer, 1, 553; Hain, 13170. — Edition *princeps*, dont l'imprimeur est resté inconnu.

CXXXIX. *Bernardi Parmensis casus longi super Decretales.* Lugduni, 1497. In-fol. Hain, 2937. — Panzer, 1, 555, écrit *Bernardi compostellani*, et renvoie à Maittaire, p. 649.

CXL. *N. Michaelis Argumenta communia ad inferendum sophistice unamquamque propositionem esse veram et falsam.* Lugduni, 1497. In-4°. Panzer, 1, 553; Hain, 11135.

CXLI. *Johannis Cassiani opera.* Lugduni, 1497. In-4°. Panzer, 1, 553; Hain, 4565.

CXLI bis. *Biblia cum summariis.* — *Anno* christiane pietatis M. CCCCXCVII (1498, n. s.) Ad decimum Kalendas januarias impresserunt autem *Franciscus Fradin* et *Johanes Piuard*, socii impressores. Pet. in-fol. goth. à 2 col., sans nom de ville. (B. de Lyon, exempl. imparfait.)—Nous ignorons sur quoi Panzer s'est fondé pour donner cette Bible à la presse parisienne (II, 317). Nous ne trouvons ni Fradin ni Pivard dans le *Catalogue* de Lottin, et il est bien certain que l'un et l'autre étaient établis à Lyon à la fin du xve siècle. Nous ajouterons que les caractères employés pour cette Bible sont les mêmes que ceux de la glose du *Térence* latin, imprimé par Pivard, sous la date du VII mars 1498.

CXLI ter. *Anima fidelis.* Opus novum maximum et insigne super epistolas totius Quadragesime quod dicitur Anima fidelis. Impressum Lugduni per *Johann. de Vingle*, anno Dom. 1497 (1498, n. s.) die XIX mensis januarii. In-8°. Hain, n° 1110. — Ce livre doit avoir pour auteur le dominicain Leonardo da Udine. Voyez ci-dessus, n° CX.

CXLII. *Catho moralizatus alias speculum regiminis.....* à Philippo de Pergamo..... Impressum Lugduni, per *Johannem de Vingle*. Anno Domini M. CCCCXCVII (1498, n. s.) die XXVIII januarij. In-fol. goth. à 2 col. Panzer, 1, 552; Hain, 4713; Fabricius, *Biblioth. med. et inf. lat.*, VI, 289.

CXLIII. *Publii Ovidii Nasonis Metamorphoseos liber vna cum enarrationibus Raphaelis regii.* Lugduni impressum per *Jacobum Malieti*, die XXVI februarii, anno M. CCCC. LXXXVII. (1498, n. s.). In-4° goth. Titre pris à la fin de la dernière page d'un exemplaire auquel il manque le premier feuillet (B. de Lyon). Panzer, 1, 552; Hain, 12175.

CXLIV. (Commentum duplex S. Thomæ et Ascensii) *in (Bo)etium de consolatione philosophie cum utriusque tabula. Item commentum in eundem de disciplina scholarium : cum commento in Quintilianum de Officio discipulorum : diligenter annotata.* — Impressum *Lugd.* per *Johannem de Vingle*, anno Domini M. CCCCXCVIII, die XX aprilis. Pet. in-fol. goth. (B. de Lyon). Au verso du titre est une lettre sans date, écrite de Lyon par Josse Bade à *Etienne Geynard* (Stephano Geynardo bonarum litterarum studioso et bibliopolarum lugdunensium optimo : viro nimirum integerrimo). Hain, n° 3409; Panzer, I, 554.

CXLV. *Pauli Flacci Persij poete Satyrarum opus. Johannis britannici Brixian : commentarij in Persium ad Senecam* (sic) *populumque brixianum. Bartholemci Foncij in Percio commentarii.*—Impressum Lugduni anno Domini M CCCC. XCVIII. Die XXIX. mensis julii. In-4° goth. signat. *a-g* non chiffré. Titre pris sur l'exemplaire de la bibliothèque de M. Léon Cailhava.—L'édition de Lyon n'est qu'une reproduction de celle de Venise, per *Bernardinum Benalium pergomensem et Mattheum Capcasam parmensem*, 1491, in-fol. Serait-ce pour cette raison que l'imprimeur n'y a pas mis son nom? Voyez Panzer, IV, 351 ; Hain, n° 12741.

CXLVI. *Janua Logicæ et Physicæ* (auct. *Symph. Champier*). Lugd. per magistrum *Guillermum Balsarin*. M. CCCCXCVIII. Die 5 octobr. In-4°. Hain, 9360; Panzer, 1, 554.

CXLVII. *Via salutis Presbiterorum.* Lugd. per *Guilhermum Balsarin* anno Domini M. CCCC. XCVIII, die vero XXVIII mensis nouembris. In-4° goth. Panzer, 1, 554.

CXLVIII. *Juvenalis familiare commentum cum Ant. Mancinelli* (et Jod. Badii Ascensii) *explanatione.* Impressum pro fido et bono bibliopola *Stephano Gaynardo* (sic)... arte et industria *Nicolai Wolf...* ipso *Ascensio* vitiorum expunctore. Anno 1498 ad 14 cal. dec. Gr. in-4° goth. Hain, 9716; Panzer, 1, 555.

CXLIX. *Diomedis grammatici de Lingua latina. Phocas... de Nomine et Verbo*, etc., etc. Impress. per *Jacobum Zachonem.* Anno Domini M. CCCC. LXXXXVIII, die XVII mensis decembris. In-fol. Hain, 6220 ; Panzer, 1, 555.

CL. *Diuini eloquii preconis celeberrimi fratris Oliverij Maillardi.... Sermones de Aduentu.* —*Sermones dominicales.* — *Sermones quadragesimales.* — Impressi Lugduni. p. *Johanem de Vingle...* M. CCCC. XCVIII. Pet. in-4° goth. sur 2 col. (B. de Lyon). Hain, n° 10515 ; Panzer, 1, 554, XI, 328 et 329.

CLI. *Leonardi de Vtino Sermones floridi quos prædicavit florentie anno Domini* M. CCCC. XXXV. — Impressit.... *Johannes Cleyn....* 1498. In-4°. Hain, n° 1614; Panzer, 1, 554.

CLII. *Guilelmi de Ockam Dialogus contra Johannem* XXII *papam.* Lugd. per *Johann. Trechsel.* 1498. In-fol. Panzer, 1, 553; Hain, 11939.

CLIII. *Tractatus de ecclesiastica potestate editus a fratre Alexandro de Sancto Elpidio....* Impress. Lugdun. p. *Claudium Giboleti.* Anno M. CCCC. XCVIII. In-4° goth. à 2 col. Hain, n° 661 ; Panzer, 1, 554.

CLIV. *Opus distinctionum....Dni Henrici Bouhic super quinque Decretalium libris* famosis caracteribus impressum atque castigatum....per.... Franciscum Josserandi : insignis collegii sancti Iusti Lugdun. officialem.... idque arte impressoria Lugdun. per magistrum *Johanem Siberti* atque impensis magistr. *Jacobi Buerii* impressum anno... M. CCCC. XCVIII. Gr. in-fol. sur 2 col. goth. (B. de Lyon). Panzer, I, 554 ; Hain , 3682 ; Moréri , art. BOYC.

CLV. *Infortiatum.* Lugd. per *Aymonem de Porta.* 1498. In-4° goth. Panzer, I, 555.

CLVI. *Baptistæ Mantuani libri tres de Patientia.* Lugd. 1498. In-4° goth. Hain , 2406.

CLVII. *Stultifera navis....* per Sebastianum Brant... Impress. per *Jacobum Zachoni de Romano...* M. CCCC. LXXXVIII (forsan 1498). In-4°. — Voyez ci-dessus, n° XXXII, ce que nous avons dit sur cette édition qui paraît avoir été mal datée.

CLVIII. *Canonis Avicennæ lib.* I. *et* III. *et libri* IV. *Fen prima cum explanatione Jacobi de Partibus* (Despars). — Impressum.... Lugduni... incipiente.... *Iohanne Trechsel...* cuius aia (anima) in pace quiescat consummante aut. *Iohanne Clein....* Anno millesimo quadringentesimo nonagesimo octauo (1499, n. s.) nono Kalendas ianuarii... In-fol. goth. Panzer, I, 553; Hain , 2214. — Comme on le voit, l'impression de ce livre, commencée par Trechsel et suspendue par sa mort, fut achevée par Clein. — Le mot *Fen* est arabe ; il signifie *espèce , section, division, partie d'un ouvrage ou d'une science.*

CLIX. *Breviarium ad usum Ecclesiæ lugdunensis.* Impressit *Johannes Carcani* Lugduni die quinta martii anno Domini millesimo quatercentesimo nonagesimo octauo. (1499 , n. s.) In-fol. Van-Praët, *Vél. des B. publiq.* , I, 101.

CLX. *Guidonis Juvenalis natione cenomani in Terentium familiarissima interpretatio cum additionibus.* Impressus Lugd. p. honestum virum *Johan. Pyuard.* Anno salut. M. CCCC. XCVIII (1499, n. s.) die VII *Martii.* In-4°. goth., sans figures. — La souscription est au bas du f. A. iiij recto. Suivent sept pages de pièces postliminaires ; la dernière est un avis au lecteur qui se termine ainsi :... *hec omnia diligentissime nuper Lugd. impressa : paruo ere tibi potes comparare. Vale* (B. de Lyon).

CLXI. *Petri Tartareti expositio super Summulis Petri Hyspani.* — Ejusdem *super textu Logices Aristotelis.*—Impensis *Jacobi Maillet* mercatoris Lugduni. Impressa Lugduni XVII mensis marcii Anno Dni millesimo CCCC. XCVIII (1499 , n. s.) In-fol. goth. (B. de Besançon). Panzer, XI ; 329; Hain , n° 15341.

CLXII. (*Commentum duplex S. Thomæ et Ascensii*) *in* (Bo)*etium de Consolatione philosophie cum utriusque tabula. Item Commentum in eandem de Disciplina scholarium : cum commento in Quintilianum de Officio discipulorum : diligenter annotata* (titres en lettres rouges). — Impressus Lugduni opera magistri *Johannis de Vingle.* Anno Domini M. CCCC. XCIX. die X aprilis. Petit in-fol. goth. (B. de Lyon). Répétition de l'édition donnée par le même imprimeur, l'année précédente , et non un nouveau tirage.— Panzer, IV , 551, et Hain , n° 3410, citent une autre édition publiée à Lyon la même année , opera *Iacobi Maillet*, die XXIII octobris , in-4° goth.

CLXIII. *Rationale diuinorum Officiorum* (per Guilielmum Duranti). — Impressum Lugduni... M. CCCC. XCIX. die XII mensis aprilis. In-4° goth. sur

2 col. (B. de Lyon). — Ce livre paraît être sorti des presses de *Jean de Vingle.*

CLXIV. *Sermones funebres Johannis de Sancto Geminiano.* — Cura et expensis *Johannis Clein*.... Anno... M. CCCC. XCIX. die XI maij. In-4° goth. Hain, 7548 ; Panzer, 1, 555.

CLXV. *Marci Tullii Ciceronis Epistolæ familiares* cum commento Hubertini Crescentinatis et Martini Philetici super Epistolis electis et Georgii Merule Alexandrini, etc. Impresse per *Iacobum Zachonem* pedemontanum, sub annis a Natiuitate Domini Jesu xpi Redemptoris nostri millesimo CCCC. LXXXXIX. die decima junii. In-fol. Hain, 5209. — Mon estimable devancier, feu Delandine, s'est trompé, lorsqu'en décrivant ce volume, il a dit que sa souscription prouvait qu'il a été imprimé à Milan. La souscription n'indique point le nom de la ville, et cette ville doit être celle de Lyon où Jacques Zachon imprimait à la fin du XVe siècle. Panzer, 1, 556, n'a point hésité à donner cette édition aux presses lyonnaises.

CLXVI. *Virgilius cum commentariis quinque* videlicet Servii. Landini. Donati. Antonii Manzinelli. Domitii. Impressum per *Jacobum Zachon* pedemontanum : Venetiis caractere. Sub anno Domini 1499, die 9 decembris. In-fol. (B. de Lyon, n° 280). — Panzer, d'après Maittaire, avait inscrit ce Virgile parmi les éditions lyonnaises du XVe s., t. 1, p. 556, mais avec un titre tronqué et erroné; au lieu de *Zachon*, il y avait *Zacchius*; et le savant bibliographe avait dit dans sa note sur ce livre : *Puto, per Zachonem, Lugduni ?* Plus tard il découvrit le titre exact du Virgile de 1499, et il l'inscrivit dans son III suppl. aux édit. lyonnaises du XVe s., tome IX de ses *Annales*, p. 249, en y joignant la note suivante : *Bibl. Josch. Recte ergo judicari*, non *Venetiis sed Lugduni impressum fuisse hunc librum. Errorem aliquem jam suspicatus est Maitt.*, p. 688, n. 2. — M. Panizzi, bibliothécaire du *British Museum*, homme très-versé dans la bibliographie des Incunables, ayant examiné, lors de son passage à Lyon, en août 1839, l'exemplaire du Virgile de Zachon, n'a pas hésité à se soumettre au jugement de Panzer, et à croire que ce Virgile avait été imprimé à Lyon, mais avec des caractères fondus à Venise.

CLXVI bis. *Expositionis canonis missae a Domino Odone cameracensi episcopo*.... Lugduni... *Petrus Mareschal et Barnabas Chaussard.* 1499. In-8° goth. (B. de Dijon).

CLXVII. *Vocabularium Juris*.... Lugd. per *Johann. de Vingle*, 1499. In-fol. Panzer, 1, 555.

CLXVIII. *Juvenalis Satiræ cum commentariis*.... Lugd. apud *Johann. de Vingle*. 1499. In-4°. Panzer, 1, 555. — Edition omise par Hain.

CLXIX. *Floretus virtutum et vitiorum* ... Lugduni, 1499. Sans désignation de format. Hain, 7184.

CLXX. *Persius cum commentariis Iohannis Britannici*, etc. Lugd. opera... *Nicolai Lupi :* patrio : hoc est teutonico : vocabulo *Wolf.* Anno... M. CCCC. XCIX (1500, n. s.) ad VI calendas februarias. Pet. in-fol. Hain, n° 12733 ; Panzer, 1, 555.

CLXXI. *Pragmatica sanctio cum repertorio nouiter egregie desuper compilato: ad materias facilius inueniendas : vna cum tabula alphabetica.* —.... Lugduni... per *Johannem de Vingle*... M. CCCC. XCIX (1500, n. s.). die vero XXI *februarij.* In-8° goth. — Le texte est entouré de la glose de Cosme Guymier (B. de Lyon).

CLXXII. *Sermonum... et Epistolarum Horatii* familiare commentum cum

Acronis... interpretatione... Impress. per Nicolaum Wolf lutriensem. Anno M. CCCC. XCIX (1500, n. s.) ad idus *Martias*. Pet. in-fol. Panzer, I, 555; Hain, 8915; J.-B. Monfalcon, *Horace polyglotte*, p. cxlvj.

CLXXIII. *Officium diuine et immaculate Virginis....* Impressum Lugduni expensis *Bonini de Boninis dalmatini*. Anno Domini M. CCCC. lxxxxix (1500, n. s.). die XX martij. In-8°. — Van-Praët, *Vél. des B. publiq. et part.*, I, 64; Panzer, IX, 249.

CLXXIV. *Missale ad usum Lugdunen*. Impressum per *magistrum Ungarum...* Anno... M. CCCCC. die XVI mensis aprilis. In-fol. goth. sur 2 col. — Il existe des exemplaires sur vélin de ce Missel, qui fut publié par ordre du cardinal d'Espinay, archevêque de Lyon.

CLXXV. *Armandus* (de Bello Visu) *de declaratione difficilium terminorum Theologie, Philosophie atque Logice*. In officina *Nicolai Wolf...* Impressum... M. CCCCC. die vero xij maij. Pet. in-4° goth. Hain, n° 1796; Panzer, IV, 352.

CLXXVI. *Joannis Balbi de Ianua summa quae vocatur Catholicon.* Impressum Lugduni per.... *Jacobum Maillieti* ciuem Lugd. Anno.... millesimo quingentesimo, die vero sedecima mensis Iunii. In-fol. Panzer, IV, 352, et XI, 329; Hain, n° 2269.

CLXXVII. *Antonii Mancinelli Opera*, etc. Lugdun. arte et industria *Iohannis de Uingle...* M. CCCCC. Die prima iulii. In-4°. Hain, n° 10577; Panzer, IV, 352.

CLXXVIII. P. *Auli Persii familiaris explanatio cum Joann. Britannici eruditissima interpretatione....* Lugduni solerti opera *Johannis de Vingle*. Anno salutis millesimo quingentesimo. VII august. In-4°. Panzer, XI, 329; Hain, 12734.

CLXXIX. *Expositio magistri Georgii Bruxellensis in Logicam Aristotelis*, etc. (Lugduni, *Johan. de Vingle*). M. CCCCC. V octobris Gr. in-4° goth. Hain, 7601.

CLXXX. *Physicorum libri octo et tota naturalis Philosophia cum textu abbreviato Thomæ Bricot*, etc., per *Johannem de Vingle*. 1500. VIII Idus octobris. In-4°. Hain, n° 3972; Panzer, IV, 351.

CLXXXI. *Summa virtutum ac vitiorum Guilhelmi Peraldi Episcopi lugdunen. de ordine Predicatorum.*—Impressum per magistrum *Nicolaum de Benedictis...* M. CCCCC. die xxviij nouembris. In-4° goth. Edition sans nom de ville. Hain qui l'a décrite, n° 12392, ne dit pas si elle est de Paris, de Turin ou de Lyon, trois villes où Nic. de Benedictis a exercé son art à diverses époques. — Guillaume Perault, en latin *Peraldus* ou de *Petra Alta*, n'a pas été évêque de Lyon, quoiqu'on lui donne ce titre dans la plupart des éditions de sa *Somme;* mais il était suffragant de Philippe de Savoie, archevêque de Lyon au XIII° siècle. *Biogr. lyonn.*

CLXXXII. *Expositio magistri Petri Tartareti super textu Logices Aristotelis....* Impressum vero cura et industria *Nicolai Wolff* alemani anno.... 1500. die vero 10 decembris. In-fol. Panzer, I, 557, et XI, 329; Hain, n° 15342.

CLXXXIII. *Summa maioris beati Antonini.* — Impress... Lugduni cura... M. *Johannis Cleyn* alemanni. Anno Domini M. quingentesimo. XVI nonis decembris. In-fol. goth. sur 2 col. (La B. de Lyon possède la *quarta pars* de cette Somme).

CLXXXIV. *Casus longi Bernardi* (Parmensis) *super Decretales*. Impress. per *Johannem Bachelier*. Anno Domini ccccc (sic), die vero xviii mensis decembris. In-4°. Hain, 2939; Panzer, 1, 557.

CLXXXV. *Antonii Gazii florida Corona*. Impress. in officina *Simonis Beuilaqua* (Venetiis). Impensis *Bartholomæi Trot* bibliopolæ in præclaro emporio lugdun. 1500, decemb. xx. In-4°. Panzer, 1, 558; Hain, 7502.

CLXXXVI. *Biblia cum summariorum apparatu*, etc. Lugd. in officina *Jacobi Sacconi*. 1500. In-4°. Panzer, 1, 557; Hain, 3126.

CLXXXVII. *Boethius de Disciplina scholarium cum commento*. Lugduni per *Johann. de Vingle*. 1500. In-4°. Panzer, 1, 557.

CLXXXVIII. *Eximii doctoris Gregorii papæ trentennarius una cum novis Missis atque cum communi, ac etiam Missis votivis*. Lugduni *Franc. Fradin*. 1500. In-8°. Panzer, iv, 352; Hain, 7993.

CLXXXIX. *Johannis de Turrecremata Quæstiones spirituales super Euangeliis totius anni*, etc. Lugd. apud *Stephanum Gueynardum*. 1500. In-8°. Panzer, 1, 557; Hain, 15719.

CXC. *Johannis de Tornamira* (medici).— *Tractatus de Febribus*. Lugd. per *Iohann. Bachelier*. ccccc (sic). In-4°. Panzer, 1, 557; Hain, 15552.

CXCI. *Angelus Aretinus super* iv *libros Institutionum cum casibus longis Francisci de Aretio*. Lugduni impress. per *Jacobum Sacon*. M. D. In-fol. Panzer, ix, 249; Hain, n° 1609.

CXCII. *Abbas* (Panormitanus) *super quarto Decretalium cum casibus longis Bern. cincta glossis seu additionibus novis... Andr. Barbaciæ*, etc. Impress. per *Nic. de Bened*. 1500. d. 24 dec. In-fol.

CXCIII. *Abbas super quinto ultima pars cum additionibus novis.... And. Barbaciæ*, etc. 1500 (1501, n. s.) d. 17 febr. In-fol. Panzer, iv, 352.

CXCIV. *Missale romanum...* Lugd. per *Iacobum Sachon*. 1500. In-fol. Panzer, 1, 557; Hain, 11416.

CXCV. *Ritualis liber Ecclesiæ ucetiensis*. Lugd. 1500, sans désignat, du format. Maitt., p. 723; Panzer, 1, 558; Hain, 13926.

CXCVI. *Sanctii Portæ Sermones...* Lugd. 1500. In-4°. Panzer, 1, 558; Hain, 13301.

CXCVII. *Alvari Pelagii de Planctu Ecclesiæ libri* ii. Lugd. 1500. In-fol. Panzer, 1, 558; Hain, n° 892.

LIVRES LATINS SANS DATE, PRÉSUMÉS DU XV° SIÈCLE.

CXCVIII. *Biblia latina cum postillis Nicolai de Lyra...* per *Johannem Syber...* In-fol. goth. fig. Panzer, 1, 559.

CXCIX. *Biblia latina cum figuris et descriptionibus chorographicis*. Lugduni per *Claudium de Huschia* (de Huschin). In-8°. Panzer, 1, 559.

CC. *Bartholomæi de Manso Confessionale diœcesis Alliensis* (Lugduni, circa 1500), in-4°. — M. Van-Praët a décrit un exemplaire de ce livre, imprimé sur vélin avec la marque de *Pierre Mareschal* et de *Barnabé Chaussard*, dans son *Cat. des livres sur vél. de la B. du roi*, t. 1, n° 421.

CCI. *Incipit opus Bernardi saluberrimum de Imitatione xpi et contemptu mundi qd Iohanni Gerson... attribuitur* (absque nota). Pet. in-8º goth, pap. à la *roue dentée*. Voyez ce que nous avons dit de cette édition, *suprà*, n° XLI.

CCII. *Jacobi magni Sophologium, seu libri* x *de inquirenda diuina Sapientia.* — Impressum Lugduni per *Nicolaum Philippi de Bensheim et Marcum Reinhart de Argentina* (circa 1477). In-fol. goth. à 2 col. Panzer, 1, 531.

CCIII. *Liber domini Francisci Petrarche panormitani oratoris celeberrimi de vita solitaria* (absque nota). Pet. in-4º goth. — Quoique imprimé sous le nom de *Pétrarque* qui est effectivement auteur d'un autre traité portant le même titre, ce petit ouvrage est de *Lombardo dalla Seta*, écrivain mort en 1390.... L'impression paraît appartenir aux presses lyonnaises de *Pierre Mareschal et Barnabé Chaussard*, vers 1496. C'est ainsi qu'en a jugé M. Gazzera dans ses *Osservazioni bibliogr.*, analysées dans la deuxième des *Lettres lyonnaises* de M. Breghot. Voyez aussi M. Brunet, *Suppl.*, iii, 45.

CCIV. *Liber creaturarum siue de Homine compositus a Reu. Raymondo Sebeydem* (et non *Scheyden*). In-fol. goth. à 2 col. Gazzera, *Osservazioni*, p. 45; C. B., *Lettres lyonn.*, p. 34. — C'est la *Theologia naturalis* de Raymond de Sebonde. La biblioth. de Lyon possède un exemplaire de l'édition sans date In-4º goth. à 2 col., décrite par Hain, n° 14066. Il existe une traduction de ce livre, Lyon, *Bernard Lescuyer*, 1519, in-fol. goth. Brunet, *Suppl.*, art. SABUNDE.

CCV. *Prudentius de conflictu virtutum et vitiorum heroicus....* Lugduni impressus (absque anno). Pet. in-4º demi-goth. — Edition décrite par M. Gazzera dans ses *Osservazioni bibliogr.*, et, d'après lui, par l'auteur des *Lettres lyonnaises*, p. 11, et par M. Brunet, *Nouvelles recherch.*, iii, 104. — Sur le titre se lisent les noms des deux imprimeurs *Pierre Mareschal* et *Barnabé Chaussard*, avec leur monogramme.

CCVI. *Regimen sanitatis cum expositione Arnaldi de Villanoua.* Pet. in-4º goth. à 2 col., non chiffré, avec signat., sans indication de date ni de lieu. C. B., d'après M. Gazzera, *Lettres lyonn.*, p. 34.

CCVII. *Liber qui compotus dicitur...* Lugd. *per Martinum Havart.* In-4º sans lieu ni date, sur papier à la *roue dentée.* C. B., *Lettr. lyonn.*, p. 25.

CCVIII. *Liber phisionomie magistri Michaelis Scoti.* Pet. in-4º goth. C. B., d'après M. Gazzera, *Lettres lyonn.*, p. 34.

CCCIX. *Angeli de Perusio Lectura super secundo usque ad nonum librum Codicis.* In-fol. — Edition imprimée avec les caractères dont se servait *Martin Hus*, en 1478. Panzer, 1, 560.

CCX. *Extrauagantes* xx *Iohannis* xxii. *seu Constitutiones* xx *Iohannis pape* xxii. Hoc autem opus... castigatum diligentia Lugduni est impressum. In-fol. Panzer, 1, 559; Hain, 9385.

Plusieurs bibliographes ont donné, comme éditions du xve siècle, quelques ouvrages imprimés du 1er janvier 1500 au 19 avril suivant, jour de Pâques; de ce nombre sont, par exemple, les trois ouvrages suivants qui appartiennent à l'année 1501, n. s. : — *Expositio Petri Tartareti super Summulas Petri Hispani...* completum decima octaua januarii. Anno 1500. In-fol. goth. Panzer, xi, 329. — *Practica Valescii de Tharanta.* Lugd. *Nic. Wolf*, 1500. 10 marcii. In-4º goth. Hain, 15252. — *P. Ovidii Nasonis Heroidum epistole Sapphus; atque in Ibin argutie*, etc. Opera *Johannis de Vingle...* M. CCCC. III Nonas aprilis. In-4º. Panzer, ix, 507; Hain, 12214.

Livres Français.

> Fameux par ses tissus mêlés de soie et d'or,
> Dans l'art de Guttemberg Lyon brillait encor.
> E. M.

CCXI. *La Legende doree dicte la Vie des Saints en francois....* corrigee aupres du latin (de Jacques de Voragine)... par... Jean Batallier.... imprimee..... par *Barthelemy Buyer....* le dix et huitiesme iour dapuril mil quatre cens septante et six. In-fol. goth. sur 2 col. — Première édition. La Serna Santander, *Dict.*, III, 472; Brunet, *Man.*, art. VORAGINE. — Ce livre est le *second* publié à Lyon avec date; c'est aussi un des plus anciens livres français imprimés en France, et peut-être le plus ancien. Les *Chroniques de S. Denys* qui passent pour le premier livre français imprimé à Paris, avec date, ne furent publiées qu'en 1477, car elles sont datées du 16 janvier 1476 (v. s.). La presse lyonnaise peut donc disputer à la presse parisienne la priorité pour l'impression d'un livre en langue vulgaire. — Il est à remarquer que les Dominicains eurent les prémices de l'imprimerie lyonnaise. Jacques de Voragine et son traducteur, Jean Batallier, appartenaient tous les deux à cette congrégation; nous ferons aussi observer que le premier livre imprimé à Lyon avec date, est le *Compendium* d'Innocent III, sous le pontificat duquel l'ordre de St-Dominique fut institué. — Lyon est la seconde ville de France où l'imprimerie fut introduite. Strasbourg, qui seule pourrait lui disputer cette gloire, puisque l'imprimerie s'y introduisit presqu'en même temps qu'à Paris, c'est-à-dire en 1470, était alors ville impériale et libre.

CCXII. *Le Miroir de vie humaine* fait par Roderique Hispaignol, eueque de Zamorensis, translate en francois par Frere Julien (Macho). Imprime a Lyon par *Bartelomieu Buyer* le huitiesme iour du mois de juillet lan mil quatre cens et septante sept. In-fol. goth. — L'édition du texte latin de cet ouvrage donnée par Buyer ne fut publiée que l'année suivante, car elle porte la date du 7 janvier 1477. Brunet, *Man.*, et *Suppl.*, art. RODERICUS.

CCXIII. *Legende des Saintz nouueaulx.* — Au verso du dernier f.: Cy finist ce present liure intitule Legende des Saintz nouueaulx q'ont este pris et collige en Vincent Historial en diuers lieux, lesquels saints ne sont point inserez dedens la grande legende. Imprime *par Bartholomieu Buyer* citoyen de Lyon sur le Rosne, veue et corrige par reuerends peres maistre Iuliant de lordre de saint Augustin et maistre Iehan Bathalier de l'ordre des iacopins docteurs en theologie du dit Lyon, le vinctiesme iour daoust lan mil quatre cens septante sept. Pet. in-fol. goth. — Edition décrite par M. Brunet, *Suppl.*, II, 291. — La Serna s'est trompé quand il a dit (*Dict.* III, 475), qu'il n'a pas été exécuté d'autre édition de cette Légende dans le XVe siècle. Voyez ci-après, n° CCXXXIII.

CCXIV. *Larbre des Batailles* (par Honoré de Bonnor). Lyon, *Barth.*

Buyer. 1477.—Première édition de ce livre citée sans désignation de format par Van-Praët, *Vélins de la B. du roi*, III, 82. C'est probablement la même édition que celle sans lieu ni date, in-fol. goth. à 2 col., décrite par M. Brunet, *Suppl.*, 1, 70.

CCXV. *Sermons de S. Vincent Ferrier*, trad. en franç., Lyon, 1477. Panzer, 1, 531 ; Quétif, 1, 766.

CCXVI. *Le Mirouer de la redemption de lumain lignage*, translate de latin en françoys... par... frere Iulyen (Macho)... imprime lan... Mil cccc. lxxviiij. le xxvj iour daoust. Gr. in-fol. goth. à 2 col., avec fig. en bois au simple trait.
— Ce livre est une imitation et non une traduction du *Speculum humanæ salvationis*. L'édition de 1478, la plus ancienne que l'on connaisse, a, selon toute apparence, été imprimée par *Guillaume Le Roy*. Brunet, *Suppl.*, art. JULIEN (Frère).

CCXVII. *Le liure de Baudoyn, conte de Flandres et de Ferrant, filz au roy de Portingal.* — Impresse a Lion (par *Barth. Buyer*) sur le Rosne et fini le douziesme iour du mois de nouembre lan courant mil IIII cens LXXVIII. Pet. in-fol. goth. à 2 col. Panzer, 1, 531 ; Hain, n° 2709. — « Edition très-rare, dit M. Brunet, et que nous regardons comme la première de ce roman ; car celle de Lyon, 1478, in-fol., citée par Prosper Marchand, *Hist. de l'Impr.* (sans doute d'après le cat. de Madame la princesse, à Anet), passe pour chimérique, quoique Buyer imprimât déjà à Lyon en 1473. » *Man.*, 1, 163. Voyez aussi le *Supplément* de Mercier de St-Léger à l'*Hist. de l'Impr.* de Prosper Marchand, p. 66. — Comment se fait-il que l'auteur de l'*Hist. litt. de l'Europe*, M. Henri Hallam, qui a dû ouvrir le *Manuel* de M. Brunet, puisqu'il lui reproche une omission qu'il trouve difficile à excuser (1, 161), ait dit (p. 172 de la trad. franç.) : « Le *Roman de Baudoin, comte de Flandre*, Lyon, « 1474, paraît être *le plus ancien livre français* imprimé en France. » M. Hallam dit au même endroit : « *Florus* et *Salluste* furent imprimés à Paris au « commencement de cette décade (1470), et avant sa fin (1480), douze au-« teurs classiques avaient été publiés dans la même ville. Une édition de « *Cicéron ad Herennium* parut à Angers en 1476, et une d'Horace à Caen, en « 1480. La presse lyonnaise donna aussi plusieurs ouvrages, mais aucun qui « appartienne à la littérature classique... » Cette assertion ne saurait être démentie ; toutefois, et M. Hallam en convient lui-même (p. 231), la presse lyonnaise ne fut pas la dernière à payer son tribut à la littérature classique ; elle a donné, de 1484 à 1500, plusieurs ouvrages de Cicéron en latin ou en français ; l'Art d'aimer et les Métamorphoses d'Ovide en latin ; un Virgile et un Horace ; deux éditions de Juvénal ; trois de Perse ; quatre de Térence ; deux de Valère-Maxime en français, et trois des Fables d'Esope aussi en français ; quatre de Boëce ; une des Grammairiens latins, Diomède, Phocas, etc., etc. Au reste, si la presse lyonnaise a produit peu de livres classiques au XVe siècle, on est forcé de convenir qu'elle s'en est bien dédommagée dans le siècle suivant. « ... Je ne connais après Venise, a dit un juge « compétent, aucune ville qui, en fait d'éditions et d'imprimeurs, puisse le « disputer à Lyon... » M. Gazzera, p. 56 des *Lettres lyonnaises* de C. B.

CCXVIII. *La Practique en chirurgie* de maistre Guidon de Cauliac, translate de latin en francois par Nicolas Panis, docteur en medecine, natif de Carentan, etc. — Imprime à Lyon par *Barth. Buyer*. In-fol. Du Verdier, *Biblioth.*, p. 919, édit. orig. ; Panzer, 1, 531 ; Hain, n° 4814.—M. Brunet, *Man.*, art. CAULIACO (Guid. de), cite, d'après Maittaire, une autre édition lyonnaise de 1485. A ces deux éditions, il faudra ajouter celles de 1490 et de 1499, n. s.

CCXIX. *Le Miroer historial.* — .... Imprime a Lyon sur le Rosne en la maison de maistre *Bartholomyeu Buyer*... et fini le dernier iour de iuillet mil quatre cens LXXIX. In-fol. goth. à 2 col. — « Cet ouvrage, dit M. Brunet (*Suppl.*, II, 434), n'est pas la traduction du *Fasciculus temporum*, comme l'a cru Panzer, 1, 532; mais ce n'est pas non plus celle du *Speculum vitæ humanæ* (de Roderic), ainsi que semble le croire M. Breghot du Lut (*Lettres lyonn.*, 17). »

CCXX. *Le Mirouer de la redemption de lumain lignage....* imprime lan..... mille CCCC. LXXIX le XXVIIJ iour daoust. Gr. in-fol. à 2 col. — Seconde édition de ce livre, copiée sur la précédente, et dont l'impression est attribuée à *Matth. Husz.* Brunet, *Suppl.*, art. JULIEN (Frère).

CCXXI. *Congie prins du siecle seculier*, par Jacques de Bugnin. A Lyon, par *Pierre Mareschal*, 1480, in-8°. — Edition citée par du Verdier, qui paraît s'être trompé sur sa date. M. Brunet, *Man.* et *Suppl.*, ne cite que deux éditions de cet opuscule qui est en vers : l'une, sans lieu ni date, pet. in-8° goth., mais probablement de Lyon, car l'auteur était lyonnais ; l'autre, imprimée à Lyon par *Pierre Mareschal* et *Barnabé Chaussard*, 1503, in-4° goth. A. P. *Notes et docum.*, année 1480 ; C. B. et A. P., *Biogr. lyonn.*

CCXXII. *Le tres playsant liure nomme Mandeuille* (*Cy finist*). Imprime a Lyon sur le Rosne lan mil CCCC lxxx (1481, n. s.) le viij iour de freuier (sic) a la requeste de maistre *Bartholomieu Buyer* bourgoys du dit Lyon. In-fol. goth. à 2 col. (Biblioth. royale). — Du Verdier cite une édition de Lyon, *Pierre Bouteiller*, 1487, in-4°. Brunet, *Man.*, II, 418, *Suppl.*, II, 361 ; Hain, 10641-42. — Une édition, sans lieu ni date, pet. in-fol. goth., est attribuée à *Guill. Leroy*, dans le *Catal. des livres* du Comte de St-M*** (Paris, Crozet, 1840), n° 1676. Cet exemplaire paraît offrir la même imperfection que celui de la Biblioth. royale. — L'Académie de Lyon possède le manuscrit du livre de *Mandeville* décrit par Delandine, *Cat.*, *Belles-Lettres*, 7863.

CCXXIII. *Le proces de Belial alencontre de Ihesus* par Jacq. de Theramo)... translate de latin en françoys par... frere pierre Ferget.... lan de grace mil CCCC. lxxxi, et au viij iour de nouembre a este fine ce present liure. In-fol. goth. de 164 f. à longues lignes. — Première édit. de ce livre, laquelle a probablement été imprimée l'année même de sa date. Brunet, *Suppl.*, III, 535.

CCXXIV. *Larbre des batailles* (par Honoré de Bonnor). — Imprime a Lyon lan mil CCCClxxxi et le xxiiij iour de decembre. Pet. in-fol. goth., sur papier à la *roue dentée*. Brunet, *Suppl.*, 1, 70.

CCXXV. *Le Mirouer de la redemption de lumain lignage* translate de latin en francoys... par... frere Iulien.... Imprime lan de grace mil CCCC. lxxxij. le xij iour de may. In-fol. goth. à 2 col (B. de l'Acad. de Lyon). — 3me édition de ce livre, exécutée avec les mêmes caractères que ceux qui ont servi à l'édition du *Proprietaire des choses*, imprimée la même année par *Matthieu Hutz* ; aussi M. Brunet n'a pas hésité à la donner à cet imprimeur. *Man.* et *Suppl.*, art. JULIEN (Frère).

CCXXVI. *Le Myrouer de la vie humaine...* Imprime par *Nicolas Philippi* et *Marc Reinhardi de Strasbourc.* Lan mil quatre cens et octante et deux le xx iour daoust. In-fol. goth. — Cette traduction du *Speculum vitae humanae* de Roderic, ne serait-elle pas la même que celle de 1477 ? Note de M. Brunet, *Suppl.*, III, 186.

CCXXVII. *Le Propriétaire des Choses* translaté de latin en françoys... par frere Jehan Corbichon.... reuisité par.... frere Pierre Farget... de Lyon... Imprimé au dit lieu de Lion par.... *Mathieu Hutz* (sic).... le XII iour de nouembre mil cccc huytante et deux. In-fol. goth. (B. de l'Acad. de Lyon). Brunet, *Suppl.*, art. GLANVILLA. — Il existe un grand nombre d'éditions de cette espèce d'encyclopédie; la plus ancienne avec date du texte latin est celle de Lyon, 1480. Quant aux éditions de la traduction, il paraît que celle de 1482 est aussi la première.

CCXXVIII. *Le proces de Belial a lencontre de Ihesus*... translaté... par Pierre Ferget... lan de grace mil cccc. LXXXII. (1483, n. s.), et au XXI iour de ianuier a esté fini ce present liure. In-fol. goth. — Edition, s. n. de ville, mais bien certainement de Lyon, et qui doit être la seconde de cette traduction. Panzer, I, 535; Lacroix du Maine, II, 278. Brunet, *Man.* et *Suppl.*, art. THERAMO.

CCXXIX. *Le liure* (Cy finist) *des Eneydes* compilé par Virgille, lequel a esté translaté de latin en françois. Imprimé a Lyon par maistre *Guillaume le Roy* le dernier iour de septembre lan mil quatre cens lxxxiii. In-fol. goth. de 82 f. non chiffrés, sign. *a ii-m iii*, à longues lignes. » — Ce livre, dit M. Brunet, n'est pas, comme on pourrait le croire, une traduction de Virgile, mais une espèce de roman en prose, dont l'Enéide a fourni le sujet et une partie des détails. » *Suppl.*, III, 419. — M. le conseiller Coste en possède un exemplaire qui commence comme celui de la Biblioth. royale, au f. *a ii*.

CCXXX. *Le Miroer de la redemption de lumain lignaige* translaté de latin en françoys... par... frere Iulien... Imprimé par maistre *Mathis Huz*, lan de grace M. CCCC. lxxxiiij. In-fol. goth. à 2 col. — 4me édit. de ce livre. Panzer, I, 535; Hain, 14928; Brunet, *Man.*, et *Suppl.*, art JULIEN (Frere).

CCXXXI. *Le petit Fardelet des faitz ou Fardelet de temps* (composé par Werner Rolewinck).... translaté de latin en françoys par.... Pierre Farget. de Lion et imprimé audit Lion l'an mil cccc LXXXIIJ... In-fol. goth., s. n. d'impr. Hain, 6941; Brunet, *Man.*, art. FASCICULUS TEMPOR.; *Bulletin du bibliophile*, 1839, p. 493. — L'auteur des *Mél. tirés d'une grande biblioth.* lettre E, p. 298, dit qu'il est constant que la traduction de Farget était faite dès l'an 1478. — Le passage relatif à la découverte de l'imprimerie que l'on trouve dans cette édition et dans celles de Genève, 1495, et de Paris, 1515, est trop curieux pour que nous ne le mettions pas sous les yeux de nos lecteurs :

« L'impression des liures qui est une science tressubtile et ung art qui nauoit iamais esté veu fut trouué enuiron ce temps (1457) en la cité de Magonce. Ceste science est art des artz, science des sciences laquelle pour la celerite de son exercite est ung tresor desirable de sapience et de science lequel les hommes desirent a obtenir par instincte de nature. Lequel art si est sorty de la profondite de tenebres et de obscurite et est venu en ce maling monde lequel enrichit et enlumine la vertu infinie des liures laquelle iadis estoit à Athenes et a Paris et aux aultres estudes a maintenant estee manifestee aux paunres indigens estudians escoliers. Ceste multitude est diuulguee entre tous peuples langues et nacions tellement que vrayement nous pouuons regarder et dire ce qui est escript au premier chapitre des prouerbes : *Sapientia foris predicat*, etc. »

CCXXXII. *Jehan Bocace de la ruyne des nobles hommes et femmes....* Imprime a Lyon sur le Rosne par.... *Mathis Husz* et... *Jehan Schabeler*, lan mil. cccc. quatre vingtz et trois. In-fol. goth. à 2 col. — Traduction de Laurens de Premierfaict. Barbier, *Anonym.*, 10503; Panzer, 1, 535; Hain, 3342; Brunet, *Man.*, 1, 226. (B. de M. Coste).

— CCXXXIII. *La vie* (Cy finist) *des Saintz dicte Legende dores et aussi des Saintz nouueaulx* extraite et translatee *de latin en françois....* Imprime a Lyon par les maistres *Matthieu Hus* et *Pierre Hongre*, lan de grace mil quatre cens quatre vingz et trois. In-fol. goth à 2 col. fig. (B. de Lyon, exemplaire imparfait). — Edition omise dans le *Man.* de M. Brunet, qui cite, dans son *Suppl.*, celle de *Nicolas Philippe* et *Marc Reynard*, sans date, et celle de *Nicolas Philippe* de 1485.

CCXXXIV. *Les subtilles Fables d'Esope* translatees de latin en françoys, par *Frere Julien....* Imprimees à Lyon sur le Rosne par maistre *Mathis Hucz* (sic) et maistre *Jehan Scabeller*, lan de grace mil cccc. lxxxiiii le quinziesme iour de may. In-fol. goth. Brunet, *Suppl.*, 1, 18.

CCXXXV. *Le Proces de Belial a lencontre de Ihesus*, etc. Imprime a Lyon sur le Rosne par *Mathys Husz* lan de grace mil cccc. LXXXIV. (1485, n. s.), et le xxii iour de mars.... Pet. in-fol. goth. Panzer, 1, 535; Brunet, *Suppl.*, art. THERAMO.

CCXXXVI. *Le recueil des Histoires de Troyes....* compose par Raoul le Feure. Imprime a Lyon par *Iaque Maillet* le seizieme iour d'auril lan mil quatre cens quatre vings. et quatre (1485, n. s.). In-fol. goth. fig. Hain, n° 7044; Brunet, *Man.*, II, 21. — Mercier de St-Léger, dans ses notes sur du Verdier, cite une édition de Lyon de 1486, qui était, en 1786, chez la duchesse d'Anville. Brunet, *Man.*, II, 21.

CCXXXVII. *Le Proprietaire des choses...* Lyon par.... *Mathieu Husz*, le xii iour doctobre lan mil cccc. huitante et cinq. Gr. in-fol. goth. Brunet, *Man.*, art. GLANVILLA.

CCXXXVIII. *Le Proces de Belial a lencontre de Ihesus* translate de latin en françois par frere Pierre Farget.—Imprime a Lyon sur le Rosne par Johannes Fabri lan 1485, quinzieme doctobre. In-4°. Panzer, 1, 536.—Edition suspecte et qui pourrait bien être la même que celle datée du 15 *octobre* 1490.

CCXXXIX. *Le Pelerin de vie humaine* (par Guillaume de Guilleville), converti de ryme en prose (par Jean Gallopez). Imprime a Lyon... par... *Mathis Husz* lan de grace mil quatre cens quatre vingtz et cinq. In-4°. Panzer et Hain citent une édition de ce livre donnée par le même typographe en 1486, et dont, suivant Panzer, il existe un exemplaire dans la Biblioth. de Turin. Cette édition de 1486 paraît douteuse à M. Brunet, qui en décrit une autre publiée aussi par *Math. Husz*, en 1499, in-fol.

CCXL. *La Destruction de Troyes la grant....* Imprimee a Lyon par maistre *Guillaume le Roy*. Finie lan mil cccc quatre vingts et v. In-fol. de 230 f. Brunet, *Suppl.*, 1, 428.

CCXLI. *Valere le grant*, translaté par Simon de Hesdin et Nicolas de Gonesse. Imprime a Lyon sur le Rosne par... *Mathieu Husz....* Lan mil quatre cens quatre vingtz et cinq. 2 vol. in-fol. goth. Panzer, 1, 536; Brunet, *Man.* et *Suppl.*, art. VALERIUS MAXIMUS.

CCXLII. *La destruction de Troyes la grant....* imprimee à Lyon par maistre *Mathieu Husz....* finie lan mil cccc quatre vingz et cinq (1486, n. s.), le ve iour de ianuier. In-fol. goth. —Brunet, *Manuel* et *Suppl.*, art. Destruction; C. B., *Nouv. Mél.*, p. 55.

CCXLIII. *Le Propriétaire des choses...* — Imprime... par... *Guillaume le Roy....* le xxvi iour de ianuier. Mil cccclxxxv (1486, n. s.). In-fol. goth. à 2 col. fig. (B. de Lyon). Brunet, *Man.* et *Suppl.*, art. Glanvilla.

CCXLIV. *Le Doctrinal de Sapience* imprime a Lyon par maistre *Guillaume le Roy*, lan de grace mil cccc lxxx et v (1486, n. s.). le ix iour de feurier. In-fol. goth. — Brunet, *Man.* et *Suppl.*, art. Roye (Guy de).

CCXLV. *Les subtilles Fables de Esope* translatees de latin en françois. Par reuerend docteur frere Iulien auec les fables de Auian et de Alfonse. Et aussi aulcunes ioyeuses fables de Poge Florentin. Imprimees a Lyon sur le Rosne par maistre *Mathis Husz*, lan de grace mil cccclxxxvi le neufuiesme iour d'auril. In-fol. goth. fig. Hain, n° 543.

CCXLVI. *Le liure des sains anges* compile par frere François Eximines (Ximénès) de l'ordre des freres Mineurs... Imprime a Lyon par maistre *Guillaume le Roy* le xx iour du mois de may... mil cccc. lxxxvi. In-fol. goth. fig. en bois (B. de Besançon). Hain, 16231; Panzer, i, 537; Brunet, *Man.* et *Suppl.*, art. Eximines.— Le Paulmy d'Argenson soupçonne que le traducteur du livre des Saints Anges est Pierre Farget, et que c'est lui qui a aussi traduit le *Trésor de l'Ame* de Robert (*Mél. tirés d'une gr. biblioth.*, E., p. 18). Nous ne connaissons pas d'édition lyonnaise de ce dernier ouvrage.

CCXLVII. *Fierabras* (Cy finist). Imprime a Lyon par maistre *Guillaume le Roy* le xx iour de ianuier m. cccc. lxxxvi. (1487, n. s.) Pet. in-fol. goth. à long. lignes, fig. en bois. Brunet, *Suppl.*, ii, 22. — M. le conseiller Coste possède un bel exemplaire de ce roman dont la souscription est ainsi conçue : « Cy finist *Fierabras* imprime a Lyon par maistre *Guillaume le Roy*, le xvi « iour du moys de nouembre. Deo gratias. Amen. » Cette édition, sans date d'année, est conforme à la précédente ; elle a 116 f. à longues lignes au nombre de 33 sur les pages entières ; mais en regard du f. *a. ii*, est une gravure en bois représentant un guerrier à cheval et armé d'une lance, probablement *Fierabras*. C'est ce premier feuillet qui a été remplacé par un titre manuscrit dans l'exemplaire de la Vallière, décrit par M. Brunet.— Mercier de St-Léger, dans une note de son du Verdier, au mot Fierabras, cite une édition de ce roman faite à Lyon par *G. le Roy*, le 5me jour de juillet, sans date d'année (vers 1480, in-fol., fig. en bois).—Si notre savant bibliographe ne s'est pas trompé sur la date du jour, il serait sorti des presses de *G. le Roy* trois éditions du roman de *Fierabras*.

CCXLVIII. *Le grant vita Cristi.* —Cy finist le tres bel et proffitable liure des meditations sur la vie de Ihesus Crist prins sur les quatre euangelistes. Et compouse par venerable pere Ludolphe religieux de l'ordre des Chartreux, et translate de latin en françois par venerable scientifique et eloquente personne frere Guillaume Lemenand maistre en theolog. de l'ordre de monseigneur sainct Francois. A la requeste de tres puissant tres excellent et tres magnifique prince monseigneur le duc de Bourbon connetable de France. Imprime en la cite de Lyon sur le Rosne par maistre *Jacques Buyer* bachelier en chascun droyt citoyen et *Matthieu Hus* de la nacion d'Allemaigne imprimeur habitant dud. Lyon. Lan mil quatre cens quatre vingtz et sept et le

septieme iour de iuillet. In-fol. goth. fig. en bois (B. de Besançon). —
« Le P. Laire, *Index*, ji, 142, dit que la traduction du *Vita Cristi* imprimée par Ant. Vérard, s. d., 2 tomes in-fol. est la première édition ; mais c'est une erreur. L'édition de *Buyer* et *Hus* que nous venons de décrire, est antérieure au moins de trois ans à celle de Vérard qui n'a certainement paru qu'après 1490. » Note de M. C. Weiss. — Nous présumons que le *Jacques Buyer* dont le nom figure ici avec celui de *Hus*, est le même qui fut échevin en 1505, et qu'il était parent de *Barth. Buyer*. Voyez *suprà*, n°⁵ xiii et cliv.

CCXLIX. *Le Propriétaire des choses....* A Lyon par *Mathieu Husz* le vii iour dauril lan mil cccc. lxxxvii (1487, n. s.). In-fol. goth. fig. en bois. Brunet, *Suppl.*, art. Glanvilla.

CCL. *Le Directoire de la conscience....* composé par... monseigneur de Cauaillon (F. Toussaint de Villeneuve). Imprime a Lyon le vingtiesme iour du moys de may l'an mil cccc. lxxx viij. In-fol. goth. de 31 f. Panzer, 1, 539; Brunet, *Suppl.*, art. Cavaillon.

CCLI. *Cy finist Clamades ung liure tres excellent et piteux.* Lyon, par *Iean de la Fontaine.* 1488. Le viii° iour de nouembre. In-4° goth. Panzer, 1, 538 ; Brunet, *Man.* et *Supp.*, art. Clamades ; Hain, 5402.

CCLII. *Des sainctes Peregrinations de Iherusalem....* par frère Nicole le Huen. Imprime à Lyon par... *Michelet Topie de Pymont et Iaques Heremberch d'Alemaigne...* L'an... mille cccc. quatre vingtz et huitz et le xxviii nouembre. In-fol. goth. fig. Panzer, 1, 538. Brunet, *Man.*, 1, 276. — Ce livre est le premier ouvrage français qui ait été décoré de planches en cuivre. On ignore si le graveur était français ou allemand, et il se peut même que Jacques Heremberg, un des imprimeurs, ait été aussi le graveur de ces planches qui sont d'une exécution assez barbare. Huber et Rost, *Man. des Curieux*, etc., vii, 4 ; A. P., *Rev. du Lyonn.*, 11, 415. — L'Itinéraire de Nicole le Huen ne comprend que 22 feuillets. L'auteur annonce dans sa préface que n'ayant pu aller au monastère de Ste-Catherine, il a traduit du livre d'un chanoine de Mayence (*Bernard de Breydenbach*) tout ce qui concernait le voyage à ce couvent et en Egypte (*Biogr. univ.*). Il cite parmi ses compagnons de voyage (fol. vii verso) *ung gracieux et saige enfant natif de Lyon, nommé sire Henry de Cucharmois*, qui fut ensuite conseiller de ville en 1492 et 93. (C. B., *Nouv. mél.*, p. 446.). Un lyonnais du même nom et probablement de la même famille, Jean de *Cuchermois* ou de *Cucharmois*, fit aussi, en ce temps-là, un voyage à la Terre-Sainte, et le publia, suivant La-Croix du Maine, l'an 1490, avec la traduction du premier livre de l'histoire de Guerin Mesquin. Jean de Cuchermois partit de Lyon au mois de mai 1486, passa les Alpes et s'embarqua à Venise pour l'Istrie et la Dalmatie. Il arriva à Venise, et ce fut là, dit-il, qu'il commença à traduire Guerin Mesquin en français. Il traversa l'Archipel, aborda en Candie et en Chypre ; enfin..... en Palestine, à Jaffa, d'où il gagna Jérusalem. Il y satisfit sa curiosité et sa dévotion pendant un mois, retourna en Chypre, à Rhodes, dans le royaume de Naples; enfin il se trouva à Rome le 1ᵉʳ décembre de cette même année, et fut de retour à Lyon le 1ᵉʳ janvier 1487. *Mél. tirés d'une grande biblioth.*, lettre E, p. 53; *Biblioth. des Rom.*, janvier 1777, t. 2, p. 57 ; Brunet, *Man.*, art. Guerino Meschino et Possot (Denis).

CCLIII. *Le Mirouer de la Redempcion de lumain lignaige....* corrige et mys plus au vray, par reuerend, docteur en théologie, frere Guillaume Lemenand des freres mineurs de l'Observance, l'an mil cccc et lxxx viij. In-fol. goth. à 2 col. — 5ᵉ édit. de ce livre exécutée à Lyon. Brunet, *Suppl.*, art. Julien (frère). Guillaume Lemenand a encore traduit du latin en français le *Grant vita Cristi*. La *Bibliotheca Franciscana* ne nous apprend rien sur Guillaume Menand ou Lemenand; on y dit seulement qu'il était *français*. On y renvoie à Beughen, *Incunabula typogr.*, pag. 190, où se trouve citée une édit. sans date du *Grant vita Cristi*, Paris, in-fol., et à Philippe Labbe, *Nova biblioth.*, p. 341, où le même ouvrage est également cité.

CCLIV. Cy finist le liure intitule *Vita Cristi* auquel est contenu ce qui sensuyt: Premierement la creacion des anges. dadam. deue. du monde. la natiuite. la vie et lanunciation nostre-dame. la natiuite nostre seigneur. la natiuite de sainct iehan baptiste et sa decolacion. la vie de iudas. la passion et resurrection de ihesucrist, et l'enterrement nostre dame. Imprime a Lyon lan de grace mil. cccc. lxxx viii. Amen. in-4° goth. de 92 feuillets, fig. dans le texte, à 2 col. sans chiffres ni réclames; papier à la roue dentée. — Édition citée par Mercier de St-Léger, dans ses notes sur du Verdier. Brunet, *Man.*, II, 334. — L'Académie de Lyon en possède un exemplaire auquel il manque le f. a i, sur lequel était probablement une gravure. L'ouvrage commence ainsi : « Au nom de la benoiste et saincte « Trinite. Amen. A tous bons et vrais crestiens soit ce petit liure presente... » Ce n'est point, comme on pourrait le croire, une traduction du *Grant vita Cristi* de Ludolphe, mais un « petit extraict tant du viel comme du « nouuel Testament. abrege et mis en poinct que tous ceulx et celles qui le « verront, pourront entendre que cest que de la foy de Nostre Seigneur... »

CCLV. *Lystoire des deux vaillans chevaliers Valentin et Orson, filz de lempereur de Grece.* Imprime a Lyon le penultime (sic) iour du mois de may par *Iaques Maillet* lan mil quatre cent quatre vingtz et neuf. In-fol. goth. Brunet, *Suppl.*, art. Valentin.

CCLVI. *Valere le Grant* (translaté par maistre Symon de Hesdin .. et par Nicolas de Gonesse), imprime a Lyon sur le Rosne, par maistre *Mathieu Husz*... lan mil quatre cens quatre vingt et neuf la vigile de saint Iehan Baptiste. In-fol. goth. Brunet, *Suppl.*, III, 374; Panzer, I, 539.

CCLVII. *Fier-a-bras* (le roman de), imprime a Lyon par *Iaques Maillet* lan de grace m. cccc. lxxxix, le xxi iour de juillet. In-fol. goth. — M. Brunet regarde avec raison comme imaginaire une édition de ce roman qui, suivant quelques bibliographes, aurait été donnée à Lyon par Jacques Maillet, en 1484; et de fait, Maillet n'a commencé à imprimer à Lyon qu'en 1489. — *Suppl.*, II, 22 et 23.

CCLVIII. *Le Guidon en francois.* — Cy finist le Guidon de la Practique en Cirurgie de maistre Guidon de Cauliac... Imprime a Lyon par *Johannes Fabri*, natif d'Alemaigne. lan de grace m. cccc. lxxxx, et le xxvi iour daoust. In-4° goth. à deux col. *Catalogue* C. de Batines, Lyon, novembre 1839, n° 45 du *Suppl.*; Brunet, *Man.*, I, 355.

CCLIX. *Le saint Uoiage et Pelerinage de la Cite saincte de Hierusalem* (composé en latin par... Bernard de Breydenbach?)... translate... par... Iehan de Hersin, docteur en théologie... prieur des freres hermites de saint Augustin de la noble cité de Lyon... Imprime le xviii iour de freuier (sic). Lan m. cccc. lxxxix (s. n. de ville ni d'imprimerie). In-fol. goth. (B. de Lyon). David Clément, v, 227; Panzer, I, 540; Brunet, *Man.* I, 276; Hain, n° 3961, avec renvoi à l'art. Huen (Nic. le) qui a été omis. Voyez ci-dessus, n° cclii.

CCLX. *Le Recueil des Histoires de Troys...* (composé par Raoul le Fèvre). Imprime a Lyon par *Michelet Topie* et *Iaques Herenberch*, le dixieme d'octobre mil quatre cens quatre vingt et dix. In-fol. goth., fig. Panzer, I, 541; Hain, n° 7046; Brunet, *Man.*, II, 21.

CCLXI. *La Consolation des poures pecheurs* autrement dit *le Proces de Belial a l'encontre de Ihesus* (trad. du latin de Theramo, par Pierre Farget)... Imprime a Lion sur le Rosne par *Joannes Fabri*, lan de grace M. CCCC. LXXXX... quinziesme iour d'octobre... Pet. in-fol. goth. Panzer, I, 541; Brunet, *Suppl.*, III, 336.

CCLXII. *Opus tripartitum*, contenant trois Traitez des Commandements de Dieu, de la Confession et de l'Art de bien mourir, traduit de Jean de Gerson. A Lyon, par *Pierre Mareschal*, 1490. — Panzer, qui cite ce livre, d'après Maittaire, n'en désigne pas le format, non plus que Hain, n° 7646.

CCLXIII. *La Chirurgie Pratique de maistre Alenfranc* (Lanfranc) *de Mylan*, traduite par Guillaume Yvoire, chirurgien, pratiquant à Lyon. A Lyon, par *Iean de la Fontaine*, 1490, in-4°. — Du Verdier, art. GUILLAUME YVOIRE; Maittaire, I, 519; Panzer, I, 542. — Plusieurs biographes de Lanfranc mentionnent une édition du texte latin, imprimée à Venise la même année, in-fol : on ne la trouve ni dans Maittaire, ni dans Panzer, ni dans Hain. Tiraboschi donne pourtant cette date de 1490 dans le Catalogue des éditions des auteurs qu'il a mentionnés à la fin du tome IV de son *Hist. de la Litt. italienne.* Panzer, III, 429, ne cite d'autre édition de Lanfranc que celle qui a été publiée avec d'autres ouvrages de médecine de différents auteurs, à Venise, en 1498. — Lanfranc, chassé de Milan, et transporté sur les terres de France, par ordre de Matthieu Visconti, vint se réfugier à Lyon, où il composa sa Chirurgie pratique, et où il soigna, comme il nous l'apprend lui-même, l'éducation de ses fils. En 1295, il quitta Lyon pour aller se fixer à Paris. Tiraboschi, libr. II, cap. CCXXIII; *Biogr. univ.*; *Biogr. méd.* de Panckoucke, etc.

CCLXIV. *Le Petit Fardelet des faitz...* Lyon, 1490, in-fol. — Edition citée par Panzer, d'après Maittaire et Orlandi, et dont l'existence est douteuse.

CCLXV. *La mer des Histoires.* Imprime a Lyon par *Jehan du Pre* lan M. iiij c iiij xx et XI. 2 vol. In-fol. goth. à 2 col. — Cette traduction des *Rudimenta novitiorum* de Jean Colonne ou Columna, a pour auteur un chanoine de Mello, en Beauvoisis, qui a continué cette histoire jusqu'au règne de Louis XI, mais qui ne s'est pas nommé. Brunet, *Suppl.*, II, 413.

CCLXVI. *Le liure du preux et vaillant chevalier Iason et de la belle Medee* (par Raoul le Fèvre) Impr. a Lyon sur le Rosne par *Jacq. Maillet.* 1491. In-fol. goth. Panzer, I, 543; Hain, n° 7052, art. FÈVRE (Raoul le); Brunet, *Man.*, 1,265.

CCLXVII. *La destruction de Troyes la grant...* A Lyon par *Mathias Husz.* 1491. In-fol. goth. Panzer, I, 543; Brunet, *Man. et Suppl.*

CCLXVIII. *Le Proprietaire des choses....* A Lyon par *Mathieu Husz...* le XV iour de mars lan mil CCCC. LXXXXI (1492, n. s.) In-fol. goth. à 2 col. Panzer, I, 553; Brunet, *Suppl.*, art. GLANVILLA.

CCLXIX. *Le Songe du Vergier...* (par J. de Vertu). Imprime (a Lyon) par *Jacques Maillet* lan mil CCCC quatre vintz et unze (1492, n. s.) le vintiesme iour de mars. In-fol. goth. à 2 col. (B. de l'Acad. de Lyon). Panzer, 1, 545; Brunet, *Man.*, III, 356.

CCLXX. *Le Cathon en françois...* imprime a Lyon lan de grace M. CCCC. nonante deux. le xxvi° iour de nouembre. Pet. in-4° goth. Brunet, *Manuel et Suppl.*, art. CATO; Panzer, 1, 544; Hain, 4742. — Parmi les traductions des *Distiques* de Caton publiées à Lyon, les bibliophiles recherchent celles de 1532 et de 1533, imprimées par Olivier Arnoullet. — Gabriel Naudé, p. 635 de son *Mascurat*, 2° édition, rapporte « que certaine dame luquoise, « nommée *Lucretia Civitatis*, fit imprimer à Lyon l'an 1548 des scholies la-« tines sur les trois premiers livres de cet auteur (Caton). » Nous avons vainement cherché le nom et l'ouvrage de cette femme savante dans les biographies et bibliographies.

CCLXXI. *Matheolus*. Lyon. In-4.° — Première édition de ce livre laquelle finit par ces vers :

> Pour lan que je fus mis en sens
> Retenez M et cinq cens.
> Je vous prie ostez en huict :
> Mettez octobre le tiers jour,
> Et prenez plaisir et sejour
> Tout ainsy comme il s'ensuyt.

Explicit.

« Ce qui signifie, comme je crois, dit l'abbé Goujet, que ce livre a été im-« primé le 3° jour d'octobre de l'an 1492. » *Biblioth. franc.*, x, 135. — Goujet cite une autre édition aussi in-4°, terminée ainsi : *Cy fine Matheolus imprime nouuellement a Lyon sur le Rosne cheux Oliuier Arnoullet.* — *Le Rebours de Matheolus* (attribué à Jean le Febvre de Thérouane), in-4° goth. s. d., fut aussi imprimé par Olivier Arnoullet. — Voyez sur ces deux ouvrages Prosper Marchand, *Dict.*, 1, 48. — Barbier, *Anonym.*, 10515, donne le livre de Matheolus comme traduit du latin par Jehan le Fevre ; tel n'est pas le sentiment de Goujet, *loc. cit.*, p. 130.

CCLXXII. *Les quatre Filz Aymon....* Imprime à Lyon le xx iour du moys d'apuril lan mil quatre cent nonante trois. In-fol. goth. fig. Panzer, 1, 545 ; Brunet, *Man. et Suppl.*, art. QUATRE FILZ AYMON.

CCLXXIII. *Le liure des connoilles*, faictes a lhonneur et exhaulsement des dames, lesquelles traictent de plusieurs choses joyeuses racontees par plusieurs dames assemblees pour filer durant six journees. A Lyon par *Iean Mareschal*, 1493[1], in-4° goth. Brunet, *Man.*, II, 363, et *Suppl.*, II, 313; Panzer, 1, 545 ; Hain, 5628.

CCLXXIV. *Trois volumes* (les trois livres des *Offices* de Cicéron) *parlant de justice et injustice et des quatre vertus cardinales.* Imprime a Lyon lan M. CCCC. LXXXXIII (1494, n. s.). Le vi° iour de feburier. In-fol. goth. Hain, 5236. — Mercier de St-Léger attribuait cette traduction à Laurens de Premierfaict, mort en 1418 (Barbier, *Revue encyclopédiq.*, décembre 1823). Maittaire la cite sans dire de qui elle est. Suivant Brunet, *Man.* 1, 406, et suivant Hain, *Repertor.*, n.° 5237, il en existe une autre de Lyon, Iean Cleyn, 1496, in-fol. C. B. et A. P., *Bibliographie cicéronienne*, t. 1, p. 474 du *Cicéron* in-18 de M. J.-Vict. Leclerc. — Nous aurions désiré que M. Barbier nous donnât les raisons qui portaient l'abbé Mercier de St-Léger à regarder Laurens de Premierfaict comme l'auteur de cette traduction, la première qui ait été faite des *Offices* de Cicéron. La ville de Lyon ne manquait pas alors de translateurs, et nous ne serions point éloigné de croire que la traduction des *Offices* est l'œuvre de frère Julian Macho ou de Pierre Farget, auteurs l'un et l'autre de plusieurs versions d'ouvrages moraux ou historiques.

CCLXXV. *Le grant Vita Cristi en francoys....* (traduit du latin de Ludolphe, par Guillaume Lemenand). Imprime en la cite de Lyon par maistre *Mathieu Hus* (sic). Lan mil quatre cens quatre vingt et treize (1494, n. s.). Et le premier iour de mars. 4 tom. en 2 vol. in-fol. à 2 col., fig. en bois. Brunet, *Suppl.*, II, 332; Van-Praët, *Livres sur vélins*, 2° *Cat.*, 1, n° 80.

CCLXXVI. *Recueil des histoires troyennes...* par Raoul le Fèvre. — Imprime a Lyon par *Jaques Maillet* le seizieme iour d'auril l'an mil quatre cent quatre vingt-et quatorze. In-fol. goth. fig. Panzer, 1, 546; Hain, n° 7047; Brunet, *Suppl.*, II, 20. — Cette édition ne serait-elle pas la même que celle qui porte la date du 16 avril 1484 ? Voyez ci-dessus, n° CCXXXVI.

CCLXXVII. *La destruction de Iherusalem et la mort de Pilate....* (a Lyon) par *Jaques Maillet* l'an mil cccc quatre vingt et quatorze le vi (xii, suivant Panzer, 1, 546) iour de juillet. Petit in-fol. goth. fig. Brunet, *Man.*, 1, 522. — Vincent de Beauvais rapporte que Pilate « fut envoye en exil a Lyon dont « il étoit né afin que il mourut la en reproche de son lignage... » — *Miroir hystorial*, t. 1, fol. ccxxiii, édition de Galliot-Dupré. — Cette légende se retrouve dans plusieurs autres historiens peu dignes de foi. *Biogr. lyonn.*, art. PILATE.

CCLXXVIII. *Le Proces de Belial en françois* (par Jacq. de Theramo). A Lyon par *Iohan de Vingle* lan de grace mil cccc lxxxx iiii, et le xix iour de iulet... Petit in-fol. goth. Panzer, 1, 546; Brunet, *Suppl.*, III, 336.

CCLXXIX. *Lystoire des deux nobles et vaillans chevaliers Valentin et Orson, filz de lempereur de Grece.* Imprime... par *Jacques Arnoullet*, le xxiiii° iour d'auril l'an M. cccc IIII. xx et xv. In-fol. goth. Panzer, 1, 548; Brunet, *Manuel* et *Suppl.*, art. VALENTIN.

CCLXXX. *Les quatre filz Aymon...* Lyon, J. *de Vingle*, 1495, 5 mai. In-fol. goth. fig. Brunet, *Man.*, III, 176.

CCLXXXI. *La Vie de Nostre Seigneur Ihucrist...* translate de latin en francoys. Lyon, *Jacques Arnoullet*, le 23° iour de iuing 1495. In-fol. goth. à 2 col. Brunet, *Suppl.*, III, 396.

CCLXXXII. *La Pratique de... maistre Bernard de Gordon qui s'appelle fleur de lye en médecine...* translate de latin en francoys a Rome l'an 1377. — et imprime a Lyon lan 1495 le dernier iour d'aoust. Pet. in-fol. goth. Panzer, 1, 548; Hain, 7801; *Esprit des journaux*, février 1781, p. 281.

CCLXXXIII. *Lystoire du vaillant et preux chevalier Artus filz du duc de Bretaigne.* Imprime a Lyon le treizieme iour de iuing, lan mil quatre cens nohante six. In-4° goth. fig. Panzer, 1, 550; Brunet, *Man.*, 1, 121.

CCLXXXIV. *Le Roman de Fier-a-bras.* A Lyon (par *Jean de Vingle*), mil quatre cent quatre vingt et seize le xx iour de nouembre. In-fol. goth. fig. en bois. Panzer, 1, 550; Hain, 7089; Brunet, *Man.*, II, 24.

CCLXXXV. *La Vie du terrible Robert le diable.* A Lyon, par *Pierre Mareschal*, 1496. In-4° goth. Panzer, 1, 550; Brunet, *Man.*, III, 230.

CCLXXXVI. *Sensuyt ung tres noble et eloquent liure nome Marcus Tullius Cicero des Offices, contenant troys volumes parlant de iustice et iniustice et des quatre vertuz cardinales.* — Imprime à Lyon par moi *Claude Daygne*, le iv iour de ianuier lan de grace mil quatre cens nonanle six (1497, n. s.). Pet. in-fol. goth. (B. de Besançon). M. Brunet, *Man.*, 1, 406, et Hain, n° 5237, citent une autre édition de la traduction des *Offices*, Lyon, *Jean Cleyne*, 1496, in-fol. goth. Nous avons déjà enregistré celle de 1493, v. s. Voyez ci-dessus, n° CCLXXIV.

CCLXXXVII. *Le Doctrinal de sapience*, imprime à Lyon par *Claude Daygne*, lan M. CCCC. LXXXXVII. le XXVII iour de mars (après Pâques). In-fol. goth. de 48 f. à longues lignes, avec un Calvaire au verso du titre. Brunet, *Suppl.*, III, 102, art. ROYE (Guy de).

CCLXXXVIII. *Fierabras.* — ... imprime à Lyon par *Pierre Mareschal* et *Barnabe Chaussard*, lan de grace M. CCCC. XCVIJ. le IIIJ de auril. Gr. in-4° goth., fig. en bois. Brunet, *Suppl.*, II, 23.

CCLXXXIX. *Les quatre filz Aymon.* — Imprime à Lyon par *Iehan de Vingle*. lan mil quatre cens nonante sept. le quatrième iour de nouembre. In-fol. goth. fig. Panzer, 1, 552.

CCXC. *Le Grant Blason des faulses amours*, compose en rimes françoises par frere Guillaume Alexis, religieux de Lire et prieur de Bussy. Lyon, *Pierre Mareschal et Barnabe Chaussard*. 1497. In-4° goth. Brunet, *Man.*, 1, 44; Hain, n° 815.

CCXCI. *Chappellet des Vertuz...* avec les dicts moraux de plusieurs Saincts, etc. Lyon, *Pierre Mareschal*, 1494, in-4° goth. Hain, 4909. Voyez ci-après, n° CCCVIII.

CCXCII. *La Nef des Folz du monde* premierement composee en allemand par maistre Sebastien Brandt..., consequentement dalemand en latin, redigee par maistre Jaques Locher, et depuis translatee de latin en rhetorique françoise, et finalement translatee de rime en prose par maistre Iehan Droyn... Imprime a Lyon sur le Rosne par maistre *Guillaume Balsarin*... lan de grace 1498. Pet. in-fol. goth. Panzer, 1, 554; Hain, 3755.

CCXCIII. *Le petit Fardelet des faitz*, translate de latin en francoys par Pierre Farget... lan M. CCCCLXXVIII. Imprime à Lyon par *Mathie Hus* lan M. CCCC. XCVIII... In-fol. Panzer, 1, 553; Hain, 6945.

CCCXCIV. *Le Guidon en françois.* — Cy finist le liure appelle Guidon de la Practique en Cirurgie de maistre Guidon de Cauliac... Imprime à Lyon par *Iean de Vingle* imprimeur lan de grace M. CCCC. XCVIII (1499, n. s.). le VIIII de feurier. In-4° goth. lettres grises (B. de Besancon). Brunet, *Man.*, 1, 355.

CCXCV. *Les subtiles fables d'Esope, avec celles d'Avien*, etc. (trad. par Julien Macho)... A Lyon par *Pierre Mareschal et Barnabé Chaussard*. lan M. CCCC. XCIX, le VIIJ iour de novembre. In-4°. Brunet, *Suppl.*, 1, 18.

CCXCVI. *La Nef des Folz du monde*... avec plusieurs satires et aditions nouuellement aiouteez par le translateur (Jehan Droyn)... Imprime à Lyon sur le Rosne par maistre *Guillaume Balsarin*... le XVII de nouembre... M. CCCC. XCIX. In-fol. goth. Brunet, *Man.*, 1, 270. — Seconde édition publiée à Lyon de ce livre, dont nous avons donné le titre plus développé sous le n° CCXCII.

CCXCVII. *Le Pelerinaige de la vie humaine*, (trad. de Guilleville par J. Gallopez)... Lyon, *Matthieu Husz*. 1499. in-fol. Panzer, 1, 555; Hain, 8329.

CCXCVIII. *La Grant dance macabre des hommes et des femmes*, etc. Lyon,

m. cccc. xcix. In-fol. goth. fig. Hain, 10414; Panzer, 1, 556; Brunet, *Man.* et *Suppl.*, art. DANCE MACABRE.

CCXCIX. *Le Propriétaire des Choses...* Lyon, *Jean Dyamantier*, 1500. In-fol. goth. Brunet, *Suppl.*, art. GLANVILLA (1).

LIVRES FRANÇAIS SANS DATE, PRÉSUMÉS DU XVe SIÈCLE.

CCC. *Labuze en court* (attribué par La Monnoye à René d'Anjou, roi de Sicile). Pet. in-fol. goth., fig. en bois. Les caractères sont ceux des éditions sans lieu ni date, des *Quatre filz Aymon* et du *Doctrinal* de Pierre Michault. Brunet, *Man.*, 1, 5, et *Suppl.*, III, 122. C. de Batines et Ollivier Jules, *Mélanges*, 1 108. — René d'Anjou a séjourné plusieurs fois à Lyon. A. P., *Notes et Docum.*, années 1457 et 1476.

CCCI. *Larbre des Batailles* (par Honoré de Bonnor). Imprimé... à Lyon par *Oliuier Arnoullet*. s. d. In-4° goth. Brunet, *Suppl.*, 1, 70. Voyez ci-dessus, n° CCXXIV.

CCCII. *Baudoyn* (le Liure de) *conte de Flandres*... Lyon, *Olivier Arnoullet*. In-4° (goth.). Hain, n° 2708. — Fossi a classé, peut-être à tort, ce livre parmi le petit nombre d'éditions lyonnaises qu'il a décrites dans son Catal. des éditions du XVe siècle de la Biblioth. de Magliabechi, en notant que le papier portait la *roue dentée*. C. B., *Lettres lyonn.*, p. 25; Brunet, *Man.*, 1, 367; *Suppl.*, 1, 294.

CCCIII. *La Bible en françois.* — Ci finist ce present liure qui est dit *La Vraye Exposicion et Declaration de la Bible* tant du vieil que du nouuel Testament selon Delira et aultres docteurs qui ont prins payne a declarer le tieuste de la Bible, lequel liure auant qu'il aye este mis a limpression a este veu et corrige par venerable docteur maistre Julien Macho religieux de lordre sain Augustin de Lyon sur le Rosne. Pet. iu-fol. goth. à deux col., fig. (B. de Lyon). — Première édition de l'Ancien et du Nouveau Testament en français, imprimée par Buyer, avec les caractères employés dans l'édition à 2 col. de son *Nouveau Testament*. Brunet, *Man.*, 1, 204; *Suppl.*, 1, 152.

CCCIV. *Boece de Consolacion* (trad. en vers français), sans lieu ni date. In-fol. goth. — Edition exécutée avec les caractères dont on se servait à Lyon vers 1480. Il en existe un exemplaire à la Biblioth. du Roi. Brunet, *Suppl.*, 1, 183.

CCCV. *Cent nouueaulx puerbes* (proverbes) *dorez*. Imprimez a Lyon par *Barnabé Chaussard*. Pet. in-8° goth. Brunet, *Man.*, 1, 366; *Suppl.*, 1, 293.

CCCVI. *Cent* (les) *nouvelles* (par Louis XI, encore Dauphin, et autres seigneurs)... A Lyon sur le Rosne par *Oliuier Arnoullet*... Pet. in-4° goth. Brunet, *Suppl.*, 1, 294. — Hain, après avoir décrit cette édition sous le n° 11911, ajoute : *An saec.* xv?

CCCVII. *Le Champion des Dames*, par *Martin Franc*. In-fol. Van-Praët, qui a décrit cette édition, croit qu'elle a été imprimée par G. Leroy. *Vél. des B. publiq.*, II, 133.

---

(1) Nous aurions pu ajouter ici plusieurs ouvrages publiés depuis le 1er janvier 1500 jusqu'au 19 avril suivant, jour de Pâques, mais ils appartiennent à l'année 1501. C'est par erreur que Panzer, 1, 557, a placé en tête de l'année M. D. *La Destruction de Troyes la grant*, imprimée par Matthieu Husz, in-fol. goth., puisqu'elle est datée du 20 février 1500.

CCCVIII. *Le Chapp·llet des Vertuz.*— Cy finist le roman de prudence imprime a Lyon par maistre *Guillaume le Roy.* In-fol. goth. Brunet, *Man.* et *Suppl.*, art. CHAPPELLET.

CCCIX. *Le Chasteau de Labour*, etc. (par P. Gringore). Imprimé à Lyon par *Barnabé Chaussard.* Pet. in-8° goth. Brunet, *Manuel*, II, 124. — Cette édition est peut-être antérieure à 1496, époque de l'association de Chaussard avec Pierre Mareschal.

CCCX. *La Complaincte et Régime de François Guarin, marchant de Lyon.* In-4° goth. Brunet, *Man.*, II, 133; Hain, 8136. — Comme le papier de cette édition offre la *roue dentée*, il est vraisemblable qu'elle est sortie des presses de Lyon, et que c'est la plus ancienne édition de cet opuscule qui a été réimprimé par les soins de M. Durand de Lançon, Paris, Crapelet, 1832, pet. in-4°. Cette réimpression est précédée d'un *Avertissement*, d'où nous avons extrait les faits qu'on va lire : François Garin, bourgeois de Lyon, exerçait en cette ville la profession de marchand et de changeur. Il ne songeait à rien moins qu'à l'avenir, lorsque des revers vinrent l'accabler. Dépouillé par ses créanciers, abandonné par les amis de sa bonne fortune, désabusé de toutes les illusions, il se met à écrire

> Une complaincte douloureuse
> . . . .
> . . . . pour sa douleur passer
> Et pour rappaiser son yre.

C'est le sujet de la première partie. La seconde est

> Ung petit traicte de doctrine

que lui suggère le désir de rendre profitables à son fils ses fautes et ses malheurs. Garin avait alors 46 ou 47 ans, et c'est en 1460 qu'il écrivait. — Il est probable qu'il vivait encore lorsque la première édition de sa *Complaincte* fut imprimée, surtout si, comme le pensent quelques bibliographes, elle vit le jour vers 1480. Voyez, sur *Garin*, sa notice par M. Weiss dans le *Suppl.* de la *Biogr. univ.*, et son article dans la *Biogr. lyonn.*

CCCXI. *La Dance des Aveugles*, par Pierre Michault. Lyon, imprimé par *Pierre Mareschal* et *Barnabé Chaussard.* In-4° goth., fig. en bois. —Édition portée dans le Catal. Lang, n° 1489. Sous le n° suivant du même catalogue, se trouve une édition de la *Dance des Aveugles*, in-4° goth., fig. en bois, impr. à Lyon, sans nom d'imprim. et sans date, mais que l'on dit être de G. Leroy, vers 1483. Brunet, *Suppl.*, II, 424. — Nous n'hésitons pas à regarder comme sortie des presses de Louis Cruse, une édition sans date de ce livre, publiée à Genève vers la fin du XVᵉ siècle. La Bibliothèque de Lyon en possède un exemplaire relié avec deux autres ouvrages aussi sans date, dus au même imprimeur : le *Liber beati Augustini de Vita cristiana,* et le *Livre des bones meurs*, composé par frère Iacques Legrand, religieux de Saint-Augustin. A la fin de ce dernier traité, on lit : « Explicit le « liure des bones meurs imprime a Genesue par maistre Loys Cruse. » Ces trois ouvrages, de format petit in-4°, sont imprimés avec les mêmes caractères.

CCCXII. *Les Demandes et Responces damours...* par *Pierre Bouttelier*, in-4°. Panzer, I, 560.; Denis, *Suppl.*, 4785. — On trouve une pièce sous ce titre dans *Les faiz maistre Alain Charetier*, Paris, Pierre Le Caron, 2 vol. in-fol. goth., s. d. (tome II, *ad calcem*). — La Bibliothèque de Lyon possède un exemplaire de cette édition, lequel a appartenu à Anthoine Grolier. Sur le plat du volume sont ses armoiries: trois étoiles d'argent en fasce, et au-dessous trois bezans en pointe, avec cette devise : *Nec arbor nec herba*. Les *Demandes damours* ne sont pas dans un Recueil manuscrit que possède la même Bibliothèque des Poésies d'Alain Chartier.

CCCXIII. *La destruction de Iherusalem et la mort de Pilate* (Cy finist ce present traictie intitule). Amen. In-4° goth. de 18 (et non de 17) feuillets, à 2 col. ; papier à la *roue dentée*, sans chiffres ni réclames. — Edition imprimée avec les mêmes caractères que le *Vita cristi* en français de 1488. La Biblioth. de l'Acad. de Lyon possède un exemplaire de ces deux ouvrages reliés ensemble. C'est probablement celui que Mercier de St-Léger cite dans ses notes sur du Verdier. Brunet, *Man.*, I, 522. Voyez ci-dessus, n° CCLXXVII.

CCCXIV. *Doctrinal des filles*. Imprime à Lyon par *Pierre Mareschal*. In-4° goth. de 4 f. — Il existe une édition de cet opuscule impr. à Lyon par *Pierre Mareschal et Barnabé Chaussard*, 1504, in-4° goth. Celle-ci, ne portant que le nom seul de *Pierre Mareschal*, doit être antérieure à l'année 1496, époque présumée de l'association des deux imprimeurs nommés dans la souscription de la dernière. C. B., *Lettres lyonn.*, p. 54; Brunet, *Man.* et *Suppl.*, art. DOCTRINAL DES FILLES.

CCCXV. *Doctrinal des nouueaux mariez*. In-4° goth. de 4 f., avec la marque de *Pierre Mareschal et Barnabé Chaussard*. Hain, 6315; Brunet, *Man.*, I, 550. — M. G. Duplessis, ancien recteur de l'Académie de Lyon, a donné une nouvelle édit. de ce Doctrinal et de celui des *nouvelles mariées*, Chartres, 1830, in-16.

CCCXVI. *Doctrinal du temps present*, par Pierre Michault. In-fol. goth. fig. — Mêmes caractères que ceux des éditions sans lieu ni date de *Labuse en court* et des *quatre Fils Aymon*; ils appartiennent à l'imprimerie lyonnaise. Brunet, *Suppl.*, III, 122.

CCCXVII. *La doctrine du pere au filz* (en quatrains françois). In-4° de 4 f. avec le chiffre de *Pierre Mareschal* et *Barnabé Chaussard*. Brunet, *Man.*, I, 551; Hain, 6319.

CCCXVIII. *Lestrif de fortune et vertu* par Martin le franc. In-fol. goth. — Edition décrite par M. Brunet, *Man.*, II, 50, et que ce bibliographe croit être une production des presses de Lyon, antérieure à 1480.

CCCXIX. *Lexposition* (cy finist) *des Euangiles en francoys*. Imprime à Lion... Pet. in-fol. goth., fig. en bois. — L'impression de ce livre est attribuée à Gaspard Ortuin, qui exerçait vers 1500. Brunet, *Suppl.*, I, 501; C. B., *Lettres lyonn.*, p. 23.— Une édition de ce livre imprimée à Chambéry par *Anthoine Neyret*, sous la date du VI juillet 1484, est probablement la première production des presses de la capitale de la Savoie. A cette occasion nous ferons observer qu'il serait très-possible que *lart de impression* ait été introduit à Chambéry par un Lyonnais; car la famille *Neyret*, dont un des membres a donné son nom à une des rues de Lyon, est fort ancienne dans notre ville. *Biogr. lyonn.*, art. NEYRET.

CCCXX. *Les Faceties de Pogge florentin*. In-4° goth. de 46 f. Il est vraisemblable que cette traduction est celle que La Croix du Maine attribue à frère Julien Macho ; il est aussi très-vraisemblable qu'elle a été imprimée à Lyon. Brunet, *Man.*, III, 121.

CCCXXI. *L'Histoire de Lusignan et de Melusine.* Lyon par *Gaspard Ortuin* et *Pierre Schenck.* — Edition citée sans désignation de format par La Croix du Maine, art. JEAN D'ARRAS. Panzer, 1, 558 ; Brunet, *Man.*, II, 266.

CCCXXII. *L'Histoire et patience de Griselidis.* In-4°, fig. Panzer, 1, 560. —
— Hain, qui a inscrit cette édition sous le n° 12823 de son Répertoire, ne la donne comme de Lyon qu'avec doute. C'est peut-être la même que celle que M. Brunet a citée, *Man.*, 1, 58 (art. PÉTRARQUE), et qui a été exécutée avec les caractères de Pierre Schenck, imprimeur à Vienne en Dauphiné. Voyez les *Mélanges biogr. et bibliogr.* de MM. Colomb de Batines et Ollivier Jules, 1, 109.

CCCXXIII. *Internelle consolation* (par Jean Gerson)... Impr. par *Iean du Pré.* In-8° goth. Brunet, *Man.*, II, 251 ; Hain, 5647. — Suivant la plupart des bibliographes, ce livre aurait été imprimé à Paris vers 1486 ou 90 ; mais la presse lyonnaise ne pourrait-elle pas le revendiquer, surtout s'il est de 1490 ? On pourrait le lui restituer, ce nous semble, comme on lui a restitué le *Songe du vergier,* édité par le même imprimeur en 1491, v. s. — Un amateur de livres rares, M. P. M. Gonon, de Lyon, possède un autre livre de Gerson, qu'il présume avoir été imprimé à Lyon, et qui a pour titre : *Les Meditations du glorieux saint Bonauenture sur le* Salue Regina, *translatées de latin en françois p. venerable docteur maistre Iehan Ierson, a l'instruction de vne sienne fille espirituelle,* pet. in-4° goth. ; mais l'exemplaire de M. Gonon n'ayant que les sept premiers feuillets, et le papier n'offrant pas de marque apparente, il serait assez difficile de lui dresser un acte de naissance. Au reste, nous ne mentionnons ce livre que parce qu'il paraît avoir échappé aux principaux bibliographes que nous avons consultés.

CCCXXIV. *Legende doree.* — Cy finist la vie des Saints dite *Legende dorée,* et aussi des Saintz nouueaulx extraite et translatee de latin en françois au plus pres du latin... Imprimee par *Nicolas Philippe* et *Marc Reynard* à Lyon sur le Rosne... Amen. In-fol. goth. à 2 col. — Cette édition réunit les deux légendes imprimées par Buyer en 1476 et 1477. Une édition de ce livre, *Lyon, Nicolas Philippe alemant,* 1485, in-fol. goth. avec fig. en bois, est dans le *Catal.* de Guyon de Sardière, n° 1477. Brunet, *Suppl.*, III, 431.

CCCXXV. *Lettres nouuelles de Milan. Avec les Regrets du seigneur Ludovic* (Sforce). Par Pierre Gringore. Pet. in-4° goth. avec une gravure en bois au premier feuillet. — Cet opuscule, probablement imprimé à Lyon, commence par une lettre de Louis XII, datée de cette ville le v avril (1500). Brunet, *Suppl.*, II, 116 ; A. P., *Notes et Docum.*, Mai 1500. — Nous ignorons si l'opuscule suivant, attribué à Gringore, a été imprimé au XV° ou au XVI° siècle : *Les Faintises du monde...* imprimees cheux *Barnabe Chaussard.* Pet. in-8° goth. Brunet, *Man.*, II, 123.

CCCXXVI. *Le Liure des connoilles.* Pet. in-4° imprimé en caractères gothiques dans le genre de ceux de *Matth. Husz.* Brunet, *Suppl.*, II, 313.

CCCXXVII. *Le Liure (sensuit) appelle les quatre choses.* (Lyon, *Pierre Mareschal*). Pet. in-4° de 20 f. goth. — Edition antérieure à 1496, décrite par l'auteur des *Lettres lyonn.*, d'après M. Gazzera qui en possédait un exemplaire, lequel appartient aujourd'hui à M. Léon C. Voyez aussi Brunet, *Suppl.*, II, 312. — Il existe une autre édition de cet opuscule, sans lieu ni date, sous ce titre : *Le quarternaire sainct Thomas ; aultrement dict les quatre choses sainct Thomas.* Très-petit in-8° goth. On lit à la fin du 15° et dernier feuillet : « Quatre choses sont qu'on ne peut iamais recouurer : la pierre iettée — la

« virginité—la parolle ditte—et le temps perdu. » B. de M. Coste.—Le *Quartenaire* commence aussi comme le *Livre des quatre choses* par ces apophthegmes : « Penser au temps passe — Disposer du temps present — Pouruoir au « temps avenir — Declarer la chose doubteuse. »

CCCXXVIII. *Le Lucidaire ensemble lexposition sainct Pol lermite des peines denfer.* In-fol. goth.—Edition imprimée avec les gros caractères de *G. Leroy*, avant 1480.—Il existe plusieurs autres réimpressions du *Lucidaire*, publiées à Lyon. Outre celles indiquées par M. Brunet, nous en citerons une de 1648, chez Nicolas Gay, petit in-8°, à laquelle on a joint *un petit Traité de la fin du monde* (annoncée pour l'année 1666), par P. V. (Paul des Perrières Varin). Voyez sur un manuscrit du *Lucidaire*, en vers français du xiiie siècle, les *Notices et extr. des Mss. de la B. royale*, t. v, p. 155.

CCCXXIX. *Le nouueau Testament ensemble la déclaration d'icelluy* faicte et composee par venerable personne frere Iullian docteur en theologie de l'ordre Saint-Augustin demourant au couuent de Lyon sus le Rosne. — Cy finist lApocalipse et semblablement le nouueau Testament veu et corrige par venerables personnes freres Iullien Macho et Pierre Farget docteurs en theologie de lordre des Augustins de Lyon sus le Rosne. Imprime en la dicte ville de Lyon par *Bartholomieu Buyer* citoien du dit Lion. In-fol. goth. à 2 col.—*Cat. La Vallière* de 1783, t. 1, p. 20; La Serna, *Dict.*, III, 394-95; Panzer, 1, 558; Brunet, *Man.*, III, 436.—Il existe une autre édition également sans date, mais à longues lignes, du même ouvrage, imprimée aussi par Buyer, et que l'on croit postérieure à celle qui est sur 2 col. Il est très-probable que c'est à l'impression de ces deux éditions du *Nouveau Testament* que Buyer et Regis occupèrent leurs presses en 1474 et 1475. Il faut peut-être assigner la même date à *La vraye exposicion et declaracion de la Bible..* par Julien Macho. Voyez ci-dessus, n° cccii.

CCCXXX. *Pierre de Provence* (le roman de) *et de la belle Maguelone.* — M. Brunet, *Man. et Suppl.*, art. Pierre de Provence, décrit deux éditions sans date de ce roman, imprimées par *Guillaume Leroy*, pet. in-fol. goth. à longues lignes, feuillets non chiffrés, fig. en bois, et qui diffèrent entre elles, soit par le caractère, soit par le nombre des feuillets, soit enfin par l'orthographe de quelques mots. Il en existe une troisième édition qui est peut-être la plus ancienne, et dont nous avons sous les yeux un exemplaire imparfait qui appartient à la B. de Lyon. Cet exemplaire, petit in-fol. goth. à 2 col. de 27 lignes à la page, devait se composer de 52 feuillets : le premier est blanc; sur le 2e, qui manque, devait être le titre; les 2 feuillets suivants contiennent la table. Vient ensuite le texte qui occupe 48 f. signés a - fiiii. Le caractère est le même que celui qui a servi au *Nouveau Testament* de l'édition à 2 col., sortie des presses de Barth. Buyer. La marque du papier est la *roue dentée*. Cette édition doit être la même que celle dont Fossi a donné la description dans son catalogue, et que M. Gazzera n'a point hésité à regarder comme une production des presses lyonnaises (C. B., *Lettres lyonn.*, p. 35). Nous ajouterons que la souscription de l'exemplaire de la B. de Lyon est ainsi conçue : *Cy finist le liure et listoire de Pierre filz du conte de Prouence et de la belle Maguelone fille du roy de Naples. Deo gratias.* Au-dessus de cette souscription, on a écrit à la main : 1472. Cette date est un peu reculée; toutefois nous ne serions point éloigné de croire que ce livre soit une des premières productions de l'atelier de Barth. Buyer. — On lit dans le Supplément de Moréri, édit. de 1749, art. Treviez (Bernard de) : «Treviez a fait « aussi un poëme à l'honneur de Pierre, comte de Melgueil, à l'occasion

« des grandes largesses que ce comte avait faites à l'église de Maguelonne.
« On prétend que ce fut ce poëme qui donna lieu à *Rabelais* de faire le ro-
« man de *Pierre de Provence et de la belle Maguelonne*, dont quelques-uns
« le font auteur... » — Si on eût attribué ce roman à Rabelais de son vivant, il aurait pu répondre avec l'agneau de la fable : *Comment l'aurais-je
fait si je n'étais pas né?* — La première édition connue avec date de *Pierre de
Provence*, est du 15ᵉ iour de may 1592 (Paris, Jean Trepperel) : Rabelais
avait alors dix ans.

CCCXXXI. *Le proprietaire des choses*... Lyon, *Jean Cyber*. In-fol. goth.
Brunet, *Man.*, art. GLANVILLA.

CCCXXXII. *Les quatre Filz Aymon.* Sans lieu ni date. Gr. in-fol. goth.
de 226 f., non compris le titre. — Les caractères sont ceux de l'*Abuse en
court* et du *Doctrinal* de Pierre Michault, annoncés sous les nᵒˢ 2824 et 2825
du *Cat. La Vallière*. Ils appartiennent à l'imprimerie lyonnaise. Brunet,
Suppl., III, 122.

CCCXXXIII. *Le recueil et hystoires des Repeues franches.* Par Francoys
Villon. Petit in-4° de 23 f., avec la marque et le chiffre de *Pierre Mareschal
et Barnabé Chaussard* (B. de M. L. Cailhava).

CCCXXXIV. *Le rommant de la Rose* (commencé par G. de Lorris et achevé
par J. de Meun). — Edition impr. avec les caractères dont *Guillaume Leroy*
a fait usage en 1485 (1486, n. s.) dans le *Doctrinal de sapience*. Brunet,
Suppl., II, 322 (B. de M. Coste et de M. Léon C.). — Cette édition paraît
être la seule, publiée à Lyon au XVᵉ siècle, de ce roman qui avait encouru
la censure de Gerson. Peut-être est-ce pour cette raison que l'on n'en fit pas
d'autres éditions dans notre ville, où le nom du pieux chancelier de l'église
de Paris était en si grande vénération.

CCCXXXV. *Traicte des eaues artificielles.* — Du Verdier, lettre E., p. 327
de l'in-fol., cite une édition de ce traité imprimée à Lyon par *G. Leroy*,
1483, mais il n'en marque pas le format. Brunet, *Man.*, II, 472.

CCCXXXVI. *Le tres excellant romant* (Cy finist) *du noble cheualereux roy
Ponthus et de la tres belle Sydoine....* Imprime par maistre *Gaspar Ortuin* à
Lyon. In-fol. goth. C. B., *Lettres lyonn.*, p. 23 ; Brunet, *Suppl.*, III, 84.

CCCXXXVII. *Le Tresor de sapience* lequel fit et composa maistre Iehan
Iarson... In-fol. goth. de 24 f. à 2 col. — Edition antérieure à 1480, imprimée avec les mêmes caractéres que le *Lucidaire* et la *Vie de notre benoist
Sauueur Iehuscrist*, deux productions attribuées aux presses de *G. Leroy*.
Brunet, *Suppl.*, II, 83. Voyez ci-dessus, nᵒ CCCXXVIII. — Le *Trésor de sapience* est, suivant quelques critiques, un des ouvrages que Gerson composa
à Lyon. En faisant des recherches sur le long séjour de ce pieux personnage
dans notre ville, nous avons été assez heureux pour découvrir, dans la bibliothèque confiée à nos soins, le Ms d'une *Passion* que très-probablement il y
a aussi composée. Ce Ms. sur vélin, petit in-4°, n'est précédé et suivi d'aucune pièce ; mais il est antérieur de cinq ans au moins à la mort de Gerson,
comme le prouve une note mise au feuillet de garde à la fin du volume. Cette
note qui contient quelques mots, d'une écriture du temps, sur les souffrances de J. C., porte la date de 1424. Plusieurs signatures se trouvaient
sur la dernière page ; mais une main barbare, en les grattant, les a fait disparaître à toujours. Notre Ms. offre quelques variantes avec celui de la fin du
XVIᵉ siècle que possède la Bibliothèque royale, et sur lequel a été faite la ver-

sion latine de la *Passion* insérée dans le tome III de l'édition des Œuvres de Gerson, publiée en 1706. Le texte original de la *Passion* française étant resté inédit, nous en donnerons la première et la dernière page:

I.

AD DEUM VADIT.

> À Dieu s'en va a mort amere
> Jhesus veant sa doulce mere
> Si deuons bien par penitence
> De ce deuil auoir remembrance.

« Certes ainsi est de vostre deuil vraiement deuons nous bien auoir remembrance tousiours o benoist Jhesus (1) et seul sauueur de tout le monde : bien nous en doit souuenir quant apres ce que vous nous auiez fait a. I. (*sic*) seul mot de vostre vouloir et de neant vous nous auez voulu reparer et reffaire par grant labour par angoisse et par douleur et telle douleur quonques en ce monde ne fut pareil et tout pour nous o miserables gens pour nous di je miserables creatures et poures subiectz : car pour lui nauoit rien deserui et commenca dez son enfance en pourete en douleur en pleur en fame et soif et froit en pelerinage en Egipte en veilles en temptation en reproches de mauuais en persecutions mortelles. Mais au jour duy au jour de sa tresangoisse passion jour de plainctes et miseres et de pleurs toute la paine fut acomplie et consumee car a Dieu s'en va a mort amere Jhesus veant sa doulce mere. O doulce mere je eslieue maintenant les yeux de ma pensee, etc., etc. »

II.

« ..... Si aucun demande que pot fere nostre Dame despuis ceste heure jusques a lheure de la benoite resurrection je tien religieusement sans preiudice et sans temerite qu'elle fut ravie en esprit et en contemplacion et ne se parti son corps d'un lieu et ne parla point a aultrui et nala point visiter le sepulcre pource qu'elle savoit de certain qu'il devoit resusciter. Se Moise en la montaigne saint Pol en sa conuercion et saint Jehan leuangeliste en lasme (2) et depuis en lisle de Pathmos et plusieurs autres ont été rauis a veoir les secres de Dieu. C'est bien a croire que nostre Dame ne fust pas saincte en terre sans ceste grace et par especial en ceste heure et en cest temps quant consolation lui estoit plus necessaire et que la sensualite estoit presque amortie et absortie par la sense (3) de son glorieux filz si estoit lesprit plus fort ruel (4) et plus adeliure pour soy esleuer en hault et considerer les profons

---

(1) Le manuscrit de la B. du roi porte : *O benoist Jhesus vray et seul*, etc.

(2) *En lasme*, c'est-à-dire, *en esprit*; la traduction latine porte *in cœná*. Nous avons lieu de croire que c'est une erreur, à moins que le manuscrit de Paris ne porte *la Cène*, ce que nous ignorons.

(3) *La sense*, sans doute l'*ascension*. La version latine rend ce mot par *absentia*.

(4) *Ruel*, probablement pour *ruile* qui signifie *réglé* (Roquefort, *Glossaire*, au mot RUILE).

misteres de nostre redemption et de toute ceste passion en pensent aussi à la tres excellente nouvelle joie que oncques pareille navoit este de saincts et sainctes qui estoient en limbe et a la delivrance de ceulx qui estoient en purgatoire et comment la divinite de son fils et son esprit donnerent illecques clarete joyeuse et glorieuse et perdurable bien eureuse consideroit aussi commant toutes ames la benissoient quant elle avoit porte le fruit et le prix de leur redemption. Ses parans en especial comme sainct Jean Baptiste et saincte Anne et son leal espoux Joseph la magnifioient en sen esjoissent et les autres sen courroussent comme en disant benoist soit qui tel sauveur et rachateur nous aporte et sans faute vray est certes que pour neant me travailleroye je poure ignorant et non savant de telles secres les belles et autres consideracions et contemplacions lesquelles pout avoir nostre Dame en ce bien eureux et merveilleux ravissement jusques a leure et au point que son filz ressuscita en corps immortel impacible et glorieux et se (monstra) a elle c'est bien assavoir et la salua Dieu te sault mere et elle le adoura et sa joie fut renouvellee accomplie et enterince et peut chanter de chief *Magnificat anima mea Dominum,* etc. mon ame dit magnificence au vray et souverain Seigneur et mon esprit hors soy selance en Dieu mon salut et Sauveur et nous en ceste fin prions et disons :

Jhesus vray Sauveur de tout le monde octroyez nous la vertu de vostre saincte passion que nous puissions tellement souffrir et pendre fichement en la croys de penitance et avoir tel amortissement de la sensualite et tous vices que notre esprit se rende a vous par eslevee contemplacion et conuerse es cieulx et que le corps soit comme ensevelis en pais et en tranquillité, tellement qu'il soit faict comme immortel. J'ay par habundance de grace imparfaictement et en vostre resurrection parfaitement espoir de gloire moiennant le merite de vostre benoiste passion et glorieuse resurrection. *Amen. Explicit Deo gracias alleluia Passio Domini finita est.* »

CCCXXXVIII. *La Vie de nostre benoist sauueur Iesuscrist.* In-fol. goth. à 2 col. — Edition imprimée avec les caractères de G. Leroy. Brunet, *Suppl.*, III, 595.

CCCXXXIX. *La Vie de saincte Marguerite* (en vers). Pet. in-4° goth. (B. de M. Coste). — Edition attribuée par M. Gazzera aux presses lyonnaises. C. B., *Lettres lyonn.*, p. 56 ; Brunet, *Suppl.*, III, 599.

Cy finist le liure de la Bibliographie Lyonnoise du quinziesme siecle compile par Anthoine Pericaud bibliothecaire de la ville de Lyon. Imprime audict Lyon par maistres Jehan Benoist Pelagaud et Coys Alexis Lesne demourans en la grant rue Merchiere a l'enseigne du Soleil. Lan mil ccccccc. xl. Deo gracias.

Liste Chronologique

DES

IMPRIMEURS LYONNAIS DU XVe SIÈCLE.

1473. Barthélemi Buyer.
Guillaume Leroy ou Régis.
1477. Nicolas-Philippe Pistoris.
Marc Reinhard ou Reinart.
1478. Martin Husz.
Jean Siber ou Cyber.
Jean Clein ou Cleyn, *alias* Schwab.
1479. Perrin Lathomi (peut-être le Masson).
1482. Pierre le Hongre ou le Hongrois.
Matthias ou Matthieu Husz.
Jean Faber ou Fabri.
1483. Jean Scabeler, *alias* Westenschire.
1484. Jean Battenschne.
1487. Jean Dupré (*de Prato*).
Pierre Bouteiller ou Bouttelier.
Jacques Buyer.
Jean Alemanus, qui pourrait bien être le même que :
Jean Trechsel.
1488. Michelet Topie de Pymont, associé de :
Jacques Heremberck.
Jean ou Janon Carcan ou Carcani.
1489. Lazare-David Grosshofer.
Jacques Maillet.
1490. Pierre Mareschal.
1491. Engelhart Schultis.
Antoine Lambillon, associé de:
Marin Sarrazin.
Josse Bade (correcteur dans l'imprimerie de Jean Trechsel).
1493. Jean Mareschal.
1494. Jean de Vingle.
Michel de Basle.
1495. Jacques Arnollet.
Edmon David.
1496. Barnabé Chaussard.
Nicolas de Benedictis.
Jacques ou Jacobin Suigo ou Suigus.
Estienne Gueynart, *alias* Pinet (relieur et libraire).
Jean Bachelier.
Pierre Barthelot.
1497. Claude Daigne.
Jean Pivard ou Pyvard.
François Fradin.
1498. Guillaume Balsarin.
Claude Gibolet.
Zachon ou Sachon.
Nicolas Wolf.
Aymon de la Porte, en latin *de Porta*.
1499. (1500, n. s.). Benoît Bonyn, en latin *Boninus de Boninis*.
1500. Jean Dyamantier.
Sans date. Olivier Arnoullet.
Sixte Glogkengieser.
Martin Havart.
Claude de Huschin.
Jacques Mareschal, *alias* Roland.
Gaspar Ortuin, associé de :
Pierre Schenck.
Barthelemi Trot ou Troth (libraire).

Liste Alphabétique

DES

IMPRIMEURS LYONNAIS DU XV° SIÈCLE,

Par leurs noms propres.

ALEMANUS. Voyez JOHANNES ALEMANUS.
ARNOLLET ou ARNOULLET (Jacques).
ARNOULLET (Olivier).
BACHELIER (Jean).
BADE (Josse), correcteur de Trechsel.
BALSARIN (Guillaume).
BARTHELOT (Pierre).
BATTENSCHNE (Jean).
BENEDICTIS (Nicolas de).
BENSHEIM. Voyez PISTORIS.
BONINUS DE BONINIS.
BOUTEILLER ou BOUTTELIER (Pierre).
BUYER (Barthélemi).
BUYER (Jacques).
CARCAN ou CARCANI (Jean).
CHAUSSARD (Barnabé).
CLEYN, alias SCHWAB (Jean).
CYBER ou SIBER (Jean).
DAVID (Edmon).
DAYGNE (Claude).
DUPRÉ (Claude).
DYAMANTIER (Jean).
FABER ou FABRI (Jean).
FRADIN (François).
GIBOLET (Claude).
GLOCKENGIESER (Sixte).
GROSSHOFER (Lazare-David).
GUEYNART (Etienne), libraire.
HAVART (Martin).
HEREMBERCK (Jacques).
HONGRE ou HONGROIS (Pierre le).
HUSCHIN (Claude de).
HUSZ (Martin).
HUSZ (Matthieu).
JOHANNES ALEMANUS.

LA FONTAINE (Jean de).
LASCARIS (André-Jean), correcteur de Trechsel.
LAMBILLON (Antoine).
LATHOMI (Perrin).
LEROY ou REGIS (Guillaume).
MAILLET (Jacques).
MARESCHAL (Pierre).
MARESCHAL (Jean).
MARESCHAL (Jacques).
MICHEL DE BASLE.
ORTUIN (Gaspar).
PISTORIS DE BENSHEIM (Nicolas-Philippe).
PIVARD ou PYVARD (Jean).
PORTE (Aymon de la).
REGIS. Voyez LEROY.
REINHART (Marc).
SACHON. Voyez ZACHON.
SARRAZIN (Marin).
SCABELER (Jean), alias Westenshire.
SCHENCK (Pierre).
SCHULTIS (Engelhart).
SIBER. Voyez CYBER.
SUIGO (Jacobinus de).
TOPIE DE PYMONT (Michelet).
TRECHSEL (Jean).
TROT (Barthélemi), libraire.
Westenshire. Voyez Scabeler.
WINGLE (Jean de).
WOLF (Nicolas).
ZACHON ou SACHON (Jacques).

LISTE ALPHABÉTIQUE

DES

IMPRIMEURS LYONNAIS DU XVe SIÈCLE,

Par leurs noms de baptême.

ANTOINE Lambillon.
AYMON de la Porte.
BARNABÉ Chaussard.
BARTHÉLEMI Buyer. — Trot (libraire).
BONINUS de Boninis.
CLAUDE Daygne. — Gibolet. — de Huschin.
EDMON David.
ENGELHART Schultis.
ESTIENNE Gueynart (libraire).
FRANÇOIS Fradin.
GASPAR Ortuin.
GUILLAUME Balsarin. — Leroy.
JACQUES Arnollet. — Buyer. — Heremberck. — Maillet. — Mareschal — de Suigo (*Jacobinus*). — Zachon, ou Sachon.
JEAN Alemanus. — Bachelier. — Battenschne. — Carcan (*Janon*). — Cleyn. — Cyber ou Siber. — Faber ou Fabri. — de Lafontaine. — Dupré. — Dyamantier. — Pyvard. — Mareschal — Scabeler. — Trechsel. — de Vingle.
JOSSE Bade (correcteur de Trechsel).
LAZARE-DAVID Grosshofer.
MARC Reynart.
MARTIN Husz.
MATTHIEU Husz.
MICHEL de Bâle.
MICHELET Topie de Pymont.
NICOLAS de Benedictis. — Wolf.
NICOLAS PHILIPPE Pistoris de Bensheim.
PERRINUS Lathomi (peut-être le Masson).
PIERRE Barthelot. — Bouteillier ou Bouttelier. — Le Hongrois. — Mareschal. — Schenck.
SIXTE Glogkengieser.

TABLE

DES AUTEURS ET DES OUVRAGES SANS NOM D'AUTEUR,

Imprimés à Lyon au XVe Siècle.

Les chiffres indiquent l'année de l'impression, les lettres s. d. signifient sans date. — Les noms précédés d'un astérisque sont des noms lyonnais, ou du moins d'auteurs qui ont appartenu de quelque manière à Lyon.

Abbas Panormitanus. V. Tudeschi.
Abuzé (l') en court. V. René d'Anjou.
Aegineta (Paulus). 1489.
Aeneas Silvius (Pius II). 96. 97.
Aesopus. 88. 90. 92. 96. 99. V. Esope.
Alanus. V. Auctores octo et Silvae morales.
Alexander cardinalis. 90.
Alexander de Sancto Elpidio. 98.
Alexis (Guill.). 97.
Alpharottis (Jacobus de). 78.
Alvarus Pelagius. 1500.
Andreas (Joannes). 82.
Anima fidelis. 98 (n. s.).
Antoninus (Beatus). 1500.
Aquisgrano (Guill. de). 89.
Arbre des batailles. V. Bonnor (Honoré de).
Aretinus (Angelus). 1500.
Aristoteles. 86. 1500.
Armachanus (Archiepiscopus). 96.
Armandus de Bello Viso. 1500.
Arnaldus de Villanova. s. d.
Artus (l'histoire du chevalier). 96.
Auctores octo. 88. 90. 92. 94. 96.
Augustinus de Ancona. 80.
Augustinus (S.). 97.
Aureliano (Petrus Jacobus de). 93.
Avianus. 86. 93.
Avicenna. 99.

Aymon (les quatre filz). 93. 95. 97. 1500. s. d.
* Badius (Jodocus). 92. 99.
* Battalier (Jean). 76. 77.
Baguyon (Joann.). 87.
Balbi (Joann.). 89. 94. 97. 1500.
Baldus de Ubaldis. 78. 97.
Baptista Mantuanus. 98. V. Silvae morales.
Barbacia (Andreas). 1500.
Bartholomaeus Anglicus. V. Glanvilla.
Bartholomaeus de Manso. 1500.
Baudoyn (le livre de). 78. s. d.
Bernardus (S). 89. s. d.
Bernardus Parmensis. 97. 1500.
Beroaldus (Philippus). 92.
Bible (la vraie exposition..... de la). s. d.
Biblia sacra. 79. 82. 89. 90. 94. 98 (n. s.) 1500.
Boccace (Jean). 83.
Boëce. 83 (trad.). 89. 90. 93. 98. 99. 1500 (trad.). s. d.
Bonaventura (S.). 96.
Bonnor (Honoré de). 77. 81. s. d.
Bouhic ou Boyc (Henri). 98.
Brandt (Sébastien). 88. 98. 99.
Breviarium Lugdunense. 99.
Breviarium Viennense. 89.
Breydenbach (Bernard de). 88. 90.

Bricot (Thomas). 86. 94. 95. 96. 1500.
* Buerius (Jacobus). 80.
* Bugnyn (Jacq. de). 80.
Cara (Petrus). 96.
Carolus VIII (Pragm. Sanctio). 88.
Carracioli (Robert). 79. 89.
Cartula. V. Auctores octo.
Cassianus (Joann.). 97.
Catho. V. Auctores octo *et* Silvae morales.
Cathon (le) françois. 92.
Cato moralizatus. V. Philippus de Pergamo.
Cauliac (Gui de). 78. 90. 99 (n. s.).
Cavaillon. V. Villeneuve (Fr. T. de).
Cent (les) Nouvelles. s. d.
Cent nouv. proverbes. s. d.
Cepolla (Barth.). 91. 94. 95.
* Champier (Symph.). 98.
Chappelet des Vertuz. 98.
Chartier (Alain). V. Demandes damours.
Chasteau de Labour. s. d.
Chirurgie (la) Practique. V. Lanfranc.
Chonoe. V. Defensiones curatorum.
Cicero (M. T.). 94. 96. 97. 99.
Clavasio (Angelus de). 94.
Clamades (le livre de). V. Fontaine (J. de la).
Clemens V. 95.
Colonne (Jean). 91.
Compotus. 89. 93. s. d.
Congie prins du siecle. V. Bugnyn.
Connoilles (le livre des). 93. s. d.
Constitutiones synodales. 94.
* Cuchermois (Jean). 1488.
Dance des Aveugles. V. Michault.
Dance Macabre (la grant). 99.
Decreta basiliensia. 88.
Decretales. V. Gregorius IX.
Decretorum Breviarium. 84.
Defensiones curatorum. 96.
Demandes damours. s. d.
Despars (Jacq.). V. Partibus (J. de).
Destruction de Iherusalem. 94. s. d.
Destruction de Troye. 85. 86. 91. s. d.
Digestorum libri. 82.
Diomedes. 98.
Directoire de la conscience. V. Villeneuve (T. de).
Disputatio. 90.
Doctrinal de sapience. 86. 97. — des

Filles. s. d. — des nouv. mariez. s. d. — du temps présent. s. d.
Doctrine du père au filz. s. d.
Droyn (Jean). 98. 99.
Duranti (Guill.). 81. 99.
Eberhardus Bethuniensis. 90.
Eneydes (le livre des). 83.
Ennius. V. Silvae morales.
Esope en franç. 84. 86. 99. V. Aesopus.
Eximenes. V. Ximenes.
Exposition des Evangiles. s. d.
Faber (Joann.). 80.
Faintises (les) du monde. s. d.
Fardelet (le). V. Rolewinck. 86.
* Farget *ou* Ferget (Pierre). 81. 82. 83. 85. 90. 94.
Fasciculus temporum. V. Rolewinck.
Ferrariis (J. P. de). 77.
Fevre (Jean le). Voyez Matheolus.
Fevre (Raoul le). 85. 90. 91. 94.
Fierabras (le roman de). 87. 89. 96. 97. s. d.
Floretus Virtutum. 94. 99. V. Auctores octo.
Fontaine (J. de la). 88.
Franc (Martin). s. d.
Gaguin (Robert). 97.
Gallopez (Jean). 85. 99.
Ganivetus (Joann.). 96.
* Garin (Franç.). s. d.
Gazius (Anton.). 1500.
Georgius Bruxellensis. 96. 1500.
* Gerson (Jean). 88. 89. 90. 93. 94. s. d.
Glanvilla. 80. 82. 85. 86. 88. 92. 1500. s. d.
Gordon (Bernard). 91. 95.
Grand (Jacq. le). V. Magnus.
Gregorius I (Magnus). 1500.
Gregorius IX. 95.
Gringore. s. d. ter.
Griselidis (l'histoire de). s. d.
Gritsh (Joann.).
Guarino Meschino. 88.
Guarinus Veronensis. 82.
Guidon (le). V. Cauliac.
Guillermus Parisiensis. 87. 93.
Guillermus de Vorrilong. 89.
Guilleville (Guillaume de). 85. 99.
Guy *ou* Guyot. 99.
Guymier (Cosma). 88. 97. 1500.
Herolt (Joan.). 89. 90.
* Hersin (Jean de). 90.

Holkot (Robert). 97.
Horatius Flaccus. 1500. V. Silvae morales.
Huen (Nicolas le). 88.
Infortiatum. 98.
Innocentius III. 73.
Internelle consolation. s. d.
Janua (Joann de). V. Balbi.
Janua Logica. 98.
Jason et Médée (le livre de). V. Fevre (Raoul le).
Johannes de Sancto Geminiano. 99.
* Julien (Frère). V. Macho.
Juvenal (Decim. Jun.). 92. 95. 98. 99.
Kempis (Thomas à). 89.
Lanfranc. 90.
Laurens de Premierfaict. 83. 94.
Légende des Saints nouv. 77.
Légende dorée. V. Voragine (J. de).
Lemenand (Guill.) 88. 94.
Leonardus de Utino. 94. 96. 98.
Lettres nouv. de Milan. s. d.
Livre des Saints Anges. V. Ximenes.
Lorris (Guill. de). s. d.
Lotharius. 73.
Lucidaire (le). s. d.
Ludolphe. 88. 94.
Lullus (Raymundus). 90. 91.
Lusignan (l'hist. de). s. d.
Lyra (Nicolaus de). 93.
* Macho (Julien). 74. 77. 78. 82. 83. 84. 86. s. d.
Magnus (Jacobus). 95.
Maillard (Olivier). 98.
Mancinellus (Anton.). 1500.
Mandeville (le livre de) 81 (n. s.).
Maneken ou Menniken. Voyez Virulus (Carolus).
Manipulus Curatorum. V. Monte Rocherii (G. de).
Mantuanus. V. Baptista.
Matheolus. 92.
Mer (la) des Histoires. 91.
Mesué (Jean). 1478.
Meung (Jean de). s. d.
Michault (Pierre). s. d.
Michael (N.). 97.
Mirouer (le) de la Rédempcion. Voyez Macho et Lemenand. — De la Vie humaine. V. Roderic.
Missale Lugdunense. 82. 87. 1500. —

Romanum. 1500.
Monte Rocherii (Guido de). 80. 83. 90.
Mort (la) de Pilate. V. Destruction de Iherusalem.
Nef (la) des Folz. V. Brandt et Droyn.
Nicolaus de Orbellis. 91.
Nouveau Testament. s. d.
Ockam (Guill. de). 94. 95. 97.
Odon, évêque de Cambray. 99.
Officium B. Virginis Mariae. 1500.
Opus tripartitum. V. Gerson.
Ordo missalis. 85.
Odofredus. 80.
Ovidius. 87. 95. 97. 98. 1500 (v. s.).
Pandectae Juris civilis. 82.
* Panis (Nicolas). 78.
Partibus (Jacobus de). 96. 97.
Pascalia. 85.
Paul (S.), hermite. s. d.
Pelbartus de Themeswar. 89.
Pelerinage de la vie humaine. V. Guilleville.
* Peraldus. (Guill.). 1500.
Perrotti (Nicol.). 89.
Persius Flaccus. 98. 1500. V. Silvae morales.
Petrarca (Franç.). s. d.
Petrus Brixiensis. 81.
Petrus Hispanus. 96.
Philippus de Pergamo. 1498 (n. s).
Philoradulphus (Ricardus). 96.
Phocas. 98.
Pierre deProvence (le roman de). s. d.
Pius II. V. Aeneas Silvius.
Poggio (Franç.). 86. 97. s. d.
Ponthus et Sidoyne (le roman de). s. d.
Porta (Sanctius). 1500.
Practique en chirurgie. V. Cauliac.
Pragmatica Sanctio. 88.
Premierfaict (Laur. de). 94.
Procès de Belial. V. Theramo.
Propriétaire des Choses. V. Glanvilla.
Prudence (le roman de). s. d.
Prudentius. s. d.
Quatre choses (le livre des). s. d.
Quodlibetum de veritate fraternitatis Rosarii. 88.
Recueil des hist. troyennes. V. Fevre (Raoul le).
Reginaldetus (Petrus). 92. 95.

René d'Anjou. s. d.
Rituale Ucetiense. 1500.
Robert-le-Diable (Vie du terrible). 96.
Robertus de Litto. 79. 89.
Roderic, évêque de Zamora. 77. 82.
Rolewinck. 83. 90. 98.
Rose (Roman de la). V. Lorris.
Sallustius (C. Crispus). 97.
Scotus (Michael). s. d.
Sebonde ou Sebeydem (Raymond). s. d.
Seneca tragoedus. 91.
Sermones dormi secure. 91. 92. 96 (n. s.).
Silvaticus (Matth.). 78.
Silvae morales. 92.
Songe (le) du Vergier. V. Vertu (J. de).
Tartaretus (Petrus). 99. 1500.
Terentius. 88. 93. 97. 99.
Theodulus. V. Auctores octo.
Theramo (Jacobus de). 81. 83. 85. 90. 94.
Thobias. V. Auctores octo.
Tornamira (Joann. de). 90. 1500.
Torquemada. V. Turrecremata.
Traicté des eaux artificielles. s. d.
Tudeschi (Nicolaus). 97. 1500.

Turrecremata (Joann. de). 83. 96. 1500.
Utino. V. Leonardus.
Valentin et Orson (l'histoire de). 89. 95.
Valère Maxime ou le Grant. 85. 89.
Valescus de Tharanta. 78. 90. 96. 1500 (v. s.).
Versoris (Joann.). 84. 89.
Vertu (J. de). 92 (n. s.),
Via salutis presbyteror. 98.
Vie de J.-C. 95. s. d. — de sainte Marguerite. s. d.
Villeneuve (Fr. Toussaint de). 88.
Villon (Franç.). s. d.
Vincent de Beauvais. 77.
Vincent Ferrier (S.). 77. 90. 97.
Virgile. 83. 92. 99.
Virulus (Carolus). 88. 93. 95.
Vita Cristi. 88. V. Ludolphe.
Vocabularium juris. 90. 99.
Voragine (Jacq. de). 74. 77. 83. 85. 96. s. d.
Voyage et pelerinage d'outre-mer. V. Breydenbach.
Vraye exposicion... de la Bible. s. d.
Ximenes (Franç.). 86.
* Yvoire (Guillaume). 90.

Seconde Partie.

NOTES ET DOCUMENTS
POUR SERVIR A L'HISTOIRE DE LA VILLE DE LYON,
DEPUIS L'ANNÉE 1547 (1).

Historia quoquo modo scripta delectat.
Plin. Jun. *Epist.* v, 8.

RÈGNE D'HENRI II (2).

1547 - 1559.

1547. — *Avril 4.* Jean du Peyrat, lieutenant-général au gouvernement de Lyon, communique au consulat les lettres d'Henri II qui lui annonce la mort de François Ier, décédé à Rambouillet, le 31 mars dernier. — Le consulat arrête qu'on écrira à Me Jean Tignat, échevin, qui était alors à Paris, de s'entendre avec M. de Saint-André (Jean d'Albon), sénéchal et gouverneur de Lyon, qui se trouvait aussi à Paris, « pour demander la confirmation des « priviléges des habitants de Lyon, et faire la fidélité au roi. » *Actes consulaires*, extraits de M. Sudan (copie de M. Breghot, viii, 491).

1547. — *Avril 19.* Le consulat arrête que la procession des pauvres de l'Aumône-générale, qui devait se faire le dimanche suivant, n'aura pas lieu « attendu les grandes chaleurs et la peste qui pullule et augmente de jour à « autre en cette ville. » — Cette procession se faisait quatre fois par an, le premier dimanche de chaque foire. S. et B. — Suivant quelques auteurs,

---

(1) Ces *Notes et Documents* font suite à ceux que l'auteur a publiés dans les *Annuaires de Lyon*, de 1838, 1839 et 1840. Les articles signés M. sont extraits des manuscrits du P. Menestrier; ceux qui sont signés S. sont tirés des cahiers de l'abbé Sudan, sur la copie faite par M. Breghot.

(2) Ce prince, successeur de François Ier, parvint à la couronne le 31 mars 1547, et mourut le 10 juillet 1559.

Michel de Nostradamus fut alors appelé à Lyon par le consulat pour venir au secours des pestiférés. (Voyez son article dans le *Dict.* de Moréri et dans la *Bibliothèque* qui précède l'édition du. de *Dict.* Richelet de 1728). Nous n'avons pas trouvé trace de ce fait dans les actes consulaires de 1547. Voyez ci-après, année 1557.

1547. — *Avril* 28. Le corps de François, Dauphin de Viennois, mort à Tournon le 12 août 1536, passe à Lyon. — On le conduisait à St-Denis pour y être inhumé auprès du roi son père (François Ier). Le corps était dans un chariot, couvert de velours noir, avec une grande croix de velours blanc, à travers. Ce chariot était atelé de quatre belles haquenées blanches, harnachées de même parure, et le cocher était vêtu de même. La conduite du corps avait été confiée à l'évêque de Valence, de la maison de Tournon. On lui fit, dans l'église de St-Jean, un beau et solennel service; l'église était toute tendue de noir, et le chœur où reposait le corps, était tapissé de velours noir, avec grande quantité de luminaires, et les armoiries et écussons de France et de Dauphiné. Tous les ordres et états de la ville, chacun en son rang, assistèrent à ces obsèques. Rubys, p. 374.

1547. — *Avril* ... Gabriel de Saconay, prévôt, est prié par le Chapitre de St-Jean, d'aller à la cour, pour faire confirmer par Henri II les priviléges de l'Eglise de Lyon. M.

1547. — *Juin* 23. Le cardinal de Ferrare reprend possession de la justice ordinaire de Lyon que le feu roi avait fait saisir dès 1531, pour quelques mécontentements que lui avait donné le feu archevêque et ses officiers. Rubys, p. 374. — Ce prélat fit imprimer, cette même année, un *Bréviaire* à l'usage de son diocèse.

— *Juin* 26. Le consulat, sur la demande de plusieurs habitants de la ville, supprime le brelan et le jeu de quilles que le bourreau avait établis à la porte de St-George. S.

1547. — *Décembre* 21. Me Tronsson, docteur, avocat ès cours de Lyon, prononce l'oraison doctorale. — L'année précédente, cette oraison avait été faite par Geoffroy de la Rivière, docteur médecin. S. et B.

1547. — François Hotman, avocat, ayant été obligé de quitter Paris, parce qu'il avait embrassé la réforme contre la volonté de son père, vient se réfugier à Lyon. — Après y avoir fait imprimer son commentaire sur le titre des Institutes *de Actionibus*, il se rendit à Genève, et vécut quelque temps dans la maison de Calvin avant d'aller s'établir à Lausanne. Teissier, *Eloges des hommes sçavants.*

1548. — *Février* 2. Le consulat qui venait de faire sa révérence au cardinal de Guise, arrête d'y envoyer de nouveau quatre conseillers « pour lui faire « raison des grandes charges, pauvretés et nécessités de la ville de Lyon, afin « qu'il ait les affaires de ladite ville pour recommandées, tant envers le roi « qu'envers le conseil privé. » *Actes cons.*

1548. — *Juillet* 31. Henri II se rendant en Piémont, traverse incognito la ville de Lyon. J. Morin, *Hist. de Lyon*, v, 25.

1548. — *Août* 16. La reine qui s'était arrêtée quelques jours à l'Ile-Barbe, arrive à Lyon avec le cardinal de Lorraine, le duc de Guise, l'évêque de Coutances et le chancelier Olivier. — Elle descendit à l'abbaye d'Ainay pour y attendre le roi. J. Morin, v, 25.

1548. — *Août* 21. Le roi défend à Lyon le transport de l'or et de l'argent. *Confér. des Ordonn.* p. 640.

1548. — *Septembre 6. Séance consulaire.* Mᵉ Etienne de Bourg, avocat en la cour ordinaire de Lyon, requiert l'adjonction du consulat pour poursuivre avec lui, devers le roi et son conseil, certains Juifs qui se sont venus accaser et résider en cette ville depuis un mois en ça (ils avaient été chassés des états de l'Empereur), et qui sont fort scandaleux pour la religion chrétienne, vu même qu'ils se sont logés au cœur et milieu de la ville, savoir en la maison de Jacques Pinatel, sur le pont de Saône, du côté du Change, etc., etc. — Le consulat, dans sa séance du 16 octobre suivant, instruit que ces Juifs continuaient à tenir boutique sur le pont, en vertu d'une permission qu'ils disaient avoir obtenue du roi, pendant son séjour à Lyon, arrête qu'ils seront ajournés, à sa requête, par-devant le juge ordinaire, pour qu'ils soient condamnés à fermer leurs boutiques et à sortir de la ville. S. Voyez ci-dessus, *année 1364.*

1548. — *Septembre 21.* Henri II arrive à Lyon et va loger à l'abbaye d'Ainay, où Catherine de Médicis l'attendait avec toute sa cour. Le dimanche suivant, 23, le roi fit son entrée solennelle dans la ville, et la reine le lendemain. Paradin, *Hist. de Lyon*, 320-351, nous a conservé, en la copiant, la *Description* que Maurice Sève avait publiée de cette magnifique entrée, que Rubys place par erreur, p. 375, au 28 du même mois. (Voyez *l'Itinéraire des rois de Fr.*, etc). Brantôme (édition de 1822, t. 2, p. 331) donne une analyse de la belle tragi-comédie que le cardinal de Ferrare (1) fit représenter à cette occasion, et pour laquelle il dépensa plus de dix mille écus, « ayant fait venir à grands cousts et dépens des plus excellents comédiens « et comédiennes d'Italie : chose que l'on n'avoit pas encores veue, et rare « en France.... mesme qu'il n'y avoit pas longtemps que ces belles tragédies « et gentilles comédies avoient été inventées, jouées et représentées en Italie, et dict on et le treuve on par escrit que ce fut le pape Léon dernier « qui le premier les mist en vogue, et. » *Notez*, fait observer M. de Monmerqué, *que c'est un pape qui établit le premier les spectacles dans le monde, et un cardinal qui les introduisit en France.* Voyez encore sur l'entrée d'Henri II, Foderé, *Narrat. topogr.*, p. 690; Colonia, *Hist. litt.*, II, 518; Pernetti, I, 211 et 226; le *Cérémonial français*, I, 823; Du Tems, *Clergé de Fr.*, IV, 330-81; Lacretelle, *Guerres de religion*, I, 81; J. Morin, *Hist. de Lyon*, V, 25 et suiv.; *Arch. du Rh.*, VII, 82; *Nouvelles Arch.*, II, 131; C. Leber, *De l'Etat réel de la presse*, etc., p. 52.

1548. — *Septembre 28.* Le roi tient dans l'église de St. Jean le chapitre de l'ordre de St.-Michel. *Alm. de Lyon* de 1746, p. xxxvi.

— *Octobre 1.* Le roi part de Lyon et va coucher à l'Arbresle. — Le 7 de ce mois il était dans la maison du maréchal de Saint-André. M. — Cette même année. « fut mis sus, à Lyon, pour partie du remboursement des frais de l'entrée du roy un subside de 5 sols par asnée de vin, entrant en la ville, revenant à 30 sols pour botte, qui fut levé jusques en l'année 1561 qu'il fut aboli, au grand contentement des habitants de la ville, qui ne tirent de la plus-part de leurs biens des champs, autre revenu que le vin, qui leur

---

(1) Hippolyte d'Est, archevêque de Lyon, fils du duc de Ferrare. Ce prélat fut l'ami des savants et des artistes; il avait pris dans sa jeunesse un tel plaisir à la lecture des vers de l'Arioste qu'il se l'était attaché en qualité de gentilhomme. On prétend que quand il eut lu l'*Orlando furioso*, il dit à l'auteur qui lui avait dédié ce poème : *Dove diavolo, Messer Ludovico, avete pigliate tante coglionerie?* Les éditions de l'Arioste publiées à Lyon au xviᵉ siècle sont assez nombreuses; on estime surtout celles de G. Roville et d'Honorati. Brunet, *Man. et Suppl.*, art. ARIOSTO.

couste le plus souvent plus qu'il ne vaut. » Rubys, p. 375; *Alm. de Lyon* de 1746, p. xxxvi.

1548. — Un arrêt du 17 *novembre* abolit ou supprime la représentation des Mystères et toute sorte de spectale. Voyez ci-dessus, *année* 1540.

1548. — Guillaume Guéroult, littérateur, né à Rouen, quitte Genève où il paraît qu'il avait embrassé la réforme, et vient s'établir à Lyon. — S'il faut en croire Bèze (*Vie de Calvin*), Guéroult aurait fui de Genève, parce qu'il appréhendait d'y être puni, à cause de la vie scandaleuse qu'il y menait. Quoi qu'il en soit, Guéroult fit un long séjour à Lyon, où il fut correcteur dans l'imprimerie de *Balthazar Arnoullet*, son beau-frère. Ce fut lui, à ce que prétend Bèze, qui corrigea, en 1553, les épreuves du *Christianismi restitutio*, que Servet faisait imprimer à Vienne, en Dauphiné. Parmi les ouvrages de sa composition en prose et en vers qu'il publia à Lyon, nous citerons *Le Premier livre des Emblèmes*, imprimé par Balthazar Arnoullet, 1540, in-8°. Cet opuscule dont la Bibliothèque de la ville de Lyon possède un exemplaire, est orné de fort jolies figures enclavées dans le texte, et qui très-probablement sont sorties du burin de Salomon Bernard. M. Brunet cite une édition de ce livre, sous la date de 1549, mais nous présumons que cette date doit être celle d'un ouvrage de Barthélemy Aneau, *Décades de la description, forme et vertu naturelle des animaulx*, qui avait été relié avec les *Emblèmes* de Guéroult. En 1561, le 29 mai, les échevins de Lyon, qui encourageaient toujours les hommes de lettres, enjoignirent à François Coulaud, receveur de la ville, de payer six écus d'or, valant quinze livres tournois, à Guillaume Guéroult, qui leur avait dédié sa traduction du *Discours de l'Administration des Royaumes et Républiques*, composé en italien par J.-P. Cermenati. Cependant, s'il fallait s'en rapporter à Delandine qui avait eu sans doute la patience de le lire, l'ouvrage de Cermenati, qu'il appelle *Cermenat*, et qui parut sous le titre de *Rhapsodia de recta regnorum ac rerum publicarum administratione*, n'était pas digne de passer dans une autre langue, et devait mourir dans la sienne; son titre de *Rhapsodia*, ajoute-t-il, très-bien choisi, annonce tout son mérite. Toutefois du Verdier ne l'avait pas jugé aussi sévèrement, puisqu'il a inséré deux longs chapitres de la traduction dans sa *Bibliothèque françoise*. Nous ignorons la date de la mort de Guéroult qui vivait encore en 1565, car il dédia, cette année, à Catherine de Médicis, les *Figures de la Bible illustrées de huictains françoys*; à Lyon par G. Roville, in-8°. Voyez la *Biogr. lyonn.* et les *Nouv. Arch. du Rh.*, 1, 52.

1548. — Théodore Zwinger, de Bâle, vient à Lyon, où il exerça, pendant trois ans, la profession de correcteur dans l'imprimerie de *Godefroy Beringen*, donnant à l'étude tout le temps qu'il pouvait dérober à son état. « Anno 1548, Theodorus Zuingerus Basilensis, cum Henrico Elemero Glaronensi, itineris comite, clam è patria discessit, libris quidem multis onustus, sed viatico pene omni destitutus, ut illud à litteratis dum iter faceret, eos nunc oratione, nunc carmine salutando, honesto titulo efflagitare cogeretur: donec *Lugdunum usque arte typographica tunc insigne Galliae emporium* pervenisset, ubi operam suam *Godefrido Beringo*, calchographo, per triennium locavit, et quotquot horas à negotiis reliquas et otiosas suffurari poterat, studiis dies noctesque impendit. » *Theatrum vitae humanae* (Praefatio). M.

1549. — *Avril* 12. Une bulle du pape Paul III sécularise les moines de l'Ile-Barbe. — Antoine III d'Albon, plus connu sous le nom de M. de Savigny, était alors abbé de ce monastère. *Gallia christ.*, IV, 232; le Laboureur, *Maz.*, 1, 271. Voyez ci-après au 14 *octobre* 1551.

1549. — *Septembre* 12—16. Passage et séjour des ambassadeurs suisses, se rendant à Paris.—Le consulat leur fit présent « des meilleurs vins, même « *merveysie* et *ypocras* avec quartiers de fromages de Milan, pour leur bailler « bon appétit de boire. » Le dimanche 15, on leur donna festin et diner au logis du roi, en l'archevêché « où ils furent honorablement traités et servis « de plusieurs mets et viandes exquises et étaient d'assiette dans la grande « salle de l'archevêché, 200 personnes servies par les enfants de la ville... « Durant le dîner leur furent fait plusieurs passe-temps, tant par joyeux « instruments que par certains sauteurs jouant les farces d'*Hercule Matachin*, « et certain *nyngromantien* qui fit plusieurs gentillesses, etc. » — Les frais de la ville montèrent à 900 livres, 7 s. 7 d. *Actes cons.* ; C. B., IX, 21.

1549. — *Décembre* 13. Giovane Lanfredini, banquier italien, écrit au duc d'Aumale, pour l'informer du passage du cardinal de Guyse par Lyon, et lui donner avis des offres d'argent qui lui avaient été faites par ses amis de Lyon, pour les affaires du roi. *Mém. de François de Lorraine*, collection Michaud et Poujoulat, VI, 23.

1549. — *Décembre* 21. M.ᵉ Estienne Pasquier, docteur d'Orléans, prononce l'oraison doctorale dans l'église de St-Nizier.—Cet Estienne Pasquier (qu'il ne faut pas confondre avec l'illustre auteur des *Recherches de la France*) est sans doute celui qui fut recteur des écoles de Rouen, et qui a un article dans du Verdier comme traducteur de quelques opuscules de Plutarque, imprimés à Lyon, chez Jean de Tours, en 1546. Le consulat lui fit payer quatre écus d'or soleil de son oraison, « en considération qu'il n'y avait docteur en cette ville qui se soit voulu charger d'icelle oraison, et ce outre la somme de 30 sols accoutumée payer pour ladite cause. » *Act. cons. ;* C. B., IX, 34. Voyez ci-après au 27 octobre 1553.

1549. — *Décembre* 28. Mort de Jean d'Albon, seigneur de Saint-André, sénéchal et gouverneur de Lyon, etc., né en 1472. *Actes consul.* du 7 janvier 1550.— Il avait succédé, comme gouverneur de Lyon, au cardinal de Tournon, et fut remplacé par Jacques d'Albon, maréchal de Saint-André. Il avait eu pour secrétaire Etienne du Tronchet, forisien, qui fut ensuite celui du maréchal de Saint-André et de Catherine de Médicis. *Actes consul.*, passim ; Aug. Bernard, *Les d'Urfé*, p. 88. Voyez ci-dessus au 10 *décembre* 1545, et ci-après au 24 *août* 1550.

1549.—Jérôme Fiandre, de Quiers en Piémont, Robert et Jean Tricaud, de Thisy en Beaujolais, introduisent à Lyon l'art et métier de faire des futaines. *Actes cons.* des 17 octobre 1549 et 21 janvier 1550, C. B., IX, 24 et 40, J. Morin, V, 41.

1549. — Matthieu de Vauzelles, avocat du roi au parlement de Dombes et à la sénéchaussée de Lyon, s'exprime ainsi, p. 174 de son *Traité des Peages*, publié en 1550, et dont l'*Epistre au Lecteur* est du XII décembre 1549 : «...Aussi en ce cas de famine, Messieurs du Parlement de Bourdeaux ont de coustume de deffendre aux peageurs de ne lever aucuns peages ne subsides des viures ou victuailles, *ut pulchrè refert* Boet. deci CCLXXXXVI, *in fi*. Et à la mienne voulenté que tous les Magistrats et Parlements de ce Royaume fissent le semblable. Ie dy pour ce qu'il n'y a ville en ce Royaume qui eust meilleur besoing que ceste ville de Lyou, en laquelle ha grande abondance de peuple, et aux enuirons d'icelle, voire plus de cent, ou six vingt mille animes. Et toutes fois en tout le pays de Lyonnois ne se cueillit bledz suffisans pour nourir ladite ville, ne le pays deux moys de l'année. Et combien que par les édits du Roy deüement publiez aye esté deffendu à tous gouverneurs et magistrats de ce royaume de ne deffendre la traite des bledz de païs en païs entre les subietz du Roy, qui est le père et le chef de tous les subietz, qui sont ses membres et se doiuent secourir lun lautre, mesme en cas de necessité : toutesfois lesdits gouverneurs n'y veulent obeïr; et sont les édits du Roy rendus illusoires, souz ombre que les gouverneurs veulent dire, pour bailler couleur à leur intention, qu'il y a faulte de bledz en leurs gouvernements, encore qu'elle n'y soit. Et aussi entre mesmes subjetz du Roy, qui est notre chef, l'on ne doit auoir telle division et différence entre les membres. Et à faulte de communication, et des deffenses des gouverneurs es païs circonuoisins, en ceste ville de Lyon ha eu souvent grosse faulte de bledz, au gros danger et péril de sédition de ladite ville, qui est ville limitrophe de ce royaume, et de grosse importance. Dieu par sa grace y mette quelque bon ordre et prouision : tournant à nostre propos, je dy, quen temps de famine lon ne doit payer aucun peage, ne subside, poureu qu'il soit ainsi ordonné par Justice, qui ainsi le déclare, comme sera dit cy-après. Et si la deffence est faite de ne lever peages de toutes victuailles venant à Lyon, ou ailleurs, en ce cas l'on ne doit payer peages ny de froment, ny de seigle, orge, auoine, poix, feues, ny autres légumes, ny des vins, chairs, bois, formages, beurres et poissons. *Quoniam appellatione victus veniunt omnia, quæ esui et potui sunt necessaria.* l. *verbo victoris.* ff. *de verb. signif.* Et mesmes car le peuple, qui ha accoustumé de boire vin, se substante de beaucoup moins de pain avec le vin. Car comme dit le psalmiste, *vinum lætificat cor hominis :* et *cito conuertitur in sanguinem.* Mais toutesfois sil est permis en temps de famine de tirer bledz et froments, en ce cas ne se pourroit tirer vin, chair, formage : mais seulement froment, orge, auoine et autres légumes, desquelz lon peult faire pain et substentation, *in quibus est eadem ratio,* pour la nourriture des humains. Et aussi car *appellatione frumenti veniunt omnia blada, sicut ordeum, lupinum, fabæ, auena et cætera legumina, ut est glo. ord. in l. rubri. C. de cano. frumenta. vrb. Ro. facit lex frugem.* ff. *de verb. signific.* Paul de Cast. Consil. xxxx, vol. 1.....»

1549. — Plusieurs négociants suisses viennent s'établir à Lyon, et y jouir de plusieurs priviléges qui leur avaient été accordés par Charles VII, en 1453. « L'étendue de leur commerce, leur probité et leur candeur confirment, « disait Pernetti en 1757, l'opinion qu'on avait d'eux, et ne se sont pas « démenties jusqu'à ce jour. » *Lyonn. dignes de mém.*, II, 419. Voyez ci-après au 8 mars 1551.

1550. — *Janvier 12. Séance consulaire.* Un particulier offre d'acheter au prix de 25 écus la grande effigie de la Fortune qui est dans l'hôtel-de-ville, et qui avait été faite lors de l'entrée d'Henri II. — Ce particulier était l'*Eslu* Grollier qui voulait placer cette statue dans sa maison rue de la Juiverie. S.

1550. — *Janvier 15.* Mort de Jean du Peyrat, lieutenant-général pour le roi au gouvernement de Lyon, depuis 1532. — Il fut inhumé le 17, dans l'église de S. Paul, «... Son corps fut honorablement porté en sépulture depuis sa maison d'habitation étant sur le port de Roanne, jusque dans l'église de S. Paul, accompagné de grande quantité de torches qui y furent envoyées tant de la part des nations étrangères, comme Allemands, Florentins, Lucquois, Génois et autres particuliers de la ville, et fut porté le drap étant sur ledit corps aux quatre coings par M⁎⁎ Matthieu Athiaud et Torvéon, conseillers au parlement de Dombes, d'un côté, et de l'autre par le sieur de Riverie et François du Perrier, conseillers de ville. Le consulat marchoit en ordre à côté de ceux qui conduisoient le deuil ; et dans la marche dudit enterrement se mut une question entre le *Cosse* des Florentins et Jérôme Cybo, Génois, voulant marcher l'un au-dessus de l'autre, en sorte que l'on fut contraint de les faire retirer pour parachever les obsèques. » *Actes cons.*, extraits de M. S. ; C. B., IX, 41. — « Jean du Peyrat, dit C. de Rubys, *Hist.*, p. 375, était un seigneur honoré et regreté d'un chacun pour son équité, bonté, douceur et affable conversation ; aimé des rois, des princes et des grands pour sa somptuosité et magnificence ; et ne lui eussent point manqué des premiers états et plus grands degrés de la France, s'il les eut voulu rechercher : mais il aima mieux avec Jules César, être le premier en sa ville que le second de sa sorte à la cour ni ailleurs.... » — Jean du Peyrat fut surtout regretté des gens de lettres dont il était le protecteur. Voyez les *Epigrammata* de Claude Roussellet (Lyon 1537, in-8°), p. 15, 49 et 69 ; les *Nugæ* de Nic. Bourbon, Lyon, 1538, liv. VIII, *Carm.* 145 et 146 ; une lettre de Fr. Juste, à la fin du *Courtisan* de Balth. de Castillon (trad. par Dolet), Lyon, 1538 ; l'*Alm de Lyon* pour 1746, p. XXXVI. Voyez aussi son art. dans la *Biogr. lyonn.* où les auteurs ont mis par erreur sa mort au 15 janvier 1549. — Voyez ci-après au 30 *septembre* 1562.

1550. — *Janvier* 24. Le consulat arrête que deux de ses membres, Claude Laurencin et Humbert de Masso, se rendront à Saint-André, en Forez, pour assister aux obsèques de Jean d'Albon, seigneur de Saint-André, gouverneur de Lyon, mort à Paris, le 28 décembre précédent. S.

1550. — *Avril* 6. Les conseillers se rendent dans l'église de S. Jean, pour aller faire la révérence aux cardinaux de Bourbon et de Rohan qui venoient de concourir à l'élection du pape Jules III. S.

1550. — *Avril* 8. Procession générale et feux de joie, à l'occasion de la paix conclue entre la France et l'Angleterre. — Le même jour arrivèrent à Lyon le duc de Nemours, le grand prieur de France et le maréchal de Sédan, qui se rendaient à Rome. S.

1550. — *Mai* 9. Le consulat fait payer à Salomon Bernard, peintre, 14 l.-t. « pour les portraits et copies des plans des *villes* de Brignais, St-Andéol, Givors et St-Genis-Laval, faits par ordre de M. Damours, conseiller au Grand-Conseil, afin d'envoyer ces portraits et plans au Grand-Conseil, pour servir au procès relatif aux villes closes du Lyonnois qui refusaient de contribuer au payement des soldes des gens de guerre, et dans lequel le consulat avait été mis en cause. Voyez les actes consulaires du 20 octobre 1548 et des 2 avril, 23 et 30 juin 1551.

1550. — *Mai* 19. Mort à *Nevers* de Jean, cardinal de Lorraine, archevêque de Lyon en 1537 et en 1538. Il avait succédé à François de Rohan, et avait été remplacé par Hippolyte d'Este. — Le P. Menestrier rapporte, dans ses *Notes chronologiq.*, que le cardinal de Lorraine, revenant de Rome, où il avait assisté à l'élection de Jules III, fut averti à Lyon, au mois de mai, que son frère, Claude duc de Guise, était mort le 12 avril et qu'alors il dit à ses domestiques qu'il ne tarderait pas à le suivre, ce qui arriva quinze jours après, à *Nogent, près Montargis*. — Les auteurs du *Gallia christ.* qui se sont trompés en mettant sa mort au 10 mai, disent qu'il fut inhumé dans l'église des Franciscains, à Nancy.

1550. — *Juin* 26. Hugues de La Porte, nommé conseiller de ville aux dernières élections, n'avait pas voulu prendre cette charge. Ajourné par-devant le Sénéchal, il avait été condamné « à faire serment et à prendre charge à « peine d'emprisonnement et de 1000 livres d'amende. » Amené au consulat par un sergent royal, il fit le serment, comme contraint et sans préjudice de ses appellations. —Le 27 septembre suivant, il se désista de son appel, et, par accord, le consulat lui promit que le temps de son élection expiré, il ne serait pas réélu avant six ans. C. B., IX, 44 et 58.—Hugues de La Porte était libraire à Lyon, depuis 1541. Voyez son article dans la *Biogr. lyonn.*

1550. — *Juillet* 1er. Le consulat ordonne que *la Porte des Merveilles* étant sur le pont de Saône et qui était vieille et pourrie sera refaite et que la clé de la nouvelle serrure « sera rapportée à l'hôtel commun, comme il a été fait « de toute ancienneté. » S.; C. B., IX, 59.

1550. — *Août* 7. Le consulat enjoint aux religieux de St-Antoine « de « faire retirer leurs pourceaux qui vont de nuit par la ville; autrement il « donnera commission à l'exécuteur de la haute justice de les tuer... » — Il est souvent question dans nos actes consulaires des débats auxquels donnait lieu le singulier privilége qu'avaient les Antonins de laisser vaguer leurs pourceaux dans la ville. Ce serait un chapitre curieux de notre histoire que celui où l'on recueillerait ces débats. On y pourrait joindre, comme appendice, le savant article que M. Gabriel Peignot a faite sur l'origine du petit cochon que les anciennes légendes donnent pour compagnon à St-Antoine. Voyez le *Bulletin du Bibliophile*, 1838, p. 306, et le *Supplément à la Bibliographie lyonnaise du* XVe *siècle*, n° CCCXXXIV bis.

1550. — *Août* 21. Mort d'Etienne Le Maistre, professeur de droit, lequel fut inhumé à St-Paul, au-devant de la chapelle du crucifix avec cette épitaphe que le P. Menestrier nous a conservée dans ses *Notes chronologiques* : « Quod humanum erat virorum venerabilium dnorum Huberti Le Maistre « hujus ecclesiæ canonici, ac hujus fratris Stephani jurium professoris, « quorum hic 1532 mense Julio, ille vero 21 mensis Augusti 1550. Feliciter in Deo obiere. Hoc sub lapide in spem futuræ resurrectionis jacent. »

1550.—*Août* 24. *Dimanche.* Entrée de Jacques d'Albon, maréchal de St-André, gouverneur et lieutenant-général pour le roi en la ville de Lyon et pays de Lyonnais, successeur de Jean son père mort le 28 *décembre* précédent. *Maz. de l'Isle-Barbe*, II, 176. — Barthélemi Aneau, principal du collège de la Trinité, composa à cette occasion, par ordre du consulat, l'*Hystoire d'Androcus* qui fut représentée sur un *eschaffaud* peint par *Salomon Bernard*. Barth. Aneau reçut six écus d'or au soleil, pour son *hystoire*, et Salomon Bernard toucha 90 livres pour sa *peinture*. *Actes cons.* des 3 et 17 juillet, du 10 août et du 2 septembre, S.; J. Morin, V, 44.

1523. — *Septembre* 10. *Séance consulaire*. On arrête d'envoyer et députer en cour M. du Perrier, un des conseillers de ville, qui devra s'entendre avec le maréchal de St-André pour obtenir du roi un subside de six deniers par livre, sur toutes les denrées et marchandises entrant dans la ville, afin de l'aider à s'acquitter de plus de 200,000 livres dont elle est endettée depuis plus de huit ans, tant par le payement des soldes des gens de guerre, que pour les frais de fortifications, etc. C. B.

1550. — *Novembre* 10. Edit confirmant les priviléges accordés aux étrangers qui fréquentent les foires de Lyon. —Enregistré au parlement le 2 mars suivant, et en la chambre des comptes le 11. Rubys, *Privilèges*, p. 10; le même, *Hist.*, p. 376; *Recueil* d'Isambert, XIII, 178. Voyez ci-après, 12 *oct.* 1552.

1550. — *Décembre* 21. Me Jean Erisson, docteur de Moulins en Bourbonnais, prononce l'oraison doctorale et reçoit six écus d'or sol, valait treize

livres, 16 s. « en considération de ce qu'il n'y avoit docteur en la ville qui
« ait voulu se charger de faire cette oraison. » C. B.

1550. — On achève les murs de la ville, et on construit, sur le milieu du
pont du Rhône, une porte qui y existait encore en 1789. *Arch. du Rh.*,
v, 434.

1550. — Mort de Claude Dupré, d'une ancienne famille de Lyon, auteur,
suivant Pernetti, 1, 274, d'un livre *des Connaissances du droit*. — Il fut inhumé dans l'église des Jacobins où ses parents avaient une chapelle. — Il y
eut un autre Claude du Pré dont Pernetti n'a pas parlé, lequel fut conseiller
à la Sénéchaussée de Lyon, et dont on a un livre intitulé : *Pratum Claudii
Prati*, Paris, 1714, pet. 8° (voyez son art. dans la *Biogr. lyonn.*, p. 237).
L'existence de celui qu'a mentionné Pernetti nous paraît douteuse.

1550. — Mort de Jean de Tournes, un de nos plus habiles typographes.
La plupart de ses éditions sont recherchées. Il avait pour marque deux vipères entrelacées, avec cette devise : *Quod tibi fieri non vis, alteri ne feceris*, et
quelquefois un Ange debout, avec cette anagramme : *Son art en Dieu*. Son
imprimerie était dans la rue Raisin, à l'enseigne des Deux Vipères. Il imprima dès 1544, et fut pendant quelque temps associé de Guillaume Gazeau
(*Biogr. lyonnaise*). — La Bibliothèque de Lyon possède quelques volumes
qui ont appartenu à Jean de Tournes; de ce nombre est le suivant, sur le
titre duquel est son monogramme : *Les Prophéties de Merlin, nouuellement
imprimees à Paris.* —Cy finent les Propheties de Merlin nouellement imprimees a Paris en la grant rue Sainct-Jacques a lenseigne de la rose blanche couronnee (chez Philippe Lenoir). Et fut ledit liure de Merlin acheue dimprimer le second iour de Juing Mil cinq centz xxvi. Petit in-4° goth. à 2 col. de
cxx f. chiffrés.—M. Delandine n'a pas décrit ce volume dans son Catalogue,
mais il y a inscrit une édition du même ouvrage à laquelle il donne 2 vol.
in-4°, et la date de 1705 (sic), Paris, Michel Lenoir, édition qu'il dit être
rare et *gothique*, et qui le serait réellement si elle portait la date de 1705 ;
mais nous avons vu l'exemplaire en question dans la B. de l'acad. de Lyon,
les derniers f. de la 2° partie qui manquaient sont manuscrits, et terminés
par la souscription de l'édition de 1505, décrite dans le *Suppl.* de M. Brunet. Nous ne connaissons point d'éditions lyonnaises de l'ouvrage de Merlin
qui a été pourtant souvent réimprimé et traduit en différentes langues. Il
a même trouvé un commentateur dans Alain de Lille, *Alanus ab Insulis*,
écrivain du xiii° siècle. Voyez l'*Histoire littéraire de la France*, xvi, 417.

1550.—Parmi les hommes de lettres qui florissaient alors à Lyon, nous
ne pouvons nous dispenser de mentionner Guillaume des Autelz, de
Charolles, qui fit un long séjour dans notre ville, où il publia la plupart
de ses ouvrages en prose et en vers. Il prit surtout une part très-active
aux querelles que firent naître les innovations orthographiques de Louis
Meigret. *Biogr. Lyonn.*; Hallam, *Hist. de la Litt.*, 1, 154.

1551.—*Mars* 8. Edit du roi, daté de Reims, par lequel il est accordé
aux marchands de la nation Suisse fréquentant les foires de Lyon, quinze
jours francs, au lieu de dix, pour tirer et enlever de la ville de Lyon,
leurs marchandises, après chaque foire. Rubys, p. 378.—Les marchands
des villes impériales jouissaient des mêmes privilèges. Voyez ci-dessus;
année 1549.

1551.— (1550, v. s.). *Mars* 18. Déclaration qui défend de mixtionner et sophistiquer le safran qui se vend aux foires de Lyon. *Recueil* d'Isambert, XIII, 179.

1551.—*Juin 23. Séance consulaire.* Hugues de La Porte expose que hier fut faite assemblée à l'archevêché, en présence de M. (l'évêque) de Valence, touchant plusieurs luthériens et calvinistes qui se sont monopolés et chantent le soir, en bandes, dans les rues et partout, les pseaumes de David, malgré les inhibitions du roi.... Aucuns disent que ces hérétiques menacent de piller les maisons, d'autres disent au contraire qu'ils sont très-austères de mœurs, et qu'ils veulent ramener la religion comme elle était du temps de S. Pothin, avant que le clergé dissolu l'eût altérée et gastée.... M. le Juge, ajoute-t-il, a chargé le procureur de la ville de dire au consulat de mettre ordre à renforcer le guet, autrement la ville sera en danger d'avoir garnison, et que M. de Maugiron voudra y amener ses gens. — On arrête d'écrire en cour pour assurer qu'il n'y a en cette ville aucun danger ni sédition, et l'on ordonne au capitaine Sala de prendre des penons suffisamment pour faire le guet, et bailler main-forte à la justice. S.; *Revue du Lyonn.*, 1, 509; J. Morin, V, 125 —L'évêque de Valence était arrivé à Lyon depuis quelques jours pour prendre possession de l'archevêché de Lyon, au nom de M. de Tournon. L'acte consulaire le plus ancien où il soit question des luthériens est du 22 juin 1546. « Le lieutenant du Peyrat, y est-il dit, communique au consulat certaines missives du roi à lui adressées, faisant mention de certains *Luterians* qui délibèrent faire quelque scandale le jour du Corps de Dieu, et partant mandoit de s'en enquérir et y pourvoir en diligence, etc. » M. de Maugiron arriva à Lyon le lendemain 23, veille de la Fête-Dieu, « avec environ 50 chevaux, tant gentils-« hommes que autres de sa compagnie, » et tout s'étant passé sans qu'il y eut le moindre soupçon de scandale, malgré l'affluence considérable qu'y avait attiré le Jubilé, à l'occasion du concours de la St-Jean-Baptiste avec la Fête-Dieu. M. de Maugiron repartit le 25 avec sa troupe.

1551. — *Juin 27.* Edit attribuant tant aux cours souveraines qu'aux juges présidiaux la connaissance, punition et correction des hérétiques, réservant néanmoins aux prélats et juges d'église la juridiction des personnes déviant de la foi catholique, sans scandale public ou commotion populaire. *Recueil* d'Isambert, XIII, 189.—Cette ordonnance est la quatrième d'Henri II, contre les luthériens; nous y remarquons les passages suivants :

«... Et ne sera imprimé ne vendu aucuns livres.... concernant la saincte ecriture et religion chrestienne, faits et composez depuis quarante ans en çà.... que premièrement ils n'ayent été veus et visitez : c'est à scavoir ceux qui sont imprimez ès villes de Paris, Lyon et autres villes circonvoisines dudit Paris, où il n'y a faculté de théologie, par la faculté de théologie dudit Paris, et ès villes où il y a faculté de théologie, par les docteurs et députez d'icelle......... Et pour autant qu'en notre ville de Lyon y a plusieurs imprimeurs, et qu'ordinairement il s'y apporte grand nombre de livres de pays étrangers, mesme de ceux qui sont grandement suspects d'hérésie, nous avons ordonné et ordonnons que trois fois l'an sera faite visitation des officines, et boutiques des imprimeurs, marchans et vendans livres en ladite ville, par deux bons personnages, gens d'église, l'un député par l'archevesque de Lyon ou ses vicaires : l'autre par le chapitre de l'église dudit lieu, et avec eux le lieutenant du sénéschal dudit Lyon, qui pourront saisir et mettre en nostre main tous livres censurez et suspects, comme dit est. Et si en procédant esdites visitations, ils trouvent faute notable, ils nous en advertiront, pour faire procéder contre ceux qui les feront, et y donner telle provision que nous verrons estre à faire. » Voyez Prost de Royer, *Dict. de Jurisprud.*, v . 699.

1551.—*Juin* 28. Lettres patentes du roi Henri II, qui ordonnent l'aliénation de terreaux et fossés qu'il possède à Lyon, entre la porte de la Lanterne et le Rhône, afin de subvenir aux frais de la construction d'une maison commune pour les marchands étrangers, sur un terrain qui lui appartient également, et qui est situé sur le bord de la Saône, près de la grande rue St-Jean. *Nouvel. Arch. du Rh.*, 1, 104. Voyez aussi une lettre de Diane de Poitiers, aux échevins de Lyon, du 27 *janvier* 1555, publiée pour la première fois dans les *Mélanges* de M. Bréghot, p. 475.

1551.—*Octobre* 12. On publie à Lyon, à son de trompe et cri public, les lettres patentes du roi Henri II, données à Fontainebleau le 5 *septembre* précédent, portant défense de porter à Rome aucun argent, etc. Bochel, *Decreta eccl. gallican.*, p. 693. M.

1551.—*Octobre* 14 ou 15. Une bulle de Jules III confirme celle de Paul III, du 12 *avril* 1549, qui avait ordonné la sécularisation des moines de l'abbaye royale de l'Ile-Barbe. (Rubys, p. 225; *Gallia christ.*, IV, 232; Cochard, *Descript. de Lyon*, p. 200).—« Cette abbaye et la mense de capitulaire, écrivait Prost de Royer en 1781, ont été unies à l'église primatiale de Lyon par brevets du roi, bulles du pape, lettres patentes et arrêt d'enregistrement de 1740, 1741 et 1742. Les motifs de cette union, ouvrage du cardinal de Tencin, alors archevêque de Lyon, ont été la nécessité d'augmenter les revenus des chanoines-comtes de Lyon, qui n'avoient pas trois à quatre cents livres, et l'avantage d'y transférer le séminaire de St-Pothin, autorisé lettres patentes du 22 juillet 1737, en faveur des prêtres caducs et infirmes du diocèse. Ces motifs n'ont pas empêché que les citoyens de Lyon ne regrettassent un chapitre où pouvoient entrer leurs enfants : mais tout change et tout s'oublie. Et, s'il est vrai que le terrain du palais de Marc-Aurèle soit aujourd'hui foulé par des recollets, on ne sera point étonné de voir de bons chanoines remplacés par des prêtres caducs et infirmes... » *Dict. de jurispr.*, 1, 51.

1551.—*Octobre* 31. Claude Monier, adjoint de Pierre Fournelet, sous le ministère duquel les protestants de Lyon avaient continué leur assemblées secrètes, ayant été découvert, est brûlé sur la place des Terreaux.—Claude Monier était d'auprès d'Yssoire, en Auvergne ; il avait tenu les écoles publiques à Clermont et depuis avait fait grand bruit en Auvergne. Après avoir demeuré quelques années à Lausanne (Suisse), il était venu à Lyon, ayant charge de quelques enfants du lieu « où il servit à plusieurs, les assemblant « par petites troupes pour prier Dieu, et pour leur communiquer ce qu'il « avait reçu.... » Bèze, *Hist. eccl.*, 1, 85. Voyez ci-dessus, *année* 1547, et ci-après, *année* 1561.

1551.—*Novembre* 21. Mort à Dijon, de Claude Paterin, premier président au parlement de Bourgogne, né à Lyon en 1475. Pernetti, 1, 228; *Biogr. lyonn.*, p. 217.

1551.—*Novembre*. Le cardinal de Tournon qui était malade à Lyon, fait venir de Montpellier le célèbre médecin Guillaume Rondelet. — L'illustre prélat fut si content des services de Rondelet qu'il lui assura une pension de 200 livres.—Plusieurs ouvrages de ce médecin furent publiés à Lyon.— François de Tournon, précédemment archevêque d'Auch, avait permuté cette même année, avec Hippolyte d'Este, archevêque de Lyon, qui reprit le siège de cette ville en 1562; mais il le permuta peu de temps après pour le siège d'Arles, et fut remplacé, à Lyon, par Antoine d'Albon. Voyez ci-dessus, 21 *septembre* 1548.

1551.—*Décembre* 15. *Séance consulaire.* Barthélemi Aneau ayant manifesté l'intention de quitter le collége, on propose de le remplacer par Jacques Fraschet, natif de Moulins, en Bourbonnais, qui tenait, depuis environ trois années, une école particulière qu'il avait élevée sur les fossés de la Lanterne. Cette proposition est acceptée, mais on arrête que M° Aneau professera jusqu'à la St-Jean. S.—Le 15 janvier suivant, les conseillers présentèrent à M° Tignat, lieutenant-général à la sénéchaussée, Jacques Fraschet qui fut agréé par ce magistrat, après qu'il eut fait une oraison latine en présence de l'official Buatier, de M. de Villars, de M. Cleppier et autres docteurs avocats. S. et C. B. Voyez encore les actes consulaires des 16 février et 5 juillet 1552, et ci-après *juin* 1555.

1551.—*Décembre* 21. M° Florent Volusan, docteur écossais, prononce l'oraison doctorale.—On lui donna pour sa peine vingt livres tournois, « sans « tirer par la suite à conséquence, pour ce qu'il ne s'était trouvé en la ville, « avocat ni autre homme de lettres qui se soit voulu charger de faire ladite « oraison; attendu même que ledit M° Florent en a été très-instamment « prié et requis par les conseillers. » C. B.

1551.—Henri II établit des *Intendants* ou commissaires, départis pour l'exécution des ordres du roi dans les provinces ou généralités du royaume. —Ces intendants étaient ordinairement choisis parmi les maîtres des requêtes. Ils avaient l'inspection de toutes les affaires concernant la justice, la police et les finances dans toute l'étendue de leur généralité. Celle de Lyon comprenait, ainsi que le gouvernement, les provinces de Lyonnois, Forez et Beaujolois, dans lesquelles il y avait cinq élections (1), savoir: Lyon, Saint-Etienne, Montbrison, Roanne et Villefranche.—On trouve dans l'*Éloge hist. de Lyon*, par Brossette, p. 138, et dans l'*Almanach de Lyon* pour 1745, p. 63, une liste des intendants de Lyon, depuis leur établissement jusqu'en 1739; nous la reproduisons en la complétant:

1551. Jean Poile.
1564. Michel Quelain.
— Gabriel Miron (*Biogr. lyonn.*).
1567. Pierre de Longueil.
1569. Michel l'Archer.
1571. Jean-Jacques de Mesmes.
1594. Pompone (fils de Claude) de Bellièvre (*Biogr. lyonn.*).
1596. Jean Forget (président à mortier du Parlement de Paris).
1598. Emeric de Vic (*Biogr. lyonn.*).
1602. Eustache de Refuge.
1607. Guillaume de Montholon.
1617. Jacques Olier (père de Jean-Jacques Olier, fondateur du séminaire de St-Sulpice, à Paris (*Biogr. lyonn.*).
1625. Maximilien Grangier.

(1) On appelait *Election* un tribunal établi pour juger les différends qui concernaient les tailles, les aides et les gabelles. *Alm. de Lyon* de 1745, p. 106.

1626. Jean Turquan.

1630. Amelot de Chaillou.

1634. Humbert de Chaponay (*Biogr. lyonn.*).

1637. Jacques le Prévost d'Herbelay.

1638. Dreux d'Auvray (ensuite lieutenant civil à Paris).

1641. François Bochard de Sarron (*Biogr. lyonn.*).

1643. Louis Faulcon de Ris (maître des requêtes, ensuite premier président au parlement de Normandie).

1648. François Bochard (pour la seconde fois).

1666. François Dugué de Bagnols (*Biogr. lyonn.*).

1682. André Lefebvre d'Ormesson (maître des requêtes).

1684. André-Jules-Louis Malon de Bercy (maître des requêtes).

1686. Pierre Cardin Le Bret (maître des requêtes, ensuite premier président au parlement de Provence).

1694. Henri-François Lambert d'Herbigny (*Biogr. lyonn.*).

1701. François Guyet, marquis de Bantanges, etc. (maître des requêtes, ensuite intendant des finances).

1704. Charles Trudaine de Montigny (*Biogr. lyonn.*).

1710. Antoine-François Meliand.

1718. Pierre Poulletier de Nainville (*Biogr. lyonn.*).

1739. Bertrand-René Pallu (*Biogr. lyonn.*).

1751. Bonaventure-Robert Rossignol.

1754. Henri-Léonard-Jean-Baptiste Bertin (*Biogr. lyonn.*).

1757. Jean-Baptiste-François de la Michodière ou Michaudière (*Biogr. lyonn.*).

1762 (Novembre). Jean Baillon (*Biogr. lyonn.*).

1768. Jacques de Flesselles (mort assassiné lors de la prise de la Bastille, le 14 juillet 1789 (*Biogr. lyonn.*).

1784. Antoine-Jean Terray (mort avec sa femme sous la hache révolutionnaire, le 28 avril 1794 (*Biogr. lyonn*).

Les intendances furent supprimées en décembre 1789. L'hôtel de l'Intendance de Lyon était situé à l'angle méridionale de la rue du Pérat et de la rue St-Joseph.

1551.—En ce temps là, Calvin et ses sectateurs redoublaient d'efforts pour propager leurs doctrines. Genève, devenue l'arsenal de la réforme, inondait la France de brochures dogmatiques, et le plus souvent satiriques et incendiaires. Ces pamphlets, à la faveur du voisinage, se glissaient dans le commerce de Lyon, et de là se répandaient facilement et sans contrôle dans toutes les autres villes du royaume. C. M. Leber, *de l'État réel de la Presse*, etc., p. 11 ; Garnier, *Hist. de Fr.*, XIII, 461, édit. in-4°.

1551.—Création d'un siège présidial, réuni à la sénéchaussée dont le ressort s'étendait sur les juridictions royales du Forez et du Beaujolais. Rubys, *Hist.*, p. 377; *Arch. du Rh.*, XIII, 27; Dupuy, *Traitez*, etc., p. 873. Voyez ci-dessus, *année 1531*.

1551. — Ouverture de la rue du Pas-Etroit et de la rue Terraille. Morin, v, 51.

1551. — Sébastien Serlio, né à Bologne, en 1475, avait quitté l'Italie, à la prière de François Ier, pour venir s'établir en France où il fut nommé architecte de Fontainebleau et surintendant des bâtiments de la couronne. Après la mort de ce prince, il s'était retiré à Lyon; il y tomba dans la plus grande détresse, et vendit ses manuscrits à Jacques de Strada, antiquaire, natif de Mantoue, établi à Lyon. Le produit de cette vente lui servit à payer les frais de l'ouvrage qu'il avait publié à Lyon, sous ce titre: *Extraordinario Libro di architectura.... nel quale si dimostrano trenta porte di opera rustica,* etc. In Lione, per *Giovan di Tournes,* M. D. L I, in-fol. — Serlio qui était retourné à Fontainebleau, y mourut en 1552.

1552. — (1551, v. s.). *Janvier.* Edit (enregistré au parlement le 4), portant création de dix-sept recettes générales. *Recueil* d'Isambert, XIII, 236. — Lyon est au nombre des villes où fut établi, conformément à cet édit, le siége d'une recette générale. — Voyez ci-après *juin* 1555.

1552. — *Juillet* 7. Installation du Présidial. J. Morin, v, 59.

1552. — *Septembre* 13. *Séance consulaire.* Maître Jean Daleschamps est nommé médecin de l'hôpital de Lyon, en remplacement de Claude Desmarest « qui « fait très-mal son devoir dans la visite et traitement des pauvres auxquels « il ne donne pas les remèdes convenables. » S.

1552. — *Septembre* 28. Entrée du cardinal de Tournon, archevêque de Lyon (par suite de la résignation du cardinal de Ferrare). — On alla au-devant de lui jusqu'à la Ferrandière, où il avait séjourné trois jours pendant que l'on faisait les préparatifs de son entrée. Rubys, p. 378 et 491. — La veille, il y avait eu transaction entre le consulat et le clergé au sujet d'une querelle de préséance. *Actes consulaires* du mois de septembre 1552; J. Morin, v, 62.

1552. — *Octobre* 12. Edit qui confirme les exemptions accordées aux marchands qui fréquentent les foires de Lyon. Fontanon, 1, 1069; Rebuffe, liv. IV, tit. 26, c. II. Voyez ci-dessus, 10 *nov.* 1550.

1552. — *Décembre* 21. Me Jean Daleschamps, docteur médecin à l'hôpital de Lyon, prononce l'oraison doctorale. S.

1552. — La ville fait payer à Constantin Moraï et Alexandre Aramondi, grecs de Constantinople, « gens ingénieux et experts architecteurs, lesquels « avaient dessiné les *plessieres* du Rhône, et baillé dessin pour les fortifica- « tions. » J. Morin, v, 53.

1552. — Un *puysaillier* nommé François Peloux est enfoui dans un puits qu'il creusait, et y demeure sept jours, ne subsistant que de son urine. — Barthelemi Aneau fit à ce sujet des vers qui ont été reproduits dans le tome IV de la *Revue du Lyonnais,* p. 252, à l'occasion d'un événement de même nature arrivé à Lyon en septembre 1836.

1552. — En ce temps-là florissait à Lyon (*non senza lode*) un musicien florentin nommé l'*Aiuola.* Voyez le *Catalogue des musiciens,* p. 511 du livre intitulé: *Sette cataloghi à varie cose appartenenti,* etc. Vinegia, 1552, in-8°. C. B.

1552. — Jean de Tournes publie une nouvelle édition des Œuvres de Sidonius Apollinaris, sous ce titre: *Caii Solii Appollinaris Sidonii Arvernorum episcopi Opera castigata et restituta.* Lugduni, apud *Joann. Tornæsium,* 1552. In-8° de 360 pages, précédées d'un avis au lecteur par Elie Vinet, daté de Bordeaux le 15 février 1551, et de la Notice de P. Crinitus sur Sidonius. — 1re édit. lyonnaise de Sidonius. On ne cite que trois éditions antérieures:

celle de 1473, in-fol., que l'on croit avoir été imprimée à *Utrecht*; celle de *Milan*, 1498, in-fol., et celle de Bâle, 1542, in-4°. — Les principales éditions publiées depuis celle de J. de Tournes sont les suivantes: Bâle, 1597, in-8°; — Lyon, J. Pillehotte, 1598, pet. in-8°; — Paris, 1598, in-8°; 1599, in-4° (*Catal.* de M. Leber, n° 5121), et 1609, in-4° (ces trois dernières édit. ont été données par Savaron); — Paris, 1614, in-8°, avec les notes de Sirmond; — Hayn (*Hanoviæ*), 1617, in-8°; — Paris, 1652, in-4°, avec les notes de Sirmond, plus étendues que dans l'édition de 1614; c'est aussi la plus estimée et la dernière qui ait été publiée séparément du texte des Œuvres de Sidonius. La seule traduction *complète* qui en ait été donnée, est celle de MM. Grégoire et Collombet, avec le texte en regard et des notes, Lyon, imprim. de *Rusand*, 1836, 3 vol. in-8°; elle est précédée d'une *Notice sur Sidonius* par A. P., extraite du tome II des *Archives du Rhône*, et réimprimée dans le *Dict. de la conversation*, lettre S. — La traduction que Billardon de Sauvigny nous avait donnée en 1787, et avec un titre rafraîchi, 1792, 2 vol. in-8°, outre qu'elle est très-incomplète et manque de fidélité, n'offre le plus souvent qu'une courte analyse d'un grand nombre de pièces que le traducteur regardait comme peu importantes. — Quant aux *Lettres de St Loup, évêque de Troyes, et de St Sidoine, évêque de Clermont, avec un abrégé de la vie de St Loup,* par Remy Breyer, chanoine de Troyes; Troyes, Nicolas Debarry, 1706, in-8°., ce volume de vi et 36 pages, ne contient que la lettre unique de St Loup conservée par d'Acheri, t. v, p. 579 de son *Spicilegium*, et la réponse de Sidonius, liv. I, *Ép.* vi, avec le texte de ces deux lettres en regard; le tout précédé d'un précis de la vie de St Loup qui occupe 18 pages. Voyez *Recherches sur l'établissement et l'exercice de l'imprimerie à Troyes*, etc., par M. Corrard de Breban, p. 21, et le *Catalogue des livres de la Biblioth. de M. Leber*, n° 5113.

1553. — *Janvier* 5. Mort de Symphorien Bullioud, évêque de Soissons, né à Lyon en 1480. *Biogr. lyon.*

1553. — *Février* 13. Le Chapitre de l'Église de Lyon députe Nobles, égrèges et vénérables Messires Pierre d'Épinac, Chamarier, et Marc de Passac, pour s'opposer, au nom du Chapitre, à la réception du Concile de Trente, en France. *Mémoire du Chapitre primatial de Lyon*, etc. (Paris, 1705, in4°), p. 405.

1553. — *Avril* 7. Déclaration qui exempte définitivement les marchands fréquentant les foires de Lyon du droit d'imposition foraine, domaine forain, etc. Fontanon, I, 1072; *Recueil* d'Isambert, XIII, 312. Voyez ci-dessus, 12 oct. 1552, et ci-après, *mars* 1555.

1553. — *Mai* 16. Supplice de cinq étudiants qui étaient venus de Lausanne à Lyon pour prêcher la réforme. — Théodore de Beze a fait sur leur mort une élégie qui a été insérée dans le *Delitiæ poetar. gallor.*, p. 652; voyez aussi son *Hist. ecclés.* I, 82-92, et l'*Hist. abr. des Martyrs françois du temps de la Réformation*, par D.*** Amst., 1684, in-12, p. 109 et suiv. — On mentionne encore, dans ce dernier ouvrage, un Mathieu Dimonet, condamné à mort pour cause d'hérésie, et exécuté le 15 *juillet* de la même année. — Dom Liron, *Singularités his.*, III, 486, parle aussi d'un prêtre de Blois, nommé Denys Peloquin, qui fut brûlé, pour la même cause, à Villefranche, dans le diocèse de Lyon, le 11 *septembre* de cette année.

1553. — *Septembre* 25. Édit qui exempte provisoirement de l'impôt de traite foraine, les livres écrits ou imprimés, reliés ou non reliés (rendu sur la demande des marchands libraires et maîtres imprimeurs de la ville de Lyon). *Recueil* d'Isambert, XIII, 349.

1553. — *Octobre* 27. « Le Consulat passe mandement à M. Etienne Pasquier, recteur et principal du Collége nouvellement érigé du côté de Fourvières, près l'église de St-Jean, de la somme de 50 livres tournois à lui taxée pour aucunement le dédommager et lui aider à supporter les frais qu'il a faits et fait journellement pour l'entretenement dudit Collége, tant à nourrir et stipendier les regents qui enseignent les enfants de la ville, que pour payer le louage de la maison où ledit Collége a été érigé, auquel Collége il y a grande quantité d'enfants de la ville du côté de Fourvières ; et moyennant cette somme, il a promis continuer l'entretien de ce Collége et des régents, et enseigner et faire enseigner les pauvres enfants qui n'ont pas de quoi payer les maîtres qui les enseignent. » Extraits de M. Sudan (copie de C. B). Voyez ci-dessus au 21 *décembre* 1549.

1553. — *Décembre* 21. Jacques Frachet, principal du Collége de la Trinité, prononce l'oraison doctorale, et reçoit pour sa peine 10 livres tournois.

1553. *Circa.* — Mort de Benoît Court, docteur en droit, chevalier de l'Eglise de Lyon, né à St-Symphorien-le-Château, connu par son commentaire des *Arrests d'amours* de Martial d'Auvergne. *Arch. du Rh.*, v, 256 et suiv. — Pernetti, par une singulière méprise, lui a consacré deux articles ; I, 328 et 402 ; il le nomme *Du Curtil*, dans le dernier de ces articles. *Biogr. lyonn.*

1553. — Guillaume Roville publie la première édition latine de son *Promptuaire des Médailles*, 2 vol. in-4°. Le privilége qu'il avait obtenu le 27 juin, lui accorde la faculté de l'imprimer en latin, en français, en italien et en espagnol. Il employa pour la gravure des médailles un artiste piémontais, *George Reverdy*, qui était venu s'établir à Lyon. La Croix du Maine en a parlé dans sa Bibliothèque ; il est appelé *Georgius Reperdius* dans les *Nugæ* de Nicolas Bourbon, p. 153 (*Biogr. lyonn.*). — Antoine Augustin se moque avec raison, dans son *Dialogue des Médailles*, du Promptuaire de Roville. Celui de Jacques Strada dont il existe une traduction qui parut aussi à Lyon en 1553, conserve encore quelque valeur, non pour les numismates, mais pour les bibliographes ; cette traduction a pour titre :

Epitome du Thrésor des antiquitez, C'est-à-dire Pourtraits des vrayes médailles des empp. tant d'Orient que d'Occident, De l'estude de Jacques de Strada Mantuan Antiquaire. Traduit par Jean Louveau d'Orléans. A Lyon par *Jacques de Strada*, et *Thomas Guérin* M. D. LIII., in-4° (B. de Lyon, 161, 2758). — L'Épistre dédicatoire de l'auteur au comte de Kirchberg et Weissenhorn, est datée de Lyon, le 28 novembre 1553 ; elle est suivie d'une épistre au lecteur dans laquelle Jacques de Strada, après avoir parlé du séjour qu'il a fait en Allemagne pour y rechercher des médailles, s'exprime ainsi : « ... De là, venant des Gaules, j'ai communiqué et hanté à Lyon avec noble homme Monsieur Guillaume (du) Choul, natif de ladite ville, fort expérimenté aux Histoires et à déclarer le revers des Monnoyes et Médailles figurées, homme au surplus de si bon jugement et si rare qu'on le peult bien conter entre les premiers expérimentez en cest affaire.... En sa maison magnifique (ce qui ne me semble que je doive celer), j'ay vu grand nombre de toutes pièces de médailles antiques ....., lesquelles il m'a communiqué... Mays j'ay esté encore plus esmerveillé, et non sans cause, de l'industrie de Monsieur le thrésorier Jean Grollier, demeurant à Paris, homme noble et docte, lequel on appelle communement le thresorier de Milan, parce que, tandis que Milan était en la puissance du Roy François, il en estoit thresorier-general. La diligence duquel est grandement à priser, pour ce qu'il a amassé vn nombre presque infini de pièces d'or, d'argent et de cuivre..... y employant gens expressément, pour en retirer de tous les endroits, les plus singulières ; desquelles il ha un nombre merveilleux, et principalement de médaillons qui valent une richesse infinie. Il n'est pas seulement recommandable pour icelles antiquitez, mais aussi pour vne très-grande multitude de livres tant grecs que latins. En sorte que de tout ce que je pense me rester touchant la perfection de mon livre, c'est de visiter son thrésor d'antiquitez, espérant qu'il me sera propice et favorable...... » L'exécution typographique de ce volume sorti des presses de *Jean de Tournes* est fort belle, et c'est au *Petit Bernard* que fut confiée la gravure des médailles. Le texte latin du même ouvrage avait été imprimé la même année par le même *Jean de Tournes*, in-4°. Papillon, *Traité de la gravure*, I, 213; Huber et Rost, *Man.*, VII, 52; *Biogr. univ.*, art. STRADA de ROSBERG, et SERLIO (Sébast.).

1554.—*Février 8. Séance consulaire.* « Philibert Vert, Benoît Clément dit Voisin et autres faisant la manufacture des draps de soie, présentent les règlements qu'ils ont fait dresser entre les ouvriers de ladite manufacture, et prient le consulat d'en poursuivre l'exécution auprès du roi, afin de prévenir les abus qui s'y introduiroient. Ils disent que de cette manufacture vivoient en cette ville plus de 12,000 personnes, et que ces règlements ne peuvent que la faire accroître.—Le consulat, après avoir fait examiner ces règlements, arrête d'en poursuivre l'homologation aux frais des fabricants. » S. et C. B.

1554.—*Avril.* Lettres d'Henri II qui confirment les statuts des ouvriers de drap d'or et d'argent de la ville de Lyon.—Enregistré au parlement le 4 décembre suivant. *Recueil* d'Isambert, XIII, 374; Dagier, *Hist. de l'Hôtel-Dieu*, I, 105.

1554.—*Juillet 15.* Christophe de Longueil, protonotaire du St-Siége, nommé par Henri II à l'évêché de Dôle, meurt à Lyon d'apoplexie, avant d'avoir été sacré.—Il fut enterré aux Cordeliers dans le chœur. Moréri.— Le P. Menestrier place la mort de ce prélat, dans ses *Notes chronologiq.*, à l'année 1552, et ajoute qu'il ne faut pas le confondre avec le savant du même nom qui mourut à Padoue, en 1522.

1554.—*Novembre 27.* Plusieurs notables habitants s'adressent au consulat pour qu'il demande au roi d'établir un parlement à Lyon.—Le consulat, dans sa séance du 3 *décembre*, arrête qu'il en délibérera.—Le 12 *février* de l'année suivante, le consulat, instruit que l'avocat Grollier est allé à Paris, pour demander, au nom des habitants, l'érection de ce parlement, déclare qu'il désavoue les démarches de M⁰ Grollier. S. Voyez ci-après au 24 *avril* 1569.

1554.—*Novembre.* Edit du roi qui supprime les offices de prévosts provinciaux des mareschaux de France, et qui règle le pouvoir et les fonctions des lieutenants criminels établis auprès des sièges présidiaux.—On lit dans cet édit : «.... Voulons que doresnavant il n'y ait d'autres *prévosts* que les prévosts de nos connestables, mareschaux de France et gouverneurs de Picardie, Champagne, Isle de France, Lyonnois, Forez, Beaujolois, y comprenant Auvergne et Bourbonnois,..... avec leurs lieutenants, officiers et archers. » *Recueil* d'Isambert, XIII, 411.

1554.—*Décembre 17.* Entrée de Guillaume Gadagne, seigneur de Saint-Victor, « nouvellement pourvu de l'estat de seneschal et lieutenant au gou-
» vernement de la ville et seneschaussée de Lyon. » S. et C. B.—Gadagne succédait, comme lieutenant du roi au gouvernement de Lyon, à feu Jean Tignat qui avait remplacé Jean du Peyrat. Voyez les *Actes cons.*, au 25 février 1555.

1554.—*Décembre 21.* Jean Girinet prononce, dans l'église de St-Nizier,

l'oraison doctorale, en latin et en français (imprimée; Lyon, Jean de Tournes, 1555, in-4°).—L'orateur, dans sa harangue française, manifeste le désir qu'il soit établi un parlement à Lyon, et combat les raisons qu'alléguaient ceux qui s'y étaient opposés. Une note marginale (à la page 22) que nous croyons être de la main de l'avocat Claude Brossette est ainsi conçue: « En 1704, le roi eût créé un parlement à Lyon sans l'opposition du ma-
« reschal de Villeroi et celle du parlement de Paris. J'ai toujours regardé
« cette création comme une ressource assurée dans les besoins pressants de
« l'état. Deux raisons prouvent l'utilité de cette création; l'une la perte du
« temps et l'éloignement des marchans de Lion qui sont obligés d'aller à
« Paris pour faire juger les procès pendans à la cour; l'autre que des que
« un marchand de Lion est riche, il achète une charge de conseiller et de
« maître des requêtes à son fils; témoin la famille de Pellot,—de Sabot,—
« de Mascranni,—de Pecoil,—de Desbonnel,—de Piarron,—de Dufenoil,
« —de le Viste,—de Scarron,—de Duchol,—de Faye, seigneur Despeisses,
« —et enfin de Bellièvre. » (B. de Lyon, 56, 19039.).

1554.—Guillaume Gadagne prend possession de l'office de sénéchal de Lyon. *Oraison doctorale* de Jean Girinet, p. 18.

1554.—Léonard Sarrasin, théologal de l'Eglise de Lyon, est pourvu de la custoderie de Ste-Croix, vacante par le décès d'André Beraud, dit Amyot, et en prend possession sans quitter la théologale, ayant obtenu dispense à cet effet. M.—Il y a eu un autre André Amyot, qui fut aussi custode de Ste-Croix, et qui mourut en août 1599, et non en 1582, comme l'a écrit Pernetti qui lui a mal-à-propos donné le prénom d'Antoine. Voyez Rubys, *Hist. de Lyon*, p. 454.—Suivant Pernetti, 1, 254, Léonard Sarrasin aurait donné, en 1544, plusieurs opuscules que cite souvent Severt. Nous ne connaissons d'autre opuscule de Sarrasin ou Sarasin que celui qui a pour titre : *Lugdunensium præsulum catalogus auctore* Leonardo Saraceno, *Lugdunensi cive et ecclesiaste*, imprimé avec le Catalogue des archevêques de France, *Parisiis*, 1562, in-fol., et cité par le P. Lelong, n° 8857.

1554.—« Le pape Jules III accorde un jubilé en faveur des filles repenties ou religieuses desservant l'Hôtel-Dieu de Paris, pour fournir aux frais de leur établissement. En exécution des lettres-patentes d'Henri II, ce jubilé est publié dans tout le royaume; mais, sur les conclusions du procureur-général de la ville de Lyon, le consulat ordonne que les aumônes faites par les fidèles de la cité pendant les trois fêtes de la Pentecôte, du St-Sacrement et de la Sainte-Trinité seront partagées par tiers entre l'Hôtel-Dieu, l'Aumône-Générale et les religieuses de Paris. » Dagier, 1, 103.

1554.—« Antoine Champier, fils du célèbre Symphorien Champier, médecin du duc de Lorraine, et qui avait remplacé son père en la même qualité, rachète, pour deux cents livres, une pension annuelle de dix livres, créée au profit de l'Hôtel-Dieu, et imposée sur une maison sise à Lyon, quartier de St-Nizier. » Dagier, 1, 104.

1555.—*Mars 26*. Des lettres-patentes de Henri II accordent aux conseillers des communautés de la ville de Lyon, le droit de faire porter épées et dagues à cent de leurs arquebusiers.—Des lettres de Charles IX, du 18 août 1561, accordèrent le même privilège du port-d'armes à deux cents arquebusiers. Ce nombre était celui de la compagnie qui existait encore en 1789, et dont 50 hommes faisaient un service continuel; les autres appelés *arquebusiers des cent cinquante*, fournissaient tous les soirs le nombre d'hommes nécessaire pour renforcer les postes des arquebusiers à l'hôtel-de-ville, et faire des patrouilles pour la sûreté publique, dans toute l'étendue de la ville. Prost de Royer, *Dict. des arrêts*, vi, 613.

1555.—*Mars*... Edit du roi qui supprime le *Bureau de la traite foraync* établi à Lyon. Rubys, p. 379 ; Pernetti, 1, 285. Voyez ci-dessus au 7 avril 1553.

1555.—*Mai 4.* Michel Nostradamus publie la première édition de ses *Prophéties* à Lyon, chez *Macé Bonhomme*; petit in-8° de 46 f. lettres rondes. On lit à la fin du volume : *Ce present liure a esté acheué le iv jour de mai M. DLV.* Cette édition ne contient que quatre centuries. La première édition complète est celle de Lyon, *Benoist Rigaud*, 1568, petit in-8°. —Parmi les réimpressions qui ont été faites à Lyon, nous citerons la suivante : *Les Prophéties de Maitre Michel Nostradamus dont il y en a trois cents qui n'ont jamais été imprimées. Ajoûtées de nouveau par ledit auteur.* A Lyon, chez *Jean Viret*, 1697, in-12, de 180 p. non compris 12 pages non chiffrées du titre (en face duquel est un portrait de Nostradamus) et de la préface de Nostradamus, datée de Salon le 1er mars 1555. Après la page 98 est un titre ainsi conçu : *Les Prophéties de M. Michel Nostradamus. Centuries VIII. IX. X. qui n'ont encore jamais été imprimées.* A Lyon chez *Jean Viret*, 1697. Ces *nouvelles* centuries sont précédées d'une Epître de Michel Nostradamus à Henri II, roi de France, datée de Salon, ce 27 de juin 1558. C'est dans cette épître que se trouve ce passage qui fit tant de bruit au commencement de 1792: « .... sera faite plus grande persécution à l'église chrétienne, qui n'a été faite
« en Afrique, et durera cette ici jusques à l'an *mil sept cent nonante-deux*
« que l'on cuidera être une renovation de siècle, après commencera le
« peuple Romain de se redresser, et de chasser quelques obscures tenebres,
« recevant quelque peu de leur pristine clarté, non sans grande division et
« continuel changement.... » Voyez le *Dict. hist.* de Feller, art. *Nostradamus* (Michel), et les *Mélanges tirés d'une petite Bibliothèq.*, par C. Nodier, p. 331 et suiv.—La Bibliothèque de Lyon possède un exemplaire de l'édition de Viret qui très-probablement n'est qu'une réimpression de celle de B. Rigaud. —Un des derniers biographes de Nostradamus, M. Eugène Bareste, a consigné dans son livre (*Nostradamus*; Paris, 1840, p. 29 et suiv.) quelques détails sur le séjour que le médecin de Salon fit dans notre ville, en 1547; nous les reproduisons, mais nous n'en garantissons pas l'authenticité: « ....Michel Nostradamus quitta encore une fois Salon, et courut soigner les pestiférés Lyonnais. Un des savants médecins de cet endroit nommé Jean-Antoine Sarrazin, et l'un des docteurs de la faculté de Montpellier, voulut arrêter seul et sans le secours de personne, les progrès de la contagion. Il *ambitionnait* la gloire du médecin de Salon, et croyait se faire à Lyon une réputation semblable à celle que Nostradamus s'était faite à Aix. S'il avait le dévouement du premier, il lui manquait la science, et cependant les historiens de Montpellier et de Lyon le considèrent encore comme un des plus doctes personnages de cette époque. Nostradamus qui était fort modeste, quoique connaissant parfaitement sa valeur, fit part à Sarrazin des observations qu'il avait recueillies à Aix, et l'engagea à suivre une autre route s'il voulait arrêter les progrès du fléau. Le médecin de Lyon ne tint aucun compte des sages conseils de son collègue, et tua ou laissa mourir tous ceux qu'il se proposait de sauver. Les Lyonnais peu satisfaits des remèdes de leur compatriote allèrent trouver Nostradamus (lequel guérissait en cachette, et pour ne point fâcher Sarrazin, les malheureux qui venaient le consulter); ils se jetèrent à ses pieds, et lui demandèrent à grands cris de ne point les abandonner. Celui-ci leur fit cette réponse : « Je veux bien vous secourir,
« mais laissez-moi expérimenter à ma manière ; j'honore beaucoup, ajouta-t-
« il, le célèbre docteur Jean-Antoine Sarrazin, mon collègue ; mais comme

« mes remèdes diffèrent des siens, je désire que vous choisissiez celui qui
« doit rester médecin de votre ville, et que vous optiez à l'instant même pour
« l'un ou pour l'autre, pour moi ou pour Sarrazin. » A ces mots toute la députation s'écria : « C'est le docteur Nostradamus que nous choisissons, le
« libérateur de la ville d'Aix ! » Un mois après, la joie était peinte sur tous les
visages : le fléau dévastateur n'existait plus, et le docteur Nostradamus, comblé d'honneur et de présents, retourna triomphant à Salon, escorté des autorités de la ville que sa science et son dévouement avaient sauvée... » Voyez
la *Revue du Lyonn.*, II, 226, et IV, 66, et ci-dessus, *année* 1547.

1555. *Mai* 24. — Pose de la première pierre de l'église des Minimes par
le doyen et l'archidiacre de St-Jean. — Cette pierre fut bénite par Jean Bothéon, évêque de Damas, suffragant de l'archevêque de Lyon. — Le fondateur de l'ordre des Minimes, S. François de Paule, avait passé à Lyon en 1472.
Un de ses disciples, Frère Simon Guichard, vint y prêcher le carême en 1558
dans l'église de Sainte-Croix (1). Théodore de Vichy qui était alors doyen du
Chapitre, et qui avait conçu une grande estime pour ce religieux, institua les
Minimes pour ses héritiers, par testament du 5 juin 1555. Grâce à ce legs et
aux aumônes de quelques personnes pieuses, les Minimes firent l'acquisition
d'une vigne située sur la colline de Fourvière, au lieu appelé la *Croix des Descolez*, et par le vulgaire la *Croix de Colle*. Les particuliers qui avaient aliéné
cette vigne étaient tellement persuadés qu'elle recelait un trésor, qu'ils se reservèrent dans l'acte de vente la moitié de celui que l'on découvrirait. *Gestes et faits
mémor. de Henri II*, édit. de 1559; Rubys, p. 377; Brossette, *Eloge hist.*, p.
102; d'Attichy, *Hist. des Minimes*, p. 313; Cochard, *Descript. de Lyon*, p. 296;
C. B., *Dict. des rues de Lyon*. Voyez aussi l'*Alm. de Lyon* pour 1755, p. 46.

1555. — *Juin*. Edit de création de deux offices de Collecteurs de deniers
des recettes particulières en chacune des dix-sept recettes générales des finances. — Autre édit du même mois qui crée en chacune des dix-sept généralités, un office de surintendant de l'Administration des deniers des villes, et
un receveur et payeur des officiers présidiaux. — Ce dernier édit a été rapporté en 1560, sous Charles IX, à la demande des états-généraux. — Henri II,
sous prétexte de protéger les communes, s'était emparé de leurs deniers; on
se souvient que Napoléon en fit autant. *Recueil* d'Isambert, XIII, 445 et 448.
Voyez ci-dessus, *Janvier* 1552.

1555. — *Juin*. Charles Fontaine est nommé par provision principal du
collége de la Trinité, en remplacement de Jacques Fraschet qui avait pris la
fuite. — Le 9 *juillet* suivant, le consulat « duement informé des sens, suffi« sance, savoir et prudhomie de M. Jacques Dupuy, maître ez arts, » le
nomma principal recteur et gouverneur du collége. S. et C. B. Voyez ci-dessus, au 15 *décembre* 1551, et ci-après au 21 *juillet* 1558.

1555. — *Août* 23. Un arrêt du conseil d'état confirme les ordonnances des
cardinaux de Lorraine et de Tournon, données en faveur du Chapitre de Lyon
contre la faculté de théologie de Paris, qui avait condamné la pratique des
Chanoines de Lyon, de ne fléchir qu'un genou à l'élévation de l'hostie. —
Voici en quels termes était conçue la censure de la Sorbonne : « In choro
« non flectere utrumque genu usque ad terram, sed vel altero genu,
« vel utroque super cellam inniti in elevatione sacrosancti Corporis et San« guinis Christi, error est intolerabilis; neque ulla consuetudine possunt ex« cusari qui hoc faciunt. Prohibitio verò qua prohibetur humi utraque genu-

---

(1) C'est Rubys qui rapporte ce fait, *Hist. de Lyon*, p. 377, mais il se serait trompé;
voyez *Chronic. Minor.*, p. 234.

« flexio est arrogans, impia, schismatica et scandalosa, hæreticis favens... »
Ch. Fleury, *Hist. du C. de Tournon*, p. 286 et suiv.; *Revue du Lyonn.*, 11, 179.

1555. — *Août*. Édit qui limite le nombre de banquiers et changeurs publics en chaque ville du royaume (excepté celle de Lyon), et les érige en officiers. *Recueil* d'Isambert, XIII, 456. —Une occasion se présente, et nous la saisissons, de réparer une omission en plaçant ici quelques lignes sur les banques de Lyon, que nous empruntons à la Prosopographie de du Verdier, p. 491, édition d'*Ant. Gryphius*, 1573, in-4° : « Au commencement du règne du roi François, premier du nom, les banques furent introduites en la ville de Lyon, par estrangers; invention très-dommageable, ne tendant qu'à la totale ruine des hommes, bien que ces gentils banquiers disent que par leur moyen s'entretient l'humaine société : mais je vous prie, voyez quelle palliée couverture. On peut assez cognoistre leur dire estre faux : car si un homme prend deniers d'eux, le voilà empestré de telle façon que c'est grand cas si jamais il se remet. Et s'il leur en baille pour les faire profiter, et avoir (comme on dit) argent en banque, après qu'ils ont fait lever de grandes sommes de deniers, ils s'en vont en Espagne ou en Angleterre, en Sicile ou à Constantinople, et ailleurs, et puis allez les chercher, ou attendez-en bien les nouvelles jusques à leur retour qui sera aux Calendes grecques, ou à nostre Dame de May. Ainsi font une belle banque route, belle et bonne pour eux, laide et mauvaise pour le pauvre créancier. Leur dix pour cent de foire en foire, leur interest de l'interest, leur *cento per cento*, ont causé que l'usure est si fréquente pour le jourd'hui, qu'il n'est dict fils de bonne mère qui ne prend usure sur son prochain, et encores s'en glorifie-l'on... ». Voyez ci-dessus, années 1490 et 1549.

1555. —*Octobre* 13. Le cardinal de Lorraine, qui se rendait à Rome, arrive à Lyon et prend son logement dans l'hôtel de M. le sénéchal de Gadagne. — A son retour de Rome, le 6 février suivant, le cardinal logea dans la maison de Laurent Capponi. S. et C. B.

1555. — *Décembre* 19. Me Pierre Buyer, notaire, avait, le dimanche précédent, à l'assemblée générale des maîtres des métiers, proféré ces paroles séditieuses : « Savoir qu'il n'y avoit que subsides en la ville, dont les gros ne
« payoient rien, et qu'il n'y avoit que le pauvre peuple qui payât....; qu'il
« n'y avoit que mangerie et pillerie sur ledit peuple, et que ceux qui pre-
« noient de l'argent à intérêt sous le nom de la ville, en faisoient leur profit
« particulier, etc. » — Ces paroles propres à émouvoir les esprits, occasionnèrent un mouvement parmi le menu peuple qui, dans cette assemblée, commençait déjà fort à murmurer contre les échevins. Par autorité du sénéchal, on fit une information contre Buyer, et on le poursuivit. Claude Platet, nouveau conseiller, et quelques citoyens de la ville, vinrent solliciter le consulat de lui faire grâce, « en considération qu'il étoit chargé de femme et en-
« fants, et qu'il ne se rappeloit pas avoir tenu tous ces propos, mais qu'il
« était prêt à les désavouer en criant *Mercy au Consulat*. » Celui-ci vouloit qu'il fît une réparation solennelle, et que, pour le moins, en semblable assemblée de notables et maîtres des métiers, il fît amende honorable, tête nue et à genoux, disant : « Que follement et témérairement il a proféré lesdites pa-
« roles dont il se dédit, et en crie *Mercy à Dieu, au roy et aux sieurs conseil-
« lers.* » Cependant par miséricorde, on se contenta qu'il vînt aussitôt au Consulat se dédire desdites paroles, s'en repentir et en crier *Mercy au Consulat*; ce qu'il fit immédiatement. S., C. B.

1555. — *Décembre* 21. Me N. Mellier, docteur en droit, prononce l'oraison doctorale. S.

1555. — *Décembre* 22. Néri de Torvéon, lieutenant-criminel au présidial de Lyon, est nommé lieutenant du roi pour le gouvernement de Lyon, par lettres patentes d'Henri II, datées de Blois. — Cette charge lui fut confirmée par autres lettres-patentes de François II, du 3 janvier 1559. Il fut maintenu aux gages de la même charge, *quoiqu'il ne l'exerçât plus*, par Charles IX, le 3 juillet 1573, et par Henri III, le 24 janvier 1575. M.; Pierre Polla, *Oraison funèbre* de Marguerite de Quibly, p. 107. — Voyez ci-dessus au 22 *décembre* 1554. — Néri de Torvéon eut pour successeur, comme lieutenant du roi au gouvernement de Lyon, en 1557, Louis Adhémar de Monteil, comte de Grignan, qui fut remplacé le 8 décembre de la même année, par Antoine d'Albon, abbé de Savigny.

1555. — Pierre Woeriot ou Voeiriot, Lorrain, orfèvre et graveur, était alors établi à Lyon. C'est lui qui a orné de gravures en taille-douce un volume ayant pour titre : *Pinax iconicus antiquorum ac variorum in sepulturis rituum*, etc., Lugduni, apud *Clementem Baldinum*, 1556, in-8°, obl. Ce charmant opuscule offre plusieurs vues lyonnaises. L'auteur du texte est probablement le libraire Clément Baudin qui a dédié le livre aux antiquaires (*antiquariis*). *Biogr. univ.* — Un autre graveur non moins célèbre, *Jean Duvet*, de Langres, exerçait aussi son art à Lyon vers ce temps-là. C'est à son burin que l'on doit les belles gravures qui ornent l'*Apocalypse*, publiée à Lyon par *Jean de Tournes* (fils), 1561, in-fol. Voyez Jansen, *Origine de la gravure*, 1, 224.

1555. — Barthélemy Aneau publie sa traduction du *Trésor d'Evonime Philiatre* (Conrad Gesner) *des Remedes secretz* (A Lyon, chez *Balthazard Arnoullet*, in-4°). — Niceron n'a pas connu cette traduction, dit M. Barbier qui n'a pas connu cette édition, et qui en cite une de 1558, in-4°. — La dédicace d'Aneau, *A Tresfidel et excellent chirurgien, M. Maistre, Simon Guy*, se termine ainsi : « ... J'ay bien voulu icy mettre ce tesmoignage literaire pour « donner à cognoistre à l'auenir, aux enfans de vous et de moy que les peres « ont ensemble vescu bons amys... »

1555. — Etienne Charpin, prêtre de l'Église de Lyon, publie le catalogue de sa bibliothèque. C. B., *Nouv. Mél.*, p. 45; *Biogr. lyonn.*, p. 67.

1556. — *Janvier* 16. « M. Jacques Dupuy, nouveau principal du Collége, ayant fait tenir prisonniers certains pédagogues de ce Collège qui lui représentoient qu'il devait tenir trois régents, le Consulat, sur les remontrances de plusieurs citoyens, le mande et lui rappelle qu'il devoit, en cas de plainte, avertir le Consulat qui sauroit bien y mettre ordre, et on lui enjoint de relâcher les pédagogues. » Act. consul. (C. B., IX, 330.)

1556. — *Février* 1. Supplice de Claude Lacanezière, joueur d'instruments, natif de Paris, condamné à mort pour cause d'hérésie, et exécuté sur la place des Terreaux. *Hist. abr. des Martyrs françois*, etc., p. 190.

1556. — *Mai* 23. Le maréchal de Saint-André arrive à Lyon et prend son logement chez le sénéchal de Gadagne, en son hôtel, au-dessus de Saint-Barthélemy. — Pendant son séjour, le Consulat lui offrit 1200 écus d'or sol, et en les lui présentant, on le pria de prendre en gré ce petit don, attendu la pauvreté de la ville. S.; C. B., IX, 361, 365.

1556. — *Juin* 4. *Fête-Dieu.* Sur l'après-dînée, fit son entrée à Lyon, par la porte du pont du Rhône, le cardinal Caraffe, neveu et légat du pape Paul IV, lequel allait trouver le roi pour moyenner la rupture de la trève peu auparavant contractée entre la France et l'Espagne. En rapportant ce fait, Rubys s'écrie : « *Et ô quantum distat Codrus ab Inacho!* Le matin l'on avoit vu « promener par Lyon le prétieux corps de celuy qui est l'autheur de paix, et

« le conservateur des corones et des royaumes, et après disner l'on vit passer « en triomphe celui qui apportoit la guerre et la ruine de ce royaume.... » *Hist.*, p. 380. —Avant son entrée, le cardinal Caraffe s'était arrêté pendant quelques jours au château de la Mothe, pour attendre que les préparatifs de sa réception fussent achevés. Actes Consul. des 15 mai et 1er juin 1556; P. Matthieu, *Hist. de Henri II*, p. 145; J. Morin, v, 80; Cochard, *Notice sur le château de La Mothe*, p. 4. — Ce cardinal, dit le P. Menestrier, portait au roi l'épée bénite que le pape a coutume d'envoyer aux princes ; il la lui présenta à Fontainebleau. *Notes chronologiq.*

1556. — *Septembre 7.* Mort de Sébastien Gryphe, un des plus célèbres imprimeurs de Lyon, né à Reutlingen en Souabe, vers 1493, *Biog. Lyonn.* —Gryphe avait épousé en secondes noces Françoise Mermet qui lui fit élever, dans l'église de Saint-Nizier, un tombeau qui fut détruit lorsqu'on répara, peu de temps avant la révolution de 1789, le pavé de la nef principale de cette église; on y lisait l'inscription suivante :

« *Sebastiano Gryphio nulli typographorum suæ ætatis comparabili secundo Francisca Mermetia marito viva ponendum curavit. Obiit septimo die septembris, anno 1556.* »

Voici en quels termes la mort de Gryphe est racontée dans les *Gestes et faits du roi Henri II* (à Lyon, par J. d'Ogerolle, 1559, in-16), pag. 116 : « Sebastian Gryphius de nation germanique, homme de bonnes lettres, citoyen de Lyon (et de son temps quasi à nul autre second), décéda de ce monde en l'autre le septième jour de septembre 1556. La mort duquel laissa grand regret aux poures gens de ladite ville. » (Voyez aussi Th. Galliot, *Inventaire de l'histoire journalière*, Paris, 1599, in-8°)— Charles Fontaine, Parisien, qui vivait alors à Lyon, fit pour Sébastien Gryphe une épitaphe que l'on a presque toujours citée en la défigurant ; la voici telle qu'elle se trouve p. 20 du petit volume de poésies qu'il publia en 1557, Lyon, J. Citoys, in-8° :

> La grand'griffe qui tout griffe
> Ha griffé le corps de Gryphe,
> Le corps de ce Gryphe : mais
> Non le los : non non, iamais.

1556.— *Décembre 6.* Le duc de Guise, lieutenant-général à la conduite de l'armée qui va delà les monts, arrive à Lyon, accompagné du duc de Nemours et autre grands seigneurs. — La veille était arrivé à Lyon le maréchal de Brissac, qui revenait de Turin. S.

1556. — *Décembre 21.* Antoine de Masso prononce l'oraison doctorale (*). Il prend pour sujet l'inégalité dans la répartition des subsides que lève le gouvernement. Voici un fragment de ce discours qui fera connaître quelle était à cette époque la situation de notre cité. L'orateur s'adresse aux échevins : « Vous savez, messeigneurs, que le Roy nostre Souverain, pour repousser les entreprises de son ennemi, a esté contraint par plusieurs armées, à son grand regret, imposer subsides non seulement sus la ville de Lyon, mais sus toutes les villes de France. Mais dès le commencement de l'introduction desdictz subsides, ceste ville, pour la celebrité du commerce, a esté tant surchargée (eu egard aux autres villes), que par-ci-devant les consulz, vos majeurs, ont esté contraints charger la marchandise d'un subside fort onereux et pernicieux au corps universel de la ville de Lyon. Toutesfois pour contenter la

---

(1) Imprimée la même année en latin et en français, Lyon, *Roville*, in 4°, avec une dédicace de l'auteur à François Grolier, son oncle maternel, secrétaire du roi, conseiller de ville, etc.

volonté du Roy, tendant à la tuition et défence de toutes ses villes: les
consulz ont esté si prompts à trouver deniers: que la facilité des payemens a
fait continuer l'esgallation excessive dudit subside. Et parce que la fureur de
Mars n'est encores refroidie: et que le devoir des subiectz est, de tousiours
secourir le prince (quand la necessité le requiert), non seulement des biens,
mais iusques à l'effusion du propre sang: fault par nécessité, ou continuer
ledict subside sus la marchandise: ou imposer autres charges sus les biens et
facultés des habitans de la ville. L'un et l'autre ne peut estre que fort dommageable à tout le peuple. Toutesfois, desdictes deux incommodités, fault prendre la moindre. Et pour le bien discerner, fault estimer, d'une part et d'autre,
les dommaiges, la possibilité, le contentement, et du Prince et du peuple.
Quant à la charge et subside de la marchandise: l'expérience a monstré le
grand et inestimable mal, que souffre la dicte ville, puys l'introduction d'iceluy: le commerce est fort diminué: les marchands divertis, prenans leurs
adresses en autres villes étrangères: les manufactures des pauvres artisans
estainctes et presque abolies, au grand dommaige, non seulement de Lyon,
mais de toute la France. Et pour abréger, si tel subside avoit long cours,
s'en ensuyvroit une extermination finale de tous les marchans: et d'une ville
tant celebre et renommée, se feroit un villaige pauvre et nécessiteux. Au
contraire, si on mettoit subside sus les facultés et biens du peuple (qui sont
fort difficiles à cognoistre) s'en ensuyvroit, que l'équalité qui se doit garder
entre concitoyens, par vray regime de police, ne se pourroit, sans grands
inconvéniens, observer. La raison est prompte et oculaire. Car proposons,
que le corps universel des habitants de Lyon soit composé de quatre parties
du peuple; les deux desquelles sont composées de pauvres artisans et mercenaires vivans de iour en iour de leur seule industrie: lesquelz sans estre chargez
d'aucun subside, sont en travail continuel pour gaigner seulement les choses
necessaires pour leur nourriture: et le plus souvent quand leur survient ou
maladie, ou charge d'enfans, ou vieillesse, sont contrains avoir leur refuge
à l'aumosne generalle. Une autre quarte partie est composee d'un grand nombre
de gens d'Eglise, possedans la plus grande partie des biens apparans en ce
païs de Lyonnois: lesquelz ne contribuent audict subside: parce, que d'ailleurs ilz sont chargez de decimes grandes et insupportables; et d'abondant
exempts par l'ordonnance des legislateurs. Et à ceste quarte partie ie fay
adiunction de plusieurs marchans des nations estranges, résidans à Lyon: faisans, non seulement la plus grande partie, mais presque le total du commerce
de marchandises et changes qui se font en la ville de Lyon: lesquelz par privilege special ne supportent avec les autres cohabitants françoys aucune partie
des subsides. Reste l'autre quarte partie composee de gens de mediocre condition: ayans quelques biens en evidence, à grand peine suffisans pour la nourriture de leurs familles: faisans nul, ou bien petit prouffit de leur industrie qui
ne peult suffire le plus souvent aux maladies, survenant charge d'enfans,
mariages de filles, et autres infiniz accidens, ausquelz tous humains sont
iournellement subiectz. Ceste quarte et dernière partie de peuple est seule
subiecte à la charge des subsides. Et encores d'icelle fault distraire plusieurs
notables et des plus opulentes maisons de la ville: lesquelles, par privilege
et bénéfice du prince sont immunes, tellement, que icelle distraction faicte, le
peuple restant subiect ausdictes charges, ne fait une cinquième partie du
corps universel de la ville. Parquoy, après avoir discuté par le menu la faculté, le nombre, et condition des citoyens (comme doivent faire tous administrateurs du peuple) icelle cinquième, et encores moindre partie du peuple, ne pourroit certainement porter la dicte charge. Et si pour le soulaigement du commerce, ladicte charge estoit transferee sus le dos de ladicte par-

ticule de populaire, vous messieurs les consulz feriez actes contraires à l'instinct naturel des peres : parce que pour l'administration qui vous est commise, pouvez estre nommez optimatz et peres du peuple. Or ya-il chose tant contraire au naturel d'un bon et bien né père de famille, que d'arracher de la main de leurs propres enfants, le pain destiné pour leur nourriture ? et au lieu de les conserver en leurs biens, pour eux et leur posterité : les contraindre par tel faiz faire distraction de ce peu de biens qu'ilz ont ? et au lieu de chercher moyen d'augmenter et amplifier leurs facultés, les contraindre par continuation de telle charge, abandonner le domicile d'eux et de leurs progéniteurs ? Qui est tant contraire à la raison naturelle, et au precepte des lettres sacrees, que le pain des propres et naturelz enfants, le faire tumber en mains estrangieres ? Et de ce nous instruit suffisamment la nature seule, comparee de raison, des bestes brutes : lesquelles nourrissent, preservent, et avec peril de leur vie deffendent couraigeusement les petitz estant soubs leur charge. Qui est l'homme tant privé et esloigné du sens naturel, qui n'eust compassion de mettre sus son asne, cheval, ou beuf, un fardeau à l'animal insupportable ? delaissant les raisons naturelles, lesquelles se manifestent d'elles memes, venons aux civiles. Tous administrateurs de république doivent sus toutes choses. pour l'obeissance deuë au Roy, comme chef et protecteur de son peuple, satisfaire à sa volonté, la nécessité de la guerre ce requerant, et de chercher le plus prompt expedient de trouver deniers, pour resister à l'ennemi de toute la France : auquel nous devons obsister non seulement de noz biens, mais exposer noz propres vies, quand la necessité et le temps le requièrent. Et pour ce faire, n'ont peu voz maieurs trouver moyen plus convenable que charger la marchandise venant en cette ville, de laquelle les marchans par augmentation de prix se rembourcent après par le menu sus le peuple de sorte que effectuellement les habitans de toute condition paient enfin le dict subside. Et iaçoit que les marchans avancent les deniers avec quelque incommodité : toutesfois la raison requiert, que ceux, qui enfin sentent le prouffit, supportent aussi la charge ; mesmement plusieurs marchans des nations estranges : qui à l'exemple des mouches à miel, font diligence de tirer toute la fleur du prouffit de toutes, ou de la plus part, des marchandises venans en ceste ville : et puis l'emportent hors du royaume. Parquoy ne seroit raisonnable, pour le soulaigement desdictz étrangiers riches et abondans, et qui d'ailleurs sont favorisez de toutes parts ; que la peau restant aux naturelz François leur fust ostee de dessus les os. Joinct, que la celebrité et réputation de la ville de Lyon, procedante du commerce, a esté cause que dès le commencement des guerres, la ville de Lyon a esté surchargee excessivement, eu égard aux autres villes de France. Et qu'ainsi soit, égallation faicte de l'habitant de Lyon, avec l'habitant de Paris, Rouen, Tholose, Orleans, ou d'autre ville quelconque : se trouvera que véritablement le Lyonnois paye cinq ou six fois davantage pour sa quote ; tellement qu'en telle nécessité, fault que l'administrateur du public, baille la guerison, d'où procede le mal...»

1556. — En cette année fut une telle sécheresse que les blés gros et petits demeurèrent la plupart en terre, et en fut la cueillette fort petite ; ce qui donna occasion aux bonnes gens de village de recourir, comme autrefois, aux processions blanches qui eurent telle efficace, que sur le mois d'août les pluies vinrent si à propos, que l'on eut encore bonnes vendanges. Cependant l'extrême chaleur qu'il fit durant tout l'été fut cause qu'en septembre les arbres qui avoient déjà fleuri refleurirent pour la seconde fois, et en plusieurs il y avoit le fruit vieux et le fruit nouveau, et on voyoit aux vignes le raisin et la fleur. Rubys, p. 580. — La sécheresse qui avait commencé le 26 mars dura jusqu'au 10 août. *Alm. de Lyon* pour 1746, p. xxxvii.

1556. — Sébastien Griffo, marchand génois, faisant des ouvrages de terre et autres pour servir de vaisselle, offre d'établir sa résidence et sa manufacture à Lyon, moyennant aide et faveur. Le consulat, considérant que cette manufacture est nouvelle en cette ville et même au royaume de France, accorde exemption d'impôts et de subsides pendant deux ans au sieur Griffo qui promet de s'établir à Lyon, de faire venir des ouvriers d'Italie, et de prendre pour apprentis des enfants de l'Aumône. J. Morin, v, 70.

1556. — Charles Fontaine, Parisien, composa cette année son *Ode de l'antiquité et excellence de la ville de Lyon*; c'est lui-même qui nous l'apprend:

> Fait en l'an des grandes chaleurs,
> Durant cinq mois sans grandes pluyes,
> Juillet rendit les raisins meurs,
> Et Aoust vendanges accomplies.

Cette Ode fut imprimée l'année suivante (1557), Lyon, J. Citoys, petit in-8°, ainsi qu'un autre volume du même auteur, intitulé: *Odes, Enigmes et Epigrammes*, etc., in-8° de 111 pages. Ces deux volumes offrent un certain nombre de petites pièces presque toutes adressées à des Lyonnais, tels que Guillaume Gazagne (Gadagne ou Guadaigne), sénéchal de Lyon, Guillaume Mellier, lieutenant civil et particulier au siége de Lyon, Girinet, juge, Athiaud, avocat, M. et M°° de Chevrières, Claude Laurencin, seigneur de Riverie, M. de Saint-Irigny, son fils, les deux Grollier, l'un secrétaire du roi, et l'autre trésorier, Gérardin Panse, Nicolas Perret et Pierre Sève, échevins, François Delbène, Antoine Galand, précepteur de ce derniers, Jules Spine (Spina), Florentin, etc., etc. Menestrier, *Notes Chronol.*; C. B. *Mél.* et *Nouv. Mél.*, passim. Voyez aussi l'article FONTAINE (Charles) dans la *Biogr. lyonn.*

1557. — *Février* 20. Les murailles qui environnaient une grande place devant Notre-Dame du couvent des Jacobins, sont abattues; — « et ce fut «fait pour l'embellissement et enrichissement de la ville de Lyon.» *Faits mémorables*, etc. Lyon, 1557, p. 419. — La rue Saint-Dominique n'existait point encore; elle ne fut ouverte qu'en 1562, au mois de mai, par le baron des Adretz qui voulut établir une communication entre la place Confort et celle de de Bellecour où il avait déposé son artillerie. Cochard, *Descrip. de Lyon*, p. 33 et 74. J. Morin, *Hist. de Lyon*, v, 55; C. B., *Dict. des rues de Lyon*.

1557. — *Août* 8. Claude d'Urfé adresse aux échevins la lettre suivante: «Messieurs, j'ay reçu la lettre que m'avez escripte du xxix° de mars passé, concernant le doubte que aviez que aucuns fissent ériger en tiltre d'office la recepte des six deniers par livre de la marchandise qui entre dedans Lyon et me semble que m'avez envoyé cest advis tres apropos, car a ce que j'ai sceu, il y en avoit que y prétendoient, mays je n'ay rien oblyé de remonstrer au conseil ce que m'a semblé pour l'utilité de voutre ville, ensemble ay fait ouyr Garrel voutre solliciteur qui a tres-bien desduit le fait, lequel est, Dieu mercy, reussy a voutre intention et ne fault point que ayez doubte que l'on obtienne ledit office a mon sceu, car pourveu que j'en soys adverty, je y pourvoiray toujours bien, comme je feray toute ma vye en tout ce qui concernera le bien public de voutre ville et le voutre particulier, a quoy je ne m'espargneray jamays. Me recommandant sur ce, Messieurs, à vos bonnes graces, priant Dieu de vous donner ce que plus desirez.

A Compiegne, ce viii° d'août, 1557. Votre bien bon voisin et amy. Uaré ».

Voyez *Les d'Urfé ; Souvenirs hist. et litt. du Forez au xvi° et au xvii° siècles*, par Aug. Bernard. Paris, 1839, in-8°, p. 50. Cet ouvrage, fruit de longues et pénibles recherches, offre nombre de faits qui ne devront pas être négligés par ceux qui s'occuperont de l'histoire civile et littéraire de notre ville pendant la seconde période du xvi° siècle. On peut consulter aussi sur les d'Urfé, les lettres de Roland des Marets (*Rolandi Maresii Epistolarum philologicarum libri duo*, 1686, in-12) ; l'auteur y fait un pompeux éloge d'Anne d'Urfé.

1557. — *Août* 10. Le maréchal de Saint-André est fait prisonnier à la bataille de Saint-Quentin. — Louis Adhémar de Monteil, premier comte de Grignan, fut nommé gouverneur de Lyon en l'absence du maréchal ; et il en exerça les fonctions depuis le 23 août jusqu'au 9 novembre de l'année suivante date de sa mort. J. Morin, v, 84. Voyez ci-après, au 10 *décembre* 1558.

1557. — *Septembre* 30. Le duc de Guise revenant de Rome arrive à Lyon. Rubys, *Hist.*, p. 381 ; *Actes consul.* (copie de C. B., ix, 475 et suiv.). Voyez ci-après au 10 *octobre*. — On lit dans les *Priviléges des habitants de Lyon*, par Rubys, p. 370 : « Qui garda cette ville (Lyon) au roi Henri.. en l'an 1557, réduisant les entreprises de l'allemand Pollevilliers à néant, que la bonne intelligence qui fut entre le seigneur de Grignan, lors gouverneur de ladite ville, et les habitans d'icelle ? par le moyen de laquelle (intelligence) non seulement ladite ville, mais aussi la ville de Bourg en Bresse, dans laquelle ledit Pollevilliers pensoit entrer sans résistance, pour tirer droit en cette ville..... et ledit Pollevilliers arrêté jusqu'à l'arrivée de *Monsieur de Guise*.... qui fit rebrocher chemin à cet Allemand plus vite que le pas...? » — Suivant le P. Anselme, *Hist. généalog.*, viii, 414, ce serait Gabriel de la Guiche, bailli de Mâcon et gouverneur de la Bresse, qui aurait mis en fuite le baron de *Pouleville*. — Pierre Mathieu, *Hist. de Henri II*, p. 179, rapporte que lorsque le baron de *Polviller* se présenta devant Bourg, le baron de Digoin, lieutenant de la Guiche, gouverneur de Bresse et de Mascon, le salua à coups de canon, et le fit reculer. Voyez Guichenon, *Bresse*, p. 104 et 105 ; P. de Lumina, *Hist. de Lyon*, p. 190.

1557. — *Octobre* 2. Mort de Claude Bellièvre, fils de Barthélemi II (1), né au mois de mars 1487. — Il fut inhumé dans sa chapelle, à Saint-Pierre-le-Vieux, avec cette épitaphe, citée par Rubys, *Hist. de Lyon*, p. 384 :

D. O. M. Hic situs est Claud. Bellievrus V. C. Delphin. Senatus præses prior : cujus innocentia hominum invidiam provocavit et superavit : vixit ann. 70, mens. 7 et di. 7. Johannes et Pomponius Patri opt. posuer. ann. M. D. LVII.

Claude Bellièvre, premier président au parlement de Grenoble en 1541, se démit de ses fonctions en 1549, pour revenir à Lyon où il reçut le titre d'échevin honoraire et perpétuel. Il est auteur d'un *Lugdunum priscum* (2), resté inédit, mais communiqué à Guillaume Paradin qui en a profité dans ses *Mémoires pour l'Histoire de Lyon*, publiés en 1574. Sa maison, au bas du Gourguillon, occupée plus tard par les Trinitaires, aujourd'hui détruite,

---

(1) Barthélemi II, avait été intendant du cardinal de Bourbon, archevêque de Lyon, et c'est à son crédit que l'on doit l'édit de 1494 qui conférait la noblesse au titre d'échevin. Il était fils de Barthélemi Ier, mort le 4 août 1483, en qui commença l'illustration de cette famille, et qui avait été conseil et homme de confiance du cardinal de Bourbon.

(2) Le manuscrit de cet ouvrage existe dans la bibliothèque de l'école de médecine de Montpellier. Il serait mieux placé dans la bibliothèque de la ville de Lyon. Il existe une copie que nous ne croyons ni fidèle ni entière, dans la bibliothèque de l'académie de Lyon ; cette copie provient du legs fait à cette compagnie par A. F. M. Artaud. Voyez son *Éloge hist.* par M. J. B. Dumas, p. 43.

contenait une collection d'inscriptions, bas-reliefs et autres monuments actuellement rassemblés en partie dans le Palais-des-Arts où l'on a placé son épitaphe qui a été trouvée dans l'église de Saint-Pierre-le-Vieux. Ce fut sur sa proposition que la ville de Lyon se détermina à faire, en 1528, l'acquisition de la fameuse *Table de Claude*, moyennant 116 livres. Son fils aîné *Jean* fut premier président au parlement de Grenoble; le second fut l'illustre chancelier Pompone de Bellièvre, mort à Paris le 5 septembre 1607. C. B., *Mél.*, p. 261, 266 et 559; Menestrier, *Div. Caract.*, p. 171 et 176; *Alm. de Lyon* pour 1746; *Nouv. Arch. du Rh.*, 11, 59; *Biogr. lyonn.*

1557. — *Octobre* 10. On apprend à Lyon qu'une bande d'allemands, flamands et bourguignons conduits par un capitaine nommé Pollevilliers ou Brusleville, se dispose à assiéger la ville de Bourg en Bresse... « Le même jour l'on commence à faire des tranchées autant merveilleuses que admirables, commençant à la montagne de St-Just et venant rencontrer jusques aux Boulevards de Veise. » —Le jeudi 14 du même mois « fut faite monstre générale des manans et habitans de Lyon tous en armes dedans le pré de Bellecour, près de l'abbaye d'Esnay, pour faire la garde nuit et jour sur les remparts et murailles de la ville, à cause des ennemis qui étoient descendus en grand nombre dans le pays de Bresse. » — M. de Grignan et l'évêque d'Orléans, M. de Morvilliers, qui avait été nommé par le roi, commissaire-surintendant à Lyon, assistèrent à cette revue. —« Le lendemain 15, arrivèrent à Lyon le duc d'Aumale, et le vidame de Chartres retournant de Rome avec grande suite de gendarmerie tant à pied qu'à cheval, pour aider à donner secours au pays de Bresse.. » *Chroniq.* de Carion (Continuation de la), p. 566-68. J. Morin, v. 82 et 92. (Voyez ci-après au 17 *octobre*; et ci-dessus au 30 *septembre*.

1557. — *Octobre* 17 (*Dimanche*). On commence à faire un passage le long du Rhône, près les Cordeliers de Saint-Bonaventure, pour aller et venir, jour et nuit, faire la garde près du Rhône pour la défense de la ville « Furent rompues et abbatues plusieurs maisons, jardins, arbres, vignes et granges.. pour y faire un chemin public.... » *Chroniq.* de Carion, p. 668. — Les Cordeliers cédèrent alors au Consulat, moyennant une rente annuelle de cent livres, l'emplacement de leur cimetière qui forme aujourd'hui la place du Méridien. Cochard, *Descript. de Lyon*, p. 98.

1557. — *Novembre* 28 (*Dimanche*). Arrivent à Lyon dix enseignes de gens de pied, soldats, partie français, piémontais, gascons et autres qui avaient été envoyés pour servir de sauvegarde au pays de Bresse, qui étaient gens cruels et inhumains, lesquels portèrent grand dommage au pays de Bresse, Lyonnais et Dauphiné par leur rançonnement et pillerie. — Vers le même temps fut fait commandement, de par le roi, aux laboureurs du pays de Lyonnais et Dauphiné de se mettre en armes, et de faire le guet jour et nuit pour garder les ports et passages de la rivière du Rhône et de la Saône, tellement que vous eussiez vu ces pauvres paysans, n'étant accoûtumés de porter les armes, au lieu de tenir leur charrue, avoir l'un une hallebarde, l'autre une pique, et le plus grand nombre une harquebuze... — *Chroniq.* de Carion, p. 672.

1557. — *Décembre* 10. Arrest donné à l'encontre des traistres qui ont voulu trahir les villes de Lyon, Bourg en Bresse et plusieurs autres (imprimé à Paris, 1558, in-8°). — Cet arrêt, rendu par le Sénat de Chambéry, condamne par coutumace Pierre Grangier, sieur de Myons, Charles de Lucinges, sieur des Alymes, et plusieurs autres à être traînés sur la claie et écartelés. *Gestes et Faits mémor. du roy Henri II* (Lyon, J. d'Ogerolle, 1559); Lelong, II, 530, n° 17712.

1557. — *Décembre*, 22. Les murailles qui environnent la grande place, devant les Cordeliers de St-Bonaventure, sont abattues, et ce fut fait pour l'embellissement et enrichissement de la ville de Lyon, comme auparavant on avait fait de celle devant les Jacobins de Notre-Dame de Confort, afin, si besoin était, de mettre en ordonnance les gens de guerre, s'il venoit quelque affaire à la ville. M. Voyez ci-dessus au 17 octobre.

1557. — Le cardinal de Tournon publie les statuts synsdaux du diocèse de Lyon. — Prost de Royer, *Dict. de Jurispr.*, II, 672, cite l'article suivant : « Défendons tous sortilèges, comme noueurs d'aiguillettes, charmes, breuvages, prolations de paroles illicites et non usitées, tours superstitieux d'art et d'invention diabolique dans le mariage, sous peine d'anathème et d'excommunication. »

1557. — En ce temps-là, une maladie contagieuse, à laquelle on avait donné le nom de *coqueluche*, affligeait la ville de Lyon. Michel de Nostredame qui était tout-à-la fois médecin et astrologue, s'empressa de venir en cette ville, et il y fit usage de quelques remèdes secrets qui eurent beaucoup de succès et dont il avait donné la recette dans son *Traité des Fardemens*. Voyez la *Biogr. univ.*, art. *Nostradame*, et les *Gestes et faits mémorables du roy Henri II*, (Lyon, Jean d'Ogerolle, 1559, in-16.) — C'est sans doute à cette même époque qu'il faut placer l'anecdote suivante que Saconay nous a conservée dans un de ses pamphlets, la *Généalogie et fin des Huguenaux*, etc. Lyon, 1573, petit in-8° :

« Deux ans devant les premiers troubles, *Nostradamus* estant à Lyon fut convié à disner en une maison des plus plaisantes et aërées de Lyon, en bonne compagnie. Après disner il mit la teste à la fenestre, et demeura quelque temps contemplant ladite ville, laquelle quasi toute il pouvoit descouvrir. Estant lors enquis quelles estoyent ses pensées, respondit, je contemple ceste belle église de St-Jean, la ruine de laquelle est jurée : et n'estoit qu'elle est en la protection de Dieu, à cause du service divin qu'on y célèbre si religieusement, il n'y demeureroit en bref pierre sur pierre. Qu'on dise maintenant, ajoute Saconay, que Satan n'estait pas de la partie quand ces menées se brassoyent, puisqu'il en donnoit si bon aduertissement à son favori *Nostradamus*. » fol. 96. — Saconay rapporte à la page précédente que les protestants, lorsqu'ils se furent emparés de Lyon en 1562, « présentèrent dix « mille livres aux maistres massons pour abattre la grand' église St-Jean : « et ne tint leur marché qu'à cinq cent livres : mais principalement à la « bonté de Dieu qui la preserva, et plusieurs aussi, contre les portes d'en-« fer qui sont les entreprinses des hérétiques. » *Revue du Lyonnais*, II, 226, 7, IV, 66. — Voyez ci-dessus, *années* 1547 et 1555.

1557. — Commission est donnée par le roi à M. le président de Thou, Barthélemy Faye et Jacques Viole, conseillers au parlement, pour assembler les trois états de Lyonnois, Bourgogne et Dombes, afin de régler le droit écrit dans les coûtumes. M.

1557. — « Ledit an 1557, à Lyon fut trouvée l'invention de la lettre françoise mise en impression, laquelle semble proprement escriture faite à la main, et fut inventée par un maistre imprimeur de Paris, nommé Robert Granjon, à présent demeurant audit Lyon. » *Gestes et faits du roy Henri II*, p. 127 ; *Biogr. lyon.*, p. 123. — Un des livres les plus recherchés sortis des presses de Granjon, et exécutés en caractères cursifs dits de *civilité*, a pour titre:

Philippi Galteri Alexandreidos Libri **X**, etc.; Lugduni, 1558. petit in-4°. Brunet, *Man.* et *Suppl.*, art. GALTERUS; Delandine, *Catal.*, B. L., 1, 387. Voyez aussi le *Bulletin du Bibliophile*, année 1839, n° 1487, où l'on cite un autre livre imprimé par Granjon, en caractères dits de *civilité*.

1557. — *Circa*. Mort de George de Vauzelles, chevalier de S. Jean de Jérusalem, et commandeur de la Torette, mécène des gens de lettres. Ce fut lui qui amena à Lyon et y fit élever Jacques de Vintimille, jeune Grec de la famille des Lascaris. — Jean de Vauzelles, frère de George, composa quelques ouvrages en prose et en vers; il paraît être l'auteur des *Simulachres ou Historices faces de la mort*, etc., Lyon, 1538, petit in-4°, fig. En tête de ce livre est une dédicace avec cette suscription : « A moult reverende abesse « du religieux couvent S. Pierre de Lyon, madame Iehanne de Touszele, « salut *d'un vray zele*. »Ces derniers mots *d'un vray zele* sont en effet la devise de Jean de Vauzelles. *Supplément à la Bibliogr. lyonn. du XV° s.*, n° CCXCVIII.

1557. — Loys Meigret dédie à la noblesse de France la traduction des cinq premiers livres de Polybe, imprimée à Lyon par *Jean de Tournes*.

1558. — *Mars*. Ordonnance qui supprime les officiers établis pour lever l'imposition foraine pendant les foires de Lyon. *Conf. des Ord.*, 666, § 48. M.

1558. — *Juin 23*. Le consulat fait payer à M. Jacques Brunet, dit Piémontois, 24 livres, « en faveur de ce qu'il a fait plusieurs descriptions des antiquités de la ville de Lyon. » *Act. consul.* (Copie de C. B., IX, 578). — Ce Jacques Brunet est probablement le même qui a composé un poëme latin, à l'éloge de la ville de Lyon, et dont M. Alphonse de Boissieu nous a donné une analyse dans le tome 1ᵉʳ des *Nouvelles Archives du Rhône*, p. 29 et suiv.

1558. — *Juillet 21*. *Séance Consulaire*. Les sieurs Jean Henry, Antoine Camus et Léonard Prunas ont rapporté, suivant la charge qu'ils en avoient eue, qu'ils sont informés du mauvais ordre qu'il y a eu au collège de la Trinité où par les malversations et fautes de conduite de M. Jacques Dupuy, principal du dit collège, il n'y a point d'exercices et quasi point d'enfants étudiants audit collège; qu'ils ont trouvé ledit Dupuy être ordinairement en débat et contention avec les régents et pédagogues du dit collège, avoir battu et déchassé sa femme d'avec lui, fait et commis plusieurs autres actes indignes à un principal et recteur d'un tel collège, au grand scandale de tous les écoliers, dommage et intérêt de toute la chose publique,.. tellement que s'il n'y est promptement pourvu, les enfants seront contraints d'abandonner le collège et de chercher autres écoles et études. Semblablement ils se sont informés d'homme capable et idoine pour mettre audit collège, avec les plus savants et expérimentés gens de lettres et de savoir de cette ville, même avec MM. de Lange, lieutenant particulier, Mᵉ Vauzelles, avocat du roi, Mᵉ Jean Girinet, Louis Bussillet et autres conseillers du siège présidial, MM. Athyaud, du Crozet, Bernod et autres avocats, et aussi avec MM. les médecins et principaux de Mess. du clergé de cette ville, et ils n'ont trouvé homme plus suffisant, capable et idoine pour être mis en ladite charge que Mᵉ Barthélemy Aneau, qui autrefois a eu la charge dudit collège; le savoir et expérience duquel est tout notoire. — Sur quoi les conseillers ayant délibéré ont unanimement et sans aucune contradiction, ordonné de mettre ledit Dupuy hors du collège, et de lui donner jusqu'à la fin de septembre pour mettre ordre à ses affaires et vuider ses meubles... et au lieu dudit Mᵉ Dupuy ils ont retenu le dit Mᵉ Barthelemy Aneau (lequel y fut reçu en octobre suivant)... S.; C. B., IX, 589. Voyez ci-dessus, au 16 *janvier* 1556, et ci-après, au 5 *juin* 1561.

1558. — *Juillet* 28. Mort de Jean Camus, secrétaire du roi. — Il fut inhumé à saint Laurent, dans la chapelle de St-Claude, avec cette épitaphe :

« Cy gist noble Jean Camus, seigneur de la Roche-Veyre, Chastillon et
« Bagnols, secrétaire du roy, maison et couronne de France, qui trespassa le
« 28 juillet 1558, et damoiselle Antoinette de Vinols, sa femme, dame d'Ar-
« gigny, qui trespassa le xi aoust 1576. » M.

1558. — *Décembre* 10. Antoine d'Albon, abbé de Savigny, est nommé (par lettres d'Henri II) lieutenant de roi au gouvernement de Lyon, à la place du comte de Grignan. *Maz. de l'Isle-Barbe*, II, 7 ; Colonia, *Hist. litt.*, II, 628. M. et S. Voyez ci-dessus au 10 *août* 1557.

1558. — *Décembre* 21. M⁰ Bugnon fait l'oraison doctorale et reçoit 15 livres pour ses honoraires. — Ce M⁰ Bugnon est probablement le même que le Philibert Bugnyon, mâconnais, avocat du roi en l'élection de Lyon, poète et jurisconsulte, mort en 1590. *Biog. lyonn.*

1558. — Mort de Claude Dodieu, évêque de Rennes, d'une ancienne famille lyonnaise, illustre par sa piété aussi bien que par ses emplois. — Il fut inhumé aux Célestins de Paris, dans la chapelle des Dix mille Martyrs. *Notes chronol.* du P. Menestrier qui ajoute : « On voit à l'hôpital de Lyon ces inscriptions en lettres gothiques :

> A la louange de Dieu createur
> Pere eternel de nostre redempteur,
> Les Dodieux ont fondé à l'hospital
> Six livres : o Dieu, les garde de mal :
> Pour sustenter les pauvres miserables
> Et repenties à Dieu moult agreables.

> Premierement venerable personne,
> Messire Jean Dodieu, docteur, chanoine
> De St-Paul et sacristain de St-Just
> Qui a fondé quinze liures tout just
> Un chacun an perpetuellement
> A l'hostel Dieu pour nourrir doublement
> Le jour de Pasque, Pentecoste et Noë,
> Tous les pauvres dont Dieu en soit loé.

> Dame Marguerite Porte a fondé
> Quinze livres aux pauvres et donné
> Monsieur l'eslu Jacques Dodieu.
> Autres cinq livres au mesme lieu,
> Et Jean son fils deux et demie.
> Jean Dodieu ne s'oublie mie :
> Car il a fondé cinquante sols :
> De Dieu soient-ils tretous absous.
>   Amen.

« L'an 1542, Jean Dodieu et sa sœur Isabelle Ciron avoient fondé hors la ville, au bout de la rue Mercière, proche N. D. de Confort, un hôpital pour les veuves infirmes et les pauvres femmes, dont Claude Dodieu, évêque de Rennes, et nobles Claude et André Dodieu, chanoine de St-Just, comme héritiers de Jean et d'Isabelle, remirent l'administration aux échevins l'an 1584. *Ex tabulis Xenodochii.* » M. Voyez Nic. Bourbon, *Nugæ*, VII. cxxiii ; Camusat, *Mél. hist.*, fol 153 ; Guillaume Ribier, *Lettres et Mém. d'état*, I, 65. — C'est par erreur que dans la *Biogr. lyonn.*, p. 93, Claude Dodieu a été qualifié de «*Conseiller et aumônier servant de Charles IX et d'Henri III,*» puisqu'il est mort sous le règne d'Henri II.

1558. Mort, à Paris, d'André Blondel, seigneur de Roquencourt, trésorier de l'épargne sous François 1er, contrôleur général des finances sous François Ier, etc., né à Lyon où il possédait une maison, rue St-Jean, qu'il légua par son testament à l'Hôpital de Lyon. *Biogr. lyonn.*

1558. — Quelques auteurs placent à cette année la construction de l'horloge de St-Jean, et se fondent sur une inscription qu'on lit au bas d'une image où elle était représentée, et qui est ainsi conçue: *Nicolaus Lippius Basiliens. Aetat. 52, ann.* 1558; mais il est à croire que si cette horloge eût été construite en 1558, elle aurait été détruite par les calvinistes en 1562. On s'accorde généralement à mettre cette construction à l'année 1598. On a prétendu que messieurs de Lyon avaient fait crever les yeux à Lippius pour l'empêcher de faire une autre horloge, mais c'est une fable imaginée pour donner plus de prix à ce travail. Bien loin de là, l'habile mécanicien eut une pension considérable qui lui fut payée jusqu'à sa mort, et on vendait publiquement l'image de l'horloge avec l'inscription que nous avons rapportée tout-à-l'heure. Dom Beaunier, *Recueil des Abbayes de France*, II, 379.

1558. — J. de Tournes publie une nouvelle édition des OEuvres d'Ausone sous ce titre: *D. Magni Ausonii Burdigalensis poetae Augustorum praeceptoris, virique consularis opera, tertiae fere partis complemento auctiora, et diligentiore quam hactenus, censura recognita. Cum indice rerum memorabilium. Lugduni, apud Joan. Tornaesium,* 1558, in-8. — Cette édition contient, comme le titre le dit, presque un tiers de pièces de plus qu'il n'y en avait dans les éditions précédentes; elle fut faite, sur un ancien manuscrit d'Ausone qui existait dans le monastère de l'Isle-Barbe, par les soins d'Etienne Charpin, prêtre de l'Eglise de Lyon, lequel avait été autorisé à publier ce manuscrit par Antoine d'Albon, abbé doyen du même monastère. C'est ce que nous apprennent les pièces préliminaires, et notamment deux épîtres en vers latins adressées par Guillaume Paradin, l'une à Antoine d'Albon, l'autre à Etienne Charpin. Quatre ans plus tard, ce précieux manuscrit eût été perdu pour toujours: il eût péri avec tant d'autres manuscrits non moins précieux sans doute, qui étaient dans la bibliothèque de l'Isle-Barbe et que les calvinistes livrèrent aux flammes lorsqu'ils se furent emparés de Lyon. Si, comme on l'a dit, la destruction des riches bibliothèques du clergé fut un triste épisode de la réformation en Ecosse, on ne peut se dispenser de reconnaître que les sectateurs de Luther rendirent en France cet épisode cent fois plus triste encore. *Dict. de l'Académie*, art. EPISODE.

1559. — *Mars* 29. »Les habitants de Miribel, Neyron, etc. avaient fait des fossés du côté de Villeurbanne, pour détourner le Rhône du pays de Bresse, et le faire jeter en Dauphiné. M. Rabot, conseiller du Dauphiné, fut envoyé pour visiter cette entreprise. La ville de Lyon fit payer 40 livres 18 sols pour les frais faits à ce sujet. On s'adressa aussi à M. de Clermont, gouverneur du Dauphiné, pour avoir provision afin de combler cette tranchée faite vis-à-vis de Vaux.» *Act. consul.* (Copie de C. B., IX, 567.)

1559. — *Avril* 4. Transaction entre le clergé de Lyon et les échevins de cette ville pour les immunités et exemptions de subsides conservées audit clergé, etc. La Mure, *Hist. du Forez*, 378. M.

1559. — *Avril* 16-19. Fêtes et réjouissances à l'occasion de la paix conclue entre la France, l'Angleterre et l'Espagne. — Le premier jour, il y eut une procession générale qui partit de St-Jean pour aller au couvent de St-Bonaventure, «...et quand cette procession commença de marcher, la grande fontaine de St-Jean jetoit de fort bon vin à 4 tuyaux en telle abondance que chacun pouvoit en prendre à son bel aise, ce qui dura toute la journée et la plupart de la nuit; et au retour de la procession, Mgr. le gouverneur avec MM. du clergé allumèrent un grand feu de joye, rendant tous grâces à Dieu de la susdite paix.... » Dans plusieurs quartiers de la ville on avoit élevé des poteaux garnis de fusées et petereaux. « Au devant des prisons royaux appelés *Rouanne*, fut semblablement élevé un poteau garni de bois et paille, et à la suite dudit poteau, y avoit *deux chats en une cage*, desquels quand ils sentirent le feu, faisoit bon oyr le chant et mélodie.» — Le 17, « MM. de la nation florentine firent en grande solemnité sonner les cloches de l'église de N. D. de Confort, là où ils firent une aumône générale à plus de 3,000 pauvres : à chacun d'eux fut baillé un sol et trois livres de pain; et firent délivrer des prisons tant de Rouanne que des prisons ordinaires de M. de Lyon (l'archevêque), treize prisonniers, et *promirent* donner mariage à 13 pauvres filles..» — Le 19, «MM. les *imprimeurs* de Lyon firent dresser un beau spectacle à la grande place Confort, sur lequel étoit élevé Mars le dieu de la guerre, de la hauteur de 50 pieds, de grosseur à l'équipollent, merveilleusement bien proportionné, et garni de toutes sortes d'armes. Au dedans de ce Mars étoit cachée Minerve, déesse de Sapience et de tous les arts libéraux, accompagnée des neuf Muses sur le mont Parnasse. La chose ainsi dressée, on canonna Mars à grand coups de harquebuzades; le feu se saisit bientôt du dieu, d'une sorte que d'autant que son corps se diminuoit, Minerve se montroit petit à petit, tellement qu'elle demeura toute entière saine et sauve avec sa compagnie; cela démontrant que la mort de Mars est résurrection et vie de Minerve...» *Act. consul.* (Copie de C. B, ix, 637-645); Benoist du Troncy, *Relation et Discours du grand triomphe fait en la ville de Lyon*, 1559, in-8°; Paradin, p. 358; *Alm. de Lyon* pour 1746, p. xxxviii.

1559—1560.

RÈGNE DE FRANÇOIS II (1).

1559. — *Août* 4. Le Consulat envoie une députation à François II pour lui présenter l'hommage la de ville, à l'occasion de son avénement à la couronne. J. Morin, v, 121.

1559. — *Octobre* 5. « Le prince et duc de Savoie descendant par eau en la rivière de Saône arrive à Lyon. » — M. de Savigny, lieutenant-général au gouvernement de cette ville, accompagné des échevins, se rendit au devant du prince qui prit son logement dans la maison de Jean-Antoine et César Gros, sise au-devant de la Pêcherie. *Actes cons.* (C. B., ix, 668). Voyez ci-après au 17 *décembre*.

1559. — *Octobre* 16. Lettres-patentes de François II portant confirmation des priviléges des foires de Lyon. — Ces lettres ne furent vérifiées au parlement que le 20 juillet 1560. Rubys, *Priviléges*, p. 11, *Hist.*, p. 388.

1559. — *Décembre* 17. Entrée solennelle de Marguerite de Valois, sœur

---

(1) Ce prince, successeur d'Henri II, parvint à la couronne le 10 juillet 1559, et mourut le 5 décembre 1560.

d'Henri II, nouvellement mariée (le 9 juillet) à Emmanuel Philibert, duc de Savoie. — Elle était arrivée la veille à Vaize où elle avait logé chez Milan Caze. Elle se rendait à Nice « devers le duc de Savoie. » Les frais de son entrée dont la relation se trouve dans les registres du Consulat, s'élevèrent à 205 livres. Le chancelier de Lhospital qui accompagnait cette princesse dont il était chancelier, fit, en vers latins, une description de son voyage, non moins curieuse par les détails géographiques que par les anecdotes locales qu'elle renferme. Le passage suivant de cette pièce, traduit par M. C. B., p. 13 de ses *Mélanges*, prouve que l'auteur connaissait l'histoire de notre ville, et qu'il la visita en observateur attentif:

« Nous passâmes cinq jours entiers dans la colonie de Plancus. Oh! que les anciens avaient plus de discernement et de sagesse que nous! avec quel soin ils s'occupaient de la santé publique! Lyon était jadis sur des coteaux riants où l'on respirait un air pur, et d'où l'on découvrait au loin la campagne. L'eau y manquait : de superbes aqueducs allèrent en chercher jusqu'aux lieux que la piété a depuis consacrés à St-Etienne. Le feu du ciel dévora cette antique cité. Aujourd'hui on l'a placée entre la colline et la Saône, et elle est resserrée dans un espace si étroit qu'elle ne pourrait contenir tant de milliers d'hommes, s'ils ne donnaient à leurs habitations une hauteur démesurée, et s'ils n'elevaient, pour ainsi dire, trois maisons les unes sur les autres. Chaque matin on y est enveloppé d'un brouillard épais que le soleil ne dissipe qu'à peine au milieu du jour. O aveuglement vraiment comparable à celui des Chalcédoniens ! (1) Il est vrai que les citoyens opulents bâtissent sur la colline, au milieu des aqueducs et des ruines de l'ancienne ville, et reconnaissent par là combien leurs pères étaient insensés. Spina (2) a établi sa demeure sur un coteau d'où il voit le Rhône vers la gauche et la Saône vers la droite, aller confondre majestueusement leurs ondes, et d'où s'offre à ses regards Lyon tout entier : rien de plus enchanteur que sa maison et ses jardins. Construire ainsi, c'est être atteint d'une démence pleine de raison; c'est savoir faire le meilleur usage de son or... »

1559. — *Décembre* 21. M° Balthazard Gayant, docteur ès droits, prononce l'oraison doctorale, et reçoit 20 livres pour l'avoir faite. S.

1560. — *Avril* 23. Le Consulat arrête qu'il ira le lendemain au-devant du chancelier de Lhospital « pour lui faire la révérence et bienvenue. » — Lhospital se rendait à la cour de François II, pour aller prendre possession de l'office de chancelier. — La ville lui fit offrir des confitures qui coûtèrent 38 l. 2 s. 9 d. S.

1560. — *Avril* 30. Le Consulat charge le procureur du roi de parler à ceux de St-Nizier, pour le payement des droits du bourreau affectés sur les boutiques qui sont le long de cette église. — Le 25 juin suivant, il ordonna au voyer de faire vuider les individus qui occupent ces boutiques, même ceux

---

(1) Chalcedoine, aujourd'hui bourg de Kadicui, était une ville située sur le Bosphore, près de Bysance. On l'appellait *la ville des aveugles*. Tacite, *Annal.* xii, 63, nous apprend ce qui lui valut ce sobriquet : « Les Grecs, fondateurs de Bysance, avaient consulté l'oracle sur « l'emplacement de la ville ; l'oracle l'indiqua vis-à-vis *la terre des aveugles*. Ce mot mysté-
« rieux désignait les Chalcédoniens qui, arrivés les premiers dans ce lieu où ils avaient le « choix de toutes les positions, avaient préféré la moins avantageuse. » C. B.

(2) Léonard Spina, riche citoyen de Lyon, appartenait à une de ces familles florentines qui vinrent s'établir dans cette ville vers la fin du xv° siècle. C'est par erreur qu'on lit dans la *Biographie lyonnaise* qu'il mourut vers 1550 : il vivait encore en 1559. Voyez Paradin, *Hist. de Lyon*, p. 360.

qui tiennent à louage leurs bancs et étaudis de MM. les chanoines et fabriciens de St-Nizier, et de les contraindre à aller vendre leurs denrées et marchandises sur la place de N. D. de Confort, où il ne payeront aucun louage.—
Le 8 octobre de la même année, le Consulat s'adresse au cardinal de Tournon, archevêque et comte de Lyon, *à qui appartient la justice temporelle*, pour qu'il contraigne le chapitre et les fabriciens de St-Nizier à payer à François Béraudier, exécuteur de la haute justice, trente livres que ceux-ci refusaient de lui payer sur les loyers des boutiques établies le long de l'église; à défaut de ce, et attendu *qu'il est haut justicier, prend et lève les amendes et autres revenus de ladite justice*, qu'il veuille bien pourvoir aux gages dudit exécuteur. (*Extraits* de M. S., copie de C. B.) — Le Consulat s'était toujours opposé, mais le plus souvent sans succès, à ce que l'on établit des boutiques et des étalages contre les murs des églises. En mars 1544, les échevins, usant de leur droit, avaient fait abattre, pendant la nuit, les baraques que les Augustins venaient de faire bâtir devant l'entrée de leur église, pour les louer au profit de leur communauté; toutefois les matériaux leur furent rendus à la prière de frère Claude Hylaire, prieur de leur couvent. C. B., VIII, 312. Voyez ci-après au 21 *janvier* 1561.

1560. — *Septembre* (nuit du 4 au 5). « Suivant les *historiens catholiques*, les protestants avaient formé le projet de s'emparer de Lyon, en y faisant entrer, pendant la foire d'août, un grand nombre des leurs deguisés en marchands. Le *4 septembre*, jour fixé pour l'exécution de l'entreprise, les conjurés, sous la conduite du sieur de Maligny, seraient sortis à la brune, et armés, d'une maison de la rue Longue, appelée le logis de S. Martin (1), pour se saisir des deux avenues du pont de Saône; mais le gouverneur, M. de Savigny, ayant eu l'éveil, aurait, à la tête de ses arquebusiers, attaqué la troupe de Maligny, et après un combat dans lequel il y aurait eu quelques morts, les conjurés auraient pris l'épouvante et se seraient enfuis, les uns, comme Maligny, en sautant par-dessus les murailles, les autres en se réfugiant dans la ville, chez leurs amis. — Suivant les *historiens calvinistes*, les protestants n'avaient aucune intention d'attaquer la ville, mais pendant qu'ils se livraient à l'exercice de leur religion, dans les maisons où ils avaient coutume de se rassembler, ils auraient été assaillis et contraints de se mettre en légitime défense. Au reste, ajoutent-ils, les circonstances de la lutte montrent assez qu'ils ne firent de résistance que ce qu'il en fallait pour ne pas se laisser égorger. — Les registres du Consulat nous offrent sur cette affaire un document qui est sans doute, dit M. Morin, (*Hist. de Lyon*, v, 139), le plus authentique que l'on puisse consulter, et qui, ajoute-t-il, n'est certes pas écrit dans un esprit favorable aux protestants : « Le *mercredi 4 septembre*, M. l'abbé de Savigny avoit eu plusieurs avis de séditions et émotions qui se faisoient à Valence et autres lieux circonvoisins, par certains appelés huguenots, conduits par le seigneur Montbrun et autres, lesquels, sous l'ombre de la religion, pilloient et saccageoient les églises et biens des habitants des villes et villages; et craignant qu'il n'en advint autant en cette ville, il fut adverti par aucuns des seigneurs conseillers et par Claude Archambault, l'un des mandeurs du Consulat, que ledit jour on avoit déchargé dans le logis où pend pour enseigne Saint-Martin, en rue Longue, certaine quantité de harnois et *allecrets*, et que l'on soup-

---

(1) Rubys, *Hist.*, p. 390, dit que cette maison appartenait « à ce marchand de Lyon auquel la royne de Navarre a faict ces honneur de l'avoir meslé parmi des contes facecieux.... » —Suivant Noël Le Comte, *Hist. lib.* XII, *ad calcem*, la maison où se réunissaient, en ce temps là, les protestants, appartenait à un nommé *Pierre Terrasson*, probablement le même que celui dont parle Rubys, p. 406. Voyez ci-après, au 29 *juin* 1565.

connoit fort l'hoste dudit logis estre des consorts et complices desdits huguenots ; au moyen de quoy ledit seigneur-gouverneur auroit mandé le capitaine de la ville, Fraućois Sala, et Georges Renouard, son lieutenant, auxquels il auroit commandé assembler les arquebusiers de la ville avec les penons du quartier de la rue de Flandres, pour aller au logis Sainct-Martin sçavoir quels gens y estoient, et à qui appartenoient les armes que l'on y avoit portées. Le capitaine Sala, environ sur les neuf heures du soir, se seroit transporté au-devant dudit logis, où on ne lui auroit voulu faire ouverture, sinon en voyant qu'il vouloit rompre les portes. Alors certains estrangers qui y estoient se seroient mis en defense et en armes, et à grands coups de pistolets auroient repoussé le capitaine avec ses gens, tellement qu'ils n'auroient pu entrer en la maison, et pour ce que la rue Longue est fort étroite, et que en icelle ne peuvent demeurer beaucoup de gens en défense, seroient sortis d'une autre maison... joignant du costé de la rue St-Cosme, en laquelle demeuroit *Pierre Terrasson* et Jean Radieu, environ 40 ou 50 personnes toutes armées, lesquelles à grands coups de pistolets, arquebousts, piques et hallebardes seroient venues furieusement donner dans le guet et auroient tué deux personnes et blessé plusieurs autres. Le guet auroit esté contraint de se retirer du costé du pont de Saône, et les arquebusiers du costé de la rue Longue, jusques en l'hostel commun où F. Sala et G. Renouard auroient passé la nuit avec un certain nombre d'arquebusiers, et après, environ l'heure de onze heures ou minuit, les huguenots se seroient renforcés et rassemblés, et au nombre de deux ou trois cents, tous ou la plupart armés, auroient mis un guet d'un certain nombre de leurs gens au coin de la rue Longue où ils se seroient mis en bataille, et conduits par certains gentilshommes estrangers, auroient marché le long de la rue Longue jusques à Nostre-Dame de la rue Neuve, et de là tirant au-devant l'église de St-Nizier et de l'hostel commun, seroient allés jusques au milieu du pont de Saône, et voyant qu'ils ne trouvoient personne qui leur résistât, seroient allés jusques à la place des Cordeliers où ils se seroient séparés et retirés deux heures après minuit : et avoient mot de guet *Christ* et *Capet*. » — Le *Jeudi 5*, des perquisitions furent faites chez les principaux protestants. On y saisit une certaine quantité d'armes, et comme les plus compromis avoient pris la fuite, on ne fit que quelques prisonniers, dont trois furent pendus, l'un sur le pont de Saône, l'autre au coin de la rue Longue, et le troisième sur la place des Cordeliers. J. Morin, *Hist. de Lyon*, v, 142. Voyez aussi Rubys, *Hist.*, p. 386; le même, *Priviléges*, p. 38; Chorier, *Hist. du Dauphiné*, II, 548; le Laboureur, *Mazures*, II, 8; Thomas Galiot, *Inventaire journalier de l'histoire de France*; Etienne Jaubert, *Eclaircissement des véritables quatrains de Nostradamus*, p. 406 ; *Mém. de Condé*, 11, 638, etc.

1560. — *Septembre* 6. M. de La Mothe-Gondrin arrive à Lyon, avec une partie de ses troupes, qu'il fallut loger dans différents quartiers de la ville, malgré les privilège de ses habitants.

1560. — *Septembre* 22. Le cardinal de Tournon et le maréchal de Saint-André, envoyés par le roi, arrivent à Lyon. Pendant le peu de temps que le maréchal y resta, il ordonna de réparer les murs de la ville, et de construire, au milieu du pont de la Saône, « un *portereau*, pour y asseoir « garde jour et nuit. Mais le tout demeura sans effet, tant par faute de « moyens, comme aussi parce que les habitans de Lyon, ne pouvoient gouster « ce *portereau*, » qui aurait fait d'une seule ville, deux grands villages dont les populations pourraient avec le temps se séparer aussi de sentiments, et devenir hostiles l'une à l'autre, « comme l'ont été les Guelfes et les Gibelins. » *Rubys*, p. 383 ; *J. Morin*, v, 143.

1560. — *Octobre* 8. Le cardinal de Tournon, propose au consulat de mettre dans le collége de la Trinité « certains prestres religieux nommés « Jésuites, lesquels sont propres pour instruire la jeunesse, en bonnes « mœurs et en religion chrestienne. » — Le consulat répond qu'il ne peut ôter, sans dommage, l'administration du collége à Barthelemi Aneau, « homme de bien, de bonnes lettres, savoir et experience, religieux et catholique. » *Actes consul.* ; *J. Morin*, v, 148. Voyez ci-après au 5 *juin* 1561.

1560. — *Novembre* 2. Les trois ordres de la province assemblés dans une des salles de l'archevéché, élisent pour deputés aux états-généraux du royaume, savoir : le clergé, le baron de Saint-Chamond et le seigneur de la Liégue le jeune, et le consulat, Antoine Bonin, sieur de Servieres, et Pierre Grollier. *Arch. du Rh.*, VIII, 31.

1560. — Pierre Fradin, imprimeur à Lyon, publie les *Ordonnances et Priviléges des foires de Lyon* : et leur antiquité : avec celles de Brie et Champaigne, et les confirmations d'icelles, par sept Roys de France, depuis Philippe de Valois, sixieme du nom : iusqu'à François second, à present regnant. Par *Pierre Fradin*, à Lyon. In-8. — Le permis d'imprimer accordé à Fradin, par le sénéchal de Lyon, est daté du 14 septembre 1560. — On a joint à quelques exemplaires les *Lettres du roy François deuxième du nom, confirmatives des priviléges et franchises des quatre foires de Lyon*, par *Pierre Fradin*, à Lyon, 1560, in-8 de 4 f. (B. de Lyon, 56 — 18976). — Le consulat fit payer le 12 octobre de cette année, 20 livres tournois à Barthelemi Aneau, pour avoir fait « la prélection, redressement, correction et « accomplissement, » de ces Priviléges ; et 48 livres tournois, à *Pierre Fradin*, qui en avait imprimé 500 exemplaires « pour en aider les marchands fréquentant les foires. » *Actes cons.* (copie de C. B., x, 43). Voyez ci-dessus au 16 *octobre* 1559.

Nous terminons ici la quatrième partie de ces *Notes et Documents*. L'année prochaine, nous publierons la cinquième partie qui commencera avec le règne de Charles IX. On y trouvera des lettres inédites adressées à ce prince par François d'Agoult, comte de Sault, gouverneur de Lyon, en l'absence du maréchal de Saint-André.

SUPPLÉMENT

A LA BIBLIOGRAPHIE LYONNAISE
DU XV.e SIÈCLE (1).

1473—1500.

Livres Latins.

> Serica si nitidæ pandis miracula telæ,
> Mœnia nulla vides æmula stare tuis;
> Quæ supereminent, si quæritur una typorum
> Gloria, Lugdunum, mœnia nulla vides.
>
> P. ROSTAIN.

1. *Reuerendissimi Lotharii dyaconi cardinalis sanctorum Sergii et Bacchi q, postea Innocentius* (III) *papa appellatus e copediu breue feliciter icipit quinque cotines libros : primus tractat de trinitate*, etc. : *secundus de miseria conditionis vite humane : tertius de Anti Christo et ejus aduentu: quartus de vitiis fugiendis : quintus de Sathane litigacione contra genus humanum.*—Scelestissimi Sathane litigationis contra genus humanum : liber feliciter explicit. Lugduni p. magistri *Guillermu regis* huius artis ipressorie expertu : honorabilis viri *Bartholomei buyerii* dicte civitatis jussu t suptibus ipressus anno verbi incarnati M. CCCC. LXXIII. Quitodecio Kal. Octobres. In-4° goth.—Edition regardée comme le premier livre imprimé à Lyon avec date (2). On n'en connaît que deux exem-

---

(1) Cette *Bibliographie* a été insérée dans l'*Annuaire de Lyon* de 1840. Il n'en a été tiré à part qu'un petit nombre d'exemplaires distribués aux amis de l'auteur. Voy. le *Journal de la librairie* du 21 mars 1840, et la *Revue de bibliographie analytique*, septembre 1840, p. 817.

(2) Lyon est la seconde ville de France où l'imprimerie fut introduite, et il paraît certain que nos magistrats municipaux ne furent point étrangers à son établissement dans notre cité. En 1540, il y eut procès entre les maîtres imprimeurs et leurs compagnons qui s'étaient « bandez pour avoir plus gros gages et nourriture plus opu-
« lente. » Les maîtres imprimeurs, faute d'ouvriers, étaient sur le point de quitter Lyon pour aller s'établir à Vienne en Dauphiné; mais le consulat fit ses efforts pour les retenir, et il y parvint. Voici ce qu'on lit dans le procès-verbal de sa séance du 25 novembre 1540 : «... Considérant que ce seroit gros dommage en ceste ville de
« perdre une si grosse et belle manufacture de l'imprimerie qui a cousté beaucoup, il

plaires, celui que possède M. Grenville, décrit par M. Dibdin dans son *Bibliograph. decameron* (voyez Brunet, *Man.*, II, 377), et celui de la bibliothèque de Turin (auquel il manque le 4ᵉ livre), décrit par M. Gazzera, dans ses *Osservazioni bibliografiche*, analysées par M. Breghot du Lut, dans la seconde de ses *Lettres lyonnaises*. — M. Brunet (*loc. cit.*) mentionne une réimpression qui aurait été faite en 1478, à Vienne en Dauphiné, du 5ᵉ livre du *Compendium*, PER MAGISTRUM JOHANNEM, et dont, suivant Dibdin, M. Grenville possède un exemplaire; mais quel est cet imprimeur ayant prénom *Jean ?* Serait-ce notre *Siber* ou notre *Clein ?* c'est un doute que nous soumettons à M. Dibdin. — Nous lui demanderons aussi, à lui ou à M. Gazzera, si le 5ᵉ livre du *Compendium* ne serait pas l'opuscule du jurisconsulte Bartole, ayant pour titre : *Processus satanæ contra divam Virginem*, etc., dont M. Brunet cite plusieurs éditions, *Suppl.* I, 125. On sait que, dans cet opuscule, la Vierge Marie plaide, contre Satan, la cause du *genre humain*. (Voyez la *Biogr. univ.*, art. BARTOLE). — Nous présumons que sur les cinq livres réunis dans le *Compendium*, il n'y en a qu'un seul qui soit d'Innocent III; c'est celui *de miseria conditionis vite humane* qui a été traduit en vers français par Guillaume Alexis, et publié sous ce titre : *Le Passe-temps de tout homme et de toute femme*; Paris, in-8° et in-4° s. d. (Voyez Goujet, X, 104; la *Biogr. univ.*, art. ALEXIS (Guillaume); *Hist. d'Innocent III*, par Hurter, trad. en franç., I, 47.) Quant aux trois autres livres ou traités *de Trinitate*, etc., *de Anti-Christo*, etc., et *de vitiis fugiendis*, nous ne savons à qui les attribuer. Voyez ci-après, n° CCC XXXIX bis.

II. bis. *Speculum vite humane* (auctore Roderico). —Hoc opus fuit copletu et finitu in civitate *ludini* supra rhodanu per magistrum *Guillermu regis* dicte vile *ludini* habitatoris. In domo honorabilis viri *Bartholomei burii* burgensis dicti *ludini* Die septima mensis ianuarii. Anno Domini. M..CCCC. LXX IIIIIII (1477, v. s.; 1478, n. s.). Deo gratias. In-fol. goth. à long. lignes (B. Coste). Brunet, *Man.* et *Suppl.*, art. RODERICUS. —Gros de Boze avait écrit sur l'exemplaire porté sous le n° 330 de son catalogue (édit. de 1753) : « Ce livre est le *premier* qui ait été imprimé à Lyon, et M. Maittaire n'en a connu que la traduction. » Les lettres initiales de cet exemplaire, relié en m. r., étaient peintes en or et en couleur. Il a été vendu 54 l. 4 s. (*Catal.* de 1754, n° 229.)

III. *Liber* (Incipit) *de consolatione medicinarum simplicium solutiuarum* (sic) *Johannis heben mesue...* — Telos operis heben mesue. Impressi per mgros *Martinum husz* et *Iohannem siber...* Anno Domini M. CCCC. LXXVIIJ. Die vero XXXJ mens. marcij Lugduno. In-fol. goth. à 2 col. sans chiffr., récl., ni signat. (B. Coste). Mercier de S. Léger (Notes inédit.) signale un exemplaire de cette

« y a environ huict vingtz ans (1) de l'y attraire et entretenir ; le sieur (Hugues) de
« La Porte (imprimeur et échevin) ayant dit qu'il a conféré auec les libraires et
« maistres imprimeurs qui consentent à fournir la moitié des frais (du procès), si le
« consulat veut fournir l'autre moitié ,.... Le consulat l'accorde et arreste d'envoyer
« (à Paris) maistre Pierre Gravier, fils du secrétaire de la ville, aux gages accous-
« tumez de 35 sols par jour. » Extraits de M. Sudan (copie de M. Breghot, tom. VIII,
p. 113); A. P., *Notes et Documents*, Mai 1571.

(1) *Huict vingtz ans*, c. à. d., 160 ans. A ce compte l'imprimerie aurait été *attraite* à Lyon en 1380 ; c'est une grosse erreur, car, en 1540, l'établissement de l'imprimerie dans notre ville ne comptait pas même *quatre-vingts ans*. Au reste nous ferons observer que M. Sudan n'a pas mal lu, et qu'il y a réellement *huict vingtz ans* dans les régistres des actes consulaires conservés aux archives de la mairie de Lyon.

édition, comme existant dans la Biblioth. de la ville de Paris, M., n° 181. Cet exemplaire est probablement celui qui est maintenant à la B. royale.

XVIII bis. *Vocabularius breuiloquius... utriusque iuris...* Impressus Lugd. p. mgrm. *Petr. Ungaru.* Anno Domini 1482. In - fol. goth. à 2 col. (B. Coste).

XXII bis. *Jacobi de Voragine legenda sanctorum.* Lugduni per magistrum *Petrum vngaru...* impressus. Anno... Millesimo quadringetesimo octuagesimo tertio (1484, n. s.). vigesima die mesis Januarii. In-fol. goth. à 2 col. *Catalogue* de MM. de Bure; 7ᵉ partie, n° 305 (B. de M. Coste).

XXIII. *Pauli Florentini minimi ordinis sancti Spiritus de Roma totius canonici iuris Breuiarium.*—Lugduni impressum *per Matthiam Husz* et *Iohannem Battenschne* de alemania. Anno Domini M. CCCC LXXX IIII. Die VI Iulii. In-fol. goth. Panzer, I, 535; Hain, 7160, art. FLORENTINUS.

XXIV bis. *Paschalia secundu vsum ecclesie Lugduni.* — Impressum per magistrum *Guilhermu regis*, et finitur die octava mensis aprilis anno Domini millesimo. cccc. octogesimo quinto. Pet. in-4° goth. à long. lignes (B. Coste).

XXVI bis. *Alphonsi a Spina Fortalicium fidei...* M. CCCC LXXXVIJ die XXIJ mensis maij (sine loco). In-fol. goth. à 2 col., papier à la marque de l'*Agnus Dei* (B. de Lyon, 198).— Sur le dernier feuillet est un chiffre dans lequel Hain qui a décrit cette édition, n° 875, a trouvé sans les traduire les lettres J. G., mais (à moins que ce ne soit *Jean Gascon*) nous ignorons comme lui à quel imprimeur appartient ce chiffre qui se trouve aussi 1° à la fin du *Compendium theologicæ veritatis* d'Albert-le-Grand (voyez ci-après, n° CCI, ter); 2°. et à la fin de la *Legenda* décrite ci-après, n° CCII bis.—Nous ferons observer que la marque de l'*Agnus Dei* est aussi celle du papier de l'édition s. d. du *Roman de la Rose* attribuée à *Guillaume Leroy.* (voyez ci-après, n° CCCXXXIV). — David Clément, VIII, 320, cite plusieurs éditions du *Fortalicium fidei* publiées à Lyon au XVIᵉ siècle. Du Verdier, 1, 698, donne le titre d'une traduction française de ce livre, qui existait en manuscrit dans la biblioth. du comte d'Urfé.

XXVI ter. *Albertani causidici Briciensis liber de doctrina dicendi et tacendi* — ... Lugduni per magistru *Guillermum regis.* Anno Domini millesimo quat'centesimo octuagesimo septimo. Die vovicesima (sic) sexta mesis maji In-4° goth. de 13 feuillets. — Nous ne trouvons pas cette édition indiquée dans Panzer ni dans Hain. MM. de Bure l'ont signalée pour la première fois, p. 35 du 7ᵉ *Catal.* de leurs livres; Paris, 1840. Voyez sur *Albertanus*, Fabricius, *Biblioth. med. et inf. lat.*, 1, 39; Tiraboschi, IV, 203.

XXVI quater. *Legenda aurea de Sanctis.* — Incipit Legenda sanctorum que *lombardica* nominatur *historia...* (per fratrem Jacobum de Voragine) — .... Legenda aurea siue flores sanctorum impressa Lugduni per... *Mathiam Husz* anno Domini M. CCCC LXXX VII. Die vero vicesimo mensis julii finit feliciter. In-fol. de 213 p. et 9 de table; fig. sur bois.—Mon estimable collègue, M. Blégier de Pierregrosse, bibliothécaire de la ville d'Avignon, pense que cette édition dont il existe un exemplaire dans le dépôt confié à ses soins, est la même que celle qui est donnée par Panzer (I, 537) pour être de 1486.

XXIX bis. *Jo. Petri de Ferrariis Papiensis Practica.* Lugd., *Matth. Husz.* 1487, die 4 nouembris. Pet. in-fol. Édition citée dans les notes inédites de Mercier de St-Léger, qui ajoute qu'elle est dédiée à Pierre Cara.— Elle est antérieure à celle de Turin, imprimée par *Jacobinus Suigus*, datée du xx mars 1487 (1488, n. s.), laquelle est aussi dédiée à Pierre Cara. Hain, 6992. — Jean-Pierre de Ferrariis, docteur en droit, naquit à Pavie; il commença à écrire sa Pratique en 1400, et il avait alors 86 ans (Moréri). Voyez le n° 11 de notre *Bibliogr.*, et ci-après le n° CLXVII bis.

XXXII. *Salutifera navis*. Voyez ci-après, n° CXLIV bis.

XXXV. *Auctores cum glossa octo....* videlicet Cathonis, Theoduli, Faceti, Cartulæ, alias de contemptu mundi, Thobiadis, Parabolum Alani, Fabularum Æsopi, Floreti.... Lugduni per *Iohannem de Prato* ano... M. CCCC LXXXVIII. Die ultima decembris. In-4°, Hain, 1914. — Le *Liber Faceti* qui fait partie de ce volume, est de Jean de Garlande, poëte et grammairien du xie siècle; c'est un recueil de distiques moraux dans le goût de ceux de Caton. Nous citerons le suivant dans lequel l'auteur voulant faire connaître à ses lecteurs les divers caractères des hommes de grande et de petite taille, comme de ceux qui ont le poil roux ou le teint blanc, dit assez plaisamment:

> Raro breves humiles vidi, rufosque fideles,
> Albos audaces, miror magnos sapientes.

Hist. litt. de la Fr., VIII, 88; Barbier, *Anonym.*, 20844. — Dom Brial, auteur de l'art. *Alain de Lille* dans l'*Hist. litt. de la France*, t. XVI, cite, p. 410, une édition des *Auctores octo*, à Lyon, chez *Jean Dupré*, 1491, in-4°. Voyez aussi le *Journal des Sçavans*, avril 1776, p. 227.

XXXVII bis. *Epistolarum componendarum Imitationes puerorum ingeniis accommodatissimæ Louanii in Gymnasio Lilii editæ ac accommodatæ a Magistro Carolo Viruli.* — Lugduni, *Janonus Carcayn* (sic), Anno Domini Millesimo CCCC. LXXXVIII. Petit in-4°. — Titre pris par Mercier de S. Léger sur l'exemplaire de la B. Mazarine.

XXXVII ter. *Sermones dormi secure dnicales et de sanctis.* — Impressi Lugduni Anno Domini M. CCCC. LXXXVIII. (1488). In-4°, goth. à 2 col. (B. de Lyon, n° 4874, A. 106; exemplaire imparfait). — M. Weiss, *Biogr. unv.*, XXVI, 229, et Barbier, *Anonym.*, 21441, donnent pour auteur de ces Sermons *Richard de Maidston*, théologien anglais du 14e siècle.

XLII bis. *Quadragesimale Gritsh una cum registro sermonum de tempore et de sanctis per circulum anni.* — Impressum Lugd.... p. *Johane trechsel.* Anno Dni M. CCCC. L. XXXIX. Die vero XXIII. octobris. In-4°, goth. à 2 col. (B. Coste).

L. *Pauli Aeginetae opera Latine.* Lugd. 1489. In-8°. — Cette édition citée par Panzer et par Hain, paraît suspecte à Hoffmann qui, après l'avoir inscrite dans son *Lexicon bibliogr.*, ajoute : *de hac editione dubitatur.* — Paul Eginète ou d'Egine, médecin grec, florissait, à ce qu'on croit, au VIIe siècle; sa *Chirurgie*, formant le 6e livre de ses OEuvres, a été traduite en français par un médecin de Lyon, Pierre Tolet; Lyon, *Estienne Dolet*, 1540; Paris, *Charles Langelier*, et Lyon, *Jean de Tournes*, 1552; elle a été réimprimée dans la *Chirurgie francoise* de Jacq. Dalechamp, Lyon, 1569, in-8°. (C. B. *Mel.*, p. 181). — Nous saisissons cette occasion de faire observer que nous n'avons trouvé que très-rarement des caractères grecs dans les produits de la presse lyonnaise du xve siècle. Deux ouvrages de Cicéron nous ont offert quelques mots écrits avec ces caractères; ce sont ceux que nous avons décrits sous les N[os] CXXX et CLXV. Le plus ancien livre grec publié à Lyon est peut-être celui qu'imprima *Sébastien Gryphe*, en 1528, sous ce titre : *Preca-*

tiones aliquot celebriores e sacris Bibliis desumptæ, hebraice, græce et latine; in-8°. Lorsque M. Renouard a dit (*Annal. des Alde*, p. 304), que ce volume était *le coup d'essai de Gryphe*, il aurait dû ajouter : *dans la publication d'un livre en plusieurs langues*, car Sébastien Gryphe imprimait à Lyon dès 1520. (Voyez la *Biogr. lyonn.*, art. GRYPHE). Deux ans après, et en 1530, Gryphe publia un *Psalterium sextuplex Hebræum, cum tribus latinis videlicet, Diui Hieronymi, R. P. Sanctis Pagnini, et Felicis Pratensis. Græcum, Septuaginta interpretum, cum latina vulgata.* In-8°. Il est à présumer que les *Precationes* et le *Psalterium* eurent pour éditeur le savant dominicain Sante-Pagnino, Lucquois de naissance, qui était venu s'établir à Lyon, où il mourut le 11 août 1536. — Quant au livre où l'on trouve le caractère hébreu employé pour la première fois à Lyon, ce livre pourrait bien être les *Institutiones hebraicæ* du même Sante-Pagnino, 1520, in-4°, cité par Panzer, sans indication du nom de l'imprimeur ; toutefois il est à présumer que cet imprimeur est notre Gryphe qui publia, en 1528, un abrégé de ces *Institutions* sous ce titre : *Institutionum hebraicarum abbreuiatio. M. Sancte Pagnino Lucensi auctore.* Pet. in-8° de 287 pages. S'il en est ainsi, la presse de Paris aurait devancé de beaucoup celle de Lyon, dans les impressions en caractères grecs et hébreux. Les premiers livres grecs furent imprimés à Paris, en 1507, et le premier livre hébreu, l'année suivante. Chevillier, *Origine de l'imprimerie*, p. 248 et 290.

LIII. *Sermones discipuli* (Joannis Heroit).... Voyez d'Artigny, *Mém.*, III, 237.

LX. bis. *Juvenalis cum commento Domitii Calderini.* — Impress. Lugduni diligentissime arte et ingenio *Iohannis de Prato*. Anno Christi M. CCCC. LXXXX. Secunda die decembris. In-4°, rom. (B. Coste).

LXV ter. *Auctores cum glossa octo libros continentes :* videlicet Cathonis Theodoli Faceti Cartule : alias de conteptu mudi Thobiadis Parabolarum Alani Fabularum Esopi Floreti. — Auctores.... finiunt feliciter impressi Lugduni per magistrum *Johannem Fabri* Anno Dni MCCCCLXXXX (1491, n. s.) die xxiij. Januarii. In-4° goth. (B. de l'Ecole de médecine de Montpellier. — Il faut regarder comme inexacte la description que nous avons donnée de cette édition sous le n° LXI de notre *Bibliographie*.

LXXI. *Nicolai de Orbellis* (?) *Quadragesimale super epistolas.* Impress. Lugd. per *Engelhartum Schultis*... Anno millesimo quadringentesimo nonagesimo primo. xxiiii. *Nouembris*. In-4°. Panzer, I, 545, Hain, 13627.

LXXIV bis. *P. Virgilii Maronis opera cum commentar Donati, Landini et Servii. Venetiis impensis Francisci de Gerardenghis de Papia*, labore et industria *Antonii Lambillionis*. M. CCCC LXXXXII. Non. Nov. In-fol. — Edition citée par Maittaire, I, 545, et, d'après lui, par Panzer, III, 325, et par Lemaire, d'après Heyne, t. VII, p. 479 du Virgile de sa collection. Mais c'est par erreur que Maittaire et ceux qui sont venus après lui ont attribué aux presses vénitiennes ce Virgile qui porte à la fin : Impressum... *caracteribus venetis* impensis *Fr. de G*.... Labore et industria *Ant. Lambillionis*. 1492. Nonis novembr. Cela ne signifie pas que cette édition est de Venise (Notes inédit. de Mercier de S. Léger.) Voyez ce que nous avons dit d'un autre Virgile imprimé par Jacques Zachon, en 1499, *venetüs caractere*, n° CLXVI, et ajoutez à cet article : l'édition de *Joann. Ant. Campani opera*, Rome, 1495, porte la souscription suivante : CARACTERIBUS VENETIS *impressum Romæ per Eucharium Silber*, etc. Comme on le voit, ce n'est pas seulement à Lyon, mais à Rome, et peut-être encore ailleurs, que l'on imprimait avec des *caractères vénitiens*. De Bure, *Belles Lettres*, n° 4044. — La B. de Lyon possède un exemplaire des *Opera Vergiliana*, impressa Lugduni ab *Iacobo Sachon*. M. DXVII. Die vigesima mensis Augusti. In-fol. fig., sur le titre duquel est la signature d'*Amyot*, que nous croyons être celle du traducteur de Plutarque, car elle paraît être de la même main que celle qu'on voit au bas d'une lettre de ce savant évêque, insérée dans l'*Isographie française*. Toutefois nous ferons observer que la ville de Lyon compte, parmi les hommes remarquables qu'elle a produits, un Antoine ou André Amyot, custode de l'église de Sainte-Croix, qui se signala par son dévoûment pendant la peste de 1582, et qui était peut-être parent de l'évêque d'Auxerre.

LXXVII. *Compotus cum commento.* — Lugduni per *Iohannem fabri* Alemanum. Anno Domini M. CCCCXCIJ (1493, n. s.). Die vero xxiiij mensis ianuarii. Pet. in-4°, goth. (B. de Lyon et B. Coste). Sur le titre est un cartouche, au milieu duquel est la marque de *Matthieu Husz*. — Il existe un grand nombre d'éditions du Compost, soit en latin, soit en français. Nous avons eu sous les yeux le *Grand calendrier et Compost des bergers, composé par le berger de la grande montaigne*, etc. A Lyon, pour *Claude Chastelard*, M. DCXVI, in-4°, fig. C'est probablement une des dernières réimpressions du Compost d'Etienne Tabourot. Voyez Ménage, *Dict. étimologiq.*, I, 404; Barbier, *Anonym.*, 2567, et les *Mél. tirés d'une gr. biblioth.*, G., 310.

LXXXV. *Terentius*. Lugduni per *Petrum Latomi* et socios. 1493. In-fol. — Sweigher, *Handbuch der classichen bibliogr.*, p. 1053, cite deux autres éditions latines de Térence, in-4°, publiées la même année à Lyon, l'une par *Antoine Lambillon*, l'autre par *Jean Trechsel*.

LXXXIX. *Sexti libri decretalium compilatio...* — Lugduni per magistr. *Michaelem de Basilea*. Die 1 Aprilis M. CCCC. XCIIII. — Ce *Michel de Bâle* qui a imprimé deux ouvrages à Lyon, en 1494 et 95 (voyez le n° XCIX), au lieu d'être *Michel Furter*, comme nous l'avions d'abord conjecturé, ne serait-il pas plutôt le *Michel Vensler* ou *Wensler*, imprimeur à Bâle de 1474 à 1491, lequel imprima à Cluny, *plus affectu deuotionis quam lucrandi causa*, un *Missale*, daté du 9 juin 1493, et l'année suivante, à Mâcon, un *Diurnale*, daté de M. CCCC. LXXXXII (1493, n. s.) Sexti idus marcij, décrit par Van-Praët, *Vél. de la B. du roi*, I, 149 ?

CIII. *Sophologium magistri Jacobi magni.* (Au dessous de ce titre est un cartouche offrant le nom et le chiffre de l'imprimeur). — Anno Domini millesimo. CCCCLXXXXV. Die xxvi. mensis iulii impressum fuit istud Sophologium Lugduni per magistrum *Johanne de Wingle*. Pet. in-4° goth. à 2 col., de CLVI f. chiffrés avec signat. — Panzer, I, 548, s'est trompé en donnant le format in-fol. à cette édition (B. de M. Gonon).

CIII bis. *Ouidius de arte amandi et de remedio amoris cum comento* (1495, in-4° goth.). — Au-dessous de ce titre est le cartouche de *Jehan de Vingle* dont le nom se lit en entier sur un rouleau placé au-dessus d'un cœur où sont ses initiales, et qui est soutenu par un lévrier et un lion. — Il manque à l'exemplaire que M. Gonon nous a communiqué de ce livre le lxxiiij[e] et dernier feuillet où devait se trouver la souscription. La date de 1495 que nous lui donnons, ne se trouve que sur le dos du volume qui provient de la bibliothèque de P. Goyet, chanoine de Villefranche en Beaujolais (vendue à Lyon en 181..). Le texte d'Ovide est entouré du commentaire de Mérula, comme dans l'édition du même ouvrage donné en 1497, par *P. Mareschal* et *B. Chaussard*, laquelle, quoique différente, a le même nombre de feuillets que celle de *J. de Vingle*. Voyez le CXXXVI de notre *Bibliographie*.

CIII ter. *Michaelis de Ungaria sermones tredecim*, etc. Lugd. Hedmo Da-

vid 1495, 18 sept. In-8° goth. à 2 col. — Nous trouvons ce titre dans les cartes inédites de Mercier de S. Léger qui ajoute que les Jacobins de Lyon possédaient un exemplaire de ce livre. — Michel *de Ungaria* ou *de Hungaris* était dominicain. Les bibliographes ne mentionnent pas l'édition de ses *Sermons* imprimés par *Edmon* ou *Hedmond David*, auquel on doit une édition des *Cautele* de Cepolla datée de Lyon le 10 juillet 1495, que nous avons décrite sous le n° CI de notre *Bibliogr.*

CXXVII. *Magistri Roberti Holkot super quatuor libros sententiarum questiones...* — Impressi Lugduni a m̄gro *Johanne Trechsel....* M. CCCCXCVII. ad nonas aprilis... In-4° goth. (B. d'Avignon). — Cette édition eut pour correcteur Josse Bade qui y mit ce quatrain adressé à Marc de Benevent, religieux célestin, à qui le livre est dédié :

> Jam portum optatum per inhospita saxa secuti
> Prendimus, ex alto prospiciente Deo.
> Si qua tamen lacerae portent inculta carinae,
> Humane ignosces, Marce diserte. Vale.

C'est, remarque Chevillier, une manière élégante de demander excuse des fautes qui sont restées dans une impression. (*Origine de l'impr.*, p. 137).— Robert Gaguin, dans une lettre à Durand Gerlier, a dit de Josse Bade : *Librorum imprimendorum diligentissimus admodum castigator.* De nos jours il est bien peu de correcteurs qui cherchent à imiter Josse Bade, et cependant, on ne saurait trop le répéter, « la correction d'un livre est incomparablement plus « considérable que la beauté de l'impression. » Laroque, *Traité de la Noblesse,* chap. CLIX.

CXXX. *Rhetorices nouæ* (ad Herennium), etc., ligne 10°, au lieu de M. CCCC. XCIII, lisez : M. CCCC. XCVII (1497).— Ligne 12 : s'il fallait en croire Delandine, ajoutez : (*Cat. de la B. de Lyon*, B. L., n° 745).

CXXXV. *Epistole et varii tractatus Pii secundi....* — Lugduni per *Iohannem de Wingle*. Anno Domini M. CCCCLXXXXVIJ. Die octava Novembris. In-4° goth. (B. de Lyon). — Le passage de la IV° épitre dans l'édition publiée à Lubeck, sous la fausse date de 1458, citée par G. F. de Bure, *Belles Lettres*, II, 325, se trouve aussi dans l'édition de Clein où cette IV° lettre est la LXVI° ; voici ce passage :... *Nihil est quod absque argento romana curia dedat. Nam etsi ipse manus impositiones et spiritus sancti dona venduntur. Nec peccatorum venia nisi nummatis impenditur.* Notez qu'Æneas Sylvius écrivait cela en 1444, et qu'il ne devint pape qu'en 1458.

CXXXV bis. *Sermones Dormi secure.* — ... Impressi Lugduni per *Johannem de Wingle*. Anno M. CCCCLXXXXVIJ (1497) Die XXVIII Nouembris. Pet. in-4° goth. à 2. col., divisé en deux parties dont la première contient les *Sermones dominicales*, et la seconde, les *Sermones de sanctis* (B. de M. Gonon). — 5° édition de ces Sermons publiée à Lyon au XV° s. Voyez ci-dessus, n°ˢ LXVIII et CVII.

CXXXIX. *Bernardi Parmensis casus longi super decretales.* Lugd. 1497. In-fol. Ce livre doit être le même que celui qui est porté dans le *Catal.* de la B. du roi (*droit canoniq.*, n° 130), sous ce titre : *Casus Longi super quinque libros decretalium cum notabilibus.* Lugduni, *Claud. Biboleti*, 1497. In-4° *Biboleti* est une faute d'impression ; il fallait *Giboleti.* — La souscription se termine ainsi :... Lugduni p. *Claudium Giboleti* anno Domini M. CCCC. XCVII. Die vero XXVIIJ mensis septembris. C'est un in-4° avec signat. depuis *a* jusqu'à *t*, et depuis *A* jusqu'à *G*; chaque cahier est de 8 f., et, malgré l'interruption des signatures de *t* à *A*, il ne manque rien. — Au-dessous de la souscription est la marque de l'imprimeur offrant les initiales CL. G. (Notes inéd. de Mercier de S. Léger).

CXLI bis. *Biblia cum summariis.* Lugd. *Fr. Fradin et Joh. Pinard.* 1497 (98, n. s.). In-fol. — En tête de cette Bible se trouvent trois tables dont la seconde et la troisième contiennent environ 220 vers techniques sur le contenu de chaque chapitre de la Bible. *Notes* de M. de S. L.

CXLII. *Catho moralizatus*... a Philippo de Bergamo.. Impressum... per *Johannem de Wingle.* Anno Domini M. CCCC. LXXXVII (1498, n. s.). Die XXVIII mensis ianuarii. In-fol. goth. à 2 col. (B. de M. de Verna, ancien député du Rhône).

CXLIV bis. (XXXII). *Salutifera* (sic) *navis*... Finis narragonicae nauis per Sebastianum Brandt.... Impress. per *Iacobum Zachoni* de romano. Anno Domini M. CCCC. LXXXVIII. Die XXVIII mensis Iunii. In-4° rom. (B. Coste). — L'épître de Jacques Locher, qui est en tête de ce volume, étant ainsi datée : *Datum Friburgi cal.* Februariis. Anno Domini M. CCCC. XC. VII, il faut en conclure qu'il y a un x de moins dans la souscription du livre, et que ce livre a été imprimé en 1498. Van-Praët, *Livres sur vélin*, 2° *Catal.*, n° 394. — Ce serait un chapitre de bibliographie assez intéressant que celui dans lequel on recueillerait les dates erronées, supposées ou singulières de certains livres. En voici quelques-unes qui ont dû être signalées plus d'une fois : le Martial de Ferrare porte pour millésime M. LXXI, au lieu de M. CCCCLXXI ; — les lettres d'Æneas Sylvius, édition de Lubeck, portent M. CCCC. LVIII, au lieu de M. CCCC. LXXVIII ; — la *Practica Valesci de Tharanta*, édition de Lyon (Jean Clein), *millesimo quadragetesimopmo*, au lieu de millesimo *quingentesimo primo* ; — la *Biblia sacra* de Lyon (Jaques Mareschal), *Anno Domini decimo quarto supra millesimo*, au lieu de *decimo quarto supra millesimo quingentesimo.* Il en est de même de la *Bible* publiée par le même imprimeur en 1519. Voy. l'*Art de vérifier les dates*, I. XIII.

CXLIV ter. *Zabarella super clementinis.* — Explicit lectura.... Francisci de Zabarellis cardinalis.... super clementinis. Impressa per *Nicolaum de Benedictis* et *Jacobinum suigum* de sanctogermano... Anno M. CCCC XCVIIJ. Die IX Iulii (sine loco). In-fol. goth. à 2 col. Hain. 16256. — Cette édition est-elle de Lyon, de Turin ou de Venise ? Nous ne saurions le dire. Mercier de S. Léger (Notes inédit.) en cite une autre édition dont il existait un exemplaire à la Biblioth. des Blancs-Manteaux, sous ce titre : *Zarabella super clementinis.* Lugduni, *Martin*, 1499. In-fol. ; mais quel est ce Martin? serait-ce celui auquel le chapitre de S. Jean avait accordé, en 1478, permission d'imprimer des Missels à l'usage de Lyon ? C'est ce que nous ignorons. Nous trouvons un *Louis Martin*, libraire à Lyon, mais il ne figure dans Panzer qu'à partir de 1511 (VII, 298; XI, 449). Nous ajouterons que Panzer, XI, 443, donne aux presses lyonnaises une réimpression de l'ouvrage de Zarabella, publiée, sans nom de ville, par *Nicolas de Benedictis*, et datée du 18 décembre 1502. Voyez sur *Zabarella* ou *de Zabarellis*, plus connu sous le nom du *cardinal de Florence*, le *Dict.* de Bayle; la *Biogr. univ.*; G. Peignot, *Livres condamnés au feu*, II, 205.

CXLIX bis. *Missale Lugdunense.* Lugduni, Johan. Carcagni, 1498. In-fol. — Van-Praët cite un exemplaire sur vélin de ce Missel qui appartenait à M. Riolz, avocat à Lyon, second *Catalog.*, n° 279, tom. III, p. 101.

CLIII. *Tractatus de ecclesiastica potestate* editus a Fratre Alexandro (Fasitelli) de S. Elpidio. 1498. In-4°. — Ce livre avait déjà été imprimé à

Turin en 1494, *per Nicolaum de Benedictis et Jacobinum suigum*, in-8° Voyez Maittaire, I, 659, et Fabricius, *B. med. et inf. lat.* I, 64.

CLIX bis. *Liber Floreti*. Lugd. P. Mareschal. 1499. In-4°. *Catal.* Rast, n° 503. Voyez le n° xxxv de notre *Bibliogr.*; La Monnoye, sur du Verdier, III, 696, et le *Ducatiana*, p. 33.

CLXI. *Petri Tartareti expositio*, etc.—Pierre *Tartaret* ou *Tarteret*, omis dans Moréri et dans la *B ogr. univ.*, a un article dans Fabricius, *Biblioth. méd. et inf lat.* Rabelais, II, vii, en lui attribuant un traité *de Modo cacandi*, a sans doute voulu dire que les ouvrages de ce docteur étaient, suivant l'expression de Catulle, *charta cacata*.

CLXV. bis. *Sinodale diocesis albien* nouiter Reueredi in Christo patris et Dni Dni Ludouici de Amboysia dei et sancti sedis aplice gratia albien episcopi jussu ac precepto reuisum correctum et emendatum per egregium virum magistrum Bartholomeu de *Maso* (Manso) artium sacreque theologic professorem penitentiarum ac canonicum ecclesie Albiensis. — Explicit Lugduni impressum per *Petrum Mareschal* et *Barnabam Chaussard* Anno Dni Mil. cccc. xcix mensis octobris xv. In-4° goth. à longues lignes; registre A-M. 111 (B. de l'Ecole de médecine de Montpellier; exemplaire imprimé sur vélin). Voyez le n° cc de notre *Bibliogr.*, et au lieu *d'Alliensis*, lisez: *Albiensis*.

CLXV ter. *Sancti Vincentii ordinis prædicatorum sermones de tempore et de sanctis.* — On lit à la fin du 3ᵉ tome, qui comprend les sermons des saints : Impressum est autem psens opus luẅduni opera et expensis.... *Johannis schuab als cleyn.* Anno Domini m. cccc xcix. pridie idus Nouembris. 3 vol. in-4° goth. *Catal.* La Serna, n° 787.

CLXVII. bis. *Jo. Petri de Ferrariis singularis Practica* cum additionibus Francisci de Curte. Lugduni, 1499. In-fol. Panzer, I, 557; Hain, 6996.— 3ᵉ édition de ce livre, publiée à Lyon au xvᵉ s. (Voyez ci-dessus, n°ˢ II et xxix bis).

CLXVIII bis. *Catholicum paruum.* Lugd. Havart. 1499. In-4°. *Catal.* Rast, n° 3721.

CLXVIII ter. Oliuerii Maillardi *Opera omnia in vnum collecta vna cum pulcherrimis Iuris Questionibus ad quemlibet sermonem et tractatum additis ipsomet curante.* Lugduni, 1499. Edition citée par Hain sans désignation de format, n° 10519.

CLXVIII quater. Oliuerii Maillardi *Sermones omni tempore predicabiles, vna cum 12 signis mortis naturalis ac spiritualis, ac xvi conciones de stipendiis peccati.* Lugduni, 1499. Edition citée dans la *Biblioth. franciscana*, II, 405, et dans la *Nouvelle Biblioth.* de Dupin, XII, 113, où on lit que c'est Maillard lui-même qui fit *imprimer ses Sermons à Lyon.* Cette assertion n'est pas dénuée de fondement : l'avertissement placé en tête de l'édition des Sermons de Maillard, publiée à Lyon en 1498, et que nous avons décrite sous le n° CL de notre *Bibliographie*, nous apprend que cet illustre Franciscain qui avait commencé à prêcher vers 1460, prêcha dans presque toutes les provinces des Gaules, et qu'il ne s'était pas passé jour qu'il n'eût prêché. L'auteur anonyme de cet avertissement, après avoir dit que la nouvelle édition des Sermons de Maillard sera plus correcte que les précédentes, ajoute, en s'adressant au lecteur : *Grates debes Deo* : actorique Maillardo : *ac castigatori optimo ; nec non pressori pientissimo : qui omnes tibi obiurgandi vicia : peccataque pellendi materiam auxere.* — Le 3ᵉ Sermon de F. Maillard nous offre un passage que nous reproduisons parce que l'orateur y fait figurer

une *Lyonnaise* : « Audite omnes : Ponatis casum, quod sit aliquis maquerellus
« qui portat bagam pulchram ex parte unius præsidentis et veniat ad quinque
« mulieres, quarum prima sit *Picarda*, secunda *Pictaviensis*, tertia *Turonensis*,
« quarta *Lugdunensis*, et quinta *Parisiensis*, — Venit ad primam (*Picardam*)
« in domo sua existentem, et percutit ad ostium dicendo : Trac, trac, trac.
« Et ancilla venit, et quærit quis est ; qui ait : Aperiatis mihi, et dicatis
« Dominæ, quia sum servus talis Domini, et volo sibi loqui. Ancilla venit
« ad Dominam, et dicit Domina ancillæ, quia nolo sibi loqui, ideo dic sibi
« quod recedat. Ista mulier prima est bona. — Venit ad ostium secundæ
« (*Pictaviensis*), et facit sicut facit primæ : sed Ancilla aperit sibi ostium et
« loquitur Dominæ quæ dicit : Dicatis Magistro vestro quod non sum talis,
« seu de illis. Ista secunda est bona, sed non tantum sicut prima. — Vadit
« ad ostium tertiæ (*Turonensis*) et dicit ancillæ sicut et cæteris, et ingredi-
« tur domum, et ostendit Dominæ bagam, *joyau* gallice, et placet mulieri,
« et dicit : Certe baga vestra, seu jocale vestrum est pulchrum et mihi pla-
« cet. Tunc ait servus : Est vestra si velitis. Respondit mulier : Nolo, dubito
« enim quod maritus meus videret. Ista mulier est mala quia dat consensum,
« quamvis nollet facere actum propter diffamationem. — Vadit ad quartam
« (*Lugdunensem*), quæ dicit servo : Baga est pulchra, sed habeo pessimum
« maritum ; si sciret, deponeret mihi nasum ; ideo non faciam. Ista mulier
« nihil valet ; quia non dimittit peccatum propter Deum, sed propter timo-
« rem mariti sui. — Venit ad quintam (*Parisiensem*) quæ retinet bagam, et
« dicit servo : Dicatis Magistro vestro quod vir meus vadit Mercurii extra,
« et tunc ibo eum visitatum. Ista mulier est pejor omnium aliorum ; nam
« ista consentit interpretative. » Voyez le P. Niceron, *Mém.*, XXIII, 54.

CLXXVII bis. *Postilla euangeliorum et epistolarum dnicalium : necnon de sanctis per circulu totius anni cum passione xpi*, etc. (Auctore Guillermo parisiense). —.... Lugd. per *Iohannem Piuard*. Anno Domini M. CCCC. Die vero quarta *Augusti*. Pet. in-4° goth. à 2 col. de CXLVI f. chiffrés, suivis d'un feuillet de table et d'un feuillet blanc. (B. de M. Gonon ; exemplaire dont le f. du titre est précédé d'un autre f. sur lequel est gravé le cartouche de *Jean de Vingle*).

CXCVII bis. *Aelii Antonii Nebriss. Introductiones grammaticæ in linguam latinam* cum commentariis. Lugd. *Iohannes de Platea* et *Iacobus Myt*. 1500. Pet. in-fol.— Nous ne connaissons pas d'autre production de ces deux imprim. au XVᵉ s. Le plus ancien livre cité par Panzer (IX, 511), comme ayant été imprimé à Lyon par *Jean de la Place*, est un *Manipulus curatorum*, daté du 12 mars 1501 (1502, n. s.). Quant à *Jacques Myt*, nous ne le trouvons pas dans Panzer avant 1510 ; il imprima cette année avec *Jean de la Place*, un *Boetius de consolatione* daté du 21 octobre (VII, 294), et la même année un *Persius* daté du 20 novembre, lequel se vendait chez *Pierre Ungre* et *Antoine Doulcet*, libraires en la rue *Merchiere* (Panzer, XI, 446). — Suivant Mercier de S. Léger (Notes inédites), il existait un exemplaire des *Introductiones grammaticæ* d'Antoine de Lebrija, édit. de 1500, dans la B. des *Minimes de Lyon*. Nous ignorons ce qu'est devenu cet exemplaire, mais il serait très-possible qu'il retrouvât dans la B. royale, où furent transportés pendant la terreur, par ordre de la Convention, les livres les plus précieux qui se trouvaient alors à *Ville-affranchie*. Voyez sur Ant. de Lebrija, Chardon de la Rochette, *Mélanges*, II, 198 et suiv., et M. Brunet, *Man. et Suppl.*, art. NEBRISSENSIS (Ant.).

CXCVII ter. *Liber Salomonis qui sunt parabola, prouerbia, ecclesiastes, cantica canticorum*, etc. Lugduni. 1500. In-4°. Catal. Richard de Montbard, 1812, n° 11.

LIVRES LATINS SANS DATE, PRÉSUMÉS DU XVᵉ SIÈCLE.

CXCVII ter. *Ars moriendi*. Pet. in-4° goth. de 14 f., sans chiffres ni réclames, papier à la roue dentée, avec 12 fig., dont la première et les deux dernières sont répétées. Le texte commence au verso du 2ᵉ f. par ces mots : (Q) *Uamuis scdm philosophu Tercio ethicor.* ; il se termine au recto du 14ᵉ par ceux-ci :... *sic anime morientium sepe miserabiliter periclitant* (ur). *Amen*. (B. de M. Gonon). Nous ne croyons pas que cette édition soit l'une des huit dont on trouve la description dans le *Suppl.* de M. Brunet, 1, 96.

CXCVII quater. *Ars notariatus*. (Au-dessous de ce titre est une *fleur de lis* semblable à celle qui est sur le titre des *Ténèbres du mariage*. Voy. *infra*, n° cccxxxiv quinquies).—Finit tractatus de arte notariatus. Lugduni impressus per *Barnabam Chaussard*. xpo laus *et gloria*. Pet. 8° goth. (B. Coste). —La *fleur de lis* qui nous parait imitée de celle des Junte, nous fait présumer que cette edition n'est pas du xvᵉ s. — Il parait certain qu'il y a eu à Lyon deux *Barnabé Chaussard* : l'un qui commença à imprimer en 1496, et qu'on ne retrouve plus après 1505 (voyer Panzer, xi, 610) ; l'autre qui était libraire ou imprimeur au milieu du xviᵉ, et dont nous trouvons le nom 1° sur le titre du *Liure de Tailleuent*, Lyon, 1545, in-8°, cité par M. Brunet, *Man.*, iii, 409 ; 2° sur celui de l'*Histoire du Chevalier Paris et de la belle Vienne*, Lyon, 1554, in-4°, cité par M. de Terrebasse, dans les *Préliminaires bibliographiques* de la nouvelle édition qu'il nous a donnée de ce joli roman, Lyon, L. Perrin, 1835, in-8°. Voyez ci-après, n° cccxxvii bis.

CXCVII quinquies. *Ars versificatoria Roberti Gaguini*. sine loco. In-4° goth. de 36 f. non chiffrés, avec signat. Sur le titre est une marque offrant un E surmonté de la tête d'un P, et qui pourrait bien être celle d'*Estienne Pinet*, surnom de *Gueynart* (B. de Lyon, n° 24). La même marque se trouve sur le titre de la *Stella clericorum* décrite plus bas, n° ccvi ter.—Il ne serait pas étonnant que Robert Gaguin qui était venu à Lyon en 1497, pour y faire imprimer la 2ᵉ édition de son *Compendium super Francorum gestis*, y eût publié plusieurs autres de ses ouvrages, et surtout qu'il se fût mis en rapport avec le libraire Gueynart que Josse Bade qualifiait de *bonarum litterarum studiosus et bibliopolarum lugdunensium optimus, vir nimirum integerrimus*, etc. Voyez le n° cxliv.

CXCVII sexties. *Articuli fidei Vitia et Virtutes*.—Expliciunt articuli fidei vitia et virtutes. Lugduni impressum per *Petrum Mareschal* et *Barnabam Chaussard*. In-16 de 12 f. goth. signat. a ii-b ii. Sur le f. du titre est un cartouche au milieu duquel est le chiffre des deux imprimeurs surmonté d'un ruban où leurs noms sont gravés (B. de M. Gonon). — Rien ne nous indique quel est l'auteur de cet opuscule qui contient une espèce de catéchisme où les demandes sont en prose et les réponses en vers.

CCI bis. *Boethius de consolatione philosophiæ et de disciplina scholarium cum commentariis*, etc. Lugd. ex calcographia *Joan. Clein*. 9 cal. octobr. In-4° goth. Schweiger, art. Boethius. — La B. de Lyon possède un *Boetius* (sic) in-fol., dont la souscription est ainsi conçue : *Finit Tolose Anno Cristi*. m. cccc. lxxxi. M. Johanne Parix (sic) *feliciter Imprimente*. (n° 320).

CCI ter. *Compendium theologice veritatis*. In-4° goth. à long. lignes, s. nom de lieu (B. de Lyon, n° 143, exempl. imparf.). Sur le dernier f. est un chiffre offrant les lettres J. G., chiffre que nous présumons être celui de

Jean Gascon, et qui se trouve aussi à la fin du *Fortalitium fidei* (n° xxvi bis) et de la *Legenda* (ccii bis).—Le *Compendium theologicæ veritatis* a pour auteur Albert-le-Grand; la table des matières qui est en tête des édit. du xv s. de ce livre, est de Thomas Dorniberg. Fabricius, *B. med. et inf. lat.*, et Barbier, *Anonym.*, 20077 et 20078.

CCII bis. *Legenda* (Incipit) *Sanctor que lombardica nominat (ur) hystoria*, etc. In-fol. goth. à 2 col. avec signat., papier à différentes marques parmi lesquelles on remarque celle de la *roue dentée*. (B. de Lyon, n° 378.) Au recto du dernier feuillet est le même chiffre que nous avons déjà trouvé à la fin du *Fortalitium fidei* (n° xxvi bis), et du *Compendium theologice veritatis* (n° cci ter). Delandine qui a décrit cette édition, *Catal. de la B. de Lyon*, hist., n° 3030, a vu dans le chiffre les lettres C. H. qui, suivant lui, peuvent désigner *Claude Huschin*, imprimeur à Lyon, ou *Conrad Henlif*, imprimeur à Mayence au xv° s. (dont le nom ne figure ni dans les tables de Panzer, ni dans celles d'Hain). Quoi qu'il en soit, l'édition de cette *Légende* appartient réellement au xv° siècle, puisqu'on lit au bas du dernier feuillet : « Iste liber « est mihi Benedicto Beccati (sic) et dedit mihi protonotarius de Genassio. « Anno Domini m. cccc° lxxxxiij, etc. »

CCII ter. *Legenda aurea sanctorum* (fol. 1.) — Prologus. Incipit prologus super legendas sanctor. quas collegit in vnu frater iacobus de voragine, etc. (fol. *a* 2). — Explicit legenda aurea siue lombardica historia Jacobi de voragine episcopi ianuensis (fol. *h*. 5 recto.) — Explicit tabula siue repertorium super legendas sanctorum (fol. *A* verso). In-4° goth. à 2 col. de 46 lignes à la page; sans chiffre, mais avec signat; papier à la *roue dentée* (B. de M. Gonon).

CCII quater. *Libellus incipit de Imitatione Christi* a Johanne Gerson doctore theologiae nec non ecclesiae pariensis canonico editus. Lugdun. I. D. (*Jean Dupré.*)—Edition sans date, citée sans désignation de format, par M. Gence, page lix de son Imitation latine (1816), et par M. de Grégory, *Codex de Advocatis*, etc. p. xxxi. Suivant M. Gence, il en existe un exemplaire dans la B. Sainte-Geneviève, n° 5833. Voyez les n°ˢ xli et cccxxiii de notre *Bibliogr.*

CCII quinquies. *Liber de doctrina dicendi et tacendi.* — Explicit liber de doctrina dicendi et tacendi ab albertano causidico briciensi editus. Feliciter. Pet. in-4° de 11 f. sans chiffr., mais avec signat., sur papier à la roue dentée (B. de M. Gonon). Voyez ci-dessus, n° xxvi ter.

CCII sexies. *Liber ordinationum synodalium ecclesiae Lugdunensis.* In-4° Hain, 12061.

CCIV bis. *Manuale, seu statuta synodalia civitatis et diœcesis Lugdunensis.* In-4° (vieille édition). Lelong, *Bibliothèq.*, n° 6579. — C'est probablement le même livre que les *Statuta ecclesie lugdunensis.* Voyez ci-après n° ccvi bis.

CCIV ter. *Meditationes* (Incipiunt) *beati bernardi primi abbatis clarevallensis.* Pet. in-4° goth. de 12. sans chiffr. ni signat., papier à la roue dentée (B. de M. Gonon).

CCIV quater. *Missale ad usum Cabilonensis diocesis*, sub Andrea de Poupeto, episcopo cabilonense editum. Lugduni, *Boninus de Boninis*, de Ragusia, natione Dalmata. In-fol. s. d. (circa 1500). B. du roi, *liturgies*, n° 486.

CCVI bis. *Statuta ecclesie Lugduni.* Pet. in-fol., vieille bâtarde, à long. lign., papier à la roue dentée. Signat. a. ii. m. iii. (B. de M. Coste; exemplaire avec un *titre*. B. de Lyon ; exemplaires imparfaits, et auxquels il manque le f. du titre). — Nous présumons que ce livre est le même que celui qui figure sous deux titres différents dans la *Biblioth.* du P. Lelong, n°˚ 6578 et 6579. — On lit à la fin du volume : « Lectum et publicatum fuit huiusmodi « statutum Lugduni mense octobris : videlicet mercuri post festum beati « Luce euangeliste : sancta synodo prouincialiter existente anno Domini mil- « lesimo quatercentesimo sexagesimo sexto. » Ces statuts (1) furent publiés, comme on le voit, le mercredi 22 octobre 1466. Le cardinal Charles de Bourbon était alors archevêque de Lyon (2), et il est présumable que c'est lui qui les fit imprimer. La beauté et la netteté des caractères employés pour cette édition peuvent faire conjecturer qu'elle ne fut exécutée que peu de temps avant la mort du cardinal de Bourbon, arrivée le 17 septembre 1488. Sous

(1) Nous aurions désiré donner un extrait de ces statuts, et en signaler les dispositions les plus curieuses ; mais ce serait un hors d'œuvre. Nous nous bornerons à la citation suivante :

« DE CHARAUARIA. Item cum secundum apostolum et canonicas sanctiones : mulier « mortuo viro soluta sit a lege viri prioris : et sine infamie canonum incursu licen- « ciam habeat in domino constahendi. Et nonnulli usu temerario contra belnense « prouinciale statutum secundas nupcias vituperant : ac derideant eundo cum falsis « visagiis ; et faciendo quemdam ludum noxium quem vulgariter *charauaria* nun- « cupatur. Nos dictum statutum innouando : statuimus : et canonica monicione prout « supra prohibemus : ne aliquis secundas : tertias : quartas : siue quintas nupcias « vituperant predictum ludum noxium exercendo. Qui contrarium fecerit ipso facto « sentenciam excomunicacionis incurrant, etc. fol. k iii. » — Le même article se trouve dans le ch. xxxii des statuts synodaux de Pierre d'Espinac, archevêque de Lyon, publiés en 1577, et dont une traduction a été imprimée l'année suivante, Lyon, in-4°.

(2) On conserve dans la B. royale un exemplaire des *Rhetoricorum libri III* de Guillaume Fichet (une des premières productions de la presse parisienne), en tête duquel est une épître de Fichet à Charles de Bourbon, que nous reproduisons ici, (mais sans abréviations), d'après une copie que nous devons à l'obligeance de M. Alfred de Terrebasse :

« Illustrissimo ac præstantissimo patri Carolo Lugdunensi archiepisco, Guillelmus Fichetus, pariensis theologus doctor. S. P. D.

« (N) On sum nescius illustrissime ac præstantissime pater ! quibus laudibus a te tuisque serenissimis fratribus Bessario Nicenus cardinalis patriarcha Constantinopolitanus extollatur, neque me fugit qua beniuolentia (sic) tuam præcelsam borboniorum ducum prosapiam ille magis indies prosequatur. Quo fit ! ut ego pertenue Bessarionis mancipium, meam erga tuam præstantiam tuosque generosissimos fratres obseruantiam velim ostendi. Et imprimis quidem eo munusculo ! Quod illi græcæ latinæque sapientiæ fonti non solum dicavi, sed ad illum ipsum dudum Romam etiam misi. Hos itaque meos de ratione dicendi commentarios (quibus te dono) benignis oculis inspicies crebraque dignos lectione tua judicabis. Et eo quidem iocundius ! Quo generosissimum Bessarionis amicissimi tui nomen, in his sæpius scriptum invenies. Vale. Parisii scriptum in ædibus Sorbonæ, pridie kalendas apriles. » — Au bas de l'exemplaire sont les armes de France brisées d'une bande de gueules ; au verso, la dédicace *Excellentissimo patri Bessarioni,* etc., qui se termine par ces mots : *Ædibus Sorbonæ parisii scriptum, impressumque anno uno et septuagesimo quadringentesimoque supra millesimum.* Voyez Brunet, *Suppl.*, ii, 21, et Van-Praët, *Vélins de la B. du roi,* iv, 28. — Voici une traduction de la lettre de Fichet à Charles de Bourbon, par M. F. Z. Collombet :

« Au très-illustre et très-excellent Père Charles, évêque de Lyon, Guillaume Fichet, docteur en théologie à Paris, salut.

« Je n'ignore pas, ô Père illustrissime et excellentissime, de quels éloges se trouve comblé par vous et par vos sérénissimes frères, Bessarion, cardinal de Nicée, patriarche de Constantinople. Je n'ignore pas non plus quelle bienveillance il montre de jour en jour pour votre noble race des princes Bourboniens ; ce qui fait que moi

son épiscopat, le chapitre métropolitain accorda, le 10 janvier 1478, permission à un Maistre *Martin* d'imprimer les Missels à l'usage de Lyon, selon l'exemplaire qui lui sera remis par le chapitre (Notes de l'abbé Sudan). Toutefois le plus ancien Missel avec date, à l'usage de Lyon, celui de 1487, ne fut pas exécuté par un imprimeur ayant nom ou prénom *Martin*; il le fut par un typographe qui prit le nom de *Io. Allemanum de Magontia*, lequel pourrait bien être notre Jean Trechsel qui était allemand, et dont le nom commence à figurer dans les annales de la typographie lyonnaise dès 1488. — La presse n'était donc pas entièrement libre en ce temps, puisqu'il fallait une permission pour imprimer des livres de liturgie. Il est à présumer que dès l'invention de l'imprimerie, les imprimeurs et les libraires furent soumis à des réglemens émanés de l'autorité civile ou ecclésiastique. A Paris, la Sorbonne surveillait la presse qui avait pris naissance dans sa maison. Mais à Lyon où il n'y avait pas d'université, le clergé dut veiller sur la presse et empêcher qu'elle ne produisît des livres contraires aux bonnes mœurs et surtout à la foi catholique. Il est à remarquer que plusieurs ouvrages français où l'on remarque quelques passages licencieux, tels que *Pierre de Prvence* et le *Roman de la Rose*, parurent sans date et sans nom de lieu ni d'imprimeur. Nous ne croyons pourtant pas qu'on les vendît sous le manteau. Le clergé fermait sans doute les yeux sur les publications de ce genre. Louis XI auquel on attribue une part dans la composition des *Cent Nouvelles nouvelles*, dont aucunes sont plus que graveleuses, n'eût peut-être pas failli aux imprimeurs s'ils avaient éprouvé quelques tracasseries (1). — Toutefois ce

aussi, humble serviteur de Bessarion, je veux que mon respect pour votre excellence et pour vos généreux frères, devienne manifeste; qu'il le devienne surtout par ce petit présent, que non-seulement j'ai dédié à cette source du savoir grec et du savoir latin, mais que je lui envoyai même tout récemment à Rome. Ainsi donc ces Commentaires sur l'art de la parole, Commentaires que je vous présente; vous les regarderez d'un œil bienveillant, puis vous les jugerez dignes d'être fréquemment lus par vous, et cela avec d'autant plus de plaisir, certes, que vous y rencontrerez souvent le nom de votre généreux ami Bessarion. Adieu. — Ecrit à Paris, en la Maison de Sorbonne, la veille des calendes d'avril (1471?).

(1 Nous ne connaissons qu'une seule ordonnance de Louis XI, sur l'imprimerie, et cette ordonnance fait honneur à ce prince. Conrart Hanequis et Pierre Scheffre, de Mayence, avaient envoyé en France un nommé Herman de Stathoen pour y vendre des livres *faits par leur cure et diligence*. Stathoen qui était allemand, mourut à Paris, sans avoir pris des lettres de naturalité, de sorte que, en vertu du droit d'aubaine, tout ce qu'il avait laissé devint la proie du fisc. Conrart Hanequis et Pierre Scheffre s'adressèrent à Louis XI pour demander qu'on leur restituât leurs livres, en nature ou en argent. Le roi, par lettres datées de Paris, le 21 avril 1475, « ayant...
« considération de la peine et labeur que lesdits exposans ont prins pour ledit art et
« industrie de l'impression, et au profit et utilité qui en vient et peut venir à toute
« la chose publique, tant pour l'augmentation de la science que autrement.... », fit droit à leur demande. *Recueil* d'Isambert, x, 710; Wolf, *Monumenta typogr.* II, 389. — Louis XII, dans sa Déclaration du 9 avril 1513, citée comme la première loi rendue sur l'imprimerie et la librairie, paya, comme Louis XI, son tribut d'admiration à la typographie. On y lit : « .... Parquoy... voulons... lesdits libraires,
« relieurs, enlumineurs et escrivains,... estre entretenus en leurs priviléges, liber-
« tez, franchises, exemptions et immunitez, et d'iceux ils jouyssent,... pour la
« considération du grand bien qui est aduenu en nostre royaume au moyen de l'art
« et science d'impression, *l'invention de laquelle semble estre plus diuine que*
« *humaine* : laquelle, grâce à Dieu, a esté inuentée et trouuée de nostre temps par
« le moyen et industrie desdits libraires, par laquelle nostre saincte foy catholique
« a esté grandement angmentée et corroborée, la justice mieux entendue et admi-
« nistrée, et le seruice diuin plus honorablement et curieusement faict, dict et ce-
« lebré, etc., etc. » *Recueil* d'Isambert, xi, 642.

prince qui faisait fabriquer à Lyon des *quaches* de fer (A. P. *Notes et doc.*, Avril 1476), n'aurait pas épargné l'auteur ou l'éditeur d'un pamphlet dans lequel on se serait permis de critiquer les actes de son gouvernement. Quant aux livres imprimés avec privilége du roi, nous n'en trouvons point au xve siècle. Suivant Chevillier (*Origine de l'imprimerie*, p. 395), le plus ancien privilége serait celui que Louis XII aurait accordé en 1507, à Antoine Vérard pour l'impression des *Epistres de S. Paul glosées en françois* par un docteur de la faculté de théologie. Voyez aussi le *Recueil* d'Isambert, xi, 642, et xii, 103; le *Dict. de Jurisprud.* de Prost de Royer, art. APPROBATION; G. Peignot, *Manuel du bibliophile*, 1, 42; le même, *Essai hist. sur la liberté d'écrire*, p. 59; A. C. Renouard, *Traité des droits d'auteurs*, 1, 106.

CCVI ter. *Stella clericorum*. In-4° goth. de 12 f. non chiffr., avec signat. terminé par 16 vers latins *in laudem libelli*.—Sur le titre est une marque ou plutôt un monogramme offrant un E et un P, que l'on pourrait traduire par *Estienne Pinet*. Voyez ci-dessus n° cxcvii quinquies.—Il existe dans le cabinet de M. Gonon un exemplaire de la *Stella clericorum*, pet. in-4° goth. sur papier à la roue dentée, sans date et sans nom d'impr. : mais il y manque le titre et le f. a ij, et les 16 vers latins *in laudem libelli* s'y trouvent sur le recto du 16° f.

CCVI quatuor. *Synodicon Lugdunense* anni 1466. In-fol. (vieille édit.. Lelong, *Bibliothèq.*, n° 6578.—C'est probablement le même ouvrage que les *Statuta ecclesie lugdunensis*, décrits sous le ccvi bis.

CCVI quinquies. *Tractatus alienationum*. Lugd. Carcayn. 1488. In-4°. *Catal*. Rast., n° 754.

CCVI sexies. *Tractatus* (Incipit)... *fratris Augusti de Ancona.... de laudibus Virginis gloriose super euangelium* MISSUS EST....—Impressus vero Lugduni per magistrum *Sixtum Glogkengieser* almanum de Noerdlingen Retie. Pet. in-4° goth. à 2 col. sans chiffr. ni signat. (B de Lyon, n° 255). — On donne, par une singulière méprise, cette édition sous la rubrique de *Rhetiae*, 1506, dans la *Biblioth. augustiniana* d'Ossinger, p. 45. Ce livre est sans date et nous ignorons s'il est du xve ou du xvie siècle. Nous ne connaissons aucune autre production de cet imprimeur qui ne figure ni dans Panzer ni dans Hain, et qui pourrait bien être le même que le *Sixtus Riessinger*, prêtre de Strasbourg, qui imprima à Naples de 1471 à 1479, et à Rome de 1481 à 1483. —Frère Augustin d'Ancône assista, en 1274, au concile de Lyon (Fabricius, *Biblioth. inf. et med. lat.*, 1, 152; Moréri, art. TRIUMPHUS).—A l'exemplaire de la B. de Lyon du Traité de frère Augustin est joint un *Speculum de anima peccatrice*, pet. in-4° goth. de 10 f. sans date, et sans chiffr., ni signat., non décrit par Hain. Voyez sur l'auteur de cet opuscule, Barbier, *Anonym.*, 21473.

Livres Français.

> Fameux par ses tissus mêlés de soie et d'or,
> Dans l'art de Gutenberg Lyon brillait encor.
> Etienne Mulsant.

CCXI. *La Legende doree dicte la Vie des Saints en françois....* corrigee auprès du latin (de Jacques de Voragine)... par Jean Batalier... imprimee par *Barthelemy Buyer...* le dix et huitiesme iour d'apuril mil quatre cens septante et six. In-fol. goth. à 2 col.—Première édition de cette traduction. Brunet, *Man.* art. Voragine. Ce livre est le *second* publié avec date; cest aussi un des plus anciens livres français imprimés en France, et peut-être le plus ancien. Les *Chroniques de St-Denys* qui passent pour le premier livre imprimé à Paris, avec date, ne furent publiées qu'en 1477, carelles sont datées du 16 janvier 1476 (v. s.). La presse lyonnaise peut donc disputer à la presse parisienne la priorité pour l'impression d'un livre en langue vulgaire. Il est à remarquer que les Dominicains eurent les premices de la typographie lyonnaise : Jacques de Voragine et son traducteur, Jean Batallier appartenaient tous deux à l'ordre de St-Dominique ; nous ferons aussi observer que le premier livre latin imprimé à Lyon, avec date, est le *Compendium* d'Innocent III, sous le pontificat duquel les Dominicains furent institués. Enfin nous ajouterons que Lyon est la *seconde* ville de France où l'imprimerie fut introduite : Strasbourg qui seule lui pourrait disputer cette gloire, puisque l'imprimerie s'y établit presqu'en même temps qu'à Paris, c'est-à-dire, en 1470, était alors ville impériale et libre.

CCXVI. *Le Mirouer de la rédemption de lumain lignage.*—Cy finist le liure du Mirouer de la redemption de lumain lygnage translate de latin en francoys.... par... frere Iulyen.... Et a este imprime. Lan.... mille. cccc. lxxviij (1478). le xxvi iour daoust. Gr. in-fol. à 2 col.—Edition décrite par M. J.-M. Guichard, p. 62 et suiv. de sa *Notice sur le Speculum humanae salvationis*, Paris, Techener, 1840, in-8°.—M. Guichard croit avec raison que cette édition a été imprimée, non par *Guillaume Le Roy*, mais par *Mathias Husz*, et qu'elle est le premier livre avec date orné de figures gravées sur bois qui ait été imprimé en France. Il a reconnu que ces figures qui sont au nombre de 256, ont été imprimées avec les mêmes planches que les figures de l'édition de la version allemande du *Speculum*, imprimée à Bâle, en 1476. Il croit aussi que cette nouvelle traduction française du *Speculum* n'a été faite ni sur un ms latin, ni sur une édition latine, mais sur la version allemande dont nous venons de parler. — M. Guichard a également décrit dans sa *Notice*, les quatre autres éditions publiées par *Mathias Husz*, en 1479, 1482, 1483 et 1488, dont les figures ont été imprimées avec les planches de l'édition de 1478. — Nous ne connaissons pas d'édition latine du *Speculum* publiée à Lyon. M. Guichard a cité, p. 28, les dix-huit premiers vers de ce livre dont l'auteur est resté inconnu. Ces vers sont rimés, mais le poëte ne s'est imposé aucune règle ni de mesure ni de quantité.

CCXVIII. *Practique en cyrurgie* (cy finist le liure appelle guido de la) de maistre gedon de calliac... veu et corrige sus le latin par Nicolas Panis... habitat de la cite de Lion sur le Rosne, laqlle correction a este faicte en l'honneur de Dieu a la requeste de prudet et discret home maistre *Barthlomy Buyer*, imprimeur (sic) citoyen et habitat de ladicte cite de Lion. Et a este l'impression de ce liure acomplie l'an de grâce mil. cccc. lxxviii. le xxviii. iour du moys de mars (après Pâques). Pet. in-fol. goth. à 2 col. (B. Coste).

CCXXI. bis. *Le Cordial* : liure contenant 4 parties traictans des quatre choses qui sont à aduenir dont la frequente memoire preserue de péché. Imprimé à Lyon l'an 1840. In-8°. — Du Verdier, *Biblioth.*, p. 245, édition de 1585. — Ce livre est probablement une traduction du *Cordiale* de Denys-le-Chartreux. Voyez Barbier, *Anonym.*, n° 21296, et Brunet, *Man.*, art. *Quatuor novissimis* (de).

CCXXVIII. *Le procès de Belial a lencontre de ihesus*... translate par Pierre Ferget... l'an de grace mil ccccLxxxII (1483, n. s.), et au xxi iour de ianuier. In-fol. goth. — Suivant Jansen, *Origine de la gravure* I, 225, ce livre serait le second ouvrage français qui aurait été orné de gravures ou tailles en bois. Huber et Rost, *Man.*, 171, 3, pensent que les graveurs de ces tailles n'étaient pas français, attendu que les premiers imprimeurs qui ont travaillé en France, étaient des Allemands qui avaient apporté avec eux les lettres et moules dont ils se servaient. — Le *Procès de Belial* a pour auteur Jacques Palladino, plus connu sous le nom d'Ancharano ou de Theramo, archevêque de Florence, mort en 1417. On en trouvera une analyse dans le *Dict. des anonym.* de Barbier, n° 14884. Voyez aussi la *Biogr. univ.*, art. TERAMO (par M. Weiss). — La B. de Lyon possède deux éditions sans date du texte latin, l'une in 4° (409) et l'autre in-fol. (6390), toutes deux goth. à 2 col. sans chiffres ni signat., sans nom de ville ni d'impr. Nous ne serions point éloigné de croire celle de format in-4° sortie des presses lyonnaises. La dernière édition du texte latin doit être celle qui se trouve dans un volume intitulé : *Processus juris joco-serius*, etc. Hanoviae, 1611, in-8°. Voyez ci-après, n° ccxLvIII bis.

CCXXIX. *Le liure des eneydes.* —Voyez Goujet, *Biblioth. franç.*, v, 153. C'est par erreur que M. Monfalcon, p. xcj de son *Virgile polyglotte*, a placé le *liure des eneydes* parmi les traductions en prose de Virgile. La même erreur se trouvait déjà dans le Virgile de la collection Lemaire, vII, 561. — La plus ancienne traduction de l'Enéide doit être celle d'Octavien de Saint-Gelais, évêque d'Angoulême, qui fut sacré à Lyon, en 1495 ou 96, dans l'église de S. Paul, en présence de Charles VIII et des seigneurs qui avaient accompagné ce prince en Italie. Moreri, art. SAINT-GELAIS (Octavien de).

CCXXX bis. *Dialogue des creatures* plein de ioyeuses fables et profitables enseignemens pour la doctrine de l'homme. — Lyon, *Matthieu Husz* et *Jean Scabeler*, 1483. In-fol. goth., fig. en bois. Catal. Dufay, n° 519; Brunet, *Man.*, I, 527; Hain, 6133. — Le *Dialogue des creatures* est probablement une traduction du *Dialogus creaturarum optime moralizatus*, etc., attribué par

Barbier (n° 23601) à *Nicolaus Pergaminus*, et dont il existe plusieurs éditions du xv° siècle. Nous ignorons quel est ce *Nicolaus Pergaminus*, et nous remarquerons que la *Theologia naturalis* de Raymond de Sebonde a été aussi publiée sous le titre de *Liber creaturarum sive de homine*. Voyez le n° cciv.

CCXXXIV. *Les subtilles fables de esope*, etc. — Voyez Goujet, *Biblioth. franc.*, vi, 305 et 437.

CCXXXV. *Le proces de Belial...* ligne 2, au lieu de *Mathys*, lisez *Mathis* (B. Coste). — Cet ouvrage a été mis à l'*Index* par le Concile de Trente.

CCXLIV. *Le doctrinal de Sapience* (trad. du latin de Guy de Roye). — Il existe deux éditions lyonnaises de ce livre, l'une de 1485 (1486, n. s.), et l'autre de 1497. Voyez les n°⁵ ccxliv et cclxxxvii de notre *Bibliogr*. Si nous en reparlons, c'est afin d'avoir l'occasion de dire quelques mots de trois autres éditions, et notamment de celle imprimée à *Promentour* par maistre *Loys Guerbin* M. cccc. lxxxii le 11 iour daoust, in-fol. goth., citée par le P. Laire, *Index*, II, 61, par G. Peignot, *Dict. bibliologiq.*, II, 440, et par M. Brunet, *Manuel*, II, 252. Ce livre parait être le seul qui ait été imprimé à *Promentour;* Panzer et Hain n'en signalent point d'autres. Le lieu de son impression, *Promentour* ou *Promanthour*, autrefois village considérable, est un hameau du canton de Vaud, près de Nyon, et voisin du château de Prangin, ancienne propriété de Joseph Napoléon. Quant à *Loys Guerbin*, c'est, sans contredit, le même individu que *Loys Cruse* qui imprima, en 1481, à Genève, le *Tractatulus de arte predicandi* de St-Thomas d'Aquin, à la fin duquel on lit :... *In ciuitate Gebonnensi impressus, per M.* Ludouicum Cruse alias garbini (Panzer, I, 440). — La B. de Lyon possède un exemplaire du *Doctrinal de Sapience*, pet. in-fol. goth. de 93 f., à longues lignes, au nombre de 31 à la page. Les 7 feuillets de tête dont les 2 premiers contiennent la table, sont sans signatures; le reste du volume, à partir du f. 8, est signé b *i*–m iiij. Peut être manque-t-il le f. du titre et celui de la souscription à cet exemplaire sur la garde duquel on lit la note suivante, écrite par le P. Dumas, bibliothécaire des grands Cordeliers de Lyon, mort vers 1775. « Cette « édition est sortie des presses d'Adam Steinschauwer (sic), imprimeur à « Genève, comme on peut s'en convaincre en comparant les lettre majus- « cules avec celles du *Manipulus curatorum*, in-4°, imprimé par cet artiste en « 1480, édition qui est dans le catalogue des Cordeliers. » — Il existe aussi dans la B. de Lyon, une édition du *Doctrinal* dont le style a été retouché, Lyon, Benoist Rigaud, 1573, pet. in-8° de 253 pages. Cette édition n'est peut-être pas la dernière de ce livre curieux par les anecdotes et les historiettes dont il est parsemé. Il en est même quelques-unes qui ont été mises en vers, entre autres celle de la femme qui pleurait quand son curé chantait, parce que sa voix lui rappelait celle de l'âne qu'elle avait perdu. Voyez l'art. Roye (Guy de), par M. Weiss, dans la *Biogr. univ.*, et *Poggii Facetiae*, II, 220, édit. de Fr. Noël.

CCXLVI. *Le liure des Sainctz* (sic) *anges...* (B. Coste.)

CCXLVI bis. *La tres deuote tres louable et recommandable vie des anciens saintz peres hermites*, translatée de latin en françois et diligentement corrigée sur ce qu'en ont escript et aussi translate monseigneur saint Ierome et autres solitaires religieux apres lui. Lyon, *Nicolas Phelip* (de Bensheim) et *Jean Dupré*. 1486. (1487, n. s.). Le 15 ianuier. In-fol. goth. à 2 col. de 272 f., y compris le dernier tout blanc ; fig. en bois; avec signat. depuis *a* jusqu'à r, et depuis A jusqu'à R. — A la fin du volume est une longue souscription en vers dont voici un extrait :

> Iadis translate de latin
> Eu francoys l'an mil quatre cens
> Quatre vingts et six de matin
> De iour de nuict par gens de sens.

> Imprime et faict a Lyon
> Lan dessus dit et de Iannier
> Le quinzieme sans fiction
> Nul ne ueuille se deuier
> *Nicolas Phelip* sans obuier
> Et *Jehan Dupre* par bon accord
> Les liures out uoulu imprimer
> Sans auoir entre eulx nul discord.

Ce livre est une traduction des *Vitae Patrum* de S. Jérôme, comme on le dit dans ces vers :

> Prins sur les liures qu'en son temps
> Saint Ierosme docteur d'eglise
> De grec en latin ie lentens
> A translatez et sans reprise.

Notes inéd. de Mercier de S. Léger (B. Coste); Brunet, *Manuel* et *Suppl.*, art. HIERONYMUS.

CCXLVIII. — *Le grant vita Cristi.* — Imprime... par *Jacques Buyer*... et *Matthieu Hus*... lan mil quatre cens quatre vingtz et sept et le septieme iour de iuillet... In-fol. — *Jacques Buyer* fut conseiller de ville en 1497 et en 1505. Voyez l'article *Librairie et Imprimerie* dans l'*Almanach de Lyon* de 1767, p. 177-181. On y donne la liste des échevins tirés du corps des imprimeurs et libraires de Lyon, depuis l'établissement de l'imprimerie dans cette ville. *Barthélemi Buyer* figure en tête de cette liste.

CCXLVIII bis. *Belial.* — Cy commence le proces de Belial a l'encontre de Ihesus (f. a 1). — Imprime à Lyon sur le Rosne par maistre *Mathis Husz.* lan de grace mil cccc. lxxxvii. et le vii iour de nouembre. In-4° goth. à longues lignes, fig. (B. Coste). Voyez ci-dessus ccxxviii et ccxxxv.

CCLVII bis. *La Passion de nostre saulueur et redempteur ihesucrist. moult piteuse moralisee figuree et hystoriee par auctoritez et exemples. laquelle il souffrit pour humain lignage.* — ... Imprime l'an de grace mil. cccc. lxxxx. le xvi daoust. In-fol. goth. de 89 f. non chiffr. à longues lignes, au nombre de 35 sur la page, signat. a-oiiij, avec fig. en bois très-grossières. — Ouvrage en prose qui n'a nul rapport avec le mystère dramatique *la Passion de J. C.* Il paraît, dit M. Brunet, avoir été imprimé à Lyon. *Suppl.* III, 20.

CCLXIV. *Le petit Fardelet des faitz.* Lyon, 1490. In-fol. — Cette édition, suivant les meilleurs bibliographes, est très-douteuse. Il faut aussi passer l'éponge sur la prétendue édition latine de Lyon, annoncée comme portant la même date de 1490. David Clément, VIII, 257. Voyez les nos ccxxxi et ccxciii.

CCLXVII bis. *Pronostication nouuelle pour lan 1492.* In-4° goth. — Ce opuscule qui faisait partie du recueil décrit sous le n° 4282 du *Catal.* Dufay

CCLXVIII. *Le Proprietaire en françoys.* — ... imprime... par... *Mathieu Husz...* le vi (sic) iour de mars lan mil cccc. lxxxxi (1492, n. s.) In-fol. goth. à 2 col. — Au verso du titre est une figure, et au-dessous de la souscription est la marque de *Matth. Husz* dans un cartouche (B. de M. de Verna). — Panzer, i, 543, donne à cette édition la date du 25 mars, mais c'est une erreur, car le 25 était un dimanche; M. Brunet, *Suppl.*, ii, 93, la date du xv; nous avons lu vi sur l'exemplaire de M. de Verna.

CCLXIX bis. *La Cirurgie de maistre Guillaume de Salicet dit de Placentia* trad. du latin par honorable homme maistre Nicole Prevost, docteur en médecine. Lyon, maistre *Mathieu Husz*, 1492. le xxe iour de nouembre. In-4° goth. Brunet, *Man.*, iii, 277; *Catal.* Rast., n° 3106. — Pernetti, *Lyonn. dignes de mém.*, i, 250, cite un « *Nicolas Prévôt*, dit *Mirepsicus*, auteur du grand « Antidotaire et du livre du *Servitor.* » Gesner et Haller mentionnent dans leurs Biblioth. un *Nicolaus Praepositus;* mais nous ignorons si le traducteur de Salicet est le même médecin que celui dont parlent ces trois auteurs.

CCLXXII bis. *Le Mirouer de la redepcion de lumain lignaige* translate de latin en fracoys... p.... frere Iulien... et puis aps corrige... p... frere Guillaume Lemenand... Imprime a Lyon sur le Rosne p. maistre *Mathieu Husz.* lan mil cccc. et xciij. et le xij iour doctobre. In-fol. goth. à 2 col. (B. Coste).

CCLXXIII. *Le Liure des Connoilles* (attribué à Jean Dupin).... A Lyon, par *Jean Mareschal*, 1493. In-4° goth. — Voyez sur ce livre, qui a eu plusieurs éditions sous le titre d'*Evangile* ou *Livre des Quenouilles*, La Monnoye sur du Verdier, i, 599; le *Ménagiana*, iv, 422, édit. de 1716, et le marquis de Paulmy, *Mél.*, xxx, 209; Barbier, *Anonym.*, n° 10523.

CCLXXVII. *La Destruction* (Cy finist) *de Iherusalem.* imprimée par *Iacques Maillet* lan mil cccc quatre vingtz et quatorze. Le viie iour de iullet (sic). In-fol. goth. à 2 col. de 13 f. Le 1er f. blanc au recto, fig. au verso; une autre fig. au verso du dernier f., signat. a commençant au 2e f. jusqu'à B. iiii (B. de M. Cailhava).

CCLXXXVIII bis. *La legende dbree en francois.* — imprime... à Lyon.. par... *Iehan de Vingle.* lan mil cccc. lxxxxvij. le vigtiesme (sic) iour de iuillet. Pet. in-fol. goth. à 2 col. fig. (B. Coste).

CCXCI. *Le chapellet des* (sic) *vertus et les vices contraires a icelles aultremet nomme prudence.* — ... Imprime à Lyon par *Pierre Mareschal* et p. *Barnabe Chaussard,* lan mil cccc xcviii. le ve iour dauril. In-4° goth., fig. sur bois. Hain, 4909. (B. de M. Cailhava). Voyez ci-après, n° cccviii.

CCXCIII. *Le petit Fardelet des fais.* — Ce present liure a este translate de latin en francoys par... Pierre Sarget (sic)... de lordre des Augustins du couuet de Lyon. lan m. cccc. lxxviij. Imprime à Lyon par maistre *Mathie Hus* Lan m. cccc. xcviij. habitat de ladicte cite (sic). — Au-dessous de cette souscription est un cartouche où l'on voit la marque de *Matth. Hus* sur un écusson suspendu à un arbre et soutenu par deux sauvages. Pet. in-fol. goth. fig. (B. de M. Gonon, exempl. imparf.). David Clément, viii, 257. — Voyez les n^{os} ccxxxi et cclxiv. L'auteur du *Fardelet*, après avoir fait le récit de l'hérésie des *Vauldois* ou *Pauvres de Lyon* (année m. cliii), ajoute : «... Cecy fut ung tresgrant mal et dommaige aux simples gens et aux de-

uotes personnes et esclandre a la crestiente, et plust a Dieu que aujordhuy
« en fut la fin.... » — Voici en quels termes y est racontée l'histoire imaginaire de la papesse Jeanne (année DCCCLVIII) : « (Jehan de germant). Cestuy iohannes fut de surnom appelle angloys mais il estoit de la nation de magonce et fut enuiron ce temps combien qui fut pape, touteffoys cestoit une femme vestue d'habillemens dhomme *lequelle* (sic) tellement avoyt estudie et prouffite en la sainte escripture qu'on ne trouuoit son semblable pourquoy fut esleu pape mays puis apres elle engrossa et en plainne procession publicquement enfanta et mourut. Et icy semble estre le VI pape qui eut nom de sainctete et non effait mesmement iusques ici et ainsi elle fut pugnie de Dieu comme auoient estez pugnis les aultres et nest point mis au cathalogue des papes pour ceste cause auscuns (sic) se mocquent en disant que nul alman (sic) doit estre esleu pape, touteffois il n'est point verite. »
— A l'année XL avant J. C. est une figure représentant la cité de Lyon. Cette figure est différente dans l'édition de Genève de 1495, où l'on trouve aussi la fable de la papesse Jeanne.

CCXCVII. *Le Pelerin de vie humaine* (Cy finist ce liure intitule) par messire Pierre Virgin diligentement veu et corrige iouxte le style de celuy (Jean Gallopez) qui la tourne de rime en prose et a este imprime à Lyon par... *Matthieu Huss* lan mil quatre cens quatre vingtz et dix neuf. In-fol. goth. à 2 col. fig. en bois. Brunet, *Suppl.*, II, 128; Paulin Paris, *Manuscrits françois de la B. du roi*, III, 239 et 243.

CCXCVIII. *La grant dance macabre* (par Pierre Michault)... Lyon, 1499. In-fol. goth. — Du Verdier, I, 87, cite une édition de Lyon, *Olivier Arnoullet*, s. d., in-4°. Voyez La Monnoye sur du Verdier, I, 470, et Barbier, *Anonym.*, n° 7107. — Il existe parmi les ouvrages du même genre un livre intitulé : *Les Simulachres et Historiees faces de la mort*, etc., imprimé pour *François Frellon*, par *Melchior* et *Gaspar Trechsel*, Lyon, 1538, pet. in-4° fig. Ce livre qui a échappé aux investigations de Barbier, doit avoir pour auteur *Jean de Vauzelles*, littérateur et poëte lyonnais. Il est précédé d'une dédicace en tête de laquelle on lit : « A moult reverende abbesse du re-
« ligieux convent S. Pierre de Lyon, Madame Iehanne de Touszele (Tou-
« zelle), *Salut d'un vray zele.*» Ces derniers mots *d'un vray zele* sont en effet la devise de notre Jean de Vauzelles. *Biogr. lyonn.*; Brunet, *Manuel*, III, 345; G. Peignot, *Recherches sur les danses des morts*, p. 55 et suiv.

LIVRES FRANÇAIS SANS DATE, PRÉSUMÉS DU XVe SIÈCLE.

CCC. *Labuze en court.* In-4° goth. — L'édition sans date, décrite par M. Brunet, *Man.*, I, 5, et sur le titre de laquelle il y a une vignette où sont les lettres M H, est probablement sortie des presses de *Matthieu Husz.* Du Verdier, I, 185, cite de cet ouvrage une édition sans date, imprimée à Lyon par *Jean Lambany*, in-4°; mais cette édition doit avoir été publiée vers 1529, époque à laquelle cet imprimeur exerçait à Lyon. Il donna, en effet, cette année-là, une édition de la *Patience de Job*, décrite par M. Brunet, *Man.*, III, 26. Ce *Jean Lambany* ne figure pas dans les tables de Panzer. On cite encore de lui quatre raretés sans date : *L'Histoire de Morgant le géant*, in-4° (voyez du Verdier, I, 103) ; *Les Rondeaux nouveaux d'amour au nombre de cent et trois*, in-12 goth. (dont feu Delandine a enregistré dans son *Catalogue*, Belles-Lettres, n° 3928, un exemplaire qui ne s'est pa retrouvé dans la B. de Lyon); *L'Epistre du Chevalier gris envoyée a la.....Vierge Marie* (par Fr. Estienne Dame), pet. in-8° goth. (Brunet, *Man.*, 1, 591); *Sermon joyeulx et de grande value a tous les foux qui sont dessoubz la nue*, etc., pet. in-8° goth. (Le même, III, 328).

CCCI bis. *Larbre des Batailles* (par Honoré de Bonnor). — Imprimé nouvellement à Lyon par *Oliuier Arnoullet*, in-4° goth. — Panzer, VII, 372, place cette édition parmi les livres sans date du XVI° siècle. M. Coste, qui en possède un exemplaire, estime qu'il est du XV°. — Le marquis de Paulmy a donné, dans ses *Mélanges*, vol. D, p. 96, une analyse de ce livre, où sont tracées les règles de conduite d'après lesquelles les militaires et les chevaliers doivent se comporter. Parmi les grandes questions que l'auteur y agite et qu'il décide, se trouve celle-ci : « Peut-on, en conscience, faire la guerre « à l'Eglise ? — Non pas à l'Eglise, mais au Pape personnellement, surtout « s'il veut empiéter sur le temporel des rois, sur lequel il n'a aucun droit. » Voyez les n°⁵ CCXIV et CCXXIX. — On lit dans la *Biogr. univ.* qu'Honoré de Bonnor composa son ouvrage par ordre de Charles V; mais rien ne prouve cette assertion ; toutefois il est certain que l'auteur dédia et présenta son livre à Charles VI. Voyez les *Mém. de l'Acad. des Inscriptions*, XVIII, 368. — Honoré de Bonnor est qualifié de religieux de l'Ile-Barbe, près de Lyon, dans le *Catalogue des Mss.* de M. Cambis de Velleron (Avignon, 1780, p. 445). Nous voyons en effet qn'après la mort de Jean Sonhetto, abbé de l'Ile-Barbe, Honoré *Bonhort* (1), prieur de Salon, fut élu abbé concurremment avec Aynard de Cordon, auquel l'abbaye demeura et dont l'élection fut confirmée en 1493. Voyez le Laboureur, *Mazures*, I, 217; Guichenon, *Hist. de Bresse*, continuation de la 3° partie, p. 93, et Roquefort, *Dict. de la lang. rom.*, II, 758.

CCCIV. *Boece de consolacion.* — In-fol. goth. — M. Brunet, *Suppl.*, I° 184, décrit une seconde édition lyonnaise, également sans date, différente de l'autre (B. Coste).

CCCIV bis. *Le Cathon en françois.* — M. Brunet décrit une édition de ce livre, pet. in-fol. goth., à 2 col., dont les caractères sont semblables à ceux qu'on employait à Lyon vers 1480; mais il n'a pu en donner la date, parce que la souscription manquait à l'exemplaire qu'il a eu sous les yeux. *Man.*, I, 351. Voyez aussi Hain, *Addenda et corrigenda* (ad init. parti. II vol. 1).

CCCVIII. *Le Chapellet de* (sic) *vertuz.* — Cy finist le roman de prudence. Imprime a Lyon par M. *G. le roy*. In-fol. goth. à long. lignes, fig. (B. Coste). Voyez ci-dessus, n° CCXCI. — Roquefort, *Dict. de la lang. rom.* II, 759, cite parmi les ouvrages de Christine de Pisan, *le Livre de prudence ou des quatre vertus*, attribué à Sénèque, et traduit par elle.

CCCIX bis. *Le Chevalier delibere* (Cy commence) compreignant la mort du duc de Bourgogne qui trespassa deuant Nansy (sic) en Lorraine (en rymes, par Olivier de la Marche). — Imprime a Lion par *Martin Hauard*, demourāt en la grāt rue du pōt du Rosne. Pet. in-4° goth. de 49 f. à 28 lig. par page. Edition sans date et dont le frontispice porte une planche en bois.

---

(1) C'est ainsi que ce nom est écrit dans le Laboureur, qui mentionne un acte par lequel le marquis *Bonhort*, gentilhomme de Provence, donne pouvoir au prieur de S. Jean d'Ardière, son ami, d'engager quelques joyaux à lui appartenant, pour soutenir avec l'argent qui en proviendrait, l'élection d'Honoré Bonhort, son frère.

(B. du roi et B. Coste). Brunet, *Suppl.*, 1, 315; C. Weiss, *Biogr. univ.*, art. Marche (Olivier de la).

CCCIX *ter*. *Les Croniques des roys, ducz et comtes de Bourgogne* depuis l'an xiiii apres la resurrection de *N. S.* jusqu'au prince Charles qui trespassa deuant Nancy en Lorraine au mois de ianuier mille ccccLxxvi, pet. in-4° goth. de 6 f., sans chiffres ni réclames, mais avec signatures. — Au recto du dernier f. on lit: *Explicit. a Lyon imprime.* Suit l'écusson des imprimeurs, dans lequel on lit: *Pierre Mareschal Bernabe Chaussard.* Notes inéd. de Mercier de S. Léger.

CCCX. *Complaincte et regime de François Guarin, marchant de Lyon.* In-4° goth. (B. Coste).

CCCXI *bis*. *La Dance des Aueugles* (titre du fol. 1, au verso duquel est une figure représentant un aveugle). — Ci finist la Dance des aueugles imprimee a Lyon. Pet. in-4° goth. de 41 f., signat. a-f. (B. Coste). — Voyez La Monnoye sur du Verdier, 1, 470, et les n°s cccxi de notre *Bibliogr.*

CCCXI *ter*. *Le Debat de l'Ome mondain et du Religieux* (en vers). Pet. in-4° goth. de 11 f., signat. a i-b ii. — Sur le titre est un cartouche au milieu duquel sont les initiales P. B. Ce cartouche est surmonté d'un rouleau ayant pour légende: Pierre Mareschal Bernabe Chaussard (B. Coste).

CCCXIII *bis*. *La Destruction de iherusalem et la mort de Pilate* (Cy finist ce present traicte intitule). Amen. In-4° goth de 19 feuillets, à 2 col.; 37 lignes à la page; papier moitié à la *roue dentée*, moitié à la lettre B. Le recto du premier feuillet est blanc; au verso est la figure de Pilate dans son lit, répétée au verso du dernier feuillet (B. de M. Léon Cailhava). — Edition différente de celle que nous avons enregistrée sous le n° cccxiii de notre *Bibliographie.*

CCCXIII *ter*. *La Destruction de Iherusalem et la mort de Pilate* (Cy finist ce present traicte intitule). Deo gratias. Petit in-fol. vieille bâtarde de 32 f. à long. lign., sur papier à la marque du *Vase*, signat. a ii-e ii. (B. Coste). Les caractères sont fort beaux; et paraissent être les mêmes que ceux qui ont servi à l'impression des *Statuta Ecclesie Lugduni*, sans date — Il a paru à Lyon, en 1827, une tragédie intitulée *Pilate*, en cinq actes et en vers, par M. Perenon. Cette pièce se termine par la mort du gouverneur de la Judée, qui se pend sur la scène. Si jamais cette tragédie était représentée, nous engagerions l'acteur qui remplira le rôle de Pilate à lire le chap. xxiv de la *Jeune fille de Perth*, par Walter Scott; il y verra comment on peut pendre un homme sans que mort s'ensuive.

CCCXVIII *bis*. *En quel teps on doit doner medecine.* — Si finist la nature des douze signes auec les sept planettes et copositions du kadren à congnoistre les heures iour et nuict. Imprime a Lyon aulx depens de *Claude Dauphin.* Pet. 8° allongé en forme d'agenda, de 12 f. Mêmes caractères que ceux en pet. goth. dont se servait *Jean Clein.* (B. Coste, exempl. sur vélin).

CCCXX *bis*. *Les Faintises du monde* (en vers). Cy finissent les faintises du mõde, à Lyon imprimees cheux *Barnabe Chaussard.* Pres nostre Dame de Confort. xpo laus et gloria. — Suivent ces quatre vers:

> Tout ainsi que descent en la fleur la rousee
> La face au mirouet et au cuer la pensee,
> La voix en la maison sans porte defermee
> Entra le filz de Dieu en la vierge honoree.

Pet. in-8° goth. (B. Coste). Brunet, *Man.*, ii. 124.

CCCXX ter. *Fierabras le geant* (le roman de). A Lyon, par Guillaume Le Roy, le 5ᵉ iour de iouillet. In-4° fig., signat. A.-F. Hain, 7085. — Voyez le n° CCXLVII.

CCCXX quater. *Le Girouflier aux Dames. Ensemble le dit des Sibiles· Epistre de Seneque a Lucille côsolatoire de Liberal leur ami q estoit triste pouʳ ce que la cite de Lyon dont il estoit, estoit arse et brulee*, etc. Pet. 8° goth. dᵉ 16 f. à longues lign., avec 23 gravures en bois, titre rouge et noir. Décrit par M. Brunet qui ajoute, *Suppl.*, II, 92 : « Il est probable que cette édi-« tion aura été publiée à Lyon dans le commencement du XVIᵉ siècle. » M. Coste, qui en possède un fort bel exemplaire, pense, d'après la forme des caractères, qu'elle a dû être exécutée vers la fin du XVᵉ siècle. Nous estimons, nous, que l'auteur du *Manuel* pourrait objecter que si *Claude Nourry*, *Claude Davost*, *Estienne Baland* et plusieurs autres imprimeurs des premières années du XVIᵉ siècle n'eussent pas mis de dates à leurs éditions, on pourrait les croire antérieures à 1500. Nous ajouterons que le caractère gothique· employé par quelques imprimeurs du commencement du XVᵉ siècle, surtout celui des éditions de *Baland*, offre une grande conformité avec celui qu'on employait à Lyon dans la dernière décade du XVᵉ siècle.

CCCXX quinquies. *Les proesses et vaillances du preux Hercules*. Lyon, in-4° goth. — Le marquis de Paulmy attribue ce roman à Raoul le Fèvre, et croit que cette édition a dû paraître à la fin du XVᵉ ou au commencement du XVIᵉ siècle (*Mél.* VIII, 51). Voyez du Verdier, II, 253, et Brunet, *Man.*, art. HERCULES.

CCCXXII. bis. *Le Jardin de Plaisance et Fleur de Rhetoricque*.... Imprime par *Oliuier Arnollet* pour *Martin Bouillon*. Pet. in-fol. goth. Beauchamps, *Recherches sur les théâtres*, I, 191 ; L'abbé Goujet, X, 396; Brunet, *Man.*, II, 263. — M. Coste possède un exemplaire de ce livre auquel il manque les deux premiers feuillets, et dont la souscription est ainsi conçue : « Cy finist la table de ce present liure intitule le Iardin de « Plaisance et Fleur de Rhetoricq. Imprime nouuellement à Lyon par « *Oliuier Arnollet*. » — *Martin Bouillon* ne figure pas dans les tables de Panzer du XVᵉ; cependant il est certain qu'il était déjà libraire en 1500, car il prend cette qualité dans l'acte de vente d'une maison qu'il acheta cette même année, de *Pierre Gascon*, prêtre de Saint-Nizier, qui était aussi libraire, et probablement le parent de l'habile relieur qu'employa notre Jean Grolier. (Notes de C. B.) Voyez Arnett, *An inquiry into the nature and form of the books*, etc., p. 137, et ci-dessus, n° CXLIV ter.

CCCXXVII bis. *Le liure de Tailleuent, grant cuysinier du Roy de France*... — Imprime nouuellement : a la maison de feu *Barnabe Chaus ard* : pres nostre Dame de Confort. P. D. P. L. (Priez Dieu pour lui). Pet. 8° goth. S. D. (B. Coste). Nous ne croyons pas que cette édition appartienne au XVᵉ siècle, puisqu'elle est postérieure à la mort de *Barnabé Chaussard*, qui figure pour la dernière fois dans Panzer en tête de l'année 1505. Si nous l'avons enregistrée ici, ce n'est que pour la signaler aux bibliographes. Voyez ci-dessus, n° CXCVII quater.

CCCXXVII ter. *Liure* intitule des vertus (Cy comace ung petit) ou quel est tractie de lefect des vertus et des vices contraires à icelles, etc. Pet. in-fol. goth. de 29 f. à long. lignes. Brunet, *Man.*, II, 364.

CCCXXVII quater. *Lospital damours* (attribué à Alain Chartier). In-8° goth. de 26 f. de 24 lig. à la page; signat. a.-d. iii; fig. en bois au recto et au verso du titre. — Le texte commence ainsi :

> a   sses ioyeux sans lestre trop.

Au verso du dernier f., après huit vers dont voici le dernier :

> Et a la fin de ce que ie vueil,

on lit : « Cy finist lospital damours. » M. Coste nous a communiqué un exemplaire de ce livre relié par Koehler (mar. marron.), sur le dos duquel on a mis : LYON S. D. Malgré l'examen auquel nous nous sommes livré avec lui, nous serions fort embarrassé de décider si cette édition appartient à la presse lyonnaise ou à la presse parisienne, et nous n'oserions pas affirmer qu'elle est du xv° siècle. — Il existe une autre édition sans lieu ni date de *Lospital damours*, petit in-4° de 34 f. y compris celui du titre, au verso duquel est une figure ; signat. aij-diiij et dv ; mêmes caractères que ceux du *Liure des quatre choses* que nous avons décrit sous le n° cccxxxvii de notre Bibliographie (B. de M. Léon Cailhava). Voyez La Monnoye sur la Croix du Maine, 1, 12, et sur du Verdier, ii, 256.

CCCXXVIII bis. *Le Lunaire* translate de latin en françois fait et calcule au climat de Lyon selon la traditive (sic) d'un calendrier de Jean de Montroy. In-4° goth. — Cet opuscule faisait partie du recueil décrit sous le n° 4282 du *Catal. Dufay* (voyez ci-dessus, n° cclxvii bis.) Lalande ne l'a pas mentionné dans sa *Bibliogr. astron.*

CCCXXVIII ter. *Les Lunettes des princes* composees par noble hŏme Jehan Meschinot escuier en son viuant grant maistre dhostel de la royne de France. — Au-dessous de ce titre est un cartouche où se trouve sur un rouleau le nom de *Jaques* Arnollet, et, dans un écusson la marque de cet imprimeur. Petit in-4° goth., signat. a ii-l iiii. — Description faite d'après l'exemplaire (peut-être imparfait) de la B. de Lyon, lequel se termine par une oraison qui « se peut dire par huit ou seize vers tant en « retrogradant qu'aultrement : tellemet qu'elle se peut lire en trente et « deux manieres differentes et plus. Et a chescune y aura sens et rime. Et « commencer tousiours par motz differens qui vult (sic). » — Il existe une autre édition lyonnaise des *Lunettes des princes auecques aulcunes balades et additions... nouuellement imprimees par Oliuier Arnoullet*. Pet. in-4° goth., sans date (B. Coste). — L'édition sans lieu ni date, sur le titre de laquelle est le nom de *Jehan du Pré*, appartient peut-être à la presse lyonnaise. Brunet, *Man.* et *Suppl.*, art. MESCHINOT. — Ce poëte, qui a été omis dans la *Biogr. univ.*, a un article dans Niceron, xxxvi, 357, et dans Goujet, ix, 404. Rabelais le cite dans son *Pantagruel*, II, xi ; mais, suivant Massieu (*Hist. de la poésie franç.*, p. 312), il ne l'aurait cité que pour s'en moquer.

CCCXXVIII quater. *Matheolus qui nous mostre sans varier les biens et aussi les vertus qui viennent pour soy marier*, etc. — Imprime nouuellement à lyon sur le rosne cheulx *Oliuier Arnoullet* demourant aupres de nostre dame de confort. In-4° goth. à 2 col. fig. (B. Coste). — Cette édition doit appartenir aux premières années du xvi° siècle ; tel est l'avis de M. Brunet, qui pense que la souscription *Pour l'an que je fus mis en sens*, etc. (voyez le n° cclxxi), se rapporte, soit à la composition du poëme, soit à l'édition in-fol. de Vérard.

— *Le Rebour* (Sensuyt) *de Matheolus*. Imprime nouuellement a Lyon par

Oliuier Arnoullet. Pet. in-4° goth. à 2 col., signat. a i-f 111. (B. Coste). Voyez le n° cclxxi.

CCCXXXVIII *quinquies. Melusine* (Cy finist listoire de) imprimee a Lyon par maistre *Mathieu Husz...* In-fol. goth. de 127 f. non chiffrés, avec fig. en bois dans le texte. — Edition décrite par M. Brunet qui pense que l'édition de ce roman attribuée à *Maistre le roy* pourrait bien être la même que celle de *Math. Husz. Man.* iii, 266; *Suppl.*, ii, 232. Voyez le n° cccxxi de notre *Bibliogr.*

CCCXXIX. *bis. Pathelin (Maistre Pierre)*, sans lieu ni date. In-4° goth. de 44 f. non chiffrés. — Edition imprimée avec les caractères dont s'est servi *Guil. Le Roy* vers 1490 (B. de M. de Soleinne). Brunet, *Suppl.* iii, 21.

CCCXXX. *Pierre de Prouence....* pag. 41, ligne 7, *au lieu de :* 1592, *lisez :* 1492.

CCCXXXI *bis. Le proufit qu'on a d'ouyr messe* (en vers). Cy finist du prouffit (sic) de la messe. A Lyon par *Barnabe Chaussard.* xpo laus et glia. Pet. in-8° goth. de 7 feuillets. (B. Coste, arm. du xve siècle). Voyez ci-dessus, n° cccxvii *quater*.

CCCXXXI *ter. Le Purgatoire des mauuais maris*, auec l'Enfer des mauuaises femmes, et le Purgatoire des ioueurs de dez et de cartes. Impr. à Lyon par *Barnabé Chaussard*, In-16. — Edition citée par du Verdier, p. 1082, et qui pourrait bien être du xve siècle ; nous la signalons à M. Brunet. Voyez Barbier, n°s 15093, 94 et 95, et la *Biogr. univ*, art. COQUILLART.

CCCXXXI *quater. Le Quaternaire saict Thomas*, aultrement dict les quatre choses sainct Thomas. Pet. in-4° goth de 15 f. S. D. (B. Coste). — « Ce *Quaternaire* est apparement l'opuscule intitulé *Liber de virtutibus et vitiis, numero quaternario procedens* ; mais on ne croit pas qu'il soit de S. Thomas. » La Monnoye sur du Verdier, iii, 391. Voyez le n° cccxxvii de notre *Bibliographie.*

CCCXXXII *bis. Les quinze ioyes de mariage.* In-fol. goth. de 48 f., à 2 ecol. — Edition sans lieu ni date, décrite par M. Brunet qui croit qu'elle a été imprimée à Lyon, vers 1480. Du Verdier cite de cet ouvrage une édition de Lyon, *Olivier Arnoullet*, in-4°, sans date. Voyez sur ce livre, le *Ménagiana*, i, 107, édit de 1729, et Barbier, *Anonym.*, n°s 15244 et 45.

CCCXXXIII *bis. La rescription des femmes de Paris aux femmes de Lyon*, avec la reponce. Pet. in-4° goth. de 4 f. (B. Coste). Brunet, *Suppl..* ii, 170.

CCCXXXIV.   *Cy comance le romant de la rose*
                    Ou lart damours est toute enclose.

In-fol. goth. à 2 col., fig. sur bois, papier à la marque de l'*Agnu Dei.* (Voyez n° xxvi *bis.*). — L'exemplaire de la B. de Lyon a 148 f. de 41 lign. sur chaque col., signat. a. 2 (sic) - t. iii. — Cette édition, qui passe pour la première qui ait été faite de ce Roman, est attribuée à juste titre à *Guill. Leroy*, et, comme nous l'avons dit, elle paraît être la seule qui soit sortie des presses lyonnaises au xve siècle. — Le chancelier de l'université (et non de l'église [*]) de Paris, le pieux Gerson, n'est pas le seul qui ait

---

(1) Cependant Gerson est ainsi qualifié dans son épitaphe en vers composée par Laurent Bureau, évêque de Sisteron, et citée par Spen, p. 33 de sa *Recherche des antiquités de Lyon:* Claruit *ecclesiae* qui *cancellarius*, etc.

anathématisé le *Roman de la rose* (1); le P. Théophile Raynaud, célèbre écrivain Jésuite, mort à Lyon en 1663, le signale comme le plus mauvais et le plus immoral de tous les romans (voyez ses *Erotemata de malis ac bonis libris*, etc., Lugd. 1653, in-4°). Aujourd'hui ce livre n'étant plus ouvert que par les bibliophiles, n'a plus rien de dangereux. Aussi ne trouvons-nous dans l'*Index* de la cour de Rome aucune des nombreuses éditions qui en ont été publiées. — La bibliothèque de Lyon possède deux manuscrits du *Roman de la rose*. Celui qui porte le n° 670 offrirait peut-être quelques variantes à un nouvel éditeur. Le vers qui porte le n° 14126 dans l'édition de Méon, a, si nous ne nous trompons, toujours été imprimé ainsi, sauf les différences de l'orthographe :

jadis au temps Helene furent..

Notre manuscrit porte :

Iadis auant eslainne furent...

Cette leçon nous semble préférable ; elle est plus conforme à l'intention de l'auteur qui, dans cet endroit de son poëme, a voulu être l'écho d'Horace, où on lit : *Sat.* 3°, liv. 1,

Nam fuit ante Helenam mulier teterrima belli
Causa...

Nous citons d'après le P. Jouvancy qui, en mettant *mulier*, a, par pudeur, substitué le tout à la partie (voyez son Horace, Paris, 1697, t. II, p. 33.)

Le manuscrit n° 680 porte : *Iadis au temps*, etc., mais il n'est pas aussi ancien que l'autre. Il est d'une plus belle exécution calligraphique et sur un très-beau vélin. Le copiste, après l'*Explicit*, y a mis ces deux vers de la *Sainte Léocade* de Gautier de Coinsy, poëte satirique du XIII° siècle :

Nature rit si come (*sic*) semble
Qut hic et hec ioignet ensemble.

Voyez, sur Gautier de Coinsy, l'*Hist. litt. de la Fr.*, XIX, 848, et

(1) « Si je possédais, s'écrie Gerson, un exemplaire du *Roman de la Rose*, fût-il
« unique, et valût-il *mille livres*, je le brûlerais plutôt que de le vendre pour qu'il fût
« publié tel qu'il est. Si je savais que Jean de Meung n'eût pas fait pénitence, je ne
« prierais pas plus pour lui que pour Judas : qu'il soit damné ou qu'il soit en purga-
« toire, ils augmentent sa peine, ceux qui le lisent avec une mauvaise intention... »
Prima, si esset mihi liber ROMANCII DE ROSA, *qui esset unicus, et valeret mille pecuniarum libras, combureret eum potius quam ipsum venderem ad publicandum sicut est. Secunda, si scirem ipsum non egisse pœnitentiam, non potius rogarem pro eo quam pro Juda; et augmentant hi qui in malo eum legunt pœnam suam, si est damnatus, vel in Purgatorio... J. Gersonis Opera*, 1706, t. III, p. 931,

sur le *Roman de la Rose*, le *Journal des Savants*, octobre 1816; le *Bulletin du Bibliophile*, 1836, n° 7; La *Revue de Paris*, 5 mars 1837.

CCCXXXIV bis. *Sensuit la Vie du glorieux Moseigneur saint Anthoine extraitte mot par mot de sa Légende* (1). Pet. in-4° goth. de 4 f., dont le second est signé *a iij* — Cet opuscule se termine ainsi, fol. 4, verso : « … Quand le « benoist saint Antoine fut en laage de cent et cinq ans, il baisa tous ses frè- « res et reposa en paix soubs Costantin qui regna lan de grace de nostre Sei- « gneur trois cents et quarante (2). Cy fine la Légende de sain (sic) An- thoine » La marque du papier est une cloche; les caractères ressemblent à ceux qu'employait Guillaume Leroy (B. de M. Gonon). — Il n'est pas question dans cette *Vie* du petit cochon que la tradition donne pour compagnon à S. Antoine, et sur l'origine duquel les hagiographes ne sont nullement d'accord. On peut consulter sur ce point le P. Théophile Raynaud, *Hagiologium Lugdun.*, 388; les *Acta Sanctor.*, 1, 158, et le *Bulletin du bibliophile*, année 1838, p. 306.

CCCXXXIV ter. *S'ensuiuent les sept Pseaulmes en françoys translates au plus pres du latin* (f. a. ii). Pet. in-4. goth. sans chiffr., mais avec signat., papier à la roue dentée. — M. Gonon possède un exemplaire de cette édition, auquel il ne reste que les quatre premiers feuillets du texte et les quatre derniers. La version très-abrégée des psaumes est suivie de la Litanie des Saints qui commence au *recto* du f. b. ii. Viennent ensuite, toujours en français, le *Pater*, l'*Ave Maria* et deux Oraisons, dont la dernière est ainsi conçue : « Nous prions Dieu que toutes les ames de feaulx trespasses « puissent avoir repos sans fin. *Amen. Et nos viuamus.* » —Voici la traduction du *Pater*, qui diffère un peu de celle qu'on trouve dans le *Nouveau Testament* traduit par Julien Macho et Pierre Farget : « (N)ostre pere qui ez es cieulx « sanctifie oit ton nom. Ton reaulme nous auieigne. Ta voulente soit faicte « en terre comme au ciel. Nostre pain cothidien donne nous auiourdhuy « Et nous pardonne nous (sic) pechez comme nous pardonnons a ceulx qui. « nous ont meffait. Et ne nous maine pas en temptation. Mais deliure nous « de tout mal. Amen. » Voyez *Quelques recherch. sur d'anc. trad. franç. de l'Oraison dominicale*, par G. Peignot, et les *Notes et Documents* d'A. P., année 1477.

CCCXXXIV quater. *Supplicacion a nostre dame* faicte par maistre Pierre de Nesson. In-8° goth. de 6 f. Le titre offre sur le recto l'image de la Vierge répétée sur le verso (B. Coste, exempl. relié par Koehler (mar. vert), et sur le dos duquel on a mis : Lyon. S. D.). M. Brunet, qui a décrit cette édition, *Suppl.* II, 485, la croit imprimée avec les mêmes caractères que le *Champion des dames*, in-fol. s. d. ; et dans son *Man.*, II, 50, il dit que le caractère de cette édition du *Champion des dames* ressemble beaucoup à celui des éditions de *Vérard* de 1490 à 1500. Toutefois Van Praët, qui a décrit un exemplaire sur vélin de cette édition de l'ouvrage de Martin Franc, pense qu'elle a été imprimée par *Guillaume Leroy* (*Vélins des B. publiq.*, II, 133). Il serait donc possible que la *Supplicacion* de Pierre de Nesson fût une production des presses lyonnaises. Voyez sur ce poëte du xv° siècle, la *Biblioth. du Richelet* de 1728, p. xcvij, et la *Biblioth. franç.*, de l'abbé Goujet, IX, 177.

---

(1) La même vie se trouve, en effet, dans la Légende en français, publiée à Lyon par *Math. Hus* et *Pierre Hongre* en 1483.

(2) Le texte latin porte cccl; toute fois il y a erreur sur la date et sur le nom de l'empereur : S. Antoine mourut sous le règne de Constance II, le 17 janvier 356.

CCCXXXIV *quinquies*. *Les Tenebres de mariage* (en vers). — Cy finent les tenebres de mariage à Lyon imprimees. Xpo laus et gloria. Pet. in-8° goth., sans date et sans nom d'imprimeur (B. Coste). — Cette édition doit être de *Barnabé Chaussard*; il y a sur le titre une *fleur de lis* semblable à celle qui est sur le titre de l'édition de l'*Ars notariatus* que nous avons décrite ci-dessus, n° cxcvii *ter*.

CCCXXXIV *sexies*. *Le Testament* (sensuit) *de taste vin roy des pions*. In-8° goth. de 4 f. (B. Coste, exemplaire relié par Koehler (mar. rouge), et sur le dos duquel on a mis Lyon. S. D.). — Cette édition nous paraît sortir des mêmes presses que les éditions sans date de *Lospital damours* d'Alain Chartier, et de la *Supplicacion* de Pierre de Nesson. Cependant, tout en lui donnant une place dans notre *Bibliographie*, nous dirons, pour l'acquit de notre conscience, que les caractères du *Testament de Taste vin* nous semblent avoir une grande conformité avec ceux qu'employaient à Paris, vers la fin du xv° siècle, Pierre Le Carron et Antoine Vérard.

CCCXXXIV *septies*. *Le testament du pere* lequel il laissa a son filz : a la fin de ses iours pour l'instruire a vertu et fouir aux vices. qui le voudra acheter vienne chez *Guillaume Balsarin*. Pet. in-8° goth. — Pièce en vers composée de 8 f. y compris le frontispice sur lequel est une gravure en bois. Brunet, *Man.*, iii, 431.

CCCXXXIV *octies*. *Le tres playsant liure nomme Mandeuille*. — M. Brunet nous signale une édition de ce livre, in-fol. goth., à 2 col., du 4 avril 1840 (après Pâques), édition qu'il croit lyonnaise et antérieure à celle du 8 février 1840 (avant Pâques), que nous avons enregistrée sous le n° ccxxii. « Ce serait donc, nous écrit le savant bibliographe, trois éditions lyonnaises de ce livre, sans compter celle de 1487, in-4°, qui est citée dans une note de la Croix du Maine, à l'article *Jean* Mandeville, où l'abbé de Saint-Léger a ajouté les noms de *Pierre Boutellier*. »

A ces quatre éditions il faut en ajouter une cinquième que M. le conseiller Coste nous a communiquée; mais, comme elle n'est pas datée, il serait très-possible qu'elle ne fût pas du xv° siècle; elle a pour titre : *Monteuille copose par messire Jeha de moteuille cheualier natif dangleterre de la ville de saint alain : lequel parle de la terre de promission de hierusalem et de plusieurs pays villes et isles de mer et de diuerses estranges choses et du voyage de hierusalem*. Au-dessous est une gravure représentant un *Chevalier*. La souscription qni se trouve au recto du dernier feuillet, est ainsi conçue : « Cy « finist le tresplaisant liure nomme Monteuille imprime a lyon par *Bar-* « *nabe Chaussart*. » La gravure du *Chevalier* est répétée sur ce même feuillet, et la page est terminée par un huitain suivi de ces mots : *Xpo laus et gloria*. In-4° goth. à longues lignes non chiffr., signat. a ii - qiii.

CCCXXXVII *bis*. *La vertu des eaues et des herbes*. Et aussi plusieurs bons remedes contre plusieurs grandes maladies. — Imprimee a Lyon en la grànt rue du Puys pelu a limaige sainct Pierre p. *Pierre Mareschal* et *Bernabe Chaussart* (sic). Pet. in-fol. goth. de 12 f., signat. a t-c iij. (B. Coste). Voyez le n° cccxxxv.

CCCXXXIX *bis*. *La Vie du mauuais Anti-christ. Les xv signes. Le Iugement*. A Lyon, 1499. In-fol. Du Verdier, édit. originale, p. 269; édit. de Rigoley de Juvigny, 1, 470; Panzer, 1, 556; Hain, 1152. — Ce livre est probablement une réimpression des opuscules sur le même sujet qui sont à la fin des éditions lyonnaises du *Mirouer de la redemption de lumain lignage*, et que M. Guichard a rappelés, p. 64 de sa *Notice*. Toutefois il serait très-possible que la *Vie du mauuais Anti-christ* fût une traduction du 3ᵉ traité du *Compendium Lotharii*, ou de quelqu'autre ouvrage latin sur le même sujet (voyez Panzer, v, 35, et Barbier, *Anonym.*, 20847), peut-être le *Compendium de vita Anticristi* que l'on trouve à la fin du *Preceptorium* de Nicolas de Lyra, in-16, goth., sans date et sans nom de ville, et dont M. Gonon possède un exempl. relié. avec le *Tractatus de summo bono* d'Isidore de Séville.... *Impressus Parisii per Philippum Pigouchet*, мccccxci, in-16, goth. (1) — Il est à remarquer que la plupart de ces ouvrages, où des visionnaires se livraient à l'interprétation de l'*Apocalypse* et s'avisaient de prédire l'avenir, étaient en grande faveur chez nos crédules aïeux. Un des plus singuliers est le *Mirabilis Liber*, dont l'édition la plus rare est peut-être celle qui fut publiée sous la rubrique de *Romme*, avec la date de 1524. Cette édition est bien certainement sortie des presses lyonnaises, car on lit au bas du titre : Spes mea Deus, devise de *Jehan Besson*, que l'on retrouve dans le cartouche de cet imprimeur, sur le titre de la traduction de la *Parthenice* du Mantouan, par Jacques de Mortieres, publiée l'année précédente (1523, in-4°.) Nous avions déjà signalé dans les *Archives du Rhône*, t. xii, p. 442, un exemplaire du *Mirabilis Liber* de 1524, appartenant à la B. de Lyon, à la fin duquel on lit, d'une écriture fort ancienne et peut-être du temps, ces mots : *Imprimé à Lyon chez Jehan ou Jehanet*, suivis d'un nom que nous n'avions pas pu déchiffrer, et qui est réellement celui de *Besson*.

P. S. On peut évaluer à quatre cents le nombre des ouvrages que la presse lyonnaise a produits de 1473 à 1500. La presse parisienne en a produit le double pendant la même période. La cause de cette différence est facile à expliquer : Paris avait un Louvre, un Parlement, une Sorbonne, des colléges, etc.; Lyon n'avait rien de tout cela, et Lyon ne paraît avoir joui de l'art de l'impression que deux ou trois ans après la capitale (2).

(1) Parmi les ouvrages sur le même sujet, nous pourrions encore rappeler le *Tournoiement de l'Ante-Christ*, poème d'Huon de Néri, analysé dans l'*Hist. litt. de la Fr.*, xviii, 600.

(2) Paris compta plus de 80 imprimeurs au xvᵉ siècle ; nous n'en avons trouvé à Lyon que 60 environ, y compris les libraires ; en voici la liste : *Alemanus* (Johannes); — *Arnollet* ou *Arnoullet* (Jacques); — *Arnoullet* (Olivier); — *Bachelier* (Jean); — *Bade* (Josse), correcteur de Jean Trechsel, de Jean de Wingle, etc.; — *Balsarin* (Guillaume); — *Barthelot* (Pierre); — *Battenshne* (Jean); — *Benedictis* (Nicolaus de); — *Boninus de Boninis* (peut-être le même que Benoit *Bonyn*); — *Bouillon*, libraire (Martin); — *Bouteiller* ou *Boutelier* (Pierre); *Buyer* (Barthelemi); — *Buyer* (Jacques); — *Carcani* ou *Carcaigni* (Janonus ou Johannes); — *Catalanus* ou *Cathelan* (sans doute le même que Nicolaus de *Benedictis*, qui était Catalan de naissance); — *Chaussard* (Barnabé); — *Clein* ou *Cleyn*, alias *Schwab* (Jean); — *Cyber* ou *Siber* (Jean); — *Daigne* ou *Daygne* (Claude); — *David* (Edmondus); — *Dauphin* (Claude); — *Du Pré*, en latin *de Prato* (Jean); — *Dyamantier* (Jean); — *Faber* ou *Fabri* (Jean); — *Fradin* (François); — *Gacon* ou *Gascon* (Jean), libraire; — *Gibolet* ou *Giboleti* (Claude); — *Glogkengier* (Sixtus); — *Grosshofer* (Lazare-David); — *Gueynart* alias *Pinet* (Etienne), libraire; — *Havart* (Martin); — *Heremberg* (Jacques); — *Hongre* ou *Hongrois*, en latin *Ungarus* (Pierre le) — *Huguetan* (Jacques et Jean), libraires (mentionnés dans les registres des actes du consulat, l'un au premier décembre 1497, et l'autre au douze mars 1498); — *Huschin* (Claude de); — *Husz* (Martin) — *Husz* (Matthieu); — J. G. (marque d'un imprimeur ou d'un libraire dont le nom est resté inconnu; peut-être *Jean Gacon*); — *Johannes Alemanus* déjà nommé; — *La Fontaine* (Jean de); — *Lambillon* (Antoine); — *Lathomi* (Perrinus); — *Leroy* ou *Regis* (Guillaume); — *Maillet* (Jacques); — *Mareschal* (Jean); — *Mareschal* (Pierre); — *Martin*, (....), libraire; — *Michael* de Basilea (probablement le même que Michel *Wensler*); — *Myt* (Jacques); — *Ortuin* (Gaspar); — *Pinet* (voyez supra *Gueynart*); — *Pistoris* de Bensheim (Nicolas Philippe); — *Pivart* ou *Pyvard* (Jean); — *Place*, en latin *de Platea* (Jean de la); — *Porte* (Aymond de la), en latin *de Porta*; — *Regis* (voyez supra *Leroy*); —

Quant au nombre d'exemplaires que l'on tirait à Lyon de chaque ouvrage, nous n'avons rien trouvé qui pût nous mettre dans le cas de le déterminer. Chevillier, *Origine de l'Imprimerie*, p. 73 et 99, et Henri Hallam, *Hist. de la littérat. de l'Europe*, 1, 249, nous ont donné le chiffre des exemplaires tirés de quelques livres publiés à Rome et à Venise ; ce chiffre varie de 275 à 1100. On croit même que plusieurs ouvrages n'ont été imprimés qu'à cent exemplaires, tels que le Pline et le Cicéron publiés à Venise par Jean de Spire. Lambinet, *Origine de l'Imprimerie*, 1, 308, dit qu'en général on ne tirait pas à plus de 300 ; mais ce chiffre est arbitraire, et nous pensons que le nombre des exemplaires variait suivant l'importance ou l'utilité du livre. Nous voyons, par exemple, que Robert Gaguin avait fait tirer 500 *copies* de l'édition de son *Compendium* publiée à Paris, en 1495. Il est présumable que la nouvelle édition qu'il donna à Lyon, en 1497, fut tirée à plus grand nombre, puisque la précédente, malgré les fautes dont elle fourmillait, était déjà épuisée (oyez le n° cxxxi.) — A l'égard du prix des livres, ce prix devait être le même à Lyon qu'à Paris ; nous renvoyons sur ce point aux trois auteurs que nous avons cités, Chevillier, Lambinet et Hallam.

Nous ne croyons pas avoir épuisé la matière en publiant ce premier *Supplément*. Nous aurions pu le grossir de plusieurs éditions sans date faites à Lyon par des imprimeurs qui, tels qu'Olivier Arnoullet et Barnabé Chaussard, ont exercé leur art aux xv° et xvi° siècles ; mais nous avons cru devoir les rejeter jusqu'à un plus amplement informé. Nous craignons même que l'on ne nous fasse un reproche d'avoir encatalogué quelques-unes de ces éditions, dont la date n'est pas aussi reculée que se plaisent à le croire les bibliophiles qui ont le bonheur de les posséder.

Reinhart (Marc) ; — *Sachon* ou *Zachon* (Jacques), en latin *Jacobus Zachoni de Romano* ; — *Sarrasin* (Marin) ; — *Scabeler* alias *Westenhire* (Jean) ; — *Schenck* (Pierre) ; — *Schaltis* (Engelhart) ; — *Siber* (Voyez supra *Cyber*) ; — *Suigo* (Jacobinus de) ; — *Topie de Pimont* (Michelet) ; —' *Trechsel* (Jean) ; — *Trot* (Barthélemy), libraire ; — *Ungarus* (voyez supra Hongre) ; — *Wensler* (Voyez supra *Michael* de Basilea) ; — *Westenshire* (voyez supra *Scabeler*) ; — *Wingle* (Jean de) ; — *Wolf*, en latin *Lupus* (Nicolas) ; — *Zachon* ou *Sachon* déjà nommé.

Seconde Partie.

NOTES ET DOCUMENTS

POUR SERVIR A L'HISTOIRE DE LYON. (1)

> Historia quoquo modo scripta delectat.
> PLIN. JUN. *Epist.* v, 8.

1560-1574.

RÈGNE DE CHARLES IX (2).

1560.—*Décembre.* Une ordonnance de Charles IX, rendue à Orléans, octroie le réglement des pauvres de la ville de Lyon aux bourgeois et citoyens qui seront élus administrateurs de l'Aumône d'icelle, avec attribution de justice. *Conf. des Ord.*, p. 63; Menestrier, *Notes inéd.*; Dagier, *Hist. de l'Hôtel-Dieu de Lyon*, I, 109.

1560.—*Décembre* 21. Antoine Giraud, docteur ez-droits, prononce l'oraison doctorale, et reçoit 20 livres pour ses honoraires.

1560.—Le cardinal de Tournon fait imprimer les statuts synodaux de l'Eglise de Lyon, *Statuta synodalia*, etc. (Lugduni, excudebat *Joann. Ausultus* (Jean Ausoult), 1560, in-4°). Voyez ci-dessus, année 1557, et ci-après, année 1566.

1560.—Lettres patentes qui permettent à Claude Gruippon de Guillien, escuyer, sieur de Sainct-Julian, d'ouvrir les mines et minières qu'il pourra trouver dans toute l'étendue du royaume. — Ce sieur de Sainct-Julian avait découvert un grand nombre de mines, tant au « pays de Beaujolois,

---

(1) Ces *notes ou documents* font suite à ceux que l'auteur a publiés dans *les Annuaires de Lyon*, de 1838, 1839, 1840 et 1841. Les articles signés M sont extraits des Mss. du P. Menestrier; ceux signés S sont tirés des Mss. de l'abbé J. N. Sudan.

(2) Ce prince, successeur de François II, parvint à la couronne le 5 décembre 1560, et mourut le 23 mai 1574.

« Auvergne et Lyonnois, qu'en Dauphiné, Languedoc, Provence, etc. ». *Recueil* d'Isambert, xiv, 41.

1560. — « Les réfugiés de Florence, dispersés dans plusieurs villes de l'Europe, après le débris de leur naufrage, avoient fait à Lyon un consul et quatre procureurs pour retenir quelque chose de l'ancienne république, et s'étoient obligés vies et biens pour rétablir la liberté de leur patrie. Ils tenoient leur assemblée en une maison de Lyon, où depuis on a bâti les Capucins, et les meilleures familles de Florence y avoient part... ». P. Matthieu, *Hist. de François II*, p. 234.

1560—*circa*. En ce temps-là, il existait à Lyon, tout à la fois, environ treize cabinets de médailles, ou du moins treize amateurs de numismatique ou d'archéologie, qui pouvaient avoir recueilli plus ou moins d'objets appartenant à ces sciences. Le célèbre Hubert Goltz a placé à la suite de son *Julius Cæsar*, Bruges, 1563, in-fol., une épître aux amateurs d'antiquités qu'il avait connus dans ses voyages, dans laquelle on trouve la liste des treize amateurs de Lyon. *Archives du Rhône*, viii, 144; C. B., *Nouv. mél.*, p. 42 et 57.

1561.—*Janvier 21*. Le Consulat ordonne au voyer de la ville de faire abattre les boutiques récemment bâties contre les murs de l'église de St-Nizier, et d'intimer au chapitre de St-Nizier, de payer les gages de l'exécuteur de la haute-justice, fixés à trente livres par année, à défaut de quoi on fera « vuider tous les merciers établis au devant de ladite église... ». — Ces gages avaient été alloués à l'exécuteur de la haute justice « pour lui « tenir lieu des droits qu'il percevoit, soit à chacune des portes de la ville, « soit au marché de St-Nizier, sur les vivres apportés par les paysans. » *Act. consul.* du 17 juin 1561; *Nouv. arch. du Rh.*, I, 51. Voyez ci-dessus au 30 *avril* 1560.

1561.—*Avril 18*, à 2 h. et demie après midi, François Giuntini, astrologue, né à Florence, le 7 mars 1522, arrive à Lyon. — Voici en quels termes le P. Menestrier parle de ce personnage dans ses *Notes chronologiques* :... « Giuntini, qui prenoit la qualité de docteur théologien, étoit un carme apostat. S'étant retiré à Venise, comme en un lieu de liberté, il y exerça, pour subsister, l'office de correcteur de livres, avec celui d'astrologue judiciaire, dont il faisoit profession... Il y fit connoissance avec Jacques Nardi, citoyen de Florence, qui avoit composé l'histoire de son pays depuis l'an 1444 jusqu'à 1551, et qui la lui donna à transcrire : Giuntini en fit deux copies, et en retint une pour lui. Un libraire de Venise, Louis Delli Avanzi, qui vouloit réimprimer la description de toute l'Italie, de Frère Alberti de Bologne, chargea Giuntini, en 1559, du soin de revoir cette nouvelle édition, et d'y faire quelques nouvelles additions; mais des affaires fâcheuses obligèrent le moine apostat de quitter Venise, et de venir chercher en France, un asyle plus sûr que celui d'une ville où il commençoit à être trop connu. Arrivé à Lyon, il eut recours à son exercice ordinaire de correcteur de livres... Et, comme il y avoit plusieurs marchands florentins riches et puissants, il trouva accès auprès d'eux, et tant par ses corrections de livres que par sa profession d'astrologue judiciaire, il amassa des sommes d'argent assez considérables. Il fit imprimer par *Thibaud Ancelin*, en 1582, l'histoire de Nardi, et la dédia *al molto magnifico M. Nicolo Arrighi, gentilhuomo fiorentino*. Il ajouta à cette histoire un *Discorso sopra lo stato della magnifica città di Lione*, et le dédia à un autre Florentin, *M. Zenobe Giovanini, nobil fiorentino*. Giuntini, prend dans cette dernière dédicace, le titre de *dottore theologo*. C'est au commencement de ce discours que, pour faire le philosophe et l'esprit fort, il dit qu'il a fait le changement de la demeure de Florence à celle de Lyon, d'autant plus volontiers qu'il sait que les anciens philosophes ont dit que tout le monde, à quiconque y naît, n'est qu'une ville, parce que le sage se fait son pays, en quelque endroit qu'il se trouve, que partout l'année est divisée en quatre saisons, que le soleil s'y lève le matin et s'y couche le soir; que les étoiles se découvrent de tous les endroits où l'on est; que l'homme naît et meurt partout, et qu'ainsi, il ne voit pas quelle différence, en cela, il peut y avoir entre Florence et Lyon... ». Ménestrier aurait pu ajouter que Giuntini fit l'horoscope des principaux personnages de Lyon, tels que Mandelot, M. de la Mante, Michel-Antoine de Saluces, Maurice du Peyrat, l'archevêque d'Espinac, etc., etc., tous assez bons ou assez simples pour croire à l'astrologie judiciaire, science à laquelle Giuntini, bien certainement, ne croyait pas, et qu'il n'exerçait que pour s'enrichir à leurs dépens.—Nous engageons M. Renouard à lire l'art. Giuntini, dans le *Suppl. de la Biogr. univ.*, et à rectifier ce qu'il a dit, p. xv de sa *Notice sur les Junte*. Voyez ci-après, année 1590.

1561. — *Mai* 29. Les échevins de Lyon enjoignent à François Coulaud, receveur de cette ville, de payer à Guillaume Guéroult, *poète en latin et en françoys*, la somme de *six écus d'or, vallans quinze livres tournois*, parce qu'il avait dédié au Consulat de ladite ville, un *Traicté fait ou traduit par lui, sur l'administration des républiques*. — Au dos est la quittance et la signature de Guéroult. *Nouv. arch. du Rh.*, I, 52. — Guillaume Guéroult, s'il faut en croire Théodore de Bèze (*Vie de Calvin*), appréhendant d'être puni à Genève, à cause de sa vie scandaleuse, était venu chercher un asyle à Lyon, chez son beau-frère Balthazar Arnoullet, un de nos plus habiles imprimeurs; mais la gratification qu'il reçut du Consulat, témoignerait qu'il menait à Lyon une vie plus régulière qu'auparavant. Il n'a point d'article dans la *Biographie universelle*, quoiqu'il en méritât un. On trouve la liste de ses ouvrages dans les *Bibliothèques* de La Croix du Maine et de du Verdier. M. Brunet en a décrit quelques-uns dans son *Manuel du Libraire*. L'abbé d'Artigny, *Nouv. mém.* II, 74, nous apprend que Guéroult était le *directeur* de l'imprimerie de Balthazar Arnoullet, qui avait aussi une librairie à Vienne en Dauphiné, et que c'est à eux que Servet s'adressa pour faire imprimer son *Christianismi restitutio*, etc., qui parut au commencement de 1553.

1561.—*Juin* 5. « ESMOTION POPULAIRE.—Le jeudy, jour et feste du Corps de Dieu, cinquiesme juing mil cinq cens soixante vng. — Ledit jour, le peuple estant assemblé en l'esglise St-Nizier pour aller à la procession du précieux corps de notre Seigneur accoustumé estre porté chascun an led. jour : et Messieurs les conseillers de ladite ville ayant fait assembler dans l'hostel commun de lad. ville les deux cens arquebousiers pour obuier que aulcune esmotion et scandale ne aduint led. jour soubz ombre de la religion, suyuant les lettres du Roy : iceux arquebusiers conduicts par le capitaine noble George Renoard, estant en bataille en la place audeuant de lad. esglise durant que lad. procession passeroit : ainsi que messire Guy Esmyon, chanoyne de lad. esglise, qui portoit le ciboire ou reliquaire où reposoit led. précieux Corps de nostre Seigneur, sortoit de lad. esglise estant soubz le poille qui estoit porté par quatre prebstres habituez de lad. esglise, descendant de la calade tirant contre la rue de la Grenette, suruint un jeusne homme estrangier, nouuellement venu en lad.

ville, homme de mestier et de mechaniques, soy disant natif de Brye (sic), nommé Denys de Valloys (sic), lequel furieusement de faict aguet et propoz délibéré, comme il l'a confessé, se jecta sur led. chanoyne Esmyon, s'esforsant luy oster et arracher des mains led. ciboire ou reliquaire où reposoit led. précieux corps de nostre Seigneur, à quoy faire il auroit esté empesché par lesd. capitaine et arquebousiers qui l'auroient prins et rendu prisonnier es mains de la justice, et pour appaiser la fureur du menu peuple qui se seroit fort esmu et scandalisé dud. acte ainsi témérairement faict, luy auroient faict son procès, et après sa confession faicte, qu'il, seul, dès le jour precedant, auroit premedité, conspiré, et entreprins de ce jourd'huy arrascher des mains du prebstre led. précieux corps de nostre Seigneur qui seroit porté processionnellement, et pour ce faire, d'exposer sa vie, auroit esté exécuté led. jour audeuant la porte de lad. esglise de St-Nizier, où après luy auoir couppé le poing, auroit esté pendu et estranglé en une potence et après mis en quatre quartiers et sa teste mise sur le pont de Saone. Nonobstant lequel scandale aduenu au deuant de la porte de lad. esglise de St-Nizier, faict par led. de Valloix (sic), messieurs les lieutenans civil, cryminel et particulier, voyans et entendans que le menu peuple de la paroisse de St-Nizier se leuoit et mectoit la main aux armes, frappans, tuans, et mutilans tous ceulx qui se trouuoient emmy les rues qu'ils soubsonnoient estre huguenaulx sans cause, occasion ny connoissance de cause, ains seulement à la seulle et premyere parolle du premyer d'entre eulx qui appeloit ou cryoit *à l'huguenault*, seroient venuz auec les sergens tant de la seneschaussée que cour ordinaire dud. Lyon pour pacifier led. menu peuple, et pour ce faire auroient faict mettre en ordre envyron soixante desd. arquebousiers de la ville qui marchoient premyers et après les banyères, torches et peuple de lad. paroisse St-Nizier où il y en auoit aulcuns qui portoient leurs espées toutes nues et bastons de toute sorte pour la tuytion et deffence des prebstres et gens d'esglise qu'ils firent marcher processionnellement à la manyere accoustumée jusques à l'hospital du pont du Rhosne, et dud. hospital, reuenant par la rue Merciere à lad. esglise de St-Nizier. A laquelle procession assistarent lesd. sieurs lieutenans, aulcuns des conseillers du siege présidial, Messieurs les aduocats et procureur du roy qui virent et furent presens qu'en y celle procession y eust troys ou quatre esmotions populaires faictes par aulcunes personnes mechaniques, gens de mestiers et incogneuz qui disoient estre assemblez, et auoir pris les armes pour deffendre les gens d'esglise : la premyere esmotion faicte en la station qui fut faiete en la Grenette, entrant en la rue du Puys-Pelutz; l'aultre auprès dud. Puys-Pelutz; l'aultre auprès dud. hospital du pont du Rhosne, où Monsieur le secretaire de lad. esglise St-Nizier qui portoit led. reliquaire ou cyboire, pour l'esmotion et tumulte du peuple assistant à lad. procession qui estoit ainsi esmu et perturbé, fut contraint de se retirer dans l'esglise dud. hospital où l'on eust nouuelles que led. peuple du cousté de rue Neufve, durant que la procession de l'esglise St-Pierre y passoit, estoit entré par force dans le colliege de la Trinite appartenant à lad. ville et communauté de Lyon, duquel colliege ils auroient tiré et entraisné hors Me Barthelemy Aneau, principal recteur dud. colliege, et après lui avoir baillé plusieurs coups d'espees, allébardes et aultres bastons sur sa personne, l'auroient inhumainement tué et occis et layssé mort estendu au milieu de lad. rue, au grand scandale des petits enfants escoliers et aultres estudians aud. colliege. » *Régistre des actes consulaires de la ville de Lyon*, fol. xlv et xlvj. — Le document que l'on vient de lire, et que nous publions pour la première fois, ne laisse plus aucun doute sur la véritable date de la fin déplorable du malheureux Aneau. Cette date se trouve encore confirmée par un autre acte du Consulat qui, dans sa séance du lendemain 6 juin, commit quatre de ses membres, les sieurs Grollier, Faure, Sève et Gabiano « pour donner ordre au scandalle et meurtre aduenu à la personne de M⁰ Barthelemy Aneau, principal du college de la Trinité, qui, le jour du Corps de Dieu, auoit esté occis par quelques personnes allant à la procession, où estant au deuant dud. collège par la porte et sur les murailles de derriere seroient entrez en icelle, et sur les galleries auroient troué led. Aneau, principal, feignant le tenir du nombre des Huguenaulx, le comme dessus, l'auroient occis sans aucune information ni permission du juge... » — Voyez sur la fin tragique d'Aneau, Rubys, *Hist. de Lyon*, p. 389; Severt, *Archiepiscop. Lugdun.*, p. 400; Le Laboureur, *Maz.*, II, 11; P. de Saint-Romuald, *Trésor chronol.*, III, 519; Menestrier, *Eloge hist.*, p. 82; Colonia, *Hist. Litt.*, II, 673; J. Morin, *Hist de Lyon*, V, 148; *Biogr. lyonn.*, art. ANEAU; J. Demogeot, *Notice hist. sur le collège royal de Lyon* (Lyon, imprimerie de Léon Boitel, 1840). Voyez ci-après au 1ᵉʳ mai 1565.

1561. — *Juin* 15. Le Consulat, sur la requête de la veuve de Barthélemy Aneau, ordonne « que l'on priera la justice d'informer sur la vérité de l'homicide à la requête de ladite veuve et hoirs, pour après, selon la vérification qui en sera faite, en être fait poursuite et adjonction, ainsi que le Consulat verra être à faire par raison. ». S. (Copie de C. B, x, 111). — Beauchamps, *Recherches sur les théâtres*, I, 338, et Cochard, *Notice sur Aneau* (*Nouveaux mélanges de M.* Breghot, p. 203), disent que la femme d'Aneau aurait partagé le sort de son mari, *si*, comme nous l'apprend le P. Menestrier, *Art des emblèmes* (Paris, 1684, in-8); *le prévôt de Lyon ne l'eût sauvée en l'emprisonnant*. Il est bien question d'Aneau, p. 10, de l'édition citée de *l'Art des emblèmes*, mais on n'y dit rien de sa femme. C'est Bayle, art. JUNIUS (Fr.), rem. E, qui a rapporté cette circonstance, que François Junius a consignée dans sa *Vie* écrite par lui-même (Voyez ses *Opera theologica*, I, 10). Ce François Junius, vulgairement appelé du Jon, né à Bourges, en 1545, faillit être tué, en même temps que B. Aneau, dont il était le disciple et le compatriote; il ne dut son salut qu'à la fuite. Aneau, suivant Junius, ne fut pas la seule victime immolée en cette occasion à la fureur du peuple; voici le récit de l'autobiographe : « ... *Nam cum excitato Lugduni tumultu ad S. Nicasii* (sic), *die festo (vocant) Corporis Domini sive Sacramenti, strages passim atque promiscuè in altera urbis parte, quæ inter fluenta Rhodani Ararisque sita est, ederentur: cœpit furibunda plebs hos illos etiam domo rapere, et domum ipsam in qua tum agebam circumsidere arctissime, commota sacrificuli ποπανοφόρου verbis, qui prædicabat, falso ei domo eadem exiisse hominem qui vim ipsi attulerat, et sacramenti sui delubrum effregerat. Tegebat autem sacrificulus hac defensione imprudentiam suam : id enim ipse fecerat, quum attonitus eorum numeris qui ex tumultu alibi cœpto obviam occurrebant ad arma, eosque inimicos ratus, se in domum quam primam apertam vidit proripuisset, suumque delubrum vel sacrarium, quod gestabat manibus, ad portam domus impetu magno allisisset. Atque hoc mendacium multis permagno constitit. B. Anulo erepta vita et aliis aliquot: Anuli uxor parum fuit quin a plebe in Ararim projiceretur, nisi interventu Catharini Joannis præfecti et angariorum equorum epistatæ liberata fuisset abductaque in carcerem: domus nostra armatis circumclusa et pressa tanquam in hostico. Prospectans quidam a muro molitor minatur mihi : me a se notum prædicat : non effugiturum è suis manibus pronuntiat : de summo pariete* *cui instabat contatur hasta, utrum commode in aream cum hastæ suæ fulmento insilire posset: ita exarserat in me, ut spectare non posset dum ad se upportarentur scalæ. Ego qui jam ter antica et postica porta fueram conatus effugere, ut vidi insanum hominem in me cogitare infestum irruere, adeo ad anticam portam, quam tum furiosi illi minime observabant, confidenter armatorum ordinibus, qui totius illi vici (*Novum *appellant) latera tegebant confertissimi : eaque porta effugio: per medios numeros armatorum currens, verberatus, pulsus, ex privatis aliquot ædibus, ex curia dejectus, tandem trans Ararim venio, in alteram partem oppidi, ubi silebant omnia, tumultu vacua atque clamoribus. Aberat tum ab urbe vir optimus Leonardus Pornasius* (1), *Piemantæ dominus ad quem certis de causis recipere me eonsilium erat. Qui gerebat negotia illius dubitans, re cognita, utrum ipsis aut mihi statio illa per illud tempus tuta futura esset, commodato me pallio instruit; ad curionem S. Irenæi, honestum et humanum virum, me deduci curat, ubi me jubet ad horam unam aut alteram subsistere. Inde extra oppidum abducor a quodam pædagogo, cui* Georgio Colino *nomen, et circumspicio utrum ex amicis quemquam ruri inventurus essem. Postquam vero jejunus plus satis oberrassem frustra, in ædes rustici cujusdam venio, non procul ab insula quæ in Arari supra Lugdunum est; rusticus ille excipit humanissime... Lugdunum reversus eo ipso die res meas recipio quascunque manus furum integras mihi reliquerant; et salutatis amicis, post aliquot hebdomadas, rebusque conrasatis, revenio domum* (Bituriges). — Voyez aussi la Notice sur Junius, dans les *Mém.* de Niceron, XVI.

1561. — *Août* 4. Edit. de Charles IX, qui ordonne d'abattre et mettre par terre auvents, saillies, etc.

1561. — *Septembre* 25. Le sieur Gravier, député en cour par la ville de Lyon, écrit au Consulat: « ... M. le maréchal de Saint-André n'est plus des « affaires ni du conseil; au moins il n'y est entré depuis quelques propos « fâcheux que le roi de Navarre eut avec lui, à cause de M. de Savigny « (l'abbé Antoine d'Albon), jadis son lieutenant à Lyon... ». — M. de Savigny qui avait tout récemment reçu ordre de se rendre à son archevêché d'Arles, et de quitter le gouvernement de Lyon, fut remplacé par François d'Agoult, premier comte de Sault, « l'un des plus sages et accorts mondains, et qui le mieux sçauoit dissimuler, qu'on eut sceu choisir en toute la court: car, quoy qu'en son ame, il adherast aux protestans, comme les effects le firent paroistre, il sceut si bien, en tout ce qui estoit de l'extérieur, trancher du catholique, qu'il n'y auoit nul qui l'en sceut juger estre autre. Il oyoit la messe à deux genoux; il se communioit toutes les bonnes festes, et se confessoit à ce tant renommé frère Ropitel, religieux de l'ordre des Frères mineurs,... tenu en ce temps-là, pour le fléau de Calvin et de sa secte à Lyon... ». Rubys, p. 389; J. Morin, V, 152. — Le comte de Sault, né vers 1528, était fils de Louis d'Agoult de Montauban, et de Blanche de Lévi, fille du comte de Ventadour; il avait été élevé page de François Ier, en 1545, et avait épousé, en 1554, Jeanne de Vesc. Il était, en 1560, lieutenant de la compagnie de gendarmes du maréchal de St-André. Charles IX, auquel il avait rendu de grands services, érigea la terre de Sault en comté, peu de temps avant de l'envoyer à Lyon, où il arriva vers les premiers jours d'*octobre* 1561, avec le titre de « lieutenant pour le roi au

---

(1) Léonard *Pornaz* ou *Pourna*z, seigneur de Piedmante, fut échevin en 1563, 64 et 65. Aneau lui avait dédié, en 1556, sa traduction du 3e Livre des *Métamorphoses d'Ovide.* C. B. *Nouv. mél.*, p. 197. Voyez ci-après, 31 *Janvier* 1568.

gouvernement du Lyonnois, en l'absence du maréchal de Saint-André. »
Guy Allard, *Hist. générale des familles de Bonne, Crequi, de Blanchefort,
d'Agoult*, etc., p. 105 ; Le Laboureur, *Maz.*, II, 15, 16 et 113.

1561. — *Octobre* 16. François d'Agoult, comte de Sault, nouvellement
nommé (en remplacement de M. de Savigny) lieutenant-général pour le
roi en la ville et pays de Lyonnois, en l'absence de Mgr. le maréchal de
Saint-André, arrive en poste à Lyon. Les échevins, qui étaient allés à sa
rencontre, l'accompagnent jusques en la maison du sénéchal, noble Thomas
de Gadagne, où il dîna. — Le même jour, dans la soirée, le comte de Sault
se rendit à l'archevêché pour y prendre son logement. Les échevins qui s'y
présentèrent, lui ayant remontré que l'on faisait journellement des prêches à la
mode de Genève, et qu'il était à craindre qu'il n'en résultât quelque émotion
populaire, le comte de Sault leur répondit qu'il en avertirait le roi, les
priant toutefois « attendant le bon vouloir de sa Majesté,... de contenir le
« peuple en paix et tranquillité, tant du côté des *protestans* que de Messieurs
« de l'église, pour obvier que aucun scandale n'advienne en cette ville. »
Notes de M. Sudan, qui fait observer que c'est pour la première fois qu'on
voit le mot *protestans* dans nos actes consulaires. — L'église protestante de
Lyon avait alors pour ministres Jacques Ruffi, les sieurs d'Anduse, Paiani,
Pagesi et Pierre Viret. Beze, *Hist. ecclés.*, III, 216.

1561. — *Octobre* 19. Le comte de Sault écrit au roi : Sire, Je n'ay vollu
faillir à vous faire entendre suyvant la despesche que je vous fis hier, l'estat
en quoy j'auois trouvé les affaires de ceste ville quy ne sont pas sans grands
troubles, encores que par la vigilance de monsieur le seneschal et de vos
officiers, ils ayent empesché jusques ici qu'il n'y soyt suruenu grande esmotion. Cy est ce que voyant que ceulx qu'on nomme euangelistes à viure plus
ouuertement qu'ils n'avoyent accoustumé, ayant despuys quatre jours
auant mon arriuée achesté une maison (1), laquelle ils ont fait accommoder
et echaffauder pour s'y pouvoir tenir jusques au nombre de trois mil personnes y preschant et faisant leurs prieres ordinaires tous les jours à huys
clos, aussy allant aux baptistères en plein midy, accompagnez de deux ou
trois cens personnes sans armes, toutes lesquelles choses donnent occasion
au peuple de s'esmouuoyr, et sy n'estoyt la vigilance qu'on s'y use et a-t-on
procédé par cy devant, il en fust suruenu quelque scandale. Et pour vous
faire entendre, Syre, comme je y ay procédé despuys mon arriuee : après
auoir faict assembler les gens de vostre justice et le corps de la ville, j'ay
envoyé queryr ceulx de ceste religion. Leur ayant commaudé de se désister
de prescher et mesme en ce lieu quy sembloyt estre érigé comme ung temple,
jusques à ce qu'aultrement il n'aparust de la voullanté de vostre majesté : à
quoy ils m'ont faict responce qu'ils voulloyent demeurer tres humbles sujects
et obeyssans, mettant leur vie et leur bien pour vostre majesté, mais quant à
leur ame l'avoyoient desdiée à Dieu. Et voyant leur obstination, je n'y ay
vollu aultrement procéder que premièrement je n'eusse aduerty vostre majesté tant pour ce qu'il ne me seroyt possible de les empescher sans user de la
force, de laquelle il me semble ne m'estre loysible, veu qu'il fauldroyt que
m'aidasse du peuple qui emmorroyt une esmotion telle d'où sensuyuroyt la

---

(1) Cette maison qu'on nommait la *Générale*, était située au coin de la place des
Cordeliers et de la rue de la Grenette. C'est la veuve de Jean Chastelier, trésorier général
de Piémont, qui l'avait vendue aux Protestants. Colonia, *Hist. litt.*, II, 638 ; *Alm. de
Lyon* de 1756, p. xxxix ; C. B., *Dict. des rues de Lyon*, art. Générales (rue des).

totalle ruyne de cette poure ville, sans l'effusion de sang de beaucoup de gens. Dans lesquelles choses tant pour l'importance qui touche au service de vostre majesté que aussy pour estre aduerty de vostre voullanté, je vous supplieray tres humblement me commander clairement comme il vous plaict que je m'y conduise, afin que, suyuènt icelluy, je le mette en execution et puisse tenyr vostre peuple en bonne obeissance et en paix et union, supplyant le Createur vous donner, Syre, en santé, tres heureuse et longue vie. De Lyon, ce xix d'octobre 1571. » — Le P. Colonia (*Hist. litt.*, II, 640), ne nous a donné qu'un extrait de cette Lettre qui nous a paru assez interessante pour être publiée en entier. C'est la première du *Registre* que possède la bibliothèque de Lyon, *des 35 lettres et despesches* adressées au Roi par le comte de Sault, et dont la dernière porte la date du 30 juin 1562. Comme elles sont encore inédites, du moins nous le croyons, nous les donnerons sous leurs dates. Peut-être reconnaîtra-t-on, en lisant cette correspondance, que le comte de Sault, quoiqu'il ait abjuré plus tard la religion de ses pères pour faire cause commune avec les Protestants, ne mérite pas le reproche que lui ont fait Rubys, Menestrier et Colonia, d'avoir livré la ville de Lyon aux troupes du baron des Adretz.

1561. — *Octobre* 27. Le comte de Sault écrit au roi : « Syre, Despuys la derniere despesche que j'ay faicte à vostre majesté par vng mien gentilhomme exprez, samedi dernier, messieurs du chapitre de l'esglise de Lyon auec les officiers de monsieur l'archeuesque et quelques bourgeoys me firent les resmonstrances quy sont contenues en vng cahier de papier que j'enuoye à vostredite majesté auec l'acte que je demanday de la presentation d'icelles quy est au present. Et par ce, Syre, que je congneuz par la teneur desdites remonstrances, que, entre aultres choses, ilz se plaignoyent de ce que aulcuns de l'esglise prestendue refformée, en ceste ville, portoyent les armes et en faisoyent amas, ce que de leur part pour eulx preualloyr à l'encontre desdicts sectateurs de ladite esglise ils tendoyent à fin qu'il leur feust permis de porter les armes. Pour obuier à tout escandalle, ayant le tout premierement communiqué aux gens et officiers de vostre majesté en ce siege, et heu sur ce leur aduis lequel j'envoye aussi deuers vostre majesté, je manday le jour d'hyer venir par deuers moy toutes les parties, et après plusieurs remonstrances que leur feis de l'obseruation des edicts et ordonnances de vostre majesté et commandement de les garder de poinct en poinct sur les peines y indictées. Finablement d'une part et d'autre, ils declairarent qu'ils entendoyent d'estre et voulloyr demeurer toutes leurs vies tres bons et tres loyaulx subjects et seruiteurs de vostredite majesté et fairoyent d'une part et d'aultre cesser ledit port des armes. Et me presentarent ceulx de ladite esglise refformée la requeste que j'enuoye pareillement à vostredite majesté, pour, sur le tout, pourueoyr et me commander ses bons voulloyrs et plaisirs, par ce, Syre, que je doubte fort que ces partialitez et diuisions apportent une grande ruyne de la ville par diminution de commerce ordinaire, comme il se veoyt de jour en jour, et enfin crainte de ne pouuoyr contenir de telle façon les vngs et les aultres qu'ilz ne prennent les armes et viennent aulx mains, tant ils semblent anymez et bandez. Et par ce plairra à vostredite majesté, Syre, m'ordonner particullierement sur le contenu desdites requestes et remonstrances ce que luy semblera meilleur pour le bien de son seruice pour lequel je feray tout ce que me sera possible en ce monde, comme tres humble et tres obeissant subject et seruiteur d'icelle.

« Syre, je supplye le Createur, etc. De Lyon ce xxvij d'octobre 1561. »

1561. — *Octobre* 30. Le comte de Sault écrit au roi : « Syre, Sur ce que je mettoys peine de m'informer et bien recongnoistre l'estat des affaires de ceste ville, et ce, entre aultres choses, qui concerne le bien du seruice de vostre majesté et du reppoz publique, je receuz hier sur le tard les lettres qu'il auoyt pleu à vostredite majesté m'escripre du xxiiij° du présent, par lesquelles j'ay congneu vostredite majesté, par aduis ou aultrement, auoyr doubté qu'il y ayt en ceste ville quelques soldartz secretz en sejour, dont pour n'auoyr peu entendre le desseing, vostredite majesté m'ordonne m'enquerir plus amplement pour luy en rendre compte, ce que je suis après faire, Syre, et continueray tant que j'espere en sauoyr la nue vérité, dont je ne fauldray certifier incontinent vostre dite majesté. Pour laquelle neantmoins relleuer de peine contre l'oppinion que dessus, je certifieray ce pendant que à mon arriuée en cedit lieu je y ai trouué quelques gentilzhommes cappitaines bien congneuz attendant icy monsieur de Nemours quy s'en va en Sauoye, et aussy y trouuay le comte de Collini qui y a faict sejour par l'espace d'enuiron deux moys tant pour le faict de la traicte des grains de monseigneur de Sauoye, que pour aultres siens negoces et affaires, car il est tenu pour grand negociateur. — Et pour m'asseurer du costé des fortifications de cestedite ville me suys transporté tout à l'envyron d'icelle, lesquelles j'ay trouué du cousté le plus doubteux qu'est du Rosne, fort ouuertes et mal remparées, et seroyt bien acquis pour la sureté de la ville y faire besongner en bonne diligence s'il playt à vostre majesté ordonner aydes pour ce faire, pour ce que le recepueur desdites fortifications m'a dit qu'il n'a que trois mil liures à amplier en cest endroit, quy est bien petite somme heu esgard à la reparation qu'il y appartient faire, sur quoy vostredite majesté ordonnera ce que luy plairra.

« Syre, je supplye le Créateur, etc. De Lyon, ce xxx° d'octobre 1561. » Colonia, II, 641.

1561. — *Novembre* 3. Le comte de Sault écrit au roi : « Syre, Je receuz hier tant par le gentilhomme que j'auoys envoyé deuers vostre majesté, que par le cheuaulcheur porteur des presentes, les lettres qu'il a pleu à vostredite majesté m'escripre, le contenu desquelles ayant mys à execution, je vous en feray, Syre, une plus ample despesche en peu de jours, aduisant ce pendant vostredite majesté que, Dieu graces, les affaires de ce lieu passent en assez bonne sillance et repoz où je m'essayeray de tout mon pouuoyr les entretenir, ayant au surplus, Syre, mys entre les mains du poste de cette ville, la despesche que faict vostredite majesté à Monsieur de Bordilhon, et donné bien expres commandement audit poste d'en faire le debuoyr, comme estant ladite despesche de grande importance au bien de vostre seruice, ce qu'il m'a asseuré faire comme j'espere vostredite majesté sera deument certifiée en peu de jours.

« Syre, je supplie le Créateur, etc. De Lyon, ce iij° de novembre 1561. »

1561. — *Novembre* 12. Le comte de Sault écrit au roi : « Syre, je receus le deuxiesme du present les lettres tant closes que pattentes qu'il a pleu à vostre majesté m'envoyer du xviij° du passé par le gentilhomme que j'auoys enuoyé deuers icelle et entendu par iceluy la creance que lui auez commise à me dire. Pour à quoy pourueoyr, mesme à faire vuyder du lieu prochain de l'hostel commun de cette ville ceulx de l'esglise pretendue reformee, je leur feis entendre l'intention et vollanté de vostredite majesté estre qu'ilz s'en despartissent ; ce qu'ils ont faict, et se sont retirez en deux aultres endroicts de ceste ville où ilz font presche puys un jour ou deux. Sabmedy dernier je feis publier tant en jugement que publiquement à son de trompe par les carrefours de ceste ville, le contenu desdites lettres patentes, et pour regarder du moyen que l'on pourroyt tenir pour les faire garder et obseruer mesme en ce quy concerne la retraite particulliere des harquebouses, pistolles et pistolletz, je manday tant ceulx du clergé, de la justice, que du corps et consulat de la ville, pour ensemblement déliberer dudit faict, lesquelz après en auoyr chascun particullierement donné leurs aduys, je trouuay tous de tres bonne vollanté à obeyr et satisfaire au contenu desdites lettres; mais me remontrarent que l'importance de ladite execution gisoyt aulx nations estranges lesquelz ne pourroyent aisement porter la recherche et transport de leursdites armes en danger de leur donner quelque occasion de s'en aller, et diminuer par ce moyen le commerce et traffic ordinaire des marchandises. Ce neantmoins et parce qu'il est ordonné en ce lieu d'auoyr penons et quaterniers quy tiennent roolle en chascun quartier que leur est distribué du peuple qui y habite, je feis faire commandement à cry publique à tous manans et habitans de ceste ville qu'ilz et chascun d'eulx en son quartier eussent dans trois jours à metre es mains desdits penons ou quaterniers toutes et chascunes des harquebouses, pistolles et pistolletz qu'ilz ont par deuers eulx pour après estre mises par inuentaire au lieu que je leur ordonneroys, et oultre ce bailler par declaration toutes les aultres armes qu'ils ont en leurs maisons et puissances, et après les serrer et mettre si seurement que leurs enfants et seruiteurs n'en puissent porter sinon par la forme prescripte par lesdites lettres sur les peines indictées par icelles; à quoy lesdits penons commencent à vacquer, et y feray proceder, Syre, le plus dextrement que me sera possible, contenant tousjours les bons et obeyssans en leur debuoyr, et faisant paroyr par potences plantees en certains carrefours, la peine preparee aux contreueuants et refractaires : et n'y feray chose dont je ne donne souuent aduiz à vostredite majesté, de laquelle j'ay aussi receu les lettres du troisiesme du present auec vng double de l'assurance que ceulx de Dieppe ont baillé à monsieur de *Boillon*, de quoy ceulx de l'esglise pretendue refformée en cedit lieu me font reffuz de faire le semblable qui m'augmente de plus l'esperance de contenir le tout en paix et repoz, à qnoy je metray toute peine et diligence que me sera possible. Et m'a esté remontré, Syre, par les prevosts des mareschaulx, lieutenant de robbe courte et aultres officiers de vostre justice en cedit lieu, que si le port desdites harquebouses, pistolles ou pistolletz leur est prohibé, il leur sera tres dangereulx de pouuoir exercer leurs estats et offices piour la hardiesse que prendront les malviuantz de leur courir sus mesmes ez enuyrons de ceste ville où ilz ont faict ce qu'ilz ont peu pour aprehender aulcuns voleurs tenans les champs dont aulcuns desquelz sont apres eschappez et esuadez des prisons que ne s'estudieront à rien mieulx que à tuer lesdits preuost, lieutenant de robbe courte ou ses dits archers. Sur quoy plairra à vostredite majesté bien penser, car aultrement je ne les pourroys employer en aulcuns lieux où ilz se vouloissent transporter se librement que s'ils se voyent garnys desdits harquebouses, pistolles ou pistolletz. Aussy est à considerer, Syre, que les troys maisons et compaignies de banque en ceste ville auxquelles vostre majesté a permis, en faisant venyr d'Espagne et entrer en ceste ville de Lyon, jusques à la somme de seize cent cinquante mil escuz, pistollets, d'en pouuoyr tirer et sourtyr les deux tiers, ont jusques ici tyré et sorty de grandes parties pour Ytallie et Bezançon quy pourroyt importer et venyr à consequence au bien du service de vostre majesté, de quoy je l'ay par ce bien volеu aduertyr pour peser ce faict ; car il ne vous reste que vng tiers desdites sommes, et les estrangers en ont deux quy est le double et plus grand moyen de subside en temps doubteux, sur quoy vostre majesté m'ordonnera ce qu'elle verra meilleur pour le bien de sondit seruice si lui plaist.

« Syre, je supplye le Createur, etc. De Lyon, ce xij^e novembre 1561. »

P. S. « Syre, apres les presentez escriptes, les nations m'ont porté la requeste que j'envoye à vostre majesté, comme aussi ont faict ceulx de l'esglise pretendue reformée de ceste ville, auxquelles mesmes quant à celle desdites nations, je n'ay voleu faire aultre response que celle qu'est contenue au bas de leur requeste jusques à ce que vostre majesté m'ayt ordonné là dessus ce que luy plaira pour obuier à quelque jalosie que ceulx de la ville quy sont voz naturelz subjects en pourroyent prendre. »

1561. — *Décembre 5.* Le comte de Sault écrit au roi : « Syre, Parce que votre majesté pourroyt auoyr quelque doubte des affaires de par deçà par diuers proppoz que plusieurs sellon leurs passions pourroyent escripre et semer tant par lettres que aultrement, j'en ay bien voleu faire entendre le nayf à vostredite majesté, vous aduisant, que ayant entendu que de la part de monseigneur de Sauoye estoyent approchez de cette ville soixante ou quatre vingtz cheuaulx ne sçachant à quelle fin, j'enuoyay incontinent la part où ils estoyent quy est à Mirebel, lieu de l'obeyssance dudit seigneur, distant de ceste ville de deux lieus, vng gentilhomme mien pour scauoir recongnoistre et me rendre compte que estoyt : mais aduant son retour et arriuée, vint par deuers moy le sieur de Montfort, l'un des depputez de la part dudit Sr de Sauoye (pour ce que passe entre vostre dite majesté et son haltesse), lequel me dict qu'estant venu à sa congnoissance que l'on faisoyt en cette ville quelque doubte de la susdite trouppe et que ce fust à maluaise fin, il m'en voulloyt bien asseurer, et par ce me dict que pour l'assurance des titres et documentz que ledit seigneur de Savoye faisoyt apporter en ce lieu, son conseil auoyt faict suyure et accompaigner lesdits titres et pappyers par quelque nombre d'hommes à cheual jusques audit lieu de Mirabel où s'estant trouué ladite compagnie bien plus grande que n'auoyt ordonné ledit conseil, incontinent lesdits depputez à leur arriuée audit lieu l'auroyent reduicte à dix cheualx qui accompagnoyent lesdits titres et papiers jusques en ceste ville, comme leur auoyt ordonné ladite haltesse, ainsy que m'a dict ledit de Montfort, ou par ce je ne veoy, Sire, que doubter ne craindre. Et sy aultre chose suruient de ce cousté là plus important au bien de vostre dit seruice, je ne fauldray en donner incontinent aduis à vostredite majesté. — Et parce que je veoy bien que l'execution de vostre ordonnance sur le faict de la retraicte des armes à feu pourra auoyr long traict en ce lieu, et que à vng besoing vos subjects en icelluy en pourroyent demeurer en nécessité, j'en ai bien voleu aduiser vostredite majesté pour y pencer et regarder de quelque aultre moyen de prévision pour le reglement de ce dit lieu, parce que, au moyen des estrangers, il ne se peult manyer comme les aultres, encores que aulcuns ayent obey à ladite ordonnance baillée par declaration et mys leursdites armes à feu entre les mains de leurs penons, sur quoy plaira à vostredite majesté pencer et m'ordonner pour son contentement ce que j'auray à faire là dessus, n'ayant pour ceste heure aultre chose, dont je doive aduertyr vostredite majeste, et par ce je supplye en cest endroit le Createur vous donner, etc. De Lyon, ce v^e decembre 1561.

P. S. « Syre, parce que depuys les dernieres lettres que j'ay escriptes à vostredite majesté touchant les desniers qui sourtroyent par sa permission pour aller en Ytallye et ailleurs hors ce royaulme montant lhors jusques à la somme de seize cens cinquante mil escuz, s'est présenté vng aultre party de six cens mil pour vng nommé Bernardin de ceste ville, je n'ay voulen faillir aduertyr vostredite majesté, que en ce temps lesdites parties montantz deux millions deux cent cinquante mille escuz dont ne vous en reste que le tiers, encores que les desniers viennent d'Espagne pourroyent bien accommoder les estrangers et y pourroit auoyr quelque prejudice pour ce nerf quy est le principal de toutes entreprises et que pour vng qu'il vous en couste ilz en ont deux, par quoy plairra à vostredite majesté y bien pencer et me resoldre de ce que j'en arey par cy apres à observer : car ceulx quy ont lesdites parties s'en servent journellement de bien grandes sommes d'aultant qu'il est dict par leurs lettres et priuilleges qu'ils les peuuent sourtyr à vne ou plusieurs fois. »

1561. — *Décembre* 21. M. de Sault mande en son logis, Antoine Vincent, Barthelemi de Gabiano et le sieur *Mole*, notables protestants, et les y met aux arrêts pour n'avoir pas satisfait à l'ordre qui avait été donné aux protestants de ne plus tenir leurs prêches dans la ville. Les notables arrêtés s'excusent sur ce qu'ils avaient usé en vain de leur influence pour faire cesser les prêches, ayant eux-mêmes déclaré qu'ils s'en absenteraient jusqu'à ce que M. le duc de Crussol qui devait apporter les ordres du roi, fût arrivé. M. de Sault commet aussitôt un capitaine de sa maison, deux conseillers et les sieurs de Gabiano et Vincent, « pour aller en la maison du sieur de Myons où se
« faisoient les assemblées et prêches remontrer aux prédicants qu'ils eussent
« à obéir aux commandements qui leur avoient été faits, leur déclarant
« que dans le cas où ils ne voudroient pas obéir, le gouverneur assemblerait
« les forces de la ville et celles du roi pour leur courir sus comme rebelles. »
Les deux prédicants déclarent qu'il est de leur devoir de se transporter là où le peuple est assemblé dedans ou hors la ville; qu'en cela ils ne désobéissent en aucune manière aux ordres du roi. J. Morin, v, 156.

1561. — *Décembre* 23. Le duc de Crussol arrive à Lyon pour s'instruire de la véritable situation de cette ville et en rendre compte au roi « qui l'avait revêtu de toute l'autorité nécessaire pour remédier aux maux les plus pressants. » Colonia, II, 645.

1561. — *Décembre* 24. Le comte de Sault écrit au roi : « Sire, ayant receu par cy deuant les lettres qu'il a pleu à vostre majesté m'escripre du xxviij° du passé par lesquelles entre aultres choses vostredite majesté, ayant veu ce que je luy auoys escript par mes dernieres lettres du xij° dudit moys passé sur la manyere de proceder au faict des presches en deux endroicts de la ville par ceulx de la nouvelle religion après s'estre despartis du logis qu'ilz auoyent prins près l'hostel commun de la ville, m'auroyt escript que par ce qu'il estoyt grandement à craindre que s'estant ainsi despartys en divers endroicts, cela ne engendra et suscitast parmy le peuple quelque mutination et escandalle, vostredite majesté desirroyt bien pour à ce remedier qu'ils sortissent et se retirassent ez fortz bourgz ou ailleurs hors la ville, comme auoyent faict et faisoyent ceulx de Paris, Orleans, Bloys et aultres bonnes villes, à quoy je les persuaderoys et fairoys en sorte qu'ilz en usassent de mesmes de paour des inconueniens, suyuant les lettres de vostredite majesté. Et aduant qu'en voulloyr donner cognoissance aux aultres de la ville, j'auoys mandé ceulx qui m'auoyent cy-deuant présenté la requeste et remonstrances par forme d'asseurance et declaration d'obeissance de ceulx de ladite religion, et leur ayant faict veoyr et peser les voulloyr et intention de vostredite majesté et les raisons qui à ce la mouuoyent, je leur auroys persuadé et exhorté le plus amiablement que m'auroit esté possible de suyvre le contenu desdites lettres de vostredite majesté pour euiter les inconuenients quy s'en pourroyent ensuyure, et ce leur auroys reyteré par plusieurs foys, en tant qu'enfin ilz m'auroyent accordé de faire sortir et aller faire prescher hors la ville leurs mynistres, comme ilz en auroient monstré quelque contenance par effaict, et seroyent allez en partie par quelques jours au fort bourg de la Guillotière au delà le Rosne, mais despuys meuz de quelque maul-uaise volanté et oppiniastreté se seroyent desistez d'aller plus hors ladite ville et seroyent reuenuz en leur logis accoustumé où ilz ont faict et font presche tous les jours et quelquefoys deux foys le jour. De quoy aduerty, j'ay derechef par plusieurs foys mandé ceulx quy m'auoyent faict ladite promesse et declaration, les sommant d'obseruer le contenu en icelles, et, en ce faisant, faire deffendre lesdits presches en la ville, sur peine de desobeissance à vostredite majesté, à laquelle ilz respondroyent de tout ce que seroyt par ceulx de ladite nouuelle religion qu'ilz prethendoyent representer, attenté au préjudice des inhibitions par moy à eulx faites de plus prescher en ladite ville, attendu la commotion qui estoyt entre le peuple, obéissant et ayant observé le contenu dez esdicts et ordonnance de votre-dite majesté, que je ne pouuoys plus contenyr qu'il ne leur courut sus, ce quy viendroyt au grand escandalle et ruyne de ladite ville, dettriment et tres grand préjudice du bien et seruice de vostredite majesté, et par ce au peril eminent de leurs vies pour estre subjects astrainctz et tenuz d'en respondre, comme ayant stipullé et promis toute obeissance et deue reverence à ce que leur seroyt par moy ordonné et commandé pour le seruice de vostredite majesté, mesmes en ce faict quy est d'importance et tres grande consequence pour le reppoz de la ville. Et voyant, Sire, que lesdits depputez ne pouuoyent que faire en cest endroict, j'enuoyay deuers ceulx de lad. pretendue religion refformée, assemblez en presche, troys des conseillers de la ville auec vng gentilhomme mien pour entendre d'eulx s'ilz ne voulloyent obeyr et sortyr de la ville ou desister de prescher en icelle, ce qu'ilz auroient declaré ne pouuoyr faire comme estant chose contraire à la vollanté de Dieu ne de vostre majesté, demandant veoyr lettres patentes d'icelle prohibition desdits presches, aultrement ilz persisteroient en iceulx, bien scaichant qu'il n'y auoyt aulcunes semblables lettres ny commandement exprès de les faire vuyder. Et à la verité, Sire, les lettres de de vostredite majesté ne contonoyent ledit exprès commandement, comme, soubz la reverence de vostredite majesté, elles debuoyent, pour donner plus d'aucthorité et de pouvoyr aulx commis et ministres d'icelle de la faire obeyr. Et là dessus je recoys sans cesse requeste tant du clergé que du reste du peuple de la ville pour faire cesser et desister lesdits presches, ce quy me fait doubter, Sire, que s'il n'y est bientost procédé par vostredite majesté, ou par lettres en tres exprès termes, clauses et conditions pour les faire vuyder avec impositions de peine ou par les forces militaires, il sera tresmal aisé de se seruir de ceulx de la ville, par ce qu'ilz sont desja assez animez de ne les puys guieres plus contenir qu'ilz ne viennent aulx mains contre ceulx de ladite religion pour les exterminer, chose quy seroyt par trop dommaigeable et d'interest au bien du seruice de vostredite majesté pour l'effusion du sang quy s'en pourroyt ensuyvre et la pernicieuse consequence de l'exemple aulx aultres endroicts du royaulme. Par quoy, Sire, après qu'il aura pleu à vostredite majesté estre bien informée de tout ce qu'est passé jusques Icy en ce lieu par le proces-verbal que je luy enuoye, luy plairra me faire entendre sur le tout ses bons voulloyrs et commandemens que je mettray peine à suyvre en tant qu'elle puisse auoyr contentement. — Sire, je supplie le Createur, etc. De Lyon ce xxiij^e de décembre 1561. »

1561. — *Décembre* 26. Le comte de Sault écrit au roi. « Mon souverain seigneur, Sire, je receuz hier par la main de monsieur de Crussol l'ordre dont a pleu a vostre majesté m'honnorer à l'augmentation de l'honneur et aucthorité duquel et de ce qui concernera le bien et seruice de vostredite majesté, Sire, j'espere faire tel debuoyr sans y espargner aulcune chose que j'aye en ce monde, ains ma propre vie. Vostredite majesté en aura contentement, et sur ce remerciant tres humblement vostredite majesté, je supplie le Createur, etc. De Lyon ce xxvie décembre 1561. » — La veille, jour de Noël, le comte de Sault avait reçu, dans l'église de Saint-Jean et pendant une messe solennelle, le collier de l'ordre de Saint-Michel, des mains d'Antoine de Crussol, premier duc d'Uzès. Rubys, p. 391; Colonia, II, 643.

1561. — *Décembre* 28. Les protestants transportent leurs prêches à la Guillotière. Colonia, II, 645; J. Morin, v, 157.

1561. — *Décembre* 29. Le comte de Sault écrit au roi : « Syre, estant arriué en ce lieu monsieur de Crussol, je lui ay faict amplement entendre comme les affaires y passoyent, mesmes ceulx du faict de la religion, et la lecture du procesverbal dont j'ay naguieres enuoyé une coppie a vostre majesté, et ce faict, à ce que les commandements de vostre majesté fussent mys à exe-cution nonobstant le reffuz d'y obeyr qu'auoyent au parauant faict ceux de de la nouuelle religion. Auons ledit sieur de Crussol et moy tant persuadé les principaux d'entre eulx, que finalement ils sortirent le jour d'hyer au nombre de six à sept mil, et firent trois presches au fort bourg (sic) de Laguilhotiere au delà du Rosne, où je m'essayerai de les contenir pour le faict desdicts presches le plus qu'il me sera possible : mais je doubte, Sire, que estant le nombre si grand, et ayant à sourtyr deux ou trois foys le jour par la porte du pont du Rosne pour aller audit fort bourg de Laguilho-tiere, passans en trouppes par le trauers de la pluspart de la ville, comme il en est de besoing, ilz s'attachent de parolles et de faict auec les aultres de lad. ville et enfin viennent aulx mains, ce quy ne se peult faire sans grand desordre et scandalle : et partant, pour à ce obuier, considerez aussi qu'il n'y a qu'un autre fort bourg hors ladite ville sans aultre lieu proche d'icelle pour les acommoder, il plaira à vostre majesté, Sire, penser du moyen que se pourra d'ailleurs tenir en cest endroit pour son contentement, et m'en faire entendre sa vollanté sy luy plaist par ses lettres bien expresses et le plustost pour le danger que je voy pouuoyr aduenir en la demeure et retardation, dont la reparation seroyt bien mal aysée à faire, et aussy pour donner quelque asseurance aulx estrangers sur le doubte qu'ils font d'une esmotion populaire et discontinuation du commerce ordinaire où vostre majesté, Sire, pourroyt aussi beaucoup souffrir incommodité et perte pour la dimi-nution de son revenu ordinaire en ce lieu. Sur toutes lesquelles particula-ritez j'attendray les commandements de vostre majesté, contenant tousiours en reppoz et tranquillité la ville, à ce que aulcung desordre n'y aduienne, et à ce que suruiendra ne fauldray tenyr souuent aduertie vostredite majesté. — Sire, je supplye le Createur, etc. De Lyon, ce xxix de decembre 1561. » Colonia, II, 646.

1561. — Gabriel de Saconay, précenteur de l'Eglise de Lyon, un des plus ardents antagonistes de la Réforme, publie une nouvelle édition de l'*Assertio septem sacramentorum adversus Lutherum*, attribuée à Henri VIII, roi d'Angleterre (*Lugduni, Guill. Rovillius*, in-4°). La préface placée en tête de cette édition excita la bile de Calvin qui publia, la même année, contre l'éditeur, une diatribe dont M. Audin nous a donné une analyse dans le chapitre XVIII de son *Hist. de Calvin*. « Honneur à Gabriel, s'écrie M. Audin, en termi-
« nant ce chapitre, honneur à Gabriel dont les écrits exercèrent une si
« grande influence sur les instincts religieux de ses concitoyens ! Il a bien
« mérité de l'Eglise et du pays. Que l'Eglise l'inscrive parmi ses défenseurs
« les plus éloquents, et que Lyon lui réserve la couronne qu'elle doit au
« patriote qui la sauva du joug de la Réforme !... Otez, ajoute M. Audin,
« ôtez de Lyon Gabriel de Saconay, le P. Henrici, de l'ordre des Cordeliers,
« le P. Pyrus et le P. Maheu, Jacobins, le P. Ropitel, de l'ordre des Mi-
« nimes, le P. Possevin, Jésuite, et cette cité n'appartiendra plus à la
« France : en perdant sa foi, elle perdra sa nationalité. »

1561. En ce temps là, vivait à Lyon un imposteur nommé Pierre Brabançon (ou Barbançon) qui parlait du ventre à volonté, faisant accroire que c'était la voix d'un mort qui demandait que l'on fît quelque chose pour lui. Il trompa une fille de Paris qu'il voulait épouser, et le fils d'un riche marchand de Lyon duquel il tira six mille francs, afin d'aller faire, à la Terre-Sainte, un pèlerinage pour le repos de l'âme de son père. Wyer, *Prestiges*, livre II, ch. 14. M.

1561. — Séjour à Lyon de Denis Lambin. — Cet illustre critique y publia, à son retour de Rome où il était allé avec le cardinal de Tournon, la première édition de ses Notes sur les Odes d'Horace, *apud Joann. Tornæsium*, in-4°. La dédicace de l'auteur à Charles IX, est datée de Lyon, *Idib. aprilibus*, anno cIɔ. Iɔ. LXI. — M. Renouard s'est trompé lorsqu'il a dit, *Annales des Alde*, p. 201, que l'édition de Venise, 1566, in-4°, contient une préface à François, cardinal de *Tournay*; c'est *Tournon* qu'il fallait écrire.

1562. — *Janvier* 14. Le comte de Sault écrit au roi : « Syre, je receuz le deuxiesme du present les lettres qu'il auoyt pleu à vostre majesté m'escripre le xxiij° du passé auec un memoire de plusieurs particularitez des affaires de deçà auquel particullierement je respons, ainsy que vostredite majesté pourra veoyr et entendre par l'aduiz que je luy enuoye presentement ; et seulement par la presente, je respondray au faict des munitions et pouldres que l'on pourroit auoir faict entendre à vostredite majesté estre retirées au lieu de Montluel, que je n'en ay encore eu aulcune cognoissance, mais en ayant esté bien informé, comme j'en feray diligence, je ne fauldray donner incontinent asseuré aduiz à vostredite majesté. J'ay aussi veu, Sire, les lettres de revocation des traictes de deniers que m'ont montrées les officiers de vostredite majesté en ce lieu, lequel je ne fauldray obseruer comme je l'ay desja faict entendre à aulcuns des particulliers de ce lieu auxquelz permissions de telles traictes auoyent esté octroyées, et ne pense touteffois, Sire, que vostredite majesté entende auoyr compreins une partie de soixante trois mil trois cens trente trois escuz dont elle faict paiement à Monseigneur de Sauoye pour partie du dot de madame la duchesse sa femme, comme appert par la lettre de vostre dite majesté dont coppie est cy incluse, afin qu'il vous plaise, Sire, faire une déclaration pour le regard de ladite partie. — Quant au faict de la religion, ceulx de la nouuelle feirent dimanche dernier la ceyne au faulx bourg (sic) de Laguilhotiere en bien grand nombre, sans que pour ce il y eust aulcune esmeute en la ville, fut à l'aller ou au retour, comme aussi je y faisois prendre bonne garde à ce que n'en sourdit aulcune scandalle ne desordre entre le peuple. Et ne font maintenant ceulx de ladite nouuelle religion qu'un presche par jour, en sorte qu'ilz ne vont qu'une fois le jour audit fort bourg (sic) bien paisiblement et sans rumeur : en quoy je les contiendray le mieulx qu'il me sera possible, suyuant la vollanté et intention de vostredite majesté et jusques à ce que il luy ayst pleu aultrement en ordonner. — Et quant à ce que l'on prethend l'élection des escheuins de ceste année auoyr esté faicte contre la forme accoustumée, y ayant introduit et receu deux Sauoisiens naturelz, je suis bien aduerti, Sire, qu'ils sont gens de bien, bons et oppulentz citoiens : mais pour obuier à suspition, s'il plaisoyt à vostre majesté faire ung edict general par lequel elle prohiberoyt la reception des estrangers et non naturels subjects du royaulme en l'administration des affaires publiques et du corps de la ville, ceste remonstrance demeureroyt ouverte et sans regarder plus en particulier que le general et vniuersel du royaulme. Ne voyant icy aultre chose digne de faire ceste plus longue à vostredite majesté, sur toutes lesquelles particullaritez, j'attendray ce que plaira à vostre dite majesté en ordonner, contenant tousjours le mieulx qu'il me sera possible les choses en estat, afin que aulcung desordre n'y aduiegne. — Sire, je supplye le Créateur, etc. De Lyon, ce xiiij^e de januier 1561 (1562, nouv. style). »

1562. — *Janvier* 17. M. de Sault écrit au roi : « Sire, Messieurs les conseillers et escheuins de ceste vostre ville de Lyon m'ont fait entendre et bailler par escript plusieurs particullaritez tant des charges qu'ils supportent gratuitement de long temps pour vostre seruice que d'une nouuelle imposition et contribution à la taille dont ilz se sentent fort greuez et plus aviliz, considéré l'honneur dont il a pleu aux feux roys, predecesseurs de vostre majesté, decorer ceste cité tant de priuilleiges de noblesse que d'immunitez et franchises de telles contributions aux tailles auec les rustiques et laboureurs, en memoyre des bons et recommandables seruices et subuention, que à leur besoing ils en ont receu, à quoy toute la ville n'a jamais manqué, soyt par emprunt que plusieurs aultres aydes, fraiz et subsides supportez pour leur seruice, plus amplement contenuz et specifiez par le menu en vng memoyre que j'envoye presentement à vostredite majesté, la supplyant tres humblement ne voulloyr permettre que leur dits priuilleiges, immunitez et exemptions des dites tailles soyent en aulcune chose alterez, mais plustost leur donner argument de poursuyure de mieulx en mieulz ce qu'ilz ont de bonne volanté voué à votre seruice, comme les biens et personnes, et auoyr esgard aulx charges que de noueau s'imposent à l'entrée des vins, quy viendra toute à la foulle de la ville, parce que le paysan ne vendra son vin à la charge de payer ladite entrée, mais tumbera sur l'achepteur quy est de la ville et en a besoing. Aussi plaise à vostredite majesté, Sire, commander que la somme de soixante mil livres ordonnée par voz predecesseurs estre leuée par chacung an pour la fortification de ladite ville, soyt continuée à cest effaict par l'espace de quatre années pour remparer et fortifier le costé du Rosne où elle est toute ouuerte et descouuerte, faisant une bien grande partie de ladite fortification, comme j'ay veu, Sire, et meritant bien en ce temps estre continué et poursuyvy, pour rendre ceste frontiere plus asseuree et hors de danger, considéré la multitude des estrangers et diversité d'inclinations et voullantez mal aisée à congnoistre.

« Sire, je supplye le Createur, etc. De Lyon, ce xvij^e de janvier 1562. » (1562, n. s.). »

1562. — *Janvier* 23. M. de Sault écrit au roi : « Sire, Considerant messieurs du clergé de ceste ville la callamité de ce temps, et que le plus asseuré moyen pour remetre tous affaires desordonnez à leur estat premier et deub, estoit de s'adresser par tres humble supplication à Dieu, ils auoyent aduisé de faire dimanche prochain une procession generalle en ceste ville et m'en auoyent communiqué : sur quoy, encores que tel acte fut bon, sainct et louable, craignant neanmoins que pour la contrarieté des vœux et oppinions de plusieurs, en telle assemblée s'en trouua de mauuais et seditieux, et de là vint quelque desordre, je leur remonstray (mesmes au vicaire general de monsieur le cardinal de Tournon en cest archeuesché) ces particularitez, et qu'il n'y auoyt sur ce aucune commandement de vostre majesté, et partant que j'estois plustost d'aduis de suspendre de faire ladite procession jusques à ce qu'il eust pleu à vostre majesté m'ordonner là dessus sa volonté, et que de ce je lui fairois une despeche, comme je feis jeudi dernier par monsieur le baron de la Garde auec lequel j'en auoys conféré, present ledit vicaire. Despuys, Sire, et le jour d'hier matin vindrent par deuers moy lesdits sieurs du clergé solicitez par plusieurs notables bourgeoys et bons citoyens de ceste ville, lesquelz me feirent semblable remonstrance que dessus tendant à bonne fin et honneur à Dieu pour le faict de ladite procession, ausquelz ayant parlé de mesme façon, et faict entendre le contenu de madite despesche, s'y sont conformez, desirant, Sire, le bon plaisir de vostredite majesté estre, permettre que ladite procession soyt faicte par ledit clergé, de demain en huit jours qui escherra au premier du moys de feburier prochain et environ l'entrée de caresme, et de ce m'envoyer incontinent voz lettres en bonne forme portant clauses d'inhibitions et deffences à toutes personnes, manantz et habitantz de ladite ville de ne donner aulcun trouble, destourbier ou empeschement priué ou publique audit clergé en faisant ladite procession sur peine de prompte pugnition corporelle, comme ayant commiz crime de leze-majesté et contreuenu aulx volantez, edictz et ordonnances d'icelle. — « Sire, je supplye le Createur, etc. De Lyon, ce xxiij de Janvier 1561 (1562, n. s.). » Colonia, II, 641.

1562. — *Janvier* 25. M. de Sault écrit au roi : « Sire, Estant venu par deça monsieur le baron des Adretz, et faict un tour en sa maison, après auoyr obserué quelques endroicts et places plus propices et commodes en Dauphiné, pour la garde du passage, il en a remarqué, entre autres, deux, dont l'une est le chasteau de Quirieu sur le bort de la riuiere du Rosne, et l'aultre nommé Anthon, à l'entrée de la riuiere d'Ain en celle dudit Rosne ; et parce que ledit chasteau de Quirieu se retreuue assez despourueu des choses necessaires à l'effaict que dessus, comme m'a dit ledit baron en auoyr donné aduis à vostre majesté, et plus amplement discouru des moyens que l'on pourroyt tenir à acommoder à vostre service lesdits chasteaulx, mesmes celluy dudit Quirieu, en y metant quelques pieces d'artillerie et munition. Et sur ce qu'il pleust à vostredite majesté ordonner à monsieur de la Motte-Gondrin y pouruoyr de ce que seroyt necessaire : ayant au surplus, Sire, prié ledit sieur baron voulloyr avec quelques cappitaines qu'il a auprès de luy faire quelque sejour icy, tant à cause de la foyre que d'une procession generalle que messieurs du clergé de ceste ville desiroyent faire tant de iceulx que à la solicitation de plusieurs bons bourgeoys et citoyens de cesdite ville, et dont j'ay escript par deux foys à vostredite majesté pour m'en ordonner ses bons plaisirs et vollanté que je suis attendant, contenant toujours le mieulx qu'il m'est possible les choses en estat. — Sire, je supplye le Createur, etc. De Lyon, ce xxve de januier 1561 (1562, n. s.). » Colonia, 11, 642.

1562. — *Janvier* 30. M. de Sault écrit au roi : « Sire, J'ay cy deuant souuent aduerty vostre majesté comme ceste ville estoyt fort ouuerte et descouuerte du cousté du Rosne qui est le plus dangereux endroict pour faire une surprinse, et quy meritoyt bien y faire besongner sans perdre temps. Toutesfoys j'ay esté aduerty par le tresorier desdictes fortifications qu'il ne pouuoyt recepuoyr son assignation qui est de trente mil liures tournoyses jusques à la sainct Jehan prochain quy seroyt, Sire, sauf la reuerence de vostre majesté, ung peu bien tard pour faire les appareils necessaires. Car auant qu'ils fussent faictz et mys en place, nous serions presque en hyver; et ainsi le meilleur temps pour bastir et fonder le long du Rosne, qui est ez moys de Juing et Julles où ladite riuiere est plus basse, seroyt inutillement coullé, dont il est besoing se seruir pour mettre les estoffes en place, afin de les employer en temps deu et promptement pour faire les fondements bons et solides, à quoy les deniers sont requis et necessaires. Et par ce plairra à vostredite majesté, Sire, considerer et ordonner ladite partie de trente mil liures ou la meilleure portion estre deliurée au plus tost audit tresorier, afin que incontinent que la commodité se presentera de besongner à ladite fortification, elle me soyt pardenée et ce pendant les prouisions requises et necessaires en cest endroict puissent estre faictes. Au surplus, Sire, j'ay receu les lettres qu'il a pleu à vostre majesté m'escripre en faueur de Vestin, maitre des courriers à Romme, pour luy faire desliurer ou à son comyz par deça la somme à quoy se pourra monter les neuf deniers que les banquiers ne luy auoyent volu payer pour n'auoyr satisfait à l'ordonnance de vostredite majesté, et l'ay communiqué au consul des nations et banquiers expeditionnaires de Romme, lesquelz m'ont remonstré qu'ilz ont procès pendant par deuant monsieur le seneschal de ceste ville sur le reglement du payement du port desdits paquetz, et que par cela y estant accessoire, il se jugeroit avec le principal, et ce pendant m'ont demandé coppie desdites lettres que je leur ai octroyées, ne sçachant pour ceste heure que pouuoyr ordonner là dessus, estant empeschée l'execution du contenu desdites lettres. — Sire, je supplye le Createur, etc. De Lyon, ce xxxe de l'année 1561 (1562, n. s.). » Colonia, 11, 642.

1562. — *Février* 3. Le comte de Sault écrit au roi : « Sire, Allant le sieur de Larthaudiere deuers vostre majesté pour particulierement luy faire entendre que c'est de la place de Quirieu, et quel seruice elle pourroyt esperer d'icelle, ainsi que m'a escript par lui monsieur de la Motte-Gondrin, j'ay bien volcu accompaigner ledit sieur de Larthaudiere de ce mot de lettre pour vous aduiser, Sire, que estant ladite place accommodée de ce quy est necessaire pour vostre seruice, ce sera vne grande sureté non seulement pour le Daulphiné, mais aussi pour cestuy et mesme pour ceste ville quy est au surplus en assez bon reppoz, Dieu graces. — Sire, je supplie le Createur, etc. De Lyon, ce troy^e de feburier 1561 (1562, n. s.). »

1562. — *Février* 4. Le comte de Sault écrit au roi : « Sire, Messieurs du clergé auec le corps et consulat de ceste ville sont venuz au jour d'huy par deuers moy et m'ont remonstré que puys quelques jours ceulx de la nouuelle religion ont faict des sepultures au symintiere (sic) de l'Hostel-Dieu d'icelle, selon leur forme de religion : et d'aultant que ce n'est selon l'ancienne obseruance, ilz en demeurent scandalisez, ce quy pourroyt apporter en consequence sur ladite diversité murmeure entre le peuple, et de là quelque desordre, consideré mesmes que suyvant l'edict et ordonnance n'a gueres faicte par vostredite majesté et cognue en ce lieu, il est dict que ceulx de ladite nouuelle religion se retireront hors les villes pour l'exercice de leurdite religion (1), en quoy semble vostredite majesté auoyr comprins tous actes. Et d'aultant toutefois qu'il n'est dict specifiquement par icelluy comme ceux de ladite nouuelle religion se deburont gouuerner pour le regard desdites sepultures, je vous ay bien voleu aduertir, Sire, qu'il est de besoing que vostredite majesté declare là dessus sa volanté et intention : car chascung d'eulx se disant, comme il faict, habitant et domicilié en la ville et d'aultant receuable audit symintiere (sic) de l'Hostel-Dieu où il se presentera quelque corps d'entre eux à metre en terre, s'il aduenoyt qu'il y feut empesché et reffusé, ce pourroyt estre cause de sedition et trouble, en la ville. Parquoy plairra à vostredite majesté, Sire, faire là dessus une declaration comme luy plairra que les choses passent pour obuier à quelque maluaise entreprinse et pernicieuse consequence, et me commander ce que j'auray à faire obseruer et garder en cest endroict pour son contentement. — Sire, je supplye le Createur, etc. De Lyon, ce iiij^e de feburier 1561 (1562 nouveau style) ». — Il paraît que c'est à cette époque qu'on peut faire remonter l'usage qui s'est conservé jusques vers 1789 d'inhumer les Protestants dans les cours de l'Hôtel-Dieu (Voyez l'Histoire de cet hospice par Etienne Dagier, année 1561). — C'est dans une de ces cours, celle dite le Jardin de la pharmacie, que repose la dépouille mortelle de *Narcissa Young*, qui mourut à Lyon, et non à Montpellier, le 8 octobre 1736. La pierre tumulaire de la fille de l'auteur des *Nuits*, existe encore dans ce jardin. C. B. *Nouv. mél.*, p. 363; *Lyon vu de Fourvières*, p. 474. Voyez ci-après, année 1580, et mars 1598.

1562. — *Février* 19. Le comte de Sault écrit au roi : « Sire, J'ay cy deuant certiffié vostre majesté de la reception des lettres qu'il luy auoyt pleu m'escripre du xvij^e du passé pour l'entretenement du reglement des ports des paquetz de Romme en çà, faict par vostredite majesté à la solicitation de des Vestin (sic), maistre des courriers audit lieu, et comme les marchands banquiers et expeditionnaires demeurans en ceste ville auoyent demandé copie desdites lettres pour y respondre, ce que je leur auroys octroyé. Despuys et ce jour d'huy, Sire, les consulz des nations auec lesdits expeditionnaires m'ont baillé par escript leur responce signée de leurs mains que j'enuoye presentement à vostredite majesté, pour icelle veue auec les lettres dudit reglement et ouy ledit Vestin (sic), quy est à la court, ordonner ce que plairra à vostredite majesté estre obseruué et gardé en cest endroict pour son contentement. — J'ay aussi receu, Sire, les lettres qu'il a pleu à vostredite majesté m'escripre du vme du present par lesquelles elle m'ordonne de me saisir d'vng nommé *Postel* (2), ce que j'ay faict, Sire, n'ayant trouué toutes-

---

(1) En exécution de cet édit (du mois de janvier 1562), les Protestants établirent un prêche à la Guillotière, dans une maison dite la *Maison rouge* « parce qu'ils la firent par le « dehors peindre de rouge. » *Rubys*, p. 392.

(2) Le fameux Guillaume Postel. Si le P. de Colonia avait lu en entier les lettres du comte de Sault, il n'aurait pas manqué de faire mention de celle-ci dans son *Hist. Litt.* Nous ne croyons pas que les biographes de Postel aient rien dit de son emprisonnement et de son séjour à Lyon. Nous saisirons cette occasion pour rappeler que plusieurs ouvrages de ce fécond

fois de luy chose escandaleuse ny de maulnaise vollanté ou exemple, et neantmoins je le retiendray seurement jusques à ce qu'il ayt pleu à vostredite majesté aultrement en ordonner : et supplyeray tres humblement vostredite majesté qu'il luy plaise auoyr pitié dudit *Postel* pour la paoureté quy est en lui, estant icy subuenu des bienfaicts de l'ung et de l'autre, et n'ayant d'ailleurs de quoy se pourveoyr, quy serait cause d'une grande misere en luy par longue detention. — Sire, je supplye le Createur, etc. De Lyon, ce xxix° de feburier 1561 (1562, n. s.). »

1562. — *Mars 3*. Le comte de Sault écrit au roi : « Sire, Je receuz le dernier du passé les lettres patentes et edict de vostre majesté avec les lettres closes qu'il a pleu à vostre majesté m'escripre du xviij° dud. moys pour l'execution du contenu en ladite despesche, de laquelle, et pour mieulx proceder en ce faict, j'en confercis auec les officiers et gens de la justice de vostredite majesté en ce lieu, lesquelz ne furent d'aduis de faire publication pour ceste heure desditz edict et lettres patentes y attaichées, pour les raisons qui sont plus amplement touchées et desduites par leur aduis que j'enuoye presentement à vostredite majesté. Ne cognoissant icy au reste, Sire, fort grand besoing de publier lesdites lettres patentes, parce que, executant le contenu en icelles, et remettant en la ville ceux de la nouuelle religion, il est à doubter qu'il en sorte de grandes crieries. Et pour ceste heure chacung se comporte et dedans et dehors lad. ville assez doulcement en la religion, ce que a aussi esté l'une des causes pour laquelle j'ay differé la publication mesme desdites lettres pour estre lesdites pièces connexes et attaichées ensemble, affin que personne n'en cognoisse rien jusques à ce que vostredite majesté, ayant veu ledit aduis et pesé la consequence, luy eust pleu me donner aultre commandement par lettres bien expresses que j'attendray, surceant ce pendant la publication dud. edict et continuant tousjours les affaires de ce lieu en l'estat que les veoy qui n'est que bon et paisible, Dieu merci, pour ceste heure. Et pour le regard des aultres lettres patentes touchant la sortie des boys à faire nauires, galleres et aultres vaisseaulx, Sire, je les fairay publier aux lieux où il en peult estre besoing. Mais de cestuy il n'en sort aulcung bois propre à tel effect, si ce n'est le passaigier descendant pour le seruice de monsieur de Sauoye, qu'il tyre de ses pays, auquel, si plaist à vostre majesté que je donne arrest, je le fairay, apres auoyr heu de vostredite majesté commandement là dessus.

« Sire, je supplye le Createur, etc. De Lyon ce iij° de mars 1561. (1562, n. s.). »

écrivain ont été imprimés à Lyon; nous ne citerons que le suivant dont nous avons trouvé le titre dans les notes inédites de Mercier de Saint-Léger, sur la vie de G. Postel, par le P. des Billons : *De la première vérité humaine* où sont contenues les sources, causes, vertu et pouvoir de la loi salique deduicte selon la vraye antiquité ; à Lyon, chez *Jean Saugrain*, 1559, in-16 de 77 pages, non compris la table des chapitres. — Dans une autre note, le savant abbé fait observer qu'on ne connait aucun livre de G. Postel publié avant 1538, et qu'ainsi on ne doit pas lui attribuer *les Merveilles du monde*, imprimées à Lyon par *Olivier Arnoullet*, 1534, in-8°, citées par du Verdier, III, 99. Guillaume Postel mourut le 6 septembre 1581. Voici la bizarre épitaphe que lui fit J. Edouard du Monin :

> Postel ayant posté toute poste mortelle,
> Son beau los mis en banque aus quatre coins mondains,
> Cesse enfin de poster : et ses coursiers hautains
> Gagnent le rendez-vous de l'étable éternelle.
>
> *Nouv. œuvres* (1582), p. 272.

1562. — *Mars* 18. M. de Sault écrit au roi : « Sire, Encores qu'il aye pleu à vostre majesté me faire entendre par vostre despesche du viij° de ce moys que vostredite majesté n'auoyt jamais entendu de m'enuoyer les cinq cens hommes que le sieur de la Garde me escripuit m'auoyr esté accordez pour la conservation, obeissance, tranquillité et seureté de ceste ville, si est ce, Sire, que, pour ma descharge, je n'ay vollu faillir par la presente vous faire entendre que, recongnoissant tous les jours le peuple se anymer l'ung contre l'autre et augmenter en furie par les menaces quy se font parmy les villes de vostre royaulme, et la consequence que ce seroyt au seruice de vostredite majesté là où il suruiendroyt en ceste icy quelque grand desordre, à quoy il m'est impossible d'empescher sans ladite force, n'y pouuant de plus seruir les parolles : à ceste cause je supplieray très-humblement vostre majesté me donner meilleur moyen d'y pourueoyr que je n'ay à present. Car aultrement je crains merueilleusement que ceste ville ne souffre beaucoup. Je suis aussi attendant responce, aux lettres que je despeschay à vostredite majesté le troysiesme de ce moys, par lesquelles luy faisois entendre les causes pourquoy je n'auoys fait publier les lettres patentes et edict de janvier lequel me seruiroyt de beaucoup pour contenir le peuple en paix.

« Sire, je supplye le Createur, etc. De Lyon, ce xviij° de mars 1561, aduant Pasques (1562, n. s.) ».

1562. — *Avril* 4. Le comte de Sault écrit au roi : « Sire, Prevoyant que, par la malice du temps, les affaires de ce royaulme et mesmes de deçà, au lieu de s'adoucir, se pouuoient tellement aigrir qu'il seroyt en fin mal aisé d'y remedier, je me suys aduisé d'enuoyer ce mien gentilhomme deuers vostre majesté pour lui faire entendre toutes les particularitez qui me meuvent à sa despesche, laquelle congneue il plaira à vostre majesté, Sire, y faire pourueoyr, et le plus tost sera bien le meilleur, affin que le peril ne vienne de la demeure, et ce pendant me commander ce que j'auray à faire pour le contentement de vostredite majesté. — Sire, je supplie le Createur, etc. De Lyon, ce iiij° d'apuril 1562. »

1562. — *Avril* 15. Le comte de Sault écrit au roi : « Sire, J'ay receu ce jour d'huy, par le sieur de Puyllobier que j'auoys envoyé deuers vostre majesté, les lettres qu'il a pleu à vostredite majesté de m'escripre, ensemble les commissions qu'il vous a aussi pleu, Sire, m'envoyer pour leuer deux compaignies, à quoy je donneray le plus prompt ordre que me sera possible et des ce jour despesche deux cappitaines à ces fins pour leuer des gens de quoy je me puisse fier et respondre de leur debuoyr à vostredite majesté. Et quant aux precedentes commissions que vostredite majesté pretend, comme elle m'escript par lesdites lettres, m'auoyr auparauant enuoyées pour leuer aultres deux compaignies, je ne les ay encores receues, ains simplement un mot d'aduiz par vos lettres du iiij° du present sur la deliberation que faisiez de la leuée desdites deux compaignies. Et par ce, voullant cependant à mon pouuoyr obuier à tout inconuenient que la callamité de ce temps pourroyt apporter contre le bien de vostre seruice en ce lieu, j'auroys amplement conferé de tout auec messieurs du clergé pour le bon nombre de gentilshommes et aultres personnes d'honneur qui en sont, messieurs voz officiers en la Justice et messieurs les conseillers et escheuins de la ville, lesquels pour un prompt secours m'auroyent offert cinq cens hommes souldoyez pour vng mois pour contenir les affaires de cest lieu en estat. Encores que je ne m'y vollusse beaucoup fier en ceste force, pour crainte de partialité, si est ce que, attendant la venue desdites deux compaignies, je les ai receuz, et seront par tout ce jour enrollez, comme j'ay plus amplement escript à vostredite majesté le xije du present, aduisant vostredite majesté que ledit jour il y eust en ceste ville quelque rumeur, et combien que ce fust peu de chose, si est ce qu'il y demeura sept ou huit morts et beaucoup de blessez. Et despuys se sont mieulx contenuz, de façon que, si une foys lesdites compaignies peuent estre icy paruenues, j'espere faire metre les armes bas à ceulx que jusques icy ont refusé le faire, suyuant ce que vostredite majesté m'ordonne par lesdites lettres. — Sire, je supplye le Createur, etc. De Lyon, ce xve d'apuril 1562. »

1562. — *Avril* 17. « Le comte de Sault écrit au roi : « Sire, Je receuz le septiesme du present les lettres qu'il auoyt pleu à vostre majesté m'escripre le dernier du passé par lesquelles elles me mandoyt lui renuoyer la declaration qu'elle auoyt faicte sur l'edict de la religion du moys de janvier dernier touchant les villes de frontieres, ensemble ce que en auoyt esté enregistré au greffe, ce que je fais quant auxdites lettres, mais quant au registre, par ce que c'est vng grand et gros liure, il n'a pas été possible sans corruption dudit liure où plusieurs semblables lettres sont enregistrées. Et par ce suffira que je fasse veoyr à ceulx de la nouuelle religion vozdites lettres closes dudit dernier du mois passé, pour les contenter de congnoistre que vostredite majesté n'entend aucune publication estre faicte de ladite declaration. Et quant à l'autre chef desdites lettres closes par lequel vostredite majesté declare ne pouuoyr satisfaire aux frais de la force de cinq cens hommes que je luy auoys demandé pour la seure garde de ceste ville, et que aussi il ne luy en sembloyt pour lhors en estre besoing, mais que si la ville se voulloyt metre en ceste despence sans qu'il vous coustast vng seul denier, vostredite majesté regarderoyt par apres si elle le debuoyt faire ; et despuys ayant aussi receu les lettres de vostredite majesté du quatryesme du present pour la leuée de deux compaignies, doubtant par le succez des choses qui passent pour ce jour en cestuy vostre royaulme que les affaires de vostredite majesté prinsent quelque alteration par deçà, mesme en ceste ville, en attente de ce que vous plairoyt ordonner pour la leuée desdites deux compaignies, j'auoys le neufviesme de ce moys, mandé messieurs du clergé, pour le bon nombre de gentilz hommes et aultres personnes d'honneur qui en sont, messieurs les officiers de vostre majesté en la justice et aussi messieurs les conseillers et escheuins de ladite ville : et apres auoyr remonstré le peril des affaires, et de combien importoit au bien de vostre seruice la seure garde de ceste ville, mesme auxdits conseillers et escheuins qui prethendoient en auoyr contract expres auec vostredite majesté, et à ces fins tenyr en foy et hommage d'icelle les clefs des portes, auroyent tous ensemblement aduisé de metre le faict en deliberation consulaire, et à ces fins convoquer et assembler tous les plus notables de la ville en l'hostel commun d'icelle pour se resouldre de quelque prompt expedient afin d'obuier à vne entreprinse. Et despuys ce jour d'huy seroyent lesdits officiers de la justice et conseillers de la ville venuz par deuers moy, et m'auroyent dict qu'ilz s'estoyent assemblez comme je leur auoys ordonné, et auroyent aduisé de former de quelque bon nombre d'hommes, mesmes jusques à quatre ou cinq cens, pour la tuition et deffence de ladite ville et entierement faire ce que je leur ordonneroys : et pour la soulde et entretenement d'iceulx, d'autant que ledit hostel commun n'a au jour d'huy aulcune chose quy leur vienne en espargne, se seroyent retirez par deuers le sieur de *Malras*(1), le requerant leur voulloyr fornir ce quy seroyt necessaire pour

---

(1) François Rogier de Malras, trésorier général de Lyon et du Languedoc, secrétaire et

l'entretennement desdits soldatz, à tout le moins sur les deniers perceuz des sommes dont lad. ville souloyt jouyr, et que despuys n'a gueres, par vertu de la commission de la reunion du domaine de vostre majesté auroyent esté saisiz, lequel leur a fait responce que de ce il n'auoyt aucune charge de vostre majesté, et partant il ne leur fourniroyt aulcuns deniers, et qu'ilz estoyent destinez ailleurs et à aultres fins : me remonstrant par ce lesdits conseillers qu'ilz ne sauoyent comme pouruceoyr au soustennement desdits fraiz, encores que chacung d'eulx volt exposer sa personne et ses biens pour le seruice de vostredite majesté : neantmoins despuys ayant pesé la consequence de ceste affaire, se seroyent resoluz de fournir ledit nombre de cinq cens hommes, et s'essayer chacung de contribuer le mieulx qui leur seroyt possible à la soulde et entretenement d'iceulx, esperant que vostredite majesté les fera rembourser de l'aduance desdits deniers, et dez ce jour ilz se doibuent assembler pour faire ladite leuée qui sera choisie en la ville et (comme tous logez en leurs maisons) seront plus aisez à conduire mesmes que de cinq cens il n'y en aura que deux de la nouvelle religion sans s'affectionner aucunement sinon à ce que leur sera par moy ordonné ou à leur cappitaine pour le seruice de vostre majesté, et le tout pour vng moys, attendant ce pendant que plaise à Dieu remetre les affaires de ce royaume en quelque meilleur estat, en quoy, Sire, semble bien, sauf la reuerence de vostredite majesté, qu'il y auroyt grande apparence de debuoyr solaiger lesdits conseillers et communaulté de la ville, et les debuoyr gratifier de quelque chose, aulmoins de les tenir immunes et exempts des contributions si serviles que la taille, tant pour les entretenir es libertez et franchises de noblesse dont les feuz roys voz predecesseurs les ont decorez en consideration des bons et recommandables seruices et subuentions qu'ilz en ont receuz en leurs affaires, que pour leur augmenter le cueur et volanté de faire de mieulx en mieulx, comme je les y veoy plus que affectionnez. — Sire, je supplye le Createur, etc. De Lyon, ce xvij^e d'apuril 1562. »

1562. — *Avril* 21. Le comte de Sault écrit au roi : « Sire, Ayant receu par le gentilhomme que j'avoys ennoyé deuers vostre majesté la despesche qu'il a pleu à vostredite majesté me faire du viij° du present où estoyent deux commissions pour leuer deux compaignies d'arquebuziers, je fis entendre à messieurs du consulat de ceste ville en cela vostre vollanté mesme l'urgence des affaires quy le requieroyt, lesquels m'auroyent faict là dessus plusieurs remonstrances et offres des forces de la ville, sans y admettre des estrangers, quy a mis ceste affaire jusques icy en longueur, parce que je vouloys bien aduertir vostredite majesté de tout ce qu'est passé en cest endroict, comme elle pourra estre certifiée par le procès verbal que je luy ennoye presentement. Et neantmoingz ce pendant n'ay laissé d'ennoyer leuer l'une desdites compaignies pour plus grande seureté, comme estant force neutre, attendant ce que plaira à vostredite majesté m'ordonner, ayant de tout congneu et entendu. —Sire, je supplie le Createur, etc. De Lyon, ce xxj^e d'apuril 1562. »

1562. — *Avril* 22. Mort à Saint-Germain en Laye, de François de Tournon, cardinal archevêque de Lyon. — Il avait succédé à Hippolyte d'Este, et fut remplacé par Antoine d'Albon. Il fut aussi gouverneur de Lyon après Pompone de Trivulce et avant Jean d'Albon. Voyez son article dans la

---

contrôleur général des guerres. Jean Louveau lui avait dédié sa traduction des *Problèmes de Jerome Garimbert*, Lyon, G. Roville, 1559, petit in-8°.

Biogr. lyon., p. 299, et ajoutez aux sources qui y sont indiquées : Nic. Bourbon, *Nugæ*, *lib.* 2, *carm.* 90 : Muret, *Epist.* I, 46 et 47; Le Laboureur, *Maz.*, 11, 16. Voyez ci-dessus, année 1561, et ci-après, 9 *septembre* 1564.

1562. — *Avril* 25. M. de Sault écrit au roi : « Sire, J'ay fait entendre puys deux jours à vostre majesté ce que j'auoys executé au commandement qu'il luy auoyt pleu me donner tant par ses lettres closes que par deux commissions que m'auoyt apporté de sa part le gentilhomme que je lui auoys enuoyé, et les remonstrances et offres de force que m'auoyent faict les escheuins de ceste ville pour ne les charger de garnison estrangere, le tout par vng bien ample proces-verbal que j'ay enuoyé à vostredite majesté, l'ayant aussi aduertie que nonobstant lesdites remonstrances et pour plus grande seureté de ceste place, j'aurois mandé leuer vne desdites compaignies, pour le payement de laquelle ayant ce jourd'huy esté aduisé par vng commiz du sieur de *Beauclerc*, tresorier de l'extraordinaire de la guerre, qu'il auoyt quelque lettre d'adresse au sieur general d'Albene ; j'ay enuoyé parler audit sieur general, lequel m'a faict responce n'auoyr de ce aulcune assignation, au moyen de quoy ledit commiz l'auoyt sommé de luy declairer quel mandement il auoyt de fournir au payement de ladite compaignie, lequel luy a faict mesme responce, comme plus amplement apperra à vostredite majesté, par l'acte que je luy enuoye presentement, affin que icelluy veu, il luy plaise faire donner assignation certaine par deça pour le payement de ladite compaignie, parce que aultrement elle me demeureroit sur les bras ou du peuple qui la porteroyt mal aisement en ceste ville, à cause de la soulde qu'ilz payent de cinq cens hommes leuez pour la garde d'icelle, ainsi qu'est porté par ledit proces-verbal, pour euiter la garnison estrangere. Voullant bien au surplus, Sire, rendre compte à vostredite majesté comme ont esté despartiz lesdits cinq cens hommes, à scavoyr troys cens de l'ancienne religion à la garde des portes et des chaines qui sont sur la riuyere, et les deux cens de la nouuelle religion à faire escorte à ceulx qui vont à leur presche pour obuier à toute jalousie et scandalle quy aultrement se pourroyt sourdre et mouuoyr entre les habitans pour ladite diuersité de religion qui semble contenir en quelque reppoz ladite ville à quoy je m'essayeray de tout mon pouuoir, sans y rien espargner pour le seruice de vostredite majesté. — Sire, je supplie le Createur, etc. De Lyon, ce xxve d'apuril 1562. »

1526. — *Avril* 26. M. de Lansac, allant à Trente, de la part du roi, convoque, en passant à Lyon, les plus notables catholiques et protestants, au logis du Plat. Là, de concert avec M. de Sault, il s'efforce de les porter à l'union et à la concorde. Les protestants répondent qu'ils n'ont d'autre désir que de vivre en bonne intelligence avec les catholiques, et pour garantie de leurs intentions pacifiques, ils offrent de donner caution de cent mille écus, pourvu que les catholiques en fassent autant, et qu'il leur soit permis *d'établir un temple dans la ville.* On ne put s'entendre sur ce dernier point ; toutefois on se donna la main et on s'embrassa de part et d'autre. J. Morin, v, 139.

1562. — *Avril* 27. Le comte de Sault écrit au roi : « Sire, J'ay receu par monsieur de Maugiron les lettres qu'il a pleu à vostre majesté m'escripre du xviij^e du present, au contenu desquelles et de ce que ledit sieur m'a dict de la part de vostredite majesté, je mettray tout pour la satisfaire ; et quant à ce qu'elle faict doubte de quelque sinistre entreprise sur ceste ville par les sieurs de Perault et de Changy, estimant qu'ilz y sont en sejour, ou pour le moings bien souuent, je vous aduise, Sire, qu'il y a ung moys que ledit Perault n'y a point esté, ains s'en alla incontinent que la sene fut faicte quy fut à Pasques, et quant aux Changy, ils en sont partiz et n'y furent venuz, il y a plus de quinze jours. Comme de tout ce et aultres particularitez oultre la despesche bien ample que j'ay faicte à vostredite majesté passé huict jours, ce gentilhomme vous sçaura rendre bon compte. Et par ce, Sire, qu'il vous plaise que ledit sieur de Maugiron m'assiste en ce lieu pour quelque temps, je desireroys bien qu'il pleust à vostredite majesté me permettre faire vng voyage à la cour pour luy descouurir plus amplement comme toutes choses sont passées jusques icy en cest lieu, de quoy j'attendray vostre commandement, contenant au reste tousjours les affaires de deça en meilleur repoz qu'il me sera possible. — Sire, je supplie le Createur, etc. De Lyon, ce xxvij° apuril 1562. o

1562. — *Nuit du 30 avril au 1er mai.* Surprise de Lyon par les calvinistes du Dauphiné réunis à ceux de Lyon. Voyez *la Prinse de Lyon et de Montbrison* (réimprimée à la suite de la *Notice sur F. de Mandelot*, par A. P., Lyon, *Barret*, 1831, in-8°); Rubys, p. 394; J. Morin, v, 161. Voyez aussi un poëme latin ayant pour titre : *De Tristibus Franciæ*, publié pour la première fois, d'après le Ms de la B. de Lyon, par M. Léon Cailhava, Lyon, *Louis Perrin*, 1840, in-8°, figures dans le texte (1).

1562. — *Mai* 1 (*Dimanche*). Le comte de Sault écrit au roi : « Sire, Vostre majesté aura peu entendre par le gentilhomme que je lui despeschay exprès lundi dernier (25 avril), comme les affaires de ce lieu passoyent, et la diligence que j'auoys faicte d'y pourvoyr suivant les lettres patentes de vostre majesté, tant pour la leuée d'une compagnie que conuocation de l'arrière-ban quy n'est pas encores arrivé, par aussi je ne receuz la despesche de vostre majesté que lundi dernier au soyr et incontinent je despeschay par tout, et là-dessus est interuenu l'aduis de la mort de M. de la Mottegondrin, quy fut lundi dernier vers les cinq heures du soyr : tellement que ceulx de ceste nouuelle religion ayant recongneu le mandement dudit arrière-ban et leuée de compagnies en Auvergne, ont été si atterez (et non *alterez*, comme a lu le P. de Colonia), que ce les a meus de se desborder pour oppinion qu'ils disent auoir qu'on les voulloyt exterminer, que la nuit de mercredi dernier venant au jeudi, ils se mirent tellement en armes que incontinent ils forcerent les corps de garde que j'auoys mys ez places et en l'hostel de la ville combien qu'il y eust bonne résistance, auec effusion de sang, et se saisirent des esglises quy dominoyent les places à la part de S.-Nizier auec aussi ledit hostel de la ville où ils prirent les armes et artillerie de ladite ville quy leur donna meilleur (et non *par malheur*, comme a lu Colonia) moyen de gaigner le pont en ça, et feyrent des places du cousté du Change le mesmes

---

(1) Le comte de Sault, que Rubys, Saconay et quelques autres historiens accusent d'avoir ménagé la prise de la ville aux protestants, s'était logé, lorsque l'entreprise était sur le point d'être exécutée, dans le cloître de St-Jean, avec une troupe de géns affidés commandée par le capitaine Vertier, son domestique, « non pour conserver l'église comme il publioit, mais pour « empécher que les chanoines dont la profession ne rabat rien du courage qu'ils tiennent de » leur naissance, ne se fortifiassent dans leur cloistre fermé alors de toutes parts, ou qu'en sor- « tant en armes avec leurs gens, ils ne se joignissent aux bourgeois catholiques pour leur donner « courage et traverser ainsi son entreprise. » Le Laboureur. *Maz.* II, 16. — Ce dernier écrivain ajoute que le lendemain de la prise de Lyon, le comte de Sault, qui jusqu'alors avait fait profession de la foi catholique, leva le masque, et alla au prêche, au vu et su de tout le monde, abandonnant les catholiques à la fureur de leurs ennemis. Voyez ci-dessus au 19 *octobre*

que des aultres, et en apres vindrent planter leurs pièces vis-à-vis de seans, là où ilz me tiennent assiegé auec messieurs les comtes, de sorte, Sire, qu'ilz se peuuent dire maistres de toute la ville, fors du chasteau de Pierre-Sise où j'auoys mys des harquebusiers. Mais il ne fault doubter qu'ayant saisi l'artillerie qui est ceans, il leur sera aisé d'y entrer.

« Sire, je supplye le Createur, etc. De Lyon ce premier de may 1562. Colonia, II, 651.

1562. — *Mai 4*. Le comte de Sault écrit au roi : « Sire, Despuys l'aduis que j'ay donné à votre majesté par ung gentilhomme que je luy ay envoyé exprés, estant icy arriué le sieur des Adretz, j'ay essayé de donner quelque consolation au peuple extrememement desolé, tant pour le faict de la Religion que libre commerce, quy estoyent les poincts principaux ou ceulx des nations m'ont faict plus grande instance, qui les commence à retenir joinct l'asseurance que je leur ay donnée de leur assister de tout mon pouuoyr. Combien que j'eusse proppozé de m'en partir, voyant que l'authorité par la force des armes tenues par ceulx de ceste nouuelle religion m'estoyt ostée, et encores demeure deuers eulx pour le regard des forces et *clefs* de la ville, comme plus amplement sera vostre dite majesté informée par le secretaire de la ville, present porteur. Sur quoy j'attends de vostredite majesté la prouision pour le debuoir et obeissance à elle deue affin que je puisse faire congnoistre quelle est sa volonté et le tout en bonne forme affin qu'on n'en fasse doubte. — Sire, je supplye le Createur, etc. De Lyon ce iiij*e* de may 1562. »

1562. — *Mai 5*. Le baron des Adretz, chef de l'infanterie du prince de Condé, prend le commandement de la ville de Lyon par ordre du prince ; « toutefois il n'entreprend rien sans le communiquer à M. de Sault, gou- « verneur de cette ville. » *Prinse de Lyon*, p. 9; Garnier, *Hist. de Fr.*, XV, 502. Voyez aussi l'*Hist. eccl.* de Théod. de Beze, III, 215. Nous ferons observer que tout le XI*e* livre de cette *Histoire* contient une relation des événements qui se sont passés à Lyon durant cette période. — Rubys (*Priviléges*, p. 29) nous représente les calvinistes maîtres de Lyon « par l'espace de « quinze mois...., pillans et saccageans les temples et lieux sacrez. violans « les monastères; et pour le faire court, ne laissant espèce de cruauté de « laquelle ils n'usassent contre les personnes et biens des pauvres Catholi- « ques fidelles à Dieu et au Roy, sans respect d'âge, de sexe ni de profession. « Jamais, ajoute-t-il, les Goths ne diffamèrent de telle façon la ville de « Rome, comme a ceste malheureuse secte de gens, ceste pauvre ville de- « solée... » Voyez aussi Cochard, *Descript. de Lyon*, passim, et notamment p. 33 et 74.

1562. — *Mai 12*. Le comte de Sault écrit au roi : « Sire, Vostre majesté aura peu entendre et congnoistre par la despesche que luy aura presenté le secretaire du consulat de ceste ville ce que despuys l'esmeute aduenue en icelle auroyt esté capitullé (1) auec ceux de cette nouuelle religion, sauf le

---

(1) Voici le texte de la capitulation : « 1° Il est accordé, entre aultres articles, que tant de la ville que des estrangers, on louera mille ou deux mille hommes protestans pour la garde de la ville et asseurance des habitans, soldoyez, partie par ladite ville, partie du reuenu des ecclesiastiques. — 2° Que quelques uns absentez pour certaines contrariétés à cause du faict de la religion, pourront retourner librement. — 3° Qu'il ne se dira plus de messes. — 4° Que chacun sera libre en sa religion (voyez ci-après au 14 *Juillet*). — 5° Que l'on eslira douze des plus capables protestans pour estre Juges avec les consuls 6° Qu'il ne se pourra tenir consulat, sans que les nouueaux conseillers y assistent. » *Prinse de Lyon*, p. 9.

bon plaisir de vostre majesté, pour essayer de contenir le peuple, mesmes en faisant dire messe, de quoy neantmoingz ne se pouuoyt asseurer. Les prestres et gens d'esglise s'en sont tous fouys et partant cela demeure sans effect quy est cause que les marchands estrangiers et beaucoup des naturels, auec plusieurs anciens bourgeois et de toute profession deliberent s'en aller, et desja pour le regard des nations en sont beaucoup despartis: en quoy ceste vostre ville, Sire, souffrira et en consequence voz droitz grande diminution, perte et dommaige, oultre le scandalle que (encores pour ce jour) apporte la ruyne et demolition que l'on continue à faire au cloistre de l'esglise de S. Jehan, desja en partie desmantelé de son ancienne closture, et quelques maisons estant dans iceluy, après avoyr mys par terre tous les hautelz, ymaiges et figueures, presché selon la nouuelle religion; faict bapthesmes et mys tous les ornemens, reliquaires et calices en leur puissance, toutes fois par inuentaire dont le peuple de l'ancienne religion se mesconte fort, tant parce qu'ilz n'ont point de messe que pour veoyr la difformité dudit temple et des deux contigus. Quant au chasteau de Pierre-Size, il a temporisé jusques à samedi dernier (7 mai) que l'on y conduict trois canons, et pour ne se veoyr le cappitaine ancien dudit lieu assez fort, et que plusieurs de sa compaignie declararent ne voulloyr combattre, comme il appert sous leur seing. Ledit chasteau s'est rendu environ le midi, et garnison mise dans iceluy, nonobstant les remonstrances que leur auoyt faict ung mien gentilhomme que j'y avoys mys.—Sire, je supplye le Createur, etc. De Lyon, ce xij^e de may 1562. » Colonia, II., 652.

1562. — *Mai* 13. Calvin écrit de Genève à ses *frères* de Lyon : « Treschers freres, il y a déja long temps que nous avons attente de vos lettres, pour avoir occasion, en vous respondant, de nous descharger de ce qui nous pese fort sur le cœur. Mais despuis le changement qui est advenu à Lyon, nous n'avons point reçu un seul mot ny de la compagnie des Anciens, ce qui nous fait penser qu'il y a eu desordre beaucoup, veu que vous sollicitez d'aucuns de secourir à vostre esglise, et que vous n'en faites nul semblant, mesme quand le sire Hierosme des Gouttes passa nagueres par icy, combien qu'il requist qu'on envoyast des ministres pour vous aider, il declara qu'on ne lui avoit donné nulles lettres. Cependant nous oyons des nouvelles qui nous causent grande angoisse. Nous sçavons bien qu'en telles esmotions, il est bien difficile de se moderer si bien qu'il ne s'y commette de l'excès, et excusons facilement si vous n'avez tenu la bride si roide qu'il eust esté à souhaiter; mais il y a des choses insupportables dont nous sommes contraints de vous escrire plus asprement que nous ne voudrions. Mais nous serions traistres à Dieu, à vous et à toute la chrestienté, en dissimulant ce que vous avez fait à notre grand regret. Ce n'est pas un acte decent qu'un ministre (Jacques *Rufi* ou *Ruffy*) se fasse soudart ou capitaine : mais c'est beaucoup pis quand on quitte la chaire pour porter les armes : le comble est de venir au gouverneur de la ville, le pistolet en main, et le menacer en se vantant de force et violence ; car voicy les mots qu'on nous a recitez, et que nous avons entendus par tesmoins dignes de foy : « Monsieur, il faut « que vous le faciez, car nous avons la force en mains. » Nous vous disons rondement que ce propos nous est en horreur comme un monstre. Nous avons aussi fort detesté la crie qui a esté faite de par le gouverneur et les ministres. Nous mettons en mesme rang les passeports et choses semblables desquelles l'énormité a degousté, voire alienè beaucoup de gens de l'Evangile, et a troublé et fasché toutes gens qui ont quelque pitié et modestie. Encore n'estoit-ce pas assez, si on n'eut couru les champs pour lever butin et pilliage des vaches et autre betail, voici despuis que monsieur le baron des Adretz est là arrivé avec autorité, lequel n'a pas approuvé telles insolences, dont ceux qui se vantent d'estre ministres de la parolle de Dieu n'ont eu honte de se mesler. Maintenant ces vieilles playes nous ont esté rafraischies quand nous avons ouy que les rapines qu'on avoit tiré de l'esglise de Sainct-Jehan ont esté exposées en vente au dernier offrant, et despeschées pour cent douze escus. Mesmes qu'on a promis aux soldats de leur distribuer à chasqu'un sa portion. Vray est que M. Rufi est nommement chargé de toutes ces choses, mais il me semble que vous estes en partie coulpables de ne l'avoir reprimé, ayant liberté et puissance de ce faire. Car, s'il ne se soumet à une correction, qu'il cerche où il bastisse une esglise à part. Nous ne pouvons vous remonstrer doucement ces choses que nous ne pouvons ouir sans grande honte et amertume de cœur. Or, combien qu'il soit tard d'y remedier, si ne pouvons non pas nous tenir de vous prier, au nom de Dieu, et exhorter, en tant qu'en nous est, que vous mettiez peine à recompenser les fautes passées, et surtout d'empescher toutes ces voleries et pilliages. Car plustost il faudroit quitter de telles gens et s'en separer que d'exposer l'Evangile à tel opprobre, en s'accouplant avec eux. Desia il y a du zele inconsideré à faire ces ravages qu'on a fait aux temples; mais de ce qui fut fait à la chaude, et par quelque devotion, les gens craignants Dieu n'en jugeront point à la rigueur. De ces butins que pourra-t-on dire? A quel titre sera-t-il licite de ravir ce qui n'est à aucune personne privée? Si les larrons sont punissables, c'est double crime de derober le bien public. Parquoy si vous ne voulez estre hays et detestez de tous gens de bien, mettez ordre que telles offenses se réparent; car si vous y tardez plus, nous craignons bien que vous n'y veniez jamais à temps. En quoy nous prions Dieu qu'il vous guide d'esprit et prudence, etc. De Genève, le 13 de may. » — Cette lettre dont le Ms est à la B. du roi, a été publiée pour la première fois par M. Audin dans l'*Hist. de Calvin et de ses écrits*, II, 418. On trouvera dans cette histoire des détails curieux sur les relations de Calvin avec plusieurs Lyonnais, et sur les efforts qu'il fit pour répandre ses erreurs dans notre cité et pour y planter son étendard. Nous avons même quelques raisons de croire que son médecin ordinaire, qui se nommait *Sarasin* (c'est ainsi que M. Audin écrit son nom, II, 452), est notre *Philibert Sarrazin*, qui avait prononcé, en 1543, l'oraison doctorale, et qui avait passé à Genève, en 1551, avec sa fille *Louise*, mentionnée par Colomiès, dans sa *Gallia orientalis*, p. 110. Philibert était aussi le père de *Jean-Antoine*, né à Lyon, connu par deux ouvrages de médecine écrits en latin. Celui-ci eut un fils, *Philibert*, deuxième du nom, auteur, suivant Colonia (*Hist. litt.*, II, 799), d'*Epîtres médicinales*, publiées en 1635. Voyez Pernetti, I, 255.

1562. — *Mai* 21. « .... Les huguenots qui se nomment evangelistes et un nommé le capitaine de Saint-Vincent de Lyon vindrent à Thoissey pour pour faire demolir les croix dudit Thoissey, lesquelles furent demolies et aussi celles de St-Didier, et le jeudy suivant qui fut la fête du St. Sacrement de l'autel, autrement appelée la Fête-Dieu, se fit le service audit Thoissey et St-Didier, et le lendemain qui fut vendredy, on trouva les croix demolies, et iceluy vendredy fut baptisée Eve, fille de Claude Bruliard de St-Didier et de Philippe, sa femme, de Thoissey, par le ministre desdits huguenots. — Amy lecteur, si tu ne trouves au present livret des baptisez ceux que tu cherches, il te faut noter que, pour les troubles qui commencerent en l'an 1562 et durerent jusqu'en l'an 67, plusieurs des enfans de cette paroisse furent baptisez à Bey, à Illia et autres lieux circonvoisins, à l'occasion de ce qu'en ce temps les heretiques qui s'appellent huguenots occupoient Dombes et dechasserent les gens d'eglise et tous autres gens de bien, comme tu pourras bien amplement voir par les histoires dudit temps. *Signé* : Duc, prestre, vicaire de St-Didier de Chalaronne. » Tiré du registre des actes baptistaires de la paroisse de St Didier de Chalaronne-lès-Thoissey. M.—Voyez, sur les ravages des protestants, Severt, La Mure, etc.; les *Archives du Rhône*, v, 138 et suiv.

1562. — *Mai* 23. Le P. Gayette, gardien du couvent de St.-Bonaventure, est massacré, sur le pont de Saône, par des calvinistes (l'abbé Pavy, *Grands Cordeliers de Lyon*, p. 92). — C'est par erreur que cet événement a été placé par quelques historiens au 23 mars. A cette époque les protestants n'étaient pas encore maîtres de Lyon.

1562. — *Mai* 24. Le comte de Sault écrit au roi : « Sire, Vendredi dernier au soyr arriva en ceste ville le secretaire d'icelle, et comme vostre majesté est assez aduertie, la force et par là l'authorité estant es mains du sieur des Adretz, en usant en cest endroict, il se saysit dudit secretaire ensemble de la despesche que me faisoyt vostre majesté, et au corps de la ville, et après auoyr le tout veu et leu, il m'enuoya seulement le jour d'hier les lettres missiues de vostre majesté ouuertes, et despuys estant par moy ensemble ledit corps et consulat de la ville, sommé et requis de me rendre la commission en forme de lettres patentes qu'il auoyt plu à vostre dite majesté m'enuoyer et à eulx la despesche que a saysie, il nous a faict une commune responce, asçauoir qu'il n'auoyt aucun respect aux despesches qui seront faictes en vostre conseil ce pendant que vostre majesté et la royne serez captifs, comme il pretend que vous soyez, et ne m'auroyt vollu bailler ladite commission, de maniere que ne l'ayant peu recouurer, je ne puys executer (en ce qu'elle contient) le commandement de vostredite majesté; dont j'ay protesté, comme aussi lesdits conseillers, contre ledit sieur des Adretz, ainsi qu'il apperra à vos dites majestez par l'acte que je leur enuoye presentement. Pareillement, Sire, monsieur Congnet, ambassadeur pour vostre dite majesté en Suysse, avec le sieur des Pasquier ont envoyé en ceste ville un secretaire dudit sieur ambassadeur exprès pour faire aduancer le payement des pensions des Suysses, m'escriuant qu'il ne tenoit que à cela que les gens qu'ils ont à fornir à vostre dite majesté ne passent céans, et partant que je feisse commander au tresorier juge de s'advancer porter ou envoyer lesdits deniers, ce que j'ay faict : mais là dessus ledit juge m'a remonstré lesdits deniers auoyr esté saisiz et arrestez entre ses mains par ledit baron des Adretz auec inhibitions et deffences de n'en vuyder ses mains sur peine de sa vie. Et ayant vollu remonstrer audit baron la consequence de ce faict et le retardement du seruice de vostredite majesté, il m'a faict telle responce que dessus de n'auoyr aulcung esgard à chose de presentement despeschee en vostre dit conseil, ainsi que desja il auoyt faict à la protestation faicte contre luy de semblable arrest et saisye de deniers qu'il auoyt faict ez mains des freres Camus, commis à la recepte generalle de la subuention accordée par le clergé de France, pour le rachapt du domaine de vostre dite majesté, comme elle aura peu estre informée auant la venue de la presente despesche, et sera aussi par l'acte que luy enuoie ledit tresorier des ligues par ce porteur exprès, quy est un moyen seur d'empescher et retarder tous les affaires de vostre dite majesté et mettre, comme je veoy approcher, ceste ville en toute desolation et ruyne. Au surplus, Sire, ayant esté mys le canon devant le lieu de Villefranche en Beaujolloys, et sommé de se rendre, il a faict des le jour d'hyer, ne pouuant resister à la force. — Sire, je supplye le Createur, etc. De Lyon, ce xxiiij^me de may 1562..»

P. S. «Sire, despuys la presente escripte, le sieur Claude Camus, l'ung des freres susdits, commis à ladite recepte de subuention du clergé, m'est venu remonstrer que au moyen de la saisie faicte desdits deniers entre leurs mains, comme ils ont aduerty vostredite majesté, ils n'ausent enuoyer perceuoir les deniers de leurdite charge aux receptes particullieres, craignant qu'ilz soyent saisiz sur les chemins ou bien prins entre leurs mains, desirant que je leur donnasse quelque permission là dessus, ce que je ne puys pour n'auoyr la force en main : en sorte que s'il n'y est pourveu aultrement par vostredite majesté, Sire, il sera mal aisé que sentiez le proffit de ladite subuention de longtemps, et qu'ils ne soyent constraints aduenant une necessité de vuyder leurs mains de quelques sommes, ce qu'ils craignent grandement leur aduenir. » Colonia, II, 653.

1562. — *Mai* 28. M. de Sault écrit au roi : « Sire, encores que j'aye puys dimanche dernier aduerty vostre majesté par vng homme enuoyé exprès deuers icelle par le tresorier juge, tant de l'arrest et saisye faicte entre les mains dudit juge des pensions des Suysses que aultres choses y passant, si est ce que, allant ce present porteur deuers vostredite majesté de la part de monsieur Congnet, ambassadeur pour icelle au pays de Suysse, j'ay bien vollu aduertir vostredite majesté, Sire, que despuys mesdites dernieres lettres il n'est suruenu en ce lieu aucune chose de nouuelle, ains y sont les affaires en mesme estat, comme pourra plus amplement certifier vostre dite majesté cedit present porteur. — Sire, je supplyé le Createur, etc. De Lyon, ce xxviij^me de may 1562. »

1562. — *Mai* ... Fauste Socin, un des fondateurs de la secte à laquelle on a donné son nom, se trouvait alors à Lyon ; il y apprit que Lélius Faustin, son oncle, était mort le 16 de ce mois, à Zurich ; il se rendit immédiatement dans cette dernière ville. *Biog. univ.*, XLII, 524.

1562. — *Juin* 4. Le comte de Sault écrit au roi : « Sire, parce qu'il y a ja quelque temps que je n'ay receu aulcunes lettres ne commandement de vostre majesté, estimant ce estre la cause de la difficulté des passaiges et recherchement des advis par l'ouuerture des lettres. Et, là dessus ayant receu de messieurs du clergé de ceste ville une requeste qu'ils m'ont présentée afin d'avoyr permission pour leuer les dismes de ceste moysson, je l'ay bien vollu enuoyer par un gentilhomme exprès à vostredite majesté, avec les conclusions de votre procureur en ceste seneschaucée, pour sur icelle entendre la vollanté de vostredite majesté, et après en disposer comme lui plaira m'ordonner, et au plus tost, à cause que le temps de la recolte commence à passer, et que ceulx de la nouuelle religion se veulent ingerer d'establir commissaires à la perception desdites dismes, dont je me doubte qu'ils se vouldront après preualloyr, sur quoy pourroyt suruenir quelque nouuel desordre, contre le gré et intention de vostredite majesté, encores que l'on dise le tout proceder de son autorité, comme plus amplement vostredite majesté pourra estre certifiée par cedit gentilhomme; et ce pendant neantmoins, et à la consignation du droit de quy il appartiendra, j'ay faict publier à voix de trompe la réliction du revenu des gens d'esglise de ce diocèse à vostre domaine, establissant commissaires en iceulx, les censiers et fermiers quy sont trouvez saisiz des baulx à ferme ou bien y en commetant d'aultres à mesmes fins, ainsi que le tout apperra à vostredite majesté, Sire, par les actes que je lui enuoie, ne luy faysant la presente plus longue d'aulcunes particullaritez, sinon pour supplyer tres humblement le Createur qu'il donne, etc. De Lyon ce iiij^{me} de juing 1562. »

1562.— *Juin* 7. Le comte de Sault écrit au roi : « Sire, Je receuz le jour d'hyer les lettres qu'il a pleu à vostre majesté m'escripre du premier du present par lesquelles elle m'ordonne l'aller trouuer la part où elle sera, pour à quoy satisfaire, j'ay ce jour d'huy mandé messieurs de la justice et consulat de la ville, et leur ay communiqué le commandement de vostredite majesté par lesdites lettres, lesquelz m'ont faict là dessus plusieurs remonstrances. Toutes foys ne laisse je de me preparer pour m'achemyner, le plus tost qu'il me sera possible deuers vostredite majesté suyuant sondit commandement. Sire, je supplye le Createur, etc. De Lyon ce vij^{mo} de juing 1562. »

1562. — *Juin* 11. Le comte de Sault écrit au roi : « Sire, sur ce que je me preparoys à satisfaire au commandement qu'il a pleu à vostre majesté me donner par ses lettres du premier du present, suyvant ce que je luy ay desja escript, ceulx de la nouuelle religion, mesmes les chefs quy sont en ce lieu pour le faict des armes, vindrent à moy lundi dernier au matin et me declararent que estant advertis que je m'en voulloys aller deuers vostredite majesté, nonobstant les remonstrances que m'auoyent faictes les conseillers et escheuins de la ville, ilz empescheroyent mon despart de ce lieu. Sur quoy je leur feis veoyr les lettres contenant les commandemens qu'il auoyt pleu à vostre majesté me faire pour les causes y contenues, qui est le peu de seruice que pour ceste heure je luy faisoys en ce lieu, n'y ayant d'eux aucune obeissance, auxquelles ilz me dirent qu'ilz n'auoyent aulcung esgard, parce qu'elles estoyent seulement de vostre conseil, et faictes pendant la captiuité de vostre personne occupée par leurs aduersaires. Et pour obuier à mon despartement et l'empescher de faict, m'enuoyarent cinquante harquebuziers pour ma garde, m'ostant par là tout moyen de commander, sur quoy ont esté prins les actes que j'enuoye presentement à vostredite majesté, laquelle je ne fauldray incontinent tousjours tenir aduertie de ce que suruiendra important au bien de son seruice. Sire, je supplye le Createur, etc. De Lyon le xime de juing 1562. »

1562. — *Juin* 21. « Ordonnances faictes par le roy et monseigneur de Blacons, lieutenant-general de monseigneur des Adretz, touchant le reuenu du clergé du diocèse de Lyon, et pour la quottisation des manans et habitans de ladite ville, auec la deffense de s'injurier ni mettre la main aux armes l'un contre l'autre, à peine d'auoir le poing coupé (Imprimé à Lyon par *Benoist Rigaud.* 1562, in-8°). » S.

1562. — *Juin* 30. Le comte de Sault écrit au roi : « Sire, suyvant ce qu'il a pleu à vostre majesté de faire entendre par le cappitaine Puyllobier, et despuys ordonner à messieurs les conseillers et escheuins de me laisser partir de ceste ville pour m'en aller en ma maison, j'ai tant faict, que en fin ilz m'ont levé l'empeschement qu'ilz me donnoyent à partir ; en sorte que je suis resolu de m'achemyner ce jour d'huy, pour au plus tost possible me rendre en madite maison, et après faire ce que plairra à vostre majesté me commander: laissant ce lieu assez en repoz et tous les habitants en fort bonne deuotion de se conseruer en vostre obeissance, n'en ayant moindre volanté ceux qui y sont en armes, mais je doubteroys, Sire, et comme je l'ay entendu d'eulx et en ay desja aduerti vostre majesté par ledit cappitaine Puyllobier que s'ilz se voyent forssés et pressez d'en partir aultrement que par voye amiable, ils se veuillent ayder de la faveur qui leur est offerte des gens du cousté de Berne, Zurich et Neufchastel : leur ayant desja enuoyé soixante ou quatre vingts soldats qu'ilz ont receus pour sa petite quantité. Et au surplus mandent auxdits quantons que pour ceste heure ils n'en ont besoing de plus grand nombre, se confiant neantmoins que l'occasion se presentant ils leur seront tousjours propices, ce quy metroyt les affaires de cedit lieu en telle combustion que ce porroit estre en consequence l'entiere ruyne d'icelle et très grand perte en cestuy vostre royaulme. Au surplus Sire, j'ai receu par quelques escolliers allemands venus naguieres de Bauges, la requeste que j'envoye à vostredite majesté par laquelle luy apperra comme estant arrivés près St Pierre le Motier ils ont esté desvallisez tant de leurs chevaulx que argent par ung nommé de Montcauquyer. Sur quoy ils supplyent très humblement leur estre pourveu et par ce, Sire, qu'ilz sont ainsi que j'ay entendu de bon lieu et maysons d'Allemaigne et en pourroyent faire plainte à leurs parens qui les pourroyent reuocquer à cueur et en faire quelque plus grande instance par deuant vostre ditemajesté, je l'en ai bien voullu au parauant aduertir affin qu'elle s'en pourvoye comme elle a acoustumé en toutes choses. Sire, je supplye le Createur, etc. De Lyon ce dernier de juing 1562. » — Cette lettre est la dernière de celles que contient le manuscrit de la B. de Lyon. — Il paraît que le comte de Sault quitta alors Lyon, comme il l'écrivait au roi, et qu'il n'y revint qu'après l'édit de pacification du 18 mars 1563. Voyez ci-après au 9 *juin* 1563.

1562.—*Juillet* 14. Ordonnances de par le roy nostre Sire, touchant le régime et pollice des manans et habitans en la ville de Lyon. Publié (sic) le quatorziesme de juillet mil cinq cent soixante-deux. A Lyon, par *Benoist Rigaud*. 1562. Petit in-8°. — M. Francisque Michel, professeur à la faculté des lettres de Bordeaux, nous a communiqué un exemplaire de ces ordonnances qui ne contient que les quatre premiers feuillets, lesquels nous ont paru assez importants pour être reproduits : «De par le roy et monseigneur le baron des Adretz. — On faict assauoir à tous marchans, habitans en la présente ville, forestiers ou estrangers fréquentans les foires de ladicte ville, que, pour entretenir le commerce, il leur est permis sortir ou faire sortir hors ladicte ville la mesme marchandise ou d'autre de semblable valeur et somme qu'ilz feront entrer, dont ilz feront apparoir par la certification qu'ilz seront tenuz prendre des receueurs et controleurs de la doanne, signée de leurs mains, au commis à faire ses passepors desdictes marchandises pour la sortie d'icelles. Et seront traictez lesdicts marchans en toute asseurance, tant de leurs personnes que de leurs biens, sans qu'il leur soit faict, mis, ny donné aucun trouble, destourbier ou empeschement.

Sera aussi permis à toutes personnes de quelque estat, qualité, ou condition qu'ilz soyent, amenant viures et victuailles dans ladicte ville hors des pays de Dauphiné, Lyonnois et autres lieux circonvoisins de douze lieues à la ronde, d'enlever hors d'icelle de marchandise pour la somme que monteront lesdits viures et victuailles.

Et affin que les susdits puissent aller, venir, seiourner en ladicte ville, et s'en retourner en toute asseurance sans aucun empeschement : inhibitions et deffenses sont faictes à tous capistaines, enseignes, caporalz et autres des garnisons de ladicte ville et lieux circonvoisins, tant de pied que de cheval, de ne prendre ny arrester chevaulx, muletz, bœufs, iumens ny asnes portans et conduisans dans ladicte ville marchandises, munitions, viures, victuailles et autres choses, ny en retournant, soubs quelque couleur, pretexte ou occasion qu'ilz puissent pretendre : ains leur donner toute aide, faueur, confort et escorte si besoin est, à peine de la hart.

Et pour obuier à toutes surprinses, monopoles, conspirations pour la seurté et deffence de ladicte ville : on faict assauoir à tous lesdits manans et habitans de quelque estat, qualité ou condition qu'ilz soyent, que, dans le clochier de Sainct-Nizier, incontinent après huict heures du soir, les sentinelles dudict clochier sonneront, en signe de retraicte, la cloche iusques à la demie heure : après laquelle passée, et le son de ladicte cloche cessé, leur est fait exprès commandement de se retirer chascun en sa maison, sans aller ni venir par ladicte ville auec leurs armes ou sans armes, sur peine de prison et dix livres d'amende. Sera toutes fois permis à ceux qui feront duement apparoir auoir affaire par ladicte ville, ladicte heure passée, de y aller en petit nombre de deux ou trois au plus, selon la qualité des personnes, portant lumière et sans aucunes armes. Enioignons aux sentinelles, corps-de-garde, et à ceux qui y commanderont, de les faire accompagner iusques au lieu où ilz pourroient déclarer vouloir aller, pour entendre la vérité du faict : et où ilz trouueront varieté au dire, tant de celui ou ceux qui iront par ladite ville, que de ceulx ou ils voudront aller parler, les feront mettre en prison iusques au lendemain qu'ilz en aduertiront le conseil, pour y pouruoir ainsi que de raison.

Deffences sont aussi faictes à tous soldatz tant de la ville que estrangiers, et aussi aux manans et habitans, et tous autres qui seront dans ladicte ville de ne tirer harquebousades après que la garde sera posée, iusqu'à six heures du matin, sinon aux soldats de garde en cas de nécessité, sur peine de perdition des armes, prison et amende arbitraire, ainsi que le cas meritera, pour la premiere fois, et pour la deuxiesme de trois coups de cordes : et à tous soldatz de ne donner fausse alarme, à peine de la vie.

Puis aussi qu'il a pleu à Dieu chasser hors ladicte ville toute idolatrie, et que c'est chose grandement pernicieuse viure sans religion, est enioint auxdicts manans et habitans de ladicte ville, qui souloyent tenir la part de l'église romaine, de quelque estat, qualité ou condition qu'ilz soyent, de frequenter les presches qui se font ordinairement en ladicte ville, et les aller ouyr à tout le moins deux fois la semaine, sauoir le dimanche et mercredy qui sont iours de prieres, à peine de dix livres d'amende pour chascune foys qu'ilz seront deffaillans, applicables les deux tiers aux prieres (sic) et le tiers à celui ou ceulx qui denonceront les deffaillans et contreuenans à la présente enionction, etc. Voyez ci-dessus au 12 *mai*.

1562.—*Juillet* 19. Arrivée de M. de Soubise.—Le baron des Adrets part pour le Dauphiné. J. Morin, v., 173. — M. de Soubise était envoyé à Lyon par le prince de Condé pour y remplacer des Adrets dans le commandement militaire de cette ville. A son arrivée, il trouva les couvents tous pleins de catholiques qui y étaient « gardez estroitement.» Il les fit mettre en liberté, et leur permit de sortir de Lyon avec leurs femmes et leurs enfants « en « payant la rançon à laquelle chacun d'eux fut breveté. Il ne demeura nul « catholique en la ville qui eut moyen de se nourrir dehors, et en furent « les villes de Chambéry, Bourg en Bresse, Montluel et autres villes de Sa-« voye et de Bresse tellement peuplées qu'elles sembloient des petits « Lyon. » M. de Soubise avait amené avec lui la vicomtesse d'Aubeterre, sa sœur, « de laquelle les dames catholiques de la ville reçurent grand faveur « et courtoisie.» Rubys, p. 396.

1562.— *Août* 8. François Fabrice Serbellon, parent du pape, fait décapiter, à Avignon, messire Jean Perrin, seigneur de Parpaille, président à Orange, — « lequel avoit sacrilegement saisi et pillé tous les reliquaires « d'Orange qu'il avoit transportés *à Lyon* et convertys en monnoye pour sou-« doyer ses satellites et faire la guerre à Dieu. » César de Nostradamus, *Histoire de Provence*, p. 795; Ménage, *Dict. étymol.*, art. *Parpaillauts*.

1562. — *Septembre* 30. Mort de Jean II du Peyrat, capitaine d'une compagnie de chevaux-légers, tué au siége de Beaurepaire « les armes au poing, « combattant pour sa religion et son roy, contre les troupes des protestants « conduites par le baron des Adrets... » Rubys, p. 376. — Jean II du Peyrat était fils de Jean du Peyrat mort en janvier 1550; il était fiancé à Clémence de Bourges, surnommée la *perle des damoiselles Lyonnoises*, qui ne put survivre à sa douleur, et qui mourut la même année, à la fleur de son âge. Elle avait chanté et joué devant Henri II, en 1548, lors de l'entrée de ce prince à Lyon. Rubys, p. 384; *Notes* de Laurent-Josse Le Clerc sur Colonia. — C'est par erreur que, dans la *Biogr. lyonn.*, on a mis la mort de cette dame célèbre à l'année 1557. Clémence était l'amie de Louise Labé qui lui avait dédié la première édition de ses œuvres, le 24 juillet 1555. Elle habitait dans la maison du seigneur de Myons, général de Piémont, son père, laquelle avait alors issue sur la place des Cordeliers et sur la rue de la Grenette. C. B., *Mél. et Nouv. mél.*, passim; Clerjon-Morin, v. 151.

1562. — *Septembre*... L'église de Saint-Just est démolie par les calvinistes. — Déjà le magnifique cloître voisin de cette église avait été rasé par les soldats provençaux et genevois du baron des Adrets, auxquels avaient été contraint de s'adjoindre les habitants de Saint-Just et de Saint-Irenée. Voyez *Verbal et information* faite par l'autorité du roy Charles IX de la ruine de l'église, cloistres, maisons canoniales... de Saint-Just de Lyon, etc. Lyon, 1662, in-4°. — Les différentes maisons religieuses de Lyon firent dresser de pareilles informations, en 1564; mais il ne paraît pas qu'elles aient été imprimées. On doit en trouver les originaux dans les archives du royaume et dans celles de la ville de Lyon et de la préfecture du Rhône. Voyez ci-après, 1565.

1562. — *Novembre*... «Le seigneur de Soubise, commandant à Lyon et dans le gouvernement du Lyonnais, veut activer la construction des fortifications de cette ville. Les personnes qui devaient fournir des hommes paieront à l'avenir deux sols par semaine et par homme qu'ils devaient fournir. Les trente-six penons de la ville seront chargés de recueillir cet argent. Les étrangers qui sont venus s'établir dans cette ville seront soumis à la même taxe suivant leur fortune. On les contraindra à la payer par toutes les voies de droit jusqu'à la prison. Les penons feront un rigoureux recensement de leurs quartiers, feront vendre, chez ceux qui auraient refusé de payer la taxe, des meubles jusqu'à concurrence de la cotisation fixée, sans aucune acception de personnes, sous peine de s'en prendre à eux.» — Extrait inséré dans les *Nouvelles archives du Rhône*, I, 219, où cette ordonnance a été donnée sous la fausse date de 1597.

1562. — *Décembre* 15. Les maîtres des métiers et les terriers annulent l'élection faite, l'année précédente, des six conseillers qui devaient servir pendant celle-ci, attendu qu'ayant abandonné la ville, ils devaient être considérés comme indignes de leur charge. On procède en conséquence à l'élection de douze conseillers au lieu de six, et on arrête « qu'avant qu'ils se puis-« sent ingérer en la cause publique, ils seront tenus de rapporter, de mes-« sieurs du consistoire établi à Lyon, certification de leur foi. » J. Morin, v, 174.

1562.—*Décembre* 19. Mort de Jacques d'Albon, maréchal de Saint-André, gouverneur de Lyon. — Il avait succédé à Jean, son père, le 25 août 1550, et fut remplacé par Jacques de Savoie, duc de Nemours, nommé par lettres du 27 *décembre* 1562.

1562. — *Décembre* 21. André Martin, principal du collége de la Trinité, prononce l'oraison doctorale dans le *temple* de S.-Nizier. J. Morin, v, 175. — Il est à croire qu'André Martin embrassa la réforme pour conserver sa place pendant l'occupation des calvinistes. Il avait succédé à Barthélemi Aneau (voyez ci-dessus au 12 *juin* 1561), et mourut en 1565. Après sa mort, le collége fut remis aux jésuites. C. B., *Nouv. mél.*, p. 213; J. Morin, v, 213. Voyez ci-après, 1er *mai* 1565.

1562. — Les conseillers recteurs de l'Hôtel-Dieu de Lyon changent le costume des sœurs desservantes de cet établissement. Au lieu de robes blanches, elles porteront à l'avenir des robes noires avec des tabliers de toile blanche et des coiffes qui ne seront pas empesées, à l'instar des femmes simples de la ville. On leur enjoint, ainsi qu'aux serviteurs de la maison, d'assister aux prêches et autres exercices qu'y feront les ministres de la réforme, d'y vivre en paix et ne causer aucun scandale. Dagier, *Hist. de l'Hôtel-Dieu de Lyon*, 1, 110.

1562. — Mort de Matthieu de Vauzelles, avocat du roi au parlement de Dombes, etc. Il avait été juge-mage de Lyon et échevin (en 1524). On a de lui un *Traicté des péages*, Lyon, *Jean de Tournes*, 1552, in-4°, « plein de « fort belles et doctes recherches. » L'*Epistre de l'auteur au lecteur*, datée de Lyon, ce xiie de décembre 1549, est suivie de ce dixain de Maurice Scaeve (sic) « en grace de si charitable et vertueuse œuvre de l'autheur :

> Qui pour la fame, ou l'honneur entreprend,
> Entre Mortelz c'est chose autant louable,
> Et qui labeure à son besoing, il prend
> Part de la gloire à luy seul proufitable.
> Mais par sus tout est saintement louable,
> Et tel tousiours i'estimeray celuy
> Qui sans espoir de loyer ou d'appuy,
> Fors de vous, Loix, sainctes et eternelles,
> Trauaille au bien et publiq' et d'autruy
> (Comme on peult voir) à l'ombre de vos esles. »

On trouve à la fin du volume une bulle de Sixte IV, datée du 1er juin 1486 « contenant pleniere remission à tous les bienfaiteurs de l'Hostel-Dieu « de Lyon. » Parmi ces bienfaiteurs, Matthieu de Vauzelles cite, p. 152 de son livre, « feu messire Guichart de Pavie, prieur de Montrottier, lequel « fit faire plusieurs beaux édifices et chapelles, tant celles des Sybilles en « l'abbaye d'Esnay, dont il se ... nfermier (sic) que audit Montrot- « tier, et autres ses benefices : ... usieurs belles fondations, et mesme- « ment par toutes les eglises de Lyon : le reste donna aux poures dudit « Hostel-Dieu. Car il auoit priuilège du pape de pouuoir tester à pies causes « bon et vallable, *Vt in simili consuluit* Barba. Consil. xxiii vol. 1. » Matthieu de Vauzelles est encore auteur d'une Consultation écrite en latin sur le testament de Pierre Peyron, notaire à Lyon, qui avait institué pour héritières universelles ses deux filles Jeanne et Marguerite laquelle avait légué les biens que son père lui avait laissés à Jean de Vauzelles, prieur de Montrottier.

Cette Consultation dans laquelle Matthieu de Vauzelles plaide la cause de Jean de Vauzelles contre les frères Fournier, fils de Jeanne Peyron, fut imprimée par J. de Tournes, Lyon, 1552, in-4° de 29 pages (B. de Lyon, 56, n° 19039). — Jean de Vauzelles, probablement frère de Matthieu, était parent de Maurice Scève; il est auteur de quelques ouvrages mentionnés par La Croix du Maine qui a omis celui qui a pour titre : *Les Simulachres et historiees faces de la mort*, etc., à Lyon, soubs *l'escu de Coloigne* (enseigne de François Frellon, libraire), M. D. XXXVIII, in-4°; à la fin duquel on lit : « Excudebant Lugduni *Melchior et Gaspar Trechsel* fratres. 1538. » Ce livre que M. Brunet a décrit, *Man*, III, 345, ne porte pas le nom de l'auteur, mais il est précédé d'une dédicace, en tête de laquelle on lit : « A moult « reverende abbesse du religieux couvent Sainct-Pierre de Lyon, Madame « Jehanne de Touszele, *Salut d'un vray zele*. » Or, on sait que ces derniers mots *d'un vray zele* étaient la devise que Jean de Vauzelles substituait à son nom. Voyez son article dans la *Biogr. lyonn.*, p. 308, et les *Recherches* de M. Peignot *sur les Danses des morts*, p. 55 et suiv.

1562. — Mort, à Bourges, de Pierre Prestreau ou Petreau, célestin, né à Lyon, auteur d'un poëme latin, resté inédit, sur l'apparition de S. Pierre Célestin, aux habitants d'Aquilée, poëme dont voici les deux premiers vers :

> Segnis apollineos torpor ne obnubilet artus,
> Ocius exsurgens, *Musula*, rumpe moras ;

— La même année, mourut un autre célestin du couvent de Lyon, Pierre de Sure, qui cultiva aussi *la petite muse* latine. Becquet cite les premiers vers de trois de ses poëmes; celui de la Translation de S. Pierre, Célestin, commençait ainsi :

> *Musula*, si quæris gracili satiata cothurno
> Egregiæ virtutis opus...

Le seul ouvrage de Pierre de Sure qui ait été publié, a pour titre : *Le Voyage spirituel du Pélerin de la Sainte-Mère l'Eglise romaine* (S. Pierre de Luxembourg), *jadis illustrissime cardinal, avec sa vie;* à Avignon, chez *Jean Parmentier*, 1562, in-8°.

1563. — *Mars* 18. Les protestants, maîtres de Lyon depuis le 30 avril de l'année précédente, adressent au roi un mémoire qui fut publié sous ce titre : *La juste et sainte deffence de la ville de Lyon*, etc., Lyon, 1563, petit in-8° (réimprimé dans les *Archives curieuses de l'hist. de France*).

1563. — *Mars...* Edit de Charles IX qui établit des juges pour terminer les différends qui interviendront pour r... de la levée et perception des droits de la douane (1) de Lyon, etc. ...s des foires de Lyon, p. 396.

---

(1) *Douane*. Spelman dit que les Italiens ont emprunté ce mot des Français. *Dictum*, ce sont ses mots, *a telonio Lugduni Gallorum; cui id nominis; atque indè translatum in Italiam*. Le P. Menestrier qui écrit *doane*, dit au contraire et avec raison que ce mot vient de l'italien *dogana*. Ce furent, suivant lui, les Lombards qui introduisirent en France cet impôt, et qui en ont longtemps tenu la ferme. *Hist. cons.*, p. 121. Voyez le *Dict. étymologiq.* de Ménage, 1, 480; le *Glossarium* d'Adelung, v. *Doana* l'*Hist. des sciences mathematiq. en Italie*, par G. Libri; II, 287, et le *Dict. des rues de Lyon*, par M. Breghot du Lut; voyez aussi *infra*, année 1574, *ad calcem*.

— « Antérieurement au règne *de François Ier*, une seule douane existait à Lyon, et le droit ne se payait que sur les draps de soie et d'or et d'argent venant de l'étranger. C'était une protection accordée aux fabriques de Lyon et de Tours. François Ier étendit les droits de douane sur les matières premières, c'est-à-dire, sur les soies teintes et cuites venant de l'Italie, de l'Espagne et du comtat Venaissin. Le droit était de 5 pour cent, lorsque les soies devaient se consommer dans le royaume. Il devait être perçu à Lyon, et on l'augmenta de 2 et 1/2 pour cent au profit de la ville... En 1547, année de de la mort de François Ier,... on emprunta en foire de Lyon, 6,850,844 livres 10 sous, probablement en avance sur la recette courante... En 1564, Charles IX substitua le pont de Bonvoisin à la ville de Suze, pour l'entrée des marchandises d'Italie (et fit, le 4 avril de cette année, un nouveau règlement pour la douane de la ville de Lyon). Sous Henri III, Lyon devint le siège de la douane pour toutes les marchandises du Levant, et Narbonne pour les étoffes et marchandises d'Espagne. Les marchandises venant d'Angleterre, de France et d'Allemagne, destinées pour l'Italie et les côtes d'Espagne, furent tenues d'abord à Lyon et d'y acquitter les droits de douane. Cette obligation onéreuse fit chercher au commerce étranger une navigation directe avec l'Italie, et les Hollandais et les Anglais s'empressèrent de la lui procurer. » *Hist. de l'Economie politiq.*, par le vicomte Alban de Villeneuve Bargemont, I, 343 et suiv.; *Hist. de Lyon*, par J. Morin, VI, 76 et suiv.

1563. — *Juin* 9. Le Consulat adhère à l'édit de pacification du 18 mars précédent, dans lequel il est dit que les ecclésiastiques rentreront en la ville, dans la possession de leurs biens, et dans l'influence du culte catholique ; que deux temples seront affectés à l'église réformée, et que défenses seront faites aux sectateurs des deux cultes de s'outrager et provoquer. — Le Consulat se borne à prier le roi de ne pas permettre que les ecclésiastiques « voysent par la ville processionnellement portant leurs reliques et idoles « accoustumées. » J. Morin, V. 189. Voyez aussi Le Laboureur, *Maz.* II, 16. — Un des articles de l'édit de pacification portait que ceux qui étaient gouverneurs des provinces et de ville quand survinrent les troubles reviendraient dans leur gouvernement. Le comte de Sault n'avait pas tardé à revenir à son poste ; mais « ayant osté son masque, il n'alloit plus à la messe, ains faisoit profession de calvinisme. » Rubys, p. 399. Voyez ci-dessus, 25 *septembre* 1561, et ci-après, 5 *juillet* 1564.

1563. — *Juin* 15. Le maréchal de Vieilleville, commis par le roi pour faire exécuter à Lyon l'édit de pacification du 18 mars, arrive en cette ville. Rubys, p. 399 ; J. Morin, V, 190 ; Ménard, *Hist. de Nismes*, IV, 330. Voyez ci-après, 5 *juillet* 1564 et *septembre* 1570.

1563. — *Juin* 19. Charles du Moulin, célèbre jurisconsulte, qui se trouvait alors à Lyon, y publie son *Catéchisme.*—Irrités de cette publication qui pouvait les compromettre, Messieurs du Consistoire le firent arrêter et mettre en prison, sur une accusation calomnieuse. M. de Soubise lui ayant donné des juges devant lesquels il comparut, du Moulin fut élargi le 20e jour de son emprisonnement. Niceron, XXXIII, 95, 96 et 115. — L'accusation calomnieuse dont parle Niceron, est probablement celle qui attribuait à du Moulin un livre qui parut alors à Lyon, sans nom d'auteur ni d'imprimeur, la *Défense civile et militaire des innocens et de l'Eglise du Christ.* Ce livre qui paraissait attaquer l'autorité absolue de la Couronne, fut censuré par le Consistoire et dénoncé à M. de Soubise qui ordonna que tous les exemplaires seraient supprimés « sous peine à ceux qui s'en trouveront saisis, et qui les « auront distribués..., d'être pendus et étranglés, sans aucune forme et figure « de procès, et sans espérance de grâce ni de modération de peine. » J. Morin, v, 190. Voyez aussi Teissier, *Eloges des hommes savants*, II, 263.

1563. — *Juin 24*. « De par Monseigneur de Vieilleville, maréchal de France et lieutenant-général pour le Roy ès pays de Lyonnois, Dauphiné, Provence et Languedoc, — il est ordonné que nonobstant la publication de l'édit de la paix pour accommoder ceux de la pretendue religion reformée, qu'il ne sera rien innové des lieux où les prédications se font pour le jourd'huy, jusque à dimenche pour tout le jour, et commenceront dès lundy ensuivant, faire leurs presches ès temples des Cordeliers et de Confort de là la Saône : et deça la Saône, au lieu nommé la Chana où de present sont les enfants orphelins, auquel lieu ils continueront l'exercice de leur religion iusques à ce qu'ils ayent basti les lieux qui serviront cy aprez à cet effet, et pour ce faire, entendu les grands frais qu'ils ont à fournir pour licentier les gens de guerre qu'il faut premierement deliurer, nous leur avons donné temps de construire lesdits lieux jusques à six mois à compter du jour et datte de ces présentes : après lequel seront tenus réellement et de faict se départir desdits temples au mesme estat qu'ils les auront trouvez : et néantmoins pourront retirer les sièges qu'ils ont faicts aux autres temples pour l'exercice de leur religion. Défendant à toutes personnes de quelque qualité et condition qu'ils soient, tant de l'une que de l'autre religion, de contrevenir à nostre présente ordonnance sur peine de punition corporelle. Et afin que personne n'en prétende cause d'ignorance, avons ordonné les présentes estre publiées à son de trompe et cry public ès carrefours et lieux accoustumez en cettedite ville. Donné à Lyon le 24ᵉ iour de iuin 1563. Ainsi signé Vieilleuille. Par commandement de mondit seigneur le maréchal de Neufville. M. ; Paradin, p. 373.

1563. — *Juillet 1ᵉʳ*. Les foires qui, pendant les troubles, avaient été transferées à Châlon-sur-Saône, sont rétablies à Lyon par une ordonnance du maréchal de Vieilleville. Paradin, p. 365 et 373; J. Morin, v, 192.

1563. — *Juillet 18 (Dimanche)*. Le maréchal de Vieilleville fait célébrer la *première messe* à St-Jean où il assiste avec les magistrats de justice, qui étaient revenus par son commandement pour reprendre l'exercice de leurs fonctions, et qui étaient tous catholiques. — La messe fut dite par le P. Emond Auger, Jésuite, qui prêcha avec tant de zèle qu'il fit pleurer tous les assistants. Pendant l'office, le comte de Sault, qui avait embrassé le calvinisme, se promenait avec sa garde sur la calade de St-Jean, pour empêcher qu'il n'y survînt aucun désordre. Rubys, p. 400; A. P., *Notice sur Emond Auger* (Lyon, *Barret*. 1828, in-8°) — M. Morin, *Hist. de Lyon*, v, 195, place au 29 *août* le rétablissement du culte catholique à Lyon ; c'est une erreur; du moins nous le croyons, et nous pensons que la date du 29 *août* doit être celle du jour auquel le service divin fut célébré dans toutes les autres églises, d'après l'ordre du roi communiqué au Consulat, par le comte de Sault, le 26 du même mois d'août. Nous ajouterons avec Rubys, p. 400, que le P. Auger, à partir du 18 juillet, avait continué à dire la messe et à prêcher tous les jours à St-Jean, et qu'il fut secondé « par le bon frère Jacques Pyrus, « prieur des Iacobins, que les Protestans avoyent longuement tenu prison-

« nier à Pierre-Seize... » — Une seule église, celle des Cordeliers, resta aux protestants pour l'exercice de leur culte, mais prévoyant qu'ils ne pourraient pas la conserver, ils obtinrent du maréchal de Vieilleville la permission d'édifier un temple sur les fossés de la Lanterne. « Et lors, dit Rubys, p. 402, ils se mirent tous grands et petits, hommes et femmes, à porter la terre pour combler lesdicts fossez, et faisoit bon voir les damoyselles deux à deux, restroussées jusqu'à mi-jambes, montrant la greue, et la chausse bien tirée, portant le benot par les manilles, chantants leurs chansons de Marot et de Béze, à gorge desployée, et se faisoyent maintes belles collations es jardins de là environ, non sans beaucoup de commodité pour les amoureux... » J. Morin, v, 197 et 219. Voyez ci-après, *septembre*, 1567.

1563. — *Juillet*... Les chanoines de la cathédrale reviennent dans leur église. M.

1563. — *Août* 10. Les Protestants tiennent à Lyon le quatrième synode national des églises réformées de France. — Pierre Viret, alors ministre de l'église de Lyon, remplit, dans ce synode, les fonctions de modérateur et de secrétaire. Un médecin de Lyon, Jérome Bolsec, y figure dans le *rôle des ministres déposés et vagabonds*, et y est qualifié d'*infame menteur et apostat*. Aymon, *Synod. nat.*, t. 1, part. II, p. 32 et suiv.; *Ducatiana*, p. 367; J. M. V. Audin, *Hist. de Calvin*, II, 255.

1563. *Septembre*... Publication de l'ordonnance de Charles IX du 10 de ce mois contenant « defenses de publier ou imprimer aucun livre ou écrit en ryme ou en prose, sans permission du seigneur roy, sous peine d'être pendus et estranglez. » Il fut aussi ordonné « que trois fois l'an seroit faite la visite des officines et boutiques des imprimeurs, marchands et vendans livres à Lyon, par deux bons personnages d'église, députés l'un par l'archevesque, et l'autre par le chapitre dudit lieu, avec eux le seneschal de Lyon. » *Conf. des Ordonnances*, p. 1031. M.

1563. — *Octobre*... Le P. Emond Auger fait imprimer son *Catéchisme et sommaire de la religion chrétienne avec un Formulaire de diverses prières catholiques et plusieurs advertissemens pour toutes manières de gens* (Lyon, Michel Jove, in-16). La permission qu'obtint Michel Jove, imprimeur-libraire, pour publier ce Catéchisme, fut donnée par le sieur Dufournel, lieutenant-général, sur le certificat de Jean Cyberand, official de la primatie de Lyon, et vicaire substitué du cardinal de Ferrare, archevêque et comte de Lyon, le 16 octobre 1563. — Ce *Catéchisme*, si rare aujourd'hui, eut un grand nombre d'éditions, et fut traduit en latin et en grec. Sébastien Nyvelle en débita, dit-on, dans la seule ville de Paris, en l'espace de huit ans, 42,000 exemplaires. Il est à remarquer qu'on fixe au même nombre les Protestants qui furent convertis par le P. Auger. C. B. *Nouv. mél.*, p. 215. Voyez ci-dessus, 19 *juin*.

1563. — Le roi Charles IX désirant se décharger d'un grand nombre de gens de guerre étrangers qu'il avait en son royaume, auxquels il devait des sommes notables, fait publier un édit pour l'aliénation des biens immeubles du clergé du royaume, jusqu'à (concurrence de) cent mille écus de rente. « L'exécution de cet édit (rendu en mai 1563) fut fort pressée. Les départements faits, le diocèse de Lyon fut cottisé à la somme de 68 mille livres pour une fois, pour le payement de laquelle les officiers du roi travaillèrent si diligemment que la justice ordinaire haute, moyenne et basse de l'archevêque de Lyon fut mise en criées et adjugée au roi pour la somme de 30 mille livres, et pour le supplément de prix, le roi assigna audit archevêque douze cents livres de rentes à prendre sur la recette générale de Lyon, et de plus récompensa en offices royaux tous les officiers de ladite justice. Et ainsi cette justice ordinaire qui étoit entre les mains de l'archevêque de Lyon, fut unie et incorporée à la senechaussée et siège présidial de Lyon, et fait domaine de la Couronne... » Dupuy, *Traitez touchant les droits du Roy*, p. 873. — On lit dans le même ouvrage, p. 348 : « Pour ce qui est de la ville de Lyon et du Lyonnois, la seigneurie et la juridiction dont les archevêques jouissoient d'ancienneté sous la souveraineté et le ressort de nos rois, le transport par échange en fut fait en l'année 1312, au roi Philippe-le-Bel et ses successeurs, par Pierre de Savoie, archevêque de Lyon. Et encore que le roi Philippe-le-Long eut remis et quitté sans juste ni légitime occasion ses droits à l'archevêque, en l'année 1320, néanmoins en l'année 1563, le roi Charles y rentra et continua la possession de ses prédécesseurs.

1564.—*Avril* 15. Antoine du Pinet (1) dédie au comte de Sault les *Plantz, pourtraictz et descriptions de plusieurs villes et forteresses, tant de l'Europe, Asie et Afrique, que des Indes et terres neuues, etc.* A Lyon, par *Ian d'Ogerolles*, M. D. LXIII. In-fol.—Le comte de Sault est qualifié par du Pinet, de « chevalier de l'ordre du Roy, et lieutenant dudit seigneur à Lyon. » A la suite de la Dédicace est une « Description de la seigneurie de Sault, et depen« dances d'icelle, etc. » Vient ensuite une *Ode à Monseigneur le comte de Sault, Gouverneur du Lionnois*, par N. R. P. (Nicolas Reynault ou Regnaud, Parisien), etc., etc. La description de Lyon, précédée du plan gravé de cette ville, occupe les pages 29-37. Du Pinet y répète à peu près tout ce que Champier avait dit avant lui ; nous n'en extrairons que les dernières pages qui font connaître l'état de Lyon à cette époque :

« ... Lyon est aussi fort riche en manufactures : de sorte qu'il y a peu de villes, je ne diz pas en France, mais en Europe, où les artizans ayent meilleure commodité de faire proffit qu'en ceste-cy. Aussi l'a-on (sic) tousiours tenuë comme un Fondigue (2) de deniers. Sur quoy je m'esbahiz de l'opinion d'aucuns, qui pensent les deniers des Banquiers estrangers tant Allemans, Italiens, que Espagnols, et Portugallois avoir esté, et estre cause de la richesse de Lyon. Vray est que où le maniement des deniers est, il apporte, par necessité, profit. Mais à qui ? n'est-ce pas à ceux qui le manyent, qui enfin, souz ombre de mille escuz de monstre, et de bonne parade, pour vn an, ou deux, viennent à auoir promissions et credit de dix mille, voire de vingt mille escuz, et puis laissent vne faillite pour memoire de leur prud'hommie ! Joinct que tout ce qu'ilz manyent (hors-mis la marchandise d'Allemaigne) n'est que superfluité et destruction totale d'un royaume. Du temps de ces braves roys de France, qui portoient les chapperons à borreletz et à cornette, et les cheveux longs, à la Boëmienne, pensez-vous que les gentils-hommes et cheualiers laissassent de donner coups de lances à cause de leurs chausses à queuës, ou à la martingale ? Vne Damoiselle vestue de fine escarlate rouge, ou violette, ne sentoit-elle aussi bien sa femme de bonne maison, que nos femmes de court font aujourd'huy avec leurs droguetz de soye, et leurs estamines de toyle d'ortie ? En ce temps-là, le marchand estoit aysé à remarquer d'auec le gentilhomme, et le gentil-

---

(1) Du Pinet, né à Besançon, a fait un long séjour à Lyon, et y a publié la plupart de ses ouvrages.

(2) Bourse, douane, dépôt, etc. Voyez Roquefort, *Glossaire*, V° *Fonde* et *Fondic*.

homme d'auec l'homme de longue robbe (1) : et tous néantmoins vestuz
de draps de laine. Lors n'estoit question qu'vn simple bouchier, ou artizan
Lyonnois portast vn ascoustrement de trente escuz de façon, sans l'es-
touffe, toutes les festes. Tous n'auoient pas la douzaine de paires de chausse
de douze escuz la pièce, comme nous y avons veu de nostre temps. Mesme
qui ne les pouoit auoir, se mettoit à ribler, à voler cappes, et à crochetter
boutiques, la nuyt, et le tout pour estre aussi braue et si hault au gibet,
que son compaignon. Et d'où venoit tel désordre, sinon de la bombance et
superfluité des draps de soye practiquée et moyennée à Lyon par les banquiers
estrangers, qui, souz ceste douce poyson, ont tiré tous les deniers hors de
ce royaume. Je ne diz mot des reventes et finances dont les diables Sainct
Martin (sic) de ces vsuriers et succeurs des poures mal-aduisez, ont ruyné
tant de bonnes maisons. Et par-ainsi, vous, Messieurs de Lyon, ne soyez trop
eschauffez après telles denrees : dressez, en vostre ville, des arts et traffiques
nécessaires à la conservation de vostre republique, et qui induisent les nations
estranges à vous venir rechercher. Si le cours des draps de soye cesse, resta-
blissez la laine en son entier, et luy déférez l'honneur qu'elle a eu de tout
temps. Ne fait-il aussi bon voir un gentilhomme auec un collet de maroquin
ou de buffle, qu'auec un pourpoint de satin bien broché et pourfillé ? Si fait
certes. Pour cela néantmoins ie ne veux nier que les draps de soye ne soient
faitz pour l'vsage de l'homme, et que le chrestien n'en puisse vser, et s'en
servir, modestement et auec actions de graces : mais seulement ie taxe l'abus,
lequel i'ay veu si grand en ceste ville, que les tailleurs y estoyent princes, et
comme petitz roys, tant estoyent grandes et superfluës les façons des habillemens. L'homme chrestien se contente d'estre honnestement et simplement vestu : aussi fera la femme d'honneur, sans estre ialouse de l'attiffet
de sa voysine. Et principalement auiourd'huy que la réformation euangelique
y a lieu. Qui est vn poinct fort à noter. Car il n'y a eu Ordonnances royaux,
Siège Présidial, Lieutenant criminel, Iuge criminel, ny Prevost, qui ayent
sceu ny peu abbaisser la superfluité des habitz, destruire la paillardise, les
blasphemes, et les voleries ordinaires auxquelles ceste poure ville estoit tant
subiecte, quelque force qu'ilz ayent mise après. Et neantmoius dez que ceste
saincte semence Euangelique y a esté semée, on a veu tout cela evanouïr,
comme fumée, pour le moins les desordres n'y sont plus si vulgaires qu'ilz
estoyent du passé. Recognois donc (ô ville de Lyon) ceste main de Dieu,
et tu seras heureuse. Ne pense pas que le Diable fasse tes foires riches et
marchandes. Tout ton bien vient de Dieu, et d'iceluy fault attendre ta prospérité. Iette donc ton espérance en luy, durant les trauerses que tu sens à
present, et il t'exaucera. Pense à la grande grace qu'il t'a faict, veu le changement qui aduint en toy le dernier d'apuril de l'an passé mille cinq cens
soixante deux, que le tout a esté faict, sans effusion de sang. Y eut-il onc
peuple plus acharné l'vn sur l'autre, qu'estoyent les Euangelistes, contre
ceux qui tenoient le party de l'Eglise de Romme, veu mesmes les advertis-
sements qu'ils auoient des entreprinses contre eux dressées : et comme on

---

(1) « Il serait à désirer pour les manufactures de Lyon, disait, deux siècles plus tard, le marquis
de Carraccioli, qu'on s'habillât autrement qu'avec de la mousseline et de la toile. On ne voit
plus les femmes qu'en desbabillé, toujours en blanc, en hiver comme en été, et cette mesquine
monotonie ne ressemble en rien à la véritable parure. On a beau changer de robes toutes les
semaines, comme c'est toujours la même toile et la même couleur, cela n'a rien de paré.
Aussi voit-on la femme du commun aussi bien vêtue que la duchesse. C'est un délire qui ne
peut pas toujours durer. » *Voyage de la Raison*; Paris, 1770, chap. LXXIII.

délibéroit leur fermer la porte du pont du Rosne, pendant qu'ils seroyent au presche au faux-bourg de l'Eguillotiere, pour estre, par après, à la mercy de certains gentilz-hommes du Dauphiné et de Sauoye ? Le chapple et meutre de Vassy et de Sens, de quel eguillon leur a-t-il servy : et mesme ce qu'vn gentilhomme du Dauphiné dit à Lyon, au logis du Plat, qu'il en falloit exterminer la semence ; et que encores sa chemise estoit chaude et teinte du sang des Huguenotz de Sens ? Et néantmoins, ô Dieu, le tout est, iusques à présent, passé en telle modestie, que si tu chasses hors de toy et vengeances et pilleries, et que tu te conformes à la doctrine preschée au milieu de toy, tu serviras d'exemple de benediction aux autres villes de ce royaume, et accroistras ton los et renom de iour en iour. De quoy Dieu t'en doint la grace. *Amen.* »

1564. — *Juin* 1. *Fête-Dieu.* « Messieurs de S. Jean *font* la procession solennelle accoustumée d'estre faicte tous les ans ce jour-là. — Furent les rues tapissées, et y assista M. le mareschal (de Vieille-Ville) suivy d'une multitude infinie de peuple de tous les ordres et estats de la ville. Et durant icelle M. *de Sault* se promenoit par la ville avec sa garde, pour empescher qu'il n'y aduint point de desordre. » Rubys, p. 402 ; Le Laboureur, *Maz.*, II, 17.

1564. — *Juin* 13. Entrée de Charles IX et d'Henri, prince de Bearn (depuis Henri IV). Rubys, p. 402 ; *Cérémonial de Fr.*, 1, 898 ; *Entrée solemn.*, p. 78 ; *Alm. de Lyon* de 1746, p. xlij ; J. Morin, v, 200. — Voyez aussi *Recueil et Discours du voyage du roy Charles IX*,... par *Abel Iouan*, Paris, 1566, in-8°. Voici le passage de cet ouvrage qui a trait au voyage de Charles IX à Lyon : Après avoir passé deux jours à Châlons sur Saône, le roi partit de cette ville, s'embarqua le 5 juin sur la Saône « en un beau batteau que Messieurs de Lyon lui auoyent enuoyé, et alla « coucher à Mascon... » Le roi partit de Mâcon le 19, « et se rembarqua « en sondit batteau,... pour aller coucher à l'Isle (Barbe)... » Le samedi 10, « le roy s'en revint par eau pour aller souper à Lyon, au logis de M. le » Mareschal de Vieille-Ville, puis retourna coucher à l'Isle. » Le lendemain dimanche, le roi « disna et soupa audict lieu et coucha à Lyon (où il resta tout le jour suivant). » Le mardi 13 « le Roy, après disner passa la « riviere de la Sone pour aller faire son entree en ladicte ville. »

1564. — *Juin* 24. Déclaration du roi, datée de Lyon, qui interdit l'exercice de la religion reformée dans les lieux de résidence royale. — Lhopital était alors chancelier. *Mém. du Clergé*, VI, 95 ; *Recueil* d'Isambert, XI, 170 ; J. Morin, v, 201.

1564. — *Juin* 28. Lettres patentes contenant le règlement des poids, aulnes et mesures de France, à l'instar de Paris. M.

1564. — *Juin* 29. Charles IX va dîner et souper au château de Beauregard, belle petite maison (paroisse de St-Genis-Laval). Il y trouve son frère, Monsieur d'Anjou, et revint coucher à Lyon. Abel Jouan, *Voyage du roy par son royaume*, etc. — « Catherine de Médicis qui aimoit fort les Florentins établis en France, fut bien aise d'aller avec le roi, son fils, dans un château (1) qui appartenoit à un de ses compatriotes,... Thomas II de Gadagne,

---

(1) Le baron Jean-Baptiste de Fisicat qui le possédait ce château en 1789, et qui y faisait sa résidence, mourut victime de la terreur le 18 décembre 1793 ; deux de ses frères, Pierre Thomas de Fisicat, ancien chanoine d'Ainay, et M. le marquis de Fisicat, le vendirent en détail, vers les dernières années de l'empire, à différents particuliers qui, préférant l'utile à l'agréable, ont fait disparaître peu à peu les belles salles d'ombrage, principal ornement de cette ancienne villa. Lyon. Spon, *Recherche des antiquités de Lyon*, p. 196.

qui.... épousa Hilaire de Marconnay, et qui en eut Claude de Gadagne, seigneur de Beauregard,... qui épousa, au château de Saligny, le 15 juillet 1604, Eléonore de Saligny, fille de Lourdin-Gaspar de Coligny, seigneur de Saligny (Du Bouchet, *Preuves de l'Hist. de la maison de Coligny*, p. 1178). » *Notes* sur Abel Jouan, par le marquis d'Aubais. (*Pièces fugitives*, tome Ier); Cochard, *Arch. du Rh.*, iii, 95.

1564. — *Juillet* 4. Charles IX, ayant appris que le duc et la duchesse de Savoie se disposaient à venir lui présenter leurs hommages, se rend au-devant d'eux à Miribel pour les y attendre, et dîne au château de cette ville. Abel Jouan, *Voy. du roi*, etc.; Paradin, *Hist. de Lyon*, l: iii, c. 39; Théod. Laurent, *Hist. de Miribel*, p. 8. — C'est par erreur que M. Fiévée, *Biogr. univ.*, art. CHARLES IX, a dit que ce prince rendit à Lyon, ce même jour 4 *juillet*, l'ordonnance qui fixa le commencement de l'année au mois de janvier. S'il faut s'en rapporter aux auteurs de l'*Art de vérifier les dates*, 1, 468, cette ordonnance aurait été rendue au château de Roussillon, le 4 *août* suivant. Toutefois, Charles IX n'aurait fait que renouveler l'article 39 de l'édit de Paris du mois de janvier 1563 (probablement 1564, n. s.), lequel article porte : «Voulons et ordonnons qu'en tous actes, registres, instruments, contrats, etc., l'année commence doresnavant et soit comptée du premier jour de ce mois de janvier.»—C'est Raoul Spifame, avocat au parlement de Paris, qui eut le premier l'idée de commencer l'année au premier janvier; mais il était réservé au chancelier de Lhopital de faire cesser toutes les différences dans la manière de compter l'année en France. — Les secrétaires du roi exécutèrent l'édit au mois de janvier qui suivit celui du mois de decembre 1564; mais le parlement ne commença à l'exécuter qu'au mois de décembre 1566. Prost de Royer, *Dict. de Jurisp.*, iv, 739 et 823; *Biblioth. de l'Ecole des chartes*, tome 2, p. 287. Voyez ci-après, 2 *novembre* 1582.

1564 (et non 1563). — *Juillet* 5. Départ du maréchal de Vieilleville (J. Morin, v, 191). — Avant son départ, M. de Soubize et le comte de Sault quittèrent Lyon, emportant tout ce qui leur appartenait. *Mémoires de Vieilleville*, l. x, c. xiii (où ce dernier fait a été placé par erreur sous la date de septembre 1570). — Vers la fin de cette même année 1564, le Consulat (qui était « partagé de catholiques et de protestants ») fit présent de mille écus d'or sol à M. le duc de Nemours, gouverneur de Lyon, pour qu'il fît rappeler le comte de Sault. *Notes* de M. Sudan qui renvoie à un acte consulaire du 20 octobre 1580. Voyez ci-dessus au 15 *janvier* 1562, et ci-après au 10 novembre 1567. — Le comte de Sault « avoit été destitué de « son gouvernement à l'instance des trois estats de la ville et pro- « vince lyonnoise, et le sieur de Losses mis en sa place. » Le Laboureur, *Maz.*, ii, 113.

1564. — *Juillet* 6. Charles IX, accompagné de la reine-mère, du duc d'Anjou et du prince de Navarre (depuis Henri IV), se rend, suivi des principaux seigneurs de sa cour, d'abord au château de Beauregard où il dîna, et ensuite au château du Perron, alors possédé par Albisse d'Elbène, qui leur offrit une magnifique collation. — Albisse d'Elbène, d'une ancienne famille de Florence, et Lucrèce Cavalcanti, sa femme, avaient acheté le château du Perron (situé à Oullins, près Lyon) d'Antoine de Gondy. Après différentes mutations, et en 1761, le Perron fut acquis par les administrations de l'Aumône générale de Lyon. *Voyage du roy*, par Abel Jouan; *Archives du Rhône*, ii, 288. Voyez ci-dessus, 29 *juin*.

1564. — *Juillet 7.* Déclaration du roi portant que le *Solliciteur général* du roi n'est pas tenu de la consignation exigée par l'édit de novembre 1563. — En Angleterre, le procureur général s'appelle encore *Solliciteur général*. — Ce doit être aussi à Lyon que Charles IX rendit une autre déclaration, datée du 14 juillet, portant que, dans les villes qui ont un siège d'Archevêché ou d'évêché, ou une cour de parlement, l'élection des prévôts des marchands, maires, échevins et autres officiers municipaux sera double à l'avenir. *Recueil* d'Isambert, XI, 172.

1564. — *Juillet 9.* La violence de la peste qui s'était manifestée à Lyon depuis quelques jours, engage la cour à quitter Lyon et à aller en Dauphiné. — Le roi avait séjourné à Lyon vingt jours « durant lesquelz il prenoit plai-
« sir à s'esprouuer sur la riviere apres souper, et à faire sonner les *Moresques*
« qu'il faisoit bon veoir. » Charles reçut à Lyon l'ordre d'Angleterre, en retour du sien qu'il avait envoyé à la reine Elizabeth. Abel Jouan, *Voyage du roy*.
Avant son départ de Lyon, le roi ordonna qu'il serait construit une citadelle sur la colline de St-Sébastien. *Arch. du Rh.*, VIII, 21, et X, 315 (voyez ci-après, au 3 mars 1566 et au 30 juillet 1588). — La reine-mère ayant laissé M. de Birague à Lyon, pour gouverner en l'absence du duc de Nemours, le pape Pie IV en fut très-mécontent; car il taxait Birague de luthérianisme. P. Matthieu, *Hist. de Charles IX*, c. 5. — Le 4 août, la cour était au château de Roussillon. Voyez ci-dessus au *4 juillet*. — Suivant Rubys, *Priviléges*, p. 30, la contagion de peste fut telle et si extrême « que
« les deux tiers pour le moins du petit menu peuple en mourut, et la plus
« part du reste des habitans fut contrainct s'enfuir çà et là pour eviter la
« mort, et en fut laditte ville tellement deshabitée que l'herbe croissoit par
« les rues... » — On lit dans une lettre adressée par le Consulat à Henri IV, le 30 mai 1598, qu'il mourut à Lyon en 1564 « plus de 60 mille personnes,
« pour n'y être demeuré aucun de qualité pour y tenir la police. » S.

1564. — *Septembre 6.* Mort à Montagny, près Lyon, de Jacques de Clèves, fils de François de Clèves, duc de Nevers et frère de François II. Guy Coquille, *Hist. de Nevers*, p. 253.

1564. — *Septembre 9.* Antoine d'Albon, élu archevêque de Lyon (en remplacement du cardinal de Ferrare, avec lequel il avait permuté en 1562), prend possession de son siège dans l'église de St-Symphorien-le-Château, en Lyonnais, où les chanoines de St-Jean s'étaient retirés à cause de la peste. Cochard, *Arch. du Rh.*, V, 140. — Suivant le *Gallia Christiana*, ce serait à St-Symphorien d'Ozon, en Dauphiné. Nous avons lieu de croire que M. Cochard était mieux instruit. Ce fut aussi, suivant ce dernier historien, à St-Symphorien-le-Château que le chapitre de Lyon se retira pendant la peste de 1581. *Arch. loc. cit.* — Le nouvel archevêque ne vint à Lyon que vers les fêtes de Noël. On ne lui fit point d'entrée. Rubys, p. 404; J. Morin, V, 203. Voyez ci-dessus, 22 *avril* 1566.

1564. — Etienne et Guillaume de La Barge, chanoines, rendent au chapitre trois calices, deux bassins, trois chandeliers, deux encensoirs, deux galères, deux burettes et un reliquaire qu'ils avaient emportés pendant les derniers troubles. — Deux autres chanoines rendent un reliquaire de la croix enchâssée en or avec douze pierres précieuses et quatre perles. — Les dégâts faits à Lyon par les huguenots sont estimés plus de 50,000 écus, non compris la ruine des maisons. M.

1564. — Le chapitre soutient ne devoir aucun fief au duc de Montpensier, souverain des Dombes, mais, au contraire, qu'il le doit au chapitre, à cause de Trévoux, Chalamont, Montmerle, Beauregard et Châtelard, conformément aux transactions passées entre le chapitre et les prédécesseurs du duc. M.

1565. — *Avril* 5. Pierre Viret dédie à Renée de France son livre *de l'Estat et conference de la vraye religion*, etc. — Sa dédicace est datée de Lyon. *Arch. du Rh.*, vi, 354. Voyez ci-après, 11 *Juillet* 1571.

1565. — *Avril*... « En ce mesme temps vindrent nouvelles que, dans la ville de Lyon, s'estoit levé une nouvelle secte aultre que calviniste et *viciste* (1) laquelle en l'escole des huguenots avoit baillé positions pour disputer, et disent qu'il ne faut aultre sacrement que le baptesme, et pour ce differerent leur cene. » *Journal de Bruslart*, t. I, p. 165 des *Mém. de Condé*.

1565. — *Avril*... Charles IX envoie à Lyon le sieur de Tavelles, gentilhomme ordinaire de la chambre, pour y recevoir les ambassadeurs des Ligues suisses qui viennent jurer le renouvellement d'alliance convenu entre lui et les Suisses. Il recommande aux habitants de les bien recevoir, et de leur faire « présent de vins, confitures et aultres honestetez accoustumées en semblables cas. » *Nouv. arch. du Rh.*, 1, 218 et 219. — Le 31 *mai* suivant, le Consulat donna aux ambassadeurs suisses un banquet où il y eut « cent trente personnes d'assiette et douze platz bien garniz. » — Les frais de ce banquet s'élevèrent à 523 livres, 12 sols, 6 deniers tournois. Voyez les *Documents tirés des archives de la ville* (de Lyon, par M. Godemard), p. 29-31.

1565. — *Mai* 1. Remise est faite des clés du collége de la Trinité, par deux conseillers-échevins, au P. Emond Auger, jésuite; lequel en prend provisoirement possession, au nom de sa compagnie, en vertu de l'autorisation qui lui avait été donnée par le Consulat. — Les jésuites éprouvèrent bien des obstacles avant de pouvoir s'établir à Lyon où les protestants étaient alors très-nombreux. Depuis près de quinze années tous leurs efforts avaient été impuissants, et, s'ils vainquirent les répugnances du Consulat, il parait que ce fut grâce à la protection toute-puissante de l'archevêque Antoine d'Albon. Dès 1551, et par lettres patentes d'Henri II, du mois de janvier, ils avaient obtenu la permission de fonder un collége à Paris, mais « non ès autres villes. » *Recueil* d'Isambert, XIII, 178; Hallam, *Hist. de la litt. de l'Europe*, t. II, p. 65 de la traduction française. — Suivant Menestier (notes inédites), les jésuites furent mis en possession du collège par Néry de Torvéon, lieutenant et magistrat criminel en la sénéchaussée et siège présidial de Lyon. Voyez ci-dessus, 21 *déc.* 1562, et ci-après, 28 *août* 1762.

1565. — *Juin* 6 (le mercredi après l'Ascension). Messire Antoine d'Albon préside un synode des recteurs et curés de son diocèse.. Mᵉ Jean Henrici, son suffragant, évêque de Damas, y fait lecture des statuts dressés par l'archevêque. — Ces statuts furent publiés l'année suivante par Léonard Janier, prêtre de St-Etienne-de-Furan et chanoine de St-Rambert-en-Forest, dans un volume ayant pour titre: *Probation des Saincts Sacremens de l'église*, etc. Paris, petit in-8°, réimprimé, *ibid*, 1577, in-16.

1565. — *Juin* 21. *Jour de la Fête-Dieu.* Un avocat qui avait loué le pre-

---

(1) *Wiklefistes*, suivant l'éditeur *des Mém. de Condé*; — peut-être faut-il lire *Hussite* qu'on écrivait alors *Vssiste* ou *Vssite*.

mier étage de sa maison à un catholique, ayant voulu l'empêcher de tapisser, et ayant injurié un conseiller du présidial qui était intervenu, est arrêté par *M. de Losses*, et conduit en prison. — Traduit en justice, cet avocat fut condamné à faire, la torche au poing, amende honorable devant le siège du présidial et devant l'hôtel de M. de Losses, et en dix mille livres d'amende qui furent employées à reconstruire le palais royal de Roanne qui, suivant Rubys, en avait bien besoin. *Hist. de Lyon*, p. 405 et 502.—M. de Losses qui avait été nommé lieutenant-général au gouvernement de Lyon en remplacement de M. de Sault, était capitaine des gardes écossaises. Il avait été gouverneur d'Henri IV, dans sa jeunesse; la reine Marguerite parle de lui dans ses Mémoires. Menestrier, *Notes chronolog.*, année 1561; Rubys, *Hist.* p. 404 et 407; le même, *Priviléges*, p. 37. Voyez ci-dessus, 5 *juillet* 1564.

1565. — *Juin 29. Jour de S.-Pierre.* « ... Comme les catholiques de la paroisse de St-Pierre se rejouissoyent entre eux, dansants en la place qui est au devant de l'église, comme ils avoyent de coustume d'ancienneté, voilà un ministre protestant, nommé Ruffy, accompaigné d'un nommé Terrasson, lequel, pour avoir eu quelque commandement en la ville durant les troubles, se faisoit renommer capitaine, sort de sa maison, là voisine, et prend de gorge les catholiques, d'où s'esmeut grand rumeur; et vint-on *de verbis ad verbera*, et fut Terrasson terrassé, et demeura mort estendu sur la place. M. de Losses y accourut avec sa garde; mais il ne peut jamais trouver qui avait fait le coup. Et néanmoins il fit emprisonner par soupçon plusieurs catholiques qui, puis trouvez innocents, et l'information veüe au conseil privé du roy, furent eslargis. Et Ruffy qui se trouvoit chargé d'avoir esté le promoteur et la cause du scandale et du désordre, fut chassé de la ville.» Rubys, p. 406; C. B. *Mél.* p. 169. Voyez ci-dessus, au 4 *septembre* 1560.

1565. — *Juillet* 31. Claude de Rubys est reçu *à l'estat de procureur-général de la ville et communauté de Lyon*, ensuite de la résignation qu'en avait faite à son profit, moyennant honnête récompense, maître Pierre Grolier qui l'avait eu par la résignation de Jean de la Bessée, son prédécesseur. Rubys, p. 406.

1565. — *Septembre...* M. de Losses est rappelé à Paris par Charles IX, qui le remplace par le président de Birague. Celui-ci arrive à Lyon vers la fin de ce mois, et prend les rênes du gouvernement, en l'absence du duc de Nemours (qui avait succédé comme gouverneur de Lyon, au maréchal de Saint-André, tué à la bataille de Dreux). Rubys, p. 404 et 407. Pendant son séjour à Lyon, de 1565 à 1568, M. de Birague fut la terreur des Huguenots. « Il les malmena, les écarta, et les défit en tant de rencontres « qu'il en acquit le glorieux titre de *Marteau des hérétiques* et de *défenseur* « *de la foy..* » *Eloges hist. des Cardinaux illustres*, par Henry Albi (*Jésuite*); Paris, 1744, in-4°, p. 354.

1565. — *Octobre* 3. Ouverture solennelle des classes du collége de la Trinité. — Le P. Perpinien, Jésuite, prononce à cette occasion une harangue latine qui fut imprimée sous ce titre : *De retinendá veteri religione ad Lugdunenses*. Ce religieux était arrivé à Lyon, le 18 septembre précédent, pour y expliquer l'Ecriture-Sainte, mais il fut bientôt appelé à Paris où il se trouvait au mois de juin de l'année suivante, et où il mourut le 28 octobre de la même année. Ses lettres contiennent des particularités curieuses pour l'histoire de notre ville. Ce Jésuite, omis à tort dans la *Biogr. univ.*, a un art. dans Moréri.

1565. — *Octobre* 22. Mort à Paris de Jean Grolier, trésorier général des armées françaises dans le Milanais, ambassadeur de François Ier à la cour de Rome, le Mécène des gens de lettres, et le premier bibliophile de son temps. Il fut inhumé dans l'église de S. Germain des Prés. On lisait sur son tombeau :

Cy gist Messire Jean Grolier en son vivant chevalier seigneur vicomte d'Aguisy, trésorier de Milan et de France en la charge et tresorerie outre Seine et Saone, général des finances du roi, qui trespassa le 22 octobre 1565. Priez Dieu pour lui.

Et au-dessous de son effigie :

Johanni Grolerio, Insubriæ dudum, Galliæ nuper qnæstori castiss. fideliss. integerr. V. C. virtutum omnium imprimis et venerandæ antiquitatis observantiss. studiosiss. Anna et Jacobella filiæ, Antonius et Petrus nepotes parenti cariss. m. m. m. P. P. vixit annos LXXXVI. *Obiit* XI *kal. novembr* (1).

1565. — Pose de la première pierre de la nouvelle église de S. Just. Rubys, p. 139. — Cette nouvelle église fut construite sur les fondements d'un logis connu sous le nom de Saint-Antoine, acheté, par le chapitre, de François et Jean Langlois, le 21 septembre 1564. Ce n'est qu'au commencement du XVIIIe siècle qu'on a élevé la nef et la façade, et c'est en 1747 que l'on y a mis la dernière main. Cochard, *Notice sur le bourg de Saint-Just*, p. XIX. — En 1736, pendant qu'on bâtissait une nouvelle chapelle destinée à des stations sur les ruines de l'ancienne église de Saint-Just, détruite par les Huguenots en *septembre* 1562, on découvrit trois tombeaux antiques avec leurs inscriptions; le premier était celui de *Flavius Florentius, ex tribun. militum qui vixit annos* LXXXVII, *militavit* XXXVIII, *et positus ad Sanctos probat. ann.* XVI ; le 2e celui d'*Aluvalo* ou *Alwalon*, archevêque de Lyon, vers la fin du IXe siècle ; et le 3e celui d'une jeune fille appelée *Leucadia*, consacrée à Dieu. Le premier tombeau contenait un squelette entier couvert de sa peau. A cette occasion le peuple ayant vénéré ces reliques, comme si elles eussent été de quelques saints, M. de Rochebonne, archevêque de Lyon, lança, le 12 décembre de la même année, un mandement qui ordonna de murer les portes de la nouvelle chapelle. *Archives du Rh.*, IV, 167, et XIII, 265 ; *Mém. de l'Acad. des inscriptions*, XVIII, 242.

1566. — *Mars* 3. Fondation de la tour de la citadelle de S.-Sébastien, dont Charles IX avait ordonné la construction (voyez ci-dessus au 9 *juillet* 1564). — L'astrologue Junctin s'exprime ainsi, à propos de cette fondation : *Turris Lugdunensis fundationi fortuiter interfui, sed hanc horam (* 21 *post meridiem) non approbavi, quoniam Mars quadrangulabatur Soli, et Saturnus conjunctus erat Lunæ, et Mercurius dominus horoscopii infortunatus erat : quare nunquam hoc œdificium ad perfectionem perveniet*, etc. SPECULUM ASTROLOGIÆ, 1, 817. Voyez Laval, *Hist. des troubles*, livre IV, *ad calcem*, et ci-après, au 15 *juillet* 1588.

1566. — *Mars*... Mort de Louise Charly, dite Labé, surnommée la Belle-Cordière, célèbre par sa beauté et par ses talents littéraires, née vers 1525. — Claude de Rubys qui avait environ 27 ans lorsqu'elle mourut, et qui a dû la connaître, a porté sur elle le même jugement que Jean Calvin (2) et

---

(1) Voyez sur Jean Grolier son article dans la *Biographie lyonnaise*, p. 137, et ajoutez aux sources qui y sont indiquées : Arnett, *An inquiry into the nature and form of the book*, pages 139 et suiv.

(2) Voyez les *OEuvres de Lovize Labé*, Lyon, 1824, p. XLI.

Pierre de Saint-Julien (1). Voici en quels termes il s'exprime, p. 27 des *Privileges des habitans de Lyon* publiés en 1574 : «... Entre lesquels martyrs « (ceux de la primitive église) furent la vertueuse dame Blandine que Pa-« radin devoit proposer à nos dames de Lyon pour miroer et exemplaire « de vertu et de chasteté, et non cette impudique Loyse L'Abbé, que cha-« cun sait avoir fait profession de courtisanne publique jusques à sa mort... » Il est à remarquer que Paradin qui n'est mort qu'en 1590 a laissé sans y répondre cette accusation que Rubys a renouvelée de plus fort, dans l'*Avant-propos* de son *Hist. de Lyon*, publiée en 1604. Voyez la *Biogr. lyonn.*, p. 160; les *Arch. du Rh.*, I, 35, et III, 160; les *Tablettes chronol.* d'A. P., année 1824, *ad calcem*.

1566. — Septembre 1. Fêtes à l'occasion de l'entrée de la femme du gouverneur, la duchesse de Nemours. — Il y eut entr'autres réjouissances «une charavary ou chevauchée de l'asne contre les maris qui s'estoyent laissez battre à leurs femmes, qui fut chose fort plaisante à voir, et fut de l'invention d'un nommé *Jean Perron*, imprimeur, et l'un des gardes du maistre des ports, homme fort facétieux et propre pour telles inventions.» Rubys, p. 409. Voyez le *Recueil faict au vray de la chevauchée de l'asne*, etc. Lyon, *Guillaume Testefort*, pet. in-8°, réimprimé par les soins de MM. Duplessis, Breghot et P., Lyon, *Barret*, 1829, in-8°., — et ci-après, 17 *novembre* 1578.

1566. — Décembre 1. Mort d'Humbert de Masso, trésorier de France, échevin en 1554, inhumé dans l'église de S.-Paul avec cette inscription :

D. O. M. *Humb. de Masso, patritio Lugd. coss.* IIII. *quæstori regio de rep. opt. merito et Clementiæ Grolier, ejus conjugi carissimæ, Antonius Guiotus, Joannes, Petrus, Claudius et Magdalena parentibus optimis et pientiss. æterno fœdere conjunctis.* — P. C. *Obiit ille anno* χρι MDLXVI. *Cal. dec. ætatis suæ* LXIII, *Illa anno* MDLXXX. XIV *cal. Jan. ætatis* LXXIII.

1566. Le roi envoie à Lyon deux cents suisses pour la garde de la ville. M.

1566. — Le chapitre passe procuration à Pierre de Pinac (Epinac) et à Marc de Passac, chanoine, afin de s'opposer à la publication du concile de Trente, pour ce qui concerne l'article qui révoque les exemptions de chapitres, étant en possession d'exemption de l'archevêque pour eux et tous ceux de leur église, avec leurs domestiques sur qui ils ont toute juridiction. M.; *Biogr. univ.*, art. *Epinac* (d').

1566. — Le chapitre répond à la demande que le roi lui avait faite de changer la rente noble que l'archevêque et le chapitre avaient dans la ville contre ce que la reine avait en Auvergne. Cette pièce, dit le P. Menestrier, est curieuse, et contient de fort belles choses de l'église. *Notes inéd.*

1566. — Suppression de la fête du Guy. Voyez Prost de Royer, *Dict. de Jurispr.*, art. *A-Guy-l'an-neuf*, et les *Statuts de l'église de Lyon*, promulgués en 1566 et en 1567.

1566. — Mort, à Limay-les-Mantes, de François de Larbent, célestin du couvent de Lyon où il était entré en 1512. — Il fut successivement prieur dans plusieurs maisons de sa congrégation. Il coopéra à la version de la Bible, donnée en 1550 par les docteurs de Louvain, et publia à Paris, l'année suivante, une traduction du *Paradisus animæ* d'Albert le Grand. Il a

---

(1) *Gemelles ou Pareilles*, Lyon, 1584, p. 324.

laissé en manuscrit un *Traité des articles de la foi, selon leur analogie avec la musique*. L'auteur, suivant Pernetti, 1, 331, soutient, dans ce bizarre ouvrage, que « tout ce qui appartient à la foi consiste dans le nombre, le poids et la « mesure ; il dérive de là le rapport de la foi avec la musique... La basse, « la taille et la haute-contre désignent la foi, l'espérance et la charité,... « Les articles de foi sont marqués par les jointures des doigts ; c'est la tabla- « ture des sons, etc. » — Les biographes varient sur l'orthographe du nom de ce religieux ; du Verdier et Becquet l'appellent *de l'Arben*, et dom François, *Arben*, sans particule ; nous croyons que son véritable nom est *Larbent*, car c'est ainsi qu'il est nommé dans un acte consulaire du 8 février 1531 (1532, n. s.). Peut-être était-il né à *Arben*, village du département de l'Ain.

1567. — *Septembre* 14. Les échevins de Lyon aliènent aux Jésuites le collège de la Trinité, en stipulant toutefois, par respect pour les actes de 1527, que la propriété du collège et même les accroissements qui pourraient y être faits, reviendraient à la ville, si la Société en quittait la direction. *Arch. du Rhône*, VII. — L'abbé du Tems, *Hist. du Clergé de France*, IV, p. 382, donne à cet acte la date du 17 septembre. Voyez ci-dessus, au 1er mai 1565.

1567. — *Septembre* 28. Charles IX adresse à M. de Birague, lieutenant-général de la province de Lyonnais, en l'absence du duc de Nemours, deux lettres datées, l'une de Meaulx, l'autre de Paris. — Ce prince était sur le point de signer la première de ces lettres, lorsqu'il fut averti que ceux qui s'étaient *élevés* contre l'autorité royale marchaient droit à lui pour le venir enfermer dans Meaux où avec lui étaient logés ses Suisses : « Ce que voyant, dit-il dans la seconde lettre, je me suis resolu de monter à cheval et emmener avecques moi lesdicts Suisses pour me mettre dans ceste ville de Paris : chose qui m'a si bien et heureusement succédé que, Dieu mercy, j'y suis de present, comme aussi sont lesdicts Suisses, lesquels ils ont essayé d'entamer et les combattre, mais ils s'en sont si mal trouvez qu'ils n'en ont rapporté que la honte. Dont je vous ai bien voulu advertir, afin que, si, suivant leur coustume, ils faisoyent courir leurs bruitz accoustumez d'y avoir eu quelque avantage, vous puissiez certifier à tous mes bons et loyaux subjects qu'il n'en est rien... » — Ces deux lettres ont été imprimées, Lyon, *Michel Jove*, 1567, pet. in-8°.

1567. — *Septembre*... Le P. Emond Auger qui se trouvait à Tournon, étant secrètement averti que les religionnaires cherchent à surprendre Lyon, part aussitôt, et se rend chez M. de Birague. Il lui fait part de ses craintes qui sont confirmées par un boucher catholique, qui s'était sauvé de Mâcon où les Calvinistes venaient d'entrer, et qui, arrivant à franc étrier, le dimanche soir, jour de S.-Michel, 29 *septembre*, donna comme nouvelle certaine l'intention des Protestants de s'emparer de Lyon, lorsque minuit sonnerait à l'horloge de St-Nizier ; signal convenu, disait-il, avec les réformés qui étaient dans la ville, où ils devaient forcer tous les postes de l'intérieur et faire main basse sur les catholiques, pendant que l'armée des calvinistes enfoncerait les portes de Lyon. M. de Birague convoque à l'instant les bourgeois les plus notables et les plus dévoués à leur patrie et à leur religion. A peine en a-t-il réuni quelques-uns, que le prieur des Dominicains, effrayé des mouvements que les réformés faisaient depuis la chute du jour dans les environs de la place Confort, vint lui en donner avis. Les bourgeois prennent aussitôt les armes, et vont occuper sans bruit les postes les plus importants, et surtout ceux qui avoisinent les remparts. Sur ces entrefaites, le

P. Auger, qui avait mandé les horlogers de la ville, intime à celui qui était chargé de régler l'horloge de St-Nizier, l'ordre d'en arrêter la sonnerie, et enjoint aux autres de faire sonner différentes heures d'une manière irrégulière à toutes les autres horloges des églises et des édifices publics, afin que les conjurés attentifs au signal convenu, ne pouvant, dans la confusion de toutes ces horloges, se trouver en masse au rendez-vous à l'heure indiquée, y vinssent ou trop tôt ou trop tard, suivant qu'ils seraient dirigés par le mouvement déréglé des sonneries. Le stratagème d'Auger réussit à merveille, et les Protestants voyant leur complot découvert, se retirèrent en désordre, ou tombèrent dans le piége qu'ils avaient tendu aux Catholiques. Ceux du dehors ayant vainement attendu que minuit sonnât à St-Nizier, et se doutant bien que leur projet avait été déjoué, partirent avant la pointe du jour, et, pour se dédommager d'avoir échoué dans leur entreprise, ils se dirigèrent sur Vienne et sur Valence, où ils mirent tout à feu et à sang. A peine les Lyonnais eurent-ils échappé au danger dont ils avaient été menacés pendant toute la nuit, qu'ils se portèrent aux deux temples des calvinistes, et les rasèrent de fond en comble (1). A. P., *Notice sur Emond Auger*. Voyez aussi le *Résumé de l'Hist. de Lyon*, par A. Jal; *les Archives du Rhône*, iv, 161; *l'Almanach de Lyon* pour 1746, p. xliii; J. Morin, v, 218. — Parmi ceux qui avaient trempé dans le complot du 29 *septembre*, Rubys cite (*Priviléges*, p. 38) Jacques Baronnat, l'avocat de Baiz, Perrault le cadet, de Saint-Chaumond, tous partisans de l'amiral Coligny, lesquels tenaient, avec les autres rebelles, leur consistoire au logis de la *Girofflée*.

1567. — *Octobre* 10. Publication d'une ordonnance rendue par M. de Birague, gouverneur en l'absence de M. de Nemours (imprimée, Lyon, *Michel Jove*, 1567, pet in-8° de 4 pages), rendue la veille, et conçue en ces termes; « Deffenses sont faictes à tous de quelque qualité et condition qu'ils soyent, qui ont esté par cy devant de la religion prétendüe reformée, tant ceulx qui se sont reduicts et reconciliez que aultres non reduictz, d'eulx enroler et mettre des compagnies qui ont esté adressées pour le service de sa Majesté, tuition et deffence de ceste ville, à peine de la hart : Et sur les mêmes peines enioinct ausditz de la religion prétendue reformée, reduictz et non reduictz, qui se sont mis esdictes compagnies, et ont esté enroolez, de poser les armes, se mettre hors des dictes compagnies, et eulx casser dedans ce iourdhuy : Et enioinct aux cappitaines de les casser et désarmer incontinent, sans que lesdictz réduictz et reconciliez, et qui pourront cy après estre reduictz et reconciliez puissent porter armes quelconques par la dicte ville, ny en tenir en leur chambre, maisons et habitations, ni ailleurs, directement ou indirectement, par personnes interposées, soubz quelque couleur ou prétexte que ce soit. C, néantmoins est reservé ceulx qui se seront trouvez séditieulx ou auoir fait de resserrer profession de foi par faintise et simulation. — Pareillement sont faictes deffenses à tous penons, quaterniers et aultres de ne permettre au-

---

(1) L'un de ces temples avait été construit, en juillet 1563, dans les fossés de la Lanterne, aux Terreaux : l'autre est probablement celui qui avait été bâti sur la place de la *Fleur de Lys*, et qui, après sa destruction, fut remplacé par une boucherie que les recteurs de l'Hôtel-Dieu firent construire en 1568, et non en 1562, comme l'a dit M. Dagier, dans l'*Histoire de cet hôpital*. — Plus tard, et peut-être sous Henri IV, les Protestants firent bâtir un temple dans la rue Paradis, et le conservèrent jusqu'à la révocation de l'édit de Nantes, époque à laquelle on en disposa pour y former un établissement de charité destiné au soulagement des pauvres honteux et des indigents de la paroisse de St-Nizier. *Journal de Lyon* de 1787, p. 250 et 310; Cochard, *Description de Lyon*, p. 95; J. Morin, v, 197 et 219. Voyez ci-dessus, 18 *juillet* 1563 ; et ci-après, année 1570 et 1600.

cune marchandise, biens, meubles et aultres estre transportez et mys de de maison en aultre, encore que ce fut en maison de catholique, sans nostre commandement et ordonnance, sinon par les personnes qui ont esté et seront commis et députez par nous, les officiers de la Justice, ou le consulat de ladicte ville, ausquelz penons, quaterniers et aultres est enioinct de prester la force, aide et faueur nécessaire ausdicts deputez.—Que ceux de la dite religion prétendue reformée qui ne sont de qualité et respect, et n'ont biens, estats, negociation et traffique notable, soient (sic) seruiteurs ou maistres, artisans et aultres, seront tenus vuider la ville dedans ce iour, et sortir par la porte neufue sainct Vincent. Et ne pourront s'assembler que deulx ou trois pour le plus. Et à eulx faict deffences de s'assembler en plus grand nombre par quelque commandement que ce soit, à peine de confiscation de corps et de biens, sans qu'ilz se puissent aider ou seruir des permissions qu'ils pourroient cy deuant avoir sur ce obtenues. Leur deffendant expressement n'en recourir plus à nous, ni aux officiers de la iustice. — Aussi sont faites deffenses sur mesmes peines à toutes personnes de quelque estat, qualité ou condition qu'ils soient, catholiques ou aultres, de ne recevoir, tenir, cacher ou latiter aucuns de ladite religion prétendue reformée : Ains leur est enioint de reueler incontinent à nous et à iustice les lieux et endroicts esquelz ils se retirent et latitent pour être promptement prins et appréhendés et mys es lieux pour ce destinés et ordonnés. — Pareillement est faict commandemant à tous les manans et habitans de la ville de Lyon de ne faillir à se trouuer les iours qu'ilz seront de garde, la part qu'ilz seront commandez par leursdicts penon, quaternier et dizenier, et n'habandonner leur corps de garde, soit de iour ou de nuict, sans congé de leurdit penon ou quaternier, sur peine de soixante solz d'amande pour la première fois : laquelle sera employée par lesdits penons ou quaterniers aux frais des corps de garde. — Arrêté au conseil le dixiesme iour d'octobre l'an mil cinq cens soixante sept. Signé : R. DE BIRAGUE.

1567.—*Octobre* 17. Le Consulat remontre à M. de Birague que, parmi les marchandises des Protestants, on a saisi des livres dans les magasins des libraires de cette religion, et demande qu'il soit commis des personnes « pour « distraire et séparer les bons livres des autres. » — Le triage fut fait, à ce qu'il paraît, par le P. Emond Auger, et les livres hétérodoxes furent brûlés sur le pont de la Saône, durant les trois nuits consécutives qui précédèrent la fête de Noël. Rubys, p. 413; J. Morin, v, 223 ; A. P., *Notice sur Emond Auger* (1).

1567. — *Octobre* 30. Ordonnance de M. de Birague faisant « commande à tous habitans de Lyon d'obeyr à leurs penons, quaterniers et dizeniers, et aux gens de guerre de ne prendre rien chez leurs hostes sans payer de gré à gré, et ne loger es maisons, sans permission de M. le gouverneur, sur peine de punition corporelle et d'amende, etc. » — On voit dans cette ordonnance que la milice lyonnaise avait alors deux places d'armes, l'une du côté de Fourvière, sur la place St-Jean ; l'autre du côté du Rhône, sur la place des

---

(1) En 1558, le P. Auger avait publié, à Rome, une édition des Epigrammes de Martial, *ab omni rerum obscenitate verborumque turpitudine vindicata, opera et industria Andreæ Fusii...* On remarque dans sa préface un souhait dont il dût se rappeler en 1667 : « Utinam sane ex tanta « doctissimorum virorum multitudine, qui ubique terrarum sunt, surgat unus qui non Mar-« tialem solum melius restituat... , sed Horatium etiam, Catullum, Tibullum, Propertium, « Ovidium et reliquos ita corrigat, ut veteres illi omnes codices, qui turpitudinem admixtam « habent, COMBURANTUR !.... C. B., *Nouv. mél.*; p. 234.

Cordeliers. (Imprimée ; Lyon, *Michel Jove*, 1567, pet. in-8° de 4 feuillets). Voyez ci-après au 31 *juillet* 1568.

1567. — *Novembre* 10. François d'Agoult, comte de Sault, qui avait été lieutenant pour le roi au gouvernement de Lyon de 1561 à 1564, est tué à la bataille de Saint-Denis où il portait les armes pour les Protestants.—Etienne Valencier, Forésien, publia, l'année suivante, un *Discours sur la mort* du comte de Sault dont il avait été le secrétaire, *Paris*, in-8°. Voyez ci-dessus, au 5 *juillet* 1564 et au 21 *juin* 1565.

1567. —*Novembre*... Le duc de Nevers qui venait de chasser les Protestants de Vienne, fait son entrée à Lyon où l'on venait de recevoir la nouvelle de la victoire remportée à Saint-Denis. — Ce double succès fut célébré par une procession générale. J. Morin, v, 225.

1567. — *Décembre*, 11. M. de Birague rend une ordonnance conçue en ces termes ; « De par le roy, etc. L'on fait assauoir que, suiuant les lettres patentes de sa maiesté du vingt-cinqieme (sic) d'octobre dernier, iteratiues inhibitions et defences sont faites à toutes personnes de quelque estat, qualité ou condition qu'ils soient, de n'achepter ou faire achepter directement ou indirectement, pendant les presens troubles, de ceux de la Religion pretendue reformée, aucuns biens meubles ny immeubles : Lesquels, suiuant la volonté et intention de sadicte majesté, nous auons saisy et mis entre les mains du roy et ordonné qui (sic) seront regis par commissaires pour iceux conseruer et en rendre bon conte et reliqua (sic), quant et à qui il appartiendra. — Sont aussi faictes tres expresses inhibitions et defences à tous receueurs, fermiers, locataires, et autres personnes estans debiteurs et redevables d'aucuns deniers, censives, rentes, pensions, louages de maisons, baux d'heritages, redeuances enuers ceux de ladicte Religion pretendue reformée, de ne leur payer, bailler, ni delivrer aucuns deniers endebtés pour quelque cause ou occasion que ce soit, sans l'ordonnance de sadicte majesté ou la nostre.—Si est enioint ausdicts debitans, et à tout autre de ladicte ville et senechaucée de Lyon, de quelque qualité, nation, trafic ou negociation qu'ils soyent, et lesquels peuvent auoir en leur puissance, et ont retiré pour leur asseurance des biens meubles et marchandises desdicts de la Religion, venir denoncer et declarer, dedans trois jours, au palais ou au parquet des gens du roy, les meubles, marchandises, debtes, noms, actions et obligations deus auxdicts de la Religon pour en faire registre et en estre cy après ordonné ce que sadicte maiesté verra estre à faire par raison. etc. Fait au conseil le vnzieme (sic) iour du moys de decembre, l'an mil cinq cent soixante sept. R. de Birague. » — Cette ordonnance, criée, lue et publiée le lendemain, fut imprimée par Michel Jove, petit in-8° de 7 pages.

1567. — *Décembre* 21. Claude de Rubys prononce l'oraison doctorale dans l'église de St-Nizier. — Il n'en avait point été prononcé depuis celle d'André Martin, en 1562, sous la domination protestante. (Rubys, p. 414; J. Morin, v, 225). — L'usage de prononcer un discours devant le peuple, le jour de St. Thomas, à l'occasion de l'élection des nouveaux conseillers de ville, remonte sans doute à l'institution du Consulat, mais nous croyons qu'il serait assez difficile d'en préciser l'époque. Toutefois cet usage était constamment pratiqué dès avant 1421, puisque le Consulat désigna, le 21 décembre de cette année, Jean Leviste (un de ses membres), et à son défaut Jean Paterin (chevalier ez armes et ez lois, *de quo* v. *Arch. du Rh.*, vi, 530), pour faire *le syndicat aux gages accoustumés*. Ce serait un tableau assez curieux que celui où l'on offrirait par ordre chronologique les noms des orateurs de cette fête municipale, et où l'on donnerait une courte notice sur ceux de ces orateurs qui, s'étant distingués par leurs actions ou leurs écrits, ont été omis dans les biographies. Mais il y aurait probablement bien des lacunes dans cette liste; car nous avons déjà vu qu'à diverses époques, le consulat ne pouvait pas trouver d'orateurs. En 1551, par exemple, il fut obligé de louer, au prix de vingt livres tournois, l'éloquence d'un docteur écossais, que nos actes consulaires nomment *Florent Volusan*. Ce docteur qui n'a d'article ni dans Moréri ni dans la *Biogr. univ.*, était déjà à Lyon en 1538, puisque l'on trouve une pièce de vers qui lui est adressée dans le recueil de poésies latines que Gilbert Ducher publia, cette année, chez Séb. Gryphe. Il reçut, en 1540, la visite de Conrad Gesner qui lui rend ce beau témoignage, fol. 245 de sa Bibliothèque, édition de 1545 : « Nos hominem « (*Florentium Volusenum* (sic) Lugduni vidimus, anno 1540, juvenili « adhuc aetate; et magnam ab ejus eruditione perventuram ad studiosos « utilitatem expectamus. » En 1539, Volusan avait publié, chez Séb. Gryphe, une oraison latine, sous ce titre : *Commentatio quædam theologica : sive precatio tanquam in aphorismos dissecta*, in-8°; réimprimée à Bâle, 1544, in-12 (B. du roi; D., 6435). En 1543, il publia une ode *de Tranquillitate animæ*, qui fut réimprimée à Bâle, en 1551, et à Edimbourg, en 1751, avec quelques poésies pieuses qui ont été insérées, ainsi que son ode, dans les *Delitiae poetarum Scotorum*. Il mourut à Lyon, comme le prouve cette épitaphe que lui fit son illustre compatriote, George Buchanan (Epigr., II, 12) :

> Hic Musis, Volusene, jaces, carissime, ripam
> Ad Rhodani, terra quam procul à patria !
> Hoc meruit virtus tua, tellus quæ foret altrix
> Virtutum, ut cineres conderet illa tuos (1).

Le dernier orateur de la St.-Thomas fut le savant helléniste, Etienne Clavier, qui, à peine âgé de 22 ans, prononça, le 21 décembre 1784, un très-beau discours où il avait pris pour sujet l'*Influence du commerce sur les gouvernements*. Jaloux des applaudissements prodigués à son camarade de collége, Pierre-Edouard Lémontey lui décocha cette épigramme, d'autant plus impertinente que le jeune Clavier était fils d'un épicier-droguiste ;

> Si, du docte Rollin empruntant le langage,
> Tu nous fis perdre hier une heure à t'écouter,
> Tu devrais aujourd'hui, plus prudent et plus sage,
> Découdre les cahiers de ton savant ouvrage,
> Et les mettre en cornets pour le mieux débiter.

1567. — *Décembre 23.* M. de Birague rend une ordonnance portant, entre autres dispositions : «... Commandement à tous ceux de la religion prétendue réformée qu'ils ayent à vuider la ville dans les vingt-quatre heures... pour toutes prefixions et delaiz, sans laisser en leurs maisons, autres que leurs

---

(1) « *Volusenus* est un nom d'emprunt, une espèce de latinisation du nom de Wilson. Watkins, *Hist. dict.*, nous apprend que Florent Wilson naquit dans le comté de Murray en Ecosse, l'an 1500, qu'il reçut des leçons d'Erasme à Bâle, qu'il professa au collège de Navarre à Paris, et mourut l'an 1557. Le même biographe place ce dernier événement en Ecosse : l'épitaphe faite par Buchanan prouve que c'est une erreur. On lit dans l'épître dédicatoire au comte d'Aran, mise par Barth. Aneau à la tête de sa traduction des Emblêmes d'Alciat (Lyon, G. Rouille, 1549), un pompeux éloge de Florent Volusen, sous le rapport de son érudition dans les langues anciennes et modernes. » C. B.

femmes ou une chambriere pour la garde d'icelles....» *Revue du Lyonn.*, II, 507. — «Et parce que les protestans estoient cause de ceste guerre (la guerre civile), il fut advisé de chercher moyens qu'elle se fît à leurs despens. Et à ces fins, on constitua prisonniers plusieurs des principaux d'entre eux au couvent des Célestins et ailleurs, sous bonne et seure garde, desquels aucuns se firent catholiques, les autres se rachepterent par bonne somme d'argent, puis vuiderent la ville. L'on dressa aussi un magasin en la ville, que l'on nomma le magasin du roy, où furent portées les marchandises que l'on trouva dans leurs boutiques et magasins, lesquelles on leur permettoit racheter pour la moitié ou quelquefois plus ou moins de ce qu'elles valoient, sinon on les vendoit au plus offrant et dernier enchérisseur, et s'en tira de bons deniers...» Rubys, p. 413.

1567 ou 1568. — Persécuté par l'inquisition à raison de ses opinions religieuses, Castelvetro était venu se réfugier à Lyon. Le feu ayant pris à la maison où il était logé, il se mit à crier *la Poetica, la Poetica, salvatemi la Poetica.* On ignore si ce célèbre critique resta longtemps à Lyon avant de retourner à Chiavenne où il s'était d'abord réfugié; mais il est constant qu'il y demeurait le 20 janvier 1567, car on trouve cette date écrite de sa main sur un manuscrit original de la *Poetica d'Aristotile*, en ces termes: *In Lione sopra il Rodano il di xx di Gennaio l'anno di Cristo* 1567 (probablement 1568, n. s.). Niceron, VII, 229 et 232; C. B., *Nouv. mél.*, 249.

1568. — *Janvier 27.* M. de Birague rend une ordonnance ainsi conçue: « Sur les remonstrances faictes par le seigneur archevêque de la ville de Lyon tendans à ce que nostre ordonnance, par laquelle est enioinct à tous ceux de la Religion pretendue reformée vuyder ladicte ville, soit exécutée contre ceux qui se disent estre reduicts à l'Esglise catholique par feintise et simulation. Et apres que sur lesdictes remonstrances, les conseillers et eschevins de ladicte ville ont esté ouys, lesquels se sont ioints avec ledict archevesque, requerans pour les causes contenues auxdictes remonstrances, l'effect et enterinement d'icelles.—Nous René de Birague, etc., par l'auis du conseil auquel tout a esté communiqué, auons dict et declaré que par la susdicte Ordonnance et commandement faict ausdicts de la religion nouuelle vuyder ladicte ville, ne sont exempts ceux qui depuis ladicte ordonnance auparauant bien tost apres les presens troubles, se sont reconcilliez à l'esglise catholique par feinte et simulation, et pour auoir occasion tant seulement demeurer en ladicte ville et frequenter les manans et habitans d'icelle, au moyen de quoy, d'autant que leur presence est pleine de suspition, et pour la seurté de ladicte ville et pour obvyer aux entreprinses et conspirations que l'on pourroit faire, contre le repos et estat d'icelle, et pour bonnes et iustes causes et considerations: Iteratif commandement est faict ausdicts de la religion, de vuyder hors de ladicte ville, dans trois iours, de l'effect et execution de laquelle ordonnance ne seront exempts sinon ceux qui sont paisibles, non suspects d'aucuns troubles et sedition, et lesquels se sont reconcilliez à l'Esglise catholique, apostolique, romaine, faisans acte et exercice d'icelle, et mesmement ceux qui, suyuant leur promesse volontairement faicte lors de ladicte reconcilliation, ont receu les saincts sacremens de penitence et de l'autel, ou qui les receuront dimanche prochain, iour de jubilé, suyuant la bulle de nostre sainct Pere, publiée en ladicte ville le vingt-cinquiesme du présent mois de janvier. Et sinon aussi ceux qui ont pouuoir de demeurer en ladicte ville par notre permission et ordonnance. Et est enioinct aux curez, vicaires et autres personnes ecclesiastiques qui ministreront lesdits sacremens d'en tenir registre, duquel ils remettront, le mardy ensuyvant, un extrait signé de leur main au greffe de la seneschaucée et siege presidial de Lyon, pour estre soigneusement et sans acception de personnes procédé à l'execution de nostre ordonnance, laquelle, à fin que aucun n'en puisse pretendre cause d'ignorance, sera publiée à son de trompe, cry public parmi ladicte ville, et lieux et endroicts accoustumés à faire proclamations. Faict le vingt septiesme janvier mil cinq cent soixante huict. Signé R. de Birague. » — Cette ordonnance publiée le même jour, fut imprimée par *Michel Jove*, pet. in-8° de 4 feuillets.

1568. — *Janvier* 31. Ordonnance de messieurs les Seneschal et gens tenans le siege presidial en la ville Lyon, contre les detenteurs des biens de ceux de la religion prétendue reformée : ensemble les noms et surnoms des seditieux et rebelles contre la majesté du Roy nostre Sire. A Lyon, par Michel Jove, 1568, avec priuilege. Petit in-8° de huit feuillets dont le dernier est blanc. — « De par le Roy : Sur la requeste faicte de par les gens du roy en la seneschaussée et siege presidial de Lyon, iteratif commandement est faict à toutes personnes de quelque estat, nation, traficq et qualité qu'ilz soyent, privées ou publiques, notaires, tabellions, greffiers, procureurs et autres : Que suyvant les lettres closes et patantes de sa majesté du treizieme de ce moys de janvier, qui ont or, argent monnoyé ou non monnoyé, bagues, joiaux et autres meubles, cedulles ou obligations, et qui possèdent à recepte, louage ou ferme, aucuns benefices, rentes, maisons, terres, fermes ou seigneuries appartenans à ceux de la pretendue nouvelle religion, seditieux et rebelles qui se sont eslevez en forme d'hostilité, à l'encontre de sa maiesté et de ses bons et fideles subiects : ont porté les armes auec les factieux, seditieux et rebelles, et ne se sont retirez en leurs maisons, dans le temps préfix, et de ce prins actes, suyvant les lettres patentes sur ce expediees et publiees en ladicte ville. Et ceux qui encores portent lesdictes armes, soit au camp desdicts seditieux, ou és villes, chasteaux et autres lieux et endroicts de ce royaume, ou de ceux qui les aydent et fauorisent de leurs biens et moyens, ont fauorisé, sceu, participé et eu cognoissance de l'entreprise, conjuration, conspiration faicte contre sadicte maiesté et son estat, sans l'auoir reuelé à sadicte maiesté, ou à ses Officiers et Juges, comme bons et fideles subiects estoyent tenuz faire, et aussi tous ceux qui ont, possedent et tiennent desdicts biens, marchandises, meubles et immeubles, liures, papiers, tiltres, enseignemens, cedulles ou obligations : sçauent et cognoissent les personnes qui ont et possedent desdicts biens, qu'ilz et chacun d'eux, ayent, deux jours apres la presente publication faicte, à venir dire, desclarer et reueler, pardeuant le Seneschal et gens tenans le siege presidial de Lyon, et en leur greffe, ce qu'ilz ont et detiennent ou sçauent estre detenu ou possedé. Et ce sur peine de perte et confiscation contre les vns et les autres de tous et chacuns leurs propres biens, lesquelz en cas de default ou contrauention, sadicte maiesté les a declarez acquis et confisquez. Et à fin que personne ne pretende cause d'ignorance, qui sont ceux des biens desquelz les declarations doiuent être faictes au greffe de ladicte seneschaucée, entre autres ensuyvent leurs noms, surnons des chargés et preuenuz des cas dessusdicts : assauoir,

George Penet, dict Janot.

Vng nommé Archimbaud, espicier (1).

(1) C'est dans sa maison, près de l'église de la Platière que les protestants avaient tenu leur premier prêche, en 1561. *Biogr. lyon.*, p. 14.

Jean de Fontbonne.
Pierre d'Orléans.
Vng nommé Chausson, clerc et soliciteur.
Jacques Debaiz.
Henri Laneau.
Vng nommé Pusin, taincturier.
Le filz de George Aulbreth (1).
Rosarges, seruiteur dudict Aulbreth.
Anthoine Pupier, surnommé la Croix-Blanche de Chazelles.
Michel le Coyuetier.
Jacques Lusset, forbisseur.
Jean Boursier, aussi forbisseur, demeurant souz la teste d'or, rue Tupin.
Vng marchand de fillet, demeurant en la rue pres Sainct Pierre, qui a espousé la niepce de feu Alexandre Carcaillon.
Claude Jussieu, tissotier.
L'aduocat Trumel.
Jacquemet, ferratier.
Vng marchand de draps, demeurant pres la maison de George Aulbreth.
Matthieu Coton, vendeur de fer en la rue Chalamont.
Vn nommé Charbonneau.
Anthoine de Boys, canabassier.
Vng nommé Megret.
Vng autre nommé Guillaume, imprimeur.
Vng nommé maistre Bernard, menuysier demeurant en rue Neufue. — Et son fils nommé Valentin.
Le cappitaine Noytellon.
Charles Lenot.
Le neueu dudict Lenot.
Vng nommé La Vallédre. — Vng nommé Tesson, mercier, tous deux demeurans en rue Merciere, vendeurs de quincaillerie et de filleure d'or.
Anthoine Boullion, commis à la doâne du roy.
Les deux freres d'vng nommé Collin dict Marco.
Le frere du capitaine Beaufort.
Hector Baudin, procureur du roy à Saincte Colombe.
Jacques Dorliat, hostelier demeurant en la rue du Boys.
Vng nommé Chabert.
Vng nommé le cappitaine Broutet.
Le seigneur de Changy.
Vng nommé le capporal Moral.
Vng nommé La Roche.
Vng nommé Sabatier, seruiteur de François Ponthus.
Symon Julien, du lieu de Brignais.
Vng nommé Le Gardier, dict Cotin.
Les deux freres Biemy : assauoir, l'vn seigneur de Beins, et l'autre seigneur de Monteux.
Vng nommé le iuge Puto.
Vng nommé la Garde du boys (sic).
Le procureur Argo.

(1) George Aulbreth ou Obreth avait été conseiller de ville, en 1568. M. Morin l'appelle Obreit dans son *Hist. de Lyon*, VI, 12.

Françoys Riviere.
Jacques Barberet pelletier, demeurant en la rue du boys.
Jehan Goyet, du bourg de Saincte Colombe.
Anthoine Vincent, marchand libraire.
Jehan Darut, aussi marchand.
Pierre Pitinieu, surnommé la Jacquiere, cordier.
Jehan Douxsainct, mercier.
Maistre André de Baiz, aduocat en ladicte seneschaucée et presidial.
Jacques Baronnat (voyez ci-dessus, p. 50).
Gabriel Veny, marchand de drap de soye.
Leonard Prunas, dict le Piedmante (voyez ci-dessus, p. 6).
Pierre Benoist Seue.
Henry de Gabiano. — Jehan de Vassan, marchans de ladicte ville.
Maistre Jehan de Castellas, esleu pour le roy au pays de Lyonnois.
Symphorien Tellusson. — Hierosme Desgoutes, aussi marchans; et George Aulbreth, maistre d'hostel du roi.
Le capitaine La Villate.
Jehan Armant, de Belleuille.
Jehan Couchet.
Jehan Crusellier, bouchier, surnommé le Colombier, dudict Belleville.
Le baron de Sainct Lagier.
Vng nommé Chasteney, rousseau, de Villefranche.
Vng nomme Odin de la monnoye.
Le capitaine La Chapelle.
Le seigneur Chasteaumorand.
Le baron de Torcy.
Vng qui est beaufrere du seigneur de Poncenas.
Le capitaine Jailly, de Tisy.
Sadurel, prevost des mareschaulx de Foretz.
Philibert Du Rieu, dict Fiston, de Charlieu.
Pierre Gueytiere, et René Gueytiere, filz du cheuaucheur de Sainct Symphorien.
Vng nommé le Prouençal, de Tarare.
Vng nommé Bourdon, qui n'agueres faisoit la poudre à la Rigodiere en cestedicte ville.
Claude Charreton, dudict Belleville.
Jehan Ruffy, dudict lieu.
Les père et filz Tronchet.
Maistre Jehan Perdrigeon, clerc de cestedicte ville.
Vng nommé Sainct Clair, archier du preuost des mareschaulx dudict Lyon.
Charles Bernod, qui souloit estre lieutenant dudict preuost.
Jehan Constantin, d'Ance.
Le capitaine Sainct Vincent.
Les trois freres Vallée, de cestedicte ville.
La Roche, seruiteur de feu Jacques Gimbre.
Vng nommé Guillien, capporal.
Vng autre nommé La Conche, lancespesade du capitaine Annibal.
Vng autre nommé Gourdan, maistre d'espée.
Vng autre nommé le Grand Matthieu de la rue Neufue.
Vng rousseau surnommé de Langres, qui n'agueres estoit de la compagnie du capitaine La Tour, auec lesdicts Matthieu et Gourdan.
Vng autre nommé La Porte.

Les freres dudict Jehan de Vassan.
Le seigneur de Sainct Traict.
Vng nommé de Morgues.
Vng autre nommé Vrsin, ministre.
Vng autre nommé Bernard, clerc de maistre Lusson, notaire.
Le seigneur de Montplaisantin.
Le Gris de Mascon.
Le capitaine Misery.
Vng nommé Bollieu, boiteux.
Le capitaine de Tornus.
Les quatre freres Dagonneau.
Pierre Blein, laboureur, de Limonnoys.
Chalan Crespin, commissaire des viures.
Le capitaine Genette.
Trois hommes eux disans seruiteurs du thresorier Juge.
Anthoine Perrin.
Ledict thresorier Juge.
Barthelemy de Gabiano.
Michel Faure, drappier, demeurant près le Change.
Vng nommé Durier, beaufrere de Clement Gautier.
Vng nommé Cellarier.
Maître Jehan de Sainct Chaulmont, dict Tranchecouille.
Jehan Petit.
Jehan Perraud, cordonnier, de Tarare.
Siruinges de Tisy, beaufrere dudict Guytieres.
L'vn des freres de Micard, habillé de bleu.
Maistre Jacques Commin, de Charlieu.
Matthieu Le Meure de Regny.
Jehan Mareschal.
L'hoste de l'escu de France de Rohanne.
Pierre Bouchier.
Anthoine Conte, harangier (marchand de harengs).
Le filz de la dame Jehanne Paix, demeurant pres cestedicte ville.
Le facteur de la boutique de feu Jean Gaultier.
François Vallanson.
Le capitaine Burlet, veloutier.
Jehan, surnommé Fontaney, et un autre nommé le Pas, son frere.
Ledict capitaine Annibal.
Annet Faure, tondeur de draps.
François Basin.
Lambert La Rousse, de Sainct Vincent.
Matthieu Seue.
Le seigneur de Loyse.
Le seigneur des Fossez.
Le capitaine La Sauge.
Les deux freres Nicolas, merciers dudict Lyon.
Vng cordonnier borgne, qui autrefois a esté seruiteur du baron de Sainct Triuier, et à present seruiteur dudict des Fontenay.
Vng nommé Bullion, seigneur de Layet.
Anthoine Pize.
Le greffier Dauphin.
Maistre Jehan Rauel, barbier.

Les deux freres Seneton, eux disans seigneurs de la Reclaye, et quatre leurs serviteurs.
 Vng nommé Ranquet.
 Vng autre nommé Daigne.
 Anthoine Legris.
 Pierre Froment, autrement Fromenti, libraire.
 Jehan Tricault, seigneur de la Place.
 Vng tainsturier de soye, appelé sire Jehan, portant barbe noire.
 Jehan Perier.
 Nicolas Populus.
 Jehan Armand.
 Vng nommé Bellicat.
 Hugues l'Enfant.
 Le baron de la Grolle.
 Maistre Pourchier, advocat.
 André Broutet.
 Pierre Gindre de Salomon, boucher, beaufrere de maistre Obret.
 Jehan Coignet, soliciteur.
 Le seigneur de Poncenas.
 Le seigneur Dambierle, dict Rolliers.
 Jehan Pelletier, tisserant.
 Maistre Claude Marchand.
 Le capporal Hautain.
 Maistre Nicolas l'arquebousier.
 Maistre Jehan le Masson.
 Gabriel l'imprimeur.
 Jehan Galliot.
 Estienne Volant.
 Hierosme de Brun.
 Jehan d'Auvergne.
 Pierre Chantebeuf.
 Vng nommé Leonard.
 Le capitaine La Grange et son frere.
 Guillaume le courdonnier, qui souloit demeurer en la rue de la Lanterne.
 Vng autre maistre Claude, aussi courdonnier.
 Maistre Michel le forbisseur.
 Vng nommé Estienne Tissotier, boutonnier.
 Vng autre appellé Pierre, le prevost des mareschaux de ce pays de Lyonnoys, nommé Pierre Jehan.
 Le cuisinier du capitaine Sainct Vincent.
 Estienne Boniour, marroquinier.
 Le greffier de Saincte-Foy, homme grand et gros, qui porte barbe noire.
 Le fourrier dudict capitaine Annibal.
 Les freres Deseraulx, de Prouence.
 Le seigneur de la Bastie, soy disant thresorier.
 Hugues le Guimpier.
 Pierre Guimpier, beaufrere dudit Hugues.
 Vng nommé Brunet.
 Paule, cordonnier.
 Maistre Benoist Josserand.
 Le seigneur du Mont.
 Vng nommé Jean Pierre.

Le seruiteur de Loys Ponchon.
Françoys Desgoutes, seigneur de Chastellus.
Bernard Cheneuier.
Vng nommé Jourdain, dudict Lyon.
Vng nommé Ciencourt, orpheure, fourrier de la compagnie dudict Annibal.
Le capitaine Pierrefeu, lieutenant dudict seigneur de Loyse.
Pierre Faure.
Loys Dombain.
François Chollat.
Trois freres gantiers, demeurans en rue Merciere.
Jehan Souillot.
Jacques Commun, dudict Charlieu.
Vng nommé Carron.
Quatre seruiteurs dudict Symphorien Tellusson.
Et maistre Mouche, courdonnier en ceste dicteville.

Et sera la presente criée et proclamation imprimée et attachée aux portes du palais, place des Changes, aux deux descentes du pont de Saone et portes de ladicte ville et lieux des iurisdictions de ce ressort, et sans toutefois que par la presente criée et exeqution desdictes patentes soit faict aucun preiudice aux jugemens des proces desdites accusez, et à leurs defenses et faicts iustificatifs. Faict au Conseil, ce trentiesme iour de ianuier, l'an mil cinq cent soixante huict. Signé :

   De Torveon.   De Villars.
   De La Fay.   Limosin.
   Du Burin.   Bussillet.
   Vandel.   Grollier.
   De Longveil.

L'ordonnance cy devant inseree et escritte : prins appellé avec moy Balmont Boyssiere, la trompette ordinaire de ceste ville de Lyon : a esté criee, leuë et publiée és deux descentes du pont de la Saonne, à la part des Changes et de l'Herberie, au lieu de la Grenette, place de Confort, et autres carrefours et places publiques de ceste ville de Lyon, à haute voix, cry public et son de trompe. La copie de laquelle ordonnée (sic) estre mise et affigée (sic) és lieux et endroicts denommez par icelle, ont semblablement esté mis et affigez : afin que du contenu d'icelle nul n'en puisse pretendre cause d'ignorance, par moy Jehan Bruyeres, crieur public et iuré du roy nostre Sire en la ville de Lyon, les an et iour que dessus. I. BRUYERES. — Cette copie a été faite, en septembre 1830, sur un exemplaire que possédait M. Francisque Michel, aujourd'hui professeur à la faculté des lettres de Bordeaux.

1568. — *Mai 22.* Publication à la sénéchaussée de Lyon de l'édit du roi, du 23 mars précédent, sur la pacification des troubles du royaume.

1568. — *Juillet 31.* Ordonnance de M. de Birague qui enjoint « à tous manans et habitans de la ville de Lyon qui sont inscriptz et denommez es roolles des penons, d'aller en garde es lieux et endroicts qui leur seront commandés et de n'en bouger jusqu'à ce que la garde soit leuée, sur peine de cent sols contre vn chacun defaillant, pour la premiere fois et du quadruple pour la seconde, et d'amende arbitraire et punition corporelle pour la troisiesme, etc. » — Imprimée à Lyon par *Benoist Rigaud*, petit in-8° de 4 f. — Voyez ci-dessus, 30 *octobre* 1567.

1568. — *Août* 4. Antoine du Verdier dédie à Guillaume de Gadagne, sénéchal de Lyon, un opuscule en vers, intitulé : *Antitheses de la paix et de la guerre, sur le bruit qui court* : avec le moyen d'entretenir la paix, etc. A Lyon, par Benoist Rigaud. M. D. LXVIII. In-4°. — Nous y remarquons ce passage : « .... Vous estes le Mœcenas des hommes studieux : ce qu'entre
« plusieurs autres *Francisque Roussel*, docte et excellent musicien, a expé-
« rimenté. Comme donc en recognoissance de vos singuliers benefices en-
« vers soy, il a voué à vostre Seigneurie, partie de ses compositions mu-
« sicales (qui égalent ou peu s'en faut, l'harmonie des neuf cieux, et
« lesquelles seront fort bien reçues de la posterité), aussi je vous donne
« (sans comparaison) ces miens vers, d'autant bon cœur que je suis
« vostre, etc. »

1568. — *Août* 7. Une ordonnance de M. de Birague contient les dispositions suivantes : « De par le Roy : Il est ordonné que tous hosteliers, cabaretiers, et autres faisans estat de loger estrangers, seront tenuz les declairer et donner par escript aux penons et quaterniers de leurs quartiers, lesquels penons et quaterniers seront tenus en aduertir monseigneur le gouuerneur. Faisant commandement ausdits estrangiers laisser les armes qu'ils porteront, aux portes de la ville, entre les mains et puissance du commis ordinaire ausdictes portes. Lesquelles leur seront rendues par ordonnance dudict sieur gouuerneur.

« Que toutes personnes, Allemans et autres de quelque qualité et nation qu'ils soyent, tant Allemans que autres qui feront entrer armes à fust, tant harquebuttes que pistolles et pistollets pour les vendre, seront tenuz le venir declarer aux escheuins qui feront entendre audict gouuerneur sauoir sa volonté sur la vente et distribution d'icelles. Le tout sur peine et confiscation desdites armes et des marchandises qui se trouueront emballees auec icelles. Et pour cet effect seront veues et visitees au dohanne du Roy ou bien en leurs magazins, ainsi qu'il sera ordonné, et par maniere de prouision jusques à ce que autrement soit ordonné. — Que tous quaterniers et diziniers, et autres habitans de la ville seront tenuz obeir à leursdicts penons, pour aller en garde, le iour, quand il sera ordonné, sur peine de cinq liures d'amende. Lesquels penons et quaterniers seront tenuz porter le nom et roolle des deffaillans, pour le regard de ceux du Rosne, à monsieur de Combellande, et monsieur de Sainct Joayre pour faire pouruoir par monsieur Sala, cappitaine de la ville, a l'execution desdites amendes. — Qu'il ne sera loisible à personne aller, et se trouuer par les rues sans lumiere, après que la cloche de Sainct Nizier aura sonné la retraicte. — Que tous ceux de la religion pretendue reformée ne pourront tenir seruiteurs estrangiers, s'ilz ne sont catholiques, sur peine d'estre banniz et chassez de la ville, et amende arbitraire. — Que inhibitions et deffenses seront faictes à tous soldatz et autres, de quelque estat, qualité et condition qu'ilz soyent, lascher harquebouses, assauoir, de matin auant le iour, et le soir l'heure de sept sonnée. — Faict à Lyon, le septiesme iour du mois d'aoust, l'an mil cinq cens soixante huict. Signé : R. de Birague. — Et sont faites tres-expresses deffenses à tous soldatz et autres, de quelque qualité qu'ilz soyent, de ne se loger en aucunes maisons, sinon par la permission de mondit sieur le gouuerneur, ou de ceux qui seront par ledict sieur à ce commis et deputez. Signé : R. de Birague. — *La présente ordonnance a esté leuë, criée*, etc., les an et jour que dessus. Signé : C. Thevenon. — Imprimée à Lyon par Benoist Rigaud, 1568, in-8° de 4 feuillets.

1568. — Le Consulat achète la place des Cordeliers, et fait abattre les murailles qui la fermaient, ainsi qu'un grand portail qui était vis-à-vis la rue Grenette. Foderé, p. 385.

1568. « Bodin assure que, depuis 1515 jusqu'en 1568, il se trouva en France plus d'or et d'argent qu'on en aurait pu recueillir en deux cents ans. L'industrie des artistes, l'activité des commerçants, l'établissement des rentes constituées sur l'Hôtel-de-Ville, et celui *d'une banque ouverte à Lyon à 8 pour cent,* furent les principales causes de cette abondance (*Art de vérif. les dates*, 1, 640). » — Bodin nous apprend encore que « les *Baschats* « et marchands de Turquie avoient argent à intérêt à la banque de Lyon, « et qu'ils y étoient sous le nom de leurs facteurs pour plus de cent mille « écus. » *République*, l. vi, c. 2. Voyez ci-dessus, année 1543 et 15 avril 1564.

1569. — *Avril* 4. Procession générale à l'occasion de la victoire de Jarnac. J. Morin, v, 239.

1569. — *Avril* 24. Le Consulat arrête qu'il fera les démarches nécessaires pour obtenir du roi l'érection d'un parlement à Lyon. En même temps, on demandera que les immeubles des Protestants qui ont fui de Lyon, soient vendus. — Le Consulat, dans la même séance, déclare qu'il y a nécessité « de repeupler la ville qui est diminuée d'un tiers de ses habitants ; n'estant « besoin que ceulx qui l'ont abandonnée (les protestants) y rentrent jamais, « si ce n'est qu'ils se réduisent à la vraye obéissance et religion de leur « roy. » S. Voyez ci-dessus, au 17 *novembre* 1554, et au 31 *janvier* 1568 ; ci-après, *janvier* 1574.

1569. — *Juillet* 28. M. de Mandelot, gouverneur de Lyon, en l'absence du duc de Nemours, ayant mandé les échevins en son logis, pour pourvoir à la sûreté et conservation de la ville, et, ce faisant, obvier aux pratiques et entreprises qui se pourront faire, par ceux qui sont et ont été de la prétendue religion réformée, il a été délibéré ce qui s'en suit : « Il est ordonné que les conseillers eschevins feront entendre particulierement aux penons qu'ils aient à se saisir dez demain au matin de tous ceux de la pretendue religion reformée qui ne sont reduicts, et iceux emprisonner, savoir, en delà de la Saône, aux Carmes, Célestins et Cordeliers, et deçà la Saône, aux prisons de l'archevêché. — Seront faictes deffenses aux femmes desdits non reduicts de sortir de leurs maisons pour quelque occasion que ce soit, sur peine d'estre emprisonnées comme leurs maris. — Il est expressement enjoint à tous ceux de la prétendue religion qui se disent réduicts de demeurer dans leurs maisons, leur en deffendant l'issue jusqu'à ce que autrement soit ordonné, et sur peine de la vie, sans toutefois que pour cela ils soyent exempts d'envoyer à la garde quand il leur sera enjoinct par leur penon, ou fournir argent pour cet effect. — Enfin on enjoint à ceux qui feront lesdites saisies et emprisonnements, de ne toucher aucunement aux meubles des maisons des susnommés. ». S.

1569. — Antoine-Guillaume Sala est nommé capitaine de la ville de Lyon, en remplacement de François Sala, son oncle, démissionnaire. — Il en exerça les fonctions jusqu'à sa mort arrivée en *juin* 1580, et il eut pour successeur Imbert Grollier, sieur du Soleil. Rubys, *Priviléges*, p. 92. Voyez ci-après, *année* 1573.

1569. — En ce temps-là, on trouva à Lyon, dans des fondements, une pierre sur laquelle un plaisant avait écrit que telle année, un tel jour, la messe cesserait. Les Genevois faisaient grand cas de cette inscription, et fondaient là dessus de grandes espérances en faveur de la réforme de Calvin. Mais tout bien calculé, on vit qu'en effet le jour marqué était le *vendredi-saint*, jour auquel on ne dit pas la messe. Saint-Foix, *Essais sur Paris* (OEuvres, v, 406).

1569. — Gabriel de Saconay publie son *Discours des premiers troubles advenus à Lyon, avec l'Apologie pour la ville de Lyon*, contre le *libelle faussement intitulé:* LA IUSTE ET SAINCTE DEFENCE DE LA VILLE DE LYON. . A Lyon, par Michel Iove, in-8°. — L'auteur nous apprend, dans son avis au lecteur, qu'il avait composé ce discours en 1563, l'année même où fut publiée *la Iuste et saincte defence*, un peu avant la réduction entière de Lyon, et que s'il ne l'avait pas alors livré au public, c'est parce qu'il avait voulu, à l'exemple du roi qui avait pardonné à ses sujets rebelles, que leurs fautes passées demeurassent assoupies; mais que leurs nouvelles tentatives en 1567 et en 1568, l'ont porté à le faire imprimer. Cependant il hésita encore, puisque son livre, dont le privilége est daté du 7 février 1568, ne parut qu'en 1569. Toutefois il est à regretter qu'au lieu d'une diatribe virulente, noyée dans un déluge de citations de textes sacrés et profanes, Saconay ne nous ait pas laissé un récit exact et détaillé des faits et gestes des protestants, pendant qu'ils furent maîtres de Lyon. Il est fâcheux surtout, qu'il ne se soit pas étendu davantage sur les actes de vandalisme des soldats de des Adrets; il lui eût été facile de justifier ce qu'il avance à la page 28 de son livre : « Lyon, par manière de « dire *tout de marbre*, a été rendu par les troubles *tout de terre.* »

1570. — *Avril* 17. Edit du roi qui confirme les priviléges, exemptions, immunités, franchises et libertés des habitants de la ville de Lyon, Rubys, *Priviléges*, p. 13.

1570. — *Mai* 1. Michel-Antoine-Saluces de la Mante est nommé par le roi, capitaine et gouverneur de la citadelle de Lyon, en remplacement du feu sieur de Chambéry.

1570. — *Août* 19. Mort, à Sancerre, de Pierre de Mondoré ou Montdoré, Parisien, auteur d'un commentaire latin sur le Xe livre des Eléments d'Euclide; Paris, Vascosan, 1551, in-4° (Schweiger, III), et de trois pièces en vers latins, insérées dans les *Delitiæ poetar. Gallor.* (II, 711). La première de ces pièces fut composée à Lyon, où il paraît que l'auteur exerçait alors quelque emploi de judicature, mais nous ignorons en quelle année et sous quel titre. Cette pièce, adressée à un médecin d'Orléans, nommé Guétauld (*Ad Guetaldum, medicum cl.*), débute en effet par les vers suivants :

> Hic ubi lenis Arar Rhodani torrentibus undis
> Infuit atque cito jam fertur in æquora cursu,
> Et caniis cinctas à læva conspicit Alpes
> Frigoribus sedet ille tuus fessusque sedendo est;
> Dum lites hominum dirimit, non litigiosus,
> Octobresque nimis queritur distare calendas,
> Quinetiam ad visos refereus suspiria montes,
> Sæpe gemit, etc.

Pierre de Montdoré, omis dans la *Biographie universelle*, a un article dans Moréri, où on le fait naître à Orléans, quoique Scévole de Sainte-Marthe dise positivement qu'il naquit à Paris, *Lutetia ortum* (*Elogiorum* lib. I.) Il était ami de l'Hospital, qui lui composa une épitaphe en latin. De Thou l'a mentionné deux fois, *Hist.* L. XLVII et LII, éd. de 1733, II, 810 et III,

140. Tissier, *Hommes savants*, le fait aussi parisien. — M. Patin, dans son *Discours sur la vie et les œuvres de J. A. de Thou*, après avoir dit que cet illustre et profond écrivain a « mêlé dans son livre, quelquefois d'une ma-
« nière un peu bizarre, les intérêts de l'érudition et ceux de la politique »,
ajoute en note : « C'est ainsi qu'en racontant les massacres d'Orléans, cette sanglante imitation de la Saint-Barthélemy, au milieu de la douleur qui pénètre son âme et qu'il répand dans son langage, il trouve encore des regrets pour la bibliothèque du savant *P. de Mondoré*, dispersée et détruite dans ces jours de désordre. Ce trait est caractéristique dans sa naïveté ; il suffirait seul pour faire comprendre jusqu'à quel point la passion de la science préoccupait alors les esprits. De Thou trahit son siècle en se trahissant lui-même, et l'historien devient aussi un des faits de son histoire. » *Mélanges de litt.*, p. 241. — Quelque juste que paraisse la remarque de M. Patin, ne pourrait-on pas lui objecter que, dans les temps les plus orageux, et même au plus fort de la terreur, *la passion de la science*, et surtout celle des livres, n'a jamais cessé de préoccuper beaucoup d'esprits. Notre histoire littéraire en offre, à toutes les époques, des exemples sans nombre.

1570. — *Septembre...* Le maréchal de Vieilleville vient à Lyon ; il y fait publier et exécuter l'édit de pacification donné à St-Germain-en-Laye, au mois d'août précédent. — L'art. VIII de cet édit autorisait les protestants à faire dans le gouvernement du Lyonnais l'exercice de leur culte « aux faux-
« bourgs de Charlieu et en ceux de St-Genis-Laval, » mais comme on ne leur permit pas de s'y installer, ils établirent leur prêche à la Guillotière, au territoire de Bechevelin, dans la maison de Pierre Jean, prévôt des maréchaux « qui tenoit le party des Protestants. » Rubys, p. 419 ; J. Morin, v, 241. — Pendant le séjour à Lyon du maréchal de Vieilleville, vingt-deux individus furent mis à mort « pour violemens et voleries nocturnes avec
« assassinats. » — Après cette exécution, le maréchal quitta Lyon pour se rendre à Grenoble. *Mémoires de Vieilleville*, l. x, chap. III et IV. — Le fait de *l'exécution des vingt-deux individus* appartient peut-être à l'année 1563, du moins nous le présumons. Il en est de même de ce qu'on lit au même endroit, sur M. de Soubise et sur le comte de Sault. Ce dernier n'existait plus en 1570 ; il avait été tué à la bataille de St-Denis, le 10 novembre 1567. Voyez ci-dessus, au 15 *juin* 1563 et au 5 *juillet* 1564. Voyez aussi Moréri, art. SCEPEAUX.

1570. — *Novembre* 1. Philibert Bugnyon, « docteur es droitz et aduocat en la seneschaucée(sic) et siege presidial de Lyon, » dédie « à monseigneur
« Larcher, conseiller du roi en la venerable Cour de Parlement à Paris, et
« intendant sur le faict de la Iustice de Lyon, » un opuscule en vers intitulé : *Les plaintes et regrets des trois estatz du royaume de France.* A Lyon, par *Benoist Rigaud*, M. D. LXXI, petit in-8° de 8 pages. — Cette pièce dans laquelle l'auteur déplore les calamités de la guerre, se termine ainsi :

> Pour contenir le peuple en estat et office,
> Il ne faut qu'une bonne et fort breue justice
> Qui n'accepte personne, et face à un chacun
> Droicture et équité en priué et commun.
> Une telle justice en France est necessaire
> Pour maintenir le bon et punir son contraire.
> Au surplus si le roy a conseil d'abolir
> Un tas de gros impostz, ensemble de tollir
> Partie du subside et tribut que la France
> Supporte, et n'y peut plus fournir de sa cheuance,

>Incontinent après, par la paix cesseront
>Tous malheurs, et onc plus ne se publieront
>Les grands regrets, la plainte et l'extreme souffrance
>Des trois nobles Estatz du royaume de France.

1570. — *Décembre* 2 (samedi). Débordement du Rhône et de la Saône, qui se réunissent à onze heures du soir sur la place des Jacobins. Rubys, *Priviléges*, p. 29. — « Le Rhosne, dit Mezeray (*Abr. chronol.*, III, 146, édit. de 1690) noya le faux-bourg de la Guillotiere à Lyon, et ses eaux, par leur grande rapidité, ayant arraché un rocher de la montagne près du destroit de l'Escluse, se firent une digue à elles-mesmes qui leur boucha le passage, et les contraignit de rebrousser contremont, en sorte qu'on vit les roues des moulins qui estoient sur cette riviere tourner au rebours. » — On connaît deux relations de ce débordement, l'une en vers, par Léonard de la Ville, Charollais ; l'autre en prose, par Philibert Bugnyon, Mâconnais, (réimprimée dans le tome I des *Nouv. arch. du Rhône*). — On nous a reproché de n'avoir rien dit d'un débordement qui aurait eu lieu en 1196, et qui est mentionné dans un article sur les inondations du Rhône, inséré dans le *Journal de Lyon et du Midi*, du 13 nivôse an x (3 janvier 1802). « En l'année 1196, dit l'auteur de cet article, une pluie presque continuelle pendant deux mois, « vint « interrompre les hostilités entre Richard-Cœur-de-Lion et Philippe-Au-« guste. On vit alors nos rivières causer les mêmes ravages (qu'en 580, et « non en 592), et jusqu'aux étangs débordés, semer l'effroi loin de leurs « rivages... » Si nous n'avons pas cru devoir rappeler cet événement, c'est parce que nous n'avons rien trouvé qui le justifiât d'une manière satisfaisante. Il y eut, à la vérité, une inondation de la Seine au mois de mars 1196, mais nous ne croyons pas qu'aucun de nos anciens historiens lyonnais ait dit qu'il y ait eu à la même époque une inondation du Rhône ou de la Saône. Voici en quels termes Mezeray en a parlé dans son *Hist. de France*, I, 490 (édit. de 1643, in-fol.) : « Les misères de ce temps, causées par les insolences des « soldats, sembloient faire pitié à la nature, si plustost elle ne se pré-« sageoit encore celles de l'aduenir. Les pluyes continuelles qu'elle versa « durant deux ou trois mois, l'an 1196, grossirent les riuieres et deborde-« rent les etangs, qui menaçoient de faire un second deluge par leurs inon-« dations. Les prieres, les aumosnes et les processions publiques furent le « seul remède à ce mal ; et quand, après tout cela, on eut fait le signe de la « croix sur les eaux, elles se resserrerent toutes miraculensement dans leurs « lits ordinaires. On vit en peu de temps ce que signifioit ce prodige. « Les rois reprirent les armes... » Le même historien, dans son *Abrégé chronologique*, dit qu'il a voulu marquer ce débordement, « parce que ça « esté le plus grand de tous ceux dont l'histoire de France fasse mention... » Nous ajouterons que les chroniqueurs auxquels Mezeray a emprunté ce fait, ne mentionnent ni le *Rhône* ni la *Saône*, et ne parlent que de la *Seine*. Voyez le *Recueil des historiens des Gaules et de la France*, t. XVII, pag. 45, 72 et 582.
— Il est encore un débordement qui nous a échappé et que nous trouvons rappelé dans les fragments que P. M. Gonon a publié des *Faicts, gestes et victoires de Charles VII et de Loys XII*, sous le titre de *Séjours de Charles VIII et de Loys XII à Lyon sur le Rhosne* (Lyon, 1841, in-8°). Ce débordement qui fut universel eut lieu au commencement de janvier 1497, n. s. — Les principales inondations dont Lyon a été le théâtre, sont celles de 580, de 1408, de 1476, de 1501, de 1572, de 1602, de 1711, de 1756, de 1787, de 1801, 1805, 1812, 1825, 1830, 1836 et 1840,

Voyez sur ces différentes inondations les *Tablettes* de M. Chambet, n°ˢ 16 et 18; le premier *Mémoire* de M. J. Guerre *pour les habitants de la Guillotière*, Lyon, 1822, in-4°; l'*Indicateur de Lyon*, publié par MM. Perisse, Lyon, 1810, p. 65; la *Revue du Lyonnais*, v, 1 et 252; l'*Hist. de Lyon*, par MM. Clerjon et Morin, vi, 31 et 33; le *Rapport* de M. Terme, maire de Lyon, *sur l'inondation de* 1840, Lyon, 1841, in-8°, etc., etc.

1570. — *Décembre* 21. Claude Riche, docteur es-droits, prononce l'oraison de la St. Thomas, dans l'église de St.-Nizier. Ses deux discours, l'un en latin, l'autre en français, ont été publiés à Lyon, chez *Jean Symonet*, 1571, in-8°, avec une dédicace à Claude Riche, son oncle, chevalier de l'église de Lyon.—L'orateur, s'adressant aux magistrats, s'écrie : «... Excitate, quæso, semisepulta litterarum studia, et à Lethei fluminis injuria vindicate. Efficite, quæso, ut ad quam exteræ nationes, negociationis causa, veluti ad emporium confluunt, ad eandem litterarum studiosi ex omnibus partibus majori multitudine accurrant. et ab ea scientiarum veluti fluentam, per universum orbem effusa discurrant... »—Claude Riche, dans ses deux harangues, donne de grands éloges à Mandelot, et surtout au président Michel Larchier, intendant de justice à Lyon, « vray arc et soutien de jus-« tice, homme entier et incorruptible. » — C'est ce Michel Larchier qui, l'année précédente, 1569, avait fait prendre aux avocats de Lyon la robe longue à manches vêtues, avec le bonnet carré et la cornette ou chapeau fourré. Auparavant les avocats de Lyon assistaient au palais en chapeaux et en robes à manches pendantes. C'est aussi lui qui fit endosser la robe et prendre le bonnet carré aux procureurs, qui ne portaient précédemment que le manteau et le chapeau ; etc. Rubyss, p. 416. *Biogr. lyon.*, p. 163.

1570. — Le registre des actes consulaires de la ville de Lyon pour l'année 1570, manque entièrement, et on n'en a conservé aucunes minutes ou expéditions. *Notes* de feu l'abbé Sudan.

1570. — Guillaume du Garet qui possédait alors le vaste emplacement qui avait appartenu aux Médicis, y fait ouvrir une rue, afin d'établir une communication de la place du Collège à celle des Terreaux. *Biogr. lyon.* p. 121. Voyez ci-dessus, *année* 1493. — La même année fut ouverte la rue qui s'appela d'abord la rue *Neuve*, ensuite la rue *Reynier*, et plus tard, en 1607, la rue *Belle-Cordière*. C. B., *Dict. des rues de Lyon*.

1570. — Antoine Camus, trésorier de l'épargne dans la généralité de Lyon, donne une somme considérable à l'hôpital pour contribuer à la construction d'une boucherie. Pernetti, 1, 421.

1570. — *Publication de la nature de tous contracts, pactions et conuenances et substances d'iceux : traité vtile et necessaire*, composé par Nicolas Theueneau, aduocat en la cour presidiale à Poitiers... A Lyon, par *Benoist Rigaud*, 1570, petit in-16 (*imprimé* à Lyon, par *François Durelle*, 1570). — La préface de l'auteur porte pour signature : *Au haut volle science*; c'est l'anagramme de son nom. Ne serait-ce point ce petit volume qui aurait engagé Benoît du Troncy à nous donner son *Formulaire fort recreatif de tous contracts*, publié pour la première fois en 1594, dans le même format, et avec une préface ayant aussi pour signature l'anagramme de son nom : *Bonté n'y croist?*

1571. — *Janvier* 27. Le baron des Adrets qui avait été arrêté l'année précédente et renfermé au château de Pierre-Scize, obtient sa liberté, et se rend à Grenoble. Chorier, *Hist. du Dauphiné*, p. 641 et 644.

1571. — *Février* 17. François de Mandelot est nommé gouverneur de Lyon, en remplacement de Jacques de Savoie, duc de Nemours, démissionnaire. Rubys, p. 420; J. Morin, v, 247.

1571. — *Mai* 28. M. de Mandelot rend contre les vagabonds une ordonnance de police, dans laquelle on remarque le passage suivant : « ... Et aussi d'autant que nous avons été advertis que, ez environs de ladite ville, courent plusieurs sorciers qui se mêlent *d'engraisser* les portes, et usent de certains moyens pour mettre la contagion, et que mesme aucuns d'iceux se sont ingérés entrer en ladite ville, et de nuict engraisser certaines portes, au très-grand scandale et ruine de ladite ville, il est enjoinct aux penons quaterniers et dixeniers, chacun à l'endroit soy, de faire mettre sur chacun *quanton* de rue, une lanterne dans laquelle il y aura une chandelle allumée pour toute la nuit : et à l'endroit du quartier qu'ils verront estre le plus propre, tiendront 3 ou 4 hommes qui feront le guet toute la nuit, pour, s'il est possible, prendre lesdits sorciers et graisseurs ; comme aussi se saisiront de ceulx qui se trouveront aller sans lumière, passé les neuf heures, et iceux mettront ez mains de la justice ; lesquels quatre hommes n'auront que l'épée et hallebarde pour le plus qui leur sera baillée par lesdits penons. » J. Morin, v, 247. Voyez un opuscule du médecin Pierre Tolet, intitulé : *Actio judicialis ad senatum lugdunensem in unguentarios pestilentes et nocturnos fures qui civitatem in prædam sibi proposuerunt, et edictum prætorium neglexerunt.*— Lyon, 1577, in-8°, sans nom d'impr. ni de libraire ; précédé d'une *Epistre* en français *à Monseigneur de Mandelot, de ses faits héroïques pour le service du roy, en ses gouvernements de Lyonnois, de Forest et Beaujolois, depuis le mois de janvier 1577 jusques à présent.* Du Verdier, dans son suppl. à la Biblioth. de Gesner s'est trompé en donnant à l'opuscule de Tolet la date de 1567. Voyez C. B., *Mél.*, p. 182.

1571.—*Mai...* Edict du roi sur la réformation de l'imprimerie.—On lit dans le préambule de cet édit que « la *cherté du papier* et la difficulté qu'il y a aux
« compagnons imprimeurs, et à leur satisfaire de vivres, gages et salaires,
« et les tenir en devoir, apportent telle incommodité, que partie des libraires
« qui souloient faire leur imprimerie en nostre *ville de Lyon*, sont contraints
« de faire imprimer hors nostre royaume la meilleure partie de leurs livres ;
« puis, *sous une première feuille qu'ils font faire avec leur nom et marque*, les
« vendent, et à meilleur marché que s'ils étoient imprimez en nostre royaume,
« transportans par consequence le gain que nos subjects devoyent recevoir, à
« estranger... » G. A. Crapelet, *Etudes typogr.*, 1, 121.—Cet édit fut présenté à la sénéchaussée de Lyon, le 13 décembre suivant, pour être vérifié au nom du Consulat. Les compagnons imprimeurs y formèrent opposition, et firent assigner les maîtres imprimeurs et libraires de Lyon pardevant le parlement. S. Voyez ci-après, 18 *mai* 1595.—Nous avons déjà parlé des procès que les maîtres imprimeurs eurent en 1540 avec leurs compagnons qui s'étaient « bandez ensemble pour contraindre les maîtres imprimeurs de leur fournir « plus gros gages et nourriture plus opulente.... » Voici ce que nous apprennent, sur ce procès, les actes consulaires de la ville de Lyon. — Séance du 11 novembre 1540. « Comme l'on dit que les maîtres imprimeurs de cette ville se veulent retirer à Vienne, à cause de quelque procès qu'ils ont avec les compagnons imprimeurs, et que ce seroit grand dommage à cette ville de perdre une si belle chose, que ledit *art de l'imprimerie*, qui est en cette ville *le plus grand et le plus beau qui soit en la chretienté* où une grande partie du peuple gagne honnêtement sa vie, on arrête de mander les maîtres im-

primeurs pour voir si l'on pourra les détourner de quitter Lyon. — Lesdits imprimeurs étant venus, on leur montre qu'ils ne doivent penser à aller à Vienne, et que le Consulat leur aidera à faire les remontrances necessaires pour avoir provision du roi sur l'arrêt donné dernièrement aux grands jours à Moulins : ce que le Consulat offre faire avec eux, s'ils veulent s'aider, de leur côté, à envoyer un personnage en cour pour en faire la poursuite. — Le 23 novembre suivant, Jean de Cambrai et plusieurs autres imprimeurs viennent au Consulat, et rapportent qu'ils ont avisé avec MM. les libraires qu'ils se pourront aider et fournir la moitié des frais qu'il conviendra faire pour faire réformer, contre les compagnons imprimeurs, un article de l'arrêt des grands jours, portant que les apprentis ne besogneront à composer et mettre les lettres, qu'ils n'aient demeuré trois ans apprentis; ce qui est chose si contraire à l'imprimerie, que lesdits maîtres ne sauroient y tenir et demeurer en cette ville. — Le surlendemain 25, le Consulat considérant que ce serait gros dommage à cette ville de perdre une grosse et belle manufacture de l'imprimerie qui a coûté beaucoup, il y a environ *huit vingts ans* (1), de l'y attraire et entretenir, le sieur de La Porte ayant dit qu'il a conféré avec les libraires et maîtres imprimeurs qui consentent à fournir la moitié des frais, si le Consulat veut fournir l'autre moitié, lequel le Consulat accorde, et on arrête d'y envoyer M° Pierre Gravier, fils du secrétaire de la ville, aux gages accoutumés de 35 sous par jour. Extraits de M. S., copie de C. B., VIII, III, 113. Voyez ci-dessus, *novembre* 1540, et *décembre* 1541, et ci-après 19 mars 1572.

1571. — *Juin* 12. *Séance consulaire.* Les sieurs eschevins considérant le peu de respect que le menu peuple porte au Consulat pour ne tenir pas lesdits sieurs eschevins la grandeur qui leur est due, et qu'ils doivent avoir, comme aussy pour raison de leurs habits, qui ne sont que de cappes ou manteaux, qui sont habits indécents à leur état, qualité et autorité : pour cette raison, voulant lesdits sieurs eschevins y pourvoir, ont unanimement d'un mesme advis et consentement ordonné que par cy après lesdits sieurs eschevins porteront robes noires à manches avec le collet renversé à quarre (sic), parement de velours noir, tout d'une même façon et parure; lesquelles chacun d'eux seront tenus faire à leurs depens dans le jour et feste de saint Jean Baptiste prochain, lequel jour passé ne seront reçus, et ne pourront lesdits sieurs eschevins, entrer au Consulat en autre habit que de robe de la façon susdite, à peine de dix livres d'amende pour la premiere fois, et de confiscation de la cappe ou manteau dont ils se seront trouvés saisis, laquelle présente ordonnance sera déclarée aux conseillers eschevins qui seront successivement élus, à ce qu'ils soient curieux de l'observation d'icelle, et qu'ils soient munis de leurs robes lorsqu'ils seront mandés pour venir prendre l'exercice de leurs charges. Et néanmoins parce qu'il est requis et tres-necessaire de décorer et honorer le Consulat es assemblées, entrées et congregations publiques qui se font et pourront se faire cy après, a esté ordonné que, aux depens de ladite ville et communauté, sera faite à chacun desdits conseillers une robe longue d'escarlate rouge, avec le parement de velours, lesquels lesdits sieurs eschevins seront tenus porter avec le bonnet de velours esdites entrées, assemblées et congregations publiques, aultrement seront

---

(1) *Huict vingts ans*, c'est-à-dire, 160 ans. A ce compte, l'imprimerie aurait été *attraite* a Lyon, en 1380 ; c'est une grosse erreur. En 1540, l'établissement de l'art typographique dans notre ville ne comptait pas même *quatre vingts ans ;* puisque les premiers livres qui y furent imprimés ne sont pas antérieurs à l'année 1473.

déchus des honneurs et authorités qui leur appartiennent, à cause de la charge et du lieu qu'ils tiennent en l'eschevinage. S. Voyez ci-après, *année* 1572.

1571.—*Juin 12. Séance consulaire.* Il avait été convenu la veille, au conseil du gouverneur, où les échevins s'étaient trouvés, qu'il serait fait une procession générale qui passerait par les lieux accoutumés : « Et pour ce que aucuns « de la nouvelle religion pourroient estre refusans de tendre tapisseries au « devant de leurs maisons pour la reverence du S. Sacrement, » le Consulat arrête que les penons des lieux par lesquels passera la procession « tendront « ou feront tendre au devant desdites maisons de ceux de ladite prétendue re-« ligion qui seront refusans. » S.

1571. — *Juillet* 11. Mort, à Orthez, de Pierre Viret, célèbre théologien, et l'un des chefs de la réforme en Suisse et en France. La ville de Lyon, suivant d'Aubigné, fut prise en 1562, plus par sa langue que par les épées des Calvinistes (*Hist.*, liv. III, ch. 7). Il resta à Lyon depuis cette époque. Il se joignit, dit-on, au grand-vicaire de l'archevêque de Lyon, pour combattre les nouvelles sectes qui tentaient de s'introduire dans cette ville, au moyen de la liberté de conscience. Il eut, avec les PP. Possevin et Auger, plusieurs conférences dont les deux partis ne manquèrent pas de s'attribuer l'avantage. — On a prétendu que, sur une dénonciation du P. Auger, Viret fut banni de Lyon, comme un séditieux ; mais il est à croire, comme le disent les auteurs du *Moréri* de 1740, que si Viret fut obligé de quitter Lyon, c'est parce que, étant né en Suisse, il ne pouvait plus exercer son ministère dans cette ville ; Charles IX ayant, par un édit, défendu à ses sujets protestants d'avoir des ministres nés hors du royaume. Au reste, le P. Auger était un de ces hommes qui fit une guerre franche et loyale aux disciples de Luther, et qui parvint à se faire estimer de ceux qu'il combattait, à tel point que les protestants eux-mêmes disaient de lui « que s'il n'avait pas été catholique, « il n'aurait jamais existé un plus grand orateur. » Ranke, *Hist. de la Papauté*, t. 3, p. 78 de la trad. franç.; Ch. Labitte, *Prédicateurs de la Ligue*, p. 21.

1571.—*Décembre* 21. Antoine-Emmanuel Chalon, de Cervière, en Forez, prononce en latin, dans l'église de St-Nizier, l'Oraison doctorale. — Cette Oraison qui a pour sujet *de l'Administration civile*, a été imprimée l'année suivante (Lyon, *Michel Jove*, in-4°), et l'auteur y a joint une traduction française, dans laquelle il cite du latin, du grec, de l'espagnol, de l'italien et même de l'hébreu. Il y donne de grandes louanges à Mandelot, à M. de la Mante et au président Hierosme de Chastillon. Il nous apprend que ce dernier magistrat était neveu de Benoît Buatier, vicaire-général de l'archevêque de Lyon. — Chalon était entré fort jeune chez les Jésuites, avec Papire Masson, son compatriote ; mais il les quitta, sans toutefois renoncer à embrasser l'état ecclésiastique. Pierre d'Espinac, archevêque de Lyon, en fit son official, et le mit à la tête du chapitre de St-Nizier. Il exerça ensuite les fonctions de grand-vicaire sous Albert et Claude de Bellièvre : il mourut en 1612, et fut inhumé dans l'église de St.-Nizier. D. Thomas, *Mém. sur la Ligue*, p. 30. Voyez aussi Severt, p. 315.

1571. — Un noble Florentin que Junctin appelle *Capponus de Capponis*, et qui était né le 24 février 1522, étant mal dans ses affaires (*omni spe destitutus*), se noya dans la Saône sans qu'on pût retrouver son corps. *Speculum astrologiæ*, 1, 443. M. — Ce Florentin était probablement de la même famille que Laurent *Capponi*, dont nous parlerons en 1573.

1571. — Mort, à Villefranche en Beaujolais, d'Alexandre Sarrazin, dominicain, habile prédicateur, fils de Richard Sarrazin, qui avait été conseiller de ville, et visiteur pour le roi au grenier à sel. Pernetti, 1, 254.

1571. — François Panigarole, un des plus célèbres prédicateurs italiens de son temps, se rendant à Paris, pour s'y livrer à l'étude de la théologie, s'arrête à Lyon, et y prononce plusieurs sermons devant les marchands de sa nation établis en cette ville. Mais ses prédications irritèrent tellement les Calvinistes que peu s'en fallut qu'ils ne lui ôtassent la vie. Tiraboschi, *Storia della Litterat.*, lib. III, cap. XIII. Voyez ci-après, année 1473. — Il y avait alors à Lyon un si grand nombre d'Italiens, qu'un célèbre publiciste, Innocent Gentillet, de Vienne en Dauphiné, auteur d'un *Discours... contre Nicolas Machiavel*, qu'il publia cette même année en latin, et dont la traduction française parut à Genève, en 1576, disait dans cet ouvrage : « ... Combien ne s'en faut-il que la ville de Lyon ne soit colonie italienne, car outre ce que bonne partie des habitans sont italiens, les autres du pays se conforment peu-à-peu à leurs mœurs, façon de faire, manière de vivre et langage. Et à grand peine trouverez-vous dans icelle ville un notable artisan qui ne s'adonne à parler le *Messeresque* : parce que ces messires ont cela qu'ils ne font bon visage, et n'oyent volontiers sinon ceux qui gazouillent avec leur ramage, taschans par ce moyen d'acquerir vogue et crédit à eux et à leur langage... » *Arch. du Rh.*, XIII, 106; *Biogr. univ.*, supplément, GENTILLET; A. P., art. *Variétés*, p. 78.

1572. — *Mars* 19. Barthélemy de Gabiano, syndic des marchands libraires de Lyon, Guillaume Roville, Philippe Tinghy (Florentin), tant pour lui que pour les héritiers de feu Jacques Sancte (sic), Antoine Gryphius, Symphorien Berauld, René Ponstelier, pour lui et pour Clément Baudin, Etienne Michel et Louis Cloquemin son compagnon, Claude Ravot, Jean Huguetan et Jean de Tornes (sic), tous marchands *libraires* à Lyon ; — plus Jean Ausoult, Jean Marcorelle, Jean Dogerolles, François Durelle, Pierre Roussin, Nicolas Guerin, Jacques Roussin, Etienne Servin, Jean Carre et Jean Mairel, tous maîtres *imprimeurs* de la ville de Lyon, passent procuration pour comparaître en leurs noms au parlement de Paris, sur l'assignation à eux donnée par les compagnons imprimeurs de Lyon, portant qu'ils acceptent le dernier édit du roi (Voyez ci-dessus *mai* 1571), et consentent à son entérinement, etc. S. Voyez ci après, 5 *juillet*. 1580.

1572. — *Mars* .... Entrée solennelle du cardinal Alexandrin, neveu et légat de Pie V. Rubys, p. 420; *Alm. de Lyon* de 1746, p. XLV; J. Morin, V, 249.

1572. — *Mai* ... Jean-Jacques de Mesmes, seigneur des Arches, vient à Lyon, en qualité de commissaire du roi et de superintendant de la justice, pour y veiller à l'exécution de l'édit de pacification. Rubys, p. 420 ; J. Morin, V, 250.

1572. — *Juin* 28. On transporte dans l'église de St-Jean le chef de St-Irénée qui avait été enfoui, en 1562, dans la maison d'un barbier, lors du sac des églises par les Calvinistes. — La recherche de cette relique fut faite par Jean Guilhen, conseiller du roi au siège présidial de Lyon, et auditeur au gouvernement de M. de Mandelot. Rubys, *Priviléges*, p. 27; *Hist.*, p. 117; A. P., *Notice sur Emond Auger*, p. 16.

1572. — *Juillet* 18. Charles IX, par son édit du mois de février 1572, en créant des juges de police dans toutes les villes du royaume, avait attribué aux pauvres les amendes qui seraient prononcées par ces juges : par sa déclaration du 18 juillet de la même année, il voulut que cette attribution fût spéciale dans la ville de Lyon. Dagier, 1, 161.

1572. — *Août* 7. Pierre Scarron, échevin, écrit de Lyon, à Guyot de Masso, son cousin, aussi échevin, un des députés de la ville de Lyon, à Paris : «... Je vous veux dire que Mgr le gouverneur et la plus saine partie du Consulat aimeront mieux la nomination pour establir le presche à Chaponoux (aujourd'hui *Chaponost*) qu'à Dardilly ; et pour mon particulier, je l'aimerois mieux à Dardilly. Mais pour tout le public, il seroit cent fois mieux audict Chaponoux, pour auoir à le poser aussy prez de la ville. Parquoy, je vous prie, s'il est possible, raccoustrez vostre nomination, et vous en serez contens et honorez pour l'aduenir, j'aimerois mieux aller et reuenir de Dardilly que seulement aller aux premières maisons de Chaponoux, etc. » S.

1572. — *Août* 31. Vêpres lyonnaises. — « Une assez grande obscurité, dit M. Morin (*Hist. de Lyon*, v, 253) couvre les détails de l'exécution qui fut faite à Lyon, et dont les principaux auteurs se sont appliqués par la suite à effacer les traces. Mais la main qui a arraché les feuillets du registre des actes consulaires (1), contenant la relation du massacre lyonnais, n'a pu en faire disparaître la mémoire. » Voici comment il est raconté par Jacques-Auguste de Thou (2) : « Ce fut à Lyon que se fit le plus grand carnage des Hugue-

---

(1) Le registre offre une lacune de 10 feuillets ; le f. 144 où elle s'arrête contient la fin du procès-verbal de l'exécution, laquelle est ainsi conçue «... et pourvoir selon icelles, leur com-
« mandant et ordonnant de leur part les forces qui seroient pour cet effect nécessaires. Toutefois
« ayant, l'aspres-disnée, sa volonté esté divertie et changée, seroient demeurez les affaires en mesme
» état que devant ; attendant par mond. sieur le gouverneur plus ample declaration de la vo-
« lonté de S. M. qu'il esperoit de jour à l'autre, par l'arrivée du S. de l'Isle qu'il avoit pour
« cet effect dès long-temps envoyé en cour. » Et après avoir fait lire par lesdits eschevins sus-
« nommés, au Consulat et assemblée faite par eux, le procès-verbal ci-dessus déclaré et escrit es
« 134, 135. 136, 137, 138, 139, 140, 141, 142, 143 et 144 feuilles, le présent compris,
« comprenant les remontrances réiterement faite à M de Mandelot par Mess. les eschevins de
« ladite ville, nommés au 134 feuillet du présent régistre, auquel feuillet ledit procès-verbal
« auroit esté commencé *pour raison de ce qui est advenu aux personnes de ceux de la nouvelle
« religion, durant le présent mois d'août 1572, et autres jours suivants*, auquel procès-verbal
« sont aussi insérés les refus et reponses faites par mond. sieur le gouverneur sur les poursuites
« desd. sieurs eschevins, amplement déclarées au présent procès verbal, la cédulle originale duquel
« procès-verbal est demeurée pardevers moi secrétaire dud. Consulat, soussigné, pour répondre
« et justifier de ma charge, en temps et lieu, ainsi que de raison ; et le présent régistre, en-
« semble l'expédition dud. procès-verbal sera les feuillets susdits délaissé et remis aux archives de
« la ville et communauté, par commandement exprès du Consulat. » — Tout ce qui précède dans le narré du secrétaire Ravot, depuis les mots : « Et écrit es 134. 135, etc. feuillets » est ajouté par apostille de la main du sieur Ravot, et cet acte est censé finir par ces mots qui, dans le principe, suivaient ceux-ci : «... Le procès-verbal ci-dessus déclaré, et ont ordonné icelui
« estre enrégistré au présent régistre de lad. ville pour servir à leur décharge, en temps et
« lieu, ce que de raison. Ce jourd'hui, 1er septembre 1573. Au bas, signé Ravot. » — S'il est permis de faire quelques conjectures sur cette suppression et sur les additions mises à la fin de cet acte, on croit voir que c'est le secrétaire Ravot lui même, qui a retranché tout le procès-verbal en question du régistre ; laissant subsister la pagination telle qu'elle devait être, soit pour anéantir le souvenir de ce malheureux événement, soit par tout autre motif. On peut dire que l'on n'a pas vu ailleurs une clôture et des additions si détaillées une énonciation aussi exacte des folios que contenait le régistre ; d'où l'on croit pouvoir conjecturer que c'est après avoir fait la suppression que l'on a cru devoir énoncer l'étendue du procès-verbal. *Notes* de l'abbé Sudan. — L'acte qui précède la lacune, est du 26 août, et ne contient que le commencement de cet acte ; celui qui suit la lacune est du 2 septembre.

(2) Ce passage de J.-A. de Thou a été traduit par M. Rabanis, ancien professeur de rhétorique au collège royal de Lyon, aujourd'hui doyen de la faculté des lettres à Bordeaux ; a été inséré dans notre *Notice sur F. de Mandelot*, Lyon, Barret, 1828, in-8°.

nots. Dans cette cité populeuse dont les portes furent soudain fermées, on surprit un grand nombre de religionnaires que le gouverneur, François de Mandelot, fit enfermer dans les prisons, sous prétexte, disait-il, de les protéger contre les fureurs du peuple, en les confiant aux gens du roi ; mais pendant qu'on les conduisait, la troupe de fanatiques qui leur servait d'escorte, en massacra plusieurs dans les rues détournées et les quartiers isolés ; leurs cadavres étaient aussitôt jetés dans le Rhône ou dans la Saône. Le chef de ces assassins était un certain Boydon (1), misérable, couvert de crimes, qui, dans la suite, reçut le traitement qu'il méritait, à Clermont en Auvergne, où il fut pendu. Les trois premiers jours, la multitude dévasta et pilla les maisons des suspectes dont elle recherchait les traces. Le 29 août (2), le sieur du Peyrat de Lyon (3), qui venait de recevoir le cordon de Saint-Michel. décoration avilie et dédaignée depuis longtemps, à cause de l'abus qu'on en avait fait en l'accordant à toutes sortes d'individus, arriva de la part de la reine avec des instructions secrètes et des lettres de Claude de Rubys, ainsi que d'autres échevins qui se trouvaient alors à Paris pour les intérêts de la Commune. Ces lettres donnaient le détail de ce qui s'était passé à Paris, et annonçaient que l'intention et la volonté formelle du roi était que la ville de Lyon suivît l'exemple de la capitale. Mandelot qui avait des sentiments plus modérés, quoiqu'il passât pour être dévoué à la faction des Guises, recula d'abord à l'idée d'une pareille atrocité. Après avoir obtenu de la multitude furieuse une espèce de trêve de quelques jours, pour avoir, disait-il, le temps de réfléchir et de recevoir les ordres du roi qu'il attendait d'un moment à l'autre, il fit publier que tous les hérétiques eussent à se rendre au palais du gouverneur pour apprendre les intentions du roi. Ces malheureux, persuadés que le nom du roi serait pour eux une sauvegarde, sortent de leurs asiles, et accourent auprès de Mandelot, qui les dirige aussitôt sur différentes maisons d'arrêt; car ils étaient en si grand nombre que la prison de Roanne n'aurait pu les contenir tous. Au même instant arrive Pierre d'Auxerre (4), homme d'une profonde perversité et d'une réputation infâme. Sans autre garantie que son dire, comme si la parole d'un homme de son rang était plus que suffisante, il assure à Mandelot que la volonté du roi et de la reine est que tous les hérétiques qui ont été ou qui pourront être pris soient exécutés sur le champ, et sans autre information. Mandelot, intimidé par les vociférations du peuple, à qui Pierre d'Auxerre avait communiqué la volonté du roi, n'ose plus résister, et se

(1) *Boidon* ou *Boydon* était capitaine de la milice lyonnaise. M. Sismondi, *Hist. des Franç.*, XIX, 189, l'appelle *Bordon ;* c'est une faute d'impression.

(2) Il nous paraît y avoir ici une erreur de date. La nouvelle des massacres de Paris arriva à Lyon, le mercredi 27 août, et ce fut ce jour-là que le gouverneur fit fermer les portes de la ville et emprisonna les Protestants. Les lettres des députés Rubys et Masso arrivèrent le lendemain 28, et non 29. » Note de Morin.

(3) Maurice du Peyrat. Voyez son article dans la *Biographie lyonnaise*.... Voyez aussi la *Revue du Lyonnais*... « Les cruautés que du Peyrat fit commettre dans Lyon, attachèrent du « blâme à la réputation de Mandelot, homme au reste bon et modéré. S'il eut assez d'huma- « nité pour n'en être pas l'auteur, il n'eut pas assez de force pour en dissiper le conseil. » Chorier, *Hist. du Dauphiné*, 647. — Maurice du Peyrat, fils de Jean I, du Peyrat, vivait encore en 1604 ; il était né le 8 septembre 1555. Rubys en fait l'éloge dans son *Hist. de Lyon*, p. 376.—Maurice n'avait que dix-sept ans lors de la S. Barthélemi. Après cette funeste journée, on lui donna pour récompense la lieutenance du roi au gouvernement de Lyon. (Pernetti, 1, 258). — Son frère, Jean II, avait été tué devant Beaurepaire, le 30 septembre 1562, en combattant contre les troupes du baron des Adrets.

(4) Voyez son article dans la *Biogr. univ.*, et dans la *Biogr. lyon.*

tournant vers celui qui lui avait apporté l'ordre du massacre : « Monsieur, lui
« dit-il, je n'ai plus qu'à vous dire ce que Notre-Seigneur dit autrefois à
« Pierre : Faites comme vous voudrez ; ce que vous aurez lié sera lié, ce
« que vous aurez délié sera délié (1). » A peine ces mots sont-ils prononcés,
que la multitude se disperse pour courir au meurtre et au pillage. Boydon
s'adjoignit deux complices, Mornieu et Leclou (2), gens prêts à tout faire,
et familiarisés avec le crime. Le bourreau (3) qu'ils voulaient charger des
exécutions leur refusa son ministère, en disant qu'il était prêt à obéir s'il
en recevait l'ordre légal de l'autorité compétente, mais que rien ne l'obligeait
à se prêter à ces massacres arbitraires, ni à intervenir dans cette boucherie.
Alors on fit connaître ce refus aux officiers de la garnison qui, non moins
indignés, répondirent avec horreur qu'ils ne feraient jamais l'office de bourreaux (4), et qu'une infamie de cette nature souillerait trop la loyauté de
leur profession ; qu'après tout ils n'avaient jamais eu à se plaindre des malheureux protestants (5). On fut donc obligé de recourir à tout ce qu'il y avait
de plus vil dans la lie des citoyens et dans le rebut de la population. Mais il ne
se rencontra pas un seul homme, pour si infâme qu'il fût, qui acceptât la sanglante mission. Enfin on s'adressa à la milice urbaine, composée de 300 habitants (6) qui, au refus des bourreaux et des soldats, acceptèrent avec transport l'ordre de massacrer leurs concitoyens. Les trois chefs dont nous avons
parlé, choisissant dans cette milice même ceux qui annonçaient le plus de
détermination et de cruauté (c'était le dimanche 31 août), coururent d'a-
bord au couvent des Cordeliers où l'on avait enfermé une partie des protestants, et de là aux Célestins (7), massacrant tous les hérétiques que l'on
y gardait. Et tandis que, sur le bruit d'une nouvelle émeute (8), Mandelot,

(1) N'est-ce pas le cas de dire avec un ancien à Mandelot :

Qui non vetat peccare, cum possit, jubet.

SENECA, *Troades*, v. 291.

(2) Mornieu, suivant Mézerai, était soupçonné d'avoir tué son père. — Leclou était capitaine des arquebusiers de la ville.

(3) Claude SALTIER. Ce bourreau était français !... Les auteurs de la *Biographie lyonnaise*
ne pourront se dispenser de lui faire une mention honorable. *Act. cons.* du 1er juillet 1591. C. B.

(4) Loys Guyon nous a conservé les noms de deux de ces officiers ; « Ce furent, dit-il, le
« capitaine de Jayac, Perigourdin, et le capitaine Luc, qui dirent qu'eux ni leurs compagnies
« n'assisteraient à exécuter un acte si infâme... » *Diverses Leçons*, livre XII, chap. 2.

(5) Il faut encore ajouter à ceux qui refusèrent de se prêter aux massacres de Lyon, Nicolas
de Langes, qui avait succédé à Pompone de Bellièvre, son parent, dans la charge de lieutenant-général de la sénéchaussée de Lyon. Voy. *Mém. de l'estat de France*, sous *Charles IX*.

(6) Après la S. Barthélemi, la milice urbaine fut envoyée en garnison à Aubenas, où elle
fut passée au fil de l'épée, lors de la prise de cette ville par les Huguenots, sortis de Villeneuve (d'Aubigné et Mézeray). Tous les assassins n'étaient pas Lyonnais ; il se trouvait dans
la milice urbaine de Lyon, plus connue sous le nom de compagnie des arquebusiers, beaucoup
d'Italiens, et principalement des Génois, des Florentins, des Luquois, etc. Voyez Brizard,
Du massacre de la Saint-Barthélemi, et de l'influence des étrangers en France durant la Ligue
(Paris, 1790, in-8º.), et *l'Université catholique*, t. XII, p. 196 et suiv.

(7) Suivant Goelnitz (page 336 de son *Ulysses Belgico-Gallicus*, Amst., 1631), les religieux Célestins ne voulurent point consentir au massacre des protestants... qui étaient empri-
sonnés dans leur couvent. *In hanc evangelicorum truculentam necem noluisse etiam consentire
dicuntur canonici in œde Cœlestinorum heic Lugduni....*

(8) Le bruit courait en ce moment qu'on allait pendre à la Guillotière quatre ministres devant le temple où se faisait alors l'exercice de la religion réformée. Il n'y en avait cependant que
trois à cette époque, si l'on en croit l'auteur des *Mém. de l'estat de France*, tom. II, p. 482 :
Ces trois ministres étaient Jacques Langlois, Antoine Caille et Jean Ricaud.

accompagné de Saluce de la Mante, commandant des troupes de la citadelle, se portait au faubourg de la Guillotière, les assassins se dirigèrent vers le palais archiépiscopal, où l'on avait renfermé, d'après l'ordre du gouverneur, trois cents des plus notables protestants. On commence par s'emparer de leurs bourses, et, après les avoir dépouillés, on les égorge impitoyablement : en vain ils essayèrent d'implorer la miséricorde des sicaires, et de réclamer la parole du gouverneur. C'était un spectacle déchirant de voir les enfants serrant leurs pères dans leurs bras, les pères couvrant leurs fils de leurs corps, les frères, les amis, les parents s'exhorter mutuellement au martyre, et tomber, comme le bétail dans les abattoirs, sous les coups des bouchers, des crocheteurs et des mariniers, pendant que les gémissements, les cris et les vociférations retentissaient dans toute la ville. Le massacre terminé, Mandelot revint, à point nommé, de la Guillotière, et avec une apparente indignation, comme s'il n'avait rien su, ni rien commandé, il parut sur le théâtre même du carnage, assisté du procureur-général (1); là, comme s'il se fût agi d'une enquête en forme, après avoir fait dresser un procès-verbal (2) par un notaire, il fit publier à son de trompe, qu'on donnerait cent écus d'or à tous ceux qui désigneraient les auteurs des meurtres et les signaleraient à la justice : dissimulation maladroite et tout à fait ridicule. Aux approches de la nuit, les sicaires investirent la prison de Roanne, et, par un raffinement de cruauté, ils garrottent leurs victimes, et, leur mettant une corde au col, les traînent vers la rivière, où ils les lancent vivants encore. Les massacres et le pillage continuèrent pendant la nuit. Les meubles, les marchandises, tout fut enlevé; ceux des hérétiques qui avaient réussi à se cacher, trahis et arrachés de leurs retraites, étaient jetés pêle-mêle dans le Rhône. Mandelot, importuné du spectacle horrible qu'offraient à ses yeux les cadavres gissant dans la cour de l'archevêché, les fit charger sur des bateaux, afin qu'on les transportât de l'autre côté du fleuve, dans le cimetière de l'abbaye d'Ainay; mais les moines réclamèrent vivement; ils prétendirent que ces restes étaient indignes d'être ensevelis en terre sainte, et le peuple, accourant au signal qu'on lui donna, précipita ces cadavres dans la Saône. Toutefois, avant de les jeter, on avait permis aux pharmaciens de mettre à part les plus gras, afin d'en retirer la graisse (3). Tels sont les détails rapportés par ceux qui ont décrit ces horreurs dans le temps même où elles furent commises. Encore les meurtriers ne s'en tinrent pas là. Peu de temps après, les frères Darut, chefs d'un commerce important, les sieurs de la Bessée (4) et Flocard, citoyens recommandables, furent arrachés des prisons, égorgés et précipités dans le Rhône. Telle fut aussi la fin de Claude Goudimel, un des meilleurs compositeurs du siècle, qui avait mis en musique la traduction française des Psaumes de David, par Clément Marot et Théodore de Bèze, traduction que les protestants chantent encore aujourd'hui (5). Néanmoins, au milieu des égorge-

---

(1) Et des officiers de la sénéchaussée, à l'exception de Nicolas de Langes, le même dont il a été fait mention dans la note 5, p. 73.

(2) La minute de ce procès-verbal a été arrachée du registre des actes consulaires de la ville de Lyon, et l'on ne trouve maintenant dans ces actes rien qui ait trait à la St-Barthélemi. Voyez ci-dessus, note 1, page 71.

(3) L'auteur du *Discours du massacre de ceux de la religion réformée*, Jean Ricaud, attribue principalement aux *Italiens* les horreurs commises sur ces cadavres.

(4) Valet de chambre du roi; il avait été procureur-général de la ville et communauté de Lyon. Rubys, *Hist. de Lyon*, p. 470.

(5) Goudimel, dit M. Audin, « ne manquait pas de talent; sa phrase mélodique est simple et

ments, grâces à la compassion des officiers du roi, et de M. de la Mante, commandant des troupes, quelques-uns parvinrent à s'échapper, entre autres les pasteurs Jean Ricaud (1) et Antoine Caille (2). Jean Langlois (3), leur collègue et président du consistoire, avait été mis à mort un des premiers. On porte à 800 personnes de tout âge et de tout sexe le nombre des victimes qui furent inhumainement sacrifiées (4). » *Hist. l. l. Notice sur François de Mandelot*, par A. P.; Lyon, Barret, 1828, in-8°.

1572. — *Septembre* 1. Jean de Masso, receveur-général à Lyon, écrit à Guyot de Masso, son frère, un des échevins de cette ville, qui se trouvait alors à Paris : « Monsieur et frère, nous receusmes voz lettres du 26ᵉ du passé, discourant de ce qu'qu'estoit passé à Paris ; mais il y en avoit une infinité de lettres en ceste ville auparavant. Hier, jour du dimanche, entre trois et quatre heures après midy, quelques ungs du peuple entrèrent dans les prisons de MM. de Lyon, et là occirent de 7 à 8 vingts huguenotz, et fut

noble, mais sans élan. Après trois siècles, le choral *Ein'feste Burg* de Luther est encore jeune, tandis que le mode musical de Goudimel est usé comme les paroles qui l'ont inspiré. » *Hist. de Calvin*, II, 97. Voyez le *Biogr. des musiciens*, par M. Fétis, et la *Biogr. lyon.*, art. GOUDIMEL. — Trois libraires figurent parmi les victimes des Vêpres lyonnaises : Jean Honoré, Matthieu Penin et Jean Vassin. Voyez l'*Hist. de l'admirable estat des églises chrétiennes*, etc. Genève, 1619, fol. 796. — Nous mentionnerons aussi l'avocat Barnoud, qui fut massacré dans les prisons de l'Archevêché. *Biogr. lyonn.*

(1) Auteur du *Discours du massacre*, etc. déjà cité. Voy. dans les *Archives du Rhône*, tom. 18, pag. 249 et suiv., une lettre dans laquelle nous croyons avoir démontré que cet ouvrage qui a paru, sous le voile de l'anonyme, en 1574, est réellement de *Jean Ricaud*.

(2) Suivant l'auteur du *Discours de la vie, mort et derniers propos de feu Mgr. Mandelot*; Lyon, 1588, in-8°, Mandelot, « parmi les armes du peuple, sauva la vie à une infinité de séditieux hérétiques. » Page 11. Nous ajouterons ici avec d'Aubigné, que les assassins laissèrent la vie à tous ceux qui voulurent promettre d'aller à la messe. Voyez aussi Rubys, *Privilèges des habitans de Lyon*, p. 17.

(3) Jean ou Jacques Langlois, Normand, était déjà ministre à Lyon en 1562. *Discours du massacre* (par Jean Ricaud), p. 24. *Mém. de l'estat de France*, I, 476, édit. de 1576.

(4) « Quelques mois après toutes ces tragédies jouées en France, le pape (Grégoire XIII) envoya un légat (le cardinal Orsini ou des Ursins) vers le roy, lequel fut reçu très-honorablement à Lyon et les rues tapissées. Arrivé qu'il fut, il alla descendre sur la calade de saint Jean, là où il entra, et ayant ouy les vespres, sortit par la mesme porte qu'il estoit entré, et estant sur ladite calade, fut rencontré par la pluspart des massacreurs qui l'attendoient là de pieds coy : lesquels le voyant se mirent tous à genoux pour avoir absolution. Mais parce que ledit légat... ne savoit l'occasion pour laquelle ceux-ci se mirent à genoux devant luy, un des notables de la ville luy dit que ces gens... estoient ceux qui avoient fait l'execution des massacres ; ce qu'ayant entendu, ledit legat incontinent leur bailla l'absolution, en faisant le signe de la croix de la main droite. Mais parce que cela se faisoit trop publiquement, Boydon ne se voulut trouver en cette place, mais alla trouver ledit légat en sa chambre, là où il lui bailla l'absolution, comme il avoit fait aux autres. » *Mém. de l'estat de France*, I, 490. Nous ferons observer que l'auteur de ces Mémoires était calviniste, et nous ajouterons qu'il a lé plus souvent copié, sans le prévenir, le *Discours du massacre*, par J. Ricaud. Voy. aussi Jacq. Aug. de Thou, liv. LIV. — Poullin de Lumina. *Hist. chronol. de Lyon*, prétend que le boucher qui s'était signalé par le plus grand nombre d'Huguenots qu'il avait assommés, en fut récompensé par l'honneur qu'il reçut d'être admis à la table du légat. Quand on rapporte de pareils faits, il faut citer ses autorités. Poullin de Lumina est un de ces écrivains sans conscience, et sous la plume desquels tout s'exagère. Ne porte-t-il pas à 4000 le nombre des victimes de Lyon, tandis que le protestant d'Aubigné, d'accord avec de Thou, ne porte qu'à 800 ? Voy. la *Dissertation* de Caveirac *sur la journée de la Saint-Barthélemi*, pag. xxxv et suiv., et l'*Origine de l'église de Lyon*, par M. l'abbé Jacques, pag. 90, où l'estimable auteur remarque avec raison que le clergé de Lyon demeura entièrement étranger aux fureurs de cette époque.

faict sans bruict ny esmeutte. Il n'y avoit entre lesditz prisonniers, de marque, que deux frères Vassan, Jacques Dorlin, à ce que l'on m'a dict, et un des Grabotz ; les deux frères Daruth avoient esté tuez dès vendredy dernier. Toujours s'en est dépesché quelcung qui n'est venu à nottice. Au surplus, j'ai bien voullu incontinant vous advertir comme il n'y a pas une heure que M° Pierre Gaulthier (1), lieutenant particulier de robbe courte, est allé à Dieu, mallade dans son lict : sy pouviez le faire obtenir en don à quelcung, et à en faire pourvoir quelcung amy nostre, j'estime que nous en aurions deux mil livres du moins : il y a trois cens livres de gaiges. Il me semble qu'il seroit bon pour Benoist Bruyas, combien que je ne lui en ay pas encores parlé, car présentement l'ayant sceu, je vous en ay voulu soubdain advertir; regardez s'il il y auroit moyen que puissions gaigner quelque chose sur cest advis : vous y aurez l'œil. Quant aux offices des huguenotz, vous sçavez qu'il n'y en a poinct par deçà. Je vouldrois bien trouver marchand pour l'office dont si sonvent vous ay escript, car il est tousjours en mesme vollonté de s'en deffaire et plus que jamais, y estant contrainct par les raisons que sçavez. Je crains que si tost ne pourrez avoir vostre congé de venir, veu l'occurance des affaires qu'à présent se presentent : touttesfoiz nous en sentirons encores le gué. Je ne vous ay point adverty de la nativité de ma fille vostre niepce et filiole de vostre femme, nommée toutesfoiz Clemence, parce que mon frère de Valbenoiste vous l'escrivist, et que de ma part j'estois encores si récentement fâché du danger où j'avois veu ma femme que je ne pouvois rien faire. A present Dieu graces tout se porte bien. Madicte fille est à Chapponost puis vendredy dernier. Je vous recommande, s'il vous plaist, la reddition des comptes chez M. Deschelles, à ce que me rapportiez les doubles, ce dont de rechef je vous prie humblement. Nostre frère l'advocat se porte bien à présent, Dieu mercy, fors qu'il est encore foible : vous presentant sur ce mes humbles recommandations, etc. — De Lyon, le premier jour de septembre 1572.—Vostre humble frère et serviteur. Signé : Jehan de Masso, receveur général à Lyon.

Une lettre du 4 septembre du même au même, contient le passage suivant:

« L'office est aultre encores que je ne pensois ; il y a 300 liv. de gages « comme je vous ai escript : puis un homme de place de l'un de ces ar- « chers que sont 180 liv., bref l'estat exercé vault 500 écus par an ; il a « séance en jugement là hault avec les conseillers du présidial. » *Arch. consul.*

1572. — *Septembre 2. Séance consulaire.* Presents : Noble Claude Platet, sieur et baron de Vaux ; M. André Mornieu, élu, Claude Valleton, Thomas Faure, Pierre Scarron, Claude Coulaud, André de la Chapelle, et André Ballan, consuls, etc. — Lesdits seigneurs eschevins advertis que les portes de la citadelle estoient ouvertes aux principaux et premiers factieux de la nouvelle religion, lesquels se retiroient en Bresse, à quoy ils ne pouvoient autrement pourvoir, quelques remonstrances qu'ils en aient su faire à M. le gouverneur, a esté ordonné et commandé au secrétaire du Consulat en advertir bien amplement les sieurs de Masso et de Rubys estant en cour, et neanmoins que le procès verbal (commencé) au 134 feuillet de ce régistre, sera continué, selon le succès des affaires survenues depuis le 28e jour d'aoust

---

(1)... Quelques-uns, et entre autres le *lieutenant de robe courte*, moururent de l'horreur de voir un si grand tas de corps humains si estrangement chaplés... *Mémoires de l'estat de France sous Charles IX*, tom. I, pag. 485. — Pierre Gaulthier, dont il s'agit dans cette *lettre*, est sans doute le même que celui qui a été désigné dans les Mém. de l'estat de France, et dont le nom était resté inconnu.

dernier, à cause de la sublevation populaire, et en iceluy procès verbal sera fait mention et inséré l'eslargissement des prisons de ceux qui auroient esté retirez en ladite citadelle contre la volonté desdits sieurs eschevins, et après eslargis d'icelle, ensemble de la response qui a esté faicte par M. le gouverneur, qui a dit : *Que ceux qui estoient tenus les representer en estoient responsables, ce qu'ils feroient à peine de leurs têtes.* — Outre ce, ont dit lesd. sieurs eschevins, combien que mond. sieur Mandelot, gouverneur et lieutenant-général pour le roy, ait toujours eu communication des lettres qui ont esté escrites au Consulat par les sieurs de Masso et de Rubys, depuis le 25 du mois passé, et qu'aucunes d'icelles lettres soient plutost tombées entre ses mains qu'en celles desd. sieurs eschevins, toutefois led. sieur de Mandelot n'a laissé de faire grande instance envers lesd. sieurs eschevins pour avoir la copie desd. lettres ; sur quoy lesd. sieurs eschevins ont advisé ne devoir faire aucune reponse pour le présent aud. sieur gouverneur ; espérant que par la longueur du temps il pourra oublier et ne demander plus la copie desd. lettres, et toutesfois que le procès verbal commencé au 134 feuillet du present registre, concernant les poursuites et remonstrances faites et à faire par lesd. sieurs eschevins à mond. sieur de Mandelot, sera continué selon ce qui succedera de jour à autre, afin de justifier en temps et lieu à sa Majesté de leur devoir pour l'exécution de sa volonté sur ceux de la nouvelle religion, et la conservation de la ville en l'obéissance de S. M. — (« Il sem-« ble que la fin de cet acte a été ajoutée depuis par le sieur Ravot (secrétaire « du Consulat), à partir de ces mots : *et toutesfois*, etc ; une différence dans « l'écriture et quelque autre circonstance le font augurer »). *Note de l'abbé Sudan.*

1572. — *Septembre* 2. Mandelot écrit à Charles IX (1) : « Sire, i'escrivis avant-hier à V. M. la reception des lettres qu'il lui auroit pleu m'escrire les xxii et xxiiii° du passé, et, comme suivant icelles et ce que le sieur du Peyrat m'auroit dict de sa part, je n'aurois failly pourueoir par divers moyens à la seureté de cette ville ; si bien, Sire, que les corps et les biens de ceux de la religion auroient esté saisys et mis soubs vostre main sans aucun tumulte ni scandalle : jusques lors depuis et hier l'après dinée, m'en estant allé par ville pour pourveoir toujours à contenir ce peuple, mesmement vers la Guillotiere où j'aurois sceu paroistre danger de quelque mouvement, seroit intervenu cependant que ce peuple ayant trouvé moyen d'entrer es prisons de l'archevesque, où il scavoit estre quelques deux cents de ceulx de la religion cogneus factieux ou avoir porté les armes, lesquels ils auroient touts mis à mort avant que j'en pusse rien sçavoir, et m'y estant allé aussitost, n'y aurois plus trouvé aucun de ceulx qui se seroient meuz à ce faict, s'estant escartés tout soubdain ; et ce que j'aurois peu faire a esté faire rechercher et requerir par tous les moyens, mesmement par justice, qui auroient esté autheurs et excuteurs de ce faict et comme le tout est passé, affin que V. M. en puisse bien au vray estre esclaircye. Je continue au mieux qu'il m'est possible de contenir toutes choses, voyant ce peuple n'estre pas encore bien appaisé, et que c'est tout ce que l'on peut faire d'obvier à un sac, n'ayant néantmoins jusques ici esté faict aucun tumulte, meurtre ni saccaigement par la ville ni es maisons, et estime que le reste desdicts de la religion saisis-

(1) Cette lettre qui se trouve dans un Ms. de la B. du roi, contenant la correspondance de Charles IX avec Mandelot, a été publiée pour la première fois dans le tome VII des *Arch. du Rhône*, livraison d'avril, 1826, p. 449-451.

pourront demeurer en seureté es lieux ou je les ay faict retirer, attendant que je puisse mieux entendre qu'il plaira à V. M. en estre faict, et specialement de tous leurs biens, meubles, marchandises, rapines et autres que j'ai jà escript avoir faict saisir et mettre soubs vostre main, sans touttefois en estre rien desplacé ny transporté des lieux et maisons desdicts de la religion : osant bien asseurer V. M. que le tout luy sera seurement et fidellement conservé; et suis après à pourveoir à les faire retirer en magasins et lieux seurs à ce qu'il n'y soit commis aucun abus. J'oseray dire à V. M. que si j'étois ouy à la conseiller, je ne serois d'opinion qu'elle feist aucun don des biens, meubles et marchandises desdicts de la religion que premièrement on ne voye ce qu'il y aura, et pour le moins elle sçaiche la valeur de ce qu'elle donneroit, et que plustost elle feist don et recompense à ceux qui lui plairoit sur les immeubles : et pour ne mettre en cela la consequence, je ne veulx estre le premier à en demander à V. M., m'asseurant que si elle a commencé par quelques autres, elle me fait tant d'honneur de ne m'oublier. Au reste, Sire, il me semble ne devoir taire à V. M. que en tout ce qui eschet ici pour son service, je trouve le sieur de la Mante prompt et affectionné d'ensuivre à son pouvoir ce que je lui en ay faict entendre, dont à la vérité il mérite estre recogneu et bien recompensé. »

1572. — *Septembre* 2. Un sieur Fallaize écrit de Lyon au sieur Prayer, secrétaire du sieur de Masso, à Paris : «.... L'on a pris tous les Huguenauts, et dimanche dernier, durant vespres, il y en eut deux cens soixante et trois qui furent tuez tous ensemble dans la prison de Mons. de Lyon; plusieurs aultres tuez, tant ez aultres prisons que par les rues : les aultres jettez à la riuiere : les aultres la teste couppée, et les ministres penduz. Sy bien que l'on faict conte qu'il en a esté tant tué que jeté à la riuiere prez de sept cens; leurs maisons scellées, et quant à des aultres pourueu qu'ils se *retirent*, l'on les met dehors les prisons, en baillant bon respondant, et les portes de la ville bien guardées. Aultre chose ne sçaurois que vous mander des nouuelles de deça... » S.; *Documents...* tirés des archives de la ville de Lyon (par M. Godemard), p. 103.

1572 — *Septembre* 3. Le Consulat délivre à Dominique..., courrier, un mandat de 30 écus pour reste de 70 écus à lui promis par les députés de la ville, en cour, lesquels avaient expressément envoyé ce courrier pour leur donner avis de la mort de l'amiral, et de l'exécution faite à Paris par le commandement du roi. S.

1572. — *Septembre* 5. Mandelot écrit à Charles IX : « J'ay aussi reçu, Sire, la lettre (du 28 août) qu'il a pleu à V. M. m'escrire, par laquelle elle me mande d'avoir esté advertie qu'il y a un homme qui est parti de part de là avec la tête qu'il auroit prise dudit admiral (Coligny), après avoir esté tué, pour la porter à Rome, et de prendre garde, quand ledit homme arrivera en ceste ville, de le faire arrester, et luy oster ladite teste, à quoy j'ay incontinent donné un si bon ordre que s'il se presente, le commandement qu'il plaist à V. M. m'en faire, sera ensuivi. Et n'est passé iusques icy par ceste ville autre personne pour s'en aller du costé de Rome qu'un escuyer de monsieur de Guise, nommé Paul, lequel estoit parti quatre heures auparauant du iour mesme que ie reçus ladite lettre de V. M. » — Cette lettre qui était restée inédite dans les Mss. de la B. du Roi, a été publiée pour la première fois dans les *Archives du Rhône*, VII, 452 (livraison d'avril 1828). — « Le premier avis qu'on reçut à Rome de la mort de Coligny, fut envoyé par Mandelot qui fit sortir son courrier par dessus les murs de la ville, et le fit marcher quelques lieues à pied avant de lui avoir fait donner des chevaux. » Capilupi, *Relation des massacres de la S. Barthelemi*, traduite par Aignan. *Biblioth. étrangère*, 1, 208.

1572. — *Septembre* 7. Mort de Claude Ciberand, custode de Sainte-Croix, chanoine et sacristain de Saint-Just, prévôt de l'Ile-Barbe, etc. *Biog. lyonn.*

1572. — *Septembre* 10. M. Grolier écrit de Lyon à M. de Masso de la Garde, son cousin, à Paris : «... Il n'est ja besoing que je vous escrive les beaux faicts que l'on a faicte icy d'avoir tué quatre ou cinq cens *quanailles* et avoir sauué ceux qui en partie estoient cause des maux aduenus en France. Il est vray que c'est soubs vng pretexte qu'ils iront à la messe, qui consiste en partie d'aller à l'offrande. Vous estes de par de là pour le pouvoir remonstrer. M. l'aduocat de Masso, vostre frère m'a confessé que j'avois proffetizé sur ce dont je l'avois si souvent menassé : et desia en est aduenu quelque chose. Je ne vous en diray aultre, etc. » *Archiv. cons.* S.

1572. — *Septembre* 10. M. de Masso, abbé de Valbenoiste, écrit de Lyon, à son frère, M. de Masso de la Garde, à Paris : « Mon frère, M. de Champenard sort presentement d'icy pour me prier vous escrire de vous informer ce qu'est devenu son frere,.... dont il est en grand peine... J'ay reçeu presentement des lettres de M. Serallier qui me mande que l'on tient bruit à Paris qu'il soit mort en cette ville 1200 huguenotz : le commun bruit est de 6 à 700. Chez mons. de Lyon, en fut tué dans une cour 260, et les aultres aux Cordeliers... Des gens de marque estoient les deux Darut, les deux Vassans, vng fils de la Grabotte, M. l'aduocat Barmond, et Godon, les capitaines La Jacquiere et La Sauze, Claude Lené, orphevre, l'hoste de N. D. de Bourneuf. Me Guillaume le menuisier, les fils de Pierre Seue et leur mere vont à la messe. Anthoine Perrin, sa femme, Combe, Mme Aubret, M. du Crozet, M. de Batz l'aduocat, leurs femmes, la femme de Teize et plusieurs aultres vont à la messe : et se sont sauvez Pierre Seue (1), Thelusson, la Bessée, Jean Henry, Jean Ricaut (un des ministres), le thresorier Juge, et plusieurs aultres dont il ne me souvient : et pour ce qu'auant la reception des presentes vous en aurez sceu dauantage, ne vous feray plus longue lettre... » *Archives cons.*

1572. — *Septembre* 10. Jacques Teste écrit de Lyon à M. de Masso, son beau-frère, à Paris ; « Monsieur et frère, je vous ay escript par mes dernieres amplement de ce qui est passé. Pour ce jourd'huy il n'y a personne huguenot en ceste ville. Pierre Seue, les freres Seue, Jean Combe, Lasson vont à la messe, et une infinité d'aultres... qu'il ne me souvient de les nommer. J'ay esté marry de ce que i'ay entendu de mons. Descousu. Je n'en ay rien voulu dire à personne, sinon qu'à mons. l'Aduocat et Valbenoiste. » — Le 16 du même mois, Jacques Teste écrivait à son beaufrère : «... Madame la generalle a fait un beau fils... Mons. de la Bessée, George Renoard, Bernard Seve..., et d'autres doivent mourir aujourd'huy, si desia ils ne sont despechez. Dieu ayt pitié d'eux... » *Archives cons..* S. — George Renoard avait été échevin en 1560 et 61 ; il parvint à se sauver, et mourut dans un âge très-avancé. J. Morin, v, 264.

1572. — *Septembre* 21. Nicolas de Langes, lieutenant-général au présidial, écrit de Lyon au sieur de Masso, son cousin, à Paris : «... A present issy

---

(1) Maurice Sève qui fut si célèbre comme poète, et dont l'époque de la mort est ignorée, n'aurait-il pas été une des victimes des vêpres lyonnaises ?

nous nous comportons auec un peu plus de douceur. Mais a esté temps pour quelques iours que sur les aduertissemens qu'on receuoit de Paris, on ne parloit que de rigueurs. Nous n'auons d'Huguenotz qui soient de marque qui ne soient reduits. Si c'est auec vérité ou feintise, je n'en sçay rien : mais j'ay opinion qu'une bonne partie y soit allé de bonne foy. Nous auons fait auiourd'huy le *Jubilé* où les Huguenotz sont accourus auec autant de demonstration de bonne volonté, contrition et repentance de leurs erreurs, comme autrefois on les voyoit accourir en leurs presches, etc. Vostre cousin, seruiteur et amy. Signé : de Langes. » S.

1572. — Les terriers et les maîtres des métiers rendent une ordonnance portant que dorénavant les échevins, pour être *discernés* du reste du peuple, porteront des robes violettes dans les assemblées publiques. — Cette ordonnance fut insérée dans le syndicat de cette année, et publiée le jour de la fête de St. Thomas ; mais Rubys nous apprend qu'elle n'avait pas encore été mise à exécution quand il publia ses *Priviléges des habitants de Lyon*, dont la dédicace est datée du 10 août 1573. Voyez ce livre, p. 85, et ci-dessus au 12 *juin* 1571.

1572. — Antoine du Verdier, qui était alors homme d'armes de la compagnie du sénéchal de Lyon, publie un opuscule ayant pour titre : *Les Omonimes, Satire des mœurs corrompues ;* à Lyon, par *Antoine Gryphius*, 1572, in-4°. — L'avis au lecteur est daté *du Camp*, ce dixième février 1569. Voici quelques vers de cette satire assez curieuse, ne fut-ce que par la recherche des rimes.

> En quelque coing de France et aultre part où ailles,
> Trouveras sans pasteur errantes les ouailles.
> Le prélat en sa charge assez mal entendu,
> Sait tres bien recueillir tout le fruict en temps deu.
> . . . .
> Rare est un bon curé qui lumiere paroisse
> Et miroir de vertu à ceux de sa paroisse.
> . . . .
> Rare est un bon prieur lequel face à ce jour
> Dans le pourpris d'un cloistre ordinaire séjour.
> . . . .
> Chaque jeune advocat qui en plain barreau cause,
> N'est employé souvent à plaider grave cause :
> Car d'université tels de nouveau venus,
> Au lieu d'estudier ont caressé Vénus,
> Y ont appris l'escrime, à bien pousser la balle,
> Pincer les nerfs du luth, comme on sautelle et balle,
> Comme il faut le matin raffreschir le palais,
> Se promener après deux heures au palais.
> . . . .

Du Verdier termine ainsi cette facétie :

> Si j'ay mal commencé traiter ceste leçon,
> Ma seconde Satire aura plus haut le son.

Nous ne croyons pas que cette seconde satire ait été publiée ; car du Verdier ne l'a pas mentionnée dans la liste qu'il a laissée de ses ouvrages. Voy. sa *Biblioth. franc.*, I, 142.

1572. Louys Cloquemin, libraire, publie une nouvelle édition de *l'Hepta-*

meron ... de Marguerite de Valois, reyne de Navarre... Lyon, in-16. — Edition citée par Ebert, et dont M. Brunet mentionne une réimpression donnée par le même libraire en 1578, même format. *Suppl.* 11, 372. — Marguerite de Valois perdit à Lyon son premier mari, Charles d'Alençon, mort le 11 avril 1525. Elle séjourna sans doute à cette époque dans cette ville, et nous l'y trouvons avec François Ier, en juillet 1536. Maurice Scève fut un de ses protégés. Elle a consigné dans son *Heptameron* une anecdote qu'elle avait sans doute recueillie pendant qu'elle était à Lyon; la voici: « En l'église de St-Jean de Lyon, il y avoit une chapelle fort obscure, et devant un sepulchre fait de pierres à grands personnages eslevez comme le vif, et sont à l'entour du sepulchre plusieurs hommes d'armes couchez. Un soldat se promenant un jour dans l'esglise en temps d'esté qu'il fait grand chaud, luy prit envie de dormir, et, regardant ceste chapelle obscure et fraische, pensa d'aller au sepulchre dormir comme les autres, auprès desquels il se coucha. Or, advint qu'une bonne vieille fort devote arriva au plus fort de son sommeil. Et, après qu'elle eut dit ses devotions, tenant une chandelle en sa main, la voulut attacher au sepulchre, et là, trouvant le plus pres d'icelle, cet homme endormy, la luy voulut mettre au front, pensant qu'il fut de pierre; mais la cire ne put tenir contre cette pierre. La bonne dame qui pensoit que ce fut à cause de la froideur de l'image, luy va mettre le feu contre le front pour y faire tenir sa bougie, mais l'image qui n'estoit insensible, commença à s'ecrier, dont la femme eut peur; et comme tout hors de sens, se prit à crier: Miracle! miracle! tant que tous ceux qui estoient dans l'église coururent, les uns à sonner les cloches, les autres à venir voir le miracle. Et la bonne femme les mena voir l'image qui s'estoit remuée, qui donna occasion à plusieurs de rire, mais quelques prestres ne s'en pouvoient contenter, car ils avoient bien deliberé de faire valoir ce sepulchre et en tirer argent. » — La reine de Navarre parle dans la 72e et dernière Nouvelle, d'une neuvaine qu'elle faisait à l'église de St-Jean, avant la mort de son premier mari. — C. de Rubys, *Hist. de Lyon*, p. 390, fait mention d'une « establerie, size en « rue Longue, qui appartenoit à ce marchand de Lyon, auquel la reine de « Navarre a fait cet honneur de l'avoir meslé parmy ses contes facetieux, et « raconté comme pour coucher avec la chambrière, il fit coucher son ap« prentif avec sa femme. » Nous avions pensé (voyez ci-dessus au 30 *avril* 1560), que ce marchand était Pierre Terrasson; mais la reine de Navarre n'a donné ce nom à aucun des personnages de son *Heptameron*. Le seul conte qui ait quelque rapport avec celui dont parle Rubys, est celui qu'on lit dans la première journée (8e Nouvelle de la). Le mari qui joue le principal dans ce conte, est nommé Bornet, et la scène se passe en la conté d'*Allez*, probablement *Alais* ou *Alez*, en Languedoc; car nous ne pensons pas avec le bibliophile Jacob qu'on doive lire *Aleth*, en Gascogne. Il suffit d'ouvrir le P. Anselme ou Moréri pour être certain qu'il y avait un comté d'*Alais* (voyez ci-dessus, *années* 1524 et 1547). — Cette même année, la veuve de G. *Cotier* publia une nouvelle édition du *Thresor des livres d'A-madis de Gaule... De nouveau augmenté et orné du recueil du* 15e *liure et d'vne infinité de propos et deuis bien gentils, tirez dudit liure.* In-16 de 568 pages, suivies d'une table de 12 f. non chiffrés (B. de Lyon, F. Imb., n° 688).

1573. — *Février* 9. M. de Chastillon, président en la sénéchaussée et siège présidial de Lyon et parlement de Dombes, G. Grolier de Cazault, conseiller au présidial, F. Grolier, secrétaire, César Gros, Antoine Scarron et Lambert Bonet, bourgeois de Lyon, en vertu d'un édit du roi vérifié au parlement de Paris, le 21 février 1572 (qui ordonnoit que certains bons et notables personnages fussent élus es communautés et assemblées des villes, eussent la charge de vaquer à faire observer et entretenir les ordonnances concernans ce qui appartient au fait politique), furent choisis pour dresser un réglement provisionnel pour la police de la ville de Lyon et de ses faubourgs. Ce réglement, rédigé par Philibert Bugnyon, jurisconsulte mâconnais, et avocat ès cour de Lyon, fut publié le *dernier février* 1573. M.

1573. — *Mars* 9. Guillaume Paradin, doyen de Beaujeu, dédie ses *Memoires de l'histoire de Lyon* à François de Mandelot, « gouverneur et lieute-
« nant-général pour le roy es païs de Lyonnois et Beaujolois, etc. » —
Cette dédicace est datée de Beaujeu. — Le 26 mai suivant, Paradin se présenta devant le Consulat, et lui fit hommage d'un exemplaire de son ouvrage, probablement un des quatre exemplaires qu'il avait fait relier « en veau
« rouge et dorez. » — « Les consuls, voulant en partie reconnoistre le labeur dudit sieur Doyen, et le recompenser de ses merites, à cause de la *rareté* de ladite histoire, ayant mis le faict en deliberation, ont ordonné de lui faire present jusques à la somme de cent escus sol. » — Le 19 octobre suivant, « mon frere maistre Etienne, dit Guillaume Paradin (1), apporta finalement, et après plusieurs voyages, la vaisselle d'argent que m'avoit donnée la ville de Lyon pour la peine que j'avois prinse à faire l'histoire de la noble et antique cité de Lyon, laquelle avoit esté imprimée audit Lyon, par *Antoine Gryphius*, l'an 1573, achevée le 15 de mars. Cette vaisselle estoit vng beau bassin d'argent ouvré dedans d'ouvrage de grotesques à l'antique, et vng vase d'argent fort beau en forme d'esguyere, élaboré aussi comme le bassin,... à la pance duquel estoit un escusson des armes de la ville, et alentour estoit escript et gravé en or : HOC RESPUBLICA LVGDVNENSIS DONAVIT. Autant il y en avoit au bouillon du bassin (2). »

1573. — *Mai* 2. Le roi assemble à Lyon un conseil de guerre pour aller dans le Dauphiné contre Montbrun. Chorier, p. 638. M.

1573. — *Juin* 23. Le jeune duc de Genevois, Charles-Emmanuel de Savoie, fils de Jacques de Nemours, vient à Lyon, où il est reçu avec toute la faveur dont y jouissait sa maison. J. Morin, v. 266.

1573. — *Août* 10. Claude de Rubys dédie à M. de Mandelot son commentaire sur les *Priviléges des habitans de Lyon*, imprimé l'année suivante, à Lyon, par *Antoine Gryphius*, in-fol. — Rubys était alors avocat et procureur-général de la ville et communauté de Lyon.

1573. — *Septembre* 14. Mort, à Beaujeu, de Claude Paradin, auteur des *Quadrins historiques de la Bible*, etc. — Guillaume Paradin, son frère, rapporte, dans son *Journal*, que Claude Paradin fut ensépulturé dans la tombe de feu Me Lancelot Anchemand, leur oncle maternel. Le même historien, dans sa *Chronique de Savoye*, liv. III, chap. 94, parle avec éloge d'un maître Pierre Anchemand, secrétaire de l'archiduc Philippe.

---

(1) *Journal de Guillaume Paradin*, doyen de Beaujeu, pendant les années 1572 et 1573, publié pour la première fois par M. d'Aigueperse, Lyon, Léon Boitel, in-8°.

(2) « Lorsque le P. Menestrier publia son *Histoire consulaire*, il reçut du Consulat une gratification de 1300 livres, qui lui furent payées le 20 novembre 1698 ; l'avocat Brossette en reçut une de 2400 livres, le 24 mars 1705, pour son *Eloge historique de la ville de Lyon*. Le P. de Colonia fut gratifié d'une pension viagère, pour ses *Antiquités* et son *Histoire littéraire*. Il nous serait facile de citer plusieurs autres traits de générosité du Consulat, qui était toujours disposé à encourager les gens de lettres, et surtout ceux qui travaillaient à l'histoire de notre cité. Que les temps sont changés ! » Note de M. d'Aigueperse.

1 73. — *Décembre* 21. Antoine Marnas, chanoine de St-Just, prononce la harangue consulaire. — Son discours fut publié sous ce titre : *Sommaire recueil des moyens pour restablir en splendeur la respublique de Lyon* (Lyon, *Benoît Rigaud*, 1573). B ogr. Lyonn.

1573. — « La ville de Lyon fut affligée de deux grands fléaux de Dieu : Je ne sçay, dit Claude de Rubys (*Hist. de Lyon*, p. 422), si ce ne fut point *pour le sang espandu l'année precedente...* L'un des fléaux fut que toutes les vignes de la province gelerent de telle façon au mois d'avril, qu'elles ne porterent point de fruict cette année là : et ne fit-on point de vendanges, et fallut jouer du bassin, car le vin se vendit jusqu'à dix escus l'asnée, qui ne vaut par communes années qu'un escu ou quatre francs. L'autre fleau... fut la grande cherté du bled, qui valut six et sept francs la mesure, que nous appelons le bichet, qui est de soixante livres, et le pis estoit qu'on n'en pouvoit pas recouvrer pour de l'argent (1). Il y eut grande pitié au petit menu peuple, tant en la ville qu'aux champs... Pendant cette grande famine furent exercées de grandes et charitables aûmosnes à Lyon... Il y eut... un gentilhomme florentin, nommé le sieur Laurens Cappon, seigneur d'Amberieu, lequel par l'espace d'environ trois mois, nourrit de trois à quatre mille pauvres, auxquels il faisoit distribuer tous les jours, en la place qui est devant l'église des Carmes, pain, chair et potage de riz, et puis Dieu l'appela à soy au bout de ceste belle charité (2)... et à tous ces gens de bien servirent d'aiguillon et de miroüer Monsieur et Madame de Mandelot, lesquels outre ce que pendant le rigoureux froid qu'il avoit fait l'hiver precedent... ils avoient recueilly, revestu, nourry et chauffé à leurs depens, un bon nombre de petits enfans, qui alloient transissant de froid par les rues, et firent aussi de grandes et charitables aûmosnes pendant cette famine... » — Guillaume Paradin parle aussi de cette calamité dans son *Journal* « ... La plupart des poures gens, dit-il, mouroient de faim partout. C'estoit grande pitié de les voir manger des herbes comme bestes, et n'est de merveille si l'on disoit : *Ira Dei super nos* (3), devise espouvantable qu'on disoit avoir été treuvée à Thurin gravée et tirée de terre, remerquée soubz le nombre de ceste année 1573... » Voyez ci-dessus, *année* 1504 et 1531.

1573. — Le chapitre suivant extrait de la *Prosopographie* d'Antoine du Verdier (page 491 de l'édition de Lyon 1573, in-4°), nous offre sur la banque de Lyon, un jugement aussi défavorable que celui qu'en a porté Bodin dans sa République, livre vi, ch. 2 :

« Au commencement du règne du roi François premier du nom (voyez ci-dessus, *année* 1543), les banques furent introduites en la ville de Lyon par estrangers : inuention tres-dommageable, ne tendant qu'à la totale ruine

---

(1) » Je laisse à penser, dit Rubys, combien ces sangsues d'usuriers le vendoyent à crédit (le blé) au bonhomme. » *Priviléges*, p. 30. — Lyon, au commencement de cette année, éprouva toutes les rigueurs de l'hiver. Le Rhône fut entièrement gelé. M. de Mandelot fut obligé de faire rompre les glaces afin que les moulins pussent fonctionner. Rubys, livre cité, p. 5 de la dédicace.

(2) Il mourut la même année et fut inhumé dans l'église des Jacobins. *Biogr. Lyonn.*

(3) Grégoire de Tours, s'il faut en croire l'auteur d'un article inséré dans les *Nouvelles archives du Rhône*, ii, 50, rapporte que de son temps, la France fut envahie par des sauterelles qui dévorèrent les moissons, et sur lesquelles on lisait ces mots : *Ira Dei*. L'auteur de l'Histoire des Francs a parlé de ravages exercés en divers lieux par des sauterelles (iv, 20; vi, 33 et 44); mais nous n'avons pas su trouver l'endroit où il a dit qu'on lisait sur leurs ailes : *Ira Dei*.

des hommes, bien que ces gentils banquiers dient que par leur moyen s'entretient l'humaine société : mais, je vous prie, voyez quelle palliée couverture. On peut assez connoistre leur dire estre faux : car si un homme prend deniers d'eux, le voilà empestré de telle façon que c'est grand cas si jamais il se remet. Et s'il leur en baille pour les faire profiter et avoir (comme on dict) argent en banque, après qu'ils ont faict lever de grandes sommes de deniers, ils s'en vont en Espaigne ou en Angleterre, en Sicile ou à Constantinople, et ailleurs, puis allez les chercher, ou attendez en bien les nouvelles jusques à leur retour qui sera aux calendes grecques ou à Nostre Dame de may. Ainsi font belle et bonne banqueroute, belle et bonne pour eux, laide et mauvaise pour le pauvre creancier. Leur dix pour cent de foire en foire, leur interest de l'interest, leur *cento per cento*, ont causé que l'usure est si frequente pour le jourd'huy, qu'il n'est dict fils de bonne mère, qui ne prend usure sur le prochain, et encores s'en glorifie-t-on... » Du Verdier a joint à cette invective, *la vie d'un grand usurier* qu'il ne nomme pas, et dont il avait sans doute été la dupe.

1573. — Le passage qu'on va lire est tiré de la préface de l'édition des œuvres de St. Irénée, publiées par le cordelier Feu-ardent, et dédiée à Charles de Bourbon : « Anno 1573, quum è Delphinatu redeuntes una cum exacti judicii viro *F. Mathurino Quadrato* sodalitii nostri S. Theologiæ ac linguarum professore, Lugdunum appulissemus, et aliquot ibi dies feriati, cum calvinianæ scolæ ministro præcipuo, non indocto certe homine, quem *D. Angelum* vocabant, in vico *Mercimonii* ad insigne *Fontis*, ejus in hospitio disputationem instituissemus, quo pacto contra Arium, filium patri esse consubstantialem ; vel contra Nestorium, Christum unica hypostasi in duplici natura consistere ; B. Mariam verè Dei matrem esse, vel certe Spiritum Sanctum à Christo procedere, ex solis iisque apertis et manifestis, Scriptura verbis evinceret ; multis hinc inde quatuor horis productis, dilutis atque discussis, tandem hæsit nebulo, et quo se verteret non habuit aliud præter Pontificum, Patrum, Martyrumque scripta et Conciliorum Decreta, à se prius superbè aspernata... »

1573. — Gabriel de Saconay, précenteur et comte de l'église de Lyon, un des plus ardents antagonistes des Protestants, publie un nouvel écrit intitulé : *Généalogie et fin des Huguenaux*, etc., à Lyon, par *Benoist Rigaud*, in-8°. Il paraît que cet ouvrage fut composé immédiatement après la St-Barthelemi, car le privilége est daté du 18 octobre 1572. L'auteur qui ne voit que des singes dans les disciples de Luther et de Calvin, les appelle *Huguenaux*, c'est-à-dire, *Guenons de Hus*. Du Verdier, p. 319 de la première édition de la *Prosopographie*, attribue cette ridicule étymologie à un prédicateur de Paris. L'invective de Saconay contient quelques faits qui ne devront pas être négligés par les historiens Lyonnais ; les principaux sont aux fol. 33 et 34, 96 et 97. Ce volume est orné d'un frontispice et de deux gravures dans lesquelles les Protestants sont représentés avec des têtes de singe. Les mêmes gravures se trouvaient déjà dans un autre ouvrage de Saconay, le *Discours des premiers troubles advenus à Lyon*, publié en 1569. On les retrouve encore dans le poëme *de Tristibus Franciæ*, publié en 1840, par M. Léon Cailhava, d'après le manuscrit de la Bibliothèque de Lyon. L'auteur de ce poëme est resté inconnu ; mais il est certain qu'il le composa après la mort de Saconay, arrivée le 8 août 1580. Il y est, en effet question, p. 116, du départ de Mayenne et de Mandelot pour le Dauphiné ; or, on voit dans nos registres consulaires, que Mayenne partit de Lyon le 23 août 1580, et Mandelot le

25 du même mois. La 39ᵉ figure du poëme *Tristibus Francix*, représente *le siége* de la ville *de Murat* en Auvergne Il y en avait une 40ᵉ qui représentait le luxe, la vanité, le libertinage et plusieurs autres vices qui régnaient alors dans la France ; mais le feuillet sur lequel elle se trouvait, avait déjà été arraché lorsque Delandine décrivit le Ms , puisqu'il dit que le dernier dessin représente le *siége de Murat*. Ce manuscrit avait appartenu à Jean-Ferdinand Michel, chanoine d'Ainay, qui le tenait, à ce qu'on croit, du fameux bibliographe *Michel Brochard* (et non *Bochard*, comme l'appelle Pernetti, II, 294), dont les livres furent vendus en 1729, sur un catalogue mentionné dans le *Journal des savants* de la même année, p. 423. L'abbé Michel mourut le 14 décembre 1740. Avant sa mort, il avait vendu sa bibliothèque à la ville de Lyon, moyennant une rente viagère, et le Ms. *de Tristibus* en faisait bien certainement partie, puisqu'il porte l'ancien sceau de la première bibliothèque de la ville de Lyon, fondée par l'avocat Pierre Aubert, en 1731. Un savant humaniste, M. J. Quicherat, a consacré un article fort intéressant au *de Tristibus* dans la *Bibliothèque de l'école des Chartres*, II, 402 ; mais il s'est trompé quand il a dit que le poëme finit en 1586 ; nous ne croyons pas qu'il aille au-delà de 1580. Voyez le *Réparateur* du 16 mai 1841, et l'*Artiste en province* du même jour.

1573. — « Le caresme de *cette* année, prescha à Lyon, au couvent des Cordeliers de St. Bonaventure, ce torrent d'éloquence et second Chrysostome en sçavoir et en bien dire, Frere François Panicarole (Panigarole), de l'ordre desdits Cordeliers, et depuis evesque d'Ast, sorti d'une noble et ancienne famille de Milan. Il faisoit toutes les semaines trois sermons contre la doctrine de Calvin, et appeloit ces sermons ses *Calviniques*, parce que, en iceux, il refutoit, les livres au poing, les blasphèmes et erreurs de Calvin. Il récapitula en un seul sermon, prenant congé après Pasques, sommairement tout ce qu'il avoit presché par jour tout le long du caresme, faisant par là une preuve très signalée et manifeste du bonheur de sa mémoire. » Rubys, *Hist. de Lyon*, p. 422, *Arch. du Rh.*, VIII, 93. — Panigarole était déjà venu à Lyon en 1571 ; il y revint, en 1589, avec le cardinal Caietan et Robert Bellarmin. Gilbert Génébrard, archevêque d'Aix, s'y trouvait aussi. Pierre Bullioud, procureur du roi au siége présidial de Lyon, eut l'honneur de recevoir chez lui ces illustres passagers, auxquels il donna, dans sa maison, rue du Bœuf, un repas qui fut appelé le *festin d'Agathon* ou des *Sept sages*. Les deux autres convives étaient le P. Bernardin Castorius (ou Castor), recteur du collége de la Trinité, et Matthieu de Vauzelles, avocat, fils d'un autre Lyonnais du même nom, mort en 1562). Colonia, II, 715. Voyez ci-après année 1589. — Les *Leçons* (ou sermons) *catholiques* de Panigarole, *prononcées à Thurin l'an 1582, par le commandement et en présence de Charles-Emanuel duc de Savoye*, etc. ont été traduites *de l'italien en françois*, par Gabriel Chapuis, Tourangeau, et imprimées à Lyon, par *Ian Stratius*, 1583, in-8°. La dedicace du traducteur à Pierre Gondy, *evesque de Paris*, est datée de Lyon, ce dernier jour de mai 1583. Le Duchat dit dans ses notes sur la *Confession de Sancy*, p. 367 : «Il y a de Panigarole un volume in-4° de sermons
« violents et séditieux qu'il prononça à Paris, pendant le dernier séjour qu'il
« y fit, et notamment durant le siége ; ces sermons *ont été* imprimés à Lyon
« avec privilége du duc de Mayenne, comme chef de l'Union... » Ce volume qui n'existe dans aucune des bibliothèques de Paris, n'existe pas non plus dans celle de la ville de Lyon. Voyez les *Prédicateurs de la Ligue*, par Ch. Labitte, p. 125.

1573. — Nicolas Nicolaï, sieur d'Arfeuille, gentilhomme dauphinois, premier et ordinaire cosmographe du roi, dédié à Catherine de Médicis, sa *Générale description de l'antique et célèbre cité de Lyon, des pays de Lyonnois et de Beaujolois, selon l'assiette, limites et confins de ces pays.* — Le manuscrit de cet ouvrage resté inédit, se conserve à la bibliothèque du roi. L'auteur est mort en 1583. On a de lui plusieurs ouvrages imprimés, cités dans la *Biblioth.* de du Verdier et dans celle du P. Le Long. Il n'a pas d'article dans la *Biogr. univ.* Voyez les *Arch. du Rhône*, v, 151.

1573. — Mort de François Sala, sieur de Mont-Justin et de la Coste, chevalier de l'ordre de St-Michel, échevin en 1541, 1571 et 1570, capitaine de la ville de Lyon de 1542 à 1569, possesseur d'une bibliothèque riche en manuscrits. (C. B. *Mélanges*, p 334 : P. Paris, *Manuscrits françois de la B. du roi*, II, 213) — «Suivant Pernetti, 1, 377, le Consulat avait accordé « à son père en 1504, une rue qui porte encore son nom. » Voyez aussi la *Biogr. Lyon.*, p. 268. Il est à présumer que le père de François Sala, était *Pierre Sala*, seigneur de l'Antiquaille, en 1513, à moins que ce ne soit *le Nicole Sala* dont la *Bibliothèque de l'école des Chartes*, II, 281-85, nous a tout récemment révélé l'existence, dans un article qui nous a paru trop intéressant pour ne pas être reproduit.

COMBAT DE FRANÇOIS Ier CONTRE UN SANGLIER.

« Voici un traict de gentillesse du roi François Ier, qui mérite d'être signalé aux curieux, d'autant que les historiens *n'en ont pas parlé*, et qu'au demeurant il montre mieux que ne font les pompeux discours comment ce vigoureux Valois savait bailler une estocade. L'anecdote nous est garantie par un vieux serviteur de la maison du roi, qui l'a consignée dans un livre destiné à François Ier lui-même. Ce livre qui fait partie des Mss. de la Bibliothèque royale (1), est sigulier entre plusieurs moins à cause des histoires qu'il renferme, que parce qu'ayant été composé par un courtisan pour le roi son maitre; cependant l'offre en a été gratuite et désintéressée. Du moins c'est ce que l'auteur se plaît à affirmer dans ce quatrin dédicatoire :

> Vostre loyal serviteur, et subget
> Obeissant, vous envoye ce get
> Dont nul avoir il ne quiert, ne pourchasse
> Fors ung petit de vostre bonne grace.

« Le bonhomme s'appelait Nicole Sala. Il avait été varlet de Louis XI et de Charles VIII, panetier du dauphin Orland (fils de Charles VIII), maître d'hôtel de Louis XII. François Ier, à son avénement, l'envoya finir tranquillement ses jours dans son hôtel de l'Antiquaille à Lyon (2). En reconnaissance de ce bienfait, Nicole Sala, qui était quelque peu clerc, s'avisa de composer, *malgré la goutte et la colique*, un livre qui pût servir ensemble à l'a-

---

(1) *Supplément français*, n° 119. Lenglet Dufresnoy, dans son Histoire de Jeanne d'Arc, a donné un curieux extrait de ce Ms. relatif à la Pucelle, t. 2, p. 49. Note des éditeurs de la *B. des Chartes* qui auraient pu ajouter que le P. Labbe en a aussi donné un extrait, t. 1, p. 714 et suivantes de son *Abrégé royal*, et que le *Combat de François Ier contre le sanglier* fait partie de cet extrait. Toutefois nous ferons observer que le Ms. extrait par le P. Labbe, portait le n° 180 de la Galerie. Voyez Lelong, *Biblioth.*, n° 26966.

(2) «Tous ces détails sont tirés du prologue de N. de Sala. »—Ajoutez-y que N. Sala suivit Charles VIII, en la conquête de Naples. Voyez le P. Labbe, *loc. laud.* ».

musement et à la glorification de son jeune souverain. Il a choisi pour thème
les Hardiesses des grands rois et empereurs. A l'exemple des beaux écrivains
de son jeune temps, il prend son début dans une apparition fantastique.
Quatre divines pucelles viennent s'ébattre et deviser sous son toit. On arriva
à parler du *beau François*, de ses gestes à Marignan. Sur ce sujet les demoiselles sont intarissables. Les vers (car elles parlent en vers) leur pullulent
à la bouche pour vous délayer les moindres détails dans le plus de mots pos-
sibles. C'est l'amplification des on dit du jour. L'une vante l'intrépidité du roi
qui lui fait endosser son armure fleurdelisée pour être mieux connu de tous;
l'autre raconte avec quelle dextérité il s'est débarrassé par trois coups de
taille de sept Suisses qui l'entouraient à un moment. Une autre lui met dans
la bouche un discours semblable à celui qu'au dire de quelques uns, le roi
Philippe-Auguste tint avant la journée de Bouvines... Suivent les louanges de
Louise de Savoie, toujours inséparables de celles de son fils dans les panégy-
riques de ce temps-là ; après quoi Nicole Sala est mis en demeure, par ses vi-
siteuses, de raconter quelque chose à son tour. Il accepte volontiers la partie,
mais en narrateur impitoyable, car ayant commencé son récit par le combat
de David et de Goliath, il le continue en suivant l'ordre des temps jusqu'à
l'action qu'on va lire, laquelle eut lieu le 26 mai 1515 (1).

« Ce fut au temps que le bon roy François fit le mariage du gentil duc de
Lorraine et de madamoiselle Renée de Bourbon. En ces nopces il ne faut demander quelle compaignie y fut, car je vous peux bien dire qu'elle pouvoit
estre comparée aux assemblées qui se soulloient faire en l'hostel du bon roy
Artus : car tant y eust à celle feste de princes, princesses, dames et damoiselles, chevaliers et gentilz hommes, que tout le chasteau d'Amboise en fut
plein. Le roy qui sans cesser ne faisoit que penser comment il pourroit de
jour en jour donner plaisir à cette belle compaignie, s'aduisa entre aultre
passe-temps qu'il enverrait ses veneurs en la forest d'Amboise pour illec
trouver le moyen de prendre, à force de cordes, quelque vert sanglier de
quatre ans, et le lui amener tout vif. Ce qu'il commanda fut fait : car ung tel
comme il avoit devisé fut prins et mis dedans ung grand coffre fait de groz
barreaux de chesne bien bendé de fer, propice à ce mestier : et après avoir le
trappon du coffre bien fermé, mis fut sur ung char, et tràiné jusques dans la cour
dudict chasteau, le roy qui moult désiroit de, en ce lieu, le combattre corps à
corps devant les dames, en fust destourné par les prieres de la royne et de
madame la regente sa mere : si s'en souffrit pour l'amour d'elle, et se pensa
alors qu'il feroit attacher des fantosmes à cordes au milieu d'icelles, pour veoir
comme celle furieuse beste les assauldroit de prime veue. Sa bauge estoit faicte
à ung coing, toute couverte de branches et feuiles.—Or, y avoit-il à l'environ
la court du chasteau, galleries basses et haultes et quatre viz (escaliers) par
où on entroit et montoit aux galleries. Tous ces passages estoient très-bien
bouchez de groz bahuz, coffres et aultres choses pour empescher le sanglier
d'entrer es galleries, lesquelles estoient pleines de gens que les ungs montoient sur les aultres. Le roy qui s'estoit mis sur la gallerie entre le portail et
les chambres de la royne, qui estoient presque devant le puis, devisant

(1) « Il y a toute apparence que le beau Ms. de la B. royale fut exécuté cette même année
1515, et que Nicole Sala le tint prêt pour l'offrir au roi lorsqu'il reviendrait de la guerre
d'Italie. C'est ce qu'on peut inférer tant de la composition du livre, que du frontispice en
miniature dont il est orné. On y voit le quai de l'Archevêché de Lyon et l'église de St-Jean;
derrière s'élève la montagne de Fourvières : Notre-Dame au sommet, sur la croupe l'hôtel de
l'Antiquaille. Le roi s'achemine vers cette résidence, et Nicole Sala qui est venu à sa rencontre,
lui fait à genoux l'hommage de son livre. »

avecques ses gentils hommes, attendoit que les dames fussent acoustrées et aranchées pour voir à leur aise, et quant temps seroit de commander que la trappe fut haulcée, et getter le sanglier hors pour voir ses escarmouches. Le roy doncques voyant son poinct, fait signe à ceulx qui la charge avoient, de hausser le trappon pour faire ouverture à la maulvaise beste ; ce qui fut tost fait. Si en sortit hors tres-furieusement le sanglier héricé et tarquetant ses marteaulx (faisant claquer ses défenses), qui sembloit que ce fussent orfèvres. Aux fantosmes s'en vint de course, et à sa grant dent les commença à dessirer, et les faisoit tournoyer çà et là autour des cordes, qu'il sembloit que ce fussent joueurs de souppresses. Cette maulvaise beste s'amusa ung temps après ces fantosmes. Ceulx qui estoient aux galleries basses la arauldoient (lui crioient après), et il revenoit à eulx de cource ; mais il ne pouvoit saillir si hault. Il alloit tournoyant tout autour, une fois le trot, aultrefoiz la course, et tant vira par léans qu'il vit à l'entre de la vis qui estoit auprès du portail une brèche mal taudissée, par où il luy fut bien advis qu'il passeroit. Si vint heurter d'un grant zélant (eslan) à celle entrée, si fort qu'il renversa les deux coffres qui le passage estouppoient tellement qu'il entre ès premières galleries.

Il ne fault demander si ceulx furent espouvantez qui léans estoient. Ilz se essaient de reculer, mais ilz ne peuvent pour la presse qui y estoit si grande. Les ungs se prindrent à monter sur l'acoudouer des galleries et embrassoient les piliers pour se jecter en la court, si besoing eust esté. Et ne se faut point esmerveiller si l'on y devoit avoir peur, car ilz n'avoient nulz bastons propices à eulx deffendre d'une si cruelle beste ; avecques ce que l'ung eust empesché l'autre. Toutesfoiz le sanglier ne vint point à eulx, ains s'en va monter la vis dudict portail. Si prent son chemin droit où estoit le roy, lequel se fust bien gesté dedans la chambre de la royne s'il lui eust pleu ; mais il ne daigna, ains fit reculer à son doz tous ceulx qui en sa compaignie estoient, et voulut attendre le sanglier tout seul pour voir qu'il voudra faire ; mais ce fut par une aussi grande assurance comme s'il eust veu venir à luy une demoiselle. Ne demandez pas en quelle fréeur fut lors, la royne et madame la régente, voire toute la compaignie, qui en tel péril veoient le roy. Nul n'ozoit passer son commandement de se mectre entre deux, combien que cinq ou six de ses gentilz hommes le voulsissent faire ; mais il ne le souffrit. Le sanglier d'entrée venoit à luy tout le pas. Le roy qui jamais n'étoit sans une bonne forte espée tranchant et poignant ceinte à son costé, y mit la main, si la tire. Quant le sanglier se voit approuché de luy environ la longueur de deux toises, si s'empreint de grant viveté pour luy cuyder donner de sa dent parmy la cuisse et luy faire playe mortelle. Mais le roy qui est hardi et assuré, desmerche ung demy pas et de celle bonne espée qu'il tient au poing, lui donne de pointe en l'escu (poitrail), par une si grande force qu'il la lui passa tout au travers du corps. Le sanglier se voyant atainct laisse le roy, et s'en va descendre par l'aultre vis qui estoit devant le puis, et marcha dedans la cour environ cinq ou six pas, puis tomba mort. Vous ne sçauriez pas croire la joie que la royne et Madame eurent quant elles virent le roy eschappé de ce péril. — Soyez seures, Mesdames, que de toutes les contenances hardies que je vis oncques, ce fust celle du gentil roy François ; et ce que je vous ay dit, je vis à l'ueil ; et ne croy point que oncques hardiesse du roy fut plus gaillardement esprouvée que celle fut. »

— «... Car j'ay tousiours ouy dire que celuy qui asseurement attend un san« glier attendra bien un homme. » Cette dernière phrase termine le récit dans le Ms. cité par le P. Labbe.

1574. — *Janvier* 6. Mort, dans le couvent des Cordeliers, de Jean Henricy, surnommé le *Fléau des hérétiques*, évêque de Damas *in partibus*, et suffragant d'Antoine d'Albon, archevêque de Lyon. *Biogr. lyonn.* — L'évêché de Damas, après la mort d'Henricy, fut donné à Jacques Maistret, de l'ordre des Carmes, qui succéda aussi à Henricy dans les fonctions de suffragant de l'archevêque de Lyon. Maistret fut un des plus fougueux partisans de la Ligue. Des lettres-patentes du 15 janvier 1597 ordonnèrent la saisie de ses biens, « comme prévenu d'attentat contre la personne du roi. » Alors il s'était réfugié à Aix en Savoie (et non en Provence), et il y mourut le 6 juin 1615. La bibliothèque de Lyon possède l'exemplaire qui lui a appartenu du *Compendium* de Robert Gaguin, Paris, 1497, in-fol., édition décrite par M. Brunet, suppl., II, 60, et citée par Delandine, *Catal.* (Hist.), II, 403. Jacques Maistret est auteur d'écrits théologiques. Voyez son article dans la *Biogr. lyonn.*, et ci-après, au 21 février 1595.

1574. — *Janvier* 18. Gilles Garnier, natif de Lyon, est, en exécution d'un arrêt du parlement de Dole, brûlé dans cette dernière ville « pour « avoir, en forme de loup-garou, ayant mains semblant pattes, dévoré « plusieurs enfants, et commis autres crimes. » Laroche-Flavin, *Arrêts du parlement de Toulouse*, l. II, titre XII, art. IX. *Biogr. lyonn.*. — La véritable date de l'arrêt qui a été imprimé à Paris et à Lyon, en 1574, est le 16 janvier 1573, v. s., 1574, n. s.

1574. — *Janvier* .... Mandelot convoque au palais de Roanne les officiers de la justice et les consuls échevins, afin de présenter au roi trois sujets pour l'office de procureur du roi, vacant par la mort de *Pierre Bullioud* (1). Après cette nomination, on fit une semblable présentation au roi pour l'office de lieutenant du guet à Lyon, mais ce qui est remarquable, c'est qu'ayant fait ces nominations, l'assemblée se crut en droit de présenter au Pape le prieur des Jacobins de Lyon, afin que Sa Sainteté le nommât suffragant de l'archevêque de Lyon (Antoine d'Albon qui s'était démis de son siége, l'avait laissé vacant). — Vers le même temps, il fut encore question de soliciter du roi l'établissement d'un parlement à Lyon, ainsi qu'il avait été arrêté, en *avril* 1569, d'en faire la poursuite auprès de S. M., ce que les guerres et les troubles avaient empêché. S. — Déjà une première tentative avait été faite à ce sujet, en 1536, durant le séjour de François Ier dans notre ville. Claude de Bellièvre, ancien échevin, adressa à ce prince, au nom de ses concitoyens une *Requête*, écrite en latin, « pour establir parlement à Lyon. » Cette pièce se trouve à la fin de son *Lugdunum priscum*, dont le manuscrit original, resté inédit, se conserve dans la bibliothèque de l'Ecole de médecine de Montpellier. Comme elle nous a paru assez curieuse pour mériter de voir le jour, nous l'offrons à nos lecteurs :

LUGDUNENSES REGI.

« Octavius Augustus Munatio Planco viro consulari et pretorio procurante Lugdunum condidit, primamque et summam judicialem sedem esse jussit, ac pro Celtica Lugdunensem sedem nominavit : Jubeas, christianissime Rex, senatorii ordinis antiquum decus restitui, et eris nobis secundus conditor

---

(1) Ce *Pierre Bullioud* était probablement de la même famille qu'un autre *Pierre Bullioud* qui fut aussi procureur du roi au siège présidial de Lyon, et qui mourut le 7 septembre 1597. *Biog. lyonn.*

felix imperii semper Augustus. Sic Camillus urbis à Gallis incensæ restaurator, secundus Romulus dictus est, longè melior ac beatior quam qui condidit.

Ad tuendum hujus regni precipuum limitem et late arcendos finitimos populos nullum militare præsidium neque autoritate, neque perpetua fide firmius constitui potest quam si hic togatos, Rex optime, liminarchas preficias. Et quemadmodum Justinianus imperator præfecto pretorii Africæ curam demandavit ut in trajecto Hispaniæ is observaret quid in Hispania et Francorum Gallia ageretur, consentaneum est ut in hoc celeberrimo Galliarum emporio præfectos pretorio constitutos habeas ad presentiendum observandumque quid finitimi Allobroges, Sequani, Helvetii, Germani, quid et factiones Italiæ moliantur.

Lugdunenses Galli sunt juris italici. xii tabularum leges ac jus civile scriptum semper illibate retinuerunt. Ceteri autem sub Parisiensi ditione suprema constituti ab hoc prescripto juris abhorrentes ferme propriis utuntur consuetudinibus. Quis non putaverit æquum tribunalibus disjungi quos cœli temperies legumque et morum manifeste separat diversitas?

Quis civium nostrorum non misereatur qui, veluti hyperboreæ grues aut emissarii Arabes, pro levibus plerumque litibus et appellationum nugis dirimendis, per trecentum millaria magno sumptu cogantur assiduè Parisios commigrare?

Externis planè mercatoribus odiosum quibus sit facilius Taprobanam, Calicutium aut Catheios navigare quam ex immenso illo Parisiensi pelago litigatricem navem vix triennio toto reducere. Civili quoque lege sancitum est à longinquis regionibus justitiæ implementum non esse requirendum, nec his incommodis plebem affici debere ut pro pecude, porcello, forsan, vel gallina seu alia quapiam re exigua, ad remotas provincias ingemiscentem ferre inopiam compellantur. Vide, serenissime princeps, quam perspicua sit hujus parlamenti publica utilitas et urgens necessitas.

Æquo animo ferrent Lutetiani, si non eodem lecto semper volutemur et abjecto vetere fermento simus azimi; nec est quod querantur ipsi, tanta et inexplicabili litium multitudine ad nauseam usque onesti, si hanc provinciolam veluti tenuem vestimenti fimbriam ab his divelli desideramus. Concedant hoc nobis non gravate memores majores suos Lugdunensi aræ et primæ ibi judiciariæ potestati olim colla subjecisse. Priscæ autem hujus nostræ ditionis ingens est et fidele testimonium adhuc vigens primatialis sedes Lugdunensis, quæ Parisios, Senones, Carnutes, Genabenses, Turones, Andes, Armoricas civitates, Heduos et universam Celticam in jurisdictione ecclesiastica late complectitur.

Supremi consilii plantulam in Dombis nobis dedisti, et miramur quod illa in ubere gleba et irriguis campis non crescat. Sane, ô Rex inclite, nisi nobis irradiaveris, et solem justitiæ amplificaveris ac incrementum dederis, non crescet. Emitte spiritum tuum et creabuntur, et renovabis faciem terræ, rivos ejus inebrians, multiplica genimina et lætabitur germinans.

Tholosam, Rhotomagum, Burdegalam, Divionem, Gratianopolim, Aquas Sextias, urbes parlamenteas, si non superamus, saltem æquamus loci dignitate et antiquis ornamentis, jucundâ cœli facie, nobilissimis fluviis in hanc peninsulam confluentibus, emporio famigerato, opportuno ex terrarum gentium accessu et successu, annonæ copia, splendidis ædibus, populi comitate, virorum eximiorum honestissimo ordine, ac omnium hominum in te virum principem integerrima fidelitatis constantia. Quid plura! Jure igitur citra contentionem et invidiam adæquatos petimus honores.

Desideras, ô Rex opulentissime, tuam Galliam in hoc regni frontispicio florentissimam et admirabilem reddere ; da senatum , et civitatem habebis omnibus numeris absolutam , longè ornatiorem quam si mille pyramides, colossos , fornices , aquæductus , thermas, amphitheatra et id genus vulgi oblectamenta instruxeris.

Europæ feruntur tria maxima flumina ab eodem propemodum Alpium jugo nascentia : Danubius, Rhenus et Rhodanus : ergo tuum Rhodanum una clarissima et bene dotata comitate fac insignem : tunc Rhenum cum sua Agrippina Colonia, et Danubium cum sua Buda facile despiciemus.

Secundas Athenas et in eis fecundissimos græcæ atque latinæ eruditionis oratores et causidicos sacra illa Ara olim nobis ædificavit et præstitit; certe fausta illa sidera , quæ tunc nobis fulserunt non sunt dimota , nec defecit fecundus ille terræ genius qui in hanc diem plurimis litteris et virtutibus præstantes promere non desinet , quorum bona pars in tuas parlamenteas curias à te, ô Rex prudentissime , ascita, non sine laude præsidet. Itaque operæ pretium ac facile fuerit ut hic senatum bonis auspiciis feras cum prompta habeas felicium ingeniorum seminaria.

Tullius Servius Romanorum rex urbis Romæ pomerium ampliavit, duosque colles Viminalem et Quirinalem urbi adjectos novis mœnibus inclusit, ac regiam illic transtulit, quod celebrior esset locus et novis edificatoribus et incolis frequentior. Nos tuo auspicio , magnificentissime Rex , collem unum latum patentem Allobrogibus obversis novo muro validissimo quidem et hostibus tuis terrifico cinximus, sed interius toto colle nuda est area , ædibus et propugnatoribus vacua. Jube modo illic parlamenteum palatium statui, et extemplò nova tecta, densos viros, frequentissimos civium ordines in populosam civitatem consurgere lætaberis. Quæ non minus erit perpetuum tuæ magnitudinis monimentum ad immortalem tui nominis gloriam, quam fuerunt Alexandria magni Alexandri , Antiochia sui Antiochi , et Bizantina Constantinopolis sui Constantini magni.

In Cæsarum familia firmato imperio Romani imperatores et duces ad Gallicas, Britannicas, Germanicas et Hispanicas expeditiones è Lugduno tanquam è tutissima specula et Palladis arce ingentium bellorum sumebant auspice et propitiatis diis ad' aram maximam de summis rebus consilia inibant arma et latos exercitus velut è Martis officina recensebant, tantusque erat nobilissimæ Lugdunensium coloniæ favor et cumulatus honor, ut ex eadem permultos insignes virtute viros ad amplissimum Romani senatus ordinem allectos et patribus conscriptis annumeratos fuisse legamus. Extat hujusce rei recens simul et antiquum ac locuples testimonium nobilis illa tabula ænea nuper in prædicto colle effossa quam Germanicus in memoriam Drusi patris posuit et dicavit. Hic est ille Drusus Tiberii Cæsaris frater, vir rebus gestis clarissimus, qui primus sub Augusto de Germania justum triumphum egit, et diu cum uxore Lugduni diversatus, genuit eumdem Germanicum ac Claudium postea imperatorem , eo die natum quo primum ibi Ara illa dignitatis eximiæ à LX Gallorum gentibus , totidem ibi statuis positis , divo Augusto fuit consecrata. Noster autem Germanicus à Tiberio adoptatus incomparabili virtute præstantia omnium laudes exuperavit, profligatis iterum Germanis, Germanici cognomen tulit , quem defunctum populus romanus et universus orbis incredibili mœrore luxerunt. Reges quoque ad indicium maximi luctus barbam posuerunt et uxorum capita raserunt. Quid vero hæc tabula è penitissimis hujus civitatis ruinis eruta portendit ? quid presagii esi quod nisi te regnante in lucem gestivit erumpere ? Profecto , Rex magnanime , felix illud sæculum in te liberisque tuis summæ spei ac spectatissimæ indolis renovatum iri , et ad inclitas victorias portendi conjectamus, ut te, uti Drusum alterum, hos autem Germanico similes aucto imperio conspiciamus. Ceterum ut tabulæ rationem, et quasi vaticinium, ne dicam fatum, expleas, reliquum est ut nobis senatorios honores restituas, quod bonum faustumque sit tibi et proli generosissimæ.

Domine Rex qui judicas recte, et actionibus tuis assistricem semper habes sapientiam, intellexisti rogationes nostras de longe et funiculum nostrum investigasti : cognovisti novissima et antiqua, largire fidelibus tuis hanc quem ad tuos clementiæ pedes petimus, supremæ tuæ justitiæ unciam unam veluti virgulam ex aromatibus, unciam, inquam, quam in tuæ magnificentiæ et gloriæ libram redundabit : divina plane erit ista magnificentia quæ te hilarem datorem non imminuet, sed longè ditiorem, potentiorem, sublimiorem, beatiorem, Deo maximo optimo autore, efficiet.

Si quis adversetur, parati sumus ad eamdem aram causam dicere, repetita prisca illa pœna, ut victi in propinquum flumen mergantur. »

1574. — *Mars*.... La ville de Lyon fournit un secours de cinq compagnies, de cent hommes chacune, à François de Bourbon, duc de Montpensier, pour faire la guerre aux bandes de Montbrun qui ravageaient le Dauphiné et le Vivarais, et qui, interceptant le cours du Rhône, rendaient impraticable tout commerce par eau. Rubys, p. 424; *Arch. du Rh.*, VII, 369; J. Morin, V, 266.

1574. — *Avril* 5. Antoine d'Albon fait la dédicace de la nouvelle église de St-Just. Le Laboureur, *Maz.* II, 22.

.*. Nous terminons ici la cinquième partie de ces *Notes et documents*. L'année prochaine, nous publierons la sixième partie qui commencera avec le règne de Henri III.

Seconde Partie.

NOTES ET DOCUMENTS

POUR SERVIR A L'HISTOIRE DE LYON.[1]

> Historia quoquo modo scripta delectat.
> PLIN. JUN. *Epist.* v. 8.

1574-1589.

RÈGNE D'HENRI III (2).

1574. — *Juin.* M. de Mandelot, gouverneur de Lyon, ayant reçu la nouvelle de la mort de Charles IX, convoque dans son hôtel les principales corporations de la ville, et, après une allocution forte et pathétique, leur fait prêter serment de fidélité à Henri III, qui était alors en Pologne. — Une députation composée de citoyens les plus notables, à la tête de laquelle était Claude de Rubys, procureur général de la commune, fut envoyée au devant du roi, et se rendit à Venise où le monarque lui donna audience et promit de passer par Lyon (Voyez Rubys, *Hist. de Lyon*, p. 425; A. P. *Notice sur Mandelot*, p. 22). — La députation qui s'était mise en route le 10 *Juin*, fut de retour à Lyon le 10 *août* suivant.

1574. — *Juillet* 20. Les échevins vont au devant de Jacques de Savoie, duc de Nemours, en cheval et en housses, jusqu'à la porte du pont du Rhône, et l'accompagnent à son logis. — Messieurs de Langes et Sala lui offrent de la part du Consulat 140 pots de vin, à 5 sols le pot, et présentent à la duchesse de Nemours, pour 54 l. 4 s. 6 d. de confitures. S.

1574. — *Juillet* 26. Henri III écrit aux échevins de Lyon:

---

(1) Ces *notes ou documents* font suite à ceux que l'auteur a publiés dans *les Annuaires de Lyon*, de 1839 à 1841.

(2) Ce prince, successeur de Charles IX, parvint à la couronne le 30 mai 1574, et mourut le 1er août 1589.

« De par le roy :

« Chers et bien amez, nous avons entendu par voz depputez et les lettres du Sr de Mandelot, le bon debvoir que vous avez faict à notre service, sur les occasions qui se sont présentées à la mort intervenue de nostre feu seigneur et bon frère, dont la perte nous a causé un extresme regret, pour l'amytié plus que fraternelle qu'il nous avoit portée toute sa vie; mais puisqu'il a pleu à Dieu l'appeler à soy, et, par le droit de nature, nous faire son légitime héritier et successeur à sa couronne, nous recevons vn grand contentement de la résolution que vous avez prinse en nostre absence, de nous garder la loyauté que iustement vous nous debvez; vous assurant que puisque nous auons trouvé en vous la fidélité que nous en avions tousiours attendue, vous pouvez aussi vous promettre le meilleur et plus gracieux traictement que vous pouvez désirer de vostre roy naturel en toutes les occasions qui s'en offriront; vous enjoignant bien expressement que, comme vous avez bien commencé, vous continuiez et obéissiez, en attendant nostre arrivée qui sera le plustost et à plus grandes journées qu'il nous sera possible, à tous les commandements que vous fera la *royne régente*, nostre très-honorée dame et mère, soit pour le faict de nostre joyeuse entrée en nostre ville de Lyon, ou aultre chose qui regarde nostre service; qui est la plus certaine preuve et la meilleure confirmation de vostre ancienne fidélité, que vous nous puissiez rendre pour ceste heure. Donné à Venyse, le 26 jour de juillet 1574. Signé *Henry*, et plus bas *Ruzé*. S.

1574.—*Juillet* 27. Le consulat passe vente à Pierre de Palmier, sieur de la Bastie, gentilhomme ordinaire du roi, et chambellan du duc d'Alençon, du jeu de paume d'Ainay, appartenant à la ville, à la charge d'une pension de trois livres à l'abbaye d'Ainay, et de 25 livres à la ville. S.—C'est dans ce jeu de paume que le Dauphin, fils aîné de François 1er, avait bu le verre d'eau qui fut la cause de sa mort et de celle de Montécuculli. Voyez ci-dessus au 7 octobre 1536.

1574.—*Août* 22. Sur la demande d'André Morel, maître de la monnaie de Lyon, et en exécution de l'arrêt de la cour des monnaies de Paris du 9 de ce mois, le Consulat nomme nobles François Grolier et François Cousin, bourgeois de Lyon, pour assister à la fabrication des petites monnaies qui se font à Lyon.—Le Consulat nomme aussi Pierre Gondolfi, graveur, à l'office de graveur de la monnaie, vacant par la mort de Claude Bailly. S.

1574.—*Août*... Catherine de Médicis vient à Lyon pour y attendre Henri III. Elle prend son logement au château de la Mothe.—Avec elle étaient venus Monsieur, frère du roi, le roi de Navarre (Henri de Béarn, depuis Henri IV), et Marguerite de Valois sa femme. Voyez les *Mémoires* de cette princesse (collection Michaud, 1er série, tom. x, p. 411); son *Histoire*, par A. Mongez, p. 114, et l'*Alm. de Lyon*, pour 1746, p. xlvij.

1574.—*Août* 28. Une ordonnance royale, datée de Lyon, enjoint à toutes personnes d'ouvrir leurs caves, une fois l'an, aux fermiers de l'impôt de cinq sous par chaque muid de vin.—Le 1er septembre suivant, par lettres également datées de Lyon, sont confirmés dans leurs offices, les officiers de la chambre des comptes, créés à l'occasion du joyeux avénement. *Recueil* d'Isambert, xiv, 268.—Les deux actes que nous venons de mentionner doivent avoir été signés par la reine-mère, régente du royaume.

1574.—*Septembre* 6. Messieurs les consuls échevins de Lyon, s'étant rendus en l'hôtel commun, en sont partis à 2 heures après midi, avec aucuns notables de la ville, pour aller recevoir le roi Henri III, venant de la Po-

logne, lequel ce même jour seroit arrivé sur les 5 heures du soir, et entré en ladite ville par la porte du pont du Rhône, à laquelle porte n'auroient lesdits sieurs échevins voulu attendre pour y recevoir sa Majesté, d'autant qu'elle n'auroit voulu lui être faite entrée solemnelle, jusqu'à ce qu'elle auroit été couronnée; toutesfois auroient lesdits sieurs échevins, fait préparer, armer, et équiper les forces de ladite ville, étant sous la charge et conduit des capitaines des quartiers penons de ladite ville, lesquels, avec leurs enseignes déployées, se seroient rendus en la place de Bellecour, en laquelle on estimoit faire passer un bataillon, y passant sa majesté, et faire une salve d'arquebuse accoutumée : toutesfois pour autant que sadite Majesté seroit arrivée plustôt que ledit bataillon n'auroit pu être dressé, auroient lesdits sieurs échevins fait la révérence à sa Majesté, à l'entrée de ladite place de Bellecour, à laquelle, après l'avoir congratulé de son heureux et si prospère retour en son royaume, ils auroient, comme tenus et obligés, offert non-seulement tout ce qui étoit desdites forces en cette place de Bellecour, mais tout le reste des habitans de ladite ville et leurs propres vies pour lui faire très-humble service. A quoi sa Majesté faisant réponse gracieuse et très-agréable, auroit dit «qu'il auoit tousiours connu ceste bonne volonté et
» s'en estoit tousiours asseuré, qu'il les prioit et commandoit d'y conti-
» nuer, et que tout ainsi qu'ils auroient esté bons et fideles subiectz, qu'il
» leur feroit cognoistre par effet qu'il leur seroit bon prince et roy, et
» que particulièrement il gratifieroit ladite ville en toutes les bonnes occasions qui s'en présenteroient.» Ce fait, auroit sa Majesté traversé ladite place de Bellecour, jusqu'à la rivière de Saône, et à l'endroit de la place de Rontalon, auquel lieu lui avoit été dressé un port ou descente à ladite rivière expressément acommodé pour sa Majesté, seroit montée sur un grand bateau (1), sur lequel auroit expressément été construite, par commandement et aux dépens du consulat, une salle de bois et charpenterie accompagnée de galeries tout autour d'icelle, et percée de fenêtres de tous les costez, peinte tant dedans que dehors; dans laquelle auroit sadite Majesté accompagnée de la reyne sa mère, Messieurs les *ducs d'Alençon, roy de Navare* et *duc de Savoye*, traversé jusqu'à l'archevêché de Lyon, où son logis lui avoit été préparé. *Actes Consul.* Voyez *la Chroniq.* de Carion (continuation de); *le Cerémonial franc.*, p. 922 et suiv., etc. — La Croix du Maine cite au nombre des ouvrages de Nicolas du Mont : « Les Feux de joie faits à
« Paris pour l'arrivée du Roy en France, avec l'ordre tenu à son entrée et
« reception en la ville de Lyon, imprimés par Denis du Pré.»

— *Même jour 6 Septembre.* Le roi tient un conseil où l'on décide contre l'avis des plus sages, que l'on commencera la guerre contre les Huguenots. *Art de vérif. les dates*, 1, 653.

1574. — *Septembre* 24. Mort, à St-Rambert en Forez, d'Antoine d'Albon, archevêque de Lyon. — La vie de ce prélat qui fut, dans sa jeunesse, l'ami et le correspondant d'Erasme, est remplie d'événements auxquels il a pris souvent une part très-active. Les détails les plus curieux ne manqueront pas à son biographe. Il eut pour suffragant le fameux Jean Henrici (voyez ci-dessus au *6 Janvier*). Il avait succédé, en septembre 1564, à Hippolyte d'Este, cardinal de Ferrare, avec lequel il avait permuté; il fut remplacé par Pierre d'Espinac, né au château d'Espinac en Forez, le 10 mai 1540. Le Laboureur, *Maz.*, 11, 23; *Gallia Christ.*, etc.

(1) La dépense de ce bateau qui avait la forme du Bucentaure de Venise, monta à 1900 livres. — On avait acheté pour 171 livres de confitures, qui furent offertes au chancelier Brulard et aux autres seigneurs. S.

1574. — *Septembre* 25. Une déclaration du roi datée de Lyon, défend l'exportation des blés et autres grains hors du royaume, sans la permission expresse de S. M. — Cette déclaration est fondée sur l'extrême cherté et nécessité des grains et blés pendant les années précédentes, et sur la crainte d'une disette. *Recueil* d'Isambert, xiv, 269.

1574. — *Septembre* 28. « Les officiers de la justice, consuls et échevins de la ville de Lyon certifient que, advienne vacation de la charge et office de suffragant en ce diocèse, par le décez de M. Jean Henrici, evesque de Damas, d'ung commun advis, et suivant les ordonnances du roy, *ils ont* nommé à nostre sainct Père et à S. M. et encore au Sr Archevêque de Lyon, frère Jean Ropitel, docteur en théologie, de l'ordre des frères mineurs, pour faire la dernière charge de suffragant, et ce en considération de son savoir et suffisance et des bons offices qu'il a faicts en ceste ville, par ses prédications ordinaires, tant auparavant que depuis les troubles aduenus en ce royaume pour le faict de la religion et de sa bonne, saincte et exemplaire vie, mœurs et conversation. S. »

1574. — *Septembre*... Vers ce temps là, les échevins traitèrent avec le sieur du Halde, premier valet de chambre du feu roi, de la charge de capitaine des portes de la ville de Lyon, qui lui avait été donnée lors de la réduction de cette ville en 1563. La charge fut supprimée, et les clés des portes furent rendues aux échevins. Rubys, p. 426.

1574. — *Septembre*.... Le roi joint, en faveur de Mandelot, le gouvernement de Forez à celui de Lyonnois et Beaujolois; Anne d'Urfé qui s'en disait gouverneur, demeure lieutenant au même gouvernement. Rubys, p. 426. — Anne d'Urfé était le frère d'Honoré, auteur de l'*Astrée*, roman qui fit les délices de Jean-Jacques Rousseau, jusqu'à ce qu'il eût fait un voyage dans le Forez (1). Voyez Bernardin de St-Pierre, *Etudes de la nature*, ix, 88, édit. de 1793, et *Les d'Urfé*, par M. A. Bernard, p. 162. — Avant Anne d'Urfé, Mandelot avait pour lieutenant Maurice du Peyrat, nommé après la S. Barthelemi. Plus tard, et sans doute par la résignation d'Anne d'Urfé, Guillaume de Gadagne, seigneur de Bothéon, exerça les mêmes fonctions jusques vers la fin de 1600, époque de sa mort.

1574. — *Octobre* 10. Une compagnie de Reistres qui avait passé par Lyon, obtient à titre d'indemnité une somme de 6000 livres pour la valeur des effets qui avaient été volés dans ses chariots. — Le Consulat, malgré sa résistance, fut contraint de payer cette somme. S.

1574. *Octobre* 15. Henri III écrit aux conseillers et échevins, procureurs, manans et habitans de sa bonne ville de Lyon :

« De par le roy : — Chers et bien amez, ayant pour la réduction en nostre obéissance de la ville d'Annonay faict leuer vng bon nombre de gens de guerre tant de cheval que de pied soubz la charge de nostre amé et feal cheuallier de nostre ordre le Sr de Sainct Chaulmont, pour la nourriture desquels estant besoing pourvoir au faict des vivres : à ceste cause nous vous mandons et expressément enjoignons que, incontinent la présente veue, vous ayez à faire recueillir et lever la quantité de bleds, farines, pains, vins, chairs, lards, avoines, etc. etc. ; et à ce ne faictes faulte si tant est que crai-

---

(1) On prétend qu'il fit ce voyage pour aller voir Mme de Warens, qui s'était retirée dans un couvent de religieuses à St.-Galmier, en Forez, où elle a fini ses jours. Il est étonnant que cette femme qui doit à Jean-Jacques une si grande célébrité, ait été oubliée dans la *Biographie universelle.*

gniez nous desobeyr : car tel est nostre plaisir. Donné à Lyon le 15 jour de octobre 1574. Signé *Henry*, et plus bas *Neufville*. S.»

1574. — *Octobre* 19. Les sieurs consuls qui ont eu communication de la commission à eux adressée par M. le Commissaire général des vivres près le *camp d'Annonay*, pour fournir certaine quantité des bleds, vins, farines, etc., disent que telles commissions n'ont coutume d'être adressées à eux, mais aux syndics et habitans du plat pays de Lyonnois ; joint que pour la grande disette de tous vivres qui a été depuis trois ans audit pays, il n'y a de présent dans ladite ville bleds ni farines pour nourrir ses habitans durant un mois, en sorte qu'ils ont été contraints recourir au roy, pour en avoir traite de Bourgogne et de Bassigny ; de plus ils disent que la ville d'Annonay est voisine des pays de Velay et d'Auvergne où il y a abondance de tous vivres, et telle qu'ils en fournissent journellement à la ville de Lyon, et partant que c'est audit pays que se doit adresser ladite commission. S.

1574.—*Octobre* 20. Des lettres patentes datées de Lyon, ordonnent l'enregistrement d'une bulle du pape, qui permet l'aliénation du temporel des ecclésiastiques. — Le pape se fonde sur ce que le malheur des temps et les guerres civiles qui ont ravagé le royaume, et qui ont eu pour objet le maintien de la religion catholique, ont ruiné les finances du roi. *Recueil* d'Isambert, xiv, 270.

1574. — *Octobre...* Lettres confirmatives des priviléges des marchands qui fréquentent les foires de Lyon.

1574. — *Octobre...* Lettres datées de Lyon qui confirment à Diane, légitimée de France, femme du duc de Montmorency, pair et maréchal de France, la donation du duché de Chatelleraut. — Diane était fille naturelle d'Henri II et de Philippe Desducs, damoiselle de Coni. *Recueil* d'Isambert, xiv, 269.

1574. — *Novembre* 1. Jour de Toussaint. Henri III, le roi de Navarre et le duc d'Alençon « firent à Lyon leurs pasques et receurent ensemble leur Createur. A ladite communion le duc d'Alençon et le roi de Navarre, prosternez à genoux, protestèrent devant le roi de leur fidelité, le suppliant de mettre en oubli tout le passé, et lui jurant sur la part qu'ils prétendoient en paradis, et par le Dieu qu'ils alloient recevoir, estre fidèles à lui, et à son Estat, comme ils avoient toujours esté, jusqu'à la dernière goutte de leur sang.... Lestoile, *Journal d'Henri III* ; Cochard, *Séjour d'Henri IV à Lyon*, p. 74.

1574. — *Novembre* 4. Henri III confirme par lettres patentes les priviléges de l'Eglise de Lyon.

1574. — *Novembre* 15. Le roi qui était à Lyon depuis le 6 septembre précédent, part pour Avignon avec sa cour. Il fut accompagné dans ce voyage par le jésuite Emond Auger. Cochard, *Séjour d'Henri IV à Lyon*, p. 75. — Poullin de Lumina a placé par erreur le départ d'Henri III à la fin d'octobre. — Ce fut pendant son séjour à Lyon qu'Henri III, voulant faire de la place du *Change* une place d'armes, ordonna au Consulat de l'agrandir de tout l'emplacement d'une maison dite la *Maison ronde* qui en occupait une partie, et qui avait appartenu à l'archevêché et au chapitre jusqu'au xiv° siècle ; mais ce ne fut qu'en 1631, que, vu l'accroissement du commerce, le Consulat forma le projet de bâtir une loge pour les changes, loge dont la construction ne fut toutefois commencée qu'en 1747, et achevée en 1749, sur les dessins et sous la direction des architectes Soufflot et Roche. *Arch. du Rh.*, ix, 533.

1574. — *Novembre 24.* M. Brulart, secrétaire d'état écrit au Consulat :

« Messieurs, j'ay receu par M. Paulmier la lettre qu'il vous a pleu m'escrire et vous mercye bien affectueusement de la caisse de confitures de laquelle il vous a pleu me faire présent et que vous me mandez d'avoir envoyé à Paris à ma femme, vous priant de croire que si vous avez cognu en moi quelque bonne volonté pour vous aider et servir en ce que je pourray, je seray tousiours encore plus ayse que vous en cognoissiez quelque bon effet qui pourroit correspondre à mon affection de laquelle vous vous asseurerez tousiours s'il vous plaict, et que je prendray plaisir de vous en servir, me recommandant bien humblement à vos bonnes graces et suppliant le créateur qu'il vous doint, Messieurs, en santé bonne et longue vie. D'Avignon ce 24 novembre 1574. Vostre bien humble à vous faire service. » *Brulart.* S.

1574. — *Novembre 25.* M. de Paulmier, agent de la ville en cour, écrit au Consulat :

« Messieurs, je vous supplye de ne trouver maulvais si j'ay esté si long temps sans vous donner aduis de ce qui se passoit de par de ça ; mais le desastre qui m'est aduenu en est en partie cause, pour l'inconvénient qu'il advint au baptême de la *royne de Navarre*, où estoit mon coffre, lict de camp et autres meubles, lesquels tombèrent tous dans le Rhône, et celuy qui en avoit la charge et conduite, outre plusieurs personnes qui y furent noyez, les autres saulvez : et tout ce que j'ay peu faire depuys mon arrivée, a esté de recouvrer mon coffre qui m'estoit de bien grande conséquence. Pour les deux autres malles je les estime comme perdues. Je loue Dieu de tous ses biens. Outre les traverses qui ont esté sur la riuière, les empeschemens n'ont esté moins par terre, les huguenotz ayant prins plusieurs prisonniers et chevaux de la suite du roy. Personne n'a jamais bien espéré de ce voyage. Dieu veuille qu'il advienne aultrement. Les estats des pays de Languedoc et de Dauphiné se doibvent tenir en ceste ville, où ils ont esté mandez. LL. MM. ont reçu bonnes nouvelles de la Provence, laquelle s'en va paisible de la grace Dieu, à mon souhait, que le tout soit bien pacifique à son honneur et soulagement de son peuple. Messieurs de la malle de l'espargne, parties casuelles, plusieurs autres et leurs commis furent attaquez sur l'eau, près Pierre-Latte, par les huguenotz : et sans le bon patron qu'ils auoyent, auquel fut tiré plus de *deux cents coups d'arquebuse*, ils eussent été tous faits *prisonniers*. Je suis à faire expédier voz lettres des clefs en forme de chartre et à retirer voz articles de M. Delu dont les coffres ne sont arrivés qu'hier au soir avec toutes les forces de M. le Marechal de Bellegarde. Monseigneur Brulart vous remercie bien humblement de vos confitures, lesquelles il m'a recommandées pour les faire tenir seurement à Paris. J'espère que ce petit présent vous profitera en particulier et en général. D'Avignon ce 25 novembre 1574. *Signé* Paulmier. » S.

1574. — *Novembre 28.* Le Consulat autorise Claude de Rubys, procureur général de la ville de Lyon, récemment nommé par le roi conseiller en la sénéchaussée de cette ville, à cumuler les deux offices. S.

1574. — *Novembre...* Mort à Lyon de Renaud de Clutigny, auteur d'un poëme publié sous ce titre : *Reginaldi Cleutini, abbatis Flaviniensis de pugna navali Christianorum adversus Turcos, inter Naupactum et Cephaloniam, Carmen.* Lugduni, apud *Jacobum Roussin*, in 8°. Voyez du Verdier, *Supplém.* à Gesner, et Teissier, *Hommes savants*, III, 34.

1574. — *Décembre 2.* Quatre cornettes de Reistres devant passer à Lyon pour se rendre en Dauphiné, le Consulat arrête qu'on fera présent à leur colonel de confitures, jusqu'à concurrence de 40 livres, et qu'on lui remontrera la pauvreté du pays, afin qu'il soit soulagé à ce passage. S.

1574. *Décembre* 12. Le Consulat avait obtenu du roi, pendant son séjour à Lyon diverses lettres, savoir :

1° Lettres de la *levée* (quai) au long de la Saône, près le port de Roanne;

2° Lettres de déclaration du roi pour n'être les échevins de cette ville contraints en leur propre et privé nom pour les affaires d'icelle (1);

3° Lettres pour la décharge des subventions des années passées.

4° Lettres de déclaration pour raison du droit de rive et foraine, à ce que, ayant acquitté ledit droit, ils ne soient tenus de bailler caution aux autres bureaux, etc.

On paya III l. II s. pour le scel de ces lettres. S.

1574 (*circa*). — Frère Jérome de Milan, capucin, de l'illustre famille des Caluschi, vient à Lyon, et par ses éloquentes prédications, se fait un grand nombre de partisans, surtout parmi les Italiens établis dans cette ville. Un d'eux, Pompée Porro, riche banquier, qui était aussi de Milan, avait hébergé frère Jérome dans son hôtel. Il favorisa de tout son crédit le dessein qu'avait conçu ce religieux de fonder à Lyon un couvent de son ordre, et, réuni à quelques citoyens de sa nation, il acheta, pour y construire un monastère, le domaine que Guillaume de Gadagne possédait sur la colline de Fourvière. Un autre Milanais, Jeannet de Lechi contribua beaucoup à cet établissement, et quoiqu'il fût marié, et âgé de soixante ans, il revêtit la robe de S. François d'Assise, toutefois avec consentement de sa femme qui se fit religieuse. (Menestrier, notes inédites, p. 64 de son *Eloge hist. de la ville de Lyon*.) Frère Jérome fut le premier gardien de son couvent où il mourut dans un âge très avancé, en 1584. *Bibliotheca scriptor. capucinor.*, p. 120. — Suivant l'*Almanach de Lyon*, pour 1755, p. 47, le couvent de frère Jérome serait le premier qui aurait été fondé en France. Voyez aussi les *Arch. du Rh.*, IX, 9, et ci-après *juillet 1576*.

1574. — PUBLICATIONS : *Discours du massacre de ceux de la religion reformée, fait à Lyon par les catholiques romains, le vingt-huictieme du mois d'aoust et jours ensuivans de l'an 1572, etc.*, (sans nom de ville ni d'imprimeur) 1574, in-12. — Ce pamphlet dont il existe deux éditions sous la même date, est de Jean Ricaud, ministre à Lyon, lors de la S. Barthelemy. *Arch. du Rh.*, IV, 249], et XI, 389; Brunet, *Man. du lib.*, Suppl.

1574. — *Arrest mémorable du parlement de Dole*, donné à l'encontre de Gilles Garnier, pour avoir, en forme de loup-garou dévoré plusieurs enfans, et commis autres crimes : Enrichy d'aucuns points pour esclaircir

---

(1) Il existe aux archives de la ville une lettre de Charles IX, du 27 janvier 1574, adressée aux général, contrôleur, et receveur général des finances à Lyon, qui avait échappé à nos recherches et qui retrouve naturellement sa place ici :

« Le roy, sur la plainte des consuls et échevins de Lyon, enjoint auxdits ses officiers qui, contre ses intentions, avoient décerné prise de corps contre lesdits échevins, et les avoient arrestez en leurs maisons, quoiqu'ils eussent fait leur devoir pour le département et les roles de la *subvention*, et quoiqu'ils ne pussent pas estre poursuivis en leurs propres et privés noms, le roy leur enjoint de faire cesser telles poursuites faites à l'encontre desdits consuls-échevins, voulant toutefois les particuliers habitans redevables pour le reste de leur part de ladite subvention estre contraints par la voye ordinaire la plus douce que faire se pourra, et comme l'on a accoustumé faire en toutes les autres bonnes villes.... faisant en sorte que le tout soit exécuté au plus grand soulagement de nos sujets, car tel est notre bon plaisir. Donné à S. Germain en Laye, le 27 janvier 1574. Signé *Charles*, et plus bas *Brulart*. » S.

la matière de telle transformation. Imprim. à Paris, par *Pierre des Hayes*, 1574. — Cité par du Verdier, sans désignation de format. — Voyez ci-dessus au 18 *janvier* 1574, et ajoutez à ce que nous avons dit le passage suivant extrait de *L'incrédulité savante* du P. Jacques d'Autun, capucin de Dijon, mort en 1678 :

« ... L'arrest célèbre rendu au parlement de Dole le 18 de janvier l'an 1574, contre Gille Garnier de Lyon, étoit-ce un songe ? Son histoire tragique auroit-elle été imprimée à Paris, à Orléans et à Sens, si elle n'étoit d'une vérité authentique ? Ce misérable fut arresté et convaincu le jour de saint Michel d'avoir paru sous la forme d'un loup-garoux, et d'avoir emporté une fille de douze ans près du bois de la Serre, dans une vigne du château qui n'est qu'à un quart de lieue de Dole, de l'avoir déchirée de ses mains qui paraissaient des pattes de loup, et d'avoir arraché avec ses dents un bras et une cuisse dont il portoit encore une portion à sa femme ; et un mois après, sous la même figure, il étrangla une jeune fille à dessein de la manger ; mais il en fut empêché par trois personnes ainsi que lui même l'a confessé, et quinze jours après, il égorgea un petit enfant dont il dévora la plus grande partie. Mais comme cette illusion n'est pas toujours extérieure, mais seulement dans l'imagination troublée du sorcier, le même, sans avoir changé de figure, fut vu étrangler un enfant près du village de Perose pour le manger, si ceux qui accoururent à ce spectacle ne lui eussent fait prendre la fuite ; ce qu'il confessa sans y être contraint par la violence des tourments ; et, sur sa confession et sur les preuves manifestes de ses crimes, il fut condamné à être brûlé tout vif. La lycanthropie n'est donc pas un effet de l'imagination ou d'une maladie puisque les circonstances qui accompagnent l'illusion sont si véritables, qu'il faut être incrédule pour en douter... » pag. 906.

Ce livre dans lequel l'auteur cherche à prouver *qu'il y a des magiciens et des sorciers*, fut imprimé à Lyon, en 1676, sous l'épiscopat de Camille de Neufville, avec l'approbation de Bedian Morange, docteur de Sorbonne, de l'abbé Deville, vicaire général du diocèse de Lyon, et de Jean Vaginay, procureur du roi. Il est dédié à messeigneurs du parlement de Dijon ; mais alors le savant Bouhier ne faisait pas partie de cette cour, car il n'était pas né, et heureusement pour le crédule capucin, Gabriel Naudé n'était plus de ce monde (1). Voyez Papillon, *Biblioth. de Bourgogne*, et la *Biogr. univ.*, art. CHEVANES (Jacques).

1574. — *La fleur des chansons des deux plus excellens musiciens de nostre temps*, à sçavoir de Orlande de Lassus, et de D. Claude Goudimel..... A Lyon, par *Jean Bavent*, 1574. in 12 oblong. — Décrit par M. Fétis, *Biogr. des music.*, art. GOUDIMEL. — L'initiale qui précède le prénom de Goudimel signifie probablement *défunt*. On sait que cet illustre musicien fut une des victimes des vêpres lyonnaises le 31 août 1572.

1574. — *OEuvres poétiques* de Mellin de S. Gelais. A Lyon par *Antoine de Harsy*. M. D. LXXIIII. Pet. in-8º.—Dédié par le libraire à Hierosme Chatillon, conseiller du roy, et président ..... en la seneschaussée et siege présidial

---

(1) Croirait-on que le P. d'Autun qui a fait trois *Discours* (p. 841 et suiv. de son livre) pour établir que les sorciers ont le pouvoir de faire périr les fruits de la terre, par la grêle ou par la gelée, et qu'on doit les punir s'ils confessent leurs crimes, a ignoré que S. Agobard, évêque de Lyon, au IXe siècle, était auteur d'une homélie dans laquelle ce prélat a combattu cette opinion avec autant d'éloquence que de philosophie ? Voyez *de la Grêle et des Tonnerres*, par S. Agobard, Lyon, 1841, in-8º.

de Lyon. — Ce magistrat aimait les lettres; nous avons de lui quelques ouvrages cités dans la Bibliothèque de du Verdier. Il avait des relations avec les savants de son voisinage; Henry Estienne, établi alors à Genève, lui dédia, en 1576, son traité *de Latinitate falso suspecta*; Claude Mitallier, bailli de Viennois, lui adressa une lettre sur les mots que les Juifs, pendant leur séjour en France, pouvaient avoir laissés aux Français. Cette lettre, écrite en latin, fut publiée par le même Henry Estienne à la suite de son *Hypomneses de Gall. lingua*, etc., S. L., 1582, in 8°. Note de Lamonnoye sur la dédicace de Harsy, en tête de son édition des Œuvres de Mellin de S. Gelais, Paris, 1719, in-12.

1575. — *Janvier 24*. Auger Ghislen de Busbecq, conseiller aulique de Maximilien, ayant été en France, après la mort de Charles IX, pour faire régler le douaire de la reine Elisabeth (fille de Maximilien), étoit arrivé à Lyon le 12 décembre, et, après y avoir séjourné quatre jours, il descendit à Avignon où se trouvoit Henri III, avec lequel il revint à Lyon. Il y eut plusieurs conférences avec les ministres au sujet du douaire d'Elisabeth, mais on renvoya l'affaire à Paris où le roi devoit se rendre incessamment (1). C'est de quoi Busbecq rendit compte à l'empereur par une longue lettre datée du 24 janvier. L'illustre conseiller fait une triste peinture de la France; il attribue la cause de ses troubles aux Italiens, qui remplissoient les premières dignités et gouvernoient tout sous une régente italienne. Birague, en effet, étoit chancelier; Albert de Gondi, maréchal de France; Strozzi, commandoit l'infanterie, et Gadagne étoit sénéchal de Lyon. M.— Cette lettre n'a été traduite ni par l'abbé Bechet, ni par l'abbé de Foy, et c'est à tort que l'on a dit dans la *Biographie Universelle*, que l'abbé de Foy nous a donné une traduction *complète* des Lettres de Busbecq. Il paraît que les deux traducteurs n'ont pas connu les lettres écrites par Busbecq, pendant sa légation en France, de 1574 à 1576, et qui ont été publiées à Bruxelles, 1632, in-4°. (B. de Lyon, 68, 21227).

1575. — *Même jour*. Henri III, qui était descendu à Avignon, pour contenir par sa présence les rebelles de Languedoc, étant revenu à Lyon, part de cette ville pour aller se faire sacrer à Reims. *Art de vérif. les dates*, 1, 653; Busbecq, *Epist.* xii; Menestrier, *Notes inédit.*, 1575.

1575. — *Décembre 17*. Mort de Benoît Buatier, official et vicaire-général de l'archevêque de Lyon, député du clergé de Lyon au colloque de Poissy, etc. — Il fut inhumé dans l'église de S. Paul, où son neveu Hierosme de Chastillon, lui avait fait ériger un tombeau qui existait encore en 1789, dans la chapelle dite de la Cadière. Voici les deux inscriptions qu'on y lisait :

D. O. M.

Benedictus Buaterius sacrae hujus aedis camerarius, Archiepiscopi Lugdunensis vicarius et officialis ordinarius vir integerrimus, sacellum hoc sibi sepulturae locus, esset instaurari curavit. Vixit annis fere octoginta ac decimo septimo kal decembris ad Superos migravit. Anno sal. CIƆIƆLXXV.

D. O. M.

Et quieti æternæ Benedicti Buaterii, qui sanctiss. in sacræ hujus ædis prae-

---

(1) Busbecq dans la xiiie lettre, nous apprend que Guillaume de Gadagne fut envoyé à l'empereur d'Autriche pour régler le douaire de la veuve de Charles IX.

lectura ecclesiaque lugdunensi vicaria sede cum causarum spiritualium jurisdictione, quadraginta annis et amplius pleniore functus officio, hoc in sacrario bellorum civilium clade conscisso tandem pro voto restituto Hieronymus Castellionœus apud Lugd. et in suprema Dumbarum curia praeses ex sorore nepos charissimus in pietatis gratique animi monumentum, atque in spem resurrectionis P. C. Obiit anno dni 1575. Decimo sexto kal. decembris, suæ vero aetatis 78.

— Benoît Buatier, d'une ancienne famille de Lyon, était propriétaire de la maison de l'Antiquaille ; ses liaisons avec les gens de lettres de son temps témoignent qu'il n'était pas lui-même sans littérature. Gilbert Ducher lui a consacré une de ses épigrammes (p. 64 de son recueil), à la tête de laquelle il lui donne le titre de Chamarier de S. Paul. La 162º pièce des *Nugæ* de Nicolas Bourbon, est intitulée : *De Rob. Buliodo et Ben. Buaterio, viris eximiis*. La 82º des *Lettres missives* d'Etienne du Tronchet lui est adressée. Emanuel Chalon le cite avec éloge dans son Oraison doctorale du 21 décembre 1571. Paradin le nomme aussi dans ses *Inscriptions antiques*, à la suite de son *Hist. de Lyon*, p. 429 et 444, où il parle de sa maison de l'Antiquaille. Benoît du Troncy lui dédia deux de ses ouvrages ; *le Discours du grand triomphe fait en la ville de Lyon, pour la paix faite et accordée entre Henry second, roy de France, tres chrestien et Philippe, roy des Espagnes ;* — et la *Suytte de la description des grands triomphes faitz à Lyon, apres la publication de la paix*. A Lyon, par *Jean Saugrain*, 1559, in-8º. Benoît Buatier, était alors vicaire-général du cardinal de Tournon, archevêque de Lyon. C. B., *Mel.*, p. 275.

1575. — *Décembre 21*. Pierre Allard, sieur de Sardon, avocat, fait l'Oraison doctorale. — Le 15 avril 1581, cet avocat épousa, dans l'église de Sainte-Croix, Marguerite Barraillon. Il prononça l'Oraison funèbre d'Henri III, cinq ans après la mort de ce prince ; il harangua Henri IV, lorsque ce roi se rendit à Montluel pour visiter les fortifications de cette ville. Son principal ouvrage qui a pour titre : *Catacrise de l'opinion de ceux qui tiennent le droit romain pour loy ou coustume en Lyonnois*, etc. (Lyon, *Jacq. Roussin*, 1597, in-4º), fut réfuté par Claude Dupré, avocat (*Apologie contre le livre intitulé Catacrise*, etc., Lyon, 1601, pet. in-8º). Allard était, en 1597, conseiller du roi au siége présidial et auditeur de camp au gouvernement de Lyon, juge-mage de Bresse et conseiller au parlement de Dombes. Son nom figure parmi les échevins de Lyon, en 1607 et 1608. On ignore la date de sa mort, mais il a dû être inhumé dans l'église de Sainte-Croix où il avait fait, en 1598, une fondation pour le vin et les hosties du jour de Pâques, et pour deux flambeaux de cire blanche. *Notes* de feu Cochard ; *Biogr. Lyonn.*

1575. — M. de Mandelot envoie Alexandre de Ponceton, seigneur de Franchelin, gentilhomme, ordinaire de la chambre du roi, bailli de Dombes et de Beaujolais, pour commander au nom du roi à Belleville, et pour maintenir cette ville en l'obéissance de S. M. Guichenon, *Bresse*, p. 320.

1575. PUBLICATIONS : *Les OEuvres françoises de Ioachim du Bellay*, gentilhomme angevin et poëte excellent de ce temps, etc. A Lyon, par *Antoine de Harsy*, in-8º. — Du Bellay passa par Lyon, et dût y séjourner en allant et revenant d'Italie, de 1550 à 1559. (voyez ci-dessus, année 1543). — La bibliothèque de Lyon possède un exemplaire qui a appartenu au célèbre Henri Estienne, des principaux ouvrages de ce poëte, publiés à Paris, par Frédéric Morel, 1561, in-4º. Cet exemplaire, mutilé par une main barbare, offre quelques notules autographes de l'auteur du *Thesaurus Linguæ græcæ*, qui mourut à Lyon, en 1598.

1575. *T. Petronii Arbitri Satyricon.* Lugd. *I. Tornæsius.* 1575. In-8°.
— 1re Edition, publiée à Lyon de ce livre; décrite dans la notice littéraire du Pétrone de Deux-Ponts. — Il existe encore deux autres éditions Lyonnaises de Pétrone, publiées par *Paul Frellon*, la première en 1608, in-24, la seconde en 1618, in-12. — Je saisirai cette occasion pour relever une singulière contradiction de la *Biographie Universelle*. A l'article *Pétrone*, on cite parmi les traductions du *Satyricon*, celle de *Nicolas Venette*, Amst. 1697, et à l'article Venette on dit que ce médecin a composé un *Vocabulaire pour l'intelligence de Pétrone*, qui parut à Amsterdam en 1698, mais que la version de Pétrone *n'a point été publiée*. Or, il est certain que le *Vocabulaire* de Venette, n'a pas vu le jour; peut-être en est-il de même de sa version de Pétrone, à moins que cette version ne soit celle qui parut sous le voile de l'anonyme, à Cologne, chez *Pierre Marteau* (?), 1687, in-12, et dont il existe une seconde édition publiée à Anvers, chez *François Ducoin*, 1689, même format. Cette seconde édition dont j'ai eu un exemplaire sous les yeux, n'est pas indiquée dans les bibliographies de Pétrone. Le texte de la version a 192 pages, suivies de 10 pages d'*Observations*, non chiffrées. En tête du volume sont aussi deux pages non chiffrées, qui contiennent le titre et la préface. Voyez l'*Hist. litt. de la France*, 1, 206; Goujet, *Biblioth. franç.*, VI, 212; Deguerle, *Questions sur Pétrone*, à la suite de sa trad. de *la Guerre civile*, p. 95.

1576. — *Janvier* 9. le Consulat présente à M. de Mandelot, gouverneur de Lyon, la remontrance pour raison de désordre du surhaussement des espèces d'or, qu'ils disent provenir de la scripte et convention recherchée par le conseil des Florentins, et à laquelle le Consulat avoit été contraint de consentir provisoirement. Par cette scripte, lesdits Florentins et les consuls échevins s'étoient obligés respectivement les uns aux autres de faire toutes cédules en écus d'or, néanmoins payables les deux tiers en or, et l'autre tiers en monnoye. Le Consulat demandoit que cet accord fut cassé et qu'il fut loisible aux marchands quelconques de payer leurs dettes et marchandises, en toutes espèces d'or et argent bonnes et de poids au cours des ordonnances, avec la *age* de deux 1/2 pour le fait des lettres de change, tant seulement pour les présents payements de la foire de Toussaints, à cause de la réduction de l'or et monnoye.

Laquelle requête a été appointée, et a été ordonnée sur icelle à la forme requise, ainsi qu'il appert par l'ordonnance faite au conseil d'état dudit S^r gouverneur, ce jourd'hui reçue par M. Jean Cropet, greffier de la sénéchaussée. — Le 23 février, suivant l'ordre du roi, les bourgeois et marchands de Lyon unis au Consulat présentèrent au gouverneur leurs avis sur ce mode de payement. Cet avis très-long démontre les abus introduits par quatre ou cinq maisons de banquiers étrangers, le surhaussement des écus à chaque payement de 2 sous au moins, parce qu'ils les accaparent pour les porter aux foires des villes de Chambéry et de Besançon. — Ils demandent qu'on rétablisse la liberté entière des payements en monnoie comme dans toutes les autres places, etc., etc. S.

1576. — *Janvier* 22. « M. le Gouverneur ayant mandé les échevins, leur fit entendre l'avis qu'il avait eu du chemin que l'armée des Reistres Allemands prenoient en la duché de Bourgogne; que quoiqu'il n'estime pas qu'ils dussent descendre jusqu'ici, toutefois il se falloit préparer à tout ce qui appartenoit à la défense de la ville.

« Pourquoi ledit sieur gouverneur arrête que, dans chaque pennonage, on fera munir d'armes ceux qui n'en ont point. On fera commander que les armes soient mises et préparées aux boutiques et ouvroirs, pour être plus tôt prêtes à toutes les occasions qui se pourroient présenter; — qu'on enverra hommes exprès en Bourgogne pour explorer le chemin que prendra ladite armée, un autre au pays de Bresse pour découvrir s'il y auroit aucuns gens de guerre déguisés et dissimulés pour entreprendre sur cette ville ou sur la citadelle. — Sera envoyé un exprès à Mgr. de Savoye pour en obtenir la plus grande quantité de Bresse et même de Savoye. — Faudra faire pourvoir les plus aisés habitants de la ville, de 2000 tant pelles, pioches que *houes* pour en être secourus en cas de besoin : — que les recherches seront faites avec soin deux fois la semaine. ».

— « Ledit jour 22 janvier, M. le Gouverneur ayant reçu autres nouvelles que les Allemands Reistres envoyés en France prennent leur chemin en Bourgogne où l'on estime qu'ils sont déjà entrés, ce qui donne à craindre que ce ne fut pour descendre ici, on arrête par l'avis de M. le Gouverneur, d'envoyer de suite homme exprès en Bourgogne, pour savoir le chemin qu'ils doivent prendre, en avertir incontinent le Consulat, et en même temps s'enquérir s'il y a quelque suffisante quantité de bled, chargée ou prête à charger pour les marchands de cette ville. S⁺ Henri Truchard y est envoyé, sous promesse de le garder de tout dommage, et payer sa rançon, s'il advenoit qu'il tombât entre les mains des Reistres. ». S.

1576. — *Janvier* 28. « M. le Gouverneur averti que l'armée des Allemands étant en Bourgogne, s'avançoit du côté de ce gouvernement; pourquoi il étoit très nécessaire pourvoir à ce qui étoit nécessaire pour la conservation et la force de cette ville; On arrête d'assembler demain chez ledit Gouverneur, M. l'Archevêque, Mrs. du clergé, de la justice et notables afin d'aviser ensemble de l'ordre et des moyens que l'on voudra observer pour obvier aux incursions que ceux de ladite armée pourroient faire étant descendus jusqu'ici. — En effet le lendemain à 8 heures du matin, l'archevêque accompagné des principaux de l'église de St. Jean, les principaux des officiers de la justice et une quarantaine de notables, lesquels furent admonestés par ledit sieur Gouverneur de la descente desdits Reistres, dont l'armée est conduite par M. le prince de Condé, et du devoir que chacun avoit de s'employer de tout son pouvoir à ce qui regardoit la sûreté de la ville ; que, pour ce faire, il étoit requis de faire promptement levée de quelques compagnies de gens de guerre à pied jusqu'à 1000 ou 1200 hommes; ce qui ne se pouvoit faire sans l'aide de tous les états de la ville. Sur quoi les voix et opinions ayant été particulièrement recueillies, il a été proposé et arrêté par lesdits échevins et notables, qu'il sera fourni par la ville un nombre de 600 hommes à pied, pour être employés à la garde de la ville, pour le payement desquels sera pris et levé sur les plus riches et aisés habitants, sans y comprendre les petits artisans, et ce, par teste, selon leurs moyens; que, pour ce faire, lesdits échevins feront promptement le rôle et département de ladite cottisation sur les habitants aisés ; — et parce que le nombre de 600 hommes ne seroit suffisant pour ladite garde, et qu'il est raisonnable que Mrs du clergé et Mrs. les marchands des nations, contribuent à la défense d'icelle ville, ledit sieur Gouverneur s'est chargé de faire fournir auxdits sieurs du clergé, une compagnie de gens de pied, et auxdits marchands une autre. ». S.

1576. — *Janvier* 29. Les sieurs échevins avec les notables à eux adjoints procédant à la *Cottisation* votée la veille, arrêtent que l'étallon le plus haut des compris au rôle, sera cottisé au payement de 4 soldats; le deuxième à 3; le troisième à 2; le quatrième à 1; le cinquième à demi soldat. — Ce rôle fut parachevé le lendemain. S.

1576.—*Février* 1. M. du Fenoil est nommé par le Consulat sergent-major des cinq compagnies levées par la ville.—Sont élus capitaines de ces compagnies : le commandeur de Saulay, le sieur de Crémeaulx, le capitaine Vauchette, le sieur de Clairembert, et le capitaine de la Martinière. S. voyez au 6 *Février*.

1576. — *Février* 3. On est informé que les Reistres Allemands sont déjà au bailliage de Mâcon; on arrête de pourvoir à la garde de la ville ainsi qu'il suit :

Les portes de St. Just, Pierre-Scize et du pont du Rhône, seront gardées par les penons et capitaines des quartiers, lesquels y feront la garde 24 heures.

On distribue à chaque *penonage* le lieu où il devra faire la garde, savoir à chaque porte, un poste de 20 à 30 hommes, le long des murs et aux divers corps de garde, aux deux avenues du pont de Pierre.

Les portes Neuve, St. Vincent et St. George, seront gardées par les Suisses de la garnison.

Parce que M. le Gouverneur a envoyé sur les frontières du gouvernement, certain nombre des soldats de la garnison de la citadelle, on mettra chaque jour 30 arquebusiers de ladite ville en garde à ladite citadelle pour la fortifier d'autant.

Les penons feront, dans trois jours, la revue de leurs penonages, pour s'assurer du nombre des hommes armés et équipés pour la guerre. S.

1576. — *Février* 5. Le Consulat ayant reçu des lettres des échevins de Mâcon, qui demandent des secours pour résister aux Reistres qui s'approchent de leur ville, on arrête qu'on leur aidera de tout le secours qu'il sera possible, et « qu'il leur en sera baillé assurance. ». S.

1576. — *Février* 5 (dimanche). On fait une procession générale pour la paix et pour l'extirpation des hérésies. —Le clergé partit de St. Jean, pour aller célébrer la grand'messe à St. Nizier où le sermon fut prononcé, *inter missarum solemnia*, par Jacques Maistret, suffragant. Il fut ordonné de faire un Paradis dans chaque paroisse, de semaine en semaine, et l'on commença par celle de Ste Croix. MM. les douze de St. Jean officièrent à St. Nizier où assistèrent M. de Lyon, le Gouverneur et tous les autres magistrats. A vêpres « fut faite procession prenant *Corpus Domini* sur le grand autel de « l'église de Ste Croix, le portant mondit sieur de Lyon jusqu'à St. Jean « où il fut reposé, et fut chanté le Psalme *Deus quis similis tibi*, etc., et « après, chantant *Pange lingua*, fut retourné audit Ste Croix, où après avoir « dit les oraisons accoutumées, fut montré au peuple, et faite la benedic- « tion par icelui fort honorablement et dévotement. ». S.

1576. — *Février* 6. Le commandeur de Saulay et le capitaine la *Vauchette* n'ayant voulu accepter la charge de capitaines des compagnies, les échevins nomment à leur place les capitaines la Piemante et Fontenay.—M. de Mandelot envoya 3 *gentilshommes* au camp et armée des Reistres conduite par M. le prince de Condé, passant en ce gouvernement, afin de savoir si leur intention était de s'approcher de la ville. Le Consulat fit payer à ces trois gentilshommes 150 livres.—Les villages du plat pays furent contraints à fournir certain nombre d'hommes pour travailler aux remparts et fortifications de la ville; ils faisoient les mariotes et la ville leur fournissoit des massons. S.

1576. — *Février* 12. « Le capitaine Luc, lieutenant en la citadelle de cette ville, étant revenu malade d'une blessure qu'il avoit reçue par ceux de l'armée des Allemands qui avoient passé par ce gouvernement, allant ledit capitaine pour les reconnoître ; le Consulat arrête de l'aller visiter et de lui faire présent de quelques confitures et autres semblables choses propres aux malades, jusqu'à 18 livres. » S.

1576. — *Février* 24. On avait mandé les bouchers pour faire offre pour la vente de la chair pendant le carême ; ceux-ci avoient hésité, s'excusant sur la charge de cette ferme. Cependant on les obligea à nommer deux d'entr'eux qu'ils jugeroient être le plus dans le cas de le faire, et on les renvoya par devers MM. de la justice pour être pourvu sur ladite permission.

La permission de la vente de la volaille fut délivrée à deux poulaillers, aux conditions savoir, le chapon au prix de 10 sols, la poule 8 s., 5 œufs pour 1 s., et le cent d'œufs aux pauvres de l'Hôtel-Dieu pendant le carême à 15 s. et 30 écus d'aumône pour les hôpitaux, etc. S.

1576. — *Février*... Les habitans de la rue du Bois demandent qu'il plaise au Consulat ordonner aux corroyeurs d'avoir autre lieu que cette rue pour faire les *engraissements* de leurs cuirs, à cause de la grande infection que cela rend. — On arrête de faire rechercher un lieu commode pour ces *engraissements*.

— Les habitants de la rue tirant de S. Pierre aux fossés de la Lanterne se plaignent de ce que le marché des pourceaux qui se tient certains jours de la semaine devant leurs maisons, incommode grandement le public, etc. — On arrête que ce marché sera transféré plus loin sur les fossés des Terreaux. S.

1576. — *Mars* 15 (dimanche des Rameaux). On célèbre à S. Jean l'office divin et l'on y bénit les rameaux, en présence de l'Archevêque qui assiste à la procession. — Le soir il y eut sermon à Fourvières par le Suffragant qui dîna dans la maison de M. Lorent de la Sarra (lès Fourvières). S.

1576. — *Mars* 22. François Combet, un des capitaines penons de cette ville, étant mort, le Consulat nomme en sa place Jean Perricaud, citoyen de cette ville, ci-devant quaternier de son quartier. Claude Alamanny, notaire, est nommé quaternier en remplacement de Jean Perricaud, et Simon Bégulle, enseigne. S.

1576. — *Avril* 30. Le Consulat arrête que pour réparer quelques brèches dans les murailles de la ville l'on emploira les pierres et matériaux d'un clos de murs étant sur les fossés de la Lanterne, duquel se sont servis autrefois ceux de la nouvelle religion pour leur prêche, et pour ce faire, il est enjoint au voyer de faire démolir les murs dudit clos. S.

1576. — *Mai* 13. Les sieurs échevins délibèrent avec le sieur de Mandelot touchant le traité de paix, par lequel l'exercice de la nouvelle religion est permis universellement dans toutes les villes de ce royaume ; cette ville de Lyon ne se trouvant pas par conséquent exceptée comme elle l'avoit été autrefois par l'édit de pacification de l'an 1576 : ce qui est arrivé sans doute parce qu'il ne s'est trouvé là personne qui l'ait remontré en faveur de la ville. Cependant les motifs et raisons sont puissants et les mêmes pour faire excepter cette ville, étant ville frontière distante seulement de 22 lieues de Genève. On arrête d'envoyer en cour un homme exprès pour faire entendre à S. M. les raisons susdites, et la supplier très-humblement au nom de ladite ville quelle soit exempte de prêches et exercices de ladite nouvelle religion, et savoir sur ce l'intention de S. M.; et parce qu'il est nécessaire que cet envoyé ne soit pas connu pour agir plus secrètement, on charge M. Scaron, échevin, de choisir lui-même le personnage convenable à cela, etc. S.

1576. — *Mai 24.* Ce jour l'édit de pacification des troubles de ce royaume, envoyé par le roi à M. de Mandelot, lieutenant-général, fut par son ordre publié à son de trompe et cry public par les carrefours de cette ville, et S. M. écrivit aussi aux sieurs échevins de tenir la main à l'observation entière d'icelluy pour le bien et repos de ses subjets.

Ces lettres du roi adressées aux échevins et habitants de Lyon étaient données à Paris le 17 mai 1576, signées Henry, plus bas Fizes, et commençoient par ces mots : Très chers et bien amez, la compassion que nous avons eue, des misères et calamitez, etc., etc. Entr'autres choses nous avons trouvé bon et jugé l'ung des meilleurs moyens de reconciliation entre nos subjects, que les principaux des villes et communautez jurent l'observation de ce qui y est contenu et se prennent en garde les vns et les aultres pour remettre l'vnion et intelligence qui y doibt estre, etc., etc. S.

1576. — *Mai 27.* Le Consulat averti que Mgr. le Chancelier fait quelques difficulté et refus de sceller les lettres qui lui ont été présentées pour raison de la continuation et entretien des Suisses de la garnison, laquelle est encore bien nécessaire pour la conservation et la garde de cette ville jusqu'à ce que autrement ait été pourvu sur l'entière et assurée pacification, on arrête d'écrire au nom du Consulat audit seigneur Chancelier à ce qu'il lui plaise, jusqu'à ce que autresment il y soit pourvu, continuer ladite garnison et compagnie des Suisses. S.

1576. — *Juin 19.* Erection du Collége des médecins de Lyon. — Les statuts furent lus et publiés au présidial le 6 juillet suivant, et confirmés par lettres-patentes du mois d'octobre 1577. Génébrard nous a conservé les noms des dix médecins qui composaient ce collége, en 1597 ; c'étaient Jacques Pons, doyen, Louis Thorel, Laurent Faye, Isaac Connan, Ange Fournier, Laurent Richard, Jean Marquis, Jérémie Lagnier, Pancrace Marcellin et Michel Ribier. *Cronolog.*, l. IV, p. 777, édit. Lugd. 1609. — Le Collége des médecins ou aggrégation de Lyon eut beaucoup de peine à faire vérifier, en 1600, ses statuts au parlement de Paris, surtout l'article qui portait que l'on donnerait cent écus pour y être aggrégé (Guy Patin. *Lettre* 71); mais ce droit d'entrée fut depuis beaucoup augmenté dans ce collége, de même que dans toutes les autres aggrégations. On n'observait nulle part l'art. de l'édit de 1707 qui réduisait ce droit à 50 livres. Cependant les aspirants n'osaient se plaindre, dans la crainte de se donner l'exclusion pour toujours, quelque mérite qu'ils eussent. C. B. Voyez ci-après, *année* 1600.

1576. — *Juillet 24.* Le Consulat rentre dans l'ancien hôtel commun situé près St. Nizier, en vertu de la transaction faite avec M. de Bourges, qui est aussi rentré en sa maison. — On y tint ce jour-là le premier Consulat. — On y avoit fait faire plusieurs réparations, retranché partie de la galerie de pierres de taille au-devant du bâtiment, changé les degrés qui étoient du côté de St. Nizier, etc. S.

1576. *Juillet...* Henri III met sous sa protection et sauvegarde spéciale les *Capuchins*, par lettres patentes datées de Paris, et dans lesquelles il est dit que ces religieux, qui étaient venus d'Italie, avaient déjà des monastères à Paris, à Meudon, à *Lyon* et à Avignon. *Recueil* d'Isambert, XIV, 305. Voyez ci-dessus, *année* 1574, *ad calcem.*

1576. — *Août 28.* Le Consulat instruit que le maréchal de Retz, député pour l'exécution de l'édit de pacification, doit passer ici, arrête que deux de ses membres iront au-devant lui jusqu'à la Bresle pour lui faire la révérence, et quelques particulières remontrances, au sujet des inconvenients que l'établissement du prêche à Lyon rapporteroit en cette ville, pour être place de frontière et sujette à recevoir diverses sortes d'étrangers. S.

1576. — *Août.* 29. Les échevins se rendent assistés de certain nombre de notables, tous à cheval, ornés de leurs housses et précédés de 50 arquebusiers, jusqu'à la porte de Vaise au devant du maréchal de Retz, venant en cette ville pour se rendre en Provence.—On lui fit la révérence, et on lui présenta le service affectionné et tous les moyens des citoyens. De là on le reconduisit jusqu'à son logis où le Consulat alla de nouveau le saluer pour conférer avec lui et lui faire entendre l'état de la ville, et ce qui leur sembloit le plus nécessaire pour le service du roi et la conservation de la ville en son obéissance. S.

1576. — *Octobre* 1. L'assemblée des trois ordres se réunit, en présence de M. de Mandelot, lieutenant-général, dans la salle de l'archevêché, pour élire des députés aux états généraux, convoqués à Blois. *Arch. du Rh.*, VIII, 32.

1576. — *Octobre* 5. Benoît du Troncy, notaire et controlleur des domaines à Lyon, est nommé secrétaire du Consulat, en remplacement de Jean Ravot, démissionnaire. S.; A. P, *Variétés*, p. 51.

1576. — *Octobre* 16. Le Consulat arrête de poursuivre le procès extraordinaire contre Antoine Morin, épinglier, accusé de sodomie. Le lieutenant-général de Mâcon et le procureur du roi furent commis pour instruire le procès dans lequel les échevins, comme recteurs de l'hôpital, s'étoient rendus partie civile.—On fit présent de confiture à ces magistrats. S.

1576. — *Octobre* 25. En vertu des lettres patentes du 5 mars 1575, par lesquelles le roi avoit permis à la ville d'imposer sur tous les habitants de Lyon la somme de 70,000 livres, sans en excepter personne que les gens d'église, et ce, pour satisfaire aux frais de guerre, d'achat de bleds etc., le Consulat vouloit imposer comme les autres ceux des nations résidants à Lyon. Ceux-ci s'étoient pourvus et avaient obtenu des lettres du roi du mois de juin 1575. Le Consulat se rendit auprès de M. de Mandelot, gouverneur, près duquel était M. de Chastillon, président, et soutint que les dites lettres étoient subreptices, et que, dans le cas où ledit sieur gouverneur ou les sieurs du présidial voudroient prendre connaissance de ce différend, et le juger au préjudice de la ville, il déclare qu'il en appelle, comme de juges incompetents, par devant le roi et nos seigneurs du privé conseil; déclarant de plus qu'attendu que par les dites lettres il leur est mandé de passer outre nonobstant opposition, il entend en user ainsi, etc. Sur quoi ledit sieur gouverneur ordonne que lesdites lettres seront vues par Messieurs les lieutenant général et particulier et gens du siège présidial pour y être fait droit; après laquelle ordonnance lesdits sieurs échevins ont persisté à leur appellation d'incompétence. S.

1576. — *Octobre* 26. Le Consulat fait signifier, d'après l'avis de M. le gouverneur, aux syndics des marchands des nations que, quoiqu'il ait obtenu aujourd'hui sentence du présidial qui les renvoye au roi sur l'entérinement et exécution des lettres de sursoyance obtenues par lesdites nations; moyennant quoi ils pourroient passer outre à l'exécution de leurs lettres patentes, cependant les sieurs échevins désiroient en traiter à l'amiable avec lesdits sieurs; en conséquence il les mandoit se rendre au Consulat où en effet comparurent les sieurs F. Spina, consul de la nation florentine, Pierre Manelli et Math. Barthelemy, Florentins, Antoine de Negro, député de la nation génoise, Math. Balbany, Fr. Cenamy, Joseph Arnolfiny et Thomas Burlamachi, pour la nation lucquoise, et N. Caravagio, pour la nation milanoise.

Le Consulat leur ayant exposé les raisons en vertu desquelles ils avoient été cottisés comme les autres habitants, ceux-ci repondirent qu'ils remercioient les échevins de l'honneur qu'ils leur faisoient de les tenir pour régnicoles, mais qu'ils ne sont en cette ville et n'y demeurent que comme étrangers, sous le privilége des foires ; que ces priviléges ont été accordés par le roi, Louis XI, Louis XII et leurs successeurs ; qu'ils en ont joui 100 ans et plus sans avoir été jamais compris aux impôts de la ville, et que sa majesté ne l'a pas entendu non plus, comme il paroit par les lettres qu'ils en ont obtenues au mois de juin 1575; partant, ils déclarent qu'ils n'entendent payer aucune chose encore qu'à ce ils fussent contraints. Les sieurs échevins leur ont répliqué que lesdits priviléges ont été obtenus à la poursuite du Consulat, et qu'il ne seroit raisonnable que ce qu'ils ont poursuivi pour l'avantage de la ville, tournât ainsi à son préjudice, etc. ; que les causes qui ont donné lieu aux emprunts des sommes qu'il faut rembourser, savoir les achats de bleds, et les frais de guerre, les concernoient autant que les régnicoles ; que leurs femmes, enfants et familles en ont été soulagés, et leurs biens conservés ; qu'il ne conviendroit pas que ceux qui font les plus grands profits ne contribuassent en rien et voulussent aggraver la foule du pauvre peuple.

Ceux des nations répliquent que, lors de la cherté des bleds, chacun d'eux en a fait provision et fait devoir d'un bon citoyen, etc. ; que lesdits sieurs échevins doivent considérer si lesdits des nations bonifient la ville ou non : dans le premier cas, ils doivent les laisser jouir du bénéfice de leurs priviléges : dans le cas contraire, on leur peut dire qu'ils aient à se retirer ailleurs ; et il n'y a pas un d'eux qui n'ait où aller ; qu'en tous autres pays, les étrangers ne sont pas inquiétés ni imposés, même, en Italie, les François n'y payant aucuns subsides, comme, à Pise, la maison de Gela et frères, à Gênes, celle des Henry, etc. ; finalement protestent de ne vouloir souffrir être imposés en rien. Sur quoi le Consulat arrête unanimement que lesdits étrangers demeurant actuellement en ladite ville payeront ce à quoi ils auront été cottisés et y seront contraints. S.

1576. — *Novembre 5. Séance consulaire.* On propose de faire à l'avenir sonner la grosse cloche de S. Nizier, les jours ordinaires du Consulat, tant pour assembler lesdits sieurs échevins, que pour faire entendre à ceux qui auront à négocier avec eux, de se trouver au Consulat. En conséquence on arrête de prier MM. du chapitre de St-Nizier de permettre, moyennant salaire compétent, que ladite cloche se sonne en forme de tocsin, depuis une heure jusqu'à deux de relevée, et l'on arrête que tous les échevins devront être rendus à l'heure de deux en l'Hôtel-de-Ville, ou bien envoyer aussitôt un billet de leur excuse légitime, sous peine de demi teston chacun, etc. — C'étoit la grosse cloche de St-Just qui avoit été descendue, en 1562, à St-Nizier. S.

1576. *Novembre 12. Séance consulaire.* Le sieur de Rubys, procureur du roi, remet aux échevins le *Cahier dressé de la part des consuls-échevins, manans et habitans de la ville de Lyon*, lequel doit être présenté au roi en la prochaine assemblée des états de Blois.

Ce *Cahier* ou *Mémoire*, contenant 32 feuillets ou 64 pages du registre des actes consulaires, ne se trouve imprimé nulle part, et, quoique de Rubys l'ait rédigé lui-même, il n'en donne aucun extrait dans son *Histoire de Lyon*. Il est divisé en trois parties : de la Religion, de la Justice, et de l'Etat et Police du royaume. Cette dernière partie renferme tous les autres points d'administration, de finances, impositions, commerce, etc.

On extraira seulement les passages remarquables, et on se contentera d'indiquer les autres chefs de demandes :

DE LA RELIGION.

.... Faut supplier Sa Majesté qu'il lui plaise, suivant la trace de ses prédécesseurs qui se sont montrés par effet protecteurs de l'union de l'Eglise, et ont tant travaillé pour décharger d'icelle toutes sortes d'hérésies, au moyen de quoi ils ont acquis le nom de roys très-chrétiens et premiers fils de l'Eglise, et rapporté ce loz, que S. Ierosme disoit de son temps, que le seul royaume de France avoit eu cet heur, entre tous les royaumes de la chrétienté, qu'il avoit été garanty et immune de ce monstre pervers d'hérésie,

Interdire, en tout le royaume et terres de son obéissance, tout exercice tant public que privé de toute secte de religion autre que la catholique, apostolique et romaine, de laquelle Sa Majesté fait profession, et à ces fins ordonner que tous ministres, tant de la religion prétendue reformée que autres sortes dont ce malheureux siècle est plein, videront ce royaume dans le temps qu'il leur sera préfix, etc.

Afin que les subiects de S. M. qui se sont laissez entraîner à l'erreur puissent enfin la descouurir, qu'il leur soit enjoinct de frequenter les *presches* et sermons qui se font en l'église catholique, etc. Enjoinct à ceux qui seront si opiniastres que de refuser la fréquentation et assistance desdits presches et sermons catholiques et service divin, de vider le royaume et vendre les biens qu'ils y ont dans un temps fixé, pendant lequel toutes assemblées tant publicques que privées leur seront interdictes, et enioinct de vivre paisiblement en leurs maisons, sans scandale, et sans offenser les catholiques de faict ou de parole.

Et parce que la liberté de conscience, que les troubles ont introduite en ce royaume, est journellement cause de la perte de tant de pauvres ames, les précipitant dans l'athéisme, chose indigne d'un royaume très chrétien, qu'il soit enjoinct à tous les curés et vicaires de tenir bon et fidelle registre de tous ceux qui *s'ordonneront* à Pasques et aux autres festes en leurs paroisses, afin qu'ils puissent descouvrir ceulx d'entre leurs paroissiens qui ne font acte de chrétien, les admonester fraternellement, et en cas de rebellion et désobéissance, les dénoncer au bras séculier.

..... Que les prestres, religieux et religieuses professes qui se sont mariés, profanant par ce moyen les sacrements d'ordre et de mariage, aient à retourner chacun à leur profession et vœu qu'ils ont faicts à Dieu, ou bien à vider ce royaume, sinon ils seront livrez à leurs evesques pour estre entre eux procédé suivant les SS. décrets et canons;

Et que les enfants nez de tels concubinages incestueux soient déclarés incapables de toute succession tant paternelle, maternelle que collatérale, suivant les lois civiles et canoniques.

Et aux fins que tant les ecclésiastiques que les laiz soyent à plein informez de ce qu'ils sont tenus faire et croyre suivant la tradition de l'Eglise catholique romaine, et les abus qui peuvent estre en la discipline, vie et conversation des ecclésiastiques corrigez, que le S. Concile de Trente soit publié tant ez cours de parlement de ce royaume que sièges ressortissants en icelles, et observé et gardé avec la reverence et debvoir d'obéissance que tous bons fidelles chrétiens doibvent à l'église de Dieu et aux SS. Conciles generaux et universels...;

Faire garder l'article 1ᵉʳ de l'édict d'Orléans, touchant l'eslection aux archeueschez et eueschez du royaume.

Qu'en chaque église collégiale, abbaye et prioré conventuel, il y ait une prebende dont le revenu sera affecté pour l'entretien d'ung précepteur pour l'instruction de la jeunesse des villes et lieux où elles sont situées, lequel sera esleu en l'assemblée de ceulx du clergé, des eschevins et notables desdits lieux, et ce du moins pour les villes et provinces qui se sont conservées pendant les troubles et depuis le 24ᵉ jour d'aoust 1572, immunes de tout exercice de religion autre que la catholique, ou bien en celles où la plus grande et plus saine partie des habitants le requiereroit.

Comme l'on opposeroit aux articles précédents l'édict nouveau dict de pacification, faut supplier 1° le roy de considérer que tel édict n'a esté requis ni consenti *par les estats de son royaume*, lesquels s'il eussent esté ouys ou appellez, s'y fussent entièrement opposez; mais par une troupe de ses subjects elevez hostilement contre S. M. et l'estat de son royaume, qui l'ont requis, non avec la soubmission et debvoir d'obeissance que le subiect doibt à son roy et prince naturel, mais la lance et la pistolle au poing, frustatoirement auroit S. M. assemblé les estats de son royaume pour recevoir leurs plaintes et doléances, si elle n'avoit tellement les mains liées qu'il ne leur put pourvoir sur une réquisition qui leur est tellement importante.

Finalement ce prétendu édict a esté faict sous prétexte d'establir la paix en ce royaume, et au contraire ce sera le vray moyen d'entretenir querelles et dissensions, etc. etc.; tellement que toutes les loix qui ont esté faites par bon respect et souz couleur de bien public doibvent estre revocquées lorsque l'on recognoit qu'elles apportent les effets contraires, etc.

De la Justice.

Parce que la cause principale qui fait régner les roys contenant les subiects en tout debvoir, c'est la justice bien administrée, etc. etc., ce qui est impossible en plusieurs des meilleures villes du royaume, comme la ville de Lyon et quelques autres qui sont esloignées de 100 lieues des cours de parlement, etc., seroit bon qu'il plust au roy d'establir des cours de *parlement* esdites villes trop éloignées des anciens parlements, n'estant S. M. moins débiteur de la justice envers les habitans desdites villes qu'envers les habitans de ses pays de Bourgogne, de Normandie et autres semblables, auxquels ses prédécesseurs ont pour pareille considération octroyé des parlemens.

Et là où S. M. ne troueroit bon accorder lesdits *parlemens*, qu'il lui plust, en assurant l'exécution de l'édict de l'establissement des présidiaux, raffraischir l'édict de 1557, et de nouveau en tant que de besoing attribuer auxdits présidiaux, suivant icelluy, la cognoissance définitive jusqu'à 1000 fr. pour une fois et 1200 fr. par provision, et réiterer les deffenses faictes aux cours de parlements par l'art. 17 de l'édict de Moulins, de ne se saisir des causes de ce genre, etc., et néantmoins réduire les officiers et magistrats des siéges présidiaux au nombre porté par ledit édict de 1557, etc.

Qu'il plaise au roy ordonner que les présidiaux jugeront doresnavant souverainement et en dernier ressort tout crime qui portera autre peine que la mort naturelle, ensemble les larrecins domestiques, et que, esdits cas les appellations des juges des seigneurs hauts justiciers, ensemble celles des baillis et sénéchaux ressortissans en leurs siéges, ressortiront par devant eux.

Dans le cas préuotable, qu'il plaise au roy ordonner que, comme esdits cas, les présidiaux jugent souverainement le principal, ensemble la compétence ou incompétence, ils jugeront aussi les recusations proposées esd. cas souverainement.

Que tous procez tant civils que criminels, tous actes de justice, mesme les décrets de prise de corps et eslargissements, soyent jugez et délibérez au palais de justice par lesdits présidiaux en présence de tous les officiers desdits présidiaux sous peine de nullité, etc.

Suivant l'article 17 de l'édict de Moulins, soit défendu aux baillis, sénéchaux et présidiaux de faire diverses séances en leurs siéges, mais de iuger toutes les causes ensemble et en pleine compagnie, et quoique les adresses des commissions et arrêts de la cour soient ordinairement faicts auxdits baillis, sénéchaux ou leurs lieutenants, qu'elles soient rapportées en pleine compagnie et distribuées par le président, par ordre, aux conseillers desdits siéges.

Qu'il soit enjoinct aux présidiaux de tenir les assises deux fois l'année, pour vérifier tous les décrets de prise de corps etc., procédures et dépendances faicts ez juridictions ordinaires.

Interdire les évocations d'abus des committimus obtenus par gens de la qualité non requise.

Qu'il n'y ait qu'un seul procureur du roy pour les différentes cours d'une mesme ville.

Les procureurs et auocats du roy, suivant les anciennes ordonnances, ne pourront escripre et conseiller pour les parties.

Qu'il plaise au roy enjoindre au conservateur des foires de Lyon d'expédier les procez des marchands sommairement et sur le champ, sans formalité ni ministere de procureurs ou d'avocats, etc., que advenant vacation dudit conservateur, il y soit pourveu de gens de robe courte, etc.

Qu'il plaise au roy d'ordonner que les iuges de police establis depuis peu en plusieurs bonnes villes cognoistront privatiuement à tous aultres juges des choses suivantes; savoir ils auront la surintendance des marchez et halles des bleds; la cognoissance des prix, poids et qualité du pain; la surintendance des bouchers, poulaillers et aultres marchands de vivres, pour y faire observer les taux et bonnes qualitez; le reglement des hosteliers et cabaretiers; sur le bois, charbon, foin, paille; sur les projects et saillies des rues, bastimens, tant nouveaux que ruineux et alignement, pavez; les poids, mesures, aunages, salaire des serviteurs, la cohercition des jeux de brelan, juremens et blasphèmes; ensemble les petites causes pécunières non excedant 20 fr. et au dessous; qu'ils cognoistront de toutes les causes des pauvres à quelles sommes qu'elles montent, et que leurs jugemens à tous lesdits cas seront exécutez nonobstant opposition et appellation.

Et parcequ'il est impossible que la justice soit iamais bien administrée en ce royaume pendant que les estats et offices de judicature seront venaux, d'aultant que les juges vendront touiours par le menu ce qu'ils auront acheté en gros, qu'il plaise au roy faire entretenir le contenu en l'art. 39 de l'édict d'Orléans touchant l'eslection et nomination auxdits offices lors de vacation.

De l'Estat et police du Royaulme.

Plaise à S. M. aux fins que les villes et comunautez se puissent de faict ressentir de la libéralité des roys ses prédécesseurs, enjoindre aux cours des parlemens, chambre des comptes, etc., de vérifier et homologuer les priviléges concédez par lesdits seigneurs roys, mesme ceulx qui ont été confirmez par S. M., et en faire pleinement jouir les impétrans;

Continuer lesdites villes et les habitans en la franchise des tailles pour leurs biens ruraux;

Réduire les aides et tailles au taux où elles estoient du temps du roy Louis XII, suivant la promesse du feu roy Charles, dernier décédé, en l'art. 122 de l'édict d'Orléans, etc.

Réduire les officiers des tailles au nombre establi en la première institution.

Qu'il plaise au roy ordonner des commissaires pour informer des levées de deniers, pendant et depuis les derniers troubles et sous occasion d'iceux, sans lettres patentes et mandement spécial de S. M. (Cet art. semble être dirigé contre les protestans qui firent des levées dans Lyon en 1562).

Estant juste, d'égaler les pays et provinces, selon leur estendue, et quelques unes ayant souffert des démembrements, sans avoir esté diminuées dans leurs taux et impositions, qu'il plaise au roy ordonner des commissaires pour réduire toutes les villes et provinces de ce royaume à leur juste taux, lequel sera gardé en toute imposition, etc.

Que doresnavant toutes levées de deniers se feront dans les villes par commissions adressées aux baillis et séneschaux, et non aux gouverneurs et trésoriers et généraux des finances, qui n'ont aucun degré de jurisdiction contentieuse; de plus qu'elles seront exécutées sur les biens et non sur les personnes, soit des eschevins ou des particuliers, et que les cotisations et départements se feront par les eschevins des villes, comme ceux qui cognoissent mieux les facultez des habitans.

Qu'il plaise au roy ordonner que les deniers qui se levent pour les réparations et fortifications des villes frontières seront exclusivement employez à cet object, etc.

Plusieurs villes et communautez ayant esté, dans des momens de besoing absolu, emprunter grandes sommes à constitution de rente à haut prix, au delà de ce qu'il est permis par les ordonnances, qu'il plaise au roy ordonner que toutes les rentes constituées à prix d'argent par les corps et communautez de ce royaulme, seront réduites à la raison de 8 pour 100, etc.

Ordonner la vérification des titres et droicts de péage pour s'asseurer de la légitimité du droict et de la qualité des taxes et carcabaux, et contraindre les seigneurs propriétaires desdits péages de réparer les ports, ponts et passages à quoy ils sont destinez; en outre ordonner que les péages qui ont été nouvellement erigez pendant les troubles par les gouverneurs des provinces, capitaines des villes et chasteaux, maires et eschevins des villes et aultres quelconques demeureront esteints et abolis, avec défence de ne les plus lever à peine de concussion.

D'autant que plusieurs pauvres paroisses de ce royaulme sont aujourd'huy ruinées et destruictes, les habitans d'icelles ayant esté dépouillez de la commodité du pasturage de leur bestail qu'ils souloient avoir en aulcunes isles ou broteaux voisins de leurs villages, duquel ils avoient joui de tout temps: sous prétexte qu'iceulx particuliers ont asservisé de nouveau lesdits isles et broteaux de S. M. ou d'aulcuns seigneurs qui en pretendoient la directe et soubz couleur d'ung petit servis qu'ils en payent à S. M. et auxdits seigneurs; qu'il plaise au roy, aux fins que ses subjects ne soient desnuez des moyens de lui payer ses tailles, ordonner que lesdites paroisses qui feront apparoir avoir joui de tout temps desdits paturages, seront réintegrez en la jouissance d'iceulx, nonobstant lesdits asservissements faicts en faveur desdits particuliers, en payant au roy au aux seigneurs le même cens et servis.

Qu'il plaise à S. M. réduire les notaires de chaque bailliage ou sénéchaussée au nombre ancien, et ordonner que nul ne sera receu ci-après à exercer le notariat qu'il n'ait été examiné et trouvé capable, et aussi d'abolir l'édict de gardenotes, et ordonner que les papiers et protocoles des notaires demeureront en l'estat où ils estoient auparavant cest edict.

D'aultant que le roy depuis les troubles de ce royaulme a faict construire quelques citadelles en aulcunes villes, comme en la ville de Lyon, soubz prétexte qu'elles furent occupées en l'an 1562, par ceulx qui estoient lors eslevez hostilement contre le roy (combien que S. M. a assez depuis pu cognoistre par le bon et fidelle debvoir qu'ont faicts les habitans desdites villes, de se conserver en son obéissance à leurs propres coustz et despens, ez aultres troubles depuis survenuz, que *telle surprise n'aduint tant de la part desdicts habitans que de la part des gouverneurs qui les commandoient lors, qui trahirent le roy eulx tout à vn coup.* D'ailleurs les citadelles sont imparfaictes, n'estant revestues d'alcunes murailles, ce qui ne se pourroit faire sans de grandes despenses, et le roy ayant plus à se fier à ses subjects fidelles et approuvez qu'à des soldats mercenaires souvent mal payez. Lesdites citadelles estant encore de vraies retraictes de larrons vagabonds, qui, par l'intelligence qu'ils ont avec les soldats, y trouvent leur retraicte, et eschappent ainsi à la justice, etc., etc.; qu'il plaise au roy de descharger ses finances et ses pauvres subjects de la foule et despense de la construction et entretien des citadelles commencées depuis les troubles de 1562, dumoins ez villes qui ont faict depuis tout debvoir de se conserver en l'obéissance de S. M., icelles faire demolir et abattre, et remettre lesdites villes en l'estat qu'elles estoient auant lesdits troubles.

Les paragraphes suivants sont relatifs au commerce, aux foires, aux grandes impositions et gabelles mises sur les marchandises qui ont, depuis certain temps, détruit le commerce et les manufactures de Lyon, et les ayant fait refluer à Anvers, Genève, Francfort, etc., ont donné lieu à l'établissement des manufactures dans les pays étrangers qui jadis venoient se fournir dans celles de France.: tous ces points sont traités en tant d'autres endroits et dans toutes les remontrances qui avoient jusqu'ici été faites au roi, qu'on s'abstiendra d'en faire l'analyse; on citera seulement quelques passages remarquables :

« Nul n'a tiré profict des *daces*, gabelles et douanes, que quelques estrangers qui les ont tenues à ferme, et qui se sont tellement enrichis par les exactions et tyrannies qu'ils ont exercées sur les pauvres marchands, et par les ruses par lesquelles ils ont su obtenir des rabais sur leurs fermes : *qu'ils ont acquis et basti les beaux et somptueux palais que le pauvre peuple de France voit avec très-extresme et indicible regret bastir de ses dépouilles*, et dont ils n'avoient pas la moindre pierre vaillant, lorsqu'ils prirent ladite ferme.

Faut supplier le roy qu'il lui plaise restablir les foires de Lyon dans leurs premières franchises; ce faisant, abolir tous subsides, gabelles et douanes mises sur les marchandises, depuis 1542, etc.; que doresnauant tous différends entre les marchands et les gabelliers et douaniers seront jugés par les juges royaux ordinaires des lieux et non par des commissaires salariez par lesdits douaniers; qu'il soit défendu aux estrangers mesmes aux Italiens, de prendre aucune ferme en ce royaulme, soit de S. M., soit des ecclésiastiques ou seigneurs temporels par eux-mêmes ou soubs aultre nom; que tous estrangers domiciliez à Lyon et y faisant leur demeure contribueront à toutes impositions des villes et iront en guet et garde.

Qu'il soit défendu auxdits étrangers, leurs consulz et députez d'entreprendre de faire aulcunes rondes ou assemblées pour le règlement des payements ou aultre poinct auquel la généralité des marchands soit intéressée, sans la présence et assistance des eschevins des villes, lesquels y présideront.

Attendu la fréquence des *banqueroutes* que font lesdits estrangers, plaise à S. M. leur défendre de tenir des banques en ce royaulme, sans qu'au préallable ils aient donné bonne et suffisante caution jusqu'à la somme de 25,000 escus; enjoindre aux officiers des cours de justice de s'enquérir diligemment sur les dols et fraudes qui se commettent ordinairement esdites banqueroutes et punir les coupables selon l'art. 144 de l'édict d'Orléans, et que toutes compagnies entre estrangers debvront estre enregistrées aux greffes des senéchaussées et hostels communs des villes, où ils debvront spécifier leurs associez.

Qu'il plaise au roy déclarer que le commerce sera doresnavant libre d'une ville à l'aultre en France, avec faculté de pouvoir transporter ainsi toutes marchandises et denrées, sans permission des gouverneurs ou eschevins des villes, et sans payer aucun droit pour cela.

Défendre entièrement le commerce des laines hors le royaulme.

Plus défendre entièrement l'entrée en ce royaulme de toutes sortes de marchandises fabriquées hors iceluy, en n'exceptant que les soies *gréges* non teinctes ni manufacturées.

Qu'il plaise à S. M. réformer la superfluité qui est pour le jourd'huy aux habits et mesures du tiers estat, lequel, à l'imitation des Italiens, s'est tellement licencié depuis quelque temps, en ce qu'il porte tout sur luy et mesme la plus part n'ont vaillant le plus souvent ce qu'ils portent sur eulx; ce qui est la ruine de leurs pauvres familles et enfants qu'ils laissent pauvres et indigens.

Qu'il plaise à S. M. réitérer les défenses faites par les roys Charles VII et Louis XI, à tous les marchands tant François que aultres trafiquans en ce royaulme, de negocier en la ville de Geneve, pour le faict du commerce, etc.

Et parce que, entre toutes les manufactures du royaulme, l'une de celles qui lui rendoit le plus de réputation chez les nations estrangères, estoit l'*art de l'imprimerie*, lequel l'on voit aujourd'huy, comme la plus part des manufactures, se perdre de petit à petit, ce qui procède en partie de ce que plusieurs libraires et imprimeurs, soubs couleur de quelque peu de meilleur marché qu'ils ont de l'imprimerie és villes de Basle, Genève, Lausane et aultres, ils y font imprimer plusieurs livres, et puis mettent à la première et dernière page, *imprimé à Paris ou à Lyon par tel et tel*; ostant par ce moyen aux pauvres imprimeurs françois le moyen de gagner leur vie, et dépouillant ce royaulme d'ung si bel art et exercice pour le transporter à l'estranger, oultre ce, que notoirement ils commettent un crime de faux, et, sous telles suppositions, sont semez plusieurs livres, libelles diffamatoires et scandaleux; qu'il plaise au roy défendre telles suppositions de lieux et de noms, sous peine de confiscation; défendre aussi toutes sortes de papier fabriqués hors le royaulme, ou du moins mettre une grosse gabelle sur ce papier, etc.

L'ung des plus grands désordres venant du maniement des finances de S. M. qui lève cependant sur ses subjects plus de deux tiers au-dessus de ce qu'en tiroit aulcun de ses prédécesseurs, mesme du temps que grande partie de la France estoit détenue par les Anglais; que les causes de ce désordre sont les dons arrachez par importunité par des estrangers la plus part, etc., et la multiplicité des offices de finances; qu'il plaise au roy retrancher tous dons tant sur son espargne que sur les recettes de ses finances, revoquer toutes pensions semblables, etc, réduire les généralitez du royaulme et les officiers d'icelles à l'ancien nombre, etc.

Qu'il plaise au roy ordonner que tous edicts et arrestz contraires à ce qui sera résolu en l'assemblée des estats seront nuls, de nul effet et entièrement abrogez; et pour obvier aux pratiques et menées que pourroient faire quelques malins esprits au préjudice de ladite résolution, qu'il soit ordonné par loy expresse et perpétuelle et de mesme force que la loy appelée *salyque*, que toutes personnes, de quelque qualité qu'elles soient, qui s'opposeront à ce qui sera résolu esdits estats, ou prendront les armes, sans le congé de S. M., fondé sur ses lettres patentes, auront association avec aucuns princes ou potentats estrangers, qu'ils soient déclarez rebelles et criminels de leze-majesté, ennemis du roy et du royaulme, permis à chacun leur courir sus, en oultre qu'ils soient privez de leurs estats, de tous droicts de succession, *mesme à la couronne de France*, et que, de ce, le roy mesme ne les puisse dispenser ou rehabiliter.

Et aux fins que la force demeure à S. M., qu'il luy plaise dresser, en ce royaulme, une association en laquelle entreront les princes, seigneurs, gentilshommes, prélats, ecclésiastiques, et les bonnes villes de son royaulme, de laquelle S. M. sera le chef, semblables à celles qu'ont diverses fois dressées ses prédécesseurs contre ceulx qui s'estoient eslevez hostilement en leur royaulme, mesmes les feuz roys Philippe II, surnommé Auguste, et Louis VIII, père du bon roy S. Louis, contre le comte de Toulouse et aultres seigneurs, fauteurs des Albigeois, qu'ils appelèrent *croisades*, en laquelle chacun s'obligera à S. M. de la secourir, soit de sa personne ou de ses biens, qu'il sera tenu lui faire aide pour courir sus à tous ceulx qui s'éleveront contre l'estat de son royaulme, et qui se voudront rendre refractaires et désobéissans à ce qui sera conclu et arresté en l'assemblée des présents estats, duquel secours sera faict vng estat certain et arresté pour y avoir promptement recours lorsque l'occasion s'en présentera, et sans que ceulx qui seront entrez en ladite société soient tenus fournir ce qu'ils auroient promis soit de personnes ou de biens, que pour la cause dessusdicte pour laquelle ladite société sera spécialement establie, et à la charge que les derniers de ladite société ne seront maniez par les officiers des finances, mais par personnes qui seront à ce députées par les corps et communautez soit ecclésiastiques ou temporelles qui les fourniront, et qui payeront par leurs mains les soldats et gens de guerre pour l'entretien desquels ladite levée sera faicte.

Les mémoyres ci-dessus transcripts ont esté conclus et arrestez par MM. les Consuls eschevins de ladite ville subsignez, et laissez à nobles *Ant. Scarron* et M. *Jean de Masso* receveur général des finances, commis et deputez par ledit Consulat pour représenter ladicte ville, en l'assemblée générale desdicts estats, le 12 de novembre 1576. Ainsi signé *Grolier*, *Guerrier*, etc., etc.

Le 18 décembre, le Consulat fit payer à M. *de Rubys* 100 fr. pour ses vacations et honoraires pour la rédaction des *Mémoires* dressés pour lesdits *estats*. S.

1576. — *Novembre 27. Séance consulaire*. Les députés du chapitre de St-Nizier et M. Platet, baron de Vaux, paroissien, remontrent qu'en 1568, il y eut un jugement rendu par M. Me Michel Larchier, alors intendant en la justice de Lyon, entre le chapitre de St-Just et celui de St-Nizier, sur la restitution de la grosse cloche de ladite église de St-Nizier, par lequel jugement le chapitre de St-Nizier fut condamné à rendre ladite cloche au chapitre de St-Just, et celui-ci à payer 200 livres pour les frais faits à monter ladite cloche au clocher de St-Nizier; que l'exécution de ce jugement a été sursise jusqu'à présent; que le chapitre de St-Just fait ses efforts pour l'opérer. Les députés de St-Nizier représentent que cette cloche est bien nécessaire pour le bien et service de la ville, et pour ce que l'on peut donner avis aisément au public de ce qu'il importe d'annoncer, ladite cloche étant entendue de tous les endroits de la ville : ils prient le Consulat de se joindre à eux, pour empêcher l'exécution dudit jugement, étant toutefois d'avis d'en composer à l'amiable avec le chapitre de *St-Just*. On commet deux échevins pour négocier de cette affaire tant avec M. le Gouverneur qu'avec Mrs *de St-Just*. — Le conseiller Baraillon et autres commissaires firent ôter le battant de la cloche, les *cordages* etc., et la firent préparer pour être descendue. — Le 12 décembre, on voit qu'il avoit été indiqué une assemblée où devoit être M. l'Archevêque et le Gouverneur pour terminer cette affaire. *Le chapitre et les paroissiens de St-Nizier* engagèrent le Consulat à se joindre à eux, soit pour conserver la cloche, soit pour s'opposer à son enlèvement : ce que promit le Consulat qui nomma trois de ses membres pour réclamer en son nom. S.

1576. — *Novembre* 29. *Séance consulaire.* A la demande de M. le Gouverneur, on mande en sa présence à l'Hôtel-de-Ville quelques notables, les penons et les quaterniers. Le sieur Gouverneur fait entendre que la *maladie contagieuse* continuant en Italie, et commençant à prendre pied près de cette ville, étant déjà en plusieurs villages du Dauphiné, et que le pays de Beaujolois n'en est encore bien purgé; que d'ailleurs, sous prétexte du libre accès que toutes personnes entrant indifféremment en ladite ville pour le commerce, une infinité de vagabonds et fainéants y abondent; ce qui occasionne nombre de larcins; que cela provenoit du peu de devoir que l'on fait à la garde; que cependant le roi entend que cette ville, comme l'une des principales clefs du royaume, soit soigneusement gardée, etc. Sur laquelle remontrance, tous les assistants ont été d'avis que, de la part dudit sieur Gouverneur, représentant la personne du roi, il soit enjoint aux notables d'aller aux portes, aux jours ordonnés et tout le temps qu'ils le doivent, pour empêcher d'entrer en la ville les marchandises venant des *lieux contagieux*, ni aucune sorte de gens vagabonds; que, pour cela, il sera tenu, aux portes, un registre par lesdits notables; que le *rôle des défaillants* sera remis tous les soirs à M. le Gouverneur, pour qu'ils soient condamnés à l'amende;

Qu'il sera enjoint auxdits notables de prendre les noms de tous ceux qui entrent en la ville; de leur faire quitter leurs armes autres que l'épée et la dague;

Aux hôteliers d'apporter tous les soirs à M. le Gouverneur, les noms de ceux qu'ils auront à loger; de ne permettre qu'ils sortent depuis les 10 h. du soir jusqu'au jour, etc.

Défense d'aller par la ville, depuis nuit close, sans feu, sous peine de prison et d'amende; — de ne laisser les portes des maisons ouvertes, la nuit, sous peine de 20 livres d'amende.

Le fermier de la douane du roy tiendra régistre des armes qui entreront en la douane, dont il fera part à M. le Gouverneur, etc.

Les penons referont de nouveau les *rôles de ceux de leurs penonages*, etc., etc.

Même Jour. Le penonage du quartier des rues *Tommassin*, *Ferrandière* et partie de rue *Mercière*, que tenoit Gaspard Richier, étant vacant par sa mort, les quaterniers et dizainiers dudit quartier prient le Consulat de donner ledit penonage au sieur *Antoine Gryphius*, quaternier d'iceluy. Cette demande est ajournée. S.

1576. — *Novembre...* Jean David, avocat à Paris, avait été dépêché à Rome par les Guises, pour y solliciter, auprès des cardinaux, une décision qui devait servir à leurs projets ambitieux. David, à son retour en France, tomba malade à Lyon et y mourut au mois de novembre de la même année. On trouva parmi ses papiers une pièce qui déclarait Hugues Capet usurpateur, et ses successeurs rois illégitimes, maudits de Dieu et réfractaires à la sainte église, etc. *Mém. de la Ligue*, tome 1, première pièce ; Lestoile, *Journal de Henri III* ; Chantereau, *Considérations hist. sur l'origine de la maison de Lorraine*, p. 5 et 6.

1576. — *Décembre* 14. Le roi, par ses lettres datées de Blois le 4 ce mois et adressées à M. de Mandelot, lui avoit écrit, entr'autres choses, qu'il a avertissement que, de jour à autre, se font pratiques et menées entre ses sujets par l'artifice d'aucuns désireux d'entretenir et accroître la défiance et troubler le repos de son royaume, le priant d'exhorter de rechef ceux de l'une et de l'autre religion en l'étendue de son gouvernement de se contenir en paix, sans rien entreprendre ni attenter qui y puisse tant soit peu préjudicier ; et pour les y obliger plus étroitement, de les laisser en garde les uns aux autres sous la protection de S. M. Pourquoi ledit Sgr. gouverneur, manda les sieurs échevins en son logis, et leur fit entendre la volonté du roi contenue es dites lettres, et afin que ceux de la R. P. R. en eussent aussi communication et fussent duement avertis d'icelles, a été résolu que les principaux d'entr'eux seroient mandés à se trouver le lendemain à une heure après midi au logis dudit Sgr. gouverneur.

En effet, le samedi 15 novembre, audit logis, se trouvèrent avec ledit gouverneur les sieurs échevins au nombre de dix.

Ayant mandé ceux de la religion prétendue réformée habitans de la ville ci-après nommés :

SAVOIR DU CÔTÉ DE FOURVIÈRE :

C. Gilles Bretton.
   Amblard Dumont.
   Etienne de Nemouse.
C. F. de la Camella di Chico.
   Pierre de Faubüs.
   Guy de la Grange.
C. Les frères Couchaud.
C. Guillaume Durier.
C. Claude Terrail.
   Cosme Richard.

C. Pation.
C. Me Ant. Bernard.
   Noël Fleurot.
   Fr. Turquet.
   Claude de S. Jean.
   Jean Bœsse.
   Me Florimond Lusson.
   Etienne Charvier.
   Laurent Payet.

DU CÔTÉ DU RHÔNE.

   Jean Dupré.
C. Guill. de la Chanal.
C. Ant. Perrin.
   Martin Ponthus.
   Me Jean Gravier.
   Gyvort, teinturier.
   Jean de Tornes.
C. Claude de Jussieu.
   Loys Riberol.

C. Jean Nasy.
   Clocquemin, libraire.
   Jh. Mareschal, dit Monin.
   Robert Berard.
   Arnaud Nigron.
   Guill. Colin.
   Pierre Michel, imprimeur.
   Ant. Charverie.
   Ant. Gojon. 38.

Desquels en comparurent les 9 ou 10 ci-dessus marqués en marge d'un C.

Après que ledit gouverneur eut fait entendre la volonté du roi, portée par ses lettres à ladite assemblée, et les eût exhortés à vivre ensemble en bonne paix, lesdits échevins ont déclaré et protesté que, quant à eux, ils veulent et entendent vivre en paix et union sous l'obéissance du roi, priant ceux de la religion prétendue reformée de faire de même et de n'entreprendre chose qui puisse altérer le repos public. Après, lesdits Guillaume Durier, Fr. de la Camella, Jean Nazy, Christophe Couchaud et Ant. Perrin ont remontré que l'on leur fait tort de les avoir appelés avec ceux de ladite religion, parce que, combien qu'ils en ayent fait autrefois profession, si est-ce que depuis qu'il a plu à Dieu de les inspirer à se réduire et professer la foi et religion catholique, ils n'ont jamais fait ni pensé de faire chose, comme aussi ils ne veulent faire à l'avenir, qui contrarieroit au bien et repos public, volonté du roi et diminution de ladite religion catholique, dont-ils ont requis leur être expédié acte, pour n'être ci-après mis au rôle desdits de la religion ; et parce que tous ceux qui avoient été mandés n'avoient comparu, ledit sieur gouverneur a ordonné qu'ils se rassembleront de nouveau en son logis pour leur faire entendre ce que dessus ; et à ces fins leur a assigné mardi 18 de ce mois, à 9 h. du matin. S.

1576. — *Décembre* 18. Le Consulat certifie et passe procuration pour affirmer que «ez années 1567, 1568 et 1569, les consuls-échevins n'ont manié ni reçu aucune chose de la vente des biens, soit des frères Darut ou de quelque autre que ce soit de la religion prétendue réformée, mais qu'il en a été entièrement disposé par et selon les ordonnances de M. le Gouverneur.... » S.

Même jour. — Le Consulat ayant eu communication d'une requête présentée de la part de Mgr. l'Archevêque de Lyon à Mgr. le Gouverneur, tendant aux fins que, suivant l'édit de pacification, il plût audit S. Gouverneur, lever la garnison qui est au château de Pierre-Scise, appartenant de toute ancienneté audit sieur Archevêque, et le réintégrer en la jouissance dudit château, déclare qu'il n'a que dire pour empêcher que ledit Sgr. Archevêque ne soit réintégré en la jouissance dudit château à la charge d'y établir par ledit sieur Archevêque, un capitaine qui soit agréable à mondit S. le Gouverneur et à ladite ville, et d'y tenir garnison non suspecte, lors et quand la nécessité des affaires le requérera. En même temps, le Consulat fait écrire aux députés aux états pour empêcher de tout leur possible que la justice ordinaire de Lyon ne soit rendue par le roi à Monseigneur l'Archevêque de Lyon.

On ordonne de faire un présent de confitures, jusqu'à 20 écus sol, au Seigneur de la Mante, capitaine de la citadelle. S.

1576. — *Décembre.* M. de Mandelot vient communiquer au Consulat «certains articles d'une ligue ou association qui se dresse entre les princes, seigneurs, gentilhommes et autres, tant de l'état ecclésiastique que du tiers état du royaume, pour l'honneur de Dieu, extirpation des heresies, et manutention de la couronne en la maison de Valois. » — Les conseillers déclarent n'y rien voir « qui ne soit à l'honneur de Dieu et à la fidélité qu'ils doivent au roi, ». Mais ils arrêtent que, pour donner à l'adoption de la ligue une plus grande solennité, on appellera au Consulat les plus apparents des catholiques. — Il n'y eut qu'une voix, dans cette nouvelle assemblée, pour louer Dieu d'avoir inspiré cette sainte ligue aux princes et aux seigneurs ; alors, d'après l'avis des notables, les conseillers, comme représentant le corps commun de la ville, se déclarent tous membres de l'association, en signent les articles, jurent de les observer et de les tenir secrets. Toutefois, sur l'observation de M. de Chastillon, on arrête que l'on s'informera comment les échevins de Paris se sont conduits dans cette même circonstance. J. Morin, v, 275.

1576. — Le Consulat veut établir le marché de la *cuiraterie* dans la rue Juiverie ; les recteurs de l'Aumône et quelques particuliers s'y opposent. La contestation est portée au parlement de Paris. Dagier, *Hist de l'Hôtel-Dieu*.

1576. — Jusqu'à présent on avait trouvé quelques lambeaux des copies des letres écrites par le Consulat à des époques diverses, sans suite et sans ordre. C'est sur la fin de cette année que le nouveau secrétaire de la ville, Benoît de Troncy, recueillit le premier, en un régistre, les lettres du Consulat. En tête de ce régistre est la lettre suivante :

A Messieurs les consuls eschevins de la ville de Lyon, Benoist du Troncy, leur très-humble secrétaire et serviteur, Salut.

Messieurs, la mémoyre des actes heroicques et aultres choses dignes de remarque des siècles passez ne fut jamais parvenue jusqu'à nous, si ceux qui étoient de ce temps là ne les eussent laissez par escript, les ungs par forme de discours et annales, et les aultres par epistres et lettres missives que les amys s'entrecripvoient les vngs aux aultres pour s'en donner reciproquement advis des occurrences de leur temps. Je ne veulx icy comprendre les epistres de St-Pierre, de St-Pol, et aultres apôtres, ni celles de St-Hierosme, St-Cyprian, St-Augustin, St-Ambroise et aultres docteurs de l'esglise, lesquelles servent à notre édification et instruction en nostre foy et religion catholique : mais je parle de celles qui concernent les affaires d'estat, police et gouvernement des républiques, comme, entre les Grecs, celles d'Isocrate et Platon, entre les Romains, celles de Cicéron et de Pline second, et sur le declin de l'empire, celles de Symmaque, Cassiodore, Sidonius et Ennodius, et de ce siècle assavoir, depuis cent ans en çà, celles du cardinal Sadolet, de Budé, d'Erasme et de Vivès, et, du temps présent, celles de l'Advocat Pasquier qui, par icelles, faict un sommaire discours, quasi comme ung *diaire*, de tout ce qui s'est passé en France depuis l'an 54 jusqu'à l'an 86. Cette considération m'a meu de conserver à la postérité, toutes ou pour le moings la plus part des lettres missives que, depuis le moys d'octobre 1576, que j'ay eu cet honneur que d'estre pourveu (combien indigne) du secrétariat de ceste ville, ont esté escriptes et envoyées au nom d'icelle au Pape, au roy et aultres princes et personnages illustres, villes et communautez, par lesquelles, encores que couchées en fort bas style et inepte, voyre si mal limées qu'elles ne méritent d'estre veues, si est-ce que la postérité les lisant, pourra pour le moings recognoistre les grandes et insupportables charges que vous avez eues sur les bras depuis ledit temps, et par là pourront juger que si la ville a esté endebtée comme elle est en grandes et excessives sommes, que la nécessité des affaires et la malice du temps en a été l'origine et seule cause. Je vous presente doncques, Messieurs, ce mien recueil, ou plustôt soigneuse garde que i'ay faicte des dites lettres missives qui comprendra deux ou troys gros volumes, dont cestuy-cy est le premier que ie vous prie recepvoir d'aussi bon cœur que i'ay eu de soing de le vous conserver. » A. P., *Variétés hist.*, p. 50.

1577. — *Janvier* 16. Le Consulat écrit à ses députés, les sieurs de Masso et Scarron :

« Nous receusmes hier seulement voz lettres du 4 du présent, par lesquelles nous vous discourez de la diversité des opinions que l'on a eues en vostre assemblée du tiers estat pour la ligue. Nous vous avons prié, par nostre dernière dépesche, de nous faire certains de ce que Mrs. les Prevost des marchands et échevins de la ville de Paris avoient sur ce résolu, pour nous y conformer, et attendant sur ce vostre responce, nous n'avons voulu delivrer nostre résolution sur ce prinse et concluë.... Au reste, on nous souffle aux oreilles la guerre de toutes parts, et semble que le Forez veuille estre de la partye, à la sollicitation de quelques ungs de la noblesse malcontens. M. de Mandelot y auoit envoyé entr'aultres son trompette; mais ils n'en sont encore point retournez. Dieu veuille donner bonne yssuë à ce maulvais commencement, et assister ledit Sgr. de Mandelot, lequel s'est résolu y aller en personne avec vne petite troupe de soldats volontaires qui l'ont suivy, attendant que la ville puisse lever vne ou deux compaignies bien armées qui aillent à son secours, comme nous nous sommes bien résoluz de faire, préuoyant bien que nostre repos dépend de celuy de nos voysins, etc., etc. De Lyon ce 16 janvier. » S.

1577. — *Janvier* 17. Pierre d'Espinac prononce, aux états de Blois, un discours qui fut imprimé la même année; Paris, *Pierre l'Huillier*, in-8°.

1577. — *Janvier* 23. Le Consulat écrit à ses députés, les sieurs de Masso et Scarron :

« .... Nous espérions avoir bientôt response de celles que nous vous avons escrites pour le faict de la *ligue* et pour le désir que nous avons d'entendre au vray ce qui a esté résolu dans vostre assemblé sur le faict de la religion, d'aultant que delà dépend la paix ou la guerre. Nous ne laissons cependant de continuer la garde et de faire la recherche des estrangiers, à cause de l'absence de M. de Mandelot que nous espérons estre en brief de retour du pays de Forez, lequel il a dextrement rendu pacifique... De Lyon le 23 janvier 1577. » S.

1577. — *Janvier*, 25. Le Consulat écrit à Mgr. l'Archevêque de Lyon, primat de France :

« Monseigneur, ayant eu advis de noz depputez qu'au cayer general du tiers estat, il avoit esté résolu que S. M. seroit suppliée d'octroyer ung parlement au gouvernement de Lyonnois, nous avons conceu une grande espérance de l'obtenir par la faveur de laquelle vous nous pouvez assister. Ce sera (oultre l'obligation perpétuelle que cette province vous debvra) ung accroissement de tout heur et félicité à vostre grandeur, estant primat de France et *premier conseiller-né audit parlement*, pour lequel obtenir nous vous supplions de nous aider de tous vos bons moyens, desquels nous nous tenons du tout asseurez, qui faict que nous ne vous en faisons plus longue lettre; mais après avoir présenté nos très-humbles recommandations à votre bonne grace, prierons Dieu, Mgr., vous donner bonne santé, très-heureuse et longue vie. De Lyon, ce 25 janvier 1576. Vos très-humbles et très-affectionnés serviteurs, etc., etc. »

Semblable lettre à M. le Chancelier de Birague, où on lit que depuis que cette ville eut l'honneur de l'avoir eu pour gouverneur, elle l'a tenu comme le père de cette province, etc. — Autre à M. l'Evêque de Paris, où il est dit : « Monseigneur, ceste ville n'a jamais eu tant de félicité du temps de l'empire romain, pour avoir esté la mère nourrice de Claudius, empereur, qu'elle a eu d'honneur en ce temps turbulent, que vous et Mgr. vostre frère y avez prins nativité, d'aultant que, par vous deux, elle a été secourue et soulagée où les occasions se sont présentées, comme nous espérons qu'elle sera encore présentement, etc., etc. — Autre enfin à M. Bellièvre, conseiller du roy, surintendant de ses finances, où se trouvent ces mots : « ... L'asseurance que nous avons que ne défaillerez en cest endroict à vostre patrie....... » S.

1577. — *Janvier* 30. Publication de la déclaration du roi (de juillet 1576) sur le faict et reformation des habits. — On lit dans le préambule de cette déclaration que les simples Gentilshommes se montrent par chacun jour autant superbement parés, comme s'ils estoyent ducs ou barons,... qu'il n'y a à present aucune distinction entre les roturiers et les nobles, etc. Le roi défend, entr'autres dispositions, aux femmes des non nobles de porter l'habit et accoustrement de damoiselle et atour de velours, etc. — A cette occasion, le président de la sénéchaussée de Lyon, Hiérosme de Chastillon, publia un *Bref et vtile discours* dont nous parlerons ci-après.

1577. — *Février 2.* Mort de Jean Maheu, profès des Dominicains de Lyon, dans le couvent desquels il était entré en 1529. — Il était très versé dans les langues hébraïque, grecque et latine, et on conjecture qu'il fut un des disciples du celèbre orientaliste Sante Pagnino, mort dans le même couvent, le 24 août 1536. Maheu se distingua par l'ardeur infatigable avec laquelle il combattit les Calvinistes dans ses prédications. Rubys, qui le compare à une lumière ardente qui éclairait l'église de J. C., nous apprend que, conjointement avec son confrère, le bon père Pyrus (Jacques Périer), il ne cessa point par ses doctes discours et par les écrits qu'il faisait courir par la ville, de s'opposer au progrès de l'hérésie, et de « rembarer les assaux que les ministres (protestants) donnoyent à l'Eglise catholique. » *Hist. de Lyon*, p. 391, voyez aussi la *Biblioth. scriptor ord. praedicator.*, 11, 246.

1577. — *Février 7.* Le Consulat écrit à ses députés, les sieurs Scarron et de Masso :

« Messieurs, en attendant, en bonne dévotion, la résolution que nous désirons avoir de vous pour le faict dont nous vous avons écript par tant de foys, et pour l'exécution duquel M. de Mandelot est présentement en Beaujolois, nous vous dirons que ceulx du plat pays se font entendre avoir obtenu arrest du privé conseil... Vous aurez aduis que la publication de l'édit faict sur le réglement du port des habits de soye, a atteint beaucoup de personnes et notamment les notables bourgeois de ceste ville qui ont à honneur d'avoir esté eschevins ou qui sont nez de pères eschevins, lesquels nous en ont fait une bien grande remonstrance, et nous n'avons pu leur refuser nostre protection, tant parce que lesdites défenses générales préiudicieroient à nos privilèges d'eschevins, etc., que à cause du désordre et mescontentement que cela pourroit engendrer dans le peuple, pour le regard même des femmes qui, depuis 10, 12, 15 et 20 ans, voire de tous temps, ont porté l'*atour* de velloux, qui est vne costume invéterée en ceste ville........ Ce que nous vous prions de remontrer très-humblement à S. M., et la supplier de nous accorder semblable déclaration que celle du feu roy Charles dernier, décédé, en laquelle vous y ferez comprendre ceux qui ont esté eschevins, et les femmes qui de tout temps ont porté le *chapperon de velloux*, et ce pour le regard dudit *atour* tant seulement, etc., etc. » S.

1577. — *Février 17.* Le Consulat écrit aux sieurs de Masso et Scarron, députés à Blois :

« Messieurs nous vous escripvismes hier comme M. le Gourverneur se proposoit d'aller avec forces en Forestz, pour empescher la descente de l'ennemy, lequel s'approche de Montbrison, s'estant saisy de la ville d'Ambert, et que ledit Sgr. nous demandoit secours de 200 hommes de pied. Nous convocquasmes une assemblée générale au Consulat, où partie des plus notables bourgeois mandez comparut, l'aultre partie n'y daigna venir pour le despit et le mécontentement qu'ils ont eu de l'édict de la reformation des habits, lequel édict et ung aultre, qui fut le jour d'hier publié, des francs fiefs et nouveaux acquests sont directement contraires et derogatifs à noz privilèges : ce que mesme quelques ungs, qui assistèrent à ladite assemblée, sceurent très-bien remonstrer, disant que la ville s'étoit tousiours gardée à ses despens contre l'entreprise de l'ennemy, sans que les finances du roy ayent été diminuées, et néantmoyns, pour toute récompense, au lieu de sçavoir gré aux habitants de la bonne volonté qu'ils ont tousiours eue au service de sa majesté, on leur oste les privilèges donnéz par ses prédécesseurs roys, et on les expose..... à la domination et rapine d'ung tas de sergents royaux et aultres gens semblables; tellement que si nous n'eussions promis en ladite assemblée, de supplier S. M. qu'il luy plaise revocquer les dits édicts pour le regard de ceste ville, il ne s'y fut rien faict; et, à la vérité, il nous semble que nous ne sommes pas au temps que le roy, à l'appetist de quelques particuliers qui font party sur tels édictz, deust mescontenter ses meilleurs et plus loyaulx subiects, même ceulx qui ont les moyens de subvenir aux affaires qui se présentent, estant l'édict des habits plustôt procédé de la malicieuse invention de Sathan et de ses ministres que d'ung bon zèle et réformation de superfluité : car, voyant Sathan la saincte résolution prinse aux estats, de chasser ses ministres hors du royaulme, pour n'y avoir que la vraye religion catholique, apostolique et romaine, il a suscité *ung de* Castella et aultres ses semblables de brasser ledit edict et en poursuivre l'execution, affin que les riches et opulents catholiques qui exposèrent leur vie et biens pour l'exécution de ladite résolution des estats, soient tellement mécontents et depitez, comme à la vérité nous voyons qu'ils sont, que se laissant aller à leurs passions (lesquelles ne sont pas hors de raison), ils souffrent couler leurs affaires comme elles pourront, dont S. M. pourra recepvoir cent fois plus de dommage que les *partisans* (1) ne retireront de profit des amendes qui procéderont de l'infraction dudit édict. Ce qui faict en effect trouver plus aigre l'execution dudit edict, est le *party* que l'on dict avoir esté faict par quelques-vngs sur les amendes qui en proviendront, et par là l'on cognoist que, soubz pretexte de vouloir reformer un luxe ou superfluité (ce que tous desirent estre doucement et modestement faict), l'on veult attaquer ung chacun par graves et insupportables amendes desquelles le roy ne tirera jamais un liard. Nous vous prions donc de remonstrer tout cecy à S. M., incontinent la présente reçue, et la supplier d'y remedier promptement, soit par revocation, surseyance, declaration particuliere, comme la ville de Paris a eue, et plus ample, s'il est possible, même pour ce qui concerne l'*atour de velloux* que, de tout temps et ancienneté, les femmes issues de bonne et ancienne maison ont porté. Tâchez d'y pourvoir le plus tost que vous pourrez, aussi pour le scandale que nous apporte ce, que la pluspart des femmes les plus honorables ne sortent de leurs maisons, de peur d'estre surprinses, etc., etc. De Lyon, ce 17 fevrier 1577. » S.

1577. *Février* 20. « Le château de Quirieu étoit l'une des plus fortes places qui fut à l'entour de Lyon du côté du Dauphiné. En cette place avoit été mis un gentilhomme du Puy pour capitaine et gouverneur. Le Consulat lui écrit pour l'en féliciter et l'avertir de quelque entreprise qui se brassoit contre cette forteresse. » S.

1577. — *Février* 22. Le Consulat écrit aux sieurs de Masso et Scarron, députés à Blois :

---

(1) C'est ainsi qu'on appelait autrefois les fermiers du roi, ou plutôt ceux qui avaient traité avec le roi pour recevoir les droits qui lui appartenaient, et l'on appelait *parti* le traité qui avait été fait à ce sujet. « Les *partisans*, a dit la Bruyère, nous font sentir toutes leurs passions l'une après l'autre : l'on commence par le mépris à cause de leur obscurité; on les envie ensuite, on les hait, on les craint, on les estime quelquefois, et l'on vit assez pour finir à leur égard par la compassion. »

« Messieurs,..... nous vous exhortons de faire toute la diligence possible d'obtenir vng *parlement*, et de n'y espargner poursuites, promesses ou aultre chose qui y puisse servir, et ou ce coup seroit rompu et empesché par la ville de Paris, comme nous avons bien opinion qu'il sera, nous vous prions de poursuivre l'attribution de nos *presidiaulx* de la jurisdiction criminelle en dernier ressort, et observation de l'édit de 1575, par lequel lesdits presidiaulx peuvent juger jusqu'à 1200 livres par provision, et 1000 livres définitivement et par jugement souverain. — M. Dufour a eu advis qu'il y avoit eu quelque chose entre Mgr l'Archevesque et vous, et toute fois, par vos lettres du 12, vous ne nous en faistes aucune mention : ce que nous trouvons fort estrange.... — Nous vous dirons que *nous sommes résolus d'entrer en la ligue*, comme les aultres bonnes villes; et parce que, par icelle, nous promettons de fournir et contribuer pour nostre cotte part aux frais de la guerre, nous ne sommes pas d'advis que, si vous estiez recherchez de faire quelques promesses et de donner argent au roy, que vous le fassiez : car il n'est possible que nous puissions faire et l'vng et l'aultre. Nous levons deux compagnies de gens de pied, sous la charge du jeune *Platel*, pour envoyer à M. de Mandelot, qui est party cedit jour pour aller en Forestz, où il dressera une petite armée pour en chasser l'ennemy; s'il s'y veult empiéter, il nous faudra entretenir longuement ladite compagnie en beaucoup plus grand nombre de soldatz pour le faict de ladite ligue, qui seront frais insupportables à ceste ville, etc., etc. » De Lyon, ce 18 feurier 1577.

Par une lettre du Consulat aux échevins de Mâcon, Villefranche et Belleville, on voit qu'il avoit couru à Lyon un faux bruit que la ville de Trévoux, avoit été prise par l'ennemi. Ce qui y avoit donné lieu étoit une assemblée qui s'étoit faite en la ville de Châtillon en Bresse, où s'étoient trouvés les principaux capitaines de la religion en ces marches, et quelques uns des réfugiés à Genève. A ce sujet le Consulat exhorte lesdits échevins et villes voisines de Lyon de se garder de surprise et de faire souvent des recherches exactes par les maisons : car, *aujourd'huy, dit-il, l'on ne prend les villes que par surprise et intelligence*. S.

1577. — *Février* 26. « M. de Mandelot poursuit l'ennemy (savoir le jeune de Cozan qui vouloit remuer en Forez) qui n'a pas osé comparoistre devant ses forces. Si M. de Mandelot ne fût sorti de Lyon pour s'opposer au dessein des rebelles, tout le pays de Forez étoit perdu, et tous les jours l'ennemy eût fait des courses jusqu'aux portes de Lyon..... » Extrait d'une lettre du Consulat aux députés à Blois. S.

1577. — *Février* 26. Le Consulat écrit aux députés de la ville à Blois; il leur accuse reception de la déclaration qu'ils ont obtenue du roi sur l'édit du réglement des habits; mais elle n'est pas telle qu'on l'eût désiré. Au lieu d'être seulement pour les échevins et les notables bourgeois qui ont été échevins, ce qui ne faisoit par de doute, puisque, étant anoblis par l'échevinage, les échevins pouvoient jouir des privilèges des nobles vivant noblement et sans faire le négoce, il étoit seulement besoin d'exprimer esdites lettres, les notables personnes qui ont été échevins, et ceux qui en sont descendus en loyal mariage, avec les femmes, qui, de toute ancienneté, ont porté l'*atour* de velours. On les engage à avoir d'autres lettres pour contenter beaucoup de personnes, etc. — Les députés obtinrent, en effet, une autre déclaration stipulée dans les termes que dessus, et y comprenant les officiers de la ville et les femmes d'ancienne maison qui avoient coutume de porter l'*atour de velours.* Cette nouvelle déclaration est datée de Blois, le 7 mars 1577. » S.; C. B., xv, 459.

1577. — *Février 27. Séance consulaire.* M. Thomas Faure, penon du quartier de la rue de Flandres, étant absent, et ne faisant pour ses affaires grand séjour à la ville, le Consulat,.... en considération du devoir et service qu'il a fait, le décharge et exempte du guet et garde, et désigne pour le remplacer noble Justinien Panse. Celui-ci s'en excusa, mais gagné par les remontrances de M. de la Mante et des sieurs échevins, il l'avoit à la fin accepté; cependant il remontra qu'il conviendroit agrandir son quartier où il ne sauroit avoir que 50 ou 60 inquilins en tout. Sur quoi le Consulat confère ledit penonage audit sieur J. Panse, et, après avoir sur ce oui les sieurs Jean de Bourgogne le jeune et Jean Perricaud, penons des rues de l'Albergerie, Peyrollerie et Puits-du-Sel, il ordonne et détermine les limites de ces trois penonages, ainsi qu'il suit : Le penonage dudit sieur Panse commencera au coin du pont de Saône et s'étendra tout le long de la rue de Flandres et de St-Eloy, jusqu'à la rue Faure et coin de la maison de Pierre Muleau dit de Molins, icelle comprise, et reprendra toutes les maisons qui sont dedans les rues d'Angille et Chevrerie, tirant à la place qui est à la descente du pont.

Le penonage de Jean de Bourgogne commencera au coin desdites rues d'Angille et de Faure, et s'étendra jusqu'au logis du Lion-d'or, où est la poste pour le roy, ledit logis et les étables d'icellui qui sont vis-a-vis y compris.

Le penonage de Jean Perricaud commencera à la maison où il habite, appartenant à Jean-Pierre Pichier, et à l'autre maison opposite qui joint ledit logis du Lion-d'or, et s'étendra jusqu'au logis du Cerf blanc qui fait le coin du pont de la Fleur-de-Lys.

1577. — *Février.* Henri III constitue, par lettres-patentes, à l'Archevêque de Lyon, 800 livres de rente, outre les 1200 baillées pour la justice de Lyon. M.

1577. — *Mars 4. Séance consulaire.* Presents : Mgr. le gouverneur (Mandelot), MM. les echevins, les notables, MM. Scarron, Camus, Louis Prost, Claude Valleton, etc. — A cette assemblée comparurent MM. Tollet, Dalechamp, Stapelius, Clenardin, Pons, Torel, Bouchard et Paule, médecins, auxquels le sieur président de Chastillon exposa qu'on vouloit entendre d'eux la vérité sur le fait de la santé de la ville, et si le bruit qui commence à courir qu'il y ait en quelques endroits quelques malades atteints ou suspects de contagion, et y estant ladite maladie savoir d'eux les moyens et les remèdes qu'il y faudra donner pour empêcher plus grand cours. — A quoy lesdits médecins ont unaniment répondu qu'à la vérité il y a une fort grande apparence de ladite contagion par les signes qu'ils ont vus en quelques malades : mesme lesdits sieurs Clenardin, Pons, Torel, et Bouchard ont vu quelques corps morts, les uns couverts de *tac* (1), les autres ayant la peste et le charbon : mais tous d'accord ont dit que telle maladie ne procède ni de la constellation, ni par corruption de l'air ou de la terre, d'autant que les signes qui ont accoustumé précéder une semblable maladie universelle n'ont point apparu, et que, par la grace de Dieu, l'air n'est point corrompu : car s'il l'estoit les gens riches ou bien aisez se ressentiroient aussy bien de ladite maladie comme les autres qui en sont infectez: que les oiseaux et autres

---

(1) Maladie contagieuse qui régna à Paris au commencement du xve siècle. ROQUEFORT, *Dict. de la langue romane.*

bestes mesmes en mourroient; mais ils ont opinion, qu'elle procède par le commerce et fréquentation que l'on a pu avoir avec personnes infectes ou venant des lieux infectés, ou bien par l'attouchement et maniement de marchandises ou autres effets apportés desdits lieux infects. Et pour ce est besoin d'y pourvoir de bonne heure pour couper racine d'une telle contagion. Et leur semble que les principaux moyens pour y remédier sont de barrer les maisons suspectes, bruler et enterrer les meubles qui y sont, faire panser et bien nourrir les malades, et les séparer de la compagnie des gens sains. Ceux qui auront fréquenté lesdits malades, et qui ne le seront point doivent aussi estre séquestrés du reste du peuple et relégués en lieu airé : que les rues et maisons doivent estre entretenues bien nettes : que les puits tant publics que privés doivent estre nettoyés, les tavernes déffendues : empescher qu'il ne se vende aucun poisson mort ou viande corrompue : faire combler le cloaque qui est sur le fossé de la Lanterne et tous les autres semblables lieux qui peuvent causer infection ou corruption d'air : Que les etuves doivent estre severement prohibées, et faudroit avoir des chirurgiens bien experts et à gages qui eussent la cure desd. malades. A l'égard des remèdes qu'il leur semble devoir estre donnés, tant aux sains pour les garantir, qu'aux malades pour les guérir, il est convenu que chacun d'eux dressera un avis en forme de recette : tous lesquels avis particuliers ils rapporteront en une leur assemblée qu'ils tiendront, et sur icelle concluront ensemblement les remèdes qu'ils trouveront propres pour les faits ci-dessus. — Lesdits sieurs médecins estant sortis, il a esté advisé par lesd. sieurs gouverneur, eschevins et notables que l'on dressera un bureau auquel se rapporteront toutes les affaires concernant la santé : que pour cela seront nommés certains notables personnages qui auront l'intendance sur lad. santé : que les penons, chacun en leur quartier s'informeront exactement quelles maladies y règnent, et en feront rapport aud. bureau. S. — Le même jour, 4 *mars*, le Consulat rendit l'ordonnance suivante : —Seront chassés de la ville tous les pauvres estrangers, mesmes ceux qui sont logés rue de *la Groslée*; —Defenses sont faites aux pauvres de la ville qui prennent l'aumosne d'aller mendier par les rues;— les bateleurs et leur suite qui sont logés en la rue des *Trois Maries*, seront aussi chassés de la ville; — au demeurant sera suivi le reglement qui fut fait en l'an 1564, le roy estant à Lyon. S.

1577.—*Mars* 5. Le Consulat ordonne que le bureau pour le faict de la santé qui a desja été arresté, attendu que la ville est menacée de maladie contagieuse, sera tenu deux fois le jour en la salle de police de l'Hôtel-de-Ville, savoir de 9 heures du matin jusqu'à dix, et le soir de 4 à 5; qu'à ce bureau se rapporteront toutes choses concernant la santé aux six députés et intendans d'icelle, lesquels avec le voyer qui les assistera, auront tout pouvoir, sous l'autorité du Consulat, d'ordonner et de disposer de toutes les affaires de ce genre; et néanmoins où il aduiendroit chose haulte et ardue ils en refereront au Consulat pour en arrêter avec eux : desquels six députés trois seront pris du côté de Fourvières, et trois du côté du Rhosne. Un chirurgien qui aura le soin de visiter et panser les pestiférés, sera nourri aux dépens de la ville, en une chambre au grand Hôtel-Dieu; ses gages seront de 30 livres par mois. —Trois médecins avec le titre de médecins de la santé sont désignés pour donner aux malades ce qui leur sera besoin pour leur convalescence, et les préservatifs aux gens sains qui communiqueront avec lesd. malades. On nomme aussi un apothicaire de la santé pour fournir les drogues nécessaires. —Pour empescher que par communication des personnes infectes la contagion ne s'étende plus loin, il est ordonné que dès qu'on aura découvert une maison où il y aura des pestiférés, le voyer mettra un *borel* (hape) à la porte de la chambre des malades ; ceux qui auront communiqué avec eux seront également séquestrés et enfermés, il leur sera fourni par les voisins leurs nécessités par une corbeille ou panier qu'ils descendront par les fenestres. — Le Consulat voulant pourvoir à ce que la maladie ne prenne racine en ladite ville, et sçachant que les apparences qu'il y en a sont venues par les moyens de quelques marchandises que l'on a apportées de lieux infects, il est ordonné que toutes les soies estant en ceste ville, et venues de lieux suspects seront enfermées pour quelque temps dans des magasins desquels les eschevins auront une des clefs : défense à l'avenir de faire entrer en la ville des marchandises venues de tels lieux sous peine d'estre lesd. marchandises bruslées. etc. — Pour obvier à toute contagion que pourroit apporter la réunion qui se faict aux leçons ordinaires du collége auxquelles viennent des enfants des divers endroits de la ville, il est ordonné que pour quelque temps lesd. leçons cesseront. S.

1577. — *Mars* 11. Antoine du Verdier dédie à Anne d'Urfé ses *Diverses leçons, suivans celles de* Pierre Messie... A Lyon, par *Barthelemi Honorati*, in-8º. — Cette première édition n'a que cinq livres ; la 5e publiée à Tournon, par *Claude Michel*, imprimeur de l'Université, 1696, in-8º, a huit livres. Du Verdier, l. 7e, c. xi, nous apprend qu'il possédait la maison du *Beau-Regard* (située à Lyon, montée du Gourguillon), laquelle avait appartenu à Guillaume du Choul, homme docte et grand rechercheur de l'antiquité, et en suite au prieur de St-Irénée (probablement François de Laurencin). En 1627, les religieuses dites les dames du *Verbe incarné*, en firent l'acquisition des heritiers d'Alexandre Orlandini ; elles s'y établirent et y restèrent jusqu'à la suppression de leur ordre, en 1790. Aujourd'hui une partie de cette maison est occupée par l'institution de M. Guillard. Du Verdier (*loc. cit.*) rapporte une inscription antique gravée sur une pierre qui se trouvait à l'entrée du jardin de cette maison ; l'explication qu'il en donne n'a peut-être pas été connue de ceux qui l'ont reproduite et commentée. Voyez Guichard, *Funérailles*, p. . ; Spon. *Recherche*, p. 46 ; Menestrier, *Hist. cons.* p. 46 ; Gruter, p. DCLXXXII ; D. Martin, *Religion des Gaulois*, 11, 307 ; Orelli, nº 4756.

1577. — *Mars* 12-27. Le Consulat tient ses séances dans le couvent des Célestins, par forme d'emprunt, attendu qu'on faisait la vuidange des privés de l'Hôtel commun. S.

1577. — *Mars* 13. Le duc de Savoie ayant envoyé à Lyon quelques commissaires pour y explorer la santé, le Consulat s'empressa d'écrire à ce prince que l'on n'avoit trouvé à Lyon que deux ou trois maisons suspectes situées en un quartier éloigné du commerce et près les portes, dont la cause étoit d'avoir manié des marchandises apportées de Milan et qui n'étoient pas entrées à Lyon ; que ce petit nombre de personnes suspectes étoient *de menus artisans*; que par le bon ordre on espéroit que cela n'auroit pas d'autre suite. Le Consulat prie S. A. de ne pas vouloir tant se presser de défendre tout commerce avec Lyon, et de croire qu'il ne désire pas moins le bien et santé de ses sujets que le leur propre, *aultrement*, ajoute-t-il, *nous serions ingrats de l'hospitalité et sur refuge que noz concitoyens ont par ci-devant receu en voz terres, en toutes leurs misères et calamitez.* Le Consulat finit par prier le duc de défendre le passage des marchandises venant d'Italie par ses terres et surtout par Montluel, etc. S.

1577. — *Mars* 17. Les députés de la santé se rendent auprès du Consulat pour demander que l'hôpital de St-Laurent soit ouvert afin qu'on puisse y transporter les malades qui n'auroient pas les moyens de se faire panser chez eux.—Mᵉ Puysbonnet et le voyer rapportent que jusqu'ici, et pour le présent, ils n'ont découvert en toute la ville que *huit malades* en quatre maisons, et *trois suspects*. Le Consulat répond qu'il fera appeler la mère gouvernante de l'hôpital pour s'entendre avec elle à ce sujet, et qu'il en délibérera dans sa séance de l'après-dinée.—Dans la séance du soir, on arrête que l'on fera ouvrir l'hôpital de St-Laurent, et que l'on en préviendra les consuls des nations « pour que plus libéralement ils contribuent aux grands frais à faire dans cet hospice. » S.

1577. — *Mars* 24. Le Consulat fait prier M. de Mandelot d'enjoindre aux Suisses de St-Laurent de laisser passer, pendant la nuit, ceux qui porteront les corps des individus morts de la contagion, et de n'y mettre aucun empêchement « pour obvier au scandale et danger qui pourroit advenir. » S.

1577.—*Mars* 26. Les médecins de la ville s'étant réunis à l'hôtel commun, sur l'invitation des échevins, on leur expose que la maladie s'augmentant peu à peu, le sieur Puysbonnet ne peut satisfaire seul à la visite des malades, en conséquence on les invite à choisir l'un d'entr'eux pour l'assister, ou bien que tous alternativement fassent ce bon office de charité, y étant tenus et obligés en tant qu'ils sont habitans de cette ville. — Les médecins, parmi lesquels se trouvoit Mᵉ Dalechamp, répondent que, par la grace de Dieu, il n'y a pas tant de malades que le sieur Puysbonnet n'y puisse seul bien suffire, étant à cheval et accompagné d'un bon chirurgien, et que, eux y allant, ils seroient en danger de s'infecter, et d'infecter tout le reste de la ville. Ils offrent néanmoins si la maladie augmente et s'il survenoit des difficultés sur quelques cas de maladie ou de mort, d'assister le sieur Puysbonnet. S.

1577. *Mars* 26. Le Consulat arrête qu'il sera fait une collecte parmi les principaux états et principaux de la ville pour contribuer aux frais qu'entraînera l'ouverture de l'hôpital de St-Laurent. S.

1577. *Avril* 11. Le Consulat autorise le receveur de la santé à donner aux religieux Minimes de Lyon, *six asnées bled froment* pour contribuer à leur nourriture, en considération de ce que, à cause de la contagion, ils n'osent pas mendier par la ville, comme de coutume. S.

1577. — *Mai* 14. Le Consulat permet aux dames abbesse et religieuses de St-Pierre, de faire construire des boutiques au lieu où étaient l'église et le Cimetière de St-Sorlin, ruinés aux troubles de 1562 par ceux de la nouvelle opinion. S. Voyez ci-après au 30 *Juillet*.

1577. — *Mai* 23. *Séance consulaire.* Noble Fr. Spina, consul de la nation florentine, déclare que sa nation offre de prêter gratuitement la somme de 10,000 livres sans intérêt; mais à la charge d'en être remboursés dans un an, en mêmes espèces et valeur d'écus, mais il demande en même temps à être conservé au même taux qu'ils payoient pour la ferme des cinq pour cent des marchandises vendues hors foires, pour laquelle ils étoient taxés ci-devant à 300 livres, ajoutant que depuis peu ils ont été taxés à 1200 fr. Il remontre encore qu'à cause des circonstances, le sieur Jacomini, agent en cour pour ladite nation, a été chargé d'obtenir lettres patentes pour faire les payements de la foire de Pâques ailleurs qu'à Lyon; mais qu'ils ne veulent user desdites lettres qu'en cas de nécessité et du consentement des sieurs échevins. Enfin il les prie de permettre l'entrée de 200 balles de soie qu'il a fait venir d'Italie, mais qui ont fait la quarantaine à Genève, etc.

Le Consulat répond qu'en remerciant lesdits sieurs des nations de leur bonne volonté, il auroit mieux aimé prendre à intérêt modique ladite somme que de la prendre en écus et s'engager à la rendre en pareilles espèces, attendu la variation des monnoies. C'est pourquoi avant que d'en répondre, il leur faut se concerter avec le sieur Gros de St-Joyre, sous le nom et crédit duquel ladite nation veut prêter ladite somme. Quant au deuxième point, qu'ayant de grandes assignations sur ladite ferme, ils ne peuvent accorder ladite modération ; que lesdits sieurs des nations payeront ladite ferme à raison de 400 fr. par an, depuis le 1er octobre jusqu'au jour de la signification dudit *surtaux*, et de cette époque ils payeront suivant l'ordonnance qui est de 5 pour cent, si mieux ils n'aiment payer ladite cotte de 1200 livres.—Quant aux payements de la foire, le Consulat ne peut prendre de bonne part que lesdits sieurs des nations *veuillent donner loy à un pays* auquel, encore qu'ils soient étrangers, ils sont reçus et caressés, et ne sera jamais trouvé bon que lesdits payemens soient faits hors la ville, si ce n'est en cas éminent d'une grande nécessité et à la poursuite seule des échevins.—Quant à l'entrée des soies, lesdits sieurs ne se peuvent résoudre sans en conférer avec le gouverneur, lequel toutefois ils voudroient supplier ne permettre l'entrée desdites soies, tant pour le danger que pour la mauvaise conséquence, etc.

Le 25 *Mai*, le *trésorier de la santé* n'ayant point de fonds, on emprunta ladite somme de 10,000 livres des Florentins, et 2000 livres des Lucquois sur le crédit du Sr Gros de St-Joyre et les obligations des Srs échevins envers lui. S.

1577.—*Mai* 24. M. le Gouverneur convoque dans son hôtel une assemblée où se trouvèrent Mgr. d'Apinac, M. de Chastillon et autres échevins, quelques-uns de Messieurs *du Clergé*, savoir M. de la *Barge*, grand vicaire, M. *de Chernois*, comte chanoine, etc. M. *d'Ausserre*, M. *Bullioud*, avocat et procureur du roi, et les sieurs recteurs de *l'Aumône générale*. Là traitant des moyens de secourir ladite *Aumône* surchargée de pauvres et manquant de fonds, il fut décidé, à la réquisition même des gens du roi, que plusieurs personnes étant débiteurs à ladite *Aumône*, il leur étoit enjoint de payer tout ce qu'ils lui devoient dans la huitaine, après lequel temps ils y seroient contraints par emprisonnement quant aux laïcs, et pour les ecclésiastiques, par la saisie de leur temporel, etc.; de plus il sera fait par les échevins une quête et collecte sur tous les habitans de la ville. S.

1577.—*Juin*.... Procession générale (de St-Jean à l'église des Cordeliers) «pour rendre graces à Dieu de ce qu'il avoit délivré la ville de la peste.»—Le Consulat y assista et y porta, pour la première fois, la robe d'écarlate violette, parmentée de velours. Rubys, p. 470.

1577. *Juillet* 16. Le Consulat arrête de réédifier le collége de la Trinité, et de le construire sur la place et la ruelle qui sont sur le derrière dudit collége, et d'acheter les granges de feu noble Guillaume Henry, et la maison de l'Aumône-générale. S.

1577.—*Juillet* 30. Nobles Fr. Frère et Benoît de Monconys, seigneur de Liergue, deux des principaux paroissiens de St-Pierre-les-nonains, tant en leurs noms que des autres paroissiens, remontrent au Consulat que leur église de St-Sorlin où ils avoient coutume de faire le service divin et y recevoir les saints sacremens, comme en leur église paroissiale, avoit été ruinée par les prétendus réformés en l'an 1562; qu'ils ont appris que les dames abbesse et religieuses de St-Pierre avoient intention de faire construire des boutiques en ce lieu autrefois dédié et consacré à Dieu: ce dont le Consulat leur avoit donné permission. Ils prient le Consulat de faire rendre ladite place auxdits paroissiens pour y faire réédifier leur dite église de St-Sorlin : ce que, auxdits noms, lesdits sieurs Frère et de Montconys ont promis faire, et, en bâtissant, élargir la rue du gros mur.—Le Consulat leur répond que depuis 15 ans que ladite église a été renversée, ils ne s'étoient aucunement mis en devoir de la refaire; mais que s'ils vouloient promettre en leurs propres et privés noms, de rebâtir ladite église dans 6 mois prochains; le Consulat procureroit envers lesdites dames de leur céder ladite place : ce que lesdits sieurs Frère et Montconys ont promis faire et signer de leurs mains; et le Consulat s'étant rendu audit monastère où ils ont remontré cela auxdites dames assemblées, les priant de quitter ladite place auxdits paroissiens pour y réédifier ladite église; et d'autant que ladite rue est fort étroite, il les prie de leur permettre de bâtir et appuyer contre l'église St-Pierre. Lesdites dames répondent que longtemps avant de commencer leurs constructions, elles avoient par plusieurs fois sommé et requis lesdits paroissiens de réédifier ladite église, mais que jamais ils n'ont donné aucune promesse positive; que ce n'est que présentement qu'ils ont vu que lesdites dames se sont constituées en frais; que cependant, ayant égard à la bonne volonté desdits paroissiens, elles leurs quittent et remettent libéralement la place à la charge de rebâtir ladite église au temps préfix, sans toutefois qu'ils puissent bâtir ni appuyer contre ladite église de St-Pierre, ce qu'elles ne peuvent permettre, parce que cela ôteroit toute la vue et le jour non-seulement de leur tribune, mais à leur église de St-Pierre. S.

1577.—*Août* 8. Claude de Rubys dédie à Nicolas, sieur de Senessey, son *Discours sur la contagion de la peste* qui a esté en ceste presente année en la ville de Lyon, etc. (A Lyon, par *Jean d'Ogerolles* (1), 1577, in-8° de 44 pages.—Réimprimé dans le T. IX des *Archives curieuses de l'hist. de France.* Voyez les *Nouv. arch. du Rhône*, 1, 194, et la *Revue du Lyonn.*, 11, 213.)

1577.—*Septembre* 2. Noble François Demonts vend à noble Jean Ravot, prévôt général des Maréchaux de France dans le gouvernement de Lyon, et à Marguerite Girard sa femme, la Grange du (de la) Pape. *Arch du Rh.*, 11, 162.

1577.—*Septembre* 3. Les habitans de la paroisse de St-George demandent au Consulat que la porte de St-George qui a été tenue fermée depuis la contagion soit r'ouverte attendu la convalescence de la ville. On remet à s'en résoudre avec M. le Gouverneur, et l'on commet en même temps deux échevins pour assister à la fermeture de l'hôpital de St-Laurent. S.

1577.—*Septembre* 11. Le Consulat écrit aux syndics de Chambéry, au sujet de la contagion qui régnait en cette ville; et comme l'on disait « que cette contagion avoit été occasionnée en grande partie, tant par quelques marchands et pernicieux personnages, que par *engraisseurs*, et qu'un bon nombre ayant été pris et quelques-uns exécutés par justice,.... » on les prie de demander aux magistrats chargés de l'instruction de ce procès, si les prisonniers ou leurs complices « ont aucune intelligence ou entreprise contre Lyon. » — Le magistrat général de la santé à Chambéry répondit que François Mondron, un des prisonniers « avoit déclaré trois hommes qui paraissent être de l'état de menuisier. »—Le Consulat, malgré toutes ses recherches ne put découvrir ces trois hommes. S.; C. B., XV, 474.

1577.—*Septembre* 26. La seigneurie d'Oullins ainsi que les terres qui en dépendent sont adjugées par les commissaires députés par le roi pour l'aliénation des biens du clergé, moyennant 6500 livres, à noble Thomas II de

---

(1) Ce fut Antoine Gryphe qui imprima ce discours. Le Consulat lui fit payer 25 livres pour les frais d'impression.

Gadagne, seigneur de Beauregard, Cochard, *Voyage à Oullins*, etc. p. 7 ; *Arch du Rh.*, III, 95.

1577. — *Octobre* 18. *Jour de St-Luc.* Pierre d'Epinac publie des statuts synodaux écrits en latin et qui furent traduits en français par les soins d'Etienne de la Barge, sacristain en l'église cathédrale, comte de Lyon et vicaire-général. Cette traduction parut l'année suivante, imprimée par *Pierre Roussin*, in-4°. En voici deux fragments : chap. XIII. «.... Défendons tous sortilèges, comme *noueurs d'éguillettes*, charmes, breuvages, prolation de paroles illicites et non usitées, et tours superstitieux d'art et d'invention diabolique, sur peine d'anathème et d'excommunication (voyez le *Dict* de Prôst de Royer, art. *Aiguillette*). » — Chap. xv. «... Es jour de fête des Innocents, et autres, l'on ne doit souffrir, és eglises, jouer jeux, tragedies, farces, et exhiber spectacles ridicules avec masques, armes, tabourins, et autres choses indecentes qui se font en icelles, sur peine d'excommunication. (Voyez Théophile Raynaud, *Heteroclita*, sect. II, punct. 8, n° 20 ; et du Tillot. *Mém. pour servir à l'hist. des fous*, p. III de l'édition in-4°; Millin, *Monuments antiq. inédits*, 11, 336). » — Le chap. XXVII qui a trait aux *charivaris* se trouvait déjà dans les statuts publiés par Charles de Bourbon, en 1466 (voyez *Nouvelles recherches sur les éditions Lyonn. du xv° s.*).—Claude Noirot. dans son petit traité *de l'Origine des masques*, parlant des *charivaris*, chap. 4, s'exprime ainsi : « En ces jours voluptueux, il ne se voit que batelage, gausseries, mascarades, yvrogneries, comme du passé en la fête de cet ancien *Pere Dionysien*, appelée *Perisallia*, et observée anciennement entre les Romains au mois d'aoust, dite *Phallagogia*, auquel temps par le témoignage de Suidas, il estoit permis de se rire, grimacer, plaisanter et s'attaquer de paroles l'un à l'autre... » Nous ferons remarquer avec l'abbé Sudan, que ce que dit Noirot peut avoir quelque analogie, plutôt avec ce qui se pratiquait à la vogue de St-Denis, près Lyon, le 9 octobre de chaque année, qu'avec les charivaris. *Notes inédit.*, année 1578.

1577. *Octobre* 31. Établissement des Pénitents blancs. Maurice du Peyrat et Justinien Panse, membres de la nouvelle confrérie, font bâtir près du quartier de Bon-Rencontre une chapelle qui fut aggrégée l'année suivante à l'archiconfrérie des pénitents du Confalon de Rome. Rubys, p. 428 et 429. Foderé, p. 390; d'Aubigné, *Hist.*, livre IV°, chap. 1er ; *Alm. de Lyon.* pour 1746, p. 49, et pour 1755, p. 40. Voyez aussi les *Statuts* de cette confrérie, Lyon, 1730, in-12, où l'on fait remonter son institution, en cette ville, par St-Bonaventure, à l'année 1274.

1577. — *Novembre* 11. Mort de François Grollier, seigneur du Bois d'Oingt. de Belair et du Soleil, cousin germain de Jean Grollier, et second fils d'Antoine, qui avait servi dans les guerres d'Italie. — Né en 1500, il fut d'abord destiné à l'état ecclésiastique, mais son frère aîné ayant été tué au siège de Naples, il se maria, en 1529, à Françoise de Grilliet. Il fut échevin en 1556 et en 1561. Sa conduite fut si belle, pendant l'exercice de ses fonctions consulaires, que Rubys le compare à Valérius Publicola par sa charité envers ses concitoyens, à Appius Claudius par son zèle pour la religion, et à Jonathas par sa fermeté à soutenir les intérêts du roi. Il fut inhumé dans l'église de St-Paul (Pernetti, 1, 338). Antoine de Masso, son neveu (*è sorore nepos*), qui avait prononcé l'oraison doctorale le 21 décembre 1556, la lui dédia. Il fut inhumé dans l'église de St-Paul, avec cette épitaphe renouvelée par son fils Antoine Grollier :

D. O. M.

Et P. P. gent. Grolier Lugd. memor. sepulchrum fam. et hæred. olim constitutum injuria bellorum civilium violatum Anto. Grolier D. de Servieres cons. et hosp. reg. max. humanitatis, pietatis et affect. erga agnatos et affines quorum corpora in hoc sacello sub spe futuræ resurrectionis conquiescunt ref. curavit. ac iterum piis parentans manibus patris Fr. Grolier cons. et se. reg. qui post multos annos in matrimonio felicit. peractos cum Franc. de Grilliet castiss. uxore, suscepit ex ea XVI. Liberis, XII fato prædefunctis. IIII superstitibus Obiit Lugd. XI cal. nov. a s. CIƆIƆLXXVII. id monumentum condidit sibique fratrique amantiss. Humberto Grolier D. du Soleil vis. ut quorum vere germano in omni fortuna conjunctissime vixit, ab eo nec morte divellatur. Pos. Dic.

Felix anima quam pietas Dei suscipit cal. octob. an. sal. CIƆIƆXCVII.

1577. — *Novembre* 12. Apparition d'une comète. — François Junctin publie à cette occasion un Opuscule qu'il dédie à M. de la Mante, commandant en l'absence de M. de Mandelot, et qui a pour titre : *Discours sur ce que menace deuoir aduenir la comète apparue le 12 de ce présent mois de nouembre 1577, laquelle se voit encores auiourd'huy à Lyon et autres lieux.* A Lyon, par *François Didier*, in-8° de 8 feuillets non chiffrés. — Junctin cherche à prouver par des exemples que l'apparition des comètes a toujours été le présage de quelques grandes calamités ; il termine son *Discours* en disant « qu'un prince « ou bien une royne qui ont pour horoscope le signe de capricorne sont me- « nassés de telle comète..... » — Cette même année Junctin publia ses Commentaires sur la sphère de Sacrobosco, et les dédia à François Spina, consul de la nation Florentine.

1577. — *Décembre* 15. Les terriers et maîtres des métiers s'étant rendus à l'hôtel commun pour procéder à l'élection des consuls échevins, le sieur Hugues Athiaud, substitut du procureur général, leur a fait une fort belle remontrance et exhortation ; même les louant comme fit jadis Scipion l'Africain, à ses soldats, disant qu'il ne leur étoit besoin d'aucune exhortation à bien faire, d'autant qu'il les voyoit tous prompts et bien délibérés, leur a toutefois remontré ledit sieur Athiaud que cette province qui est en pays de droit écrit, a pris et reçu ses loix et coutumes des Romains, lesquels les avoient auparavant prises des Grecs qui n'admettoient aucun étranger aux charges publiques ; que tant s'en falloit qu'ils y fussent reçus, que, au contraire, si quelqu'un étranger s'ingéroit de se faire ou dire citoyen, il étoit vendu pour esclave : falloit donc, à la présente élection, élire personnages dignes et suffisans de la charge, nés en la ville et procréés de bons et honorables parens, d'autant qu'il étoit à espérer qu'étant tels, ils ne pourroient que bien faire, suivant l'ancien proverbe : que d'un bon œuf ne peut sortir qu'un bon oiseau, et de bons pères naissent les bons enfans, et que, en cette élection, devoient être suivies l'ancienne coutume et les ordonnances de ladite ville sur ce faites, qu'à sa requête et desdits terriers ont été lues en ladite assemblée, à haute et intelligible voix par le secrétaire de ladite ville et communauté telles qu'elles suivent :

Ordonnances de la ville sur la création des nouveaux échevins.

Premièrement que les conseillers qui seront élus pour les deux années advenir soient gens de bien, de bonne vie et conversation, bien famés et renommés, non ayant été reprins et convaincus de crimes, afin que le Consulat ne soit scandalisé ni vilipendé.

Item qu'ils soient casés en ladite ville, y tenant domicile, afin que, du jour à la journée, ils ne s'en aillent et laissent les affaires de la ville.

Item qu'ils ne soient assermentés d'aucuns seigneurs, ne *hayneulx* et malveillans à ladite ville et communauté, et ayant procès contre le corps commun de ladite ville.

Item qu'ils soient gens d'état et d'autorité, non trop affectionnez à leurs affaires particulières, afin qu'ils vaquent ez affaires de la ville.

Item faut avoir égard à n'élire le père et le fils, les deux frères, l'oncle et le neveu, pour obvier aux bandes et brigues qui se pourroient faire.

Item qu'ils ne soient trop jeunes ni de trop petite corpulence, afin que le Consulat ne soit vilipendé.

Après la lecture de ces ordonnances, lesdits terriers et maîtres des métiers ont prêté le serment usité entre les mains de Benoît Dutroncy, notaire et secrétaire de la ville, d'élire pour conseillers échevins les plus ydoines, et ont retenu les 6 conseillers suivants de l'année dernière, savoir, M. Jérôme de Chastillon, Claude Platel, seigneur de Vaux, Jean Ravot, seigneur de Moiffons, Alexandre Polaillon, J. B. Bruno et Fr. Benoist, et pour consuls échevins nouveaux, savoir du côté de Fourvière, nobles M. Fr. Grolier, seigneur de Servières, conseiller du roy, général des finances du Dauphiné, André Mornieu, élu, et M. Jacques Teste, conseiller du roy, receveur général du taillon du pays de Lyonnois, et du côté de St-Nizier, noble M. Ant. Porte, seigneur de St-Bernard, receveur général des finances en la généralité de Lyon, Guillaume Roville et Jacques Jacquet. S.

1577. *Novembre* 25. Le Consulat ayant arrêté d'envoyer trois députés en cour pour solliciter les affaires importantes de la ville, comme l'exemption de la nouvelle traite foraine, qui étoit contraire aux priviléges des foires, remit à ces députés des lettres de créance pour le roi, la reine-mère et le chancelier, M. de Paris, M. de Chiverny, M. de Bellièvre, M. de Saint-Bonnet, toutes en date du 25 novembre.

Dans la lettre à la reine-mère, on remarque ces mots : « Vous êtes la seule « qui ayez conservé ceste ville en son ancienne déportation (état). »

Dans celle au chancelier (M. de Birague) «...est toujours un honneur pour « la ville de Lyon que de l'avoir eu pour son gouverneur; elle le tient pour « son père et restaurateur. »

A M. de Paris (de Gondi) : « Si ceste ville a esté renommée pour avoir « esté jadis mère d'un empereur et monarque, aussi en ce temps elle ne « reçoit moins de félicité d'estre la vostre pour les grandes vertus, etc. »

A M. de Bellièvre : «...que nous puissions dire de vous, que, comme Pelopidas « Thebain recouvra la ville d'Athènes, vous avez restaurée et remise sus « celle-cy qui s'en alloit perdre... » S.

1577 — *Novembre* 29. Les échevins ayant eu communication des lettres que, depuis le dernier édit de pacification, le roi a écrites à M. de Mandelot, gouverneur, et ayant entendu du sieur de Mandelot la volonté de S. M. sur l'exécution dudit édit de pacification, arrêtent de faire sur ce audit sieur de Mandelot les réponses et remontrances qui suivent :

REMONTRANCES DES CONSULS ÉCHEVINS DE LYON A MGR DE MANDELOT.

Les consuls échevins de la ville de Lyon ayant entendu de vous, Mgr, la volonté du roy sur l'exécution et entretenement de son dernier édit de pacification et cogneu, par la communication qu'il vous a pleu de leur faire des lettres que sa majesté vous escript, l'amour et l'affection qu'elle porte à ses subjects, et le désir qu'elle a qu'ils soyent réunis en toute bonne amytié les ungs auec les aultres, vous supplient très-humblement de faire entendre de leur part à S. M. le zèle et affection qu'ils ont toujours eue à l'observation de ses édits et ordonnances au bien, repos et seureté de ladite ville, pour laquelle comme cy-devant ils se sont employez pour contenir les manans et habitans de ladite ville sous l'obéissance de sa majesté et en l'observation de ses édits; ils espèrent de continuer de mieux en mieux; de quoy et de leur fidélité, obéissance et affection extrême qu'ils ont à son service, vous estes le juge et tesmoing, comme celuy duquel les commandements ont toujours été receus de si bonne volonté qu'ils n'ont oncques été défectueux pour l'exécution d'iceulx; et ce qui pourroit altérer et troubler le repos public de la ville et y causer pour l'avenir quelque défiance des citoyens les ungs avec les aultres, seroit si S. M., sur l'exécution de son édit de pacification, y establissoit l'exercice de la nouvelle opinion en ladite ville ou fauxbourgs d'icelle, pour estre ville frontière, une des principales clefs du royaulme de France et de grande garde pour le cours que les estrangers y ont à cause des foires y establies; et par ce, vous supplient, Mgr, d'en faire remontrances à S. M. par votre procès-verbal, et rejeter, s'il est possible, ledit exercice de tout le pays de Lyonnois, attendu que toutes les villes et plat pays sont catholiques, quoiqu'il soit, qu'il soit mis au plus loing de la ville. S.

1577. — *Décembre* 21. Olivier de la Porte prononce l'oraison doctorale en latin et en français. — Ces deux discours furent publiés l'année suivante par les soins de Benoît du Troncy, qui les dédia à Hierosme de Chastillon, président au parlement de Dombes, etc... (B. de Lyon, 76, 23415, tom, 3ᵉ, n° 25). Le discours français est intitulé : *Apologie pour la ville de Lyon et autres villes franches de France*, et c'est sous ce titre que mention en a été faite dans la *Bibliothèque* du P. Lelong, n° 37360. Il a été attribué par erreur à Etienne du Tronchet dans le Catalogue de Secousse. Voyez les *Mélanges* de M. Breghot, p. 373. — Olivier de la Porte, conseiller au présidial de Lyon, avait épousé Etiennette de Musino, qui mourut avant le 10 mai 1578, dans la maison de feu M. le procureur de la Bessée, vers St-Jean; son corps fut porté à St-Paul, accompagné des processions de St-Jean et de St-Paul et des cinq mendiants. S.

1577. — *Décembre* 24. « La veille de Noël, à vêpres, commença le jubilé et pardon de plénière remission à tous vrais confés et répentants qui visiteront les églises St-Jean, les Minimes, l'Hôpital et les deux couvents de St-Bonaventure et de l'Observance, l'un des deux, par l'espace de deux mois finissant le 25 février suivant. » S.

Décembre 25. « Le jour de Noël, Mons. de Lyon dit la grand'messe à St-Jean, et prêcha à une heure après midi dans la même église où il y eut un peuple infini; car il prêcha fort doctement. » S.

1577. — François Gérard, grand prévôt de l'église de Bourg, lègue sa *librairie* au collége de la Trinité. Cochard, *Description de Lyon*, p. 119.

1577. — Mort, à Paris, de Philibert de l'Orme (et non *Delorme*), célèbre architecte, né à Lyon, aumônier d'Henri II et de Charles IX, etc. *Biogr. lyonn.*, art. Delorme, Lorme (de), et Orme (de l').

1577. — Création d'un bureau de finances composé de cinq présidents et de 25 trésoriers ou gens du roi. — Ce bureau siégeait au palais de Roanne *Arch. du Rh.*, XIII, 27.

1577. — Le Consulat ordonne que la confrérie des mariés qui siégeait dans l'église collégiale de Fourvières sera transportée dans l'église des Minimes où sera érigée une chapelle qui sera appelée la chapelle de la ville. Sont nommés courriers de cette confrérie nobles Antoine Guillin de Sala, seigneur de Montjustin, capitaine de la ville, et Claude du Fenoil, gentilhomme ordinaire de la chambre du roi et sergent-major de la ville. — « Le 8 août de la même année, le Consulat élut encore pour courriers du côté du Rhône de la confrérie de St-Thomas qui a été naguère transportée de Fourvières aux Minimes, les sieurs Philippe Galand et Charles Neyrac. » S.; M. l'abbé Cahour, *N. D. de Fourvières.*

1577. — PUBLICATIONS. *Bref et vtile discours sur l'immodestie et superfluité d'habits.* Avec une fidelle traduction françoise de deux oraisons latines prises de Tite-Liue: l'une de M. Porcius Cato, Consul rommain; l'autre de L. Valerius, Tribun du peuple. Par M. H. D. C. P. A. L. (M. Hierosme de Chastillon, président à Lyon). A Lyon, par *Antoine Gryphius.* M. D. LXXVII. In-4° de 71 pages; dédicace de l'auteur à Madame Leonor Robertet, femme de Messire François de Mandelot,... gouuerneur et lieutenant-general à Lyon, etc. A la fin du livre se trouvent les ordonnances d'Henri II et d'Henri III, *Sur le faict et la reformation des habits.* Le président de Chastillon se fait l'apologiste de ces ordonnances qui, en interdisant les étoffes de soie aux roturiers et à leurs femmes, durent être funestes aux manufactures de Lyon.

1577. — *Actio judicialis ad Senatum Lugdunensem in unguentarios, pestilentes et nocturnos fures qui civitatem in praedam sibi proposuerunt, et edictum praetoris neglexerunt.* Auctore Petro Toleto, doctore medico, etc. (Lugd. absque nomine typogr.) In-8° de 24 f. non chiffrées. — Ce discours est précédé d'une *Epistre* à M. de Mandelot, et d'une dedicace à Jérôme de Chastillon. Voyez les *Nouv. Arch.*, 1, 194, la *Revue du Lyonn.*, II, 213; la *Biogr. lyonn.*, art. TOLET, et ci-dessus au 28 mai 1571.

1577. — *Traité tres utile demonstrant si l'église qu'on dit caluiniste peut estre la vraye église de Dieu, par le iugement de Caluin mesme.* Par M. Gabriel de Saconay, doyen et conte de Lyon. A Lyon, par Benoist Rigaud, 1577, in-8°. — L'auteur, dans son avis au lecteur, nous apprend qu'il se trouvait en 1561 au Château de Villeneufve, près la ville de St-Bonnet le Chastel, pays de Forest, avec André de Saconay, son frère, chevalier de l'ordre du roi et lieutenant de l'une des gardes de S. M., etc.

1577. — JEAN GERSON, DE L'IMITATION DE IESVSCHRIST, LIVRES IIII. *Nouuellement reueu, conféré avec le Latin et corrigé.* A Lyon, par *Michel Ioue* et *Jean Pillehotte*, à l'enseigne de Iesus. 1577. In-16 de huit feuilles non chiffrés et de 367 pages (B. de M. Chastelain). Une gravure au recto du second feuillet représente le Christ entouré d'un grand nombre de fidèles portant une croix; au verso du même feuillet se trouve un portrait de Gerson, en costume de Chancelier. Voici quelques passages de l'avis du libraire qui commence ainsi: « Voyant le grand proufit qu'a apporté ce petit traicté aux amateurs de vertu en si peu de temps, J'ay bien voulu (avec la plus grande diligence qu'à esté à moy possible) le communiquer à ceux de nostre nation, en nostre propre langage, par ce moyen espérant faire perdre et oublier la coustume plus que dommageable et pernicieuse au salut des ames, de lire liures farcis et remplis, non seulement de sentences enuenimées de poison mondain, mais aussi d'heresies, par lesquelles, et l'honnesteté des bonnes mœurs a esté corrompu (sic), et la foy et vraye religion interessee et grandement brouillee, pour ce que chacun se licentie et donne congé de lire toutes choses qui se présentent, ne prenant garde de mettre la main au plat plein de viandes venimeuses, et, en machant, aualler le morceau qui empoi-

sonne et détruit la vie de la foy et de l'ame. » — Le savant auteur du Dictionnaire des ouvrages anonymes et pseudonymes, feu M. Barbier, a décrit sous le n° 8911 de ce *Dictionnaire*, une traduction de l'Imitation de J.-C., publiée à Lyon en 1578, et qu'il croit n'être qu'une réimpression de l'ancienne traduction retouchée par Æmar Hennequin, et imprimée à Paris en 1573. Cette édition de 1578, ne diffère probablement que par la date de celle de 1577, dont j'ai eu un exemplaire sous les yeux. Outre l'avis du libraire au lecteur dont parle M. Barbier, on trouve également à la fin du volume, 21 pages non chiffrées offrant le sommaire des choses principales de la religion chrétienne, ensuite *Les Tentations du diable avec la défense du bon ange*. — M. Barbier avait d'abord pensé que la traduction de 1573, reproduite en 1578, pouvait bien être du père Emond Auger, à qui Sotwel attribue, sans lui assigner de date, une version de l'Imitation (voyez la *Dissertation sur soixante traductions de l'Imitation*, pages 14 et 115); mais il changea d'opinion et se rectifia lui-même, lorsqu'il décrivit dans son *Dictionnaire des Anonymes*, la traduction de 1578. Je crois qu'il a raison, et je pense, comme lui, que cette traduction est réellement celle de l'Evêque de Rennes, dont il a cité les premières lignes page 148 de sa *Dissertation*. Voici les premières lignes de celle de 1577 :
« Qui me suit ne chemine point en tenebres : mais il aura lumière de vie.
« Voylà les paroles de Jesus-Christ nostre Dieu et Seigneur par lesquelles
« sommes admonestés d'ensuiure sa vie et ses mœurs si vraiement voulons
« estre illuminez et deliurez de tout aueuglement de cœur : partant nostre
« souueraine affection soit d'attentiuement penser à la vie de Jesus-Christ :
« car sa doctrine, etc. » — Les différences qu'il y a entre ce début et celui de l'édition de 1573, cité par M. Barbier, sont si légères, qu'on ne peut se dispenser de conclure que l'un et l'autre sont sortis de la même plume. — Il existe une réimpression de l'édition de 1577, sous ce titre :

Iean Gerson de l'Imitation de Iesvs-Christ. Diuisé en quatre liures. Conferé auec le Latin, reueu et corrigé de nouueau. Edition derniere. A Lyon, Povr *Iean Didier*. MDCIX. In 16 de 8 feuillets et de 368 pages (B. de M. F. Z. Collombet).

Nous n'avons remarqué dans cette *édition dernière*, d'autres corrections que dans l'orthographe de quelques mots; par exemple: dans l'avis du libraire au lecteur, au lieu de *proufit* on a écrit *proffit*, au lieu de *corrompu* on a mis *corrompue*, etc. — M. de Nolhac a cité l'édition de 1577 dans un opuscule qu'il a publié sous ce titre : *Du livre de l'Imitation de Jésus-Christ, et du siècle dans lequel vivait son auteur*, Lyon, 1841, in-8°. Dans cette savante dissertation, il s'attache à prouver que l'auteur de l'*Imitation* est un moine, et que ce moine, qui pourrait bien être un disciple de S. Bernard, vivait longtemps avant Gerson et Thomas-à-Kempis. Il cherche aussi à démontrer que l'*Imitation* a été écrite en *latin*, et que nous possédons cet ouvrage tel qu'il a été primitivement composé. A l'appui de cette thèse, il cite plusieurs passages qui portent avec eux l'empreinte d'une originalité qui ne saurait être le fait d'un traducteur. « Que l'on dise, s'écrie-t-il, quel est l'original de ces mots
« du chapitre 9° du livre deuxième : *Suaviter* equitat *quem gratia Dei portat*,
« etc. Ce mot hardi *equitat* n'est-il pas visiblement inspiré par un besoin de
« rendre énergiquement sa pensée? serait-il supportable dans une traduc-
« tion ? et qui aurait osé le hasarder ? » — Nous ferons observer que l'auteur de l'*Imitation*, quand il a si heureusement fait l'emploi du mot *equitat*, s'est peut-être souvenu d'Horace, qui a dit (l. III, *Od.* 1, vers 40) : *Post* equitem *sedet atra cura*. Il serait aussi très-possible que les mots signalés par M. de Nolhac n'appartinssent pas à l'auteur du *Second Evangile*, et qu'ils se

fussent offerts à sa plume comme une vieille tradition de couvent ; que même dès l'invention des vers léonins, un moine quelque peu versificateur eût mis en circulation, cet aphorisme dévot :

Suaviter ille equitat Domini quem gratia portat.

Le vieux translateur de 1577, en traduisant l'*equitat* de l'*Imitation* par *chevauche*, nous semble avoir trouvé le mot propre : « Celuy *cheuauche* bien « à son aise, qui est porté par la grace de Dieu. » Il est fâcheux que ce mot ait vieilli, et que l'abus qu'on en fait dans le style marotique ne permette pas de le remettre en usage (1). Au reste, le livre de l'*Imitation* n'est pas le seul qui ait fait naître la question de savoir s'il a été primitivement composé en latin ou en français. Il a, par exemple, cela de commun avec le *Songe du Vergier* composé du temps de Charles V, roi de France, et dont on ne sait pas encore quel est le véritable auteur. Voyez encore la *Bibliographie lyonnaise du XVe siècle* n° XLI.

1577. — *Les doctes et subtiles responces* de Barthelemi Taegio, jurisconsulte et lecteur en droit au college de Milan.... mises d'Italien en François par Antoine du Verdier... A Lyon, par Barthelemy Honorat. M. D. LXXVII. In 16. — Dédicace du traducteur à François de Belle-Forest, *ornement de la langue françoise*; suivie d'un sonnet à la louange de du Verdier, portant pour signature : VAFÉ. M. D. B. Les six derniers vers de ce sonnet sont assez bien tournés :

  Le marbre ny le cuivre animé du ciseau
  Ne peut éterniser ny tirer du tombeau ;
  Seule, la Muse peult de science parée
 Nous faire estre immortelz, mais il faut de vertu
  Estre, mon du Verdier, en tout temps revestu :
  Car, rien sans la vertu n'est ça bas de durée.

Le chapitre le plus curieux de ce petit volume est celui qui a pour titre : *De la Commodité des amants.* En voici un passage :

« ... Qui est celle femme laquelle lisant les nouvelles ou contes de Boccace ne s'enflamme de luxure estrange ? Si vous voulez savoir combien peut la logique à combattre une femme honteuse, craintive et honnête, lisez la fable de Myrrhe en Ovide. Que dois-je dire des sciences mathématiques ? Ne proviennent de l'Arithmétique que les jeux qui servent merveilleusement au ruffianisme. La musique avec la gayeté de la douce voix et avec les delectables accords et harmonies des instrumens n'allume-t-elle les affections de la luxure, n'amollit-elle l'esprit à toute lascivie ? Que dirai-je des dances et des balz qui surtout servent au ruffianisme pour la commodité qu'ilz donnent de deviser, de toucher et de taster, et quelquefois de baiser les filles et femmes ? Mais où laisse-je l'architecte geometrien lequel baille echelles de cordes pour monter de nuit aux fenestres des favorites ? Où est le serrurier qui ne baille clefs contrefaictes pour ouvrir toute serrure qu'on voudra ? Que dirai-je de la peinture, laquelle avec ses images, pourtraictz et figures lascives ne corrompt moins l'esprit par les yeux, que ne faict la musique par les oreilles ?..... Quel jugement fera-t-on de la medecine laquelle est si commode au ruffianisme que plus ne le sauroit estre : maisons ne se

(1) La traducteur italien de 1564 a rendu mot pour mot le *suaviter equitat*, etc. : « ... Soavemente cavalca quello, il quale porta la gratia di Dio ... » B. de Lyon, 109, 5503.

trouvent si bien fermées, ny monasteres si bien cloz, ny prisons si bien gardées qu'un medecin ruffien n'entre dedans, lequel souventes fois obtient son intention et accomplit son desir avec les simples filles pendant qu'il leur promet de les faire retourner vierges lorsqu'elles se marieront, leur donnant des receptes pour ne devenir enceintes, pour restreindre les mamelles et les garder de croistre, et autres telz mechans moyens?...... Et que dira-t-on des lavandières et des pauvres qui vont mendians par toutes les maisons, et portent lettres pleines de ruffianerie ? Quelles choses croyez-vous que soient les jouxtes, tournois et autres combats et jeux militaires, sinon un hameçon des dames à aimer ? Et que dirons-nous de l'or qui est le meilleur m........ de tous les susdits? Par sa lueur et couleur, le mari jaloux est aveuglé : par or sortent les pauvres femmes détenues prisonnières en leurs maisons par la jalousie de leurs maris :... par or est toute chambre ouverte.... Mais que dys-je? Ou m'egare-je? Où est-ce que l'humeur a transporté la langue à dire choses contraires au cueur, lequel desire vostre bien, et ma langue augmente le feu de vostre desir. Pardonnez-moy, que j'estois hors de moy-même, et asseurez-vous que je souhaicte de vous voir guéry de la maladie d'amour : Et pour ce faire, je vous exhorte à fuir l'oysiveté, cause productrice d'icelle, et trouve louable que vous vous adonniez à l'honneste exercice des armes ou des lettres, dont vous en ayez gloire, et vos amys contentement.... »

Barthélemi Taegio, né à Milan en 1550, est auteur de plusieurs ouvrages dont on trouvera la liste dans le *Teatro* de Ghilini et dans le *Dizionario* de Bassano.

1578. — *Janvier* 14. Le Consulat, averti de certain édit fait sur les hôteliers et cabaretiers de ce royaume, et craignant que l'exécution d'icelui n'engendre quelque sédition populaire et désordre, d'autant que lesdits hoteliers craignant la rigueur des peines dudit édit, ne veulent recevoir les marchands étrangers qui viennent à la foire qui se tient présentement, et que les cabaretiers font difficulté de bailler du vin à pot aux pauvres habitants de Lyon qui n'ont le moyen d'en tenir en cave : ce qui n'a jamais été vu ni pratiqué en ladite ville, privilégiée d'ancienneté tant pour être limitrophe et ville frontière, que pour les foyres y établies ; considérant aussi quelques rumeurs du peuple offensé des défenses faites en jugement auxdits hoteliers et cabaretiers de vendre et débiter, sinon en satisfaisant aud. édit, les d. S^rs échevins comme pères du peuple et désirant la tranquillité publique et empêcher par tous moyens toute sédition et émotion populaire, ont résolu que S. M. sera très-humblement suppliée que ayant égard aux privilèges de ladite ville par elle confirmés, il lui plaise la déclarer exempte de l'effet et rigueurs dud. édit. Ordonné qu'à ces fins les députés en cour seront chargés de faire ladite remontrance et de s'opposer pour la ville de Lyon et fauxbourgs à l'exécution dudit édit, et cependant que Messieurs les commissaires exécuteurs dudit édit seront requis de surseoir à ladite exécution, et en cas de refus, protester à l'encontre d'eux de tous dommages et scandale qui en pourroit advenir. — Le 5 février suivant, il y eut quelque rumeur au Bourgchanin, au sujet du refus que faisaient les cabaretiers de vendre du vin à porte pot. Le Consulat pria les commissaires du roi de surseoir à l'exécution de l'édit, etc. S.

1578. — *Janvier* 25. M. de Mandelot étant sur son *partement* pour aller en cour, fit mander près de lui les sieurs echevins, lesquels se sont rendus auprès de lui pour recevoir ses commandemens comme représentant la personne du roi. Il leur dit que, obéissant au commandement qui lui a été fait par S. M., il s'étoit résolu de l'aller trouver et partir bientôt; mais que auparavant il désiroit mettre si bon ordre en son gouvernement, que pendant son absence il n'y survînt chose qui préjudiciât à S. M. et au bien et repos publics : et parce que le principal des affaires de ladite ville est ez mains et pouvoir desdits echevins, il les exhorte d'y avoir l'œil et de faire et procurer que tous les habitans soient unis et bien d'accord, à ce que par leur désunion, quelque mauvaise entreprise qui pourroit être sur la ville ne reussit, leur recommandant le devoir de leurs charges. Sur ce lesdits sieurs échevins l'ont très-humblement remercié de l'honneur qu'il leur a fait de leur faire entendre son partement, promettant que de leur part, toutes choses seront et demeureront paisible en l'obéissance de S. M. Toutefois, d'autant qu'il y a différend entr'eux pour raison de la séance, lequel différend est tellement accru que les affaires du public le plus souvent en demeurent en arrière, ils désiroient que son bon plaisir fut d'y pourvoir. A quoi Mons. de Mandelot leur a répondu qu'il a un très-grand regret de les voir ainsi désunis et discordans pour une si légère cause que la *séance*, même en un temps si critique. Il les a exhortés avec prière de s'en accorder amiablement, et jusques que autrement il fut ordonné ou par le roi ou par le parlement de Paris, auquel ledit différend est dévolu par appel, afin que les affaires publiques de la ville ne soient différées et laissées irrésolues, comme il s'est bien apperçu qu'elles ont été depuis led. différend; mais lesd. sieurs échevins, surtout les intéressés, lui firent verbalement entendre qu'il leur seroit impossible de pouvoir s'accorder entr'eux, pour ne préjudicier respectivement à eux et leurs successeurs, ni moins aud. procès, sinon qu'il lui plût y pourvoir par son autorité, se remettant la plupart d'eux à ce qu'il en ordonnera. Sur ce ledit Seigneur a protesté qu'il ne veut et n'entend être ni juge ni arbitre d'un tel différend; mais que pour ne laisser en son absence le Consulat en trouble et désunion, il en baillera volontiers son avis; lequel il prie tous lesd. sieurs échevins pour le bien du public de suivre et effectuer sans toutefois, le tirer à conséquence, ni préjudicier aux droits et prétentions de chacun d'eux : lequel avis il leur a déclaré être que la séance desd. sieurs échevins qui sont présentement en lad. ville sera, savoir : le premier lieu de la séance à noble M. Antoine Grolier, sieur et baron de Servieres, conseiller du roi, trésorier de France et général des finances, etc.; après lui, à la dextre, à noble Claude Plattet, sieur de Vaux; le 3e lieu à la gauche, à noble André Mornieu, élu; le 4e à noble Guillaume Roville, à la dextre, et à la gauche pour le 5e lieu, à noble Jean Ravot sieur de Moiffons; le 6e à la dextre, à noble M. Ant. de la Porte, seigneur de S. Bernard, conseiller du roi, receveur général des finances, etc.; le 7e à la gauche, à noble Alexandre Polaillon; le 8e à la droite à noble J. B. Bruno, seigneur de la Duchière, et à la gauche pour le 9e rang à noble Me Jacques Teste, receveur du taillon; pour le 10e à la dextre, à noble Fr. Benoist, et pour le 11e à la senestre, à noble Jacques Jacquet.

Et lesd. sieurs échevins, par déférence pour led. seigneur, et sans tirer le fait à conséquence et sous les protestations susdites, se sont contentés dud. avis, et l'ont agreé sans préjudice de leurs droits, ni de la sentence donnée par M. le Sénéchal, de même que de l'appel interjeté d'icelle au parlement, etc.

Fait au logis dud. seigneur Gouverneur le 25 janvier 1578 : présents M. de la Manthe et M. Jean Guichard, conseiller, etc. S.

1578. — *Février* 3. Mgr de La Manthe, gouverneur et commandant pour S. M. en la citadelle de Lyon, et Lieutenant au gouvernement de Lyonnois, en l'absence de M. de Mandelot,... voulant pourvoir à la sureté de la ville, d'autant qu'il y a quelque avis que l'on vouloit mettre le feu à quelques endroits de la ville, pour ce, pendant que le peuple s'amuseroit à secourir les maisons embrasées et éteindre le feu, se saisir de ladite ville, et aussi parce que, sous le prétexte de la foire qui finira demain, il y a plusieurs étrangers en ladite ville, même quelques-uns qui ont eu charge pendant les troubles pour ceux de la R. P. R., a été avisé et résolu de faire ce soir une recherche par tous les penonages de ladite ville, et que, pour obvier à l'entreprise du feu, sera publiée l'ordonnance suivante :

De par le Roy.

Parce que, depuis quelque temps, cette ville est plus souvent affligée de feu que de coustume, et que nous auons esté advertis que quelques vagabonds et gens sans aveu, soubz pretexte d'aller secourir les maisons bruslantes, y vont pour les piller et saccager, nous désirant pourveoir à la seureté publique et particulière et obvier aux larrecins qui se commettent en tels actes, avons enioinct et enjoignons aux penons et quaterniers de ladite ville, de sortir en armes avec ceux de leurs penonages es rues et places de leurs quartiers, sans en bouger, sitôt qu'ils oiront crier au feu ou le tocquessin, et aux massons et charpentiers avec les varlets et chambrieres du quartier où sera le feu, et non à aultres, d'aller au secours desdites maisons, et affin qu'il n'y ait aucun désordre, et que l'on puisse plus aisément et librement aller par la ville, si cela advient la nuict, est fait commandement à tous les chefs des maisons de mettre des chandelles aux fenestres, sur peine de 4 escus d'amende contre les contrevenans. Fait aud. Lyon le 3 iour de febvrier 1578. Signé de la Manthe. S.

1578. — *Mars* 10. Le Consulat écrit à M. le Cardinal de Pelvé et à M. Dabin, ambassadeur du roi près S. S., les priant de vouloir bien s'employer pour une œuvre digne de Dieu et fort importante pour le rétablissement de la foi catholique en ces quartiers, sachant le bon devoir que font partout ceux de la compagnie de Jésus à l'institution de la jeunesse, en piété et bonnes lettres et autres offices agréables à Dieu, et profitables au peuple chrétien, en ce temps misérable. Le Consulat avoit appelé en cette ville les Jésuites, et avoit cherché par tous les moyens de fonder le collége qu'il leur avoit donné, afin qu'ils eussent le moyen d'entretenir personnes suffisantes en nombre et doctrine, pour l'aide et soulagement de lad. ville; mais, ne pouvant faire d'avantage de son côté, il s'agissoit d'obtenir la confirmation de la réunion du prieuré de Tense en Vivarais au collège des Jésuites de Lyon, et d'obtenir par M. de Montdenys qui s'en étoit dessaisi, l'indemnité ou la valeur des pensions qu'il s'étoit réservées sur led. prieuré.

Le Consulat en avoit adressé, au Pape même, une supplique qui ne se trouve pas. S.

1578. — *Mars* 13. Le Consulat arrête qu'il sera écrit « à Messieurs les Jurats et secrétaire de la ville de Bourdeaux pour les prier de faire chercher en leurs archives, les anciens titres et monumens de cette dicte ville (de Lyon), que l'on dict y auoir esté transportez par les Gotz et Visigotz, et les ayant trouvez, ou quelque partie d'iceux, en faire faire *vidimus* aux dépens dudict Consulat. » — Le 28 février 1581, nouvelle délibération sur le même sujet, et ordre « d'escripre à MM. les maire et jurats de la ville de Bourdeaux pour les prier de faire chercher en leurs archives, les anciens privileges de cestedicte ville (de Lyon) que l'on dict y avoir esté portez par le moyen des guerres qui furent du temps de Charles Martel, et d'en prier Monseigneur de Bellievre qui y est presentement pour les affaires du roy. » — On ignore si les ordres du Consulat furent exécutés, et quel en fut le résultat. *Arch. du Rh.* XIII, 552.

1578. — *Avril* 1. *Mardi de Pâques.* « Pierre Bollo, docteur de Paris, de l'ordre de S. Dominique, qui avoit prêché le Carême à Ste-Croix, où il avoit attiré un peuple infini, quoique ses sermons durassent parfois deux grosses heures, fait son dernier sermon, et prend son congé fort doctement bien. Mesdames Ducloz et de Tourvéon qui avoient commencé à *demander* pour lui, dès le dimanche de la Passion, lui rendirent près de 200 livres qu'elles avoient amassées. » S.

1578. — *Avril* 20. *Dimanche.* Procession des pauvres. Le sermon fut fait à S. Jean par le Père Gardien de l'Observance. S.

1578. — *Avril* 29. Les sieurs Vianney et Rolin s'offrent pour faire *l'Oraison doctorale* de la S. Thomas prochaine. — Le 9 octobre suivant, le Consulat arrête que le sieur Rolin, premier reçu avocat à Lyon, fera ladite oraison à la S. Thomas prochaine, et ledit sieur Vianney, avocat de la police, pour l'année 1579. S.

1578. — *Mai* 3. *Jour de l'Invention de la Croix.* « .... Après vêpres Messieurs les *Battus* sont venus en procession dans l'église de Ste-Croix, pour gagner les pardons, en bonne dévotion et compagnie, environ cent et davantage.... » S. — On appelait *Battus*, une confrérie de pénitents ou flagellants. Henri III, pendant son séjour à Avignon, assista, en décembre 1574, à la procession des *Battus*, et se fit recevoir dans leur confrérie. Lestoile, *Journal de Henri III.*

1578. — *Mai* 5. *Lundi*, 1er jour de *Roysons* (rogations). « Les processions ont été faites comme de coutume, Mons. l'archevêque y a assisté tout au long... Le *mardi,* la procession fut jusques en Vaise, et s'en retourna par eau. — Le *mercredi....* MM. (de S. Jean) s'en retournèrent de S. Nizier par terre. ....Les trois jours de *Roysons*, le *Lion* a été porté par Benoît Maréchal, la *Croix* par Carteron, le *Taix* (test) par Durand, et la *Muse* faite par Me Pierre Garet, comme vicaire de Me Amyot, custode de Ste-Croix, se trouvant, pour cette année, semainier à S. Jean. » S.

1578. — *Mai* 8. *Jour de l'Ascension.* Le sermon fut fait à Ste-Croix par M. l'archevêque de Lyon, fort doctement, et tint près de deux heures. S.

1578. — *Mai* 11. *Dimanche.* La procession de la *Bazoche* fut faite ce jour par MM. les custodes de Ste-Croix, leurs vicaires et marguilliers, avec plusieurs autres prêtres et clergeons de S. Jean. Elle sortit de S. Alban, passa devant S. Jean par la brèche,... et revint à S. Alban par la grande rue. Les Augustins précédoient les custodes de Ste-Croix. M. du Soleil, un des custodes, dit la grand'messe à diacre et sous-diacre; mais ce ne fut pas sans difficultés; car les Bazochiens ayant de nouveau transmué leur confrérie de S. Nicolas à S. Alban, prétendoient et vouloient absolument que les Augustins fissent la procession et l'office, comme ils avoient coutume de le faire en leur couvent. Mgr de Lyon (après avoir ouï le différend des parties, à savoir de MM. les doyen, chanoine et chapitre de Lyon y présents, M. le président Chastillon, M. de Tourveon, M. de Villars, le *Prince* et autres notables procureurs et Bazochiens du siège présidial) ordonna que les processions, offices et autres cérémonies seroient faites désormais dans l'église de S. Alban par les custodes de Ste-Croix, leurs vicaires et marguilliers, et autres clercs et clergeons de S. Jean, attendu que l'église de S. Alban est située dans la paroisse de Ste-Croix... S. — L'année suivante, la procession se fit le dimanche 17 mai; ce fut le S' Amyot, custode, qui célébra la grand'messe à S. Alban, assisté de douze prêtres ou clercs et clergeons. S.

1578. — *Mai* 21. *Mardi de Pentecôte*, à 4 heures du soir, un tremblement de terre se fait sentir à Lyon et aux environs. Desrues, *Descript. de la Fr.*, p. 541. S. Voyez ci-après, *année* 1584.

1578. — *Juin* 3. Le Consulat arrête qu'il se rendra en corps aux portes de la ville pour recevoir M. de Mandelot qui revient présentement de la cour. — On fut le recevoir en corps jusques hors le faubourg de Vaize avec les 200 arquebusiers de la ville, fifres, tambours, etc. — Le Voyer avoit été envoyé jusqu'à Mâcon au devant de lui. S.

1578. — *Juin* 8. M. de Mandelot, revenant de la cour, arrive à Lyon. S.

1578. — *Juin* 19. Le Consulat, informé que le roi avoit accordé un nouveau subside sur les marchandises et autres denrées entrant et sortant du royaume par le pays de Dauphiné, arrête d'envoyer un homme exprès en cour pour supplier S. M. d'abolir led. subside comme préjudiciable aux foires de Lyon.—Ce subside, disoit-il, excédoit de moitié les droits de la douane de Lyon, et il en détruisoit les revenus; il éloigneroit les marchands étrangers qui déjà menacent de se retirer; il feroit profiter les villes de Gênes et de Chambery des ruines du commerce de Lyon; les habitants même de Lyon, qui vivent des fabriques et manufactures seroient obligés d'aller s'établir ailleurs. Il est hors de toute équité et raison que les marchandises payent deux fois l'impôt, et aussi d'en mettre un sur les vivres, comme huile, poisson, sel, fromage, etc. etc. S.

1578. — *Juin* 30. Funérailles dans l'église de Ste-Croix de Pierre Langlois, libraire lucquois, établi à Lyon. S.

1578. — *Juillet* 12. Mandelot, commis pour l'exécution du dernier édit de pacification, convoque en son hôtel les principaux des deux religions, et leur donne lecture de ses lettres portant que l'édit sera publié dans tous les carrefours de la ville. Les protestants et les catholiques s'opposent à cette proclamation, attendu que la ville est déjà en paix; ils s'en remettent à la prudence de M. de Mandelot pour tout ce qui concerne l'exécution de l'édit. J. Morin, V, 281.

1578. — *Septembre* 4. Le Consulat arrête que les meuniers ne prendront que 2 s. pour la mouture de chaque ânée de froment. S.

1578. — *Octobre* 14. Le Consulat arrête qu'il se transportera au lieu où le sieur Lieutenant de Langes prétend faire à ses dépens une boucherie en la paroisse de S. George, pour voir l'assiette du lieu et la commodité qu'en recevroit la ville. — Le 6 octobre 1579, M. de Langes avoit fini de bâtir cette boucherie aboutissant à deux rues, et fermant à clefs. Il y avoit déjà eu plusieurs ordonnances de justice pour contraindre les bouchers à venir s'y établir. M. de Langes pria le Consulat de s'adjoindre à lui pour les y forcer; il offrit même d'échanger ladite boucherie avec quelque autre objet en faveur de l'hôpital. Le Consulat promit d'en délibérer. S.

1578. — *Octobre* 30. Le Consulat accorde aux pauvres religieux de l'ordre de S. François de Paule de Lyon, vulgairement appelés *Minimes*, 16 écus d'or sol et 48 s. tournois en monnoie, pour 6 ânées bled froment, à raison de 28 s. le bichet, dont est fait aumône auxdits *Minimes* pour partie de leur nourriture, en considération de leur très-grande pauvreté et nécessité. S. Voyez ci-après au 22 *novembre* 1581.

1578. — *Novembre* 17. Les imprimeurs font une *Chevauchée* à l'occasion d'un *martyr* du quartier de S. Vincent qui avait été battu par sa femme. — Le *Recueil* de cette *Chevauchée* fut publié la même année par les *trois supposts de l'imprimerie lyonnoise*, Guillaume *Testefort*, Pierre *Ferdelat* et Claude *Bouilland*. Il en a été donné une nouvelle édition par *trois bibliophiles*, MM. C. B., G. D. et A. P., Lyon, *Barret*, 1829, in-8°. Voyez ci-dessus, *septembre* 1566; les *Arch.* du Rhône, XI, 53 et 188; les *Ephémerides* du 1er septembre dans le tome 2 de la *Revue du Lyonnais*; la *Biographie Vauclusienne* de M. Barjavel, t. 1, p. 207, etc.

1578. — *Décembre* 18. Séance consulaire. On charge deux des échevins de prier Mgr le reverendissime Archevêque, et Mgr de Mandelot, gouverneur pour le roi, d'assister dimanche prochain, fête de S. Thomas, à l'oraison qui se dira le matin, en l'église de S. Nizier, suivant l'usage. — Même invitation est faite à M. de la Manthe, gouverneur de la citadelle, et à MM. de la justice. — On fit payer à Me N. Rolin, qui prononça l'oraison doctorale, 8 écus et 1/3. S. Voyez ci-dessus au 29 *avril*.

1578. — *Décembre* 23. Séance consulaire. On arrête que ceux qui ont été échevins, le sont ou le seront, jouiront durant leur vie seulement de l'exemption du subside de 6 blancs par botte de vin, et de celui du poids des farines, comme ils en jouissoient pendant leur échevinage. S.

1578. — *Décembre...* Le Consulat accorde à Me Jean Puzzebonnet, docteur médecin de Lyon, un certificat du bon office et service qu'il a fait à la ville, en la maladie de peste de l'an 1577. — On le qualifie d'homme de bien, bon catholique, et bien expert en son art, etc. S.

1578 *circa.* — Mort de Guillaume des Autelz, littérateur et poëte, né à Charolles, en 1529, lequel fit un long séjour à Lyon et y publia la plupart de ses ouvrages. *Biogr. lyonn.* Voyez ci-dessus, *année* 1550.

1578. — Publications: *Statuts et ordonnances synodales de l'église metropolitaine de Lyon, etc.*, traduictes en langue francoyse pour l'instruction des curez, etc., par mandement et authorité de Mgr le Reverendissime archevêque conte de Lyon (Pierre d'Epinac), primat des Gaules, publiées au sena (synode) de S. Luc M. D LXXVII, etc. A Lyon, par *Jean Stratius*, M. D. LXXVIII. Imprimé à Lyon, par *Pierre Roussin*. In-4°.

1578. — *Antonii Guberti Costani I. C. regiiq. Tholosae Senatoris, de sponsalibus et matrimoniis commentarius*, etc. Lugd., apud *Ant. Gryphium*. M. D. LXXVIII. Pet. 8°. — C'est à l'invitation de Claude du Pré, avocat à Lyon, qu'Antoine Gryphe publia ce traité; c'est ce que nous apprend cet imprimeur dans son avis au lecteur qui commence par ces mots: *Cogitanti mihi ac persepe animo volutanti*, etc. Cicéron avait aussi commencé par les mêmes mots ses *Dialogues de l'Orateur*, et Minucius Felix, son *Octavius*. — Du Verdier, dans son *Suppl.* à la Biblioth. de Gesner, cite plusieurs ouvrages d'Ant. Gubert qu'il appelle *Guibertus*, mais il a omis le traité *de Sponsalibus*, etc., traité du même genre que la *Sylva nuptialis* de Jean de Névisan, ou le *Cupido jurisperitus* d'Etienne Forcadel. — Gubert ou Guibert n'a pas d'article dans la *Biogr. toulousaine*.

1578. — *Les deux premiers livres de l'histoire de Procopie* (sic) *de Caesarée, de la guerre des Gots*, etc. trad. par Guillaume Paradin. Lyon, *Benoist Rigaud*, 1578. In-8° (Du Verdier). — La Bibliothèque de la ville de Lyon possède un exemplaire de l'*Histoire secrète de Procope de Césarée*, traduite par L. de M. (Leonor de Mauger). A Paris, chez *Guillaume de Luynes*, 1669, in-12, de

288 pages (1). On trouve sur la garde de ce volume une clé dont l'écriture se rapproche assez de celle de l'avocat Claude Brossette. Voici cette clé :

« L'Empire romain, LA FRANCE.
« Justinien, LOUIS XIV.
« Théodora, MADAME DE MAINTENON.
« Alexandrie, LYON.
« Page 253 (2) Paul, PAUL DE NEUFVILLE ARCHEVÊQUE DE LYON.
« Constantinople, PARIS.
« Le livre finit en 1709 ou 1710. »

L'auteur de cette clé se proposait-il de donner une nouvelle édition de l'*Histoire secrète*? Nous l'ignorons. Mais nous avons de fortes raison de croire qu'il était Lyonnais, et que ce n'était pas un des partisans de Louis XIV.

1579. — *Janvier* 9. Noble Philippe Galand, bourgeois de Lyon, demande permission de faire construire en sa maison neuve appelée la *Maison ronde*, sise devant l'église de St-Nizier, 4 tournelles, selon le modèle et portrait qu'il a présenté au Consulat, à la charge que ledit Galand baillera en aumône 100 écus sols pour la construction d'un arc et banc de boutique, en la boucherie qui se bâtit à présent à neuf près l'Hôtel-Dieu, pour le profit dudit hôpital, et encore sous la réserve que là où il surviendroit quelques procès pour raison desdites tournelles, que ce sera aux risques et périls dud. Galand, sans que le Consulat soit tenu à aucune éviction ni garantie; et led. Galand a accepté ces conditions. S.

1579. — *Janvier* 15. « Les difficultés sur le rang que devoient avoir entr'eux les échevins, eu égard à leurs charges civiles ou de judicature, avoient été suspendues, mais n'étoient pas réglées. Le Sʳ Teste conseiller du roy, receveur général du taillon, réprésente que de même que le Sʳ de Servières, par sa qualité de trésorier de France, précède même le Sʳ lieutenant de Villars, encore que ci-devant les gens de robe longue eussent prétendu devoir précéder tous les autres, que sadite qualité lui devroit apporter même prérogative comme aux autres en fait de ladite séance, par rapport à ceux qui ne sont officiers du roi, devant tenir le même rang qu'il avoit eu l'année passée et qui lui fut accordé par M. le Gouverneur, et ainsi précéder tous les six échevins nouvellement élus; cependant, pour l'amitié et particulier respect qu'il porte aux Sʳˢ Valleton et de Graveins et Sʳ de Liergue, il leur accorde volontiers d'être assis après eux, n'entendant céder que par droit d'amitié et non par aucune prérogative, faisant toutes protestations pour l'avenir, etc.

De même le S. de Villars, conseiller du roi et lieutenant particulier en la sénéchaussée, et aussi conseiller et garde des sceaux au parlement de Dombes, somme le Sʳ Grollier, trésorier, de lui déclarer s'il entendoit tenir la place de celui qui doit présider au Consulat : celui-ci lui répond qu'elle lui appartient, attendu sa qualité de trésorier général de France; à quoi led.

---

(1) Ce livre a échappé à M. Barbier, et le nom de Mauger a été omis dans la *Biographie universelle*. Outre l'*Histoire secrète*, il a traduit deux autres ouvrages de Procope; *de la guerre contre les Perses*, sous le titre d'*OEuvre de Procope de Césarée*, et *de la guerre contre les Vandales*.

(2) On lit à cette page : « Pour bien commencer je dirai d'abord qu'il avoit donné un cer-
« tain *Paul* pour evesque à la ville d'Alexandrie. Dans le mesme temps que *Rhodon*, qui esloit
« natif de Phénicie, en estoit gouverneur, auquel il écrivit de faire tout ce que Paul jugeroit à
« propos, et qu'il ne manquast pas à donner main forte à ce prélat, par l'industrie duquel il
« espéroit d'attirer tous les principaux d'Alexandrie, etc.» — En 1709, Lyon avait pour gouverneur François de Neuville, duc de Villeroi maréchal de France; l'archevêque de Lyon, François Paul de Neuville était son fils.

Sʳ de Villars lui a remontré que, par les statuts et anciennes coutumes de la ville, il n'y a personne qui se puisse dire privilégié pour tenir le premier lieu audit Consulat que ceux de la robe longue, quelle qualité qu'ils aient d'office, encores qu'ils ne fussent que avocats ou médecins, lesquels, étant élus échevins, précèdent tous les autres sans aucune contradiction; que c'est suivant ce privilège que naguéres il a été jugé contradictoirement, et avec connoissance de cause, que ledit de Villars, outre sa qualité d'avocat au parlement de Paris, avoit exercé, depuis 35 ans, l'office de magistrat en cette ville, tellement que lesdites qualités, accompagnées de sa vieillesse, mériteroient de tenir le premier lieu aud. Consulat. Cependant, pour éviter tout différend qui pourroit nuire au bien public et aux affaires de la ville, led. Sʳ de Villars ne veut pour le présent entrer plus avant en la dispute de ladite préséance protestant que la tolérance qu'il en fait, est en considération de l'amitié particulière qu'il porte audit Sʳ Grollier, et n'a entendu ni entend que cela puisse tirer à conséquence et préjudicier à lui et à ses successeurs, ni au réglement qui pourra sur ce intervenir; lequel Sʳ Grollier a remercié led. Sʳ Villars de l'amitié qu'il lui porte, lui déclarant qu'elle est réciproque, et a été donné acte audit Sʳ de Villars de ladite protestation. S.

1579.—*Février 12.* Noble Humbert Grollier, fils de feu M. François Grollier, secrétaire du roi, remontre qu'on lui controverse par-devant le vénérable sénat de Savoye sa qualité de noble, pour laquelle vérifier, entr'autres choses, il était besoin avoir attestation et sommaire à prise desdits échevins comme quoi ledit noble M. François Grollier et son aïeul M. Antoine Grollier avaient été plusieurs fois échevins, et comme ceux qui ont été échevins par priviléges octroyés par les rois de France sont déclarés nobles, encore qu'ils ne le fussent d'ailleurs, et que lesdits Grollier ont toujours vécu noblement, tenus et réputés pour nobles et extraits de noble race.

Sur quoi ledit Humbert est sorti, et aussi le sieur trésorier Grollier. Le Consulat, après avoir vérifié dans les anciens régistres, déclare que ledit feu François Grollier a été par huit diverses fois consul-échevin de lad. ville, et M. Antoine Grollier, son père, trois fois, et que, outre ce, ladite maison des Grollier est tenue et censée pour noble en ladite ville; que d'icelle sont issus plusieurs grands et notables personnages qui ont vécu noblement sans faire acte dérogeant à la noblesse, comme encore continuent les enfants dudit feu secrétaire, et que d'ailleurs, au moyen de ce que led. père et aïeul ont été consuls de cette ville par plusieurs fois, ils ont acquis tout droit de noblesse jusqu'à pouvoir parvenir aux grands honneurs et dignités, comme de pouvoir être honorés du collier de l'ordre de chevalier de France, ainsi qu'il a été et est encore de présent pratiqué, et comme il est porté par les privilèges confirmés de règne en règne, nommément par le roi à présent régnant; dont a été ordonné être fait le présent acte consulaire aud. Sʳ Humbert Grollier, etc.

1579.—*Février 15.* «De par le Roy et monseigneur le Gouverneur etc., sur la remontrance à nous faicte par les consuls eschevins de ceste ville que pour donner à l'avenir quelque ordre et police aux guets, gardes et visites qui se font par les manans et habitans de la ville de Lyon pour la tuition, deffense et conservation d'icelle sous l'obéissance de S. M., ils ont arresté en leur Consulat les articles suivants, sauf toutefois le bon plaisir du roy et le nostre, nous suppliant de les vouloir authoriser aux fins qu'ils soient à l'advenir gardez et observez. Après que lecture nous a été faicte desdits articles, ayant trouvé le contenu en iceulx fort utile et profitable pour le service du roy et seureté de ladite ville, nous avons ordonné que par lesdits eschevins en sera baillé un double à chascun desd. penons, aux fins que nul n'en prétende cause d'ignorance, et est enjoinct à tous les manans et habitans de ladite ville de les garder et observer de poinct en poinct sur les peines y contenues, le tout par provision et jusqu'à ce que aultrement soit ordonné suivant l'exigence du cas.

Cette ordonnance est contenue en 26 articles :

Par le 1er pour reconnoître le bon devoir et vigilance des penons, ils seront honorez par cy après du nom et titre de capitaine des penonages de cette ville.

En chaque penonage, y aura quaterniers et dizeniers qui obéiront auxdits capitaines penons pour le faict de la garde, etc.

Afin que pour s'exempter du service de la garde personne ne puisse se prétendre faussement du nombre des arquebusiers, ceux-ci seront réduits au nombre ancien de 200, et leur rôle sera remis chaque année au Consulat.

L'enseigne des 200 arquebusiers sera de telle couleur qu'il plaira aux échevins, bigarrée d'une longue arquebuse, et ne se pourra dire *colonelle*.

Denombrement des penonages deux fois par an, après Noël et après la St-Jean.

La garde se battra depuis Pâques jusqu'à la fin d'Aoust, de 8 à 9 h., et de Septembre à Pâques, de 6 à 7 heures du soir, et elle sera levée le matin à 4 h. en été, et à 6 en hiver.

Toutes personnes tenant à la garde ne pourront se faire remplacer, excepté en cas de nécessité ou éminent péril.

Chacun obligé de se pourvoir d'armes.

Peines contre les contrevenants.

Ceux qui *blasphèmeront le nom de Dieu*, en garde, ou qui déroberont, querelleront ou feront acte scandaleux seront punis par les penons.

Le produit des amendes employé en achat d'armes.

La montre générale se fera une fois l'année, à l'ordre du Consulat.

Quand les capitaines penons marcheront en garde en propres personnes, tous les chefs de maisons qui seront sous leurs charges seront tenus de s'y rendre si l'âge, qualité ou dignité ne les en excuse.

Pour donner aux quaterniers occasion de mieux s'employer à faire le devoir de la garde, le premier quaternier sera désormais appelé lieutenant du capitaine du penonage, et le 2e aura le titre d'enseigne.

Fait et arrêté au Consulat de ladite ville par nous Antoine Grollier, etc., etc., consuls échevins, le jeudi 15 février 1579. Signé Mandelot.

1579. — *Mars 5*. Nobles Claude de Plattet, seigneur de Vaux, Jacques de Grymo, Simon Court, et Antoine Baignol, commis et députés au sujet de la fabrique du portail de St-Nizier demandent au Consulat qui le leur accorde de faire faire en la place devant l'église de St-Jacquême, une loge ou atelier pour la retraite des maçons et tailleurs de pierre qui seront employés à ladite fabrique, laquelle loge sera fermée de nuit, et il commet ceux des échevins chargés de la voierie de visiter les modèles et desseins de cette fabrique et de donner les mesures qui seront convenables.

Quant à l'aide et don demandés par lesdits sieurs Plattet et autres, ils sont priés de la part du Consulat de considérer le peu de moyens que la ville a d'y pouvoir contribuer en aucune chose, ne sachant par quels moyens acquitter les grandes dettes en lesquelles la ville est constituée ; mais pour ce qui concerne la demande de la pierre du temple de dessus les terreaux, et la pension de 30 livres due à la ville par la fabrique de St-Nizier sur les boutiques neuves à l'entour de l'église, en compensation de semblable pension que la ville paye annuellement à l'exécuteur de la haute justice, pour l'abolition de l'exaction qu'il souloit faire chaque jour de marché sur *les coyves* ou *balets* qui se vendoient chaque jour de marché auxdites places publiques, lad. pension demandée par lesd. sieurs *Plattet*, etc., pour aider à ladite fabrique, pour tant et si longtemps qu'elle demeurera à être construite et parachevée, le Consulat a remis à en délibérer et en répondre à une plus grande assemblée des sieurs echevins et notables bourgeois de ladite ville.

Le 21 avril, le chapitre et les paroissiens de St-Nizier demandèrent de nouveau les pierres des murailles (étant encore en nature) du temple que ceux de la religion, auparavant les troubles de 1567, avoient édifié sur les fossés de la lanterne, pour les employer à partie de l'édifice qu'ils ont entrepris faire en ladite église pour le service divin, décoration d'icelle église et embellissement de la ville, et que, en considération des grands frais qui seront à faire en ladite structure, il plût aux échevins de remettre à ladite église ladite pension de 30 livres. Le Consulat arrête que les murailles, qui sont encore en nature au temple, ne seront point encore démolies, mais demeureront dans l'état actuel pour le service du public et bénéfice de la ville jusqu'à ce qu'autrement, pour quelqu'autre occasion y soit pourvu, et néanmoins ayant égard à la structure et décoration de ladite église et aux grands frais à y faire, et en considération de ce que ledit hôtel de ville est de ladite paroisse et vis à vis d'icelle église, on remet à ladite église ladite pension de 30 livres pour dix ans, à moins que ladite ville n'eut moyen par ci-après de bailler une fois la somme de 100 écus, et alors ladite pension reviendroit avant les dix ans. S.

1579. — *Août 6. Jour de la Transfiguration.* Le P. Emond Auger, jésuite, fait le sermon à Ste Croix, devant une fort belle audience. S. — Le 16 du même mois, il y eut procession générale « pour respect de la fête de « St-Roch. » Ce fut encore le même Jésuite qui fit le sermon, lorsque la procession fut rentrée à St-Jean. S.

1579. — *Septembre 8.* MM. les *Battus* vont en procession à St-Jean et à Ste-Croix où le P. Emond Auger leur fit un petit sermon qui ne dura que demi heure. S.

1579. —*Septembre 19, Samedi.* La reine-mère venant du côté de Grenoble, arrive à Lyon et va loger à Ainay. S. — Elle était accompagnée du cardinal de Bourbon, de la princesse douairière de Condé, etc. Pendant son séjour à Lyon, « elle fut jusques à Montluel où le duc de Sauoye luy amena le mareschal de Belle-Garde qui faisoit le mal-content, mais elle le contenta auec des promesses qu'elle n'eust pas grand peine de luy tenir, car il mourut bientôt après. » Rubys, p. 429. J. Morin, v. 280. Voyez aussi Barnaud, *Miroir des François*, p. 144, et la *Biogr. univ.*, IV, 102.— Nous voyons figurer en tête des demandes qui sont adressées à Catherine de Médicis par les échevins, 1° qu'il soit refusé un prêche à ceux de la religion prétendue réformée; 2° que la citadelle soit démolie. C'était, dit M. Morin, le sommaire de toutes les réclamations de la ville; la reine-mère y prêtait l'oreille, mais sa politique lui défendait d'y faire aucune réponse précise. *Hist. de Lyon*, v, 280. — Pour s'opposer à l'établissement d'un prêche protestant dans la ville ou dans les environs, on alléguait qu'il y en avait déjà un au château de St-Lager, en Beaujolais, distant de 4 ou 5 petites lieues de Lyon.

1579. —*Septembre 27. Dimanche.* Procession générale pour la santé du roi. On partit de St-Jean à 7 heures du matin pour aller à N. D. de Confort, où il y eut sermon et grand'messe. La reine-mère s'y trouva et fit dire sa messe par ses chantres. Après la procession, la reine-mère alla dîner avec sa compagnie chez M. le gouverneur. S.

1579. — *Décembre* 2. Le P. Emond Auger écrit de Rome à Messieurs les consuls et echevins, administrateurs du grand Hôtel-Dieu de la ville de Lyon :

« Messieurs j'auois bien tousiours conçeu telle opinion de vostre pieté qu'elle n'auoit besoin d'autre motif pour la faire continuer le seruice des poures de vostre illustre et noble ville, toutes fois nostre S. Père, qui vous aime singulièrement, m'a commandé de vous faire tenir ces *beaux pardons* qu'il vous plaira communiquer premierement à Monseigneur l'archeuesque, à Messieurs ses vicaires, et nommement à Monsieur le suffragant, afin des les faire publier par la voie qu'il convient à vostre peuple, mesmes à ces bonnes festes de Noël, ce que j'eusse faict pour ma part, si je n'eusse esté retenu ici plus longuement que je ne pensois par de ça, mais ce sera, Dieu aidant, pour ce caresme que j'ai reçu par commandement de sa sainteté et de nostre general, d'emploier en leur paroice (sic), parmi tant d'autres excellens prédicateurs que vous auez tousiours eu, m'estimant des moindres de tous en moien de vous seruir, mais riche de volonté de longtems, et attendant de vous reuoir bien tost, je vous dirai seulement que vostre ville a une très-grande reputation de par deça, tant pour ses actions de pieté envers les poures que pour la constance en la foi et religion catholique qui est aussi plus necessaire que jamais, au tems qui court, ainsi que tousiours y veille Monseigneur le gouverneur au grand contentement de N. S. Père et de tous ces Seigneurs qui n'admirent pas moins les rares qualités de Monseigneur l'archeuesque et le grand et rare zèle de tous, vous, Messieurs, tant unis avec vostre graue et noble clergé, suppliant nostre Seigneur, après vous auoir présenté continuation de mes petits seruices, vous donner en sa protection, accroissement de ses parfaites benedictions et à tout vostre aimable et deuotieux peuple. — A Rome, 2 de décembre 1579. — Vostre humble et ancien serviteur selon Dieu, EMOND. » Autographe de la collection d'A. P.

1579. — Les échevins font imprimer 700 petits livrets destinés aux *dames honorables de Lyon pour les instruire de l'ordre qu'elles doivent tenir à visiter les pauvres de l'hospital*, etc. Arch. du Rh., III, 245.

1580. — *Janvier* 5. Le roi écrit à Mandelot que, voulant pourvoir à la disette et nécessité des monnoies, il avoit consulté ses officiers des monnoies qui lui avoient presenté trois moyens, mais que chacun d'eux tirant après soi quelque incommodité et conséquence, il a aussi désiré en avoir l'avis des bonnes villes du royaume; en conséquence il lui ordonne de faire à Lyon une assemblée du plus grand nombre de personnes notables de tous états, pour aviser lequel des moyens semblera le plus commode et le moins dommageable. S.

1580. — *Février* 5. Le Consulat déclare, dans sa réponse aux consuls de Dijon, qu'il y a à Lyon un *poids général* établi auquel tous les autres poids particuliers de la ville sont échantillés, et toutes marchandises pesées de nécessité, le droit duquel a de tout temps appartenu et appartient encore à Messieurs les archevêque, doyen, chanoines et chapitre de l'église de Lyon, qui ont à ces fins deux lieux établis, l'un deçà et l'autre de là la rivière où les marchandises sont conduites et puis pesées. S.

1580. — *Février* 12. Aujourd'hui a été enterré, à N. D. de Confort, par la grande procession de S. Jean, avec trois glas, tocquant la grosse, honorable dame Dyamante de la Voulpe, femme à M⁰ Claude Rubys, procureur général de la ville.—Le 14 juin suivant, Rubys épousa Françoise Buatier, fille de feu noble Symphorien Buatier, sieur de Monjoly, de la paroisse de Ste-Croix. Le mariage se fit à St-Thomas de Fourvières, par M. le custode Amyot. S.

1580.—*Février* 21. *Dimanche des Brandons*. Il y eut ce jour là une grande mascarade où les imprimeurs furent principalement remarqués. Voyez *Les plaisants devis des suppots du Seigneur de la Coquille, récitez publiquement le 21 feburier 1580. A Lyon, par les trois suppots.* In-16.

1580.—*Mars* 1ᵉʳ. Le Consulat prenoit alors de grandes précautions pour l'entrée des marchandises venant des lieux suspects de contagion. — On ordonne à sieur Hilario Benedicti, Génois, de faire déposer à S. Laurent, 15 caisses de velours venant de Genève, pour y être *essorées* pendant 40 jours, et les personnes chargées de les *essorer* tenues de faire encore 40 autres jours au même lieu, aux frais de ce Génois.

Bernard de Barbigia, Martin Couvet, Matthieu Bartholomei, Nicolas Spina et Jean-Baptiste Cenami, marchands florentins, avoient fait venir par Marseille des balles de coton, soie et laine, ainsi que des balles d'épiceries et de raisins de Damas qui étaient déposées au lieu de la Mothe, faubourg de la Guillotière. On ordonne que les cordages et les premières sarpilières des balles d'épiceries et de raisins seront ôtées et brûlées, et qu'on laissera les balles à l'air pendant 40 jours; quant à celles de laine, coton et soie, qu'elles seront ouvertes et déployées aussi pendant 40 jours pour leur purgation, en attendant qu'on ait nouvelles certaines de la santé de Marseille. —Depuis, attendu que les balles d'épiceries ne s'ouvrent pas à Marseille, et qu'elles ne sont pas susceptibles d'être infectées, on accorde que, les cordages et sarpilières brûlés, lesdites marchandises essorées pendant quelques huit jours, pourront entrer en ville.

Les 15 caisses de velours avoient été déposées dans une chambre de l'Hôtel-de-Ville; cela avait occasionné quelques rumeurs populaires, et l'on fut obligé d'employer des arquebusiers pour les faire enlever et conduire à St-Laurent.—Le 22 *mars* sur les certificats des échevins de Marseille, on permet à Barthelemy Balbani et à Martin Couvet de faire entrer à Lyon les marchandises venues de Marseille et retenues à la Mothe. — Le 29 *mars*, on permet l'entrée des 15 caisses de velours qui avoient été bien essorées à St-Laurent, sans aucun accident, etc. S.

1580.—*Mars* 28. Il se tient, en la maison de Mandelot, une assemblée présidée M. Michel-Antoine de Sallusses, sieur de la Manthe, commandant en l'absence de M. de Mandelot, présents M. Antoine Camus, trésorier général de France, M. Jean Laurencin, official, M. Jérôme de Châtillon, président, M. de Langes, etc.

Les échevins proposent, pour la conservation de la ville sous l'obéissance de S. M., de mettre en considération les avertissements que l'on a journellement de toutes parts des entreprises et conspirations qu'ont faites ceux de la prétendue religion reformée et autres mal affectionnés au service de S. M. et repos du public sur cette ville et empêcher l'exécution des desseins de tous malins esprits, attendant le retour du sieur de Mandelot, pour ce, de pourvoir au guet et garde de la ville, et faire vuider d'icelle tous *vagabonds*, *fayneants* et autres personnes quelles qu'elles soient, qui seront trouvées suspectes.

Sur quoy il est ordonné que tous ceux qui seront dans cette ville tenus pour *suspects*, seront tenus de vuider dans 24 heures, et aussi les serviteurs qui seront trouvés chez les maitres en plus grand nombre qu'auparavant seront pareillement tenus de vuider ladite ville, sous peine de la hart.

Les gardes seront renforcées suivant la déclaration qui en sera faite par lesd. échevins au sieur de la Mante et au sergent-major de la ville.

Aux principales portes de la ville, seront mis des corps de garde, outre ceux qui y sont déjà, qui seront fournis par les penons à leur tour et rang.

Que la visite sera faite exactement par les penons, quarteniers et dizeniers et sera baillé, le lendemain, par lesd. penons, aux échevins, les rôles de tous les suspects, pour être présentés au sieur de la Mante.

Du côté du Rhône, iront tous les jours deux penons en garde, dont l'un sera mis, moitié au corps de garde du Peyrat, sur les Terreaux, l'autre moitié en la place des Cordéliers; l'autre penon ira par moitié à la place Confort, l'autre moitié aux chaînes d'Ainay et à Ste-Hélène.

Les capitaine, lieutenant et sergent-major de la ville, iront savoir des penons le *nombre des suspects*, mal intentionnés au service du roy et repos public, ensemble des serviteurs nouveaux venus es maisons des *suspects*, pour les faire sortir ensuite de la ville.

Lundi de Pâques. 5 *Avril.* Semblable assemblée.

Les échevins remontrent qu'ils ont eu avis par un exprès envoyé de Limoges, qu'une entreprise devoit être exécutée sous peu de jours contre la ville; qu'à cet effet plusieurs soldats passoient fil à fil, que des troupes conduites par de grands seigneurs prenoient le chemin de Lyon (1). Qu'en conséquence il seroit très-nécessaire de faire vuider soldats, capitaines, artisans et autres venus depuis trois mois en cette ville, et de se saisir des *suspects*, *sans respect de la religion*, et de quelque qualité qu'ils soient, etc.

Sur quoy il est ordonné que les corps de garde de la ville seront continués; que, du côté de Fourvière, seront mis en outre deux penons, et, du côté du Rhône, trois, aux lieux ordonnés, avec les 69 arquebusiers.

Que, jusqu'au retour de M. de Mandelot, les portes de S. George et de S. Just seront fermées, et qu'il n'y aura, du côté de Fourvière, que celle de Vaize ouverte.

Les grandes portes du Rhône et de S. Vincent seront renforcées des penons, outre les Suisses, etc.

Il est enjoint aux capitaines, penons, quarteniers et dizeniers de faire les recherches bien étroitement et exactement, sans acception de personnes, de se saisir des vagabonds, gens suspects de la qualité susdite, pour les faire vuider, ou bien les amener vers M. de la Manthe qui y pourvoira. — Le Prévôt des marchands sera envoyé en personne du côté de *la Bordelière* (2) où l'on dit qu'aucunes desdites troupes seroient arrivées, pour donner avis incontinent de ce qu'il aura trouvé. — Nuit et jour seront faites des rondes par les sieurs consuls échevins, selon le département qu'ils se sont fait entre eux, et, pour cet effet, ils prendront des penons et des forces de la ville tels qu'ils aviseront.

M. Durand, avocat-général au parlement de Toulouse, avoit aussi envoyé un messager exprès pour avertir le Consulat qu'il se brassoit une grande entreprise sur cette ville et sur la citadelle.

---

(1) M. de la Valette, venant en poste de Piémont, avait apporté à Lyon, la nouvelle de ces menées et entreprises. S.

(2) Ou *La Bourdelière*, hameau dans la paroisse de St-Laurent-de-Chamousset, en Lyonnois, sur le chemin de Lyon à Feurs, à 6 lieues de Lyon et 4 de Feurs. *Alm. de Lyon* pour 1760, p. 30, seconde partie.

Le Consulat envoya un courrier à M. de Mandelot, qui étoit à Tournon, pour l'informer de ces nouvelles.

Les habitants de Lyon faisoient la garde de dix en dix jours. — Il paroit que cette garde extraordinaire cessa vers le 28 avril. Les arquebusiers ne firent plus que la garde ordinaire. On ne put obtenir que les nations contribuassent aux frais de garde. La paye des arquebusiers coûta, pour deux mois, 650 écus. S.

1580. — *Avril* 10. *Dimanche de Quasimodo.* Procession générale pour la paix et prospérité du temps, suivie d'un sermon par maître Croyssant, docteur de Paris, qui avoit prêché le carême à Ste-Croix, et qui prit son congé. S.

1580. — *Avril.* 12. *Séance consulaire.* On ordonne que, pour vendre et décharger des bleds qui ont été ci-devant achetés par la ville, afin d'en secourir le peuple en son besoin, les deux maîtres gardes boulangers de cette année et autres seront appelés au Consulat, mardi prochain, pour leur être fait commandement de prendre lesdits bleds, pour les faire moudre et cuire pour le peuple. S.

1580. — *Avril* 14. Le Consulat instruit que la peste recommençoit à Marseille, renouvelle les défenses de recevoir aucune marchandise venant de cette ville. S.

1580. — *Avril* 16. Le Consulat, après avoir exposé dans une lettre au roi sous cette date, les bons effets qu'a produits sur le peuple de Lyon, la certitude du rapport de l'édit d'un nouveau surtaux sur la douane, ajoute : « ce qui a fait qu'au lieu d'être comme auparavant morne et rétif pour faire la garde ordinaire, il (le peuple) y va à présent gaîment, encore que ce soit une ou deux fois la semaine, et que ladite garde soit chaque fois de 5 à 600 hommes, dont led. sieur de Mandelot et tous les autres reçoivent merveilleux contentement, en sorte que l'ennemi, s'il n'a autre moyen de se saisir de cette ville, que par les forces et intelligences qu'il pourroit avoir dedans, peut bien s'adresser ailleurs, car nous protestons tous d'y laisser plutôt la vie. Mais nous craignons bien fort du côté de la citadelle. Ce n'est pas que le sieur de la Manthe ne soit un capitaine fidelle et affectionné au service de S. M. autant qu'aucun autre; mais ce n'est qu'un homme qui, *par le mécontentement des soldats de diverses nations qui sont dedans, pourroit être forcé par une nuit*, comme il est advenu plusieurs fois, etc. Ce qui fait supplier très-humblement S. M., *ou de faire abattre ladite citadelle* (avec récompense condigne du long et fidèle service dudit sieur de la Manthe), ou de faire payer lesdits soldats et obvier à leur mecontentement, etc., etc. S.

1580. — *Avril* 26. Pressé par le sieur Pericaud de Châlon, qui demandoit son payement, et la crainte que les bleds ne se gâtent, le Consulat ordonne que les boulangers de la ville s'en chargeront, et ne cuiront d'autres bleds que ceux-là ne soient employés, et il leur sera permis de cuire à raison de 42 sous le bichet. S.

1580. — *Mai* 19. *Séance consulaire.* La maison du sieur Guy Pouldret, située à l'un des coings de la rue tendant de la Grenette en rue Mercière, venoit d'être incendiée fortuitement; le propriétaire la vouloit rebâtir, mais craignant d'être obligé de reculer d'une toise et plus, selon l'alignement des autres maisons (celles des enfants de M. Olivier Rolans) rebâties à neuf depuis peu dans la rue Chalamont, il demande, ou de reconstruire sur les anciennes fondations, ou qu'on lui donne une juste indemnité. — Le Consulat nomme des commissaires pour s'informer de l'état des lieux, et juger quelle seroit la récompense à faire sur cela.—Le 9 août suivant, on lui accorda 20 livres de pension annuelle pour indemnité à cause de l'élargissement extraordinaire desdites rues, etc.

1580. — *Juin.* « A l'entrée de ce mois, le peuple fut de rechef affligé de cette maladie populaire que le vulgaire appelle la *coqueluche*, en laquelle les médecins ne voyent goutte, et y eust peu de maisons en la ville qui en fussent exemptes : toutes fois peu de gens en moururent, et trouva-t-on par expérience que le meilleur et plus expédient remède estoit de n'y rien faire, sinon tenir le lit, et se faire suer, s'il estoit possible, s'abstenir de vin, à cause de la fièvre, et ainsi le fit, par l'advis de cet ancien médecin et lors doyen des médecins de Lyon, maistre Pierre Tolet, et m'en trouvai bien. » Rubys, p. 429. — On lit dans les Actes consulaires, sous la date du 6 *juin* : « Comme il règne une maladie appelée vulgairement *coqueluche*, laquelle, quoique non mortelle, est cependant contagieuse, on arrête de suspendre les leçons du collége des Jésuites. » S.

1580. — *Juin* 18. Par ordonnance faite au conseil d'état tenu au logis de M. de Mandelot, il fut dit que, comme, depuis quelque temps, étoit survenue certaine maladie qui a surpris la plupart des habitans de la ville, et que encores que, au commencement, elle se soit trouvée mortelle, si est-ce que depuis quelques jours, plusieurs personnes signalées sont décédées, soit de ladite maladie ou d'autres, et qu'il est très-que nécessaire d'y pourvoir pour obvier à plus grand inconvénient, les médecins de la ville seront assemblés, et il leur sera enjoint à tous, de quel âge, qualité et condition qu'ils soyent, de se trouver demain sur les 9 h. du matin au bureau de l'hôpital, pour conférer ensemblement et se résoudre sur la cure de ladite maladie et les préservatifs d'icelle, à peine de 50 écus d'amende contre les défaillants et ceux d'entr'eux qui ne se voudroient résoudre sur la guérison et préservatifs d'icelle maladie, d'être chassés de la ville, comme ennemis de la santé publique et inutiles à la république ;

Que les capitaines penons, quaterniers et dizeniers s'informeront des malades de leur penonage pour savoir quelle en est l'espece, afin que si leurs maladies se trouvoient douteuses, d'en avertir le voyer pour y être pourvu ;

Défenses aux curés des églises paroissiales d'enterrer ni recevoir les corps des décédés dans leurs églises et cimetières, sans la certification des penons ;

Enjoint à tous les habitans de faire enlever de leurs maisons étables toutes immondices et *fyans* qui y pourroient être et de tenir les rues nettes ;

Aux notables d'aller aux portes et s'y tenir tout le jour sous peine de 3 écus 1/3, pour ne laisser entrer en la ville qui que ce soit sans bulletin de la santé des lieux d'où ils viennent ;

Enjoint aux manans et habitans des faux bourgs de la Guillotière, Vaize et S. Just et la Croix-Rousse de ne recevoir ou loger aucun étranger sans bulletin ;

Commandement à tous caymans, gueux, vagabonds et gens sans aveu, de vuider la ville promptement, sous peine de fouet, et aux bedeaux de la ville d'y tenir la main ;

Tous jeux, quilles et *berlands* sont défendus sous la même peine, et est enjoint aux juges de la police d'y pourvoir, et aux lieutenant et archers de robe courte de les assister de forces nécessaires ;

Est aussi ordonné que les consuls échevins de la ville députeront trois d'entre eux, chaque mois, pour avoir intendance sur la santé, auxquels le voyer assistera pour l'exécution de leurs ordonnances.

Le 25 juin, le Consulat écrivoit aux magistrats de la santé de Metz, que cette maladie de coqueluche ne s'étoit trouvée ni longue ni mortelle.

Le 11 juin le sieur Paulmier, agent de la ville à Paris, écrivoit qu'il y avoit à Paris, depuis 8 jours, 50 à 60,000 malades de la maladie appelée la *coqueluche*, les uns avec une forte fièvre ardente et forte toux, qui sont quasi au *mourir*, les autres avec une lassitude de membres, qui les laisse sans aucune force. Dans beaucoup de maisons de cette ville, tous ceux de la même maison sont malades. La maladie a si grand cours qu'elle a fait perdre le grand bruit de la peste qui étoit à Paris, etc., etc. S.

1580. — *Juin* 23. Funérailles de noble Antoine Guillin Sala, sieur de Montjustin, capitaine de la ville. Il fut inhumé à S. Paul, auprès de son oncle, mort en 1575. MM. de S. Jean ne parurent pas à la procession, et il n'y eut point de glas, parce que les *battus* vouloient y assister. S. — Il avait succédé en 1569, à Fr. Sala dans la charge de capitaine de la ville; il fut remplacé par Imbert Grollier, sieur du Soleil. *Biogr. lyon.*

1580. — *Juin* 27. M. de Mandelot, assisté de trente notables par lui choisis, termine par une ordonnance qui fixe l'ordre du rang et de la préséance entre les consuls échevins, le différend qui, depuis plusieurs années divisoit les échevins, et pour lequel il y avoit procès pendant au parlement. S.

1580. — *Juin* 28. Mort de Philippe Tinghi, Florentin, libraire à Lyon dès 1573. Il avait eu, en 1578, un procès avec la demoiselle Giunti pour la marque qu'il prenait sur ses livres. L'édition qu'il publia en 1573 du *Thesaurus linguae latinae*, 4 vol. in-fol., est dédiée à Pierre d'Ausserre, avocat du roi à la sénéchaussée de Lyon, un des fauteurs des Vêpres lyonnaises. Renouard, *Annales des Aldes*, p. 377; *Biogr. lyonn.*

1580. — *Juillet* 5. Symphorien Beraud et Etienne Michel, libraires de Genève, avoient obtenu, sur une requête qu'ils avoient présentée au roi, conjointement avec Philippe Tinghi, des lettres patentes qui leur permettaient de vendre à Lyon et dans le royaume, des livres non prohibés imprimés hors du royaume, *sous le nom de Lyon*, et qui les déchargeoient de toute amende ou peine à ce sujet; les échevins en ayant été informés demandèrent au parlement que ces lettres patentes leur fussent communiquées pour déduire leurs moyens contre leur vérification, attendu « qu'elles étoient « grandement préjudiciables à la ville de Lyon. » S. Voyez ci-dessus, 19 *mars* 1572.

1580. — *Juillet* 7. Le Consulat, dans une lettre au roi pour lui demander l'exemption de la subvention de 1579, s'exprime en ces termes : «...Ceste « ville est vng *Lion* duquel la *teste* est le clergé, et le *corps* qui sont les nations « qui y habitent soubz le privilège des foires, ne contribuent ni ne payent « aucuns subsides, tellement qu'il n'y a que la *queue* qui est le pauvre et « menu peuple, voz tres humbles et naturels subjectz qui en sont gre- « vez. » S.

1580. — *Juillet* 14. *Séance consulaire*. Les quatre maîtres des métiers de l'art de la soie pour cette année rapportent que, faisant les visites ordonnées, ils ont trouvé une pièce de velours tramée en fil au lieu de soie, ce qui est un deshonneur et grand scandale à cette ville, et qui dénigre grandement sa réputation. Le Consulat ordonne que le règlement fait par lettres patentes du roi, et dont la connaissance leur appartient, sera suivi et exécuté, et il

commet deux échevins et le receveur de Masso pour en connoître. — Le
18 *octobre* suivant, on signala aux échevins une autre contravention : Pierre
Gonin, veloutier, qui avoit substitué à une trame de soie, une de lin. L'étoffe
fut saisie et donnée à l'hôpital. Le Consulat accorda par don à Henri Bourgeat, qui avoit fait fabriquer, une indemnité de 8 écus d'or, et lui réserva
son action contre Pierre Gonin. S.

1580.— *Juillet* 20. Le Consulat écrivoit à M. du Luc, au Luc, qu'il avoit
si bonne opinion de sa fidélité, que, loin de l'avoir pu croire capable d'entreprendre quelque chose de sinistre sur cette ville, au contraire, si elle se
trouvoit en danger, et que ce seigneur fut assez proche pour, avec commodité,
la pouvoir secourir, il seroit celui de tous les gentils hommes de la connoissance du Consulat dont il employeroit plutôt le secours. Le bruit qui avoit
couru d'une entreprise sur cette ville, et qui avoit fait remuer la ville plus que
de coutume, à cause des fréquents avertissements que l'on avoit de toutes
parts, avoit été occasionné par un certain capitaine qui avoit un nom approchant de celui dudit sieur du Luc, lequel mourut bien près de Lyon où il
avoit rôdé avec sa compagnie pendant longtemps, ayant commis une infinité
de concussions, voleries, exactions indues sur le peuple; mais quant audit
seigneur, jamais le Consulat n'a eu semblable idée de lui, etc. S.

1580. — *Juillet* 24. Procession générale pour la paix et le Jubilé. — Le
duc de Mayenne et M. de Mandelot y assistèrent. Il y eut sermon par le P.
Emond Auger. S.

1580.—*Août* 3. Mort, à la Carraudière, près St-Symphorien-le-Chastel,
où il fut inhumé, de Gabriel de Saconay, doyen du chapitre de l'église de
Lyon, auteur de divers écrits de controverse religieuse pleins de faits curieux pour l'histoire de son temps. *Biogr. lyonn.*; Guichenon, *Hist. de Bresse,*
continuation de la 3e partie, p. 248-9; *Arch. du Rh.*, VI, 95: Audin, *Hist.
de Calvin*, passim; *Notice sur la Biblioth. de Lyon*, édit. de 1837. Voyez ci-dessus, année 1561, et ci-après au 23 *août*.

1580. — *Août* 8. On avoit écrit, la veille, au secrétaire en cour, l'accident
advenu, par le moyen du tonnerre sur la tour où étoient les poudres de la
ville, qui y avoient été brûlées et perdues. On le charge d'instruire le roi de
cet accident ainsi que de la ruine du pont de la porte de Vaize. *Act.* cons. S.

1580. — *Août* 23. Le duc de Mayenne part de Lyon pour aller en Dauphiné. — M. de Mandelot partit le 25 pour le même pays, et ne revint à
Lyon que le 13 novembre suivant. S. — Ces deux faits tirés de nos registres
consulaires, se trouvent aussi consignés dans le poëme *De Tristibus Franciæ,*
p. 116. Nouvelle preuve que l'auteur de ce poëme n'est pas Gabriel de Saconay, mort, comme on l'a vu, le 3 de ce mois. — Soulevés contre les
nobles, les paysans du Dauphiné avaient pris les armes et se disposaient à
piller et à brûler les châteaux, lorsque Mandelot reçut l'ordre de se mettre
à la tête des troupes qui comprimèrent cette révolte, connue sous le nom
de *Ligue des Vilains*. Rubys, qui, par erreur (p. 430 de son *Hist. de Lyon*),
place cet événement à l'année 1581, rapporte que Mandelot, après avoir
désarmé les séditieux à Moyrans où il les avait cernés, les renvoya chacun
chez eux avec un bâton blanc à la main. Chorier, *Hist. du Dauphiné*, II,
697; Mezeray, *Hist. de Fr.*, III, 422 (édit. de 1651); A. P. *Notice sur Mandelot*, p. 25 ; J. Morin, V, 281.

1580. — *Septembre* 2. M. de Montconys avoit envoyé son neveu à l'université de Bourges pour y faire son droit; il avoit été séduit par son hôte pour se marier avec sa fille. Le Consulat en écrivit aux echevins de Bourges, leur remontrant la pernicieuse conséquence, et le tort que cela feroit à la réputation de leur ville, si les jeunes écoliers encore sous la garde de leur tuteur se licentioient de faire de semblables actions. Il n'y auroit enfant de maison qui y seroit envoyé. Il le prie donc d'empêcher, en tant qu'il sera en eux, ledit mariage, etc. S.

1580. — *Septembre* 12. Lettre du Consulat à M. de Mandelot :
« Monseigneur, repassant par cette ville le sieur Guerin, présent porteur, nous nous sommes asseurez sur sa suffisance et fidelité d'une résolution que nous avons prise avec Mgr de la Manthe, pour, durant ces troubles, et soubz pretexte d'iceulx, nous oster vne espine qui, comme vous sçauez, nous est grandement nuysible, et luy ayant faict entendre les moyens que l'on pourra tenir pour nous purger de ceste vermine, soubz toutesfois le bon plaisir et autorité de Mgr le duc de Mayenne et la vostre, nous vous supplions de le croyre et de nous faire entendre sur ce ce que vous en iugerez pour le plus expédient, mettant en considération les protestations de S. M. de ne vouloir rompre son édict, et, d'autre part, la contravention et entreprinse des villes que, au preiudice dud. edict, l'ennemy a iusques icy faicte, et attendant sur ce vostre intention pour l'executer, et nouvelles de vostre santé, que nous desirons plus que nostre propre salut, nous ne vous ferons plus longue lettre, mais prierons Dieu qu'il vous donne, etc., etc. De Lyon ce 12 7bre 1580. » S.

1580. — *Même jour* 12 *septembre*. Le Consulat écrit au duc de Mayenne :
« Monseigneur, les catholiques de vostre gouvernement de Mascon et nous, avons une *espine* qui nous picque tellement que, tant qu'elle sera verdoyante, nous ne serons asseurez de nostre repos, et pour ce que, il ne se pourra peut-estre de longtemps, présenter plus belle occasion de l'arracher que présentement que nous sommes rentrez aux troubles, et que quelque declaration et protestation, voyre quelque debuoir que le roy ayt faict d'obseruer son edict de pacification et de n'y contreuenir, l'ennemy pour cela ne laisse de surprendre les meilleures et plus fortes villes qui, soubz le benefice dud. edict, vivoient en paix sans soubçon, comme Mende et Cahors, nous nous sommes resoluz d'y pourvoir par les moyens que M. de la Manthe et nous avons dict de bouche au sieur Guerin, vostre secretaire, pour les vous faire entendre, affin que si V. E. trouve qu'ils se puissent exécuter sans altérer la bonté et sainte intention du roy, nous nous mettions en debuoir d'y remédier, selon le commandement que nous en recepurons de vous et de Mgr de Mandelot, sans lequel commandement nous ne voulons attenter ni innover aucune chose. Nous vous supplions, Monseigneur, croyre led. Guérin en ce qu'il vous dira de nostre part, et de nous faire entendre sur ce vostre bonne volonté, attendant laquelle nous vous baisons très humblement les mains, priant Dieu, etc., etc. De Lyon ce 12 7bre 1580. » S.; J. Morin, V, 280.

1580. — *Octobre* 19. François du Colombier, neveu de M. de Mandelot, est tué au siége de La Mure. — Ses restes mortels furent apportés à Lyon, où ils furent inhumés dans l'église de S. Bonaventure. Son épitaphe mutilée et déplacée pendant le règne de la terreur, se trouve maintenant au milieu de la nef avec plusieurs autres pierres tumulaires qui ont servi à paver l'église. Voyez les *Grands Cordeliers de Lyon*, par M. l'abbé Pavy.

1580. — *Novembre* 13 (dimanche). Le Consulat se rend à la Guillotière pour recevoir M. de Mandelot revenant blessé du camp du Dauphiné. — Ils dinèrent ensemble au logis de Laurent Ferragus, hôtelier de la Guillotière, auquel le Consulat fit payer 3 écus pour ce dîner. — On avoit fait présent de 4 ponsons vin, deux de blanc et deux de clairet, acquis d'Antoine Scarron, à M. le duc de Mayenne, à son passage en cette ville pour conduire l'armée que le roi envoyoit en Dauphiné (voyez ci-dessus au 25 août). — M. de Mandelot occupoit, depuis environ un an, la maison de noble Pierre de Ballion (ou Baglioni), en rue S. Jean, joignant celle dudit seigneur. S.

1580. — *Décembre* 21. M. l'avocat de Rochefort prononce l'oraison doctorale. — On lui fit payer pour cela 8 écus 2/3 d'or sol. S.

1580. — On bâtit sur la montagne, du côté de Vaize, vis-à-vis le fort S. Jean, une tour dont on voyait encore, en 1789, les restes assez bien conservés, avec un mur le long de la colline, aboutissant à une première porte qui était défendue par un fossé et un pont levis. On y avait mis les armes de la ville et celles de France au-dessus, entourées du cordon de l'ordre du S. Esprit institué, l'année précédente, par Henri III. On y remarquait cette inscription : *un Dieu, un roy, une foy, une loy*, avec la date de 1580. *Arch. du Rh.*, V, 436.

1580. — « L'archevêque de Lyon, Pierre d'Espinac, requiert les conseillers-recteurs de faire exhumer le corps de Noël Dupin, protestant, qui avait été enterré dans le cloître de l'Hôtel-Dieu, et d'enlever la pierre placée sur sa tombe. » Dagier, *Hist. de l'Hôtel-Dieu de Lyon*, I, 121. — En 1582, nous dit le même auteur, p. 125, la mère des filles repenties ou religieuses se plaignit de ce qu'on faisait enterrer à l'hôpital, sans aucune rétribution, grand nombre d'habitants de la ville et surtout de calvinistes. Alors les conseillers-recteurs arrêtèrent qu'à l'avenir, tout habitant qui aurait « quelques petits moyens pécuniaires » ne serait pas enterré au cimetière avant qu'on ne payât pour sa sépulture la somme de deux cents écus au soleil (1). — En 1586, dit encore M. Dagier, I, 141, plusieurs calvinistes avaient été enterrés dans la galerie de l'Hôpital entretenue aux frais de la confrérie de Sainte-Croix ; quelques confrères ayant demandé aux recteurs que les ossements des calvinistes fussent enlevés et jetés en terre profane, les recteurs répondirent que ces individus n'avaient été enterrés dans cette galerie que par l'ordre exprès de M. de Mandelot, gouverneur de la ville, et en présence des courriers de la confrérie de Sainte-Croix. Il fut cependant arrêté à l'archevêché où se rendit le Consulat que les catholiques seuls seraient enterrés dans la galerie de l'Hôtel-Dieu, mais que les inhumations qui y avaient été faites seraient respectées. — En 1602, les recteurs informés que les protestants sont enterrés au cimetière de l'Hôtel-Dieu, quoiqu'ils ne soient accompagnés que par des soldats du guet, ordonnent aux serviteurs de la maison de ne permettre à l'avenir aucune inhumation de ce genre, que sur la représentation d'un ordre écrit de M. de la Guiche, gouverneur de Lyon (page 186). — En 1612, on continue d'enterrer les protestants au cimetière qui leur est réservé dans le jardin de l'Hôtel-Dieu (p. 216). Voyez ci-dessus, au *4 février* 1562, et ci-après *Mars* 1598.

1580. — Mort d'Amédée de Baronnat, chantre et chamarier de S. Paul en 1562. Il avait été député par le clergé de Lyon pour informer le roi des ra-

---

(1) Cette circonstance nous explique pourquoi le poëte Young paya la somme de 729 livres 12 sols pour les frais de l'enterrement de sa fille, qui fut inhumée le 10 octobre 1736, à l'Hôtel-Dieu, dans le cimetière de Messieurs de la religion prétendue réformée de la nation suisse. C. B. *Nouv. Mél.*, p. 363.

vages commis à Lyon par les huguenots.—Il fut, ajoute Pernetti auquel nous empruntons ce fait (I, 382), abbé de Joug-de-Dieu, en Beaujolais, et de Lachassaigne, en Bresse ; mais, s'il faut s'en rapporter aux auteurs du *Gallia Christiana* (IV, 283 et 302), Amédée de Baronnat n'aurait été abbé de ces deux monastères qu'en 1590. Pernetti se serait donc trompé sur la date de sa mort.

1580. — Jean Beauchesne, parisien, après avoir parcouru la plus grande partie de l'Italie pour se perfectionner dans l'art de l'écriture, vint, à son retour, s'établir à Lyon où il prit son domicile *en rue Mercière*, à l'enseigne de la Trinité ; il y exerça la profession de maître écrivain, et publia *Le Tresor d'escriture auquel est contenu tout ce qui est requis et necessaire à tous amateurs dudit art*. Ce livre cité par du Verdier, a été longuement décrit par Papillon (*Traité de la gravure*, I, 254), mais ni l'un ni l'autre n'en donnent le format. *Salomon Bernard*, suivant Papillon, aurait dessiné et gravé le quadre d'ornements et la figure qui entoure le titre de ce volume, que son auteur dédia à M. de Mandelot.

1581. — *Janvier* 3. *Séance consulaire*. A la demande de M. de Villars, président du Consulat, ou arrête que, sous le bon plaisir de M. de Mandelot, il sera permis à tel *chasse-marée* qui se voudra présenter, d'aller en l'île de Martigues (Provence), et en rapporter, en cette ville, de la marée, pourvu qu'il n'aille en lieu suspect de contagion, et qu'il rapporte certificat, à chaque voyage, des lieux où il se sera arrêté. Il lui sera donné par le Consulat des lettres de provision, en forme de déclaration ; enfin il lui sera permis de faire à ses dépens, et de porter, en ses voyages, des *couvertes* aux armoiries de la ville. S.

1581. — *Janvier* 7. Le Consulat « ayant advis de bonne part que les ennemys et pertubateurs du repos public, soubz pretexte d'ung parler de paix et suspension d'armes, ont machiné une entreprise sur cette ville,.... » en informe M. Mandelot, qui rend une ordonnance, portant, entr'autres dispositions, qu'il sera fait commandement « à tous vagabonds et autres gens sans adveu de vuider lad. ville dans trois heures après la publication des presentes sur peines et punitions corporelles.... »

1581. — *Janvier* 19. *Séance consulaire*. Le S' du Soleil remontre les abus qui se commettent sur l'ordre et l'heure des séances, les uns venant trop tard, ce qui fait qu'on ne peut vaquer aux affaires. Il est arrêté, d'un commun accord, que tous les echevins se trouveront, les jours ordinaires, au Consulat, entre 2 et 3 de relevée, en sorte qu'ils y soient tous avant le coup de 3 heures, sur peine d'un teston pour chaque fois, que le défaillant sera tenu de mettre à la boëte des pauvres, tous empêchements sauf les légitimes cessants. Quant à ceux qui manqueroient en entier la séance, n'ayant prévenu de ses légitimes empêchements, ils seront tenus de mettre deux testons en ladite boëte. S.

1581. — *Janvier* 25. Guillaume Paradin dédie ses *Epigrammata* (Lugd., Ant. Gryphius, in-4°.) à Pierre de Nagut, précenteur de l'église de Lyon. M. Collombet a fait connaître ce volume dans ses *Etudes sur les historiens du Lyonnais* (p. 46-8 et p. xx) ; nous n'en extrairons qu'une pièce, la seule de toutes qui puisse être considérée comme une épigramme :

In Rutinum ebriosum.
Tumulus.

> Totus aqualiculus, quin verius amphora vixit,
> Pernicies, gurges, exitiumque meri
> Ebricus hanc animam bibulas rectavit ad umbras:
> Desiit et primum vivere quam bibere.

Les mêmes idées se retrouvent dans la *Secchia rapita* de Tassoni, ch. iv, st. 28 et 29.

1581. — *Février* 14. Le Consulat nomme trois des échevins sortis l'année dernière, savoir les sieurs Valleson, Pierre Scarron et Pelletier, pour avoir l'œil et intendance, sous le Consulat, et avec deux échevins actuels, sur les affaires de l'Hôtel-Dieu, gouvernement et administration d'icelui. Ils seront pries, de la part du Consulat, de se trouver au bureau dimanche prochain pour commencer à vaquer à ladite charge. S. — Cette nomination de *recteurs* de l'Hôtel-Dieu n'est pas la première, on en trouve un autre exemple dans nos actes consulaires, au 20 mai 1579.

1581. — *Février* 14. M. de Mayenne devant séjourner quelque temps à Lyon, le Consulat arrête que l'on continuera à lui présenter du vin blanc et clairet. — Il demeura cinq semaines à Lyon, et en partit le 13 *Mars*. — On lui offrit du vin deux fois par jour jusqu'à son départ. S.

1581. — *Février* 29. *Séance consulaire.* On arrête d'écrire à Messieurs les Maire et Jurats de la ville de Bourdeaux « pour leur prier de faire chercher en leurs archives les anciens privilèges de cette ville (de Lyon) que l'on dit y avoir été portés par le moyen des guerres qui furent du temps de Charles Martel : et d'en prier Monseigneur de Bellièvre qui y est presentement pour les affaires du roy. » *Actes cons.* — En conformité de cette délibération, le Consulat écrivit aux Maire et Jurats de Bordeaux la lettre que voici :

« *Messieurs*, Nous croyons asseurement qu'il n'y a ville en ce royaulme à laquelle les troubles n'ayent apporté perte et dommage, et celles qui ont été, par malheur, surprises des ennemis du repos public, s'en sont beaucoup plus ressenties que les autres qui ont eu cette spéciale grâce et faveur de Dieu que d'avoir demeuré en leur entier. Or, entre toutes celles qui, en l'année 1562, furent les plus mal traitées, celle-cy se peut bien dire la première, en ce principalement qu'elle a été spoliée de toutes les pancartes et aultres titres et enseignemens qu'elle avait des privilèges qui lui ont esté baillez par les roys : car des aultres qu'elle avoit auparavant que la couronne tombast à Charlesmagne, elle en avoit esté privée et dessaisye, *et le tout porté en voz archives*, où, comme chose digne d'estre conservée pour son antiquité, elles ont esté jusques icy soigneusement et fidellement gardées, ainsy que nous avons, longtemps a, entendu de bonne part : ce qui nous auroit meu de vous prier par deux diverses lettres qu'il vous plaise nous favoriser de tant que de nous en accommoder, ou, pour le moings, de vidimus authenticques, faictz à nos despens sur les propres originaux, s'il ne vous plaisoit de vous dessaisir desd. originaux qui ne vous concernent en rien, et qui nous pourroient beaucoup servir pour la conservation de nosd. anciens privilèges, et parce que nous n'avons eu aucune response de nos précédentes lettres, ce que nous croyons estre advenu par l'empire du temps, nous vous avons bien voulu faire encore ceste recharge par ce porteur, M. le controleur Perdrigeon notre concitoyen, et vous prier de nous escondurire en cestre nostre tant juste requeste, de laquelle nous nous revancherons tousiours en cas semblable, avec aultant d'affection que nous présentons nos recommandations, etc.

A Lyon ce 2 mars 1581. »

Le Consulat écrivit en même temps à M. de Bellièvre, conseiller du roy en son privé conseil et supérintendant de ses finances pour l'engager à s'intéresser « pour une affaire qui est de très-grande importance pour l'honneur « et réputation de cette ville, assavoir de nous estre favorables envers « MM. les maires et jurats de Bourdeaux, à ce qu'il leur plaise de remettre « au sieur Perdrigeon les pancartes et anciens privilèges de ceste dite ville, « que l'on nous a dit y avoir été transportées du temps des guerres qui f - « rent sous Charles Martel. C'est une antiquité qui ne peut apporter aucun « profit à lad. ville de Bourdeaux et nous pourra beaucoup servir, ne fuut- « ce que pour monstrer qu'elle estoit ceste ville en ce temps là, etc., etc »

La lettre envoyée par le Consulat ne se trouva pas signée par hasard ; le maire de Bordeaux y eut peu d'égard, mais, à la recommandation de M. de Bellièvre qui se trouvoit pour lors à Bordeaux, les jurats de Bordeaux ordonnèrent que l'on feroit la recherche, pour ensuite être délivré aud. S' Perdrigeon, tout ce qui serait retrouvé.

Le Consulat informé de cela, en écrivit de nouveau aud. maire et jurats et à M. de Bellièvre. S.—Le recueil ms des privilèges de la ville de Lyon, dont le Consulat faisait alors la recherche, a été retrouvé à Autun en 1826, et réintégré dans les archives de la mairie de Lyon, qui en a fait l'acquisition moyennant une somme de mille francs.

1581. — *Mars* 18. Le Consulat ordonne « que pour l'entretenement de la santé qu'il a plu à Dieu donner à la ville, et empescher qu'elle ne soit altérée, les ordonnances qui ont esté cy-devant faictes pour le faict de la santé seront réitérées, et qu'au prochain Consulat, il sera pourvu à nouvelle élection des députés pour le faict de la santé. » *Act. cons.*

1581. — *Mars* 31. Pose de la première pierre de la chapelle de S. Roch. — Voici le procès-verbal que le Consulat fit dresser à cette occasion :

« A PERPETUELLE MEMOIRE.

« Comme en la loy de nature, selon les occurrences des temps, l'on a erigé des autelz au souverain Dieu et mesmes en a lon faict en la loy escripte et encores plus en la loy de grace en laquelle nous sommes, où selon le temps, les occasions et les lieux, ont esté parmy la chrestienté erigées et construictes plusieurs belles eglises, mesmes en ce royaume de France tres chrestien, lequel combien qu'il soit à present tourmenté et agité de plusieurs heresyes des sectateurs lesquelles y ont tellement ravaigé qu'il n'y a temple ou eglise qu'ils n'ayent polluée, ruinée ou saccaigée es endroicts où ilz ont peu (pu) commander, si est-ce que pour demeurer en sa splendeur et reputation ancienne de tres chrestienne, une infinité de bons et fidelles chrestiens ont esté meus de faire au contraire et d'en ediffier au lieu d'en *ruiner*. Et ayant esté ceste ville de Lyon entre aultres et l'une des principales esquelles il y a eu plus de ravaige et de ruines es troubles de l'an LXIJ, apres qu'il a pleu à Dieu de remettre les citoïens catholicques de lad. ville en leurs biens d'où ilz auroient esté depossedés, ilz se sont tellement efforcés qu'ilz ont presque remis en nature et au pristin estat lesdites eglises ruinées, et non contens de ce s'efforcent d'en edifier d'aultres, incitez et poussez à ce d'vne saincte et tres feruente deuotion de leur bon et tres catholicque gouuerneur, messire Francoys de Mandelot, seigneur de Passy, cheualier de l'ordre du roy, conseiller en son conseil priué et d'estat, cappitaine de cent hommes d'armes de ses ordonnances, gouuerneur et son lieutenant general de ladite ville de Lyon, pays de Lyonnoys, Forest et Beaujoloys lequel dès l'année Mil cinq cens *soixante dix sept* que cette ville de Lyon fut quelque peu affligée de contagion, feit vœu solemnel de faire edifier une eglise ou chappelle à Dieu, soubs le nom de sainct Sebastien et de sainct Roch, tant aux frais de luy que de quelques particuliers citoïens de ladite ville, afin que par les prieres et merites de ces bons sainctz, il pleust à sa diuine maiesté d'auoir pitié et misericorde de ce peuple lyonnoys, et leuer sa main vengeresse de dessus luy, despuis lequel vœu ladite contagion cessa du tout, et a la santé de ladite ville tousiours despuis esté, par la grace de Dieu, tres bonne : mais, d'autant que par les empeschemens des troubles qui sont despuis suruenus, ce vœu n'a pu estre executé jusqu'à present :

Cejourd'huy *dernier iour du mois de mars Mil cinq cens quatre vingt et vng*, par la deliberation du conseil d'estat tenu près la personne dudit seigneur de Mandelot, et luy insistant à ce, a esté faicte procession generalle de tous les ordres et estats de ladite ville où presque tout le peuple a assisté, laquelle est sortye de la grande eglise de sainct Jehan, et de là, passant par la porte sainct George, est montée sur un petit coteau de vignes, des deppendances du prieur de sainct Herigny, lequel coteau est par dessus la vigne de sainct Nizier, et tout vis à vis de l'hospital de sainct Laurens et de la fontaine de Choulan, où ont esté faictes les fondations ou premiers projets de ladite chappelle, la premiere pierre de laquelle a esté ce jour posée par mond. seigneur de Mandelot, officiant M. Jacques Mestret (sic) de l'ordre des Carmes, euesque de Damas, suffragant de l'eglise de Lyon, tout le clergé de ladite ville y assistant et psalmodiant, et apres ce, est ladicte procession montée à sainct Just, et de là descendue à ladite eglise de sainct Jehan où la grand messe a esté deuotement celebrée, deuant toutesfoys laquelle a esté faicte vne tres saincte exhortation au peuple de se conuertir à Dieu et distraire de ses peschez, par frere Jehan Croissant, docteur en theologie de l'ordre de sainct Dominique. » *Act. cons.* fol. 71 et 72. Voyez Rubys, p. 428 ; *Arch. du Rh.*, X, 314 ; *Nouv. arch.*, I, 197 ; et ci-après au 25 *juillet* 1581 et 12 *juillet* 1582.

— *Même jour.* M. le Suffragant bénit la croix de S. Alban. S.

1581. — *Avril* 6. Le Consulat nomme et retient pour membre du conseil de la ville, Me Nicolas Mellier, avocat es cours de Lyon, aux gages accoutumés.

— On lit dans un Mémoire adressé le même jour par le Consulat aux députés envoyés en cour :

« ....Les députés poursuivront la vuidange du procès au conseil (relatif aux tailles), à moins qu'ils ne puissent obtenir un renvoi à la cour de parlement ou (à la cour) des aides ; ce faisant, ils reprendront les anciens erremens de l'affaire, et declareront librement au roy et à son conseil qu'encores que les habitans de Lyon aient toujours été, soient et protestent d'être pour jamais très humbles et très obeissans sujets de S. M., si est-ce que, quelque arrêt qui puisse intervenir, si aucun intervient au préjudice des privilèges desquels la ville a de tout temps joui, *ils n'en permettront jamais l'exécution, voire jusqu'à leurs propres vies*, parce qu'il sembléroit à la posterité, que, en ces malheureux troubles, ils eussent commis quelque acte de félonie et rebellion, pour raison de quoi ils fussent déchus de leurs anciens privilèges... » S. — Voyez ci-après au 13 *Octobre*.

1581. — *Avril* 6. Les recteurs et administrateurs de l'Aumône générale font demande au Consulat de remettre à ladite Aumône la place où souloit être le temple de ceux de la religion prétendue réformée sur les fossés de la Lanterne, pour ce par eux usurpée pendant les premiers troubles et depuis démoli en 1567, laquelle place est de la directe et rente noble de la ville; pour en icelle place faire un édifice en forme d'hôpital et d'*arsenac*, et y faire travailler les pauvres mendiants de cette ville, tant hommes que femmes, séparés les uns des autres, et ce pour leur oster l'occasion et les moyens d'aller mendier par la ville contre l'intention de ladite Aumône.... — Le Consulat adhère à cette demande, mais se reserve de reprendre l'emplacement cedé, si jamais la ville en avait besoin, en remboursant à l'Aumône les frais de construction, etc. — Cette délibération soumise au conseil d'état tenu près la personne de M. de Mandelot, gouverneur de Lyon, fut approuvée le 26 juin suivant.

1581. — *Avril* 13. Le Consulat ordonne la visite et estimation du local où Claudine Grangier, veuve de Claude Revenu, à présent femme de Claude Asport, chandelier, avait une maison et un jardin au territoire de *Terrailles*, qui, en l'an 1569, furent démolis et ruinés pour y faire un passage et chemin public, afin qu'elle en soit récompensée ou remise en ses fonds. S.

1581. — *Avril* 20. Le Consulat arrête de faire une quête particulière dans la ville pour subvenir aux pauvres pestiférés de Tarare. — Quatre échevins sont nommés à ces fins.

1581. — *Avril* 20. Benoît du Troncy, secrétaire de la ville, étant sur le point de partir pour une députation en cour, prie le Consulat d'accepter la résignation de son office de secrétaire en faveur de Claude Sonthonas, son gendre. — Le Consulat admet cette résignation en la survie tant seulement dudit sieur du Troncy.

1581. — *Mai* 4. *Jour de l'Ascension*. Sermon à Ste-Croix, par l'évêque de Myrepoix, premier fils de M. le conseiller de Villars. S. — M. de Myrepoix se trouvait encore à Lyon le dimanche 18 juin et prêcha ce jour-là à S. Jean, après une procession générale.

1581. — *Mai* 11. Le Consulat averti que la maladie contagieuse s'augmente à Tarare, et commence à pénétrer en quelques maisons près Amplepluys, arrête, pour obvier aux accidents, de ne laisser entrer personnes ni marchandises venant du côté de Roanne, si l'on ne justifie de bullettes et certificats pris à St-Symphorien et à St-Clément-de-Valsonne.

1581. — *Mai* 21. *Dimanche, fête de la Trinité*. Procession générale; sermon et grand'messe au couvent des Augustins « pour prier Dieu pour ceux qui « sont frappés de la maladie contagieuse, et nous préserver d'icelle. » S. — Parmi ceux qui se vouèrent alors au service des pestiférés, dans l'hôpital de S. Laurent, nous mentionnerons Etienne Ydelez, prêtre, né à Port-Laisné, auteur de *Secrets et remèdes contre la peste*, publiés la même année 1581, et réimprimés en 1628. Voyez son article dans la *Biogr. lyonn.*, p. 321.

— *Même jour*. Le P. Emond Auger, supérieur recteur des Jésuites, reçoit, suivant l'usage, le Consulat au Collège, à l'occasion de la fête de la Trinité.

1581. — *Juin* 1ᵉʳ. Claude Guichard dédie à Charles-Emanuel (sic) duc de

Savoye, son traité des *Funérailles*, imprimé à Lyon par *Jean de Tournes*, in-4°.

1581. — *Juin* 8. Un homme venant de Cluny en Bourgogne, logé chez un parent à la montée des Epies, meurt de la contagion. — Quelques jours après, deux petits enfants prirent mal et moururent. — Il n'y avoit alors que 7 ou 8 maisons aux Epies. — Le 26 *juin*, le mal était déjà en 5 ou 6 maisons de la rue St-George, et en une au Puits-Pelu. — Le dimanche précédent, un homme d'une de ces maisons de St-George fut se mêler parmi le peuple dans l'église, et se hasarda même d'aller *offrir et baiser la platine* avec les autres paroissiens de S. George. Le Consulat résolut de le faire poursuivre par la justice; mais les juges n'ayant le dernier ressort, on en resta là. — Le 23 *juin*, le Consulat, d'accord avec M. de Mandelot, renouvela l'ordonnance de police prise durant la peste de 1577, et il y ajouta plusieurs dispositions. S.

1581. — *Juin*, 27. — M. Jean Baraillon, docteur ès-droits, fils de M. le conseiller Baraillon, est nommé pour faire et déclamer le jour de saint Thomas, en l'église de St-Nizier, l'oraison accoûtumée.

— Il ne la fit pas cette année. Ce fut M. Antoine de Roddes. Voyez ci-après au 21 *décembre*.

1581. — *Juin*, 28. Les médecins de la ville mandés au Consulat, donnent leur avis sur les mesures à prendre durant la contagion. — Ces médecins comparurent au nombre de neuf, savoir : MM. Tollet, Dalechamps, Stapédius, Pons, Paule, Bernardin, Thorel, de l'Espect et Bouchard.

1581. — *Juillet*, 2. MM. de S. Jean commencent à dire les oraisons pour la santé, après Complies. — Le 9, il n'allèrent pas dire, suivant l'usage, la grand-messe à St-Bonaventure, à cause de la contagion. — Le 11, ils furent en procession particulièrement à Notre-Dame de Confort et aux Célestins où ils offrirent deux beaux cierges blancs, dans chaque église, où l'on dit une messe basse. S.

1581. — *Juillet*, 9. Pierre d'Espinac consacre le maître-autel de S. Jean, qui avait été ruiné et profané par les Calvinistes en 1562. — L'ancien autel avait été consacré à pareil jour par le pape Innocent IV. Severt, p. 410. M.

1581. — *Juillet*, 14. La contagion fait de nouveaux progrès. Le Consulat fait une nouvelle convocation de médecins à l'hôtel commun. Ceux-ci présentent un mémoire, rédigé en grande partie par M. Bouchard, lequel fut imprimé. S.

1581. — *Juillet*, 17. *Séance consulaire*. «..... Parce que, en l'hôpital S. Laurent, il y a des personnes mal *complexionées* qui, au lieu d'y vivre paisiblement sous la crainte de Dieu, font une vie débordée, se battent et commettent autres méchancetés....., le Consulat arrête d'y mettre un prévôt pour châtier ceux qui feront des noises, s'entrebattront, paillarderont ou feront autre vie méchante et débordée;.... à cet effet, on retient pour prevôt Amy Besson, natif d'Entremont, en Savoye,.... et on lui donne six écus et deux tiers par mois.... »

1581. — *Juillet*, 25. Les courriers de la Croix, accompagnés de douze prêtres, se rendent processionnellement à la chapelle de St-Roch, où la messe fut dite pour la première fois par le P. Emond Auger, en présence de M. le gouverneur. La procession partit à cinq heures du matin et fut de retour à sept heures. Un vicaire porta l'étole en l'absence des custodes. Chacun des assistants portait un cierge blanc allumé. S. Voyez ci-dessus au 31 mars. — Les custodes de Ste Croix avaient probablement suivi ceux de MM. du chapitre de St-Jean, qui, durant la peste s'étaient retirés à St-Symphorien-le-Château, où ils tinrent plusieurs assemblées dans la maison de Martin Baroud. *Arch. du Rh.*, V. 141. Voyez ci-dessus *années* 1564 et 1577.

1581. *Juillet.*. «... Sur le commencement de l'esté, se vit à Lyon, une telle multitude de cette vermine que nous appelons chenilles, qu'en plusieurs endroits de la ville, les murailles des maisons en étoient toutes noires, et les couverts et les cheminées si pleines qu'elles tomboyent dans le pot qui bouilloit sur le feu, si on ne se donnoit garde de le tenir bien couvert; mais elles disparurent tout en un instant, et ne sceut-on qu'elles devinrent. Cette corruption presagea la grand peste d'où la ville et le pays furent puis affligez tout le long de l'esté... » Rubys, p. 430.

1581. *Août*, 7. La maladie contagieuse de peste augmentant de jour en jour, et les malades se trouvant trop serrés à l'hôpital de St-Laurent, le Consulat arrête d'ouvrir immédiatement le grand hôpital de St-Thomas, y joignant...

— *Le même jour*, se présente au Consulat, Catherine Levrat, femme de Pierre Laurent, courrier de banque; elle expose qu'elle a un secret de recette propre contre la peste, recette qu'elle a experimentée aux pestes de 1577 envers plusieurs personnes, ... et par le moyen de laquelle, avec l'aide de Dieu, elles furent préservées de la maladie; pour quoi le voyer lui avoit promis de la faire récompenser; ce que toutefois il n'avoit fait. Néanmoins que pour le soulagement et conservation de la santé de tous les habitants de la ville, elle désire de mettre en lumière ladite recette, afin que un chacun s'en puisse servir, exposant qu'après la preuve faite,... les échevins auront égard à elle... Ceux-ci lui répondent qu'après la preuve et expérience faite de ladite recette, si elle apporte quelque bon fruit, on avisera de la reconnaître comme elle l'aura mérité. Cette recette également bonne, suivant la femme Levrat, pour guérir toutes sortes de fièvres est ainsi conçue :

1° Lorsque la personne se trouve mal, il faut qu'elle prenne à deux lyards d'*eau d'ardent* et ung *beurre* frais et tout froid; s'en engraisser et frotter à l'endroict du cœur, sur l'estomac et aux reins, s'il y aura douleur. Cela faict, fault prendre une serviette bien chaude, et l'appliquer par dessus; et s'il y a douleur de teste, la fault engraisser de ce que dessus, des deux costez du front, et sur le cerveau y appliquer des feuilles de laictues ou de *reparées* (1);

— 2° S'il y a fièvre continue, il fault prendre d'eau de rose et des glaires d'œufs, et le tout bien battre. Ce faict, oster toute l'escume, et la jeter en terre; en après fault prendre deux *pattes* blanches, les bien tremper dans la dite glaire d'œufs et eau de rose, et icelles *pattes* mettre aux deux bras sous les deux pouces. S.

1581. — *Août*, 8. Depuis que la maladie contagieuse avait paru devenir sérieuse et s'augmenter, plusieurs des échevins s'étaient absentés : on retrouve présents en toutes les séances, M. Humbert Grolier, sieur du Soleil qui présidait en l'absence du lieutenant de Masso, député en cour, Guillaume Faure,

---

(1) *Reparée* est le nom que les paysans donnent à la *bette* ou *poirée* qu'ils appellent plus communément *blette*, et c'est sous ce dernier nom que cette plante potagère est connue à Lyon. Molard, *Dict. du Mauvais Langage.* — Le mot *patte* employé dans le sens de *mauvais linge* ou *chiffon* est encore très-usité à Lyon, et sans doute ailleurs; car on trouve dans le *Dictionnaire* de Boiste *pastière* ou *patière*, dans le sens de : femme qui trie les chiffons à papiers.

François Scarron, Pons, Murard, Etienne Passard et Jean de La Voypierre (Matthieu Vaillant était mort les premiers jours de juin, et avait été enterré le dimanche). Il manquait donc Jacques d'Aveyne, François Loubat, M. du Perat et Antoine de La Porte, sieur de Berthaz.—Le 25 *août*, on fit écrire à Jacques d'Aveyne, qu'à faute par lui de revenir à la ville, on sera contraint de faire élire un autre échevin à sa place. — Le lieutenant de Masso revint vers le 10 *octobre*, et il assista depuis aux séances où il présida. M. de La Voypierre reparut aussi... S.

1581.—*Août*, 10. Jacques Ladent, médecin, habitant de Salins, en Franche-Comté, se présente au Consulat. Il expose avoir été adressé aux echevins de la part de M. de Mandelot pour leur rapporter qu'il avoit été envoyé audit sieur de Mandelot par M. le comte de Pont-de-Vaux, pour secourir la maison dud. sieur de Mandelot, où led. comte pensoit être survenu quelque accident de la maladie contagieuse, contre laquelle et pour le nettoiement des maisons infectes, ledit Ladent a déclaré savoir de bons et d'excellents remèdes qu'il a depuis long-temps pratiqués et expérimentés en plusieurs lieux et régions, notamment en l'armée de feu Don Juan d'Austria et autres endroits, de sorte qu'il prend gages ordinaires de l'empereur et du roy d'Espagne, espérant, avec l'aide de Dieu, étant employé en cette ville de Lyon, d'y faire des cures par le moyen des préparatifs et préservatifs qu'il baillera en telle quantité que ceux qui en useront en auront contentement; cependant qu'il n'y pourroit venir pour y vaquer jusqu'à la fin de ce mois, d'autant qu'il lui falloit du temps pour faire ses eaux distillées et apprêter des remèdes nécessaires, et après avoir longuement et pertinemment discouru sur les remèdes et préservatifs de la nature d'iceux, quand et comment ils doivent être appliqués et pris, du régime de vivre pour guérir et se préserver du mal, a été prié par lesdits sieurs de vouloir secourir ladite ville, et se rendre au plus tôt qu'il lui sera possible; ce qu'il a promis de faire, et cependant qu'il enverra des parfums pour nettoyer les maisons infectes, et des préservatifs desquels, en son absence, l'on pourra faire l'expérience: ce que lesd. sieurs ont accepté et ordonné d'envoyer pour cet effet un homme avec lui pour les apporter, et qu'il sera baillé audit Ladent 10 écus pour s'en retourner.—Le 13 *décembre* suivant, le Consulat fit payer à ce medecin 400 écus d'or sol pour ses gages et salaire de deux mois échus le 15 novembre, durant lesquels il avoit demeuré en lad. ville et médicamenté les pauvres malades, y compris les médicamens, breuvages et parfums fournis et autres choses, etc.

1581. — *Août*, 16. Arrêt du conseil d'Etat qui confirme les habitants de Lyon dans le privilège de ne point payer de tailles pour les biens qu'ils possèdent à la campagne. Rubys, *Hist.*, p. 431 ; P. de Lumina, *Abrégé chronol.*

1581. *Août*, 17. Le parlement de Paris confirme une sentence du présidial de Lyon, qui avoit condamné Simon Rico, juif de Modène, « pour plusieurs « fraudes et barats par lui commis audit Lyon, à être fouetté par tous les « carrefours de cette ville, et à être flétri au font, etc. » Philibert Bugnyon, avocat à Lyon, qui cite cet arrêt, page 323 de ses *Commentaires sur les ordonnances establies aux estats de Bloys* (Lyon, *Jean Patrasson*, 1583, in-8°), l'accompagne de ces réflexions : « Ne furent, dit-il, de vie d'hommes, les banqueroutiers si coustumiers à fermer boutique ou s'absenter, et tout emporter ou cacher à la perte ou ruine des créanciers : sera tantôt un acte généreux, se trouvant plusieurs marchands qui ont accordé avec leurs créditeurs à perte de temps et de finance, plus riches que devant. Aussi sont les intérêts, profits, apports ou charges si grands, qu'il est impossible à ceux qui les doivent de s'en acquitter à jours nommez, sans à la parfin trousser bagage, et *aller*, comme l'on dit, *au saffran* (1), etc. » — Il existait alors à Lyon, et sans doute ailleurs, un singulier usage: celui qui, après sa déconfiture, avait été admis à faire cession de biens à ses créanciers pour se soustraire à leurs poursuites, était obligé de frapper trois coups avec le postérieur sur une pierre, pendant la publication de la sentence (2). C'est ce que nous apprend le jurisconsulte lyonnais Guy Pape, *Question* 343 :... *de culo percussit supra lapidem*... Philibert Bugnion, jurisconsulte mâconnais et avocat à Lyon, mort en 1590, dit dans son *Traité des loix abrogées* (l. 1, sat. CXVI), que cette formalité *de faire cession à cul nud*, ne se pratiquait plus; cependant l'avocat Pierre Matthieu, qui publia à Lyon, en 1594, une édition des *Questions* de Guy Pape, ne parle pas de la suppression de cette humiliante cérémonie; mais il est à croire que l'on dut y renoncer pour adopter la formalité usitée à Paris, où le débiteur était conduit, coiffé d'un bonnet vert, au pilori des Halles, dont il faisait trois fois le tour, pendant qu'on lisait publiquement la sentence qui l'admettait au bénéfice de la cession de biens. Voyez Ferrière, *Dict. de droit*, art. BONNET VERT ; *le Dict. de Trevoux*, même art.; Guyot, *Répertoire*, art. CESSION DE BIENS et PILORI ; une *Lettre* de Charles Loisel, insérée dans le *Journal de Verdun*, août 1759, p. 109-116. Voyez aussi les Commentateurs de Boileau sur ces vers de la première *Satire* :

> Et que d'un *bonnet vert* le salutaire affront
> Flétrisse les lauriers qui lui couvrent le front.

1581. — *Août*, 23. Assemblée chez M. de Mandelot, où sont pour la justice M° Jean Dabuzin et Jérôme Varqueria, conseiller en la sénéchaussée, 5 échevins, 3 députés de la santé et 3 bourgeois juges de la police, savoir : Balthazard Pecoul, Charles Neyrat et Jean-Baptiste Regnaud.

M. de Mandelot expose que le motif de cette assemblée est de pouvoir à certains abus, notamment sur les plaintes du peuple contre les boulangers qui falsifient le poids du pain; que sur une miche de 2 sous, qui avoit été pesée par le lieutenant du guet, il s'est trouvé manquer neuf onces. L'affaire mise en délibération, il a été ordonné que la police sera reprise et tenue comme elle étoit avant la contagion, dès samedi prochain: qu'à cet effet, seront mandés les juges bourgeois, et comme, par avanture, les juges de robe longue élus pour cette demie année ne s'y pourront trouver si promptement, il y sera procédé par autres juges et bourgeois étant en ladite ville; cependant est ordonné d'écrire auxdits sieurs juges de la police et les avertir de revenir en ladite ville, non-seulement pour le fait de leur dite commission, mais aussi suivant l'injonction qui leur en est faite par lettres-patentes du roy, dont il leur sera envoyé copie, afin qu'ils n'en prétendent cause d'ignorance, et qu'ils aient à vaquer au fait de la justice, au siège de la sénéchaussée, pour le service de

---

(1) Cette expression, très-usitée autrefois pour marquer l'insolvabilité d'un débiteur, est fondée sur l'usage où l'on était de peindre en jaune le devant de la maison d'un banqueroutier, et même d'une personne convaincue de félonie. Les portes et les fenêtres du connétable de Bourbon qui avait pris les armes contre François 1er, furent barbouillées de jaune par la main du bourreau. P. M. Quitard, *Dict. des Proverbes*, p. 640.

(2) Guillaume Paradin, p. 419 de son *Hist. de Lyon*, parle d'une pierre que l'on voyait au siège de l'officialité de Lyon, au lieu où se mettaient ceux qui faisaient *cedo bonis*.

S. M., et où ils ne voudroient retourner, sera procédé contre eux comme de raison.

Lesdits sieurs Ducherin et Varqueria, comme deux du *Magistrat* du présidial de Lyon, déclarent, notamment led. sieur de Varqueria, qu'ils étoient prêts et s'offroient de tenir la police et vaquer à l'administration d'icelle, et en ont requis acte.

L'assemblée voyant que la maladie va toujours croissant, ordonne que tous ceux qui se sont retirés en ladite ville, depuis un an en ça, n'ayant de quoi se nourrir sans mendier, videront la ville et se retireront au lieu d'où ils sont venus; ordonne aux penons d'y tenir la main.

De plus, que tous ceux qui reçoivent l'aumône de la ville, eux ni leurs enfants, ne pourront mendier dans la ville, sur peine de privation d'icelle aumône; et s'il s'en trouvoit cependant quelques-uns qui ne se pussent nourrir de lad. aumône avec leur travail, on s'adressera à MM. les recteurs qui leur augmenteront l'aumône.

Depuis quelques temps on avoit ordonné de faire mettre dans les rues, de cent pas en cent pas, des lanternes pour éclairer la nuit. Les habitants aisés du quartier devaient fournir les chandelles, suivant le rôle fait à ce sujet. Le 19 octobre suivant, le Consulat, ayant trouvé cette disposition très-nécessaire, ordonne de la continuer encore quelque temps, et de contraindre les voisins, etc. S.

1581. — *Septembre*, 11. On fait mander au Consulat les capitaines penons, quarteniers et dizeniers; il n'en comparoit que six, les sieurs Guillaume Roville, Benoît Mellier, etc. On leur expose que la maladie augmentant et sautant de quartier en quartier, ce qui procède évidemment du mélange et fréquentation, et par la malice aussi de plusieurs personnes qui recèlent le mal en leurs logis, ne laissent, quoique atteints, eux ou quelqu'uns de leur maison, d'aller par la aux églises et fréquenter les autres citoyens, qu'il falloit s'opposer à telle méchanceté, et faire que le mal ne puisse pas ci-après se cacher, afin qu'avec l'aide de Dieu, l'on en puisse bientôt voir la ville délivrée. Pour ce, on fait défenses à toutes personnes atteintes et infectes de la maladie contagieuse, de ne fréquenter personne, ni aller par la ville, ni moins sortir hors d'icelle, mais de se contenir et demeurer en sa maison, sur peine de la vie. — Il est enjoint à toutes personnes....., lorsqu'il tombera quelqu'un malade en leur maison....., qu'elles ayent à se resserer elles-mêmes, et en avertir sur-le-champ le capitaine penon de leur quartier..., et ce, sur peine de la somme de 50 écus d'or sol. contre le *recelateur*, applicable aux frais de la santé de la ville... Défenses sont faites à tous barbiers et *empiricques* de ne s'entremettre à bailler aucuns remèdes ni médicaments, sans permission, sur peine d'être sur le champ conduits à l'hôpital St-Laurent. — Et pour châtier exemplairement les recelateurs du mal contagieux et infracteurs des ordonnances faites sur le fait et police de la santé, et pareillement pour les gens vagabonds, sans aveu, malfaiteurs et jureurs, blasphémateurs du nom de Dieu, seront dressées *potences* par la ville et places publiques, comme sera avisé. — Et pour appaiser l'ire de Dieu, et implorer son aide et misericorde, et afin d'exciter le peuple à prières et oraisons, sera ordonné que, tous les jours, à une heure après midy, la seconde cloche de l'église de St-Jean sonnera *à bransle*, et la grosse *à batteau*, entendant lesquelles sonner à ladite heure, sera estroitement enjoint à toutes personnes, de quelque état et conditions, en quelque part et lieu que l'on se trouvera, soit ès maisons, boutiques ou par les rues, de, à l'instant même du son de ladite cloche, dire en devotion cinq *Pater* et cinq *Ave Maria*, ou le psalme *De profundis*, ou *Salve regina*, ou telle autre prière et oraison que la dévotion suggérera, sur peine contre les contrevenants d'estre mulctez comme desobeissants, etc. — Les P. P. jésuites avoient prêté pour le service divin dans la chapelle St-Laurent, un calice, sa patène, une chasuble et autres ornements d'église; le Consulat les fit évaluer, et leur fit payer 33 écus pour que ces objets restassent au service de cette chapelle. S.

1581. — *Septembre*, 20. Tremblement de terre entre 4 et 5 h. du matin, S. Voyez ci-dessus au 21 *mai* 1578, et ci-après, *année* 1584.

1581. — *Octobre*, 13. Les députés que le Consulat avait envoyés en cour pour les affaires de la ville, reviennent après avoir obtenu presque tout ce qu'ils avaient demandé. Voyez ci-dessus au 6 *avril*.

1581. — *Octobre*, 26. Jean de Chaponay, juge, gardien et conservateur des foires de Lyon, venait de décéder ; le Consulat nomme pour le remplacer Antoine de Masso, son lieutenant.

1581. *Octobre*, 26. Par lettres en date de ce jour, le roi mande au Consulat que les habitants de Lyon aient à se disposer à assister en toute dévotion et reverence aux prières publiques et procession que S. M. commande être faites *pour lui donner lignée d'un fils mâle*. — Ces lettres sont transcrites au régistre des lettres-patentes et missives. S.

1581. — *Novembre*, 1. — Les commissaires de la santé nommés par le Consulat, en exécution des lettres-patentes d'Henri III, du 3 septembre précédent, et les recteurs de l'Aumône-générale se réunissent pour aviser aux moyens de faire cesser la peste. Ils arrêtent entr'autres résolutions qu'on enverra à Notre-Dame-de-Lorette, en Italie, un calice avec sa patène et deux chaînettes d'argent; qu'une aumône sera faite tant aux religieux de ce lieu qu'aux pauvres qui s'y trouveront, jusqu'à concurrence de cinquante écus d'or ; qu'on enverra à Saint-Claude, en Bourgogne, une somme d'argent pour être employée à la restauration d'une église qui a été brûlée; que la plus grande partie des malades sera traitée à l'hôpital de St-Laurent-des-Vignes, et dans des huttes exprès construites aux environs, etc., Dagier, 1, 123.

1581. — *Novembre*, 1. Les sermons, qui avoient été interrompus les dimanches, à cause de la peste, recommencent le jour de Toussaint. S.

1581. — *Novembre*, 8. Montaigne, revenant d'Italie, où il était allé pour s'acquitter d'un vœu à Notre-Dame-de-Lorette (1), arrive à Lyon; il avait quitté St-Rambert, le 6, et il y avait vu Francesco Cenami, banquier de Lyon, qui s'y était retiré à cause de la peste.... « La ville de (Lyon), dit-il, me pleut beaucoup à voir. Le vendredi j'achetai de Joseph de la Sone trois courtaus (2) neufs par le billot deux cens escus, et le jour avant avois acheté de Malesieu un cheval de pas de cinquante escus, et un autre courtaut de trente-trois. Le samedi jour de S. Martin, j'eus au matin grand mal d'estomac, et me tins au lit jusques après-midi qu'il me print un flux de ventre. Je ne disnai point et soupai fort peu. Le dimanche douze de novembre, le sieur Alberto Giachinotti, Florentin, qui me fit plusieurs autres courtoisies, me donna à disner en sa maison, et m'offrit à prester de l'argent, n'aïant eu

---

(1) Vers 1625, un autre philosophe non moins célèbre que Montaigne, Descartes vint aussi à Notre-Dame de Lorette pour le même objet, et il y communia de la main d'un religieux, après avoir humblement demandé pardon à Dieu de ce que *sa science n'avait pas assez émoussé sa sensibilité*.

(2) Bidets, chevaux de moindre taille auxquels l'on a coupé la queue. — Joseph de la Sone et Malesieu étaient maquignons. Celui-ci était l'aïeul de Nicolas de Malezieu, de l'académie française, chancelier de Dombes, etc.

connoissance de moi que lors. Le mercredi 15 de novembre 1581, je partis de Lyon après-disner, et, par un chemin montueux, vins coucher à Bordelière (1), cinq lieues, village où il n'y a que deux maisons.... » Voyez les *Nouv. Mélanges* de M. Breghot du Lut, p. 442. — Il existe trois éditions lyonnaises des *Essais* de Montaigne; la première imprimée (peu de temps après la mort de l'auteur) *pour Gabriel Lagrange*, libraire d'Avignon, 1595, in-8°; la seconde *pour François le Febure* de Lyon, in-12; la troisième avec titres dont les uns portent le nom d'*André Olyer* et les autres celui d'*Ant. Besson*, rue Tupin, proche l'*Empereur*, 1669, 3 vol. in-12. Ces trois éditions ont été décrites par M. J. F. Payen, dans sa *Notice bibliographique sur Montaigne*, imprimée au devant du *Montaigne* de la collection du *Panthéon*.

1581. — *Novembre* 7. L'ambassadeur envoyé à S. M. par l'empereur des Turcs passe à Lyon. Le Consulat lui fait présent de confitures, vin et fruits jusqu'à la somme de 25 écus et 44 sous. — Le même ambassadeur repassa à Lyon avec sa suite, au commencement de janvier, on lui offrit encore des confitures pour 15 écus. S.

1581. — *Novembre* 14. MM. du Présidial font dire à S. Alban, une grand' messe du S. Esprit où assistèrent MM. les custodes de Ste-Croix, les quatre vicaires, deux marguilliers, le manécanteur et quatre clergeons. S.

1581. — *Novembre* 16. M. de Mandelot convoque, à la demande du Consulat, une assemblée générale, chez lui, où furent appelés MM. du clergé, de la justice, etc., etc. Il leur expose que cette convocation étoit faite à deux ou trois fins; la première pour rendre grâces à Dieu, par procession générale et solennelle, de ce qu'il lui a pleu de lever sa main de dessus la ville affligée, pour ses pechez, de maladie contagieuse, lui rendant sa pristine santé; la 2e pour pourvoir, à l'avenir, à la santé d'icelle; et la 3e pour adviser des moyens que l'on aura pour le remboursement des grands et excessifs frais faits par les sieurs consuls pour pourvoir à la santé et purger la ville; que pour le premier point, il s'en remettoit du tout à Messieurs du clergé, d'autant que c'est de leur charge et devoir. Quant à ce qui concerne le 2e point, qu'il seroit bien que ceux qui ont été suspects ou malades de la contagion et qui sont dans les hôpitaux, fussent avertis qu'ils seront renvoyés dans leurs maisons sitôt que leur quarantaine sera achevée, pourvu qu'ils trouvent les moyens de changer d'habits, etc., etc. Quant au 3e point, les frais occasionnés par la contagion, ils ont été si grands, que, à grand'peine, les pourroit-on croire qui ne les auroit vus comme lui; mais ils ont été nécessaires... qu'il étoit plus que necessaire que Messieurs du clergé et des autres etats, chacun en droit soy, contribuassent librement et volontairement au remboursement de ces frais qui seront portés à change et perte de finance par les échevins.

Cette proposition faite, M. de la Barge résumant les trois chefs, dit....que, comme grand-vicaire de Mgr l'archevêque, il ordonnera une générale et solennelle procession, et fera que tout le clergé se mettra en son devoir pour faire prières et oraisons pour la conservation de la santé, etc. Quant au remboursement des frais, il est bien assuré qu'il n'y aura pas un du clergé qui aura quelque moyen qui ne contribue comme personne privée, comme il offre de faire pour son regard; mais que de promettre pour tout le corps ecclésiastique, il ne le pouvoit, n'en ayant aucune charge....

(1) Ou *la Bourdelière*, hameau, dans la paroisse de St-Laurent de Chamousset, à quatre lieues de Feurs.

Le Président de Chastillon, approuvant ce qui avoit été résolu de faire processions et rendre grâces à Dieu, a dit que c'étoit la chose la plus nécessaire, et que, en cette affaire, tous les remèdes humains sont inutiles, comme même l'on peut remarquer par les anciens historiens, voire des payens; rapportant, à ce propos, la grande et contagieuse peste qui affligea, par un long temps, les Athéniens, lesquels, après avoir recherché tous les moyens pour se garantir, furent contraints finalement de recourir à l'*Oracle d'Apollo* qui leur dit qu'ils devoient faire processions et prières aux dieux, lesquelles ils n'eurent pas sitôt commencées, que la maladie cessa. Les Romains ayant aussi reçu semblables fléaux qui avoient continué pendant trois ou quatre années, durant lesquelles les plus illustres familles d'entr'eux en moururent, eurent recours aux livres sacrés qu'on appeloit secrets, par la lecture desquels ils apprirent qu'il falloit faire vœux et processions avec prières : ce que ayant fait, tout le peuple, voire même jusques aux petits enfants couronnés de fleurs, en signe de victoire sur la maladie, elle s'éteignit tout à coup.... Quant à ce qui concerne le remboursement des frais de la contagion, qu'il faut, en cela, suivre ce que d'ancienneté l'on a accoûtumé de faire en tel cas, qui est d'aliéner les biens des pauvres, avant que de venir à aucune contribution par capitation ou autrement, d'autant que ces frais ont été faits pour la subvention et nourriture des pauvres; que s'il n'y avoit des biens en suffisance, quoiqu'il pense qu'il y en aura, il faut attendre que les échevins en dressent le compte, et que, l'ayant vu, calculé et arrêté, on recourre au roi pour obtenir de s'imposer; ce qui toutefois seroit de très pernicieuse conséquence, etc.

Les sieurs d'Ausserre, Bullioud et plusieurs autres notables ayant été entendus, on arrête que l'on rendra grâces à Dieu, que l'on fera une procession générale quand Messieurs du clergé verront le temps propre et commode de la faire; que l'ordre proposé pour ceux qui font la quarantaine sera exécuté, comme aussi sera le vœu fait à Lorette et à S. Claude, et pour le regard des frais de la santé, que l'on fera une assemblée générale en l'hôtel de ville, pour y adviser et pourvoir. S.

1581. — *Novembre 22.* Le Consulat fait une aumône de 10 écus aux PP. Minimes, attendu leur extrême pauvreté et nécessité; la maladie contagieuse ayant éloigné les habitants de Lyon de venir en leur église, et d'y faire leurs aumônes. S. Voyez ci-dessus au 30 *octobre* 1578.

1581. — *Décembre 3, premier dimanche de l'Avent.* On fit une procession générale qui partit de S. Jean, pour aller à S. Nizier où l'on dit une grand'messe « aux fins de prier Dieu pour S. M. et demander de lui donner un « beau fils pour parvenir à la couronne. » Ce fut le P. Auger qui fit le sermon. S.

1581. — *Décembre 5.* Le Consulat, à la prière du peuple et de plusieurs marchands, écrit à MM. de la cour des monnoies à Paris pour les prier d'ordonner au Maître de la monnoie de cette ville de fabriquer des liards jusqu'à la somme de 6000 écus ou autre somme, comme la cour le jugera, attendu le défaut de la même monnoie en cette ville. S.

1581. — *Décembre 16.* Claude de Rubys, procureur général, remontre au Consulat que c'est chose ridicule de voir aux processions et aux assemblées générales, les échevins vêtus de robes violettes semblables, et porter en leur têtes des chapeaux différents; il demande qu'au lieu de chapeaux, tous les échevins soient *aornés à la teste de bonnets de velours noir*. Le Consulat rend une ordonnance conforme à ce requisitoire; il assujettit, en même temps, les quatre officiers de la ville à porter aussi désormais le bonnet de velours noir. S. Voyez ci-après, au 12 *mars* 1582.

1581. — *Décembre* 19. Le Consulat enjoint aux bouchers qui avaient quitté la boucherie de St-George pendant la peste, de retourner dans cette boucherie où ils avaient été installés dès le commencement de cette année.

1581. — *Décembre* 21. M. Antoine de Roddes prononce l'oraison doctorale (Voyez ci-dessus au 27 *juin*). — On lui fit payer dix écus d'or sol.

— *Même jour.* Les echevins désirant sur toutes choses effectuer le vœu cidevant fait à N. D. de Lorette en Italie, et nommer personnages dignes et suffisans pour l'aller rendre, au nom de la ville, sur le printemps, et y faire les aumônes à cet effet résolues, et en décharger leurs consciences, nomment pour faire ce voyage et rendre ce vœu, Mᵉ Emond Auger, jésuite, et Mᵉ Claude de Rubys. S. Voyez ci-après au 7 *juin* 1582.

1581. — *Décembre* 24. Le Consulat écrit au Pape :

« Tres saint Père, voz tres humbles serviteurs, les consuls eschevins de la ville de Lyon, vous remontrent en toute humilité, que lors de l'institution et creation de la grande Aulmosne generale d'icelle, qui est la mieux ordonnée que nulle autre de ce royaulme de France, consistant non seulement en la nourriture de 3 à 4000 pauvres personnes, mais aussi en la nourriture et entretenement de deux hospitaux, avec éducation de pauvres enfans et filles orphelines, qui y sont iournellement receuz et adoptez, et par mesme moyen eslevez aux despens d'icelle, fust, pour l'entretenement d'icelle Aulmosne, arresté, avec ceulx du clergé de ladite ville, que, en toutes les eglises tant collégiales que des couvens mendians, monastères et hospitaulx, seroient mis des troncs au dessus desquelz intitulation seroit mise soubz ces mots : Pour les pauvres de l'Aulmosne generale de Lyon, ce qui auroit tousjours depuis esté effectué et pratiqué en toutes les esglises iusques à ce que, depuis 12 ou 15 iours en çà, les religieux capucins se seroient formalisez, s'excusant que les statuts de leur ordre n'estoyent d'avoir n'y dendurer aulcun tronc dans leur église n'y à la porte d'icelle, encore que depuis leur advenance en ceste ville ils ayent tolleré lesd. troncz comme les aultres mendians, neanmoins les ont voulu arracher; en quoi est à craindre que venant à les oster, oultre le desordre qui en pourroit advenir, par le scandale que en recevroient tous les ordres et estats de la ville, seroit une consequence que les autres couvens mendians qui, par aprez, en vouldroient faire de mesme : ce qui a meu lesd. consulz eschevins, comme pères et protecteurs des paouvres d'icelle aulmosne, de recourir à V. S. pour la supplier tres humblement pour oster le scrupulle que ont lesd. capucins, de les vouloir dispenser de tant et tous les aultres ordres, que de pouvoir souffrir en leurs églises et à l'entrée d'icelles lesd. troncz dediez pour lad. Aulmosne, affin que les gens de bien qui seront meuz de devotion et charité envers les paouvres de Dieu trouvent lieu pour distribuer et deslivrer leurs aulmosnes secretes, lesquelles sont principaulx appuys et soustenement d'icelle Aulmosne generale, ensorte que luy estans lesd. troncz levez, c'est chose toute asseurée que en peu de temps elle se perdroit entierement, qui seroit le plus grand malheur qui iamais advint en lad. ville, voyre en tout le royaulme de France ; ce qu'il plaira à votre sainteté considérer, et iceux consuls eschevins et pauvres de lad. Aulmosne prierons Dieu le createur pour vostre félicité, prosperité et longue vie. De Lyon, au bureau de l'hostel-Dieu, le 24 iour de decembre 1581. »

Le Consulat écrivit aussi pour recommander cette affaire à Mgr. le cardinal d'Est, protecteur de la France, à Rome, et à M. Glorier, secrétaire des Brefs, à Rome.

On voit par une lettre du Consulat à M. l'abbé de Pleinpied (Pierre Tollet), à Rome, que le Pape avait renvoyé cette affaire au général des Capucins, mais que celui-ci étant absent de Rome, elle n'avait pu être décidée. Le Consulat écrivoit donc aud. sieur abbé de Pleinpied le 6 février, répondant à sa lettre du 24 janvier 1582, que surement leur procureur général de l'ordre leur avoit fait commandement de souffrir en leur église le tronc des pauvres de l'Aumône générale, mais que, quelque diligence que le Consulat aye pu faire, il n'en avoit rien pu apprendre, *tant ils sont secrets en leurs affaires*. Il recommande bien à cet abbé de vouloir bien s'intéresser à cette décision, afin que l'affaire soit terminée avant son départ de Rome, etc.

Lettre de M. ... de Foix, ambassadeur du roy près le Pape, au Consulat, 8 janvier 1582.

« Messieurs, la requête que vous faictes à N. S. P. le Pape en faveur des pauvres de vostre ville est si pie et equitable que ie veux croire que cela mesme suffira pour l'induire à le vous accorder. Toutesfois, puisque vous desirez que ie m'y interpose, et que i'en porte la parole à S. S., ie le ferai à la première audience que i'auray d'elle avec toute la bonne volonté et affection que vous sçauriez desirer, i'espère vous en mander resolution par le prochain ordinaire. Cependant ie me recommande de tout mon cœur à vos bonnes graces, et prie Dieu, Messieurs qu'il vous doint, en tres bonne santé, heureuse et longue vie. De Rome, ce 8 janvier 1582.

Depuis la presente lettre escrite, i'ay parlé à Mons. le dataire de cest affaire, lequel a advisé estre bon qu'il en communiquast avec le general et procureur de l'ordre des capucins, esperant pouvoir accommoder ce negoce avecque eux à vostre contentement, et après avoir entendu dud. sieur dataire la reponse qu'il en aura heue, s'il est besoing, i'en parlerai à N. S. P. le Pape. — Vostre plus affectionné amy à vous *complere* et servir. Signé : *de Foix*. • S.

1581. — Le P. Thomas Thurin, gardien du couvent des capucins de Lyon, reçoit l'ordre de son général d'aller à Toulouse prêcher dans l'église de S. Etienne; — ce qui donna lieu à la fondation d'un couvent de capucins à Toulouse. Catel, *Hist. de Languedoc*, liv. II, p. 221.

1581. — « Les marchands de Saint-Gall, en Suisse, qui fréquentent les foires de Lyon, donnent à l'Hôtel-Dieu une somme de 300 livres pour la construction d'une boutique dans la nouvelle boucherie, à cette seule condition que les armoiries de la ville de Saint-Gall seront placées au-dessus de cette boutique. » Dagier, I, 122.

1581. — Les calvinistes ayant envahi le Dauphiné, les recteurs de l'Hôtel-Dieu de Lyon écrivent à Lesdiguieres pour l'engager à mettre sous sa sauvegarde les propriétés des pauvres de Lyon situées dans la province occupée par ses troupes. Dagier, I, 124.

1581. — Mort de Barthélemi Faye, seigneur d'Espeisses, fils de Pierre Faye, écuyer, et de Meraude Paterin. — Il avait été reçu conseiller au parlement de Paris, le 17 fevrier 1541, et président aux enquêtes le 29 août 1570. Il s'était marié en 1541, à Marie Viole, sa cousine, une des filles d'honneur de la reine Eléonor, et il eut de ce mariage cinq enfants; l'aîné, Jacques, fut président à mortier au parlement de Paris. Barthélemi fut inhumé dans l'église de S. Côme, à Paris. Voici en quels termes sainct Julien de Balleure a rapporté, dans ses *Gemelles ou Pareilles*, p. 53, l'accident qui fut la cause de la mort de cet illustre magistrat : « Plus lourde encores fut la negligence dont on usa envers Monsieur Faye, seigneur d'Especes en Lyonnois, et plus cruelle fut la manière de sa mort. Il avoit esté fort longuement conseiller du roy en la grande chambre du Palais de Paris, et enfin fait président en l'une des autres chambres. Et de vray, ses scavoirs et probité meritoient bien cela et davantage. Se trouvant vieil et las du travail du Palais, il se desfit de ses estats en faveur de ses enfans, pour plus commodement vaquer à l'estude et à lectures privées auxquelles il estoit plus affectionné que jamais. Advint qu'ayant, après son repas, demandé un livre, et y lisant assis en une chaire devant le feu, tous ses gens le laissèrent, soit donques qu'il se branlast en icelle chaire, soit qu'il se fut endormi, ladicte chaire versa, et luy tomba la teste dedans le feu, privé de tout pouvoir et moyen de s'en oster. De façon que, avant qu'on lui vint en aide, il avoit la teste à demy bruslée : et n'y ayant moyen de le sauver, force fut qu'il mourut en très cruel martire, au grand regret de tous gens de bien. C'est à luy à qui nous devons la publication des œuvres de Monsieur de Conan (1), maistre des requestes en l'hostel du roy, et beaucoup d'autres choses qui par lui ont esté mises en lumière.... » Jacques Gujas lui dédia les *quatre* premiers livres de ses *Observationum libri* XXVIII.

1581. — Parmi les ouvrages publiés cette année, il en est un que nous devons mentionner ici; il a pour titre : *Le Secret des finances de France*, descouvert et departi en trois liures par N. Froumenteau (Nicolas Barnaud) et maintenant publié, pour ouvrir les moyens legitimes et necessaires de payer les dettes du Roy, descharger ses sujets des subsides imposez depuis trente vn ans, etc. *Sans nom de ville*. CIƆIC. LXXXI. In-8°. — L'auteur de ce livre (que nous avons déjà cité au mois de *janvier* 1514) est *Nicolas Barnaud*, de Crest en Dauphiné; il embrassa la réforme et lui consacra sa plume. La dédicace au roi (Henri III) est datée de Paris le 1er janvier 1581. — La même année, Barnaud publia son *Cabinet du roy de France*, lequel a aussi une dédicace à Henri III, datée du 1er novembre 1581. Ces deux ouvrages offrent de curieux documents pour l'histoire financière et politique de Lyon au XVIe siècle; le clergé et la noblesse de cette province y sont tres-maltraités. Le passage suivant est extrait du *Cabinet*, p. 341-43 :

« Voici les belles qualitez de la noblesse de la province de Lyon... Je ne parle pas de la vraye noblesse, car ceste-là, pour mourir ne voudroit avoir offensé ny fait tort à personne : celle de laquelle je parle est tout à rebours : elle est confite en toute perversité : le plus sobre vice qui est en eux est d'estre voleur, et le plus grand d'estre atheiste.... Depuis Langres, commencement de la province de Lyon, jusques à l'autre extremité, trouverez pour le moins cinq ou six cens voleurs les plus insignes... bien habile et accort est le personnage qui a à negocier avec eux, s'il n'y laisse du poil.... Il n'y a priorez d'hommes ny femmes où ils ne mettent le nez : la poligamie est un grand support en ces venerables qui toujours trotent par ces cloistres, ou les cloistriers trotent par leurs maisons jusques à faire la quenouille de leurs femmes. A dire le vray la pluspart des valets et palefreniers de tels gentilshommes sont bastards de prestres, moynes ou cordeliers. Le vice particulier qui a le plus grand bruit entre ces messieurs est qu'ils sont trompeurs et menteurs... Il ne tient pas à eux que le roy ne soit bien camus, car ils frappent souvent

---

(1) Né à Paris en 1508, mort en 1551. Voyez Camus et Dupin, *Bibliothèque de droit*, n° 739.

dessus. Si ceux de la poligamie n'ont pas beaucoup de lettres, ceux-cy en ont encore moins. La datte du plus ancien contract qu'ils ayent de leur acquisition, est de dix sept ou dix huit ans : car, auparavant les troubles, ne savoient ce que c'est que d'acquérir. Les bons laboureurs qui passent par dessous leurs arbres en pourront bien cueillir et payer, car ils en ont bien payé leur part : que s'ils sont habillez de velours, les bonnes gens en ont bien payé la soye.... D'ici à trois jours, je ne saurois decrire les vices desquels ils sont entachez.... S'il n'estoit que la province n'est du tout degarnie de bonne noblesse, veritablement il ne seroit pas possible d'y demeurer ou subsister : mais la prudence et vertu d'aucuns sert comme de rempart à l'incursion et violence de ces Arabes.... Si suis-je contrainct reprendre et taxer ceux-cy, d'autant que s'ils vouloient tenir main, comme ils pourroient bien faire, telle vermine ne regneroit pas au pays. — « Cette province a et possede certains ecclesiastiques qui valent encore moins que nos haubereaux : car il n'y a espece de meschancetez qu'ils ne commettent à la foule et oppression du povre peuple. »

Nicolas Barnaud est encore auteur d'un ouvrage, *le Miroir des Francois*, publié sous le faux nom de *Nicolas de Montand*, en 1582, in-8°. M. Audin, qui en a inséré des extraits, p. 407 et suiv. de son *Hist. de Calvin* (2ᵉ édition), donne à cet ouvrage la date de 1575; nous ne croyons pas qu'il ait paru avant 1581, puisque la dédicace de l'auteur à Loyse de Lorraine, femme d'Henri III, est datée du 1ᵉʳ octobre 1581.

1582. — *Janvier* 16. Le Consulat, instruit de la poursuite qu'entendent faire les habitants du bourg des *Deux-Amants*, pour être accueillis au nombre des habitants de cette ville, et rayés du rôle et chartreaux de ceux du plat pays, attendu qu'ils sont aujourd'hui enclos dans les murailles et clôture de la ville, et attendu que l'on va travailler à la porte qui les clorra dans la ville, *arrête* que cette poursuite se fera au nom de la ville. S.

1582. — *Janvier* 18. *Séance consulaire.* — Ayant notre Dieu, par sa bonté et miséricorde, retiré son ire et restauré, en cette ville de Lyon, la pristine santé, ce neanmoins, au lieu d'être le peuple enclin et ému à dévotion et prières, et lui en rendre actions de grâces, comme tous chrestiens doivent faire, se déborde à une infinité de débauches, blasphèmes, ivrogneries et autres malheurs qui pourroient de plus fort irriter sa divine majesté; pour à quoi obvier a été ordonné que défenses expresses seront faites à toutes personnes de jurer envain ni blasphémer le nom de Dieu, de la Vierge Marie ni des Saints, sur peine pour la première fois de 10 écus d'amende applicable aux pauvres; pour la deuxième d'être mis au collier avec ladite amende, et pour la troisième de punition corporelle.

Pareillement défenses à tous habitants, de hanter ni fréquenter aucunes tavernes ou cabarets à peine de 16 écus 2/3, tant contre chacun de ceux qui y seront trouvés que contre l'hôte ou hotesse qui les aura reçus, applicable le tiers au roy, l'autre tiers aux pauvres, et le dernier tiers aux denonciateurs. Sera enjoint aux archers du prévôt de robe courte et du chevalier du guet d'y tenir la main.

Tous berlands, jeux de quilles, *comédies* et assemblées de danses, soit de jour ou de nuit, sont prohibées sous peine de 33 écus 1/3 d'amende, tant contre chacun des assistants ou joueurs que contre le maître de la maison ou lieu où se feroient telles assemblées.

Défendu à tous frippiers et revenderesses de ne plus vendre ni exposer en vente aucuns habits, linges ni meubles vieux, soit en bancs, soit par la ville ou autrement, etc., à peine de confiscation et d'amende.

1582. — *Janvier* 31. Au conseil d'Etat tenu près de M. de Mandelot, auquel étoient pour le clergé M. de La Barge, grand-vicaire, et M. de Chalmazel, doyen; pour la justice, MM. de Chastillon et de Langes, et les consuls échevins représentant le corps de la ville, fut arrêté et convenu faire publier l'ordonnance suivante :

Comme il a plu à Dieu et à sa divine bonté faire cesser en cette ville de Lyon la maladie contagieuse, et la rétablir en sa pristine santé, et que pour la continuation, augmentation et conservation d'icelle, il soit besoin et requis user de l'ordre, police et moyens qui peuvent être nécessaires, utiles et proffitables pour cet effet, à moyen de quoi et aprèz avoir sur ce murement délibéré, a été ordonné :

1° Que, suivant les ordonnances du roy et arrêtz de la cour de parlement, très expresses inhibitions et défenses sont faictes à toutes personnes de quelque estat, qualité et condition qu'elles soyent, de jurer, blasphemer et détester le nom de Dieu, de la tres saincte Vierge, sa mère, des saincts et sainctes du paradis, à peine pour la première fois d'estre mis au pillier, y demeurer par l'espace de 4 heures, et pour la seconde d'avoir la langue et les lèvres percées, et en outre d'être puni d'amende arbitraire, le tiers de laquelle sera adjugée au dénonciateur;

2° Est enjoinct aux manans et habitans de Lyon d'assister au divin service les jours de dimanche et fêtes solemnelles, pendant lesquelles et que le divin service se fera, seront faictes défenses à tous MM. joueurs de paulme d'ouvrir leurs jeux, fournir des raquettes et paumes et recevoir des personnes à jouer lesdits jours, à peine de 3 écus et tiers d'amende, qui sera levée tant contre lesdits MM. joueurs de paume que contre ceux qui seront trouvés jouans; et sous les mêmes peines sont prohibés et défendus tous berlans, jeux de quilles, cartes, dez, boulles, pallemail et autres. Ne seront faicts masques, danses ni *comédies publiques*, lesquelles sont expressement défendues, et à tous marchands et habitans de ladite ville de vendre desdits masques en ladite ville, à peine de 20 écus d'amende et de prison.

Et parce que plusieurs se licencient auxdits jours de dimanches et de festes de négocier et traffiquer, et mesme faire charroyer et voiturer, soit par terre, soit par eau, sont faictes expresses inhibitions et deffenses de faire telles et semblables négociations et trafficqs, mesme de charger chevaux, mulets, charrettes, batteaux et emballer; et affin que nul n'en prétende cause d'ignorance, est enjoinct aux hostes, taverniers et autres qui logent des marchands, avertir lesdits hostes de ne charger leurs marchandises, les jours de dimanches et festes solemnelles, à peine pour la première fois de 10 écus d'amende, et pour la seconde, de confiscation des marchandises, charrettes, chevaux, etc., etc. S.

1582. — *Mars* 3. « La maladie pestilentielle paraissant encore se manifester à l'Hôtel-Dieu, dans la salle des nourrices et des petits enfants orphelins, les recteurs sont priés de prêter temporairement une grange, sise près du Rhône, qu'ils viennent d'acquérir. Cette invitation est accueillie, et le 3 mars les petits enfants y sont transférés. » Dagier, I, 120.

1582. — *Mars* 8. Sur le réquisitoire du sieur de Rubys, procureur-général de la ville, le Consulat arrête que désormais, toutes et quantes fois, il tiendra séance, chacun des échevins sera tenu de porter sa robe violette et son bonnet de velours; qu'il en sera de même en toutes assemblées générales et processions; et que les officiers de la ville y assisteront aussi en costume.—On ordonne qu'il sera faict pour noble Claude du Fenoil, sergent-major de la ville, et pour Claude de Masso, lieutenant du capitaine de la ville, à chacun d'eux, un grand manteau d'écarlatte violette, qu'ils porteront lorsqu'ils marcheront avec les échevins, et lorsqu'ils se présenteront au Consulat pour l'honneur et reverence d'icelui. S. Voyez ci-dessus, au 16 *décembre* 1581.

1582. — *Mai* 31. Le P. Jean Bénédicti, de l'ordre des Frères-Mineurs, lecteur et prédicateur en la ville de Lyon, exorcise Catherine Poncet, âgée de 22 ans. Voyez *les Grands Cordeliers de Lyon*, par M. l'abbé Pavy, p. 113, et ci-après *octobre*.

1582. — *Juin 7. Séance consulaire.* Plusieurs villages proches et voisins de la ville étant affligés de la peste, et étant à craindre que, sous prétexte de dévotion, il y ait une grande affluence de villageois à la fête de S. Jean prochaine, où ils viennent à l'église de S. Jean et se mêlent avec les habitants de la ville, sous couleur de la foire qui a accoûtumé d'être annuellement devant cette église, le jour de S. Jean, on arrête de prier M. le gouverneur de défendre ladite foire, afin d'obvier à ce mélange. S.

1582. — *Juin* 26. Le P. Emond Auger représente au Consulat que, au temps de la dernière contagion, outre plusieurs grandes aumônes secrètes qu'il avoit reçues de diverses personnes pour secourir les malades, il avoit aussi pris à crédit chez plusieurs marchands différentes choses, tant pour la nourriture que pour le vestiaire des pauvres malades, lesquelles il devoit encore, et qu'il désiroit payer, avant son départ pour Lorette. — Les échevins reconnaissant les bons services dudit sieur Auger, son intégrité et la diligence dont il a usé, tant à consoler spirituellement les pauvres affligés qu'à leur nourriture et autres besoins...., arrêtent que, sur la simple *certification* signée de sa main, il sera payé tout ce qu'il devra tant pour les denrées et confitures que pour le vestiaire qu'il a fourni aux malades, lequel paiement sera fait sur les deniers de la santé, etc. S.

1582. — *Juin* 29. Les échevins instruits que M. l'archevêque avoit montré quelque mécontentement de ce qu'ils n'avoient pas assisté à la procession qu'il avoit faite le jour des Octaves de la Fête-Dieu dernière, et de ce que aussi, sans son autorité et permission, ils avoient fait un vœu solennel à N.-D. de Lorette, arrêtent qu'ils iront trouver ledit archevêque pour lui faire entendre que, en ce que dessus, il n'y a eu de leur part aucun mépris, mais une seule observation des anciennes coutumes de la ville. S.

1582. — *Juillet*. Vers les premiers jours de ce mois, la peste se manifeste dans quelques maisons du quartier St-George. Vers la fin du même mois, elle sévissoit avec fureur dans les quartiers de St-Vincent, à la Coste, au *Puits de la Sel*, etc. S.

1582. — *Juillet* 12. Le Consulat considérant les grandes peines que le P. Emond Auger a prises en grand danger de sa personne, l'année passée, au service et admonestement des pauvres malades, pendant tout le temps de la peste, et dont il n'a eu aucun salaire, ordonne que, sur les deniers de la santé, il sera acheté une horloge de la valeur de 40 écus, pour en faire présent audit Me Auger, en mémoires des bons et charitables offices qu'il a faits à la ville pendant la dernière maladie. S.

1582. — *Juillet* 12. Le Consulat fait faire par honorable Bertin Ramus, maître peintre et vitrier de Lyon, les trois vitres de la chapelle de St-Roch, avec leurs serrures et treillis de fer, auxquelles vitres seront dépeintes, savoir en celle du matin un grand crucifix avec les images de N.-D., de saint Jean et de Marie-Magdeleine; aux deux autres, les images ou effigies de saint

Roch et de saint Sébastien, avec aussi les armoiryes du roy, de Mgr l'archevesque, de Mgr de Mandelot et de la ville, le tout au prix de cent trente escus d'or sol, devant être achevé au fêtes de Noël prochaines. S. — Voyez ci-dessus au 31 *mars* 1581.

1582. — *Juillet* 24. Le sieur Sontonas, sous-secrétaire de la ville, écrit au sieur du Troncy, secrétaire et député à Paris : « ... Quant au siège de Ge-« nève, il se continuera, pourvu qu'il ne soit pas empêché par le roy.... » — On voit, en effet, par une autre lettre que le roi s'y opposa, et que les troupes répandues dans la Bresse, *ne faisaient la guerre qu'aux poules*. S.

1582. — *Juillet* 31. Le Consulat fait payer 5 écus pour la gravure en forme de *masques*, posée sur la couverture des *Missaulx*, qui ont été faits pour être portés à N.-D. de Lorette. S.

1582. — *Août* 16. Le Consulat informé que, demain, sans faute, le roi doit arriver en cette ville, où il ne doit séjourner que deux ou trois jours, arrête que très humbles remontrances seront dressées, au nom des échevins, pour prier S. M. de vouloir bien quitter et décharger la ville de la subvention que S. M. lui demande, et aussi qu'il lui plaise de donner moyen à la ville de se fortifier le long du Rhône et de parachever les réparations requises au pont du Rhône, etc. S.

1582. — *Août* 17. — Henri III arrive en poste à Lyon. — « Il venoit, disoit-il, pour manger de noz melons, de noz fruicts, et pour se recreer. Et de faict par l'espace d'enuiron quinze ou vingt jours qu'il séjourna à Lyon, on ne parla que de luy donner du plaisir.... » Le roi avait pris son logement chez M. de Mandelot, qui était alors en Suisse, Rubys, p. 432. — L'auteur du *Mémoire sur la ligue*, attribué à D. Thomas, et que nous avons publié pour la première fois dans le tome deuxième de la *Revue du Lyonnais*, fait aussi mention du voyage de Henri III à Lyon en *août* 1582; mais nos historiens se sont bien gardés de rapporter une anecdote racontée par d'Aubigné, *Hist.*, liv. IV, chap. 1er, et qui pourrait bien être de l'invention de cet écrivain, que Châteaubriand a si bien jugé quand il a dit qu'il était « huguenot, har-« gneux, ambitieux, mécontent, d'un esprit caustique. » Voici cette anecdote : « .... Le roy estant à Lyon, s'embrasa d'une des plus apparentes femmes de la ville, de laquelle le nom sera supprimé. Le comte de Maulevrier et Entraigues (qui n'ont point été chiches de tels discours, l'un pour sa futilité naturelle, l'autre pour les mescontemens qu'il receut) furent emploiez à mesnager cet amour. Ils pratiquèrent aisément la volonté de la dame, mais non la commodité de l'entrevue, pour l'extrême jalousie du mari, qui ne la perdoit pas plus que son ombre. Ces marchans s'aviserent de le mettre dans le le parti du sel, et le tenans pour avaricieux, esperoient lui faire entreprendre un voyage à Pequais; mais l'offre du gain n'ayant pas succedé, on l'attaqua par l'honneur, en lui présentant un voïage pour le roy en quelques villes hasiatiques (*anséatiques*), pour traiter un accord entr'elles et le duc de Brunswich, pour ce qu'elles soutenoient sa ville contre lui. La pipée de l'honneur n'ayant pas mieux reussi que celle du proffit, il fallut venir, par la voie de la dévotion, chercher le confesseur du sire, qui estoit le gardien des Cordeliers, auquel ils parlerent comme se prenans à lui, de quoi un des plus apparants de la ville desdaignoit la confrairie des pénitens en la société du roi mesme, allegans que cela pourroit le faire soubconner de sentir le fagot. Comme ils pressoient le Pater d'alleguer de telles raisons à sa brebis, le confesseur les renvoia bien loin, leur disant : A d'autres, Messieurs, nous sommes de l'estat, et plusieurs autres termes de mattois, sur lesquels le comte se mit à jurer; c'est, dit-il, que le roi est amoureux de sa femme, et qu'il n'y a moien de lui faire quitter sa maison si vous ne nous aidez; mais faites-nous un tour de gallant homme, et je vous apporterai cent doubles ducats à deux testes dès demain pour expier le péché, et faire des aumosnes si secrettes que personne ne s'en appercevra. C'est, dit le moine, parler bon saint François cela; je vous l'amenerai au montoner jeudi prochain; ce qu'il fit par une procession générale; et là, selon l'ordre de la confrairie dont il se rendoit nouveau profés, il lui falut porter la croix. Le roi et le comte de Maulevrier se desrobent du vestiaire par une porte que leur ouvre le gardien, et vont à leur assignation. Nostre Lionnois aiant traversé quelques rues, se mettant à ruminer dans son sac, prit sa jalousie pour interprete de sa dévotion; commença à porter la teste plus basse que ne devoit un porte-croix, et ses pensées melancoliques s'accreurent tellement, que quand il fut à l'embouchure d'une ruette, qui ne va qu'à sa maison, il pouvoit voir la fenestre de sa chambre; quelques-uns disent qu'il vid un chappeau à travers les vistres; quoi que ce soit, il s'arresta avec un grand souspir qui degenera en esvanouissement vrai ou simulé, si bien que la croix tomboit sur le pavé sans le secours d'Antragues et du Halde qui s'estoient couplez au premier rang d'après lui. Il falut mettre son office en d'autres mains; et ces deux aiderent à le porter dans sa chambre où une foule de parens et de voisins accourans, le roy fut reduit dans le contouer accompagné de son second. La dame fit demeurer son mari dans la salle à cause de la fraischeur, et le moien de sauver le roy fut qu'elle enferma Antragues avec lui, pour lui donner l'habit, et lors accompagne de du Halde, il regaigna les rangs de la procession qui n'estoit pas encore passée. Ainsi ils se servirent de la devotion à la retraitte aussi bien que pour le combat. » Voyez J. Morin, *Histoire de Lyon*, vol. 284; l'abbé Pavy, *Les Grands Cordeliers de Lyon*, p. 152; et ci-après *août* 1583.

1582 — *Juin* 7. *Séance consulaire.* « Parce que l'on diffère d'effectuer le vœu qui naguères avoit été fait par cette ville d'aller rendre grâces à Dieu en la chapelle de N. D. de Lorette ,... il est résolu que M. Emond Auger, Jésuite, sera prié de remplir la promesse qu'il avait faite d'aller audit lieu de Lorette, en la compagnie de M. de Rubys,... et que, pour faire ce voyage, il sera baillé audit sieur Auger la somme de 30 écus, ou davantage, s'il le requiert. S. Voyez ci-dessus, au 21 *Décembre* 1581, et ci-après au 21 *Août*.

1582. — *Août* 21. Le Consulat écrit à MM. de la santé de Chambéry et de Turin pour les prier de laisser passer librement le sieur de Rubys et M° Amyot, custode de Sainte Croix, députés de la ville, se rendant à Lorette, etc. S.

1582. — *Août* 21. Le Consulat fait payer au capitaine Lapalme 8 écus d'or pour ses vacations d'avoir ces jours passés, comme commis par les échevins en la charge de fourrier, fait loger en cette ville les Seigneurs et autres personnes qui étoient à la suite du roi. — On fait payer à 5 joueurs d'instruments de musique, pour avoir joué devant le roi le jour de la collation que les échevins offrirent à S. M.; 11 écus à Pierre Cathelin, batelier, pour le prix d'un bateau par lui vendu à la ville, garni et équipé pour le service du roi pendant son séjour à Lyon; 8 écus à cinq bateliers qui avoient conduit le roi sur la Saône dans ce bateau, etc., etc.

1582. — *Août* 24. Le Consulat écrit à Benoît du Troncy, à Paris : «.. Nous n'avons rien pu obtenir du roy pendant le peu de séjour qu'il a fait ici, d'autant qu'il n'avoit ni secrétaire, ni conseil avec soy. Nous lui baillasmes des remontrances lesquelles S. M. nous promit de communiquer à son conseil, etc. S.

— 1582. — *Septembre* 18. La femme de l'un des mandeurs de la ville ayant été atteinte de la peste en l'hôtel commun, le Consulat assemblé chez M. Antoine de Masso, l'un des échevins, arrête que, jusqu'à nouvel ordre, les séances se tiendront au couvent des Célestins, et le bureau de la santé à l'Hôtel-Dieu. — Cela dura jusqu'au 8 *Décembre*, que l'on revint en l'Hôtel commun. — On avait fait venir de Briançon quatre nettoyeurs pour purifier les maisons infectes. S.

1582. — *Septembre* 22. Le P. Emond Auger, Claude de Rubys et le Custode de Sainte Croix, André Amyot rendent à notre dame de Lorette le vœu que le Consulat avait fait à l'occasion de la peste dont la ville de Lyon avait été de rechef assaillie cette année. — Les pieux pèlerins appendirent *l'ex voto* du Consulat tout près de celui qu'y avait mis Michel Montaigne, l'année précédente. — De Lorette, les trois députés allèrent à Rome baiser, au nom de la ville de Lyon, les pieds du pape Grégoire XIII, et ils furent de retour à Lyon le 29 Novembre. Rubys, p. 432. Voyez ci-dessus au 8 *Novembre* 1581. — C'est par erreur que Pernetti, 1, 401, a donné au custode Amyot le prénom d'*Antoine*. Cet estimable ecclésiastique, sorti d'une des bonnes et anciennes familles de la ville, et dont le père avait été plusieurs fois échevin, exerça, durant environ quarante années, les fonctions de custode de Sainte Croix, et mourut en Août 1599. « Le perdant, dit Claude de Rubys (p. 454), « je perdis la fleur de mes amis : Nous avions jeté les premiers fondemens de « ceste estroicte amitié, estudians à Paris et à Toulouze, et icelle despuis « tellement continué, que je luy peux dire :

« Dimidium perii : nam pars non ultima nostri
Dum viveres fueras ; Lux, Amiote, mea. »

Amyot était fils de Françoise de Lisse qui fut enterrée le 15 février 1578 (Notes de M. Sudan), et probablement de Clément Amyot, échevin en 1531. Le P. Menestrier lui attribue dans ses notes chronologiques, ces vers composés à l'occasion de la publication qui se fit à Lyon de la paix et de la sainte-union

Gallica pax rediit, florentes reddit olivas,
Jamque dynastarum mitia corda facit.
Jura vigent, nostrae Musis panduntur Athenae,
Franciadum concors sensus et unus adest.
Sed tu Tartareis infecta caterva venenis
Tot mala quae nobis arma dedere feres.

1582. — *Septembre...* Publication : *Le Histoire della citta di Fiorenza di* M. Iacopo Nardi, citadino fiorentino.... Et nella fine un *Discorso sopra lo stato della magnifica citta di lione.* Nuouamente poste in luce. In Lione, appresso Theobaldo Ancelin, 1582, in 4º. — Cette édition a été donnée par François Junctin (en italien Giuntini) qui l'a dédiée à Nicolas Arrighi, gentilhomme florentin. La dédicace est datée de Lyon (*Lione*), le 6 Septembre 1582. Le *Discorso sopra lo stato della magnifica citta di Lione* a 22 pages non chiffrées; il est daté de Lyon le 15 Septembre de la même année. Le volume est terminé par un poëme latin, composé *per clarissimum jurisconsultum, equitemque ac oratorem Bononiensem Ludovicum Bologninum.* Ce Louis Bolognini est probablement le commentateur des *Pandectes*, mentionné par Tirabaschi, VI. 570.

1582. — *Octobre* 1er. Le Consulat écrit au P. Emond Anger, estant de présent à N. D. de Lorette :

« Monsieur, depuis deux jours seulement nous avons receu vostre lettre du 30e d'Aoust dernier passée accompagnée de *vers latins* qu'avez composés *à la Louange de nostre vœu*, lesquels nous n'avons eu loisir de voir, ny moyns le moyen de les communiquer à Mgrs. l'Archevêque et de Mandelot, pour estre presentement tous deux absents de ceste ville; mais nous ne fauldrons de les veoir, et en faire part à ceulx qui sont entendus en latin, pour vous en savoir gré comme nous de la peyne qu'y avez prise, dont nous vous remercions affectueusement, ensemble de tout ce que jusques icy avez avancé en l'accomplissement de nostre vœu, pour parachever lequel entierement nous croyons M. de Rubys estre de present arrivé de peu de là, d'aultant mesmes que nous avons esté advertys qu'il a librement passé en Piémont avec le Calice. Pour le regard des missaulx (1), ils sont prets d'estre hors de la quarantaine qu'ils ont faite au pied de la montagne, de sorte que les recevrez en brief. Depuis le partement dudit S. de Rubys, par la grace de Dieu, la santé en ceste ville est augmentée, et la maladie diminuée, tellement que nous vous pouvons asseurer que, depuis 10 jours en ça, n'est survenu aucune chose de nouveau en toute la ville, ce qui nous fait estimer que, par la miséricorde de Dieu, le mal sera entierement assoupy, et que vos bonnes prieres et oraisons auront été exancées envers sa divine majesté, et lesquelles nous vous prions de continuer : et, attendant de vos nouvelles et de l'arrivée dudit sieur de Rubys, après nous être recommendez à vos bonnes graces, prierons le créateur, Monsieur, vous tenir en sainte et digne garde. — Vos entièrement bons amys à vous faire service, les consuls eschevins de la ville de Lyon. Ce 1er jour d'octobre 1582. »

1582. — *Octobre* 23. Les Commissaires nommés par le roi pour ouir les doléances du peuple et des divers états, savoir M. Dabin, M. l'evêque de Nantes et deux autres conseillers d'état, étoient arrivés à Lyon avec M. Camus, conseiller en la chambre des comptes. L'évêque de Nantes fut logé à l'Archevêché. Le Consulat ne put trouver un logement convenable pour les autres députés, quelques prières qu'il en eut faites tant à MM. les comtes et chanoines de l'église de Lyon, qui ont de fort belles maisons près de l'Archevêché, qu'à plusieurs autres bourgeois de la ville. Les échevins remarquent à ce sujet (avec chagrin) qu'ils n'ont aucun pouvoir de contraindre lesdits bourgeois de prêter leurs logis, si ce n'est de gré à gré, ce qui procédoit du peu d'autorité que le Consulat avoit sur les habitants qui par une licence effrénée, venue au cœur des hommes par le moyen des troubles et guerres civiles, ne portent aucun respect à leurs supérieurs. S.

1582. — *Octobre.* Sept démons possédaient une femme de Villechenève, la veuve Perinette Pinay, âgée de 57 ans. Quatre de ses démons avaient cédé à la puissance des premiers exorcismes, lorsque le curé de Montrotier adressa Perinette au couvent de S. Bonaventure. La cérémonie d'exorcisme se fit avec l'autorisation des supérieurs dans la chapelle dite de S. Michel. Un P. Martini expulsa deux des malins esprits ; le dernier resista de toute sa force ;... il poussa des cris atroces, il répondit à toutes les demandes qui lui furent adressées

---

(1) Les 4 missels parvinrent plus tard à leur destination. Le Consulat en eut le récépissé daté du 11 mars 1583. Ils avoient été adressés aux Jesuites de Lorette, qui envoyèrent leur quittance et celle du trésorier de Lorette. (*Note de M. Sudan.*)

en diverses langues par un Evêque Irlandais, qui célébra la messe devant Perinette. Toutefois le P. Jean Benedicti est le seul que le démon reconnaîtra pour son futur vainqueur : il lui obéira, forcé, contraint qu'il en est par l'autorité de Marie et la médiation de l'ange Gabriel. Chose étonnante ! pendant que le P. Benedicti faisait chanter le Symbole, c'est alors que le démon « frémit, « tempeste, faisant le diable déchaisné comme il étoit. Tantost vous l'eus-« siez ouy crier, hurler, mugler, clabauder.... Ores il pleuroit, et puis il « rioit : d'autres fois il contrefaisoit le chien, le chat, le guenon, en faisant « mille autres grimaces... » Le 27, on transporte Perinette à la chapelle « N. D. de Lorette (aujourd'hui celle du Christ). Avant de monter à l'autel, le P. Benedicti prend de solennels engagements qu'il doit accomplir après la délivrance de la possédée. Vers la fin de la messe, Perinette croit voir s'élever une nuée de feu dans laquelle apparaissaient des symboles diaboliques. Elle était délivrée. Le lendemain, accomplissement des vœux promis. Une procession du peuple et des religieux, quelques uns nu-pieds, malgré l'âpreté de la saison, traverse la cité pour se rendre à N. D. de l'Ile-Barbe, et Perinette confessée communiée, assiste, au milieu des rangs, sous l'habit du tiers-ordre. On dépêcha, sans doute plus tard, un religieux pour visiter en Italie N. D. de Lorette. C'étaient les trois vœux. Finalement Perinette, plus saine et dispose que jamais, s'en retourna dans son pays. Voyez *la Triomphante Victoire de la Vierge Marie sur sept malins esprits*, etc., par le P. Benedicti (imprimée à Lyon par les héritiers de *François Didier*, 1582, in 8º, réimprimée par *Benoist Rigaud*, Lyon, 1583 et 1616, in 16), et *les Grands-Cordeliers de Lyon*, par M. l'abbé Pavy, p. 111. Voyez ci-dessus 17 *février* 1527, et 31 mai 1582.

1582. — *Novembre 6. Séance consulaire*. Le roi ayant résolu de retrancher dix jours du prochain mois de Décembre, pour se conformer à ce qui a été déterminé par N. S. Père le Pape sur la fabrication de nouveau Calendrier, aux fins que désormais, et pour toujours, la fête de Pâques se trouvât en l'équinoxe de Mars, auquel mois J.-C. souffrit pour le genre humain, il a été avisé que si la foire des Rois commençoit le prochain lundi après les Rois, selon la coutume, elle seroit si rapprochée de la foire actuelle de Toussaint que les marchands étrangers n'auroient pas le temps de retourner en leurs maisons pour revenir à la foire des Rois. Pourquoy il a été résolu de prier Mgr. de la Manthe de prolonger de 10 jours la foire des Rois, indiquant le commencement d'icelle au jeudi 20 Janvier, dont proclamation sera faite à son de trompe. — M. de la Manthe rendit le 15 *Novembre* une ordonnance conforme au vœu du Consulat. S. — L'édit d'Henri III portant adoption du Calendrier grégorien, contient la disposition suivante : « Nous voulons et ordonnons qu'estant le 9e jour du mois de Décembre expiré, le lendemain que l'on compteroit le 10 soit tenu et nombré par tous les endroits de notre royaume, le 20e dudit mois, le lendemain 21e, jour auquel se célébrera la *feste Saint-Thomas*; le jour d'après 22e, et le lendemain 23e, et le jour suivant 24e ; de sorte que le jour d'après qui autrement, et selon le premier Calendrier, eut esté le 15e, soit compté le 25e, et en iceluy célébrée et solemnisée la *feste de Noel*, et que l'année présente finisse six jours après ladite feste, et la prochaine, que l'on comptera 1583, commence le 7e jour après ladite feste de Noel....»—Cet édit est daté des 2 et 3 Novembre. *Recueil* d'Isambert, tome XIV, page 519 ; Prost de Royer, *Dict.* tome IV, page 739 ; *Art de vérifier les Dates*, tome 1, page XXXII de la *Dissertation sur les dates*. Voyez ci-dessus au 4 *Juillet* 1564.

1582. — *Novembre 25*. Les échevins rassemblés au bureau de l'Hôpital avec nobles messieurs Edouard Laurent sieur de la Sara, Claude Valleton, Guillaume Roville, Guyot, Antoine Scarron, Jean de Masso, Guillaume Faure, Nicolas Dorlin, tous notables bourgeois à ce appelés, arrêtent que remise sera faite aux Commissaires du roi, des doléances et remontrances délibérées dans l'assemblée convoquée par le Consulat, et tenue au couvent des Célestins le Jeudi 22 Novembre, lesquelles ont été transcrites sur le régistre des actes consulaires.

1582. — *Décembre* 9. Claude de Rubys avoit reçu du Consulat 66 écus 2/3 qu'il avoit employés en habit des champs et en chevaux pour son voyage de Lorette; il y demeura trois mois et plus, et ne voulant accepter aucune indemnité pour ses frais, le Consulat arrêta que l'on offrira à sa femme une chaîne d'or de 100 écus payables sur les deniers qui se lèveront pour les frais de la santé. Antoine de Masso ne voulant aussi rien recevoir pour les écritures et vacations extraordinaires qu'il avoit faites en l'absence de C. de Rubys et pour lui, on lui fit présent de draps de soie pour 100 écus. S.

1582. — *Décembre* 21. Me Pierre Maillet, avocat, prononce l'oraison doctorale. — Le Consulat lui donna 10 écus. S.

1582. — *Décembre* 21. Me Pierre Tollet, docteur médecin, s'adresse au Consulat, et requiert d'être reconnu de ses peines et vacations et de la discontinuation de ses pratiques ordinaires pour vaquer au fait de la santé de la ville, pendant qu'elle a été affligée de peste, et comme l'un des députés de la santé. — Le Consulat, obtempérant à sa demande, ordonne qu'il sera exempt de la cottisation, qui se lève sur tous les habitants de la ville pour le remboursement de la santé. S.

1582. — *Décembre* 26. Le Consulat, en considération des bons et agréables services que rend depuis longtemps sœur Laurence Clément, mère de l'Hôtel-Dieu, nomme Marie Desforges, sa nièce, pour recevoir, lorsqu'elle se mariera, 40 écus sur les deniers destinés à marier des pauvres filles. S.

1582. — Françoise de Clermont-Tonnerre, abbesse de St-Pierre, fait ouvrir, sur le terrain dépendant de son monastère, une rue à laquelle on donna le nom de *Malconseil* ou *Mauconseil*, et qui prit bientôt celui de sa fondatrice qu'elle porte encore aujourd'hui (rue *Clermont*). Voyez *Lyon anc. et mod.*, t. I, p. 82, et ci-après au 4 *novembre* 1599.

1582. — Jean Raze, horloger à Lyon, meurt de la maladie pestilentielle, après avoir appelé à recueillir sa succession l'Hôtel-Dieu et l'Aumône générale, par égale moitié. Dagier, I, 124 et 151.

1582. — Les conseillers-recteurs de l'Hôtel-Dieu acquièrent de la ville de Lyon, les Hôpitaux de S. Thomas et de S. Laurent. Dagier, I, 125.

1582. — Joseph Scaliger vient à Lyon. Du Verdier lui communique son projet de publier une *Bibliothèque françoise*. — C'est de Jules-César, père de Joseph, que sont les vers latins qu'on lisait autrefois dans la cour de l'Hôtel de Ville : *Fulmineis Rhodanus*, etc. C. B., *Mél.*, p. 15.

1583. — *Janvier* 9. Le Consulat, en reconnaissance de l'hospitalité qu'il avait reçue des Célestins, durant la peste, leur fait présent d'un ornement complet à diacre et soudiacre, en velours cramoisi de Lucques, avec les offrois en toile d'argent fin, etc. Prix 111 écus, 22 s., 6 d. S. Voyez ci-dessus, 18 *sept.* 1582.

1583. — *Janvier* 11. *Séance consulaire.* « ...Parce qu'il y a longtemps que l'on a fait vœu public et solemnel de faire quelque don à l'église de Monseigneur S. Claude, au comté de Bourgogne, afin que, par les prières et mérites de ce saint, il plût à Dieu de lever sa main de dessus cette ville, et d'y rétablir la santé affligée de contagion, lequel vœu n'a encore été rendu au grand regret des sieurs consuls échevins, le Consulat arrête de faire don à ladite église de S. Claude d'une chappe de velours cramoisy rouge avec ses offroys en broderie, du prix de 60 écus. » S.

1583. — *Janvier* 11. Le grand nombre d'affaires concernant la ville ne permettant pas aux échevins de conserver l'administration de l'Hôtel-Dieu, le Consulat arrête que cette administration sera confiée à des bourgeois et à des marchands dont la réputation soit déjà la première garantie des pauvres. Ils font choix en conséquence de six notables qui sont : Pierre Scarron, conseiller du roi et trésorier-général de ses finances au bureau de Lyon, Edouard Laurent, seigneur de la Sarra, conseiller du roi et élu en l'élection de Lyon, André Mornieu, aussi conseiller du roi, Antoine de la Porte, seigneur de la Bertha, Guillaume Roville, imprimeur, et Guillaume Faure, bourgeois de Lyon. Dagier, t. I, p. 126.

1583. — *Février* 1. Un marchand étranger qui avoit apporté, à la foire des Rois, quelques peintures, et que les peintres de cette ville avoient voulu empêcher d'étaler en la loge des Changes, pour les vendre, suivant la permission qu'il en avoit eue du Consul de la nation florentine, au louage duquel est cette loge, vint s'en plaindre au Consulat qui fit mander Jean Maignan, peintre, que l'on disoit être celui qui avoit été le plus roide de tous les peintres pour troubler le marchand étranger, et lui fit défenses, tant à lui qu'à tous autres de son état, d'empêcher les étrangers fréquentants les foires de mettre et exposer en vente leurs marchandises en tel lieu de la ville qu'il leur semblera... — Sur quoi Jean Maignan a répondu que lui ni ses compagnons peintres ne vouloient empêcher que les marchands étrangers apportassent des peintures en cette ville, en temps de foire, pour les y étaler ; mais qu'ils ont eu grand regret que, par ce moyen, *la peinture qui souloit être en grande reputation en cette ville, en seroit distraite, parce que les peintures qui sont apportées de dehors sont si lourdes et si mal faites, qu'elles lèvent tout le loz et honneur que ladite ville en a eu jusques ici, par la vente qui en est faite à bon marché aux étrangers venans et frequentans esdites foires.* — On lui répliqua que le fait n'étoit considérable ; car combien qu'il se fabriquât des draps de soie en assez grande quantité en cette ville, si est-ce qu'on ne laisse pas pourtant de permettre aux étrangers d'y en apporter et vendre, et que, si les peintres de Lyon font de plus belles peintures que celles qui sont apportées d'ailleurs, elles seront toujours plutôt recherchées et achetées que les autres, et par ce, lesdits échevins ont réitéré audit Maignan les susdites défenses. S.

1583. — *Février* 1. Claude Arthaud, Barthelemi Bouvet, Jacques Arthaud, Benoit Guillet, Claude Moiroux, Claude Carteret, François Graisseau, Claude Chambard, Claude Mazenot et autres frippiers, présentent au Consulat les réglements de leur métier, approuvés par lettres-patentes du 20 juillet 1582, enregistrées au parlement le 8 janvier suivant; ils requièrent qu'il leur soit permis d'en jouir, même de pouvoir employer du drap neuf, jusqu'à la valeur de cent sous l'aune et non à plus haut prix. Le Consulat consent à l'entérinement des lettres-patentes, et en particulier à cet article spécial. S.

1583. — *April* 9. Le Consulat écrit à MM. les Révérends P. P. présidents du chapitre general de l'ordre de S. Dominique :

« Messieurs, la malice du temps, à nostre tres grand regret, avoit infesté ceste ville autant que aultre de ce royaulme, dont il a pleu à Dieu la purger peu à peu, par les doctes prédications des bons Pères feu Messieurs Mayeur et Pyrrus, lesquelz ont faict tel debvoir que, par la grace de Dieu, nous pouvons dire que les desvoyez de la foy y sont remis, lesquels il est très nécessaire d'entretenir et confirmer par semblables personnages aussi bien zelez qu'eux, qui faict que nous supplions très humblement vostre venerable compagnie de nous faire cette faveur que de nous secourir en ceste necessité par la visite et residence pour un temps, de M. le reverend Pere de Bollo, provincial de vostre ordre en ceste province, pour l'affection et grande opinion qu'à bon droict noz concitoyens ont de luy, et pour l'asseurance que nous avons qu'il y fera un grand fruict, tant pour la confirmation de bons et fidèles catholiques, que pour la reduction des desvoyez, etc. S.

1583. — *Avril* 29. Le Consulat instruit que depuis deux jours la maison de M. Thomé, avocat, a été affligée de peste en la personne d'une servante et de deux enfants, prend, de concert avec M. de Mandelot, différentes mesures pour arrêter les progrès de la contagion. — Le 4 *mai*, on rétablit les bureaux de la santé; le 6, on ouvre une portion de l'hôpital S. Laurent pour y recevoir les pestiférés; on interdit l'entrée du collége des Jésuites aux jeunes enfants abécédaires; le 7, on ouvre le petit hôpital S. Laurent; le 17, on arrête que défenses seront faites aux habitants de la ville d'aller à la vogue de l'Isle, le jour de la fête de l'Assomption; le 28, on député l'échevin Galland, à Chambéry et à Turin, pour informer le duc de Savoye que la contagion a cessé (cependant il restoit, à cette époque, 50 personnes qui achevoient leur quarantaine à l'hôpital de S. Laurent, et, au 17 *septembre*, il y en avoit encore quelques unes qui y avoient été amenées des villages voisins de Lyon).

1583. — *Juin* 16. Les échevins considérant que l'Hôtel de Ville est vis-à-vis l'église de S. Nizier, et que par conséquent ils se peuvent dire les premiers paroissiens de cette église; considérant aussi qu'ils doivent être le fanal de la lumière du menu peuple, ordonnent et statuent par statut et ordonnance perpétuelle et irrévocable, que désormais et à perpétuité, eux et leurs successeurs en l'échevinage, assisteront, vêtus de leurs robes consulaires, le jour de l'octave de la Fête-Dieu, à la procession particulière qui se fait, après vêpres, par la paroisse de S. Nizier.

1583. — *Juin* 16. M. Antoine de Masso, député de ville à Paris, étant de retour, remet au Consulat, entr'autres pièces, 1° les lettres patentes par lesquelles S. M. quitte et remet à la ville de Lyon la contribution aux subvention et autres deniers extraordinaires qu'elle avoit ordonné être imposés sur cette ville, même pour le restant de l'année 1581, montant à 6,666 écus 2/3, ensemble la subvention de 1582, montant à 13,333 écus 1/3 —; 2° les lettres patentes d'exemption d'aubaine pour les marchands étrangers demeurant à Lyon et fréquentant les foires de cette ville —; 3° les lettres patentes de la suppression, au profit de la ville, de l'état et office de general surintendant des deniers communs patrimoniaux et d'octrois de cette ville.

1583. — *Juin* 25. Mort à Paris de Nicolas de Nicolaï, sieur d'Arfeuille, premier et ordinaire cosmographe du roi, auteur d'un ouvrage qui paraît être resté inédit, et dont le manuscrit a pour titre : *Générale description de l'antique et célèbre cité de Lyon*, etc. Voyez ci-dessus, année 1573.

1583. — *Juillet* 4. Le Consulat, sur la représentation qui lui a été faite qu'il y a plusieurs maisons qui ont des cours si basses que les eaux pluviales y croupissent, et d'autres où il y a des puits perdus dans lesquels s'écoulent es eaux, arrête qu'il sera fait commandement à son de trompe aux propriétaires de ces maisons, de boucher les puits perdus, et de hausser les cours pour faire couler les eaux pluviales dans la rue.

1583. — *Août* 27. Henri III arrive à Lyon où lui furent donnés les mêmes *plaisirs et esbats* qu'on lui avoit donnés l'année précédente (1). On en jugera par cette relation extraite des actes consulaires :

« MM. les consuls échevins de la ville de Lyon ayant été assurés par M. Mandelot, gouverneur, que S. M. y venoit, se sont préparés pour la recevoir le mieux et le plus honorablement qu'il seroit possible,... et à ces fins ont ordonné de faire fonds de mille écus pour l'employer tant à la confection d'un bateau dont on feroit présent à S. M., que pour autres frais et depenses.... Le bateau fut rendu parfait dès le 20 aout.... et le 26 dudit mois, ayant su que S. M. étoit arrivée à Roanne, ils députèrent le secrétaire du Troncy pour le lendemain l'aller trouver la part qu'il seroit, aux fins d'entendre de S.M. si son bon plaisir seroit qu'ils l'allassent chercher hors la ville, et où il lui plairoit que l'on fit conduire le bateau.... S. M. commanda qu'on le fit conduire le plus haut qu'on pourroit et par dessus le faubourg de Vaize.... Les échevins avertis que S. M. venoit dîner le 27, firent remonter le bateau jusqu'au lieu de l'Isle par six matelots et un pilote habillés de pied en cap aux dépens de la ville, à la matelotte de sarge de Paris orangée. Ledit bateau fait en forme de frégate d'environ 28 pieds de long et de largeur proportionnée, tout peint par dehors de couleur orange, voire jusques aux rames et timon, auquel timon étoit dépeinte une déesse; la voute duquel bateau, faite à l'impériale, étoit soutenue de dix colonnes de chaque côté; cinq accompagnées de balustres bien tournoyés, peints à l'huile, de couleur orangée, et couverts par le dessus de damas orangé, avec pentes de même étoffe, et par dedans de satin bleu céleste semés de fleurs de lys et des chiffres de S. M. telles et du même blason que celui qui est à l'ordre du St-Esprit. Etoit aussi led. bateau garni des deux côtés de cinq doubles rideaux; le dessus de damas orangé et le devant de satin bleu, garni de leurs franges de fine soye. Tout autour dud. bateau clos, tant du côté de la poupe que de la proue, de mêmes étoffes doubles; et au dessus du bâtiment, tant devant que derrière, y avoit des écussons mi-partis des armoiries de France et de Pologne, avec les deux ordres de S. M. soutenues de deux rouleaux en forme de console, enrichies d'or et d'azur ; tout le fond et les siéges duquel bateau étoient couverts de beaux et fort riches tapis de Turquie, et au bout duquel contre la clôture de la poupe étoit une chaire (siége) toute couverte de velours orangé, semé de grandes fleurs de lys d'or de relief. Les six matelots et le pilote ont demeuré dans ledit bateau tout le temps que S. M. a été en cette ville, pour la conduire où il plairoit à S. M. d'aller. Etant doncques S. M. entrée dans ledit bateau qu'elle trouva fort beau, elle descendit par la Saône jusqu'à la cathédrale où elle ouit les vespres en fort grande dévotion, et après rentra en son bateau et remonta au logis de M. de Mandelot, qui avoit été préparé magnifiquement pour la recevoir... Le lendemain (dimanche 28), S. M. alla ouir la messe en la chapelle de la confrérie des Pénitents, où elle retourna pour les vespres, après lesquelles étant en son logis, les sieurs échevins *se prosternèrent de genoux* à ses pieds, et lui fut dit par Me Claude de Rubys que la ville se réjouissoit grandement d'avoir le bonheur que de voir son roy pour le désir qu'elle avoit de recevoir ses commandements, aux fins qu'en les exécutant, elle lui fit apparoir par effet la dévote affection qu'elle avoit envers S. M. de lui être pour toujours

(1) Rubys, p. 434. J. Morin, t', 282. Voyez ci-dessus *août* 1582, et ci-après *août* 1584.

fidelle et obeissante. A quoy il fit réponse qu'il étoit assez assuré de leur bonne volonté, en laquelle il les exhortoit de persévérer, les assurant, de sa part, qu'ils le trouveroient toujours très bon roy, pour les reconnoître et gratifier de tout ce qu'il pourra. — L'après dînée du lundy ensuivant, S. M. reçut une fort belle et somptueuse collation au logis de M. de Servieres (M. Antoine Grollier) qui lui avoit été préparée par M. de Mandelot, où il y eut bal auquel les plus fameuses et plus signalées dames et damoiselles de la ville furent priées, et s'y trouvèrent fort modestement habillées. — Le mardy 30, Mgr Dapinac, archevesque de Lyon, *feit le bal* et donna la collation à S. M. et aux seigneurs de sa cour, ensemble aux dames susdites, en sa maison archiepiscopale. — Je ne veux omettre à dire que beaucoup de grands seigneurs vinrent baiser les mains à S. M., comme Mgr le grand prieur de France, gouverneur et viceroy de Provence, accompagné d'un bien bon nombre de la noblesse provençale auquel sieur grand prieur, S. M. bailla à son partement son dit bateau garni et équipé comme dessus. Vint aussi M. de Maugiron, gouverneur de Dauphiné, suivi de M. de Lessins, son frère, et de force noblesse dudit pays de Dauphiné qui voulurent faire marquer leurs logis es maisons bourgeoises de la ville : à quoy ils furent empêchés par les sieurs échevins, et furent contraints de loger es hotelleries communes, sauf M. de Maugiron et son fils, MM. de Lessins et de Tournon, qui étoient en la troupe. M. de Randon, gouverneur d'Auvergne, y vint avec 25 chevaux de poste. — Le mercredy, dernier jour d'aoust, S. M. reçut, après dîner, la collation qui lui avoit été préparée par M. de la Manthe, en sa citadelle. — Le jeudi 1er septembre, la nation florentine, demeurant en la ville, prépara le bal et la collation en l'hôtel du Peyrat, vulgairement appelé *le Plat*, et ladite collation faite, S. M. alla voir le passe temps de la *balle forcée*, qui fut chose plaisante et recréative ; car ils étoient environ 150 jeunes hommes dont la moitié étoit habillée de pourpoints et chausses de satin incarnat, le bonnet de velours avec le *plumail* de même, et aussi des bas de chausses de soye de ladite couleur, et les autres de pourpoint et chausses de satin blanc avec les bonnets et les bas comme dessus, les enseignes des mêmes couleurs et les tambours et les trompettes aussi. — Le vendredi 2 dudit mois, la ville fit le bal et la collation à S. M., et à tous ceux qui se voulurent trouver dans la maison archiépiscopale, parce que l'Hôtel de Ville se trouva trop petit pour recevoir si grand nombre de personnes. Cette collation fut jugée la plus belle et la plus riche qui eut encore été faite. Il y eut une si grande abondance de confitures que environ 15 douzaines de tasses de terre blanches y furent *deserrées* qui avoient été prises ou rompues, sans celles qui restèrent. — Le samedy 3, la nation lucquoise donna la collation et fit le bal en la maison archiépiscopale, comme firent, au même lieu, les nations génoise et milanoise, les dimanche et lundy suivants. — Le mardy, mes damoiselles filles de M. de Mandelot mirent fin au bal et à la collation par une bien belle et fort exquise, que ledit sieur leur père, en leur nom, fit audit logis archiépiscopal, parce que le mercredy ensuivant, 7 dudit mois, S. M. partit pour s'en retourner trouver la royne, sa compagne, à Bourbon. A son partement, lesdits sieurs échevins luy baisèrent très humblement les mains, et la supplièrent de les excuser s'ils ne l'avoient pas reçu comme sa grandeur et sa bonté le méritoient : ce qui ne procédoit de mauvaise volonté, mais du peu de moyens que la ville avoit, laquelle est tant endettée qu'il sera bien difficile qu'elle se puisse jamais acquitter. A quoy S. M. fit réponse qu'elle étoit fort contente et grandement satisfaite de la réception et bon accueil qu'elle avoit eu en ladite ville, et de l'affection qu'elle avoit connue auxdits échevins, dont elle se souviendroit toute sa vie, et leur

feroit connoître qu'elle aime ladite ville entre toutes les autres de son royaume.
— Or, en ce petit discours, l'on a omis les passetemps qui lui ont été baillés tant le jour que la nuit, sur la rivière où elle reçut un fort grand plaisir, comme aussi ez fruits qui lui ont été envoyés jusqu'à l'Arbresle, après son partement, et qui lui furent présentés par le sieur Galland, un des échevins à ce commis. — Le roy fit présent du bateau à Mgr le grand prieur de France, *son frère bastard.* S.

1583. — *Septembre* 26. Les communications avec la ville de Lyon ayant été interrompues à cause de la maladie pestilentielle, la Savoie désire être informée si elles peuvent être rétablies sans danger, et elle députe à Lyon M. Crassus, avocat. Cet envoyé prend lui-même les informations qu'il juge nécessaires, et, quoiqu'il en soit satisfait, il demande et obtient le certificat suivant, que nous transcrivons textuellement : « Nous recteurs et administrateurs de l'Hostel-Dieu du pont du Rhône de la ville de Lyon, certifions et attestons à tous seigneurs et magistrats qu'il appartiendra, que depuis le commencement du moy de May dernier, que la maladie contagieuse de peste se print aud. Hostel-Dieu, de laquelle seroient decedez trois paouvres personnes et trois aultres qui en auroient été attainctes, qui sont, Dieu graces, pareillement saines, et revenues, aud. Hostel-Dieu, de celui des infectez de lad. ville, où ils ont été pensez et medicamentez, et ny est, par la bonté et miséricorde divine, advenu, depuis led. temps, aulcun accident delad. contagion descouverte; lesquels sortiz d'icellui Hostel-Dieu ont été mis en lieu où ils ont exactement faict la quarantaine. Et en après, tous les murs d'icelluy bien et deument parfumez et blanchiz, tous lesdicts paouvres y seroient aussi retournez : de sorte que led. Hospital a toujours esté indifferemment fréquenté, comme il est encore par toutes personnes depuis le commencement du moys de juillet dernier que nous y avons ordinairement assisté, tous les jours de dimanche, en notre bureau, pour y traicter et conférer des affaires, et notamment cejourd'huy sortant dud. bureau que nous avons trouvé, dans ledit Hostel-Dieu, M. l'advocat Crassus, député de la part de MM. les magistrats de la santé de çà les montz, pour s'informer de l'estat de la santé de cette ville, auquel a esté accordé la présente certification. Faict aud. Hostel-Dieu par nous Edoard Lorans, docteur ez droictz, seigneur de la Sarra ; André Mornieu, conseiller du roi et esleu en l'eslection du Lyonnois ; Guillaume Faure, Loys Prost et Jehan Chazottes, recteurs et administrateurs susdits ; ce dimanche vingt-sixième jour de septembre lan mil cinq cent quatre-vingt et troys, avant midi. En tesmoinz de quoy, nous avons faict signer la présente par le commis du greffier dud. bureau, et y apposer le scel autenticque des armes de lad. ville de Lyon. » — Vers le même temps, Jacques Pean, chirurgien de l'Hôtel-Dieu, reçoit, outre ses gages, la gratification de dix écus d'or soleil, pour avoir constamment donné ses soins aux malades atteints de la contagion, et s'être exposé aux plus grands dangers. Une semblable gratification fut donnée à Pierre de Heyden, apothicaire du même hospice. Dagier, I, 133-5.

1583. — *Octobre* 2. Henri III avait ordonné au Consulat d'acheter, pour les abattre, deux maisons, afin d'agrandir la place du Change. La conclusion du marché ayant éprouvé quelques difficultés de la part de l'archevêque et du Chapitre, qui y avait une directe, le peuple en fut tellement irrité qu'il se souleva et abattit les deux maisons. Les procédures auxquelles cette violence donna lieu furent terminées par un arrêt du conseil, en date du 17 avril 1584, qui fixa à 8000 écus l'indemnité due à l'archevêque et au Chapitre, et ordonna que la valeur des maisons démolies serait appréciée par des experts. Rubys, p. 434 ; Cochard, *Descript.*, p. 266.

1583. — *Décembre* 16. M⁰ Pierre Bullioud, procureur du roi, dans une assemblée générale tenue à l'Hôtel de Ville, au sujet de la place du Change, se plaint de diverses prétentions du Chapitre de Lyon dans la Ville, entr'autres de celle d'exclure de sa compagnie les bonnes familles de Lyon. S.

1583. — *Décembre* 18. *Election des échevins.* — M⁰ Claude de Rubys procureur général, a remontré que, auparavant que les villes fussent bâties, les hommes vivoient de rapines, tellement que les plus forts subjuguoient les foibles; que, pour se rédimer de cette violence, ils commencèrent à s'assembler à petites troupes, puis en de plus grandes, et, en après, à faire des petites loges et maisons de terre et de bois, pour se munir contre l'injure du temps : ce qui fut un commencement de faire, en après, des villes et cités closes, lesquelles avoient été appelées *Cités*, à cause de l'union et concorde des habitans. A ce sujet, il expose que l'union et la concorde ont été la force des villes et des états. Ainsi, Rome commença à déchoir par les guerres civiles de Marius et Sylla, de Cesar et Pompée, etc. Il rappelle l'histoire de Ménénius Agrippa rapportée par Tite-Live, etc. Et parce que, de toute ancienneté, le peuple a le privilège et autorité de pouvoir élire, à tel et semblable jour qu'aujourd'hui, des Consuls échevins pour avoir l'intendance des affaires de la Ville, comme pères du peuple, il invite l'assemblée d'y vaquer diligemment, et sans acception de personnes, etc.

1583. — *Décembre* 20. Le Consulat fait payer 10 écus pour l'agencement et réédification de la recluserie de S. Epipoy, ruinée par les troubles de 1562, et de présent restaurée pour l'habitation d'un pauvre hermite.

1583. — *Décembre* 21. M⁰ Fournel, avocat, prononce l'Oraison doctorale, et reçoit de la Ville 10 écus d'or sol.

1583. — PUBLICATIONS : — *La Pratique de l'orthographe françoise*, etc., par Claude Mermet. Lyon, imprimerie de *Basile Bouquet*, 1583, in-16 (1). — A la page 109 et suiv., se trouve un *Dialogue de deux escoliers qui demeurent à Lyon. Christofle Solicofre, de Sainct-Gal en-Souysse, et Claude de la Guiolle, de Sainct-Chaumont en Lyonnois.* En voici le commencement:

CHRISTOFLE. Bon jour, Claude.

CLAUDE. Dieu vous doint bon jour, Christofle; où vous en allez-vous si matin ?

CHRISTOFLE. Je m'en vay en place de Belle-Cour, pour y voir piquer des chevaux par un escuyer italien nouvellement venu en cette ville, lequel s'en acquitte fort dextrement. Et vous qui estes levé aussi matin que moy, de quel costé tirez vous?

CLAUDE. Je voulois aller chercher le messager pour envoyer une lettre à Paris.

CHRISTOFLE.... Attendez à demain que nous l'irons trouver à son lever.... Cependant allons nous promener...

CLAUDE. C'est à la charge que nous irons desjeuner ensemble à notre retour.

CHRISTOFLE. Cela s'entend.

CLAUDE. Voicy une belle ville : mais je trouve ceste rue Merecire bien estroite.

CHRISTOFLE. Elle se pourra bien eslargir avec le temps. Ne voyez-vous pas que quand on y rebastit quelque maison, on la recule assez arrière pour la rendre plus spacieuse?

(1) Voyez sur Claude Mermet, la *Biogr. lyonn*, et les *Mélanges* de M. Breghot, *passim*.

CLAUDE. Je voy là une maison extremement haute. Je pense qu'un médecin doit bien gagner son teston (1) pour monter à la plus haute chambre.

CHRISTOFLE. Je croy qu'oui : un pauvre gaigne-denier gaigne bien mieux ses deux liards, pour y porter une charge de fagots.

CLAUDE. Tenez, en voilà une autre qui sera belle quand elle sera achevée : je croy que celui qui la fait bâtir doit estre bien riche.

CHRISTOFLE. Avez-vous compté son argent ? Ne sçavez-vous pas que là où l'on pense quelquefois estre les chappons gras l'on n'y trouve pas seulement des plumes, etc.

1583. — *Sommaire traitté des melons....* par Jacques Pons, Lyonnois, D. M. A Lyon, par *Iean de Tournes*, imprim. du roy, MDLXXXIII, pet. in-4°, dédicace à Henri III. — La B. du roi possède un exemplaire de ce livre, imprimé sur vélin. Cet exemplaire est celui qui a été présenté au roi. Van Praët, 1er *Catal.*, III, 61.

1584. — *Avril* 13. Le Consulat, averti d'un nouvel impôt que le roi a mis sur les cartes et les dés qui se fabriquent en son royaume, arrête qu'il se rendra opposant à la vérification des lettres relatives à cet impôt. — Son principal motif est qu'il existe à Lyon cinq ou six cents personnes employées à la profession des cartes, et que si l'impôt avoit lieu, elles se retireroient à Montluel.

1584. — *Avril* 17. Le Consulat met au ban les villages d'Eyrieu, en Dauphiné, et de Brindas et Vaugneray, en Lyonnois, à cause de la contagion dont ils sont affligés.

1584. — *Juin* 4. Le roi, sur la présentation du Consulat, nomme Antoine Thomé (avocat), prévôt des maréchaux en la province du Lyonnois, en remplacement de feu Jean Ravot.

1584. — *Juin* 18 Le Consulat ayant convoqué les deux maîtres de chaque métier de la ville, la plupart y comparurent, et le sieur Scarron, président, leur exposa qu'il y avoit environ 5 mois que l'on publia en cette ville l'édit du roi portant l'établissement des *maîtrises* de tous arts et métiers ès villes de son royaume non jurées à l'instar de Paris et autres villes jurées, avec l'ordre que S. M. veut désormais être tenu à la réception des compagnons artisans esdites maîtrises, à laquelle publication les consuls-échevins, comme pères du peuple, protecteurs et défenseurs d'icelui et des privilèges de cette ville, se seroient dès-lors formellement opposés et auroient baillé leurs causes d'opposition, sur lesquelles ils avoient été renvoyés au roi par MM. du Présidial de Lyon; qu'ils avoient expressément envoyé par devers S. M. deux d'entr'eux..., pour obtenir l'exemption de l'execution dud. édit; ce qu'ils n'avoient pu faire, quelques requêtes et remontrances qu'ils aient sur ce faites; à cause de quoi les commissaires députés pour cette exécution se sont naguère mis en devoir de procéder avec toute rigueur..., ayant commencé par les *apothicaires*, qu'ils ont voulu contraindre au payement de ce à quoi ils sont taxés (*quinze écus par tête*); ce que désirant empêcher, les sieurs échevins auroient moyenné la sursoyance de ladite exécution jusqu'au 20 de ce mois, pour, cependant, faire la présente assemblée desdits maîtres des métiers, qu'ils ont priés et exhortés d'aviser entr'eux quels moyens il y auroit à tenir pour satisfaire à la volonté du roi, notre souverain seigneur, sans toutefois altérer ni préjudicier aux an-

---

1) Environ 60 centimes de notre monnaie.

privilèges et libertés de la ville ; leur remontrant que, puisque tel est le vouloir de S. M. d'être secourue en la nécessité de ses affaires des deniers provenant de l'exécution de son édit, il seroit bon de recourir de nouveau à S. M. et lui remontrer la grande pauvreté des artisans, et néanmoins lui faire connoître la devotion que cette ville a de lui être toujours et à jamais, comme elle a été de tout temps très-fidelle, et les habitans d'icelle très-obéissans sujets, lui faire quelque honnête offre pour obtenir ladite exemption.... Pour quoi faire, seroit bon que lesdits métiers se cottisassent, le fort comme le faible ; qu'il falloit espérer que la ville y put pourvoir de ses deniers communs, étant, comme on sait, endettée de cent et tant de mille écus portant intérêt.

Cette proposition faite..., les convoqués se sont retirés en une chambre à part pour en conférer ensemble ; après laquelle conférence ils ont rapporté qu'il y a longtemps que, par semblables édits, et par d'autres moyens non jamais usités, les pauvres sujets du roi ont été opprimés et foulés, et que S. M. n'ayant aucune guerre ni autres urgentes affaires qui la puissent mouvoir à prendre sur lesdits sujets plus qu'ils ne peuvent supporter, ils ne voient pas qu'il y ait occasion de les forcer et contraindre par le moyen dudit édit, contre et au préjudice des privilèges et libertés de le ville, et que *plutôt ils fermeroient boutique, tant qu'ils y sont, voire se retireront hors du royaume,* comme la plupart d'entr'eux en sont recherchés par les étrangers, *que de payer aucune chose en vertu dudit édit,* lequel tant s'en faut qu'il apporte aucune police ou réglement à cette ville, et qu'elle en soit illustrée ou bonifiée de bons maîtres artisans ; que, au contraire, ce seroit un moyen de la peupler d'ouvriers ignares et du tout *bestes* en leurs arts et métiers, parce que, pour de l'argent, ils sont fait maîtres où ils ne seroient pas dignes d'être apprentifs ; et néanmoins où ils verroient et connoîtroient que le roi fut en une bien grande nécessité, que Dieu ne veuille permettre, ils lui sont tels et si loyaux sujets qu'ils vendroient plutôt jusqu'à leurs chemises qu'ils ne le secourussent ; mais la nécessité ne se présentant comme elle ne fait, ils supplient très-humblemen S. M. de les en excuser et les conserver en leurs privilèges ; requérant lesdt sieurs échevins, comme leurs vrais et légitimes tuteurs, d'en faire les remonstrances à S. M. : et parce que cette résolution et reponse a été faite au nom de tous par le sieur Simon Mabire, marchand drapier, tous les comparans l'ont approuvée, et chacun d'eux pour son métier particulièrement a opiné ainsi qu'il est ci-après sommairement rapporté :

Ledit sieur Mabire (au nom des *drapiers*) déclare qu'il ne peut se départir de la résolution prise... ; néanmoins que pour son particulier, il désireroit que l'on en vînt à quelque composition honnête.

Mathieu Madieres, aussi marchand *drapier*,... qu'il n'est pas d'avis que l'on fasse aucune offre, mais que l'on doit plutôt fermer boutique.

Mᵉ Jean Grégoyre, *notaire et tabellion royal,* pour ceux de son estat et profession : que l'édit ne les concerne en rien, parce qu'ils ne sont du nombre des artisans compris en cet édit ; que s'il a comparu, ça été pour obéir au commandement du Consulat, au mandement duquel, comme concitoyen, il se présentera toujours, et cependant ayant assisté à cette conférence, il ne peut se départir de la résolution prise en icelle.

Le sieur Evrat Perrot, pour les *marchands épiciers,* que frustratoirement et hors de raison on avoit appelé ceux de son estat pour opiner en ce fait, parce que leur estat n'est et ne fut oncques sujet à maitrise ni à faire aucun chef-d'œuvre,... et neamoins, comme habitant d'une ville privilégiée, il est d'avis que l'on doit insister par tous moyens de ne payer aucune chose en vertu dud. édit.

Les autres comparans qui ont délibéré sur le fait proposé, ont si confusément opiné que leurs noms et prénoms n'ont pu être pris, mais leurs opinions ont été sommairement rédigées ; — Assavoir :

Celle des chirurgiens: Que, de tout temps et ancienneté, les chirurgiens ont été reçus en cette ville maîtres de leur estat et profession par un chef-d'œuvre qu'ils ont accoutumé de faire, soit en la fabrique de leurs *ferremens et coustels* desquels ils s'aident, soit aussi à la saignée qui leur est proposée, comme par un examen rigoureux des medecins et de ceux qui ont été passés maîtres en chirurgie ; esquelles choses celui qui a, par le passé, voulu etre reçu pour maître chirurgien ne s'étant pas trouvé capable, a été envoyé à l'école ; ce qui a causé jusqu'à présent que cette ville a eu de bons et suffisans maîtres en l'art de chirurgie ; mais si l'édit a lieu, la voilà incontinent peuplée, non pas de chirurgiens, mais de *grosses bestes ignorantes*, qui, pour de l'argent qu'ils auront financé pour leur maitrise, envoyeront incontinent un pauvre malade ulceré au sepulchre, et par ce protestent pour tous leurs compagnons maîtres chirurgiens, qu'ayant lieu ledit édit, de fermer leurs boutiques et se retirer ailleurs.

Les *apothicaires :* Que la maitrise en leur art ne peut provenir de l'octroi et bénéfice du prince, mais d'une longue expérience qu'ils ont eue de la nature des simples et des drogues, ensemble de la composition et mélange qui s'en fait par ordonnances des médecins pour la cure des corps humains vexés et atténués de maladie. Ce sera donc une grande sottise, voire un grand danger à un malade, de prendre pour sa cure un jeune maître passé pour argent qui n'aura été que bien peu de temps chez un maître ancien apothicaire, où il n'aura appris pour le commencement qu'à porter et donner un clistère et à rouler six ou sept pilulles d'une masse composée. Par ainsi ne sont d'avis que led. édit soit exécuté pour leur regard, mais plutôt se soumettent-ils à fermer boutiques.

Les *imprimeurs* (1): Qu'il n'y a ville en France, quelle qu'elle soit, jurée ou non, en laquelle les imprimeurs fassent *chef-d'œuvre* (2), par ainsi ne doivent être compris aud. édit, et par ce sont-ils resolus de ne rien payer, mais plutôt de se retirer ailleurs, comme d'autres de leur estat ont fait depuis quelques années.

Les *orfèvres :* Que l'estat d'orfèvrerie est de si peu de profit en cette ville, que la plupart d'entre eux mal aisement peuvent vivre et s'entretenir, vu les grandes charges que les habitants de la ville ont ordinairement sur les bras, et ne peuvent penser que le subside que l'on demande à tous les métiers soit levé pour le bien et service du roi, d'autant que, par la grace de Dieu, la nécessité des affaires ne l'y contraint, mais que *c'est plutôt pour satisfaire à quelque importun courtisan* qui ne considère pas la pauvreté du peuple et des

---

(1) Les maîtres du métier d'imprimeur de cette année étaient *François Durelle* et *Nicolas Guerin*, ils figurent comme tels dans le syndicat du mois de décembre 1583.

(2) » *Chef-d'œuvre* signifie, chez les artisans, un ouvrage qu'ils font pour faire preuve de leur capacité dans un métier où ils veulent se faire passer maîtres. Tous les aspirants à la maitrise subissent cette espèce d'examen dans chaque métier, en présence des Jurés; *artis specimen*... Le chef-d'œuvre des *Selliers* est un *arçon à corps;* celui des *Boulangers* est du pain *broyé;* celui des *Savetiers*, un *soulier qui se retourne ;* celui des *Maçons*, une *pièce de trait ;* telle qu'une descente biaise par tête ou en talus qui rachète un berceau ; celui des *Charpentiers*, la *courbe rampante d'un escalier à vis bien dégauchie;* celui des *Serruriers*, une *serrure de coffre-fort*, ou quelque *panneau de rampe d'escalier;* celui des *Menuisiers*, une armoire ou *coffre moderne à fonds de cuve*, etc., etc. Mais on dit que le principal point est de bien *arroser le chef-d'œuvre*, c'est-à-dire, de faire bien boire les Jurés... » Dictionnaire de Trévoux.

bons et loyaux sujets de S. M., à cause de quoi ils sont résolus de ne rien payer, mais plutôt fermer boutique et se retirer ailleurs.

Les *pelletiers* : Que chacun sait que leur métier est rejeté comme inutile et infructueux sept ou huit mois de l'année; ce qui cause que, durant ce temps-là, ils mangent et consomment le peu qu'ils ont pu gagner les quatre autres mois : ce qui les réduit à une telle extrémité et indigence qu'ils ne sauroient, quand ils le voudroient, secourir le roi de *cinq sous par teste*, requérant pour ce d'en être exemptés.

Les *potiers* : Que leur métier est si pauvre, d'autant qu'ils ne mettent en œuvre, si non matière venant *d'estrange pays*, qu'ils achettent à deniers comptans ou en *obligations aux estrangers*, que tout le profit qu'ils font consiste en leur façon et manufacture qui leur demeure quelquefois deux ou trois ans sur les bras, et encore sont-ils contraints bans plus souvent pour s'en défaire de la bailler à crédit... Par ainsi ne peuvent fournir ni payer aucune chose pour se faire maîtres d'un métier *qu'ils ne savent que trop*.

Les *hosteliers* : Qu'ils ne savent ni ne peuvent imaginer, quand ils voudroient être passés maîtres à la rigueur, quel chef-d'œuvre l'on voudroit qu'ils fissent, mais, quoiqu'il en soit, ils ne peuvent être compris en ce tant bel édit des maîtrises, parce qu'ils sont déjà maîtres passés pour de l'argent qu'ils ont financé. Par ce ne veulent plus rien payer.

Les *boulangers* : Que l'on tient tant souvent à la police où ils consomment par amendes la pluspart de ce qu'ils peuvent gagner, qu'il est impossible qu'ils puissent rien fournir au roi, et que tout le profit qu'ils font pour entretenir eux, leurs femmes et familles, *n'est seulement que le son de leur farine*.

Les *Tancurs* : Que chacun sait que leur état est si petit et de si peu d'estime en cette ville, qu'ils ne sont que 5 ou 6 qui l'exercent, parce que tous les cuirs que l'on met en œuvre dans cette ville viennent du dehors, et sont donnés à meilleur prix à cause des *estoffes* qui leur sont beaucoup plus chères qu'aux estrangers, si bien qu'ils sont tous pauvres, et n'ont moyen de secourir le roi quand ils voudroient bien.

Les *chapeliers* : Qu'ils sont tous pauvres artisans chargés de femme et enfans et de plusieuss serviteurs, n'ayant aucun moyen de financer pour se faire maîtres du métier qu'ils savent bien; que si on les y veut contraindre, ils se resolvent de *prendre le parti qui leur est offert par les Milanois* et autres étrangers qui les recherchent pour les retirer en leurs provinces avec grands privilèges et libertés.

Les *peintres* : Qu'il n'y a prince au monde qui pour argent ni autrement pût faire un maître de leur état, et que CETTE MAITRISE PROCÈDE DU SEUL DIEU. Pour ce, ne sont résolus d'acheter *une chose que l'on ne peut ni vendre ni donner* (1).

Les *cartiers* : Que loin qu'ils ayent la volonté d'acheter leur maîtrise, ils ont au contraire résolu entr'eux de se retirer hors du royaume à cause du *subside* que le roi a mis depuis peu *sur leurs cartes*, lequel subside excède le prix ordinaire des cartes; car les vendant en gros, ils n'en tirent qu'un sou par jeu de cartes, et le roi en veut avoir trois blancs (un sou trois deniers).

Les *selliers* et *coffretiers* : Que .... la maîtrise d'un métier doit être acquise par une longue expérience et non par argent, etc.

---

(1) Les maîtres du métier de peintre de cette année étaient *Nicolas Durand* et *Pierre Carra*.

Les *charpentiers :* Que s'il y a métier au monde hazardeux et périlleux, c'est le leur, étant ordinairement en danger de se couper une jambe d'une doloire, ou de se rompre le cou, tombant d'un toit d'une maison en bas, et seroit bien pauvre récompense de leur vie tant hazardée de leur faire acheter l'exercice de leur métier; ce qu'ils ne feront jamais.

Les *bouchers :* Qu'il leur semble qu'*il n'y a pas grande maitrise à escorcher des veaux* et autre bétail, ce qui fait qu'ils sont en si grand nombre, parce que chacun s'en veut mêler; que à grand peine peuvent-ils vivre; et par ce ne peuvent ni veulent du tout rien payer.

Les *fourbisseurs :* Que l'on sait bien que depuis que les guerres d'Italie et de Piémont ont été pacifiées, il n'y a eu aucun passage par cette ville, et que leur ouvrage n'en sort point pour être transporté en pays étranger, où il y a d'aussi bons et meilleurs ouvriers qu'eux; qu'ainsi ils ne peuvent financer aucune somme pour acheter une maitrise en laquelle la plupart d'eux meurent de faim.

Les *aiguilletiers:* Que la meilleure preuve de leur pauvreté, c'est de voir dans les registres de l'aumône générale de la ville, ou plus des trois quarts prennent par nécessité ladite aumône.

Les *peyroliers :* Que leur métier et peu de chose, et la plupart du temps ils ne font rien de leur état auquel il ne gît pas grande maitrise.

Les *tailleurs d'habits :* Qu'ils sont en si grand nombre que la plupart n'a rien à faire; que les étrangers apportent leurs habits de leurs pays, et même les y font faire en leur absence, à cause des draps de soye qu'ils y ont à meilleur marché qu'ici. etc.

Les *éperonniers :* De tous les métiers de la ville, le leur a été, de tout temps, le plus pauvre; ils seront désormais contraints ou de quitter la ville ou de gagner autrement leur vie.

Les *serruriers :* Que de toute ancienneté leur métier est juré, non-seulement en cette ville, mais en toutes les autres villes non jurées, où il faut que les ouvriers soient jurés et passés maîtres, non par argent, lettres-patentes ou prestation de serment, mais par un *brave chef-d'œuvre*, autrement les apprentifs seroient maîtres; ce qui causeroit une infinité de larrons, d'autant que les serrures qu'ils feroient des coffres, caisses, cabinets, etc., pourroient être aisément ouvertes avec un clou recourbé.

Les *fondeurs :* n'ayant presque pas d'ouvrage, ne savent comment vivre.

Les *menuisiers :* Que leurs ouvrages sont de si long travail qu'il est mangé avant d'être fini; que les loyers et les vivres sont fort chers à Lyon, et encore plus *les ais ou posts* qu'ils emploient, parce qu'ils sont *arrisquez* par les revendeurs, charpentiers, etc.; à quoi il seroit plus nécessaire de pourvoir que de leur demander une chose qu'ils ne peuvent ni ne veulent bailler.

Les *épingliers :* Que leur métier est l'un des plus bas et abjects, et où il y a le moins de profit, parce que depuis 4 ou 5 ans les meilleurs maîtres *se sont retirés à Nantua* et autres villes de Savoye où ils ont les marchandises et les vivres à meilleur marché; et si l'on veut contraindre ceux qui sont encore en cette ville, ils seront forcés de se retirer ailleurs.

Les *revendeurs :* Qu'ils sont très-pauvres, la pluspart ne pouvant payer ses loyers, et ne peuvent acheter une maitrise qui n'est point nécessaire en leur profession.

Les *taverniers :* Qu'ils ne sauroient imaginer à quel chef-d'œuvre on les voudroit assujettir, et que, malgré eux, on les a déjà passés maîtres aux dépens de leurs amis dont ils ont emprunté la finance.

Les *pâtissiers :* Qu'encore qu'ils ne soient taverniers, on les a toutefois ci-devant contraints à financer avec eux; que de leurs denrées la plus part leur reste, et sont le plus souvent contraints de manger les restes, et ainsi ils mangent et leur sort principal et leur industrie, etc.

Les *trippiers :* Qu'ils ne sont que 7 ou 8, parce que leur métier est si sale que peu le veulent exercer : aussi est-il si pauvre que le plus souvent ils ne peuvent payer leurs loyers.

Les *meuniers :* Que si on les forçoit de payer quelque somme pour faire leur métier, ce seroit les contraindre à y malverser; à grand peine peuvent-ils gagner pour payer la ferme des moulins.

Les *tisserands :* Qu'en vain on les rechercboit de payer quelque finance ; à peine peuvent-ils vivre du peu de toile qu'on leur baille à faire; que si chacun d'eux avoit 5 ou 6 écus en bourse, ils les emploiroient en filets pour travailler lorsqu'ils choment, à faulte de besogne.

Les *laboureurs :* Que s'il y a état en ce royaume qui soit travaillé et foulé de subsides, c'est le leur; que de les passer *maîtres en un état que tout le monde peut faire,* si l'on vouloit s'y employer, *ce seroit se moquer du métier mesme.*

Toutes les opinions baillées par forme de remontrances, les comparans artisans ont prié le Consulat d'embrasser la protection de leur cause, et de la faire entendre au roi qu'ils savent être très-bon maître et très-pitoyable prince, afin qu'il lui plaise, par sa bonté et clémence, avoir pitié de son pauvre peuple, et de non-seulement l'exempter de l'exécution de l'édit, mais de le décharger aussi de tant d'autres impôts et subsides; à quoi les échevins ont répliqué qu'ils savent et connoissent fort bien que leurs raisons sont plus que pertinentes; aussi ont-ils fait tout ce qu'ils ont pu pour empêcher la publication et l'exécution de l'édit, voire jusqu'à envoyer deux de leur corps, personnages signalés, vers S. M., pour lui présenter de très-humbles remontrances,... auxquelles l'on n'a eu aucun égard au conseil de S. M.; ce qui montre bien que la nécessité de ses affaires contraint son bon naturel de vouloir poursuivre ladite exécution; et parce trouveroient bon que pour y remédier, l'on procédât par quelque médiocre composition, à laquelle ils ont exhorté les comparans de vouloir entendre; mais, *tous, d'une voix confuse ont dit qu'ils ne peuvent ni ne doivent faire aucune chose que ce qu'ils ont résolu en leur conférence: qui est de fermer leurs boutiques et de se retirer ailleurs, plutôt que de payer aucune chose.* S. Voyez ci-dessus, *année* 1581, *ad calcem*

1584. — *Juin* 21. *Séance consulaire.* Les échevins, désirant rétablir les bonnes et louables coutumes qui, de toute ancienneté, ont été observées à Lyon, et entre autres celle de faire un feu de joie sur le pont de Saône toutes les vigiles de la fête de la Nativité de St-Jean-Baptiste, comme l'on faisait avant les premiers troubles de l'année 1562, depuis lesquels, « cette tant belle coûtume a été discontinuée, *Ordonnent* que désormais, en reprenant ladite coûtume, l'on élévera, chacune veille de St-Jean, une pyramide de bois en laquelle le feu sera mis par le gouverneur pour le roi, et par l'un des échevins pour la ville; il est aussi arrêté que tous les échevins y assisteront en corps avec leurs robes consulaires. » S.

1584. — *Juillet* 10. M. Scarron rapporte au Consulat que, depuis peu de jours, M. de Mandelot lui avoit dit que, désirant honorer et gratifier la ville qui avec le nom porte les armoiries d'un lion, il avait recouvré *un jeune Lionneau,* grand à merveille, selon son temps, lequel il a voué à lad. ville, aux fins qu'à l'instar d'autres villes qui ont pour amoiries de semblables animaux, elle le nourrisse en quelque lieu séparé, comme lui-même l'a fait nourrir, en sa maison. Mais parce que le Roi lui a fait entendre

qu'il seroit bientôt en cette ville, et qu'il vouloit loger en sa maison, il falloit par nécessité que cet animal en fut sorti de bonne heure, parce qu'il espère que S. M. sera ici au commencement du prochain mois d'Août. — Il a été avisé de remercier très humblement M. de Mandelot, et en même temps de le prier de considérer la pauvreté de la ville et les grandes dettes qu'elle a sur les bras qui la doivent excuser de faire ce qu'elle voudroit et désireroit pour l'amour et souvenance perpétuelle de lui.... Que la nourriture de ce lion ne pourroit être moindre de 20 écus par an, y compris les gages, nourriture et entretien de son gouverneur, et que d'ailleurs le roi ne le trouveroit pas bon, « attendu que lui-même pour espargner telle dépense superflue et
« inutile, a faict tuer tous telz et semblables animaux, que ses prédécesseurs
« roys par curiosité avoient entretenus, et le pourroit encore trouver plus
« mauvais, en tant qu'il sembleroit que cette ville se voulut conformer et
« égaler à celle de Berne et autres qui sont érigées en républiques souveraines,
« lesquelles nourrissent par ostentation les bestes qu'elles ont pour armoiries:
« ce qu'ils prient ledit Sgr de Mandelot qu'ils ont toujours connu très affectionné au bien de cette ville, de mettre en considération, et de les tenir pour
« excusés. » S.

1584. — *Août* 12 — 27. Séjour d'Henri III à Lyon (1). — Les détails qu'on va lire sont extraits des actes consulaires (2).

« Le Dimanche 12 août 1584, le roy arriva au bourg de l'Isle-Barbe, où fut conduit sur la Saône le bateau qui lui avoit été préparé par les échevins, et qui lui fut présenté de leur part, par Nicolas de Chaponay, sieur de l'Isle, et Claude Gaspard, sieur du Sou et du Breuil, deux d'entr'eux, lequel bateau (3) qui étoit comme celui de l'an passé, sauf que celui-ci étoit couvert de damas verd par dehors, et, par dedans, de satin bleu céleste, semé d'or des armoiries et escusson de France et des particulières (armoiries) de S. M., laquelle descendant par eau avec les Seigneurs de sa suite qui étoient en deux autres bateaux, lui fut fait une salve à l'entrée de la ville par une bonne troupe d'arquebusiers qui étoient en garde à la porte de Pierre-Seize ; vint descendre et prendre port par derrière l'église de St-Jean où elle alla ouïr vespres, lesquelles finies, elle se retira en l'hostel du sieur de Mandelot, et s'estant un peu raffraichie et restaurée, tant avec ledit sieur de Mandelot que autres Seigneurs, elle se mit à table pour souper, où on lui présenta de la part de la ville douze corbeilles de tous les plus beaux et excellents fruits que l'on put recouvrer, présent qu'elle eut fort agréable... — Le lendemain Lundy 13, l'ambassade Mgr le Duc de Savoye fut oui par S. M. ; après lui, les échevins en robes courtes consulaires, portant la parole Me Claude de Rubys que tous les habi-

(1) Nous présumons que c'est à ce voyage du roi à Lyon que se rapporte l'anecdote suivante, extraite de la *Vie et faits notables de Henry de Valois*, pamphlet attribué à Jean Boucher, p. 59-60 de l'édition sans nom de ville, M. D. LXXXIX, in 8° de 92 pages (B. de Lyon, t. XVI du *Recueil vert*) : «... d'Espernon... mena Henry de Valois à Lyon, et ce pour deux causes principales ; l'une sienne particulière, afin d'y attrapper de l'argent avec le moyen de la subtilité de plusieurs partisans ; et l'autre afin d'y contenter le roy en ses lascivetez ordinaires. Ce fut alors que quelques gens de bien envoyèrent leurs femmes à Mont-loy (*Montluel*), terre de Savoye, afin qu'elles n'allassent au bal avec les autres : et de celles qui aimoyent plus l'argent que leur honneur et pudicité, une entre les autres eut.... douze mille livres, une chaine d'or, un diamant, et deux perles d'assez bonne valeur... » Voyez sur ce pamphlet, l'abbé d'Artigny, *Mém.*, t. 1, p. 470, et M. du Roure, *Analecta-biblion*, t. 2, p. 76.

(2) Voyez aussi Busbecq, *Epist.* 40 et 42 ; Rubys, p. 434 ; J. Morin, v, 283 ; ci-dessus *août* 1582, et *août* 1583.

(3) Les frais de ce bateau montèrent à 495 écus. S.

tants de la ville avoient conçu une telle et si grande allégresse de le voir sain si dispos, que chacun d'eux en désiroit faire une démonstration particulière; mais les échevins qui représentent tout le corps de la ville, voulant empêcher une si grande confusion d'un peuple qui désire voir son roy, en faisoient l'office, lui offrant la continuation de leur fidélité et obéissance, pour laquelle ils employeront toujours leurs personnes et biens, voire jusqu'à la dernière goutte de leur sang. A quoy le roy répondit qu'il s'assuroit assez de l'amour et affection que ladite ville lui portoit, et en avoit une bien longue expérience. Aussi, de sa part, faisoit-il bien connoître qu'il l'aimoit, puisqu'il la venoit voir si souvent, comme il continuera, et pourvu qu'ils continuent en leur fidélité et obéissance. — Sur les deux heures de relevée, la collation et le bal furent préparés à S. M. par M. de Mandelot, en la grande salle de l'Archevêché. — Le lendemain 14, vigile de l'Assomption de N. D., S. M. jeuna pour faire ses pâques, comme elle fit ledit jour férial en la chapelle des Pénitens; pour en après toucher les malades des écrouelles qui l'avoient suivi depuis Paris. Ces deux jours, la Cour ne vaqua sinon à prières et oraisons, et furent intermises les collations, et conséquemment le bal. — J'ai omis de dire que ledit jour 14, sur les 2 h. de relevée, Mgr. le grand prieur de France, frère bastard de S. M. arriva avec une fort grande suite, laquelle suite occupa pour logis presque toutes les maisons des rues Mercière et Grenette; et se trouva le grand prieur si à propos à son arrivée, qu'il rencontra, au pied du pont de Saône, à la descente de S. Nizier, le roy, qui s'en alloit en coche à la citadelle; auquel coche il n'y avoit avec S. M. que le duc de Joyeuse qui céda sa place joignant le roy au sieur grand prieur, et ainsi eux trois montèrent dans le coche à la citadelle. — Le jeudi 16, les échevins, après le bal, baillèrent la collation à S. M.; et tous les jours subséquents, il y eut bal et et collation aux dépens des particuliers. Il s'entend des particuliers comme Mgr. l'Archevêque, Mgr. de Mandelot, M. de la Manthe, MM. de la nation florentine, en son particulier, de la *Genevoise* (Génoise?), de la Lucquoise et autres, tellement qu'il ne s'est écoulé, sauf le vendredy, qu'il n'y ait eu bal et collations; nonobstant lesquelles allégresses et gaillardises, le roy ne cessoit de vaquer aux prières aux heures accoûtumées, même commanda que le Samedy 25, l'on fît la *procession des Pénitens* (1), laquelle fut *faite sur les neuf heures du soir*, et d'autant plus dévotement, que l'on pensoit que S. M. y dût être en personne. — Il y a deux choses dignes de mémoire, qu'il n'est besoin de passer sous silence: l'une l'arrivée de M. le Duc d'Espernon, principal favori de S. M., et l'autre, les remontrances que firent les échevins à S. M.

« Le samedi 18 dudit mois (2), le roy estant adverty que le sieur d'Espernon debvoit arriver ce jour là en ladite ville venant de Guyenne en Gascongne, permist et voulust que tous les Seigneurs de sa Cour lui allassent à l'encontre, comme ils firent en fort grand nombre jusqu'à 4 à 500 chevaux, entre lesquels estoit mesmement le grand prieur, frère bastard de S. M., suivy d'une bien grande noblesse de Lyonnois, Forez et Beaujolois et du Dauphiné, et avec eux estoient tous les Seigneurs et principaux Officiers qui avoient accompagné S. M. en ce voyage, tous lesquelz sortant en fort bon ordre de ladite ville pour aller rencontrer le sieur d'Espernon qui avoit disné à l'Arbresle, le trouvèrent comme il descendoit une petite montagne, toutefois assez roide, qui est entre

(1) Voyez ci-dessus au 17 *août* 1583.
(2) Nous avons conservé, dans ce paragraphe, l'orthographe de la copie de M. l'abbé Sudan, sans y rien omettre.

le village d'Escully et la Tour, à une lieue ou environ de la Tour, auquel rencontre quelques uns des gaillards ou affectionnez, ou qui pour le moings se vouloient monstrer tels envers ledit sieur d'Espernon, piquerent doict à luy, et comme ilz se furent rencontrez en ung chemin fort estroict, et prez d'ung précipice, se voulant contourner l'ung d'eulx donna du bout de son espée contre le mors de la bride de la haquenée que ledit sieur d'Espernon montoit, laquelle estant forte en bouche, se remua, et faisant ung faulx pas des pieds de derrière, tomba à la renverse par ledit précipice, tellement que l'on tenoit ledit sieur d'Espernon pour mort, et de faict apprehende l'on le mal des grands plus qu'il ne fault, quelques ungs coururent *à bride avallée*, jusques à la ville pour le rapporter au roy : mais estant prez de S. M., ils n'oserent *d'abordée* luy dire si maulvaises nouvelles ; touteffois aprez l'avoir dict à quelque petit nombre de gentilhommes qui estoient encore demeurez avec elle, comme ilz murmuroient ensemble assez hault, sadite M. s'en appercust : mais ne le luy osant dire, elle cogneust qu'il y avoit quelque chose de sinistre advenue, et ne les voulant interroger davantage, sortist de son hostel pour aller à Vespres en l'église de St-Jehan : entrant en laquelle église vint un aultre corrier qui rapporta ladite cheute, et le grand danger dudit sieur d'Espernon, duquel il asseuroit plus tost la mort que la vie : dont sadite M. fut tellement esmeue qu'elle commanda que promptement l'on luy amena son coche, où voulant entrer, arriva mondit Sgr. le grand prieur accompagné de l'un des frères dudit sieur de Joyeuse qui asseurerent que ledit sieur d'Espernon n'avoit receu aulcun mal, mais seulement quelque petite *delocature*. Toutesfois S. M. desirant d'en savoir la vérité, se feist tirer aud. coche accompagnés des dessusdits seulement par 4 chevaulx courant à toute force, si bien que, passant par les rues, l'on eust dict que c'estoit *le chariot de Salmoneus contrefaisant les tonnerres de Jupiter en la ville d'Elide*. Or ledit sieur d'Espernon, après sa cheutte, fut porté en la maison du sieur de Fontville, appelée *les Planches*, où le Roy le trouva et le feist panser par ses médecins et chirurgiens ; coucha là : et le lendemain dimanche 19 dudit mois, aprez l'asseurance que les médecins luy donnerent de la prochaine guerison du sieur d'Espernon, le fist porter par 4 souysses de la garde, dans une chaire à bras, au devant duquel marchoient plusieurs gentils hommes à pied, et aprez luy encore un bien bon nombre, tant gentils hommes que aultres, tous teste nue, et un peu aprez ceux là venoit le roy en son coche ; et en cet ordre et equipaige, a faict son entrée led. sieur d'Espernon en ceste ville de Lyon où il fust logé, à cause de sa maladie, en une maison de longue estendue sur la rivière de Saosne, sise au grand Pallais, laquelle fut *des Pruniers*, ou le Roy l'alla veoir deux fois le jour durant tout le temps de sa maladie qui n'a esté que de 4 à 5 jours, pendant lequel temps led. sieur de Joyeuse alla et revint en poste de devers le duc de Savoye qui estoit à Chambery. »

Quant aux remontrances présentées au roi, et dans lesquelles le Consulat demandait, entre autres choses la démolition de la citadelle, construite sous Charles IX, elles restèrent sans réponse, et le roi partit de Lyon le lundi 27 août.

1584. — *Septembre 4* Jean de Masso (père d'Antoine de Masso, conseiller en la sénéchaussée, et de Guyot de Masso) étant décédé pendant le temps de son échevinage, laissant plusieurs enfants mineurs, et sa veuve enceinte, le Consulat arrête que la veuve et les enfants du sieur de Masso seront déchargés des sommes prises à charge par le défunt aux payements de Pâques dernier.

1584. — *Septembre* 28 (le IV des calendes d'octobre). Mort de François de Rubys, visiteur général des gabelles du sel à Lyon, aïeul de l'historien Claude de Rubys. — Il fut inhumé dans la chapelle de St-Claude, aux Jacobins, avec une épitaphe qui est actuellement au Palais S. Pierre, et qui a été publiée par M. Collombet dans le tome 1er de ses *Etudes sur les hist. du lyonn.* p. XXXII des *Addit. et correct.*

1584. — *Novembre* 16. Les sieurs Poculot et du Troncy, députés de la ville à Paris, écrivent au Consulat qu'ils ont espérance que l'édit sur les maîtrises (Voyez ci-dessus au 18 juin) sera bientôt supprimé; ils croient qu'il l'est déjà, en sorte que la surseoyance de payer qu'ils avoient obtenue, auroit de beaucoup servi, etc. — « Bien, vous disons-nous, ajoutent-ils, que nous avons « esté gueres sages en nostre ville d'avoir faict ces années passées tant d'ostentation aux voyages que le roy y a faictz, parce qu'ilz denotent contre vérité une grande opulence et richesse de la ville, il fauldra estre une aultre fois mieux advisé, etc. S.

1584. — *Novembre* 18. Aimar de Poisieu, sieur du Passage, chevalier de l'ordre du roi, est nommé gouverneur de la citadelle de Lyon. A. P. *Notice sur Mandelot.* p. 25.

1584. — *Décembre* 21. Matthieu de Vauzelles, avocat, prononce l'oraison consulaire. — Il ne faut pas confondre ce Matthieu de Vauzelles avec un autre personnage de même nom, mort en 1562. Voyez ci-dessus *année* 1573, *ad calcem.*

1584. — Les Chanoines de S. Irénée font réparer ou plutôt reconstruire leur église qui avait été démolie par les Huguenots. — Ce fut un nommé Christophe qui fut chargé du prix-fait. Les Chanoines n'ayant pu le payer en numéraire, lui vendirent, en 1556, un jardin et une vigne au-dessous de la chapelle de St Roch. Ce fond a été depuis réuni à la maison des Tournelles de M. Rougnard. S.

1584. . . . Un fort grand tremblement de terre se fait sentir à Lyon, à Genève et à Mâcon. Desrues, *Description de la France*, p. 542. Voyez ci-dessus, 21 mai 1578, et 20 septembre 1581.

1584. — PUBLICATIONS. *Gemelles ou Pareilles. recueillies de divers auteurs tant Grecs, Latins que François.* Par Pierre de Sainct Jullien de la maison de Balleure, doyen de Chalon, etc. A Lyon, par *Charles Pesnot.* M. D. LXXXIV. Pet. in-8°. — Dédicace « à Philibert Bariot, sieur de la Salle, conseiller du « roy, lieutenant général, civil et criminel au baillage du Masconnois. » — Cet ouvrage nous offre quelques particularités intéressantes pour l'histoire civile et littéraire du XVIe siècle. On y voit, p. 34 et suiv., que la ville de Mâcon fut prise le 5 mai 1562 par les Huguenots qui s'y maintinrent jusqu'au 19 août suivant; p. 834 et suiv., des détails sur la « descente du baron de Poleville ou Polevillers à Bourg en Bresse, » — L'auteur, p. 324, renvoyant le lecteur au *Discours de dame Loyse l'Abbé*, dicte la belle Cordière, ajoute entre parenthèses ; « Œuvre qui sent trop mieux l'érudite gaillardise « de l'esprit de Maurice Sceve, que d'une simple *courtisane*, encores que souuent doublée. » — Ces deux vers peu connus de Ronsard sont cités à la p. 82 :

> Estimez votre honneur : ne soyez gouverné
> Par homme dont le sang obscurement soit né.

Voyez ci-dessus, année 1581, *ad calcem.*

1584.—*M. T. Ciceronis Consolatio.* Fragmenta a Carolo Sigonio et Andrea Patricio exposita. Lugduni. *Ant Gryphius.* 1584. In-12. — Dédicace d'*Ant. Gryphe* à Hierosme de Chastillon. La Croix du Maine, I, 385. —Benoît du Troncy publia, la même année, une traduction de ce traité attribué à tort à Cicéron, et il la dédia à M. de Mandelot. Voyez le *Cicéron* in-18 de M. Victor Le Clerc, tome I, page 482, et les *Variétés* d'A. P., p. 161, où l'on examine si la traduction de du Troncy est antérieure à celle de Gabriel Pot.

1585. — Le registre des actes consulaires de l'année 1585 commence comme les précédents par le syndicat, mais on a ajouté à ce syndicat l'article suivant :

« Item les terriers et maistres des mestiers voulant pourvoir aux desordres ci-devant advenus pour les differends survenus entre les consuls eschevins de cette ville à cause des préséances, au grand prejudice du public et retardation des affaires...., ont ordonné que par cy aprez, suivant ce qui estoit observé anciennement, et qui est pratiqué mesmes es cour de Parlement, sièges présidiaulx, et en toutes compaignies bien ordonnées, les eschevins auront leur seance, du jour qu'ilz auront esté receuz au Consulat, en sorte que celuy qui aura esté appelé le premier à l'eschevinage precedera celui qui y aura esté appelé aprez luy, sans distinction de leurs qualitez, et sans rechercher leur ordre et séance de leurs predecesseurs, et ayant seulement esgard lequel d'entre eux aura le premier exercé la charge d'eschevin, fors et exceptez les graduez et tresoriers generaulx avec lesquels sera conservé le droict de preseance : Et aussi ordonnent lesdits terriers et maistres des mestiers qu'advenant que deux desdits eschevins entrassent au consulat une mesme année, et que l'vng des eschevins fust originaire de la ville, et l'autre non, entendent lesdits terriers et maistres des mestiers que l'originaire de ladite ville de Lyon ou pays de Lyonnois precedera celuy qui ne le sera pas, sans distinction de leurs qualitez, comme sus est dict, et sans touttefois y comprendre lesd. graduez ni tresoriers de France, auxquels sera conservé le droit de preseance, comme cy dessus, et où, par cy après, il se trouveroit aulcunlg refractaire et contrevenant au present reglement, veulent et ordonnent lesd. terriers et maistres des mestiers qu'il soit rayé et biffé luy et sa posterité du nombre des eschevins et des privileges d'iceulx, et que les aultres eschevins en nomment et elisent ung aultre en sa place, etc. S.

1585.—*Janvier* 1. Michel Antoine de Saluces, sieur de la Manthe qui avait succédé à M. de Chambéry, dans le commandement de la citadelle de Lyon, fait remise de sa place au duc d'Epernon, lequel en confia la garde à Aimar de Poisieu, sieur du Passage, gentilhomme dauphinois. — D'Epernon paya 20,000 écus à M. de la Manthe pour le prix de cette mutation. Son principal but était de s'emparer du gouvernement de Lyon et de succéder à Mandelot. *Vie et faits notables de Henry de Valois* (attribuée à Jean Boucher·), 1589, in-8°; Rubys, p. 434; A. P., *Notice sur Mandelot.* Voyez ci-après, 2 *mai.*

1585.—*Janvier* 17. Sur le rapport du voyer, le Consulat arrête de se rendre au boulevard St-Clair et autres endroits du Rhône...., afin de prendre résolution de ce qu'il faudra faire pour faire revenir le fleuve du Rhône contre la ville, dont il continue à s'éloigner, malgré les réparations qu'on y a faites, etc.—Le 19, on nomma quatre échevins pour conclurre avec MM. de l'Isle, de Linard, le voyer, et César Baudrielli, ingénieur florentin, des moyens à tenir pour rappeler le Rhône contre la ville.—Cet ingénieur fut chargé du travail, et on lui payoit dix écus par mois —On fit descendre quelques-uns des moulins par dessous le pont (de la Guillotière), jusques à la queue d'Ainay où va se rendre le Rhône. — On fit acheter du seigneur de la Servette une grande quantité de paulx qui furent livrés au port de la Mollette, du côté du Dauphiné, à raison d'un écu 17 sous 6 deniers le paulx. — Il fut reconnu que les *palisses* et réparations faites l'année précédente, au lieu de ramener le Rhône, avoient au contraire été nuisibles. On les fit défaire, et on fit faire au port de la Mollette des palisses et des éperons au-dessous desquels on pratiqua deux grandes tranchées dans le gravier pour conduire l'eau contre les moulins de la ville. S.

1585. — *Mars* 7. Le Consulat, pour avoir et faire venir à Lyon le frère Valérius de Fanya, religieux du tiers ordre de S. François, pour sa sainte vie, fidélité et expérience à la cure du mal contagieux, s'adresse au grand prieur de France, au gouverneur de Provence, aux Consuls d'Aix et à Messieurs du Parlement de Provence, pour demander leur crédit auprès de ce religieux, et l'engager à se rendre au besoin qu'en a la ville. Le Consulat en écrivit au frère Valerius lui-même pour le solliciter par piété et par zèle à se rendre à Lyon où le conduira la personne qui lui est envoyée, et qui a eu l'honneur de le connoître, etc. S.

1585. — *Mars* 12. Louis Marquet, maître veloutier, remontre au Consulat que depuis quelque temps s'est inventée et introduite certaine fabrique de velours, tant à ramage que autre, qu'on appelle *frizons*, laquelle a donné une fort grande réputation à la manufacture des draps de soie de cette ville, et continueroit de l'augmenter et de décrier peu à peu la manufacture des draps étrangers, si elle étoit faite de bonne étoffe, mais la plupart des ouvriers la falsifient y mettant du *filet teint* pour de la soie. — Le Consulat ordonne que tous les métiers de velours et autres manufactures de soie seront visités par deux échevins, conformément aux pouvoirs qu'ils en ont eus du roi, et on en nomme deux qui pourront appeler avec eux les *Cannetilliers* et autres dudit état de veloutier, etc. S.

1585. — *Mars* 12. Trois personnes atteintes de contagion meurent dans une maison située en face de l'Eglise des Cordeliers. Le Consulat nomme pour les enterrer, et nettoyer la maison où elles sont décédées, un commissaire qui sera tenu de faire la quarantaine.

1585. — *Mars* 15. M. de Grollier de Servières écrit de Paris au sieur du Troncy, secrétaire du Consulat : « ....Il ne se parle d'aultre chose fors de M. de Paris qui est *sur le trottoir*, et contre lequel se font force paquets, pour avoir obtenu la bulle de l'aliénation de cent mil escuz, bien qu'il n'eust pouvoir que de cinquante. Il y a vng personnage d'honneur que cognoissez, qui aujourdhuy, en disnant, a dict parlant dudict seigneur et de ses semblables : « *Ils sont comme des toreaux qui s'eschauffent et deviennent furieux, quand lou leur monstre vne piece de drap rouge,* » voulant entendre vng chapeau de cardinal. Nous ne faisons ni la paix ni la guerre, etc. S.

1585. — *Avril* 11. Le Consulat ordonne que les enfants *abécédaires* cesseront d'aller au collége, jusqu'à ce que « l'on voye quel progrès fera la « maladie contagieuse dont la ville est affligée. » — Le 30, on arrêta que les classes ne se rouvriroient qu'après la Pentecôte.

1585. — *Mai* 2. M. de Mandelot, de concert avec le Consulat, s'empare de la citadelle, et y installe la milice urbaine (1). — Le Consulat fit rédiger

---

(1) J.-Morin, v. 294 ; J. S. Passeron. *Notice sur les Chartreux*, dans le tome 1er de *Lyon anc. et mod.*, p. 371 ; A. P., Notice sur Mandelot, p. 25. Voyez au 7 juillet 1564 au 1er janvier et au 11 juin 1585, etc.

par Benoît du Troncy, son secrétaire, une relation de cet événement, laquelle fut transcrite sur ses registres à la date du 4 juin. En voici le préambule (1) :

« Tous ceux de bon et solide jugement qui considereront par la lecture de l'histoire, les actions et les déportemens des monarques ou princes ou souverains et des republicques, diront tousjours que les roys de France qui ont vescu avant ce siècle malheureux et plein de guerres intestines et de defiances très grandes, ont suivy comme à la trace et pied à pied la vertù héroïque des Romains, lesquelz, au commencement de leur règne, encore qu'ilz se voulussent asseurer des villes qui leur estoient voisines et ennemies, par eux subjuguées par force d'armes, comme du peuple latin et de la ville de *Privernate*, aujourd'huy dicte Piperno, n'y feirent pour cela aucunes forteresses ou citadelles pour contenir en obéyssance leurs subjects nouvellement conquis, mais, au contraire, les laissèrent en leur entière et pleine liberté ; et tant que la ville de Rome a esté libre et en la fleur de sa prospérité, usant de ses anciennes et vertueuses ordonnances et constitutions, elle n'a jamais fait faire aucunes forteresses pour retenir en debvoir ou en crainte les villes ou provinces qu'elle avoit subjuguées. Bien elle a conservé celles qu'elles trouvoit toutes faites. Tout de mesme les roys de France, quelques guerres qu'ilz ayent eues, soit avec les estrangers ou aultres, n'ont jamais, par le passé, faict aucunes citadelles en leurs villes fortes, s'asseurant sur la fidélité des habitans d'icelles villes. Aussi pour dire le vray, telles forteresses citadelles qui se font ez villes desja de soy assez fortes, sont plus inutiles et dommageables que necessaires : car elles ne se font sinon à deux fins : assavoyr, ou pour se défendre d'un ennemy, ou pour se defendre des subjetz. Or, les citadelles qui se font contre l'ennemy apportent le plus souvent beaucoup plus de dommage que de profit au prince qui les a édifiées. Tesmoing en cela le chasteau de Milan basti par le sieur comte François Sforza, pour establir et asseurer sa domination, d'où ayant esté chassé par les Françoys, et ledit chasteau prins, ledit Sforza a esté du tout privé de son estat, sans y pouvoir rentrer, l'empeschant ladite forteresse ou chasteau par luy édifié, lequel ayant depuis esté prins sur les mesmes Françoys par Charles V, empereur, a empesché le cours de la victoire que le roy François Ier avoit obtenue sur le Milanois, duquel depuis les Françoys ont perdu l'estat par le seul moyen ou empeschement dudit chasteau. Les forteresses de La Rochelle, du chasteau d'Angers et de Nantes, aultresfois basties par les Anglois, n'ont-elles pas servi de rampart inexpugnable contre eux mesmes après qu'elles sont venues à la Couronne de France ? Et, quant aux citadelles qui sont basties ez villes pour la crainte des subjectz, elles font beaucoup plus de dommage que de profict et seureté au prince ou à la républicque qui a peur de ses subjectz ou de leur rebellion : car il fault que ceste peur sienne procède d'une haine que ses subjectz luy portent, laquelle haine ne peut procéder que de ses déportemens ; et en ce cas les forteresses augmentent plus la haine des subjectz qu'ils ne diminuent les entreprinses qu'ilz pourroient faire de prendre aultre party. Ces choses estant considerées par Guy Ubaldo, duc d'Orbin, filz de Federic, lequel fut tenu pour l'un des plus grands capitaines de son temps ayant esté chassé de son estat par Cesar Borgia, filz du Pape Alexandre VI, y ayant esté depuis fortuitement remis, il fit ruiner toutes les forteresses qui estoient en son duché, les jugeant plus dommageables qu'utiles, parce que,

(1) Cette relation qui a probablement été imprimée, a pour titre : *Discours au vray sur le ciet de la citadelle de Lyon, construction, prinse et démolition d'icelle*, etc.

estant aimé de ses subjectz, il n'en vouloit point pour l'amour d'eux : et pour le regard de l'ennemy, il luy estoit besoing d'avoir tousjours une grande armée en campagne, qui estoit son entière ruine. On pourroit alléguer ici une infinité d'autres exemples pour monstrer que les citadelles faictes ez villes fortes sont plus dommageables au prince que profitables.... »

Voici en quels termes l'auteur de la *Vie et faits notables de Henry de Valois* (attribuée à Jean Boucher, et que nous avons déjà citée), raconte la prise de la citadelle :

« ....Comme de longtemps d'Espernon desiroit avoir l'entier gouvernement duquel le seigneur de Mandelot ne vouloit se devestir, il advisa.... de faire donner vingt mille escus au sieur de la Manthe (gouverneur de la citadelle) pour recompense, et le renvoya en son pays qui est au marquisat de Saluces, et, au lieu d'iceluy, afin de mieux parvenir à son dessein, il fit mettre dans ladite citadelle le sieur du Passage qui estoit du tout à sa devotion, estimant que, comme la ville est à la mercy de la citadelle, il en jouyroit bientost, quand il en auroit volonté : mais, estant son entreprinse decouverte, M. de Mandelot simulant n'en sçavoir aucune chose, envoya un conseiller à la citadelle vers le sieur du Passage, afin (de le prier) de descendre à bas au logis du gouverneur, lequel desiroit luy monstrer quelques lettres que le Roy escrivoit en general à tous les habitans. Du Passage *(pas sage)* descend chez le sieur de Mandelot, et lorsqu'il y estoit, les capitaines et soldats envoyez de la part dudit sieur de Mandelot, entrarent par la porte qui alloit hors la ville : qui leur fut ouverte par le sergent majeur de ladite citadelle, et sans effusion de sang se rendirent maîtres de la place. La ville est aussitost en armes et barricades, mais chacun se rasseura incontinent lorsqu'on vit que M. de Mandelot renvoya du Passage à sa maison en Daulphiné, extrememént honteux d'avoir esté si peu accort. » — Voyez après au 21 *août* 1586.

1585. — *Juin* 4. Les propriétaires et inquilins en la rue d'*Ecorchebeuf* (1) près l'*Herberie*, et à présent appelée de la Pêcherie, demandent que la ruelle ou *pille* traversant de cette dernière rue à la Saône,... soit fermée pour empêcher les immondices, etc. — Après visite des lieux, le Consulat ordonne que la ruelle sera fermée par une porte dont chaque voisin aura la clef, etc.

1585. — *Juin* 11 (mardi de la Pentecôte). M. de Mandelot mande en son logis MM. du Clergé, de la Justice, les Consuls échevins, une grande partie des notables ainsi que les nations étrangères demeurant en cette ville. Il leur remontre que le roi ayant mis en considération la fidélité et obéissance que la ville de Lyon lui a toujours portée, la désirant pour ce gratifier et lui faire connoître par effet *qu'il ne veut autre forteresse pour la conservation de ladite ville que leurs cœurs et bonne volonté*, leur a librement et volontairement accordé *la démolition de la citadelle* de cette ville, qui est signe de grande fiance et assurance qu'il a de ladite ville, etc. Et après que chacun desdits ordres et estats.... a fait vive démonstration et signe d'une grande joie et allegresse,... M. de Mandelot, suivi de toute l'assemblée, est allé rendre grâces à Dieu dans l'église des Carmes, d'où, après la messe, il est monté à

---

(1) La rue qui porte aujourd'hui ce nom aboutit à la place du port du Temple. C'est là qu'on écorchait un taureau, le jour de la Fête des Merveilles. Voyez ci-dessus au 13 *août* 1354, et ajoutez à ce que nous avons dit : Ceux qui assistaient à la procession de la fête des Merveilles, baisaient, lorsqu'ils étaient arrivés à Ainay, *la pierre de S. Pothin*. Note de M. l'abbé Jacques, qui a tiré ce fait d'un Rituel latin du 13e siècle qu'il possède, et dans lequel est décrit l'ordre suivi à cette fête. Voyez le *Dictionnaire des rues de Lyon*, par M. Breghot, art. Tête-de-mort (rue).

la citadelle, où le dîner lui était préparé par les échevins; après lequel dîner,... M. de Mandelot, en vertu des lettres-patentes et commission de S. M., a commandé de mettre la main à la démolition : ce qui a été joyeusement et allegrement fait par ceux que pour ce l'on y avoit fait venir, et à l'instant, parce qu'il étoit jour férial, il est monté tant de peuple de tous âges, et sur ce louant et bénissant Dieu et se réjouissant de voir en leurs jours une si heureuse journée qu'il sembloit que ce fut un pardon général où tout le monde accourut. Et Dieu en soit béni! — Le 12 *juin*, le Consulat nomma Bertrand Castel, voyer, pour diriger et accélérer la démolition. On lui adjoignit le capitaine Corset, et l'on fit mettre à part le bois et la pierre afin de les vendre à l'enchère. Voyez ci-dessus au 2 *mai*.

1585. — *Juin* 17. La contagion s'était manifestée à la Guillotière, du côté de la Madeleine. On interdit l'entrée de la ville aux habitants de la Guillotière. — Le 25, la maladie augmentant toujours, le Consulat décharge le voyer Castel de la conduite de la démolition de la citadelle, afin qu'il pût vaquer entièrement aux affaires de la santé.

1585. — *Juillet*. M. de la Valette avoit écrit au Consulat pour l'engager à laisser le Père Hermite venir secourir la ville de Valence affligée de contagion (on l'avoit déjà demandé pour Romans). Le Consulat lui répondit pour lui témoigner son regret de ne pouvoir le laisser aller, attendu que la peste a pris à Lyon un très grand accroissement, soit par les grandes chaleurs, soit par la disette des grains, etc., et qu'il seroit à craindre que le peuple de Lyon, si affligé et malheureux, quoique très obéissant, ne se portât à quelque violence. Quant aux médecins et aux chirurgiens demandés, le Consulat promet d'user de tout son pouvoir pour y faire condescendre ceux auxquels il s'adressera. S.

1585. — *Août* 20. Sur les remontrances du recteur du collége, que la contagion augmente, et qu'elle s'est mise en la maison d'un pédagogue d'enfants près le collége, le Consulat arrête, pour obvier à tous dangers, de congédier tous les pensionnaires et étudiants qui sont au collége, et d'interdire la *lecture* jusqu'à la S. Rémi prochaine.

Même jour. — MM. de la santé avoient fait un vœu à N. D. du Puy; on députe M. Pierre de Masso, abbé de Valbenoite, pour aller rendre ce vœu, et y offrir par aumône, au nom de la ville, une lampe d'argent. — Le 25, la contagion s'étoit mise en la maison de Jean Charbonnier, échevin, qui fut obligé de se sequestrer. — Le 5 novembre, on permit au recteur du collége de rouvrir les classes, sauf celle des *abécédaires* « jusqu'à ce qu'il ait plu à « Dieu eteindre entièrement la maladie contagieuse qui pullule encore en « quelques endroits de la ville. »

1585. — *Septembre* 18. Le quartier de St-Just et de St-Irénée est incorporé au corps de la ville de Lyon. Lettres patentes, *Recueil* in-fol. de 1771, p. 24. Voyez ci-après, *juin* 1630.

1585. — *Novembre* 13. Sur les remontrances du Consulat, que des étrangers, malgré la pénurie des blés où se trouvoit la ville, et malgré le peu d'abondance des vendanges, sortoient du vin de la ville, en telle quantité, que bientôt la ville et même toute la province se trouveroient dépourvues des principaux moyens de subsistance, M. de Mandelot défend aux regnicoles et aux étrangers d'exporter des vins hors du Lyonnois, sous peine de confiscation et d'amende arbitraire. *Nouv. Arch. du Rh.*, I, 127.

1585. — *Décembre* 21. M⁰ Guillaume de Villards prononce l'oraison doctorale. — On lui fit payer pour cela dix écus.

1585. — Premiers travaux exécutés pour la construction de la Chartreuse de Lyon. *Lyon anc. et mod.*, t. I, p. 372. Voyez ci-après au 17 *mars* 1590.

1585. — Publication du *Supplementum epitomes bibliothecæ Gesnerianæ*.... Antonio Verderio collectore.... Lugduni, apud *Bartholomeum Honorati* (ex calcographia *Theobaldi Ancelin*). cIɔ. cɔxxcv. In-fol. — Au verso du titre est le portrait de du Verdier dans un médaillon illustré avec cette devise : *Et Marti et Minervæ*. La préface de l'auteur est datée de Lyon, *ex Musæo nostro IIII Calendas Decembris* cIɔ. Iɔxxcv. Le volume est terminé par un poëme en vers latins intitulé: *Encomion chalcographiæ*(à Joanne Arnoldo Bergellano). Prosper Marchand, qui a reproduit ce poëme dans son *Hist. de l'imprimerie*, rapporte une note de Tentzel qui taxe du Verdier de mauvaise foi pour avoir supprimé dans son édition ces deux vers qui se trouvaient après le 402ᵉ. La note de Tentzel se termine ainsi : ...*Et gloriatur tamen Verderius se Arnoldi carmen candori suo restituisse. Egregium vero candoris gallici specimen,quem tum etiam Caroli V probavit Franciscus I Galliæ rex,ab Arnoldi his versibus notatus.* Voyez David Clément, III, 163, et C. Nodier, *Questions de litt. lég.*, p. 122.

1586. — *Janvier* 22. Mort à Paris de Louis Duret, médecin ordinaire (et non premier médecin) de Charles IX et d'Henri III, né en 1527 à Bâgé ou Baugé, petite ville de la Bresse, alors enclavée dans les états du duc de Savoie. — Pernetti qui prétend que les *Duret* sont venus du Forest, a donné une place à *Louis Duret* dans ses *Lyonnois dignes de mémoire* ; mais il n'aurait pas dû y figurer. Voyez l'article de ce médecin dans la *Biogr. médicale* de Panckoucke, et dans la *Biogr. de l'Ain*, par M. Depery, I, 32.

1586. — *Février* 28. M. Grollier de Servières écrit de Paris au sieur du Troncy, secrétaire de la ville : « ...J'ay vu le discours que me faictes des *mascarades androgynes* faictes à Lyon en ce caresme prenant. Nous n'avons occasion de nous resjouir beaucoup non plus que vous à Lyon. J'aurois peur d'entrer trop avant en discours pour n'en pouvoir sortir, si je m'estendois d'advantage à vous dire ce que je pense... » — Le 25 *mars* suivant, M. Grollier écrivait au Consulat : « ...Soit que dans Pasques j'aye faict mes affaires ou non, je m'en veulx retourner, ne voulant estre éloigné de ma maison en temps de troubles telz que nous les voyons préparez, et est très necessaire que ayez l'œil à vous conserver en vous unissant ensemble, pour, par l'advis de M. de Mandelot, nous asseurer et nous garder nous-mesmes, sans nous fier en ceux qui desireroient establir leur grandeur et fortiffier leurs desseings sur la ruyne de nostre ville, dont ils ne sont hors d'espérance, quelque contrariété qu'ils y voyent. *Nous sommes pour veoir de grands maux en France*, si Dieu n'y pourveoyt et n'a pitié de nous. Il se fault montrer avoir cueur au besoing et n'espargner chose quelconque. Il ne se présenta jamais telle occasion pour nous asseurer. Vous estes sages et advisez pour y donner ordre par la conduicte de M. de Mandelot, lequel il nous fault conserver pour le roy et pour nous, affin que l'on ne le nous oste, comme l'on desire, pour faire après de nous comme de brebis sans pasteur... » S.

1586. — *Mars* 4. Le Consulat, informé de l'art et expérience d'un certain hermite (frère Valérius de Fanya, religieux du tiers ordre), pour nettoyer les maisons des pestiférés, arrête qu'on lui écrira afin de l'engager à venir à Lyon. — Un exprès fut envoyé pour l'aller chercher et l'accompagner. — On paya 120 écus pour les frais de ce voyage, y compris la dépense de l'hermite et de ses deux serviteurs. S. Voyez ci-dessus au 7 *mars* 1585.

1586. — « Le plus grand mal qu'il y avoit en fait de contagion dans la ville vers le 15 de ce mois étoit au couvent des Célestins où elle avoit été portée. Mais ces religieux étoient resserrés dans leur couvent; le lieu étoit spacieux pour les *essorer* (donner de l'air) et les séparer les uns des autres. Le Consulat affirme qu'en toute la ville, il n'y avoit en tout que six malades. Cependant le mal s'étoit fait sentir en 15 ou 16 maisons de petites gens écartées les unes des autres. • S. Rubys, p. 436. Voyez ci-dessus au 17 *juin* 1585.

1586. — *Avril.* 19. Le Consulat fait écrire au secrétaire du Troncy, en cour, que plusieurs bateaux (chargés de blé), venant de Marseille, avoient déjà passé les dangers de ceux de la nouvelle religion, et étoient déjà à Valence, et que ce que les huguenots font payer est peu de chose, en regard à la perte que coûtent les défenses des passagers. Il lui commande de dire « haut et clair « au roy que la défense est faite plutôt pour tirer argent aux particuliers que « autrement. » S.

1586. — *Mai* 7. On envoie le sieur Portallier à Orléans pour y acheter promptement 3,000 muids de blé. Le Consulat prie les échevins d'Orléans d'envoyer tout de suite à Lyon 600 muids pour le pressant besoin de la ville. S.

1586. — *Mai* 7. Le Consulat voulant pourvoir à la nourriture du grand nombre des pauvres qui courent nuit et jour les rues de la ville,... arrête que tous les mendiants valides « seront employés aux terres de la citadelle « qui restent à explaner, » où ils seront nourris de pain et potages; que pour ce, aux dépens de la ville, sera fait achat de hottes, pelles et pioches, etc. Quant aux invalides, il sera avisé d'en faire des rôles pour être nourris en leurs maisons par les bourgeois et habitants aisés selon le département qui en sera fait, et que promptement sera remis aux recteurs de l'Aumône générale 25 ou 30 ânées de bled 2/3 seigle et 1/3 froment pour les faire moudre, afin d'acheminer une si bonne œuvre.

— Le 26 *mai*, on fit payer 15 écus, à 10 arquebusiers qui veilloient ces pauvres, travaillant au remuement des terres de la citadelle, et autant à 15 autres personnes appelées *chasse avant* ou piqueurs qui les faisoient travailler pendant 6 jours. — Chaque corps fit à son tour une aumône générale à ces mêmes pauvres. Le Consulat la fit deux jours, les 2 et 3 juin, et y destina 24 ânées de bled, outre la chair, les potages, le vin et le bois. S.

1586. — *Mai* 12. M. de Mandelot convoque chez lui l'assemblée des députés des divers ordres, parmi lesquels se trouvèrent le doyen de Chalmazel, J. Laurencin, obéancier et substitut du vicaire-général de l'archevêque, MM. des finances, de la justice, du Consulat, et 14 des notables bourgeois (cette assemblée est appelée être tenue en *Conseil d'état*). — Il leur expose qu'il s'agit de trouver des fonds pour payer les bleds que le Consulat fait acheter de toutes parts, et qu'il est urgent, par ce moyen, de contenir la populace qui commence *à menacer d'une rebeyne et elevation populaire*, qui pourroit être pratiquée par dessous main par ceux du dehors qui ne veulent guère de bien à cette ville, afin de trouver occasion par telle rumeur et mutinerie d'exécuter leurs malins et pernicieux projets, ou bien par autres mutins qui feignant de chercher des bleds, voudroient mettre la ville à sac et à pillage; que, pour y obvier, il faut faire venir des bleds; que cela ne se peut sans de grands fonds; que le Consulat ne peut les fournir; qu'il faudra que les bourgeois et les marchands y fournissent leur crédit et leurs moyens; que cependant, durant cette cherté de bleds, il étoit à craindre quelque remuement et mutinerie; qu'il seroit presque necessaire de faire pour un mois ou deux une dépense extraordinaire pour la garde de la ville, etc. — Il est résolu que, quant au premier point, le plus expédient étoit d'emprunter les deniers qu'il conviendra à change, et quant au second, pour rendre la garde plus assurée, on employera les arquebusiers de la ville pour deux mois

Alors le sieur Jean Pierre *Duzio* (ou *Duvio*) a offert par affection pour le bien de la ville de prêter lui-même les deniers nécessaires pour payer les bleds, pourvu que lesdits bleds soient sous la garde et administration d'un échevin qu'il nommera, et qui assistera à la vente d'iceux : laquelle offre a été acceptée, et icelle grandement louée par toute l'assistance.

En même temps, le Consulat requiert MM. de la justice de vouloir bien informer contre ceux qui auraient malversé au maniement des bleds, et contre ceux qui en ont vendu de pourris et gâtés, s'il s'en trouve, afin que le peuple soit éclairé sur les calomnies qu'il *impropère* au Consulat. S.

1586. — *Mai* 29. Le Consulat achète de Philippe et Matthieu Rosset père et fils une petite maison et un petit jardin joignant pour loger les Suisses qui sont en garnison à la porte St-George, au prix de 20 écus d'or.

— Le Consulat avoit fait construire un puits à la Grenette, près des Halles; on fit poursuite contre les propriétaires des maisons voisines pour les faire contribuer au payement des frais, etc. S.

1586. — *Juin* 17. Le Consulat considérant qu'une petite ruelle qui traverse de la butte des Arquebusiers à la rue Pizay, appelée la rue du *Pet étroit*, est, par sa situation, inutile au public et aux particuliers, n'étant fréquentée de personne, pour être toujours pleine d'eaux et d'immondices, etc., permet au sieur de Liergues de boucher et supprimer ladite rue, et en accomoder un jardin qu'il a tout contre, etc.—Vers le même temps, les Pères Jésuites avoient aussi demandé que cette rue, en laquelle est sise la maison où logent les enfants pensionnaires du collége, fût fermée à cause des sâles et vilains actes qui s'y commettent ordinairement au grand scandale des écoliers. S.

1586. *Juillet* 3. Noble Humbert de Grollier, sieur du Soleil, capitaine de la ville, fait exposer au Consulat qu'il a eu à supporter de grands frais pour l'accident de contagion survenu à feue madame du Peyrat sa belle-sœur, laquelle il a secourue de tout son pouvoir, hantée et fréquentée pendant sa maladie; pour raison de quoi lui et sa famille se sont *retirés et serrés*. Il prie le Consulat de lui faire payer ce qu'il lui reste dû de ses avances et frais pour la démolition de la citadelle. S.

1586. — *Juillet* 3. Le Consulat, sur la présentation des quarteniers et diseniers du penonage de la rue de Flandres, vacant par le décès de César Panse, en pourvoit Alexendre Ferrari qui prête serment. — Le 19 mars suivant, Gaspard Coing, bourgeois de Lyon, fut pourvu de ce penonage. S.

1586. — *Juillet* 3. Le Consulat, sur la demande des sous-recteurs de l'Hôpital, invite Messieurs du Collége, de la Faculté de médecine et les maîtres barbiers chirurgiens de cette ville à servir les pauvres alternativement jusqu'à ce que l'Hôpital ait été pourvu de médecins et chirurgiens ordinaires, au lieu de ceux qui sont malades. S.

1586. — *Juillet* 3. Le Consulat ordonne au voyer de la ville de s'emparer de deux maisons contiguës, qui sont près du cimetière de S. Michel, pour y lo-

—ger le *Père hermite* avec ses gens et sa suite, et accorder du louage d'icelles avec les propriétaires ; et si les locataires n'en vouloient sortir, de les en faire sortir avec leurs meubles, et prendre main-forte des arquebusiers. Le Consulat ordonne au capitaine de la ville d'assister le voyer à cet effet. S.

1586. — *Juillet* 10. Sur la demande du recteur du collège des Jésuites, et attendu le progrès que fait la contagion, le Consulat arrête que le collège sera fermé pour les écoliers *martinets* qui vont et viennent jusqu'à la S. Remy (29 octobre). — Le 5 août, la contagion augmentant, on licencia, sur les remontrances du P. Castor, les pensionnaires jusqu'à la même époque.

1586. — *Juillet* 10. Les Confrères de Sainte-Croix remontrent au Consulat, qu'un hérétique ne doit point être enterré en terre sainte et sacrée, ni au cimetière des Chrétiens catholiques, ce qui se prouve par plusieurs constitutions et décrets des saints Conciles, au préjudice desquels l'on a, depuis quelque temps, permis que les corps de ceux dits vulgairement Huguenots, déclarés hérétiques par le saint Concile général, fussent enterrés au cimetière de l'Hôpital mesmes ez galeries faictes et entretenues par lad. confrairie, esquelles plusieurs notables personnages d'icelle ont par le passé, par dévotion, et humilité, élu leur sépulture, comme feroient d'autres s'ils n'en étoient détournés par la concession de sépulture desd. héritiques, avec lesquels lesd. catholiques ne veulent ni morts ni vifs avoir aucune communion, comme aussi il leur est expressément prohibé par toutes les canoniques sanctions, alléguans sur ce une infinité de beaux passages tant du vieux et du nouveau Testaments, que des saints Conciles généraux et provinciaux; par ce requerroient que par les sieurs échevins comme recteurs primitifs de l'Hôpital fut très expressément défendu d'enterrer désormais aucun corps d'hérétique au cimetière de l'hôpital, ni moins en ladite gallerie, et d'ordonner que les os de ceux qui y sont inhumés *de ceste farine*, en soient tirés et en après jetés en terre profane à l'exemple du bon roy Josias qui par l'ordre de Dieu fit déterrer et brûler les os des faux prophètes. Le Consulat declare qu'il n'a jamais entendu ni ne veut que ceux de la confrairie de Ste-Croix soient empêchés ou troublés en la jouissance des cloîtres par eux bâtis au cimetière de l'Hôpital et dont ils ont l'entretien, ni qu'aucun corps y soit enterré contre leur gré, et dans le cas où il leur seroit fait aucun trouble soit pour la sépulture des corps de ceux de la contraire religion ou autrement, le Consulat trouvera bon qu'ils se pourvoient pour l'empêcher par-devant qui il appartiendra. S.

1585. — *Août* 7. Le Consulat donne au S. de Tourvéon, allant en cour, une brieve instruction dans laquelle il le charge de dire à S. M. que « pour
« une citadelle qu'elle avoit en cette ville, elle y en a pour le jour d'huy 20
« mille (1) dans les cœurs de ses citoyens... Que toutes les fois qu'il lui
« plaira de venir à Lyon, elle y sera reçue par les habitants avec la démons-
« tration de la même bonne volonté et affection qu'ils l'ont reçue par le passé,
« et si les portes de la ville ne sont assez grandes pour l'entrée de S. M. et
« de sa suite, ils feroient abattre telle quantité de murailles qu'il plaira à S. M.
« leur commander à ces fins.... »—*Act. Cons.*; Cochard, *Description*, p. 178 ; *Arch. du Rhône.*, III, 156. — M. de Tourvéon s'étoit rendu à Bourbon-les-Bains auprès du roi ; il étoit de retour avant le 20 Août, et fit rapport du bon effet de son voyage et du contentement que S. M. en avoit reçu. Le Consulat,

(1) Si la population de Lyon était alors réduite à ce chiffre, il faut l'attribuer à la peste qui avait décimé les habitants, et en avait porté un grand nombre à s'expatrier.

avant son départ, lui avoit remis 100 écus; il n'en dépensa que 58. — Le 8 du même mois, le Consulat avoit écrit au maréchal d'Aumont pour le remercier de ce qu'il avoit bien voulu manifester publiquement son opinion sur la fidélité constante de la ville de Lyon, et la venger des calomnies répandues contre elle. S.

1586. — *Août* 21. L'armée que le duc d'Epernon conduit en Provence, devant passer ces jours-ci, le Consulat arrête, entre autres dispositions, que les arquebusiers feront quatre patrouilles chaque nuit. — On fit présent au duc, pendant son séjour à Lyon, d'un chevreuil, et l'on fit offrir, soit à lui, soit aux seigneurs de sa suite, des fruits avec du vin blanc et claret. S. — Voici en quels termes l'auteur de la *Vie et faits notables de Henry de Valois*, attribué à Jean Boucher (1589, in-8°. sans nom de ville), rend compte de cet événement:

« Advint qu'en ce temps fut tué (le 2 iuin 1586) Monsieur le Grand-Prieur (Frère bâtard de Henri III), et que son gouvernement de Provence fut donné à d'Espernon (car Henry ne luy refusoit que ce qu'il ne luy demandoit point), chose qui lui vint fort à propos, afin d'entreprendre sur Lyon, la citadelle n'estant encore commencée à démolir (1), ains entre les mains du S. de Mandelot. Et de fait il donne à entendre qu'il alloit prendre possession de son gouvernement, menant avecques lui mille ou douze cens harquebusiers, qu'il estoit nécessaire de faire passer par Lyon, à cause de la rivière, espérant que le Seigneur de Mandelot ne refuseroit le passage à ses gens, ayant de ce exprès commandement de Henry; mais le gouverneur s'advise par une ruse de lui accorder ce passage, sans qu'il en peust advenir scandale à la ville; qui fut de lui faire appareiller de grands bateaux pour mettre ses gens, afin qu'ils passassent, ce disoit-il, plus vistement et plus seurement, d'autant que les habitans ne trouvoient bon qu'on mist des forces estrangères en la ville. Cependant il feist border toute la Saône d'un costé et d'autre; mesmes toutes les rues estoient pleines d'habitans en armes. D'Espernon, avecque sa courte honte, son entreprinse estant vaine, passa ainsi par Lyon, plus étonné qu'autrement, et s'en alla à Marseilles, où il fut meigrement receu avec ceux de son train seulement qui entrerent en la ville.... »

1586. — *Août* 28. Le Consulat désirant abolir la coutume qui s'est introduite du *Paillemail* en Bellecour, au grand préjudice des propriétaires, qui y ont des maisons, il est ordonné qu'il sera enjoint auxdits propriétaires, de faire paver la rue où se fait ce jeu, audevant de leurs maisons et de leurs jardins; et à leur défaut, le voyer le fera faire à leurs dépens. S.

1586. — *Septembre* 30. Sur la démission de M. le Custode du Soleil, de M. le Trésorier Baraillon, de Maurice Poculot et de Guillaume Falaise, députés de la santé, on nomme le sacristain Girinet, le conseiller Vandel, Nicolas-Philippe de la Voypierre, Simon Girard et Dominique Ravel, bourgeois de Lyon (ce dernier à la place de M. Meslier, avocat du roy, qui s'est absenté à cause du décès de son fils, mort de contagion). — Quelques-uns des sus-nommés ayant refusé, on continua (le 3 novembre suivant) François Girard, échevin, MM. Dorlin, Merles et Pelletier, et on leur adjoignit Me Bernardin Castor, docteur en théologie, recteur du collège, MM. Broquin, de Montconys, conseillers, et le sieur Etienne Faure, marchand. S.

1586. — *Septembre* 30. Les Commissaires de la santé prient le Consulat de faire informer promptement sur la contravention du sieur du *Verdier*, qui a

(1) Erreur. Voyez ci-dessus au 11 *juin* 1585.

fait enterrer en sa maison 3 ou 4 coprs morts de contagion, sans avoir averti les députés ni le capitaiae penon. Le Consulat est d'avis que le sieur du Verdier doit être condamné à mille écus d'amende; il charge le voyer de signifier son ordonnance aux Commissaires. S.

1586. — *Octobre* 31. Le Consulat adresse au roi la supplique suivante :

« SIRE, si jamais nous avons eu occassion de nous douloir des calumpnies et impostures que ceux qui, jaloux de nostre fidelité et obéyssance envers V. M. et vostre couronne, nous imposent malicieusement, c'est à ce coup qu'ils ont fait courre ung bruict venu jusques à voz oreilles, que passant par icy l'evesque de Nazaret, nonce du Pape, quelques ungs de noz concitoyens se seroient adressez à luy sur le mescontentement qu'ils disoient avoir des entreprinses du sieur de la Valette, et *auroient requis ledit sieur nonce d'escrire au Pape qu'il deuoit entreprendre la protection de cette ville*, et, par ce moyen, empescher qu'elle ne tombast par l'importance d'icelle ez mains des heretiques. Ce sont les propoz que l'on nous a escriptz avoir esté deferez à V. M., laquelle nous supplions très humblement de croire que tant s'en fault que nous les ayons tenuz, que mesmes nous n'y pensasmes oncques: et que quiconque les a controuvez est vng fort mal habile homme en affaires d'estat: car il debuoit considérer qu'il parle d'vne ville qui a tousiours faict profession et fera (tant qu'elle sera sur pied) d'estre très fidelle et très obéyssante à vostre couronne; que si elle se vouloit de tant oblier (que Dieu ne veuille iamais permettre) que de se mettre en la protection d'vng aultre prince, *elle n'yroit pas chercher vng protecteur à 300 lieues loing qui n'a non plus de moyen de la secourir et défendre que de lui nuire par les armes temporelles*, ioinct que nous ne sommes pas si ignorants que de ne cognoistre bien que le Pape ne doibt entreprendre aulcune auctorité ny iurisdiction temporelle sur les subicetz d'aultruy. Pourquoy donc serions nous si mal aduisez que de recourir à sa protection ? Il semble, Sire, que ces raisons sont assez pertinentes pour faire cognoistre à V. M. que l'on nous en veult d'ailleurs, qui faict que nous vous supplions très humblement de nous faire justice de ceste calumpnie contre led. nonce (si tant estoit que lesd. propos fussent venus de lui) que aultres qui ont semé soubz son nom cette imposture: car, quant à luy s'il les advoue, et qu'il se soit bien souuenu des paroles, il se peult bien aussy se souuenir de ceulx qui les lui ont proférées ; et ne peult-il dire que ce soit nostre corps de l'eschevinage qui représente toute la ville. Bien est-il vray que, par honneur, nous luy allasmes faire la reuerence, et enuoyasmes du vin, comme nous faisons à tous les Seigneurs estrangers passant par cy, allans vers V. M. Les présents que nous leur faisons nous sont une dépense, laquelle nous tenons pour bien employée, estimant qu'elle redonde à l'honneur de V. M., et pour une démonstration d'vng eschantillon de nostre fidélité et obéissance. Si doncques, Sire, ce Mons le nonce veult soubstenir que l'on luy ait dict telz ou semblables propoz, nous vous supplierons de le contraindre à desclairer ceulx qui les ont tenuz, aux fins d'en faire iustice exemplaire. Si, au contraire, comme nous estimons qu'il ne l'ayt dict, et que ce soit *une charité* qui nous soit prestée d'ailleurs, il vous plaira d'en scauoir l'autheur et le punir comme nous vouldrions l'estre, si nous nous estions de tant obligez.

« Pardonnez-nous, Sire, si nous nous estendons si largement : l'affaire nous touche si viuement le cueur que nous ne serons iamais en repos d'esprit, que nous n'en ayons nostre raison par iustice, que nous vous supplions de genoux et à ioinctes mains de nous impartir ; et cependant de nous conseruer en vostre bonne grace, laquelle nous desirons plus (quoique noz calumpniateurs conuertz scachent dire) que toute aultre chose du monde. Aussi ne vous donnerons-nous jamais occasion de nous en oster, et Dieu ne le vueille permettre, lequel nous prions humblement vous donner, Sire, en tout bonheur et félicité très longue et contente vie. De Lyon ce dernier iour de octobre 1586. Vos tres humbles, tres obeyssans et fidelles subjectz, les Consulz, etc. »

Le Consulat écrivit en même temps à MM. de Villeroy et de Bellièvre une lettre contenant à peu près les mêmes sentiments; mais on y voit que c'est M. de Bellièvre qui avoit informé M. de Langes de ce bruit calomnieux. Le Consulat ne croit pas qu'il y ait aucun François habitant de Lyon qui eut eu connoissance et si libre accès vers le nonce qui étoit étranger, même natif de Suisse, pays auquel bien peu des citoyens de ceste ville négocioient. Le Consulat répète que si la ville était venue à ce terme de désespoir qu'il lui fallut recourir à la protection de l'étranger, ce seroit une grande absurdité qu'elle l'allât chercher par delà les Alpes d'Italie, et d'un prince qui n'a non plus de pouvoir de la secourir et defendre que de lui nuire, etc.—Dans la lettre à M. de Villeroy, on lit ces mots : « Si nous sçavions qu'il y eust vng de nos concitoyens qui eust esté si temeraire que d'user de semblables propoz, nous vous prions de croire qu'il ne sçauroit estre constitué en si haulte dignité ou degré d'honneur, ny en si grandes facultez, qu'il ne fust *dechiré par petites pieces et ses os bruslez, et ses cendres jettées au vent;* tant nous sommes jaloux de nostre ancienne obeyssance et fidélité envers le roy et la couronne, etc., etc. » — L'auteur de toutes les calomnies que l'on débitait à la cour de France contre les Lyonnais, était le duc d'Epernon qui n'avait pas renoncé à s'emparer, de gré ou de force, du gouvernement de Lyon. Les historiens contemporains ne laissent aucun doute à cet égard. Nous citerons, de préférence, un passage de la *Vie et faits notables de Henry de Valois*, attribuée à *Jean Boucher*, et publiée, sans nom de ville, en 1589. Le malin chroniqueur, après avoir raconté le tour que Mandelot joua à d'Espernon lors du passage de ce fameux mignon dans notre ville (le 21 *août* 1586), continue ainsi :

« ... Outre l'entreprise de Lyon, il (d'Espernon) en avoit encore une autre en main et recommandée expressément par Henry de Valois, qui estoit de s'aller rafraîchir à Avignon, et, monopolant secrettement auec le roy de Nauarre, faire en sorte qu'il mist Auignon entre ses mains et toute la comté, appartenant à nostre sainct Père le Pape : pour rémunération de quoy il estimoit auoir en mariage la sœur dudit roy de Nauarre. Toutefois cette conspiration aussi bien comme l'autre, s'en alla en fumée; car le gouuerneur d'Auignon en fut aucunement aduerty, et considerant que d'Espernon n'auoit là que faire et qu'il y auoit ia plus de cinq semaines qu'il y estoit, luy dit ouuertement, qu'il y avoit deffiance de luy, et qu'il le prioit de se retirer. Il reuint vers Lyon, mais comme le seigneur de Mandelot s'enquestast s'il repasseroit par là afin de le receuoir, il feit responde que les *Lyonnois estoient trop mutins*, et qu'il ne leur vouloit donner occasion de le craindre : et s'en retourna passant à la trauerse et en poste du Daulphiné par le Lyonnois jusques à la Palisse, quasy sans regarder derrière luy. Estant arrivé à la cour, il mit les habitants de Lyon de plus en plus en la mauvaise grace de Henry de Valois : dont assez aduertis, ils envoyèrent aussitost le seigneur de Chevrières faire leurs excuses, et remonstrer que la citadelle ne seruoit que de grande despence aux frais du plat pays : qu'elle empeschoit grandement le commerce, et que, depuis qu'elle estoit bastie, les foires de Lyon n'auoient plus rien valu, au grand intérest de la doane : pourquoy les habitants supplioient qu'on leur permit de l'abastre. Henry de Valois respondit que puisqu'ils l'auoyent prinse sans son commandement, ils la pouuoyent desmolir si bon leur sembloit. Ce qui fut quasi fait tout aussi tost qu'il auoit été dit. Mais d'Espernon qui, de toutes choses à tousjours voulu faire proffit, et à tout sçait à redire, feit trouuer mauuais ceste desmolition, disant que le roy y auoit interest : ne fust, que les deniers dont elle auoit été bastie (encores que prins sur le pays) eussent depuis tombé en ses coffres par un autre moyen. Pour ce, il met en avant la trop grande licence qu'auoyent prins les Lyonnois, sur une responce ambigue, en sorte que, pour demeurer en paix, ils furent contrains bailler quarante et quatre mille escus à d'Espernon : pour cause de quoi fut mise imposition sur les chairs, à sçauoir que chacun bœuf entrant à Lyon, pour la boucherie, payeroit deux escus, la vache vn escu, le veau vn quart d'escu, et le mouton sept sols et demy. Messieurs de Lyon, sur ce fait, ne faisoient entendre au peuple que ce qu'on leur en avoit promis : qui estoit que cest impost ne dureroit qu'vn an ou deux, afin de payer les quarante et quatre mille escus, et eux rembourser des frais extraordinaires qu'il leur avoit convenu faire pendant la peste de l'an 84. Mais Henry de Valois ne mit oncques subsides aucuns pour les abolir par après. Car on sçait qu'ayant depuis aliéné tout le reste du domaine du royaume, ayant vendu aussi celuy de l'Eglise, il ne vit plus que du sang pur des catholiques, laissant en repos et sans subsides aucuns, les ennemis de l'Eglise.... » — Voyez ci-après au 30 juin 1587.

1586. — *Novembre* 17. M. de Neufville de Villeroy écrit au Consulat : « Le roy a pris en très-bonne part voz lettres ainsi que vous apprendrez par les siennes, et vous prie croire qu'il ne lui demeure aucune mauvaise opinion du faict duquel il est question, etc. » S.

1586. — *Décembre* 14. Assemblée des terriers et maîtres des métiers pour l'élection des échevins. Le procureur-général de la ville (Claude de Rubys) fit, suivant l'usage un discours. Il leur exposa l'excellence de leurs fonctions, et les exhorta à ne choisir, surtout en ces temps malheureux, que des gens capables d'expérience dans les affaires; que ce soient aussi *gens de prestante et de belle stature*, à ce qu'ils ne se rendent *ridicules et contemptibles* au peuple; rapportant l'histoire de Marius, grand capitaine romain, qui s'étoit retiré hors de Rome, et caché pour éviter la fureur de Sylla, étant trouvé par ceux qui avoient conspiré sa mort, ... il se présenta à eux avec une telle prestance et grandeur de courage, qu'ils furent épouvantés de son seul aspect, et quittèrent leur sinistre dessein, etc., etc. S.

1586. — *Décembre* 16. Le Consulat permet aux paroissiens de l'église de S. Sorlin (Saturnin) de clore le cimetière qui, avant les troubles de 1562, étoit devant cette église, et qui avoit été réduit en place publique par les sectateurs de la nouvelle opinion. S.

1586. — *Décembre* 21. Me Pierre Dorlin, avocat, fait la harangue de la S. Thomas, et reçoit de la ville 10 écus.

1586. — *Décembre* 17. Guillaume Roville, imprimeur et libraire à Lyon, fait son testament devant M. Garnier, notaire, et lègue à l'hôpital sa maison de l'*Ange*, une des quatre qu'il possédait dans la rue Mercière, il veut que les revenus en soient accumulés pour être remis, chaque cinquième année à ceux de ses descendants que sa famille assemblée reconnaîtrait les plus pauvres. — G. Roville compléta ses dispositions de dernière volonté par un codicille du 17 juin 1589 et mourut peu de temps après. *Biogr. lyonn.*

1586. — « La ville éprouve une grande disette ; les Consuls échevins empruntent, pour soulager le peuple, quarante années de blé froment des recteurs et administrateurs de l'Hôtel-Dieu, avec promesse d'en faire la restitu tionsur les premiers envcis de blé qu'ils attendent de la Beauce. » Dagier, 1, 139. — Le blé se vendait alors au prix énorme de sept livres le bichet. J. Morin, V.§ 303.

1587. — *Février* 2. Mort, au Chateau de la Freyte (ou la Frette), en Dauphiné, de François de Beaumont, baron des Adrets, colonel, général; en 1557, des légionnaires de Dauphiné, Provence, *Lyonnois* et Auvergne ; Gouverneur de Lyon, en 1562, pendant l'occupation de cette ville par les Calvinistes ; prisonnier au château de Pierre-Scise, en 1570 ; un des députés du Dauphiné qui vinrent complimenter Henri III à Lyon, en 1574. Moréri (art. BEAUMONT) ; *Biogr. lyonn.*, etc.

1587. — *Février* 5. Le Consulat, délibérant sur les remontrances faites par les députés de la santé au sujet des actions de grâces que tous les habitants de la ville, sont grandement obligés de rendre à Dieu Créateur, de la grâce qu'il a fait de retirer ses verges et fléaux de la maladie contagieuse de dessus cette pauvre ville et de lui rendre la santé. et qu'il est bien raisonnable d'user en l'honneur de nostre bon Dieu de quelques œuvres pies et charité en l'endroit de son église, en hommage et reconnaissance de sa divine majesté, ordonne qu'il sera acheté des deniers destinés pour le fait de la santé, un calice d'argent garni de la *platène*, jusques à la valeur d'environ trente écus, auquel on fera graver les armoiries de la ville, pour icelui calice être offert en dévotion, charité et aumône, en la chapelle de N. D. de l'église St-Martin à l'Isle-Barbe, pour le service qu'il a fait faire en cette chapelle, afin d'implorer l'intercession de la bienheureuse Vierge Marie envers son fils notre seul sauveur et rédempteur J.-C., qu'il lui plaise, ayant pitié de cette ville et communauté, y rétablir la santé pristine. S.

1587. — *Février* 19. Le Consulat charge le voyer de faire conduire, le soir, à l'Hôpital S. Laurent, Barthelmy Gonet, frippier, atteint de contagion. S.

1587. — *Février* 28. Le Consulat charge ses députés en cour de faire tous leurs efforts afin d'obtenir de S. M. l'exemption de l'emprunt qu'elle demande et pour lequel les Commissaires du roi veulent user de violence et de rudesse envers les échevins et les habitants. — Le 21 *Avril* suivant, Le Consulat fit au roi des remontrances où l'on remarque ce paragraphe : « Les échevins et et les habitants de Lyon reconnaissent d'abord qu'ils sont très-humbles, très obéissants et très fidelles subjects du roy, et, comme telz, tenuz et obligez le servir, honorer et secourir de leurs personnes et de leurs biens en ses necessitez ; mais aussi ils supplient tres humblement S. M. qu'il lui plaise, selon son accoustumée bonté, se soubvenir qu'il *leur doibt justice*, *et que*, *pour la leur administrer*, *Dieu l'a establi souverain sur eux*, etc. S.

1587. — *Février* 28. Le Consulat fait écrire à MM. de Servieres et du Troncy étant en cour, pour les prévenir de ce qui s'est passé à Vienne ; savoir qu'au lieu de faire la guerre aux Huguenosts, l'on a fait passer la rivière à certaines compagnies qui se sont saisies des châteaux de Pipet et de la Bastie, et mis garnison en la ville de Vienne ; le Consulat ne sachant à quelle intention cela se fait, on priera les députés d'en avertir le roi. — Le 24 *Mars* suivant, un petard avait été mis à l'une des portes du château du Pipet ; les habitants de Vienne imputoient au Consulat de Lyon que cela s'étoit fait à son instigation. Le Consulat s'empresse d'écrire aux députés en cour que si les ennemis de la ville faisoient parvenir ce bruit aux oreilles du roi, d'assurer S. M. que M. de Mandelot et la ville sont incapables et innocents de tel fait, et qu'ils espèrent que la vérité se manifestera par la suite du temps. S.

1587. — *Mars* 25. M. de Mandelot remet au Consulat une lettre du roi, datée du 19, par laquelle S. M. déclare que son intention est que les échevins et les habitants de la ville aient à se conserver plus soigneusement que jamais en bonne union et concorde les uns avec les autres sous son obéissance, pour l'exécution du commandement que M. de Mandelot leur fera de la part de S. M., sans se laisser emporter aux inventions et artifices de ceux qui seroient bien aises de les desvoyer de leur devoir, etc. — Le Consulat répond au roi : « .... L'union est tellement en nous avec le reste de nos concitoyens, que nous espérons avec l'aide de Dieu et la sage conduite de M. de Mandelot, si bien faire vostre service, que cette ville sera toujours maintenue et conservée en vostre obéissance, etc. » S.

1587. — *Mars*... Hierosme Chastillon, président au siège présidial de Lyon et au parlement de Dombes, meurt « surpris tout-à-coup d'apoplexie, estant « au Palais où il faisoit le rapport d'un procès. » On a de lui quelques ouvrages enrégistrés dans la *Bibliothèque* de du Verdier. Il était neveu de Benoît Buatier. Claudine Chastillon, sa fille avait épousé le 19 Juillet 1578 (dans l'église de Ste-Croix) noble Benoît Cavet, docteur, avocat au parlement de Chambéry. H. Chastillon était l'ami d'Henry Estienne et de plusieurs autres savants. *Notes* de l'abbé S., année 1578; la Monnoye, *OEuvres de St-Gilay*, notes sur l'épitre dédicatoire d'Antoine Harsy; *Biogr. lyonn.*

1587. — *Avril* 1. Lettre du Consulat au roi. « Sire, si nostre fidélité et innocence contre la calumnies n'estoient assez cogneues, nous craindrions que le recent et tout nouveau artifice, duquel l'on se veult ayder pour nous procurer vostre defaveur et male-grace, ne prinst place près de V. M. envers laquelle l'on dict que nous avons esté soubsçonnez de l'attente de surprendre le *château de Pipet* près de Vienne, et de nous estre treuvez en une assemblée, en laquelle l'on avoit conspiré la mort de M. d'Espernon : chose, soubz correction, malicieusement controuvée, en laquelle il n'y a point du tout d'apparence de vérité : car, quant à l'entreprinse de Pipet, nous n'avons aucun intérêt que ceste place soit gardée par la garnison qui y est establye, puisqu'elle est pour vostre service, et avons de tout temps eu une bonne intelligence avec les habitants de Vienne comme bons voisins, ainsi que nous vous avons déjà fait entendre par aultres lettres, et prié les sieurs de Villeroy et de Servières de vous dire de bouche : et quant à la conspiration prétendue, tant s'en fault qu'il y en ait esté faict aulcune, que nous croyons fermement que l'on n'y a jamais pensé : et, pour nostre regard, nous avons tousjours eu une bonne volonté et en laquelle nous demeurerons toutes nos vies, fermes et resoluz d'honorer ceulx que vous aymez, ainsi que ledit sieur d'Espernon eust cogneu par effect, s'il luy eust pleu de nous faire cest honneur que de repasser par icy ainsi qu'il en avoit esté requis, où nous estions bien resoluz de le recevoir de tous nos moyens, etc. » S.

1587. — *Avril* 9. L'hôte du logis de la Tête d'or, rue Grenette, avoit mis dehors de chez lui, la nuit, une chambrière frappée de contagion, qui roda par la ville et mourut au milieu de la rue, au grand scandale de tout le monde. Visitée par un chirurgien, il fut reconnu qu'elle était morte de la peste. Le Consulat fut d'avis que les députés de la santé condamnassent l'hôte à 300 écus d'amende. S.

1587. — *Mai* ... Mort de Guillaume Faure, lequel avait été quatre fois échevin. Il fut inhumé le 11 dans l'église des Célestins. *Lyon. anc, et mod.*, Tome 1. p. 355.

1587. *Juin* 30. — Le Consulat, sur la somme de 100 écus donnez en aumône par les sieurs Pelissari, en accorde 50 aux Jésuites de cette ville pour leur aider à supporter les grands frais qu'ils ont faits à la réception de ceux de leur ordre qui sont venus au chapitre général de leur compagnie, qui est tenu en cette ville. S.

1587. *Juin* 30. — Les *bouchers* vouloient se pourvoir pour s'opposer à la levée du subside sur la chair; le Consulat fit des remontrances par lesquelles il prouvoit que les bouchers étoient les seuls qui n'eussent aucun intérêt à se plaindre du subside, parce que c'étoit le peuple qui le payoit; que même, d'après l'essai qui avoit été fait, il ne devoit être payé qu'un liard par livre d'augmentation, et que les bouchers en faisoient payer deux, contre quoi le Consulat réclamoit justice. De plus, au petit peuple auquel ils ne vendoient pas à la livre, mais à *l'aisme*, comme on dit, ils le faisoient payer encore plus cher. Enfin ils faisoient encore payer le subside aux marchands de bétail auquel il prélevoient toujours le subside. Et sur ce que les bouchers se plaignoient de ce qu'ils vendoient moins, le Consulat disoit que *si le peuple ne se vouloit contenir de n'estre si grand carnassier que noz vénérables bouchers tant grands zélateurs du bien public désirent, c'est chose qui est grandement louée de Dieu et des hommes.* On voit encore, dans ces remontrances, que les bouchers alloient acheter les plus gros bœufs à raison de 18 à 20 écus, et qu'ils en retiroient plus de 30 avec la peau, les pieds et le ventre. S.

1587. *Juin* 30. — Lettres du roi qui enjoignent au sénéchal de Lyon de faire assembler tous nobles vassaux et autres sujets au ban et arrière-ban, dans la principale ville du ressort, le premier Août suivant, « montez, armez et « en tel équipage qu'il est porté par les ordonnances. » — Imprimé : Lyon, *Jean* Pillehotte, in-8°. (B. de Lyon, Rec. vert, t. x).

1587. *Juillet* 28. — Le Consulat, averti que la contagion augmente en Piémont et à Chambéry, arrête de mettre au ban tout le Piémont, et députe le voyer au lieu de la Boesse (la Boisse) près Montluel, vers le commissaire député par S. A., pour lui signifier ledit ban, donné au nom du roi et de M. de Mandelot, et dans lequel on lit entr'autres choses, que « depuis dix ans en « ça, la ville de Lyon a été peu ou prou affligée de contagion, non pour » l'intempérie de l'air, lequel, par la grace de Dieu, y a toujours été sain « et salubre et nullement infect ni corrompu, mais pour le libre et facile « accès que les étrangers y ont toujours eu, lesquels y ont apporté le mal « des lieux contagieux, etc. » S. Voyez ci-après au *7 avril* 1588.

1587. *Août* 13. — Le Consulat prie M. d'*Eybeins* qui se trouvoit en Dauphiné de vouloir bien remontrer à M^{rs}. de la Valette et de Maugiron que le Dauphiné et la ville de Lyon sont tellement voisins et confédérés de toute ancienneté qu'ils ne se peuvent aisément passer l'un de l'autre, qu'ils ne reconnoissent qu'un seul maître, le roi: que, cependant, ces deux dernières années, *ledit pays de Dauphiné a usé de grandes rigueurs envers cette ville*, ayant le moyen de la secourir de bleds, et ayant mieux aimé en fournir à la Bresse et à la Savoye; que même des gardes ont couru dans le faubourg de la Guillotière pour surprendre ceux du pays de Dauphiné plus voisins de la ville qui pouvoient apporter quelque peu de bleds à Lyon : ce que cette ville ne peut imputer qu'à une mauvaise volonté que sans occasion on a contr'elle, et qu'elle croit procéder de ceux qui, sous prétexte de quelques défenses générales, font leurs profits particuliers sur ceux qui y contreviennent, suppliant pour ce lesdits seigneurs de n'user par ci après de semblables défenses, mais de

16.

laisser le commerce libre, comme la ville de Lyon l'offre de sa part. S

1587. *Septembre...* — Vers le milieu de ce mois, le P. Bernardin Castor, recteur du collège de la Trinité, fit un voyage à Rome. S.

1587. *Octobre* 6. — Le Consulat arrête que les habitants du faubourg St. *Herigny* (St. Irénée) qui depuis quelque temps se sont mis et incorporés à cette ville, iront au guet et garde avec les habitants et sous le capitaine Penon de St. Just.

1587. *Décembre* 4. — M. de Mandelot se rend, par ordre du roi, à St. Rambert en Forez, pour s'opposer au passage des Reistres conduits par le S. de Chastillon, lesquels se proposoient de passer la rivière de la Loire. — Vers le même temps, on fit une procession générale à l'occasion de la défaite des Reitres. Les échevins y assistèrent avec des cierges. S.

1587. *Décembre* 17. — On procède à l'élection des Terriers et maîtres des métiers. — On remarque dans les listes des élus :

Terriers : de Servières et de Montconys.
Notaires : Robert Faure et Michel Molle.
Chirurgiens : Charles de Nyons et Simon Guy.
Libraires : Jean Pillehotte et René Potalier.
Imprimeurs : François Durelle et Guichard *Juleyron* (Jullieron).
Peintres : Jérome Durand et Ant. Carra.
Selliers : Jean Perricaud, etc. — Voyez ci-après au 11 *Janvier* 1589.

1587. — *Décembre* 19. Le Consulat, en considération des longs et agréables services du sieur de Rubys, procureur général de la ville, admet sa résignation de cet office en faveur de Charles de Pogge, son neveu, en cas de survie seulement. — Le *7 janvier* suivant, Charles de Pogge fit le serment au Consulat, de bien exercer fidèlement ledit office après le décès du sieur de Rubys, et *cependant* de plaider pour lui les causes qui se présenteront à la sénéchaussée pour la ville et pour l'hôpital, et encore de venir au Consulat pour s'instruire des affaires d'icelui.

587. — *Décembre* 21. M. Jean Chausse, avocat, fait l'oraison de la S. Thomas. S.

587. — *Décembre* 30. Assemblée tenue chez M. de Mandelot, où étoient, pour le clergé, M. de la Barge, grand vicaire, Antoine-Emmanuel Chalon, secrétain de S. Nizier, official, et Pierre de Masso, abbé de Valbenoite; pour la justice, M. le sénéchal et M. le président de Langes, les échevins, les recteurs de l'Hôtel-Dieu et de l'Aumône.

M. de Servières, un des échevins, expose que cette assemblée a été convoquée pour aviser aux moyens d'empêcher le grand désordre causé en ce moment par le grand nombre de pauvres qui rodent jour et nuit par la ville, surtout des *caymans* étrangers, par lesquels, s'il n'y est pourvu, la ville est en danger de s'infecter, non-seulement de la maladie pestilentielle, mais encore de certaine maladie de grosse vérole qui pullule parmi lesdits caymans, à l'occasion du grand nombre de femmes et filles débauchées dont les coins des rues et avenues sont la plupart du temps remplies, de sorte que oculairement l'on s'apperçoit que ce mal se rend contagieux. — L'assemblée, après avoir entendu M. de Mandelot, et adhérant à sa proposition, arrête que les anciens réglements seront renouvelés, en conséquence que description sera faite de tous les pauvres mendiants de la ville, que l'on mettra dehors tous les étrangers qui n'ont aucune retraite, leur donnant une fois la *passade*;

quant aux malades n'ayant aussi aucune retraite, qu'ils seront mis à l'hôpital pour y être nourris et médicamentés jusqu'à guérison ; quant aux pauvres valides de la ville, les bourgeois en nourriront, pendant 3 ou 4 mois, deux, trois et plus, selon leurs moyens, et selon le rôle qui sera fait le plus également possible par MM. de l'Aumône ; — que M. le lieutenant de Tourvéon, et M. le procureur du roi seront priés de tenir la main à ce que les femmes publiques et débauchées soient chassées, et leur procès fait, pour en faire un châtiment exemplaire, etc. S.

1587.... Mort, à Lyon, d'Antoine Fumée, premier du nom, seigneur de Blandé, troisième fils d'Adam II, garde des sceaux, né en 1511, aux Roches St-Quentin. C. B.

1588. — *Février* 23. Le Consulat arrête de faire un présent honnête et digne d'un tel corps de la ville à Mademoiselle de Mandelot, fille aînée de Monseigneur le gouverneur, pour la féliciter et étrenner à ses noces qui seront célébrées dimanche prochain ; et n'ayant trouvé chose mieux séante qu'un *carquant* enrichi de pierreries que les héritiers de feu sieur Jean-Ambroise Caravagio, milanois, leur ont fait voir et lui ont offert bailler pour 500 écus d'or, on arrête de prendre ledit carquant pour ladite somme ; mais n'y ayant fonds pour cette dépense, on prie le sieur Jacques Cordan, marchand à Lyon, de répondre de ladite somme, sauf à en être garanti par la ville, à quoi consent ledit sieur Cordan, auquel le Consulat en passe promesse. S.

1588. — *Février* 23. M. de Mandelot, à la sollicitation du roi, marie sa fille aînée (Marguerite) à Charles de Neufville d'Alincourt, fils de Nicolas de Villeroy, secrétaire d'état. Henri III voulant, à cette occasion, donner à M. de Mandelot une nouvelle marque de sa bienveillance, permit que, dans le contrat de mariage, on stipulât la survivance du gouvernement de Lyon en faveur de M. d'Alincourt. Toute la ville prit part aux fêtes de ce mariage qui furent célébrées par un grand nombre de bals, de festins, de joûtes, de tournois et de mascarades. Jean Passerat, un des meilleurs poètes de son temps, qui avait déjà fait, en 1574, une élégie sur l'entrée de Henri III en son royaume et en la ville de Lyon, composa l'épithalame des nouveaux époux. Sa pièce est ainsi terminée :

> Au beau verger de Cythérée
> Cueillez la fleur tant désirée,
> Dont bientost on voye le fruict.
> Allez et vous tenez de rire
> Quand au partir vous orrez dire :
> Adieu, bon soir et bonne nuict.
> Chacun de vous à ce coup pense
> De jouir de la récompense
> De son amour et de sa foy,
> Et vous fasse amour grâce telle,
> Que rendiez la race immortelle
> De Mandelot et Villeroy.

1588. « A perpétuelle mémoyre. Le dimanche 28ᵉ jour de *février* 1588, les nopces du seigneur d'Alincourt, fils de M. de Villeroy, premier secrétaire d'état, et de damoiselle Marguerite, fille ainée de Mgr. de Mandelot, gouverneur et lieutenant général, etc., » ont été célébrées en l'église de

Ste. Croix, menés et conduits à sçavoir le S^r. d'Alincourt, par Mgr. de Villeroy, son ayeul paternel et par M. de Chamereau (sic), chevalier des deux ordres du roy, et grand maréchal des logis du corps de sa majesté, et ladite demoiselle par Mgr. d'Apinac, archevesque de Lyon, et par M. de Tournon, comte de Roussillon; ledit S. de Mandelot estant porté en une chaire pour son indisposition, immédiatement audevant ladite damoiselle sa fille. Et parce que MM. les Consuls échevins de la ville s'y trouvèrent en corps, avec leur robbes consulaires, représentant tous les ordres et estats de la ville, ils voulurent savoir auquel rang ils devoient marcher. Sur quoy ledit sieur de Mandelot ordonna fort prudemment que la noblesse qui estoit fort grande tant de Forez, Lyonnois, Beaujollois que de la ville, marcheroit devant la personne dudit sieur d'Alincourt, époux, lequel seroit suivi immédiatement par lesdits sieurs échevins. Lesquels ayant pris place pour marcher suivant ladite ordonnance, survint différend entre M. de la Barge, secretaire et chanoine de l'église de Lyon, et grand vicaire de Mgr. l'archevesque, et M. de Chalmazel, doyen de ladite église, prétendant devoir marcher au premier rang, comme estant du clergé, d'une part, et lesdits sieurs échevins comme représentant tout le corps de ladite ville, d'autre part. Lequel différend, estant remis par ledit sieur de Mandelot audit sieur archevesque, fut par lui ordonné que lesdits sieurs de la Barge et de Chalmazel ne marcheroient point en rang, mais se retireroient en leurs loges. Cette ordonnance faite, lesdits de la Barge et de Chalmazel se mirent au rang des gentils hommes (comme aussi le sont), et lesdits sieurs échevins marchèrent à la main droite incontinent et immédiatement après la personne dudit S. d'Alincourt, suivis qu'ils estoient de la garde de Mess. les magistrats. Je ne veulx icy estendre à discourir sur la pompe et magnificence desdites noces, tant pour la multitude des invités au superbe et opulent banquet qui y fut fait; instruments de toutes sortes de musique qui y jouèrent; mascarades et ballets, tournois, combats à la barriere, que des sompteux habits tant de draps d'or argent qui y estoient vus, que aussi des autres choses très magnifiques, parce que ce ne seroit que temps perdu, d'autant que l'on peut aisément juger que telle feste ne s'est faite à semblable jour que le dimanche gras, et entre seigneurs de telle qualité et tant signalés, sans estre très grande, très magnifique et très somptueuse. — On fit présent à M. de Villeroy l'aîné, étant en cette ville, de confitures pour le prix de 24 écus et 20 sols. S.

1588. — *Mars* 1. Mort de Jacques Daléchamp, médecin, naturaliste et philologue, connu par de nombreux ouvrages, né à Caen, vers 1513, établi à Lyon dès 1552. *Biogr. lyon.*

1588. *Avril* 7. *Séance consulaire.* — Sur les remontrances du sieur Cattet, voyer, que la contagion règne à Vimy, Fontaines et autres villages circonvoisins, tant du Franc-Lyonnois que de Bresse et Savoye, on arrête d'écrire à M. de Mandelot de faire raffraîchir les anciennes ordonnances sur le fait de la santé, et de défendre aux habitants de la ville d'aller à Pâques prochain à *l'Isle* et autres lieux où il y a vogue. — Une ordonnance du même jour contient, entr'autres dispositions, défenses aux *Cosses* du bourg de L'Isle-Barbe, et aux bateliers et pontoniers de recevoir ceux qui viendroient des lieux suspects, sous peine d'être eux-mêmes et tous les autres habitants du dit bourg, mis au ban. — Il y est dit aussi que les tavernes, jeux de quilles et autres berlans seront défendus audit lieu, sur peine de prison. — On envoie un trompette de la ville publier ces défenses à Vimy, Fontaines, etc.

— Le 24 *Mai* suivant, le Consulat pria M. de Mandelot de défendre d'aller à N. D. de l'Isle aux fêtes de l'Ascension et de la Pentecôte. S.

1588. *Avril 9.*—Défenses sont faites à toutes personnes, de quelque qualité qu'elles soient, de jurer et blasphémer le nom de Dieu, de la Vierge-Marie et des Saints, sur peine, pour la première fois, de prison et amende arbitraire, pour la seconde, du carcan, et pour la troisième, du fouet. Il est ordonné au voyer de faire placer des carcans par les carrefours et autres endroits de la ville, qui seront indiqués pour l'exécution desdites défenses. — La même ordonnance contient encore défense de se promener dans les églises paroissiales et autres, sur peine d'amende arbitraire. S.

1588. *Avril 26.* — Le Consulat informé qu'il y a quelques pédagogues inconnus qui sont venus habiter en cette ville, desquels on ne sait bien ni les mœurs ni la religion,.... donne tous pouvoirs et superintendance au Père recteur des Jésuites sur lesdits pédagogues et leurs hôtes,.... à la charge que s'il en trouve quelques-uns vicieux ou mal sentant de la Religion catholique, et ne faisant pas leur devoir à l'endroit de leurs écoliers, d'en avertir le Consulat. S.

1588. *Mai 15.* — Le dimanche matin, en l'église de St. Jean où étoient assemblés M. de Mandelot, gouverneur, le sénéchal, M. d'Alincourt, M. le président de Langes, les échevins et la plus grande partie des capitaines penons de la ville qui y avoient été mandés, M. de Mandelot a remontré qu'il étoit sur le point de partir pour Montbrison où il ne fera que le moins de séjour qu'il pourra,... les exhortant de continuer à garder la ville de bien en mieux, de demeurer toujours unis comme ils ont été, pour la conservation de la ville sous l'obéissance de S. M.,.... et d'obéir pendant son absence à M. le Sénéchal qu'il laisse pour commander. — A quoi, par la voix de M. Guerrier, sieur de Combellande, échevin, il a été répondu qu'ils seront toujours comme ils ont été très fidèles sujets tous à S. M.,.... qu'ils obéiront au dit sieur Sénéchal.... S.

1588. *Mai 17.* — M. de Mandelot, ayant convoqué en son logis M. le Sénéchal, M. d'Alincourt, le président de Langes, M. de Pavesin, maître d'hôtel et trésorier général de France, M. de Varennes Nagu, lieutenant de la Compagnie de M. de Mandelot, les sieurs échevins, le sieur de Rubys, procureur général, le capitaine de la ville, son lieutenant, et le sergent major de la ville, leur communique la nouvelle qu'il a reçue du tumulte et remuement arrivé à son grand regret à Paris (le 12 mai), à l'occasion duquel le roi s'en étoit absenté: d'où il étoit à craindre que cela n'apportât quelque grand préjudice tant à l'état qu'au repos public; et en attendant que les affaires soient pacifiées, il étoit très nécessaire de pourvoir promptement et soigneusement au fait de la garde et conservation de la ville en l'obéissance de S. M., comme elle a toujours été, sans néanmoins faire aucune démonstration de remuement, mais seulement continuer ladite garde comme de coutume, seulement la rétablir la nuit, jusqu'à ce qu'il plut à Dieu appaiser le tout. Partant, il a été résolu que la nuit aux deux descentes du pont de Saône il sera mis un penonage qui y demeurera jusqu'au jour; à la porte du *pont-levys* de Vaize il en sera placé un autre qui mettra dix hommes près la maison de Denis *Clefs*, entre le bastion royal et l'*huis* de fer; — un autre aux chaines du bastion S. Jean. — Il est ordonné que la crie qui fut faite dernièrement pour enjoindre aux soldats étrangers, aux vagabonds et aux gens sans aveu de sortir de la ville et des faubourgs, sera renouvelée, etc. — Les députés des nations étrangères étant venus dans cette assemblée, M. de Mandelot les a exhortés à demeurer fermes en cette ville, faisant le commerce à la coutume, sans frayeur ni contrainte par raison dudit remuement de Paris, pour l'espérance qu'il avoit qu'en peu tout seroit pacifié, se pouvant assurer qu'ils étoient aussi surs en cette ville comme en leur pays. — Et ceux-ci s'étant retirés, vinrent les capitaines penons auxquels M. de Mandelot fit la même remontrance; les exhortant et aussi leur enjoignant de demeurer fermes et unis, comme ils ont toujours été pour le service du roi, conservation de cette ville en son obéissance, et aussi de la religion catholique et romaine, et de ne se laisser aller à aucune perturbation ni division, mais de se montrer, comme ils ont toujours été, très fidèles sujets du roi; ce que tous, levant la main, ont promis et juré de faire et d'obéir à ce qui leur sera commandé par ledit seigneur de Mandelot et par les sieurs échevins pour la garde et tuition de la ville en l'obéissance de S. M., et conservation de la religion catholique ».

— *Même jour 17 mai.* En conformité de ce qui avoit été arrêté en l'assemblée du matin, chez M. de Mandelot, le Consulat ordonne de nouveau qu'un penonage sera placé chaque nuit à la porte du pont-levis de Vaise; qu'à la place du Change, il y aura un penon qui fera des patrouilles depuis Pierre-Scise jusqu'à S. George; qu'à l'Herberie un autre penon fera des patrouilles par la ville, etc., etc. On arrête d'écrire au roi pour assurer S. M., qu'elle n'a ville de son royaume plus assurée qu'est la ville de Lyon, etc., et aussi d'en écrire à M. de Villeroy pour en assurer S. M. » S.

1588. — *Mai 21.* Les échevins ayant reçu des lettres du roi en date du 17 de ce mois, par lesquelles S. M. leur donne avis de l'occasion qui le meut de s'en aller de Paris, les admoneste et prie de demeurer toujours fermes au devoir qu'ils ont pour la conservation de *ceste si bonne sa ville de Lyon* en son obéissance. Le Consulat répondra à S. M. qu'elle n'a ville en son royaume qui lui soit plus assurée que Lyon, etc. — Le 23, on arrête d'écrire à la reine-mère pour « lui faire entendre l'assurée résolution dans laquelle tous les habitants de cette ville sont pour la manutention de la religion catholique, apostolique et romaine, et pour la conservation de la ville en l'obéissance du roi.» — On adresse ces lettres au sieur du Troncy, secrétaire, député en cour, afin qu'il les présente au roi et à la reine « et pour, en parlant à leurs majestés, tenir envers elles le même langage. » S.

1588. — *Mai 25.* Le S. du Troncy, député en cour, écrit de Chartres au Consulat..... que le roi et tout son conseil ont reçu un merveilleux contentement de la confirmation qu'il leur a faite, et de l'assurance qu'il leur a donnée de la fidélité de la ville, etc. S.

1588. — *Juillet 7.* Le Consulat ordonne que le procureur général de la ville se joindra avec les imprimeurs de Lyon pour demander en justice l'observation des édits de S. M., à ce que dorénavant la liberté de faire imprimer hors le royaume sous le nom de cette ville de Lyon, et singulièrement aux lieux suspects à la foi catholique, soit supprimée. — Le 12 du même mois, les imprimeurs supplièrent le Consulat de se joindre à eux pour obtenir en justice que défenses fussent faites aux marchands libraires de faire imprimer désormais aucuns livres en la ville de Genève sous le nom emprunté de Lyon. — Les marchands libraires ayant été mandés, Etienne Michel, David de Gabiano, Barthelemy Honorat, Antoine de Harsy et Jean *Veyrat* (?) se présentèrent devant le Consulat, et remontrèrent que cette affaire concernoit tous les marchands libraires de cette ville, et qu'étant en petit nombre, ils ne peuvent ni doivent répondre sinon en ce qui les concerne particulièrement. Ils demandent qu'un délai leur soit donné pour faire appeler les autres marchands libraires, lesquels se remettront toujours pour le présent différend au jugement des sieurs échevins. Le Consulat ordonne qu'il sera signifié aux autres marchands libraires de se trouver à la prochaine séance pour y être ouis. — Le 14, comparurent Guillaume Roville, J. B. Regnaud, Landry, D. de Gabiano, Ant. de Harsy, J. Pillehotte, Reynaud et Veyrard, tous libraires. — Les imprimeurs leur remontrent qu'au grand détriment de la ville et desdits imprimeurs, ils ont détruit l'imprimerie lyonnoise et l'ont transportée à Genève, et qui pis est font mettre à la première feuille des œuvres imprimées à Genève, qu'elles l'ont été à Lyon, afin qu'elles puissent avoir cours en Italie, en Espagne, etc.; ce qui est une fausseté et supposition de nom; que par là l'impression qui souloit avoir un grand cours et réputation en cette ville sera du tout perdue, et sont les compagnons imprimeurs encore que cela *dure* contraints, pour gagner leur vie, d'abandonner Lyon pour aller à Genève, où, par succession de temps, ils se rendent hérétiques. — Les libraires répondent qu'à la verité, ils ont été ci-devant contraints de recourir ailleurs pour leurs impressions à cause des monopoles des compagnons imprimeurs de Lyon, lesquels leur enchérissent la besogne de jour à autre; leur faisant payer pour l'impression d'une rame de papier 33 et 34 sous, quand autrefois ils n'en souloient payer que 20 et 25; ils promettent toutefois de ne faire imprimer aucune chose à Genève. — Sur quoi les imprimeurs ont répliqué qu'ils ne leur ont renchéri l'impression d'une rame de papier que de 2 ou 3 sous au plus pour l'injure du temps et la cherté des vivres. — Et de fait, ils ont représenté l'état de la dépense que le maître imprimeur fait avec son compagnon pour l'impression d'une rame de papier; lequel état a été retiré par les marchands libraires pour y répondre par écrit au premier Consulat. — Sur quoi les échevins font défenses très expresses de faire imprimer désormais aucuns livres à Genève, sous le nom de cette ville de Lyon, sous peine de confiscation d'iceux livres. Pour ce, le sieur Thierry, l'un des échevins, est chargé de veiller à ce qu'il n'entre désormais aucun livre en cette ville venant de Genève auquel il soit dit *Imprimé à Lyon*; et s'il en venoit, les saisir et mettre sous la main du roi, pour en après être confisqués ou brûlés comme chose fausse. — Le 19 du même mois de Juillet, les imprimeurs, persistant en leur requête et remontrances contre les libraires, ont remis un discours imprimé contenant huit feuillets, adressé aux dits sieurs échevins, par lequel ils font entendre les raisons apparentes sur lesquelles ils fondent leurs plaintes contre les libraires, et sur lesquelles ils ont requis leur être fait droit. — Le Consulat arrête que cette production sera signifiée aux libraires pour qu'ils aient à y répondre, à défaut de quoi il y sera pourvu. S.

1588. *Juillet* 30. — Lettres patentes qui confirment l'approbation donnée à la démolition de la citadelle de S. Sébastien en exécution d'un traité fait entre la ville de Lyon et Henri III le 30 mai précédent. *Arch. du Rh.*, x, 315; J. Morin, V. 296. Voyez ci-dessus, *Juillet* 1564, et au 2 *Mai* 1585.

1588. *Août* 1. — M. de Mandelot et les échevins ayant été informés de la surprise de Romans par le baron de la Roche sur les Catholiques, le Consulat arrête qu'un des échevins, M. le visiteur Sarrasin, se rendra immédiatement vers M. de Maugiron, à Grenoble. S.

1588. *Août* 2. — Le seigneur colonel Alfonce (d'Ornano) Corse, gouverneur du Pont-Saint-Esprit, revenant de la cour, arrive à Lyon. — Il y passe une dixaine de jours, et, pendant son séjour, le Consulat lui fit offrir du vin pour la valeur de 5 écus et 45 sous. S.

1588. *Août* 7. Des lettres closes sont adressées au lieutenant-général de la sénéchaussée de Lyon, pour la convocation des trois ordres, à l'effet d'élire les députés qui doivent se rendre aux états-généraux, à Blois. *Arch. du Rh.*, VIII, 32.

1588. *Août* 11. — M. de Mandelot convoque dans son logis M. d'Halincourt, M. de Bothéon, M. de Beauregard, MM. de Riverie, de Torveon, Mellier, avocat du roi, M. du Soleil et les échevins. Il leur donne avis que l'armée que le roi a proposé d'envoyer en Dauphiné, sous la charge de M. de Mayenne, doit être formée en cette ville et pays de Lyonnois. — On arrête d'envoyer exprès vers S. M. le S. de Sarrasin pour lui remontrer la pauvreté de cette province qui de plus a été affligée d'une *grêle et tempête générale*, et la supplier de diriger ailleurs, s'il se peut, le passage de ladite armée, ou, pour le moins, commander qu'elle n'y fasse aucun séjour, et que, y passant, elle vive par étapes qui lui. seront dressées . . . . . . , et non à discrétion comme par le passé. S.

1588. — *Août* 23. La contagion prenant un grand progrès, même aux environs du collége, et étant à craindre qu'elle ne se glisse où il y a multitude, le Consulat arrête que les enfants pensionnaires du collége se retireront chez leurs parents jusqu'à nouvel ordre. S.

1588. — *Août* 30. Le passage de l'armée du roi qui doit aller occuper le Dauphiné, devant bientôt se faire par le pays, le Consulat, de l'avis et de l'ordre exprès de M. de Mandelot, et pour ôter toute défiance, arrête que des corps de garde seront posés aux descentes du pont de pierre, à la porte des Deux-Amants, sur le boulevard de Loyasse, etc., etc. S.

1588. — *Septembre* 20. Le Consulat fait présent à M. de Bothéon, sénéchal, qui s'en alloit en cour, pour douze écus de confitures. On lui donne de plus huit gros jambons de Mayence, achetés de Claude Poculot, épicier, au prix de 8 écus et 32 sous. S.

1588. *Novembre* 9. Le Consulat donne à noble homme, M⁺ Antoine du Verdier, seigneur de Vauprivas, un certificat portant qu'il est habitant de Lyon depuis plus de dix ans, attendu que, pour son habitation ordinaire, il y a acquis une maison, et quoique, pour ses affaires particulières, il fasse quelque séjour hors la ville, il ne laisse pas d'aller ou envoyer « au guet et garde, et de contribuer aux affaires de la ville, comme vray habitant. » S. — Voyez ci-après, 13 *janvier* 1594.

1588. — *Novembre* 23. *Mercredi.* Mort de François de Mandelot, gouverneur de Lyon. — Le dimanche qui précéda sa mort, il reçut la visite du duc de Mayenne, et, malgré ses souffrances, il eut avec ce prince un long entretien sur les affaires du royaume. Il fut assisté dans sa dernière maladie par le P. Emond Auger, son vieil ami et le directeur de sa conscience. Il pria ce Jésuite de représenter au roi qu'il mourait pauvre et endetté pour le service de S. M.; il recommanda aux échevins sa femme et ses filles, les suppliant de ne point permettre que *ses meubles et ses habits fussent vendus sur la place des Changes*; il fit la même recommandation aux consuls des nations étrangères. — Il était né à Paris, le 20 octobre 1529; il avait succédé dans le gouvernement de Lyon, le 17 février 1571, à Jacques de Savoie, duc de Nemours dont il était le lieutenant. Après la St-Barthélemi, le roi lui avait donné pour lieutenant Maurice du Peyrat, qui fut ensuite remplacé par Guillaume de Gadaigne. Claude de Rubys lui fit en latin une très-verbeuse inscription qu'il a insérée à la page 440 de son *Histoire de Lyon*, et dans laquelle sa mort est marquée au VIII des calendes de décembre, c'est-à-dire, au 24 novembre ; toutefois il est constant que Mandelot mourut le *mercredi* 23. L'inscription composée par Rubys ne fut pas gravée sur la tombe de cet illustre gouverneur ; on dut lui préférer celle qu'on y lit encore dans la chapelle de la Vierge, à St-Jean, et qui est remarquable par sa noble simplicité :

D. O. M.

Francisco de Mandelot
Eleonora de Robertet.
Inconcvssæ fidei
Monvmentum.
1588.

Voyez le *Discours sur la vie, mort et derniers propos de feu Monseigneur* de Mandelot, etc., Lyon, *Jean Pillehotte*, 1588, in-8° ; sa *Notice* par A. P. (Lyon, *Barret*, 1828, in-8°), et son article dans la *Biogr. lyon.* Voyez aussi la *Revue du Lyonnais*, 11, 409.

1588. — *Même jour* 23 *novembre.* Le Consulat écrit au roi :

« Sire, nous étions assemblez avec bon nombre de noz principaux concitoyens en l'hostel commun de ceste ville pour effectuer ce qu'il a plu à V. M. de mander au feu sieur de Mandelot touchant la garde de ladite ville, quand l'on nous a donné advis de son décès, duquel nous ne pouvons que nous n'ayions un extresme regret et deuil, parce que V.M. y a perdu ung très fidelle serviteur, et nous, un très-bon et très-sage gouverneur ; la mémoire duquel mérite bien que nous vous continuions la très-humble requisition que nous vous avons faicte par l'ung de nos coeschevins envoyé exprès, d'après la cognoissance de l'extrémité de sa maladie, que le bon plaisir de S. M. fut de continuer le gouvernement au sieur d'Halincourt, son gendre, comme estant deja bien versé au manyement de la charge, et avec lequel nous nous sommes joincts et unys, et mys de si bons et forts corps de garde par toutes les places, et à toutes les partyes de ceste ville, que toutes les entreprises que l'on pourra avoir sur ladite ville s'évanouiront. Vous suppliant, Sire, de croire, etc. De vostre ville de Lyon, ce 23 novembre 1588. » S.

— *Même jour.* Le Consulat écrit aux députés de la ville de Lyon (à Blois) :

« ... Nous donnons avis au roy du décès de M. de Mandelot. Nos lettres vous serviront d'instruction pour supplier S. M. de continuer la charge de gouverneur à M. d'Halincourt : à quoy nous vous prions de vous employer comme vrays Lyonnois que vous êtes, et par conséquent mémoratifs des biens que ceste ville a receus dudit sieur de Mandelot, à la mémoire duquel nous sommes tous redevables.

1588. — *Novembre* 24. Charles Emmanuel de Savoie, duc de Nemours, est nommé gouverneur de Lyon, par ordonnance datée de Blois. *Arch. du Rh.*, v, 83 ; J. Morin, v, 310. — Le sénéchal Guillaume de Gadaygne, seigneur de Bothéon, était alors lieutenant du roi au gouvernement de Lyon. Il paraît avoir succédé dans cette charge à Maurice du Peyrat qui en avait été investi après les Vêpres lyonnaises, et qui, n'ayant alors que 17 ans, renonça probablement à sa lieutenance pour un autre emploi. Voyez ci-dessus au 31 août 1572, note 5°.

1588 — *Novembre 28.* Les députés de la ville écrivent au *Consulat* :

« Messieurs, chacun a esté attendant des nouvelles de M. de Mandelot, comme nous, et plusieurs seigneurs ont travaillé jour et nuit à parler et briguer pour ce gouvernement. Mais S. M. a tousiours respondu qu'elle n'y pourvoiroit tant qu'il auroit une étincelle de vie..... nous nous trouvasmes hyer matin à sept heures à son levé, luy faisant entendre les nouvelles que vous luy escrivez, luy ayant, à mesme instant, présenté la lettre que luy adressiez en recommandation de M. d'Halincourt...... Il nous a respondu qu'il y a longtemps qu'il estoit engagé de parole et par escript de sa main envers Madame de Nemours, sa tante, de la promesse du gouvernement pour M. le duc de Nemours, son fils,.... qu'il est resolu de nous le bailler et nommer pour gouverneur en chef, et à la charge que la lieutenance dudit gouvernement sera, et comme il l'a donnée, à M. de Botheon, nostre seneschal, pour le cognoistre personnage très-zélé à son service,.... sachant qu'il nous aime fort, et nous luy....... Sadite majeté nous a commandé vous escrire de la grattifier, une chacune année, de deux les plus beaux *petits chiens* qui se trouveront à Lyon et au pays, assavoir d'ung chien et chienne tous pareils et semblables, de poil blanc et tannay (1), et que lui en fissiez chercher pour lui envoyer le plustot que pourrez. Il veult de nous cette recognoissance d'amityé qui nous servira....

«.... Nous vous souviendrons de muscat, oranges, citrons, etc., que nous vous avons demandé pour en faire présent tant à leurs majestez que autres qui vous peuvent aider ou nuyre en ceste cour, comme aussi de cardes et graines, ce que nous vous souviendrons, parcque la royne, mère de S. M. nous en a encores specialement ressouvenuz. Et sur ce nous prions Dieu, etc. A. Bloys, le lundy, 28 de novembre 1588. (Signé) De Chaponay et Scarron.» S.

1588. — *Novembre 29.* Par une lettre datée de Blois, Henri III annonce au Consulat qu'il a pourvu le duc de Nemours, du gouvernement en chef qu'avoit le feu sieur de Mandelot, et qu'il a fait lieutenant-général en l'absence du duc de Nemours, le sieur de Bothéon. S.

1588. — *Novembre 30.* Le P. Emond Auger prononce dans l'église primatiale l'oraison funèbre de M. de Mandelot, en présence du duc de Mayenne. L'éloquent orateur, après avoir loué la fidélité et l'attachement de Mandelot au service du roi, insiste avec force sur la persévérance avec laquelle le digne gouverneur du Lyonnais avait toujours refusé de donner son adhésion au pacte de la ligue.

1588. — *Décembre 6. Séance consulaire.* On arrête l'emploi de 120 écus, tant pour l'achat de *deux petits chiens* dont le roi a voulu que la ville lui fit présent, que pour deux caisses d'oranges de Nice achetées pour faire un présent en Cour, par l'avis des députés qui y sont. — On alloua pour le voyage de l'exprès qui devoit conduire le tout à Blois, 34 écus sol, de sorte qu'il resta 86 écus pour les deux petits chiens et les orangers. S.

1588. — *Décembre 7.* Le Consulat au roi :

« Sire, les trente-six capitaines penons de cestre vostre ville qui sont à la vérité les principalles forces d'icelle, ont receu vng si grand contentement ... ver de voz lettres closes, par lesquelles ... de ladite ville en l'obéissance qu'elle

---

(1) *Tanné*,... de la couleur du tan. Drap *tanné*, chien *tanné*. C'est un espèce de roux fort brun. *Castaneus*, *fulvus*, etc. *Dict. de Trévoux.*

vous doibt, que s'ilz ont esté par cy devant ardens et trez affectionnez à ladite conservation, ilz y sont présentement du tout bruslans, ainsi que V. M. pourra cognoistre par la lettre qu'ilz vous en escripvent, signée d'eulx tous, laquelle nous avons bien voulu accompagner de la présente pour faire paroistre à V. M. l'union et concorde qui règne entre nous pour vostre service. Nous envoyons à V. M. deux petits chiens masle et femelle, telz que nous avons peu recouvrer. Nous la supplions trez humblement d'accepter ce petit present comme si c'en estoit vng bien grand, et de la mesme affection qu'en toute honnesteté nous vous les présentons. — Priant Dieu sur ce vous donner, Sire, etc. De vostre ville de Lyon, ce 7 décembre 1588. » S.

1588. — *Décembre* 8. Le Consulat écrit à ses députés :

« Nous vous envoyons... les deux chiens masle et femelle pour les présenter au roy de nostre part. Nous avons faict chercher par toute la ville pour en recouvrer de beaux; mais ilz sont si rares, mesme de la couleur que vous nous demandez, et joint le dernier voyage du sieur de la Fontaine, que nous n'avons peu recouvrer que ces deux, et encores à grande requeste et bien chèrement. Nous vous prions de les présenter à S. M. avec nos lettres. Nous vous envoyons aussi deux caisses d'oranges les plus belles que nous ayions sceu choisir. Nous vous voulions aussi envoyer des cardes, mais le présent porteur est tellement opiniastré de partir ce jourd'huy, feste de N. D., qu'il n'eust esté ni beau ni bien séant de les faire déterrer et emballer..... Le fonds de la recette de nos deniers communs est si petit que nous n'avons pu bailà ce porteur que 30 escus, encores les a-t-il fallu emprunter avec l'achat des deux petits chiens et des oranges. Par là, vous pouvez considerer l'estat misérable où nous sommes, à quoy nous vous prions de pourveoir.... »

1588. — *Décembre* 21. M. Charles de Pogge, avocat ez cours de Lyon, prononce l'oraison de la S. Thomas, dans l'église de S. Nizier.— Le 10 janvier suivant, on lui fit payer 10 écus d'or pour sa harangue. S.

1588. — *Décembre* 25, au soir. On reçoit la nouvelle des évènements qui se sont passés le 23, à Blois; l'assassinat du duc de Guise, l'emprisonnement de Pierre d'Espinac et du duc de Nemours, etc. — Le lendemain 26, le duc de Mayenne qui se trouvait à Lyon depuis quelques temps, quitta cette ville en toute hâte pour aller se réfugier à Dijon. *Arch. du Rh.*, v, 85; J. Morin, v, 311; *Actes consul.* du 27 décembre 1588.

1588. — Mort à Paris, de Claude Dodieu, évêque de Rennes, etc., né à Lyon. Voyez son art. dans la *Biographie lyonnaise*, et ajoutez aux sources qui y sont indiquées : Pernetti, 1, 315; Nic. Bourbon, *Nug.*, VII, CXXIII; Camusat, *Mélanges hist.*, fol. 153.

1589. — *Janvier* 9. Séance consulaire. Le colonel Alphonse Corse, auquel le roi avait donné le commandement de son armée de Dauphiné, *en l'absence du duc de Mayenne*, se plaint au Consulat du bruit qui court par la ville de quelque ombrage que quelques-uns des habitants de cette ville ont pris de son séjour à Lyon, même de ce qu'il a pris maison à loyer, qui les peut avoir mis en défiance de sa fidélité et prudhommie. — On arrête qu'il sera assuré de la part des corps de la ville de toute fidélité et obéissance pour le service du roi ; et que la présence et séjour qu'il fera en cette ville pour le service de S. M. leur sera toujours très-agréable, etc. S.

1589. — *Janvier* 11. « Monseigneur de Bothéon, chevalier de l'ordre du roy, seneschal et lieutenant général pour sa magesté au gouuernement de

Lyon, Lyonnois, Forestz et Beaujollois, en l'absence de Monseigneur le duc de Nemours, désirant par sa promotion en ladite charge establir et disposer toutes choses en une bonne et saincte union pour le seruice et obeissance du roy, repos et tranquillité de son gouuernement, mesme de cette ville de Lyon capitale de la prouince, du bien et asseurance de laquelle depend tout le reste des gouuernements, et ayant à sa venue remarqué quelque commencement de mescontentement que pouuoit engendrer une partialité prejudiciable au bien et repos public mesmes à cause de plusieurs faulx bruits et parolles semées par quelques malicieux et turbulens ennemys de Dieu et du repos public, se seroit deliberé d'en coupper la racine, et pour cet effect prendre l'assistance et bonne volonté du corps du Consulat et des principaux de l'eglise, noblesse, gens de finance, justice, cappitaines penons, bourgeois, marchans et aucuns habitants d'icelle zélés au seruice de Dieu et obeyssance de sa magesté, tenant pour certain qu'auec telle conjonction de volontez, toutes choses pourront estre mainctenues en leur debuoir, et donner terreur et crainte aux malins, factieux et aucuns qui vouldroyent entreprendre de troubler le repos public de cette ville, et prendre quelque ombraige de se sequester du debuoir et obeyssance que chacun doibt à sa magesté. Au moyen de quoy encores que pour mesme occasion il ayt cy devant faict une bien grande assemblée en l'hostél de ville, en laquelle librement et volontairement le serment de fidélité auroit esté presté, si estant qu'il luy a semblé bon faire faire une nouuelle conuocation et assemblée generalle en la grand salle de l'eglise de Lyon par les mandeurs ordinaires de la ville, auquel lieu et en l'assistance susdite, auroit sur ce que dessus faict plusieurs belles remonstrances, et pour conclusion d'icelles faict luy-mesmes en presence de tous le serment solemnel cy après inseré, et iceulx prié d'en faire de mesmes, ce que volontairement et d'ung commung accord l'ung apres l'autre ils ont faict et promis, juré et protesté obseruer et n'y contreuenir en facon quelconque, à peine d'estre declarez criminels de leze magesté diuine et humaine et ennemys de leur patrie, et encourir les peines de justice comme parjures et infracteurs du commandement de Dieu, du Roy et droict des gens :

— *Je promets et jure*, et nous aussy promettons et jurons à Dieu, au Roy et à vous monseigneur comme representant sa personne, de ne fouruoyer, ne nous despartir de la religion catholique, apostolique et romaine, en laquelle nous voulons vivre et mourir, et pour la conseruation et manutention d'icelle employer jusques à dernière goutte de notre sang, ne recognoistre pour roy ny souuerain que le roy Henry troisiesme nostre souuerain prince, ny rendre obeyssance et ne recepvoir commandement aucun que de luy et des hoirs qu'il plaira à Dieu luy donner, et soubs son authorité de la part de ses lieutenants generaulx en ce gouuernement, consuls eschevins, magistrats et autres qui seront par son commandement establis au regime et gouuernement de cette ville, et promets de n'adherer ny prendre party, intelligence, association ny confederation quelconque auec aucun prince soyt du royaulme ou estrangier de quelque qualité et condition qu'il soit, ny sous quelque pretexte que ce soit contre la volonté et intention de sa magesté, et sans son consentement, de rejecter toutes personnes qui voudroient nous persuader du contraire, et les denoncer audit sieur gouuerneur ou aux sieurs eschevins aux fins de les deferer à la justice pour estre punys, de ne faire aucunes assemblées publicques ny secrettes pour traicter des affaires concernant l'estat de cette ville, sinon par commandement, sceu et consentement dudit sieur gouuerneur et desdits sieurs eschevins, de leur rapporter et faire entendre tout ce que nous sçaurons et penserons se brasser, praticquer et entreprendre.

tant contre l'estat et la religion catholique, apostolique et romaine que contre la personne du roy, le bien et repos de son royaulme et tranquillité de cette ville, pour la conseruation de laquelle en la religion et obeyssance susdite, nous voulons employer nos vies et biens, sans y admettre ny recepvoir personne qui nous puisse donner la loy au prejudice de ce que dessus. Pour l'obseruation de quoy nous promettons et jurons de demeurer unis et nous conserver nostre conscience l'ung l'aultre comme freres et bons citoyens, obligeans pour la part que nous pretendons en paradis nos vies et biens, lesquels nous soubsmettons au jugement et punitions que méritent les heretiques, traistres à leur roy et desloyaux à leur patrie qui viennent au contraire des choses susdites. En foi de quoy nous auons tous signez la presente de nos seings. Lesquelles choses ont esté faites et passées en la presence de moy notaire royal, secretaire de ladite ville soubsigné, le onziesme jour de janvier mil cinq cens quatre vingt neuf. Signé : *Guillaume de Gadaygne* (de Bothéon) et *Dutroncy*, secretaire-greffier de ladite ville. » — Suivent sur trois colonnes environ quarante signatures dont plusieurs sont indéchiffrables ; en voici quelques-unes : Lavergne ; — Loys Prost ; — Jehan Charbonnier ; — Claude Poculot ; — Michel de Pures ; — Charrier ; — Anthoine Teste ; Vandel ; — Grollier ; — Pelletier ; — Du Coing ; — Girinet ; — Montconys ; — Anthoine Scarron ; — Croppet ; — André de la Gontiere ; — Perricaud (1) ; — Jehan Vernier ; — Françoys Fortis, etc. S.

1589. — *Janvier* 31. Henri III écrit au Consulat :

« Très-chers et bien aimez, encores que nous eussions retenu et faict garder le duc de Nemours depuis la mort des feuz duc et cardinal de Guise, ses freres, ce n'estoit en intention de luy faire mal ny desplaisir, ains seullement pour empescher qu'il ne fust seduict et poulsé à quelque résolution contraire au bien de nostre service, en attendant que les choses se peussent accomoder à plus de tranquillité. Toutesfoys il s'est desrobé la nuict passée de noz gardes qui en auoyent la charge, dont nous vous avons voulu incontinent advertir ; vous mandant et ordonnant tres expressement de prendre soigneusement garde qu'il n'en adviene faulte : surtout que vous n'ayez à le recognoistre ny aulcune chose qui vienne de sa part : ains, s'il entroit en vostre ville, vous saisir de sa personne pour le tenir en bonne seure garde, jusqu'à ce que ayez aultre commandement de nous, qui n'est neantmoingz à aultre intention que d'oster l'occasion à ceulx qui veulent troubler le repos public, ou l'induire à prendre leur party. Vous avez en toutes choses faict tellement paroistre vostre deuotion à nostre service que nous sommes asseurez que vous en ferez encore la mesme preuve en cette occasion et toultes aultres qui se pourront presenter. Ce que nous recognoistrons aussy en tout ce que nous pourrons vous gratiffier. Donné à Bloys, ce dernier jour de Janvier 1589. Signé HENRY, plus bas : Revol. » — Cette lettre fut receue au Consulat le 4 février. S. — C'est déguisé en *souillon de cuisine*, que Nemours sortit du château de Blois ; il arriva à Paris le 1er février, lendemain de son évasion. *Arch. du Rhône*, v, 84.

(1) Un *Jean Perricaud* figure, comme cessionnaire d'une rente, dans un acte signifié au receveur de la ville de Lyon, le 1er juillet 1572 (*Notes* de M. Sudan, copie de C. B., XIII, 249). On le retrouve dans une liste des penons des rues de l'Albergerie, Peyrollerie et Puits-du-Sel, du 26 février 1577. La maison qu'il possédait rue des Grosses-Têtes, appartenait vers le milieu du 18e siècle à un autre Jean Péricaud (père de Claude, mort sous la hache révolutionnaire le 12 novembre 1793). Voyez ci-dessus au 17 *décembre* 1587, et au 8 *mai* 1589.

1589. — *Février* 10. Le Consulat, informé que Messieurs Scarron et Chaponay de l'Isle, députés de la ville aux états de Blois, ont été pris et arrêtés entre Bourges et Moulins, par le sieur de Neuvy, ordonne qu'un courrier sera depêché vers ledit sieur de Neuvy pour obtenir leur délivrance. On confie cette mission au sieur Louis de la Chassaigne, notaire. S. Voyez ci-après au 9 *mars*.

1589. — *Février* 10. Antoine Gryphe, imprimeur, est remplacé par Jacques Rameau, tireur d'or, dans les fonctions de capitaine penon de la rue Thomassin, « attendu qu'il estoit en prison depuis six ou sept ans pour ses grandes dettes. » — Un grand nombre d'ouvrages sont sortis des belles presses de ce typographe ; il faut sans doute attribuer ses revers de fortune au peu de succès qu'eurent dans ces temps de troubles, des livres dont les frais d'impression devaient être fort considérables. Telle était la seconde édition du *Thesaurus Linguae Sanctae* de Santé Pagnino, 1577, gr. in-fol., contenant plus de trois mille colonnes. Les Jésuites de Lyon en possédaient un exemplaire sur la première page duquel on lisait : *Coll. Lugd. Soc. J. hoc libro donavit Antonius Gryphius sui in consocios amoris, et observantiæ ergo : admittente P. Emundo Aug. 3 maii 1580.* Nous ignorons ce qu'est devenu cet exemplaire qui ne nous est connu que par ce qu'en a dit le P. de Colonia dans son *Hist. litt.*, 11,601. Antoine Gryphe fut l'imprimeur de Guillaume Paradin qui a fait sur les insignes de cet artiste et sur celles de Jean de Tournes une pièce qui se trouve dans ses *Epigrammata* (1597, in-4°), et que M. Collombet a insérée dans le tome 1 de ses *Etudes des Historiens du Lyonnais*, p. 47.

1589. — *Février* 17. Le Consulat au Roy :

« Sire, nous ne prendrions pas la hardiesse de vous estre importuns à demander par très-humble supplication et requeste l'eslargissement et renvoy par devers nous de Monsieur nostre archevesque, si l'experience et longue cognoissance que nous avons de vostre bonté et clemence ne nous asseuroit qu'elle ne trouvera jamais mauvais que les brebis esgarées recherchent leur pasteur. Cette consideration, Sire, a mu tous les habitans de ceste vostre ville tres fidelle, d'envoyer exprès vers vostre majesté ce pourteur, l'un de ses principaux officiers en icelle, pour vous présenter, de leur part, la très-humble requeste qu'ilz vous en font, sous nostre nom et signature ; laquelle nous vous supplions très-humblement, Sire, de nous enteriner : d'aultant que recognoistrez très-bien qu'il y va de vostre service et du contentement de toute ceste province. Quoy faisant, oultre l'obligation naturelle et autres grandes que nous vous avons, nous vous en aurons deux très-grandes, l'une pour le nous avoir premièrement donné, sans que nous l'ayons requis, pour ne le cognoistre, et l'aultre pour le nous avoir redonné le requerant, après avoir cogneu les dons de grace que Dieu luy a impartis. Nous vous supplions aussi très-humblement, Sire, de mettre en consideration de quelle importance est ceste vostre ville à vostre service : laquelle estant ouverte en plusieurs endroicts, mesmes du costé de Savoye, a besoin pour sa conservation contre les entreprises de ceulx qui n'abbayent que sur elle, d'estre close : ce qui ne se peult faire sans grande et excessive depense : laquelle à nostre tres grand regret nous ne pouvons supporter pour les grandes debtes dont nous sommes chargés d'ailleurs, qui nous contrainct de recourir à vostre ayde et support, et supplier de nous continuer l'assignation de 4000 escus sur les deniers qui se lèvent annuellement sur l'entier gouvernement de cette province, pour les réparations et fortifications de ceste ville, incorporez à vostre recepte generale, et commander sur ce la despesche par lettres patentes. Et cela, Sire, pour ce estre employé ez endroicts que le seigneur de Bothéon verra et cognoistra estre plus necessaires: attendant que la commodité de voz affaires puisse permettre de nous impartir plus de moyens. Cependant nous prions Dieu vous donner, Sire, etc. De Lyon, ce 17 février 1589. » S.

1589. — *Février* 17. M. de Tournon, gouverneur du Vivarais, écrit (de Tournon) au Consulat pour se plaindre de ce qu'on ne lui a pas voulu permettre de laisser sortir de Lyon, avant d'en avoir payé le prix, les piques et les poudres qu'il avait demandées pour son gouvernement. Il annonce que comme la réciprocité de service entre les bons voisins doit être observée de part et d'aultre, de même la réciprocité des actions de mauvais voisinage doit l'être, que, jusqu'à ce qu'il ait reçu des nouvelles du Consulat, il empêchera la montée des bâteaux venant d'en bas pour Lyon. — Il signe ainsi : « Vostre « très-affectionné voysin, et plus asseuré amy à vous servir. TOURNON. » S.

1589. — *Février* 23. Le capitaine Janot écrit au Consulat :
« Messieurs, suivant le commandement de M. de Chevrières, je me suis saisy du fort de *Verneyson*, avec 25 soldats du pays et aultres, et ay fait mettre tous les basteaux dans l'eau ; et ceux de Pierre-Beniste avec ceux de Irigny et ceux de ce lieu, les ay mis au devant dudit fort tous enfoncez. Et d'aultant que je n'ay poudre ni balles, il vous plaira nous en faire délivrer pour argent. J'ay eu advertissement ceste nuit que les regimens du Dauphiné marchent à l'encontre du Rhosne, et il est à craindre qu'ils ne se logent à la Guillotière. J'ay, du depuis les nouvelles, fait mettre à bas la traille de l'Isle-Feysins. Ne vous la feray plus longue, attendant vos commandemens : vous asseurant qu'il ne se passera rien que n'en soyez adverty, etc. Vous baisant très-humblement les mains, priant nostre seigneur, etc. Signé Janot De Verneyson, ce 23 février 1589. » S.

1589. — *Février* 24. Vendredi, *jour de S. Matthias.* Emeute populaire. Les Lyonnais se déclarent pour la Ligue. D. Thomas, *Mémoire*, publié pour la première fois, par A. P., d'après le manuscrit de M. le Coste, Lyon, 1835, in-8º.

*** Nous terminons ici la sixième partie de ces *Notes et Documents.* L'année prochaine, nous publierons la septième partie qui contiendra la fin du règne de Henri III, et les premières années du règne de Henri IV.

www.ingramcontent.com/pod-product-compliance
Lightning Source LLC
Chambersburg PA
CBHW060752230426
43667CB00010B/1535